GESTÃO LOGÍSTICA DE
CADEIAS DE SUPRIMENTOS

| B786g | Bowersox, Donald J.
Gestão logística de cadeias de suprimentos / Donald J. Bowersox, David J. Closs, M. Bixby Cooper ; tradução Camila Teixeira Nakagawa, Gabriela Teixeira Nakagawa. – Porto Alegre : Bookman, 2006.
529 p. ; 28 cm.

ISBN 85-363-0608-4

1. Logística Empresarial. 2. Administração – Material – Logística. I. Título.

CDU 658.7 |
|---|---|

Catalogação na publicação: Júlia Angst Coelho – CRB Provisório 05/05

DONALD J. BOWERSOX
DAVID J. CLOSS
M. BIXBY COOPER
Michigan State University

GESTÃO LOGÍSTICA DE CADEIAS DE SUPRIMENTOS

Tradução:
Camila Teixeira Nakagawa
Gabriela Teixeira Nakagawa

Consultoria, supervisão e revisão técnica desta edição:
Léo Tadeu Robles
Doutor em Administração de Empresas pela FEA-USP
Prof. Assistente Doutor do Programa de Mestrado Stricto Sensu em
Gestão de Negócios da Universidade Católica de Santos — UNISANTOS

Reimpressão 2007

2006

Obra originalmente publicada sob o título
Supply Chain Logistics Management
©2002, by The McGraw-Hill Companies, Inc., New York, New York

ISBN 0-07-235100-4

Capa: *Amarílis Barcelos*

Preparação do original: *Patrícia Lessa Flores da Cunha* e *Walson Pontes Carpes*

Supervisão editorial: *Arysinha Jacques Affonso* e *Rachel Garcia Valdez*

Editoração eletrônica: *Laser House*

Reservados todos os direitos de publicação, em língua portuguesa, à
ARTMED® EDITORA S.A.
(BOOKMAN® COMPANHIA EDITORA é uma divisão da ARTMED® EDITORA S.A.)
Av. Jerônimo de Ornelas, 670 – Santana
90040-340 – Porto Alegre RS
Fone: (51) 3027-7000   Fax: (51) 3027-7070

É proibida a duplicação ou reprodução deste volume, no todo ou em parte, sob quaisquer formas ou por quaisquer meios (eletrônico, mecânico, gravação, fotocópia, distribuição na Web e outros), sem permissão expressa da Editora.

SÃO PAULO
Av. Angélica, 1.091 – Higienópolis
01227-100 – São Paulo – SP
Fone: (11) 3665-1100   Fax: (11) 3667-1333

SAC 0800 703-3444

IMPRESSO NO BRASIL
PRINTED IN BRAZIL

Este livro é dedicado às nossas famílias, pelo tempo, incentivo e paciência que nos dispensaram, pois são elas que pagam o maior preço.

Os Autores

DONALD J. BOWERSOX é titular da cátedra de Negócios Professor John H. McConnel da Michigan State University, onde foi reitor da Escola de Administração. Recebeu seu Ph.D. pela Michigan State University, tendo trabalhado com o setor industrial ao longo de sua carreira. É autor de numerosos artigos em publicações, tais como *Harvard Business Review*, *Journal of Marketing*, *Jornal of Business Logistics*, e *Supply Chain Management Review*. Bowersox desenvolve uma série de pesquisas apoiadas pelo setor industrial, investigando as melhores práticas de profissionais de logística da América do Norte e do mundo. É palestrante convidado em reuniões e encontros acadêmicos e do setor industrial.

DAVID J. CLOSS é professor titular da cátedra de Logística Professor Eli Broad, na Michigan State University. Recebeu seu Ph.D. em Marketing e Logística pela Michigan State University. Closs é autor e colaborador de muitas publicações em periódicos, anais e relatórios do setor industrial. Foi também o pesquisador principal para as publicações *World Class Logistics: The Challenge of Managing Continuous Change* e *21st Century Logistics: Making Supply Chain Integration a Reality*, concluídas na Michigan State University e publicadas pelo *Council of Logistics Management* (Conselho de Gestão de Logística). Dentre seus interesses acadêmicos, incluem-se estratégias logísticas bem como o desenvolvimento e aplicação de modelos de computador e sistemas de informações para operações e planejamento logísticos. É palestrante convidado em conferências acadêmicas e do setor industrial e, também, divulgador de programas de educação para executivos. Foi o organizador do *Journal of Business Logistics*.

M. BIXBY COOPER é Professor Adjunto do Departamento de Marketing e Gestão da Cadeia de Suprimentos da Michigan State University. É co-autor de três textos sobre distribuição e logística, incluindo *World Class Logistics: The Challenge of Managing Continuous Change*, publicado pelo *Council of Logistics Management* (Conselho de Gestão de Logística) e também *Strategic Marketing Channel Management*, publicado pela McGraw-Hill. Sua pesquisa concentra-se nas áreas de práticas logísticas de serviço ao cliente e de avaliação de desempenho. Atuou durante quatro anos na Diretoria Executiva da Associação Internacional de Serviço ao Cliente como chefe do Comitê de Pesquisa e Educação.

Prefácio

Nas últimas seis décadas, a disciplina de logística empresarial avançou dos armazéns e das docas de transporte para os escritórios de diretoria das principais empresas mundiais. Tivemos a oportunidade de nos envolver ativamente nessa evolução através de pesquisa, ensino e consultoria. O livro *Gestão Logística de Cadeias de Suprimentos* contempla o desenvolvimento e os fundamentos da disciplina de logística/cadeia de suprimentos. Tal disciplina também apresenta nossa visão do futuro da logística empresarial e da gestão da cadeia de suprimentos, bem como seu papel no contexto de competitividade das empresas.

Apesar de, tanto individual quanto coletivamente, cada um dos três autores ter escrito exaustivamente sobre os vários aspectos da logística, a decisão de escrever *Gestão Logística de Cadeias de Suprimentos* foi motivada, em parte, pelo reconhecimento da mudança significativa da prática logística na sua análise e inserção no contexto de gestão integrada da cadeia de suprimentos. *Gestão Logística de Cadeias de Suprimentos* representa a síntese de muitos anos de pesquisa, ampliando e, de várias maneiras, superando trabalhos anteriores dos autores publicados pela McGraw-Hill. Essa união de idéias, apresentada neste texto, oferece uma nova estrutura da cadeia de suprimentos para o estudo do campo da logística. Além disso, serve para expandir o tratamento dado à gestão da cadeia integrada de abastecimento, inserindo-a decididamente no contexto dos negócios contemporâneos; e para destacar a crescente importância da logística no contexto da estratégia competitiva globalizada.

A logística inclui todas as atividades de movimentação de produtos e informação para, de e entre os membros da cadeia de suprimentos. A cadeia de suprimentos oferece uma estrutura para os negócios e seus fornecedores, que se unem para levar mercadorias, serviços e informações, de modo eficiente e eficaz, aos clientes em potencial. *Gestão Logística de Cadeias de Suprimentos* apresenta a tarefa, os processos de negócio e as estratégias necessárias para alcançar o gerenciamento logístico integrado. Esperamos que o texto alcance três objetivos fundamentais: (1) apresentar uma descrição abrangente das práticas logísticas existentes na sociedade globalizada; (2) descrever maneiras e meios de aplicar princípios logísticos para chegar à vantagem competitiva; e (3) oferecer um acesso conceitual à logística integrada enquanto competência essencial de estratégia empresarial.

Seria impossível listar todos os que deram contribuição significativa ao conteúdo deste livro. Um agradecimento especial é dado a Robert W. Nason, professor titular do Departamento de Marketing e Gestão da Cadeia de Suprimentos da Michigan State University, responsável pela manutenção de um ambiente acadêmico que fomenta a criatividade e a aplicação dos conceitos de logística integrada. Também expressamos nossa gratidão ao Professor Emérito Donald A. Taylor, da Michigan State University, que tem sido um exemplo para nossas carreiras. Ainda, pelas sugestões específicas dadas em relação ao manuscrito, nosso apreço a Frederick J. Beier, University of Minnesota: Mark L. Bennion, Bowling Green State University; Robert L. Cook, Central Michigan University; Patricia J. Daugherty, University of Oklahoma; Stanley E. Fawcett, Brigham Young University; Byron Finch, Miami University of Ohio; Satish Mehra, University of Memphis; Taeho Park, San Jose University; Alfred P. Quinton, College of

New Jersey; Zenovy Radolvilsky, California State University – Hayward; Powell Robinson, Texas A&M University; e Jay U. Sterling, University of Alabama; todos contribuíram com revisões detalhadas do manuscrito e inúmeras sugestões para melhorias em sua apresentação.

Também queremos registrar o apoio da equipe da McGraw-Hill/Irwin, pela orientação e esforços na publicação do livro: Scott Isenberg, Editor-chefe; Wanda Zeman, Editora de Desenvolvimento; Jill Moline, Gerente de Projetos; e Erin Sauder, Produtora de Suplementos.

Como membros atuantes do Conselho de Gestão da Logística, antigo Conselho Nacional de Gestão de Distribuição Física, fomos depositários de contribuições dadas por membros do conselho para o desenvolvimento deste manuscrito. Em particular, gostaríamos de reconhecer a assistência de George Gecowets, antigo diretor executivo; de Maria McIntyre, atual diretora executiva, e do pessoal do CGL, que mantém abertas as portas para a comunidade acadêmica.

Nos últimos 30 anos, os executivos que freqüentaram o Seminário Anual de Desenvolvimento Executivo de Gestão Logística da Michigan State University trabalharam com os conceitos desenvolvidos no texto, oferecendo seu tempo e experiência gratuitamente. Também reconhecemos o apoio duradouro e extenso dado à Logística, na Michigan State University, a partir dos fundos da bolsa doada por John H. McConnell, fundador e presidente da Worthington Industries.

O número de indivíduos envolvidos no ensino de logística pelo mundo se expande diariamente. A esse grupo em geral e, em particular aos nossos colegas da Michigan State University, cujas sugestões e assessorias tornaram possível o desenvolvimento e a conclusão deste texto, expressamos nossos sinceros agradecimentos.

Os professores recebem inspiração constante de seus alunos através dos anos e, de várias maneiras, o momento de avaliação definitiva de uma carreira profissional acontece nos seminários e na sala de aula. Sentimo-nos felizes em poder contar com o aconselhamento de jovens e excelentes pesquisadores, responsáveis por um impacto substancial nos universos acadêmico e empresarial. Em particular, agradecemos a colaboração dos estudantes que usaram este texto na forma manuscrita e deram sugestões para sua melhoria. Também registramos as contribuições de atuais e antigos doutorandos, em particular Drs. Judith Whipple e Thomas Goldsby, que participaram intensamente no desenvolvimento de estudos de casos e no apoio editorial. Ann Cooper forneceu ajuda substancial ao documentar as Visões Setoriais. Luke Nieuwenhuis, Shubhendu Das e Kathleen Kossen proporcionaram assistência valiosa na preparação do manuscrito, administraram o complexo processo de obtenção de licença dos direitos autorais e conduziram a elaboração do manual de ensino e do material de apoio.

Gostaríamos de reconhecer, ainda, as contribuições de Felicia Kramer e Pamela Kingsbury, pela preparação do manuscrito nas várias versões anteriores. Cheryl Lunden, que redigiu vários rascunhos do manuscrito, foi um apoio indispensável nas duas últimas edições. Sem Felicia, Pam e Cheryl, esta publicação tão desejada – em suas muitas variações – não teria se transformado em realidade.

Com auxílios tão competentes, é difícil pedir desculpas por quaisquer erros que possam ocorrer. As falhas são exclusivamente de nossa responsabilidade.

Donald J. Bowersox
David J. Closs
M. Bixby Cooper

Sumário Resumido

Parte I
A Logística na Gestão da Cadeia de Suprimentos

1 Cadeias de Suprimentos do Século XXI 20
2 Logística Enxuta 43
3 Atendimento ao Cliente 71
4 Estratégia de Distribuição ao Mercado 92
5 Estratégias de Compras e Produção 120
6 Integração Operacional 143

Parte II
Estrutura Tecnológica

7 Redes de Informação 168
8 Sistemas de Planejamento e Execução de Recursos Empresariais 193
9 Planejamento e Programação Avançados 214
Grupo de Problemas 1 – Informação e Previsão 237

Parte III
Operações

10 Estratégia e Gestão de Inventário 240
11 Infra-estrutura e Regulamentação dos Transportes 273
12 Gerenciamento do Transporte 294
13 Armazenagem 314
14 Embalagem e Manuseio de Materiais 336

Parte IV
Projetos da Rede Estrutural

15 Integração de Rede Estrutural 370
16 Técnicas e Processos de Projeto 390

Parte V
Administração

17 Gestão da Organização e dos Relacionamentos 422
18 Avaliação Financeira e do Desempenho 448
19 Dimensões da Mudança 469

Casos

Casos Relacionados à Parte I – Gestão Integrada 481
Casos Relacionados à Parte IV – Projeto da Rede Estrutural 495
Casos Relacionados à Parte V – Gestão da Cadeia de Suprimentos 509

Sumário

Parte I

A Logística na Gestão da Cadeia de Suprimentos

1 Cadeias de Suprimentos do Século XXI	20
A Revolução da Cadeia de Suprimentos	21
Modelo Geral da Cadeia de Suprimentos	23
Gestão Integrada	24
Colaboração	25
Extensão da Empresa	27
Prestadores de Serviços Integrados	27
Capacidade de Resposta	30
Modelo de Negócios de Base Antecipatória	30
Modelo de Negócios com Base na Resposta	30
Adiamento	31
As Barreiras e o Futuro	34
Sofisticação Financeira	34
Conversão de Dinheiro em Dinheiro	34
Minimização do Tempo de Permanência	36
Giro de Caixa	36
Globalização	37
Questões na Gestão da Cadeia de Suprimentos	37
Desafios de Implementação	38
Sucesso Limitado	39
Desafios Sociais	40
Resumo	41
2 Logística Enxuta	43
A Logística de Negócios é Grande e Importante	44
A Proposta do Valor Logístico	44
Benefícios de Serviço	44
Minimização de Custos	47
Geração de Valor Logístico	47
O Trabalho da Logística	48
Processamento de Pedidos	48
Inventário	48
Transporte	51
Armazenamento, Manuseio de Materiais e Embalagem	51
Rede de Instalações	52
Operações Logísticas	52
Fluxo de Inventário	53
Fluxo de Informação	54
Arranjos Operacionais Logísticos	57
Escala Seqüencial	57
Direto	57
Flexível	58
Estrutura Flexível de Emergência	59
Estrutura Flexível de Rotina	59
Sincronização Logística	60
A Estrutura do Ciclo de Desempenho	62
Incerteza do Ciclo de Desempenho	67
Resumo	69
3 Atendimento ao Cliente	71
Marketing Centrado no Cliente	72
Marketing de Transações *versus Marketing* de Relacionamento	73
Resultados do Serviço da Cadeia de Suprimentos	74
Serviço ao Cliente	76
Disponibilidade	76
Desempenho Operacional	77
Confiabilidade de Serviço	78
O Pedido Perfeito	79
Plataformas de Serviços Básicos	80
Satisfação do Cliente	81
Expectativas dos Clientes	81

Qualidade Percebida do Serviço e Satisfação do Cliente	81
Um Modelo de Satisfação do Cliente	82
Aumentando as Expectativas do Cliente	84
Limitações da Satisfação do Cliente	85
Sucesso do Cliente	86
Obtenção do Sucesso do Cliente	86
Serviços com Valor Agregado	88
Desenvolvendo o Sucesso do Cliente: Um Exemplo	88
Resumo	90

4 Estratégia de Distribuição ao Mercado — 92

Distribuição ao Mercado na Cadeia de Suprimentos	93
Funções de *Marketing*	93
Especialização	94
Sortimento	94
Separação de Canais	95
Desenvolvimento da Estratégia de Distribuição ao Mercado	97
Estrutura de Distribuição	97
Processo do Projeto de Canais de Distribuição ao Mercado	102
Relações com Canais	104
Impactos do Comércio Eletrônico na Distribuição ao Mercado	108
O Aparecimento do *E-Tailing*	108
Novas Alternativas de Canais	109
Complexidade Crescente de Canais	110
Precificação e Logística	112
Fundamentos de Precificação	112
Questões de Precificação	113
Menu de Precificação	116
Resumo	117

5 Estratégias de Compras e Produção — 120

O Imperativo de Qualidade	120
Dimensões da Qualidade do Produto	121
Gestão da Qualidade Total	122
Padrões de Qualidade	122
Compras	123
Perspectivas de Compras	124
Estratégias de Compras	127
Segmentação da Necessidade de Compra	129
Comércio Eletrônico e Compras	130
Produção	132
Perspectivas de Produção	133
Estratégia de Produção	137
Interfaces Logísticas	139
Just-in-Time	139
Planejamento das Necessidades	140
Projeto para a Logística	141
Resumo	141

6 Integração Operacional — 143

Por que a Integração Cria Valor	143
Conceito e Análise de Sistemas	144
Objetivos da Integração Logística	146
Capacidade de Resposta	146
Redução de Variância	146
Redução de Inventário	146
Consolidação de Embarques	146
Qualidade	147
Apoio ao Ciclo de Vida	148
Integração de Empresas	148
Barreiras Internas à Integração	148
O Grande Divisor	150
Quanto de Integração é Suficiente?	150
Integração da Cadeia de Suprimentos Local	151
A Competitividade da Cadeia de Suprimentos	151
Riscos, Poder e Liderança	152
Estrutura Integradora da Cadeia de Suprimentos	153
Integração e Competência Logísticas	157
Integração da Cadeia de Suprimentos Globalizada	158
A Logística na Economia Globalizada	158
Estágios de Desenvolvimento Internacional	158
Gerenciando a Cadeia de Suprimentos Globalizada	161
Resumo	164

Parte II

Estrutura Tecnológica

7 Redes de Informação — 168

Funcionalidade do Sistema de Informações	168
Integração do Sistema de Informações Abrangente	171
Planejamento de Recursos Empresariais ou Sistemas Legados	171
Sistemas de Comunicação	175
Sistemas de Execução	175
Sistemas de Planejamento	175
Acessando Aplicativos da Cadeia de Suprimentos	177
Sistemas de Comunicação	179
Intercâmbio Eletrônico de Dados (EDI)	179
Internet	183
Linguagem de Marcação Extensível (XML)	186
Tecnologia de Satélite	187
Troca de Dados por Radiofreqüência	187
Processamento de Imagens	188
Códigos de Barra e Leitura Óptica	188
Resumo	191

8 Sistemas de Planejamento e Execução de Recursos Empresariais — 193

Fundamento lógico para a Implementação do ERP	194
Compatibilidade	194
Economias de Escala	195
Integração	195
Projeto de Sistemas ERP	196
Banco de Dados Central	196
Aplicativos para a Cadeia de Suprimentos	198
Aplicativos Financeiros	198
Aplicativos de Serviços	198
Aplicativos de Recursos Humanos	198
Aplicativos de Relatórios	198
Sistemas ERP Comuns	199
Projeto do Sistema da Cadeia de Suprimentos	199
Planejamento/Coordenação	201
Operações	204
Distribuição e Gestão do Inventário	207

Sistemas de Execução Empresariais	208
Gestão do Relacionamento com Clientes	208
Sistema de Gestão de Transportes	208
Sistemas de Gestão de Armazéns	208
Resumo	212

9 Planejamento e Programação Avançados — 214

Base Racional para o Planejamento e Programação Avançados	214
Reconhecimento do Horizonte de Planejamento	215
Visibilidade da Cadeia de Suprimentos	215
Avaliação Simultânea de Recursos	215
Utilização de Recursos	216
Aplicativos APS da Cadeia de Suprimentos	216
Planejamento da Demanda	216
Planejamento da Produção	217
Planejamento das Necessidades	217
Planejamento do Transporte	217
Visão Geral de Projetos dos Sistemas APS	217
Componentes dos Sistemas APS	218
Previsão	221
Componentes da Previsão	221
Abordagens da Gestão de Previsões	222
Processo de Gestão das Previsões	223
Técnicas de Previsão	226
Erros de Previsão	228
Planejamento, Previsão e Reabastecimento Colaborativos	230
Benefícios do APS e Considerações	232
Benefícios	232
Considerações	233
Resumo	235
Grupo de Problemas 1 Informação e Previsão	237

Parte III

Operações

10 Estratégia e Gestão de Inventário — 240

Princípios e Funcionalidade do Inventário	241
Tipos e Características de Inventários	241
Funcionalidade do Inventário	242
Definições Relativas aos Inventários	243
Custo de Manutenção do Inventário	245
Custo de Capital	245
Impostos	246
Seguro	246
Obsolescência	246
Estocagem	246
Planejando o Inventário	247
Determinando Quando Pedir	247
Determinando Quanto Pedir	247
Administrando a Incerteza	251
Incerteza da Demanda	251
Incerteza do Ciclo de Desempenho	254
Determinando o Estoque de Segurança sob Incerteza	254
Reabastecimento da Demanda Dependente	258
Políticas de Gestão de Inventário	258
Controle de Inventário	259
Métodos Reativos	260
Métodos de Planejamento	261
Planejamento de Inventário Colaborativo	264
Lógica Adaptativa	266
Práticas de Gestão de Inventário	268
Classificação Produto/Mercado	268
Definição da Estratégia de Segmentos	270
Operacionalizando Políticas e Parâmetros	271
Resumo	272

11 Infra-estrutura e Regulamentação dos Transportes — 273

Funcionalidade, Princípios e Participantes do Setor de Transportes	273
Funcionalidade dos Transportes	274
Princípios dos Transportes	274
Participantes do Setor de Transportes	275
Regulamentação do Transporte	276
Tipos de Regulamentação	277
História da Regulamentação nos EUA	277
Estrutura de Transporte	282
Ferroviário	282
Rodoviário	284
Hidroviário	285
Dutoviário	285
Aéreo	286
Classificação por Modal	287
Serviços de Transporte	287
Transportadores Típicos	288
Serviço de Encomendas (Pequenos Volumes)	288
Transporte Intermodal	289
Intermediários Não-operacionais	291
Resumo	293

12 Gerenciamento do Transporte — 294

Economia e Precificação dos Transportes	294
Fatores Econômicos	294
Estrutura de Custo	297
Estratégias de Formação de Preço dos Transportadores	297
Tarifas e Tarifação	298
Gerenciamento do Departamento de Transportes	304
Gestão das Operações	304
Consolidação de Cargas	307
Negociação de Tarifas	310
Controle dos Carregamentos	310
Auditoria e Gerenciamento de Reclamações	311
Integração Logística	311
Documentação	311
Conhecimento de Embarque	312
Resumo	312

13 Armazenagem — 314

Estratégia e Funcionalidade dos Armazéns	314
Armazenagem Estratégica	315
Funcionalidade dos Armazéns	316
Operações Envolvendo o Armazém	321
Manuseio	321
Estocagem	322

Classificação de Propriedade dos Armazéns	324
Privado (ou Próprio)	324
Público	325
Armazenagem Contratada	326
Estratégia de Organização dos Produtos	326
Planejamento da Armazenagem	326
Escolha do Local	327
Projeto	328
Análise do *Mix* de Produtos	328
Expansão Futura	328
Considerações sobre o Manuseio de Materiais	329
Layout	329
Dimensionamento	330
Início das Operações no Armazém	331
Estocagem	331
Treinamento	332
Sistemas de Gestão de Armazenagem	332
Proteção	333
Entrega	334
Segurança e Manutenção	334
Resumo	334

14 Embalagem e Manuseio de Materiais 336

Considerações sobre Embalagem	336
A Embalagem e a Eficiência no Manuseio de Materiais	338
Materiais para Embalagem	341
Manuseio de Materiais	344
Considerações Básicas sobre o Manuseio de Materiais	345
Sistemas Mecanizados	346
Sistemas Semi-automatizados	348
Sistemas Automatizados	351
Sistemas Baseados na Informação	354
Considerações Especiais sobre o Manuseio de Materiais	356
Resumo	359
Grupo de Problemas 2 Operações	360

Parte IV

Projeto da Rede Estrutural

15 Integração de Rede Estrutural 370

Estrutura das Instalações da Empresa	371
Espectro das Decisões de Localização	371
Presença Local: Um Paradigma Obsoleto	372
Necessidades de Armazenagem	372
Direcionadores de Compras	372
Direcionadores da Produção	373
Direcionadores de Distribuição ao Mercado	373
Justificativa para o Armazenamento	374
Integração do Custo Total	374
Economia de Transporte	375
Economia de Inventário	376
Custo Total da Rede Estrutural	380
Formulando a Estratégia Logística	382
Minimização de Custos	382
Serviço Limiar	382
Análise de Sensibilidade dos Serviços	383
Estratégia de Finalização	385
Resumo	388

16 Técnicas e Processamentos de Projeto 390

Metodologia de Planejamento	390
Fase I: Definição do Problema e Planejamento	391
Avaliação de Viabilidade	391
Planejamento do Projeto	395
Fase II: Coleta e Análise de Dados	397
Premissas e Coleta de Dados	397
Análise	400
Fase III: Recomendações e Implementação	401
Recomendações	401
Implementação	404
Métodos e Técnicas de Análise Decisória	404
Análise de Linhas de Carga	405
Análise de Inventário	405
Decisões sobre Localização	405
Decisões sobre Inventário	413
Decisões sobre Transporte	415
Resumo	419

Parte V

Administração

17 Gestão da Organização e dos Relacionamentos 422

Desenvolvimento da Organização Logística	422
Estágios de Agregação Funcional	424
Organização no Estágio 1	424
Organização no Estágio 2	424
Organização no Estágio 3	425
Estágio 4: Mudança na Ênfase, de Função para Processo	428
Estágio 5: Virtualidade e Transparência da Organização	430
Questões e Desafios	433
Conceitos de Grande Importância Logística	433
Carreiras e Lealdade	439
Gerenciando a Mudança Organizacional	440
Gestão de Relacionamentos	442
Desenvolvendo Relacionamentos Colaborativos	442
Desenvolvendo Confiança	444
Resumo	446

18 Avaliação Financeira e do Desempenho 448

Objetivos do Sistema de Avaliação	448
Avaliação do Desempenho Logístico	449
Perspectivas Funcionais	449
Avaliando a Prestação de Serviços aos Clientes	453
Métricas Abrangentes da Cadeia de Suprimentos	454
Benchmarking	455
Avaliação Financeira	457
Orçamento Financeiro	457
Análise Custos/Receitas	460
Modelo Estratégico de Lucro	464
Resumo	467

19 Dimensões da Mudança — 469
  Olhando em Direção à Próxima Década — 469
  Dez Megatendências — 471
    Do Serviço ao Clientes à Gestão de Relacionamentos — 471
    Dos Relacionamentos Concorrenciais aos Relacionamentos Colaborativos — 472
    Da Previsão à Efetivação — 472
    Da Experiência à Estratégia de Transição — 473
    Do Valor Absoluto ao Valor Relativo — 474
    Da Integração Funcional à Integração de Processos — 474
    Da Integração Vertical à Integração Virtual — 475
    Das Informações Confidenciais às Informações Compartilhadas — 475
    Do Treinamento à Aprendizagem Baseada no Conhecimento — 476
    Da Contabilidade Gerencial à Gestão Baseada em Valores — 477
  Riscos Associados — 478
  Epílogo — 479

Casos

Casos Relacionados à Parte I – Gestão Integrada
  Caso 1: Logística Integrada para DEP/GARD — 482
  Caso 2: Woodmere Products — 484
  Caso 3: Zwick Electrical — 488
  Caso 4: Alternativa de Distribuição na SSI — 492
Casos Relacionados à Parte IV – Projeto da Rede Estrutural
  Caso 5: Avaliação do Projeto de Sistema na Westminster Company — 495
  Caso 6: Comissão de Controle de Bebidas Alcoólicas de Michigan — 498
  Caso 7: W-G-P Chemical Company — 503
  Caso 8: Western Pharmaceuticals (A) — 505
  Caso 9: Western Pharmaceuticals (B) — 507
Casos Relacionados à Parte V – Gestão da Cadeia de Suprimentos
  Caso 10: Serviços aos Clientes na Woodson Chemical Company — 509
  Caso 11: Controle de Desempenho na Happy Chips, Inc. — 513
  Caso 12: Gestão de Mudança na Wilmont Drug Company — 515
  Caso 13: Gerenciamento da Cadeia de Suprimentos na Dream Beauty Company — 517

Índice de Autores — 519

Índice — 522

Parte I

A Logística na Gestão da Cadeia de Suprimentos

A Parte I estabelece a importância estratégica da logística para alcançar o sucesso nos negócios, pela geração de valor nas cadeias de suprimento locais e globalizadas. O capítulo inicial contempla a atual atenção das empresas para a colaboração em cadeias de suprimentos. A cadeia de suprimentos oferece a estrutura em que as estratégias logísticas são desenvolvidas e executadas. A logística, tópico principal deste livro, é introduzida no Capítulo 2. O conceito de logística enxuta (*lean logistics*) é desenvolvido a partir da discussão dos modos pelos quais tarefas específicas de trabalho se combinam para apoiarem a distribuição ao mercado, a fabricação e as compras. O terceiro capítulo descreve a importância do atendimento ao cliente para uma logística de sucesso. O valor criado pela logística pode servir como um forte direcionador para o sucesso voltado ao cliente. O Capítulo 4 se dedica aos desafios do atendimento a clientes. Esse capítulo descreve as questões complexas relacionadas ao apoio à distribuição no mercado. O Capítulo 5 desenvolve questões operacionais relativas ao apoio logístico, às compras e à manufatura. Embora haja muitas similaridades entre a logística de bens de consumo e a logística industrial, algumas diferenças cruciais devem ser entendidas e conciliadas para assegurar a geração máxima de valor. O capítulo final da Parte I – Capítulo 6 – focaliza os desafios de integração interna das operações de compras, fabricação e distribuição ao mercado. Desenvolve-se um modelo de integração de empresas para generalizar a questão da colaboração na cadeia de suprimentos inserida no contexto dos negócios locais e globalizados. Quatro estudos de casos estratégicos são apresentados na conclusão da Parte I.

1

Cadeias de Suprimentos do Século XXI

A Revolução da Cadeia de Suprimentos
Modelo Geral da Cadeia de Suprimentos
Gestão Integrada
    Colaboração
    Extensão da Empresa
    Prestadores de Serviços Integrados
Capacidade de Resposta
    Modelo de Negócios de Base Antecipatória
    Modelo de Negócios com Base na Resposta
    Adiamento
    As Barreiras e o Futuro
Sofisticação Financeira
    Conversão de Dinheiro em Dinheiro
    Minimização do Tempo de Permanência
    Giro de Caixa
Globalização
Questões na Gestão da Cadeia de Suprimentos
    Desafios de Implementação
    Sucesso Limitado
    Desafios Sociais
Resumo

Recentemente, no início dos anos 90, o tempo médio exigido para uma empresa processar e entregar mercadorias, do estoque de um armazém até o cliente, variava de 15 a 30 dias, às vezes mais. O cenário típico de pedidos para entrega envolvia a solicitação e a transferência do pedido, o que geralmente ocorria através de telefone, fax, Intercâmbio Eletrônico de Dados (EDI – Electronic Data Interchange), ou correio público; seguia-se o processamento do pedido (o que exigia o uso de sistemas manuais ou de computador), a autorização de crédito e o apontamento do pedido pelo armazém para fins de seleção; e, após, o embarque do produto para o cliente. Quando tudo acontecia de acordo com o planejado, o tempo médio para o cliente receber os itens pedidos era demorado. Quando algo dava errado (o que freqüentemente sucedia), como falta de estoque de inventário, uma ordem de serviço perdida ou fora de lugar, ou uma entrega maldirecionada, o tempo total para o atendimento do cliente aumentava rapidamente.

Para sustentar esse longo e imprevisível tempo ao mercado, tornou-se prática comum estocar mecadorias listadas. Por exemplo, inventários de produtos idênticos eram regularmente estocados por varejistas, atacadistas e fabricantes. Apesar desses inventários extensivos, as situações de falta de estoque e de entregas atrasadas se mantiveram difusamente, devido ao grande número de variações de produtos.

Tais práticas de negócios, reconhecidas no século XX, bem como a estrutura de canal de distribuição usada para levar a termo a entrega, desenvolveram-se em função de anos de experiências datadas desde a Revolução Industrial. Essas duradouras práticas de negócios assim permaneceram sem serem desafiadas porque não existia uma alternativa claramente superior. O processo de distribuição tradicional foi projetado para superar desafios e alcançar benefícios que há muito deixaram de ser importantes. O mundo industrializado não é mais caracterizado pela escassez. O poder de compra dos consumidores e o interesse por uma escolha maior de produtos e serviços aumentam aceleradamente. Na verdade, os consumidores de hoje querem uma gama vasta de opções que possam ajustar segundo suas especificações próprias. Os desejos dos consumidores mudaram da aceitação passiva para o envolvimento ativo no projeto e na entrega de produtos e serviços específicos. A capacidade de transporte e o desempenho operacional têm se tornado cada vez mais econômicos e confiáveis, já que o transporte de hoje conta com o apoio de uma tecnologia sofisticada que facilita entregas previsíveis e precisas.

Mais importante ainda, uma mudança significativa ocorreu como resultado da disponibilidade de informações. Durante a década de 90, o mundo do comércio sofreu o impacto irrevogável dos avanços da informática, da Internet e de uma série de possibilidades acessíveis de transmissão de informação. A informação caracterizada pela alta velocidade, acessibilidade, precisão e, sobretudo, relevância tornou-se a norma. A Internet, operando em velocidade de rede, transformou-se em um meio econômico para conduzir transações, e deslanchou o potencial da distribuição eletrônica (*e-distribution*) direta ao consumidor e entre empresas (B2B – Business to Business, prática de negócios entre empresas). Conduzida por essas forças fundamentais, uma economia globalizada emergiu rapidamente.

O que começou durante a última década do século XX e que continuará a se desdobrar no século XXI é o que historiadores irão caracterizar como o despertar da *era digital ou da informação*. Na era do comércio eletrônico, a realidade da conectividade B2B tornou possível uma nova ordem de relacionamentos de negócios chamada *gestão da cadeia de suprimentos*. Os administradores estão cada vez mais questionando a distribuição, a produção e as práticas de aquisição tradicionais. Nessa nova ordem das coisas, produtos podem ser manufaturados segundo especificações exatas, e ser entregues rapidamente aos clientes em diferentes locais do globo. Sistemas logísticos já existem coma capacidade de entregar produtos no tempo aprazado. O pedido do cliente e a entrega de um produto podem ser efetua questão de horas. A freqüente ocorrência de falhas de serviço que caracterizava o passado está sendo substituída por um crescente comprometimento gerencial com uma taxa zero de imperfeição, ou com o que é comumente chamado de nível de desempenho seis sigma (*six sigma performance*[1]). Pedidos perfeitos – ou a entrega do tipo e da quantidade desejada de produtos, no local correto, na hora certa, sem danos e corretamente processados – antes considerados a exceção, estão agora atendendo à expectativa. Talvez o fato mais importante seja que tal desempenho de alto nível está sendo alcançado a um custo total mais baixo *e* com o comprometimento de recursos financeiros menores que os característicos do passado.

Neste capítulo, o modelo de negócios de gestão da logística da cadeia de suprimentos é introduzido como uma crescente postura estratégica que caracteriza as empresas contemporâneas. O capítulo revisa o desenvolvimento da revolução da cadeia de suprimentos na prática de negócios. A seguir, o conceito de cadeia de suprimentos é apresentado em uma estrutura estratégica. O capítulo examina, então, o gerenciamento integrado, o poder de resposta, a sofisticação financeira e a globalização enquanto forças que orientam a emergência da lógica da cadeia de suprimentos, e conclui com uma análise de questões contemporâneas relacionadas à gestão da cadeia de suprimentos. O objetivo geral do Capítulo 1 é o de oferecer uma estrutura que descreva as cadeias de suprimento do século XXI, em termos de necessidades logísticas. A cadeia de suprimentos se posiciona enquanto uma estrutura estratégica, em que necessidades logísticas são identificadas e operações relacionadas devem ser administradas.

A Revolução da Cadeia de Suprimentos

Escolhemos descrever o que os administradores estão vivenciando hoje como *a revolução da cadeia de suprimentos e o conseqüente renascimento logístico*. Essas duas importantes alterações em relação às expectativas e à prática do desempenho das operações de negócios estão altamente inter-relacionadas; entretanto, são aspectos significativamente diferentes do pensamento estratégico contemporâneo.

A gestão da cadeia de suprimentos (às vezes conhecida por *cadeia de valor* ou *cadeia de demanda*) compreende *empresas que colaboram para alavancar posicionamento estratégico e para melhorar a eficiência das operações*. Para cada empresa envolvida, o relacionamento da cadeia de suprimentos reflete uma escolha estratégica. Uma estratégia da cadeia de suprimentos é um arranjo de canal baseado na dependência reconhecida e na gestão de relacionamento. Operações da cadeia de suprimentos exigem processos gerenciais que atravessam áreas funcionais dentro de empresas individuais e conectam parceiros comerciais e clientes para além das fronteira organizacionais.

A logística, ao contrário da gestão da cadeia de suprimentos, é *o trabalho exigido para mover e posicionar o inventário na cadeia de suprimentos*. Como tal, a logística é um subconjunto e ocorre dentro da estrutura mais abrangente de uma cadeia de suprimentos. A logística é o processo que gera valor a partir da configuração do tempo e do posicionamento do inventário; é a combinação da gestão de pedidos de uma empresa, do inventário, do transporte, do ar-

---

[1] *Six Sigma performance* reflete o nível de alcance tendo uma margem de erro de 3,4 de imperfeição por milhão ou 99,99966% perfeito. Veja Forest W. Breyfogle, III, *Implementing Six Sigma: Smarter Solutions Using Statistical Methods*. New York, NY: John Wiley & Sons, 1999.

mazenamento do manuseio e embalagem de materiais, enquanto procedimentos integrados em uma rede de instalações. A logística integrada serve para relacionar e sincronizar a cadeia de suprimentos geral enquanto um processo contínuo, e é essencial para a conectividade efetiva da cadeia de suprimentos.[2] Enquanto a finalidade do trabalho logístico se mantém essencialmente a mesma nas últimas décadas, a maneira pela qual o trabalho é desempenhado continua a mudar radicalmente.

O foco fundamental deste livro é a gestão da logística integrada. Entretanto, para estudar logística, o leitor deve ter um entendimento básico sobre a gestão da cadeia de suprimentos. As decisões da cadeia de suprimentos estabelecem a estrutura operacional na qual a logística é desempenhada. Como será revisado brevemente, uma mudança dramática continua a ocorrer na prática da cadeia de suprimentos. Assim, a melhor prática da logística, como é descrita neste livro, apresenta-se como um trabalho em progresso, sujeito a mudanças contínuas baseadas na natureza evolutiva da estrutura e da estratégia da cadeia de suprimentos. O Capítulo 2, Logística Enxuta (*Lean Logistics*) trata do renascimento que ocorre na melhor prática logística, e organiza o cenário para todos os capítulos que seguem.

À primeira vista, a gestão da cadeia de suprimentos talvez pareça um conceito vago. Muito já foi escrito sobre o assunto sem muita preocupação com definição básica, estrutura e vocabulário comum. Há confusões quanto à abrangência apropriada daquilo que constitui a cadeia de suprimentos, até que ponto envolve integração com outras empresas em contraste com operações internas, e como é implementada quanto às práticas competitivas. Para muitos administradores, o conceito de cadeia de suprimentos possui interesse intrínseco porque considera novos arranjos comerciais que oferecem potencial para melhorar o serviço ao consumidor. O conceito também implica uma estrutura altamente eficiente e efetiva de relações comerciais que servem para melhorar a eficiência, pela eliminação do trabalho não produtivo ou duplicado. Entender mais especificamente o que constitui a revolução da cadeia de suprimentos começa com a revisão da prática tradicional do canal de distribuição.

Para superar desafios de negociações comerciais, as empresas desenvolveram relações de negócios com outras companhias de produtos e serviços para conjuntamente desempenharem atividades essenciais. Essa reconhecida dependência foi necessária para alcançar benefícios de especialização. Administradores, após os primeiros anos da revolução industrial, começaram a planejar, estrategicamente, competências essenciais, especialização e economia de escala. O resultado foi a percepção de que trabalhar muito próximo a outros negócios era essencial para um sucesso continuado. Esse entendimento de que nenhuma empresa poderia ser totalmente auto-suficiente contrastava com noções anteriores de integração vertical de propriedade. A reconhecida dependência entre empresas de negócios determinou a análise do que ficou conhecido como *canais de distribuição ou de marketing.*

Devido à alta visibilidade de tipos diferentes de negócios, os estudos anteriores de arranjos de canal se caracterizaram pela classificação baseada em papéis específicos desempenhados durante o processo distributivo. Por exemplo, uma empresa pode ter sido criada para desempenhar os serviços agregadores de valor de um atacadista. Empresas que realizavam negócios com um atacadista possuíam expectativas em relação a que serviços receberiam e a que compensação deveriam pagar. Estudos aprofundados de canais específicos rapidamente identificaram a necessidade de liderança, de um grau de comprometimento com cooperação entre os membros do canal, e de meios para resolver conflitos. Aqueles que conduziram pesquisas em estrutura e estratégia de canal desenvolveram topologias para classificar práticas observáveis, desde uma única transação até relações comerciais contínuas altamente formalizadas.[3]

A característica conectiva da integração de canal era um conceito um tanto vago, no qual benefícios resultariam de cooperação. Entretanto, sobretudo pela falta de informação de alta qualidade, a estrutura geral de canal situava-se sobre uma base antagônica. Quando forçada a atuar, cada empresa do canal iria, primeira e principalmente, centrar-se em seus objetivos individuais. Assim, em última análise, as dinâmicas de canal eram muito freqüentemente caracterizadas pelo ambiente competitivo de gato e rato.

Durante a última década do século XX, a estratégia e a estrutura de canal começaram a se alterar radicalmente. Arranjos tradicionais do canal de distribuição se direcionaram para práticas mais colaborativas, que iniciaram com o rápido avanço dos computadores e das tecnologias de transferência de informações, e depois aceleraram com a explosão da Internet e da Rede Mundial de Internet (World Wide Web). A conectividade da Rede Mundial de Internet serviu para criar uma nova perspectiva.

---

[2] O Conselho de Gestão da Logística (*Council of Logistics Management*) desenvolveu a seguinte definição: "A logística é o processo de planejamento, implementação e controle da eficácia, da eficiência do fluxo e estocagem de mercadorias, serviços e informações relacionadas desde o ponto de origem ao ponto de consumo pela razão de estar de acordo com as necessidades do cliente".

[3] Por exemplo, veja Louis W. Stern, Adel I. El-Ansary e Anne T. Coughlan, *Marketing Channels*, 5th ed. Saddle River, NJ: Prentice Hall, 1996.

Modelo Geral da Cadeia de Suprimentos

O conceito geral de uma cadeia de suprimentos integrada é comumente ilustrado através de um diagrama linear que inter-relaciona as firmas participantes de uma unidade competitiva coordenada. A Figura 1-1 ilustra um modelo geral adaptado do programa da cadeia de suprimentos da Michigan State University.

O contexto de uma cadeia de suprimentos integrada implica uma gestão de relacionamento multiempresas, inserida numa estrutura caracterizada por limitações de capacidade, informações, competências essenciais, capital e de restrição de recursos humanos. Nesse contexto, a estrutura e a estratégia da cadeia de suprimentos resultam de esforços para conectar operacionalmente uma empresa aos clientes, assim como às redes de apoio à distribuição e aos fornecedores, a fim de ganhar vantagem competitiva. As operações de negócios estão, portanto, integradas desde a aquisição dos materiais iniciais até a entrega de produtos e serviços aos clientes finais.[4]

---

[4] Os clientes finais são definidos como pontos de destino em uma cadeia de suprimentos. Os clientes finais ou consomem um produto ou utilizam-no como uma parte ou componente integral de um processo ou produto adicionais. O ponto essencial é que o produto original perde sua configuração única quando consumido pelos clientes finais. Essa definição é desenvolvida em maiores detalhes no Capítulo 3.

O valor resulta da sinergia entre empresas que abarca a cadeia de suprimentos com respeito a cinco fluxos críticos: informação, produto, serviço, financeiro e conhecimento (veja a flecha bidirecional no alto da figura). A logística é o condutor básico de fluxos de produtos e de serviços dentro do arranjo da cadeia de suprimentos. Cada empresa engajada na cadeia de suprimentos está envolvida na execução da logística. Essa atividade logística poderá ou não estar integrada àquela firma e ao desempenho geral da cadeia de suprimentos. A realização da integração logística é o foco deste texto.

O arranjo geral da cadeia de suprimentos ilustrado pela Figura 1-1 conecta lógica e logisticamente uma firma e suas redes de distribuição e de fornecedores aos clientes finais. A mensagem passada pela figura é a de que o processo integrado de geração de valor deve ser administrado desde a compra de materiais até a entrega do produto/serviço ao cliente final.

A perspectiva de uma cadeia de suprimentos integrada se desloca de arranjos tradicionais de canais compostos por grupos de negócios independentes superficialmente ligados, que compram e vendem inventários entre si, para uma iniciativa coordenada gerencialmente, a fim de aumentar o impacto no mercado, a eficiência total, melhoramentos contínuos e competitividade. Na prática, muitas complexidades servem para obscurecer a simplicidade, ao se ilustrar as cadeias de suprimentos como diagramas de linha direcional. Por exemplo, muitas empresas indivi-

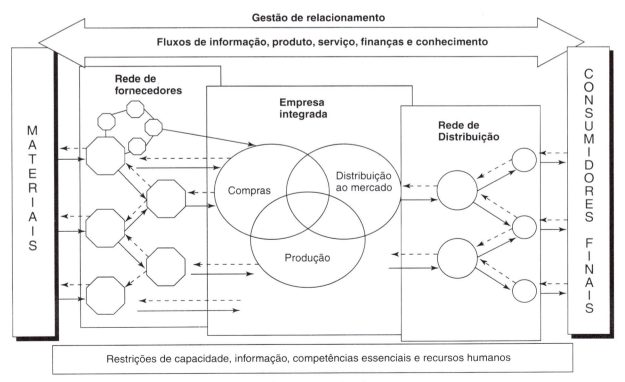

Fonte: Adaptado do Departamento de Cadeia de Suprimentos. Michigan State University.

Figura 1-1 Modelo geral da cadeia de suprimentos.

duais participam simultaneamente em cadeias de suprimentos múltiplas e competitivas. À medida que a cadeia de suprimentos se torna a unidade básica de competição, as empresas que participam de arranjos múltiplos podem se confrontar com questões de lealdade relacionadas a potenciais conflitos de interesse e de confidencialidade.

Outro fator que serve para adicionar complexidade ao entendimento da estrutura da cadeia de suprimentos é o alto grau de mobilidade e mudança observáveis em arranjos típicos. É interessante observar a fluidez de cadeias de suprimentos à medida que empresas entram e saem, sem perda aparente da conectividade essencial. Por exemplo, uma empresa e/ou prestadora de serviços podem estar ativamente envolvidas em uma estrutura da cadeia de suprimentos durante períodos selecionados, tais como os de pico de vendas, mas não durante o de balancete do ano. Para ilustrar a complexidade de tais arranjos virtuais da cadeia de suprimentos, alguns observadores optaram por explicar a estrutura resultante como sendo análoga à ***rede de valor***.[5] Uma descrição da rede de valor da complexidade da cadeia de suprimentos é ilustrada na Visão Setorial 1-1: Miller SQA*. A Tabela 1-1 identifica uma ampla variedade de estratégias diferentes para a cadeia de suprimentos.

O mais importante elemento que possibilita a gestão da cadeia de suprimentos é a tecnologia da informação. Além disso, o rápido aparecimento de arranjos da cadeia de suprimentos é conduzido por quatro forças relacionadas: (1) gestão integrada; (2) capacidade de resposta; (3) sofisticação financeira; (4) globalização. Essas forças vão continuar, em um futuro previsível, a conduzir as iniciativas de estratégia e de estruturas de cadeia de suprimentos em muitos setores.

Uma discussão mais aprofundada do impacto da tecnologia da informação no desempenho logístico está reservada para a Parte II deste livro. Uma breve análise de cada direcionador da cadeia de suprimentos oferece a fundamentação para se entender os desafios que a gestão da cadeia de suprimentos apresenta, ao tornar o desempenho logístico mais preciso.

Gestão Integrada

Em todos os aspectos das operações de negócios, a atenção se concentra na obtenção da gestão integrada. O desafio de se alcançar a gestão integrada resulta da duradoura tradição de desempenhar e avaliar os trabalhos sob uma base funcional. Desde a Revolução Industrial, o objetivo de alcançar a melhor prática concentrou a atenção gerencial na especialização funcional.[6] A crença predominante era a de que quanto melhor o desempenho de uma função específica, melhor a eficiência de todo o processo. Durante mais de um século, esse comprometimento fundamental com a eficiência funcional direcionou a melhor prática, visando à estrutura da organização, à avaliação de desempenho e à prestação de contas.

No âmbito da gestão, as empresas têm sido tradicionalmente estruturadas em departamentos para facilitar a atenção, o estabelecimento de rotinas, a padronização e o controle dos trabalhos. Práticas contábeis foram desenvolvidas para medir o desempenho dos departamentos. A maioria das medidas de desempenho se concentrou em funções individuais. Dois exemplos de medidas funcionais comuns são o custo por unidade de produção e o custo por tonelagem transportada. Avaliações e alocações de recursos interfuncionais foram comumente limitadas a custos comuns em todas as áreas funcionais de trabalho, tais como despesas gerais, mão-de-obra, serviços públicos, seguros, juros, e outros.

O desafio fundamental da gestão integrada é o de redirecionar a ênfase tradicional na funcionalidade para se concentrar na realização do processo. Nas últimas décadas, tem se tornado progressivamente mais evidente que as funções, individualmente mais bem desempenhadas em grupo, necessariamente não se combinam ou se agregam para alcançar custos totais mais baixos ou processos altamente eficazes. A gestão de processos integrados procura identificar e alcançar menor custo total ao detectar trocas compensatórias (*trade-offs*) existentes entre as funções. Para ilustrar com um exemplo logístico, uma empresa talvez seja capaz de reduzir custos totais ao despender mais em transporte mais rápido e mais confiável, porque o custo do inventário associado ao processo pode ser reduzido num valor maior do que aquele gasto em transporte mais caro. O objetivo da gestão integrada é atingir *o mais baixo custo de todo o processo*, e não a obtenção do custo mais baixo para cada função incluída no processo.

O conceito de trocas compensatórias e o objetivo de menor custo total têm um sentido lógico. Embora enganosamente simples, os administradores continuam a considerar uma tarefa difícil em suas operações diárias a identificação, medição e implementação de um processo para minimizar o custo total. A falta de dados de desempenho e medidas de custo capazes de quantificar trocas compensatórias em funções inter-relacionadas serviu para estimular o desenvolvimento de ferramentas integradoras como a Engenharia de Processo e o Custeio Baseado nas Atividades (ABC – Activity-Based Costing).[7]

---

[5] O termo foi introduzido por David Bovet e Joseph Martha, *Value Nets*. New York, NY: John Wiley & Sons, 2000. Ernest & Young caracterizam essas redes complexas e conectadas da cadeia de suprimentos como *teias de valor*. Veja Ernst & Young, "Supply Chain Management in the Connected Economy", *Advantage 99 Forum*, 1999.

* N. de T.: Miller SQA representa um conceito desenvolvido por Herman Miller que significa *simple, quick and affordable*, ou seja, simples, rápido e pagável. Esse conceito aparece mais bem definido no quadro Visão Setorial 1.1.

[6] Frederick W. Taylor, *Scientific Management* (New York, NY: W.W. Norton, 1967).

[7] Essas ferramentas de integração são discutidas nos Capítulos 15 e 18, respectivamente.

Visão Setorial 1-1   Miller SQA como Rede de Valor

O fabricante de móveis para escritório Herman Miller criou uma nova unidade, a Miller SQA, que oferece um excelente exemplo de projeto de rede de valor. A Miller SQA, tal como sua empresa originária, produz móveis para escritório, mas com uma diferença. Seus produtos e toda a experiência de compra de móveis são desenvolvidos para serem "simples, rápidos e pagáveis".

- Todo o sistema de produção e entrega da SQA está alinhado ao consumidor e às demandas de compradores específicos: pequenos negócios e outros que valorizam mais velocidade e simplicidade do que escolha ilimitada. A SQA também individualiza o produto para cada comprador através de uma interface digital de configuração de pedido.

- Arranjos colaborativos com os fornecedores permitem a Miller SQA manter inventário mínimo (de um a dois dias, na metade de 1999), e pontos centrais de fornecedores próximos à instalação da SQA entregam os componentes *nos prazos estabelecidos*. As atividades ocorrem paralelamente, em vez de seqüencialmente. À medida que os pedidos chegam, informações relevantes são transmitidas aos fornecedores, quatro vezes ao dia, para que o reabastecimento de peças, a montagem de pedidos e arranjos logísticos possam começar simultaneamente.

- Processos de fornecimento e produção são ajustados para minimizar manuseio e maximizar a velocidade. O tempo do pedido até a entrega pode levar apenas dois dias, comparando-se com a média do setor, que é de dois meses.

- Fluxos de informação digital – entre consumidores, SQA e fornecedores – orquestram a produção sem reparos e permitem que a empresa cumpra com os compromissos de entrega no tempo estabelecido.

- A SQA tem mantido sua linha de produção com simplicidade, garantindo agilidade para atender à demanda do consumidor.

A clareza de percepção da Miller SQA, o projeto de rede de valor anteriormente descrito e sua realização exemplar têm sido extremamente bem-sucedidos. Os pedidos têm sido atendidos com 99,6% de presteza, sem falhas. A lucratividade é excelente, e as vendas estão crescendo numa taxa de 25% ao ano.

A SQA não está sozinha. Nossas entrevistas com mais de 30 empresas confirmam que o conceito de rede de valor está se espalhando. Alguns dos melhores exemplos que vemos são de empresas novas, quase sempre baseadas na Internet, que gozam do privilégio criar seus projetos de negócios em uma ficha limpa. Outras, como a SQA, introduzem os conceitos novos numa única divisão de uma grande corporação. Entretanto até mesmo empresas inteiras com cadeias de suprimentos estabelecidas podem adotar um projeto de rede de valor com bons resultados.

Fonte: David Bovet e Joseph Martha, *Value Nets* (New York: John Wiley & Sons, Inc., 2000), p. 8-9.

Três facetas importantes da lógica da cadeia de suprimentos resultaram da progressiva atenção dada à gestão integrada: (1) colaboração, (2) extensão da empresa e (3) prestadores de serviços integrados.

Colaboração

Como discutido anteriormente, a história dos negócios tem sido dominada pelo desejo de cooperar, embora sempre obscurecido pela estrutura competitiva. Enquanto a com-

---

Tabela 1-1   Estratégias bem-sucedidas da cadeia de suprimentos

Um estudo recente da Accenture revelou seis diferentes, mas igualmente bem-sucedidas, estratégias da cadeia de suprimentos.

- Direcionamento à Saturação do Mercado: Centralização na geração de margens de lucro altas por meio de marcas fortes e de um *marketing* e de uma distribuição onipresentes;
- Agilidade Operacional: Configuração de ativos e operações para reagir agilmente às tendências emergentes de consumidores ao longo das linhas de categoria de produtos ou de regiões geográficas;
- Orientação para Novidades: Obtenção de um preço-prêmio ao oferecer ao consumidor um produto mais novo do que os dos competidores;
- Personalização de Clientes: Utilização da personalização em massa para construir e manter relações próximas com os consumidores finais através de vendas diretas;
- Otimização Logística: Ênfase no equilíbrio entre eficiência e efetividade na cadeia de suprimentos;
- Atenção à Comercialização: Priorização do "preço baixo, melhor valor" para o consumidor (assim como na estratégia de otimização logística, mas concentrando-se menos na marca do que no serviço dispensado aos clientes).

Fonte: Reimpresso com permissão, *Supply Chain Management Review*, March/April 2000, p.29.

Visão Setorial 1-2   Construindo uma Cadeia de Suprimentos de Classe Mundial Sem Falhas

A Limited Logistics Services, empresa subsidiária da The Limited, tem a tarefa complexa e desafiadora de oferecer apoio em cadeia de suprimentos para 11 negócios de varejo da The Limited, e suas respectivas operações de catálogos. Sua missão-alvo é gerenciar com eficácia a complexidade da cadeia de suprimentos globalizada. Essa empresa varejista de especialidades, no valor de $9,2 bilhões, opera mais de 5.600 lojas em toda a América do Norte. Mais de 4.500 companhias associadas estão envolvidas, em um processo de compra de mercadorias em mais de 60 países, entregando-as nas lojas.

"Estamos trabalhando constantemente para acelerar o fluxo de nossos produtos de moda e especializados, a partir de vendedores em 60 países diferentes, para nossas lojas e para nossos clientes de comércio eletrônico e de catálogo", explica Nicholas J. LaHowchic; presidente e diretor geral (CEO) da Limited Logistics Services. "Estamos sempre nos perguntando: Como agregar valor às iniciativas de nossa marca? Como usar a cadeia de suprimentos enquanto arma competitiva? Como retirar o tempo do ciclo de nosso processo? Como ser mais ágeis?".

Criar relacionamentos próximos com outras partes do negócio é extremamente importante para LaHowchic porque a execução da estratégia da cadeia de suprimentos depende da integração dos processos mais importantes da The Limited. Esses processos incluem vendas através de lojas/catálogo, distribuição logística, produção, planejamento de venda/volume, projeto e marketing, pesquisa e desenvolvimento (P&D), finanças, tecnologia da informação e gestão de atendimento.

"A integração da cadeia de suprimentos começa realmente com o objetivo de satisfazer as demandas dos consumidores", diz LaHowchic. "Essa crença fundamental causa impacto em tudo o que fazemos na cadeia de suprimentos. Procuramos elevar o nível de qualidade da cadeia para responder mais efetivamente à demanda do consumidor. Para tanto, precisamos otimizar as informações e os fluxos de produto através de processos de negócios ligados e interdependentes – desde a produção de matérias-primas até a venda do produto final".

A tecnologia é um agente possibilitador essencial nesse processo de integração da cadeia de suprimentos. A Limited Logistics Services implementou um sistema de gestão de transporte para lidar com o fluxo mundial de mercadorias e um sistema de gestão de armazenamento para operações de gestão e reposição de inventário. Um sistema de planejamento avançado também está integrado aos sistemas comerciais da The Limited.

Na opinião de LaHowchic, os sistemas de informação terão um papel ainda mais importante ao promover todas as capacidades da cadeia de suprimentos da organização nos anos que virão. "Estamos nos movendo rapidamente em direção a uma interface completa de comércio eletrônico com nossos fornecedores principais e prestadores de serviços logísticos", diz o executivo. "Ao mesmo tempo, mais e mais consumidores da The Limited estão fazendo suas compras *online*. Queremos reestruturar nossos sistemas empresariais para servir mais eficientemente todos os nossos consumidores – independentemente de como compram".

Uma das crenças fundamentais de LaHowchic é a de que a gestão da cadeia de suprimentos pode agregar valor de várias maneiras importantes. Essas incluem:

- Crescimento Lucrativo – Garantindo uma execução quase perfeita do fluxo da cadeia de suprimentos; participando, de modo proativo, na estratégia e na execução da inserção de produtos no mercado;

- Maximização da Qualidade – Elevando a qualidade do produto, dos processos e dos serviços; acelerando o tempo do ciclo nos canais do mercado;

- Reduções no Capital de Giro – Aumentando o giro dos inventários, minimizando os dias de suprimento necessários ao inventário;

- Eficiência do Capital Fixo – Determinando com exatidão o número, o tamanho e a localização dos pontos de embarque; utilizando produtiva e efetivamente o investimento em ativos fixos;

- Otimização do Custo Globalizado – Alavancando alternativas de encargos alfandegários; alavancando alternativas de cotas.

Ao escolher uma abordagem para agregar valor à gestão da cadeia de suprimentos, a Limited Logistics Services acredita que está elevando a qualidade total – tanto nos produtos como nos processos que levam o produto ao mercado. Elevar a qualidade também ajuda a alavancar os recursos através da organização da cadeia de suprimentos da The Limited, o que possibilita à Limited Logistics Services concentrar-se mais intensamente na construção de uma competência organizacional que atue sem erros e eficazmente dentro da empresa.

Fonte: Francis J. Quinn, "Building a Seamless World-Class Supply Chain", *Supply Chain Yearbook 2000*, p. 43-44.

petição continua como o modelo dominante, que guia as economias de mercado livre, a crescente importância da colaboração situa a cadeia de suprimentos como uma unidade básica de competição. Na atual economia globalizada, os arranjos de cadeia de suprimentos competem uns com os outros pela lealdade do cliente. Cadeias de suprimentos dominadas pela Sears, K-Mart, Target e Wal*Mart são competidores diretos em vários mercados. Alinhamentos semelhantes da cadeia de suprimentos podem ser observados em setores que variam do entretenimento até os automotivos e químicos. A estratégia globalizada da Limited Logistics Services (veja Visão Setorial 1-2) delineia a complexidade da gestão moderna da cadeia de suprimentos.

O estímulo geral para arranjos institucionalizados de trabalho colaborativo foi o decreto de 1984, do Ato Nacional da Pesquisa e de Desenvolvimento Cooperativos (*The National Cooperative Research and Development Act*), que expandiu seu alcance através das Emendas de Produção (*Production Amendments*) de 1993.[8] Essa legislação nacional e sua modificação subseqüente assinalaram uma mudança fundamental na tradicional filosofia antitruste do Departamento de Justiça americano. A legislação básica, suplementada pelas regulamentações administrativas, encorajou empresas a desenvolverem iniciativas colaborativas, num esforço para elevar a competitividade globalizada de empresas com base nos Estados Unidos. A percepção abrangente de que a cooperação é tanto permitida quanto encorajada serviu para estimular a formação de arranjos de cadeia de suprimentos.

Enquanto todas as formas de colusão de preço se mantêm ilegais, a legislação colaborativa serviu para facilitar a troca interorganizacional de operações de informação, tecnologia e risco como meios de aumentar a competitividade. A resposta foi uma grande variedade de novos e inovadores arranjos operacionais. Um desses desenvolvimentos foi a perspectiva crescente da empresa expandida.

Extensão da Empresa

O impulso central da **extensão da empresa** aumentou a influência e o controle gerencial para além das fronteiras de propriedade de uma única empresa, visando a facilitar planejamento e operações conjuntas com clientes e fornecedores. A crença fundamental é a de que um comportamento colaborativo entre empresas que integrem processos maximizará o impacto ao cliente, reduzirá o risco total, melhorando sensivelmente a eficiência. A extensão da empresa se constrói sobre dois paradigmas básicos: compartilhamento de informações e especialização de processos.

---

[8] No dia 11 de outubro de 1984, o presidente Reagan assinou o Ato de Pesquisa Cooperativa Nacional de 1984 (Lei Pública 98-463), no esforço de "promover pesquisa e desenvolvimento, encorajar inovação, estimular os negócios e fazer modificações necessárias e apropriadas na operação das leis antitruste". Essa lei permite que atividades de pesquisa e de desenvolvimento sejam desempenhadas conjuntamente, até o ponto em que os protótipos sejam desenvolvidos. A lei determinou, posteriormente, que o litígio antitruste estava baseado na norma da razão, levando em conta todos os fatores que afetam a competição. Uma emenda a esse Ato foi assinada na lei pelo presidente Clinton, em junho de 1993. As Emendas da Produção Cooperativa Nacional, de 1993 (Lei Pública 103-42), permitem às *joint ventures* irem além da pesquisa apenas, incluindo a produção e o teste de um produto, processo ou serviço. Isso criou um novo ato, denominado Ato Nacional de Pesquisa e Produção Cooperativos, de 1993, para substituir o de 1984. Além disso, o novo ato estabeleceu um procedimento para os negócios, de notificarem o Departamento de Justiça e a Comissão Federal dos Negócios a respeito de seus arranjos cooperativos, a fim de qualificá-los para "limitação de danos únicos sobre responsabilidade civil antitruste".

O **paradigma do compartilhamento de informações** é a reconhecida crença de que a obtenção de um alto grau de comportamento cooperativo requer que os participantes da cadeia de suprimentos voluntariamente compartilhem informações operacionais e planejem estratégias de forma conjunta. O escopo de colaboração interempresarial deve ultrapassar o histórico de vendas para incluir planos que detalhem promoções, introdução de novos produtos e operações do dia-a-dia. Veja em Visão Setorial 1-3 um exemplo de colaboração entre principais fornecedores da indústria automotiva.

É importante enfatizar que o compartilhamento de informações para sustentar a colaboração não deve se limitar a dados históricos, ou até mesmo precisos, de vendas. Mais importante do que isso é a vontade de compartilhar informações estratégicas sobre atividades futuras para facilitar o planejamento conjunto. O princípio condutor é o de que o compartilhamento de informações entre os participantes da cadeia de suprimentos é essencial para que possam, coletivamente, atender ao que demandam os clientes, mais rápida e eficientemente.

O **paradigma da especialização de processo** é o comprometimento em implantar arranjos colaborativos no planejamento de operações conjuntas direcionadas à eliminação de tarefas não produtivas ou que não agreguem valor, pelas empresas da cadeia de suprimentos. A idéia básica é a de projetar todos os processos da cadeia de suprimentos de modo a identificar a responsabilidade e a viabilidade financeira de uma empresa específica para desempenhar cada elemento do trabalho essencial, maximizando os resultados totais.

Empresas que participam de uma cadeia de suprimentos têm papéis específicos e compartilham objetivos estratégicos. O compartilhamento de informações e o planejamento conjunto podem reduzir o risco relacionado à situação do inventário e aumentar a velocidade dos movimentos. Colaborar pode eliminar trabalhos duplicados ou redundantes, como inspeção repetitiva da qualidade, ao designar e fortalecer um membro específico da cadeia de suprimentos, tornando-o inteiramente responsável pela prestação de contas. Essa integração empresarial estendida introduziu novos desafios no que se refere a métricas de desempenho, compartilhamento de benefícios e riscos, confiança, liderança e resolução de conflitos. É claro que os desafios de colaboração e de extensão empresarial constituem novos horizontes gerenciais. Uma terceira força a contribuir para o desenvolvimento da cadeia de suprimentos é a rápida mudança da atitude gerencial em relação a prestadores de de serviços integrados.

Prestadores de Serviços Integrados

Como foi observado anteriormente, as origens dos negócios contemporâneos eram fundamentadas na especialização funcional. Não é surpresa que empresas de-

Visão Setorial 1-3   Montagem Modular no Brasil*

A Daimler Chrysler construiu uma pequena fábrica no Brasil, um dos mercados automotivos de mais rápido crescimento potencial no mundo. Estava determinada a demonstrar como um participante de um nicho da indústria automotiva poderia fazer dinheiro em um mercado em desenvolvimento.

A fábrica da DaimlerChrysler baseia-se no conceito de "modularidade", em que fornecedores montam dúzias de peças em painéis de instrumentos ou em unidades de suspensão, e o fabricante então monta os vários módulos. Especialistas do setor calculam que essa reformulação básica da manufatura automotiva poderia cortar custos de produção em milhares de dólares por veículo. Os executivos da Daimler Chrysler dizem que o projeto flexível de suas fábricas possibilita responder rapidamente às alterações do mercado, aumentando a produção ou adicionando novos modelos se necessário.

Na fábrica brasileira de $315 milhões da DaimlerChrysler, em que se produz as picapes Dakota, a inovação de fabricação mais radical é conhecida como o chassi rolante. Em uma fábrica que dista quase 3,5 km da DaimlerChrysler, a Dana Corp., de Toledo, Ohio, monta a carcaça, os eixos, os freios e as rodas – um total de 320 peças, completas, com pneus completamente cheios – tudo em apenas 108 minutos após o recebimento de um pedido pelo computador. Entregues em seqüência com a linha de montagem da DaimlerChrysler, os chassis "rolam" para a fábrica da DaimlerChrysler para se juntarem a motores, transmissões e latarias, enquanto operários os empurram através da fábrica em carretas que surgem do interior da linha de produção. Tudo isso é parte de uma dança coreografada por computadores que acontece simultaneamente em várias fábricas nessa parte do Brasil, tão logo os operários da DaimlerChrysler começam a retirar os painéis de metal das caixas de papelão as quais são enviadas dos Estados Unidos.

O chassi da Dana representa algo em torno de um terço do valor da Dakota, uma participação muito maior do que qualquer unidade individual de fornecimento poderia obter na fabricação tradicional de automóveis. O presidente da DaimlerChrysler, Robert Eaton, diz que a companhia ainda não pensa em levar o chassi rolante para os Estados Unidos, mas afirma que outros elementos da montagem modular poderiam ser transferidos.

No Brasil, o chassi rolante permitiu que a DaimlerChrysler contratasse menos pessoal e tornasse sua fábrica menor, reduzindo o investimento inicial e diminuindo o tempo de início da produção. O chassi rolante também oferece à DaimlerChrysler grandes descontos em encargos de importação para peças e equipamentos; e para os milhares de outros veículos que traz dos Estados Unidos ao Brasil. Porque a Dana monta os chassis rolantes no Brasil, a DaimlerChrysler pode registrar o valor inteiro da unidade como local, possibilitando que importe dos Estados Unidos outras peças, como painéis da carcaça, motores e transmissões. Se a DaimlerChrysler fizesse o chassi em sua própria fábrica, poderia creditar como local apenas as peças que de fato produz no Brasil.

A DaimlerChrysler iniciará suas atividades lentamente, produzindo algo em torno de 5.000 caminhonetes este ano, e 12.000 no ano que vem. Com um investimento adicional de menos de $100 milhões, poderia adicionar mais uma linha de montagem, aumentando sua capacidade para 40.000 veículos anualmente, num prazo de dois anos, porém os fornecedores dizem que os planos atuais demandam uma produção de 23.000 veículos em 2002.

Fonte: Gregory L. White, "Chrysler makes Manufacturing Inroads at Plant in Brazil", *The Wall Street Journal,* August 13, 1998, p. 1.

---

senvolvessem práticas de terceirização de serviços para empresas especializadas em desempenhar funções específicas. Os dois tradicionais prestadores de serviços logísticos são os especialistas em transporte e em armazenamento.

O setor de transporte contratado consiste em milhares de transportadores que se especializam na movimentação de material entre locais geográficos. Ao longo dos anos, surgiu uma rede abrangente de transportadoras, oferecendo aos embarcadores (*shippers*) uma grande variedade de serviços, utilizando todas as formas e modos de transporte e tecnologia afins. A proposta de valor de um transporte contratado está baseada em especialização, eficiência e economias de escala. O valor é gerado pela capacidade de transportador oferecer serviços de transporte compartilhados para embarcadores múltiplos. As alternativas de transporte para os embarcadores são ou investir capital em equipamentos ou operações de transporte ou aderir a serviços de transportadores especializados. Naturalmente, um grande número de empresas desenvolve soluções de transporte que combinam os benefícios dessas duas alternativas.

Além do transporte, um grande número de companhias de serviços oferece tradicionalmente serviços de armazenamento. Tradicionalmente chamados de *armazéns públicos*, essas empresas oferecem estocagem de produtos suplementada por outros serviços especializados. Ganham-se dois benefícios significativos quando embarcadores usam armazéns públicos. O primeiro é a eliminação de investimento de capital na construção de armazéns. O segundo é a capacidade de consolidar embarques pequenos para entregas de produtos combinados com outras empresas que usam o mesmo armazém público. Tal consolidação de multiexpedição alcança uma eficiência de

---

* N. de T.: É importante ressaltar que o exemplo vale como ilustração de um dado contexto histórico embora os negócios da DaimlerChrysler no Brasil tenham sido encerrados.

transporte que não é comum quando uma empresa despacha de seu próprio armazém. Muitas empresas combinam armazéns públicos e privados em uma estrutura de distribuição ao mercado.

Em 1980, o cenário de serviços contratados nos Estados Unidos mudou significativamente. Em poucos meses, a infra-estrutura econômica e política de transportes nos Estados Unidos sofreu uma desregulamentação resultante da aprovação da Reforma Regulamentar de Transporte Motor e o Ato de Modernização (MCA-89) e o Ato Stagger das Ferrovias.[9] Essas mudanças na legislação provocaram o início da tendência para o mercado livre de transporte, que resultou em menos normas governamentais para todas as formas de transporte. Com o passar do tempo, essa tendência se estendeu mundialmente para desregulamentar o transporte na maioria das nações industrializadas de mercados livres.

Em contraste com o transporte, empresas envolvidas com o armazenamento público não haviam sido operacionalmente regulamentadas pelos governos estaduais ou federais. A maioria das empresas de armazenamento não oferecia serviços de transporte para evitar tal regulamentação. Entretanto, com a desregulamentação do transporte, essa prática logo se alterou. Da noite para o dia empresas de armazenamento começaram a oferecer serviços de transporte. Da mesma maneira, muitas transportadoras começaram a oferecer aos clientes serviços de armazenamento integrados.

O que ocorreu no setor de serviços logísticos foi uma mudança radical, de contratação de uma única função para uma contratação multifuncional. Prestadores de serviços integrados (ISPs – Integrated Service Providers) começaram a oferecer ao mercado uma gama de serviços logísticos que incluía todo o trabalho necessário para a prestação de serviço aos clientes, desde a entrada do pedido até a entrega do produto. Em muitas situações, a base fundamental de serviços de transporte e armazenamento aumentou com o desempenho de uma vasta gama de serviços especiais.[10] Esses serviços personalizados às exigências do cliente são comumente descritos como *serviços com valor agregado*. Por exemplo, a United Parcel Service (UPS) estoca sapatos e outros acessórios Nike em seu armazém, em Louisville, e processa pedidos de hora em hora. Toda a comunicação relacionada e a administração financeira são manipuladas por uma central de pedidos da UPS em San Antonio. Na verdade, a Nike efetivamente terceirizou a logística básica e os serviços agregadores de valor a ela relacionados para a UPS.[11]

O nome comum usado no setor para descrever os ISPs é **provedores de serviços logísticos terceirizados** (3PLs)*. Em um sentido geral, empresas de terceirização são comumente classificadas como tendo ou não base em ativos, sendo que as empresas com base em ativos são proprietárias e operam os equipamentos de transporte e as instalações dos armazéns. Em contraste, as empresas de serviços sem base em ativos são especializadas em oferecer serviços abrangentes de informação que facilitem os arranjos da cadeia de suprimentos. Tais prestadores de serviços sem base em ativos arranjam e integram serviços, usando serviços de operadores com base em ativos em favor de seus clientes.

O mercado de serviços logísticos terceirizados em 2000 foi estimado em $56,4 bilhões, com um crescimento projetado de 24% para atingir $70 bilhões em 2001.[12] O crescimento de prestadores de serviços integrados torna mais fácil tanto a formação como a desmontagem de arranjos da cadeia de suprimentos. Dessa forma, os participantes da cadeia de suprimentos têm a oportunidade de aderir às possibilidades do que representa uma rede estrutural logística virtual. Essa terceirização ajuda a facilitar a gestão integrada voltada para o processo.

Como foi discutido, o advento da colaboração, da visão da empresa estendida e da elevada disponibilidade de prestadores de serviços integrados combinaram-se para direcionar soluções radicalmente novas à cadeia de suprimentos. A noção de benefícios colaborativos serviu para solidificar a importância das relações entre empresas que cooperam dentro da cadeia de suprimentos. A lógica da empresa estendida estimulou visões de crescentes eficiência e eficácia, como resultado do compartilhamento de informações, de planejamento e de especialização operacional entre os participantes da cadeia de suprimentos. A desregulamentação dos transportes serviu como catalisador para desenvolver a prestação de serviços integrados. Esse desenvolvimento redefiniu e expandiu o alcance de serviços especializados disponíveis para facilitar as operações da cadeia de suprimentos. De forma combinada, esses três direcionadores ajudaram a criar a gestão integrada da cadeia de suprimentos. Serviram para identificar e solidificar os benefícios estratégicos da gestão integrada, combinando-se para reforçar o valor da especialização na competência essencial e para listar os desafios e oportunidades na criação de arranjos virtuais de cadeias de suprimentos. No Capítulo 6, a

---

[9] Leis Públicas 96-296 e 96-488, respectivamente. Essas leis, bem como as demais resumidamente apontadas aqui, são discutidas em maiores detalhes no Capítulo 12.

[10] Para uma revisão abrangente dos serviços oferecidos por provedores terceirizados de logística, ver "Recognizing 3PL Excellence", *Inbound Logistics*, July 2000, pp. 47-49.

[11] Kelly Barron, "Logistics In Brown", *Forbes*, January 10, 2000, p. 78.

* N. de T.: Do inglês, *Third-party Logistics Providers*.

[12] Robert V. Delaney, Twelfth Annual "State of Logistics Report", apresentado ao National Press Club. Washington, DC, June 4, 2001.

gestão integrada é examinada no âmbito da empresa individual, no aspecto local e nos desafios da globalização.

Capacidade de Resposta

É possível afirmar que os desafios e benefícios da gestão integrada ofereceram razões suficientes para a revolução da cadeia de suprimentos. Entretanto, outros direcionadores básicos tornam os arranjos da cadeia de suprimentos ainda mais interessantes. Uma mudança fundamental no paradigma do pensamento estratégico ocorreu em decorrência do desenvolvimento da tecnologia de informação. A conectividade das informações criou o potencial para desenvolver modelos de negócios baseados na capacidade de resposta. Para elaborar as implicações de largo alcance desse importante desenvolvimento, é bastante útil contrastar a tradicional prática *antecipatória* de negócios com o emergente modelo de negócios baseado no tempo de resposta.

Modelo de Negócios de Base Antecipatória

Desde a revolução industrial, o modelo de negócios dominante encorajou a antecipação das exigências do cliente. Como as informações referentes ao comportamento de compra não estavam prontamente disponíveis e as empresas superficialmente conectadas em canais de distribuição não se sentiam obrigadas a compartilhar seus planos, as operações de negócios eram direcionadas por previsões. O produtor comum fabricava produtos baseado na previsão de mercado. Da mesma maneira, atacadistas, distribuidores e varejistas adquiriam o inventário, baseados em suas previsões e planos de promoções individuais. Uma vez que os resultados das previsões eram muito freqüentemente incorretos, ocorriam descontinuidades consideráveis entre o que as empresas planejavam fazer e o que realmente acabavam fazendo. Tais descontinuidades resultavam quase sempre num montante de inventário inesperado. Devido ao custo e altos riscos associados à condução dos negócios em uma base antecipatória, o relacionamento que se mantinha entre parceiros comerciais era antagônico; cada empresa precisava proteger seus próprios interesses.

A Figura 1-2 ilustra os estágios típicos de um modelo de negócios antecipatório: previsão, compra de materiais, produção, armazenamento, venda e, então, a entrega. Em empresas não manufatureiras, as operações envolviam a compra antecipatória de sortimentos de inventário para atender a vendas esperadas. O ponto chave é que quase todo o trabalho essencial era desempenhado em antecipação às futuras necessidades. A probabilidade de se avaliar mal as necessidades do cliente final conferiu ao modelo antecipatório de negócios um alto risco. Além disso, cada firma no canal de distribuição duplicava o processo antecipatório.

Modelo de Negócios com Base na Resposta

A diferença fundamental entre arranjos de cadeia de suprimentos com base antecipatória e com base na resposta está na avaliação da questão tempo (*timing*). O modelo de negócios baseado na resposta procura reduzir ou eliminar a confiança na previsão com o planejamento conjunto e com a troca rápida de informações entre os participantes da cadeia de suprimentos.

A disponibilidade de informação de baixo custo criou a *competição baseada no tempo*. Os administradores estão cada vez mais trocando informações para melhorar tanto a velocidade como a exatidão da logística da cadeia de suprimentos. Exemplificando, os administradores podem compartilhar informações para aperfeiçoar a precisão da previsão ou até para eliminar as previsões em um esforço de reduzir a disposição antecipada de inventário. Essa transformação de negócios com bases antecipatórias para negócios com base na resposta é possível porque os administradores de hoje podem rapidamente obter e compartilhar informações precisas de venda e também podem exercer um melhor controle operacional. Quando todos os membros da cadeia de suprimentos sincronizam suas operações, apresentam-se oportunidades para reduzir o inventário total e para eliminar práticas duplicadas de custo. Mais importante ainda, os clientes podem ter os produtos que querem e de forma rápida.

A Figura 1-3 ilustra o modelo de negócios baseado na resposta que produz ou monta produtos a partir dos pedidos dos clientes. A diferença fundamental é a seqüência de eventos que dirige a prática dos negócios. Nota-se também, em comparação à Figura 1-2, a quantidade de passos exigidos para finalizar o processo de base na resposta. Um menor número de passos geralmente resulta em menores custos e em intervalo de tempo menor, desde o aceite do pedido até a entrega. A seqüência com base na resposta é iniciada pela venda, seguida pela seqüência da compra de materiais, produção adequada às exigências do cliente e entrega direta ao cliente. De várias maneiras, o modelo de negócios baseado na resposta é parecido com a produção por encomenda tradicional. As diferenças essenciais entre operações modernas de base na resposta e a produção tra-

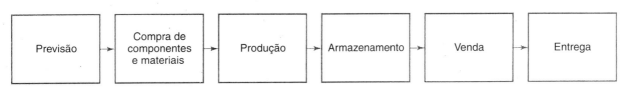

Figura 1-2 Modelo de negócios de base antecipatória.

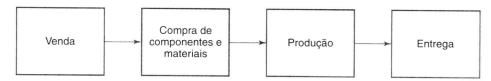

Figura 1-3 Modelo de negócios com base na resposta.

dicional por encomenda são o tempo de execução e o grau de personalização em massa (*mass customization*).

Quanto ao tempo para executar o pedido para entrega, o sistema contemporâneo com base na resposta é substancialmente mais rápido do que a fabricação tradicional por encomenda. Por exemplo, computadores projetados de acordo com exigências específicas podem ser construídos e entregues aos clientes finais em três dias ou menos. A reposição diária de produtos de consumo nos inventários de lojas de varejo tem se tornado prática comum. Automóveis construídos de acordo com exigências específicas estão sendo prometidos para serem entregues dentro do período de 10 dias úteis, com o objetivo de reduzir ainda mais o ciclo do pedido a entrega. Tais ciclos reduzidos de pedido a entrega não podiam nem ser imaginados alguns anos atrás.

Talvez um atributo ainda mais atraente das cadeias de suprimentos baseadas na resposta seja seu potencial único de personalizar os produtos em pedidos menores, comparado ao lote comum da produção tradicional por encomenda. O advento da conectividade com o cliente final, via rede, propiciando comunicações interativas, está acelerando a adoção dessa personalização. Na maioria dos tradicionais sistemas de distribuição de base antecipatória, o cliente era um participante passivo. O único poder que tinha no processo era a decisão de comprar ou não comprar. O envolvimento direto de clientes em um processo de base na resposta possui três benefícios imediatos. Primeiro, o envolvimento do cliente oferece amplas possibilidades de procura que servem para expandir a gama de fontes e escolhas, consideradas no momento da seleção do produto ou serviço. Segundo, os clientes estão mais bem informados sobre preços e, em algumas situações, são capazes de induzir vantagens de preços em função de concorrências e/ou propostas que fazem. Finalmente, o sistema com base na resposta e em intensa troca de informação oferece inovações tal como o *quadro de escolhas do cliente*, com o qual clientes podem projetar ou especificar a configuração própria de seus produtos.[13] A Visão Setorial 1-4 trata dos benefícios dos quadros de escolha, tanto para fornecedores como para consumidores.

Adiamento*

Na essência da competitividade baseada no tempo está a capacidade de adiar a produção e o *timing* da realização logística. O conceito de adiamento tem sido bastante discutido nas literaturas sobre administração.[14] Entretanto, exemplos práticos envolvendo adiamento estão diretamente relacionados aos avanços da tecnologia de informação.

Estratégias e práticas de adiamento servem para reduzir o risco antecipatório no desempenho da cadeia de suprimentos. Como apontado anteriormente, arranjos antecipatórios exigem que a maior parte do inventário seja produzida e distribuída com base em previsões ou necessidades planejadas. Arranjos de trabalho que permitem o adiamento da produção final ou da distribuição de um produto até o recebimento de um pedido de cliente, reduzem a incidência de produção inadequada ou disposição incorreta de inventário. Dois tipos de operações de adiamento são comuns na cadeia de suprimentos com base na resposta: (1) adiamento de produção ou de *forma*; e (2) adiamento geográfico ou *logístico*.

Adiamento de Produção

O clima competitivo e globalizado do século XXI está facilitando o desenvolvimento de novas técnicas de produção projetadas para aumentar a flexibilidade e a capacidade de resposta, ao mesmo tempo que mantém o custo e a qualidade por unidade. A prática tradicional concentrou-se em alcançar economia de escala a partir do planejamento de longos turnos de produção. De outro modo, a lógica da produção flexível e enxuta é conduzida pelo desejo de aumentar a capacidade de resposta às exigências dos clientes.

---

* N. de R.: No original, postponement. No Brasil, também se usa postergação. Optou-se pelo termo adiamento para definir a estratégia de transferir uma operação para mais perto do consumidor. Exemplo disso é a colocação de acessórios de automóveis pelas concessionárias.

[13] Adrian J. Slywotzky, "The Age of the Choiceboard", *Harvard Business Review*, January-February 2000, pp. 40-41; e Jarrus D. Pagh e Martha C. Cooper, "Supply Chain Postponement and Speculation Strategies: How to Choose the Right Strategy", *Journal of Business Logistics*, 19, no. 2 (1998), pp. 13-28.

[14] Wroe Alderson, *Marketing Behavior and Executive Action*. Homewood, IL: Richard D. Irwin, Inc., 2957. p. 426. Para a discussão moderna de adiamento, veja B. Joseph Pine, II, Bart Victor and Andrew C. Boyton, "Making Mass Customization Work", *Harvard Business Review*, September-October 1993, pp. 108-09.

Visão Setorial 1-4   A Era do Quadro de Escolhas (*Choiceboard*)

Tradicionalmente, aos clientes apresentam-se escolhas limitadas dentro de uma categoria de produtos, baseadas nas previsões dos fornecedores sobre demandas futuras. Talvez haja um mínimo de personalização das especificações no momento de compra, mas geralmente a gama de escolhas é fixada muito antes de os clientes comprarem. Se as previsões de demanda se mostram imprecisas, os fornecedores precisam praticar descontos na comercialização de mercadorias para se descartarem delas.

Então, como um sistema, que é inadequado tanto para os clientes como para as companhias, continua a operar? Historicamente, não tem havido alternativas. O movimento lento e impreciso de informação a montante dos canais de suprimentos e de mercadorias à jusante implica que o processo de produção precisa começar muito antes de a informação precisa sobre a demanda existir. Todo o nosso setor industrial opera com base na adivinhação.

Graças à Internet, uma alternativa para o tradicional e insatisfatório modelo de interação fornecedor/cliente finalmente está se tornando possível. Em todos os tipos de mercado, os clientes em breve poderão descrever exatamente o que querem, e os fornecedores poderão entregar o produto ou o serviço desejado sem problemas ou atrasos. Isso será possível através do uso de um quadro de escolhas. Os quadros de escolha são sistemas interativos, *online*, que possibilitam a clientes individuais projetarem seus próprios produtos a partir da escolha em um cardápio de atributos, componentes, preços e operações de entrega. As seleções dos clientes enviam sinais para o sistema de produção do fornecedor, que coloca em movimento a engrenagem de compra, montagem e entrega.

Os quadros de escolha já estão em uso em vários setores. Hoje em dia, clientes podem projetar seus próprios computadores com o configurador Dell *online*, criar suas próprias bonecas com o Meu Projeto Barbie da Mattel, montar suas próprios carteiras de investimentos com o avaliador mútuo de fundos da Schwab, e até projetar seus próprios equipamentos de golfe com o sistema PerfectFit da Chipshot.com. Porém, o modelo de quadro de escolhas ainda está em seu início. Apesar de seus enormes benefícios, representa apenas 1% da economia mundial de $30 trilhões. Mesmo nos lugares em que está bem instalado, como no setor de computadores pessoais, o modelo representa apenas uma fração pequena das vendas totais do setor. Ao final desta década, alguns especialistas antecipam que os quadros de escolha estarão envolvidos com 30% ou mais da atividade comercial total dos Estados Unidos, à medida que a economia sai de um sistema conduzido pelo fornecimento para um conduzido pela demanda.

Os quadros de escolha colhem informações precisas sobre as preferências e sobre o comportamento de compradores individuais, assim possibilitam às empresas garantir a lealdade do cliente como nunca anteriormente. Em cada transação, a empresa adquire maior conhecimento sobre o cliente e, assim, torna-se mais capaz de antecipar e satisfazer suas necessidades. Esse conhecimento pode ser usado para fazer sob medida, em tempo real, o projeto do próprio quadro de escolhas, personalizando as opções apresentadas ao comprador, promovendo vendas do mesmo produto para clientes diferentes e vendas de outros produtos a um mesmo cliente. Além disso, uma vez agregadas, as informações dos clientes podem ser usadas para direcionar a evolução de linhas de produto inteiras e para localizar oportunidades de crescimento novas em suas fases iniciais. Em tal ambiente, fica bastante difícil para o competidor, a quem faltam informações aprofundadas dos clientes, substituir o fornecedor existente.

Eventualmente, os quadros de escolha serão, sobretudo, ferramentas de coleta de informação e de construção de relacionamento com os clientes. As empresas usarão seus quadros de escolha para solicitar, ativamente, informações a seus clientes sobre níveis de satisfação, intenções de compra, exigências e preferências e usarão as informações para prever, virtualmente, as necessidades e o comportamento dos clientes para todas as categorias de produtos e serviços.

Fonte: Adrian J. Slywotzky, "The Age of the Choiceboard", *Harvard Business review*, January-February 2000.

A produção baseada na resposta dá ênfase à flexibilidade. A visão do adiamento **de produção ou de forma** consiste em serem os produtos manufaturados a cada ordem de solicitação, sem trabalho preparatório ou compra de componentes antes de as especificações do cliente serem completamente conhecidas ou de se receber o aceite do cliente. Esse sonho de produzir para cada pedido não é novo. O que é novo é a expectativa de que a produção flexível possa alcançar tal capacidade de resposta sem sacrificar a eficiência. Enquanto a tecnologia puder apoiar estratégias de produção flexível com base na velocidade do mercado, as empresas estão livres de operações antecipatórias conduzidas por previsões.

Na prática atual, a economia de produção a lote não pode ser ignorada. O desafio é quantificar trocas compensatórias de custo (*trade-offs*) entre compra (*procurement*), produção e logística.

Nesse momento, basta entender que a troca compensatória se dá entre o custo e o risco associados à produção antecipatória e à perda de economia de escala, resultante da introdução de procedimentos flexíveis.[15] A redução do lote de produção requer uma troca compensatória entre o estabelecimento, a mudança e a despesa associada às compras da linha de produção, quando comparadas a custos e riscos relacionados com o inventário final de produ-

---

[15] Mais detalhes relativos a trocas compensatórias são desenvolvidos no Capítulo 5.

tos estocados. No estilo tradicional de gestão funcional, as programações de produção eram estabelecidas para atingir o mais baixo custo por unidade de produção. Na perspectiva da gestão integrada, o objetivo é alcançar a satisfação desejada pelos clientes a um custo total mínimo. Isso pode exigir o adiantamento da produção com algum sacrifício do custo por unidade para alcançar a eficiência total da cadeia de suprimentos.

O objetivo operacional do adiamento da produção é o de manter os produtos em uma posição neutra ou não comprometida pelo tempo necessário. A aplicação ideal do adiantamento de forma é a de fazer um produto básico ou padrão em quantidades suficientes para se obter economia de escala, enquanto se adia a finalização de atributos, tais como cor ou acessórios, até que se receba o aceite do cliente. Dado o cenário de uma produção orientada pelo adiamento, a economia de escopo é introduzida na equação logística ao se produzir um produto básico ou padrão para satisfazer a uma vasta gama de clientes diferentes. Um dos primeiros exemplos comercialmente viáveis de adiamento da produção foi o de misturar cores de tinta em lojas de varejo para contemplar o pedido individual do cliente. Aperfeiçoando o processo de mistura dentro da loja, reduziu-se significativamente o número de unidades mantidas nas lojas de varejo de tinta. Ao contrário de tentar manter inventários de tintas coloridas pré-misturadas, a loja de varejo estoca uma tinta base e personaliza a cor para atender a pedidos específicos.

Em outros setores, a prática de produção é a de processar e armazenar produtos a granel, adiando a configuração final da embalagem até que os pedidos do cliente sejam recebidos. Em algumas situações, os produtos são processados e embalados em latas limpas, adiando-se a colocação da etiqueta de identificação da marca até que os pedidos específicos do cliente sejam recebidos. Outros exemplos de adiamento de produção incluem a prática crescente de instalar acessórios nas vendas de automóveis, artefatos e motocicletas, personalizando, dessa forma, os produtos às exigências do cliente no momento da compra.

Esses exemplos de adiamento de produção têm uma coisa em comum: reduzem o número de unidades acumuladas no inventário logístico enquanto sustentam o esforço de mercado de ampla produção e retêm economias de escala de produção em massa. Até que seja personalizado às especificações do cliente, o produto tem o potencial de atender a muitos e diferentes clientes.

O impacto do adiamento de produção é duplo. Primeiro, a variedade de produtos diferenciados, movimentados em antecipação à venda, pode ser reduzida e portanto o risco da falha logística é menor. Segundo, e talvez o mais importante, é o uso progressivo de instalações logísticas e relações de canal para desenvolver manufaturas leves e montagem final. Uma vez que certo nível de talento especializado ou de economia de escala altamente restritiva não ocorre na produção manufatureira, a personalização do produto às exigências do cliente talvez seja mais bem delegada e desenvolvida próximo ao mercado consumidor. Em alguns setores, o papel tradicional dos armazéns logísticos tem mudado significativamente para atender ao adiamento da produção.

Adiamento Geográfico

De várias maneiras, o **adiamento geográfico** ou **logístico** é exatamente o oposto do adiamento de produção. Na verdade, *aceleração* é um termo usado com freqüência para descrever a dinâmica da rápida satisfação das exigências do cliente. A noção básica de adiamento geográfico é a de construir e estocar um inventário completo em um, ou em alguns locais estratégicos. A distribuição posterior de inventário é adiada até os pedidos do cliente sejam recebidos. Uma vez que o processo logístico é iniciado, todo esforço é feito para acelerar o movimento econômico dos produtos direto ao cliente. Sob o conceito de adiamento geográfico, o risco antecipatório da distribuição de inventário é eliminado completamente, enquanto se retém a economia de escala na produção.

Um exemplo de adiamento geográfico é a do Sistema de Entrega Direta da Sears Store. Utilizando uma comunicação rápida de pedidos, a logística para um artefato não se inicia até que o pedido do cliente seja recebido. Assim, um artefato comprado na segunda-feira poderia ser instalado na casa do cliente até quarta-feira. Uma outra possibilidade também existe: a de que o aparelho vendido na segunda-feira seja produzido naquela noite ou até a manhã de terça-feira.

Muitas aplicações do adiamento geográfico envolvem o serviço de fornecimento de peças. Peças críticas e de alto custo são mantidas em um inventário central para garantir disponibilidade para qualquer usuário em potencial. Quando ocorre a demanda, os pedidos são eletronicamente transmitidos à central, e a expedição de embarques é feita diretamente ao centro de serviço, usando um transporte rápido e confiável. O resultado final é um serviço ao cliente altamente confiável com um reduzido investimento de inventário total.

O potencial para o adiamento geográfico tem sido facilitado pela capacidade progressiva de processar, transmitir e entregar solicitações precisas com um alto grau de exatidão e velocidade. O adiamento geográfico substitui a entrega rápida de pedidos precisos pela distribuição antecipada de inventário aos armazéns do mercado local. Ao contrário do adiamento de produção, os sistemas que utilizam o adiamento geográfico retêm as economias de escala da produção ao mesmo tempo em que satisfazem as exigências de serviço dos clientes, pois aceleram os embarques diretos.

Combinados, o adiamento de produção e o geográfico oferecem modos alternativos de restringir a distribuição antecipatória ao mercado até o recebimento do aceite do cliente. Os fatores que favorecem um ou outro tipo de adiamento dependem do volume, do valor, das iniciativas competitivas, das economias de escala e das esperadas velocidade e consistência na entrega ao cliente. Em um crescente número de cadeias de suprimentos, ambos os tipos de adiamento são combinados para criar uma estratégia de alta capacidade de resposta.

As Barreiras e o Futuro

Na realidade, as melhores práticas da cadeia de suprimentos não refletem, na atualidade, nem projetos antecipatórios, nem baseados na resposta. A maioria das empresas continua, em um grau significativo, comprometida com práticas antecipatórias. No entanto, estratégias baseadas na resposta estão emergindo rapidamente. Talvez a maior barreira para a adoção de arranjos baseados na resposta seja a necessidade de as corporações de capital aberto manterem os desejados lucros trimestrais. Essa viabilidade financeira cria expectativas relativas às vendas continuadas e aos resultados finais. Tais expectativas freqüentemente conduzem a estratégias promocionais que "sobrecarregam o canal" com inventários para oportunizar vendas periódicas. Por outro lado, nunca é adequado fazer uma redução significativa no inventário do canal. Os esforços para enxugar ou reduzir o inventário, implementando uma postura operacional capaz de responder melhor às demandas, exigem a habilidade de absorver uma redução de vendas de ocasião para abastecer os parceiros da cadeia. Empreendimentos de ponta, como empresas de comércio eletrônico, estão perfeitamente posicionados para implementar sistemas de atendimento baseados na resposta, porque não enfrentam o desafio de reduzir inventário.

Uma segunda barreira para a implementação de operações baseadas na resposta é a necessidade de se estabelecer relacionamentos colaborativos. A maioria dos executivos simplesmente não é treinada ou não tem experiência no desenvolvimento de arranjos colaborativos projetados para a troca mútua de benefícios e riscos. Embora geralmente expressem uma crença forte no potencial, a longo prazo, de alianças baseadas na resposta, demonstram uma considerável frustração em como implementar tais arranjos da cadeia de suprimentos.[16]

Num futuro previsível, muitas empresas continuarão a implementar estratégias que combinem arranjos antecipatórios e baseados na resposta. A tendência de envolvimento progressivo em arranjos com base na resposta com clientes e fornecedores específicos continuará a se expandir. A força maior que move a distribuição baseada na resposta é o comércio pela rede. O desafio se apresenta para que as empresas estejam simultaneamente envolvidas em uma variedade de arranjos de entrega que combinem atributos da distribuição tradicional e da distribuição baseada na rede. Veja a Visão Setorial 1-5 para um exemplo dessa exitosa estratégia de velocidade.

Sofisticação Financeira

Alguns administradores se indagam sobre os benefícios de se aplicar estratégias baseadas no tempo em operações da cadeia de suprimentos. Entretanto, uma pergunta é válida: Quão rápido é o suficientemente rápido? Utilizar a velocidade apenas para ser rápido tem um valor pequeno de permanência, se é que tem.[17] A resposta relativa ao quanto de velocidade é desejável encontra-se nos benefícios financeiros que isso acumula. O processo de geração de valor prescreve que os modos mais rápidos, flexíveis e precisos de servir ao cliente se justificam se puderem ser oferecidos a preços competitivos. Uma terceira força direcionadora da estratégia da cadeia de suprimentos é a capacidade de administrar, de modo oportuno, para se obter arranjos de trabalho financeiramente atraentes.

Os benefícios financeiros de respostas em tempo são incontestes. Uma entrega direta e rápida representa menos inventário e menor necessidade de recursos de distribuição. Para o cliente, mais rápido significa que menos capital de giro é necessário para apoiar as operações da cadeia de suprimentos.

Três aspectos da sofisticação financeira são a conversão de dinheiro em dinheiro (*cash to cash*), a minimização do tempo de permanência e o giro de caixa.

Conversão de Dinheiro em Dinheiro

A **conversão de dinheiro em dinheiro** se refere ao tempo exigido para converter aquisições de matéria-prima ou de inventário em receita de vendas. A conversão em dinheiro está geralmente relacionada com o giro de inventário: quanto mais gira o inventário, mais rápida será a conversão em dinheiro. O objetivo do projeto da cadeia de suprimentos é reduzir e controlar o tempo de recebimento do pedido para entrega, como um esforço para acelerar giros de inventário.

Em arranjos de negócios tradicionais, os benefícios da conversão de dinheiro em dinheiro têm sido geralmente aproveitados às expensas de parceiros de negócios. Dados os descontos comuns de compra e de práticas de fatura-

---

[16] Donald J. Bowersox, David J. Closs and Theodore P. Stank, *21st Century Logistics: Making Supply Chain Integration a Reality* (Oak Brook, IL: Council of Logistics Management, 1999).

[17] George Stalk, Jr. and Alan M. Webber, "Japan's Dark Side of Time", *Harvard Business Review;* July-August 1993, pp. 93-102.

Visão Setorial 1-5   Olá, Webmania!

No mundo do varejo *online*, a Recreational Equipment Inc. (REI) se destaca. O estabelecimento varejista de produtos para esportes ao ar livre, com sede em Seattle há 60 anos, tem conseguido acompanhar o ritmo de atendimento de pedidos via Internet. Isso é um feito impressionante em vista de seu volume de vendas eletrônicas. Quase 19% de suas vendas totais vieram da Internet no ano passado, diz Clark Koch, gerente de atendimento de pedidos da REI. Esse algarismo representa um aumento colossal de 241% nas vendas pela rede, em relação a 1997.

A REI tem uma vantagem sobre vários varejistas da rede, pois conta com anos de experiência em lidar com pedidos individuais de clientes por correio. Em 1938, um grupo de alpinistas do Noroeste do Pacífico, à procura de equipamentos para escalada de qualidade, fundaram a REI. Apesar de operar com o mercado comprador a varejo, a empresa tem trabalhado com pedidos de compra por correio ao longo de quase toda a sua história.

Para servir clientes a varejo, por correio e *online*, a REI conta com um centro de distribuição de 469.000 pés quadrados, em Summer, WA. O armazém emprega em torno de 35 a 40 trabalhadores, durante o período de baixa. Durante o feriado do Natal, em 1998, mais de 110 empregados foram contratados por um período de três a quatro semanas. O prédio em si guarda 13.000 unidades de estoque ativas (SKUs — Stock Keeping Units) de equipamentos de recreação.

A companhia não mudou seu procedimento de atender a pedidos (*picking*), apesar do aumento no volume das vendas pela rede. "Quando temos um pedido, não sabemos se é um pedido por telefone, Internet ou por correio", explica Koch. Ainda assim, a companhia conseguiu manter um alto nível de precisão no cumprimento de pedidos e na velocidade de atendimento. Cerca de 93% de todos os pedidos feitos em 1998 foram despachados em 24 horas, diz Koch.

Quando um cliente faz um pedido no *website* da REI, é processado automaticamente, a não ser que haja algum problema. "Se há uma discrepância, do tipo número errado do cartão do banco, temos um pessoal de Internet que pode resolver o problema", diz Koch. "Se não houver nada de errado com o pedido, é direta e eletronicamente processado".

A companhia utiliza o mesmo sistema de atendimento por lotes de pedidos para preencher todas as solicitações individuais de clientes, independentemente de sua origem. Esses sistemas de computador processam os pedidos e depois os agrupam em lotes para serem retirados. Depois que os pedidos são selecionados, são conferidos e então embalados.

O interessante é que a companhia retira e embala pedidos individuais sem nenhuma automação, apesar de usar código de barras para rastrear o percurso interno do produto. "Nossa operação é bastante manual", diz Koch. "Não estamos presos à automação. Muitos dos processos são os mesmos utilizados quando começamos".

Quando se trata de enviar esses pedidos, a REI faz negócios com uma variedade de transportadoras. A companhia utiliza UPS e o Serviço Postal dos EUA para a maioria de seus pedidos locais. Embarca pacotes aéreos locais via FedEx. Embarques internacionais estão divididos entre DHL e o correio. Koch diz que a REI trabalha com tanto volume, que ambas a FedEx e a DHL possuem pessoal no local do armazém da empresa. Se os produtos são enviados via FedEx ou UPS, o cliente pode acompanhar o percurso de um pedido *online* nos *websites* dessas transportadoras.

Koch diz que as vendas pela Internet serão a maior fonte de crescimento de sua companhia nos próximos anos. Como resultado disso, a REI está ocupada em determinar como lidar com esse crescimento em volume, se pela automação, pelo aumento da capacidade da área de trabalho ou pela criação de mais turnos de trabalho.

A experiência da REI demonstra que companhias com experiência em atender pedidos individuais estão bem posicionadas para lidar com vendas por computador. "Temos uma clara vantagem sobre outros negócios de comércio eletrônico que não têm um procedimento de distribuição final estabelecido", diz Koch.

Fonte: James Aaron Cook, "Web Commerce: Not Ready for Prime Time", *Logistics Management* & *Distribution Report*, 38, no. 3 (March 1999), p. 59-63; http://www.manufacturing.net/magazine/logistics/.

---

mento, é operacionalmente possível que empresas vendam mercadorias de modo rápido e ainda assim se qualifiquem para pagamentos imediatos de descontos. Para ilustrar, prazos de ofertas de venda a 2% de desconto líquido, pagos em 10 dias (2% líquido 10), significa que um desconto imediato no pagamento é dado se a fatura for paga dentro de 10 dias a partir do momento da entrega. Assim, se a fatura é de $1.000, um pagamento feito dentro dos 10 dias receberá um desconto de $20. Se a empresa vende o produto com pagamento à vista antes da data da fatura, com efeito, aproveita o inventário de graça e até pode receber juros, se investir o dinheiro enquanto aguarda a data do pagamento.

Em um sistema baseado na resposta, os benefícios da conversão de dinheiro em dinheiro podem ser compartilhados pelo gerenciamento da velocidade de transferência de inventário através da cadeia de suprimentos. Essa capacidade para gerenciar a velocidade do inventário desde a origem até o destino final possui o potencial de alcançar maior eficiência do que a que seria alcançável por uma única empresa. Operações coordenadas podem exigir que uma dada empresa da cadeia de suprimentos sirva como o principal local de estoque de inventário. Tal prática significa que riscos e benefícios relativos ao inventário precisam ser divididos entre as empresas participantes. Para facilitar tais arranjos, os membros da cadeia de suprimentos muitas vezes substituem os descontos por **determinação de preço líquido morto**.

Determinação de preço líquido morto significa que todos os descontos e bonificações são faturados no preço de vendas. Dessa forma, incentivos para pagamentos progressivos são substituídos por comprometimentos de desempenho específico com base em um preço líquido determinado. O pagamento da fatura, baseado no preço líquido negociado, completa-se após a comprovação por recibo. Tal pagamento se dá geralmente na forma de Transferência Eletrônica de Fundos (EFT – Electronic Funds Transfer), pelo qual se dinamiza tanto o fluxo de mercadorias físicas como de dinheiro entre os parceiros da cadeia de suprimentos. Gerenciar a logística da cadeia de suprimentos como um processo contínuo sincronizado também serve para reduzir o tempo de permanência.

Minimização do Tempo de Permanência

Os arranjos tradicionais de distribuição envolvem, geralmente, unidades de negócios independentes, superficialmente interligadas, na base de transação a transação. A visão de transação das operações comerciais tradicionais resulta em uma série de transações *independentes* amortecidas por inventários. Ao contrário, uma cadeia de suprimentos possui o potencial de funcionar como uma série sincronizada de unidades de negócios *interdependentes*.

No centro da alavancagem operacional da cadeia de suprimentos está a vontade de se transferir inventário com base na necessidade, aproveitando ao máximo as operações de colaboração e informação. Essas devem se concentrar em manter contínuos o fluxo e a velocidade de movimentação do inventário através da cadeia de suprimentos. O potencial dessa sincronização é o benefício chave da conectividade na cadeia de suprimentos.

Uma avaliação significativa da produtividade da cadeia de suprimentos é o **tempo de permanência**. O tempo de permanência é a razão de tempo em que um ativo fica ocioso, em relação ao tempo exigido para satisfazer sua missão designada na cadeia de suprimentos. Por exemplo, o tempo de permanência seria a razão do tempo em que uma unidade de inventário fica estocada, em relação ao tempo em que se movimenta ou, de outra forma, contribui para que se alcancem os objetivos de uma cadeia de suprimentos.

Para se reduzir o tempo de permanência, as empresas que colaboram com uma cadeia de suprimentos precisam estar dispostas a eliminar trabalhos duplicados, ou que não agreguem valor. Por exemplo, se três empresas diferentes desempenham processos idênticos enquanto um produto flui numa cadeia de suprimentos, os tempos de permanência irão se acumular. Delegar a uma empresa específica o desempenho e a responsabilidade pelo trabalho que agregue valor pode servir para reduzir a permanência total.

Da mesma forma, chegadas oportunas e o fluxo contínuo de inventário entre os parceiros da cadeia de suprimentos reduzem a permanência. Quando um produto flui de um fornecedor para um varejista, através de um processo de sortimento *cross-dock*, sem ficar parado ou ser desviado para a estocagem em armazém, o tempo de permanência é minimizado. Um benefício colateral de se reduzir o tempo de permanência e seu custo logístico associado é a capacidade de reduzir investimentos em inventário e em ativos a ele relacionados.

Giro de Caixa

O termo popular para descrever os benefícios potenciais de redução de ativos dentro da cadeia de suprimentos é **giro de caixa**, às vezes referido como **giro de caixa livre**.[18] A idéia é a de reduzir ativos totais comprometidos com o desempenho da cadeia de suprimentos. Assim, um dólar de inventário ou o aluguel de um armazém, se eliminados por meio de arranjos reestruturados na cadeia de suprimentos, representam dinheiro disponível para ser redistribuído. Tal capital *livre* pode ser reinvestido em projetos que possam ter sido considerados, em outros aspectos, muito arriscados.

Naturalmente, a oportunidade de giro de caixa não é exclusiva da cadeia de suprimentos. O potencial de girar o caixa se aplica a todas as áreas da empresa. O que faz o potencial do giro de caixa da cadeia de suprimentos tão atraente é a oportunidade de colaboração entre empresas.

Os benefícios que advêm da rápida conversão de dinheiro em dinheiro, do tempo de permanência reduzido e do giro de caixa se combinam para aumentarem a atratividade financeira da colaboração efetiva. Outra força fundamental que orienta a expansão da gestão da cadeia de suprimentos é o crescente envolvimento da maioria das empresas em operações internacionais. A expansão de negócios globalizados é o resultado de duas oportunidades significativas: expansão do mercado e eficiência operacional.

---

[18] Gene Tyndall, et. al., *Supercharging Supply Chains* (New York, NY: John Wiley & Sons, 1998), p. 1.

Globalização

Em uma estimativa conservadora, aproximadamente 90% da demanda mundial não é atualmente satisfeita pelo abastecimento local. A demanda atual, em conjunto com uma população mundial, projetada para aumentar em uma média de 200.000 pessoas por dia na próxima década, representa uma oportunidade substancial. A gama do potencial de crescimento de produto/serviço varia imensamente entre economias industrializadas e emergentes. Nos setores industrializados da economia globalizada, as oportunidades se concentram no *B2B* e elevam os produtos de consumo. Essas economias mais avançadas oferecem oportunidades substanciais para a venda de produtos unidos a serviços que agreguem valores. Embora seja verdade que consumidores em nações em desenvolvimento possuem menor poder de compra do que os de países industrializados, a demanda em tais economias é enorme em relação a produtos e necessidades básicas. Os consumidores de nações em desenvolvimento estão mais interessados em qualidade básica de vida do que em moda ou tecnologia. Por exemplo, as crescentes populações da Índia e da República Popular da China oferecem enormes oportunidades de mercado para produtos básicos como alimentos, vestuários e produtos duráveis, como refrigeradores e máquinas de lavar. Empresas com objetivos de crescimento agressivos não podem negligenciar a comercialização no mercado globalizado.

Além do potencial de venda, o envolvimento nos negócios globalizado está sendo conduzido por oportunidades significativas para aumentar a eficiência operacional. Essas eficiências operacionais podem ser obtidas em três áreas. Primeiro, o mercado mundial oferece oportunidades significativas para se comprar, estrategicamente, matéria-prima e componentes. Segundo, vantagens significativas de mão-de-obra podem ser obtidas ao se localizar as instalações de produção e de distribuição em nações em desenvolvimento. Terceiro, leis tributárias favoráveis podem transformar a realização de operações que agreguem valor em uma grande atração, em países específicos.

A decisão de se engajar em operações globalizadas para alcançar crescimento de mercado e desfrutar de eficiência operacional segue um caminho natural de expansão de negócios. Geralmente, as empresas entram no mercado globalizado a partir da realização de operações de importação e exportação. Essas transações constituem uma parcela significativa dos negócios internacionais globalizados. A segunda fase da internacionalização envolve o estabelecimento de uma presença local em países e áreas de comércio no estrangeiro. Essa presença pode variar desde franquias e licenciamento de empresas locais até o estabelecimento de instalações de produção e de distribuição. A distinção importante entre o envolvimento na importação/exportação e o estabelecimento de uma presença local é o grau de investimento e de envolvimento gerencial característicos da fase dois. A terceira fase da internacionalização é a condução altamente preparada de operações empresariais, dentro e através das fronteiras internacionais. Essa fase mais avançada de engajamento internacional é comumente denominada *globalização*.

A logística da internacionalização envolve quatro diferenças significativas em comparação a operações nacionais ou mesmo regionais. Primeiro, a *distância* das operações comuns de pedido para entrega é significativamente maior nos negócios internacionais, em contraste com os negócios locais. Segundo, para atender às leis e às regulamentações de todas as entidades governamentais, a *documentação* exigida para transações comerciais é significativamente mais complexa. Terceiro, operações logísticas internacionais devem ser concebidas para lidar com uma *diversidade* significativa em práticas de trabalho e em ambientes locais de operação. Finalmente, o reconhecimento e o atendimento de variações culturais quanto ao modo como os consumidores *demandam* produtos e serviços são essenciais para o sucesso das operações logísticas. É importante entender que uma *cadeia globalizada de suprimentos em andamento* bem-sucedida exige o domínio do desafio logístico.

Enquanto os princípios logísticos e os ideais de integração na cadeia de suprimentos são essencialmente os mesmos, sejam eles mundiais ou locais, as características descritas acima tornam os ambientes operacionais mais complexos e mais caros. O custo da logística em bases globalizadas excede $5 trilhões ao ano.[19] Esse gasto se justifica pelas potenciais expansão de mercados e eficiências operacionais; entretanto, a exposição ao risco relativa à capitalização na gestão internacional da cadeia de suprimentos e seus componentes logísticos exige estratégias e táticas operacionais integradas.

Questões na Gestão da Cadeia de Suprimentos

Facilitadas pela explosão da tecnologia de informação, as forças da gestão integrada, da capacidade de resposta, da sofisticação financeira e da globalização se combinaram para colocar, de modo claro, os desafios da cadeia de suprimentos nos cartazes luminosos da maioria das empresas. Antes de passar para a discussão sobre logística enxuta (*lean logistics*), no Capítulo 2, uma revisão de questões relacionadas à implementação da cadeia de suprimentos parece apropriada.

Embora a imprensa e o circuito de seminários do mundo dos negócios estejam repletos de um entusiasmo desenfreado em relação ao potencial da gestão da

---

[19] Para mais detalhes veja o Capítulo 6.

cadeia de suprimentos, pouca atenção é dada aos desafiadores questionamentos e riscos a que essa colaboração está exposta. Os questionamentos e riscos identificados pelos críticos dos arranjos da cadeia de suprimentos baseiam-se nos desafios dos processos sociais e de implementação.

Desafios de Implementação

Sempre que uma estratégia de negócios baseia-se em modificação substancial da prática existente, o caminho para a implementação é difícil. Como observado anteriormente, o potencial da gestão da cadeia de suprimentos se consubstancia na capacidade de modificar a prática funcional tradicional para se centrar na execução do processo integrado. Esse comportamento modificado requer práticas novas, relacionadas à integração interna, bem como à direção das operações através da cadeia de suprimentos. Para transformar a prática da cadeia integrada de suprimentos em realidade, pelo menos quatro desafios operacionais devem ser resolvidos.

Liderança

Para uma cadeia de suprimentos alcançar benefícios percebidos para as empresas participantes, precisa funcionar como um processo gerenciado. Essa gestão integrada exige liderança. Assim, questões relativas à liderança na cadeia de suprimentos aparecerão bastante cedo no desenvolvimento do arranjo colaborativo. Na raiz da maioria das questões de liderança, estão o poder e o risco.

O poder determina qual empresa envolvida em uma colaboração potencial na cadeia de suprimentos irá realizar o papel de liderança. Igualmente importante é a disposição de outros membros de um potencial arranjo da cadeia de suprimentos em aceitar uma determinada empresa como líder na situação de colaboração. Uma cadeia de suprimentos buscando unir fabricantes, que oferecem mercadorias de marca nacionalmente registrada aos consumidores, em um arranjo de cadeia de suprimentos com um conglomerado de grande porte que possui lealdade significativa de consumidores em lojas, pode representar um conflito substancial de poder. Por outro lado, a ligação com fornecedores de primeiro nível (*tier one*) para uma operação de montagem de automóveis possui um poder de alinhamento muito mais claro.

Questões de risco relacionadas com o do envolvimento de cadeias de suprimentos concentram-se essencialmente em quem tem mais a ganhar ou a perder na colaboração. Obviamente, uma empresa de caminhões que fornece serviços de transporte numa cadeia de suprimentos possui bem menos comprometimento do que o fabricante ou o grande comerciante mencionado. Geralmente, o risco direciona o comprometimento com o arranjo colaborativo e portanto possui um papel significativo na determinação da liderança.

A questão de qual empresa lidera, bem como a vontade de outras empresas colaborarem sob a orientação dessa liderança, situa-se no centro da possibilidade de o ideal da cadeia de suprimentos bem funcionar. O Capítulo 6 desenvolve estas questões desafiadoras em maiores detalhes.

Lealdade e Confidencialidade

Em quase todas as situações observáveis, as empresas que participam em uma cadeia de suprimentos específica também estão simultaneamente engajadas em outros arranjos semelhantes. Algumas interações na cadeia de suprimentos podem ser suficientemente diferentes para não levantar questões de confidencialidade. Por exemplo, uma empresa tão diversificada como a Dow Química pode participar simultaneamente de uma variedade de arranjos da cadeia de suprimentos, sem ter conflito ou receio substanciais quanto à lealdade dividida.

Entretanto, a situação mais comum é a de empresas, que são competidores diretos, desejarem ser membros de cadeias de suprimentos. Por exemplo, a Procter & Gamble é fornecedora de todos os mais importantes varejistas do ramo de alimentação. Assim, quando Kroger, Farmer Jack, Meijer e vários membros do varejo da Spartan Stores, todos operando lojas nas mesmas cidades, desenvolvem arranjos colaborativos com a Procter & Gamble, o potencial de conflito é bastante real. Para complicar ainda mais a estrutura competitiva, há o fato de que esses mesmos varejistas também colaboram com os competidores da Procter & Gamble, tais como a Kimberly-Clark, a Colgate-Palmolive e a Lever Brothers, e as questões de lealdade/confidencialidade se tornam abundantes. Por fim, há a complexidade de outros tipos de varejistas, tais como Rite-Aid, Target e Wal*Mart Stores Inc., que vendem as mercadorias desses fabricantes no mesmo mercado geográfico, e os bem formulados conceitos de uma cadeia de suprimentos linear rapidamente se dissolvem na complexidade competitiva.

Desses labirintos de interações competitivas, as iniciativas colaborativas precisam ser lançadas, nutridas e sustentadas, caso o potencial da cadeia de suprimentos integrada deva ser realizado. Empresas que simultaneamente se engajam em cadeias de suprimentos competitivas precisam desenvolver programas para promover lealdade e para manter a confidencialidade. O nome utilizado para descrever esses arranjos é **compartimentação**.

A compartimentação envolve o desenvolvimento de uma organização proprietária e colaborações de informações para atender às necessidades de relacionamentos específicos. Situações em que o foco está em produtos de marca do fabricante e no desenvolvimento de promoções com os varejistas, a compartimentação é geralmente administrada pelo uso de equipes exclusivas de clientes. Em situações envolvendo o desenvolvimento de novos produtos, talvez seja necessária a criação de unidades organizacionais separadas para lidarem com fornecedores específicos. Por exemplo, o

Prince Group of Johnson Controls precisa manter a confidencialidade estrita enquanto, simultaneamente, ajuda a projetar futuros interiores automotivos para as divisões da DaimlerChrysler, da Ford e da General Motors.

A questão de como manter o foco da lealdade e da confidencialidade em organizações que simultaneamente participam de cadeias de suprimentos competitivas é extremamente importante. Brechas na confidencialidade podem acarretar importantes e demoradas conseqüências legais nos negócios a longo prazo. A lealdade é rapidamente colocada em questão nos períodos críticos de abastecimento ou de operações de outra forma ameaçadas. Para alcançar os benefícios da colaboração interempresarial, essas questões devem ser administradas e os prováveis danos, controlados.

Avaliação de Desempenho

Ao contrário de um negócio individual, as cadeias de suprimentos não possuem as métricas convencionais de desempenho. Ao passo que um negócio individual apresenta declaração de renda e uma demonstração de balanço de acordo com princípios uniformes de contabilidade, não há documentos ou procedimentos universais para se avaliar o desempenho da cadeia de suprimentos. A questão do desempenho da cadeia de suprimentos se complica ainda mais quando os aperfeiçoamentos processuais para beneficiar o desempenho total da cadeia de suprimentos podem reduzir custos de uma empresa, enquanto aumentam custos selecionados de outras empresas participantes.

É claro que a avaliação das operações da cadeia de suprimentos exige um conjunto específico de medidas que identifiquem e compartilhem informações sobre desempenho e custos entre os membros participantes. A união de múltiplas empresas em uma iniciativa sincronizada de cadeia de suprimentos requer medidas que reflitam a síntese coletiva, enquanto isolam e identificam a contribuição individual. Da mesma maneira, seria ideal determinar os pontos referenciais para desenvolver as melhores práticas coletivas (*benchmarking*).

O rápido surgimento do formato da cadeia de suprimentos tem ajudado a identificar desafios de apuração e avaliação. Entretanto, o desenvolvimento de medidas significativas de avaliação permanece incipiente. O Capítulo 18 analisa o *status* atual do conhecimento de métricas de avaliação do recente arranjo de cadeias de suprimentos.

Compartilhamento de Risco/Recompensa

O maior desafio é a distribuição justa de recompensas e riscos, resultantes da colaboração na cadeia de suprimentos. Para exemplificar, considere uma situação comercial em que a liderança de um fabricante importante, em colaboração com fornecedores de material e organizações de distribuição, resulta em um produto superior atingindo o mercado com um grau de lucratividade melhorado. O cenário descrito é o ícone de sucesso da cadeia de suprimentos. O produto é melhor que o do competidor, sendo distribuído em uma base mais lucrativa. Esse cenário implica que o desperdício, o esforço não produtivo, a duplicação e as redundâncias não desejadas na cadeia de suprimentos foram reduzidos ao mínimo, enquanto o produto e sua apresentação logística atingiu novos e mais altos índices de realização. No sucesso ou no fracasso, o desafio é como compartilhar benefícios ou riscos.

Na prática tradicional, o método pelo qual risco e recompensa são compartilhados é o preço de transferência. A transferência de preço, guiada pelas forças de mercado, trabalha com relacionamentos comerciais direcionados à transação. Entretanto, os compromissos da cadeia de suprimentos exigem um nível de colaboração mais alto, envolvendo o compartilhamento de riscos e recompensas; Ou seja, se a inovação do processo for bem-sucedida, as empresas colaboradoras devem compartilhar os benefícios. Por outro lado, se a inovação falhar, os riscos devem ser absorvidos apropriadamente. Embora facilmente dispostos na teoria, os arranjos do risco e da recompensa compartilhados se mostram extremamente difíceis de implementar na prática.

É claro que, sem métricas apropriadas, fica impossível compartilhar riscos ou recompensas. Entretanto, mesmo com medidas ajustadas, a apropriada alocação exige pré-planejamento e abordagens cuidadosas para o funcionamento de programas compartilhados.

Sucesso Limitado

A discussão anterior levanta algumas limitações práticas em relação à realidade das cadeias de suprimentos. O conceito de colaboração para o sucesso está cheio de vitalidade, e a noção de alavancagem das competências essenciais para atingir eficiência é uma visão instigadora. Os mecanismos de como fazer relacionamentos tão complexos funcionarem na realidade do dia-a-dia não são muito bem entendidos. Arranjos bem-sucedidos da cadeia de suprimentos precisam ser conduzidos por uma série de princípios colaborativos bem definidos e conjuntamente endossados. Esses princípios de implementação precisam prescrever as medidas de liderança, de lealdade e de confidencialidade, além de acordos e premissas de compartilhamento.

No mundo de hoje, a maioria das chamadas cadeias de suprimentos não dispõem de uma estrutura de premissas e políticas, essencial para um sucesso duradouro. Em uma pesquisa recente, levada a cabo pela Michigan State University, poucas entre uma de cinco empresas engajadas em arranjos colaborativos desenvolveram e aprovaram políticas para direcionar seus gestores na estrutura e condução desses arranjos.[20] Nenhuma empresa informou ou es-

---

[20] Donald J. Bowersox e Theodore P. Stank, *21st Century Logistics: Making Supply Chain Integration a Reality* (Oak Brook, IL: Council of Logistics Management, 1999).

tava disposta a compartilhar acordos colaborativos inter organizacionais que iam além dos tradicionais contratos de desempenho. Alguns desses contratos realmente continham incentivos de desempenho e acordos de absorção de risco; entretanto, tais acordos representavam mais arranjos de cooperação que manifestações sobre expectativas de desempenho.

A conclusão óbvia é que os arranjos ponta a ponta da cadeia de suprimentos ainda estão em seu início. O panorama de hoje está pontuado por um número de arranjos operacionais sofisticados que estenderam e facilitaram o desempenho entre duas ou, às vezes, três organizações. Em poucas situações, as estratégias da cadeia de suprimentos dos chamados grandes varejistas, dos fabricantes de produtos duráveis para o consumidor e das empresas de alta tecnologia têm sido desenvolvidas a ponto de que os benefícios sistêmicos sejam conhecidos. Menos óbvia é a compreensão aprofundada sobre se esses benefícios estão sendo compartilhados através do escopo completo da cadeia de suprimentos ou se estão sendo retidos pela organização dominante ou líder. Entretanto, além dessas bem divulgadas conquistas da cadeia de suprimentos, parece haver uma diminuição de colaborações de ponta a ponta bem-sucedidas.

Desafios Sociais

A discussão anterior sugere a existência de um vazio significativo entre a teoria de colaboração da cadeia de suprimentos, e sua realização de fato. Enquanto alguns críticos questionam a habilidade de os gestores projetarem e orquestrarem as colaborações nas cadeias de suprimentos, outros indagam sobre a atração social desses arranjos. Os críticos da colaboração da cadeia de suprimentos oferecem, pelo menos, duas linhas de ataque – o antitruste e o valor do consumidor.

Preocupações Antitruste

O desafio antitruste para a colaboração da cadeia de suprimentos está nas doutrinas de competição do livre mercado. Ao longo dos primeiros anos da era industrial, ficou claro que a colaboração comercial entre grandes corporações poderia servir como desvantagem aos consumidores e a outras organizações comerciais menos poderosas. As empresas que chegavam bem perto das situações de monopólio eram observadas quanto à utilização de seus poderes econômico e monetário para restringir o comércio e para alavancar lucros absurdos. O resultado foi a promulgação e o refinamento de uma série de leis antitruste, todas as quais definiram um comportamento aceitável entre empresas e em relação às práticas de mercado e de precificação.

A instável natureza competitiva dos mercados mundiais e o relativo poder econômico da indústria nacional, característicos do século XX, serviu de alguma maneira para mediar as tradicionais doutrinas antitruste. Para competir de forma globalizada, as empresas norte-americanas precisaram atingir um nível de competitividade à altura das estruturas das companhias comerciais da Bacia do Pacífico e das organizações integradas a bancos dos poderes industriais europeus. O que disso resultou foi a aprovação das Leis de Pesquisa e Desenvolvimento Cooperativos (*Cooperative Research and Development Acts*), discutidas anteriormente. Essas leis serviram para encorajar colaborações operacionais, mas não permitiram ou autorizaram nenhum tipo de colusão de mercado.

Os críticos simplesmente sentem que qualquer tipo de colaboração irá, cedo ou tarde, influenciar as ofertas e os preços de mercado. Essa crítica, porém, não parece válida em relação aos atributos e preços projetados para o primeiro lançamento de automóveis movidos a eletricidade, projetados de forma colaborativa. Entretanto, as práticas relacionadas aos preços do gás a varejo e a alguns componentes eletrônicos são mais questionáveis, pois possuem base na colaboração em cadeia de suprimentos. Somente o tempo poderá dizer se a colaboração pela qualidade se tornará um mecanismo ulterior de precificação.

É claro que o equilíbrio desproporcional de poder em um arranjo da cadeia de suprimentos poderia ser usado com desvantagem para algumas empresas participantes. Os críticos relacionam um grande número de antigos "fornecedores do ano" que, em anos subseqüentes, foram forçados à falência como exemplos de mau uso de poder em colaborações da cadeia de suprimentos. Embora, mais uma vez, os eventos sejam reais, nenhuma evidência existe para ligar diretamente a colaboração com a falência desses fornecedores.

Em uma economia de mercado livre, qualquer forma de colaboração levanta algumas preocupações quanto ao mau uso potencial de poder, no âmbito do público consumidor ou com respeito aos parceiros comerciais. A maioria concorda que o potencial para realizar sinergias interempresariais justifica os riscos e os perigos potenciais associados à colaboração. Entretanto, ações do Departamento de Justiça e da Comissão Federal do Comércio relativas à revisão cuidadosa de alianças comerciais baseadas na Internet indicam o surgimento de uma preocupação nova sobre as fronteiras da colaboração. Outros propõem uma forma de colaboração e competição combinadas, conhecida por **coevolução**.[21] Essa forma de cooperação propõe relacionamentos superficiais e em permanente mudança entre os negócios de uma cadeia de suprimentos. A percepção da estrutura da cadeia de suprimentos é a de uma rede

---

[21] Kathleen. Eisenhardt e D. Charles Galunic, "Coevolving: At Last a Way to Make Synergies Work", *Harvard Business Review*, January-February, 2000, p. 91-101.

mutável de relacionamentos que penaliza a deterioração de arranjos, enquanto simultaneamente gera novas colaborações. A coevolução é discutida no Capítulo 17, que trata da organização.

Preocupações com Valor ao Consumidor

Uma desvantagem – de certa maneira mais abstrata, mas freqüentemente citada – da gestão da cadeia de suprimentos poderia ser rotulada como o lado obscuro da colaboração. O argumento é que o público não se beneficia realmente com a eficiência da cadeia de suprimentos. A crítica à cadeia de suprimentos se apresenta em duas partes.

Primeiro, a linha de argumentação é a de que a eficiência operacional não traduz nem garante automaticamente preços mais baixos ao consumidor. As empresas que colaboram podem, individual ou coletivamente, obter lucros mais altos e então gerar grande riqueza aos acionistas. Porém, não há mecanismos para garantir que as eficiências sejam repassadas aos consumidores, na forma de preços de varejo mais baixos. De fato, a lógica subjacente é a de que tão logo as cadeias de suprimentos se tornem as efetivas unidades de competição, uma estrutura de mercado irá se movimentar, a partir de muitas empresas competidoras para poucas e grandes cadeias de suprimentos. Essa mudança para uma estrutura mais monopolista é vista pelos críticos como tendo o potencial de, artificialmente, elevar e não reduzir preços. Expoentes dessa linha de raciocínio citam a iniciativa da Resposta Eficiente ao Consumidor (ECR – Efficient Consumer Response) no setor alimentício como um exemplo de colaboração que não oferece evidência tangível de que os preços dos produtos para o consumidor tenham sido reduzidos, como resultado de uma colaboração ampla na cadeia de suprimentos. Entretanto, também não há evidência tangível para apoiar o argumento contrário.

A segunda crítica aos arranjos da cadeia de suprimentos se constrói na premissa de que a eficiência operacional pode não ser socialmente justa. O argumento questiona os benefícios de um ajuste mais preciso de fornecimento à demanda, no âmbito da redução total de excedentes de mercadorias. Como exemplo, se uma quantidade precisa de vestidos é vendida ao mais alto preço de mercado, então nenhum excedente ou sobrecarga de estoque de vestimentas está disponível para ter seus preços reduzidos no mercado durante o processo que se estende tradicionalmente do desconto de vendas até a liquidação total de ponta de estoque. A mulher que compra um vestido a preço de fim de estoque, ou seja, a um preço abaixo do custo, recebe um benefício oriundo da ineficiência do sistema de comercialização. Uma colaboração ajustada da cadeia de suprimentos elimina ou reduz significativamente essas oportunidades de valor. Considerando que um lucro razoável pode ser obtido por empresas que não são altamente eficientes e que consumidores finais realizam valores superiores, o público consumidor total fica em melhor situação quando há ineficiências. Linhas de raciocínios semelhantes, justificadas ou não, podem ser aplicadas aos benefícios sociais oriundos de reclamação relacionada com produtos de mercearia ou de liquidação de carros novos.[22]

Esses argumentos, como apresentados e documentados aqui, são interessantes, mas não persuasivos. Em termos de crescimento econômico, iniciativas visando à redução de custos pela eliminação de desperdício, redundância e esforços que não agregam valor continuam sedutoras, porque oferecem o potencial para melhorar a eficiência. A preocupação mais séria talvez seja a incapacidade de implementar e gerenciar efetivamente iniciativas abrangentes nas cadeias de suprimentos.

Resumo

O desenvolvimento de uma maior habilidade na gestão integrada é crucial para a melhoria contínua da produtividade. Essa gestão integrada deve se concentrar na melhoria da qualidade, tanto em nível funcional como processual. Em relação às funções, um trabalho crítico deve ser desempenhado no mais alto grau de eficiência. Processos que geram valor ocorrem tanto dentro de empresas individuais como entre empresas ligadas em cadeias de suprimentos colaborativas. Cada tipo de processo deve ser continuamente melhorado.

A idéia de que todas ou mesmo a maioria das empresas irão se unir para formar iniciativas altamente colaborativas de cadeias de suprimento ponta a ponta, a qualquer momento, num futuro previsível, é bastante improvável. A dinâmica de um sistema de mercado livre e competitivo servirá para controlar tal estado final. Entretanto, iniciativas, cujo alvo está na integração interempresarial ao longo da cadeia de suprimentos, estão surgindo cada vez mais e, enquanto exitosamente implementadas, oferecem novos e interessantes modelos de negócios para o ganho de vantagem competitiva. Uma vez alcançada, essa integração da cadeia de suprimentos é difícil de se manter e está sujeita a uma redefinição contínua. O que funciona hoje, pode não funcionar amanhã. Da mesma forma, o que não funciona hoje, poderá funcionar amanhã.

Conseqüentemente, colaborações em cadeias de suprimentos devem ser consideradas altamente dinâmicas. Essas colaborações são atraentes, porque oferecem novos horizontes para o ganho de posicionamento e de eficiência operacional do mercado. As oportunidades da cadeia de suprimentos são desafios que os gestores do século XXI

---

[22] Veja James Aaron Cook, "The Dark Side of the Supply Chain", *Logistics Management*, December 1997, p. 63.

devem desenvolver e explorar. Entretanto, a integração da cadeia de suprimentos é um meio para o aumento da lucratividade e do crescimento, e não um fim em si mesma.

A partir da perspectiva da gestão de logística integrada, as estratégias da cadeia de suprimentos definem uma estrutura operacional relevante. O que deve ser logisticamente realizado está diretamente relacionado à estrutura e à estratégia da cadeia de suprimentos. Quando essa estrutura e essa estratégia estiverem internacionalmente posicionadas, o desempenho logístico deve abarcar os desafios relacionados à globalização. Em resumo, a estratégia ou a ausência de estratégia da cadeia de suprimentos, e a sua estrutura relacionada servem para moldar a estrutura de exigências logísticas. O Capítulo 2 introduz os desafios da logística enxuta.

Questões Desafiadoras

1. Por que o atual movimento na direção de estabelecer cadeias de suprimentos é caracterizado como uma revolução?
2. Compare o conceito de uma cadeia de suprimentos moderna com canais de distribuição mais tradicionais. Seja específico quanto a semelhanças e diferenças.
3. Qual é o papel específico da logística nas operações da cadeia de suprimentos?
4. Descreva "gestão integrada". Seja específico quanto à relação entre funcionalidade e processo.
5. Quanto à extensão da empresa, descreva a importância do compartilhamento de informações e paradigmas de especialização de processos.
6. Descreva e caracterize uma prestação de serviços integrada. Como o conceito de prestação de serviços integrada difere da prestação de serviços tradicionais, tais como a contratação de transporte e armazenamento?
7. Compare e contraste os modelos de negócios de base antecipatória e de base na resposta. Por que a capacidade de resposta se tornou popular nas colaborações das cadeias de suprimentos?
8. Compare e contraste o adiamento de produção e o adiamento geográfico.
9. Defina e exemplifique conversão de dinheiro em dinheiro, minimização do tempo de permanência e giro de caixa. Como a estratégia e a estrutura das cadeias de suprimentos influenciam cada um deles?
10. Discuta e sustente o seguinte argumento: "Os arranjos das cadeias de suprimentos podem reduzir o valor ao consumidor".

Logística Enxuta

A Logística de Negócios é Grande e Importante
A Proposta de Valor Logístico
    Benefícios de Serviço
    Minimização de Custos
    Geração de Valor Logístico
O Trabalho da Logística
    Processamento de Pedidos
    Inventário
    Transporte
    Armazenamento, Manuseio de Materiais e Embalagem
    Rede de Instalações
Operações Logísticas
    Fluxo de Inventário
    Fluxo de Informações
Arranjos Operacionais Logísticos
    Escala Seqüencial
    Direto
    Flexível
    Estrutura Flexível de Emergência
    Estrutura Flexível de Rotina
Sincronização Logística
    A Estrutura do Ciclo de Desempenho
    Incerteza do Ciclo de Desempenho
Resumo

Nenhuma outra área de operações de negócios envolve a complexidade, ou alcança a geografia da logística. Em nível mundial, 24 horas todos os dias, 7 dias por semana, durante 52 semanas por ano, a logística se preocupa em levar produtos e serviços aonde são necessários, e no exato tempo desejado. É difícil visualizar qualquer realização de *marketing*, de produção ou de comércio internacional sem a logística. A maioria dos consumidores de países industriais altamente desenvolvidos reconhece o alto nível de competência logística. Quando compram mercadorias – em uma loja a varejo, pelo telefone ou via *Internet* –, esperam que a entrega do produto seja desempenhada como prometido. Na verdade, a expectativa deles é a de uma logística no tempo certo e sem erros, a cada vez que fazem um pedido. Os consumidores toleram minimamente, ou não toleram, falhas no desempenho.

Apesar de a logística ter sido desempenhada desde o começo da civilização, a implementação da melhor prática de logística é uma das mais empolgantes e desafiadoras áreas operacionais no gerenciamento de cadeias de suprimentos. Uma vez que a logística é, ao mesmo tempo, nova e antiga, escolhemos caracterizar a mudança rápida que ocorre nas melhores práticas como um renascimento.

A logística envolve gerenciamento de processamento, inventário e transporte de pedidos, e a combinação entre armazenamento, manuseio de materiais e embalagem, tudo isso integrado através de uma rede de instalações. O objetivo da logística é o de apoiar compras, produção e necessidades operacionais da distribuição ao mercado. Dentro de uma empresa, o desafio é de coordenar a competência funcional em uma operação integrada concentrada em servir ao consumidor. No contexto mais amplo da cadeia de suprimentos, a sincronização operacional é essencial em relação aos clientes, assim como a fornecedores de materiais e de serviços, que interligam operações internas e externas como um processo integrado.

Logística enxuta é a habilidade superior de *projetar e administrar sistemas para controlar a movimentação e a localização geográfica de matérias-primas, trabalhos em processo e inventários de produtos acabados ao menor custo total*. Alcançar o menor custo total significa que ativos financeiros e humanos comprometidos com a logística precisam ser mantidos em um mínimo absoluto. Também é necessário que se mantenham as despesas operacionais diretas tão reduzidas quanto possível. A combinação entre recursos, habilidades e sistemas exigidos para alcançar a logística enxuta são difíceis de integrar, mas uma vez conseguido, fica mais difícil para os competidores replicarem essa competência integrada. A Visão Setorial 2-1 ilustra como a Dell Computers tem usado os princípios da logística enxuta para adquirir vantagem competitiva.

Este capítulo se dedica à contribuição da logística enxuta para o gerenciamento da cadeia de suprimentos. Primeiramente, custo e serviço são enfatizados. Então, é desenvolvida uma proposta de valor logístico. Em seguida, são revistas as funções comerciais tradicionais que se combinam para criar o processo logístico. Finalmente, é enfatizada a importância da sincronização logística para a integração da cadeia de suprimentos, enquanto estrutura e dinâmica do ciclo de desempenho.

A Logística de Negócios é Grande e Importante

É através do processo logístico que materiais fluem dentro da capacidade de produção de um país industrial, e produtos são distribuídos aos consumidores. O crescimento recente do comércio global e a introdução do comércio eletrônico (*e-commerce*) expandiram as operações logísticas em tamanho e em complexidade.

A logística agrega valor ao processo da cadeia de suprimentos, quando o inventário é estrategicamente posicionado para atender às vendas. Criar valor logístico é um processo dispendioso. Apesar de ser difícil de medir, a maioria dos especialistas concorda que a despesa anual para desempenhar a logística nos Estados Unidos era 10,1% do Produto Interno Bruto (PIB) de $9,96 bilhões, ou $1,006 bilhões.[1] A despesa com transporte, em 2000, foi de $590 bilhões, o que representou 58,6% do custo logístico total. Como ilustrado na Tabela 2-1, a logística de negócios é, de fato, um negócio grande!

Apesar da grande proporção da despesa logística, o interessante da logística enxuta não é a contenção ou a redução de custo. O interessante advém do entendimento de como as empresas usam a competência logística para alcançarem vantagem competitiva. Empresas que desenvolveram uma competência logística de classe mundial aproveitam vantagens competitivas, como resultado de oferecerem um serviço superior a clientes importantes. Os líderes no desempenho logístico normalmente implementam uma tecnologia de informação capaz de monitorar a atividade logística globalizada, em uma base de tempo real. Essa tecnologia identifica descontinuidades operacionais potenciais e facilita ações corretivas anteriores à falha do serviço de entrega. Em situações onde ações corretivas a tempo não são possíveis, os clientes podem ser previamente notificados dos problemas em desenvolvimento, eliminando, assim, a surpresa de uma falha inevitável no serviço. Em muitas circunstâncias, trabalhando em colaboração com clientes e fornecedores, ações corretivas podem ser tomadas para prevenir a paralisação de operações ou o custo de falhas nos serviços aos clientes. Ao desempenhar serviços acima da média do setor com respeito a disponibilidade de inventário, a velocidade e consistência nas entregas e a eficiências operacionais, empresas logisticamente sofisticadas se constituem em parceiros ideais à cadeia de suprimentos.

A Proposta de Valor Logístico

Até o momento, estabeleceu-se que a logística deveria ser gerenciada como um esforço integrado para alcançar a satisfação do cliente, com um custo total mínimo. Agora, acrescentamos que o desafio moderno é o de criar *valor*. Nesta seção, discutiremos sobre os elementos da proposta, do serviço e da minimização de custo do valor logístico.

Benefícios de Serviço

Quase todos os níveis de serviço logístico podem ser alcançados, se uma empresa está disposta a comprometer os recursos exigidos. No ambiente em que se opera atualmente, o fator limitante está nos aspectos econômicos, não na tecnologia. Por exemplo, um inventário exclusivo pode ser mantido geograficamente próximo a um cliente importante. Uma frota de caminhões pode ser mantida em esta-

---

[1] Robert V. Delaney, Twelfth Annual "State of Logistics Report", apresentado ao National Press Club, Washington, DC, June 4, 2001.

Visão Setorial 2-1 A Dell Vai ao Extremo

De acordo com a lenda que corre na indústria, a filosofia de produção de Henry Ford era: "Você pode ter qualquer cor que queira, contanto que seja preta". A estratégia de produção que tem fomentado o sucesso sem precedentes da Dell Computers é exatamente o oposto da mentalidade de Ford: "Construir cada pedido a pedido". Essencialmente, essa filosofia reproduz o oxímoro/paradoxo máximo da produção: personalização em massa.

O componente crítico para facilitar a personalização em massa é um programa logístico, construído sobre o conceito de "armazenamento extremo", e uma plataforma de *software* superior. A Ryder Integrated Logistics, uma subsidiária da Ryder Systems, Miami, Florida, guarda inventário de propriedade do fornecedor para a Dell, em locais nas cidades de Austin, Texas e Nashville, Tenessee. A instalação de Austin é abastecida por 50 fornecedores, e a fábrica de Nashville, por 60 vendedores, espalhados em todo o mundo.

"A Dell exige que os fornecedores atendam um pedido no período de duas horas. A única maneira de os fornecedores atenderem a essa expectativa é utilizando nosso gerenciamento logístico", explica Dave Hanley, diretor de desenvolvimento de negócios da Ryder. "A Dell mantém um inventário de menos de seis dias, e roda o trabalho-em-processo aproximadamente 264 vezes por ano. A empresa usa nossos serviços para minimizar investimento em inventário e para acabar com o 'espaço morto', ou 'áreas não produtivas de estocagem'."

"Fazemos a reposição por *kanbans* e mantemos um inventário operacional de giro na área da produção", diz Hanley. "A Dell faz um trabalho incrível, ao estimar quais produtos serão vendidos, e os picos de venda de produtos diferentes em vários tempos. Os *laptops* são agora relevantes, e os computadores empresariais são mais populares no primeiro trimestre anual, do que no último".

Atualmente, a Ryder é responsável pelo inventário a partir do momento da chegada em suas instalações até a entrega à Dell. Haley tem certeza de que a incorporação dos processos e do gerenciamento logístico da Ryder em todos os embarques de suprimento dos fornecedores, começando em cada ponto de origem, traria um enorme valor adicional para a Dell.

Enquanto reconhece que a Dell é mestre na execução da produção, Hanley diz que o *software* usado pela Ryder para gerenciar as necessidades de armazenamento extremo é um dos "três maiores fatores cruciais de sucesso" do fabricante de computadores.

O *software* precisava satisfazer a muitas necessidades – desde uma arquitetura aberta até uma plataforma escalonada, que cresceria com a Dell. A solução encontrada fez precisamente isso, expandindo-se com a fábrica de Austin, que cresceu de 12.000 pés quadrados, em 1997, para mais de 600.000 pés quadrados, em 1999.

"O armazenamento extremo exige resposta rápida e gerenciamento crítico", diz Hanley. "Há um cliente real, esperando pelo pedido, e um erro hoje significa um cliente desapontado em apenas dois dias".

Esse atendimento rápido não permite que se recupere o tempo perdido devido a falhas, assim o *WMS* (*Warehouse Management System*), Sistema de Gestão de Armazenagem precisa fazer uma execução perfeita e sem deslizes em todos os pedidos, afirma.

Fonte: Anônimo, "Dell Goes to the Extreme", *Inboud Logistics*, January 2000, p. 122.

---

do de prontidão para entrega. Para facilitar o processamento do pedido, sistemas de comunicações exclusivos podem ser mantidos em tempo real, ou com base na *Internet*, entre um cliente e a operação logística do seu fornecedor. Dado esse alto grau de prontidão logística, um produto ou componente poderia ser entregue em questão de minutos, ao se identificar a necessidade do cliente. A disponibilidade é ainda mais rápida, quando o fornecedor concorda em consignar o inventário na instalação do cliente, eliminando a necessidade de operações logísticas quando o produto é desejado. A logística para apoiar a consignação é concluída antes da necessidade do cliente pelo produto. Enquanto tal comprometimento extremo de serviço pode constituir o sonho do gerente de vendas, é custoso e, normalmente, não necessário para apoiar a maioria das operações de distribuição e de produção do mercado.

A questão estratégica chave é a de como exceder o desempenho dos competidores, em um modo efetivo de custo. Se um material específico não está disponível quando necessário à produção, poderá forçar uma paralisação da fábrica, resultando em custo significativo, perdas de vendas potenciais, e até perda de negócios com clientes importantes. O impacto, nos lucros, dessas falhas é significativo. De outro modo, o impacto nos lucros de um atraso inesperado de 1 ou 2 dias, na entrega de produtos para reposição de inventário estocado, poderia ser mínimo ou até insignificante, nos indicadores de desempenho operacional total. Na maioria das situações, o impacto de custo/benefício em falhas logísticas está diretamente relacionado à importância do serviço para o cliente. Quanto mais significativo é o impacto da falha no serviço sobre o desempenho do cliente, maior será a prioridade dada para um desempenho logístico livre de erros.

O desempenho logístico básico e de criação é medido em termos de disponibilidade, desempenho operacional e confiabilidade do serviço.[2] O termo *serviço logístico básico*

---

[2] Essas medidas básicas de serviço ao cliente são desenvolvidas no Capítulo 3.

Tabela 2-1 Custos logísticos dos EUA, 1980 – 2000 ($ bilhões exceto PIB)

Ano	PIB nominal ($ trilhões)	Valor total dos inventários	Percentual da taxa de manutenção do inventário	Custo de manutenção do inventário	Custos de transporte	Custos administrativos	Total dos custos logísticos nos EUA	Custos logísticos (% do PIB)
1980	$2,80	692	31,8	220	214	17	451	16,1
1981	3,13	747	34,7	259	228	19	506	16,2
1982	3,26	760	30,8	234	222	18	474	14,5
1983	3,54	758	27,9	211	243	18	472	13,3
1984	3,93	826	29,1	240	268	20	528	13,4
1985	4,21	847	26,8	227	274	20	521	12,4
1986	4,45	843	25,7	217	281	20	518	11,6
1987	4,74	875	25,7	225	294	21	540	11,4
1988	5,11	944	26,6	251	313	23	587	11,5
1989	5,44	1005	28,1	282	329	24	635	11,7
1990	5,80	1041	27,2	283	351	25	659	11,4
1991	5,99	1030	24,9	256	355	24	635	10,6
1992	6,32	1043	22,7	237	375	24	636	10,1
1993	6,64	1076	22,2	239	396	25	660	9,9
1994	7,05	1127	23,5	265	420	27	712	10,1
1995	7,40	1211	24,9	302	441	30	773	10,4
1996	7,81	1240	24,4	303	467	31	801	10,3
1997	8,32	1280	24,5	314	503	33	850	10,2
1998	8,79	1323	24,4	323	529	34	886	10,1
1999	9,30	1379	24,1	332	554	35	921	9,9
2000	9,96	1485	25,4	377	590	39	1006	10,1

Fonte: Robert V. Delaney, Twelfth Annual "State of Logistics Report", apresentado ao National Press Club, Washington, DC, June 4, 2001.

descreve o nível de serviço que uma empresa oferece a todos os seus clientes existentes.

A **disponibilidade** significa ter inventário para atender consistentemente às necessidades dos clientes em materiais e produtos. O paradigma tradicional tem sido de quanto maior a disponibilidade de inventário, maior a quantidade e o custo do inventário necessário. A tecnologia de informação está oferecendo novas maneiras de se alcançar alta disponibilidade de inventário para clientes, sem o correspondente alto investimento de capital. As informações que facilitam a disponibilidade são determinantes para se alcançar um desempenho de logística enxuta.

O **desempenho operacional** lida com o tempo exigido para entregar um pedido de cliente. O desempenho operacional envolve *velocidade* e *consistência* na entrega. Naturalmente, a maioria dos clientes quer uma entrega rápida. Entretanto, a entrega rápida tem valor limitado, se for inconsistente de um pedido a outro. Um cliente obtém pouco benefício, quando um fornecedor promete uma entrega para o dia seguinte mas, com muita freqüência, entrega atrasado. Para alcançar operações tranqüilas, as empresas normalmente se concentram, primeiro, na consistência do serviço e, depois, procuram melhorar a velocidade da entrega. Outros aspectos do desempenho operacional são também importantes. O desempenho operacional de uma empresa pode ser considerado quanto a sua *flexibilidade* em atender a necessidades inesperadas e não usuais dos clientes. Outro aspecto do desempenho operacional é a freqüência do mau funcionamento e, quando esse ocorre, o tempo de recuperação exigido. Poucas empresas podem ter um desempenho perfeito todo o tempo. É importante estimar a possibilidade de alguma coisa dar errado. O *mau funcionamento* diz respeito à probabilidade de o desempenho logístico envolver falhas, tais como produtos danificados, sortimento incorreto ou documentação imprecisa. Quando esses imprevistos ocorrem, a competência logística de uma empresa pode ser medida pelo *tempo de recuperação*. O desempenho operacional preocupa-se em como uma empresa lida com todos os aspectos das necessidades dos clientes, incluindo falha no serviço, numa base alternada de dias (dia sim, dia não).

A **confiabilidade do serviço** envolve os atributos de *qualidade* da logística. A chave para a qualidade é uma avaliação precisa da disponibilidade e do desempenho operacional. Apenas por uma avaliação ampla do desempenho é possível determinar se as operações logísticas totais estão alcançando os objetivos de serviços desejados. Para obter confiabilidade no serviço, é essencial que se identifiquem e implementem avaliações da disponibilidade de inventário e do desempenho operacional. Para que o desempenho logístico possa continuamente atender às expectativas dos clientes, é essencial que a gerência se comprometa com a melhoria contínua. A qualidade logística não é alcançada facilmente; é o produto de um planejamento cuidadoso, apoiado por treinamento de pessoal, dedicação operacional, avaliação ampla e melhorias contínuas. Para melhorar o desempenho do serviço, objetivos precisam ser estabelecidos em uma base seletiva. Alguns produtos são mais relevantes que outros, devido a sua importância para o cliente e sua contribuição relativa aos lucros.

O nível de serviço logístico básico deve ser realista em termos de expectativas e necessidades dos clientes. Na maioria dos casos, as empresas enfrentam situações em que clientes possuem potencial de compra diferente. Alguns clientes necessitam de serviços exclusivos ou especiais, que agregam valor. Assim, os gerentes devem perceber que os clientes são diferentes, e que os serviços prestados precisam ser projetados para atender a necessidades exclusivas e seu potencial de compra. Em geral, as empresas tendem a ser otimistas demais, quando se comprometem com um desempenho médio ou básico de um serviço ao cliente. A incapacidade de atender, consistentemente, a um objetivo alto e não realista de serviço básico pode resultar em mais problemas operacionais e nas relações com os clientes, do que se objetivos menos ambiciosos fossem atingidos desde o início. Comprometimentos não realistas com serviços internacionais podem também diluir a capacidade de uma empresa de satisfazer pedidos especiais de clientes com grande potencial.

Minimização de Custos

O foco da logística enxuta pode ser identificado nos desenvolvimentos, relativamente recentes, da teoria e prática de custo total. Em 1956, uma monografia clássica, sobre aspectos econômicos do transporte aéreo de carga, apresentou uma nova perspectiva para o custo logístico.[3] Na tentativa de explicar as condições sob as quais o custo alto do transporte aéreo poderia ser justificado, Lewis, Culliton e Steele conceituaram o modelo do custo logístico total. O custo total foi definido pela inclusão de *todas* as despesas necessárias para desempenhar as necessidades logísticas. Os autores demonstraram uma estratégia de distribuição de peças eletrônicas, em que o alto custo variável do transporte aéreo direto da fábrica para o cliente era mais do que compensado por reduções nos custos tradicionais de inventário e de armazenagem. Concluíram que o procedimento logístico de menor *custo total* para oferecer o serviço desejado pelo cliente l era obtido com a centralização de inventário em um armazém e a realização de entregas por transporte aéreo.

Esse conceito de custo total, apesar de fundamentalmente básico, não havia sido anteriormente aplicado às operações logísticas. Provavelmente, devido ao clima econômico daquele tempo e ao ponto de partida radical na prática sugerida, a proposta de custo total gerou um grande debate. A prática gerencial vigente, reforçada pela contabilidade e pelo controle financeiro, concentrava-se em alcançar o custo mínimo possível para *cada* função individual da logística, com pouca ou nenhuma atenção para o custo total integrado. Gestores se concentravam tradicionalmente na minimização de custos funcionais, como transporte, com a expectativa de que tal esforço poderia levar ao menor custo total combinado. O desenvolvimento do conceito de custo total abriu a porta para o exame de como os custos funcionais se inter-relacionam e afetam uns aos outros. Refinamentos subseqüentes ofereceram um entendimento mais amplo dos componentes do custo logístico e identificaram a necessidade crítica de desenvolver análises de custos funcionais e de capacitações de custeio baseadas em atividades. Entretanto a implementação de custeio efetivo do processo logístico permanece como um desafio para o novo milênio. Muitas práticas duradouras de contabilidade permanecem como barreiras para a implementação completa de soluções logísticas de custo total.

Geração de Valor Logístico

A chave para obter a liderança logística é aprimorar a arte de combinar competência operacional com comprometimento, em relação às expectativas e necessidades de clientes-chave. Esse comprometimento com o cliente, em uma estrutura de custo exata, constitui a **proposta de valor logístico**. É um comprometimento único de uma empresa com um cliente individual, ou com grupos selecionados de seus clientes.

A empresa típica procura desenvolver e implementar uma competência logística global, que satisfaça as expectativas dos clientes a um gasto realista com o custo total. Muito raramente, o custo total mais baixo, ou o serviço que mais atenda o consumidor, constituirá a estratégia logística fundamental. Da mesma maneira, a combinação adequada será diferente para clientes diferentes. Um esforço logístico bem projetado deve ter uma alta resposta e uma capacitação efetiva por parte dos clientes, enquanto se controlam variações operacionais e se minimiza o inventário comprometido. Acima de tudo, esse esforço precisa ser relevante para clientes específicos.

Avanços significativos foram obtidos no desenvolvimento de ferramentas para apoiar o gerenciamento nas avaliações de trocas compensatórias (*trade-offs*) de custo/serviço. A formulação de uma estratégia saudável requer a capacidade de se estimar o custo operacional exigido para alcançar níveis alternativos de serviços. Da mesma forma, níveis alternativos de desempenho não são significativos, se não encarados como estratégias totais de *marketing*, produção e compra de uma unidade de negócio.

---

[3] Howard T. Lewis, James W. Culliton, and Jack D. Steele, *The Role of Air Freight in Physical Distribution* (Boston, MA: Harvard University, 1956).

As empresas líderes percebem que um sistema logístico bem projetado e bem operado pode ajudar a alcançar vantagem competitiva. De fato, como regra geral, as empresas que obtêm uma vantagem estratégica, baseada na competência logística, estabelecem a natureza da competição de seus setores. A Visão Setorial 2-2 ilustra a liderança setorial exercida pela Cisco Systems, como resultado de sua competência logística.

O Trabalho da Logística

No contexto da gestão da cadeia de suprimentos, a logística existe para mover e localizar o inventário de maneira a alcançar os benefícios desejados de tempo, local e posse, a um custo total mínimo. O inventário possui valor limitado até que seja disponibilizado no tempo certo e no local certo, para apoiar a transferência de propriedade ou a criação de valor agregado. Se uma empresa não satisfaz adequadamente as exigências de tempo e lugar, não tem nada a vender. Para uma cadeia de suprimentos realizar o benefício estratégico máximo da logística, a gama completa dos trabalhos funcionais deve ser integrada. As decisões de uma área funcional causam impacto no custo de todas as outras. É essa inter-relação de funções que desafia a implementação bem-sucedida da gestão integrada de logística. A Figura 2-1 oferece uma representação visual da natureza inter-relacionada de cinco áreas do trabalho logístico: (1) processamento de pedidos; (2) inventário; (3) transporte; (4) armazenamento, manuseio de materiais e embalagem; (5) rede de instalações. Como descrito a seguir, o trabalho relacionado a essas áreas funcionais se combina para criar as capacidades necessárias à obtenção de valor logístico.

Processamento de Pedidos

A importância de informações precisas para o desempenho da logística não tem sido historicamente reconhecida. Enquanto muitos aspectos da informação são cruciais para as operações logísticas, o processamento de pedidos é de importância fundamental. A falha em entender precisamente essa importância resultou da incapacidade em entender como a distorção e a dinâmica influenciam as operações logísticas.

A atual tecnologia de informação é capaz de lidar com a maioria das necessidades do cliente exigente. Quando necessário, as informações do pedido podem ser obtidas em tempo real.

O benefício de um fluxo rápido de informações está diretamente relacionado ao equilíbrio dos trabalhos. Não tem sentido, para uma empresa, acumular pedidos em um escritório de vendas local durante uma semana, enviá-los para um escritório regional, processar os pedidos em bloco, destiná-los a um armazém de distribuição e então embarcá-los via aérea, para obter uma entrega rápida. Ao contrário, a transmissão de dados ou uma comunicação de pedidos baseada na Web (*Web-based communication*), diretamente do escritório dos clientes, combinada com um transporte terrestre mais lento e menos dispendioso, pode obter um serviço de entrega ainda mais rápido, com um custo total menor. O objetivo-chave é equilibrar os componentes do sistema logístico.

Previsão e comunicação das necessidades do cliente são as duas áreas do trabalho logístico determinadas pela informação. A importância relativa de cada faceta da informação operacional está diretamente relacionada ao grau a que a cadeia de suprimentos está configurada, para funcionar com base na resposta ou de forma antecipatória. Quanto mais relacionada à resposta estiver projetada a cadeia de suprimentos, maior a importância da informação precisa e em tempo, no que diz respeito ao comportamento de compra dos clientes. Como foi estabelecido no Capítulo 1, as cadeias de suprimentos estão progressivamente refletindo uma combinação de operações de resposta e antecipatórias.

Na maioria das cadeias de suprimentos, as exigências do cliente são transmitidas na forma de pedidos. O processamento desses pedidos envolve todos os aspectos do gerenciamento das necessidades dos clientes, desde o recebimento inicial do pedido, entrega, faturamento e cobrança. As capacitações logísticas de uma empresa só podem ser tão boas quanto a sua competência no processamento de pedidos.

Inventário

As necessidades de inventário de uma empresa estão diretamente relacionadas à rede de instalações e ao nível desejado de serviços aos consumidores. Teoricamente, uma empresa poderia estocar qualquer item vendido em qualquer instalação dedicada ao atendimento de cada cliente. Poucas operações comerciais podem pagar esse luxuoso comprometimento de inventário, pois o risco e o custo total são proibitivos. O objetivo na estratégia de inventário é o de alcançar o serviço desejado ao consumidor, com comprometimento mínimo de inventário. Inventários excessivos podem compensar deficiências no projeto básico de um sistema logísticos, mas, em última instância, resultará num custo logístico total superior ao necessário.

As estratégias logísticas devem ser projetadas para manter o investimento financeiro em inventário o mais baixo possível. O objetivo é o de alcançar o giro de inventário máximo, enquanto se satisfazem os compromissos de serviço. Uma estratégia saudável de inventário baseia-se na combinação de cinco aspectos de distribuição seletiva: (1) segmentação de clientes essenciais, (2) lucratividade de produtos, (3) integração de transporte, (4) desempenho baseado em tempo, (5) desempenho competitivo.

Toda empresa que vende para uma variedade de clientes diferentes, confronta-se com oportunidades ímpares. Alguns clientes são altamente lucrativos e possuem um

Visão Setorial 2-2   A Estratégia Singular da Empresa Cisco

As vendas da Cisco estavam crescendo em 100% ao ano na metade dos anos 90. O nível de emprego crescia para acompanhar o movimento, e os custos da cadeia de suprimentos estavam inaceitavelmente altos. Os ciclos de vida dos produtos continuavam a diminuir. As demandas por confiabilidade, flexibilidade e velocidade subiam a um grau alarmante. Para acompanhar essa situação, a Cisco implementou uma renovação total de seus processos de negócios, desde o projeto e a previsão até a aquisição de matéria-prima, produção, distribuição e acompanhamento ao cliente.

A criação do modelo global de rede de negócios da Cisco ocorreu em muitos departamentos ao mesmo tempo, a partir da percepção compartilhada de que uma mudança era necessária. Dentro desse modelo, a Cisco passou a ver sua cadeia de suprimentos como uma estrutura de relacionamentos, em vez de uma forma linear. O objetivo era transcender o foco interno dos sistemas de Planejamento de Recursos da Empresa (ERP – Enterprise Resource Planning), de maneira que abarcasse uma cadeia de suprimentos em rede para todos os parceiros comerciais. Os objetivos primordiais eram servir melhor o cliente, lidar com o enorme crescimento e diminuir os custos. Ao utilizar a Internet, passou a perseguir uma estratégia de empresa única.

Atualmente, a Cisco conta com cinco fabricantes contratados para cerca de 60% da montagem e teste finais, e 100% da produção básica. Através de uma supervisão restrita e de um conjunto de padrões claros, garante que todos os parceiros obtenham o mesmo nível alto de qualidade. Todas as suas 14 localizações mundiais de produção, juntamente com dois distribuidores, estão ligadas através de uma rede externa (*extranet*) exclusiva.

A busca por uma empresa única fez a Cisco se ligar a seus fornecedores de maneiras sem precedentes. Os produtos agora fluem dos fornecedores de primeiro e segundo níveis, sem a documentação e a notificação nas quais a maioria das cadeias de suprimentos se baseia. Ao invés de responder a pedidos de trabalho específicos, fabricantes contratados levam componentes de acordo com um plano diário, elaborado a partir de uma única previsão de longo prazo, compartilhada ao longo da cadeia de suprimentos. Os itens se movimentam para a Cisco, ou diretamente para seus clientes. O pagamento ocorre automaticamente, sob recibo; não há pedidos de compra, faturas ou os acordos tradicionais.

Em troca de serem pagos antes, aos fornecedores exige-se atacar agressivamente suas estruturas de custo, mas não ao ponto de não lucrarem com isso. "Não é uma parceria, se você está colocando o outro para fora dos negócios", diz Barbara Siverts, gerente de soluções para a cadeia de suprimentos, dentro da unidade de Soluções para Negócios pela Internet da Cisco.

A Cisco declara pelo menos $128 milhões de economia anual, a partir de sua estratégia de empresa única. Reduziu o tempo de atendimento ao mercado em 25%, atingindo 97% das metas de entrega. Os inventários foram reduzidos, pelo menos, à metade. O tempo de ciclo do pedido diminuiu de seis a oito semanas, há quatro anos, para algo entre uma a três semanas, atualmente. Sob um programa conhecido como reposição dinâmica, os sinais de demanda fluem instantaneamente para os fabricantes contratados. Os inventários podem ser monitorados por todos os parceiros da cadeia de suprimentos, em tempo real.

Cerca de 55% do produto agora se movimenta diretamente do fornecedor para o cliente, não passando pela Cisco. Isso reduziu em vários dias o ciclo de pedidos. Reposição direta significa diminuição em inventário, custo de mão-de-obra e gastos com transportes. A Cisco fixa uma economia de $10 por unidade, ou cerca de $12 milhões ao ano.

Trabalhando com a UPS, a Cisco adquiriu o controle da distribuição de sua cadeia de suprimentos, possibilitando entregas com tempo definido, em toda a Europa, de cinco a oito dias, via um único ponto de contato. Com o sistema de controle de inventário Oracle conectado diretamente ao sistema de gerenciamento logístico da UPS, a Cisco agora rastreia o percurso do produto ao destino em tempo real. A medida extra de controle permite que intercepte, refaça a rota ou reconfigure os pedidos, em pouco tempo. A partir de uma entrega deferida, a Cisco garante que um componente não chegará ao local do cliente, até que esteja pronto para ser instalado.

Recentemente, a estratégia de terceirização da Cisco deu mais um passo à frente, com a decisão de delegar as funções de embarque e armazenamento à FedEx Corp. Essa prestadora de serviços aéreos, terrestres e logísticos gerenciará uma operação de montagem em trânsito para embarque direto aos clientes finais, resultando, praticamente, na eliminação dos armazéns operados pela Cisco, dentro de cinco anos.

Fonte: Robert J Bowman, "At Cisco Systems, the Internet Is Both Business and Business Model", *Global Logistics & Supply Chain Strategy*, May 2000, p. 28-38.

---

potencial de crescimento expressivo; outros, não. A lucratividade dos negócios de um cliente depende do produto comprado, do volume, do preço, dos serviços exigidos que agregam valor e das atividades suplementares necessárias para desenvolver e manter um relacionamento em curso. Uma vez que clientes altamente lucrativos constituem o mercado essencial de qualquer empresa, as estratégias de inventário precisam se concentrar neles. A chave para a segmentação logística efetiva está nas prioridades de inventário dedicadas a manter clientes essenciais.

A maioria das empresas passa por uma variação substancial em volume e lucratividade, em suas linhas de pro-

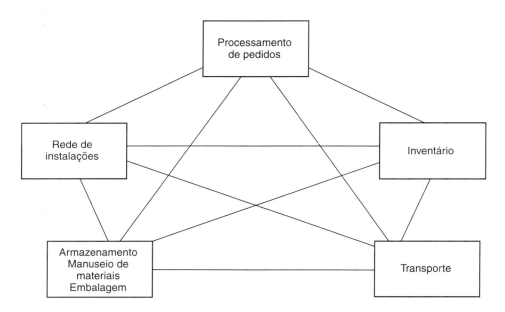

Figura 2-1 A logística integrada.

dução. Se nenhuma restrição existir, uma empresa poderá perceber que menos de 20% de todos os produtos comercializados são responsáveis por mais de 80% do lucro total. Embora a regra 80/20, ou **Princípio de Pareto**, seja comum nos negócios, o gerenciamento deve evitar esses resultados implementando estratégias de inventário baseadas na classificação de linhas específicas de produtos. Uma avaliação realista do valor adicional agregado, pela estocagem de produtos de baixo lucro ou de baixo volume, torna-se essencial para evitar custos excessivos. Por razões óbvias, uma empresa quer oferecer alta disponibilidade e entrega consistente de seus produtos mais lucrativos. Um apoio de alto nível a itens menos lucrativos, entretanto, pode ser necessário para oferecer serviços completos de linha a clientes essenciais. A armadilha a se evitar é a de um alto desempenho de serviço em produtos de menor lucratividade, que são normalmente adquiridos por clientes secundários ou clientes não essenciais. Portanto, a lucratividade da linha do produto deve ser levada em consideração, quando do desenvolvimento de uma política seletiva de inventário.

O plano de estocagem de produto em uma instalação específica causa um impacto direto no desempenho de transporte. A maioria das tarifas de transporte se baseiam no volume e no tamanho de embarques específicos. Assim, talvez seja uma estratégia razoável estocar uma gama ou um sortimento suficientes de produtos em um armazém, para ser capaz de se obter embarques consolidados. As economias correspondentes em transporte podem mais do que compensar o custo maior de reter inventário.

O grau de comprometimento de uma empresa em entregar produtos de forma rápida, a fim de satisfazer as exigências de inventário dos seus clientes, constitui-se num fator de competitividade fundamental. Se produtos e materiais podem ser entregues rapidamente, talvez não seja necessário que os clientes mantenham grandes inventários. Da mesma forma, se lojas de varejo podem ser reabastecidas rapidamente, será necessário um menor estoque de segurança. A alternativa para a acumulação de estoque e para a manutenção de estoque de segurança é receber um reabastecimento exato e progressivo do inventário. Enquanto esses programas baseados no tempo reduzem o inventário dos clientes a mínimos absolutos, as economias de custos devem ser balanceadas contra outros gastos da cadeia de suprimentos, contraídos em decorrência de processos logísticos afins.

Finalmente, as estratégias de inventário não podem ser criadas em um vácuo competitivo. Uma empresa é mais comumente requisitada para realizar negócios que seus competidores, se puder prometer e desempenhar uma entrega rápida e consistente. Portanto, pode ser necessário posicionar o inventário em um armazém específico para ganhar vantagem competitiva, mesmo que esse comprometimento aumente o custo total. As políticas de distribuição seletiva de inventário podem ser essenciais para ganhar vantagem em serviços ao cliente, ou para neutralizar uma vantagem que o competidor possa exercer no momento.

Os inventários de material e componentes existem em um sistema logístico por razões outras que as do inventário de produtos acabados. Cada tipo de inventário e nível de comprometimento devem ser vistos com uma perspectiva de custo total. O entendimento das inter-relações entre processamento de pedidos, inventário, transporte e decisões da rede de instalações é fundamental para a logística integrada.

Transporte

O transporte é a área operacional da logística que move e aloca, geograficamente, o inventário. Devido a sua importância fundamental e ao seu custo visível, o transporte tem, tradicionalmente, recebido considerável atenção gerencial. Quase todas as empresas, grandes ou pequenas, possuem gerentes responsáveis pelo transporte.

As necessidades de transporte podem ser satisfeitas de três modos básicos. Primeiro, uma frota própria de equipamentos pode ser operada. Segundo, contratos podem ser feitos com competentes especialistas em transportes. Terceiro, uma empresa poderá contratar serviços de uma ampla variedade de transportadoras, que ofereçam diferentes serviços de transporte, com base em embarque. Do ponto de vista do sistema logístico, três fatores são fundamentais para o desempenho do transporte: (1) custo, (2) velocidade e (3) consistência.

O **custo** do transporte é o pagamento por embarque entre duas localizações geográficas, e os gastos relacionados à manutenção do inventário em trânsito. Os sistemas logísticos devem utilizar um transporte que minimize o custo *total* do sistema. Isso pode significar que o método de transporte menos caro pode não resultar no mais baixo custo total de logística.

A **velocidade** do transporte é o tempo exigido para completar um movimento específico. Velocidade e custo de transporte estão relacionados de duas formas. Primeiro, as empresas de transporte, capazes de oferecer serviços mais rápidos, comumente cobram tarifas mais altas. Segundo, quanto mais rápido o transporte, mais curto é o intervalo de tempo em que o inventário está em trânsito e não disponível. Assim, um aspecto crítico, quanto à seleção do método de transporte mais apropriado, está no equilíbrio entre velocidade e custo de serviço.

A **consistência** do transporte refere-se às variações em tempo exigidas para se desempenhar uma movimentação específica através de um número de embarques. A consistência reflete a dependência ao transporte. Durante anos, gestores de transporte reconheceram na consistência o mais importante atributo de qualidade do transporte. Se um embarque entre duas localizações leva três dias, na primeira vez, e seis, nas próximas, a variação inesperada pode criar sérios problemas operacionais na cadeia de suprimentos. Quando falta consistência ao transporte, são necessários estoques de segurança de inventário para proteção contra paralisações de serviço, afetando o comprometimento geral de inventário, tanto do vendedor como do comprador. Com o advento da nova tecnologia de informação para controlar e registrar a situação de embarque, os gerentes logísticos têm procurado movimentação mais rápida, enquanto mantêm a consistência. Velocidade e consistência se combinam para criar o aspecto qualitativo do transporte.

Ao se projetar um sistema logístico, um equilíbrio delicado precisa ser mantido entre o custo do transporte e a qualidade do serviço. Em algumas circunstâncias, um transporte de baixo custo e lento é satisfatório. Em outras situações, um serviço mais rápido pode ser essencial para alcançar os objetivos operacionais. Encontrar e gerenciar a combinação de transporte desejada dentro da cadeia de suprimentos é uma responsabilidade fundamental da logística.

Armazenamento, Manuseio de Materiais e Embalagem

As três primeiras áreas funcionais da logística – processamento de pedido, inventário e transporte – podem ser estruturadas em uma variedade de arranjos operacionais diferentes. Cada arranjo tem o potencial de contribuir para um nível específico de serviço ao consumidor, com um custo total associado. Em essência, essas funções se combinam para criar uma solução sistêmica para a logística integrada. A quarta funcionalidade da logística – armazenamento, manuseio de materiais e embalagem – também representa parte integrante de uma solução de logística operacional. No entanto, essas funções não possuem o *status* independente daquelas anteriormente analisadas. Armazenamento, manuseio de materiais e embalagem são partes integrantes de outras áreas da logística. Por exemplo, o inventário, geralmente, precisa ser armazenado em tempos específicos, durante o processo logístico. Veículos de transporte exigem manuseio de materiais para um carregamento e descarregamento eficientes. Finalmente, os produtos individuais são mais eficientemente manuseados, quando embalados juntos em caixas de papelão, ou outras unidades de carregamento.

Quando se necessita de instalações de distribuição no sistema logístico, uma empresa pode escolher entre os serviços de um especialista em armazenamento, ou operar ela mesma sua própria instalação. A decisão é mais ampla do que simplesmente selecionar uma instalação para estocar inventário, já que muitas atividades que agregam valor podem ser desempenhadas enquanto os produtos são armazenados. Exemplos dessas atividades são sortimento, seqüenciamento, seleção de pedidos, consolidação de transportes e, em alguns casos, alteração e montagem de produtos.

Dentro do armazém, o manuseio de materiais é uma atividade importante. Os produtos devem ser recebidos, movimentados, estocados, classificados e montados, a fim de satisfazer as exigências do cliente. A mão-de-obra e o capital diretamente investidos em equipamentos de manuseio de materiais são elementos significativos do custo logístico total. Quando desempenhado de forma inferior, o manuseio de materiais pode resultar em danos substanciais nos produtos. De forma racional, pode-se dizer que quanto menos o produto é manuseado, menor é o potencial para produtos danificados, e a eficiência total do local de armazenamento aumenta. Há uma variedade de mecanismos e ferramentas mecanizados e automatizados para dar assistência ao manuseio de materiais. Na verdade, cada armazém e sua capacidade de manuseio de materiais representam um minissistema dentro do processo logístico total.

Para facilitar a eficiência do manuseio, os produtos, na forma de latas, garrafas ou caixas, são normalmente combinados em uma unidade maior. Essa unidade maior, comumente chamada **cartolina master**, oferece dois atributos importantes. Primeiro, serve para proteger o produto durante o processo logístico. Segundo, a cartolina master propicia um manuseio simples, ao criar uma embalagem grande, em vez de uma enorme quantidade de produtos pequenos e individuais. Para um manuseio e um transporte eficientes, a cartolina master é geralmente usada em unidades de carga maiores. As unidades mais comuns, na utilização de cartolina master, são **estrados de rodagem (paletes)**, *slip sheets* **e vários tipos de contêineres**.

Quando efetivamente integrados nas operações logísticas de uma empresa, o armazenamento, o manuseio de materiais e a embalagem facilitam a velocidade e a tranqüilidade do fluxo total do produto dentro do sistema logístico. De fato, muitas empresas desenvolveram mecanismos para movimentar sortimentos amplos de produtos, das fábricas de produção diretamente para as lojas de varejo, sem manuseio intermediário.

Rede de Instalações

A economia clássica negligenciou a importância da localização da instalação e o projeto total de rede para operações comerciais eficientes. Quando os economistas discutiam, originalmente, as relações de oferta e demanda, os diferenciais de custo de transporte e localização da instalação eram entendidos como não existentes, ou iguais, entre os competidores.[4] *

---

[4] Alfred Weber, *Theory of Location of Industries*, trans. Carl J. Friedrich (Chicago, Il: University of Chicago Press, 1928); August Lösch, *Die Räumliche Ordung der Wirtschaft*, (Jena: Gustav Fisher Verlag, 1940); Edgar M. Hoover, *The Location of Ecoomic Activity* (New York, NY: McGraw-Hill Book Company, 1938); Melvin L. Greenhut, *Plant Location in Theory and Practice* (Chapel Hill, NC: University of North Carolina Press, 1956); Walter Isard, et.al., *Methods of Regional Analysis: An Introduction to Regional Science* (New York, NY: John Wiley & Sons, 1960); Walter Isard, *Location and Space Economy* (Cambridge, MA: The MIT Press, 1968); and Michael J. Webber, *Impact of Uncertainty on Location* (Cambridge, MA: The MIT Press, 1972).

* N. de T.: Nas operações comerciais, entretanto, o número, o tamanho e o relacionamento geográfico das instalações usadas no desempenho das operações logísticas afetam diretamente as capacidades e o custo do serviço aos clientes. A rede estrutural do projeto é uma responsabilidade fundamental da gestão logística, já que a estrutura da instalação de uma empresa é usada para embarcar produtos e materiais aos clientes. As instalações comuns da logística são plantas de fabricação, armazéns, operações de *cross-dock* e lojas de varejo.

O projeto de rede estrutural preocupa-se em determinar o número e a localização de todos os tipos de instalações necessários para o desempenho do trabalho logístico. É também necessário determinar qual inventário e quanto estocar em cada instalação, assim como as alocações aos clientes. A rede de instalações cria a estrutura em que as operações logísticas são desempenhadas. Assim, a rede integra as capacidades de informação e transporte. As tarefas específicas de trabalho relativas ao processamento de pedidos dos clientes, armazenamento de inventário e manuseio de materiais são todas executadas dentro da rede de instalações.

O projeto de rede de instalações exige uma análise cuidadosa da variação geográfica. O fato de que existe uma grande diferença entre mercados geográficos é fácil de ilustrar. Os 50 maiores mercados metropolitanos dos EUA, quanto à população, são responsáveis pela maioria das vendas a varejo. Assim, uma empresa que atua comercialmente em escala nacional, precisa estabelecer uma rede logística capaz de servir os mercados principais. Uma disparidade geográfica semelhante existe em típicos locais fornecedores de materiais e de peças de componentes. Quando uma empresa está envolvida numa logística globalizada, questões relacionadas ao projeto de rede se tornam progressivamente mais complexas.

A importância de modificar continuamente a rede de instalações, para acomodar mudanças na demanda e nas infra-estruturas da oferta, não pode ser enfatizada demasiadamente. Sortimentos de produto, clientes, fornecedores e exigências de produção estão constantemente mudando, em um ambiente competitivo e dinâmico. A seleção de uma rede com localização superior pode representar um passo significativo para se alcançar uma vantagem competitiva.

Operações Logísticas

O alcance operacional interno das operações de logística integrada é ilustrado pela área sombreada da Figura 2-2. As informações de e sobre clientes fluem dentro da empresa, na forma de atividades de venda, previsões e pedidos. Informações vitais são refinadas em planos específicos de produção, vendas e compra. Quando produtos e materiais são comprados, inicia-se um fluxo de inventário de valor agregado, que, em última instância, resulta na transferência de propriedade dos produtos acabados para os consumidores. Assim, o processo é visto como dois fluxos interrelacionados: inventário e informação. Enquanto a gestão integrada interna é importante para o sucesso, a empresa também deve se integrar na sua cadeia de suprimentos. Para serem completamente efetivas no atual ambiente competitivo, as empresas devem ampliar a integração de seu empreendimento, incorporando clientes e fornecedores. Essa extensão reflete a posição da logística na perspectiva mais abrangente da gestão da cadeia de suprimentos. A integração da cadeia de suprimentos é discutida mais adiante neste capítulo (veja A Sincronização Logística).

Fluxo de Inventário

A gestão operacional da logística preocupa-se com o movimento e com a estocagem de materiais e de produtos acabados. As operações logísticas começam com o embarque inicial de um material ou peças de componentes de um fornecedor, e são finalizadas quando um produto fabricado ou processado é entregue ao cliente.

A partir da compra inicial de um material ou componente, o processo logístico agrega valor, ao movimentar o inventário quando e onde for necessário. Desde que tudo corra bem, materiais e componentes ganham valor, a cada passo de sua transformação em inventário de produtos acabados. Em outras palavras, uma peça individual possui maior valor depois que é incorporada a uma máquina, do que antes, enquanto peça. Da mesma forma, a máquina possui mais valor, uma vez que é entregue ao cliente.

Para apoiar a produção, o inventário de produtos em processo deve ser posicionado de forma apropriada. O custo de cada componente e sua movimentação passam a ser parte do processo de agregar valor. Para um melhor entendimento, é importante dividir as operações logísticas em três áreas: 1) distribuição ao mercado, (2) apoio à produção, (3) compra. Esses componentes estão indicados na área sombreada da Figura 2-2 como unidades combinadas operacionais da logística de uma empresa.

Distribuição ao Mercado

A movimentação de produtos acabados para o cliente é a **distribuição ao mercado**. Na distribuição ao mercado, o cliente final representa o destino final. A disponibilidade do produto é uma parte vital do esforço de cada canal participante no mercado. Até mesmo um agente de fabricante, que comumente não possui inventário próprio, precisa ser apoiado pela disponibilidade de inventário, para desempenhar as responsabilidades esperadas no mercado. Se uma variedade apropriada de produtos não for entregue, com eficiência, quando e onde for necessária, grande parte do esforço total de comercialização será colocado em risco. É pelo processo de distribuição ao mercado que a colocação geográfica e em tempo oportuno do inventário se tornam partes integrantes da comercialização. Para apoiar a ampla variedade de sistemas de *marketing* que existe em um país extremamente comercial, muitos diferentes sistemas de distribuição ao mercado estão disponíveis. Todos os sistemas de distribuição ao mercado possuem um traço comum: conectam fabricantes, atacadistas e varejistas às cadeias de suprimentos, para oferecer disponibilidade de produto.

Apoio à Produção

A área de **apoio à produção** se concentra na gestão do inventário de produtos em processo, à medida que fluem entre os estágios de produção. A responsabilidade logística fundamental na produção é participar da formulação de uma programação-mestre de produção, e cuidar de sua implementação, em relação à disponibilidade oportuna de materiais, peças componentes e inventário de produtos em processo. Assim, a preocupação total do apoio à produção não é a de como a produção ocorre, mas, ao contrário, *quais produtos, quando* e *onde* serão fabricados.

O apoio à produção é significativamente diferente da distribuição ao mercado. A distribuição ao mercado procura servir os desejos dos clientes e, portanto, precisa

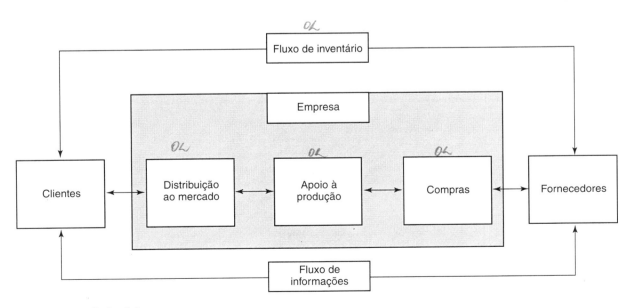

Figura 2-2 Integração logística.

equilibrar a incerteza do consumidor e a demanda industrial. O apoio à produção envolve necessidades de movimentação que estão sob o controle da empresa produtora. As incertezas introduzidas pelos pedidos aleatórios de clientes e pela demanda variável, que a distribuição ao mercado precisa ajustar, não são comuns nas operações de produção. Do ponto de vista do planejamento total, a separação entre apoio à produção, à distribuição externa para o mercado e a atividades de compra de suprimentos oferece oportunidades para especialização e eficiência melhorada. O grau em que uma empresa adota uma estratégia de resposta serve para reduzir ou eliminar a separação da produção.

Compras

Compras dizem respeito à aquisição e arranjo da movimentação de recebimento de materiais, peças e/ou inventário acabado desde os fornecedores até a produção ou plantas de montagem, armazéns ou lojas de varejo. Dependendo da situação, o processo de aquisição é comumente identificado por nomes diferentes. Na produção, o processo de aquisição é normalmente chamado de *aquisição* (*purchasing*). Em círculos do governo, a aquisição tem sido chamada tradicionalmente de *suprimentos* (*procurement*). No varejo e atacado, *compra* (*buying*) é o termo mais amplamente utilizado. Em muitos círculos, o processo é referido como *logística de suprimentos* (*inbound logistics*). Para a proposta deste texto, o termo *compra* (*procurement*) incluirá todos os tipos de aquisição. O termo *material* é usado para identificar o inventário, movimentando-se para recepção por uma empresa, independentemente de seu grau de prontidão para revenda. O termo *produto* é usado para identificar o inventário que está disponível para a compra do consumidor. Em outras palavras, os materiais estão envolvidos no processo de agregar valor pela manufatura/produção, ao passo que os produtos estão prontos para o consumo. A distinção fundamental é a de que os produtos resultam do valor agregado ao material, durante a produção, classificação ou montagem.

Dentro de uma empresa típica, as três áreas operacionais da logística se sobrepõem. O fato de se considerar cada uma como parte integrante do processo total de agregar valor cria uma oportunidade de capitalização sobre os atributos singulares de cada uma, no processo inteiro. A Tabela 2-2 oferece uma definição ainda mais exata do trabalho diário envolvido em cada subprocesso da logística. Todo o desafio de uma cadeia de suprimentos é integrar os processos logísticos de empresas participantes de um modo que facilite a eficiência total.

Fluxo de Informação

O fluxo de informação identifica localizações específicas dentro de um sistema logístico, as quais possuem necessidades. A informação também integra as três áreas operacionais. Dentro das áreas logísticas individuais, existem diferentes necessidades de movimentação refe-

Tabela 2-2 Focos operacionais específicos da distribuição ao mercado, apoio à produção e compras na logística global

Distribuição ao mercado

Atividades relacionadas à oferta de serviços ao cliente. Exige desempenhar o recebimento e o processamento do pedido, inventários de distribuição, estocagem e manuseio, e transporte externo dentro da cadeia de suprimentos. Inclui a responsabilidade de se combinar com o planejamento de *marketing*, em áreas como precificação, apoio promocional, níveis de serviço ao cliente, padrões de entrega, manuseio de mercadorias retornadas e apoio ao ciclo de vida. O objetivo fundamental da distribuição ao mercado é dar assistência à geração de receitas ao oferecer níveis de serviço ao cliente estrategicamente desejados ao custo total mínimo.

Apoio à produção

Atividades relacionadas ao planejamento, programação e apoio às operações de produção. Exige planejamento da programação e desempenho de estocagem de produtos em processo, manuseio, transporte e classificação, seqüenciamento e cálculo de tempo de fases de componentes. Inclui a responsabilidade de armazenar o inventário nos locais de produção e flexibilidade máxima na coordenação da postergação geográfica e de montagem entre as operações de produção e de distribuição ao mercado.

Compras

Atividades relacionadas à obtenção de produtos e materiais de fornecedores externos. Exige desempenho quanto a planejamento de recursos, fonte de fornecimento, negociação, colocação de pedidos, transporte interno, recebimento e inspeção, armazenamento e manuseio, e garantia de qualidade. Inclui a responsabilidade de se coordenar com os fornecedores em áreas de programação, continuidade de fornecimento, cobertura de risco, especulação, bem como em pesquisa para novas fontes ou programas. O objetivo fundamental das compras é apoiar as organizações de produção ou de revenda, oferecendo compras adequadas a um custo total mínimo.

rentes ao tamanho do pedido, à disponibilidade de inventário e à urgência da movimentação. O objetivo fundamental da gestão do fluxo de informação é de conciliar esses diferenciais para melhorar o desempenho total da cadeia de suprimentos. É importante ressaltar que as necessidades de informação são paralelas ao trabalho efetivo desempenhado na distribuição ao mercado, no apoio à produção e nas compras (*procurement*). Enquanto essas áreas contêm o trabalho logístico real, a informação facilita a coordenação do planejamento e do controle das operações do dia a dia. Sem informações precisas, o esforço dispendido no sistema logístico pode ser desperdiçado.

As informações logísticas possuem dois componentes principais: planejamento/coordenação e operações. A inter-relação desses dois tipos de informação logística está ilustrada na Figura 2-3. Uma discussão mais aprofundada da tecnologia de informação foi reservada para a Parte II, no momento em que a arquitetura dos sistemas de informações logísticas for desenvolvida em maiores detalhes. O objetivo aqui é introduzir a estrutura que detalha as informações necessárias para se gerenciar a logística integrada.

Planejamento/Coordenação

O objetivo principal do planejamento/coordenação é identificar a informação operacional exigida e facilitar a integração da cadeia de suprimentos *via* (1) objetivos estratégicos, (2) restrições de capacidade, (3) necessidades logísticas, (4) disposição de inventário, (5) exigências de produção, (6) exigências de compras e (7) previsão. A menos que um alto nível de planejamento/coordenação seja atingido, existirá um potencial para ineficiências operacionais e excesso de inventário. O desafio é alcançar tal planejamento/coordenação, ao longo do conjunto de empresas participantes de uma cadeia de suprimentos, para reduzir duplicações e redundâncias desnecessárias.

Os direcionadores fundamentais das operações da cadeia de suprimentos são os **objetivos estratégicos**, oriundos de metas de *marketing* e financeiras. Essas iniciativas detalham a natureza e a localização dos clientes, que as operações da cadeia de suprimentos procuram adequar aos produtos e serviços planejados. Os aspectos financeiros dos planos estratégicos detalham recursos exigidos para apoiar o inventário, mercadorias, instalações, equipamentos e capacidade.

As **restrições de capacidade** identificam as limitações internas e externas da produção e da distribuição ao mercado. Dados os objetivos estratégicos, as restrições de capacidade identificam limitações, barreiras ou pontos de estrangulamento das instalações de produção e de distribuição. Também ajudam a identificar quando um trabalho específico da produção ou da distribuição deve ser terceirizado. Para exemplificar, enquanto a Kellogg é proprietária da marca e distribui o *Cracklin' Oat Bran*, toda a produção é realizada por um terceiro contratado. O resultado do planejamento das restrições de capacidade implica objetivos distribuídos no tempo, que detalham e programam a utilização da instalação, dos recursos financeiros e das necessidades de pessoal.

As necessidades logísticas identificam instalações de trabalho, equipamentos e força de trabalho específicos, exigidos para apoiar o planejamento estratégico, utilizando informações oriundas de previsões, programações promocionais, pedidos de clientes e situação de inventários.

A **disposição de inventário** faz interface com a gestão do inventário e o planejamento/coordenação e operações, como mostra a Figura 2-3. O plano de dispo-

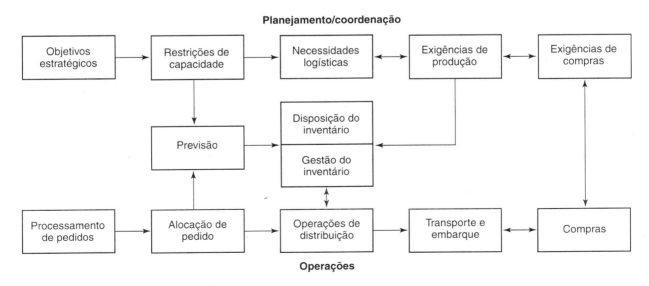

Figura 2-3 Necessidades de informações logísticas.

sição detalha o tempo adequado para posicionamento de inventário, movimentando-o eficientemente ao longo da cadeia de suprimentos. De uma perspectiva de informação, a disposição especifica *o que, onde* e *quando,* para os processos logísticos. Do ponto de vista operacional, a gestão do inventário é desempenhada no dia-a-dia.

Em situações de produção, as **exigências de produção** determinam as programações planejadas. A saída tradicional é uma declaração das necessidades de inventário dispostas no tempo, que é utilizada para direcionar a Programação Mestre da Produção (MPS – Master Production Scheduling) e o Planejamento das Necessidades da Produção (MRP – Manufacturing Requirements Planning). Em situações caracterizadas por um alto grau de resposta, Sistemas de Planejamento Avançado (APS – Advanced Planning Systems) são mais comumente utilizados para produção disposta no tempo.

As **exigências de compras (*procurement*)** representam uma programação em seqüência temporal de materiais e componentes necessários para atender as exigências da produção. Em estabelecimentos de varejo e de atacado, a aquisição determina a recepção de mercadorias. Em situações de produção, compras estabelecem a chegada de materiais e de peças de componentes dos fornecedores. Independentemente da situação de negócios, informações de compras são utilizadas para coordenar decisões relativas a qualificações do fornecedor, grau de especulação desejada, arranjos terceirizados, e praticabilidade de contratos de longo prazo.

A **previsão** utiliza dados históricos, níveis atuais de atividades e hipóteses de planejamento para prever futuros níveis de atividades. A previsão logística geralmente diz respeito a previsões de prazos relativamente curtos. Horizontes comuns de previsão são de 30 a 90 dias. O desafio da previsão é o de quantificar as vendas esperadas para produtos específicos. Tais previsões formam a base das necessidades logísticas e dos planos operacionais.

As Operações

Um segundo propósito de informações precisas e em tempo adequado é o de facilitar as operações logísticas. Para satisfazer as necessidades da cadeia de suprimentos, a logística deve receber, processar e embarcar inventário. Informação operacional é exigida em seis áreas relacionadas: (1) processamento de pedido, (2) alocação de pedido, (3) operações de distribuição, (4) gestão de inventário, (5) transporte e embarque, e (6) compras (*procurement*). Essas áreas de informação trazem facilidades às áreas do trabalho logístico delineadas na Figura 2-1, e à conseqüente discussão. O **processamento do pedido** se refere à troca de informações de requisitos, entre os membros da cadeia de suprimentos envolvidos na distribuição do produto. A atividade fundamental do gerenciamento de pedidos é a entrada precisa e qualificada dos pedidos de clientes. A tecnologia de informação mudou radicalmente o processo tradicional de gestão de pedidos.

A **alocação de pedidos** identifica o inventário e a responsabilidade organizacional para satisfazer as exigências dos clientes. A abordagem tradicional tem sido a de atribuir responsabilidade ou produção planejada aos clientes, de acordo com prioridades pré-determinadas. Em sistemas de processamento de pedidos enriquecidos pela tecnologia, uma ligação de comunicação de duas vias pode ser mantida com clientes, para gerar um pedido negociado que os satisfaça, dentro das restrições das operações logísticas planejadas.

As **operações de distribuição** envolvem informação, para facilitar e coordenar o trabalho dentro dos recursos da logística. A ênfase é colocada na disponibilidade de programação, de sortimento de inventário desejado, com o mínimo de duplicação e de esforço de trabalho redundante. A chave para operações de distribuição é armazenar e manusear, o menos possível, inventários específicos, enquanto ainda se atendem às exigências dos clientes.

A **gestão de inventário** diz respeito à informação necessária para implementar o plano logístico. Utilizando-se de uma combinação de recursos humanos e tecnologia de informação, o inventário é disposto e então gerenciado para satisfazer as exigências planejadas. O trabalho de gestão de inventário assegura que o sistema logístico total tenha recursos adequados, para desempenhar conforme planejado.

As informações de **transporte** e de **embarque** direcionam a movimentação do inventário. Em operações de distribuição, é importante que os pedidos sejam consolidados para utilizar a capacidade máxima do transporte. Também é necessário garantir que o equipamento do transporte exigido esteja disponível quando necessário. Finalmente, já que a transferência de propriedade geralmente resulta do transporte, exige-se uma documentação que apoie a transação.

Compras (*procurement*) dizem respeito à informação necessária para concluir a preparação, a modificação e a liberação dos pedidos de compras, ao mesmo tempo que garantem comprometimento total do fornecedor. De várias maneiras a informação relacionada a compras é semelhante àquela envolvida no processamento de pedidos. Ambas as formas de troca de informação servem para facilitar operações que inter-relacionem uma empresa com seus clientes e fornecedores.

O objetivo total da informação operacional é facilitar a gestão integrada das operações de distribuição ao mercado, de apoio à produção e de compras. O planejamento/coordenação identifica e prioriza o trabalho exigido e identifica as informações operacionais necessárias para o desempenho de uma logística do dia-a-dia. A dinâmica da sincronização da cadeia de suprimentos será a próxima discussão:

Arranjos Operacionais Logísticos

O potencial para os serviços logísticos influenciarem favoravelmente os clientes está diretamente relacionado ao projeto do sistema operacional. As muitas variadas facetas das necessidades do desempenho logístico tornam o projeto operacional uma tarefa complexa, já que a estrutura operacional precisa oferecer um equilíbrio de desempenho, custo e flexibilidade. Quando se considera a variedade de sistemas logísticos utilizados em todo o mundo para servir mercados amplamente diversos, é impressionante imaginar que haja semelhanças estruturais. Porém, tenha-se em mente que todos os arranjos logísticos possuem duas características em comum. Primeiro, são projetados para gerenciar o inventário. Segundo, a gama de sistemas logísticos alternativos se baseia na disponibilidade tecnológica. Essas duas características tendem a criar arranjos operacionais comumente observados. Três das estruturas amplamente utilizadas são a escala seqüencial (*echelon*), a direta e a flexível.

Escala Seqüencial (Echelon)

Classificar um sistema logístico que tenha uma estrutura escalonada significa que o fluxo de produtos comumente se processa através de um arranjo comum de empresas e instalações, enquanto se movimenta da origem ao destino final. O uso de escalas seqüenciais geralmente implica que a análise do custo total justifica a estocagem de algum nível de inventário ou o desempenho de atividades específicas em níveis consecutivos da cadeia de suprimentos.

Sistemas de escala seqüencial utilizam armazéns para criar variedade de inventário e alcançar economias de consolidação, associadas a embarques de grande volume para transporte. Inventários posicionados em armazéns estão disponíveis para distribuição rápida, considerando-se as exigências do cliente. A Figura 2-4 ilustra uma típica cadeia de valor escalonada.

Sistemas de escalonamento comuns utilizam tanto armazéns de desconsolidação quanto de consolidação. Uma instalação de desconsolidação geralmente recebe embarques de grande volume de uma variedade de fornecedores. O inventário é classificado e armazenado em antecipação às necessidades futuras dos clientes. Centros de distribuição de alimentos operados pelas principais cadeias e atacadistas de produtos alimentícios são exemplos de armazéns de carregamento. Um armazém de consolidação opera de forma inversa. A consolidação é comumente exigida por empresas de produção que possuem fábricas em localizações geográficas diferentes. Os produtos fabricados em locais diferentes são estocados em uma instalação central de armazenamento, para possibilitar que a empresa envie sortimentos de linhas completas aos clientes. Os principais fabricantes de produtos ao consumidor são exemplos importantes de empresas que utilizam sistemas escalonados para consolidação de linhas completas.

Direto

Em contraste com o escalonamento de inventário, situam-se os sistemas logísticos projetados para enviar produtos diretamente ao destino do cliente, de um ou de um número limitado de centros de inventários. A distribuição direta geralmente utiliza um transporte de preço superior combinado com tecnologia de informação para rapidamente processar os pedidos do cliente e conseguir efetuar a entrega. Essa combinação de capacidades, projetada no ciclo de pedido para entrega, reduz atrasos de tempo e supera a separação geográfica dos clientes. Exemplos de embarques diretos são embarques de caminhões completos da planta para o cliente, entrega direta à loja e várias formas de atendimento direto aos clientes necessários para atender vendas por catálogo ou pelo comércio eletrônico. Estruturas logísticas diretas também são utilizadas comumente para envio de componentes e materiais às plantas de produção, já que o tamanho médio dos embarques é, em geral, grande.

Quando a economia justifica, os executivos da logística priorizam alternativas diretas, porque reduzem inventários antecipatórios e o manuseio intermediário dos produtos. A distribuição por logística direta é limitada pelo custo elevado do transporte e pela potencial perda de con-

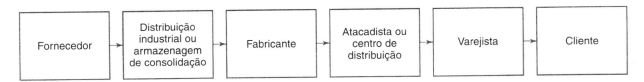

Figura 2-4 Logística de estrutura escalonada.

trole. Em geral, a maioria das empresas, hoje, não opera o mesmo número de armazéns como há alguns anos, e têm sido capazes de modificar estruturas escalonadas para incluir capacitações de logística direta. A Figura 2-5 ilustra a capacidade da logística direta sendo acrescida a uma estrutura logística escalonada.

Flexível

O arranjo logístico ideal é a situação em que os benefícios inerentes das estruturas escalonada e direta são combinados em um sistema logístico flexível. Como observado no Capítulo 1, o comprometimento antecipatório do inventário deveria ser idealmente postergado o mais possível. As estratégias de inventário com freqüência posicionam produtos ou materiais de alta rotatividade em armazéns avançados, enquanto outros itens mais arriscados e caros são estocados em uma localização central para distribuição direta aos clientes. O comprometimento básico de serviço e a economia relativa ao tamanho dos pedidos determinam a estrutura mais desejada e econômica para servir um cliente específico.

Para ilustrar, a logística de reposição de peças de automóveis comumente atende aos clientes, utilizando uma estratégia logística flexível. Peças específicas são estocadas em armazéns localizados a distâncias variadas de concessionárias e mercados varejistas, baseados no padrão e intensidade da demanda. Como regra geral, quanto mais lento o giro da peça, mais irregular a demanda, e portanto maior é o benefício de um inventário centralizado. As peças menos solicitadas ou de baixa demanda poderiam ser estocadas apenas em uma localização, que serve clientes no mundo inteiro. Peças de alta rotatividade, que possuem uma demanda mais previsível, são estocadas em armazéns avançados próximos às concessionárias, para facilitar uma entrega mais rápida.

Um exemplo contrastante é o de uma empresa que vende peças de máquinas para empresas industriais. A natureza desse negócio é sustentada por uma estratégia flexível de distribuição completamente oposta. Para oferecer um serviço superior ao cliente, que enfrenta falhas de máquinas e quebras inesperadas, a empresa estoca itens de baixa rotatividade em todos os armazéns locais. Em contraste com a empresa automotiva, a alta demanda e as peças de alta rotatividade dessa indústria podem ser previstas com precisão, devido à manutenção preventiva de rotina. Os métodos logísticos de custo mínimo para esses itens de alta rotatividade preconizam o embarque direto, de um armazém centralizado adjacente à planta de fabricação das peças. Essas estratégias logísticas alternativas, ambas utilizando diferentes capacitações logísticas flexíveis, justificam-se, com base nas exigências exclusivas dos clientes e na intensidade da competição enfrentada. O fabricante de automóvel é o único fornecedor de peças durante o período de garantia de um carro novo e deve oferecer às concessionárias entrega rápida de peças para o pronto conserto dos carros dos clientes. As concessionárias exigem reposição rápida de inventário de peças para satisfazer os clientes, enquanto minimizam o investimento em inventário. À medida que os carros envelhecem e a demanda de peças de reposição aumenta, fabricantes alternativos entram no mercado. Durante esse estágio altamente competitivo do ciclo de vida do modelo, exige-se uma resposta logística rápida para ser competitivo. Quando um modelo envelhece ainda mais, a competição abandona o mercado de reposição, que encolhe, deixando o fabricante original como único fornecedor.

O fornecedor de componentes industriais, em contraste com a companhia automotiva, oferece peças de máquinas-padrão, com um alto grau de substituição competitiva. Enquanto os produtos usados regularmente podem ser previstos, produtos pouca e difusamente solicitados são impossíveis de prever. Essa empresa força uma situação, em que os clientes medem os fornecedores em relação à velocidade de reparo em quebras inesperadas de máquinas. O fracasso do desempenho, ao nível da expectativa do cliente, pode abrir as portas para um competidor provar sua capacidade.

Cada empresa enfrenta uma situação de cliente única, e dela se espera que utilize uma estratégia logística flexí-

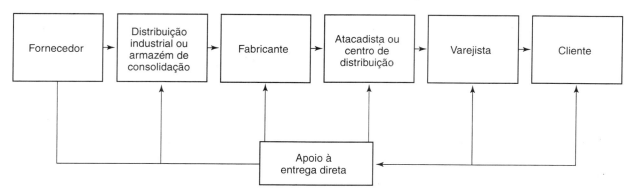

Figura 2-5 Logística de estrutura escalonada e direta.

vel diferente, para alcançar superioridade competitiva. A estratégia de canal que atende às expectativas do cliente ao menor custo total alcançável, utiliza-se, em geral, de uma combinação de capacitações escalonadas e diretas.

Além da estrutura básica de canal, as capacitações flexíveis podem ser projetadas em um sistema logístico, ao se desenvolver um programa para servir clientes usando instalações alternativas. As capacitações logísticas flexíveis podem ser projetadas para operar em base de emergência ou de rotina.

Estrutura Flexível de Emergência

Operações flexíveis de emergência são estratégias pré-planejadas para resolver falhas logísticas. Um emergência típica ocorre quando uma determinada instalação de embarque está sem estoque ou, por alguma outra razão, não pode concluir o pedido de um cliente. Por exemplo, um armazém pode estar com falta de um item, sem reposição programada, a não ser para depois da data especificada para entrega do pedido ao cliente. Para proibir a retirada do pedido ou o cancelamento do produto, uma política operacional de contingência pode transferir o pedido total ou, ao menos, aqueles itens não disponíveis, para embarque a partir de um armazém alternativo. O uso de procedimentos flexíveis em uma operação de emergência se baseia comumente na importância do cliente específico ou na natureza crítica do produto solicitado.

Estrutura Flexível de Rotina

Uma capacitação logística flexível que tem se tornado popular, como resultado de uma comunicação melhorada, envolve procedimentos para servir clientes específicos, desenvolvidos como parte de um projeto básico de sistema logístico. As regras da logística flexível e os cenários de decisão especificam caminhos alternativos para satisfazer as exigências de serviço, tais como a designação de instalações para embarques diferentes. Uma estratégia que explore as operações flexíveis de rotina, pode ser justificada em pelo menos quatro situações diferentes.

Primeiro, o local especificado de entrega ao cliente pode estar próximo a um ponto de custo logístico ou de tempo iguais para entrega a partir de duas instalações logísticas diferentes. Clientes localizados nesses pontos de indiferença oferecem à empresa fornecedora uma oportunidade para utilizar inteiramente a capacidade logística disponível. Os pedidos podem ser atendidos pela instalação que possui o melhor posicionamento de inventário para satisfazer as exigências do cliente e a capacidade disponível para realizar uma entrega adequada. Essa forma de logística flexível oferece uma maneira de utilizar a capacidade total do sistema, ao equilibrar carregamentos entre instalações, enquanto preserva comprometimentos superiores de serviço ao cliente. O benefício é a eficiência operacional, transparente ao cliente, que não vivencia qualquer deterioração de serviço.

Uma segunda situação que justifica uma distribuição flexível de rotina é quando o tamanho de um pedido de um cliente cria uma oportunidade para melhorar a eficiência logística, se atendido através de um arranjo alternativo de canal. Por exemplo, o método de custo total mínimo para oferecer pequenas entregas de embarque s pode se dar através de um distribuidor. Ao contrário, embarques maiores podem ter o menor custo logístico total, quando enviados da fábrica direto aos clientes. Desde que métodos alternativos de embarque atendam às expectativas de serviço aos clientes, o custo logístico total pode ser reduzido ao se implementar políticas flexíveis de rotina.

Um terceiro tipo de operações flexíveis de rotina pode resultar de uma estratégia seletiva de armazenamento de inventário. O custo e o risco associados ao armazenamento de inventário exigem uma análise cuidadosa, para determinar quais itens a serem alocados em cada armazém. Com peças de reposição, uma estratégia comum mencionada anteriormente é a de estocar itens selecionados em armazéns específicos, com a linha total sendo estocada apenas em uma instalação central. No varejo de mercadorias gerais, uma loja ou centro de distribuição localizado em uma comunidade pequena pode estocar apenas uma versão limitada ou restrita da linha total de uma empresa. Quando os clientes desejarem itens não estocados, pedidos devem ser atendidos, a partir de uma instalação alternativa. O termo *instalação-mãe* é freqüentemente usado para descrever estratégias de inventário, que designam instalações maiores para apoio a instalações restritas menores. A estocagem de inventário seletivo por nível escalonado é uma estratégia comum usada para reduzir o risco de inventário. As razões para o armazenamento seletivo por escalão variam da baixa contribuição de lucro do produto ao alto custo de manutenção de inventário por unidade. Uma maneira de operacionalizar uma estratégia de boa classificação de linha de inventário é diferenciar políticas de estocagem através de sistemas de escalonamento. Em situações que seguem essa estratégia de armazenamento classificado, poderá ser necessário obter a aprovação antecipada do cliente para uma entrega separada do pedido. Entretanto, em algumas situações, empresas que usam diferenciadas estratégias de armazenamento de inventário são capazes de reconfigurar os pedidos dos clientes em um mesmo tempo de entrega, assim tornando o arranjo transparente ao cliente.

O *quarto* tipo de operações flexíveis de rotina resulta de acordos entre empresas para movimentar embarques selecionados fora dos arranjos estabelecidos na logística de escalonamento ou direta. Dois arranjos especiais que estão ganhando popularidade são o fluxo através de **cross-docks** e **arranjos de serviços de fornecimento**. Uma operação de *cross-dock* envolve muitos fornecedores que chegam em um tempo designado na instalação de manuseio, e os itens são geralmente distribuídos em situações nas quais a estocagem e o manuseio de materiais podem ser evitados. Os recebimentos de inventário são selecionados na doca e consolidados em carretas de distribuição para entrega direta ao destino. As operações de *cross-dock* estão se tornando populares no setor de alimentos, para a construção de variedades de estoques específicos, e são métodos comuns de reposição contínua de inventário para grandes comerciantes e outras lojas de varejo.

Outra forma de operações flexíveis de rotina é usar prestadores de serviços integrados, para reunir produtos para entrega. Seu propósito é semelhante ao da consolidação de transportes, discutida na seção anterior deste capítulo. Entretanto, como forma de logística flexível, os especialistas estão acostumados a evitar estocagem e manuseio de produtos de baixa rotatividade no fluxo principal da estrutura logística escalonada. Esses prestadores de serviços podem também oferecer serviços importantes que agregam valor. Por exemplo, a Smurfit-Stone constrói *displays* nas lojas de pontos de venda para entrega direta à loja.

A Figura 2-6 introduz a flexibilidade às estruturas operacionais logísticas ilustradas anteriormente. Um pré-requisito para operações flexíveis efetivas é o uso da tecnologia de informação, para monitorar o posicionamento do inventário ao longo da rede e oferecer a capacidade de trocar rapidamente métodos de lidar com os pedidos do cliente. O uso de operações flexíveis para a acomodação de emergências apresenta um registro de percurso bem estabelecido. Em um grau significativo, uma estratégia logística efetiva e flexível pode substituir o estoque de segurança, em um sistema logístico tradicional direcionado pela antecipação. Como ilustrado pela Visão Setorial 2-3, a Biogen capitalizou em logística flexível e operações da cadeia de suprimentos para assegurar uma vantagem competitiva.

A atratividade de se usar prestadores de serviços integrados está diretamente relacionada à flexibilidade projetada na estratégia logística de uma empresa. Se uma empresa decide oferecer uma distribuição direta, serão necessários serviços de transporte altamente confiáveis e rápidos. Uma estrutura escalonada significa que podem existir oportunidades para transporte orientado por volume e para serviços de uma empresa que se especializa em operar instalações de *cross-dock*. Uma estratégia que procura combinar benefícios da logística escalonada e direta poderá ser a candidata ideal para os serviços integrados de um especialista logístico terceirizado. É importante lembrar que a estratégia logística selecionada orienta diretamente a estrutura e os relacionamentos do canal. Em um grau significativo, a tecnologia de informação está forçando a reconsideração de práticas de longa duração, em relação a maneiras rígidas de se conduzir negócios. Esses desenvolvimentos podem ser ilustrados pelo exame de práticas gerenciais exigidas para alcançar integração interna e externa nas operações logísticas.

Sincronização Logística

A discussão anterior situa a logística como um processo de gestão integrada dentro de uma empresa individual. O desafio do gerenciamento da cadeia de suprimentos é o de integrar as operações ao longo de empresas múltiplas, que estão, de forma conjunta, comprometidas com a mesma proposta de valor. Em um esforço para facilitar as operações logísticas,

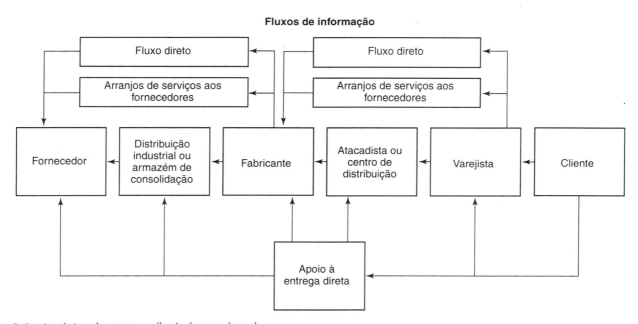

Figura 2-6 Logística de estrutura flexível e escalonada.

Visão Setorial 2-3 Biogen Não Encadeada

Quando a Biogen foi fundada em 1978, tinha um modelo de negócios simples, centrado na pesquisa: seus cientistas usavam a biotecnologia para descobrir compostos que poderiam ser usados para criar novas drogas. Depois, ela licenciava essas composições para grandes companhias farmacêuticas. Não havia necessidade de construir uma estrutura de produção ou de distribuição, porque a empresa não tinha a intenção de produzir remédios.

Aquele modelo de negócios foi inteiramente modificado em 1994, quando a companhia recebeu a aprovação preliminar da FDA (*Food and Drug Administration*)* para comercializar o Avonex, um remédio revolucionário que poderia diminuir a progressão da esclerose múltipla. A Biogen, de repente, teve de encontrar uma maneira de levar o produto ao cliente rápida e confiavelmente, ao mesmo tempo que construía um sistema de entrega eficiente a longo prazo. A companhia se ateve a um modo inteiramente novo de organizar e gerenciar produção e distribuição. Trabalharia com uma rede de parceiros para levar seu novo produto ao mercado, tornando-se uma fabricante virtual.

O primeiro passo foi determinar quais tarefas desempenharia e quais seriam terceirizadas. A Biogen examinou cuidadosamente as quatro tarefas fundamentais da produção de drogas – produção a granel, formulação, embalagem e armazenamento, e distribuição – e decidiu que poderia lidar com a produção a granel em sua instalação existente. As demais atividades seriam contratadas.

Ao escolher seus parceiros, procurou organizações que fossem suficientemente grandes para acomodar um crescimento rápido, porém suficientemente pequenas para dar à Biogen máxima prioridade. Para a formulação, que consistia em secar por congelamento a droga e estocá-la a baixas temperaturas, escolheu Ben Venue Laboratories, um fabricante contratado em Ohio. À Packaging Coordinators, uma companhia pequena, mas inovadora, próxima a Filadélfia, foi dada a tarefa de embalagem. E para o armazenamento e a distribuição, a Biogen escolheu a parceria com a Amgen, que tinha um novo centro de distribuição em Louisville, Kentucky.

A Biogen manteve um controle restrito do gerenciamento da rede. Posicionou alguns de seus funcionários nas instalações de seus parceiros, ofereceu treinamento e supervisão e instalou novos sistemas de computadores para gerenciar o fluxo de informação compartilhada. Também estabeleceu padrões rígidos para o desempenho da rede, com objetivos de classe mundial para execução e qualidade, insistindo no cumprimento de todos os pedidos sem atrasos. O pior cenário seria o de ficar sem o produto. A eventual falta iria, não somente, afetar o paciente, que contava com o remédio, mas, também, diminuir os lucros da Biogen. Uma vez que o Avonex tinha um preço alto – $1.000 para um mês de tratamento –, o custo de carregamento do inventário era minúsculo, se comparado ao custo de uma venda perdida.

Enquanto a companhia esperava pela aprovação final da FDA para o Avonex, trabalhou com seus parceiros para desenvolver quatro planos detalhados de contingência, a fim de levar o remédio aos pacientes o mais rápido possível.

Finalmente, às 11 da manhã do dia 17 de maio de 1996, a Biogen recebeu a aprovação da FDA. A organização virtual trabalhou impecavelmente. O primeiro embarque de Avonex chegou às prateleiras das farmácias em 35 horas – um novo recorde para a indústria farmacêutica –, e o remédio estava pronto para ser distribuído na manhã de segunda-feira. Em 6 meses, o Avonex substituiu o Betaseron, outra droga para tratamento de esclerose múltipla, introduzida três anos antes, como líder no mercado, conquistando mais de 60% das novas prescrições médicas.

O valor completo da rede de produção e distribuição se tornou evidente ao longo do tempo: entre 1996 e 1999, o volume da produção da droga aumentou cinco vezes, e a organização virtual cresceu sem falhas. O Avonex jamais esteve em falta de estoque e não teve nenhum problema sério de serviço ao cliente nem retorno de produto.

A terceirização de elementos operacionais chaves possibilitou à Biogen alcançar uma estrutura de custo competitiva, apesar de sua experiência de produção limitada e de pequena escala. Também auxiliou a companhia a manter baixos seus ativos fixos, mesmo quando o volume de produção cresceu consideravelmente. O capital de investimento exigido foi modesto em relação ao tamanho do negócio, e muito do risco de investimento pôde ser compartilhado com os parceiros.

Fonte: David Bovet and Joseph Martha, "Biogen Unchained", *Harvard Business Review*, May-June 2000, p. 28.

---

os participantes da cadeia de suprimentos precisam planejar e implementar operações de forma conjunta. A integração operacional multiempresarial dentro de uma cadeia de suprimentos é denominada **sincronização logística**.

A sincronização logística procura coordenar o fluxo de materiais, produtos e informação entre os parceiros da cadeia de suprimentos, para reduzir a duplicação e redundâncias indesejadas a um mínimo absoluto. Também procura reestruturar operações internas de empresas individuais para criar uma capacitação alavancada na cadeia de suprimentos como um todo. Operações alavancadas exigem um plano conjunto, referente ao trabalho logístico,

---

* N. de T.: *Food and Drug Administration* é o órgão de regulamentação para alimentos e medicamentos nos Estados Unidos.

que cada empresa participante desempenhará e pelo qual se responsabilizará. No centro da integração de uma cadeia de suprimentos está o objetivo de alavancar as competências fundamentais dos membros para alcançar a redução total do tempo de permanência do inventário.

Como definido no Capítulo 1, o tempo de permanência é a razão do tempo em que o inventário permanece ocioso, em comparação à quantidade de tempo em que está sendo produtivamente movimentado para uma localização desejada dentro da cadeia de suprimentos. Para exemplificar, um produto ou componente estocado em um armazém está em permanência. De outro modo, a mesma peça, ao ser movimentada por um veículo de transporte em direção ao cliente, está sendo produtivamente distribuída. De forma ideal, o embarque chegará no tempo adequado, para ser imediatamente usado pelo cliente, em um processo que agrega valor. O desejo é o de integrar diretamente o inventário ao processo de agregar valor do cliente, sem a ocorrência do produto em armazenamento, ou de outros elementos que restrinjam a movimentação contínua. Os benefícios da sincronização servem para sustentar o conceito geral de que a velocidade de desempenho de um serviço específico, ou de movimentação de um produto, é secundária à sincronização de um fornecimento oportuno às exigências da demanda.

A Estrutura do Ciclo de Desempenho

O ciclo de desempenho representa os elementos de trabalho necessários para completar a logística relacionada à distribuição ao mercado, à produção ou às compras de apoio. Consiste em um trabalho específico, que vai desde a identificação das exigências até a entrega do produto. Por integrar vários aspectos do trabalho, o ciclo de desempenho é a primeira unidade de análise para a sincronização logística. Em um nível básico, a informação e o transporte devem interligar todas as empresas que funcionam dentro da cadeia de suprimentos. As localizações operacionais interligadas pela informação e pelo transporte são denominadas **nós**.

Juntamente com os nós e ligações da cadeia de suprimentos, o ciclo de desempenho envolve ativos de inventário. O inventário é avaliado pelo **nível de investimento do ativo** alocado para apoiar as operações em um nó, ou enquanto um produto ou material estiver em trânsito. O inventário comprometido com os nós da cadeia de suprimentos consiste de estoque de base e de estoque de segurança. O estoque de base é o inventário mantido no nó, e é, geralmente, a metade do tamanho médio do embarque recebido. O estoque de segurança existe como proteção contra variações na demanda ou no tempo l dispendido na operação. É *no* e *entre* os nós da cadeia de suprimentos que o trabalho relacionado à logística é desempenhado. O inventário é estocado e flui através dos nós, necessitando de uma variedade de diferentes tipos de manuseio de materiais e, quando necessário, estocagem. Embora ocorra um certo grau de manuseio e de estoque em trânsito no transporte, essa atividade é menos importante em comparação àquela geralmente desempenhada dentro de um nó da cadeia de suprimentos, por exemplo, um armazém.

Ciclos de desempenho se tornam dinâmicos, à medida que acomodam **exigências de entrada/saída**. O *insumo* para o ciclo de desempenho é a demanda, geralmente na forma de uma ordem de serviço, que especifica as exigências para um produto ou material. Uma cadeia de suprimentos de grande volume irá comumente exigir ciclos de desempenho diferentes e de variedade mais abrangente, do que a cadeia que tiver menos entradas e saídas. Quando exigências operacionais são altamente previsíveis, ou têm entradas e saídas de relativamente menor volume, a estrutura do ciclo de desempenho para o apoio logístico pode ser simplificada. As estruturas do ciclo de desempenho necessárias para apoiar grandes empresas de varejo, como as cadeias de suprimentos da Target ou do Wal*Mart, são muito mais complexas do que as exigências de estrutura operacional para uma companhia de vendas por catálogo.

O *produto* de uma cadeia de suprimentos é o nível de desempenho esperado das operações logísticas combinadas que apoiam um arranjo particular. Quando as exigências operacionais são satisfeitas, a estrutura do ciclo de desempenho logístico combinado da cadeia de suprimentos é efetiva na realização da sua missão. A eficiência de uma cadeia de suprimentos é uma medida de dispêndio de recursos necessários para alcançar essa efetividade logística. A efetividade e eficiência do desempenho dos ciclos logísticos constituem-se em preocupações-chave da gestão da cadeia de suprimentos.

Dependendo da missão operacional de um ciclo de desempenho específico na estrutura da cadeia de suprimentos, o trabalho associado pode estar sob o controle total de uma única empresa, ou pode envolver muitas empresas. Por exemplo, ciclos de apoio à produção estão freqüentemente sob o controle operacional de uma única empresa. Ao contrário, ciclos de desempenho relacionados à distribuição ao mercado e às compras envolvem várias empresas.

É importante perceber que a freqüência e intensidade das transações irão variar entre ciclos de desempenho. Alguns ciclos de desempenho são estabelecidos para facilitar uma compra ou venda de uma só vez. Nesse caso, a cadeia de suprimentos associada é projetada, implementada e extinta uma vez que a transação é concluída. Outros ciclos de desempenho representam arranjos estruturais de longa duração. Um fato complicador é que qualquer operação ou instalação em um arranjo logístico pode estar, simultaneamente, participando de uma série de outros ciclos de desempenho. Por exemplo, a instalação do armazém de uma loja de atacado de ferramentas pode regularmente receber mercadorias de muitos fabricantes e varejistas, que competem por esses serviços. Da mesma forma, um transportador pode participar de muitas cadeias de suprimentos diferentes, abarcando uma ampla variedade de setores.

É difícil entender a noção de ciclos de desempenho individual que interligam todas as operações das empresas participantes, quando se considera uma cadeia de suprimentos de âmbito nacional ou internacional, envolvida com a comercialização de uma linha de produto abrangente para vários clientes e comprometida com produção e montagem básicas, bem como com compra de materiais e componentes numa dimensão globalizada. É quase um quebra-cabeça tentar estimar quantos ciclos de desempenho existem na estrutura da cadeia de suprimentos da General Motors ou da IBM.

Independentemente do número e das diferentes missões de ciclos de desempenho que uma cadeia de suprimentos dispõe para satisfazer suas exigências logísticas, cada uma deve ser projetada individualmente e gerenciada operacionalmente. A importância fundamental do projeto e operação do ciclo de desempenho não pode ser superenfatizada: *O ciclo do desempenho logístico é a unidade básica do projeto e do controle operacional de uma cadeia de suprimentos. Na essência, a estrutura do ciclo de desempenho é a moldura para a implementação de uma logística integrada ao longo da cadeia de suprimentos.*

A Figura 2-7 retrata uma estrutura de cadeia de suprimento escalonada, exemplificando os ciclos básicos do desempenho logístico. A Figura 2-8 ilustra uma rede de ciclos flexíveis de desempenho integrados em uma estrutura multiescalonada.

Três pontos são importantes para entender a arquitetura dos sistemas logísticos integrados da cadeia de suprimentos. Primeiro, como apontado anteriormente, os ciclos de desempenho são a unidade fundamental para a logística integrada dentro da cadeia de suprimentos. Segundo, a estrutura do ciclo de desempenho de uma cadeia de suprimentos, em seus arranjos de elos e de nós, é basicamente a mesma, seja com respeito à distribuição ao mercado, ao apoio à produção ou às compras. Entretanto há diferenças consideráveis no grau de controle que uma empresa individual pode exercer sobre um tipo específico de ciclo de desempenho. Terceiro, independentemente da vastidão e complexidade da estrutura total da cadeia de suprimentos, as interfaces e os processos de controle essenciais precisam ser identificados e avaliados, em termos de arranjos individuais dos ciclos de desempenho e de responsabilidade gerencial a eles associada.

Para melhor entender a importância da sincronização na integração da cadeia de suprimentos, as semelhanças e

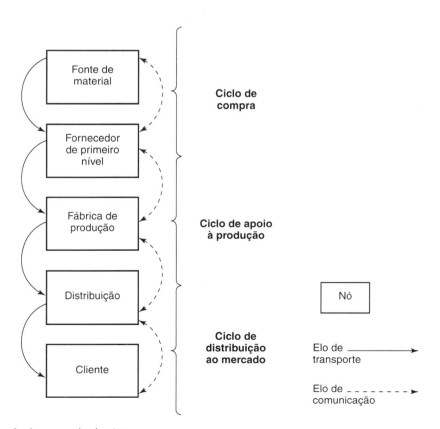

Figura 2-7   Ciclos de desempenho logístico.

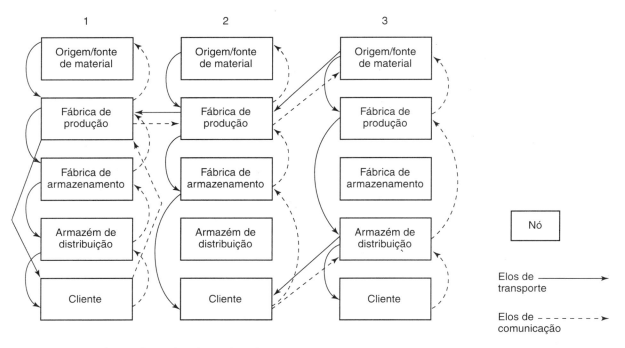

Figura 2-8 Rede de logística flexível multiescalonada.

diferenças nos ciclos de desempenho da distribuição ao mercado, do apoio à produção e de compras são discutidos e exemplificados.

Ciclos de Desempenho da Distribuição ao Mercado

As operações de distribuição ao mercado se referem ao processamento e à entrega de pedidos ao cliente. A distribuição ao mercado é integrante do desempenho de vendas, já que oferece a oportuna disponibilidade econômica do produto. O processo total de adquirir e manter clientes pode ser amplamente dividido entre atividades de criação de transações e de atendimento físico. As atividades de criação de transações são as de publicidade e vendas. As atividades de atendimento físico incluem: (1) transmissão de pedido, (2) processamento de pedido, (3) seleção de pedido, (4) transporte de pedido, (5) entrega ao cliente. O ciclo básicos de desempenho da distribuição ao mercado está ilustrado na Figura 2-9. De parte de uma perspectiva logística, os ciclos de desempenho da distribuição ao mercado interligam a cadeia de suprimentos aos clientes finais. Essa interface pode ser conflituosa.

O *marketing* se dedica à satisfação dos clientes para alcançar a maior penetração de vendas. Assim, na maioria das empresas, *marketing* e vendas impõem políticas liberais quando se trata de atender aos clientes. Isso pode significar que *marketing* e vendas irão comumente buscar sortimentos amplos de produto apoiados por um inventário alto, ou que todas as exigências do cliente, independentemente de tamanho e lucratividade, serão satisfeitas. A expectativa do *marketing* é de que não haverá nenhum defeito no serviço logístico ao longo da cadeia de suprimentos, e de que os esforços de comercialização concentrados no cliente serão apoiados.

Por outro lado, a mentalidade tradicional na produção é a de alcançar o menor custo possível por unidade, o que é geralmente alcançado através de ciclos longos e estáveis de produção. Processos contínuos de produção mantêm a eco-

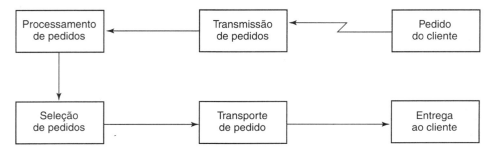

Figura 2-9 Atividades básicas do ciclo de desempenho da distribuição ao mercado.

nomia de escala e geram menor custo por unidade. De forma ideal, no processamento contínuo, uma linha de produtos restrita é produzida em massa. O inventário serve para amortecer e resolver o conflito inerente entre essas filosofias tradicionais de *marketing* e produção. O comprometimento do inventário para ajustar *marketing* e produção tem geralmente significado posicioná-lo à frente na cadeia de suprimentos em antecipação à venda futura. Os embarques de produtos para armazéns são feitos com base em previsão de exigências, reconhecendo-se que possam ser encaminhados ao mercado errado e no tempo errado. O resultado final dessas decisões arriscadas é que inventário crítico pode ser distribuído indevidamente, numa tentativa de apoiar o atendimento às exigências de serviço ao cliente de forma eficiente. Nesse ponto, o conceito importante para se lembrar é o de que o ciclo de distribuição ao mercado opera em um movimento à jusante da cadeia de suprimentos, desde a produção e para mais perto do cliente final. Os inventários comprometidos com a distribuição ao mercado, quando posicionados corretamente, representam o valor potencial máximo que pode ser alcançado pelo processo logístico.

O próprio fato de que a distribuição ao mercado lida com as exigências dos clientes significa que essa faceta das operações da cadeia de suprimentos será mais irregular do que os ciclos de desempenho de apoio à produção ou de compra. A atenção ao modo *como* os clientes pedem produtos é essencial para reduzir variações operacionais na distribuição ao mercado e simplificar transações. Primeiro, todo esforço deve ser feito para melhorar a acuidade da previsão. Segundo, um programa baseado no planejamento colaborativo com clientes deve ser iniciado para reduzir ao máximo as incertezas. Terceiro e último, os ciclos de desempenho da distribuição ao mercado devem ser projetados para ser o mais abrangentes possíveis, o que poderá incluir a implementação de estratégias de postergação.

A chave para entender a dinâmica do ciclo de desempenho da distribuição ao mercado é lembrar que os clientes iniciam o processo da cadeia de suprimentos, quando fazem o pedido de produtos. A agilidade e flexibilidade de resposta relacionada à distribuição ao mercado constituem uma das competências mais significativas da logística.

Ciclos de Desempenho do Apoio à Produção

A produção é o nó na cadeia de suprimentos que cria valor de *forma*. Em um grau significativo, a eficiência da produção depende de apoio logístico para estabelecer e manter um fluxo de materiais e um inventário de produtos em processo ordenado e econômico, como exigido pelas programações de produção. O grau de especialização exigido pela distribuição ao mercado e pelas compras pode obscurecer a importância do posicionamento e do cálculo de tempo da movimentação do inventário para apoiar a produção. Uma vez que clientes e fornecedores não estão envolvidos, a logística da produção é menos visível que suas contrapartes.

A identificação do apoio logístico à produção como uma área operacional distinta é um conceito relativamente novo. A justificativa para se ater aos ciclos de desempenho em apoio à produção encontra-se nas singulares exigências e restrições operacionais das estratégias flexíveis de produção. Para oferecer máxima flexibilidade, as práticas tradicionais da produção relacionadas à economia de escala estão sendo reavaliadas para conciliar trocas mais rápidas de produtos e ciclos de produção mais curtos. Para aperfeiçoar essas estratégias de produção sensíveis ao tempo, exige-se um apoio logístico sem erros entre os participantes da cadeia de suprimentos. Mais uma vez, é importante ressaltar que a missão do apoio logístico à produção serve para facilitar *o que*, *o onde* e *o quando* da produção, e não o como. O objetivo é apoiar todas as exigências da produção da maneira mais eficiente.

As operações de apoio à produção são significativamente diferentes das operações de distribuição ao mercado e de compras. A logística de apoio à produção é comumente interna às empresas individuais, enquanto que as outras duas áreas de desempenho precisam lidar com a incerteza comportamental ao longo da cadeia de suprimentos. Mesmo em situações em que se usa a produção terceirizada para aumentar a capacidade interna, o controle total de uma única empresa é maior que nas outras duas áreas de operação. Os benefícios a serem obtidos pela exploração dessa oportunidade de controle são a maior justificativa para tratar o apoio logístico à produção como uma área operacional distinta.

Uma prática recentemente introduzida, que está crescendo rapidamente, é a de usar **fornecedores líderes** para coordenar e facilitar o trabalho de um grupo de fornecedores de produção relacionados. Esses fornecedores relacionados podem fabricar produtos semelhantes ou complementares que são usados para produzir uma submontagem, parte de um produto mais complexo. O termo *fornecedores de primeiro nível* é freqüentemente usado para descrever o posicionamento de fornecedores líderes entre um fabricante principal e fornecedores de peças e componentes específicos. O propósito do fornecedor líder é reduzir a complexidade total de gestão da cadeia de suprimentos. É comum que fornecedores líderes estabeleçam contratos para desempenhar operações de submontagem, coordenar movimentação de abastecimento e supervisionar o trabalho e a qualidade de fornecedores menores. Ao fornecedor líder, é delegada a responsabilidade de seleção, montagem e seqüenciamento de submontagens para apoiar a produção. Nessas situações, a logística de compra e produção é combinada. O acrônimo *JIT*, que significa *Just-in-Time* (exatamente em tempo), desenvolveu-se a partir um antigo esforço da Toyota Motor Car Company[5], quanto a esse tipo de sincronização da cadeia de suprimentos.

---

[5] Ver Richard J. Shonberger, *Japanese Manufacturing Techniques* (New York, NY: Macmillan Free Press, 1982); George C. Jackson, "Just in Time Production: Implications for Logistics Managers," *Journal of Business Logistics* 4, no. 2 (1983); and Richard J. Ackonberger, *Japanese Manufacturing Techniques, Nine Hidden Lessons in Simplicity* (New York, NY: The Free Press, 1982).

Dentro de uma organização de produção comum, compras têm a responsabilidade de oferecer materiais e componentes fabricados por terceiros, quando e onde necessário. Uma vez que uma operação de produção de uma empresa é iniciada, demandas subseqüentes para movimentação entre fábricas de materiais ou de produtos semi-acabados tornam-se responsabilidade do apoio à produção. O apoio logístico à produção envolve movimentação de doca a doca e qualquer estocagem intermediária exigida, mas comumente não inclui manuseio de materiais, que faz parte de montagem ou produção na fábrica. Quando o processo de produção é concluído, o inventário de produtos acabados é alocado e distribuído diretamente aos clientes ou a armazéns de distribuição, para embarque subseqüente para os clientes ou para personalização. No momento dessa movimentação, as operações de distribuição ao mercado são iniciadas.

Quando uma cadeia de suprimentos inclui múltiplas fábricas, especializadas em atividades específicas de produção, o sistema de apoio à produção pode conter uma rede complexa de ciclos de desempenho. Numerosas operações de transferência e manuseio podem ser exigidas para concluir o processo de produção até o ponto em que fábricas especializadas desempenhem estágios exclusivos de produção e fabricação, antes da montagem final. É o trabalho da logística de produção desempenhar esse processo de apoio. Em situações específicas, a complexidade do apoio à produção pode exceder a de apoio à distribuição ao mercado e às compras.

Ciclos de Desempenho de Compras

Muitas atividades ou tarefas são exigidas para facilitar um fluxo ordenado de materiais, peças ou inventário acabado, ao longo da cadeia de suprimentos: (1) processo de compra; (2) colocação de pedidos e despacho; (3) transporte e (4) recebimento. Essas atividades, como ilustradas pela Figura 2-10, são necessárias para concluir o processo de compra. Uma vez que materiais, peças ou produtos de revenda são recebidos, as demandas subseqüentes de estocagem, manuseio e transporte para facilitar a produção ou a distribuição ao mercado são oferecidas adequadamente por outros ciclos de desempenho. Como o foco está em suprimentos externos, essa faceta da compra é conhecida como *a logística de suprimento* (*inbound logistics*). Tal como é mostrado pela Visão Setorial 2-4, a Lands' End utiliza uma logística de suprimentos superior para alcançar um desempenho logístico total bem-sucedido.

Com três diferenças importantes, o ciclo de desempenho da compras é semelhante ao ciclo de distribuição ao mercado. Primeiro, o tempo de entrega, o tamanho do embarque, o método de transporte e o valor dos produtos envolvidos são substancialmente diferentes nas compras. O processo de compras geralmente envolve embarques muito grandes, que podem usar barcaças, navios de longo curso, trem unitário e carregamentos de múltiplas cargas de caminhão para o transporte. Muitos materiais e componentes podem ser comprados internacionalmente. Embora existam exceções, o objetivo mais comum nas compras é o de se concentrar em alcançar a logística de suprimentos, no menor custo. O valor mais baixo de materiais e peças em contraste com produtos acabados significa que existe um maior potencial de trocas compensatórias (*trade-offs*) entre o custo de manter o inventário em trânsito e o tempo decorrente do uso de meios de transporte de baixo custo. A não ser no caso de demanda inesperada, normalmente não há benefício em se pagar tarifas especiais por um transporte de abastecimento mais rápido. Portanto os ciclos de desempenho de compras são comumente mais longos do que os associados à distribuição ao mercado de produtos acabados.

É claro que para toda regra há exceções. Quando componentes de alto valor são empregados em modelos de negócios de produção ou baseados na resposta, a ênfase geralmente muda para aquisições menores, com exigências precisas de chegada no tempo exato. Tal precisão logística exige um controle positivo. Nessas situações, o valor do material ou componente pode justificar o uso de transportes especiais de entrega confiável e de alta velocidade.

Por exemplo, uma fábrica que produz misturas para bolo geralmente usa grandes quantidades de farinha em seu processo de produção. Já que a farinha a granel é rela-

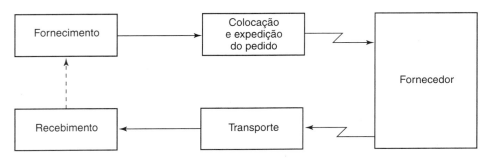

Figura 2-10 Atividades dos ciclos de compras.

tivamente barata, faz sentido para a empresa adquirir farinha em quantidades extremamente grandes, que são embarcadas por via férrea. Não seria razoável comprar pequenas quantidades, perdendo o desconto de grande volume, e pagar o alto custo de embarques de transporte pequenos. Em contrapartida, um montador de automóveis personalizados, ao adquirir tetos-solar eletrônicos, pode comprar com base na demanda. Os conjuntos de tetos-solar são significativamente diferentes para cada carro, e cada conjunto é relativamente caro. Assim, esse comprador provavelmente pedirá unidades individuais para evitar manter inventário, e estará disposto a pagar o transporte especial para uma entrega rápida.

Um segundo traço especial do processo de compras é que o número de fornecedores envolvidos na cadeia de suprimentos é comumente menor do que a base de clientes finais a que serve. Essa diferença foi demonstrada na Visão Setorial 2-4. A Lands' End possui uma base de clientes de mais de seis milhões, mas lida apenas com algo em torno de 250 fornecedores. Nas operações de distribuição ao mercado, cada empresa é apenas uma de muitas participantes de uma cadeia de suprimentos total. Por outro lado, o ciclo de desempenho de compras é normalmente mais direto. Materiais e peças são freqüentemente adquiridos ou diretamente do fabricante original ou do atacadista industrial especializado.

Finalmente, já que o ciclo de processamento dos pedidos de clientes manuseia pedidos em resposta às exigências dos clientes, pedidos aleatórios são comuns no mercado de distribuição. Nesse sentido, o sistema de compras inicia os pedidos. A habilidade para determinar quando e onde os produtos são adquiridos serve para reduzir substancialmente as variações operacionais.

Essas três diferenças fundamentais nas compras, contrastadas com o ciclo de distribuição de pedidos no mercado, permite uma programação mais ordenada das atividades logísticas. A incerteza mais significativa relativa a compras é o potencial de mudança de preços ou de descontinuidade de fornecimento. Uma característica final da sincronização do ciclo de desempenho, importante para todas as facetas da logística, é a **incerteza operacional**.

Incerteza do Ciclo de Desempenho

O maior objetivo da logística em todas as áreas operacionais é reduzir a incerteza do ciclo de desempenho. O dilema é que a própria estrutura do ciclo de desempenho, as condições operacionais e a qualidade das operações logís-

---

Visão Setorial 2-4 Operações de Suprimento na Lands' End

A Lands' End é uma das mais conhecidas empresa de vendas por correio, devido à sua preocupação com um serviço de alta qualidade, garantia de produtos e serviço rápido. Servir uma base de 6 milhões de clientes a partir de um centro de distribuição de 500.000 metros quadrados em Dogville, Wisconsin, não é uma tarefa fácil. A Lands' End gerencia essa operação extensiva com duas centrais telefônicas e 900 operadores de pedidos. Muito do sucesso da companhia é atribuído ao seu sistema logístico de suprimentos.

A Lands' End trabalha com cerca de 250 fornecedores que produzem e comercializam produtos para satisfazer especificações de alta qualidade. Além disso, a Lands' End desenvolveu parcerias com transportadores para suprimentos. A Lands' End produz 13 catálogos por ano, o que significa um por mês, mais a tiragem especial de Natal. Cada catálogo está repleto de novos produtos, itens de estação e uma variedade de escolhas de vestuário, bagagens e produtos de cama e banho.

Para tornar essa seleção disponível, a Lands' End estabelece objetivos operacionais restritos para seu ciclo de desempenho de compra. O objetivo principal é garantir que a mercadoria oferecida no catálogo esteja disponível no centro de distribuição de Dogville antes do envio final dos catálogos pelo correio. Isso possibilita à Lands' End entregar pedidos aos clientes em 24 horas, a partir do primeiro dia em que o catálogo chega à casa do cliente.

Para alcançar esse objetivo, a Lands' End se concentra na qualidade, com seus fornecedores e transportadores. Nas relações com os fornecedores, a Lands' End faz uma inspeção abrangente no recebimento de material e envia equipes para as instalações dos fornecedores a fim de avaliar suas operações e oferecer sugestões de melhorias. Além disso, todos os fornecedores recebem um manual que explica as exigências e especificações da Lands' End quanto à qualidade das mercadorias.

Quanto aos transportadores, a Lands' End controla todas as movimentações de transporte de suprimento. Esse controle permite que desenvolva arranjos de parcerias com transportadores–chave para reduzir custos, consolidando volumes e distâncias. Além disso, a Land's End compartilha informações, ao permitir conexão eletrônica entre determinadas transportadorase seu centro de distribuição em Dogville.

A Lands' End sente que o sucesso de seu processo, alcançado a partir de um sistema de distribuição superior, está diretamente relacionado ao seu bem-sucedido sistema de suprimentos. O processo de compras, eficiente e de custo efetivo, é mantido pela concentração na qualidade e nas parcerias com a cadeia de valor de suprimentos.

Fonte: Deborah Catalano Ruriani, "Where Perfection Begins", *Inbound Logistics*, November 1992, p. 20-30.

ticas se combinam aleatoriamente para introduzir variância operacional.

A Figura 2-11 mostra o tipo e a magnitude da variância que pode ser desenvolvida nas operações do ciclo de desempenho. A ilustração do ciclo de desempenho está limitada à entrega de inventário de mercadorias finalizadas. As distribuições de tempo, como demonstradas, refletem estatisticamente a história do desempenho para cada tarefa de um ciclo de desempenho típico. O diagrama ilustra, do mínimo ao máximo, o tempo historicamente exigido para concluir cada tarefa, e o tempo relacionado à distribuição para o ciclo de desempenho como um todo. A linha vertical pontilhada reflete o tempo médio para o desempenho de cada tarefa.

Quanto às tarefas específicas, a variância resulta da natureza do trabalho envolvido. A transmissão de pedidos é altamente confiável, quando se utiliza a transferência eletrônica (EDI) ou comunicações baseadas na Web, e mais irregular, quando se usa telefone ou correio comum. Independentemente do nível de tecnologia aplicada, a variação operacional irá ocorrer como resultado de mudanças diárias na carga de trabalho e na resolução de eventos inesperados.

O tempo e a variância relacionados ao processamento de pedidos são funções de carga de trabalho, grau de automatização e políticas relacionadas à aprovação de crédito. Seleção de pedidos, velocidade e atrasos associados estão diretamente relacionados a capacidade, sofisticação do manuseio de materiais e disponibilidade de recursos humanos. Quando um produto está fora de estoque, o tempo exigido para concluir a seleção do pedido inclui a programação da produção. O tempo de transporte exigido é em função de distância, tamanho de embarque, tipo de transporte e condições operacionais. A entrega final ao cliente pode variar, dependendo de tempos de recebimento, horários de entrega, disponibilidade de mão-de-obra e exigências de descarregamento, e equipamento especializado.

Na Figura 2-11, a história do desempenho do tempo total de pedidos para entrega variou de cinco a 40 dias. O ciclo de cinco dias reflete um evento improvável, em que cada tarefa é desempenhada no tempo mais rápido possível. O ciclo de 40 dias representa o outro extremo, igualmente improvável, em que cada tarefa exige o tempo máximo. O ciclo de desempenho planejado ou o tempo total de pedidos objetivado para entrega deve controlar a variância combinada, de forma que as operações reais atendam ao objetivo específico de tempo sempre que possível. Toda vez que o desempenho real seja de mais ou menos dez dias, uma ação gerencial pode ser necessária para satisfazer as necessidades dos clientes. Esses prazos, expeditos ou mais demorados, exigem recursos extras e reduzem a eficiência logística total.

O objetivo da sincronização do ciclo de desempenho é alcançar o desempenho de tempo planejado. Um desempenho atrasado em qualquer ponto ao longo da cadeia de suprimentos resulta em potencial interrupção das operações. Esses atrasos exigem que estoques de segurança sejam estabelecidos para cobrir variâncias.

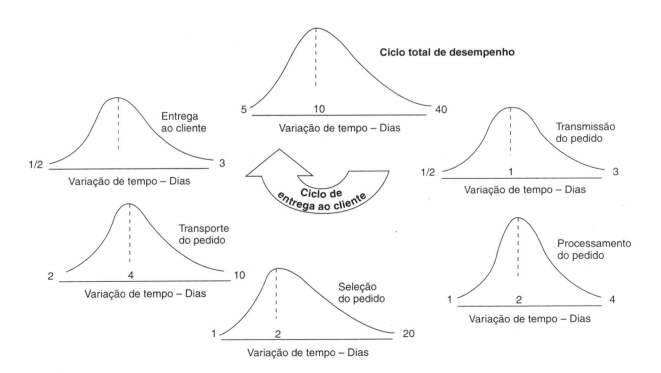

Figura 2-11 Incerteza do ciclo de desempenho.

Quando o desempenho ocorre mais rápido do que o esperado, um trabalho não planejado será exigido para manipular e estocar o inventário que chega mais cedo. Dadas a inconveniência e a despesa de entregas, tanto antecipadas quanto tardias, não é de se surpreender que os gerentes logísticos coloquem pagamentos-prêmio na consistência operacional. Uma vez que operações consistentes são alcançadas, todo esforço deve ser feito para reduzir ao mínimo o tempo exigido para concluir um ciclo de desempenho. Em outras palavras, ciclos mais curtos são desejáveis, pois reduzem os ativos totais investidos. Entretanto, a velocidade só é um objetivo válido se for consistente. Considerando-se a consistência como objetivo fundamental, ciclos de pedidos mais rápidos reduzem o risco de inventário e aumentam o desempenho de retorno.

Resumo

A logística é o processo que interliga as cadeias de suprimentos em operações integradas. O custo de desempenho da logística é uma despesa relevante em quase todos os empreendimentos.

O serviço logístico é medido em termos de disponibilidade, desempenho operacional e confiabilidade de serviços. Cada aspecto do serviço é enquadrado quanto às expectativas e exigências dos clientes. A logística enxuta tem muito a ver com o oferecimento de atributos essenciais de serviços aos clientes, no menor custo total possível. Esse comprometimento com o cliente, em uma estrutura de custos precisa, consiste na proposta de valor logístico.

O verdadeiro trabalho da logística é funcional em sua natureza. Os locais das instalações precisam ser determinados para formar uma rede; a informação, formulada e compartilhada; o transporte, arranjado; o inventário, distribuído; e, de acordo com a necessidade, atividades de armazenamento, de manuseio de materiais e de embalagem são desempenhadas. A orientação tradicional era a de desempenhar cada tarefa funcional o melhor possível, com uma limitada consideração de como uma área de trabalho afetava outra. Sendo o trabalho da logística extremamente detalhado e complexo, há uma tendência natural de concentrar-se no desempenho de funções. Embora a excelência funcional seja importante, deve ser um elemento de apoio à competência logística como um todo.

As funções da logística se combinam em três processos operacionais fundamentais de distribuição ao mercado, de apoio à produção e de compras. Para alcançar integração interna, os fluxos de inventário e de informação entre essas áreas precisam ser coordenados.

Na sincronização da cadeia de suprimentos, o foco operacional está no ciclo do desempenho logístico. O ciclo de desempenho é também a unidade fundamental de análise no projeto logístico. A estrutura do ciclo de desempenho oferece a lógica para combinar nós, níveis, elos e a alocação de ativos essenciais para o desempenho das operações de distribuição ao mercado, apoio à produção e compras. Muitas semelhanças e uma quantidade de diferenças relevantes existem entre ciclos de desempenho dedicados a essas fundamentais áreas operacionais da logística. Entender completamente essas semelhanças e diferenças é vital para o planejamento e o controle da integração total da cadeia de suprimentos. A proposta básica é a de que, independentemente de tamanho e complexidade, a integração logística é mais bem compreendida e avaliada pela estrutura e dinâmica do ciclo de desempenho.

O objetivo fundamental é o de alcançar consistência. O desafio é de projetar uma cadeia de suprimentos capaz de desempenhar o trabalho logístico exigido tão rápida, mas, ainda mais importante, tão consistentemente quanto possível. Atrasos inesperados, bem como desempenhos mais rápidos do que o esperado, podem se combinar para aumentar ou diminuir o tempo transcorrido necessário à conclusão do desempenho. Tanto a entrega adiantada quanto a atrasada são indesejáveis e inaceitáveis, sob uma perspectiva operacional.

O Capítulo 2 desenvolveu fundamentos importantes da disciplina logística e o modo como gera valor no contexto de uma cadeia de suprimentos. Essas visões relacionadas à natureza do trabalho logístico à importância de alcançar a integração operacional interna pela gestão dos fluxos de inventário e de informação, considerando-se a estrutura do ciclo de desempenho como unidade básica de análise e à gestão da incerteza operacional combinam-se para formar um conjunto de conceitos logicamente consistentes, essenciais para o apoio à gestão da cadeia de suprimentos. O Capítulo 3 se concentra nas exigências dos clientes que orientam o desempenho da cadeia de suprimentos.

Questões Desafiadoras

1. Exemplifique uma troca compensatória (*trade-off*) comum que ocorre entre as áreas de trabalho da logística.

2. Discuta e discorra sobre a seguinte afirmação: "A seleção de uma rede de localização superior pode criar uma vantagem competitiva substancial".

3. Por que as operações de distribuição ao mercado são comumente mais irregulares do que as operações de apoio à produção e de compras?

4. Como o custo do transporte, enquanto percentual do custo total da logística, tem se comportado desde 1980?

5. Descreva a *proposta de valor logístico*. Seja específico quanto ao atendimento e custos para clientes específicos.

6. Descreva as semelhanças e as diferenças fundamentais entre os ciclos de desempenho de compras, de apoio à produção e de distribuição ao mercado, nos seus relacionamentos com o controle logístico.

7. Compare e diferencie um nó e um elo de um ciclo de desempenho. Dê um exemplo de cada.

8. Como a "busca pela qualidade" afeta as operações logísticas? O conceito de qualidade total tem relevância, quando aplicado à logística?

9. Discuta a questão da incerteza, em sua relação com o ciclo total de desempenho logístico. Discuta e demonstre como a variância do ciclo de desempenho pode ser controlada.

10. Qual é a lógica de se desenvolver estruturas logísticas escalonadas? As estruturas escalonada e direta podem ser combinadas?

Atendimento ao Cliente

Marketing Centrado no Cliente
    Marketing de Transações *versus Marketing* de Relacionamento
    Resultados do Serviço da Cadeia de Suprimentos
Serviço ao Cliente
    Disponibilidade
    Desempenho Operacional
    Confiabilidade de Serviço
    O Pedido Perfeito
    Plataformas de Serviços Básicos
Satisfação do Cliente
    Expectativas dos Clientes
    Qualidade Percebida do Serviço e Satisfação do Cliente
    Um Modelo de Satisfação do Cliente
    Aumento de Expectativas do Cliente
    Limitações da Satisfação do Cliente
Sucesso do Cliente
    Obtenção de Sucesso do Cliente
    Serviços com Valor Agregado
    Desenvolvendo o Sucesso do Cliente: Um Exemplo
Resumo

Apesar de parecer, de alguma forma, uma visão óbvia, é importante estabelecer, inicialmente, que a logística contribui para o sucesso de uma organização, ao satisfazer entregas, expectativas de disponibilidade, bem como necessidades de clientes. O que não é tão óbvio, entretanto, é saber o que significa o termo *cliente*. O conceito de gestão da cadeia de suprimentos requer uma consideração cuidadosa quanto ao significado exato do termo e à noção de que há muitas perspectivas diferentes.

Partindo da perspectiva da cadeia de suprimentos total, o cliente é o usuário final de um produto ou serviço, cujas necessidades ou exigências precisam ser atendidas. Historicamente, tem sido útil distinguir dois tipos de usuários finais. O primeiro é um **consumidor**, um indivíduo ou uma família, que adquire produtos e serviços para satisfazer necessidades pessoais. Quando uma família compra um automóvel a ser usado para necessidades pessoais de transporte, essa família é a consumidora da cadeia de suprimentos. O segundo tipo é um **usuário final organizacional**. Aquisições são feitas por organizações ou instituições, para permitir que um usuário final desempenhe uma tarefa ou trabalho na organização. Quando uma companhia compra um automóvel para um vendedor, ou compra ferramentas para serem usadas por um funcionário de montagem em uma indústria de fabricação, a companhia é considerada a cliente, e o vendedor ou o funcionário da montagem é o usuário final dos produtos da cadeia de suprimentos. A perspectiva de gestão da cadeia de suprimentos exige que todas as empresas da cadeia de suprimentos se concentrem no atendimento às necessidades ou requisitos dos usuários finais, mesmo que sejam consumidores ou usuários finais organizacionais.

Há outra perspectiva de cliente para uma empresa específica dentro da cadeia de suprimentos. Essa perspectiva reconhece que organizações intermediárias existem, com freqüência, entre a empresa e os usuários finais. A terminologia comum geralmente denomina essas organizações como **clientes intermediários**. Assim, na cadeia de suprimentos da Procter & Gamble (P&G), que oferece o sabão em pó *Tide* aos consumidores finais, os supermercados Kroger and Safeway são os clientes intermediários, pois compram *Tide* da P&G com o propósito de revendê-lo aos consumidores finais.

Por último, para um profissional de logística, o cliente é qualquer localização de entrega. Os pontos de entrega regulares variam, desde casas de consumidores e negócios de varejo e atacado até postos de recebimento de fábricas de produção e centros de distribuição. Em alguns casos, o cliente é uma organização ou um indivíduo diferenciado, que está se apropriando do produto ou serviço a ser entregue. Em muitas outras situações, o cliente é uma instalação diferente da mesma empresa, ou um parceiro de negócios em alguma outra localização na cadeia de suprimentos. Por exemplo, é comum o gestor logístico de um centro de distribuição de atacado atender lojas individuais como clientes, ainda que façam parte da mesma organização.

Independentemente da motivação e do propósito da entrega, o cliente que está sendo servido é o ponto central e a força direcionadora, quanto ao estabelecimento de necessidades de desempenho logístico. É imprescindível entender inteiramente as necessidades do cliente, que precisam ser atendidas, para o estabelecimento da estratégia logística. Este capítulo detalha a natureza de várias possibilidades de se atender às necessidades do cliente. A primeira seção apresenta conceitos fundamentais em que se baseia o *marketing* centrado no cliente, tendo em vista como a logística se insere na estratégia total de uma empresa. A segunda seção descreve a natureza dos resultados da cadeia de suprimentos para os usuários finais, e como tais resultados precisam ser estruturados para satisfazer suas exigências. As seções que seguem expandem, em níveis crescentes, a sofisticação no atendimento aos clientes. Esses níveis variam das noções tradicionais de serviço logístico ao cliente, quanto à satisfação de suas expectativas, ao objetivo último dessa situação – ajudar os clientes a serem bem-sucedidos através do atendimento de suas exigências de negócios.

Marketing Centrado no Cliente

Os princípios básicos do *marketing* concentrado no cliente têm suas raízes no **conceito de *marketing*** – uma filosofia de negócios que sugere ser o ponto central de uma estratégia de negócios os clientes que se pretende servir. Diz-se que, para uma organização alcançar seus objetivos, ela precisa ser mais eficiente que os competidores em identificar necessidades específicas de clientes, centralizando recursos e atividades no atendimento dessas exigências. É claro que muitos aspectos da estratégia de uma empresa devem ser integrados para atender aos clientes, e a logística é apenas um deles. O conceito de *marketing* se constrói sobre quatro idéias fundamentais: necessidades e exigências de clientes são mais básicas do que produtos ou serviços; clientes diferentes possuem necessidades e exigências diferentes; produtos e serviços se tornam significativos apenas quando estão disponíveis e posicionados a partir da perspectiva do cliente, o que constitui o alvo das estratégias logísticas; e o volume é secundário para o lucro.

A crença de que as necessidades do cliente são mais importantes do que produtos ou serviços coloca a prioridade no entendimento completo do que movimenta as oportunidades de mercado. O segredo está em entender e desenvolver a combinação de produtos e serviços que irá atender a essas exigências. Por exemplo, se os clientes demandam aparelhos de três cores diferentes, não há sentido em oferecer seis cores. Também não há sentido em se tentar comercializar apenas aparelhos brancos, se a escolha da cor é importante na perspectiva do cliente. A idéia básica é desenvolver uma visão suficiente sobre necessidades básicas, para que produtos e serviços possam ser ajustados a essas oportunidades. O *marketing* bem-sucedido começa com um estudo aprofundado dos clientes, para identificar exigências de produtos e serviços.

O segundo aspecto fundamental do conceito de *marketing* é o de que não há mercado único para qualquer produto ou serviço. Todos os mercados são compostos de segmentos diferentes, cada um deles com exigências diferentes. A segmentação eficiente do mercado exige que as empresas identifiquem claramente os segmentos e selecionem alvos específicos. Embora uma discussão abrangente sobre segmentação de mercado esteja além do escopo desse texto, é importante notar que as exigências logísticas dos clientes, geralmente, oferecem uma base eficiente de classificação. Por exemplo, um contratante que constrói novas casas pode fazer um pedido de aparelhos, semanas antes da necessidade de instalá-los, ao passo que um consumidor, que compra uma reposição para um aparelho quebrado, pode necessitar de disponibilidade e entrega imediatas. É pouco provável que uma empresa possa operar em cada segmento do mercado, ou atender lucrativamente toda e qualquer combinação possível de exigências de clientes; logo, o ajuste cuidadoso de capacidades com segmentos específicos é um aspecto essencial do conceito de *marketing*.

Para o *marketing* ser bem-sucedido, produtos e serviços devem estar disponíveis para os clientes. Em outras palavras, o terceiro aspecto fundamental do *marketing* é o de que os clientes precisam ser prontamente capazes de obter os produtos desejados. Para facilitar a ação de compra, os recursos da empresa vendedora precisam estar centrados no posicionamento do cliente e do produto. Quatro utilidades econômicas agregam valor ao consumidor: *forma, posse, tempo* e *lugar*. A forma do produto é, na maior parte, gerada no processo de produção. Por exemplo, a utilidade de forma resulta da montagem de peças e componentes para uma máquina de lavar louça. No caso de um serviço, como corte de cabelo, a utilidade de forma é alcançada pela finalização de atividades como lavagem, corte e estilização. O *marketing* gera posse, ao informar clientes em potencial da disponibilidade de produtos/serviços e ao possibilitar a troca de propriedade. Portanto, o *marketing* serve para identificar e transmitir os atributos de produtos ou serviços, bem como desenvolver mecanismos para a troca entre comprador-vendedor. A logística provê as exigências de utilidade de tempo e lugar. Essencialmente, isso significa que a logística precisa garantir que o produto esteja disponível quando e onde desejado pelo cliente. A realização de tempo e lugar exige um esforço significativo e é cara. Transações lucrativas se materializam apenas quando todas as quatro utilidades são combinadas de modo relevante para o consumidor.

O quarto aspecto do conceito de *marketing* é o foco na lucratividade, em contraste com o volume de vendas. Uma dimensão importante para o sucesso é o grau de lucratividade resultante do relacionamento entre os clientes, não do volume vendido. Portanto, variações nas quatro utilidades básicas – forma, posse, tempo e lugar – são justificadas se um cliente, ou segmento de clientes, tem valor e está disposto a pagar pela modificação. Utilizando o exemplo do aparelho doméstico, se um cliente pede uma opção de cor exclusiva e está disposto a pagar a mais, o pedido pode e deve ser atendido, desde que uma margem positiva de ganho possa ser recebida. O refinamento final da estratégia de *marketing* baseia-se no reconhecimento de que todos os aspectos da oferta de produto/serviço estão sujeitos a modificações, quando justificável pelo aspecto da lucratividade.

Marketing de Transações *versus Marketing* de Relacionamento

As estratégias tradicionais de *marketing* se concentram na obtenção de trocas ou transações exitosas com os clientes, para direcionar aumentos na receita e no lucro. Nesse contexto, denominado **marketing de transações**, as companhias são geralmente orientadas para a interação de curto prazo com seus clientes. O conceito de *marketing* tradicional enfatiza o atendimento das necessidades e exigências dos clientes, algo que poucas organizações de negócios contestariam. Entretanto, como é praticado em várias empresas, o resultado é a centralização na criação de transações individuais bem-sucedidas entre um fornecedor e seus clientes. Mais ainda, a prática da segmentação e de nichos de mercado geralmente resulta em agrupamentos de clientes um tanto grandes, cada um apresentando, de alguma forma, necessidades e exigências semelhantes. Nessa abordagem, estratégias de comercialização *indiferenciadas, diferenciadas* e de *nichos* são comuns.

Uma estratégia indiferenciada considera todos os clientes em potencial, como se fossem essencialmente os mesmos. Embora a organização possa realizar o processo de segmentação, ela faz, em última instância, uma *média* das necessidades dos clientes e então procura projetar um produto e um processo que atenderá às necessidades do cliente regular. Isso permite que a empresa alinhe seus esforços de produção, distribuição de mercado, logística e promocionais para obter eficiência de custos. Por muitos anos, a Coca-Cola possuía apenas um produto do tipo cola, a *Regular Coke*, que era projetado para satisfazer as necessidades de consumidores desse tipo de refrigerante. Por muitos anos, a UPS seguiu uma estratégia similar, única para todas as demandas, na entrega em pacotes. Os clientes se beneficiam com operações de baixo custo, mas talvez muitos não fiquem absolutamente satisfeitos, devido à incapacidade de o fornecedor satisfazer exigências especiais.

Em uma estratégia diferenciada, uma empresa se orienta para segmentos múltiplos de mercado, servindo cada um com produtos/serviços e processos de distribuição ao mercado, combinados para atender mais especificamente às necessidades e exigências particulares de cada segmento. A Coca-Cola atualmente oferece Coca-Cola Diet, Coca-Cola sem cafeína, Coca-Cola de cereja, etc. Quando a Federal Express entrou no mercado de distribuição em pacotes, a UPS respondeu com o desenvolvimento de uma capacitação para atender às necessidades de entregadores que exigiam entrega mais rápida e controlada. O resultado foi a possibilidade de diferentes ofertas para diferentes segmentos do mercado. Enquanto uma estratégia diferenciada aumenta a complexidade e o custo organizacionais, também permite que uma empresa atenda mais especificamente às exigências de diferentes grupos de clientes.

A estratégia de nicho é freqüentemente utilizada por empresas de pequeno porte ou companhias novas, que escolhem atuar num só segmento do mercado total, ao oferecer serviços bastante precisos. No setor de refrigerantes, a Jolt Cola existe para os poucos clientes que desejam uma alta quantidade de açúcar e cafeína. Na entrega de pequenos volumes, muitas pequenas empresas centralizam-se em clientes que exigem entregas no mesmo dia.

Paralelamente ao desenvolvimento do conceito de gestão da cadeia de suprimentos, há uma alteração na filosofia quanto à natureza da estratégia de *marketing*. Essa alteração tem sido geralmente entendida como **marketing de relacionamento**. O *marketing* de relacionamento se concentra no desenvolvimento de relações de longo prazo com participantes-chave da cadeia de suprimentos, tais como usuários finais, clientes intermediários e fornecedores, em um esforço de desenvolver e manter preferência e lealdade a longo prazo. O *marketing* de relacionamento se baseia na percepção de que em muitos setores é mais importante manter os atuais clientes e ganhar mais participação em suas compras do que sair e tentar atrair novos clientes.[1]

---

[1] Thomas O. Jones e W. Earl Sasser, Jr. "Why Satisfied Customers Defect", *Harvard Business Review*, November/December, 1995, p. 88-89.

O objetivo máximo quanto à segmentação de mercado e *marketing* de relacionamento é concentrar-se no cliente individual. Essa acepção, conhecida por micromarketing ou *marketing um-a-um*, reconhece que cada cliente individual pode, sem dúvida, ter necessidades exclusivas. Por exemplo, apesar de Wal*Mart e Target serem empresas de varejo de massa, suas exigências quanto ao modo como desejam interagir logisticamente com seus fornecedores diferem significativamente. Um fabricante que pretende fazer negócios com esses varejistas precisa adaptar suas operações logísticas às necessidades exclusivas de cada um. A melhor maneira de garantir o sucesso organizacional de longo prazo é pesquisar intensamente e então atender às exigências de clientes individuais.[2] Tais relacionamentos podem não ser viáveis com todos os clientes. Também é verdade que muitos clientes podem não desejar essa relação tão próxima com todos os fornecedores. Entretanto, relacionamentos um-a-um podem reduzir significativamente custos de transações, melhor atender às exigências dos clientes e transformar transações individuais numa questão de rotina.

Há quatro passos envolvidos na implementação do programa de *marketing* um-a-um. O primeiro é identificar os clientes individuais para os produtos e serviços da companhia. Embora isso pareça simples, muitas companhias ainda tendem a pensar em grupos de clientes, em vez de em clientes individuais.

O segundo passo é diferenciar os clientes, tanto no seu valor para a organização, como em termos de suas exigências singulares. É claro que todos os clientes não representam o mesmo volume ou lucratividade de vendas potenciais. Comerciantes bem-sucedidos, do tipo um-a-um, centralizam seus esforços naqueles clientes que representam o maior potencial de retorno. A compreensão das necessidades de clientes diferenciais fornece fundamentos para a personalização de produtos e serviços.

O terceiro passo envolve a real interação com os clientes, com o objetivo de melhorar a eficiência e a eficácia de custos. Por exemplo, a eficiência de custo pode ser melhorada pela automação de interações de rotina, tais como alocação de pedidos ou solicitações de informação. A eficácia pode ser melhorada pelo entendimento de que cada interação com um cliente ocorre no contexto de todas as interações anteriores.

Por fim, o *marketing* um-a-um é operacionalizado através de um quarto procedimento, que personaliza o comportamento da companhia. A companhia deve adaptar alguns aspectos de seu comportamento às necessidades expressas individualmente pelos clientes. Se isso significa personalizar um produto fabricado ou um serviço feito sob medida, como embalagem ou entrega para o cliente, a produção e/ou serviço final da empresa precisa ser capaz de lidar com um cliente em particular de forma individual.[3] A Visão Setorial 3-1 descreve como a Square D, fabricante de equipamentos elétricos, implementou *marketings* de relacionamento e um-a-um com seus clientes principais.

Resultados do Serviço da Cadeia de Suprimentos

O entendimento do *marketing* centrado no cliente, no contexto de uma cadeia de suprimentos, exige que se considerem os serviços oferecidos aos clientes finais. Bucklin apresentou uma teoria duradoura, que especifica quatro resultados genéricos de serviços, necessários para atender às necessidades do cliente: (1) conveniência espacial, (2) tamanho do lote, (3) tempo de espera ou de entrega, (4) variedade e seleção de produtos.[4] Como foi discutido, clientes diferentes podem ter necessidades diferentes, em relação a tais resultados de serviços. Portanto, estruturas diferentes da cadeia de suprimentos podem ser exigidas para atender a essas diferenças.

Conveniência de Lugar

Conveniência de lugar, o primeiro resultado do serviço, refere-se à quantidade de tempo e esforço de compra que será exigida pelo cliente. Níveis mais altos de conveniência de lugar são alcançados em uma cadeia de suprimentos que oferece aos clientes acesso a seus produtos em um grande número de lugares, reduzindo assim o esforço de compra. Considere, por exemplo, o setor de móveis para casas. Alguns fabricantes utilizam uma estrutura que inclui lojas de departamentos, comerciantes de larga escala e numerosas cadeias de lojas ou lojas independentes especializadas em móveis. A Ethan Allen, por outro lado, restringe a disponibilidade da marca a um número limitado de lojas de varejo autorizadas pela Ethan Allen. Essa diferença no nível da conveniência de lugar possui implicações importantes para a estrutura total da cadeia de suprimentos e para o custo logístico inserido na cadeia de suprimentos. Também é claro que alguns clientes estão dispostos a gastar mais tempo e esforço do que outros, enquanto procuram um produto ou marca desejados.

Tamanho de Lote

O segundo resultado do serviço é o **tamanho de lote**, que se refere ao número de unidades a serem compradas em

---

[2] Para uma discussão abrangente da acepção um-a-um, veja Don Peppers e Martha Rogers, *The One-to-One Manager: Real World Lessons in Customer Relationship Management* (New York, NY: Doubleday, 1999).

[3] Don Peppers, Martha Rogers e Bod Dorf, "Is Your Company Ready for One-to-One Marketing?". *Harvard Business Review*, January/February, 1999, p. 150-60.

[4] Louis P. Bucklin, *A Theory of Distribution Channel Structure* (Berkeley, CA: IBER Special Publications, 1966).

Visão Setorial 3-1   Conseguindo um Negócio com a Square D

Na Square D Co., fabricante de produtos de controle elétricos localizada em Palatina, Illinois, por sua vez unidade da Schneider Electric, localizada em Paris, a VP de *Marketing* Chris Curtis promove, de forma entusiasmada, uma abordagem de *marketing* em direção a contas de clientes estratégicos. Essa conta, como as da DaimlerChrysler e IBM Corp., são de alto nível e geram vendas significativas. A Square D usa um Processo de Gerenciamento de Relacionamentos, ou RMP (*Relationship Management Process*), para comercializar seus produtos para essas contas. O RPM enfatiza a criação de parcerias de *marketing* um-a-um, em que os clientes da Square D recebem produtos e níveis de serviço exatamente como querem.

Por exemplo, Scott Chakmak é diretor da conta estratégica da Square D – DaimlerChrysler, e passa seus dias de trabalho nas fábricas da DaimlerChrysler, em Kenosha, Wisconsin. Essa proximidade com o cliente permite que o pessoal de vendas da Square D passe a conhecer bem as necessidades da DaimlerChrysler. Antes da aquisição da Chrysler pela Daimler, Chakmak percebeu que a equipe da Square D poderia diminuir a carga de trabalho dos engenheiros da Chrysler, ao ajudar no projeto de uma nova linha de montagem de motores. Sugeriu que sua equipe supervisionasse o projeto do sistema elétrico de controle de cada máquina para garantir uniformidade. A consistência do projeto reduziria o tempo de treinamento, tornando os funcionários da Chrysler mais versáteis.

Após mais de dois anos, a Chrysler finalmente concordou com a proposta da Square D, e a colocou como responsável do projeto. Comunicando-se via *Internet* com mais de 80 outros fornecedores pelo mundo, a Square D finalizou o projeto em 27 meses, tempo significativamente mais curto que o do padrão para o setor, que é de 36 meses, de acordo com Chakmak.

Desde esse primeiro projeto, a Square D vem apoiando projetos semelhantes para várias fábricas da DaimlerChrysler no mundo inteiro. "O primeiro projeto levou dois anos para ser vendido", lembra Chakmak. "Na segunda vez, levou 9 meses. Depois, 30 dias. Desde então, tem sido tão simples quanto um aperto de mão."

Por fim, RPM trata da segmentação de clientes. Se os clientes não querem, ou demandam serviços de valor agregado, a Square D simplesmente lhes vende os produtos que precisam. Para outros clientes, os serviços de valor agregado podem ser personalizados para que atendam às suas necessidades de produtos específicos. Esses esforços suplementares podem ser bastante oportunos para a Square D, fortalecendo seu valor enquanto fornecedor para um cliente estratégico. Por exemplo, a Square D é atualmente o único fornecedor de equipamentos de fornecimento de energia para a IBM Corp.

A Square D precisa aderir a padrões rigorosos, quando lida com contas estratégicas. A Square D e sua marca congênere da Schneider, a Modicom, vendem para a IBM, a cada ano, aproximadamente $11 milhões em produtos de controle elétrico, com base num pacto de três anos assinado no ano passado. Esse pacto garante à IBM descontos por volume, padronização nas fábricas, embarques imediato, inventário disponível para produtos essenciais e serviços baseados em resposta.

Curtis resume a concepção de RPM da Square D como uma evolução do movimento de gerenciamento de qualidade total dos anos 80. Em vez de examinar o processo de produção, a RPM se detém no relacionamento da Square D com seus clientes, para melhor atender às necessidades individuais e melhorar o sucesso do canal de distribuição.

Fonte: Sean Callahan, "Getting a Square D-eal", *Advertising Age's Business MarketingMarketing,* January-February 2000, p. 3-35

---

cada transação. Quando se exige dos clientes pedidos de grandes quantidades, é preciso incorrer em custos de estocagem e manutenção do produto. Quando a cadeia de suprimentos permite que se comercializem lotes menores, é possível combinar, mais facilmente, suas necessidades de consumo com suas compras. Em economias desenvolvidas, cadeias de suprimentos alternativas oferecem freqüentemente aos clientes a escolha do nível de resultado de serviço do tamanho do lote. Por exemplo, clientes que estejam dispostos a comprar papel-toalha em pacotes de 12 ou 14 rolos poderão adquiri-los no Sam's Club ou no Costco. Como alternativa, podem comprar rolos por unidade em lojas de conveniência ou mercado locais. É claro que a cadeia de suprimentos que permite aos clientes comprarem quantidades menores normalmente incorre em custos mais altos, e, portanto, impõe aos clientes preços mais elevados por unidade.

Tempo de Espera

Tempo de espera é o terceiro resultado genérico do serviço. O tempo de espera é definido como a quantidade de tempo que um cliente deve esperar entre o pedido e o recebimento de produtos: quanto menor o tempo de espera, maior é o nível do serviço da cadeia de suprimentos. Mais uma vez, cadeias de suprimentos alternativas oferecem a clientes e usuários finais escolhas quanto ao tempo de espera exigido. No setor de computadores pessoais, um cliente pode visitar uma loja especializada em eletrônicos ou em informática, fazer a compra e levar um computador para casa sem, literalmente, nenhum tempo de espera. Alternativamente, o cliente pode fazer o pedido através de um catálogo ou via *Internet,* e esperar pela entrega em casa ou no escritório. De forma geral, quanto maior o tempo de espera decorrido, mais inconveniente será para o cliente. Entretanto essas cadeias de suprimentos geralmente contratam custos mais baixos, e os clientes são recompensados pela espera na forma de preços mais acessíveis.

Variedade de Produtos

Variedade de produtos e **sortimento** é o quarto resultado do serviço. Mais uma vez, cadeias de suprimentos diferentes oferecem níveis diferenciados de variedade e sortimento para os consumidores e usuários finais. Os supermercados normalmente estão envolvidos em cadeias de suprimentos que oferecem uma ampla variedade de tipos de produtos e, para cada tipo, sortimentos de marcas, tamanhos, etc. Na verdade, os supermercados podem ter mais de 35.000 itens diferentes nas prateleiras. Lojas de ferramentas, por outro lado, oferecem bem menos variedade ou sortimento de produtos, estocando geralmente de 8.000 a 10.000 itens e oferecendo apenas uma marca e tamanho de um item. Lojas de conveniência podem estocar apenas algumas centenas de produtos, oferecendo pouca variedade ou sortimento, se comparadas aos supermercados.

As cadeias de suprimentos oferecem resultados adicionais de serviços a seus clientes. Junto aos quatro resultados genéricos de serviços, outros pesquisadores identificaram serviços relacionados à informação, personalização do produto e acompanhamento pós-compra como sendo essenciais a clientes selecionados.[5] O que se deve lembrar é que não há um mercado homogêneo, em que todos os consumidores desejam os mesmos serviços, apresentados da mesma forma. Podem diferir quanto a que serviços são os mais importantes e quanto ao nível de cada serviço desejado para atender às suas necessidades. Por exemplo, alguns consumidores podem exigir disponibilidade imediata de um computador de uso pessoal, enquanto outros acham ser preferível aguardar três dias por um computador, configurado segundo suas exatas necessidades. Além disso, clientes diferem sobre quanto estão dispostos a pagar pelos serviços. Já que níveis elevados de serviço geralmente envolvem custos mais elevados de distribuição ao mercado, as organizações precisam estimar cuidadosamente a sensibilidade do cliente quanto a preços em relação a seu desejo por tempo de espera reduzido, conveniência e outros resultados de serviço.

Essa discussão acerca de resultados genéricos de serviços concentra-se primeiramente no consumidor ou no usuário final de uma organização, no que diz respeito à cadeia de suprimentos. Traz implicações importantes sobre o modo como as cadeias de suprimentos são, em última instância, configuradas, os tipos de companhias participantes que podem ser incluídos para satisfazer as exigências de serviço, e os custos que incorrem no processo. A atenção passa a ser centrada em considerações mais específicas sobre o atendimento ao cliente, em um contexto *logístico*. Três níveis de atendimento ao cliente são discutidos, a saber: serviço ao cliente, satisfação do cliente e o sucesso do cliente.

Serviço ao Cliente

O valor fundamental da logística é atender às necessidades do cliente numa base de eficiência de custo. Apesar de a maioria dos antigos administradores concordarem que o serviço ao cliente é importante, às vezes acham extremamente difícil explicar o que isso é e o que faz. Enquanto expressões comuns quanto a serviço ao cliente incluem "é fácil fazer negócio com" e "estamos atentos aos clientes", para desenvolver um entendimento completo de serviço ao cliente, uma estrutura mais direta se torna necessária.

Filosoficamente, o serviço ao cliente representa o papel da logística no cumprimento do conceito de *marketing*. Um programa de serviço ao cliente precisa identificar e priorizar todas as atividades exigidas para satisfazer as exigências logísticas de clientes, tão bem ou melhor que os competidores. Ao estabelecer um programa de serviço ao cliente, é imprescindível identificar padrões claros de desempenho para cada uma das atividades e medidas relativas a esses padrões. Em programas básicos de serviço ao cliente, o foco está, comumente, nos aspectos operacionais de logística, garantindo que a organização seja capaz de oferecer os **sete direitos certos** de seus clientes: a quantidade *certa* do produto *certo* no tempo *certo*, no lugar *certo*, na condição *certa*, no preço *certo*, com a informação *certa*.

É claro que um excelente serviço ao cliente agrega valor ao longo da cadeia de suprimentos. A preocupação fundamental no desenvolvimento da estratégia de serviço é: *o custo associado ao cumprimento de um específico desempenho de serviço representa um bom investimento?* É necessária uma análise cuidadosa sobre desempenho competitivo e sensibilidade do cliente aos atributos de serviço para se formular uma estratégia básica de serviço. No Capítulo 2, os atributos fundamentais do serviço básico ao cliente foram identificados como sendo disponibilidade, desempenho operacional e confiabilidade do serviço. Discutiremos agora esses atributos.

Disponibilidade

Disponibilidade é a capacidade de ter inventário, quando desejado pelo cliente. Tão simples quanto pode parecer, não é de todo incomum para uma organização gastar tempo, dinheiro e esforço consideráveis para gerar a demanda dos clientes, e não conseguir ter o produto disponível para satisfazer as suas exigências. A prática tradicional nas organizações é estocar em antecipação a pedi-

---

[5] V. Kasturi Rangan, Meluia A. J. Menzies e E. P. Maier, "Channel Selection for New Industrial Products: A Framework, Method, and Application", *Journal of Marketing* 56 (July 1992), p. 72-3.

dos de clientes. Normalmente, o plano de estoques de produto se baseia em previsão de demanda de produtos, e pode incluir políticas de estocagem diferenciadas, como resultado de popularidade, lucratividade e importância de vendas de um item, para toda a linha de produção e para o valor da mercadoria.

Como o detalhamento do estabelecimento de políticas de estocagem é abordado pelo Capítulo 10, basta dizer, neste momento, que o inventário pode ser classificado em dois grupos: estoque básico, determinado por necessidades previstas e planejadas, e estoque de segurança, para cobrir variações inesperadas em demanda e operações.

Deve ficar claro que o alcance de níveis elevados de disponibilidade de inventário requer bastante planejamento. Na verdade, o segredo é alcançar esses níveis elevados de disponibilidade para clientes selecionados ou essenciais, enquanto se minimizam investimentos totais em inventário e instalações. Programas rigorosos sobre disponibilidade de inventário não são concebidos ou gerenciados *na média;* a disponibilidade está baseada em três medidas de desempenho: freqüência de falta de estoque, taxa de atendimento e pedidos atendidos de forma completa.

Freqüência da Falta de Estoque (stockout)

Falta de estoque, como sugere o termo, ocorre quando uma empresa não tem produto disponível para satisfazer a demanda do cliente. Freqüência de falta de estoque diz respeito à probabilidade de uma empresa não ter inventário disponível para atender ao pedido do cliente. Por exemplo, um estudo de supermercados de varejo revelou que, a qualquer momento, em uma semana, um supermercado médio apresenta falta de estoque de aproximadamente 8% dos itens planejados para estarem nas prateleiras. É importante notar, entretanto, que a falta de estoque não ocorre de fato, até que um cliente deseje um produto. A agregação de toda a falta de estoque, em todos os produtos, é um indicador de quão bem está posicionada uma empresa, para oferecer comprometimento básico de serviços, no tocante à disponibilidade de produto. Ao mesmo tempo que não considera que alguns produtos sejam mais críticos, quanto à disponibilidade, que outros, essa questão é o ponto de partida para se pensar a disponibilidade de inventário.

Taxa de Atendimento

Taxa de atendimento mede a magnitude ou o impacto da falta de estoque ao longo do tempo. Estar fora de estoque não afeta o desempenho do serviço, até que o clientes demande o produto. Então, é importante determinar que o produto não está disponível, e quantas unidades o cliente deseja. Por exemplo, se um cliente quer 100 unidades de um item, e apenas 97 estão disponíveis, a taxa de atendimento é de 97%. Para considerar efetivamente a taxa de atendimento, o procedimento comum é avaliar o desempenho ao longo do tempo, de modo a incluir pedidos múltiplos de clientes. Assim, a taxa de atendimento de desempenho pode ser avaliada para um cliente, ou um produto específicos, ou por quaisquer combinações de clientes, produtos ou segmentos de negócios.

A taxa de atendimento pode ser usada para diferenciar o nível de serviço a ser oferecido para produtos específicos. No exemplo anterior, se todos os 100 produtos pedidos fossem relevantes para um cliente, logo a taxa de atendimento de 97% poderia resultar em falta de estoque na fábrica ou armazém do cliente, prejudicando consideravelmente as suas operações.

Imagine uma linha de montagem programada para produzir 100 automóveis que recebe apenas 97 dos freios necessários para a montagem. Em situações em que alguns dos itens não são críticos para o desempenho, uma taxa de atendimento de 97% pode ser aceitável. O cliente pode aceitar o pedido a menor (*back order*) ou estar disposto a refazer o pedido dos itens em falta em outro momento. As estratégias da taxa de atendimento precisam levar em consideração as exigências de produtos pelos clientes.

Pedidos Atendidos de Forma Completa

A medida mais exata de desempenho quanto à disponibilidade de produto são **pedidos atendidos de forma completa.** Considera o fato de o cliente ter tudo o que pede, como padrão de desempenho aceitável. O fracasso em atender o pedido do cliente mesmo que seja em apenas um item, resulta em esse pedido ser registrado como *zero* (*nulo*), em termos de atendimento completo.

Essas três medidas de disponibilidade se combinam para estabelecer até onde a estratégia de inventário de uma empresa atende à demanda de clientes. Também formam a base para avaliar o nível adequado de disponibilidade a ser incorporado ao programa básico de serviço logístico de uma empresa. Elevados níveis de inventário são vistos como meios para se aumentar a disponibilidade; entretanto novas estratégias, que usam tecnologia de informação para identificar a demanda do cliente antecipadamente a seus pedidos reais, permitem que algumas organizações alcancem níveis bem altos de desempenho de serviços básicos, sem o correspondente aumento no inventário. Essas estratégias são discutidas no Capítulo 10.

Desempenho Operacional

O **desempenho operacional** trata do tempo necessário para entregar o pedido de um cliente. Seja o ciclo de desempenho em questão relativo a distribuição ao mercado, apoio à produção ou compras, o desempenho operacional é especificado em termos de velocidade de desempenho, consistência, flexibilidade e recuperação ao mau funcionamento.

Velocidade

Velocidade do ciclo de desempenho é o tempo decorrido, desde que o cliente estabelece uma necessidade de pedido até que o produto seja entregue e esteja pronto para seu uso. O tempo decorrido necessário para a conclusão do ciclo total de desempenho depende do projeto do sistema logístico. Dado o alto nível de tecnologia de comunicação e de transporte da atualidade, ciclos de pedidos podem levar apenas algumas horas, ou várias semanas e meses.

Naturalmente, a maioria dos clientes quer um desempenho rápido do ciclo de pedidos. A velocidade é um ingrediente essencial em muitas estratégias de logística *just-in-time* e de resposta rápida, uma vez que ciclos rápidos reduzem necessidades de inventário dos clientes. A contrapartida é que a velocidade de serviço é normalmente cara: nem todos os clientes precisam ou querem máxima velocidade, se isso significar custo total mais alto. A justificativa para a velocidade precisa ser identificada em trocas compensatórias positivas; ou seja, a única referência relevante para estimar o valor da velocidade de serviço é a da percepção de benefícios pelo cliente.

Consistência

Consistência de ciclo de pedidos é medida pelo número de vezes que os ciclos atendem, de fato, ao tempo planejado para sua conclusão. Enquanto a velocidade de serviço é importante, a maioria dos gestores logísticos dá maior valor à consistência, pois isso influencia diretamente a capacidade de o cliente planejar e desempenhar suas próprias atividades. Por exemplo, se os ciclos de pedidos variam, o cliente deve ter um estoque de segurança para se proteger contra uma potencial entrega atrasada; o grau de variabilidade se traduz diretamente na necessidade de estoques de segurança. Dadas as numerosas atividades envolvidas na execução do ciclo de desempenho, há muitas razões para inconsistência no desempenho.[6]

A questão da consistência é fundamental para operações logísticas eficientes, à medida que tem se tornado cada vez mais comum os clientes especificarem uma data desejada, ou até mesmo a hora para entrega, quando fazem os pedidos. Essa especificação precisa poderá ser feita, levando-se em consideração o ciclo de desempenho do fornecedor, embora nem sempre seja o caso. Na verdade, os clientes freqüentemente fazem pedidos com bastante antecedência, em relação a suas necessidades de reposição de produto. Nessas situações, é muito difícil para um cliente entender o motivo por que falhas na entrega planejada ocorrem. O ponto de vista deles, acerca da consistência do fornecedor no desempenho operacional, é o de verificar se o fornecedor efetuou ou não a entrega na data e na hora especificadas. Nessas situações, a definição de consistência deve ser modificada. Não é mais possível avaliar em termos de tempo planejado, como o de quatro dias para concluir o ciclo. É essencial que se determine se o ciclo de desempenho foi realmente concluído de acordo com as especificações do cliente.

Flexibilidade

Flexibilidade envolve a capacidade de uma empresa em atender a situações especiais e incomuns, ou a pedidos inesperados de clientes. Por exemplo, o padrão para servir um cliente pode ser o de embarcar quantidades referentes a um caminhão (*trailer*) completo para o armazém de um cliente. Entretanto, de tempos em tempos, o cliente pode desejar embarques de quantidades menores, feitas diretamente para locais de varejo individualizados. A competência logística de uma empresa está diretamente relacionada ao fato de quão capaz ela é de atender a essas circunstâncias inesperadas. Os eventos que mais comumente exigem operações flexíveis são: (1) modificações em acordos de serviços básicos, tais como alteração na localização de embarque; (2) apoio para programas de vendas exclusivas e de *marketing*; (3) introdução de novo produtos; (4) recolhimento (*recall*) de produtos; (5) interrupção no fornecimento; (6) personalização única de serviço básico para clientes ou segmentos específicos; e (7) personalização ou modificação de produtos desempenhada ainda no sistema logístico, como indicação de preços, composição ou embalagem. De várias maneiras, a essência da excelência logística está na capacidade de ser flexível.

Recuperação de Falhas

Independentemente de quão afinadas estejam as operações logísticas, falhas irão ocorrer. O desempenho contínuo de compromissos de serviços, numa base operacional de dias alternados, é uma tarefa difícil. De forma ideal, ajustes podem ser implementados para prevenir ou atender a situações especiais, prevenindo, assim, possíveis falhas. Por exemplo, se um item essencial não está no estoque da instalação de distribuição que normalmente serve um cliente, pode ser obtido a partir de uma instalação alternativa, utilizando algum tipo de expedição rápida. Nessas situações, a falha poderá ser transparente para o cliente. Uma vez que esse tipo de recuperação transparente nem sempre é possível, programas eficientes de serviço ao cliente antecipam falhas e quebras de serviços que irão ocorrer, e possuem planos de contingência para efetivar a recuperação e avaliar a realização.

Confiabilidade de Serviço

Confiabilidade de serviço envolve a combinação de atributos da logística e diz respeito à capacidade da empresa para desempenhar todas as atividades relativas a pedidos, bem como oferecer aos clientes informações essen-

---

[6] Veja Figura 2-11.

ciais no que se refere às operações e *condições* logísticas. Além de disponibilidade e desempenho operacional, atributos de confiabilidade podem significar que embarques cheguem sem nenhum dano; faturas estejam corretas e livres de erros; embarques sejam feitos para os locais corretos; e a quantidade exata do produto pedido seja incluída no embarque. Já que esses e outros numerosos aspectos de confiabilidade, como um todo, são difíceis de enumerar, a questão é que os clientes exigem que uma ampla variedade de detalhes de negócios seja tratada de forma rotineira pelos fornecedores. Além disso, a confiabilidade do serviço envolve a capacidade e a disposição para oferecer informações precisas aos clientes, no que se refere a operações e situação (*status*) do pedido. As pesquisas indicam que a capacidade de uma empresa para oferecer informações precisas é um dos mais significativos atributos de um bom programa de serviços.[7] Cada vez mais, clientes indicam que a informação antecipada de problemas, como pedidos incompletos, é mais importante do que o próprio pedido completo. Os clientes odeiam surpresas! Com muito maior freqüência, os clientes podem se ajustar a uma entrega incompleta ou em atraso, se forem informados antecipadamente.

O Pedido Perfeito

O máximo no serviço logístico é fazer tudo corretamente, e tudo na primeira vez. Não basta fazer a entrega do pedido completo, se a entrega for atrasada. Também não basta entregar o pedido completo no tempo certo, se houver uma fatura incorreta ou danos no produto incorridos durante os processos de manuseio e transporte. No passado, a maioria dos gestores logísticos avaliava o desempenho do serviço ao cliente através de muitas medidas independentes: taxas de atendimento eram avaliadas em comparação a padrões de atendimento; entregas em tempo eram avaliadas segundo uma porcentagem de entregas efetuadas em tempo relativas a um padrão; taxas de danos eram avaliadas em relação ao padrão para danos; etc. Quando cada uma dessas medidas separadas era aceitável em relação ao padrão, o desempenho do serviço como um todo era considerado aceitável.

Recentemente, entretanto, os executivos de logística e de cadeias de suprimentos começaram a centralizar a atenção no desempenho seis sigma, ou de defeito zero. Como uma extensão dos esforços da Gestão da Qualidade Total (TQM – Total Quality Management) dentro das organizações, os processos logísticos foram submetidos ao mesmo escrutínio a que os processos de produção e outros estavam sujeitos na empresa. Percebeu-se que, se os padrões são estabelecidos independentemente para componentes de serviço ao cliente, mesmo que o desempenho cumprisse com o padrão em cada medida independente, um número substancial de clientes poderia ter falhas relacionadas aos pedidos. Por exemplo, se o percentual de pedidos enviados de forma completa, de entrega média no tempo certo, de entrega média livre de danos, e de documentação média correta são de 97% em cada, a probabilidade de que qualquer pedido seja entregue sem defeitos é de aproximadamente 88,5%. Isso acontece porque a ocorrência potencial de qualquer falha, combinada a qualquer outra falha, é de 0,97 × 0,97 × 0,97 × 0,97. O raciocínio correspondente é, claro, de que algum tipo de problema existirá em cerca de 11,5% de todos os pedidos.

A noção de pedido perfeito é de que um pedido deveria ser entregue de forma completa, no tempo certo, no local certo, em condições perfeitas, com a documentação completa e precisa. Cada um desses elementos individuais deve condizer com as especificações do cliente. Assim, uma entrega completa implica todos os produtos que o cliente pediu originalmente; no tempo certo significa na data e na hora especificadas pelo cliente, etc. Em outras palavras, o desempenho total do ciclo de pedidos deve ser executado com defeito zero – disponibilidade e desempenho operacional devem ser executados de forma perfeita, e todas as atividades de apoio concluídas exatamente como prometidas ao cliente. Já que pode não ser possível oferecer defeito zero como uma estratégia básica de serviço para todos os clientes, esse desempenho de alto nível pode ser uma opção numa base seletiva.

É claro que os recursos exigidos para implementar uma plataforma de pedidos perfeitos são substanciais. Taxas extremamente altas de atendimento exigem níveis altos de inventário para satisfazer todas as potenciais exigências e variações de pedidos. Entretanto, esse serviço completo não pode ser alcançado se baseado totalmente no inventário. Uma forma de elevar o desempenho logístico, situando-o pelo menos próximo de defeito zero, é utilizar uma combinação entre alianças de clientes, tecnologia de informação, estratégias de adiamento, estratégias de estocagem de inventário, transporte exclusivo e programas de seleção, para ajustar os recursos logísticos às necessidades fundamentais dos clientes. Cada um desses tópicos é o assunto de discussão detalhada nos capítulos subseqüentes. Basta dizer, neste momento, que as empresas que estão atingindo um patamar superior de serviço logístico ao cliente, estão bastante conscientes do desafio de alcançar defeito zero nesse desempenho. Essas empresas, por terem baixa tolerância para erros combinada com o compromisso de resolverem quaisquer discrepâncias que venham a ocorrer, podem alcançar vantagem estratégica sobre seus competidores. A Visão Setorial 3-2 descreve a importância de alcançar o

---

[7] Donald J. Bowersox, David J. Closs, e Theodore P. Stank, *21st Century Logistics: Making Supply Chain Integration a Reality* (Oak Brook, IL: Council of Logistics Management, 1999).

desempenho de pedido perfeito, bem como as dificuldades do setor emergente de entrega de produtos básicos de mercearia aos consumidores.

Plataformas de Serviços Básicos

Para implementar uma plataforma de serviços básicos, é necessário que se especifique a todos os clientes o nível de compromisso quanto a disponibilidade, desempenho operacional e confiabilidade. A questão fundamental, "quantos serviços básicos um sistema deve oferecer?" não é fácil de responder.

O fato é que muitas empresas estabelecem suas plataformas de serviços básicos baseadas em dois fatores. O primeiro fator é *a prática aceitável do setor* ou competidor. Na maioria dos setores, níveis de serviço mínimo ou médio já emergiram. Esses níveis aceitáveis são geralmente bem conhecidos por fornecedores e executivos da cadeia de suprimentos do setor. Não é raro ouvir executivos de logística e de cadeias de suprimentos falarem de compromissos de serviços aos clientes em termos de "fazer tão bem quanto os competidores" ou "superar o desempenho de nossos maiores competidores". O segundo fator advém da *estratégia de marketing* da empresa como um todo. Se uma empresa deseja se diferenciar dos competidores baseando-se na competência logística, então níveis elevados de serviço básico são necessários. Se a empresa se diferenciar pelo preço, então provavelmente se comprometerá com níveis mais baixos de serviço logístico, em função dos recursos exigidos e dos custos relacionados com comprometimento de alto nível.

O fato é que mesmo empresas com um alto nível de comprometimento com serviço básico aos clientes geralmente não adotam uma abordagem total de defeito zero para todos os clientes. O comprometimento de serviços regular é o de estabelecer padrões internos de desempenho para cada componente de serviço. Esses padrões comumente refletem a prática vigente do setor em combinação com uma análise cuidadosa de custos e de comprometimento de recursos. Os padrões comuns de serviços, tais como 97% de taxa de atendimento ou entrega em três dias, podem ser estabelecidos e, então, o desempenho seria acompanhado de acordo com esses padrões internos. Embora seja geralmente aceito que essa abordagem estratégica resulte em atender aos clientes tão bem quanto, ou melhor, que os competidores, isso não garante que os clientes estejam, de fato, satisfeitos, nem com o desempenho do setor como um todo, nem com o desempenho de uma organização que exceda os padrões setoriais acima colocados.

Visão Setorial 3-2   Mercadorias Entregues na Sua Porta

Muitos comerciantes de mercearia estão tentando oferecer maior conveniência a seus clientes, disponibilizando solicitação eletrônica de pedidos e entrega a domicílio. Esse conceito simples é bastante complexo de implementar de forma eficiente.

O fator mais importante que influencia a adoção de um canal direto ao consumidor e a lealdade do cliente é a capacidade de, consistentemente, selecionar e fazer a entrega de pedidos perfeitos. Entretanto estruturar um sistema logístico de baixo custo para oferecer esses níveis desejados de serviço é um processo complexo e caro.

A logística direta ao consumidor se concentra no atendimento da demanda a nível de residências, através de entregas consistentes de pedidos perfeitos, ao mesmo tempo que garante o fornecimento contínuo de produtos ao custo mais baixo possível. Um centro de atendimento responsável é preferível pela maior precisão na separação de produtos, personalização de pedido, taxa de atendimento e flexibilidade operacional, mas produz margens operacionais significativamente mais altas do que o modelo tradicional de mercearias.

Em função do objetivo de atendimento de pedidos de forma perfeita e consistente, o cumprimento de produtos representa o custo direto mais alto do processamento de um pedido. Esse processo inclui, comumente, a personalização domiciliar em categorias de carnes pré-preparadas e perecíveis de alto impacto, que demandam diferentes controles de temperatura e práticas de controle de datas de validade. Por exemplo, alguns consumidores preferem bananas verdes em vez de amarelas, ou rosbife cru, cortado em fatias finas, no lugar do produto cortado no padrão. Consideradas uma média de de 60 itens por pedido e uma precisão de separação de 99% para o nível individual do item, apenas 55% de todos os pedidos seriam perfeitamente atendidos. O desafio do operador é incorporar a especificação do nível domiciliar em um ambiente operacional escalonável, de elevados volumes, em que os clientes façam seus pedidos eletronicamente.

As capacidades de entrega envolvem a logística física de movimentar produtos diretamente para a casa dos clientes. A maioria dos prestadores unificam produtos oriundos de três zonas de temperaturas dentro de um contêiner seguro e colocam-no em um veículo de multitemperatura, para manter temperaturas adequadas durante a cadeia de entrega a domicílio de produtos resfriados.

As características únicas dos negócios de produtos de mercearia (p. ex., número de itens por pedido, preferências do cliente dentro de um dado item de estoque, necessidades de manutenção de temperatura para produtos diferentes) enfatizam a dificuldade de se projetar um sistema logístico para a entrega de pedidos perfeitos para cada cliente, a cada momento.

Fonte: Frank F. Britt, "The Logistics of Consumer-Direct", *Progressive Grocer*, May 1998, p. 39.

Na verdade, há apenas uma maneira de se certificar de que os clientes estejam satisfeitos – *perguntar a eles*.

Satisfação do Cliente

A satisfação do cliente tem sido, há muito, um conceito fundamental na estratégia de *marketing* e de negócios. Na construção de um programa de satisfação do cliente, entretanto, a primeira questão que deve ser respondida é: "o que significa dizer que o cliente está satisfeito?" O método mais simples e mais aceito de definir a satisfação do cliente é conhecido por **desconformidade de expectativa.** Colocado de forma simples, se as expectativas de um cliente em relação ao desempenho de um fornecedor são satisfeitas ou excedidas, o cliente estará satisfeito. Ao contrário, se o desempenho percebido for inferior ao do que o cliente esperava, o cliente estará insatisfeito. Muitas companhias adotaram essa estrutura para avaliar a satisfação do cliente, e seguem o compromisso de satisfazer ou exceder as expectativas dos clientes. Na verdade, muitas organizações foram além, ao falarem em *agradar* seus clientes com desempenhos que excedam expectativas.

Embora essa estrutura para satisfazer o cliente seja relativamente direta, as implicações para a construção de uma plataforma de satisfação do cliente, na logística, não o são. Para construir essa plataforma, é necessário explorar mais profundamente a natureza das expectativas do cliente. O que os clientes esperam? Como os clientes formam essas expectativas? Qual é a relação entre a satisfação do cliente e as percepções do cliente sobre a qualidade do serviço logístico como um todo? Por que muitas companhias falham em satisfazer o cliente e por que muitas companhias são reconhecidas por oferecer uma qualidade logística inferior? Se uma companhia satisfaz seus clientes, isso é suficiente? As seções que seguem apresentam algumas respostas para essas questões críticas.

Expectativas dos Clientes

É claro que, quando realizam uma transação de negócios com um fornecedor, os clientes possuem numerosas expectativas, muitas das quais giram em torno da plataforma de serviço logístico básico do fornecedor; ou seja, possuem expectativas quanto à disponibilidade, desempenho operacional e confiabilidade de serviço. Freqüentemente, têm programas formais para monitorar o desempenho do fornecedor, com respeito a cada uma dessas dimensões do desempenho logístico. Entretanto, em um estudo pioneiro sobre as expectativas de serviços e de qualidade de serviços, Parasuraman, Zeithaml e Berry identificaram um conjunto de 10 categorias de expectativas de clientes, cada uma delas com implicações para a gestão logística.[8] Enquanto suas pesquisas posteriores se concentraram em um grupo reduzido de cinco determinantes, a Tabela 3-1 apresenta sua concepção original, com exemplos específicos de expectativas logísticas que clientes poderiam ter. Essas categorias poderiam, é claro, ser levadas em consideração no contexto de outras atividades de *marketing*, tais como expectativas relacionadas ao desempenho da força de vendas.

Em um contexto logístico da cadeia de suprimentos, a noção de expectativas de clientes é particularmente complexa, pois clientes são normalmente as organizações de negócios compostas por numerosas funções e indivíduos.[9] Diferentes grupos de funcionários de uma organização-cliente talvez priorizem critérios de desempenho de forma diferente, ou talvez tenham níveis diferentes de expectativa para os critérios. Por exemplo, alguns funcionários podem estar mais preocupados com a capacidade de resposta e com a administração rápida a um questionamento quanto à situação do pedido, enquanto outros podem estar mais preocupados com o atendimento completo do pedido ou atendimento no tempo de entrega. Atender às expectativas do cliente exige a compreensão de como essas expectativas se formam e das razões por que muitas companhias falham no atendimento dessas expectativas

Qualidade Percebida do Serviço e Satisfação do Cliente

O conceito de qualidade percebida do serviço está intimamente ligado ao de satisfação do cliente. Desde muito cedo, um especialista observou que *qualidade de serviço* é o "desempenho que resulta na satisfação do cliente, ou liberação de deficiências, o que evita a insatisfação do cliente".[10] Em uma pesquisa mais recente, relacionada especificamente à logística, constatou-se que "a noção de qualidade de serviço é uma tentativa de entender a satisfação do cliente a partir da perspectiva das diferenças entre suas percepções e o serviço em questão, sob vários atributos".[11] Embora muitos autores realmente façam uma distinção entre a satisfação do cliente e a

---

[8] A. Parasuraman, Valerie Zeithaml e Leonard L. Berry, "A Conceptual Model of Service Quality and Its Implications for Fuure Research", Report No. 84-106 (Cambridge, MA: Marketing Science Intitute, 1984).

[9] Pesquisadores da logística desenvolveram um questionário específico de escalas para ser usado na avaliação da satisfação com o serviço logístico. Veja, por exemplo, John T. Mentzer, Daniel Flint e John L. Kent, "Developing a Logistic Service Quality Scale", *Journal of Business Logistics* 20, no. 1 (1999), p. 11-29.

[10] Joseph M. Juran, *Juran on Leadership for Quality: An Executive Handbook* (New York, NY: Free Press, 1980).

[11] John T, Mentzer, Daniel Flint e John L. Kent. op. cit., p. 11.

Tabela 3-1 Expectativas do cliente relacionadas ao desempenho logístico

Confiabilidade: A confiabilidade é um dos aspectos da plataforma de serviço básico de uma empresa. Nesse contexto, entretanto, confiabilidade refere-se ao desempenho de *todas* as atividades conforme prometidas pelo fornecedor. Se o fornecedor promete a entrega para o dia seguinte, e a entrega leva dois dias, o desempenho é reconhecido como não-confiável. Se o fornecedor aceita um pedido de 100 caixas de um produto, implicitamente promete que 100 caixas serão entregues. O cliente espera e só ficará satisfeito com o fornecedor, se todas as 100 caixas forem recebidas. Os clientes julgam a confiabilidade de acordo com todos os aspectos da plataforma de serviço básico. Logo, os clientes têm expectativas com relação a danos, precisão de documentação, etc.

Capacidade de resposta: A capacidade de resposta diz respeito às expectativas dos clientes em relação à capacidade e à disposição de o pessoal do fornecedor oferecer o serviço imediato. Isso se estende para além da mera entrega, incluindo questões relacionadas ao rápido trato de questionamentos e resolução de problemas. A capacidade de resposta é claramente um conceito orientado para o tempo, e os clientes têm expectativas que dizem respeito a um manuseio oportuno de todas suas interações pelos fornecedores.

Acesso: O acesso envolve as expectativas dos clientes por contato fácil e possibilidade de aproximação com o fornecedor. Por exemplo, é fácil fazer pedidos, obter informações relativas ao inventário ou à situação do pedido?

Comunicação: A comunicação significa manter os clientes proativamente informados. Em vez de esperar por seus próprios questionamentos quanto à situação de pedidos, os clientes possuem expectativas quanto a serem informados sobre seu pedido pelos fornecedores, particularmente se aparecerem problemas com a entrega ou a disponibilidade. Os clientes não gostam de ser surpreendidos, uma notificação antecipada é essencial.

Credibilidade: A credibilidade se refere às expectativas dos clientes de que a comunicação feita pelos fornecedores é, de fato, verdadeira e honesta. Embora seja duvidoso que muitos fornecedores intencionalmente confundam os clientes, a credibilidade também inclui a noção de completude na comunicação exigida.

Segurança: A segurança lida com os sentimentos dos clientes, quanto a riscos ou dúvidas, ao fazer negócios com um fornecedor. Os clientes fazem planos, baseados em suas expectativas quanto ao desempenho do fornecedor. Por exemplo, assumem riscos, quando programam uma produção ou quando realizam a programação (*setups*) de máquinas ou de linha de produção, em antecipação à entrega. Se os pedidos estiverem atrasados ou incompletos, esses planos devem ser alterados. Outro aspecto da segurança lida com as expectativas dos clientes de que suas negociações com os fornecedores sejam confidenciais. Isso é particularmente importante nos arranjos da cadeia de suprimentos, quando um cliente possui um acordo operacional exclusivo com um fornecedor, que também fornece serviços a competidores.

Cortesia: Cortesia envolve relações de polidez, amizade e respeito do pessoal de contato. Isso pode ser um problema particularmente incômodo, considerando que os clientes podem ter contatos com numerosos indivíduos na organização, desde representantes de vendas até o pessoal de serviço ao cliente, ou até com motoristas de caminhão. A falha de um indivíduo pode destruir os melhores esforços de todos os demais.

Competência: A competência é avaliada pelos clientes em todas as interações com fornecedores e, como a cortesia, pode ser problemática, pois pode ser percebida em cada interação. Em outras palavras, os clientes avaliam a competência de motoristas de caminhão, quando entregas são feitas; do pessoal de armazém, quando pedidos são conferidos; do pessoal de serviço ao consumidor, quando chamadas telefônicas são feitas; e assim por diante. A falha de qualquer indivíduo em demonstrar competência afeta as percepções do cliente em relação à organização inteira.

Tangíveis: Os clientes possuem expectativas em relação à aparência física de instalações, equipamento e pessoal. Considere, por exemplo, um caminhão de entrega que está velho, danificado ou em más condições. Esses atributos tangíveis são índices adicionais, usados pelos clientes como indicadores do desempenho da empresa como um todo.

Conhecendo o cliente: Enquanto os fornecedores podem pensar em grupos de clientes e segmentos de mercado, os clientes se vêem como únicos. Têm expectativas de que os fornecedores entendam sua singularidade e de que estejam aptos a se adaptarem às suas necessidades particulares.

---

qualidade de serviço, essa distinção é baseada principalmente na noção de que a satisfação se refere à avaliação do cliente sobre uma única transação, ao passo que a qualidade de serviço é a avaliação sobre múltiplas transações. É claro que os dois conceitos são suficientemente semelhantes para garantir que sejam tratados simultaneamente.

Um Modelo de Satisfação do Cliente

A Figura 3-1 oferece uma estrutura para a compreensão do processo pelo qual os clientes formam suas expectativas em relação ao desempenho de fornecedores. Também sugere que, freqüentemente, existe um número de *lacunas* (*gaps*) que o fornecedor deve superar, se basear sua plataforma de atendimento na satisfação de clientes.

Há inúmeros fatores que influenciam as expectativas do cliente, tanto pela priorização dos critérios discutidos, quanto pelo nível de expectativa relativo a cada critério. O primeiro desses fatores é, muito simplesmente, as necessidades ou exigências do cliente. No centro de suas próprias estratégias de negócios, clientes têm exigências que dependem do desempenho de seus fornecedores. Em grande parte, os clientes esperam que essas necessidades possam ser e sejam, de fato, atendi-

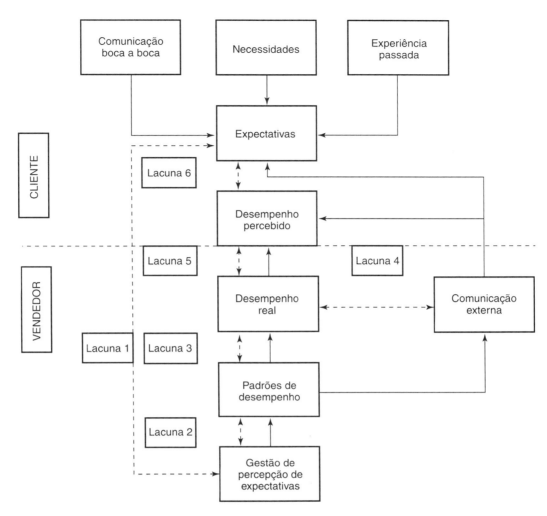

Figura 3-1 Modelo de satisfação e de qualidade.

Fonte: Adaptado de A. Parasuraman, Valerie Zeithame e Leonard L. Berry, "A Conceptual Model of Service and Its Implications for Future Research", Report n. 84-106 (Cambridge, MA: Marketing Science Institute, 1984).

das pelos fornecedores. De forma interessante, no entanto, as expectativas dos clientes não são, freqüentemente, as mesmas que suas exigências e necessidades reais. O desempenho anterior do fornecedor é um fator importante a influenciar as expectativas de clientes. De um fornecedor que, de forma consistente, realiza entregas no tempo certo, espera-se que irá, no futuro, efetuar a entrega no tempo certo. Da mesma forma, de um fornecedor com um registro fraco quanto a desempenho, espera-se que irá desempenhar de forma insatisfatória também no futuro. É importante notar que a experiência do desempenho anterior com um fornecedor poderá influenciar as expectativas do cliente em relação a outros. Por exemplo, quando a Federal Express demonstrou ser capaz de efetuar entregas de pequenos pacotes para o dia seguinte, muitos clientes passaram a esperar uma similar capacidade de desempenho de outros fornecedores.

Relacionado à percepção do cliente de desempenhos anteriores está o chamado procedimento boca a boca. Em outras palavras, os clientes freqüentemente se comunicam uns com os outros a respeito de suas experiências com fornecedores específicos. Em reuniões de associações de mercado e profissionais, o assunto fornecedores é um tópico comum de discussão entre os executivos. Muito da discussão pode girar em torno das capacidades de desempenho de fornecedores. Essas discussões ajudam a formar as expectativas individuais dos clientes.

Talvez o fator mais importante de influência sobre as expectativas de clientes seja a comunicação advinda do próprio fornecedor. Promessas e compromissos feitos por pessoal de vendas ou representantes de serviços ao consumidor, afirmações contidas em mensagens de *marketing* ou promocionais, mesmo as políticas e procedimentos impressos de uma organização, representam informações das quais os clientes dependem. Essa comunicação se torna a base fundamental na qual formam suas expectativas. As promessas de cumprir com a data de entrega ou de ter total disponibilidade de um produto tornam-se expectativas na mente do cliente. De fato, muitos fornecedores podem ser culpados por se colocarem numa situação de cobrança, ao se comprometerem demasiado, na tentativa de influenciar as expectativas do cliente.

A Figura 3-1 também oferece uma estrutura para entender o que precisa ser feito por uma organização para proporcionar satisfação ao cliente. A falha de muitas empresas em satisfazer seus clientes pode ser registrada na existência de uma ou mais lacunas identificadas nessa estrutura.

Lacuna 1: Conhecimento

A primeira e mais fundamental lacuna que possa existir está entre as verdadeiras expectativas dos clientes e a percepção dessas expectativas pelos gerentes. Essa lacuna reflete a falta de conhecimento ou de compreensão do gerente, em relação ao cliente. Embora haja muitas razões para essa falta de entendimento, é claro que nenhuma plataforma de satisfação que beneficie o cliente pode ser estabelecida, sem que haja um entendimento completo das expectativas dos clientes, de como s são priorizadas e estabelecidas. Uma vez que o item vendas possui, geralmente, a maior responsabilidade nas interações com clientes, é quase sempre difícil de se obter um conhecimento relativo a expectativas logísticas.

Lacuna 2: Padrões

Mesmo que haja um reconhecimento completo das expectativas dos clientes, ainda é necessário que se estabeleçam padrões de desempenho para a organização. A lacuna de padrões existe, quando padrões internos de desempenho não refletem adequada e precisamente as expectativas de clientes. Esse é precisamente o caso de muitas organizações que desenvolvem suas plataformas de serviços básicos baseadas no exame de capacidades operacionais internas, ou no exame superficial do desempenho competitivo de serviços.

Lacuna 3: Desempenho

A lacuna de desempenho é a diferença entre o desempenho padrão e o desempenho real. Se o padrão é uma taxa de atendimento de 98%, baseado em pesquisa com clientes sobre suas expectativas, e a empresa desempenha, na verdade, o serviço em 97%, há uma lacuna de desempenho. É importante ressaltar que muitas empresas concentram seus esforços na melhoria do nível de satisfação, eliminando a lacuna de desempenho. Pode ser, entretanto, que exista insatisfação, como resultado primeiro de um fraco entendimento sobre as expectativas do cliente.

Lacuna 4: Comunicação

O papel da comunicação na satisfação do cliente não pode ser superestimado. Como discutido anteriormente, o comprometimento demasiado, ou a promessa de níveis de desempenho mais elevados do que se pode oferecer, é a causa mais importante da insatisfação de clientes. Não deveria haver lacunas entre o que uma empresa é capaz de fazer e o que os clientes sabem sobre essas capacidades.

Lacuna 5: Percepção

É verdade que os clientes, às vezes, percebem o desempenho como sendo mais baixo ou mais alto do que de fato é. Em logística, muitos gerentes lamentam, com freqüência: "somos apenas tão bons quanto o último pedido". Assim, apesar de o desempenho ter sido muito bom durante um longo tempo, uma entrega atrasada ou incompleta pode resultar na expressão de extrema insatisfação por parte do cliente.

Lacuna 6: Satisfação/Qualidade

A existência de qualquer uma ou mais das lacunas acima leva à percepção do cliente de que o desempenho não é tão bom quanto o esperado. Em outras palavras, essas lacunas resultam na insatisfação do cliente. Ao construir uma plataforma para prover satisfação ao cliente, uma empresa deve se certificar de que essas lacunas não existam.

Aumentando as Expectativas do Cliente

A noção de melhoria contínua tem sido aceita pela maioria das organizações como um importante componente de Gestão da Qualidade Total. Como resultado final da melhoria contínua, tem havido uma elevação continuada do nível de expectativas dos clientes, quanto a capacidades de fornecedores. O desempenho que atende às expectativas de clientes em um ano, pode resultar em extrema insatisfação no ano seguinte, à medida que os clientes aumentam suas expectativas, em relação a níveis aceitáveis de desempenho.

De certa forma, o aumento nas expectativas pode ser relacionado com a dinâmica da competição. Como discutido anteriormente, a maioria dos setores tradicionalmente sempre apresentava níveis de desempenho explícitos ou implícitos, os quais eram considerados adequados. Se uma empresa quisessse ser um competidor sério, geralmente precisava alcançar as expectativas mínimas de serviço do setor. Entretanto, quando uma empresa dentro do setor centraliza na logística sua competência essencial e oferece níveis mais elevados de desempenho, os clientes chegam a esperar que outros fornecedores a acompanhem. Observe, por exemplo, que depois que a Federal Express introduziu o rastreamento em tempo real do *status* do embarque, a UPS e outras empresas de entrega expressa logo se prontificaram a fazer o mesmo.

Alcançar o desempenho do pedido perfeito garante que os clientes estejam satisfeitos? Aparentemente sim. Afinal, se todos os pedidos são entregues sem falhas, quais seriam as razões para os clientes ficarem insatisfeitos? Parte da resposta a essa questão está no fato de que os pedidos perfeitos, importantes como são, lidam com a execução de transações e entregas individuais. A satisfação do cliente é um conceito muito mais abrangente, que lida com muitos outros aspectos de relacionamento entre fornecedores e clientes, como um todo. Por exemplo, um cliente pode continuamente receber pedidos perfeitos, mas estar insatisfeito com outros aspectos do relacionamento, como dificuldades de obter informações, atrasos prolongados na resposta a questionamentos, ou até percepção de que algumas equipes de fornecedores não tratam o cliente com cortesia e respeito adequados. Assim, a satisfação transcende o desempenho operacional, para incluir aspectos de relacionamento pessoal e interpessoal.

Limitações da Satisfação do Cliente

Em função de seu foco explícito no cliente, o comprometimento com a satisfação representa um passo além para uma plataforma de serviços básicos, nos esforços de uma organização em atender a seus clientes. É realístico pensar que uma empresa, ao satisfazer as expectativas de clientes de maneira mais adequada que seus competidores, irá ganhar alguma vantagem competitiva no mercado. Não obstante, é importante perceber alguns dos resultados e limitações da ênfase na satisfação do cliente.

A primeira limitação é a de que muitos executivos cometem um erro fundamental, embora compreensível, em suas interpretações de satisfação. Em muitas organizações, entende-se que clientes satisfeitos estão também felizes, talvez até encantados, com o desempenho de fornecedores. Essa pode ou não ser a situação verdadeira. É preciso lembrar que satisfação é a percepção do cliente sobre o desempenho concreto, em relação a expectativas, e não a necessidades. O exame da Figura 3-2 pode ajudar a explicar essa diferença entre satisfação e felicidade. O fato é que os clientes talvez tenham expectativa de que uma empresa não irá desempenhar o serviço em níveis elevados. Se o cliente tem uma expectativa de baixo nível de desempenho, e realmente percebe que a empresa desempenha nesse patamar, fica claro que desempenho e expectativa se ajustam. Por definição, o cliente está satisfeito. O mesmo procede para níveis alto e médio de expectativas e percepções de desempenho.

Essa noção de que níveis baixos de desempenho podem ser considerados satisfatórios pode ser mais bem ilustrada pela exemplificação. Suponha que um cliente espere que um fornecedor ofereça, ao longo do tempo, uma taxa de atendimento de 95%, ou entregas atrasadas em 10% do tempo, ou prejuízos na ordem de 2%. Se o fornecedor realmente oferece esse nível de desempenho, e como tal é percebido pelo cliente, o cliente está satisfeito. O desempenho percebido como inferior em nível de expectativa resulta em insatisfação. O cliente satisfeito está necessariamente feliz com a taxa de atendimento e as entregas atrasadas do fornecedor? É claro que não. Embora expectativas possam ser atendidas, na verdade tão bem quanto ou melhor que os competidores, ainda assim não há certeza de que o cliente esteja feliz. Mesmo o desempenho mais elevado do que o esperado, enquanto satisfatório para o cliente, pode não resultar em felicidade. O foco em expectativas de clientes ignora o fato de que expectativas não são iguais a necessidades ou exigências.

A segunda limitação a ser considerada está relacionada à primeira: clientes satisfeitos não são necessariamente clientes leais. Mesmo que suas expectativas sejam atendidas, clientes satisfeitos podem escolher fazer negócios com competidores. Isso pode ocorrer, porque esperam que o competidor desempenhe em nível mais elevado, ou, pelo menos, no mesmo nível da organização em questão. Durante muitos anos, executivos de *marketing* e de cadeias de suprimentos inferiram que clientes satisfeitos são também clientes leais. Entretanto pesquisas têm freqüentemente mostrado que muitos clientes, que dizem estar satisfeitos e com suas expectativas atendidas, estão dispostos a serem condescendentes e fazer negócios com os competidores.[12]

Uma terceira limitação para a satisfação do cliente é que as empresas freqüentemente se esquecem de que a sa-

---

[12] Michael J. Ryan, Robert Raynor, e Andy Morgan, "Diagnosing Customer Loyalty Drivers", *Marketing Research* 11, no. 2 (Summer 1999), p. 18-26.

		Expectativa		
		Baixo	Médio	Alto
Desempenho	Baixo	Muito satisfeito	Muito satisfeito	Satisfeito
	Médio	Muito satisfeito	Satisfeito	Insatisfeito
	Alto	Satisfeito	Insatisfeito	Insatisfeito

Figura 3-2 Satisfação não é o mesmo que felicidade.

tisfação está nas expectativas e percepções de clientes individuais. Assim, existe uma tendência de agregar expectativas de clientes e negligenciar os princípios básicos da estratégia de *marketing*, relacionados às diferenças entre segmentos de clientes bem como entre clientes individuais. De forma simples, o que satisfaz um cliente pode não satisfazer outro, menos ainda todos os clientes.

Apesar dessas limitações, a satisfação do cliente representa um comprometimento além do serviço básico no atendimento a clientes. Oferece o reconhecimento explícito de que o único caminho para garantir que clientes estejam sendo atendidos é se centralizar neles mesmos. Empresas que visam primeiramente a padrões de desempenho de serviços básicos de indústrias e de competidores são muito menos capazes de perceber quando seus clientes estão bem satisfeitos, ou altamente satisfeitos, com seu desempenho.

Sucesso do Cliente

Nos últimos anos, algumas empresas descobriram que existe outro comprometimento que pode ser feito para ganhar real vantagem competitiva através de desempenho logístico. Esse comprometimento se baseia no reconhecimento de que a capacidade de uma empresa de crescer e de expandir a sua participação no mercado depende da habilidade em atrair e manter os clientes mais bem-sucedidos do setor. A verdadeira razão, então, para o *marketing* centralizado no cliente está na utilização, pela organização, de suas capacidades de desempenho para promover o sucesso desses. Esse foco no sucesso dos clientes representa um comprometimento importante na direção do atendimento de clientes. A Tabela 3-2 resume a evolução pela qual passaram as organizações centralizadas em clientes. Note-se que a atenção no serviço de clientes é orientada para o estabelecimento de padrões internos no desempenho de serviços básicos. As empresas comumente avaliam seu desempenho de serviços aos clientes em relação ao modo como esses padrões internos são bem atendidos. A plataforma de satisfação do cliente é construída no reconhecimento de que clientes têm expectativas quanto a desempenho, e a única maneira de garantir que estejam satisfeitos é avaliar suas percepções de desempenho relacionadas a essas expectativas.

O sucesso do cliente transfere o foco de expectativas para necessidades reais dos clientes. Lembre-se que, a partir da discussão anterior, as necessidades de clientes, embora formem a base para as expectativas, não são iguais às expectativas. As necessidades são freqüentemente reduzidas a expectativas, resultantes de percepções de desempenho anterior, boca a boca, ou comunicação partindo da própria empresa fornecedora. Isso explica por que atender simplesmente às expectativas pode não resultar em clientes satisfeitos. Por exemplo, um cliente pode estar satisfeito com uma taxa de atendimento de 98%, mas para atingir o sucesso na execução de sua própria estratégia, uma taxa de atendimento de 100% para certos produtos ou componentes pode ser necessária.

Obtenção do Sucesso do Cliente

Claramente, um programa de sucesso com clientes envolve o entendimento completo de suas necessidades individuais e o compromisso de se centrar em relacionamentos de negócios de longo prazo, com um potencial elevado para crescimento e lucratividade. Esse comprometimento provavelmente não pode ser feito com todos os clientes potenciais. Isso exige que empresas trabalhem intensamente com clientes para entender necessidades, processos internos, ambiente competitivo, e o que mais for necessário, para que o cliente seja bem-sucedido em sua própria arena competitiva. Além disso, exige que uma organização desenvolva certa compreensão de como pode utilizar suas próprias capacidades para desenvolver o desempenho do cliente. A Visão Setorial 3-3 descreve como a filosofia do sucesso do cliente se desenvolveu na Dow Plastics, uma divisão da Dow Chemical.

De várias maneiras, um programa de sucesso do cliente exige uma perspectiva abrangente da cadeia de suprimentos, por parte dos executivos de logística. Isso é mais facilmente explicado pelo exame das relações obtidas na Figura 3-3. A abordagem típica dos programas de serviços básicos e de satisfação é a de que a empresa procura atender a padrões e expectativas de clientes seguintes, sejam eles clientes, usuários finais do setor ou intermediários, ou até mesmo clientes internos. A maneira como esses clientes lidam com seus próprios clientes não é, na maioria das vezes, considerada um problema. A perspectiva da cadeia de suprimentos e o programa de

Tabela 3-2 Evolução do pensamento gerencial

Filosofia	Foco
Serviço ao cliente	Atender a padrões internos
Satisfação do cliente	Atender a expectativas
Sucesso do cliente	Atender a exigências de clientes

Nota: Observe que o modelo de satisfação não focaliza *exigências*.

Visão Setorial 3-3 "Não Teremos Sucesso sem o seu Sucesso"

Em 1988, a Dow contratou a agência de publicidade Anderson & Lembke, que é conhecida pela sua criatividade. A Dow tinha acabado de realinhar seus vários negócios de plásticos em uma única unidade chamada Dow Plastics. A tarefa da Anderson & Lembke era dar publicidade a nova entidade e assisti-la em seu posicionamento competitivo.

Os clientes da Dow e de seus competidores foram submetidos a pesquisas, que colocaram a Dow num distante terceiro lugar, atrás das líderes DuPont e GE Plastics. Entretanto, os clientes estavam descontentes com o nível de serviço que recebiam das três empresas. "Os vendedores vendiam resinas a rodo como produtos primários", diz Hans Ullmark, presidente da Anderson & Lembke. "Competiam no preço e efetuavam a entrega no tempo certo, mas não ofereciam serviços".

Essas descobertas, confirmadas por cerca de 200 entrevistas qualitativas, levaram a uma estratégia de posicionamento, que excedeu a garantia padrão de serviço ao consumidor para prometer o sucesso do cliente. Essa estratégia, que começou como frase de efeito para a divisão, cresceu em influência, até se tornar a afirmação essencial da missão da companhia matriz: "Não teremos sucesso sem o seu sucesso". Concluiu-se que, se os clientes estavam usando os plásticos da Dow para produzir sacolas de supermercados ou aplicativos complexos de aeronaves, a empresa precisava ajudá-los a serem bem-sucedidos em seus mercados. Foi desenvolvida uma campanha que incluiu comerciais impressos, mala direta via e-mail e materiais de apoio. As comunicações foram direcionadas para promoverem as diferentes qualidades dos diversos produtos da Dow Plastics, mas todos carregavam a frase de efeito "Não teremos sucesso sem o seu sucesso". Esse mote, e a filosofia por trás disso, uniram as unidades e criaram a identidade da marca para a divisão.

As campanhas foram essenciais para transformarem a Dow Plastics, de uma companhia orientada para vendas para uma companhia orientada para o mercado – desde vender plásticos até vender o sucesso do cliente. A Dow se tornou o fornecedor de plásticos preferencial.

A filosofia da Dow está tão modificada que, quando um produto ou mercado novo é encontrado, pergunta-se: "Como isso se adéqua à afirmação 'Não teremos sucesso sem o seu sucesso'?"

Fonte: Nancy Arnott, "Getting the Picture", *Sales and Marketing Management*, June 1994, p. 74.

---

sucesso de clientes reconhecem, explicitamente, que os executivos de logística precisam alterar esse foco. Devem compreender a cadeia de suprimentos como um todo, os diferentes níveis de clientes dentro dessa cadeia de suprimentos, e desenvolver programas para garantir que clientes seguintes sejam bem-sucedidos, ao se ajustarem às exigências de clientes ao longo da cadeia de suprimentos. Se todos os membros da cadeia de suprimentos adotarem essa perspectiva, todos os membros compartilham esse sucesso.

Garantir que um cliente seja bem-sucedido pode exigir que uma empresa reinvente o modo como o produto é produzido, distribuído ao mercado, ou oferecido para venda. Na verdade, a colaboração entre fornecedores e clientes para encontrar caminhos potenciais para o sucesso pode resultar em uma das maiores inovações, na redefinição de processos da cadeia de suprimentos. O tópico geral de relacionamentos e alianças colaborativos será desenvolvido posteriormente no Capítulo 4. Basta dizer, aqui, que esses arranjos não são possíveis sem a significativa quanti-

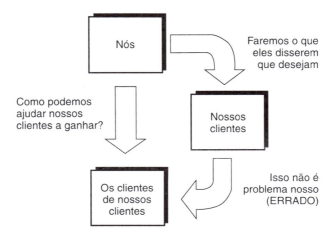

Figura 3-3 Em direção ao sucesso do cliente.

dade de troca de informações entre os negócios envolvidos, visando a facilitar uma compreensão mais aprofundada de necessidades e capacidades. Entretanto um modo importante pelo qual muitas empresas responderam aos desafios do sucesso de clientes é através do desenvolvimento de serviços com valor agregado.

Serviços com Valor Agregado

A noção de serviços com valor agregado é um desenvolvimento significativo na evolução para o sucesso de clientes. Por definição, **serviço com valor agregado** se refere a atividades únicas e específicas que empresas podem desenvolver em conjunto visando a eficiência e/ou eficácia. Serviços com valor agregado ajudam a fomentar o sucesso de clientes. Uma vez tendem a ser específicos para cada cliente, é difícil generalizar todos os possíveis serviços com valor agregado.

Quando uma empresa fica comprometida com soluções com valor agregado para os clientes mais importantes, torna-se rapidamente envolvida com uma logística personalizada, ou sob medida. Isso significa realizar coisas exclusivas para capacitar clientes específicos a alcançarem seus objetivos. A habilidade da IBM em produzir e entregar computadores e redes personalizadas para clientes individuais é um exemplo de como se agrega valor a um produto considerado padrão. Em um contexto logístico, empresas podem oferecer pacotes exclusivos de produtos, criar unidades de carga personalizadas, colocar preços em produtos, oferecer serviços de informação exclusivos, oferecer serviço de inventário administrado pelo vendedor, efetuar arranjos de embarque especiais, e assim por diante, visando a fortalecer o sucesso de clientes.

Na realidade, alguns dos serviços com valor agregado que compradores e vendedores concordam em incluir, integraram prestadores de serviços posicionados para oferecerem tais serviços. Transportadores, empresas de armazenamento e outros especialistas podem passar a se envolver intimamente com a cadeia de suprimentos, tornando essas atividades com valor agregado uma realidade. Nesse ponto, são suficientes alguns exemplos específicos de como podem trabalhar dentro de uma determinada cadeia de suprimentos, para oferecer serviços com valor agregado.

Armazéns, privados ou terceirizados, podem ser utilizados para desempenhar um número de atividades de personalização. Por exemplo, um cliente do varejo pode desejar uma alternativa única de paletização para apoiar as atividades *cross-dock* e para atender às necessidades exclusivas de produtos de suas unidades de loja individuais. Cada loja necessita de quantidades diferentes de um produto específico, para manter o desempenho no estoque com comprometimento mínimo de inventário. Em outra situação, *kits* de primeiros-socorros, consistindo de vários itens diferenciados, são montados nos armazéns, à medida que os pedidos vão sendo recebidos, de maneira a atender à configuração exclusiva do *kit* desejado por clientes específicos. Também é comum para armazéns oferecerem serviços de coleta-precificação-reembalagem para que fabricantes atendam às configurações exclusivas exigidas por clientes diferentes.

Outra forma de serviço com valor agregado envolve sortimento e seqüenciamento adequados de produtos, para atender às exigências específicas de clientes. Por exemplo, uma fábrica de montagem de automóveis pode exigir que os componentes sejam não apenas recebidos no tempo certo, mas também sejam sortidos e seqüenciados de uma maneira particular, para atender às necessidades de automóveis específicos na linha de montagem. O objetivo é reduzir o manuseio e a inspeção de componentes que entram na fábrica de montagem. Atender a essas necessidades tão precisas para entrega está muito além da capacidade de serviço básico de muitos fornecedores de componentes. A utilização de especialistas terceirizados é uma necessidade, especialmente quando subcomponentes de vários fornecedores precisam ser integrados, e depois adequadamente seqüenciados.

Os serviços com valor agregado podem ser desempenhados diretamente pelos participantes de uma relação de negócios, ou pode envolver especialistas. Tem se tornado mais comum, nos últimos anos, recorrer a especialistas, em função de sua flexibilidade e capacidade de concentrar-se no oferecimento de serviços exigidos. De qualquer forma, independentemente do modo como as especificidades são organizadas e implementadas, fica claro que serviços logísticos com valor agregado são um aspecto crítico dos programas de sucesso dos clientes.

Desenvolvendo o Sucesso do Cliente: Um Exemplo

Os programas de sucesso dos clientes são comumente centralizados em clientes individuais, pois diferentes organizações de clientes possuem necessidades exclusivas. Indicação e seleção cuidadosas desses clientes, que estão possivelmente mais dispostos a responder a esses esforços e a retribuir a lealdade ao fornecedor, são essenciais na implementação de programas de sucesso. Em algumas instâncias, entretanto, uma empresa pode achar benéfico, ou até necessário, centrar um programa de sucesso em um segmento inteiro de clientes, para garantir sua sobrevivência a longo prazo. Essa situação ocorreu no setor de distribuição de remédios por atacado durante os anos 80 e 90. Bergen Brunswig e outros atacadistas de remédios revolucionaram o segmento de lojas independentes, gerenciadas pelo dono do setor de remédios a varejo. Esses varejistas tiveram que enfrentar sua extinção potencial, devido ao aparecimento de operações de grandes farmácias, mas sobreviveram, como resultado direto da iniciativa exitosa do atacadista.

Especificamente, para fortalecer o sucesso dos negócios de seus clientes de farmácias a varejo, a Bergen Brunswig desenvolveu um modelo clássico de quatro estágios: efetividade de custo, acesso ao mercado, expansão de mercado e criação de mercado. O processo de longo prazo é ilustrado pela Figura 3-4.

Acima de tudo, as melhoras na eficiência do setor foram significativas. A adequação de serviços a clientes específicos serviu para estabelecer incentivos para a manutenção de alianças de longo prazo. A natureza da iniciativa da Bergen Brunswig é revista a seguir, para ilustrar como a competência logística pode ser usada para alcançar o sucesso de clientes e obter superioridade competitiva.

Eficácia em Custo

O primeiro e mais fundamental passo foi adquirir eficácia de custo. Era essencial que o processo e os necessários controles relacionados estivessem instalados, para garantir que serviços básicos pudessem ser oferecidos em um nível consistentemente elevado de desempenho e de uma maneira eficiente de custo. De uma perspectiva gerencial, é pré-requisito que uma empresa seja capaz de desempenhar, de forma eficiente, os serviços logísticos básicos exigidos pelos clientes. A maioria das empresas que encara com seriedade a questão da qualidade concorda que há pouco espaço para o erro operacional básico. A menos que uma empresa seja capaz de oferecer serviço básico a custo razoável, não haverá razão para os clientes se comprometerem com negócios adicionais, havendo possibilidade limitada de se ir em frente, em direção a um relacionamento mais exato.

Acesso ao Mercado

O estágio de acesso ao mercado consistiu em compromissos de nível mais alto, junto a clientes que expressavam certa disposição de cooperar nos esforços para o alcance de objetivos conjuntos. Em outras palavras, o acesso ao mercado se constitui de compradores e vendedores trabalhando juntos e compartilhando informação básica, para facilitar operações conjuntas de forma mais suave. É importante enfatizar que não foi envolvido nenhum nível concreto de seletividade de cliente no acesso ao mercado. Por exemplo, Bergen Brunswig precisou estabelecer um comprometimento de serviços básicos para todos no setor farmacêutico que estivessem dispostos a utilizá-la como fornecedor atacadista. O único diferencial no cálculo de tempo ou no nível de serviço, durante o estágio de acesso, era determinado pela quantidade de compra do cliente. Uma vez que a Bergen Brunswig ofereceu a varejistas um programa específico de serviços, tornou-se um princípio de justiça e legalidade fundamentais em negócios o fato de que cada farmacêutico que comprasse volumes exigidos receberia serviços básicos correspondentes. Para a Bergen Brunswig, esse comprometimento significou a reposição diária de necessidades exatas de inventário dentro de uma programação consistente de entregas.

Expansão do Mercado

A expansão do mercado intensifica um arranjo de negócios. A expansão está baseada no movimento em direção ao defeito zero e na introdução de serviços com valor agregado, em um esforço de solidificar e expandir a relação de negócios. Nesse ponto, o relacionamento se tornou bastante seletivo, já que o número de clientes dispostos ou capazes de participar era limitado. Na estratégia da Bergen Brunswig, essas alianças agregadoras de valor consistiam numa variedade de programas para melhorar a competitividade de clientes selecionados que estivessem dispostos a se comprometerem com a Bergen Brunswig, quase como seu único fornecedor. Procedimentos comuns a essas inovações com valor agregado eram códigos de barra sofisticados, terminais de computadores para balcão de entregas em farmácias, codificação de pontos de vendas, planejamento eletrônico de prateleiras, administração imediata

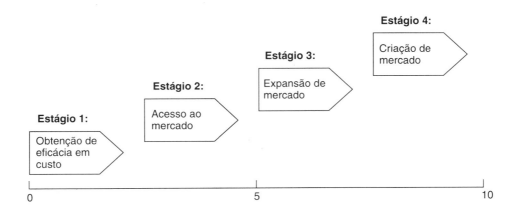

Figura 3-4 Desenvolvimento de sucesso nos negócios baseado em competência logística.

de mudanças de preço, lucratividade, e relatórios de retorno de inventário. Essas inovações foram projetadas para aumentar a eficiência operacional e expandir a competitividade como um todo. Esses serviços com valor agregado foram oferecidos apenas a clientes que se comprometiam com uma relação de negócios expandida.

Criação de Mercado

O estágio final, a criação de mercado, exige um comprometimento completo com o sucesso do cliente. Enquanto todos os estágios anteriores contribuem para a competência, o estágio final representa iniciativas acima e além, para desenvolverem o sucesso. No caso da Bergen Burnswig, uma forma de criação de mercado consistiu em pesquisa e desenvolvimento de novos e inovadores modos, para tornar os relativamente pequenos farmacêuticos progressivamente competitivos, com cadeias maiores integradas verticalmente. Por exemplo, a Bergen Brunswig, de forma pioneira e cooperativa, testou essas técnicas geradoras de receita, vendendo flores frescas e comida para levar. Arranjos criativos também se estenderam à implementação de sistemas conjuntos, que ligavam eletronicamente a Bergen Brunswig a seus clientes varejistas, com o propósito de oferecer uma gama completa de serviços de controle de processos.

O impacto total da logística é percebido em todos os estágios do processo. É importante adquirir controle e se tornar eficiente em custos. Serviço básico de alto nível é fundamental para o acesso ao mercado. Durante a expansão do mercado, o comprometimento com o desempenho perfeito e com serviços agregadores de valor solidifica o arranjo básico de negócios. O relacionamento amadurece para uma situação de longa duração, na qual o crescimento futuro é alcançado através da ajuda ao cliente para obter o negócio mais exitoso possível. O desenvolvimento de um relacionamento de negócios, construído nesses princípios avançados, leva tempo, tanto quanto 10 anos ou mais. Os aspectos de confiança de operações conjuntas e compartilhamento livre de informações, que são fundamentais para essas colaborações, não podem ser projetados e implementados em um arranjo de negócios não testado, inadequado. O modelo da Bergen Brunswig oferece uma ilustração clássica de fusão de tecnologia de informação com colaboração de liderança, necessária para alcançar o sucesso da cadeia de suprimentos.

Resumo

O suporte fundamental para a logística é a necessidade de atender a clientes, sejam usuários finais, intermediários ou até internos. O conceito de *marketing* oferece o fundamento para o atendimento ao cliente, com o foco fundamental em suas necessidades, e não em produtos ou serviços, na exigência de se encarar e posicionar produtos e serviços no contexto do cliente, na identificação de segmentos de mercado que diferem em necessidades, e no comprometimento com a noção de que volume é secundário a lucro.

A interpretação contemporânea do conceito de *marketing* sugere que é mais importante se centrar no desenvolvimento de relacionamentos com clientes, do que tornar perfeitas interações individuais com clientes. Essa interpretação se concentra nas necessidades e exigências de clientes individuais como sendo o ingrediente essencial para a estratégia de *marketing* um-a-um. No contexto de uma cadeia de suprimentos, exigências de clientes, relativas a conveniência de lugar, tamanho de lote, tempo de espera e variedade e sortimento, precisam ser atendidas por operações logísticas.

As organizações constróem suas plataformas de atendimento a clientes em três níveis crescentes de compromisso. O primeiro desses é o serviço logístico básico ao cliente. Para ser competitiva, uma empresa precisa de uma capacidade de serviço básico que equilibre disponibilidade, desempenho operacional e confiabilidade para todos os clientes. O nível de compromisso para cada dimensão de serviço exige consideração cuidadosa de desempenho competitivo e análise de custo/benefício. O mais alto nível de comprometimento é o desempenho do pedido perfeito, que exige defeito zero em operações logísticas. Esse comprometimento de alto nível está geralmente reservado para os clientes-chave de uma empresa.

Ir além de serviços básicos para gerar a satisfação do cliente representa um segundo nível de atendimento a clientes. Enquanto o serviço básico se concentra no desempenho operacional interno da organização, a satisfação do cliente se concentra no cliente, suas expectativas e percepções do desempenho de fornecedores. As expectativas de clientes se estendem para além das considerações comuns de logísticas operacionais, e incluem fatores relacionados à comunicação, credibilidade de acesso, capacidade de resposta e conhecimento específico de clientes, bem como confiabilidade e capacidade de resposta das operações. Uma empresa pode oferecer um serviço logístico que seja igual ou melhor que o de competidores, mas, ainda assim, pode ter clientes insatisfeitos. A falha em satisfazer os clientes pode surgir da falta de conhecimento sobre suas expectativas, padrões impróprios de desempenho, falhas de desempenho, comunicação inadequada ou percepção incorreta do cliente em relação ao desempenho. Uma vez que expectativas de clientes crescem significativamente, executivos de logística devem monitorar continuamente a satisfação do cliente e melhorar o desempenho logístico.

O nível mais alto de atendimento ao cliente é reconhecido pelo sucesso deles. Enquanto programas de satisfação procuram satisfazer ou exceder expectativas, uma plataforma de sucesso se concentra em necessidades e exigências de clientes. Expectativas de clientes são freqüentemente diferentes de necessidades e exigências. Alcançar o sucesso exige conhecimento íntimo das necessidades do cliente, de suas exigências operacionais e do compromisso do prestador de serviço em reforçar a capacidade do cliente para competir de forma mais bem-sucedida no mercado. Serviços com valor agregado representam um modo pelo qual a logística pode contribuir para o sucesso de clientes. Enquanto o sucesso de clientes é normalmente associado a relacionamentos de *marketing* um-a-um, em casos singulares pode representar o enfoque mais viável para fortalecer a sobrevivência a longo prazo de categorias inteiras de clientes. A Bergen Brunswig e o setor de varejo farmacêutico são um exemplo clássico de como esse enfoque funcionou.

Questões Desafiadoras

1. Explique as diferenças entre *marketing* transacional e de relacionamento. Como essas diferenças levam à crescente ênfase no desempenho logístico, na gestão da cadeia de suprimentos?

2. Por que os quatro principais resultados de serviço – conveniência de lugar, tamanho de lotes, tempo de espera e variedade de produtos – são importantes para a gestão logística? Dê exemplos de empresas competidoras que diferem no nível de cada resultado de serviço oferecido aos clientes.

3. O que se entende por disponibilidade na logística de serviços a clientes? Dê exemplos de diferentes maneiras de se monitorar o desempenho de disponibilidade de uma empresa.

4. Compare e contraste velocidade, consistência e flexibilidade, como atividades de desempenho operacional. Em algumas situações, uma atividade é mais importante que as outras?

5. Por que o serviço de pedido perfeito é tão difícil de ser alcançado?

6. Utilizando as 10 categorias de expectativas do cliente da Tabela 3-1, desenvolva seus próprios exemplos de como clientes devem avaliar o desempenho de um fornecedor.

7. Qual das lacunas, na Figura 3-1, você acredita que representa o maior problema para a maioria das empresas? Como uma companhia pode tentar eliminar a lacuna de conhecimento? E a lacuna de comunicação?

8. Compare e contraste filosofias de gestão da cadeia de suprimentos, quanto a serviço ao cliente, satisfação do cliente e sucesso do cliente.

9. O que significam serviços com valor agregado? Por que esses serviços são considerados essenciais no programa de sucesso do cliente?

10. Como uma companhia poderia utilizar o processo de quatro estágios, ou seja, efetividade de custo, acesso ao mercado, extensão do mercado e criação de mercado, para obter superioridade competitiva?

4

Estratégia de Distribuição ao Mercado

Distribuição ao Mercado na Cadeia de Suprimentos
    Funções de Marketing
    Especialização
    Sortimento
    Separação de Canais
Desenvolvimento da Estratégia de Distribuição ao Mercado
    Estrutura de Distribuição
    Processo do Projeto de Canais de Distribuição ao Mercado
    Relações com Canais
Impactos do Comércio Eletrônico na Distribuição ao Mercado
    O Aparecimento do E-Tailing
    Novas Alternativas de Canais
    Complexidade Crescente de Canais
Precificação e Logística
    Fundamentos da Precificação
    Questões de Precificação
    Menu de Precificação
Resumo

Na busca de atender às necessidades do cliente, nenhuma atividade é mais importante do que outra, e nenhuma empresa pode ser auto-suficiente. Esse fato básico foi descoberto há muitos anos por ninguém menos que Henry Ford. Quase desde o início, Henry Ford vislumbrou um império industrial, que era contido em si mesmo e não precisava de nenhuma outra organização. Propiciou o desenvolvimento da primeira empresa no mundo total e verticalmente integrada.[1]

Para apoiar suas instalações de produção de automóveis, Ford investiu em minas de carvão, depósitos de minério de ferro e usinas de aço. Comprou terras para cultivar soja usada na produção de tintas, e plantações de borracha para pneus. Era proprietário de ferrovias e barcos para o transporte de materiais, e de caminhões para a distribuição de automóveis acabados. Concebeu uma rede de concessionárias de automóveis de propriedade da Ford Motor Company e gerenciada por seus funcionários. A Ford Motor Company seria uma organização altamente integrada, desde a produção da matéria-prima até o consumidor final.

Ford percebeu, afinal, que precisaria de ajuda. Enfrentando barreiras econômicas, de regulamentação e de trabalho, voltou-se para uma rede de fornecedores de materiais independente visando a materiais, componentes e serviços necessários; e, para um *marketing* mais efetivo, uma rede de concessionárias de propriedade e operação independentes. Com a passagem do tempo, Ford descobriu que empresas especializadas podiam desempenhar muito do trabalho essencial tão bem ou melhor que sua própria burocracia. A estratégia da Ford passou de uma base de controle proprietário para uma de relações orquestradas com canais.

Este capítulo se concentra nas razões e nos modos como as empresas desenvolvem e gerenciam suas relações de *marketing* com canais de distribuição. O Capítulo 5 lida com compras, a atividade que liga uma empresa a seus fornecedores, e com a produção, atividade que propicia a utilidade de forma para seus clientes. Nesses dois capítu-

---
[1] Henry Ford, *Today and Tomorrow* (Portland, OR: Productivity Press, 1926, 1988).

los, o foco está na integração logística dessas atividades para atender às necessidades do cliente de forma a mais efetiva e eficiente.

O estudo dos canais de *marketing* envolve diferentes maneiras de realização das operações de negócios. As cadeias de suprimentos constituem um dos arranjos populares de canais de *marketing*. A primeira seção deste capítulo trata da estrutura de canais, como um todo, e dá fundamentação para o uso de canais de *marketing* em economias industriais altamente desenvolvidas. A segunda seção trata da estratégia de distribuição ao mercado, centrando-se em estrutura, projeto de canais e tipos de relações entre participantes de canais. A tecnologia de informação, principalmente comércio eletrônico, tem causado um impacto significativo na estratégia de distribuição ao mercado, e é discutida na terceira seção deste capítulo. A seção final enfoca as inter-relações de decisões de estratégia de *marketing* relativas à precificação e considerações logísticas.

Distribuição ao Mercado na Cadeia de Suprimentos

Imagine uma sociedade em que cada indivíduo é totalmente auto-suficiente: cada um produziria e consumiria todos os produtos e serviços necessários para a sobrevivência, de maneira que não haveria necessidade de nenhuma atividade econômica relacionada a trocas de mercadorias e serviços entre indivíduos. Tal tipo de sociedade não pode ser encontrado atualmente. Na realidade, à medida que os indivíduos começam a se especializar na produção de mercadorias e serviços específicos, deve surgir um mecanismo para a troca dessas mercadorias e serviços, a fim de satisfazer as necessidades de consumo dos indivíduos. Para fazer isso de forma eficiente e eficaz, as empresas precisam superar três discrepâncias: a discrepância de *espaço*, a discrepância de *tempo* e a discrepância de *quantidade e variedade*.

A discrepância de espaço se refere ao fato de que o local das atividades de produção e o local de consumo raramente são os mesmos. Considere, por exemplo, a indústria de móveis. A maioria dos móveis para casa nos Estados Unidos é produzida em uma pequena área geográfica na Carolina do Norte, e uma grande quantidade de móveis para escritório é produzida no oeste de Michigan. No entanto, onde há demanda de móveis? Em todo os Estados Unidos!! Essa diferença entre local de produção e local de consumo é um problema fundamental que precisa ser superado a fim de que trocas se realizem. A superação dessa discrepância de local oferece aos clientes o resultado de serviço de conveniência de lugar discutida no Capítulo 3.

A discrepância de tempo se refere à diferença de tempo entre produção e consumo. Alguns produtos, *commodities* agrícolas por exemplo, são produzidos em um curto período de tempo, mas apresentam uma demanda contínua por parte de clientes. Por outro lado, muitos produtos são produzidos de forma antecipada à demanda futura de clientes. Uma vez que a produção freqüentemente não ocorre ao mesmo tempo em que a demanda pelos produtos, inventário e armazenagem são necessários. O modo específico pelo qual essa discrepância é superada resulta no produto de serviço relacionado ao tempo de espera discutido no Capítulo 3. Deve ser aqui observado que muito da discussão deste texto é dedicada aos desafios que as empresas enfrentam para ajustarem, de forma mais aproximada, a evolução de produção com a de consumo, no mercado.

A discrepância de quantidade e variedade se refere ao fato de que, comumente, empresas manufatureiras se especializam na produção de grandes quantidades de uma variedade de itens. Os clientes, por outro lado, geralmente demandam pequenas quantidades de muitos itens. Essa diferença entre os setores de produção e de consumo da economia precisa ser de alguma forma conciliada, para se entregar a variedade e o sortimento de produtos aos clientes.

Esses problemas básicos de troca são resolvidos pelo processo total de distribuição ao mercado, Através do mecanismo comumente conhecido por **canal de distribuição**. O canal de distribuição pode ser definido como uma rede de organizações e instituições que, em combinação, desempenham todas as funções exigidas para ligar produtores a clientes finais, a fim de realizar a tarefa de *marketing*. Um entendimento sobre canais de distribuição é essencial para gestores logísticos, pois é no interior do canal que a estratégia logística é de fato executada para atender às necessidades dos clientes. Nesta seção, são revistos importantes elementos da teoria de canais, relativos a funções de *marketing*, especialização, processos de sortimento e de separação de canais, a fim de destacar a interação entre necessidades de canais de *marketing* e atendimento logístico.

Funções de *Marketing*

Aqueles que estudam *marketing* há muito reconhecem que uma série de atos ou atividades específicas é essencial para a exitosa realização de trocas. Embora não haja muitas maneiras de se classificar essas funções, a lista tradicional inclui venda, compra, transporte, armazenamento, financiamento, padronização, financiamento ao mercado, assunção de riscos e informação de mercado. No típico arranjo de canais, uma função pode alternadamente ser desempenhada por diferentes membros do canal, ou pode ser desempenhada e duplicada muitas vezes.

A Tabela 4-1 apresenta o agrupamento comum das oito funções universais em três subgrupos: troca, logística e facilitação. As funções de troca representam as atividades necessárias para a transferência de propriedade. Vender é

Tabela 4-1 Funções universais de *marketing* desempenhadas por arranjos de canal

Grupo	Função
Troca	Vendas
	Compras
Logística	Transporte
	Estocagem
Facilitação	Finanças
	Padronização
	Riscos
	Informação de Mercado

necessário para cultivar a demanda do produto através do desenvolvimento de produtos que satisfaçam necessidades de mercado e por técnicas que estimulem demandas, tais como publicidade e venda pessoal. Comprar envolve planejamento e aquisição de sortimentos, a fim de que quantidades e qualidades apropriadas estejam disponíveis para atender às exigências do cliente. As funções logísticas consistem em fazer com que os produtos certos sejam entregues nos locais certos, no tempo certo. Na logística contemporânea, o escopo de preocupação é significativamente mais amplo do que o transporte ou a armazenagem, envolvendo todos o trabalho relacionado a posicionamento de inventário, o que pode também incluir aspectos de satisfação das necessidades de forma e posse. As outras quatro funções são conhecidas, de modo coletivo, por facilitação, porque seus desempenhos são necessários para concluir as atividades de troca e logística.

Especialização

A necessidade de desempenho funcional leva diretamente ao conceito econômico de **especialização.** A especialização é o direcionador fundamental da eficiência econômica. Fabricantes são especialistas na produção de produtos específicos. Atacadistas e varejistas são especialistas, no sentido de que compram e vendem sortimentos específicos, feitos de acordo com as exigências dos mercados-alvo, que escolheram servir. Empresas de armazenamento e transporte são especialistas no desempenho de funções logísticas. A lógica da especialização se baseia em economias de escala e de escopo. Quando uma empresa se especializa, desenvolve níveis de escala e escopo, a fim de atingir eficiência logística. De fato, muito da justificativa econômica para participantes especializados de canais está na capacidade que têm de desempenhar uma atividade de forma eficiente.

A justificativa econômica para o uso de especialistas é desafiada, quando uma empresa gera volume suficiente para considerar o desempenho de uma atividade internamente. Ao contrário, uma empresa pode escolher repartir ou terceirizar certas funções, quando percebe que não tem economias de escala suficientes, ou quando escolhe se deter em outras funções, que considera relacionadas mais aproximadamente às suas competências essenciais. O ponto importante é que funções essenciais podem ser mudadas entre uma empresa e outra, absorvidas, distribuídas, e similares.[2] Independentemente de quem desempenha a tarefa específica, todas as funções precisam ser executadas a fim de completar o processo de distribuição.

Sortimento

O sortimento de produtos está diretamente relacionado à especialização, e tem recebido atenção considerável na literatura de administração.[3] O atendimento ao mercado exige que canais de distribuição ofereçam a consumidores e usuários finais os níveis desejados de variedade e sortimento de produtos. Nos arranjos de canal, um conjunto de negócios independentes geralmente coopera para entregar o composto apropriado de produtos; em posições estratégicas no canal de distribuição, os produtos são concentrados, sortidos e distribuídos para o próximo local na cadeia de suprimentos total. Esse processo possui quatro passos básicos: concentração, alocação, personalização e dispersão.

A **concentração** se refere à coleta de grandes quantidades de produto ou de produtos múltiplos para que possam ser vendidos como um grupo. O armazém de consolidação de um fabricante, por exemplo, reúne os produtos de diferentes fábricas num só local. Alternativamente, um distribuidor industrial ou varejista pode comprar de vários fabricantes e reunir os itens numa única localização. Uma razão para a concentração é reduzir custos de transporte. A redução de custo resulta da movimentação de grandes quantidades de produto para o local de concentração, em vez de cada fornecedor enviar pequenas quantidades diretamente para os clientes.

A **alocação** se refere à divisão de um grupo homogêneo de produtos em lotes menores, para atender de forma mais aproximada às exigências de clientes. Produtos recebidos de fornecedores em quantidades referentes a uma carga completa de caminhão podem, por sua vez, ser vendidos em quantidades relativas a caixas. As quantidades relativas a caixas podem ser fracionadas em unidades individuais de produtos. A alocação é também conhecida como o processo de fracionamento de granel.

A **personalização** se refere ao reagrupamento de produtos em sortimentos de itens para revenda a fim de atender exclusivamente a exigências específicas de clien-

---

[2] Existe literatura abrangente no que se refere à absorção e distribuição de funções, baseada no trabalho de Bruce Mallen. Por exemplo, veja Bruce Mallen, "Functional Spin-off: A Key to Anticipatory Change in Distribution Structures", *Journal of Marketing*, 37, no. 3 (July 1973), p. 18-25.

[3] Veja Wroe Alderson, *Marketing Behavior and Executive Action* (Homewood, IL: Richard D. Irwin, Inc., 1957), Chapter 7.

tes. Os fabricantes, a partir de suas instalações de consolidação, permitem que clientes de atacado e de varejo comprem cargas de caminhão completas, de produtos misturados. De forma semelhante, os atacadistas constróem sortimentos misturados de produtos para os varejistas, e esses constróem sortimentos para os consumidores. Por exemplo, lojas de armazéns como a Costco podem desejar um empacotamento exclusivo de produtos, como duas caixas de cereal embrulhadas juntas. Outro varejista pode exigir *displays* promocionais especiais, que podem até combinar produtos de dois fabricantes diferentes. Nas cadeias de suprimentos contemporâneas, a capacidade de personalizar é vital.

A **dispersão** é o passo final do sortimento. Consiste em embarcar sortimentos personalizados aos clientes, quando e onde for especificado. Um exemplo hipotético pode ilustrar o processo de sortimento como um todo, e também oferecer uma visão sobre um princípio econômico crucial para a distribuição: **o princípio do mínimo de transações totais**. A Figura 4-1(a) mostra uma estrutura simples, com três fabricantes e seis clientes. Os clientes podem ser consumidores ou usuários industriais. Para simplificar, considere que os clientes são varejistas tentando desenvolver um sortimento para revenda a seus mercados consumidores. Nessa figura, cada varejista compra diretamente de cada fabricante, exigindo um total de 18 transações separadas, cada uma com os respectivos colocação de pedido, processamento de pedido e custo de atendimento de pedido, incluindo o custo do transporte de quantidades relativamente pequenas, dos produtores para os locais individuais dos varejistas.

A Figura 4-1(b) introduz um atacadista na estrutura para realizar o processo de sortimento como um todo. O atacadista compra a produção de cada fabricante, que é entregue num local. O atacadista fraciona a carga, e, então, personaliza as quantidades, de acordo com as exigências específicas de cada varejista, e transporta esses sortimentos personalizados para seus locais individuais. Utilizando esse intermediário, o número total de transações é reduzido a nove. São necessárias três transações do fabricante para o atacadista, e seis, do atacadista para os varejistas. A economia realizada em solicitação, processamento e custos de atendimento do pedido pode ser substancial. Além disso, o custo de transporte é substancialmente reduzido, pois há apenas nove movimentos de transporte, cada um de grande quantidade, em vez de 18 embarques individuais de pequenas quantidades. É claro que o intermediário deve ser compensado pelo trabalho desempenhado. Entretanto, já que os custos de ambos, fabricantes e varejistas, são menores, existe o potencial para um sistema de custo total menor, mesmo incluindo os custos decorrentes da ação do atacadista intermediário.

O processo de sortimento oferece considerável compreensão sobre a economia do mercado de distribuição. Também demonstra como canais de distribuição oferecem a clientes diferentes os níveis desejados de variedade de produto e de exigências de tamanho de lote. Ajuda a explicar por que um fabricante como a Kellog realizaria uma compra pequena de cereal, relativa a uma mercearia, através de um atacadista, a fim de obter um sortimento mais amplo de produtos alimentícios. Por outro lado, a Kellog poderia lidar diretamente com grandes cadeias de supermercados, que compram cereal em quantidades volumosas.

Separação de Canais

A discussão anterior sobre especialização de funções e sortimento leva a um outro conceito importante da distribuição ao mercado: **a separação dos canais**. A separação geralmente se concentra em isolar as funções de compra e de venda, relacionadas à transferência de propriedade, das funções relacionadas à distribuição física ou logística. Embora os dois conjuntos de atividades sejam igualmente necessários e precisem ser coordenados, não há nenhuma exigência que sejam desempenhados simultaneamente ou até pelas mesmas empresas. Um produto pode mudar de propriedade sem se mover fisicamente, ou pode ser embarcado e armazenado muitas vezes sem mudar de propriedade. Assim, o canal de propriedade ou de *marketing* consiste em uma rede de empresas, engajadas em comprar e vender. Consiste em intermediários, tais como agentes, distribuidores industriais, atacadistas de funções completas e/ou limitadas, representantes de venda e varejistas, todos envolvidos continuamente com negociação, contratação e administração de vendas.

O canal físico, ou logístico, representa uma rede de organizações envolvidas em realizar movimentação e posicionamento de inventários. O trabalho da logística envolve transporte, armazenamento, manuseio, processamento de pedidos e um conjunto crescente de serviços agregadores de valor, preocupados com atender às exigências de tempo, espaço, tamanho de lote e sortimento.

Deve-se observar que é certamente possível que qualquer empresa possa participar tanto de canais de *marketing* como de logística, em relação a um produto. Atacadistas, distribuidores e varejistas geralmente manuseiam, armazenam e transportam produtos, assim como participam dos fluxos de mercado. É bastante útil, entretanto, reconhecer, do ponto de vista conceitual, que não há nenhuma exigência de que uma empresa participe em ambos os canais.

A Separação na Prática

A Figura 4-2 ilustra a separação potencial do canal de distribuição total para televisores a cores. O único momento em que os canais de *marketing* e de logística se juntam formalmente ocorre na fábrica do produtor e na casa do consumidor. No canal logístico, são utilizados três especialistas: um transportador comum, um arma-

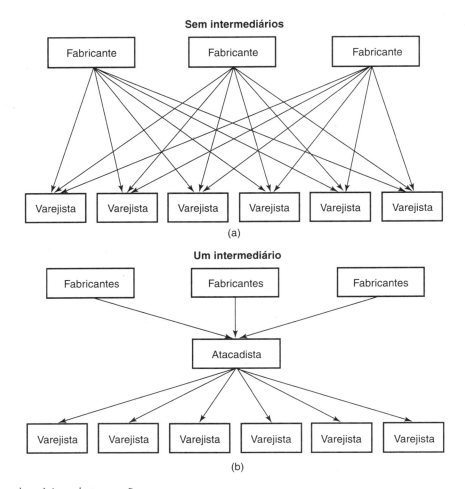

Figura 4-1 Princípios do mínimo de transações.

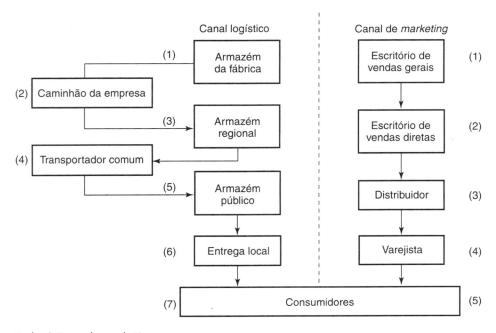

Figura 4-2 Separação logística e de *marketing*.

zém público e uma empresa local especializada em entregas. Além disso, três níveis de operações logísticas são executados pelo fabricante. Aparelhos de televisão são inicialmente estocados no armazém da companhia fabricante, transportados em caminhões particulares e depois estocados em uma instalação regional de armazenamento, antes que intermediários especializados comecem a participar do canal logístico.

No canal de *marketing*, o distribuidor possui a propriedade legal dos aparelhos de televisão, a partir do momento em que são embarcados no armazém regional do fabricante. Os varejistas são atendidos desde o armazém público. Durante o processo logístico, o distribuidor nunca armazena, manuseia ou transporta fisicamente os aparelhos de televisão. Quando o varejista vende um aparelho, a entrega é feita na casa do consumidor, a partir do estoque do distribuidor mantido no armazém público. O varejista mantém um estoque limitado para amostra nos pontos de venda. As vendas são negociadas entre o varejista e o consumidor, incluindo um comprometimento de entregar um modelo especificado de aparelho de televisão diretamente para a residência do consumidor. O embarque direto ao domicílio do cliente é realizado a partir de um armazém público estrategicamente localizado, que pode estar a quilômetros das transações do ponto de venda e do destino de entrega do produto.

A separação estrutural, como ilustrada, reflete uma prática comum em uma ampla variedade de setores, tais como móveis, utilidades domésticas e aparelhos de televisão. Esses ramos de negócios oferecem produtos com uma variedade de opções, modelos e cores. Dessa forma, seria difícil para um varejista estocar a gama completa de produtos. Em vez disso, o varejista limita o comprometimento de inventário a itens de amostra, mantendo variedades de cor e catálogos de opções à mão para demonstração aos clientes. Os benefícios da especialização logística resultam em entregas a baixo custo e *marketing* efetivo.

Um exemplo adicional de separação é um escritório de uma loja de fábrica que não possui inventário. O escritório existe pela única razão de estimular transações de propriedade. A troca física de produtos entre vendedor e comprador pode se movimentar logisticamente em uma variedade de combinações de transporte e armazenamento, dependendo do valor, tamanho, quantidade, peso e capacidade de perecimento do embarque. Geralmente, não há nenhuma justificativa econômica para se localizarem armazéns e inventários no mesmo local de escritórios. A rede de escritórios de vendas é mais bem projetada para facilitar o impacto máximo de *marketing*. A estrutura logística deve ser projetada para alcançar o desempenho de entregas e as economias exigidas.

Um exemplo final de separação vem do crescente setor da compra domiciliar. Um pedido solicitado por telefone, no catálogo, ou via Internet é normalmente efetuado da fábrica ou do armazém de distribuição diretamente para a casa do comprador. Todos os sistemas de *marketing* direto exploram a separação para realizar os benefícios da separação.

Interdependência entre Marketing e Logística

Enquanto a ênfase deste texto está nos fluxos logísticos, a separação entre *marketing* e logística não deve ser interpretada como se cada um pudesse se garantir isoladamente. Ambos são essenciais para gerar valor ao cliente. O principal argumento que favorece a separação operacional é o aumento de oportunidades para a especialização.

A separação estrutural não exige necessariamente a terceirização de trabalhos para firmas especializadas em serviços. Uma empresa única pode ser capaz de satisfazer, internamente, todas as exigências logísticas e de *marketing*. O grau desejado de separação operacional depende da disponibilidade de prestadores de serviços, economias de escala, recursos e capacidades gerenciais. Os benefícios da separação são independentes da combinação de unidades organizacionais internas com especialistas externos. Do ponto de vista da transferência de propriedade, o processo de criação de valor a clientes não se completa, até que os compromissos logísticos sejam completamente desempenhados. Dependendo dos produtos envolvidos, as operações logísticas podem começar de forma antecipada, ser simultâneas, ou seguir a venda real. O desempenho logístico, referente a tempo, localização e condições de entrega, deve acompanhar especificações estabelecidas durante negociações de vendas.

Desenvolvimento da Estratégia de Distribuição ao Mercado

O canal de *marketing* é uma das áreas menos compreendidas da estratégia de negócios. A diversidade e a complexidade dos arranjos de canal tornam difícil descrever e generalizar os desafios que os administradores enfrentam, quando desenvolvem uma estratégia de cadeia de suprimentos. Canais de *marketing* não possuem dimensões uniformes e geralmente desafiam descrições simples. Alguns são bastante diretos, ligando fabricantes ou cultivadores de um produto diretamente aos consumidores. Outros contêm muitas instituições intermediárias, com transferência de propriedade ocorrendo diversas vezes. O fato de que quase todas as empresas estão engajadas em arranjos de canal múltiplos, enquanto procuram os meios mais efetivos de penetrar em muitos segmentos diferentes de mercado e de atender às necessidades dos segmentos que escolheram servir, complica ainda mais a questão.

Estrutura de Distribuição

A Figura 4-3 ilustra uma estrutura total e genérica de canais exigida para completar o processo de *marketing*.

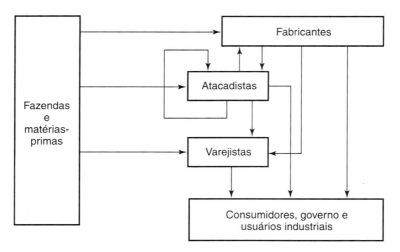

Figura 4-3 Canais gerais de distribuição.

bora de uma simplicidade enganadora, serve para exemplificar os principais tipos de instituições que podem estar envolvidas no processo total. Os fabricantes estão principalmente com a criação de produtos. Como criadores, foram tradicionalmente considerados os originadores de arranjos de canais e se tornaram referência nas discussões sobre canais. Estudos abrangentes de canais, porém, precisam incluir mais do que a perspectiva do fabricante. Fazer o contrário posicionaria incorretamente atacadistas e varejistas como instituições passivas.

Em muitas situações envolvendo canais, varejistas são fortes e dominantes na determinação de como o processo total de distribuição será organizado e de quais serão as práticas de gerenciamento. Sendo a instituição mais próxima ao cliente final, os varejistas possuem um papel bastante relevante no desempenho de canais. Os atacadistas são menos visíveis no processo, mas seu papel na orquestração e coordenação das atividades de muitos fabricantes, juntamente com as de varejistas, não pode ser ignorado. É fundamental para o desenvolvimento de estratégias de distribuição ao mercado compreender os papéis dos muitos tipos de participantes de canal.

Participantes de Canal

Participantes primários de canais são os negócios que assumem riscos durante o processo de distribuição agregado de valor. A seguir, a natureza básica de cada tipo de negócios é revista. O objetivo é ilustrar a extensão, o tamanho e a complexidade de arranjos potenciais de distribuição em uma economia que engloba mais de 375.000 fabricantes, 450.000 atacadistas e 1,1 milhões de estabelecimentos a varejo.[4]

---

[4] Todas as estatísticas relacionadas a empresas e vendas são do *Business Census* de 1997, Departamento de Comércio dos EUA.

Fabricantes. O processo de combinar materiais e componentes em produtos é comumente chamado de **manufatura** ou **produção**. As empresas manufatureiras são participantes altamente visíveis dos canais, porque oferecem utilidade de forma, ao criarem os produtos que se tornam a principal preocupação do processo de distribuição como um todo.

Os fabricantes assumem riscos significativos ao criarem produtos. Por exemplo, General Motors, Ford e DaimlerChrysler investem centenas de milhões de dólares no desenvolvimento, teste e lançamento de novos estilos, novas opções e automóveis melhorados. Fabricantes reputados assumem total responsabilidade sobre a qualidade de seus produtos e sua aceitação final pelos clientes. Os fabricantes mais visíveis são as empresas que produzem produtos de consumo, tais como automóveis, utilidades domésticas, alimentos, produtos farmacêuticos, vestuário, etc. Esses produtos, produzidos para consumo em massa, possuem, freqüentemente, marcas com alto nível de propaganda e publicidade, com níveis elevados de identificação por parte de consumidores. Porém, na realidade, essas empresas representam apenas uma pequena porcentagem de todas as companhias engajadas na produção. A maioria das empresas de manufatura produz componentes, submontagens ou partes componentes, que são vendidos a outras empresas. Esse *marketing* industrial é crucial para o desempenho total de produção e distribuição de produtos finais. Deve-se observar que, enquanto a extensão do risco do fabricante é considerável no processo de distribuição como um todo, está limitado aos produtos específicos produzidos. Cada produto de fabricantes específicos geralmente representa uma pequena porção daqueles manuseados por outros participantes de canal primários: atacadistas e varejistas.

Atacadistas. Talvez o participante de canal menos compreendido e menos visível seja o **atacadista**. Atacadistas representam negócios que estão originalmente engajados na compra de mercadoria de fabricantes e na revenda a varejistas, usuários industriais ou usuários empresariais. Podem também atuar como agentes na compra ou venda de mercadorias para companhias. Em 1997, havia mais de 450.000 estabelecimentos atacadistas nos Estados Unidos, com vendas totais excedendo $4 trilhões!

O principal negócio dos atacadistas está em sua especialização em desempenhar sortimento de modo a reduzir custos e risco para os outros membros do canal. Por muitos anos, em vários setores industriais, considerou-se que fusões, aquisições e concentração continuada nos setores de produção e varejo da economia eliminariam a justificativa econômica para atacadistas. Todavia, em vários setores, os atacadistas continuam a florescer. Empresas, como a Super Value, True Value, Sysco, McKesson, Grainger, bem como muitas outras, mantêm sua viabilidade através de uma especialização inovadora no desempenho do processo de sortimento, para um grande número de fabricantes e varejistas. Isso acontece, ao reduzirem risco, duplicação de esforço e o número de transações exigido para satisfazer as exigências de clientes. Como está descrito pela Visão Setorial 4-1, Valu Merchandisers desenvolveu um programa para seus clientes de varejo, que combina várias categorias de produtos em uma solução de parada-única (*one-stop*), para produtos nutricionais e de saúde geral.

Varejistas. Nos termos mais simples, o **varejo** é o negócio de venda de produtos e serviços para consumidores que compram para seu próprio uso e benefício. Em 1997, havia mais de 1,1 milhão de estabelecimentos varejistas, com um total de vendas de $3,8 trilhões. Variando de tamanho e escopo, de empresas como Wal*Mart, Kroger, Toys R Us e The Limited até lojas de propriedade e operação individual, os varejistas são claramente os participantes mais visíveis dos canais para consumidores. Desempenham funções que se combinam para oferecer a seus clientes-alvo os produtos certos, no local certo, no tempo certo, na quantidade certa e no preço certo. As estratégias específicas empregadas por empresas individuais de varejo, ao oferecer esses itens *certos* a consumidores, variam dramaticamente, de comercialização em massa até descontos, produtos superespecializados, serviços direcionados, e muitos outros. O varejo, na verdade, é um setor dinâmico que muda constantemente, à medida que as empresas procuram maneiras de atrair e servir consumidores.

O componente da estratégia do varejo de maior preocupação para as operações logísticas é o sortimento de mercadorias. O investimento em mercadorias e o risco resultante de inventário assumido pelos varejistas são substanciais. Os tipos e variedades de mercadorias que o varejista carrega são definidos pelas necessidades e vontades específicas dos consumidores que pretende satisfazer. Além disso, os varejistas tomam decisões de comercialização, considerando a extensão do sortimento quanto a diferentes marcas, cores, tamanhos, estilos, etc., a serem oferecidos aos consumidores. Junto com as decisões de moda e nível de qualidade, esses fatores se combinam para formar as decisões de varejo quanto a suprimento e a canais de distribuição que cada varejista irá in-

---

Visão Setorial 4-1   Abastecimento com Parada Única (*one-stop*)

Valu Merchandisers, uma empresa atacadista instalada em Kansas City, Missouri, e subsidiária da Associated Wholesale Grocers, desenvolveu o Natural Solutions para oferecer aos consumidores uma experiência de compra de produtos de saúde adequada e completa. O Natural Solutions incorpora alimentos congelados, laticínios, livros e revistas, produtos a granel, produtos de beleza e suplementos de vitaminas e ervas, em uma só seção de saúde. Além disso, o computador Health Notes Online oferece acesso *online* para dicas adicionais de saúde, e um banco de dados sobre nutrição com extensos materiais de referência. A seção necessita de aproximadamente 140 pés lineares para um êxito otimizado. Informações do setor indicam que vendas de produtos naturais relacionados podem aumentar significativamente, quando as seções são abastecidas de mercadorias corretamente.

O conceito de Natural Solutions é direcionado ao consumidor. Geralmente, os consumidores desejam diminuir seu tempo de compra, enquanto economizam dinheiro e escolhem a partir de um amplo sortimento de produtos. De acordo com Bob Carlson, diretor dos centros de nutrição da Valu, "Nossa posição é a de que, se podemos oferecer uma grande quantidade de diferentes produtos com o mesmo tema na mesma área, podemos ter consumidores mais interessados na seção como um todo. Isso irá acelerar o tráfego e, conseqüentemente, as vendas. Tem tudo a ver com compras de parada única".

O conceito de seção se baseia nas sinergias de compra. "Estamos tentando dar um tom à seção, e à loja como um todo", diz Carlson. "Não queremos que os consumidores façam o grosso de suas compras de mercearia em nossas lojas, e depois atravessem a rua ou desçam o quarteirão atrás de uma loja com produtos naturais. Essa estratégia, acreditamos, pode manter o consumidor em nossa loja para todas as suas compras".

Fonte: Anônimo, "One-Stop Supplements", *Supermarket Business,* June 1999, p. 67-8.

cluir em sua estratégia de cadeia de suprimentos. Assim, por maior que a Wal*Mart possa ser, não será uma participante da cadeia de suprimentos de cada potencial fornecedor. Wal*Mart e, na verdade, todos os varejistas, precisam elaborar cuidadosamente relacionamentos de cadeias de suprimentos para efetiva e eficientemente servir seus consumidores-alvo.

Estrutura Direta versus Indireta

A Figura 4-4 apresenta uma série de potenciais estruturas de canal, que podem ser utilizadas para atender a exigências de um segmento de consumidores em particular. As alternativas variam do extremo à esquerda, de vendas diretas do fabricante para o consumidor sem envolvimento intermediário, até o extremo à direita, que inclui agentes atacadistas, comerciantes de atacado e lojas de varejo. O canal deve ser *direto*, envolvendo nenhum ou poucos intermediários, ou deve ser *indireto*, envolvendo instituições intermediárias diferentes? Essa noção de estrutura direta *versus* indireta representa uma decisão estratégica fundamental.

Anteriormente, neste capítulo, foram apresentadas as economias que se associam a estágios intermediários de distribuição. Essa discussão não deve, porém, ser interpretada como se a distribuição indireta fosse sempre a solução apropriada. Além disso, a questão permanece no que diz respeito ao *grau de indireção*. Qual é a escolha estratégica apropriada? Embora não haja uma resposta simples, o determinante fundamental reside nas exigências do consumidor ou usuário final. Lembre-se de que no Capítulo 3 foram discutidas as exigências do cliente final, quanto a tamanho de lotes, variedade e sortimento, conveniência de lugar, tempo de espera e informação. *Como regra geral, à medida que aumentam as exigências dos clientes finais por esses resultados, mais provável será que a estrutura de distribuição exigida inclua intermediários.* Muitos exemplos podem ser oferecidos para ilustrar esse ponto.

Na Indonésia, e em outros países em desenvolvimento, consumidores com renda discricionária baixa freqüentemente compram cigarros um a um de vendedores ambulantes, que compram maços de atacadistas locais, que compram pacotes de atacadistas regionais. Já que os consumidores desejam comprar em lotes muito pequenos, a estrutura de distribuição exige muitos níveis de intermediação. Um canal direto de fabricante a consumidor é inviável. Se os consumidores estivessem dispostos a comprar em grandes quantidades, entretanto, poderia ser aplicada uma estrutura bem mais direta.

Talvez um exemplo mais abrangente possa ilustrar a natureza das exigências do usuário final como sendo o direcionador da estrutura de canal. Na indústria de computadores pessoais, a Dell Computer foi a fabricante pioneira na utilização de um canal de distribuição direto ao consumidor, nos anos 80. Outros fabricantes de computadores pessoais usaram, e a maioria ainda usa, uma estrutura mais indireta. O canal da Dell se encaixa melhor para um tipo particular de consumidor. O consumidor que queira comprar um computador está disposto a esperar para recebê-lo, não deseja escolher entre várias marcas diferentes e possui conhecimento suficiente para especificar de forma inteligente todas as qualidades técnicas desejadas pode ser bem atendido pelo canal direto. Muitos outros consumidores, porém, não estão dispostos a esperar dias, ou acham que não têm conhecimento suficiente, ou desejam ver um sortimento de marcas e modelos para comparar atributos,

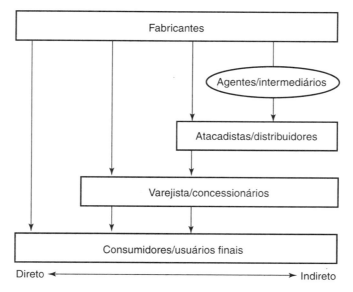

Figura 4-4 Típicas estruturas de canais.

qualidade e preços. Suas necessidades só podem ser satisfeitas por uma estrutura que seja menos direta do que a empregada pela Dell, e que inclua, pelo menos, um intermediário de varejo.

Quando se pensa nas várias e diferentes estruturas de canais empregadas na indústria de PC, também vale a pena considerar como cada uma se diferencia da outra, quanto a exigências de serviços prestados a consumidores e usuários finais. A Gateway, por exemplo, possui uma estrutura semelhante à da Dell, com uma diferença importante: a estrutura inclui um nível de varejo. Em mercados selecionados, há pontas de estoque chamadas Gateway Country, em que clientes potenciais podem chegar para ver, experimentar e aprender sobre os computadores Gateway. Os clientes podem até comprar o computador na Gateway Country. O que não podem fazer é levar o computador direto para casa de uma loja da Gateway Coutry. Ainda precisam esperar pela entrega. Qual é a vantagem para a Gateway incluir esse intermediário de varejo na sua estrutura de canal? A resposta está no fato de que isso potencialmente satisfaz uma exigência de vários clientes – o requisito por informação. Muitos clientes podem achar que não possuem conhecimento suficiente para fazer uma escolha inteligente de computadores via telefone ou *Internet*. A Gateway procura atender a essas necessidades de informação, através da loja a varejo Gateway Country.[5]

Cobertura de Mercado

Relacionada com a noção de estrutura de canal, está a decisão quanto à cobertura de mercado. As decisões de cobertura de mercado envolvem escolhas que dizem respeito à intensidade relativa de pontos de venda numa dada área geográfica, para que as necessidades de consumidores existentes e potenciais sejam atendidas adequadamente. Especificamente, a cobertura de mercado está mais diretamente relacionada à conveniência de lugar para os clientes. Há três alternativas básicas de cobertura de mercado: (1) distribuição intensiva, (2) distribuição seletiva e (3) distribuição exclusiva.

Distribuição Intensiva. A colocação de um produto em quantos pontos de venda ou lugares for possível é conhecida como **distribuição intensiva**. Geralmente, é uma escolha lógica por produtos que consumidores compram freqüentemente e com um mínimo esforço de compra, fazendo da conveniência de lugar uma exigência essencial para a compra. Produtos como refrigerantes, balas, jornais, gasolina e aspirina representam alguns produtos de consumo que são distribuídos intensamente. Itens industriais destinados a usuários finais, como suprimentos para manutenção, reparo, ou operação (MRO), materiais de escritório e outros itens industriais podem ser distribuídos intensivamente.

Aparentemente, pode parecer que a distribuição intensiva é a alternativa mais lógica para todos os produtos ou marcas. Afinal, ter um produto disponível em várias localizações aumenta a conveniência para o usuário final e, portanto, as vendas potenciais. Considere, porém, o que pode acontecer a um fabricante como a Sony, se a decisão tenha sido a de utilizar uma distribuição intensiva. A Sony poderia expandir o número e os tipos de pontos de venda de televisores para incluir todas os grandes vendedores, lojas de descontos, talvez até farmácias e supermercados, que freqüentemente vendem produtos eletrônicos para consumo. À medida que o número de pontos de venda expandisse a Sony aumentaria sua participação de mercado em curto prazo, porém muitas conseqüências adversas poderiam ser esperadas. Alguns pontos de venda poderiam escolher vender televisores Sony a um preço bem baixo, a fim de atrair consumidores para suas lojas. Isso, por sua vez, poderia levar outros pontos de venda a reconsiderarem sua decisão de participar dos canais de distribuição da Sony. Alguns pontos de venda não poderiam oferecer o nível de serviços pós-venda necessário no apoio a reparos e garantia, agravando os problemas para os que mantêm esses recursos. É também provável que a Sony teria mais participação em funções de *marketing,* como propaganda, já que muitos comerciantes que alguma vez estiveram dispostos a promover a Sony, tornaram-se relutantes em fazê-lo. Embora essa discussão seja, é claro, especulativa, realmente demonstra que a distribuição intensiva não é a escolha certa para todos os produtos.

Distribuição Seletiva. A colocação de um produto ou marca em um número mais limitado de pontos de venda, dentro de uma área física específica, é chamada **distribuição seletiva**. É claro que pode haver muitos graus de seletividade empregados, variando entre quase intensivo e quase exclusivo. Mais uma vez, o fator fundamental direcionando essa escolha é o das exigências do cliente com respeito à conveniência de lugar e sua disposição de gastar tempo e esforço para obter o produto. Os televisores Sony são, de fato, distribuídos de forma seletiva e são disponíveis na maioria das lojas de eletrônicos e utilidades domésticas, e em um número limitado de outros pontos de venda, o que fortalecerá sua imagem de qualidade e oferecerá o nível de apoio exigido pela marca.

Distribuição Exclusiva. O extremo oposto da distribuição intensiva, a **distribuição exclusiva** envolve a colocação de uma marca em apenas um ponto de venda, em cada área geográfica. É empregada, quando consumidores ou usuários finais estão dispostos a despender um esforço de compra considerável e a conveniência de lugar é de pe-

---

[5] Robert Scally, "Gateway: The Crown Prince of Clicks-and-Mortar", *DSN Retailing Today*, May 8, 2000, pp. 75-6.

quena importância para eles. Também é usada quando uma empresa quer projetar uma imagem de alta qualidade, como os relógios Rolex, ou quando são exigidos altos níveis de apoio à revenda. Assim, equipamentos para construção civil e para fazendas, algumas marcas de móveis para casa, aparelhos de *design* de moda, e produtos semelhantes são distribuídos exclusivamente.

Enquanto alguns tipos de produtos possam parecer se encaixarem numa alternativa particular de cobertura de mercado, generalizações podem ser problemáticas. Deve-se re-enfatizar que as empresas escolhem os consumidores que irão procurar servir, e que segmentos específicos, ou mesmo consumidores individuais, diferem quanto às exigências de serviços. Mesmo em uma categoria de produto como balas, diferentes escolhas são feitas por empresas competitivas. Balas de menta da Lifesaver, por exemplo, são distribuídas intensamente. Altoids, por outro lado, possui uma cobertura de mercado mais seletiva. Godiva está, por todas as razões práticas, disponível apenas em pontos de venda exclusivos. Finalmente, deve-se observar que cobertura de mercado e estrutura de canal estão bastante relacionadas. A distribuição intensiva necessita geralmente de canais indiretos, envolvendo múltiplos intermediários, enquanto que a alta seletividade e exclusividade podem ser apoiadas por estruturas de canal mais diretas.

Processo do Projeto de Canais de Distribuição ao Mercado

A discussão anterior sobre estrutura e cobertura de distribuição enfatizou a necessidade de se compreender as exigências do usuário final, quando se desenvolve a estratégia de distribuição ao mercado. Quando a estratégia é desenvolvida, o projeto específico de canal precisa ser definido. Duas ferramentas de ajuda significativa são o mapeamento (*mapping*) do canal e a abordagem matricial para o processo do projeto. Cada uma é explicada a seguir.

Mapeamento do Canal

A Figura 4-5 oferece um exemplo de mapeamento de canal, a primeira das ferramentas propostas. O **mapa do canal** é essencialmente um diagrama de fluxo dos canais utilizados por uma empresa específica. É desenvolvido através de pesquisa cuidadosa dentro de uma organização e de discussões com inúmeros executivos sobre como ir ao mercado. Por mais difícil que possa parecer, essa pesquisa é um passo importante pois, em muitos casos, poucas pessoas possuem um entendimento abrangente dos canais de distribuição utilizados por sua empresa.

O propósito do mapeamento é oferecer aos canais de distribuição uma visão sobre os processos correntes e estabelecer um esquema para mudança. Antes que o projeto de canal possa ser alterado, ou de decidir se a mudança é apropriada, é necessário um entendimento completo do processo corrente. Mesmo quando se projeta a partir do nada para uma nova companhia ou um novo produto, o mapeamento do setor e dos competidores-chave é útil.

O desenvolvimento de um mapa de canal deve começar pelo claro delineamento dos segmentos de mercado a serem servidos. A Figura 4-5 ilustra um mapa simplificado de canais de distribuição para um fabricante de alimentos. São identificados três segmentos de mercado distintos: (1) consumidores, (2) usuários institucionais e (3)

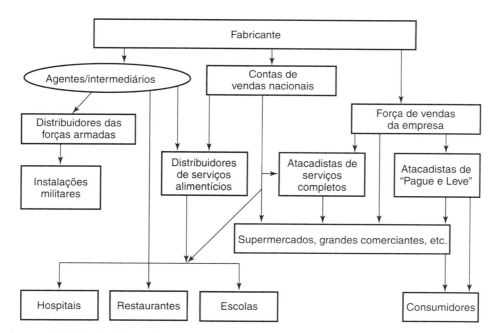

Figura 4-5 Mapa de canal – indústria alimentícia.

instalações militares. Um mapa mais abrangente pode ser desenhado para ilustrar subsegmentos distintos dentro de cada uma dessas categorias, mas resultaria em mais complexidade do que é necessário para se explicar o mapeamento. O processo de mapeamento se processa, então, de trás para frente, a partir dos mercados a serem servidos, para identificar os diferentes tipos de participantes no canal capazes de atender às exigências de distribuição desses mercados.

O mapeamento do canal não se encerra com a construção do diagrama. Deve incluir também especificações de volume de atividades relacionadas a cada conexão no mapa. Por exemplo, qual porcentagem do volume total vai para a força militar, instituições e consumidores? Cada conexão deve também ser examinada detidamente para se determinar quais são as funções e atividades específicas desempenhadas pelos participantes no canal e quais são as características econômicas das transações. Por exemplo, que preços, despesas e margens estão associados a cada conexão no mapa?

Um resultado do processo de mapeamento é a capacidade de apontar áreas potenciais para duplicação de esforço, desperdício e/ou mudança de funções. Oferece um mapa de rotas (*roadmaps*) que pode ser usada para se fazer perguntas, tais como: que atalhos (*shortcuts*) são possíveis? Por exemplo, o fabricante de alimentos descrito pela Figura 4-5 poderia re-arranjar o desempenho funcional de tal maneira que a superposição de atividades dos atacadistas intermediários seja eliminada ou pelo menos reduzida? Também oferece uma estrutura para entender o desempenho funcional em cada escalão do canal e para levantar questões relativas a implicações financeiras adequadas. Por exemplo, os custos e margens envolvidos entre o corretor (*broker*) e o atacadista de função total são justificáveis, considerados o desempenho funcional e o volume de atividade? Ou, alguns re-arranjos poderiam oferecer um projeto mais efetivo e eficiente?

O mapa do canal não oferece, por si só, respostas a tais perguntas. Oferece, entretanto, uma visão de possíveis falhas do projeto e mudanças potenciais na estratégia ou tática. Por último, tais mapas ajudam a desenvolver um entendimento de quais aspectos do canal atual estão funcionando bem, e quais não estão.

Abordagem Matricial

Um segunda ferramenta simples, porém efetiva[6], para uso no projeto de canal é a abordagem matricial. Uma vez que a maioria das empresas serve muitos segmentos de consumidores e de usuários finais, estruturas e combinações diferentes de participantes de canal podem ser necessárias para servir cada um desses segmentos, de forma a mais eficiente e efetiva possível. A abordagem matricial envolve a expansão do conceito de separação discutido anteriormente neste capítulo, e oferece uma visão sobre os participantes e estruturas mais adequados para alcançar os objetivos. De fato, a abordagem matricial se baseia no conceito de separação de canal e de funções de *marketing*, já discutidos neste capítulo.

Expandindo a Separação de Canal. A discussão anterior acerca de separação demonstrou que canais de *marketing* e de logística podem ter diferentes empresas, que nenhuma precisa *necessariamente* participar de ambos. A abordagem do projeto matricial expandiu esse conceito, ao sugerir que cada função pode ser subseqüentemente subdividida em atividades individuais específicas. Cada atividade poderia, potencialmente, ser desempenhada por diferentes participantes do canal. Para fins de explanação, considere a função de vendas e suas atividades relacionadas. Lembre-se de que a mesma abordagem poderia ser empregada em outras funções.

A Tabela 4-2 mostra uma matriz para o projeto do canal de vendas de uma empresa hipotética. Desde o topo, atividades específicas da tarefa de vendas são especificadas individualmente: geração de perspectivas de vendas, qualificação dessas perspectivas, negociação pré-vendas, fechamento de vendas e oferta de serviços pós-vendas. As linhas da matriz consistem em meios alternativos, alguns internos e outros externos, de desempenho de cada atividade necessária. No exemplo de matriz, são levadas em consideração quatro alternativas: (1) uma equipe de vendas diretas, (2) *telemarketing*, (3) mala direta e (4) distribuidores independentes.

Relacionando Atividades com Participantes. A arte do processo de projeto matricial se dá mais eficiente e efetivamente na atribuição de atividades aos participantes para segmentos específicos de clientes. Um exemplo hipotético é usado para exemplificar esse processo.

Suponha que a empresa tenha como alvo dois segmentos de mercado a serem servidos. Esses segmentos foram definidos como clientes que compram em quantidades de grandes lotes, e que compram em quantidades de lotes pequenos. Nesse exemplo hipotético, não teria custo eficiente gerar perspectivas de vendas ou de qualidade para clientes que compram quantidades de pequenos lotes através do uso de uma equipe de venda direta. A tarefa de geração de vendas poderia ser atribuída à mala direta, e perspectiva de qualificação ao *telemarketing*. Observe que todos os clientes potenciais se enquadram nesses dois segmentos para essas duas tarefas. Após os clientes terem sido qualificados, consumidores de lotes grandes serão designados à equipe de venda direta para negociação e fechamento da venda. Clientes consumidores de lotes pequenos são designados a distribuidores dessas tarefas. Certas atividades de serviços

---

[6] Para uma discussão original do processo de projeto matricial, veja Rowland T. Moriarty e Ursula Moran, "Managing Hybrid Marketing Systems", *Harvard Busines Review*, November/December 1990, pp. 146-55.

Tabela 4-2 Abordagem matricial

Fontes	Tarefas de geração de demandas				
	Geração inicial	Vendas qualificadas	Pré-vendas	Fechamento de vendas	Serviços pós-venda
Vendas diretas			Lotes grandes	Lotes grandes	Lotes grandes
Telemarketing		Todos os clientes			Todos os clientes
Mala direta	Todos os clientes				
Distribuidores			Lotes pequenos	Lotes pequenos	Lotes pequenos

Fonte: Adaptado de Rowland T. Moriarty e Ursala Moran, "Managing Hybrid Marketing Systems". *Harvard Business Review,* November/December, 1990, p. 151.

pós-venda serão realizadas pelo *telemarketing*. Outras atividades poderão exigir participação da equipe de venda direta ou de distribuição.

O projeto final do canal de distribuição surge da consideração de atividades que podem, de forma mais efetiva quanto a custo, atender às exigências de clientes para completar certas tarefas. No nosso exemplo simples, dois pontos importantes são ressaltados. Primeiro, nenhum canal deve desempenhar todas as atividades exigidas para concluir uma função. Observe que o *telemarketing* foi usado apenas para a qualificação de perspectivas de venda e para certas atividades de serviço pós-venda. Segundo, nenhuma atividade precisa ser desempenhada completamente por qualquer dado membro do canal, para qualquer segmento de mercado. A equipe de vendas diretas e os canais de distribuição apenas desempenham as atividades relacionadas a seus segmentos específicos.

Relacionamentos com Canais

Ao longo deste capítulo, foi enfatizado que as estruturas de canal, baseadas na especialização de função e atividades, resultam em típicos arranjos de empresas independentes. Cada empresa depende de outras para o sucesso no mercado. Sendo assim, a dependência oferece uma estrutura útil para o entendimento dos tipos de relações comportamentais observadas na distribuição. São identificadas três classificações de canal, variando da menor até a mais aberta expressão de dependência: (1) canais de transação única; (2) canais convencionais; e (3) arranjos relacionais colaborativos (RCA – Relational Collaborative Arrangements). Arranjos verdadeiros de cadeias de suprimentos podem ser caracterizados como formas selecionadas de RCA.

Cada forma de envolvimento no canal reflete um grau diferente de compromisso por parte dos s participantes. A Figura 4-6 oferece uma ilustração gráfica de arranjos baseados em dependência reconhecida. Essa classificação também oferece uma distinção entre estruturas transacionais e relacionais. Em arranjos transacionais, existe pouca ou nenhuma dependência reconhecida. Os participantes não se sentem responsáveis entre si. As leis e obrigações que governam a compra e a venda operam como o único fundamento para a transferência de propriedade. Nos canais relacionais, os participantes reconhecem a dependência e se sentem comprometidos uns com os outros. Embora todos os tipos de canais possuam exigências logísticas, os relacionais oferecem a melhor oportunidade para o desenvolvimento de arranjos de cadeias de suprimentos.

A verdadeira essência da gestão da cadeia de suprimentos é o gerenciamento dessas relações para reduzir conflitos, evitar duplicação e desperdício e desenvolver soluções cooperativas para problemas comuns. O gerenciamento de relações é discutido em detalhe no Capítulo 17.

Canais de Uma Única Transação

Muitas transações de negócios são negociadas com a expectativa de que a troca será um evento de uma única ocorrência. Exemplos de canais de transação única são vendas de imóveis, transferência de ações e títulos e a compra de equipamentos duráveis, como unidades de processamento e maquinaria pesada.

Embora engajamentos em canais de uma única transação não sejam importantes quanto à gestão de relacionamentos, são significativos para os negócios envolvidos. Exigências para a conclusão de entrega prometida são, freqüentemente, técnicas e difíceis de serem alcançadas. A movimentação de equipamentos pesados, como uma máquina de impressão, geralmente exige licenças especiais e é, com freqüência, restrita a momentos específicos do dia ou do ano. Em algumas situações, é necessário equipamento especial para transporte e manuseio de materiais, de modo a acomodar o tamanho e peso dos produtos envolvidos. Se uma empresa lida basicamente com transações únicas, o desempenho logístico é fundamental e normalmente representa um custo significativo, das operações como um todo. A falha em desenvolver padrões repetitivos de negócios com os mesmos compradores faz de cada tarefa logística um evento único. Mesmo que a atividade de logística se proceda sem a menor falha e todas as partes estejam altamente satisfeitas, as chances de repetir a transação são mínimas.

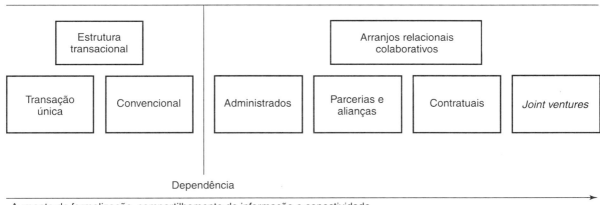

Figura 4-6 Classificação de relacionamentos de canal com base em dependência reconhecida.

Canais Convencionais

Os **canais convencionais** são mais bem considerados como arranjos superficiais, ou afiliações de empresas que podem comprar e vender produtos com base na necessidade, sem a preocupação com negócios futuros ou repetidos. O determinante fundamental para a oportunidade e extensão das transações é o preço de venda.

As empresas envolvidas em um canal convencional desenvolvem capacidades operacionais, a fim de prover serviços necessários para completar suas próprias missões básicas de negócios. Têm pouca ou nenhuma lealdade, umas com as outras, e pouca motivação para melhorar, de forma cooperativa, a eficiência da cadeia de suprimentos.

A atividade em um canal convencional é conduzida numa base de transação a transação. A transação típica é de contraposição, quando a negociação é dominada pelo preço, criando uma postura de antagonismo ("nós contra eles"). Em outras palavras, as empresas envolvidas falham em estabelecer um relacionamento de longo prazo formalizado; cada parte está livre para sair do relacionamento quando quiser. O envolvimento ocorre até que um negócio melhor apareça. Na verdade, não é incomum para as empresas começar e terminar negócios entre elas, muitas vezes num mesmo ano.

Dois pontos são significativos quanto a canais convencionais. Primeiro, constituem uma parte importante da estrutura de negócios como um todo, devido a seu grande volume de transações. Segundo, uma vez que as empresas não desenvolvem sinergias com parceiros comerciais, as oportunidades para se ganhar eficiência decorrente de cooperação são sacrificadas, em favor da manutenção de autonomia.

Arranjos Relacionais Colaborativos

O atributo distinto das RCAs é que as empresas participantes reconhecem a dependência e desenvolvem benefícios conjuntos através de cooperação, a fim de alcançar a superioridade no setor. Para participar desses sistemas, cada membro do canal deve estar disposto a desempenhar deveres específicos. Dessa forma, as várias formas de RCAs representam características da gestão de relacionamentos de cadeias de suprimentos.

O relacionamento total em RCA é comumente coordenado por uma empresa reconhecida como líder. A líder é, muito freqüentemente, a empresa dominante no canal, em termos de participação no mercado, tamanho e habilidades técnicas. A empresa que oferece liderança possui, normalmente, o maior poder de relação do arranjo.

Ao mesmo tempo em que a dependência reconhecida é a força coesiva nos arranjos de RCA, também cria conflito. Gerentes podem achar que suas empresas não estão tendo uma participação justa dos benefícios, ou que estão sendo colocadas em uma posição de risco desnecessária. Quando há o potencial ou real desenvolvimento de conflito, é essencial que seja resolvido, a fim de se preservar a solidariedade do canal. Para um RCA ter estabilidade, a líder deve resolver situações de conflito no âmbito de interesses de longo prazo, do canal como um todo. Finalmente, já que se espera que RCAs existam por um período de tempo substancial, é importante que a líder ofereça uma visão de futuro, facilite planejamento conjunto e altere formas de gestão, se necessário, para manter a superioridade competitiva.

De modo amplo, todos os sistemas de canal que envolvem duas ou mais empresas independentes, têm um grau de estrutura de relacionamento. Quando as relações são gerenciadas para alcançar objetivos conjuntos e as empresas participantes se sentem comprometidas umas com as outras, o relacionamento se torna uma cadeia de suprimentos. Quatro formas de RCAs são comuns: (1) sistemas administrados; (2) parcerias e alianças; (3) sistemas contratuais e (4) *joint ventures*. Como seria de se esperar, o reconhecimento de dependência aumenta, na medida em que o arranjo se movimenta do sistema administrado até a *joint venture*.

Sistemas Administrados. O RCA menos formal é o **sistema administrado**. A característica interessante de um arranjo administrado típico é a de que nenhuma dependência, formal ou afirmada, é reconhecida por parte dos participantes. Normalmente, uma empresa dominante assume a responsabilidade de liderança e procura cooperação de parceiros de negócios e fornecedores de serviços. Enquanto se aproxima do arranjo de canal convencional, um sistema administrado parece ser guiado pelo entendimento mútuo de que todas as companhias independentes estarão mais bem situadas se trabalharem juntas e seguirem a líder.

De parte da empresa líder, é essencial que decisões sejam tomadas de modo a levar em consideração o bem-estar de cada participante do canal. Todos os membros do canal precisam enxergar o relacionamento como sendo justo e igualitário. A estabilidade operacional depende de a líder compartilhar prêmios, em oposição a negociações antagonistas de dar e receber, que caracterizam um canal convencional. Com uma liderança esclarecida, um sistema administrado pode ser mantido por um período de tempo bem extenso. A empresa líder pode operar em qualquer nível de canal; entretanto, a maioria dos exemplos de sistemas administrados são conduzidos por atacadistas dominantes.

Muitas empresas percebem os benefícios possíveis advindos do trabalho conjunto no canal, porém não se mostram confortáveis com a falta de formalização, que é característica do arranjo administrado. Em algumas situações, duas ou mais empresas relativamente fortes, tais como Wal*Mart e Procter & Gamble, podem desejar trabalhar mais próximas, mas percebem a necessidade de desenvolver um relacionamento mais estruturado. Quando ocorre essa formalização, a dependência do relacionamento se torna amplamente reconhecida e as empresas participantes formam parcerias e alianças.

Parcerias e Alianças. Como as empresas querem mais clareza e compromissos com prazos mais longos do que os comumente oferecidos no sistema administrado, podem procurar formalizar suas relações. A extensão mais comum é formar uma parceria não-oficial e, com o tempo, estender o relacionamento em direção a uma aliança. Nesses arranjos, as empresas cedem parte de sua autonomia operacional, em um esforço para perseguir, conjuntamente, metas específicas. A expectativa é a de que o arranjo irá prevalecer por um período substancial de tempo.

Muitos arranjos comerciais são conhecidos pelas empresas participantes como **parcerias**. Junto com os sistemas administrados, o relacionamento de parceria de trabalho se situa na parte mais inferior da escala de dependência. Ao mesmo tempo em que empresas reconhecem a dependência mútua, sua tolerância é mínima em relação a serem lideradas. Em outras palavras, o reconhecimento de um grau de lealdade tende a solidificar transações comerciais repetitivas, desde que todo o resto seja satisfatório. O compromisso com o arranjo geralmente decai com a pouca disposição para modificar métodos e procedimentos fundamentais de negócios. Não obstante, uma parceria real reflete um compromisso de dependência bem maior que o arranjo administrado. Ao menos, essas parcerias são construídas sobre o desejo expresso de trabalhar junto, que comumente envolve uma atitude de trabalhar as diferenças e, sobretudo, um nível de compartilhamento de informação. O ponto fraco de muitas parcerias recentes é a incapacidade de resolver diferenças de opinião claramente divergentes. Um exemplo típico desse conflito envolve geralmente aumentos de preços. Se a resposta de uma empresa para o aumento de preço exigido pelo fornecedor é abrir uma concorrência para os negócios, então a qualidade do arranjo de parceria é duvidosa. Um verdadeiro arranjo em parceria deve abordar esse ajustes de rotina num formato de resolução de problemas. Se há esse tipo de compatibilidade interorganizacional, a parceria vai na direção de uma aliança.

A característica essencial da **aliança** é a disposição de os participantes alterarem práticas básicas de negócios. Se os gerentes sentem que o arranjo de negócios como um todo pode se beneficiar de modificações visando a uma melhor prática, e estão dispostos a mudar, então o relacionamento se constitui numa aliança real. A motivação por trás de alianças é mais fundamental do que simplesmente se concretizar o negócio. Embora negócios repetitivos sejam importante, a ênfase em melhores práticas visa a reduzir duplicação e perda, e facilitar eficiências conjuntas. *Em essência, o objetivo da aliança é o de construir, de forma cooperativa, a combinação de recursos das empresas participantes, a fim de melhorar o desempenho, a qualidade e a competitividade do canal.* Essa cooperação exige um compromisso com compartilhamento de informação e com resolução de problemas. O resultado esperado é uma relação ganha-ganha entre todos os participantes. Esse tipo de formato de RCA representa o arranjo de canal mais freqüentemente conhecido como cadeia de suprimentos.

Enquanto parcerias são relativamente fáceis de se encontrar, alianças verdadeiras são mais difíceis de se identificar. Muitas alianças de alto nível, em setores de remédios, vestuário, materiais de construção, mercadorias de consumo de massa e alimentícios receberam recentemente publicidade nacional. O desenvolvimento de alianças se mostra atraente, porque pode valorizar a alavancagem econômica e de mercado de empresas individuais, sem investimento financeiro. O que resulta é o *poder de cooperação*. Os recursos humanos e financeiros de integrantes de alianças são reunidos para melhorar a competitividade total do arranjo de canal. A Visão Setorial 4-2 descreve um arranjo singular de parceria entre dois competidores, Ford Motor Company e DaimlerChrysler, e Exel Logistics, o que resultou em eficiência substancial na distribuição de autopeças para concessionárias.

Visão Setorial 4-2 DaimlerChrysler e Ford Motor Company – Parceiras?

Apesar de a idéia ir de encontro às rivalidades competitivas da indústria automobilística, DaimlerChrysler e Ford Motor Company, junto com Exel Logistics, construíram uma parceria exitosa para melhorar serviços e reduzir custos de distribuição de peças.

O programa piloto foi testado por 11 concessionárias no norte de Michigan. Revendedores estavam espalhados numa área geográfica ampla, exigindo um grande número de entregas de veículos; entretanto, a capacidade desses veículos era subutilizada. Nesse arranjo, a Ford pagou uma taxa para colocar suas peças na frota designada para a distribuição de peças da DaimlerChrysler, operada pela Exel. O teste foi um sucesso, e ambas as empresas esperam estabelecer acordos de serviços compartilhados com outras companhias automotivas no futuro. Estão pensando em uma segunda fase do teste, que poderia incluir de 50 a 100 concessionárias.

O programa piloto criou uma plataforma para o desenvolvimento futuro de acordos de serviços compartilhados. As companhias perceberam que um prestador de serviços terceirizado era essencial para a implementação do acordo. A Exel possuía recursos que faltavam aos produtores de automóveis, incluindo tempo, funcionários e tecnologia. Foi também fundamental criar protocolos detalhados.

Após o teste em Michigan, DaimlerChrysler e Ford desenvolveram outro semelhante no México. A geografia e a dispersão de concessionárias por todo o México conduziram ao conceito de serviço compartilhado. As rotas eram relativamente longas e a densidade de carga, relativamente baixa, criando espaço disponível de carga. Concessionárias fora da Cidade do México compravam menos de 50% das peças vendidas no país, mas a distribuição para elas representava 90% da quilometragem. Além disso, cada um dos parceiros deu-se conta de alguns benefícios significativos. A DaimlerChrysler realizaria economias em tarifas correntes; a Ford aumentaria níveis de serviço para suas concessionárias; e a Exel ganharia receita adicionada da rota.

Jerry Campbell, gerente de logística e alfândega na América do Norte para a divisão de serviço ao cliente da Ford, diz que a idéia de serviços compartilhados é uma maneira de satisfazer a pressão constante de custos. "De forma otimizada, deveríamos [compartilhar serviços] em nossas próprias companhias, e então estendê-los a outros clientes e prestadores". De fato, a divisão de serviço ao cliente da Ford já compartilha serviços com a Volvo, que é de propriedade da Ford Motor Company, e com a Mazda, na qual possui grande participação acionária.

O que faz do projeto de serviços compartilhados um sucesso? De acordo com Tim Flutch, gerente contábil da Exel para os projetos Ford/DaimlerChrysler, "O paradigma básico que se deve superar é o da competição. As pessoas têm em suas mentes que certas partes da cadeia de suprimentos constituem vantagem competitiva. Isso pode ou não ser verdade. Se for verdade, deve-se considerá-la de forma cuidadosa. Isso é menos do que uma questão, quando for apenas uma vantagem percebida". Os gerentes da Ford e da DaimlerChrysler concordaram que o consumidor já havia feito a escolha de compra. Flutch afirma, "Agora era uma questão de compartilhar custos ou continuar a pagar o montante total".

Outros fatores importantes para o sucesso de parcerias de serviços compartilhados são um alto grau de confiança e abertura na consideração de modos de como se implementar o programa.

Fonte: Anônimo, "Auto Pilot", *Logistics,* July 2000, p. 89, 90 e 92.

Sistemas Contratuais. Como diz o nome, muitas empresas desejam conduzir negócios dentro dos limites de um contrato formal. As formas mais comuns de acordos contratuais nos relacionamentos de distribuição são franquias, concessionárias e acordos entre especialistas em serviços e seus clientes. O compromisso com um contrato retira o relacionamento da estrutura puramente voluntária, característica de todas as alianças. No lugar de cooperação pura, o acordo contratual estabelece uma série de obrigações legais.

Muitas empresas buscam contratos pela estabilidade adquirida na formalização do compromisso. No caso de uma franquia ou uma concessionária, o acordo formal funciona como garantia de direitos e deveres de uma empresa, relativos à representação de um serviço ou produto em uma área geográfica específica. A empresa responsável é certificada de que conformidade com modos específicos de conduzir negócios ocorrerá e de que uma compra mínima exigida será efetuada. Franquias e concessionárias são mais comuns na estrutura de *marketing* de setores automotivos e de *fast food*.

Muitos dos acordos contratuais são especificamente direcionados ao desempenho de atividades logísticas necessárias para completar a distribuição. Por exemplo, uma das formas mais comuns da contratação de RCA envolve o transporte contratado. O contrato mais comum entre embarcador e transportadora especifica o nível de desempenho esperado e estabelece a tarifa ou os encargos a serem pagos pelo serviço. Um exemplo típico seria o acordo de uma transportadora para oferecer regularmente uma quantidade pré-determinada de um tipo específico de equipamento para o embarcador. O embarcador, por sua vez, pode concordar em carregar e posicionar o equipamento para coleta eficiente, no percurso, pela transportadora. O contrato especifica a obrigação das partes participantes e o preço negociado.

O contrato é uma parte vital de muitos arranjos logísticos. Uma vez que muitos relacionamentos logísticos exigem investimento de capital extensivo, acionistas de empresas participantes e provedores financeiros buscam acordos contratuais para se especificar o risco. Portanto, algum grau de contratação é comum no âmbito da série de arranjos relacionais voluntários.

Joint Ventures. Alguns arranjos de distribuição são simplesmente muito intensos em capital para desenvolvimento por parte de uma única empresa. Portanto, duas ou mais empresas podem escolher investir conjuntamente no arranjo. A *joint venture* mais estrita envolve duas ou mais empresas que se unem economicamente a fim de criar uma nova entidade de negócios. Enquanto essas tentativas a partir do nada não são comuns, existem oportunidades para desenvolvimentos futuros.

O cenário mais oportuno para *joint ventures* ocorre quando um embarcador decide terceirizar completamente todas as suas exigências logísticas – incluindo instalações, equipamentos e operações dia-a-dia – para terceiros, ou prestadores de serviço por contrato. Um jeito lógico de arranjar essa terceirização é estabelecer uma *joint venture* entre o embarcador e a empresa prestadora de serviços. O estabelecimento de uma relação comercial em que todos os grupos de gerenciamento participam serve para reduzir o risco, especialmente quando arranjos exclusivos de base ampla são exigidos.

Impactos do Comércio Eletrônico na Distribuição ao Mercado

Talvez nenhum outro assunto tenha recebido tanta atenção na literatura recente como o crescimento explosivo do comércio eletrônico no mundo. Quase diariamente, aparecem artigos na imprensa, em geral, na de negócios e na acadêmica, relativos a volume de negócios atualmente transacionados, projeções para o futuro e à mudança fundamental que está sendo gerada pelo comércio eletrônico. Muitos artigos se concentram na chamada nova economia e em como as empresas envolvidas na antiga economia estão sendo desafiadas, ou até se tornando obsoletas, pela dinâmica da nova economia.[7] Embora haja muitas formas diferentes de comércio eletrônico, incluindo fax e o tradicional EDI (*Electronic Data Interchange*), muito da discussão atual se concentra na *Internet* e suas implicações de como os negócios se dirigem ao mercado.

A velocidade da mudança torna difícil generalizar precisamente quais serão os impactos de longo prazo na distribuição ao mercado. A seguir, a atenção se concentra primeiramente no desenvolvimento de um formato novo de varejo, os conhecidos *e-tailers*, que começaram a aparecer no final dos anos 90. Naturalmente, muitos desapareceram no início de 2001. A discussão é então direcionada para novas alternativas de canal e relacionamentos entre participantes de canais, fomentadas pelo comércio eletrônico. Finalmente, é oferecida uma avaliação de como esses desenvolvimentos irão influenciar as atividades logísticas exigidas para apoiar a complexidade crescente dos canais de *marketing*. O foco deste capítulo está no comércio eletrônico voltado para o setor de consumo da economia. A natureza mutável dos relacionamentos B2B, enquanto atingidas pelo comércio eletrônico, é discutida no Capítulo 5.

O Aparecimento do *E-tailing*

Ainda hoje não é claro quem tenha sido o primeiro *e-tailer* (varejista eletrônico). Quem decidiu pela primeira vez levar vantagem do fato de que a disponibilidade disseminada de computadores pessoais e o uso da Internet apresentavam uma nova oportunidade de negócios para consumidores, como meios alternativos de efetuar compras? Já em 1992, Provedores de Serviços de Internet (ISPs – Internet Service Providers), como a American Online, começaram a oferecer a clientes a possibilidade de entrar em *shoppings* virtuais, nos quais podiam navegar através de produtos oferecidos, em uma quantidade de lojas virtuais, e selecionar e fazer o pedido para entrega direta em casa. Os esforços iniciais, entretanto, tiveram sucesso limitado, já que os consumidores resistiram inicialmente ao conceito de pedidos *online*. Apesar de os *shoppings* virtuais serem navegados por um grande número de consumidores atrás de produtos, as transações de vendas, de fato, eram limitadas.

Em 1995, Jeff Bezoz fundou a Amazon.com. Embora não tenha sido o primeiro *e-tailer*, o sucesso da Amazon.com na geração de receitas de publicidade e vendas torna-se um exemplo importante de como surgiu o *e-tailing* como um canal alternativo. A Amazon.com e outros *e-tailers* ofereceram um formato alternativo de compras que possui vantagens e desvantagens em relação às tradicionais lojas de tijolos e argamassa. Uma vantagem significativa é a conveniência do local, pois o que pode ser mais prático do que comprar a partir de seu próprio computador?

Uma segunda vantagem é o sortimento que pode ser oferecido a consumidores, a partir desse formato. Não restrito a limitações de espaço de loja, o *e-tailer* pode oferecer, para venda, um sortimento completo de produtos que não pode ser comparado a nenhuma loja convencional. Mesmo antes de se abrir a numerosas categorias outras de produtos, a Amazon.com oferecia aos consumidores mais de um milhão de escolhas de títulos de livros. Uma terceira vantagem oferecida é a informação. Compradores potenciais podem acessar resenhas de livros

---

[7] Por exemplo, veja Barry Janoff, "New Economy", *Progressive Grocer*, June 2000, pp. 18-28.

elaboradas por críticos profissionais ou escritas por outros consumidores, e encontrar facilmente livros relacionados a assuntos de interesse ou livros escritos seus autores favoritos.

As desvantagens mais importantes para o consumidor que compra via *e-tailing* são o tempo de espera, a impossibilidade de, fisicamente, olhar, manusear ou experimentar o produto, bem como preocupações relacionadas à segurança. Uma vez comprado, o consumidor deve esperar pelo menos um dia, com tempo de espera se estendendo a semanas em várias instâncias, dependendo da disponibilidade de inventário no momento. Além disso, os consumidores freqüentemente querem manusear fisicamente o produto, seja folheando as páginas de um livro ou experimentando uma roupa para garantir que sirva. Por fim, preocupações quanto à segurança incluem a possibilidade de fraude no uso do cartão de crédito e a capacidade de as empresas reterem informações pessoais sobre a vida, gostos e hábitos das pessoas. Apesar da limitação, fica claro que a prática de *e-tailing* atrai um número significativo de consumidores. Compras de clientes efetuadas de *e-tailers* foram estimadas em $20 bilhões em 1999, e é projetada para $180 bilhões até o ano de 2004.[8]

Novas Alternativas de Canais

Especula-se muito se a *Internet* abrirá um novo mundo de relacionamentos entre companhias fabricantes e de serviços e seus consumidores finais. A *Internet* oferece, potencialmente, um mecanismo para que fornecedores obtenham acesso direto e barato a clientes. Alternativamente, sugeriu-se que consumidores desejam obter acesso direto às empresas que fabricam os produtos. Não obstante, a especulação é a de que existe necessidade reduzida de relacionamentos complexos de canal de mercado, envolvendo agentes, atacadistas ou lojas a varejo. Afinal, se os consumidores estão dispostos a comprar pela *Internet*, por que não lidar diretamente com fabricantes de produto/serviços, ultrapassar s arranjos de canal existentes e tornar realidade uma nova era, caracterizada pelo surgimento de canais diretos como mecanismo fundamental para a nova economia?[9]

Na verdade, existem muitos exemplos de desenvolvimento de canais diretos como esses. Na indústria de aviões de passageiros, quase toda linha aérea estabeleceu um portal (*website*), oferecendo informação detalhada sobre rotas, vôos, disponibilidade, preços, etc. Consumidores podem efetuar sua própria pesquisa, segundo horário ou preço, e executar seus próprios itinerários de vôos. Simultaneamente, as linhas aéreas reduziram comissões pagas a agentes de viagens que tradicionalmente efetuavam essas pesquisas. Muitos fabricantes de produtos também estabeleceram portais, em que consumidores podem acessar grande quantidade de informação sobre produtos, uso de produtos e demonstrações, e receber ofertas promocionais. Nessas circunstâncias, fica fácil imaginar o consumidor simplesmente fazendo um pedido direto com o fabricante.

Dada a disponibilidade disseminada e o baixo custo associados às transações de *marketing* via Internet, muitos projetaram que o futuro será uma era de redefinição de papéis e mudanças nas funções de *marketing* de volta aos que criam os produtos e serviços. Em suma, eles prevêem uma era de um canal disseminado *sem intermediação* em que os canais tradicionais de *marketing* não serão mais necessários para preencher a lacuna entre produtores e consumidores. O resultado, como imaginado, será de preços baixos para consumidores e maiores lucros para fornecedores.

O fato é que os consumidores mostraram uma grande disposição de interagir diretamente com os fabricantes via Internet, aumentando a participação dos fabricantes nos fluxos de mercado, que tradicionalmente eram mais passíveis de serem concluídos ou compartilhados com intermediários de canais. Pesquisas mostram que um grande número de consumidores visita portais de fabricantes; fazem isso freqüentemente e em variados estágios do processo de compra. A Tabela 4-3 apresenta dados de um estudo de consumidores *online*, mostrando que muitos consumidores usam portais de fabricantes com o propósito de pesquisar produtos e informações de compra. Os dados mostram, entretanto, que apenas 27% dos consumidores utilizaram o portal do fabricante para efetuar compras.

É claro que um grande número de fabricantes não oferece aos consumidores a possibilidade de efetuar compras *online*. Sua lenta adaptação à Internet como mecanismo para concluir transações de vendas diretas advém de três fontes. Primeiro, a maioria dos fabricantes não é capaz de completar, de forma eficiente, o compromisso logístico exigido pelas transações diretas ao consumidor. Segundo, há uma grande relutância por parte de muitos fabricantes em ultrapassar canais de distribuição estabelecidos e romper relações com intermediários de canal existentes. Em um evento altamente divulgado, em 1999, The Home Depot enviou uma carta a seus fornecedores, informando-lhes que não faria mais negócios com nenhum fabricante engajado em vendas diretas ao consumidor. Poucos fabricantes estavam dispostos a interromper suas relações com organi-

---

[8] "Shopping Online Opens Strong in 2000", *USA Today*, March 1, 2000. P. B-1.

[9] Veja, por exemplo, Robert Benjamin e Rolf Wigand, "Electronic Markets and Virtual Value Chains on the Information Superhighway", *Sloan Management Review*, Winter 1995, pp. 52-62; Debra Spar e Jeffrey Bussgang, "Rulling the Net", *Harvard Business Review*, May/June 1996, pp. 125-33.

Tabela 4-3 Consumidores habilitados vêem fabricantes como varejistas*

"Quando, no processo de compras, é mais provável que você visite o *website* do fabricante?		
Quando não compra seus produtos	**Consciência**	45%
Quando pesquisa um produto	**Consideração**	75%
Depois de decidir o que e onde comprar	**Preferência**	16%
Para efetuar uma compra	**Compra**	27%
Depois de decidir o que, mas não onde comprar		42%
Depois de comprar, para saber de opções de reparos e de serviço	**Pós-venda**	25%
Depois de comprar, para ajuda em instalação e configuração do produto		31%
Depois de comprar, para registrar a garantia		40%

Que tipo de informação você procurou no *site* do fabricante nos últimos seis meses?			
Informação sobre produção	79%	Desenvolvimento de produtos novos	37%
Preços de produtos	79%	Informação sobre garantia e segurança	35%
Onde comprar produtos específicos	49%	Informação sobre instalação e configuração	31%
Apoio ao consumidor	44%	Informações gerais sobre a empresa	31%
Informações adicionais sobre produto já conhecido	42%	Como conectar-se com pessoas com interesses similares	40%

* Baseado em pesquisas com 8.842 consumidores *online*. Dados de Forresters Technographics Online Retail & Media 2000 Estudo de campo (Forrester Research, Inc., Report: Channel Conflict Crumbles, March 2000, p. 2).

zações de varejo estabelecidas. No setor de brinquedos, a Mattel interrompeu seus esforços de vendas *online* e no de vestuário, a Levi-Strauss, que havia sido a pioneira em desenvolver uma capacitação *online*, anunciou que deixaria de vender *jeans* através de seu *site*.

Por fim, deve ser observado que, embora ofereçam aos consumidores muitas das mesmas vantagens do *e-tailing*, vendas diretas de fabricantes a consumidores via Internet apresentam uma desvantagem fundamental. Os fabricantes não podem oferecer a ampla seleção de produtos que pode ser oferecida por varejistas, seja uma loja física ou um *site* na Internet. Quando os consumidores querem uma ampla variedade de linhas de produtos e de escolhas de marca, transações diretas com fabricantes não se mostram desejáveis. Como um exemplo simples, imagine tentar efetuar a compra semanal de produtos de mercearia através de interação direta com fabricantes.

Complexidade Crescente de Canais

Em contraste com a simplificação e ausência de intermediação de canais, resultantes da Internet, apresenta-se o potencial para uma complexidade crescente de canais. À medida que os negócios existentes expandem suas atividades no comércio eletrônico com os consumidores, e o *e-tailing* ganha popularidade com os consumidores, relacionamentos de distribuição podem proliferar e dar início a outras formas de intermediação. Muitos desses intermediários não eram ouvidos há alguns anos atrás, mas atualmente desempenham um papel importante na distribuição ao mercado. Organizações com nomes como *sites* afiliados, portais e mecanismos de busca se tornaram parte integrante do mercado de distribuição. Enquanto isso, os atacadistas e varejistas tradicionais continuam a operar, às vezes em conjunto com esses novos intermediários. Considere, por exemplo, que a Barnes and Nobles e a Toys R Us expandiram suas atividades para incluir o *e-tailing*. Preferivelmente à falta de intermediação do canal, o comércio eletrônico de negócios ao consumidor provoca o que um autor chamou de *hipermediação*, à medida que canais de distribuição se adaptam ao potencial da *Internet*[10]. A Visão Setorial 4-3 descreve uma compra de livro feita por consumidor via *Internet* e os muitos intermediários envolvidos na compra.

O desafio mais significativo colocado pelos negócios diretos ao consumidor (*business-to-consumer*) do comércio eletrônico não é o desafio de *marketing* e vendas; na verdade, as tendências de vendas em 1999 e 2000 demonstram claramente que alguns consumidores estão dispostos a comprar e adquirir produtos eletronicamente. Ao contrário, o maior desafio está no processo logístico e na eficiência de atendimento do pedido, para satisfazer as exigências de consumidores. Embora o comércio eletrônico possa reduzir significativamente custos de transações de *marketing* relacionados à geração e processamento de pedidos, provoca impacto significativo em economias relacionadas a coleta, embalagem e transporte físicos desses pedidos.

O modelo de negócios no qual se apóia o processo logístico de um fabricante reside fortemente no atendimento de grandes pedidos embarcados para um número relativamente pequeno de localizações de clientes. O envio de cargas completas de caminhão a centros de distribuição é

---

[10] Nicholas G. Carr, "Hypermediation: Commerce as Clickstream", *Harvard Business Review*, January/February, 2000, pp. 46-7.

Visão Setorial 4-3   Cliques e Transações

Um exemplo simples, corriqueiro de compras pela Internet mostrará como a hipermediação funciona. Digamos que um usuário ocasional da *Web* – vou chamá-lo Bob – passa a se interessar pelos livros ubíquos de Harry Potter. Imagina que gostaria de lê-los, mas quer aprender um pouco mais sobre eles. Então, vai à *Web* e, já que nunca se incomodou em mudar a página inicial de seu provedor, acaba no portal da Netscape. Na caixa de busca, digita a frase "Harry Potter" e, a partir de uma lista de serviços de busca disponíveis, escolhe, sem muito pensar, a GoTo.com. Ele é transportado para a página da GoTo.com, onde os resultados de sua pesquisa estão elencados. Escolhe um *site* que parece promissor, próximo ao topo da janela, chamado "Nancy's Magical Harry Potter Page".

O *site* de Nancy, uma página pessoal na Internet com um *design* sem sofisticação, porém acessível, está cheio de informações que Bob considera úteis. Há uma série de resenhas dos livros feitas por Nancy e alguns de seus amigos, resumos de tramas e descrições detalhadas de personagens, e um painel de discussões, onde os leitores compartilham seus comentários. Há também um *link* para uma página especial de Harry Potter na eToys. Bob clica no link e descobre que eToys está vendendo o primeiro livro da série por apenas $8,97 – 50% de desconto no preço de lista. Não podendo resistir à oferta, aciona o seu cartão Visa e faz o pedido. Três dias depois, o livro está na sua caixa de correio.

Uma expedição de compra bastante rotineira na *Web*, não? Mas considere o arranjo complexo de intermediários que fez dinheiro com a modesta compra de Bob. Existem os suspeitos regulares, é claro – o varejista eToys, o distribuidor de livros de quem a eToys compra, o banco que emitiu o cartão de crédito Visa de Bob, o serviço de correios dos EUA. Porém, há jogadores menos óbvios também. Primeiro, a Netscape. A Netscape coloca vários serviços de busca em sua página e, em troca, os serviços pagam à Netscape um centavo ou dois cada vez que um visitante clica seus *sites*. Assim, quando Bob foi transferido para GoTo.com, Netscape recebeu um dinheirinho. GoTo, por sua vez, oferece seus melhores resultados de busca aos maiores ofertantes. Nancy, por exemplo, concordou em pagar à GoTo um centavo para cada visitante que clica seu *site*. Assim, quando Bob escolheu o *site* da Nancy, a GoTo ganhou um centavo. A GoTo não consegue ficar com tudo, entretanto. Uma vez que contrata um provedor de fora, Inktomi, para conduzir suas buscas, teve que pagar-lhe uma fração daquele centavo para processar a busca de Bob.

Depois, há a própria Nancy. Como outras milhares de pessoas que possuem páginas pessoais na rede, Nancy se inscreveu para ser uma afiliada da eToys. Quando envia alguém para a eToys, através de um *link* em sua página, o *e-tailer* lhe paga 7,5% de qualquer compra resultante. Assim, a Nancy ganhou, sem maior esforço, 67 centavos, quando Bob comprou o livro. E mais, a eToys não dirige seu próprio programa de afiliações. Terceiriza o trabalho para uma empresa chamada Be Free, que, por sua vez, no, leva uma pequena fatia nas compras que administra. Assim, ela também ganhou um pouco do dinheiro de Bob.

Adicione os valores, e verá que nada menos que nove intermediários puseram suas mãos na compra de $8,97 de Bob. (E isso ainda não inclui as pessoas que puseram suas resenhas no *site* da Nancy; eles nem perceberam que podiam estar cobrando por suas palavras.) Na verdade, cada vez que o Bob clicava seu *mouse*, uma transação ocorria: um pequeno valor era gerado e um pouco de dinheiro trocava de mãos. Sim, o dinheiro somava sempre apenas um centavo ou dois, mas parece uma aposta segura o fato de que muito mais lucro foi realizado pelos intermediários que levaram aquele dinheiro, do que pela eToys, quando vendeu o livro pela metade do preço. A transação de Bob é um microcosmo da emergente estrutura econômica do comércio eletrônico: os lucros estão nas transações intermediárias, não na venda final de um produto.

Fonte: Nicholas G. Carr, "Hipermediation: Commerce as Clickstream", *Harvard Business Review*, January/February, 2000, p. 46-47.

---

bem diferente do envio de pequenos pacotes a casas de consumidores. Distribuidores e varejistas eletrônicos tampouco estão imunes aos desafios logísticos. Preparar o embarque de um ou dois itens, documentar esses embarques, rastreá-los e transportá-los no curto espaço de tempo exigido para atender às necessidades de clientes e efetuar essas tarefas, de modo a não aumentar custos totais para consumidores é a primeira preocupação de todas as organizações *business-to-consumer* da Internet. Em resposta às exigências s crescentes dos consumidores por entregas mais rápidas e custos crescentes relacionados a embarques de longa distância para pequenos pacotes, Amazon.com se envolveu com a construção de sofisticados centros de distribuição nos EUA. Essa estratégia resultou no investimento em instalações e equipamentos, de forma não tão diferente da de tradicionais empresas de varejo. tradicionais.

Na verdade, existem muitas estratégias alternativas para gerenciar e realizar a logística para o comércio eletrônico de negócios direto ao consumidor[11]. Algumas empresas podem alcançar o atendimento com uma rede de centros de entrega em numerosos mercados em que o inventário é mantido em antecipação a pedidos de clientes.

---

[11] Fred R. Ricker e Ravi Kalakota, "Order Fulfillment: The Hidden Key to E-Commerce Success", *Supply Chain Management Reviw*, Fall 1999, pp. 60-6.

Uma estratégia logística alternativa exige que o cliente retire o produto em locais centrais, em vez da entrega domiciliar. Essa abordagem tem sido chamada de estratégia do *compre aqui/retire lá*. Em qualquer caso, essas instalações poderiam servir vendedores múltiplos, oportunizando algumas economias de escala. Outra estratégia pode ser a de terceirizar o processo inteiro de atendimento a parceiros que sejam especialistas no atendimento físico, especialmente empresas de logística terceirizada que podem consolidar operações para muitos vendedores, oferecer flexibilidade no atendimento ao crescimento, e gerenciar um fluxo mais eficiente de produtos desde a origem até o destino do consumidor. Vendedores que têm volume suficiente podem escolher utilizar operações de atendimento dedicadas, como fizeram Amazon.com e Micro Warehouse.

Qualquer abordagem estratégica escolhida exigirá um exame cuidadoso de custos e de trocas compensatórias de nível de serviço. Cada uma possui implicações para investimentos em inventário, instalações, custos de transporte e entregas a consumidores. A análise dessas trocas compensatórias é fundamental para o projeto de processo logístico e é o assunto do Capítulo 16. Basta dizer, neste momento, que todas as organizações envolvidas em negócios direto ao consumidor do comércio eletrônico estão lutando para encontrar as estratégias logísticas e de atendimento mais apropriadas para suas empresas.

Precificação e Logística

A precificação é outro aspecto da estratégia de *marketing*, que interage diretamente com operações logísticas. Os termos e condições de precificação determinam qual participante possui a responsabilidade de desempenhar atividades logísticas. Uma tendência importante na estratégia de preço tem sido a de "desempacotar" o preço de produtos e materiais, para que serviços como os de transporte, que eram tradicionalmente incluídos no preço, sejam agora identificados como itens separados. Práticas de precificação causam um impacto direto na oportunidade e estabilidade de operações logísticas. Nesta seção, são revistas várias estruturas básicas de precificação, seguidas de uma discussão das áreas de impacto da precificação. Não houve nenhuma tentativa de rever a ampla gama de questões psicológicas e econômicas da precificação, relativas às decisões de estabelecimento de preços. O foco está no relacionamento entre precificação e operações logísticas.

Fundamentos da Precificação

As decisões de precificação determinam, de forma direta, qual parte da transação é responsável pelo desempenho de atividades logísticas, passagem da titulação e responsabilidades. A origem de FOB e o preço de entrega são os métodos mais comuns.

Precificação FOB

O termo *FOB* significa tecnicamente *Free On Board* (carga livre de despesa a bordo) ou *Freight On Board* (frete a bordo). Na prática, é utilizada uma quantidade de variações da precificação FOB. A origem de **FOB** é o modo mais simples de cotar o preço. Aqui o vendedor indica o preço no ponto de origem e concorda em efetuar o embarque para o transporte de carga, mas não assume qualquer outra responsabilidade. O comprador seleciona o tipo de transporte, escolhe o transportador, paga os encargos de transporte e encara o risco de perdas e ou danos em trânsito. Na precificação de destino **FOB destino,** a titulação não passa para o comprador até que a entrega seja concluída. Sob essas circunstâncias, o vendedor faz arranjos para o transporte e os encargos são adicionados à fatura de vendas.

A gama de termos e responsabilidades correspondentes para a precificação estão ilustradas na Figura 4-7. Uma revisão de vários termos de vendas torna claro que a empresa que paga a fatura de frete não assume necessariamente a responsabilidade pela propriedade de produtos em trânsito, pelos encargos indiretos do frete ou pelo preenchimento das reclamações sobre o transporte.

Preço de Entrega

A diferença fundamental entre o FOB e o **preço de entrega** é de que no preço de entrega o vendedor oferece um preço que inclui o transporte do produto ao comprador. Em outras palavras, o custo do transporte não é especificado como um item separado. Existem muitas variações de preço de entrega.

Precificação Única por Zona. Sob um sistema de precificação de entrega única por zona, os compradores pagam um preço único independentemente de onde estão localizados. Preços de entrega geralmente refletem o custo médio de transporte do vendedor. Na prática mesmo, alguns clientes pagam mais do que sua justa parte pelo transporte, enquanto outros são subsidiados. Os serviços de correio dos EUA usam uma política de precificação única por zona nos Estados Unidos, para cartas e pacotes de primeira classe. A mesma tarifa de postagem é cobrada para um dado tamanho e peso, independentemente da distância percorrida até o destino.

A precificação de entrega por uma só zona é comumente usada quando custos de transporte são uma porcentagem relativamente pequena do preço de venda. A vantagem mais importante para o vendedor é o alto grau de controle sobre a logística. Para o comprador, apesar de baseados em médias, esses sistemas possuem a vantagem da simplicidade.

Precificação por Zonas Múltiplas. A prática de precificação por zonas múltiplas estabelece preços diferentes para áreas geográficas específicas. A idéia subjacente é a de que diferenciais de custos logísticos podem ser designados de forma mais justa, quando duas ou mais zonas – comumente ba-

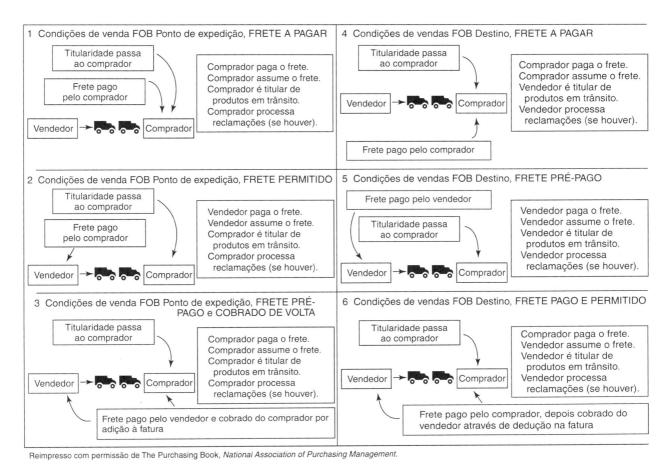

Figura 4-7 Condições de venda e responsabilidades correspondentes.

seadas na distância – são usadas para cotar o preço de entrega. Transportadores de pequena expedição como a United Parcel Service utilizam a precificação por zonas múltiplas.

Precificação de Ponto-Base. A forma mais complicada e controvertida de preço de entrega é a utilização de um sistema de ponto-base, no qual o preço de entrega final é determinado pela lista de preços do produto mais o custo de transporte, a partir de um ponto-base designado, normalmente o local de produção. Esse ponto designado é utilizado para computar o preço de entrega, tenha ou não o embarque, de fato, origem a partir do local de base.

A Figura 4-8 ilustra como um sistema de precificação de ponto-base comumente gera retornos líquidos diferentes para o vendedor. O cliente foi cotado com um preço de entrega de $100 por unidade. A planta A é o ponto-base. O custo de transporte real da planta A para o cliente é de $ 25 por unidade. O preço-base do produto da planta A é de $85 por unidade. Os custos de transporte das plantas B e C são de $20 e $35 por unidade, respectivamente.

Quando os embarques são efetuados a partir da planta A, o retorno líquido da companhia é de $75 por unidade (o preço de entrega de $100 menos o custo do transporte de $25). O retorno líquido para a companhia varia se os embarques são feitos a partir das plantas B ou C. Com um preço de entrega de $100, a planta B coleta $5 pelo *frete fantasma* sobre embarques para o cliente. O frete fantasma ocorre quando um comprador paga custos de transporte maiores do que os realmente realizados para movimentar o embarque. Se a planta C é a origem do embarque, a companhia deve absorver $10 dos custos do transporte. A **absorção do frete** ocorre quando um vendedor paga tudo ou uma porção dos custos reais de transporte, e não recupera o total dos gastos dos compradores. Em outras palavras, o vendedor decide absorver o custo de transporte para ser competitivo.

A precificação de ponto-base simplifica cotações de preço, mas pode causar um impacto negativo nos clientes. Por exemplo, a insatisfação pode ocorrer se os clientes descobrem que estão sendo cobrados a mais pelo transporte do que os custos de frete reais. Essas práticas de precificação podem também resultar numa grande quantidade de absorção de frete por parte dos vendedores.

Questões de Precificação

As práticas de precificação também se integram às operações logísticas em, pelo menos, quatro maneiras: discrimi-

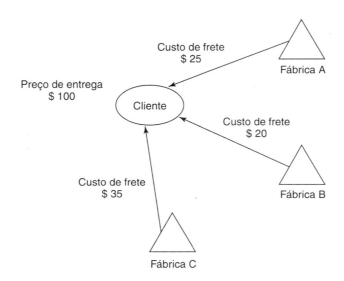

Figura 4-8 Precificação no ponto-base.

nação potencial, descontos por quantidade, bonificações de coleta e precificação promocional.

Discriminação Potencial

A legalidade da precificação de transporte é uma consideração importante e deve ser revista e administrada de forma cuidadosa para se proteger contra a discriminação potencial. O Ato Clayton de 1914, com as emendas do Ato Robinson-Patman de 1936, proíbe a discriminação de preços entre compradores, quando as práticas "reduzirem substancialmente a competição".

A precificação por zona é potencialmente discriminatória, pois alguns compradores pagam mais do que o custo real de transporte, enquanto outros pagam menos. Sistemas de precificação por zonas são ilegais, quando o resultado líquido implica cobrar preços de entrega diferentes por produtos idênticos para competidores diretos. Em anos recentes, a determinação de legalidade dos sistemas de preços de entregas por zonas tem se centrado na questão de que o "vendedor age ou não independentemente, e não em colusão com os competidores". É improvável que a Comissão Federal do Comércio tome qualquer ação, a não ser que haja clara evidência desse tipo de conspiração.

No passado, a precificação seletiva de ponto-base foi considerada ilegal, tanto pelo Ato Robinson-Patman como pelo Ato da Comissão Federal do Comércio. A preocupação é se isso resulta em competidores diretos, tendo margens diferenciadas.

Para evitar problemas legais potenciais, a maioria das empresas usa ou as políticas do FOB ou da precificação entregue uniforme. Essa estratégia é geralmente preferível, se comparada à de defesa de práticas de custos médios exigida na precificação por zonas, ou o contencioso resultante de dificuldades legais potenciais associadas à precificação de ponto-base. Os seguintes pontos devem ser levados em consideração quando do estabelecimento da precificação geográfica:

> Algumas das estratégias de precificação geográfica... podem ser ilegais sob certas circunstâncias. Três princípios gerais podem ser utilizados para guiar a política a esse respeito. Primeiro, uma empresa não deve discriminar entre compradores competidores na mesma região (especialmente se houver precificação por zona para os compradores em cada lado de uma fronteira de zonas), pois essa ação pode violar o Ato de Robinson Patman, de 1936. Segundo, a estratégia da empresa não deve parecer predatória, especialmente na precificação com absorção do frete, pois uma estratégia como essa violaria a Seção 2 do Ato Sherman, de 1890. Terceiro, ao escolher a precificação de ponto de base ou de zona, a empresa não deve tentar fixar preços entre competidores, porque essa ação violaria a Seção 1 do Ato Sherman.[12]

Descontos por Quantidade

Descontos por quantidade são geralmente oferecidos por uma empresa como estímulo para o aumento de tamanho de pedidos e de volume global de negócios. Para não se ser discriminatório, uma estrutura de desconto idêntica deve estar disponível a todos os compradores. Sob o Ato Robinson-Putman, é responsabilidade do vendedor provar que descontos idênticos e não cumulativos estão disponíveis para todos os compradores qualificados. A quantidade de desconto oferecida deve ser justificada com base na economia direta de custos.

O Ato Robinson-Patman afirma que diferenças de custo podem ser justificadas com base em economias de pro-

---

[12] Gerard J. Tellis, "Beyond the Many Facets of Price: An Integration of Pricing Strategies". *Journal of Marketing* 50 (October 1986), pp. 146-60.

dução, entrega ou venda de mercadorias. Descontos relacionados à quantidade, baseados em reduções de custo de produção ou de venda, são difíceis de serem comprovados. Economias relacionadas à logística são relativamente mais fáceis de serem documentadas, uma vez que muitas estão relacionadas a embarques específicos. Economias de transporte e manuseio são geralmente usadas para justificar descontos por quantidade; assim, são comuns tarifas de transporte menores para embarques com volume.

Em contraste com descontos não cumulativos, descontos cumulativos – baseados em compras consecutivas por um período de tempo específico – são mais difíceis de justificar. Descontos cumulativos, pela própria natureza de sua base de cálculo, favorecem compras de grande volume, ao mesmo tempo em que discriminam pequenos compradores. Entretanto, a discriminação de preços pode ser comprovada, apenas quando se determina dano potencial ou real à competição.

Bonificações de Coleta

Bonificações de coleta são equivalentes à compra de mercadorias, com base FOB na origem. Aos compradores, é dada uma redução no preço de entrega padrão, se eles ou seus representantes retiram os embarques na localização do vendedor e assumem a responsabilidade pelo transporte. Um comprador também pode usar um transportador contratado para efetuar a retirada de mercadoria. No setor de alimentos e de produtos de mercearia, que tradicionalmente praticava precificação de entrega, empresas realizaram economias significativas pela utilização de transportadores particulares e contratados para retirar em vez de comprar a mercadoria, numa base de preço de entrega.

Embora exista alguma confusão quanto ao modo como melhor estabelecer uma bonificação para coleta, uma regra segura é a de que o vendedor deveria oferecer a mesma bonificação para todos os compradores competidores. Uma bonificação de coleta uniforme constitui-se geralmente no incentivo de preço oferecido ao cliente que estiver mais próximo do ponto de carregamento. Outras políticas comuns oferecem bonificações de coleta equivalentes ao frete de transporte comum aplicável para embarques.

A utilização de bonificações para coleta oferece benefícios potenciais tanto para o vendedor como para o comprador. Aos embarcadores, exige-se que lidem com um número menor de embarques pequenos, reduzindo, assim, a necessidade de uma consolidação extensiva de saída. Os compradores ganham controle sobre a mercadoria mais cedo e são capazes de alcançar maior utilização de equipamentos e motoristas dedicados ao transporte.

Precificação Promocional

Um aspecto final da precificação, que causa impacto em operações logísticas, é o uso de promoções de curto prazo para incentivar compras. Empresas que perseguem estratégias promocionais agressivas têm a chance de projetar orçamentos para encorajar consumidores (via cupons) ou atacadistas e varejistas (via bonificações de comercialização) a comprarem seus produtos. Por exemplo, a Procter & Gamble possui um orçamento anual de propaganda e de promoções que excede $2 bilhões. A gerência de *marketing* precisa alocar esses recursos entre propaganda na mídia centrada em consumidores e uma combinação de cupons e promoções comerciais. Orçar dólares destinados a promoções para comercialização impulsiona a compra de produtos P&G e causam dois resultados. Primeiro, os sistemas logísticos da Procter &Gamble e seus clientes devem lidar com um volume maior de produtos, exatamente antes, durante e geralmente logo após o período promocional. Segundo, gastos com promoções comerciais diminuem o preço efetivo a que está sendo vendido o produto. De uma perspectiva logística, o aumento a curto prazo no volume é uma preocupação fundamental. Assim, enquanto o consumo final pode não demonstrar características sazonais, operações logísticas podem ter que lidar com *ondas sazonais* causadas pelos impulsos promocionais.

A prática bastante difundida de precificação promocional tem sido tradicionalmente a maneira de oferecer um incentivo para a compra comercial. Os fabricantes estabelecem uma lista ou tabela de preços, em um nível artificialmente alto, com expectativas de redução do preço efetivo pela promoção comercial, cupons a consumidores e bonificações de lançamentos de novos produtos. A administração de mudanças de preços regulares normalmente envolve notificação antecipada a clientes, criando, para eles, a oportunidade de *compras antecipadas*. Essa prática estimula ondas de volume, que adicionam custos excessivos, e gera práticas que não agregam valor. A compra antecipada envolve a compra de mercadorias além das necessidades reais dos clientes. Às vezes, esses clientes revendem os produtos-extra para outros participantes do canal, através do uso de agentes, uma prática conhecida como desvio. Com efeito, a empresa estará lucrando, ao se aproveitar de iniciativas de compra disponíveis a alguns participantes do canal, e não a outros.

No esforço de estabilizar a precificação promocional, algumas empresas começaram a desenvolver programas coordenados. Trabalhando juntos, fabricantes e varejistas podem negociar *preços líquidos,* que são administrados num horizonte de tempo específico. O fabricante e o varejista planejam, de forma conjunta, a estratégia de promoção e de publicidade para uma categoria de produto ou mercadoria. É determinado um *preço líquido limite,* que leva em conta quantidade de descontos de compra, descontos de pagamento imediato, e qualquer outro incentivo aplicável a preço. Por fim, estabelece-se um acordo quanto à duração do preço negociado. Esses acordos também especificam como o desempenho será avaliado durante o período de operação, como base para futuros acordos.

A estrutura de negociação de preço descrita anteriormente resultou no que se conhece por Preço Baixo Todos os Dias (EDLP – Every Day Low Pricing). A Wal*Mart geralmente recebe os créditos por ter criado o EDPL, a estratégia com a qual busca construir a lealdade dos clientes. Outras empresas desenvolveram estratégias de compra de EDLP com fornecedores, enquanto seguem um formato de precificação promocional para a comercialização aos consumidores.

Poucas empresas operam nos extremos da EDLP ou da precificação promocional; entretanto, profissionais de *marketing* mais criativos desenvolvem uma abordagem de combinação para estimular a compra por parte dos consumidores. Enquanto o preço ou os *líderes de perdas* são usados para gerar tráfego de consumidores e encorajar compras por impulso em lojas, poucos itens são consistentemente vendidos como líderes de perdas, reduzindo assim o risco de alegações de práticas de preços predatórias.

De forma mais geral, os negócios em uma sociedade de livre mercado irão e deveriam se engajar em uma variedade de atividades promocionais e de publicidade. O desafio é racionalizar a maneira como esses esforços promocionais afetam a logística. A oportunidade e a magnitude da precificação promocional precisam ser avaliadas quanto à habilidade de consumir e à capacidade de eficientemente lidar com as ondas de volume. Num grau significativo, as práticas de *carga de comércio* resultam em pressões de ganho de fim de período ou de final de ano. O conhecido efeito Wall Street caminha de mãos dadas com o uso da precificação promocional para estimular o fluxo de produtos, de maneira que as vendas possam ser agendadas para períodos de tempo específicos. Essas práticas podem proporcionar alívio em ganhos de curto prazo, mas fazem pouco, se o fazem, para estimular o consumo. São, entretanto, garantias para aumentar os custos logísticos.

Menu de Precificação

Na perspectiva de um vendedor, um programa de precificação precisa ser estabelecido para cobrar, precisa e eqüitativamente, os clientes pelos produtos e serviços que demandam. O menu de precificação é uma técnica utilizada por muitas empresas para alcançarem esse objetivo. Um sistema efetivo de menu de precificação possui três componentes: plataforma de preço de serviço, custos especificados de serviços agregadores de valor e incentivos de eficiência.

Plataforma de Preço de Serviço

O primeiro passo para o menu de precificação é estabelecer uma plataforma de serviço básica, a ser oferecida a todos os clientes e um preço apropriado, que reflita os custos relacionados ao oferecimento desse nível de serviço. Espera-se que a plataforma de preço de serviço seja paga por todos os clientes, tenham eles solicitado ou não a combinação de serviços especificada. Por exemplo, a plataforma básica de preço de serviços deveria ser estabelecida para o seguinte nível de serviço: "Uma carreta completa com produtos misturados, em quantidades de cargas de unidades utilizadas em *slip sheet*, embarcadas de um centro de distribuição para descarregamento pelo cliente". A precificação cotada para essa combinação de especificações de entrega, quantidade, configuração e exigências de descarregamento é a base a partir da qual serão considerados quaisquer encargos ou descontos adicionais. Certos descontos-padrão também podem ser cotados como parte de uma plataforma básica de serviços. Por exemplo, os tradicionais descontos por quantidade e bonificações de coleta pelos clientes são comumente considerados partes da plataforma básica de preço.

Custos de Serviços com Valor Agregado

O segundo aspecto do menu de precificação envolve a especificação de cobranças pela concordância de atividades adicionais exigidas pelos clientes. Do exemplo anterior, uma sobretaxa seria imposta para o carregamento de uma unidade personalizada solicitada pelo cliente, como a colocação de camadas de produtos no *slip sheet* numa ordem específica. Uma sobretaxa separada seria estabelecida para paradas múltiplas na entrega, e uma terceira sobretaxa seria estabelecida para entrega em paletes, ao invés de *slip sheets*. Essa abordagem resulta em que cada cliente pague pela combinação específica de serviços que demanda. A Tabela 4-4 oferece uma típica lista de serviços de valores agregados, para os quais os embarcadores freqüentemente estabelecem sobretaxas em seus programas de precificação de menus. É claro que os embarcadores podem escolher oferecer alguns desses serviços como parte de sua plataforma básica de serviços; nesse caso, seu preço básico deve incluir os encargos adequados.

Incentivos à Eficiência

O terceiro passo em um programa abrangente de menu de precificação é o estabelecimento de incentivos à eficiência. Esses incentivos podem ser oferecidos para encorajar os compradores a cumprirem com exigências específicas, que reduzem custos logísticos. Os incentivos oferecem um mecanismo para o compartilhamento de benefícios resultantes desses esforços de redução de custo. Por exemplo, um desconto ou bonificação poderia ser dado para encorajar pedidos de EDI, outro incentivo oferecido a recebedores de mercadorias que garantem o descarregamento do caminhão em 2 horas ou menos, e um terceiro incentivo para a utilização de paletes CHEP (paletes CHEP são paletes especializados que possuem código de barras que permitem monitorar e rastrear constantemente a localização específica de um palete. Os paletes CHEP são alugados em uma

Tabela 4-4 Menu de precificação

Encargos comuns de serviços com valor agregado	Incentivos comuns à eficiência
Utilização de paletes especificados pelo cliente	Paletes CHEP
Paradas múltiplas	Aumento de horas de recebimento
Embalagem especial	Aceitação de carretas para descarregamento
Carregamento sortido/segregado	Descarregamento em tempo certo
Carregamento seqüenciado	Flexibilidade em excesso/redução/danos
Controle de temperatura	Pedido, faturamento e pagamento eletrônicos
Equipes de motoristas	Inventário gerenciado pelo vendedor
	Descarregamento pelo cliente

base de uso, em vez de de serem compradas por um fabricante). Os incentivos à eficiência freqüentemente oferecidos pelos embarcadores em um programa de menu de precificação estão listados na Tabela 4-4. A Visão Setorial 4-4 ilustra o menu de precificação como implementado na Campbell Soup Company.

Resumo

Nenhuma empresa pode ser auto-suficiente no atendimento das necessidades de seus clientes. A especialização em funções pelas organizações cria a necessidade de um processo que resolva os problemas de troca eficiente e efetiva entre essas organizações. Esses problemas estão relacionados a exigências de tempo, lugar, quantidade e variedade. Um mecanismo de distribuição ao mercado deve surgir para resolver esses problemas e criar eficiência, a partir da minimização de transações exigidas para atender a demandas de clientes. De fato, a distribuição ao mercado pode ser pensada conceitualmente como duas estruturas separadas: uma, para atender às atividades de compra e venda exigidas; e outra, para atender às atividades logísticas.

O desenvolvimento da estratégia de distribuição ao mercado é um processo complexo. Arranjos estruturais alternativos variam do mais direto, entre produtor e consumidor, até o mais indireto, envolvendo vários intermediários atacadistas e varejistas. As exigências de usuários finais formam a base para a determinação da estrutura apropriada. Suas necessidades quanto a tempo de espera, compra de lotes, conveniência de lugar e sortimento de produtos direcionam decisões, relativas a onde e como os produtores devem posicionar seus produtos. Essas decisões, por sua vez, influenciam a estrutura, quanto ao número e tipos de intermediários que devem ser incluídos no processo de distribuição. Um fator complicador é introduzido pelo fato de que a maioria das empresas procura servir múltiplos segmentos de usuários finais. A melhor estrutura de canal para um segmento pode não ser a melhor para todos. Assim, a maioria das empresas está engajada em canais de distribuição múltiplos.

O mapeamento do canal é uma ferramenta utilizada por organizações no projeto de canais de distribuição. O mapa de canal esboça os caminhos alternativos usados para alcançar clientes finais, especificando os participantes em cada caminho, bem como as funções desempenhadas e as economias características de cada elo desses caminhos. Uma abordagem matricial, que detalha atividades específicas exigidas para concluir uma função e métodos alternativos para concluir cada atividade, pode também ser utilizada para identificar os participantes mais apropriados no atendimento a exigências específicas de clientes.

Tipos diferentes de relacionamentos são possíveis entre os participantes do canal. A base para se distinguir entre esses relacionamentos é a disposição dos membros para reconhecerem sua dependência mútua. Variando de canais de transações únicas, que surgem da troca única, a canais convencionais, que operam com pouco reconhecimento de dependência, a arranjos colaborativos relacionais, tais como parcerias e alianças, a cooperação e o compartilhamento de informações entre os participantes aumentam à medida que o relacionamento se torna mais formalizado. Cadeias de suprimentos representam relacionamentos comportamentais que constituem parcerias e alianças avançadas.

Nos últimos anos, talvez nenhum outro desenvolvimento tenha causado maior impacto nos canais de distribuição do que a *Internet*. Previsões de uma mudança significativa nos canais, como a possibilidade de que lojas tradicionais dé varejo venham a ser substituídas por *e-tailers*, que não possuem instalações de lojas; a não intermediação de canais, à medida que consumidores interajam diretamente com produtores; e mudanças fundamentais de papéis e responsabilidades têm dominado muito da discussão sobre os impactos da Internet. É muito cedo para determinar qual será o impacto real a longo prazo, mas está claro que operações logísticas e atendimento constituem uma preocupação fundamental para todos os negócios que interagem com consumidores diretamente via Internet.

Visão Setorial 4-4   A Receita da Campbell para Economizar

Instalada em Camden, Nova Jersey, a Campbell Soup Company faz sucos e molhos tão bem quanto as familiares latas vermelhas e brancas da sopa condensada. Como regra geral, a Campbell envia seus produtos diretamente para varejistas e atacadistas de mercearias dos EUA, a partir de quatro fábricas localizadas em Paris, Texas; Napoleon, Ohio; Sacramento, Califórnia; e Maxton, Carolina do Norte. A Campbell distribui seus produtos via transportadores contratados para aproximadamente 600 clientes, com mais de 1.800 embarques diretos ao local nesse país. No ano passado, embarcou aproximadamente 5,5 bilhões de libras de sopas, molhos e bebidas nos Estados Unidos.

Dois anos atrás, a companhia começou a procurar caminhos para reduzir custos de sua cadeia de suprimentos. Administradores examinaram a operação, utilizando o método de contabilidade de custeio baseado em atividades, para estabelecer as despesas reais por tarefas logísticas específicas. Identificaram fatores como configuração de paletes, tipo de paletes, tamanho de embarque, descarregamento pelo transportador, e práticas de gerenciamento de dinheiro, que tinham alto impacto nos custos de distribuição. Concluíram que os clientes que não efetuavam o pedido eletronicamente e que pedidos em caixas entregues em cargas menores que a capacidade de um caminhão eram mais caros de servir, do que outros que, em contrapartida, automatizavam seus procedimentos de pedido e solicitavam quantidades via cargas de caminhão.

Em resposta, os executivos da companhia decidiram instituir um programa de precificação estratégica, que ofereceria incentivos financeiros para clientes domésticos pedirem produtos em carregamentos completos e em paletes completos, em vez de caixas. O programa de precificação de menu oferece aos clientes da Campbell um conjunto de opções de preço – a escolha por adotar certas práticas e obter reduções de preço, manter os preços existentes, ou pagar um preço mais elevado por serviços adicionais.

Os pedidos dos clientes são enquadrados em escalas de preços baseadas nos custos em que a Campbell incorre para servi-los. "Se pedem uma certa porcentagem em carregamentos completos e paletes completos, eles se qualificam em escalas diferentes", diz Nicholas Bova, vice-presidente de planejamento e logística da cadeia de suprimentos. "Também lhes damos parâmetros sobre descarregamento de produtos, bem como pedidos e faturamento por via eletrônica. Além disso, são dadas bonificações ou reduções de preços a clientes, pela retirada própria de mercadorias e/ou o aceitação de entrega direto na fábrica".

Nos seis primeiros meses de operação do programa, a Campbell testemunhou uma mudança significativa nas práticas de compra de seus clientes. Quando a companhia lançou a iniciativa de precificação estratégica, aproximadamente 18% dos clientes da Campbell se qualificavam para a melhor escala de preços. Hoje, mais de dois terços de seus clientes correspondem aos critérios para descontos de preços.

O programa melhorou a eficiência da operação de distribuição da Campbell. A companhia atualmente consolida mais pedidos em carregamentos de caminhão completos. Atualmente, mais de 90% de seu volume doméstico é pedido em carregamentos completos, comparados aos 70-75% anteriores à iniciativa de precificação estratégica. Além disso, 85 a 90% do volume é movimentado em paletes completos hoje comparadas aos 70% no passado. A Campbell comercializa pedidos de compras eletrônicos e informação de inventário com aproximadamente 90% de seus clientes, em oposição aos 60-65% de quando o programa começou.

Atender aos pedidos de clientes num modo ótimo permite que a Campbell melhore seu serviço ao cliente, reduza seus gastos de distribuição e compartilhe as economias com seus parceiros comerciais. Atualmente, possui menos funcionários e paga menos horas-extra em sua operação de armazenagem do que no passado, ainda que a produtividade tenha aumentado.

A Campbell tem sido capaz colocar em ação um tempo de processamento de três dias para pedidos-padrão de parceiros comerciais, e um retorno em dois dias para clientes de seu programa de reposição contínua. "Se movimentamos mercadorias em paletes completos, temos menos manuseio", diz Larry Venturelli, diretor para finanças e logística ao consumidor da cadeia de suprimentos. "Isso diminui a quantidade de tempo que se leva para atender um pedido. Já que há menos manuseio, os danos são reduzidos em toda a cadeia de suprimentos".

Ao motivar clientes a efetuarem pedidos mais eficientes, a Campbell realizou economias importantes. Parceiros comerciais também se beneficiaram com distribuição e práticas de manuseio de pedido melhoradas, custos diminuídos de transporte, elevados níveis de serviços de armazenamento e estocagem e reduzido apoio administrativo.

Fonte: James Aaron Cook, "Campbell's Recipe for Savings", *Logistics Management and Distribution Report*, March 2000, pp. 42-4.

Enquanto a determinação de preço não é administrada por executivos de logística, precificação e logística são altamente inter-relacionadas. O *continuum* entre o FOB e preço de entrega determina quem controla a logística e como os gastos de transporte são tratados no âmbito do preço. A logística também influencia questões como discriminação de preço, descontos, bonificações e promoções. O desenvolvimento de uma precificação de menu como estratégia permite ao vendedor cobrar, de forma mais efetiva, pelos reais serviços prestados ao comprador.

Questões Desafiadoras

1. Por que a especialização é tão fundamental para a eficiência de distribuição?
2. Descreva como o processo de sortimento supera os problemas criados pela especialização.
3. Considerando o princípio da transação mínima, explique por que é possível ter muitos participantes no canal de distribuição.
4. Qual é a lógica mais importante por trás da potencial separação entre as estruturas de canal de *marketing* e de logística?
5. Como o risco relacionado ao inventário pode ser comparado entre os fabricantes, atacadistas e varejistas?
6. Por que um fabricante não desejaria ter sempre uma cobertura de distribuição intensiva?
7. Como pode ser aplicada a abordagem matricial para projeto em atividades logísticas?
8. Faça a distinção entre os quatro tipos de arranjos colaborativos relacionais. Dê um exemplo para cada tipo.
9. Na sua opinião, qual será o impacto causado pela *Internet* no mercado de distribuição por volta do ano de 2010?
10. Qual é a responsabilidade do embarcador, quando os termos de compra são FOB na origem? E FOB no destino? Por que um embarcador preferiria um em vez de outro?

5

Estratégias de Compras e Produção

O Imperativo de Qualidade
    Dimensões de Qualidade do Produto
    Gestão da Qualidade Total
    Padrões de Qualidade
Compras
    Perspectivas de Compras
    Estratégia de Compras
    Segmentação da Necessidade de Compra
    Comércio Eletrônico e Compras
Produção
    Perspectivas de Produção
    Estratégia de Produção
Interfaces Logísticas
    Just-in-Time
    Planejamento das Necessidades
    Projeto para a Logística
Resumo

No Capítulo 2, os ciclos de desempenho foram discutidos como bases para a logística integrada na cadeia de suprimentos. De fato, existem três ciclos de desempenho que devem ser ligados a uma logística efetiva. O *ciclo de compras* conecta uma organização com seus fornecedores; o *ciclo de apoio à produção* envolve a logística de produção; e o *ciclo de distribuição ao mercado* conecta a empresa a seus mercados. Como será visto mais à frente neste capítulo, empresas manufatureiras diferem em suas estratégias de produção; assim, abordagens alternativas a compras podem ser implementadas a fim de atender a exigências específicas de produção. É claro que todo esse desempenho precisa atender às necessidades de clientes em relação à qualidade do produto. Este capítulo começa, portanto, com uma discussão acerca da qualidade do produto sob a perspectiva do cliente e dos programas de gestão da qualidade total. Compras e produção são discutidas, então, com ênfase sobre estratégias alternativas. O Capítulo conclui com uma discussão sobre interfaces logísticas necessárias para apoiar as estratégias escolhidas de compras e de produção de uma organização.

O Imperativo de Qualidade

Atualmente, a qualidade é uma preocupação de extrema grandeza para todas as organizações. Em um mercado competitivo, nenhuma companhia ousa ficar para trás no oferecimento de qualidade a seus clientes, consumidores ou usuários finais. Discute-se que a qualidade não oferece mais a uma organização ganho em relação a seus competidores, porém é um pré-requisito para fazer negócios em uma economia globalizada. Ainda assim, a qualidade se mantém como um conceito elusivo. Ao final, a qualidade está nos olhos dos clientes e no modo como reconhecem uma organização, seus produtos e seus serviços. Muitas questões de qualidade foram introduzidas no Capítulo 3, com uma perspectiva dada às expectativas de serviços e exigências dos clientes. Neste capítulo, que lida com compras de materiais e processos de produção, são abordadas questões críticas acerca da *qualidade do produto*. Muito do foco na gestão da cadeia de suprimentos está em garantir a qualidade do produto que atenda às necessidades dos clientes.

Dimensões de Qualidade do Produto

No contexto da forma física do produto, a qualidade não é tão simples quanto, a princípio, possa parecer. Na verdade, o termo *qualidade* significa coisas diferentes para pessoas diferentes. Embora todos queiram um produto de qualidade, nem todos concordam que um item ou marca em particular possua os atributos de qualidade desejados. Foram identificadas oito dimensões diferentes de qualidade do produto.[1]

Desempenho

Talvez o aspecto mais óbvio da qualidade, do ponto de vista do cliente, seja o **desempenho**, ou até que ponto o produto desempenha a tarefa que lhe foi designada. Por exemplo, os computadores pessoais podem ser avaliados quanto à velocidade de processamento; os componentes de áudio, quanto à claridade de som e ausência de ruído; ou as lava-louças, quanto ao modo como deixam limpas e sem manchas as louças. O desempenho superior de um produto é geralmente um atributo objetivo, que pode ser comparado facilmente entre itens e marcas. É claro que um item pode ter muitas dimensões de desempenho, o que complica o processo de comparação. O computador pessoal é avaliado não apenas quanto à velocidade do processamento, mas também por características como memória interna, capacidade do disco rígido e muitos outros aspectos.

Confiabilidade

A **confiabilidade** se refere à probabilidade de como um produto vai desempenhar durante sua vida útil esperada. A confiabilidade também se preocupa com o número de quebras ou reparos que um cliente experiencia depois de efetuada a compra. Considere, por exemplo, o *slogan* da Maytag, "Pessoas que Dependem", e a campanha publicitária veiculada por tanto tempo, mostrando um funcionário de assistência técnica como sendo "o homem mais solitário da cidade". A Maytag enfatizou que seus produtos eram mais confiáveis do que qualquer outro, ao mostrar que seu funcionário de assistência técnica jamais era chamado para consertar um produto quebrado. Assim como o desempenho, a confiabilidade é uma característica de qualidade que pode ser avaliada objetivamente.

Durabilidade

Embora esteja relacionada à confiabilidade, a **durabilidade** é um atributo um pouco diferente. Refere-se à expectativa de vida de um produto. Um automóvel com uma expectativa de vida de 10 anos pode ser avaliado por muitos consumidores como tendo maior qualidade do que outro com cinco anos de vida. É claro que o tempo de vida pode ser estendido através de reparos ou manutenção preventiva. Assim, a durabilidade e a confiabilidade são distintas, mas são aspectos inter-relacionados de qualidade.

Conformidade

A **conformidade** se preocupa com os produtos de uma empresa, se correspondem à descrição e às especificações precisas de como foram projetados. É freqüentemente avaliada em uma empresa através de observação de produtos rejeitados, do que foi retrabalhado ou de taxas de defeito. Por exemplo, se 95% dos produtos de uma empresa correspondem às especificações projetadas, ela possui uma taxa de defeito de 5%. Os produtos com defeito podem ser rejeitados ou retrabalhados, a fim de levá-los à conformidade, ou padrão desejado. A partir do ponto de vista do cliente, a conformidade pode ser vista como o número de "abacaxis" que ocorrem. Suponha, por exemplo, que a maioria dos automóveis vendidos por um fabricante desempenha sua função como é especificado, demonstra poucas quebras e possui uma vida útil longa. Entretanto, se um pequeno número de carros tem defeito, toda a qualidade do automóvel pode ser avaliada como baixa.

Atributos

Os clientes freqüentemente avaliam a qualidade de produtos específicos baseados em seus **atributos** – o número de funções ou tarefas que desempenham, independentemente de aspectos relacionados à confiabilidade e durabilidade. Por exemplo, um televisor, com controle remoto, com imagem sobre imagem e programação na tela, é geralmente reconhecido como tendo qualidade mais alta do que seu modelo básico. Porém, no geral, quanto mais atributos um produto contém, maior é a possibilidade de um outro atributo de qualidade estar faltando, em particular a confiabilidade.

Estética

A **estética**, ou a estilização e os materiais específicos usados em um produto, é um aspecto bastante usado por muitos clientes na avaliação da qualidade. Em vestimenta, suéteres de *cashmere* são considerados de qualidade mais alta do que tecidos de poliéster. No caso de automóveis, o uso de couro no lugar de tecido para assentos, madeira ou metal no lugar de plástico, são aspectos de estilo que implicam qualidade. Incluída na estética, estão as noções de *adequação e acabamento,* como pintura de alto brilho em um automóvel ou costuras sem defeitos. Os projetos exclusivos ou inovadores de um produto também são considerados pelos clientes como de qualidade mais elevada.

Disponibilidade para Servir

A **disponibilidade para servir**, a facilidade para consertar ou arrumar um produto que não funcione é um aspecto importante de qualidade para alguns clientes. Considere, por

---

[1] David A. Garvin, "Competing on the Eight Dimensions of Quality", *Harvard Business Review,* November/December, 1987, p.101-9.

exemplo, como alguns utensílios possuem capacidade de diagnóstico, que alerta os usuários ou funcionários de serviços técnicos sobre uma falha está prestes a acontecer. De forma ideal, a disponibilidade para servir permitiria ao consumidor consertar o produto, com pouco ou nenhum custo e sem perda de tempo. Na ausência dessa disponibilidade, os clientes geralmente consideram itens ou marcas que podem ser consertados de forma mais rápida ou menos custosa, como sendo produtos de melhor qualidade.

Qualidade Percebida

Como visto anteriormente, os clientes são os últimos avaliadores da qualidade de um produto, através do reconhecimento de como ele corresponde às suas exigências. A **qualidade percebida** está nas experiências anteriores de clientes, durante e após a venda. A qualidade total do produto é uma combinação de várias dimensões, como são combinadas pela organização e como tal combinação é reconhecida. É perfeitamente plausível que dois clientes diferentes possam reconhecer duas marcas diferentes como sendo as de melhor qualidade, dependendo de qual combinação de elementos cada um considera como sendo mais importante.

Gestão da Qualidade Total

Vale lembrar que qualidade total representa muito mais do que apenas um produto físico. Os elementos relacionados ao serviço, à satisfação e ao sucesso, discutidos no Capítulo 3, são de preocupação específica neste capítulo. Na perspectiva do cliente, não apenas o produto físico precisa incorporar os elementos desejados, como também o produto precisa estar disponível de forma precisa e condizente. A qualidade é, portanto, uma responsabilidade de todos em uma organização.

A **Gestão da Qualidade Total (TQM)** é uma filosofia e um sistema de gestão centralizado no atendimento às exigências de clientes, em todos os aspectos de suas necessidades, em todos os departamentos e funções da organização, seja o cliente interno, externo ou intermediário, usuário final ou consumidor. Apesar de ferramentas e metodologias específicas aplicadas na TQM estarem além do escopo deste texto, os elementos conceituais básicos são: (1) compromisso e apoio máximos por parte da alta administração; (2) foco no cliente, no produto, no serviço e no processo de projeto; (3) integração dentro e entre as organizações; e (4) compromisso com melhoria contínua.

Padrões de Qualidade

Estabelecer padrões globalizados de qualidade é extremamente difícil devido às diferentes práticas e procedimentos em todo o mundo. Como um simples exemplo, a tolerância de engenharia em um país pode ser medida em milímetros, ao passo que, em outro, é medida em décimos de polegadas. No entanto, existe um grupo de padrões referente à **Organização Internacional para Padronização (ISO – International Organization for Standardization)**, adquirindo uma aceitação em nível globalizado.

Em 1987, uma série de padrões de qualidade foi emitida sob o nome de ISO 9000. Incorporando muitos subgrupos (ISO 9001, 9002, etc.), esses guias de qualidade oferecem definições básicas para a garantia de qualidade e para a gestão da qualidade. A ISO 9001, por exemplo, lida com o sistema de qualidade colocado para o projeto, o desenvolvimento, a produção, a instalação e o serviço do produto. Muitas organizações, no mundo inteiro, estão autorizadas a efetuar auditorias em companhias, em suas práticas e procedimentos visando a TQM. Uma companhia que corresponda às diretrizes da ISO pode receber o certificado. Em 1998, outro grupo de diretrizes, a ISO 14000, foi lançada. A ISO 14000 lida com diretrizes e procedimentos para gerenciar o impacto ambiental de uma empresa. Os certificados ISO 9000 e ISO 14000 indicariam que a companhia possui uma gestão de qualidade e um sistema de gestão ambiental de classe mundial.

É interessante observar que o processo de certificação da ISO é efetuado pela auditoria de políticas, de sistemas e procedimentos para a gestão ambiental e de qualidade de uma empresa. Não inclui testes reais de produtos ou auditoria da satisfação do cliente. Apesar dessa limitação, o certificado ISO é um indicador importante do compromisso de uma empresa com a TQM. Também é importante, porque muitas companhias e até mesmo a União Européia estão exigindo que os parceiros de suas cadeias de suprimentos tenham certificados ISO.

Outro padrão de qualidade importante, especialmente para empresas norte-americanas, é o **Malcolm Baldrige National Quality Award***. Criado em 1987, o prêmio pretende reconhecer companhias que são excelentes, não apenas em processos de gestão de qualidade, mas também no alcance de qualidade. A Figura 5-1 lista os critérios para o prêmio e os valores em pontos referentes a cada um deles. Note que a atenção sobre o cliente é fundamental não apenas na Categoria 3, mas também em muitas outras categorias de critérios. Outros países começaram seus próprios programas de premiação de qualidade. Embora haja apenas um vencedor em cada uma das três categorias para o prêmio Baldrige a cada ano, muitos executivos acreditam que o processo de inscrição e julgamento para os prêmios orientam a atenção de uma empresa à TQM. Algumas companhias, como a Motorola, até insistem em que seus fornecedores ao menos se inscrevam para os prêmios, como um mecanismo de garantia de que essas companhias estejam oferecendo qualidade máxima em materiais e serviços.

---

* N. de T.: Prêmio Nacional de Qualidade Malcolm Baldrige.

1. Liderança (120 pts.)
A Categoria **Liderança** examina como os líderes seniores de uma organização abordam valores e expectativas de desempenho, bem como o foco em clientes e outros públicos relevantes (*stakeholders*), diretivas organizacionais relativas a delegação, inovação e aprendizagem. O modo como uma organização aborda suas responsabilidades para com o público e apóia suas comunidades-chave também é examinado.

2. Planejamento estratégico (85 pts.)
A Categoria **Planejamento estratégico** examina o processo de desenvolvimento estratégico da empresa, incluindo o modo como a organização desenvolve objetivos estratégicos, planos de ação e planos de recursos humanos relacionados. Também se examinam como os planos são disponibilizados e como o desempenho é acompanhado.

3. Foco no cliente e no mercado (85 pts.)
A Categoria **Foco no cliente e no mercado** examina como a organização determina exigências, expectativas e preferências de clientes e mercados. Também se examina como a organização constrói relacionamentos com clientes e determina sua satisfação.

4. Informações e análise (90 pts.)
A Categoria **Informações e análise** examina o sistema de avaliação de desempenho de uma organização e como ela analisa informações e dados de desempenho.

5. Recursos humanos (85 pts.)
A Categoria **Foco em recursos humanos** examina como a organização possibilita que seus funcionários desenvolvam e utilizem seu potencial máximo, alinhado com os objetivos da organização. Também são examinados os esforços da organização para construir e manter um ambiente de trabalho e um ambiente de apoio ao funcionário, que conduzam à excelência de desempenho, à participação total e ao crescimento pessoal e da organização.

6. Gestão do processo (85 pts.)
A Categoria **Gestão de processo** examina os aspectos-chave da gestão de processo de uma organização, incluindo projeto centralizado no cliente, entrega de produtos e prestação de serviços, apoio e fornecedores e processos de parcerias envolvendo todas as unidades de trabalho.

7. Resultados de negócios (450 pts.)
A Categoria **Resultados do negócio** examina o desempenho e a melhoria da organização em áreas comerciais-chave – satisfação do cliente, desempenho de produtos e serviços, desempenho financeiro e no mercado, resultados de recursos humanos, resultados de fornecedores e parceiros e desempenho operacional. Também são examinados os níveis de desempenho em relação a competidores.

Fonte: *Website* do National Institute for Quality em www.NIST.gov.

Figura 5-1 Critérios e valores do Malcom Baldrige.

Compras

Toda organização, seja fabricante, atacadista ou varejista, compra materiais, serviços e suprimentos de um fornecedor externo, a fim de apoiar suas operações. Historicamente, o processo de aquisição de insumos necessários tem sido considerado algo incômodo, pelo menos se comparado a outras atividades dentro de uma empresa. A compra era considerada uma atividade gerencial burocrática ou de baixo nível, encarregada da responsabilidade de executar e processar pedidos iniciados em algum outro lugar da organização. O papel da compra era obter o recurso desejado para o preço de aquisição mais baixo possível de um fornecedor. Essa visão tradicional da compra mudou substancialmente nas últimas décadas. O foco moderno na gestão da cadeia de suprimentos, com ênfase nos relacionamentos entre compradores e vendedores, elevou a compra a uma atividade de nível superior e estratégico. Esse papel estratégico é diferenciado do tradicional através do termo **compras**, apesar de, na prática, muitas pessoas usarem os termos compra e compras de forma alternada.

A crescente importância das compras pode ser traçada por muitos fatores. O mais básico tem sido o reconhecimento do volume substancial de dólares despendidos em compras numa organização comum, e suas economias potenciais pela abordagem estratégica na gestão da atividade. O fato simples é que mercadorias e serviços comprados representam um dos maiores elementos de custo para muitas empresas. Em uma empresa manufatureira média na América do Norte, mercadorias e serviços comprados representam aproximadamente 55 centavos de cada dólar de venda.[2] Em contraste, a despesa média de mão-de-obra direta no processo de produção representa apenas 10 centavos de todos os dólares de venda. Embora a porcentagem gasta na compra de insumos varie consideravelmente em empresas de produção, fica claro que as economias potenciais da gestão estratégica de compras são consideráveis.

Relacionada ao custo de insumos comprados, está a ênfase na terceirização, que tem dominado muitos setores nas últimas duas décadas. O resultado é que o montante gasto em compras aumentou significativamente em muitas organizações. As empresas atualmente compram não apenas matérias-primas e suprimentos básicos, mas também componentes complexos de fabricação, com um conteúdo de valor agregado bastante elevado. Disseminam

---
[2] Shawn Tulley, "Purchasing: New Muscle", *Fortune*, February 20, 1995, p. 75.

funções entre fornecedores para concentrarem seus recursos em competências essenciais. Isso significa que mais atenção deve ser dada ao modo como a organização faz interface e gerencia efetivamente sua base de suprimentos. Por exemplo, a General Motors utiliza sua rede de fornecimento de primeiro nível e provedores de serviços logísticos terceirizados para concluir submontagens e entregar componentes acabados em base *just-in-time*[3], para serem incorporados aos automóveis na linha de montagem. Muitas dessas atividades eram antes desempenhadas pela própria General Motors. O desenvolvimento e a coordenação desses relacionamentos são aspectos fundamentais para uma estratégia de compras efetiva. As exigências logísticas relacionadas à estratégia de compras são identificadas a seguir.

Perspectivas de Compras

O crescente foco nas compras, enquanto capacitação-chave em organizações, tem estimulado uma nova perspectiva quanto ao seu papel na gestão da cadeia de suprimentos. A ênfase mudou da negociação adversária para a centrada na transação com fornecedores, a fim de garantir que a empresa esteja posicionada para implementar suas estratégias de produção e *marketing* com o apoio de sua base de fornecimentos. Em particular, atenção considerável é dada para garantir fornecimento, minimização de inventários, melhoria de qualidade, desenvolvimento de fornecedores e menor custo total de propriedade.

Fornecimento Contínuo

Falta de estoque de matérias-primas ou componentes de peças pode paralisar uma fábrica de produção e resultar em um custo extremo para a organização. O tempo de atraso devido à parada na produção aumenta custos operacionais e resulta na incapacidade de se prover produtos acabados para entrega a clientes. Imagine o caos que resultaria, se uma linha de montagem de um automóvel tivesse todas as peças, mas não os pneus. Os automóveis quase completos precisariam esperar que o fornecimento de pneus fosse recebido e, de fato, a produção teria que ser suspensa até que os pneus estivessem disponíveis. Assim, um dos objetivos essenciais das compras é garantir o fornecimento contínuo de materiais, peças e componentes aptos para utilização.

Minimização de Investimento em Inventário

No passado, paradas devido à falta de material eram minimizadas pela manutenção de grandes inventários de insumos, como proteção contra a potencial interrupção de fornecimento; mas a manutenção de inventário é cara e utiliza capital que poderia ser usado em outra área da organização. Um objetivo moderno relativo a compras é manter a continuidade de fornecimento com o mínimo possível de investimento em inventário. Isso exige que se equilibrem os custos de se ter materiais em excesso em relação à possibilidade de parada da produção.[4] O ideal, claro, seria que os materiais necessários cheguem exatamente no momento em que são programados para serem usados no processo de produção; em outras palavras, *just-in-time* (no tempo exato).

Melhoria de Qualidade

As compras podem exercer um papel fundamental na qualidade do produto de uma organização. A qualidade de produtos acabados e de serviços é obviamente dependente da qualidade de materiais e peças usadas na sua produção. Se são utilizados componentes e materiais de baixa qualidade, então o produto final não irá atender aos padrões de qualidade dos clientes.

Apenas garantir que cada item individual comprado seja do nível adequado de qualidade pode não ser suficiente. Se uma peça-padrão é buscada em muitos fornecedores diferentes, e cada fornecedor atende a exigências específicas de qualidade, ainda é possível que o produto final possa ter problemas de qualidade. A Visão Setorial 5-1 descreve as falhas de qualidade encontradas pela Tenant, uma fabricante de máquinas de limpeza de pisos. Ao final, a Tenant descobriu que a chave para melhorar a qualidade de seus produtos estava em uma abordagem diferente em relação a compras.

A melhora da qualidade através das compras também possui implicações substancias nos custos de uma organização. Se materiais com defeitos são a causa da baixa qualidade de produtos acabados, os custos de produtos rejeitados e retrabalhados no processo de produção aumentam. Se os problemas não são detectados até que os clientes recebam os produtos, os custos associados a garantias, reparos e substituições aumentam substancialmente. Por fim, as compras precisam manter a perspectiva de qualidade, ao lidarem com fornecedores para garantir que as exigências de clientes sejam atendidas de maneira efetiva quanto a custo.

Desenvolvimento do Fornecedor

Na análise final, compras bem-sucedidas dependem da localização e desenvolvimento de fornecedores, analisando capacitações, selecionando e trabalhando com os mesmos para alcançar melhorias contínuas. É fundamental, no desenvolvimento do fornecedor, a busca de empresas que estejam comprometidas com o sucesso da organização compradora. O próximo passo é desenvolver relações próximas com esses fornecedores, trabalhando com compartilhamento de informações e recursos, a fim de atingir os melhores resultados. Por exemplo, um fabricante pode compartilhar a programação de produção com seus fornecedores, o que lhes permiti-

---

[3] Daniel Krause, "Suppliers Development: Current Practices and Outcomes", *Journal of Supply Chain Management*, Spring, 1997, pp. 12-20.

[4] James Carbone, "Suppliers as Strategic Business Partners", *Purchasing*, November 21, 1996, p. 23.

Visão Setorial 5-1 A Tennant Passa o Pano

A Tennant estava passando por problemas críticos de vazamento de óleo em suas máquinas de limpar pisos. Auditorias de qualidade encontraram vazamento de óleo em uma de cada 75 junções hidráulicas, ou duas por máquina. Para uma companhia de limpeza de pisos, uma máquina de varrer que vazava óleo era o equivalente a um pecado mortal. Felizmente, a maioria dos vazamentos foi percebida antes de as máquinas serem embarcadas na fábrica, mas foi necessário retrabalho. Em 1979, a Tennant estava gastando aproximadamente 33.000 horas no retrabalho da produção, a um custo de $2 milhões ou 2% da receita.

A investigação da causa desses problemas de qualidade revelou que a compra estava efetuando pedidos de mangueiras e encaixes hidráulicos com não menos do que 16 fornecedores. A Tennant mudava para fornecedores diferentes baseada em preços e disponibilidade. Conseqüentemente, as peças nem sempre eram compatíveis.

Douglas Hoelscher, VP de operações da Tennant, estabeleceu um grupo especial de busca de fornecedor multidisciplinar de conectores de fluido, com o propósito estrito de selecionar um fornecedor de mangueira hidráulica. Por fim, a Parker Hannfin foi escolhida e tem sido a única fornecedora de mangueiras e encaixes hidráulicos para a Tennant. Como resultado, a Tennant que, em 1980, contava vazamentos por 100 junções, em 1985 tinha baixado para um vazamento por 1.000 junções; em 1992, a Tennant deixou de fazer esse cálculo.

A Tennant aprendeu uma lição importante a partir dessa experiência. A qualidade pode ser bastante influenciada por políticas de busca de fornecedores e de relacionamento. Consequentemente, a Tennant concedeu à Parker a oportunidade de verificar toda a máquina, o que antes era feito internamente. A Tennant sempre mostrou-se relutante em deixar empresas de fora analisar seus produtos ainda em estágio de desenvolvimento. Agora, a companhia rotineiramente procura o conselho de seus fornecedores. "Vimos a necessidade de contar com fornecedores à nossa volta que pudessem oferecer apoio à engenharia e a projetos, e que não fossem apenas fazedores de peças", diz Don Carlton, diretor de compras da Tennant.

A Tennant limitou sua base de fornecedores para melhorar as relações com seus fornecedores, e a qualidade. De 1.100 fornecedores, em 1980, atualmente os fornecedores ativos são 250, com aproximadamente 50 recebendo a maioria dos negócios da Tennant.

Fonte: Ernie, Raia, "Swept Away by Tennant", *Purchasing*, September 22, 1994, pp. 42-9.

---

ria atender melhor às exigências do comprador para a entrega. Um varejista pode compartilhar planos promocionais para garantir que fornecedores sejam capazes de atender a suas necessidades quanto a quantidades aumentadas em um período de tempo específico. Essa perspectiva efetiva de compras se apresenta em forte contraste com o modelo tradicional de compra, que, de forma inerente, criava relacionamentos de adversidade com a base de fornecedores.

Custo Total de Propriedade Mais Baixo

Por fim, a diferença de perspectiva entre a prática de compra tradicional e a estratégia contemporânea de compras pode ser resumida através do foco no **Custo Total de Propriedade** (TCO – Total Cost of Ownership), ao invés de no preço de compra. Profissionais de compras reconhecem que, apesar do preço de compra de um material ou item continuar sendo muito importante, é apenas uma parte da equação de custo total em suas organizações.[5] Custos de serviços e de ciclos de vida também precisam ser considerados.

Preço de Compra e Descontos. Seja estabelecido por licitação competitiva, por negociação entre comprador-vendedor ou simplesmente por uma programação de preços de um vendedor, o preço de compra de um item é obviamente uma preocupação para compras. Ninguém quer pagar um preço mais elevado do que o necessário. Existe normalmente uma programação de um ou mais possíveis descontos que um comprador pode receber, relacionada à cotação de preço. Por exemplo, descontos por quantidade podem ser oferecidos como um incentivo a compradores para adquirirem quantidades maiores, ou descontos à vista podem ser oferecidos para pagamento imediato de faturas.

A consideração de estruturas de descontos de fornecedores imediatamente leva o comprador para além de contar o preço de venda. Outros custos associados com a compra precisam ser considerados. Ao considerar descontos por quantidade, o comprador precisa levar em conta também custos associados à manutenção de inventário. A compra de grandes quantidades aumenta inventários de materiais ou de suprimentos. O tamanho da compra também causa impactos nos custos administrativos associados à compra. As técnicas de tamanho de lote, como o **Lote Econômico de Compra** (EOQ – Economic Order Quantity), discutido em maior profundidade no Capítulo 10, podem ajudar a resolver essa troca compensatória, bastante simples.

---

[5] Zeger Degraeve and Filip Roodhooft, "Effectively Selecting Suppliers Using Total Cost of Ownership," *Journal of Supply Chain Management*, Winter 1999, pp. 5-10. Ver também Lisa M. Ellram, "Total Cost of Ownership," *International Journal of Physical Distribution and Logistics*, August 1995, pp. 4-23.

Os termos de venda do fornecedor e as estruturas de desconto à vista são também aspectos do preço de compra. Um fornecedor que ofereça termos mais favoráveis de crédito comercial está, com efeito, causando impacto no preço de compra, a partir da perspectiva do comprador. Por exemplo, um desconto para pagamento imediato de uma fatura oferecido por um fornecedor deve ser comparado a ofertas de outros fornecedores, que podem ter diferentes porcentagens e períodos de tempo envolvidos.

O que geralmente não é levado em consideração na prática tradicional de compra é o impacto desses preços e estruturas de descontos em operações e custos logísticos. Por exemplo, apesar de o tradicional Lote Econômico levar em consideração custos de tamanho do inventário, geralmente não inclui fatores como impacto da quantidade de pedido em custos de transporte ou nos associados a recebimento e manuseio para diferentes tamanhos de lotes de pedidos. Muitas dessas considerações logísticas têm sido ignoradas ou recebido pouca consideração, enquanto compradores procuram alcançar o preço de compra mais baixo de mercadorias e serviços adquiridos para a organização; porém, há, agora, um reconhecimento crescente da importância desses custos logísticos.

Precificação e Desagrupamento de Serviços. Os vendedores oferecem normalmente um número de serviços-padrão que devem ser considerados nas compras. Além disso, uma grande variedade de serviços com valor agregado precisa ser avaliada, caso as organizações procurem o menor custo de TCO. Muitos desses serviços envolvem operações e interface logísticas entre compradores e vendedores.

O mais simples desses serviços é a entrega: como será feita, quando e onde são aspectos a serem computados no custo. Como discutido no capítulo anterior, em muitos setores é prática-padrão cotar um preço que inclua entrega na fábrica, no armazém ou na loja do cliente. Alternativamente, o vendedor pode oferecer ao comprador uma bonificação para retirada, se o comprador retirar a mercadoria no local do vendedor e assumir a responsabilidade pelo transporte. O comprador pode conseguir reduzir custos totais, não apenas através de bonificação, mas também pela utilização plena de seu próprio equipamento de transporte. O comprador pode até achar que vale a pena usar um transportador comum para essas retiradas, se as economias de bonificação para retirada assim o justificarem.

Pode até haver preços diferentes, dependendo do destino preferido pelo comprador. Por exemplo, a entrega de um só lote grande para o centro de distribuição de um varejista pode representar um nível de serviço, ao passo que a entrega em pequenas quantidades para lojas individuais representa outro. Cada serviço alternativo envolve custos diferentes para vendedor e comprador.

No Capítulo 3, outros muitos serviços potenciais foram discutidos, desde a embalagem especial até a preparação para ofertas promocionais. O desempenho de operações de submontagem, na fábrica de um fornecedor ou no centro de distribuição de um terceiro, é uma extensão a mais do potencial de agregação de valor do serviço. A questão é que cada serviço potencial possui um custo para o fornecedor e um preço para o comprador. Um aspecto relevante para a determinação de TCO quanto a exigências de compra é considerar trocas compensatórias envolvidas em valor agregado relativas a custo e preço de cada serviço. Para tanto, o preço de compra de um item precisa ser *desagrupado* dos preços de serviços levados em consideração; ou seja, cada um dos serviços deveria ser precificado separadamente para que uma análise adequada seja feita. No Capítulo 4, essa prática foi chamada de menu de precificação. Ao passo que a compra tradicional pode não considerar serviços com valor agregado na busca pelo menor preço de compra possível, executivos de compras efetivas avaliam se tais serviços devem ser desempenhados, internamente, pelos fornecedores, ou não. O desagrupamento permite a compradores fazer a escolha de compras mais adequada.

Custos de Ciclo de Vida. O último aspecto de um TCO mais baixo inclui vários elementos conhecidos por **custos de ciclo de vida**. O custo total de materiais, itens, ou outros insumos se estende para além do preço de compra e dos elementos de serviço de valor agregado, para incluir o custo ao longo da vida desses itens. Alguns desses custos são incorridos antes do recebimento real dos itens; outros, enquanto os itens estão sendo utilizados; e alguns, bem depois de o comprador tê-los realmente usado.

Um aspecto dos custos do ciclo de vida envolve a despesa administrativa associada à própria atividade de compras. Despesas relacionadas à busca por potenciais fornecedores, negociações, preparação e transmissão de pedido são apenas alguns dos custos administrativos de compras. O recebimento, a inspeção e o pagamento também são importantes. Os custos relacionados a mercadorias acabadas com defeito, produtos rejeitados e retrabalhados, que são associados à baixa qualidade por fornecedores, também precisam ser levados em consideração, bem como a administração da garantia relacionada e conserto de itens que os consumidores compraram. Até mesmo os custos associados à reciclagem ou à recuperação de materiais, após a vida útil de um produto acabado, podem causar impacto no TCO.

A Figura 5-2 apresenta um modelo de vários elementos que representam o TCO. Quando cada um desses elementos é levado em consideração por compras; fica claro que há muitas oportunidades de melhora na maioria das companhias. Muitas dessas oportunidades surgem de relacionamentos de trabalho mais próximos com fornecedores do que normalmente sucede, quando a negociação adversária de preços domina o relacionamento entre comprador e vendedor. Quando se trabalha de forma cooperativa com fornecedores, muitas estratégias podem ser empregadas para que se reduzam custos de vendedor e comprador, tornando a cadeia de suprimentos mais eficiente e permitindo que atenda de forma mais efetiva às exigências dos parceiros à jusante. Essas estratégias são discutidas a seguir.

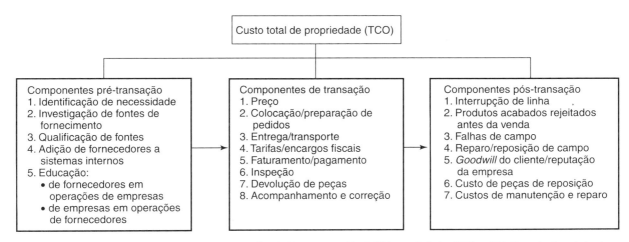

Fonte: Michel Leenders e Harold Fearon, *Purchasing and Supply Management*, 11 ed. (Chicago, IL: Irwin, 1997), p. 334. Reprodução autorizada.

Figura 5-2 Principais categorias de componentes do custo total de propriedade.

Estratégias de Compras

Uma estratégia efetiva de compras para apoiar conceitos de gestão da cadeia de suprimentos exige um relacionamento muito mais próximo entre compradores e vendedores do que o praticado tradicionalmente. Três estratégias em especial surgiram: **consolidação de volume, integração operacional de fornecedores** e **gestão de valor**. Cada uma dessas estratégias exige um grau crescente de interação entre os parceiros na cadeia de suprimentos; assim, não devem ser consideradas distintas e separadas mas, ao contrário, estágios evolutivos de desenvolvimento.

Consolidação de Volume

O primeiro passo no desenvolvimento de uma estratégia eficaz de compras é a consolidação de volume pela redução do número de fornecedores. Na década de 80, muitas empresas perceberam que estavam lidando com um grande número de fornecedores para praticamente todos os materiais ou insumos usados na organização. Na verdade, a literatura sobre compras até àquele momento entendia que contar com fontes múltiplas de suprimentos era a melhor estratégia. Numerosas vantagens eram vistas nessa abordagem. Primeiro, potenciais fornecedores continuamente ofereciam oportunidades para os compradores, garantindo os preços mais baixos possíveis. Segundo, a existência de múltiplos fornecedores reduzia a dependência do comprador. Isso, em troca, serviu para reduzir o risco do comprador, caso um fornecedor específico encontrasse problemas como greve, incêndio, problemas internos de qualidade, ou outras interrupções no suprimento. Por exemplo, quando os motoristas da UPS entraram em greve, em 1998, muitos embarcadores não conseguiram entregar seus produtos aos clientes por causa da dependência extrema com relação ao serviço de entrega.prestado por aquela empresa. Apesar de existirem outros prestadores, nenhum tinha capacidade de levar os grandes volumes de embarques manuseados pela UPS. Apesar de haver outros propósitos para os relacionamentos de fornecedores múltiplos, esses constituem o *rationale* fundamental.

Ao consolidar volumes com um número reduzido de fornecedores, as compras são capazes de alavancar sua participação nos negócios dos fornecedores. No mínimo. a consolidação aumenta a força de negociação do comprador em relação ao fornecedor. Mais importante ainda, a consolidação do volume em um número reduzido de fornecedores oferece vantagens a estes. À medida que relações de trabalho com um número menor de fornecedores são desenvolvidas, estes podem, em troca, repassar vantagens à organização compradora. A mais óbvia fonte de vantagens é a economia de escala obtida pelos fornecedores em seus processos internos, parte disso se devendo à capacidade de diluir custos fixos em saídas de grande volume. No exemplo da Tennant, citado na Visão Setorial 5-1, a redução dos fornecedores de mangueiras hidráulicas de 16 para um significou que as vendas aumentadas do fornecedor preferencial para aquele cliente permitiram economias em *marketing*, entrega e produção. Além disso, se o fornecedor tem assegurada uma compra de maior volume, pode estar mais disposto a fazer investimentos na capacidade ou no processo para melhorar o serviço ao cliente. Quando um comprador muda constantemente de fornecedor, empresa alguma terá incentivo para fazer tais investimentos.[6]

Evidentemente, quando uma única fonte de fornecimento é usada, o risco aumenta. Por essa razão, os programas de redução da base de fornecedores vêm quase sempre acompanhados por rigoroso exame, seleção e programas de certificação. Em muitos exemplos, os exe-

---

[6] Matthew G. Anderson, "Strategic Sourcing", International Journal of Logistics, January 1998, p.1-13. p. 10.

cutivos de compras trabalham muito próximos a outros de suas organizações para desenvolverem esses fornecedores preferenciais ou certificados. Deveria ser observado que a consolidação do volume não significa necessariamente uma única fonte de fornecimento para todo, ou qualquer, insumo comprado. Antes, significa que um número substancialmente menor de fornecedores é utilizado em relação ao que era, tradicionalmente, no caso na maioria das organizações. Mesmo quando uma única fonte é escolhida, é aconselhável ter um plano de contingência disponível.

As economias potenciais de consolidação de volume não são poucas. Uma empresa de consultoria estimou que as economias no preço de compra e em outros elementos de custo podem variar de 5 a 15% das compras.[7] Se uma empresa fabricante comum gasta 55% de sua receita em itens comprados e pode economizar 10% na consolidação de volume, apresenta-se um potencial de melhoria de $5,5 milhões de acréscimo em sua renda final de $100 milhões, antes do imposto de renda!

Integração Operacional dos Fornecedores

O próximo nível de desenvolvimento da estratégia de compras surge quando compradores e vendedores começam a integrar seus processos e atividades na tentativa de alcançar uma melhoria operacional substancial na cadeia de suprimentos. A integração começa a adquirir a forma de alianças ou parcerias, com participantes selecionados da base de fornecedores, para reduzir o custo total e melhorar os fluxos operacionais entre o comprador e o vendedor.

Essa integração pode adquirir muitas formas específicas. Como exemplo, o comprador pode permitir que o vendedor tenha acesso a seus sistemas de informação de vendas e pedidos, dando ao vendedor aviso prévio de quais produtos estão sendo vendidos e quais as futuras compras podem ser esperadas. Essas informações permitem que o vendedor esteja mais bem posicionado para fornecer, de forma efetiva, os pedidos por materiais a um custo reduzido. A redução de custos ocorre porque o vendedor está diante de demandas mais precisas por parte do comprador e pode reduzir a necessidade de práticas de custo ineficiente, como expedição.

Uma integração operacional adicional pode ocorrer com o comprador e vendedor trabalhando juntos na identificação do processo de manutenção de inventário, à procura de maneiras de reprojetar esses processos. Estabelecer ligações de EDI para reduzir o tempo do pedido e eliminar erros é uma forma simples de integração. Esforços mais sofisticados podem envolver a eliminação de atividades redundantes em ambas as partes. Por exemplo, em alguns relacionamentos sofisticados, atividades como a contagem e a inspeção, pelo comprador, de entregas foram eliminadas, quando maior confiança é depositada nas capacitações do fornecedor. Muitas empresas alcançaram integração operacional tendo o foco em arranjos logísticos, como programas de reposição contínua e inventário gerenciado pelo vendedor. Essa integração possui potencial considerável de redução do TCO.

Alguns dos esforços na integração operacional buscam reduzir o custo total por meio de um aprendizado em mão dupla. Por exemplo, a Honda of America trabalha bem próxima de seus fornecedores, a fim de melhorar as capacitações desses fornecedores em uma gestão de qualidade. Utilizando seu próprio pessoal, a Honda visita as instalações do fornecedor e ajuda a identificar as maneiras pelas quais pode aumentar a qualidade de seus produtos. Essas melhorias, em última instância, beneficiam a Honda, por reduzirem os custos de retrabalho dos fornecedores e garantirem níveis mais elevados de qualidade de materiais.

O objetivo fundamental da integração operacional é cortar desperdícios, reduzir custos e desenvolver um relacionamento capaz de permitir que o comprador e o vendedor atinjam melhorias mútuas. Os exemplos acima são meramente ilustrativos de algumas das formas pelas quais a integração pode auxiliar esse objetivo. A criatividade combinada entre as organizações pode oferecer a sinergia que uma empresa, operando isoladamente, não seria capaz de alcançar. Estimou-se que a integração operacional com o fornecedor pode oferecer economias incrementais de 5 a 25% acima dos benefícios adquiridos na consolidação do volume.[8]

Gestão do Valor

Obter integração operacional com fornecedores leva, naturalmente, ao próximo nível de desenvolvimento de estratégias de compras, a gestão de valor. A gestão de valor é um aspecto ainda mais intenso da integração com fornecedores, indo além do foco em operações de comprador-vendedor para um relacionamento mais abrangente. A engenharia de valor, a complexidade reduzida e o envolvimento precoce do fornecedor no projeto do produto representam algumas das maneiras pelas quais as compras podem operar com os fornecedores, a fim reduzir ainda mais o TCO.

A engenharia de valor é um conceito que envolve exame aprofundado das exigências de material e componentes, em um estágio inicial do projeto do produto, para garantir que o custo total mais baixo de insumos seja incorporado. A Figura 5-3 mostra como o envolvimento precoce do fornecedor pode ser fundamental para se atingir reduções de custo. À medida que o processo de desenvolvimento de um

---

[7] Matthew Anderson, Les Antman e Paul B. Katz, "Procurement Pathways," *Logistics*, Spring/Summer 1997, p. 10.

[8] Matthew Anderson, Les Antman e Paul B. Katz, op. cit.

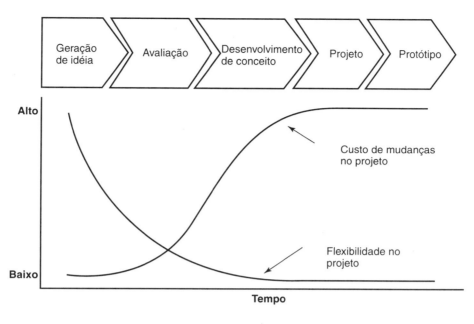

Fonte: Robert M. Monczka, et al., *New Product Development: Strategies for Supplier Integration* (Milwaukee, WI: ASQ Quality Press, 2000), p. 6.

Figura 5-3 Flexibilidade e custos de mudanças no projeto.

produto está em andamento em uma empresa, desde a geração da idéia em seus vários estágios até a comercialização final, sua flexibilidade em efetuar mudanças no projeto diminui. As mudanças no projeto podem ser facilmente acomodadas nos estágios iniciais, mas a partir do momento em que os protótipos estejam desenvolvidos, uma mudança será extremamente difícil. A despesa associada à mudança no projeto possui um padrão oposto, tornando-se extremamente onerosa depois que o protótipo é desenvolvido. Quanto antes um fornecedor estiver envolvido no processo, então, mais possível é para uma organização capitalizar o conhecimento do fornecedor e suas capacitações.

Um exemplo tirado de uma fabricante de automóveis demonstra o potencial resultante do envolvimento precoce do fornecedor. Ao projetar o pára-choque frontal para um modelo novo, o engenheiro de projeto estava concluindo o projeto da presilha de suporte do pára-choque. Durante o processo, um engenheiro do fornecedor de montagem, já escolhido apesar de a produção estar prevista para o futuro, perguntou se o local da presilha poderia ser movido 1/2 polegada. O engenheiro de projeto, após algumas considerações, respondeu que isso poderia ser feito sem nenhum impacto no produto final. O engenheiro de projeto ficou interessado em saber por que o engenheiro do fornecedor havia pedido aquela mudança. A resposta foi que, ao mover a presilha, o fornecedor poderia utilizar ferramentas e moldes existentes para produzir a peça. No projeto original, um investimento de capital importante teria sido exigido para a produção de novas ferramentas. O resultado foi de aproximadamente 25 a 30% de redução nos custos devido àquela modificação.

Evidentemente, a gestão de valor vai além da atividade de compras em uma organização e exige uma cooperação firme entre numerosos participantes, sejam internos ou externos. Equipes representando compras, engenharia, produção, *marketing* e vendas, e logística, bem como representantes do fornecedor buscam encontrar soluções para diminuir custo total, melhorar desempenho ou melhor atender às exigências de clientes, através da investigação do custo e funcionalidade dos insumos comprados. Uma pesquisa feita pela Mercer Management Consulting revela que os retornos financeiros potenciais resultantes dessa abordagem variam bastante entre as organizações, mas podem ser maiores do que os retornos financeiros já obtidos pela consolidação de volume e pela integração operacional com fornecedores.[9]

Segmentação da Necessidade de Compra

O efeito Pareto se aplica a compras tanto quanto a quase todas as facetas dos negócios. No contexto de compras, pode-se afirmar simplesmente que uma pequena porcentagem de materiais, itens e serviços adquiridos representam uma grande porcentagem dos dólares gastos. A questão é que os insumos comprados não são iguais; entretanto muitas organizações utilizam a mesma abordagem e procedi-

---

[9] Matthew Anderson, Les Antman e Paul B. Katz, op. cit.

mentos, tanto para a aquisição de insumos estratégicos quanto para as compras de pequenos itens. O resultado é que gastam na aquisição de $10.000 em um pedido de matéria-prima tanto quanto em um pedido de $100 de papel para xerox. Já que todos os insumos comprados não são os mesmos, muitas empresas começaram a prestar atenção à segmentação das necessidades de compras e a priorizar recursos e conhecimento no tocante a essas necessidades.

Seria um erro, entretanto, utilizar simplesmente a despesa em dólar como base para a segmentação de necessidades. Alguns insumos são materiais estratégicos; outros, não. Alguns insumos possuem potencial para um alto impacto no sucesso dos negócios; outros, não. Por exemplo, não ter assentos entregues no tempo certo para a linha de montagem de automóveis poderia ser catastrófico, ao passo que não ter suprimentos de limpeza pode ser apenas um inconveniente. A obtenção de um novo sistema de computador de processamento de pedidos possui muitas ramificações para a organização inteira; a compra de um *laptop* para um novo representante de vendas é uma tarefa relativamente simples. O importante é que a organização aplique a abordagem adequada a compras conforme o necessário. A consolidação de volume e a redução da base de fornecedores podem ser mais possivelmente justificáveis para todo material e serviços. Os benefícios descritos anteriormente nessa abordagem podem ser adquiridos para material de escritório bem como para matérias-primas. Como a integração operacional centra-se fortemente na melhora do fluxo de produtos e de informações entre organizações, é particularmente adequada para insumos que possuem um alto grau de custo logístico e um potencial de agregação de valor através de operações logísticas. Uma abordagem da gestão de valor deveria ser reservada para os fornecedores de recursos mais críticos da empresa.[10]

Comércio Eletrônico e Compras

A explosão nos sistemas de tecnologia e de informação está causando um impacto importante na atividade de compras em muitas organizações importantes. Muito do trabalho diário real de compras tem sido tradicionalmente realizado de forma manual com volumes significativos de papéis, resultando em processos lentos, sujeitos a erros humanos consideráveis. A aplicação da tecnologia a compras possui um potencial considerável para agilizar processos, reduzir erros e baixar custos relativos à aquisição.

Compras Eletrônicas Básicas

Provavelmente, o uso mais presente no comércio eletrônico de compras é o do **Intercâmbio Eletrônico de Dados (EDI)**. O EDI, como indica o termo, é simplesmente a transmissão eletrônica de dados entre uma empresa e seu fornecedor. Isso permite que duas ou mais companhias obtenham e ofereçam informações bem mais precisas e no tempo certo. Existem muitos tipos de dados sendo transmitidos diretamente, incluindo requisições de compras, pedidos de compras, reconhecimento de pedidos de compra, situação de pedidos e acompanhamento e localização de informações. A explosão da utilização do EDI durante o final da década de 90 representou o reconhecimento direto de seus benefícios, incluindo padronização de informações; informações mais precisas, mais oportunas; redução de tempos de produção (*lead times*)* com reduções resultantes em inventários; e TCOs reduzidos.

Em seu nível mais básico, o EDI é um componente importante na integração entre compradores e vendedores. Pelo menos em teoria, os compradores podem se comunicar mais rapidamente, mais precisamente e com maior interatividade com os vendedores, em relação a exigências, programações, pedidos, faturas, e outros. Disponibiliza uma ferramenta para a transparência entre as organizações, que é necessária para integrar processos nas cadeias de suprimentos.

Outro aplicativo básico do comércio eletrônico em compras tem sido o desenvolvimento de catálogos eletrônicos.[11] Na verdade, tornar disponíveis informações sobre produtos e quem pode fornecê-los é um aplicativo natural para a tecnologia de computadores. Os catálogos eletrônicos possibilitam que os compradores tenham acesso rápido à informação, especificações e preços dos produtos. Quando ligados a sistemas de EDI, os catálogos eletrônicos possibilitam aos compradores rapidamente identificarem e efetuarem pedidos para os itens que necessitam. Muitas companhias desenvolveram seus próprios catálogos eletrônicos *online* e esforços também se direcionaram para o desenvolvimento de catálogos contendo produtos de vários fornecedores, o que permite aos compradores compararem atributos, especificações e preços de forma bastante rápida. Essas ferramentas potencialmente podem trazer economias significativas em compras, especialmente para itens padronizados em que o critério mais importante é o preço de compra.

A Internet e Compras B2B

O maior impacto em compras relacionado ao comércio eletrônico é o desenvolvimento da Internet como uma ferramenta B2B. Muito mais do que no domínio das relações empresa-consumidor (B2C), da Internet e da World Wide

---

[10] Uma abordagem interessante da relação de segmentação entre fornecedores é descrita em Rasmus Friis Olsen and Lisa M. Ellram, "A Portfolio Approach to Suppliers Relationships", *Industrial Marketing Management*, March 26, 1997, pp. 101-13.

* N. de T.: *Lead times* são os períodos de tempo que leva desde o recebimento da matéria-prima até o produto acabado. Os pontos de saída e de chegada para o cálculo desses períodos de tempo variam de contexto demasiadamente, podendo ser, por exemplo, o período de tempo entre a produção e a distribuição ao mercado. Assim, optou-se em manter a terminologia original para destacar seu sentido independentemente do contexto em que se insere.

[11] Doris Kilbane, "E-Catalogs Becoming Standard", *Automatic I.D. News*, August 1999, p. 19-20.

Web se espera ter um efeito muito significativo em como as empresas interagem umas com as outras. Já em 1996, muitas organizações importantes, incluindo a General Motors e a Wal*Mart, anunciaram que fornecedores que não fossem capazes de conduzir os negócios via Internet seriam excluídos de sua consideração. As estimativas de futuro para o comércio eletrônico entre empresas (B2B) variam muito mais significativamente do que as entre empresa-consumidor, mas pelo menos uma autoridade respeitada prevê que as transações de Internet para B2B podem alcançar mais de $1 trilhão até 2005.[12]

Uma vantagem da Internet em relação ao EDI tradicional é a de que supera algumas das questões técnicas de compatibilidade de sistemas de computadores, que são exigidas no EDI. A própria Internet oferece a possibilidade para compradores e vendedores trocarem arquivos e informações facilmente. A General Electric criou uma "Rede de Processo Comercial" que transformou o processo, antes completamente manual, de compras de peças projetadas por encomenda, em um sistema eletrônico. O sistema envia pedidos para cotação, juntamente com desenhos e especificações, para vendedores no mundo todo. A GE relata que o sistema reduziu significativamente os custos de aquisição e, talvez mais importante ainda, reduziu seus tempos de ciclos em pelo menos 50%.[13]

Outro exemplo de como a Internet pode transformar a troca entre empresas (B2B) pode ser visto no desenvolvimento de e-Chemicals. A empresa é conhecida como uma *infomediária*, pois atua como intermediária, disponibilizando informações entre companhias. Tradicionalmente, a compra de pequenas quantidades de produtos químicos era extremamente difícil, tanto para o comprador como para o vendedor. Processadores de produtos químicos não gostam de lidar com pedidos pequenos e numerosos, considerando-os muito caros nas perspectivas de vendas, *marketing* e logística. Compradores de pequenas quantidades também reconhecem que lidar com grandes processadores de produtos químicos é difícil e oneroso. Apesar de haver muitos distribuidores industriais no setor, vêem-se diante de muitos problemas, incluindo a manutenção de inventários de uma grande variedade de produtos químicos advindos de numerosos fabricantes. A e-Chemicals oferece uma solução para esses problemas via Internet. Desenvolveu relacionamentos com os principais processadores, o que a possibilita lidar com pedidos de pequenas quantidades de muitos compradores. Como ilustrado na Figura 5-4, a e-Chemicals aceita esses pedidos pequenos, processa-os, consolida-os em maiores quantidades para os fornecedores, promove arranjos com provedores logísticos terceirizados para retirada e entrega e conduz o faturamento e a coleta a partir de um acordo com uma instituição financeira. Os fornecedores de produtos químicos se beneficiam por não mais lidarem com numerosos pedidos pequenos. Os compradores se beneficiam, ao receberem um embarque de itens de vários fornecedores, recebendo uma fatura, efetuando um pagamento e tendo maior garantia de fornecimento do que o comumente disponível em distribuidores tradicionais. Apesar de a e-Chemicals cobrar por seus serviços, as reduções de custo mais do que compensam as despesas. Desenvolvimentos similares aos da e-Chemicals surgiram em muitos setores, incluindo aço, equipamentos, suprimentos e ferramentas para agricultura. A Visão Setorial 5-2 descreve a Farmbid.com, um *website* em que fazendeiros podem comprar seus suprimentos.

Trocas de compras (*buying exchanges*) representam outro desenvolvimento relacionado à Internet. Embora algumas companhias tenham formado suas próprias redes de comércio para tratarem com seus fornecedores, as trocas de compras representam esforços cooperativos entre empresas freqüentemente concorrentes, para lidarem com suas bases comuns de fornecedores. Na indústria de automóveis, General Motors, Ford e Daimler-Chrysler, cada uma delas havendo inicialmente formado redes separadas, anunciaram que estavam formando uma rede *online* de compras conjunta.[14] Essas empresas automobilísticas permitirão que seus fornecedores acessem pedidos de peças e suprimentos, examinem especificações técnicas e até programações da produção. Já que os fabricantes de automóveis muitas vezes lidam com fornecedores comuns, esses serão capazes de planejar melhor suas próprias necessidades de produção e de entrega, ao obterem o acesso à informação relativa a todos os seus clientes em apenas um local. Considera-se até possível que os compradores possam reunir seus pedidos de algumas peças-padrão para obter mais economias através de volume consolidado.

O potencial para as atividades de compras por meio de trocas de compras é enorme. As trocas têm sido desenvolvidas na indústria de peças de aeronaves, produtos químicos, produtos de aço para construção, distribuição de produtos alimentícios, e até para o varejo. Por exemplo, a Sears e o Carrefour, dois dos maiores varejistas do mundo, formaram o GlobalNetExchange para combinar seus $80 bilhões de compras conjuntas em uma só rede *online* para lidarem com fornecedores.[15] Esses serão capazes de visualizar as vendas e níveis de inventário de seus varejistas e poderão melhor planejar suas necessidades de produção. O processo de compras como um todo, desde a requisição de cotas para pedidos de compras até o faturamento e pagamento, pode ser conduzido eletronicamente via *website*.

---

[12] Reportagem do *USA Today,* May 10, 2000, p. B-1.

[13] Richard Wough e Scott Eliff, "Using the Internet to Achieve Purchasing Improvements at General Electric", *Hospital Material Management Quarterly,* November 1998, p. 81-83.

[14] Robert Simson, Farn Werner, e Gregory White, "Big Three Carmakers Plan Net Exchange", *The Wall Street Journal,* February 28, 2000, p. A-3.

[15] Calmetta Coleman, "Sears, Carrefour Plan Web Supply Chain", *The Wall Street Journal,* February 19, 2000, p. A-4.

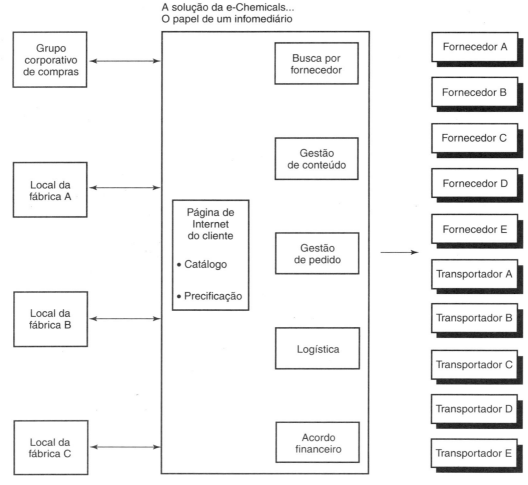

Figura 5-4 E-Chemicals.

Apesar de serem visíveis os numerosos benefícios nas trocas comerciais e de compras, existe um lado negativo em potencial. Muitos fornecedores têm receio de que trocas comerciais venham a se transformar em um mecanismo que, em última instância, levará compras a se deter estritamente no preço de compra. Se os compradores colocam suas exigências e necessidades na Web principalmente com o propósito de obter ofertas de fornecedores alternativos, ou utilizar a tecnologia para fazer com que os fornecedores entrem em um processo de leilão, teme-se que muito dos avanços quanto à integração entre fornecedores e à gestão de valor sejam prejudicados. O futuro irá mostrar se o resultado será positivo ou negativo.

No contexto da gestão da cadeia de suprimentos, a ligação entre a companhia e seus fornecedores externos é fundamental. Ela prové integração de materiais e recursos de fora da organização com as operações internas. Cobra-se do processo de compras a responsabilidade de garantir que essa transição seja realizada o mais eficiente e efetivamente possível. Muito da preocupação de compras está voltada para a interface logística entre a organização e sua base de fornecedores. Por fim, o propósito de compras é integrar o fluxo de materiais de acordo com as necessidades da produção. Na próxima seção, são discutidas estratégias alternativas de produção com foco em suas necessidades logísticas.

Produção

Um número substancial de empresas nas cadeias de suprimentos está envolvido na fabricação de produtos. Embora quase todas as empresas comerciais estejam engajadas nas operações de compras e de distribuição ao mercado, os fabricantes agregam valor ao converterem matéria-prima em produtos de consumo ou industriais. Geram valor, ao produzirem e comercializarem pacotes de produtos/serviços para consumidores finais, ou para membros intermediários das cadeias de suprimentos. Por exemplo, os varejistas compram uma vasta

Visão Setorial 5-2 Agricultura via Internet

Ted Farnworth ficou frustrado quando procurou na Internet por equipamentos agrícolas para o tambo de seu cunhado, em Nova Iorque. Como resultado, criou seu próprio *website* agrícola, a Farmbid.com. Aproximadamente 90.000 clientes se cadastraram para comprar e vender sementes, químicos, maquinaria e outros produtos agrícolas.

A Farmbid é um de mais de uma dúzia de *websites* agrícolas que surgiram nos últimos meses. Alguns leiloam gado, suínos, ovinos e cavalos, enquanto outros vendem de tudo, desde sementes até vacinas para animais ou seguros agrícolas. Esses *sites* B2B buscam faturar em cima da distância e do isolamento que muitos fazendeiros enfrentam. Ao oferecerem uma compra única (*one-stop shopping*), os *sites* esperam obter uma parcela do setor agrícola tão lucrativo, estimado em um mercado de $1 trilhão até o ano de 2004. Espera-se que as transações agrícolas *online* representem algo como 12 %, ou $120 bilhões, em vendas no decorrer dos próximos quatro anos.

Os *sites* são notícias bem-vindas para os produtores rurais, que estão enfrentando alguns dos menores preços na história para suas colheitas e mercadorias. Os *sites* agrícolas permitem que os clientes comparem as compras entre fabricantes diferentes e fazem com que as companhias possam competir por esses negócios. Os mercados digitais podem diminuir preços quando as companhias buscam descarregar o excesso de grãos, sementes ou equipamentos a preços relativamente baixos. Os fazendeiros tradicionalmente compravam produtos a partir de catálogos, vendedores locais, ou vendedores itinerantes. Embora o atual sistema funcione, muitos fazendeiros têm restrição quanto a marcas e tipos de produto que podem comprar e nem sempre obtêm os melhores preços.

Os *sites* ganham dinheiro por meio de publicidade, tarifas sobre transações ou quando levam uma porcentagem de cada venda ali efetuada. Poucos *sites* se mostram lucrativos, e a maioria não espera ser por, pelo menos, um ano.

Apesar de haver um mercado forte para os *sites* agrícolas B2B, os analistas afirmam que existe espaço para apenas dois ou três competidores. O setor está começando a se consolidar. Companhias como a DuPont e a Cargill possuem relações fortes com fazendeiros e outras empresas. Para serem bem-sucedidos, os *sites* B2B precisam de uma massa consistente de clientes. Porém, contando apenas com 1,9 milhões de fazendas dos EUA, o conjunto de clientes disponíveis é limitado.

Gary Carlson, CEO da Rooster.com, um *shopping* eletrônico que será lançado em breve, afirma que esse *site* será extensivo a todas as companhias. Permitirá que os vendedores estabeleçam portais de vendas virtuais para sementes, produtos químicos e outros. Entretanto, de acordo com Carlson, atuará de forma bastante próxima com comerciantes agrícolas que já tenham estabelecido relações com a Cargill, Cenex e DuPont, e irá ajudá-los a estabelecerem lojas virtuais.

Fransworth, da Farmbid, espera uma batalha árdua. Porém, a Farmbid possui "vantagens, como ter muitos fazendeiros cadastrados", diz ele. "Estamos construindo um Website com base nos fazendeiros e dando-lhes tudo o que precisam", como leilão, previsões de tempo, classificados e até mesmo salas de *chat* entre fazendeiros.

O maior obstáculo para todos os atores do B2B é o acesso limitado à Internet nas áreas rurais. Poucas fazendas possuem o serviço de Internet de banda larga, como *modems* a cabo ou linhas digitais para assinantes (DSL – Digital Subscriber Lines). A maioria dos assinantes pode acessar os provedores de serviço de Internet por discagem, mas enfrenta cobranças de ligações de longa distância. Isso limita o uso da Rede pelos fazendeiros e poderia limitar as receitas de muitos *sites*, de acordo com os analistas.

Fonte: Deborah Sotomon, "Farm B2Bs Find Fertile Soil on Net", *USA Today*, April, 2000, p. 1B.

---

gama de produtos de fabricantes variados a fim de criarem sortimentos que chamem a atenção de consumidores. Esta seção revê a estrutura e estratégia das cadeias de suprimentos na perspectiva da produção. Semelhante à seção anterior que discutiu compras, o objetivo é identificar as exigências e os desafios de logística necessários para integrar e apoiar a produção nas operações das cadeias de suprimentos.

Perspectivas de Produção[16]

A gama de produtos que uma empresa produz vem da sua capacitação tecnológica e estratégia de *marketing*. As empresas aperfeiçoam as competências de produção baseadas nas oportunidades do mercado e na sua disposição de enfrentar os riscos da inovação. Em princípio, uma empresa fabricante cria ou inventa um novo sortimento de produtos e tem seu ponto de entrada nas cadeias de suprimentos como um participante agregador de valor. O sucesso inicial no mercado serve para definir e clarificar a competência de uma empresa na percepção de clientes e fornecedores. Uma empresa que inicia suas operações de produção para fabricar peças de automóveis será vista pelos parceiros comerciais como sendo extremamente diferente de outra que produz vestimentas. Embora os produtos produzidos sejam claramente diferentes, o verdadeiro diferencial entre as empresas se apresenta nas competências relacionadas ao seu conhecimento, tecnologia, processo e estratégia. Uma vez estabelecida, a imagem e o foco de uma empresa se modifi-

---

[16] Esta seção se apoia no estudo de Steven A. Melnyk e David R. Denzler, *Operations Management: A Value Driven Approach* (Chicago, IL: Richard D. Irwin, 1996).

cam continuamente aos olhos dos parceiros das cadeias de suprimentos, à medida que conduz seus negócios, pesquisa e desenvolve novos produtos e executa os serviços agregadores de valor acordados. Assim, a combinação de capacitações e competências mostrada por uma empresa fabricante é dinâmica. A proposição de valor de uma empresa e a dimensão das oportunidades em sua cadeia de suprimentos são representadas pela sua participação nessa cadeia, pela combinação de produtos, serviços, e por suas capacitações e competências. A competência de produção de uma empresa se baseia no **poder da sua marca**, **volume**, **variedade**, **restrições** e **exigências de** *lead times*.

Poder de Marca

Muitos fabricantes despendem muito dinheiro em promoções para criar a consciência e a aceitação da marca entre compradores em perspectiva; como resultado, são normalmente identificados pela marca de seus produtos. A avaliação da preferência de compra de um cliente baseada na reputação, na qualidade do produto e nas capacitações de um fabricante é conhecida como poder de marca.

Os compradores na cadeia de suprimentos variam desde clientes finais até agentes de compras industriais. Pode-se esperar uma grande influência dos fabricantes nas condições de mercado em que uma marca é altamente reconhecida, aceita e preferida pelos clientes. Como regra geral, *quanto mais forte for a imagem de marca do produto de uma empresa entre os compradores, maior alavancagem a organização fabricante terá na determinação da estrutura e estratégia de sua cadeia de suprimentos*. Por exemplo, a Deere & Company domina a venda, distribuição e manutenção de maquinaria para fazendas, bem como produtos para terra e jardinagem.

Independentemente da aceitação do cliente, uma empresa que possui marca e comercializa uma linha particular de produtos pode, de fato, não estar engajada nem na produção/montagem, nem no desempenho de serviços logísticos de apoio. É prática comum para uma organização terceirizar algumas ou todas as operações de produção e de logística exigidas na comercialização de um produto específico. A natureza do processo, do custo da produção e do próximo destino na cadeia de suprimentos percorre um caminho longo para determinar a atratividade da terceirização. As necessidades logísticas no recebimento de materiais e de distribuição de produtos acabados são criadas na relação geográfica entre a localização das operações de produção e as dos fornecedores e clientes. Entretanto, o poder para determinar a gama dos serviços de valor agregado, exigências de movimentação física de produtos, de tempo e as características do fluxo dentro das cadeias de suprimentos está diretamente relacionado ao poder da marca. Como ilustrado no Visão Setorial 5-3, um fornecedor terceirizado pode ajudar uma empresa a desenvolver um poder de marca efetivo.

Volume

Os processos de produção podem ser classificados pela relação entre custo por unidade e volume de produtos. A perspectiva tradicional é tratar de volume nos termos do bem estabelecido princípio de **economias de escala**. O princípio de escala define uma relação em que o custo médio da produção de um produto declina, à medida que seu volume de produção aumenta; ou seja, a quantidade de um produto deveria ser aumentada desde que o aumento de unidades no volume diminua o custo médio por unidade fabricada. As economias de escala resultam de eficiências geradas pela especialização de processos e mão-de-obra, utilização de ativos fixos, economias em compras e necessidade limitada de mudanças nos processos de produção.

Economia de escala é extremamente importante em situações de produção que envolvem custos fixos altos em equipamentos para converter matéria-prima em produtos acabados. Exemplos comuns são encontrados nos setores de papel, aço e refinaria. De fato, algumas empresas de processamento de petróleo separaram suas refinarias da estrutura de *marketing* de suas cadeias de suprimentos e as posicionaram como fornecedores externos independentes. As refinarias são, portanto, capazes de vender no mercado aberto para todos os potenciais compradores, e podem explorar completamente as vantagens das economias de escala.

Em setores sensíveis ao volume, o investimento alto de capital se emparelhou ao alto custo das mudanças de processo, encorajando rodadas de produção extremamente longas. Quanto ao apoio logístico, duas considerações relacionadas ao volume influenciam o projeto de cadeias de suprimentos. Primeiro, as operações da cadeia de suprimentos devem acomodar a quantidade de vezes que um produto específico é produzido durante um período específico de planejamento. Essa *freqüência da produção* causa impacto direto nas necessidades logísticas internas e externas. Segundo, a quantidade ou tamanho do lote comumente produzido durante uma rodada específica da produção determina o volume do produto que precisa ser manuseado e armazenado na estrutura da cadeia de suprimentos.

Variedade

Em contraste com as situações da produção dominada pela escala, outras tecnologias de produção mostram flexibilidade. Esses processos de produção são caracterizados por rodadas de produção relativamente freqüentes e alta repetição de tamanhos pequenos de lotes. Contrastados com a economia de escala, os processos de produção, com atribu-

Visão Setorial 5-3   Inovação Terceirizada

A Tradeteam é uma *joint venture* da Exel Logistics, com sua companhia controladora NFC Plc., e a Bass Brewers para oferecer um serviço de distribuição nacional em rede para a indústria de bebidas do Reino Unido.

A Tradeteam foi desenvolvida em resposta às pressões e mudanças das condições de mercado nesse setor. O mercado de cervejas no Reino Unido esteve em declínio por um longo tempo, com o consumo em bares encolhendo em aproximadamente 1% ao ano. No geral, o setor estava sofrendo por excesso de capacidade e margens mais baixas. Além disso, o governo havia exigido que os fabricantes de cerveja vendessem suas participações em bares, diretriz essa com sérias implicações no mercado. Entre 1992 e 1999, por exemplo, a propriedade dos bares nas mãos de fabricantes de cervejas regionais e nacionais declinou de 74 para 33%. O resultado final foi típico de setores de crescimento lento: os cervejeiros estavam se consolidando e reposicionando, e necessitavam de uma abordagem nova para *marketing* e distribuição.

Como maior provedor de serviços de distribuição de cervejas do Reino Unido, a Exel Logistics tinha interesse significativo em proteger um negócio que estava sob pressão de fabricantes individuais de cerveja e de grupos emergentes de proprietários de bares. A idéia da Exel foi adquirir a infra-estrutura de distribuição existente de um dos mais importantes fabricantes de cerveja para alcançar a massa crítica associada à participação no mercado dessa companhia. Alavancando essa infra-estrutura, passaria então a oferecer serviços logísticos de custo efetivo para outros fornecedores de bebidas. Esse conceito levou à formação da Tradeteam, uma *joint venture* entre Exel Logistics e Bass, que já era a companhia produtora de mais baixo custo do setor.

A Tradeteam é hoje o provedor logístico líder no Reino Unido para o setor de bebidas. Possui uma renda anual de $200 milhões e entrega aproximadamente 280 milhões de galões de cerveja e outras bebidas para mais de 27.000 clientes de varejo, em nome de uma série de fornecedores de bebidas. Situada de forma única como uma distribuidora multiusuária entre o consumidor e o fornecedor, a Tradeteam revolucionou a cadeia de suprimentos do setor de bebidas.

Os resultados até hoje têm sido encorajadores. A Tradeteam possibilitou que os fabricantes de cerveja e os fornecedores de bebidas reduzissem seus custos operacionais, aumentassem as receitas pela expansão do mercado e prestação de níveis superiores de serviço a seus consumidores. A participação no mercado para essa *joint venture* inovadora alcançou a marca dos 40 a 50%. De fato, isso representa a maior iniciativa de terceirização já vista no Reino Unido.

Fonte: Anônima, "One Example of Third-Party Innovation", *Supply Chain Management Review,* Fall 1999, p. 87.

---

tos de variedade de mudanças rápidas, trocando a produção de um produto para outro, ao mesmo tempo em que retêm eficiência, são conhecidos por terem **economia de escopo**. Escopo significa que um processo de produção pode utilizar uma combinação variada de materiais, equipamentos e mão-de-obra para produzir uma variedade de produtos diferentes.

A variedade se refere à *gama* de variações de produtos possíveis de serem fabricados em um dado processo. Essa variação pode resultar da natureza de como os produtos são direcionados na planta de produção e/ou do uso de equipamentos gerais em contraste a equipamentos especializados. A conquista da economia de escopo está também diretamente relacionada à velocidade e ao custo da mudança completa de um produto para outro. Quanto ao apoio logístico, a alta variedade se traduz em lotes pequenos de produção, exigências flexíveis de materiais e uma gama mais vasta de produção de produtos. A alta variedade de produção causa impacto direto nos tipos de serviços de transporte e de armazenamento necessários para atender a uma produção flexível.

Restrições

Todos os processos de produção refletem um equilíbrio entre economias de escala e de escopo. O volume e a variedade conduzem as necessidades de apoio logístico. As três restrições fundamentais que influenciam as operações de produção são *capacidade, equipamentos* e *setup/mudança de processos*. Cada uma dessas restrições força o compromisso com operações ideais de produção. Esse compromisso planejado num contexto de previsão de vendas e de promoções é expresso no plano de produção.

A **capacidade**, como está implícito no nome, é a avaliação de quanto produto pode ser produzido por unidade de tempo. É de particular interesse a capacidade *demonstrada* por uma empresa de sua qualidade de produção. Embora uma fábrica, processo ou equipamentos possam ter uma capacidade *qualificada*, a avaliação relevante é a capacidade demonstrada por uma empresa de atingir e manter um nível específico de qualidade de produto em um período de tempo previsível. A avaliação da competência de produção é a velocidade com que um processo em particular atinge essa capacidade demonstrada dada uma mudança não esperada nas necessidades.[17] Essa possibilidade de escalonamento reflete a combinação de agilidade na produção, nas Compras e na logística.

---

[17] Thomas G. Gunn, *21st Century Manufacturing* (Excess Junction, VT: OM NEO, 1992), Capítulo 8.

As restrições de equipamentos estão relacionadas à flexibilidade do uso e ao seqüenciamento de equipamentos específicos no desempenho de tarefas múltiplas de produção. Claramente, a variedade que uma fábrica pode produzir é restringida pela gama de equipamentos disponíveis e pela seqüência de trabalho exigida. Entretanto, algumas exigências de produção são mais facilmente atendidas dentro de uma família de equipamentos e pelo uso de seqüências de trabalho de maior variabilidade, do que outras. Em muitas situações, uma máquina ou tarefa específica tende a restringir ou a agir como ponto de estrangulamento do processo de produção como um todo. Da mesma forma, a capacitação logística para acomodar padrões diferentes de utilização de equipamentos pode servir para potencializar ou restringir a flexibilidade do processo de fabricação. Os executivos de produção dedicam tempo e recursos substanciais para eliminar esses pontos de estrangulamento, que servem para restringir as operações. A estrutura para focalizar a atenção gerencial é apresentada na metodologia da *teoria das restrições*.[18]

Restrições de *setup*/mudança de produto estão diretamente relacionadas à discussão anterior quanto à variedade. Progresso substancial tem sido feito na gestão da produção para aumentar tanto a velocidade no tempo de mudança como no tempo exigido para se alcançar a capacidade demonstrada. Enquanto muitas horas e até mesmo dias eram antes exigidos para a mudança, hoje as tarefas estão sendo executadas em horas. Por exemplo, unidades de produção modular, como as espalhadoras de tinta, estão sendo estruturadas e calibradas fora da linha, e depois sendo inseridas prontas para fluírem nas linhas de montagem. É claro que todos os esforços para aumentar a velocidade de *setup*/mudança são diretamente dependentes de apoio logístico.

Lead Time

Lead time de produção é a medida de tempo despendido entre a emissão de um pedido de trabalho no ponto de venda e a conclusão de todo o trabalho necessário para o produto alcançar a situação de pronto para ser embarcado. Qualquer processo de produção consome tempo operacional e interoperacional.[19]

O *tempo operacional* é a combinação do tempo de *setup*/mudança e o tempo real ou corrente de produção. Em qualquer situação de produção, quanto maior a quantidade total de *lead time* contabilizada pela produção real, mais eficiente, de forma inerente, será o processo de conversão. Tempo operacional eficiente deve avaliado em relação às questões discutidas anteriormente quanto a volume e variedade.

Os processos de produção também se deparam com perdas de tempo inesperadas. Durante os períodos em que um processo, uma linha ou uma máquina está ociosa devido a filas, espera, paradas ou falhas no apoio logístico, a eficiência da produção sofre um impacto negativo. Todas as formas de atrasos inesperados representam questões sérias de pontos de estrangulamento. Por exemplo, Melnyk e Christensen estimam que entre 75 e 95% de todos os atrasos não produtivos resultam de filas não planejadas nos processos de produção.[20] Não é preciso dizer que a maioria dos executivos de produção têm pouca ou nenhuma tolerância com atrasos inesperados resultantes da chegada em atraso ou danificada de materiais e componentes essenciais. O atraso logístico por parte de um fornecedor que provê peças e materiais pode resultar em falha de produção no atendimento do volume de produtos planejados. Como regra geral, empresas que comprimem o prazo de entrega e controlam ou eliminam variâncias inesperadas no desempenho, mostram maior flexibilidade para atender às exigências de clientes, ao mesmo tempo em que desfrutam de uma produção de baixo custo.

As operações logísticas comprometidas com o apoio à produção podem causar impacto na eficiência operacional de várias maneiras. Os benefícios potenciais da força da marca estão baseados no acompanhamento de uma empresa quanto ao seu desempenho em tempo certo dos compromissos dos pedido de entrega a um cliente. As eficiências de tamanho de lote relacionadas à freqüência e repetição da produção são dependentes de um apoio confiável da logística. A decisão de produzir grandes otes cria diretamente a necessidade de apoio logístico. As economias de escala direcionam as melhores práticas por parte de compras e o investimento médio de inventário nas cadeias de suprimentos. A decisão de foco na variedade na produção causa impacto nas necessidades logísticas ao adicionar a complexidade de mudanças freqüentes. O desempenho logístico é também uma variável importante na gestão das restrições. Essas restrições podem ser causadas ou resolvidas com base na quantidade e flexibilidade do apoio logístico. Por fim, a logística é crítica para alcançar níveis altos de desempenho de prazo de entrega. Em particular, a falha logística pode aumentar o prazo de entrega da produção ao introduzir atrasos inesperados.

As interfaces logísticas anteriores, bem como todos os outros fatores que causam impacto na previsibilidade de desempenho da produção, servem para criar lacunas operacionais que são resolvidas por mais inventário. Estoques de inventário ocorrem, em parte, quando a expectativa de tempo do cliente excede a capacidade da empresa, ou de

---

[18] Para conhecer mais sobre a origem dessa lógica, veja Eliyahu M. Goldratt e J. Cox, *The Goal* (Croton on Hudson, NY: North River Press, 1984); e Eliyahu M. Goldratt e Robert E. Fox, *The Race* (Croton on Hudson, NY: North River Press, 1986).

[19] Steven A. Malnyk e R. T. Christensen, *Back to Basics: Your Guide to Manufacturing Excellence* (Boca Raton, FL: St. Lucie Press, 2000), p. 15-17.

[20] Steven A, Melnyk e R. T. Christensen, op. cit., p. 17.

seu fornecedor, de entregar o sortimento correto de produtos no lugar certo, na hora certa. A gestão desses estoques de matéria-prima e de inventário de produtos acabados é a responsabilidade logística mais nobre.

Estratégia de Produção

A natureza única de cada processo da produção e de cada mercado servido limita de forma prática a gama de estratégias alternativas. A gama estratégica da produção é restringida tanto pelas forças de *marketing*, como pelas tecnológicas. Práticas de *marketing* prevalentes servem para fundamentar a estratégia de produção quanto à aceitação por parte dos clientes. A tecnologia conduz a estratégia para um modelo de produção que seja competitivo. Por exemplo, um fabricante que tem um processo dominado por economias de escala pode desejar que se melhore a flexibilidade do processo. Entretanto, normalmente, será necessário um investimento significativo para que se aumentem a freqüência e a repetição.

Ao longo do tempo, a natureza mutável do mercado e da tecnologia disponível tem servido para alterar a postura estratégica de uma empresa. Considere, por exemplo, a indústria de aço, dominada por muito tempo por um processo altamente dependente de economias de escala. Os anos recentes testemunharam a aceitação por parte do mercado de uma vasta gama de materiais novos com base em aço e combinados com serviços de valor agregado. O nascimento do Steel Service Center introduziu o adiamento como um modo de aumentar o atendimento aos clientes. A natureza da produção básica de aço também passou por uma mudança dramática. Novos métodos de processo em aperfeiçoamento reduzem a dependência, já de longa duração, de processos de produção em grande escala. O impacto combinado dessas mudanças no mercado e nos processos alterou a postura estratégica dos produtores de aço.

Combinando a Estratégia de Produção às Necessidades do Mercado

No Capítulo 3, as estratégias típicas de *marketing* foram classificadas como sendo de massa, segmentada e centrada, ou uma-a-uma.[21] Estas estratégias são diferenciadas, em parte, em relação ao grau exigido de atendimento do produto e do serviço. O *marketing* de massa exige uma diferenciação limitada de produto/serviço. Em contraste, a estratégia de *marketing* um-a-um se constrói sobre ofertas de produto/serviço exclusivos e personalizados para cada cliente. A postura de *marketing* estratégico de uma empresa quanto à flexibilidade e agilidade para atender exigências específicas de clientes está diretamente relacionada à capacitação da produção. Em um grau significativo, a competência de produção de uma empresa direciona a praticabilidade de uma estratégia de *marketing* eficaz. Para uma empresa fabricante competir efetivamente, ela precisa ser capaz de integrar a competência de produção a uma proposição significativa de valor de *marketing*.

Alternativas Estratégicas

As estratégias de produção mais comuns são **fabricação sob planejamento (MTP – make-to-plan), fabricação sob encomenda (MTO – make-to-order)** e **montagem sob encomenda (ATO – assemble-to-order)**. Também é comum se referir à fabricação sob planejamento como **fabricação para estoque (MTS – make-to-stock)**.[22]

Como regra geral, as estratégias MTP são características de setores que exploram as economias de escala, que resultam de corridas longas de produção. Um inventário significativo de produtos acabados é comumente fabricado em antecipação a exigências futuras dos clientes. A necessidade logística para apoiar a fabricação sob planejamento é a capacidade de armazenamento para estocar produtos acabados e facilitar o sortimento de produtos a clientes específicos. Quando uma produção flexível é introduzida para acelerar trocas, os lotes de inventário produzidos são comumente menores em quantidade. Entretanto, armazéns ainda são necessários para estocagem temporária e para facilitar o sortimento do produto.

Em contraste, as estratégias MTO procuram fabricar segundo a especificação do cliente. Embora a fabricação sob encomenda possa não ser tão limitada quanto a tradicional oficina de trabalho, quantidades e configurações exatas são produzidas em quantidades relativamente pequenas. A capacidade logística pode ser exigida para estocagem temporária e alcançar a consolidação de cargas para transporte, mas a maioria dos produtos produzidos em um ambiente de fabricação sob encomenda é embarcada diretamente para o cliente.

Em situações de montagem sob encomenda, produtos e componentes básicos são fabricados em antecipação aos pedidos futuros dos clientes; entretanto, os produtos não são completamente montados ou personalizados até que os pedidos dos clientes sejam recebidos. Essa montagem final reflete a implementação do princípio do adiamento da produção ou da forma.[23] A necessidade de capacidade logística é fundamental para as operações de montagem sob encomenda. De fato, uma quantidade crescente de finalização de produtos ATOs

---

[21] Capítulo 3, p. 69.

[22] Essa classificação geral se baseia no trabalho de Robert H. Hayes e Gary P. Pisano, "Beyond World Class: The New Manufacturing Strategy", *Harvard Business Review*, January/February, 1994, p. 77-86.

[23] Veja Capítulo 1, p. 18.

está sendo realizada em armazéns de distribuição. A atratividade de uma estratégia ATO é que ela possui o potencial de combinar algumas facetas das economias de escala comum à fabricação sob planejamento, com um certo grau de flexibilidade da fabricação sob encomenda. A implementação completa de uma estratégia de montagem sob encomenda exige que as operações de armazenamento sejam integradas ao processo para desempenhar operações de personalização e de montagem. A Visão Setorial 5-4 ilustra a importância do apoio logístico a uma empresa montadora (OEM – Original Equipment Manufacturer).

Visão Setorial 5-4   Peças Importantes Entregues em Horas

A velocidade é cada vez mais um diferencial importante na cadeia de suprimentos, especialmente no fornecimento de peças críticas, das quais os consumidores esperam a entrega em horas, não em dias.

Duas forças fundamentais estão conduzindo o desenvolvimento desse nicho de serviço. Primeiro, empresas montadoras possuem contratos de garantia com seus usuários finais, que freqüentemente incluem proteções contra perdas por atraso de tempo de entrega. Segundo, muitas operações de fornecimento de peças são fragmentadas pois as companhias geralmente atuam em muitas regiões de serviços e com diferentes provedores de serviço para cada uma. Diante de pressões para reduzir os níveis de inventário e seus investimentos associados, as OEMs e outras companhias precisam de maior visibilidade, não somente de disponibilidade de peças, mas também de conteúdos nos dutos (*pipelines*) de fornecimento – um desafio difícil quando as responsabilidades estão espalhadas por numerosas redes.

"As OEMs estão sempre procurando melhorar seus serviços aos usuários finais, e ter uma rede de serviços de peças com alta disponibilidade e um rápido tempo de resposta, possibilita que seus engenheiros de campo melhorem os tempos de retomada de operação", diz Scott Collins, VP de logística de serviço de peças da Sonic Air, uma divisão da United Parcel Service. Na última década, a Sonic Air, em conjunto com a UPS, centrou-se no projeto de uma rede de serviços para especificamente satisfazer as necessidades dessas OEMs. "Possibilitamos às OEMs um único ponto de contato, utilizamos nossa própria rede e temos conectividade de sistemas em toda essa rede", afirma Collins.

A Sonic possui um centro de distribuição de peças, com mais de 1 milhão de pés quadrados de espaço, a cerca de 6 km do aeroporto concentrador da UPS, em Louisville, um arranjo que permite que a Sonic ofereça o processamento de pedidos até tarde da noite, com entrega garantida para as 10h e 30min da manhã seguinte, ou até mais cedo, se o cliente utilizar os serviços *premium*. A partir do centro de distribuição, a Sonic repõe sua rede de mais de 400 locais de apoio de campo em todo o mundo. Com exceção de alguns locais segmentados, os centros de apoio de campo são instalações para clientes múltiplos.

Os pedidos dos clientes podem chegar à Sonic por EDI, Internet, fax ou via um dos *call centers* que a Sonic opera, mesmo até uma da manhã, para disponibilidade no dia seguinte. Os pedidos são direcionados para o despachante adequado, que então avisa aos respectivos ramos de operação que uma peça em particular precisa ser retirada e despachada para entrega. As peças podem ser enviadas de madrugada diretamente para engenheiros certificados (CEs – Certified Engineers) no campo. Outra opção é um serviço de manutenção para retirada em qualquer um dos 1.430 centros de serviço da UPS, designados como locais em que os CEs podem retirar as peças a partir das 7h e 30min da manhã.

A estratégia da Sonic é localizar os centros de apoio de campo próximos dos usuários finais de seus clientes para minimizar o tempo entre a expedição do pedido e a entrega. "Nossa rede funciona 24×7, e neste momento podemos atender 68% da população dos negócios dos EUA em uma hora, 88% em duas horas e 99% em quatro horas", diz Collins.

A Sonic também utiliza seu centro de distribuição em Louisville para serviços de reparo e reforma, mantendo uma equipe de mais de 300 técnicos, a fim de oferecer um rápido giro a equipamentos como computadores *laptops*, discos rígidos, monitores e equipamentos de telecomunicação, incluindo a programação de aparelhos de telefone celulares.

A Getronics (antiga Wang Getronis) está atualmente na fase de lançamento de um novo programa de serviços. Os técnicos da Sonic hoje efetuam 1.100 reparos por mês, para a Getronics, em uma vasta gama de peças de computadores, periféricos e equipamento de pronta-entrega, e espera ver esse número subir de 6.000 para 8.000 quando o programa estiver completamente *online*.

A Sonic também oferece à Getronics uma armazenagem central de produtos que sobram (*end-of-runaway*), o que melhora a eficiência da Getronics e reduz alguns dos custos fixos e variáveis associados à operação de peças. "O relacionamento com a Sonic/UPS permitiu que a Getronics aprimorasse nossos serviços logísticos, como um todo, a nossos clientes, ao consolidar nossos serviços de frete – por terra, ar e de embarque próximo, armazenamento e reparo – em uma instalação central", diz Richard Fogarty, VP de entrega de serviços da Getronics. "Isso permite que aproveitemos economias de transporte e permite a redução de nosso investimento em peças ao reduzir o ciclo de tempo de retorno de peças com defeitos a condições de operação. A Getronics pode também oferecer um nível de serviço de consultoria logística mais elevado a nossos consumidores, ao utilizar a rede nacional de centros de distribuição de peças da Sonic, que oferece

(*Continua*)

Visão Setorial 5-4   Peças Importantes Entregues em Horas   *(Continuação)*

a entrega de peças em quatro horas em áreas importantes de negócios de nossa base de clientes".

A Sonic está reconfigurando seu sistema de informação. "Até o primeiro trimestre do ano que vem, iremos ter um sistema de serviço de peças completamente integrado, que conecta o encaminhamento do pedido, despacho, gestão do pedido, reparo, gestão do inventário, cobranças e finanças", diz Collins. Um sistema de gestão de inventário inter-conectando a rede ajudará a identificar quais peças devem ser estocadas em locais particulares, baseando-se na freqüência de falhas vivenciadas pela população de usuários finais. "Espera-se que essa visibilidade da rede, como um todo, possibilite aos clientes um melhor planejamento de trabalho, e, assim, sejam capazes de reduzir o custo total de inventário no duto de fornecimento", acrescenta.

A Sonic oferece muito dessa informação pela Web. Utilizando um programa de navegação na Internet, os clientes podem obter informações de acompanhamento sobre os embarques de peças e confirmar entregas, dando visibilidade a uma peça, desde a execução do pedido até sua entrega. "Por outro lado, onde temos operações de recuperação de monitores e discos rígidos e *laptops*, os clientes podem acompanhar os fluxos reversos dessas unidades através do duto de fornecimento, e checar a situação de um reparo em particular, à medida que se movimenta através da fábrica de Louisville", diz Collins.

Fonte: Kurt C. Hoffman, "With Critical Parts, Delivery is Counted in Hours, Not Days," *Global Logistics* & *Supply Chain Strategies*, June 2000, pp. 58-60, 62.

Custo Total de Produção

As estratégias de *marketing* e de produção de uma empresa direcionam as exigências de serviço logístico. Por exemplo, as estratégias de produção da fabricação sob encomenda comumente exigem menores inventários de produtos acabados que as estratégias de MTP e ATO. Entretanto, estratégias MTO normalmente exigem o apoio de inventários de componentes e podem resultar em uma distribuição ao mercado de alto custo. À luz dessas trocas compensatórias de custos, o projeto do sistema de apoio logístico deveria estar baseado no **Custo Total de Produção (TCM)**.

O custo total de produção consiste em produção/compras, inventário/armazenamento e transporte. Todos esses custos são impactados pela estratégia de produção. Assim, o TCM representa as bases para a formulação da estratégia de distribuição ao mercado. A Figura 5-5 representa um modelo generalizado de TCM *por unidade,* variando entre alternativas estratégicas desde a fabricação sob encomenda e a montagem sob encomenda até a fabricação sob planejamento. Naturalmente, as relações exatas de custos irão depender de especificidades relacionadas a cada situação de negócios. O objetivo de projeto é identificar a estratégia de produção que melhor se encaixa na oportunidade de mercado que se apresenta.

Na Figura 5-5, o custo de produção e de compras declina, à medida que a quantidade aumenta, refletindo a economia de escala associada à fabricação sob planejamento. Os custos de inventário e de armazenamento aumentam, refletindo o impacto de maiores tamanhos de lotes. O custo de transporte por unidade diminui, como resultado da consolidação dos embarques. Em contraste, as estratégias de fabricação sob encomenda refletem custos altos, por unidade, de produção e compras que são, em parte, compensados por custos de inventário e de armazenamento baixos. Na estratégia de fabricação sob encomenda, o custo de transporte por unidade é mais alto, refletindo os embarques pequenos e/ou tarifas de transportes *premium*. O valor da Figura 5-5 é generalizar relações e permitir a visualização de trocas compensatórias importantes. O TCM resulta de uma integração funcional entre produção, compras e logística. A partir da perspectiva da gestão integrada, é importante para empresas manufatureiras projetar uma estratégia de cadeia de suprimentos que alcance o menor custo total de produção no processo como um todo.

Interfaces Logísticas

A coordenação eficiente e efetiva da estratégia de produção com compras de materiais e componentes apóia-se, em ultima instância, na logística. Recursos em insumos precisam ser comprados e colocados à disposição, quando necessários para operações de produção. Sendo a estratégia de produção de fabricação ou sob encomenda, ou de montagem sob encomenda ou de fabricação sob planejamento, a logística liga a base de fornecedores com os processos de produção. Claramente, quanto mais bem feita for a interface, melhor será a oportunidade para atingir o menor custo de propriedade e, por fim, menor será o custo de produção. Essas operações surgem apenas quando há uma integração de alto nível com os fornecedores, tanto nas operações e como no projeto. *Just-in-time*, planejamento de necessidades de materiais e projeto para a logística representam três abordagens para alcançar essa desejada coordenação.

Just-in-time

As técnicas ***Just-in-time*** **(JIT)** receberam atenção considerável e foram bastante discutidas, em anos recentes,

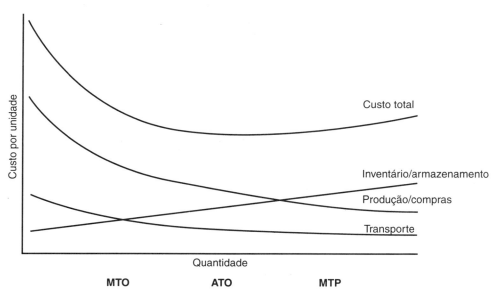

Figura 5-5 Custo total de produção.

em todas as áreas funcionais relacionadas à gestão da cadeia de suprimentos. Às vezes conhecida por produção *just-in-time*, comumente chamada de compra *just-in-time*, e freqüentemente tida por entrega *just-in-time*, o objetivo da JIT é organizar as atividades em fases de tempo para que materiais e componentes comprados cheguem na produção ou na montagem no tempo exato necessário para o processo de transformação. De forma ideal, inventários de matéria-prima e de produtos em processo serão minimizados como resultado da redução ou eliminação de estoques de reserva. A chave para as operações JIT é a de que a demanda por componentes e materiais depende da programação de produtos acabados. As necessidades podem ser determinadas pelo foco em produtos acabados sendo produzidos. Uma vez estabelecida a programação de produção, a chegada de componentes e materiais no tempo certo pode ser planejada para coincidir com suas necessidades, resultando em manuseio reduzido e inventários mínimos.

As implicações JIT são numerosas. Obviamente, é necessário lidar com fornecedores que tenham níveis de qualidade altos e consistentes, já que seus componentes irão diretamente para os produtos acabados. Um desempenho logístico confiável é necessário e elimina, ou pelo menos reduz, a necessidade de reservas de estoques de materiais. O sistema JIT geralmente exige entregas mais freqüentes em quantidades menores de insumos adquiridos, o que pode exigir modificação de transportes para recebimento. Claramente, para fazê-lo funcionar, precisa haver forte cooperação e comunicação entre a organização de compras do fabricante e seus fornecedores. Nas operações JIT, as companhias tentam conquistar os benefícios de uma integração vertical às avessas, mas evitam a ligação formal de propriedade. Alcançam muito desses mesmos fins através da coordenação e integração de processos com os fornecedores.

Originalmente, o sistema JIT era aplicado a processos de produção caracterizados pela fabricação sob planejamento, já que seu funcionamento efetivo depende de uma programação de produção finalizada. Entretanto, seguindo a evolução das estratégias de produção com maior ênfase na flexibilidade, com tamanhos de lotes de produção reduzidos, e rápidas mudanças de processos, os conceitos JIT evoluíram para acomodarem a produção de montagem sob encomenda e de fabricação sob encomenda, também. Em muitas situações, fornecedores líderes são usados por fabricantes para separarem, segregarem e seqüenciarem materiais, enquanto fluem para as operações de montagem. O objetivo é reduzir o manuseio e facilitar um JIT contínuo.

Algumas organizações, vendo os benefícios dos sistemas JIT e reconhecendo os benefícios da integração com fornecedores, foram adiante, a ponto de levarem o pessoal de seus fornecedores para dentro de suas fábricas. Os fornecedores podem usar os pedidos de compra de clientes, ter acesso completo às programações de produção e a responsabilidade de programar a chegada de materiais. Originalmente introduzido pela Bose Corporation, o termo **JIT II** tem sido aplicado a esses esforços de reduzir prazos de entrega e custos.

Planejamento das Necessidades

Em organizações manufatureiras complexas, o processo conhecido por **Planejamento das Necessidades de Materiais (MRP)** é freqüentemente usado para auxiliar na interface entre compradores e fornecedores. Os sistemas MRP buscam obter benefícios semelhantes aos JIT, minimizar inventário, manter a alta utilização da capacidade de produção e coordenar a entrega com as atividades de compras e de produção. A implementação de sistemas MRP exige um alto nível de sofisticação tecnológica. Aplicativos de *sofwares*, como sistemas de planejamento avançado e de programação, foram desenvolvidos para lidar com a complexidade das informações exigidas, como prazo de entrega, quantidades a mão e sob pedidos, e capacidades de equipamentos para literalmente milhares de materiais em locais de produção múltiplos.

Projeto para a Logística

A interface logística com compras e produção, bem como engenharia e *marketing*, pode ser bastante fortalecida pela incorporação do conceito conhecido como **Projeto para a Logística** às fases iniciais de desenvolvimento de produtos. Lembre que os objetivos dos sistemas JIT e MRP são os de minimizar inventários e manuseio, com materiais e componentes prontos para montagem ou transformação quando forem necessários. O modo como um produto é projetado e o próprio projeto dos componentes e dos materiais pode ter um impacto significativo nesse processo. Em particular, a embalagem de produtos e as exigências de transporte precisam ser incorporadas ao projeto do processo. Por exemplo, se o recebimento de componentes é feito por contêineres com quantidade padrão de 50, mas apenas 30 componentes são necessários para atender às exigências de produção, então uma perda irá ocorrer.

Além disso, o projeto do produto e dos componentes precisa ter em consideração o transporte e os métodos de manuseio interno de materiais para garantir que um desempenho logístico com custo eficiente e sem danos possa ser alcançado. Considerações semelhantes de projeto precisam ser feitas para o próprio produto acabado.

A Tabela 5-1 resume as relações críticas entre as exigências de distribuição ao mercado, de produção/compras e logísticas. A estrutura é bastante útil para o posicionamento de como as necessidades logísticas fluem a partir das estratégias de *marketing* e de produção.

Resumo

Gerenciar a logística na cadeia de suprimentos exige interface entre estratégias logísticas, de compras e de produção.

Uma preocupação importante para compras e produção é a da qualidade do produto, um pré-requisito para qualquer empresa que deseja competir globalmente. De fato, a qualidade do produto possui uma série de dimensões diferentes. Pode significar confiança, durabilidade, desempenho do produto e conformidade com as especificações projetadas. A partir da perspectiva dos clientes, pode ainda incluir características do produto, estética ou adequação. Empresas de classe mundial implementaram programas de Gestão da Qualidade Total em todas as suas atividades, para alcançarem qualidade a partir das perspectivas de seus clientes.

As compras em uma organização têm a responsabilidade de obter os insumos necessários para apoiar a produ-

Tabela 5-1 Estrutura de integração estratégica

Direcionadores de mercado	Capacitações de produção	Compras	Logística
Direcionado: Estratégias um-a-um Ofertas de produtos/serviços exclusivos Com base em resposta	Fabricação sob encomenda (MTO): Variedade máxima Configuração exclusiva Produção flexível Alta variedade	B2B Quantidades discretas Fornecimento IGF	Atendimento direto: Adiamento de tempo Embarques pequenos
Segmentado: Dimensão limitada Grupos de clientes Produtos diferenciados Resposta variada e antecipatória	Montagem sob encomenda (ATO): Ampla variedade Alteração rápida Personalização de produto Alta variedade e volume	B2B JIT	Adiamento de forma e tempo: Armazenamento Combinação de atendimento direto e armazenamento Embarques consolidados
Marketing de produtos de massa: Antecipatória Pouca diferenciação de produtos	Fabricação sob planejamento (MTP): Ciclos longos de produção Foco em baixo custo Alto volume/pouca variedade	B2B Mercadoria Leilão Compras eletrônicas	Atendimento de armazenamento: Estratégia completa de estocagem *Mix* de sortimento Embarques de volume

ção e a operação. O foco é multidimensional, procurando manter fornecimento contínuo, minimizar prazo de entrega a partir de fornecedores, inventários de materiais e componentes, e desenvolver fornecedores capazes de ajudar a organização a alcançar tais objetivos. Por fim, os profissionais modernos de compras centram-se no Custo Total de Propriedade dos recursos adquiridos, não apenas no preço de compra desses insumos. Isso exige que considerem cuidadosamente as trocas compensatórias entre preços de compra, serviços de fornecedores e sua capacidade logística, qualidade de materiais e o modo como os materiais afetam custos no ciclo de vida dos produtos aos quais serão incorporados.

As estratégias de compras atualmente envolvem a consolidação de volumes adquiridos em um número de fornecedores menor e mais confiável. Incluem esforços para integrar operações de fornecedores e compradores e alcançar um desempenho logístico melhor, com custos menores. A integração com fornecedores no projeto de produtos novos representa outra estratégia para reduzir custos totais de propriedade.

Nos Capítulos 4 e 5, considerações estratégicas relacionadas à distribuição ao mercado, compras e produção foram discutidas quanto ao impacto combinado sobre necessidades logísticas. Algumas e trocas compensatórias importantes foram identificadas. Vimos que a otimização isolada de qualquer área funcional específica sem levar em consideração o impacto interfuncional possivelmente não irá resultar em desempenho máximo. A integração operacional é o assunto do Capítulo 6.

Questões Desafiadoras

1. Utilizando aparelhos de televisão como exemplo, como três marcas diferentes poderiam ser reconhecidas por diferentes consumidores como a marca de melhor qualidade no mercado?
2. Por que a visão contemporânea de compras como uma atividade estratégica difere de uma visão mais tradicional das "compras"?
3. Como compras estratégicas podem contribuir para a qualidade de produtos fabricados por uma organização manufatureira?
4. Explique a razão que sustenta a idéia de consolidação de volume. Quais são os riscos associados à utilização de um único fornecedor para um item?
5. Como o menor TCO (custo total de propriedade) difere do menor preço de compra?
6. Qual é a fundamentação que explica por que as empresas devem segmentar suas necessidades de compras?
7. Explique como as restrições na produção estão inter-relacionadas às decisões da uma companhia quanto a volume e variedade.
8. Por que os custos de produção e de compras de uma companhia tendem a aumentar, quando uma empresa muda de uma estratégia de fabricação sob planejamento para uma estratégia de fabricação sob encomenda? Por que o custo de inventário tenderia a diminuir?
9. Como a estratégia de *marketing* de uma empresa influencia suas decisões quanto à estratégia adequada de produção?
10. Explique como o desempenho logístico é crucial para o sistema JIT.

Integração Operacional

Por que a Integração Cria Valor
Conceitos e Análise de Sistemas
Objetivos da Integração Logística
    Capacidade de Resposta
    Redução de Variância
    Redução de Inventário
    Consolidação de Embarques
    Qualidade
    Apoio ao Ciclo de Vida
Integração de Empresas
    Barreiras Internas à Integração
    O Grande Divisor
    Quanto de Integração é Suficiente?
Integração da Cadeia de Suprimentos Local
    A Competitividade da Cadeia de Suprimentos
    Riscos, Poder e Liderança
    Estrutura Integradora da Cadeia de Suprimentos
    Integração e Competência Logísticas
Integração da Cadeia de Suprimentos Globalizada
    A Logística na Economia Globalizada
    Estágios de Desenvolvimento Internacional
    Gerenciando a Cadeia de Suprimentos Globalizada
Resumo

O tema dominante da colaboração na cadeia de suprimentos se refere ao avanço da integração operacional. Os benefícios atingíveis a partir da colaboração estão diretamente relacionados ao aproveitamento de eficiências entre funções dentro de uma empresa, bem como entre as empresas que constituem uma cadeia de suprimentos local ou internacional. Este capítulo se concentra nos desafios da gestão integrada, ao examinar por que a integração cria valor e detalhar os desafios da colaboração nas empresas, nos níveis locais e globais das operações de cadeias de suprimentos.

Por que a Integração Cria Valor

Os benefícios e desafios básicos da gestão integrada foram introduzidos no Capítulo 1. Para melhor explicar a importância da gestão integrada, vale entender que os clientes possuem pelo menos três perspectivas sobre valor.

A perspectiva tradicional de valor é o **valor econômico**. O valor econômico se baseia em economias de escala em operações como a fonte de eficiência. Economias de escala procuram utilizar completamente despesas indiretas fixas para atingir o menor custo total. O foco do valor econômico está na eficiência da criação do produto/serviço. O valor econômico diz respeito a fazer as coisas o melhor possível. O retorno ao cliente do valor econômico é a *alta qualidade a um preço baixo*.

Outra perspectiva de valor é o **valor de mercado**. O valor de mercado diz respeito à apresentação de um sortimento atrativo de produtos, no tempo e lugares certos para se concretizar a efetividade. O valor de mercado busca alcançar a economia de escopo na apresentação do produto/serviço. A criação de *shoppings* com muitos comerciantes, de lojas de varejo de larga escala e de comercialização em massa e de operações para efetivação do comércio eletrônico de multivendedores são todas iniciativas para alcançar o valor de mercado. O retorno ao cliente quanto ao valor de mercado é *o sortimento e escolha convenientes de produtos/serviços*.

A percepção de valores econômico e de mercado é importante para os clientes. Entretanto, as empresas cada vez mais reconhecem que o sucesso dos negócios também depende de uma terceira perspectiva de valor, conhecida por **relevância**. A relevância envolve a personalização de serviços agregadores de valor, além e sobre o produto, e um posicionamento que realmente faça a diferença para os clientes. A relevância significa produtos e serviços corretos, demonstrados em valor de mercado, no preço certo, demonstrado pelo valor econômico, modificado, seqüenciado, sincronizado ou ainda posicionado, de maneira que se crie uma valiosa diversidade segmentada. Em um contexto de consumidores, por exemplo, a relevância significa a transformação de ingredientes em alimentos prontos para serem consumidos. No varejo de mercadorias gerais, a relevância significa a transformação do produto em roupas de moda. Na produção e montagem, a relevância é alcançada pela integração de componentes específicos a produtos para aumentar a funcionalidade desejada por clientes específicos. O retorno ao cliente quanto à relevância é o *agrupamento de produto/serviço exclusivo*.

Alcançar de forma simultânea o valor econômico, o valor de mercado e o valor da relevância exige a integração total de todo o processo de negócios e é conhecido pela proposição de valor da gestão integrada, como ilustrado na Tabela 6-1.

A Visão Setorial 6-1 ilustra como a proposição de valor dos supermercados tradicionais está sendo desafiada por formatos alternativos de varejo que oferecem valores melhores a clientes.

Conceito e Análise de Sistemas

O **conceito de sistema** é uma estrutura analítica que busca a integração *total* dos componentes essenciais para se alcançar objetivos estipulados. Os componentes de um sistema logístico são comumente chamados de funções. As funções logísticas, como discutido no Capítulo 2, foram identificadas como processamento de pedido, inventário, transporte, armazenamento, manuseio de materiais e embalagens e o projeto de rede de instalações. A **análise de sistemas**, aplicada à logística, busca quantificar trocas compensatórias entre essas cinco funções. O objetivo da metodologia de análise de sistemas é criar todo um esforço integrado, que seja maior do que a soma de partes ou funções individuais. Essa integração gera um inter-relacionamento sinérgico entre funções em busca de uma conquista superior no todo. Na terminologia de sistemas, excelência funcional é definida em termos de contribuições de uma função ao processo como um todo, em contraste com seu desempenho isolado em uma área específica. Até as últimas décadas do século XX, a integração de processos era geralmente rejeitada por gerentes treinados para perseguir a excelência funcional. O rápido avanço da tecnologia de informação aumentou a capacidade de identificar e entender trocas compensatórias aprimoradas que melhor propiciem iniciativas logísticas e de cadeias de suprimentos.

Quando analisado sob a perspectiva de processo, o objetivo é o desempenho equilibrado entre áreas funcionais dentro de uma empresa e na cadeia de suprimentos. Por exemplo, as economias da produção são comumente minimizadas por longas jornadas de produção e baixos custos de compras. Em contraste, a gestão integrada do processo levanta questões relativas a custo total e impacto nos clientes dessas práticas. Uma orientação financeira tradicional comumente busca minimizar inventários. Embora o inventário devesse sempre ser mantido tão baixo quanto possível, reduções arbitrárias abaixo do nível exigido para facilitar operações integradas comumente aumentam o custo total. O desejo básico do *marketing* é ter o inventário de produtos acabados disponível em mercados locais. Acredita-se que o inventário estocado em locais próximos a clientes facilite as vendas. Essa disposição antecipatória de inventário é arriscada e pode estar em conflito direto com o menor custo total do processo. Na verdade, a conectividade do comércio eletrônico e as estratégias de atendimento estão direcionando as estratégias de estocagem de inventário e de atendimento a formas bastante diferentes.

Na análise de sistemas, a atenção concentra-se na interação entre os componentes. Cada componente contribui com uma funcionalidade específica, essencial para se atingir os objetivos do sistema. Para ilustrar, considere um aparelho de som de alta-fidelidade. Muitos componentes são integrados com o único propósito de produção de som. As caixas de som, os transmissores, os amplificadores e

Tabela 6-1 Proposição de valor de gestão integrada

Valor econômico	Valor de mercado	Valor de relevância
• Custo total mínimo	• Sortimento atrativo	• Personalização
• Eficiência de economia de escala	• Eficiência de economia de escopo	• Diversidade segmentada
• Criação de produtos/serviços	• Apresentação de produtos/serviços	• Posicionamento de produtos/serviços
Estratégias de compras/produção	**Estratégias de mercado/distribuição**	**Estratégia de cadeia de suprimentos**

Visão Setorial 6-1   Ameaças às Cadeias de Suprimentos Tradicionais do Varejo de Alimentos

Os supermercados tradicionais procuram satisfazer simultaneamente os direcionadores de valor de muitos consumidores. A estratégia inicial dos supermercados de tentar ser tudo para os compradores pode vir a ser a razão de seu eventual declínio. Uma série de formatos de varejo oferece atualmente alternativas que se centram nos direcionadores de valor específicos de cada cliente, criando um valor maior.

Uma ameaça importante e crescente aos supermercados tradicionais é o segmento de refeições preparadas fora de casa. Tal segmento representou 54% dos gastos em alimentos nos EUA, em 2000, e prevê-se que propiciará o maior crescimento futuro dos gastos em alimentação pelos consumidores. Alimentos pré-cozidos estão disponíveis em uma variedade de pontos de venda, incluindo supermercados, ou para entrega a domicílio. Os restaurantes estão vendendo tantos pratos prontos para levar como os de consumo no local. Esse segmento busca oferecer valor de tempo e de forma, dando aos consumidores o que querem, quando e onde querem.

O rápido crescimento de comerciantes de massa coloca uma segunda ameaça aos supermercados tradicionais. Em apenas cinco anos atrás, Wal*Mart não era considerada atuante na distribuição de alimentos. Atualmente, é o segundo maior varejista de produtos de consumo nos Estados Unidos, superado apenas pela fusão da Albertson's e American Stores. É claro que a entrada da Wal*Mart no setor de lojas de produtos alimentícios a varejo não é única. Muitos outros grandes comerciantes de produtos estão seguindo uma estratégia semelhante, ao se concentrarem em um sortimento limitado de produtos de mercearia vendidos nas mesmas lojas de produtos não-alimentícios.

O formato da loja de conveniência apresenta uma terceira ameaça à predominância dos supermercados tradicionais, ao criar valor de tempo e de lugar. Atualmente, uma crescente variedade de propostas de refeições é vendida em lojas de conveniência. Essas lojas também oferecem um modo rápido de obter itens selecionados, evitando assim, uma ida prolongada ao supermercado.

Uma alternativa final para as cadeias de suprimentos de alimentos é a entrega a domicílio. Já nos anos 30, A&P costumava usar funcionários de bicicleta para entrega de produtos de consumo diretamente às casas de consumidores por toda a Manhattan. As vendas com entrega a domicílio de produtos de consumo não são atualmente uma ameaça séria de volume aos supermercados convencionais; de qualquer forma, toda a tecnologia essencial está sendo usada para fazer da entrega a domicílio um formato alternativo viável. Observadores do setor prevêem que as participações de entrega a domicílio fiquem entre 10 a 20% do total de compras de ingredientes na primeira década do novo milênio. A economia dessa alternativa está se tornando mais competitiva. A comparação de custo total entre supermercados e entrega a domicílio precisa quantificar o "custo de conveniência" associado ao tempo da compra e o custo de devolução para a liquidação de produtos não vendáveis do mercado. Os $2 bilhões do setor de gastos com devolução são praticamente não-existentes no formato de entrega a domicílio. Uma vez entregue dentro do prazo de validade, o produto será consumido. A entrega a domicílio gera valor a partir de tempo e lugar.

Outros arranjos competitivos – como as máquinas automáticas de venda – estão também contribuindo para a diminuição da participação de supermercados em gastos em produtos alimentícios por parte dos consumidores. Todos os formatos alternativos se constroem com base no fato de que a forma de geração de valor de supermercados tradicionais a partir de preço e sortimento não oferece *relevância* suficiente. O sucesso dessas alternativas pressiona os supermercados a se reinventarem e otimizarem sua cadeia de suprimentos. Companhias selecionadas estão usando a reposição eficiente para se contraporem a formatos alternativos.

Fonte: Donald J. Bowersox *et al.* "Threats to Traditional Retail Food Supply Chains", *Supply Chain Management* (Washington, DC: Food Market Institute, 1999), p. 59-60.

---

outros componentes só têm razão de ser se contribuírem para a qualidade do som. Entretanto a falha de qualquer componente causará a falha do aparelho de som.

Alguns princípios podem ser colocados quanto à teoria geral de sistemas. Primeiro, o desempenho do sistema ou do processo total é de singular importância. Os componentes só são importantes se reforçam o desempenho total do sistema. Por exemplo, se um aparelho estéreo pode alcançar um som superior com duas caixas de som, então é desnecessário que se inclua caixas adicionais. Segundo, componentes individuais não precisam ter o melhor e mais arrojado *design*. A ênfase está no relacionamento integrado entre componentes que constituem o sistema. Os transmissores, por exemplo, estão escondidos dentro do aparelho de som. Assim, não precisam ser esteticamente atraentes. Gastar dinheiro e tempo no projeto de um transmissor esteticamente atraente não é necessário para a integração do sistema. Terceiro, um relacionamento funcional, chamado *troca compensatória*, existe entre componentes que servem para estimular e impulsionar o desempenho total do sistema. Suponha que uma troca compensatória permita que um amplificador de menor qualidade seja utilizado, caso um transmissor extra seja adicionado ao sistema. O custo do transmissor extra precisa ser justificado quanto às economias de custo do amplificador. Por fim, componentes conectados entre si como um sistema integrado podem produzir resultados finais melhores do que é possível através de desempenho individual. De fato, o resultado desejado pode não ser atingível sem esse desempenho integrado. Um aparelho de som irá operar tecnicamente sem amplificadores, mas um som audível se torna impossível.

Os princípios da análise de sistemas são básicos e logicamente consistentes. Espera-se que um processo integrado com integração multifuncional atinja melhores resultados do que um desempenho coordenado de forma deficiente. Em sistemas logísticos, o desempenho sinérgico é o desejado serviço ao cliente no menor custo total possível. Apesar de ser lógico e irrefutável em teoria, a aplicação efetiva da integração de sistemas é operacionalmente difícil. Em uma análise final, pouco importa quanto uma empresa gasta para desempenhar uma função específica, como transporte, desde que seus objetivos de desempenho como um todo sejam realizados com os menores valores de custo total.

Objetivos da Integração Logística

Para alcançar integração logística, seis objetivos operacionais precisam ser simultaneamente alcançados: (1) capacidade de resposta; (2) redução de variância; (3) redução de inventário; (4) consolidação de embarques; (5) qualidade e (6) apoio ao ciclo de vida. A importância relativa de cada um está diretamente relacionada à estratégia logística de uma empresa.

Capacidade de Resposta

A capacidade de resposta preocupa-se com a capacidade de uma empresa em satisfazer as exigências de clientes nas condições aprazadas. Como observado repetidamente, a tecnologia de informação está facilitando estratégias com base na resposta que permitem que o compromisso operacional seja postergado o mais para frente possível, seguido de uma entrega acelerada. A implementação de estratégias com base na resposta serve para reduzir inventários comprometidos ou dispostos em antecipação às necessidades de clientes. A capacidade de resposta, como desenvolvida no Capítulo 1, serve para mudar a ênfase operacional da previsão de necessidades futuras para o atendimento rápido a clientes a partir do pedido para embarque. Em um sistema com base em resposta, o inventário não é distribuído até que o cliente se comprometa. Para apoiar esse comprometimento, a empresa precisa ter disponibilidade de inventário e entrega no prazo, uma vez que o pedido do cliente seja recebido.

Redução de Variância

Todas as áreas operacionais do sistema logístico são suscetíveis a variações. A variância resulta da falha em desempenhar qualquer faceta esperada das operações logísticas. Por exemplo, atraso no processamento de pedido de cliente, interrupção inesperada na produção, mercadorias que chegam danificadas no local do cliente, e/ou falha na entrega em local e tempo certos, tudo gera variância não planejada no ciclo de pedido para entrega. Uma solução comum para se proteger contra uma variância destrutiva é utilizar estoques de inventário de segurança para apoiar operações. É também comum utilizar transporte especial para superar uma variância inesperada que atrasa a entrega planejada. Essas práticas, dados seus altos custos associados, podem ser minimizadas a partir da utilização de tecnologia de informação para manter um controle logístico positivo. A produtividade da logística irá melhorar à medida que a variância for minimizada. Assim, a **redução de variância**, ou a eliminação de interrupções no sistema, é um objetivo básico da gestão integrada de logística.

Redução de Inventário

Para atingir o objetivo de **redução de inventário**, um sistema logístico integrado precisa controlar o comprometimento de ativos e a velocidade de giro. O comprometimento de ativos é o valor financeiro do inventário mobilizado. A velocidade de giro reflete a taxa em que o inventário é reposto ao longo do tempo. Taxas de giro altas, casadas com a disponibilidade desejada de inventário, significam que ativos relativos a inventário estão sendo eficiente e efetivamente utilizados; ou seja, todos os ativos comprometidos para apoio a uma operação integrada estão sendo reduzidos.

É importante lembrar que o inventário pode e realmente facilita o alcance de benefícios desejados. Inventários são cruciais para a obtenção de economias de escala na produção e nas compras. O objetivo é reduzir e gerenciar o inventário no nível mais baixo possível enquanto, simultaneamente, se atinjam objetivos de desempenho.

Consolidação de Embarques

Um dos custos logísticos mais significativos é o de transporte. Aproximadamente 60 centavos de cada dólar logístico são gastos com transporte. O custo de transporte está diretamente relacionado ao tipo de produto, tamanho de embarque e distância de movimentação. Muitos sistemas logísticos que apresentam atendimento direto dependem de transporte de alta velocidade para pequenos embarques, o que é oneroso. O objetivo do sistema é alcançar a **consolidação de embarques** em um esforço de reduzir o custo de transporte. Como regra geral, quanto maior o embarque e mais longa for a distância em que é transportado, menor é o custo por unidade. A consolidação exige programas inovadores para combinar embarques pequenos em movimentações consolidadas e no prazo. Esses programas exigem coordenação multiempresarial, pois transcendem a cadeia de suprimentos. O sucesso do atendimento direto ao consumidor do comércio eletrônico exige maneiras inovadoras para atingir uma consolidação efetiva. A Visão Setorial 6-2 discute desafios logísticos do comércio eletrônico para ilustrar a importância da consolidação efetiva.

Qualidade

Um objetivo fundamental operacional é a melhoria contínua de **qualidade**. A Gestão da Qualidade Total (TQM) é uma iniciativa importante ao longo de inúmeras facetas da indústria. Se um produto se mostra defeituoso ou promessas de serviços não são mantidas, pou-

---

Visão Setorial 6-2 A Entrega de Compras no Comércio Eletrônico

As empresas de comércio eletrônico que irão sobreviver e se expandir serão aquelas que possuírem os melhores sistemas de apoio logístico e a entrega mais dependente. Esses objetivos são facilmente descritos, mas não tão facilmente alcançados.

Muitos executivos de comércio eletrônico falham em entender que o processo real de levar o produto da fábrica para o domicílio dos clientes se mantém o mesmo, tendo o cliente feito o pedido na loja, pelo serviço 0800, catálogo de mala direta ou *site* de comércio eletrônico.

O cliente que recebe o pacote não sabe ou não se importa se o pacote é originário de depósito, fábrica ou loja, mas interessa se o produto chega na hora, está em boas condições e confere com o pedido. Ao cliente não importa se o pedido chega via FedEx, UPS, USPS ou a cavalo, contanto que a qualidade seja mantida.

A entrega a domicílio exige mão-de-obra intensiva, e a maioria das comunidades dos Estados Unidos passa por uma escassez de mão-de-obra. Como resultado, é cada vez mais difícil encontrar serviços de entrega que compartilhem a dedicação da companhia em relação à satisfação do cliente. Para alguns produtos, tais como eletrodomésticos e móveis, um serviço adequado de entrega inclui montagem final; ligação a fornecimento de água, gás ou eletricidade; verificação final da qualidade; e remoção de embalagens de embarque. Encontrar uma transportadora com habilidade e experiência para realizar esses trabalhos não é uma tarefa fácil.

Uma potencial solução é subcontratar tal função logística de um crescente número de prestadores de serviços que têm nos setores de vendas da Internet uma nova e importante oportunidade de mercado. Os melhores prestadores terceirizados entendem os problemas de entrega a domicílio: desempenharam funções semelhantes para outras empresas com operações semelhantes. Possuem pessoal treinado, equipamentos e programas de computador para lidar com o processo de atendimento.

Considere estes critérios quando avaliar potenciais prestadores terceirizados:

1. Aceitação e processamento de pedidos: o vendedor potencial possui um sistema atualizado de aceitação de pedidos e com usuários satisfeitos?
2. Atividades de montagem/embalagem /com valor agregado: o vendedor possui experiência com entrega e montagem a domicílio?

3. Verificação de cartão de crédito: se algumas entregas recebem o pagamento na entrega (COD – Cash on Delivery), o vendedor pode lidar tanto com cartões de crédito como com dinheiro?
4. Manuseio de devoluções: existe um sistema disponível para lidar com devoluções?

Às vezes, uma entrega perfeita pode ser inaceitável para um cliente. Quando o produto está na casa, pode não ter a cor, a sensação ou a aparência esperada. Consequentemente, o cliente deseja devolvê-lo. Esse processo logístico reverso é o menos reconhecido e, possivelmente, o maior desafio enfrentado pelo setor de comércio eletrônico.

Empresas de vendas por catálogo sempre tiveram que lidar com uma taxa de retorno mais alta do que a de outros varejistas, e é provável que o comércio eletrônico siga um caminho semelhante. Questionamentos críticos para o planejamento incluem:

- Qual é o volume antecipado de mercadorias devolvidas?
- As mercadorias devolvidas são etiquetadas ou têm código de barras? Nesse caso, onde está a codificação?
- Quais são os procedimentos para as mercadorias devolvidas e as condições para a autorização de devolução de mercadorias?

A logística reversa é mais complicada do que a distribuição normal; entretanto existem especialistas terceirizados com experiência substancial no processamento de devoluções a clientes. Por exemplo, uma companhia terceirizada de logística reversa lida com todas as devoluções de uma cadeia de varejo importante. Quando um cliente devolve um item em uma loja, a loja o envia para um centro de devoluções em Indiana. No centro, cada item devolvido passa por um processo de avaliação para determinar se pode ser consertado, reembalado e devolvido ao vendedor, ou se precisa ser destruído. Em alguns casos, produtos abaixo do padrão são segregados e vendidos com desconto em um mercado internacional.

Com o crescimento explosivo de vendedores pela Internet, existe uma oportunidade substancial para especialistas de logística oferecerem o apoio que esses empresários de crescimento rápido necessitam desesperadamente.

Fonte: Alex Metz, "Where the Rubber Meets the Road... Delivering Your E-Commerce Purchase", *Hunt's Profiles in Logistics Management*, March/April 2000.

co ou nenhum valor pode ser agregado através do processo logístico. Custos logísticos, uma vez gastos, não podem ser convertidos nem recuperados. De fato, quando a qualidade de um produto falha após a entrega ao cliente e a reposição é necessária, os custos logísticos se acumulam rapidamente. Em adição ao custo inicial de distribuição, os produtos precisam ser devolvidos e repostos. Essas movimentações não planejadas geralmente custam mais que a distribuição original. Por tal razão, o compromisso com o desempenho de pedido para entrega com defeito zero passa a ser um objetivo fundamental da logística de ponta.

A própria logística é desempenhada sob condições desafiadoras. A dificuldade de se alcançar uma logística de defeito zero se torna maior pelo fato de que as operações logísticas comumente são desempenhadas em uma vasta área geográfica, em todos os momentos do dia e da noite, sem supervisão direta.

Apoio ao Ciclo de Vida

O objetivo final do projeto de integração é o **apoio ao ciclo de vida**. Poucos itens são vendidos sem alguma garantia de que o produto irá desempenhar sua função como foi propagandeado. Em algumas situações, o fluxo inicial de inventário de valor agregado para clientes precisa ser realizado de forma reversa. A devolução de produtos é comum como resultado de crescentes padrões rígidos de qualidade, data de validade do produto e responsabilidade por conseqüências danosas. A logística reversa também resulta do crescente número de leis que encorajam a reciclagem de contêineres de bebidas e de materiais de embalagem. O ponto significativo que diz respeito à logística reversa é o da necessidade de se manter um controle máximo quando existe responsabilidade potencial de danos à saúde, por exemplo, em produtos contaminados. As exigências operacionais para a logística reversa variam desde o custo total mais baixo, como retornar garrafas para reciclagem, até o máximo controle em situações que envolvem produtos com defeitos. Empresas que projetam uma logística reversa efetiva são capazes de reaver valor ao reduzirem a quantidade de produtos que poderiam ser rejeitados ou vendidos com desconto. Uma estratégia integrada impecável não pode ser formulada sem uma revisão cuidadosa de requisitos de logística reversa.

Para alguns produtos, como equipamento de cópia, o lucro principal está na venda de suprimentos e no serviço pós-venda para manutenção do produto. A importância do apoio ao ciclo de vida é significativamente diferente em situações nas quais a maioria dos lucros é alcançada pós-venda. Para as empresas que comercializam bens duráveis ou equipamentos industriais, o compromisso com o apoio ao ciclo de vida constitui uma oportunidade de mercado versátil e exigente, bem como

um dos maiores custos de operações logísticas. O apoio ao ciclo de vida exige uma logística completa, de início ao fim. Esse apoio logístico *cradle to cradle* *ultrapassa a logística reversa ou a reciclagem, para incluir a possibilidade de serviços pós-venda, revenda de produtos e disponibilidade de produtos.

Integração de Empresas

O nível básico de integração é o de operações internas de empresas individuais. Para gerentes inexperientes, a integração de funções sob o controle gerencial de uma empresa pode parecer fácil de alcançar. Na prática, algumas das questões mais desafiadoras de integração envolvem trocas compensatórias multifuncionais dentro de uma companhia específica. Como mostrado anteriormente na discussão da análise de sistemas, a gestão funcional está profundamente ligada à melhor prática na maioria das empresas.

Barreiras Internas à Integração

Os gerentes não procuram integrar operações no vácuo. É importante reconhecer barreiras que atuam para inibir o processo de integração. As barreiras internas à integração têm origem em práticas funcionais tradicionais relacionadas a organização, sistemas de avaliação e de recompensas, alavancagem de inventário, tecnologia de informação e acumulação de conhecimento.

Organização

A estrutura organizacional de um negócio pode servir para impulsionar processos interfuncionais. A maioria das organizações comerciais procura alinhar autoridade e responsabilidade com base em trabalhos funcionais. Em essência, os orçamentos estrutural e financeiro seguem de perto a responsabilidade pelo trabalho. A prática tradicional tem sido agrupar todas as pessoas envolvidas no desempenho de um trabalho específico em departamentos funcionais, tais como controle de inventário, operações de armazenagem ou de transporte. Cada um desses departamentos tem uma responsabilidade operacional, que é refletida em seus objetivos funcionais.

Para ilustrar, transporte e inventário têm sido tradicionalmente gerenciados em unidades organizacionais separadas. Criados de forma isolada, os objetivos para gerenciar transporte e inventário podem ser contraditórios. As decisões de transporte apontadas para a redução de custos de

---

* N. de T.: O termo compreende a idéia de uma logística de 360 graus, ou seja, desde a origem, passando por todos os processos e voltando à origem.

embarque exigem sua consolidação, mas a consolidação de transporte comumente causa aumento de inventário.

Mentalidade de *silos ou de feudos* (*sandbox*) são termos populares que descrevem essa miopia funcional. A crença gerencial tradicional era a de que excelência funcional determinaria automaticamente um desempenho superior. Na gestão integrada de processos, importa pouco quanto é gasto para desempenhar uma função específica, desde que objetivos de desempenho do processo sejam atingidos com menor gasto total. A integração de processos bem-sucedida, como a logística, exige que gerentes olhem para além de sua estrutura organizacional e realizem uma coordenação multifuncional. Isso pode ou não exigir mudança organizacional. De qualquer forma, a integração de processos exitosa requer uma significativa modificação comportamental da gestão tradicional.

Sistemas de Avaliação e Recompensa

Os sistemas tradicionais de avaliação e recompensa atuam para dicultar a coordenação multifuncional. Sistemas de avaliação geralmente refletem a estrutura de uma empresa. A maioria dos sistemas de recompensa se baseia no desempenho de funções. Para facilitar a integração interna de processos, novas medidas, cada vez mais chamadas de *balance scorecard**, precisam ser desenvolvidas. Os administradores precisam ser encorajados a enxergar suas funções específicas como contribuições para o processo, ao invés de encará-las como um desempenho isolado. Uma função pode, às vezes, precisar absorver custos elevados com o propósito de se atingir o menor custo total do processo. A menos que um sistema de avaliação e recompensa que não penalize administradores que absorvem custos seja implementado, a integração permanecerá mais como teoria do que prática.

Alavancagem de Inventário

É fato comprovado que o inventário pode ser alavancado para facilitar o desempenho funcional. A posição tradicional é a de manter um inventário suficiente para proteção contra incertezas de demanda e operações. Acumular estoques tanto de materiais e como de produtos acabados alavanca uma economia de escala de produção máxima. Um compromisso antecipado de inventários em locais de compras pode alavancar as vendas. Embora essa prática crie benefícios funcionais, pode ser realizada a um custo que não é comumente atribuído a essa função. O desafio de integração é o equilíbrio entre custo/benefício dessa alavancagem e riscos associados a uma potencial obsolescência do inventário.

Estrutura "Infocrática"*

A tecnologia de informação é o elemento facilitador da integração de processos. Um problema significativo resulta do fato de que estrutura e disponibilidade de informação têm estado tradicionalmente baseadas em necessidades funcionais organizacionais. Como resultado, as informações são comumente formatadas em termos de responsabilidade e prestação de contas funcionais. Essa prática inicial de formatação de informações resultou no que é conhecido por *estrutura "infocrática"*. O conteúdo e o fluxo de informação disponível seguem uma organização funcional que já se prolonga há muito tempo. Quando os administradores tentam se reorganizar para possibilitar processos multifuncionais, a estrutura "infocrática" funciona como uma força invisível que mantém a prática funcional tradicional. O impacto da estrutura "infocrática" é uma das razões por que os Sistemas de Recursos Empresariais (ERP – Enterprise Resource Systems) apresentam tanto apelo gerencial. A estrutura infocrática também ajuda a explicar por que as implementações de ERP são tão difíceis.[1]

Acumulação de Conhecimento

Na maioria das situações de trabalho, conhecimento é poder; assim, a ausência de disposição e a falta generalizada de entendimento quanto a melhor forma de compartilhá-lo não são incomuns. Porém, ao enfatizar a especialização funcional e estimular equipes compostas por especialistas, as empresas inerentemente levam ao fracasso o processo de integração. Considere, por exemplo, o caso de um funcionário experiente que se aposenta ou por alguma razão sai da empresa. A pessoa que o substitui precisa de tempo suficiente para aprender, mas se a informação estiver fechada, todo o tempo do mundo pode não ajudar o novo funcionário a se tornar apto no trabalho.

Uma situação mais séria ocorre quando gerentes falham ou mostram-se incapazes de desenvolver procedimentos e sistemas para a transferência de conhecimento multifuncional. Muito do trabalho processual é compartilhado entre tarefas e não está restrito a uma área funcional específica; portanto, a transferência de conhecimento e experiência é vital.

---

* N. de T.: *Balance Scorecard* é uma metodologia que pretende abarcar a contabilidade gerencial, os indicadores de desempenho e o planejamento estratégico.

* N. de T.: Infocrático é a tradução de *Infocratic*. O termo aparece entre aspas por não ser reconhecido pela norma culta do português. Entretanto, optou-se por manter o termo segundo o original para realçar a idéia de um sistema entroncado, de difícil acesso, que reflete a prática funcional tradicional, amplamente discutida nesta seção.

[1] Veja o Capítulo 8 para uma discussão detalhada dos Sistemas de Recursos Empresariais.

O Grande Divisor

Claramente, muitos obstáculos tornam difícil a integração funcional. Em um certo grau, as cinco barreiras discutidas anteriormennte contribuíram para uma situação comum no mundo dos negócios conhecida como o grande divisor. O grande divisor reflete a condição de uma empresa em que a integração alcançada é parcial mas não completa para um processo de início ao fim, como ilustrado na Figura 6-1. A situação mais comum é quando uma empresa alcança integração apenas parcial na relação distribuição/*marketing*, referente a saídas de produtos, e na de compras/produção, na entrada de materiais. O paradoxo é que as empresas parecem ser capazes de alcançar operações altamente integradas com fornecedores de quem compram materiais e componentes. As empresas também se juntam em operações de distribuição ao mercado para servir consumidores finais. Essas iniciativas refletem uma integração multifuncional que, de fato, se estende para além de uma única empresa. Apesar dessas conquistas, os gerentes relatam dificuldade considerável em conectar esses dois tipos de colaboração externa ao processo de integração de toda a empresa. Em suma, os gerentes parecem alcançar uma integração mais bem-sucedida com parceiros comerciais externos, do que com gerentes e departamentos dentro de suas próprias empresas.[2]

O fenômeno do grande divisor é interessante e desafiador. O fato de que essa descontinuidade operacional é comum entre empresas em muitos setores diferentes confirma sua generalização. Primeiro, a integração parece ser mais fácil com grupos externos a uma empresa, tais como fornecedores e canais de distribuição, pelo menos em parte, pois o equilíbrio de poder comumente é claro e os objetivos de integração, tais como vendas e custos, podem ser quantificados. Segundo, os altos executivos na maioria das empresas não possuem uma visão suficientemente clara das necessidades dos processos internos e medidas relacionadas para conduzir a integração dentro da empresa. Por fim, as dificuldades anteriormente caracterizadas servem para tornar a integração de princípio-a-fim como difícil, se não impossível, na maioria das empresas tradicionais.

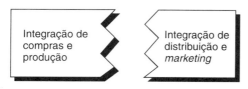

Figura 6-1 O grande divisor: o desafio de gerenciar através de fronteiras funcionais.

Muitos autores que escrevem sobre os desafios de se implementar processos integrados concluíram que uma empresa tradicional típica não pode acomodar mudanças suficientes para transformar sua orientação funcional em outra, de caráter processual.[3] Esse grupo defende que a implementação bem-sucedida da gestão integrada de processo exige uma alteração estrutural e filosófica significativa no comando e nas práticas tradicionais de controle. Alguns vão tão longe a ponto de defenderem a necessidade de se desintegrar completamente a estrutura organizacional tradicional.

A maioria dos observadores de práticas atuais de logística percebe progressos na direção de melhor desempenho processual, como resultado da modificação e reposicionamento de capacitações funcionais. A chave é alinhar, direcionar e avaliar o desempenho funcional em termos de contribuição processual. Como marco para eliminar o grande divisor, apresenta-se o compromisso com uma única estratégia, facilitado por processos bem definidos, mensuração relevante, previsão e planejamento comuns, e o apoio de um sistema de recompensas.

Quanto de Integração é Suficiente?

A questão crucial relativa à habilidade de uma empresa em participar na colaboração da cadeia de suprimentos é a de quanto de integração interna em uma empresa participante será necessário ou desejável para se alcançar o sucesso da colaboração dentro de uma cadeia de suprimentos. Essa é uma questão difícil de responder. Qualquer abordagem deve compreender dois fatos.

Primeiro, os poucos arranjos existentes, se é que existem, de cadeias de suprimentos são, na verdade, integrações de ponta a ponta. Os exemplos mais comuns refletem a integração de processos interorganizacionais, envolvendo compras e produção, ou *marketing* e distribuição. Em outras palavras, a separação desses processos interorganizacionais serve para interromper operações contínuas da cadeia de suprimentos de uma empresa. Entretanto, mesmo essa integração limitada parece criar valor para as empresas participantes. Portanto, pode-se concluir que essa colaboração limitada oferece benefícios suficientes para justificar iniciativas de cadeias de suprimentos.

Segundo, a razão primeira dada pelos executivos para explicar o escopo limitado e a alta taxa de falhas em colaboração em cadeias de suprimentos é a incapacidade de parceiros desempenharem como prometido. Por exemplo, as colaborações falham, pois a área de produção de uma empresa não pode ou não produz os produtos que o *marketing* prometeu aos clientes. Da mesma forma, as colaborações falham, pois o *marketing* não fornece

---

[2] Donald J. Bowersox, David J. Closs e Theodore P. Stank, *21ˢᵗ Century Logistics: Making Supply Chain Integration a Reality* (Oak Brook, IL: Council of Logistics Management, 1999).

[3] Christopher Meyer e David Power, "Enterprise Disintegration: The Storm Before the Calm", *Commentary* (Lexington, MA: Barker and Sloane, 1999).

aos fabricantes planos promocionais detalhados e oportunos dos parceiros de distribuição ao mercado. É claro que as colaborações também falham porque a logística não é capaz de desempenhar de acordo com as expectativas de produção e/ou *marketing*. Esse segundo ponto de avaliação serve para apoiar a visão de que colaborações abrangentes em toda a cadeia de suprimentos não ocorrerão até que as empresas participantes alcancem níveis elevados de integração interna confiável. Em suma, o êxito a longo prazo das cadeias de suprimentos exigirá que as empresas participantes resolvam seus grandes divisores internos.

Integração da Cadeia de Suprimentos Local

Ampliar uma empresa ao longo de uma cadeia de suprimentos requer a visão de como empresas envolvidas na colaboração irão estruturar e gerenciar seus negócios combinados ou conjuntos. A discussão a seguir desenvolve diretrizes interorganizacionais de comportamento.

A Competitividade da Cadeia de Suprimentos

A perspectiva da cadeia de suprimentos transforma o modelo relevante de negócios, de um grupo fragilmente conectado de empresas independentes para um esforço coordenado multiempresarial centrado em melhoria da eficiência de canais e competitividade elevada. Embora nem todos os arranjos colaborativos em cadeias de suprimentos envolvam logística, a maioria assim exige. Nesses arranjos, a atenção passa de uma gestão logística baseada em empresa para a coordenação de desempenho em cadeia de suprimentos. Duas crenças facilitam esse anseio por eficiência e competitividade.

Primeiro, a crença fundamental é em que o comportamento cooperativo irá reduzir riscos e melhorar imensamente a eficiência do processo logístico como um todo. Para atingir um grau elevado de cooperação, é necessário que os participantes da cadeia de suprimentos compartilhem informações estratégicas. Igualmente ou mais importante é a disposição para compartilhar informação referente a planos futuros para que as empresas participantes possam desenvolver, de forma conjunta, a melhor maneira de satisfazer as necessidades de clientes. A informação colaborativa é essencial para posicionar e coordenar empresas participantes para que, juntas, façam as coisas certas mais rápida e eficientemente.

A segunda crença é na oportunidade para eliminar perdas e esforços duplicados. Como resultado da colaboração, o inventário substancial disponibilizado em um canal tradicional pode ser eliminado. A colaboração em cadeias de suprimentos pode também eliminar ou reduzir riscos associados à especulação em inventários. Inventário significativo pode ser eliminado. Um estudo do setor de mercearia concluiu que os produtos secos de mercearia exigem 104 dias para chegarem aos caixas dos supermercados, a partir do momento em que são embalados por um processador de alimentos.[4] O inventário médio no setor de saúde varia entre 12 a 18 meses de fornecimento.[5] A noção de racionalização da cadeia de suprimentos *não é a de que o inventário seja ruim* e deva ser totalmente eliminado; ao contrário, a disposição de inventário deve ser conduzida por necessidades econômicas e de serviço, e não por práticas tradicionais e antecipatórias.

Em setores de produtos em massa, varejistas como Wal*Mart, K-Mart, J.C. Penney, Target e Walgreens estão facilitando arranjos de cadeia de suprimentos visando a uma competitividade melhorada. Utilizando uma combinação de recursos internos e colaboração com fornecedores, essas empresas posicionaram sua competência logística como estratégia essencial de negócios. Seus recordes de crescimento e lucratividade no setor de varejo falam por si próprios.

Muitos fabricantes estão facilitando a colaboração em cadeias de suprimentos em setores tão diversos como químico, têxtil, suprimentos de construção, e ferramentas para casa. Empresas como a DuPont, Levi-Strauss and Company, Owens-Corning Fiberglass e Black & Decker estão implementando estratégias novas e revolucionárias para melhorar os processos de valor de suas cadeias de suprimentos específicas.

Em nível de atacado, fornecedores de remédios como a McKesson e Bergen Brunswig saíram de uma situação de quase extinção para se tornarem os fornecedores dominantes no setor. Atacadistas e cooperativas de produtos alimentícios, tais como a Sysco, Spartan Stores, Fleming e a SuperValu, estão revolucionando as práticas logísticas tradicionais em seus setores. Desenvolvimentos semelhantes podem ser observados nos setores de papel e de suprimentos em empresas como a Unisource e a ResourceNet International. Da mesma forma, a Ace, nos negócios de *hardware*, e a W.W. Grainger, em suprimentos industriais, revolucionaram a prática logística convencional em seus respectivos setores.

Essa lista variada de empresas que elevaram a competitividade em suas cadeias de suprimentos mostra muitas semelhanças. Primeiro, suas práticas colaborativas são direcionadas pela tecnologia. Segundo, suas soluções comerciais alcançam superioridade competitiva. Por fim, a maioria das iniciativas combina a experiência e os talentos

---

[4] "Efficient Consumer Response: Enhancing Value in the Grocery Industry", Kurt Salmon Associates Inc., New York, NY, January 1993.

[5] "Efficient Health Care Response", CSC Consulting, Inc., Cleveland, Ohio, November 1996

de participantes-chave das cadeias de suprimentos, juntamente com uma utilização de prestadores de serviços terceirizados. No centro de muitas das empresas destacadas, está um compromisso sólido com a criação e manutenção de uma cultura singular de cadeia de suprimentos. Essas culturas são forjadas em um entendimento fundamental sobre riscos, poder e liderança.

Riscos, Poder e Liderança

A dependência é o primeiro direcionador de solidariedade em cadeias de suprimentos. À medida que as empresas participantes reconhecem sua dependência mútua, existe potencial para se desenvolverem relacionamentos colaborativos. A dependência conduz a uma disposição para planejar integração funcional, compartilhar informações-chave e participar em operações conjuntas. Os conceitos de *riscos, poder* e *liderança* são essenciais para que se entenda a dependência reconhecida e como faz com que a integração na cadeia de suprimentos funcione.

Riscos

As empresas que participam de arranjos de cadeias de suprimentos precisam reconhecer que têm a responsabilidade de desempenhar papéis específicos. Precisam acreditar, também, que seus negócios estarão melhores, a longo prazo, como resultado da colaboração. Cada empresa deve ser posicionada para se especializar em uma área operacional ou função, com base em suas competências essenciais exclusivas. A força motora por trás da integração em cadeias de suprimentos é a de alavancar essas competências essenciais.

Como regra geral, um membro da cadeia de suprimentos, cuja competência seja altamente especializada, assumirá, comparativamente, menos riscos com respeito ao desempenho total. Inversamente, as empresas com grande envolvimento de negócios se posicionarão como facilitadoras principais e enfrentarão a maior parte dos riscos no arranjo da cadeia de suprimentos. As empresas de especialização específica participarão com mais freqüência em várias cadeias de suprimentos. Por exemplo, um atacadista incorre em risco, como resultado de estocar produtos de um fabricante único. A prática tradicional entre atacadistas é compensar esses riscos oferecendo aos clientes um sortimento de produtos de muitos fabricantes diferentes, reduzindo assim a dependência de qualquer fornecedor.

Em contraste, um fabricante com uma linha limitada de produtos pode ser totalmente dependente de alguns arranjos de cadeia de suprimentos. Em essência, o fabricante pode estar apostando seu negócio na crença de que a colaboração possa ser bem-sucedida. Para fabricantes, o compromisso com arranjos de cadeia de suprimentos pode ser um negócio arriscado. O risco desproporcional entre os membros do canal é de importância primordial, pois estrutura relacionamentos de dependência e determina como a colaboração será gerenciada. Alguns participantes têm maior dependência do sucesso de cadeias de suprimentos do que outros. Portanto pode-se esperar de participantes com maiores riscos que assumam papéis mais ativos e tenham maior responsabilidade em facilitar a colaboração.

Poder

Em um sentido prático, a prerrogativa e mesmo a obrigação para encabeçar a colaboração cabe ao participante da cadeia de suprimentos que desfruta de maior poder relativo. Em muitas situações, esse participante será a empresa que assume o maior risco. Na última década, mudanças significativas de poder ocorreram nos negócios. Uma das mais significativas é o poder elevado de varejistas, que resultou de quatro desenvolvimentos independentes.

Primeiro, a tendência geral de consolidação do varejo se traduziu em menos varejistas, mas dominantes, com uma cobertura de mercado mais extensa. Segundo, a proliferação de dados de pontos-de-venda, programas de freqüências de compras e uso de cartão de crédito oferecem aos varejistas acesso fácil a informações de mercado vitais. Como resultado, tendências de consumo podem ser rapidamente identificadas e atendidas. Muitos grandes comerciantes até mantêm computadores em lojas e transmissão via satélite contínua para manter os consumidores de mercadorias completamente envolvidos no desenvolvimento de tendências de mercado. Um terceiro fator que favorece os varejistas é a crescente dificuldade e os custos elevados que os fabricantes enfrentam no desenvolvimento de novas marcas. O fato é que muitos produtos de marcas particulares de propriedade de varejistas possuem uma maior penetração de categoria do que marcas nacionais. Por exemplo, Gap e The Limited quase que exclusivamente distribuem mercadorias com sua marca própria. Por fim, como visto anteriormente, o processo logístico de reposição se alterou para uma postura mais baseada em resposta. O ritmo exato e uma orquestração sofisticada de sistemas logísticos de alta velocidade que seguem o mercado são conduzidos de forma ideal, a partir do ponto de compra dos consumidores. Quando os consumidores compram produtos, o valor final ou último de uma cadeia de suprimentos se torna realidade.

Embora as forças vistas anteriormente se apresentem como uma realidade moderna, nem todas estão impulsionando o poder em cadeias de suprimentos. Uma força importante de contraponto tem sido o rápido desenvolvimento de portais de compra da Internet que permitem o envolvimento direto de consumidores com fabricantes. Num passado não tão distante, os canais de mercado eram estruturados para atender a linhas de produto. Os ambientes comercialmente misturados de hoje resultam em produtos cada vez mais distribuídos através de canais intercruzados, para atender mercados específicos que são voláteis e de rápida mudança. Os arranjos de canais estão se tornando menos claros por força de novos formatos de varejo, baseados tanto na Web como no formato tradicional de cimento e tijolos. O resultado é que os fabricantes se confrontam com novos arranjos de cadeias de suprimentos para a distribuição de seus produtos.

Como um substitutivo para a confiança plena no tradicional poder de marca, alguns fabricantes selecionados reprojetaram suas operações a fim de se transformarem em fornecedores dominantes para produtos de consumo ou categorias de produtos específicas. O movimento em direção ao domínio em uma categoria possibilita aos fabricantes oferecerem melhor valor para seus possíveis parceiros em cadeias de suprimentos. Em acréscimo a marcas superiores com preços competitivos, a posição dominante na categoria pode envolver uma série de competências operacionais fundamentais que aumentem a atratividade de uma empresa como participante em cadeias de suprimentos.

A intenção de estabelecer um posicionamento dominante numa categoria envolve as seguintes competências: (1) disposição para desenvolver arranjos colaborativos; (2) flexibilidade em produção e logística para atender a uma vasta gama de exigências das cadeias de suprimentos; (3) racionalização e integração entre fornecedores para garantir a acomodação de mudanças freqüentes na programação; (4) *marketing* segmentado ou personalizado e programas de *merchandise*; (5) disponibilidade de conectividade de informações para acomodar operações entre organizações; e (6) ciclos de pedidos curtos, flexíveis, confiáveis e com capacidade de resposta, para facilitar a rápida reposição das necessidades de clientes. Naturalmente, não é preciso dizer que o fornecedor ideal desempenhará abaixo ou no nível do custo médio logístico do setor.

Uma vez que fabricantes e distribuidores reposicionaram operações tradicionais, existe potencial para alavancar a colaboração. *Como regra geral, as empresas poderosas tendem a se juntar no desenvolvimento de arranjos de cadeias de suprimentos.* Para que o arranjo seja bem-sucedido, as partes dominantes no arranjo cooperativo precisam concordar com um modelo de liderança.

Liderança

Assim como empresas individuais precisam de líderes, cadeias de suprimentos também precisam. No presente estágio de maturidade das cadeias de suprimentos, nenhuma generalização definitiva pode ser feita quanto ao modo como empresas adquirem a responsabilidade de liderança. Em muitas situações, a empresas específicas é delegada a posição de liderança puramente como resultado de seu tamanho, poder econômico, patrocínio de consumidores ou um portfólio abrangente de produtos. Em outros arranjos, por razões menos óbvias, há uma presença clara de liderança de uma empresa que se reconhece na forma de dependência e respeito mútuos por parte de outros membros participantes da cadeia de suprimentos. Em outras situações, a liderança parece gravitar acerca da empresa que inicia o relacionamento.

A essência da liderança no canal é orquestrar as competências essenciais de empresas participantes em um desempenho integrado: Uma liderança construtiva é necessária para estimular e recompensar comportamentos colaborativos. É particularmente importante manter-se uma perspectiva da cadeia de suprimentos como um todo. O papel de liderança envolve a criação de separações de funções e acordos de absorção entre negócios participantes no arranjo. O papel também exige negociações para resolução de problemas e mediação do risco bem como o compartilhamento de recompensas. Essa fusão entre empresas participantes pode ser facilitada por uma estrutura integradora da cadeia de suprimentos.

Estrutura Integradora da Cadeia de Suprimentos[6]

Exige-se uma estrutura integradora na cadeia de suprimentos para se identificar a possibilidade e continuidade de se alcançar uma colaboração abrangente. Essa estrutura demanda que sejam identificadas e implementadas as capacitações e competências essenciais para se integrar uma cadeia de suprimentos. A criação de valor relativo à integração da cadeia de suprimentos é mais bem alcançada através da orquestração simultânea de quatro fluxos cruciais mostrados na Figura 6-2: de produto/serviço, atendimento ao mercado, informação e caixa.

O fluxo de valor do produto/serviço representa o movimento de valor agregado a produtos e serviços desde a

---

[6] Donald J. Bowersox, David J. Closs e Theodore P. Stank, op. cit.

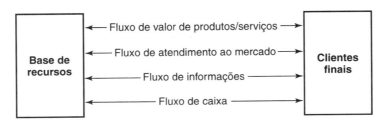

Figura 6-2 Fluxos das cadeias de suprimentos.

obtenção de matéria-prima até os clientes finais. O valor do produto aumenta enquanto flui na cadeia de suprimentos como resultado de mudança física, embalagem, proximidade de mercado, personalização, apoio a serviços e atividades relacionadas que reforçam o desejo do consumidor final pelo produto.

Enquanto o fluxo de produto/serviço geralmente se movimenta desde sua origem até os clientes finais, como visto anteriormente, os arranjos de cadeias de suprimentos precisam também atender a fluxos reversos cruciais, tais como devolução, recuperação e reciclagem de produtos. O fluxo de atendimento ao mercado oferece estrutura para se realizar a administração pós-venda. O atendimento ao mercado também envolve troca de informações relativas a padrões de venda e utilização de produto, essenciais para o planejamento da cadeia de suprimentos. Os exemplos são exigências de personalização do produto, dados de pontos de venda (POS – Point-of-Sale), consumo de clientes finais e relatórios de depósitos. Essas informações fornecem aos membros da cadeia de suprimentos a visibilidade de canal referente à oportunidade e localização de consumo do produto. O planejamento e as operações podem ser mais bem sincronizadas quando todos os participantes compartilham um entendimento comum de padrões de demanda e consumo.

O fluxo de informação é uma troca bidirecional entre participantes da cadeia de suprimentos de dados transacionais, da situação de inventários e de planos estratégicos. Exemplos típicos desse aspecto de colaboração são previsões, planos promocionais, pedidos de compras, reconhecimentos de pedidos, informações de embarque e de inventário, faturas, pagamentos e exigências de reposição. A troca de informação inicia, controla e registra o fluxo de valor do produto/serviço. Historicamente baseada em papel, uma quantidade crescente do fluxo de informações está atualmente sendo trocada via EDI e pela conectividade baseada na Web.

Valores monetários comumente fluem na direção inversa de atividades de valor agregado. Entretanto, em arranjos envolvendo promoção e desconto, eles fluem para facilitar a movimentação de produto e serviço. A velocidade de fluxos de caixa e a utilização de ativos são cruciais para um desempenho superior da cadeia de suprimentos.

Naturalmente, esses quatro fluxos precisam ocorrer entre participantes do canal mesmo quando a cadeia de suprimentos não é integrada. Entretanto as situações caracterizadas por baixas coordenação e integração entre participantes da cadeia de suprimentos resultam comumente em atrasos, redundância e ineficiência. Para facilitar fluxos eficazes e eficientes na cadeia de suprimentos, competências e suas capacitações de apoio precisam ser integradas.

Construtos de Estrutura

A estrutura integradora da cadeia de suprimentos ilustrada na Figura 6-3 envolve uma ampla gama de capacitações e competências. A estrutura serve para facilitar operações no contexto da cadeia de suprimentos, através da integração de tarefas, funções, capacitações e competências básicas.

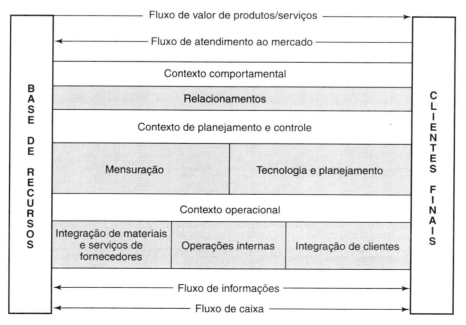

Figura 6-3 Estrutura da cadeia de suprimentos.

Um trabalho ou uma *tarefa básica*, tal como coleta de pedido ou condução de caminhão, é a parte mais visível das operações logísticas. Os trabalhos são geralmente específicos em conteúdo, do setor ou da empresa; entretanto, são normalmente agrupados em unidades organizacionais para facilitar o controle. Por exemplo, todos os trabalhos relacionados a armazenamento são geralmente agrupados. Outro agrupamento comum é organizar todos os trabalhos relacionados a transporte em um departamento de transporte. Esses agrupamentos funcionais são significativos, pois são elementos altamente visíveis numa empresa. Os departamentos têm sido, tradicionalmente, o ponto focal de orçamentos financeiros, avaliação de desempenho e controle operacional. Arranjos de tarefas funcionais constituem-se em direcionadores que se combinam para gerar valor. A mudança crítica no pensamento operacional é visualizar a excelência funcional em termos de desempenho de processos que fortalecem a integração da cadeia de suprimentos *como um todo*.

Para alcançar a integração, o valor funcional deveria ser considerado segundo competências, ou capacitações universais. Uma **capacitação** pressupõe nível de conhecimento e alcance essencial para desenvolver o desempenho integrado. As capacitações se relacionam ao *por que a tarefa está sendo desempenhada*, em contraste com a perspectiva funcional que se preocupa com *como ela está sendo desempenhada*. A capacitação reflete a contribuição de valor do trabalho. A aplicação de princípios de integração é inerente à capacitação, e tais princípios permitem que funções múltiplas sejam sincronizadas em competências geradoras de valor. Enquanto empregos e funções podem ser altamente relevantes para setores e situações de trabalho específicas, capacitações são universais. As capacitações aumentam a cadeia de suprimentos e são igualmente aplicáveis a fornecedores, fabricantes, atacadistas/distribuidores e uma ampla gama de formatos de varejo. As capacitações também transcendem setores, nações e até fronteiras culturais. Além disso, são observáveis e, mais importante ainda, avaliáveis em empresas de todos os tamanhos. Pesquisas demonstraram firmemente que capacitações que refletem melhor prática logística são, de alguma forma, observáveis em todas as empresas que participam de uma cadeia de suprimentos.

Exemplos de capacitações incluem a habilidade de (1) identificar e atender às necessidades de clientes específicos; (2) trabalhar com parceiros da cadeia de suprimentos a fim de realizar operações integradas; (3) compartilhar de forma efetiva informações operacionais e de planejamento com parceiros da cadeia de suprimentos; (4) avaliar e entender todo o desempenho da cadeia de suprimentos, e (5) compartilhar benefícios e riscos.

A fusão das capacitações resulta em **competências** universais. A Tabela 6-2 detalha as capacitações relacionadas a cada uma das seis competências integradoras, agrupadas segundo seus contextos em cadeias de suprimentos. O contexto operacional inclui processos tradicionais relativos a compras, produção e distribuição ao mercado. O contexto de planejamento e controle incorpora tecnologia de informação e sistemas de planejamento, bem como competência em avaliação. O contexto comportamental se refere ao modo como a empresa gerencia relacionamentos internos e externos entre entidades da cadeia de suprimentos.

O Contexto Operacional

As operações envolvem processos que facilitam atendimento e reposição de pedidos através da cadeia de suprimentos. Para alcançar um desempenho de ponta em um contexto operacional, as empresas precisam estar centradas em clientes, alcançar coordenação interorganizacional e se superar no desempenho funcional e de processo.

Tabela 6-2 Contexto, competências e capacitações de apoio de cadeias de suprimentos

Competências	Contexto operacional			Contexto de planejamento e controle		Contexto comportamental
	Integração de cliente	Integração interna	Integração de materiais/serviços de fornecedor	Integração de planejamento e tecnologia	Integração da mensuração	Integração de relações
Capacitações de apoio	Foco segmentado	Unificação interfuncional	Alinhamento estratégico	Gestão da informação	Avaliação funcional	Especificidade de papéis
	Relevância	Padronização	Fusão operacional	Comunicação interna	Metologia baseada em atividade e custo total	Diretrizes
	Capacidade de resposta	Simplificação	Vínculo financeiro	Conectividade	Métricas abrangentes	Compartilhamento de informação
	Flexibilidade	Concordância	Gestão de fornecedor	Previsão e planejamento colaborativos	Impacto financeiro	Compartilhamento de ganhos/riscos
		Adaptação estrutural				

A integração de clientes se constrói a partir de filosofias e atividades que desenvolvem intimidade, e é a competência que constrói vantagem competitiva duradoura. As empresas sempre prestaram atenção às necessidades dos clientes, mas apenas recentemente começaram a identificar e a considerar suas diferenças para uma segmentação operacional competente. Qualquer empresa em busca de integração na cadeia de suprimentos precisa também demonstrar um forte comprometimento com capacitações de apoio a clientes, quais sejam, relevância, capacidade de resposta e flexibilidade.

A integração interna se detém em atividades e processos conjuntos dentro de uma empresa, que coordenam funções relativas a compras, produção e distribuição ao mercado. Muitas empresas procuraram integrar funcionalidades internas, mas, como discutido anteriormente, evidências quantitativas e de casos indicam fortemente que existem lacunas significativas. Gerentes regularmente registram mais sucesso na coordenação com clientes do que em suas próprias operações de produção, logística e *marketing*. As capacitações que apóiam a integração interna são unificação, padronização, simplificação e concordância interfuncionais, e adaptação estrutural.

A integração de fornecedores centraliza-se em capacitações que criam elos operacionais com parceiros fornecedores de material e serviços na cadeia de suprimentos. Enquanto o cliente é indiscutivelmente o ponto focal ou direcionador em cadeias de suprimentos, o sucesso total também dependerá de alinhamento estratégico, fusão operacional, interação financeira e gestão de fornecedores. Competência em integração com fornecedores resulta do desempenho sem erro de capacitações nos processos internos de trabalho. Empresas que desejam se superar tem de fundir seus processos operacionais com os de parceiros da cadeia, a fim de atender às expectativas cada vez mais amplas e exigentes dos clientes.

Vale ressaltar que as treze capacitações que apóiam a integração interna, com clientes e com fornecedores podem ser identificadas, quantificadas e organizacionalmente aprendidas.

O Contexto de Planejamento e Controle

A excelência operacional precisa ser apoiada por planejamento integrado e capacitações de avaliação. Isso envolve agregar tecnologia à cadeia de suprimentos para monitorar, controlar e facilitar seu desempenho como um todo.

A integração de planejamento e controle diz respeito a projeto, aplicação e coordenação de informações, a fim de aprimorar a compra, a produção, o atendimento ao pedido do cliente e o planejamento de recursos. Essa competência inclui acesso a banco de dados para possibilitar o compartilhamento de informações adequadas entre participantes da cadeia. Também diz respeito a sistemas de transação para iniciar e processar reposição e pedidos de clientes. Além da gestão de informação, é essencial que sejam desenvolvidas capacitações relacionadas a comunicação, conectividade e colaboração.

A integração da avaliação é a habilidade de acompanhar e copiar (*benchmark*) desempenhos funcional e de processo, tanto dentro da empresa como na cadeia de suprimentos. Visto que cada empresa é única, o esforço colaborativo deve definir, operacionalizar e acompanhar medidas ou padrões comuns. A competência na medição requer capacitações em avaliações funcionais e em metodologias baseadas em atividades. Métricas e serviços financeiros abrangentes impactam a avaliação.

O Contexto Comportamental

A gestão efetiva de relacionamentos é a competência final e essencial para engajamentos em cadeias de suprimentos. A implementação bem-sucedida da estratégia de cadeias de suprimentos se apóia na qualidade de relacionamentos comerciais básicos entre parceiros. No geral, os gerentes se mostram muito mais experientes em competição do que em cooperação.

Embora existam diretrizes para o desenvolvimento de relacionamentos significativos e distintos em cadeias de suprimentos, nunca duas situações são idênticas. Não existe nenhum atalho ou substituição ao detalhado compromisso necessário para construir e desenvolver relacionamentos bem-sucedidos e de longa duração. Ao lidarem com clientes, fornecedores e provedores de serviços, as empresas precisam especificar papéis, definir diretrizes, compartilhar informações, compartilhar riscos e ganhos, resolver conflitos e, quando necessário, ser capazes de desfazer um arranjo improdutivo. O conjunto de habilidades gerenciais exigidas para a integração bem-sucedida em cadeias de suprimentos requer o desenvolvimento de uma cultura interorganizacional. Isso é particularmente verdadeiro, já que o ambiente dinâmico em que empresas competem exige uma revisão freqüente de hipóteses, processos e medidas, a fim de garantir que os relacionamentos permaneçam relevantes. A Visão Setorial 6-3 resume uma pesquisa que identificou os *Oito Pontos** essenciais para formar uma cadeia de suprimentos. As Tabelas 6-3 e 6-4 resumem os fatores de sucesso e os obstáculos comuns diretamente relacionados à integração em cadeias de suprimentos.

Por fim, evidências amplas sugerem que os gerentes precisam planejar o desmantelamento final ou a renovação de uma cadeia de suprimentos. Embora alguns arranjos possam encontrar uma morte natural como resultado

---

* N. de T.: O título original (*The Eight I's to Creating Successful We's*) traz um jogo de palavras impossível de ser reproduzido na tradução para o português. A tradução exata é: Os Oito Eus na Criação de um Nós Bem-sucedido. A seção trata de oito pontos ou fatores responsáveis pelo sucesso gerado através da integração. No inglês esses pontos começam com a letra I, que podem representar os Eus envolvidos, entretanto, no português isso não é possível.

Visão Setorial 6-3 Os Oito Pontos para Criar Conjuntos Bem-sucedidos

As características de relacionamentos efetivos entre empresas desafiam décadas de pressupostos gerenciais e econômicos válidos para o mundo ocidental. A maioria dos ocidentais, por exemplo, afirma que empresas industriais modernas são mais efetivamente dirigidas por executivos profissionais que operam dentro das limitadas obrigações contratuais do Ocidente. E a maioria dos ocidentais afirma que qualquer pessoa com conhecimento, habilidades e talentos necessários pode ser um executivo numa corporação moderna. Embora empresas menores, empresas familiares e empresas em operação, que trabalham em países subdesenvolvidos, tenham conservado características "pré-modernas", o modelo "racional" tem sido considerado o ideal a que todas as organizações irão eventualmente aderir.

Os relacionamentos interempresariais são diferentes. Parecem funcionar melhor quando são mais familiares e menos racionais. As obrigações são mais difusas, o escopo de colaboração é mais aberto, o entendimento cresce entre indivíduos específicos, a comunicação é freqüente e intensa, e o contexto interpessoal é rico. Os melhores relacionamentos entre empresas são freqüentemente confusos e emotivos, envolvendo sentimentos como empatia e confiança. E não deveriam ser encarados de forma leviana. Apenas os relacionamentos com total comprometimento por parte de todos sobrevivem tempo suficiente para gerar valor aos parceiros.

De fato, os melhores relacionamentos organizacionais, assim como os melhores casamentos, constituem-se em verdadeiras parcerias que tendem a atender a certos critérios:

Excelência Individual. Ambos os parceiros são fortes e possuem algo de valor para contribuir com o relacionamento. Seus motivos para entrar no relacionamento são positivos (para buscar oportunidades futuras), não negativos (para mascarar fraquezas ou escapar de uma situação difícil).

Importância. O relacionamento se enquadra nos objetivos estratégicos mais importantes dos parceiros, assim farão todos os esforços para fazê-lo funcionar. Os parceiros possuem objetivos de longo prazo em que o relacionamento desempenha um papel importante.

Interdependência. Os parceiros precisam um do outro. Possuem ativos e habilidades complementares. Nenhum pode realizar sozinho o que podem realizar em conjunto.

Investimento. Os parceiros investem um no outro (por exemplo, forte intercâmbio de participação acionária, propriedade cruzada, conselho de serviços mútuos) para demonstrar seus respectivos interesses no relacionamento mútuo. Mostram sinais tangíveis de um compromisso de longo prazo, ao dedicar recursos financeiros e outros tipos de recurso ao relacionamento.

Informação. A comunicação é razoavelmente aberta. Os parceiros compartilham informações exigidas para fazer o relacionamento funcionar, incluindo seus objetivos e metas, dados técnicos, conhecimento de conflitos, pontos problemáticos ou situações de instabilidade.

Integração. Os parceiros desenvolvem vínculos e modos de operação compartilhados para que possam trabalhar juntos de forma suave. Constroem conexões amplas entre muitas pessoas, em muitos níveis organizacionais. Os parceiros se tornam, ao mesmo tempo, professores e aprendizes.

Institucionalização. O relacionamento recebe um *status* formal, com responsabilidades e processos de decisão claros. Estende-se para além do grupo pessoal específico que o compõe, e não pode ser rompido por um capricho.

Integridade. Os parceiros se comportam uns com os outros de forma respeitosa, que justifica reforça a confiança mútua. Não utilizam de forma incorreta a informação que recebem, nem sabotam uns aos outros.

Fonte: Rosabeth Moss Kanter, "Collaborative Advantage: The Art of Alliance", *Harvard Bussiness Review,* July/August 1994, p. 100.

---

de perda momentânea, outros podem perseverar a ponto de que não mais representem prática vantajosa. De fato, como a maioria das preocupações gerenciais, a integração da cadeia de suprimentos é uma situação dinâmica que precisa ser continuamente reavaliada.

Integração e Competência Logísticas

Três pontos são significativos quanto à competência logística em cadeias de suprimentos. Primeiro, quando um processo integrado como um todo torna-se uma das mais

---

Tabela 6-3 Fatores que aumentam a probabilidade de relacionamentos de sucesso em cadeias de suprimentos

Varejistas	Fabricantes
• Alto nível de cooperação	• Compartilhamento de informações
• Semelhança de metas/objetivos	• Reconhecimento de benefícios mútuos
• Comunicação clara	• Implementação controlada
• Apoio da alta administração	• Forças-tarefa conjuntas
• Controle de inventário	• Dedicação a compromissos/recursos
	• Percepção de benefícios

Fonte: Reproduzido com permissão de Accenture Consulting.

Tabela 6-4 Obstáculos comuns enfrentados na criação de relações em cadeias de suprimentos

Varejistas	Fabricantes
• Volume baixo de unidades de estoque (SKUs) • Resistência de fabricantes a mudanças • Sistemas de informação • Formatos não-compatíveis de dados	• Falta de comunicação • Grau de confiança • Sistemas não-compatíveis • Compreensão de questões técnicas • Resistência de clientes a mudanças • Disponibilidade de varejistas

Fonte: Reproduzido com permissão de Accenture Consulting.

admiradas e diferenciadas proficiências entre cadeias de suprimentos, possui o potencial de se tornar um marco estratégico fundamental. A competência essencial logística é comum no ambiente competitivo atual.

Segundo, a partir de um ponto de vista acadêmico, a abstração da logística de função para capacitação à competência no contexto de cadeias de suprimentos compõe o construto de uma teoria viável. A identificação de capacitações oferece o primeiro nível de generalização. A fusão de capacitações em competências universais serve para incorporar a disciplina específica da logística ao total de negócios. O posicionamento da logística como uma competência essencial expande a geração de valor da integração em cadeias de suprimentos.

Terceiro, a logística é o processo baseado operacionalmente através da cadeia de suprimentos que precisa ser verdadeiramente integrador para a cadeia de suprimentos para que ofereça completo valor ao consumidor.

Integração da Cadeia de Suprimentos Globalizada

Embora um sistema logístico eficiente seja importante para a integração local da cadeia de suprimentos, é absolutamente *essencial* para produção e *marketing* globalizados bem-sucedidos. A logística local centra-se no desempenho de serviços de valor agregado para apoiar a integração da cadeia de suprimentos em um ambiente de alguma forma controlável. A logística globalizada precisa acomodar operações em uma variedade de diferentes ambientes nacionais, políticos e econômicos, enquanto lida, ao mesmo tempo, com elevadas incertezas, associadas a distância, demanda, diversidade e documentações de comércio internacional.

Os desafios operacionais de sistemas logísticos globalizados variam significativamente segundo diferentes regiões operacionais o no mundo. O desafio de logística na América do Norte é o de uma geografia aberta, com transporte terrestre de uso extensivo e necessidade limitada de documentação entre fronteiras. O profissional de logística europeu, ao contrário, enfrenta uma geografia relativamente compacta, que envolve numerosas situações políticas, culturais, regulatórias e lingüísticas. O desafio de logística da região do Pacífico é com base nas ilhas, exigindo um transporte extensivo por água, ou aéreo, para ultrapassar distâncias longas. Essas perspectivas diferentes exigem empresas que possuem operações globalizadas para desenvolver e manter uma ampla variedade de capacitações e *expertise*. A Visão Setorial 6-4 ilustra a complexidade de se introduzir mudança em um contexto globalizado.

No passado, uma empresa poderia sobreviver, operando através de uma estratégia de negócios única na América do Norte, na Europa ou na região do Pacífico. Embora a regionalização permaneça viável para algumas empresas, aquelas que desejam crescer e prosperar estão enfrentando os desafios da globalização. Iniciativas comerciais estratégicas precisam mudar à medida que empresas e suas cadeias de suprimentos se tornam cada vez mais globalizadas.

A Logística na Economia Globalizada

As operações globalizadas aumentam o custo e a complexidade logísticas. O custo logístico estimado em 1997 para os países industrializados excedeu $5 trilhões, ou 13,4% do Produto Interno Bruto (PIB) estimado. A Tabela 6-5 lista o PIB e os custos logísticos estimados por país. Quanto à complexidade das operações globais, em contraste com as locais, elas se caracterizam pelo aumento da incerteza e por uma habilidade menor de controle. A incerteza resulta de distâncias maiores, períodos de tempo mais longos e conhecimento reduzido de mercado. A habilidade menor de controle resulta do uso extensivo de empresas de serviços internacionais em conjunto com a potencial intervenção do governo em áreas tais como exigências aduaneiras e restrições de comércio.

Esses desafios únicos complicam o desenvolvimento de uma estratégia eficiente e eficaz a em cadeias de suprimentos. Felizmente, há forças que tanto dirigem como facilitam a globalização e necessitam de operações logísticas sem fronteiras.

Estágios de Desenvolvimento Internacional

O *continuum* de perspectivas do comércio globalizado varia desde *exportação/importação* a *presença local*, até o conceito

Visão Setorial 6-4   Europa Virtual

Devido à complexidade, a equipe de consultores da KPMG levou dois anos e meio para desenvolver e implementar com sucesso o desembaraço centralizado de taxas alfandegárias na União Européia (UE). Utilizaram uma estratégia de armazém virtual apoiada pela Comissão Européia e por autoridades alfandegárias nacionais individuais.

Inicialmente, o piloto teve como objetivos a Bélgica e a Finlândia. Atualmente, outros países estão dedicando séria atenção à idéia. Espera-se que isso seja um primeiro passo para processos reformulados, centralizados e simplificados de contabilidade alfandegária e de recolhimento de impostos sobre rendas na UE. Companhias multinacionais que operam na Europa podem esperar maior concordância e mais eficiência a partir de sistemas alfandegários com base em auditorias. A meta final – uma única autorização européia – está ao alcance.

Na prática, esse armazém virtual existe apenas no papel (ou na Web), mas recebe os mesmos benefícios de impostos alfandegários que um armazém alfandegário. Tão importante quanto, isso permite a entrada e desembaraço alfandegário de todas as mercadorias importadas pela UE em um único ponto. Isso significa que todas as atividades alfandegárias podem ser conduzidas por uma única autorização alfandegária, ainda que as mercadorias sejam recebidas em vários países. Se a companhia atende às exigências de controle de estoque constante, as mercadorias podem ser estocadas em um conjunto de localizações.

Os sistemas de informação substituem o controle alfandegário físico sobre inventários em estoque. Tudo é feito pelo computador, mas os dados precisam estar de acordo com os padrões de alfândega da UE. Mais importante, precisam calcular, de forma precisa, o registro de impostos devidos a cada país-membro da UE pelas empresas participantes.

Escolher sua própria autoridade alfandegária tem sido considerado legal desde 1985, mas entender como fazer isso era o desafio. Na verdade, entender como repartir o dinheiro recolhido foi a razão mais importante pela qual o projeto piloto levou tanto tempo. "Trabalhamos com a Bélgica, Finlândia, Alemanha e o Reino Unido a fim de se chegar ao acordo para os projetos pilotos", diz Terry Shaw, parceiro da KPMG, responsável pelo comércio e prática comercial na Europa. Shaw também foi parceiro da equipe do armazém virtual da KPMG. "Fomos ao ar em maio de 1998 – levou todo esse tempo para fazê-lo funcionar".

A cooperação de países participantes é fundamental e ainda há algumas questões, diz Shaw. A curto prazo, insiste que as empresas precisarão de um intermediário. É absolutamente essencial que os participantes tenham um bom sistema de acompanhamento de estoque e um entendimento claro dos atuais procedimentos alfandegários. O controle centralizado de estoque é crucial para a aceitação de uma notificação centralizada, relacionada por uma única autoridade alfandegária.

Shaw afirma que o armazém virtual usa um sistema de notificação versátil para que possa personalizar aspectos diferentes de notificação alfandegária para vários cenários. Uma empresa pode exportar, então reimportar o produto, que seria designado pela alfândega para reentrar sem impostos. Por exemplo, um fabricante de rodas na Europa exporta rodas para um fabricante automotivo dos EUA, depois reimporta o carro para muitos países da Europa. Poderiam se qualificar para a liberação da taxa alfandegária total sobre a roda.

Para fazer esse sistema intrincado funcionar, os dados devem ser repassados no formato certo para serem usados pela autoridade alfandegária. As mercadorias chegam fisicamente em dois ou três países. Quando estão prontas para a circulação livre, o controlador principal é notificado. Isso dispara uma nota à alfândega e as mercadorias estão livres para serem movimentadas.

O conceito de armazém virtual, entretanto, não elimina a necessidade de inspeção visual. A alfândega irá ter sempre o direito de inspecionar todas as mercadorias para controlar roubo, independentemente de onde estejam estocadas ou desembaraçadas.

Se bem-sucedido, o armazém virtual garantirá uma nova liberdade às empresas dos EUA, que atualmente podem estar restritas a que portos utilizar para direcionar e, a partir daí, distribuir as mercadorias.

Fonte: Anônimo (dentro de artigo escrito por Helen Richardson), "Virtual Europe", *Transportation & Distribution*, March 2000, p. 42.

---

de uma *empresa sem nacionalidade*. A discussão a seguir compara implicações conceituais e gerenciais de desenvolvimento estratégico.

Exportação/Importação: Uma Perspectiva Nacional

O estágio inicial de comércio internacional é caracterizado pela exportação e importação. Uma empresa participante está comumente centrada em operações internas, e considera as transações internacionais em termos do que irão trazer para os negócios locais. Geralmente, quando as empresas estão comprometidas com uma estratégia de exportação/importação, usam prestadores de serviços para conduzir e gerenciar as operações em outros países.

Uma orientação comercial nacional de exportação/importação influencia decisões logísticas de três formas. Primeiro, escolhas de fornecimento e de recursos são influenciadas por restrições artificiais. Essas restrições se referem normalmente a restrições de uso, leis de conteúdo local e sobretaxas de preços. A **restrição de uso** é a limitação, usualmente imposta pelos governos, que restringe o nível de vendas e compras de importação. Por exemplo, a empresa pode exigir que divisões internas sejam utilizadas

Tabela 6-5 Avaliação de gastos logísticos mundiais em 1997 (bilhões de dólares)

Região	País	PIB	Logística ($)	Logística (% PIB)
América do Norte	Canadá	658	$ 80	12,1%
	México	695	106	15,3
	Estados Unidos	8.083	849	10,5
	Total	9.436	1.035	11,0
Europa	Bélgica	240	27	11,4
	Dinamarca	123	16	12,9
	França	1.320	158	12,0
	Alemanha	1.740	228	13,1
	Grécia	137	17	12,6
	Irlanda	60	8	14,0
	Itália	1.240	149	12,0
	Holanda	344	41	11,9
	Portugal	150	19	12,9
	Espanha	642	94	14,7
	Reino Unido	1.242	125	10,1
	Total	7.238	884	12,2
Região do Pacífico	República Popular da China	4.250	718	16,9
	Índia	1.534	236	15,4
	Hong Kong	175	24	13,7
	Japão	3.080	351	11,4
	Coréia	631	78	12,3
	Singapura	85	12	13,9
	Taiwan	308	40	13,1
	Total	10.063	1.459	14,5
América do Sul	Brasil	1.040	156	15,0
	Venezuela	185	24	12,8
	Argentina	348	45	13,0
	Total	1.573	225	14,3
Outros países		9.690	1.492	15,4
TOTAL		38.000	$ 5,095	13,4%

Fonte: Donald J. Bowersox, David J. Closs, Theodore P. Stank, *21st Century Logistics: Making Supply Chain Integration a Reality* (Oak Brook, IL: The Council of Logistics Management, 1999); e Donald J. Bowersox e Roger J. Calantone, "Executive Insights: Global Logistics", *Journal of International Marketing 6*, no. 4 (1998), p. 83-93.

para fontes de materiais mesmo que preços ou qualidade não sejam competitivos. As **leis de conteúdo local** especificam a proporção de um produto que precisa ser comprado na economia local. As **sobretaxas de preços** envolvem tarifas mais altas para produtos de origem internacional impostas pelos governos, a fim de que se mantenha a viabilidade de fornecedores locais. Com isso, as restrições de uso e as sobretaxas de preços limitam a habilidade de gerentes para selecionar aquele que seria o fornecedor preferencial.

Segundo, a logística para apoiar operações de exportação/importação aumenta a complexidade do planejamento. Um objetivo fundamental da logística é o fluxo suave de produtos de modo a facilitar uma utilização eficiente da capacidade. As barreiras resultantes de intervenção governamental tornam difícil alcançar esse objetivo.

Terceiro, uma perspectiva de exportação/importação busca estender sistemas e práticas operacionais de logística local para origens e destinos globalizados. Embora uma perspectiva nacional simplifique questões em nível de políticas, aumenta a complexidade operacional, já que as exceções são numerosas. Os gerentes locais precisam acomodar exceções, enquanto se mantêm em acordo com diretrizes de políticas e procedimentos da corporação. Como resultado, a gestão local de logística precisa se adequar a ambientes culturais, lingüísticos e políticos sem apoio e entendimento completos de escritórios centrais da corporação.

Operações Internacionais: Presença Local

O segundo estágio de desenvolvimento internacional é caracterizado pelo estabelecimento de operações dentro do país estrangeiro. As operações internas incluem combinações de *marketing*, vendas, produção e logística. O estabelecimento de instalações e operações locais serve para aumentar a consciência e sensibilidade ao mercado. A isso geralmente refere-se a **presença local**. No início de uma estratégia de presença local, operações estrangeiras geralmente utilizam a gestão e o pessoal da companhia controladora e praticam valores, procedimentos e operações do país de origem. Entretanto, ao longo do tempo, as unidades comerciais em operação na área de mercado estrangeiro irão adotar práticas comerciais locais.

Essa adoção comumente significa contratação de organizações de gestão, *marketing* e vendas do país hospedeiro, e poderá incluir o uso de sistemas comerciais locais. À medida que se expandem as operações locais, surgirá, de forma gradativa, a filosofia do país hospedeiro; porém, a visão estratégica da sede da empresa em se mantém dominante. As operações em países individuais ainda são avaliadas em relação a expectativas e padrões do país da matriz.

Globalização: A Empresa Sem Nacionalidade

As operações de uma empresa sem nacionalidade contrasta fortemente com as guiadas por perspectivas internacionais ou de exportação/importação. O conceito de sem nação foi popularizado originalmente em um artigo da *Business Week* que descreveu empresas que efetivamente tomam decisões com pouca ou nenhuma consideração a fronteiras nacionais.[7]

Empresas sem nação mantêm operações regionais e desenvolvem estruturas corporativas centrais para coordenar operações de áreas. De fato, a empresa se mostra sem nação pelo fato de que nenhum país-sede ou matriz domina as políticas. A alta administração possivelmente é formada por uma combinação de nacionalidades. Operações não nacionalizadas funcionam com base em organizações locais de *marketing* e vendas, e são normalmente apoiadas por operações de produção e logísticas de classe mundial. A busca de produtos e as decisões de *marketing* podem ser feitas através de uma gama ampla de alternativas geográficas. Sistemas e procedimentos são projetados para atender às exigências individuais de países e são agregadas quando necessárias para compartilhamento de conhecimento e relatoria financeira.

Considere uma empresa que possui suas bases históricas na Alemanha, Japão ou nos Estados Unidos, mas com uma porcentagem alta de suas vendas, propriedade e ativos mantidos e gerenciados na China, por exemplo. A China é considerada a terceira maior economia do mundo, mas se mantém um país de terceiro mundo por inúmeras razões – incluindo infra-estruturas logísticas e de cadeias de suprimentos. A China possui meios de comunicação deficientes, nenhum sistema intermodal, não possui vagões fechados de carga ou acompanhamento local de contêineres, não possui companhias aéreas de carga, e praticamente não existem estradas fora das principais cidades. Por essas razões, uma empresa sem nação operando na China iria se apoiar em administradores locais, que dominam completamente sistemas comerciais subdesenvolvidos, a rápida taxa de mudança e a explosão de volume de comércio.

A ABB (Suíça), Dow Chemical (Estados Unidos), ICI (Reino Unido), Hoechst (Alemanha), Nestlé (Suíça) e a Philips (Holanda) constituem-se em exemplos de empresas que se enquadram nas especificações de empresas sem nação.

Embora a maioria das empresas engajadas em negócios internacionais esteja operando nos estágios um e dois, uma empresa verdadeiramente internacional deve se concentrar nos desafios de operações globalizadas. Essa globalização exige um nível significativo de confiança numa gestão que transcende países e culturas. A Tabela 6-6 oferece uma comparação de características de empresas que operam em estágios diferentes de uma integração globalizada em cadeias de suprimentos.

Gerenciando a Cadeia de Suprimentos Globalizada

Para atender aos desafios discutidos acima, a administração deve avaliar a complexidade das cadeias de suprimentos globalizadas e se deter em cinco principais diferenças entre operações locais e internacionais: (1) estrutura de ciclo de desempenho; (2) transporte; (3) considerações operacionais; (4) integração de sistemas e (5) alianças.

Estrutura de Ciclo de Desempenho

A extensão do ciclo de desempenho é a principal diferença entre operações locais e globalizadas. Em vez de períodos de trânsito de três a cinco dias e ciclos de desempenho total de quatro a 10 dias, os ciclos de operações globalizadas são medidos em semanas ou meses. Por exemplo, é comum para peças automotivas de fornecedores da Região do Pacífico levar 60 dias, desde a liberação do pedido de reposição até o recebimento físico do pedido nas instalações de produção nos EUA.

As razões para ciclos de desempenho mais longos são atrasos na comunicação, necessidades financeiras, exigências de embalagens especiais, programação de transporte marítimo, períodos de trânsito lentos e desembaraço alfandegário. A comunicação pode se atrasar devido a diferenças de fusos horários e lingüísticas. Finanças causam atrasos, uma vez que transações internacionais exigem cartas de crédito. A embalagem especial pode ser exigida para proteger contra danos durante o trânsito, já que os contêineres são comumente expostos a umidade alta, temperaturas e condições do tempo. Uma vez que o produto é alojado em contêineres, precisa ser programado para movimentação entre portos que possuam capacitações de manuseio adequadas. Esse processo de programação pode levar até 30 dias, se os portos de origem e destino não estiverem localizados em linhas de alto volume de tráfego ou se aos navios que se dirigem ao porto desejado faltar o equipamento necessário. O período de trânsito, uma vez que a embarcação esteja em movimento, pode variar entre 10 e 21 dias. Os atrasos nos portos são comuns, uma

---
[7] "The Stateless Corporation", *Business Week*, May 14, 1990, p. 98.

Tabela 6-6 Características do desenvolvimento globalizado

Três estágios de desenvolvimento	Características comuns					
	Foco no produto	Estratégia de *marketing*	Estratégia da cadeia de suprimentos	Gestão	Informação e apoio a decisões	Desenvolvimento de recursos humanos
Exportação/ importação	Produção e distribuição doméstica	Clientes específicos	Agentes e prestadores de serviços logísticos terceirizados	Transporte direcionado com aspectos financeiros integrados	Centrada no país de origem com EDI limitado	Gestão centrada no "país de origem" e experiência internacional limitada
Operações internacionais; presença local	Personalização de mercado local apoiada pela postergação ou produção local	Centrado em áreas de mercado específicas que podem atravessar fronteiras	Subsidiárias e distribuidores locais com carteiras de negócios específicas e presença local visível	Gestão descentralizada de operadores locais e alianças estratégicas com responsabilidade local de lucros	Banco de dados independente e apoio a decisões	Gerenciamento superior com pouca experiência internacional e forte nível de decisão centrado no "país de origem"
Globalização; a empresa sem país (multinacional)	Marcas globalizadas	Todas as regiões econômicas	Fluxo mundial de recursos-chave para alavancar recursos globalizados e vantagens mercadológicas	Planejamento centralizado com distribuição local flexível apoiada por sistemas comuns	Banco de dados integrado e apoio a decisões	Treinamento e experiência internacionais exigidos para toda a alta administração com algumas exigências à gerência de nível médio

vez que embarcações esperam outras liberarem as instalações de atracação. O desembaraço alfandegário pode aumentar o tempo total. Apesar de ser cada vez mais comum a utilização de mensagens eletrônicas para o desembaraço de embarques de produtos na alfândega de forma antecipada à chegada, em portos internacionais, o tempo estimado para o ciclo de desempenho é ainda longo.

A combinação e complexidade dos fatores acima resultam em que os desempenhos logísticos internacionais se mostrem mais longos, menos consistentes e menos flexíveis do que o normal em para operações domésticas. A consistência reduzida, em particular, aumenta a dificuldade de planejamento. O ciclo de desempenho mais longo também resulta em maior comprometimento de ativos, pois um inventário significativo está em trânsito, em algum momento no tempo.

Transporte

A iniciativa dos EUA de desregulamentar o transporte durante o início dos anos 80 se estendeu globalmente. Três mudanças globais significativas ocorreram: (1) propriedade e operação intermodais, (2) privatização, (3) acordos bilaterais e de cabotagem.

Historicamente, existiram restrições de regulamentação quanto à propriedade de transporte l e aos direitos operacionais, em âmbito internacional. Transportadores estavam restritos a operar dentro de um único modo de transporte com, ao menos, alguns acordos conjuntos operacionais e de preços. Tradicionalmente, companhias de barcos a vapor não podiam ter ou gerenciar operações integradas em terra, tais como transportadores rodoviários ou ferroviários. Sem acordos conjuntos de propriedade, operações e preço, o transporte internacional era complicado. Transportes internacionais normalmente exigem muitos transportadores para desempenhar a movimentação de cargas. Especificamente, o governo, mais do que as forças de mercado, determinava a extensão de serviços que transportadores de propriedade estrangeiras podiam desempenhar. Apesar de algumas restrições operacionais e de propriedade permanecerem, arranjos de *marketing* e de alianças entre os países melhoraram substancialmente a flexibilidade nos transportes. A remoção de restrições à propriedade de multimodais nos Estados Unidos e na maioria dos países industrializados serviu para facilitar uma movimentação integrada.

Um segundo impacto no transporte de operações globalizadas se refere à expansão da privatização de transportadoras. Historicamente, muitos transportadores internacionais eram de propriedade e operados pelo governo, num esforço de promover o comércio e prover segurança nacional. Transportadoras estatais geralmente subsidiam operações para os negócios de seu país, enquanto colocam sobretaxas para empresas estrangeiras. Preços altos artificiais e serviços fracos comumente tornavam caro e não confiável o embarque por esses transportadores estatais. Ineficiências também resultaram de uma forte sindicalização e de leis trabalhistas. A combinação de custos altos e de ineficiência operacional fez com que muitos transportadores estatais operassem com perdas. Muitos desses transportadores foram privatizados.

As mudanças nos acordos de cabotagem e de serviços bilaterais são o terceiro fator de transporte que influencia o comércio internacional. Leis de cabotagem exigem que passageiros ou produtos, movimentando-se entre dois portos domésticos, utilizem apenas transportadores locais. Por exemplo, o transporte hidroviário de Los Angeles para Nova Iorque precisava utilizar um transportador dos EUA. As mesmas leis de cabotagem restringiam que motoristas canadenses realizassem um transporte para Detroit, uma vez que o transporte originário do Canadá não era descarregado no Texas. Leis de cabotagem foram projetadas para proteger setores domésticos de transporte, mesmo também reduzissem a utilização l de equipamentos de transporte, como um todo, e a eficiência a eles relacionada. A Comunidade Européia aliviou as restrições de cabotagem para aumentar a eficiência do comércio. Essa redução de restrições de cabotagem economizará às corporações americanas 10 a 15% de custos de transporte dentro da Europa.

Considerações Operacionais

Há uma série de considerações operacionais para um ambiente globalizado. Primeiro, as operações internacionais comumente exigem muitas línguas, tanto para os produtos como para a documentação. Um produto técnico como um computador ou uma calculadora precisam ter atributos locais, tais como letras de teclado e línguas, no próprio produto e nos manuais relacionados. A partir de uma perspectiva logística, diferenças de linguagem aumentam a complexidade de forma dramática, já que o produto está limitado a um país específico, uma vez que é personalizado para um dado idioma. Por exemplo, apesar de a Europa Ocidental ser bem menor que os Estados Unidos em termos geográficos, ela exige relativamente mais inventário para apoiar os esforços de *marketing*, já que inventários separados podem ser exigidos a fim de se atender a vários idiomas. Apesar da proliferação do produto, em função das exigências de idiomas, ter sido reduzida por meio de embalagens multifuncionais e estratégias de adiamento, essas práticas nem sempre são aceitáveis. Além de implicações aos produtos advindas de idiomas, operações internacionais podem exigir documentação em muitos idiomas, em cada país por que passa o embarque. Apesar de o inglês ser a língua geral de comércio, alguns países exigem que a documentação alfandegária e de transporte seja fornecida no idioma local. Isso aumenta o tempo e o esforço para as operações internacionais, uma vez que documentos complexos precisam ser traduzidos antes de embarques. Essas dificuldades de comunicação e documentação podem ser superadas através de transações eletrônicas padronizadas.

A segunda diferença operacional no comércio globalizado se refere a adequações nacionais peculiares, tais como atributos de desempenho, características de fornecimento de energia e exigências de segurança. Embora possam não ser substanciais, as pequenas diferenças entre as exigências dos países podem aumentar, de forma significativa, os níveis exigidos de SKUs e subseqüente inventário.

A terceira diferença operacional é a grande quantidade de documentação exigida para operações internacionais. Embora operações domésticas possam geralmente ser concluídas utilizando apenas uma fatura ou um conhecimento de embarque, operações internacionais exigem uma documentação substancial quanto a conteúdo de pedidos, transporte, finanças e controle governamental. A Tabela 6-7 lista e descreve formulários comuns da documentação internacional.

A quarta diferença operacional é a alta incidência de desvantagens em contrapartidas comerciais e de tarifas alfandegárias encontrada em algumas situações internacionais. Embora a maioria das empresas prefira transações em dinheiro, contrapartidas de serviços e produtos são importantes. Contrapartidas ocorrem, essencialmente, quando um vendedor concorda em levar ou comprar produtos do comprador como parte do acordo de vendas. Ao mesmo tempo que têm conseqüências financeiras, esses acordos também apresentam implicações importantes para a logística e o *marketing*, quanto à disposição de mercadorias recebidas como pagamento.

Por exemplo, a Pepsi fornece xarope para o governo russo, que engarrafa e comercializa o refrigerante praticamente sem o controle da Pepsi. Em retorno, a Pepsi recebe como pagamento pelo xarope direitos exclusivos de distribuição da vodca russa Stolichnaya nos Estados Unidos. Esse direito exclusivo exige apoio logístico e de *marketing*.

Integração de Sistemas

Poucas empresas dispõem, hoje, de uma integração de sistemas globalizada. Uma vez que as empresas comumente se globalizam através de aquisição e fusão, a integração de sistemas é demorada. A integração operacional exige a habilidade de encaminhar pedidos e gerenciar exigências de inventário, eletronicamente, pelo mundo todo. O desenvolvimento de integração de tecnologia de apoio representa um substancial investimento de capital. O processo como um todo foi facilitado, de forma significativa, pela iniciativa globalizada de se atingir a concordância do ano 2000. Entretanto, ainda existem empresas que possuem sistemas integrados globalizados.

Tabela 6-7 Formulários comuns à documentação logística internacional

- *Carta de crédito irrevogável de exportação*. Contrato entre um importador e um banco, que transfere a responsabilidade de pagamento ou pagamento ao exportador pelo importador para o banco do importador, presumivelmente de maior credibilidade.
- *Nota promissória bancária (ou letra de câmbio)*. Forma de pagamento para uma transação de importação/exportação. Existem dois tipos: transação pagável à vista mediante apresentação de documentos apropriados (*saque à vista ou documentação contra aceite do saque cambial*) e transação pagável em prazo fixo após aceite dos documentos apropriados (*aplicação bancária a prazo fixo*). Qualquer um dos tipos de saque cambiais acompanhados de instruções precisas e outros documentos (*sem carta de crédito*) são considerados saques documentários.
- *Conhecimento de embarque*. Emitido pela empresa embarcadora, ou por seu agente, como prova do contrato para o embarque da mercadoria e como documento válido de propriedade sobre a mercadoria.
- *Documento combinado de transporte*. Pode substituir o conhecimento de embarque se os produtos são embarcados por via aérea (*conhecimento de embarque aéreo*) ou por meio de mais de um modo de transporte.
- *Fatura comercial*. Documento emitido pelo exportador para descrever com precisão os produtos e as condições de venda (semelhante à fatura usada nas vendas no mercado nacional.)*
- *Certificado de seguro*. Explica o tipo de cobertura utilizada (contra incêndio, furto, inundação), o nome do segurador (ou empresa seguradora) e do exportador, cujos produtos foram segurados.
- *Certificado de origem*. Declara o país no qual os produtos foram produzidos, para tributação das tarifas aplicáveis e de outras restrições governamentais sobre o comércio.

*N. de T.: Este documento é conhecido no Brasil por nota fiscal.

Alianças

A diferença final em operações internacionais é o papel ampliado de alianças de terceirização. Embora alianças com transportadores e fornecedores de serviços especializados sejam importantes para as operações domésticas, são essenciais para o comércio internacional. Sem essas alianças, para uma empresa operar internacionalmente seria necessário manter contatos com varejistas, atacadistas, fabricantes, fornecedores e provedores de serviços no mundo inteiro. Alianças internacionais oferecem acesso ao mercado e *expertise*, e reduzem o risco inerente às operações globalizadas. O número de alternativas e a complexidade da globalização exigem uma maior utilização de alianças.

A globalização é uma fronteira em evolução, que está cada vez mais exigindo a integração de cadeias de suprimentos. Enquanto negócios internacionais se desenvolvem, a demanda pela competência logística aumenta devido a cadeias de suprimentos mais longas, menos certezas e mais documentação. À medida que as forças de mudança levam a operações sem fronteiras, a gestão de cadeias de suprimentos ainda enfrenta barreiras financeiras, de mercado e de canal. As barreiras são exemplificadas pela distância, demanda, diversidade e documentação. O desafio é posicionar uma empresa para aproveitar os benefícios do comércio e da produção globalizados, a partir do desenvolvimento de uma competência logística mundial.

Resumo

A integração operacional é um desafio gerencial em nível de empresas individuais, através de cadeias de suprimentos locais, e visando à condução de negócios internacionais. A integração operacional gera valor como resultado de uma eficiência em rede, multifuncional e coordenada. A aplicação de análise avaliação de sistemas de custo total oferece uma metodologia para integrar funções em um processo produtivo. Processos integrados oferecem benefícios visíveis de custos e de serviços.

No nível da empresa individual, a integração operacional é difícil. As barreiras existem e servem de obstáculo para a integração interna. Essa resistência à integração pode ser traçada através de práticas de gestão funcional duradouras e sistemas de informação e de práticas de recompensa a elas relacionadas. Práticas convencionais de medidas métricas servem para reforçar o aspecto funcional. A resistência ao processo de integração é suficientemente forte e pode ser universalmente observada. O fenômeno comumente observado, conhecido como o grande divisor, reflete a dificuldade comum em se alcançar a integração ponta a ponta na empresa.

O paradoxo é que muitas empresas se integram de forma bem-sucedida com clientes e/ou fornecedores. Assim, as empresas geralmente se integram mais fora de suas fronteiras do internamente. Isso significa que muitas tentativas de ampliação da empresa através de cadeias de suprimentos são, na melhor das hipóteses, soluções parciais. Entretanto muitos desses engajamentos limitados em cadeias de suprimentos parecem ser arranjos valiosos para seus participantes. Continua incerto avaliar o quanto de integração interna é necessário para a empresa ser uma participante viável numa cadeia de suprimentos. Com certeza, o risco é que o fracasso no alcance da integração operacional interna pode resultar em que uma empresa seja incapaz de atingir os compromissos da cadeia de suprimentos.

A razão por que a integração parcial em cadeias de suprimentos alcança valor está diretamente relacionada ao potencial significativo de se reduzir desperdícios, duplicação e redundância operacional. Em particular, a colaboração oferece maneiras de reduzir investimentos em inventário e seus riscos relacionados para empresas participantes. A integração bem-sucedida em cadeias de suprimentos exige programas multiorganizacionais para facilitar operações, tecnologia e planejamento, e a colaboração da gestão de relacionamentos. Embora existam atualmente, poucas iniciativas de colaboração em cadeias de suprimentos, os benefícios potenciais dessa integração holística são notáveis.

À medida que a estratégia da cadeia de suprimentos adentra a arena internacional, novas complexidades são encontradas. Tais complexidades resultam de distâncias mais longas, diferenças de demanda, diversidade cultural e documentação complexa. As empresas irão cada vez mais enfrentar a necessidade de ampliar suas operações para a arena global. As estratégias para alcançar uma fatia do crescente mercado mundial variam de exportação/importação a presença local e globalização verdadeira. Independentemente do foco estratégico, o sucesso será dependente, em grau elevado, das capacitações logísticas da empresa.

Questões Desafiadoras

1. Compare e contraste valor econômico, de mercado e de relevância.
2. Exemplifique as diferenças entre criação, apresentação e posicionamento de produto/serviço.
3. Explique a seguinte afirmação: "A análise de sistemas é a metodologia e o conceito de sistemas é a estrutura teórica".
4. Por que a redução de variância é importante para a integração logística? Exemplifique.
5. Qual é o significado da expressão logística *cradle to cradle*? Discuta as diferenças operacionais entre logística original *versus* logística reversa.
6. De que maneira os sistemas de recompensa funcionam como barreiras para a integração na empresa?
7. Em suas próprias palavras, descreva e exemplifique o conceito de *grande divisor*. Você acredita que o fenômeno do grande divisor é tão amplamente experienciado como indica o texto? Apóie sua posição com um exemplo.
8. O que gera poder no contexto de colaboração em cadeias de suprimentos? Por que muitos observadores sentem que o poder está se afastando ou se aproximando de consumidores finais em muitos arranjos de cadeias de suprimentos?
9. Demonstre seu entendimento sobre o relacionamento entre capacitações e competências logísticas, traçando a evolução de trabalho logístico a competências universais. Essa lógica possui qualquer aplicação prática quanto ao entendimento da sofisticação logística? Nesse caso, qual é o benefício prático?
10. Compare e contraste operações de exportação/importação com as de presença local. Quais são as ramificações logísticas de cada estágio do desenvolvimento internacional?

Parte II

Estrutura Tecnológica

O impacto da tecnologia sobre o desenvolvimento da logística e sobre a rápida expansão da colaboração na cadeia de suprimentos é significativo. Na Parte II discutimos em detalhes como a tecnologia conduz a logística e facilita a integração na cadeia de suprimentos. Primeiramente, o Capítulo 7 apresenta uma ampla estrutura das redes de informações que apóiam a integração logística. A seguir, o Capítulo 8 explora a funcionalidade dos sistemas de Planejamento de Recursos Empresariais (ERP – Enterprise Resource Planning) e oferece uma descrição geral dos sistemas de execução, normalmente conhecidos como elementos-chave (*bolt-ons*), que garantem a funcionalidade e a integração logísticas. Por fim, o Capítulo 9 aborda os Sistemas Avançados de Planejamento (APS – Advanced Planning Systems), essenciais para o planejamento das operações logísticas no contexto da cadeia de suprimentos. Esses três capítulos enfatizam a necessidade de *integração* entre a empresa e a cadeia de suprimentos, para alcançar vantagem competitiva e maximizar a eficácia dos recursos.

7

Redes de Informação

Funcionalidade do Sistema de Informações
Integração do Sistema de Informações Abrangente
    Planejamento de Recursos Empresariais ou Sistemas Legados
    Sistemas de Comunicação
    Sistemas de Execução
    Sistemas de Planejamento
Acessando Aplicativos da Cadeia de Suprimentos
Sistemas de Comunicação
    Intercâmbio Eletrônico de Dados
    Internet
    Linguagem de Marcação Extensível
    Tecnologia de Satélite
    Troca de Dados por Radiofreqüência
    Processamento de Imagens
    Código de Barras e Leitura Óptica
Resumo

Os sistemas de informação da cadeia de suprimentos dão início a atividades e acompanham a informação referente aos processos, facilitando o compartilhamento de informações tanto dentro da empresa como entre os parceiros da cadeia de suprimentos, ao mesmo tempo em que auxiliam no processo de tomada de decisões gerenciais. Este capítulo descreve esses amplos sistemas de informação como uma combinação de redes de comunicação, de sistemas de transações e de sistemas de apoio às decisões. Todos os componentes dos sistemas precisam estar integrados para oferecer uma ampla funcionalidade de análise, iniciação e monitoramento das operações na cadeia de suprimentos.

Funcionalidade do Sistema de Informações

Desde seu início, a logística focalizou a estocagem e o fluxo dos produtos através dos canais de distribuição. O fluxo e a precisão das informações eram comumente deixados de lado, pois não eram considerados cruciais para os consumidores. Além disso, as taxas de transferência de informações eram limitadas pela velocidade do papel. Há quatro razões que explicam por que as informações exatas e no tempo certo se tornaram ainda mais decisivas para o projeto efetivo dos sistemas logísticos e para as operações logísticas. Primeiramente, os clientes reconhecem as informações sobre a situação do pedido, a disponibilidade do produto, a programação de entrega, o acompanhamento dos embarques e as faturas como sendo elementos necessários para o serviço total ao cliente. Os clientes demandam acesso a informações em tempo real. Em segundo lugar, com o intuito de reduzir os ativos totais na cadeia de suprimentos, os gerentes percebem que informações podem ser usadas para reduzir as necessidades de inventário e de recursos humanos. Em particular, as necessidades do planejamento de utilizar as informações mais atuais podem reduzir o inventário ao minimizar a incerteza da demanda. Em terceiro lugar, a informação aumenta a flexibilidade quanto a como, quando e onde os recursos poderão ser utilizados a fim de se ganhar vantagem estratégica. E, como quarta razão, a transferência de informações e sua capacidade de intercâmbio, aprimoradas pelo uso da Internet, estão mudando os relacionamentos entre compradores e vendedores, assim como estão redefinindo os relacionamentos nos canais.

Os Sistemas de Informação da Cadeia de Suprimentos (SCIS – Supply Chain Information Systems) são os fios que ligam as atividades logísticas a um processo integrado. A integração se constrói em quatro níveis de funcionalidade: (1) *sistemas de transação*, (2) *controle gerencial*, (3) *análise de decisões* e (4) *planejamento estratégico*. A Figura 7-1 ilustra as atividades e decisões logísticas em cada nível de funcionalidade da informação. Como sugere o formato de pirâmide, fortalecer o controle gerencial, a análise de decisões e o planejamento estratégico requer uma base forte no sistema de transações.

O **sistema de transações** caracteriza-se por regras formais, procedimentos e comunicações padronizados; por um grande volume de transações e por um foco cotidiano operacional. A combinação de processos estruturados e um grande volume de transações dá ênfase à eficiência do sistema de informações. Nos níveis básicos, os sistemas de transações iniciam e registram atividades e funções logísticas individuais. As atividades de transações incluem a entrada dos pedidos, a alocação de inventário, a seleção dos pedidos, o envio, a precificação, o faturamento e as pesquisas envolvendo clientes. Por exemplo, a entrada de um pedido feito por um cliente representa a transação que dá entrada ao seu pedido de um produto no sistema de informação. A transação de entrada do pedido inicia uma segunda transação quando o inventário é alocado ao pedido. Uma terceira transação é então gerada para as operações de armazenamento, que selecionam ou retiram o pedido do local do armazém de estocagem. Uma quarta transação inicia o transporte do pedido para o cliente. A transação final emite a fatura e registra uma conta de recebimento. Ao longo do processo, a empresa e o cliente esperam a disponibilidade de informações em tempo real quanto à situação do pedido. De fato, o ciclo de desempenho do pedido do cliente é concluído através de uma série de transações no sistema de informações.[1]

O segundo nível dos SCIS, **controle gerencial**, focaliza a *avaliação do desempenho e seu relatório*. A avaliação do desempenho é necessária para prover um retorno aos gerentes quanto ao desempenho da cadeia de suprimentos e à utilização dos recursos. As medidas de avaliação do desempenho comuns incluem custos, serviço ao cliente, produtividade, qualidade e medidas da gestão dos ativos. Como exemplo, medidas específicas de avaliação do de-

---

[1] Para uma revisão da estrutura e dinâmica do ciclo de desempenho, consulte "A Sincronização Logística", Capítulo 2.

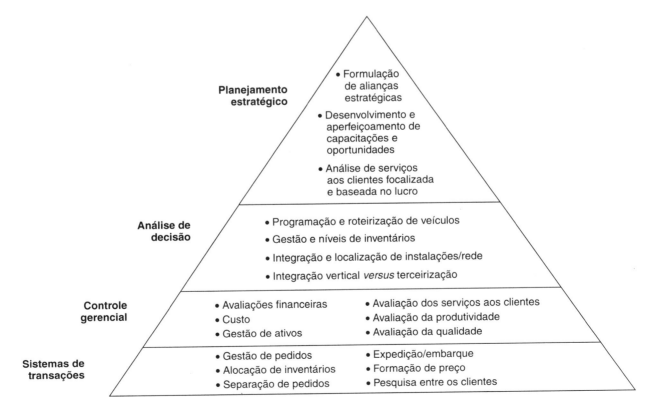

Figura 7-1 Funcionalidade das informações.

sempenho incluem custos de transporte e de armazenamento por quilo, giro de inventário, taxas de utilização de embalagens, embalagens por hora de trabalho e a percepção dos clientes.

Embora seja necessário que os SCIS relatem o desempenho histórico do sistema, também é necessário que o sistema identifique as exceções operacionais. Informações sobre as exceções da gestão são úteis para evidenciar pedidos potenciais de clientes ou problemas operacionais. Por exemplo, SICS proativos devem ser capazes de identificar faltas futuras no inventário baseado em previsões de necessidades e de níveis de inventários. Os relatórios das exceções para os gerentes também devem ser capazes de identificar necessidades potenciais de transportes, armazenamentos de entregas ou necessidades de mão-de-obra que excedam os limites de capacidade.

Embora algumas medidas de controle, tal como custos, sejam bem definidas, outras medidas, tais como serviço ao cliente e qualidade, são menos específicas. Por exemplo, o serviço ao cliente pode ser avaliado internamente, a partir da perspectiva da empresa, ou externamente, a partir da perspectiva dos clientes. Apesar de as medidas internas serem relativamente fáceis de acompanhar, as medidas externas são mais difíceis de se obter, já que exigem o monitoramento do desempenho relativo a clientes específicos.

O terceiro nível de SCIS, **análise de decisões**, focaliza as ferramentas de *software* para dar assistência aos gerentes na identificação, avaliação e comparação das alternativas estratégicas e táticas de cadeia de suprimentos e de logística para a melhoria da efetividade. Análises comuns incluem o projeto de cadeia de suprimentos, a gestão de inventário, a alocação de recursos, o estudo de rotas e a lucratividade por segmento. Os SICS de análise de decisões devem incluir também a manutenção do banco de dados, o modelo, a análise, e os relatórios para uma variedade de situações logísticas potenciais. Semelhante ao controle gerencial, a análise de decisões inclui algumas considerações de análise tática, tais como a definição da rota dos veículos e o planejamento da armazenagem. Os aplicativos da análise de decisões também estão sendo usados para gerenciar os relacionamentos com os clientes, como vimos no Capítulo 3. Como a análise de decisões é usada para guiar operações futuras e precisa ser realizada de forma desestruturada e flexível, para permitir a consideração de uma ampla gama de alternativas, exige-se dos usuários mais perícia e treinamento para se beneficiarem dessa capacidade.

O **planejamento estratégico**, o quarto e último nível dos SCIS, organiza e sintetiza os dados de transações em uma ampla gama de modelos de planejamento dos negócios e de tomada de decisões, os quais auxiliam na avaliação das probabilidades e nos retornos financeiros das várias estratégias. Essencialmente, o planejamento estratégico concentra-se no apoio de informações para desenvolver e redefinir as estratégias da cadeia de suprimentos e da logística. Essas decisões são geralmente extensões da análise de decisões, mas em geral são mais abstratas, até mesmo menos estruturadas, com um foco mais no longo prazo. Exemplos de decisões de planejamento estratégico incluem a conveniência de alianças estratégicas, o desenvolvimento e refinamento das capacitações de produção, e as oportunidades de mercado relativas à capacidade de resposta aos clientes.

O formato relativo da Figura 7-2 ilustra os custos de desenvolvimento e os benefícios dos SCIS. O lado esquerdo da figura apresenta as características de desenvolvimento e de manutenção, enquanto que o lado direito apresenta os benefícios. Os custos de desenvolvimento e de manutenção incluem *hardware, software*, comunicações, treinamento e despesas com pessoal.

Em geral, uma base sólida exige investimentos significativos em SCIS para os sistemas de transações. Os custos dos sistemas de transações são altos, devido ao grande número de usuários dos sistemas, às pesadas necessidades de comunicação de dados, ao alto volume de transações e à significativa complexidade de *software*. Os custos dos sistemas de transações estão também relativamente bem definidos e apresentam maior exatidão e limitada compensação em relação a seus benefícios ou retornos financeiros. Um sistema de transações abrangente não oferece uma vantagem competitiva substancial no ambiente atual; ele é um requisito competitivo. Praticamente todas as empresas que ainda estão na ativa realizaram investimentos substanciais para alcançar a eficiência dos seus sistemas de transações. Portanto, embora o investimento seja alto, seu retorno relativo é quase sempre pequeno. Sistemas de níveis mais elevados, tais como controle gerencial, análise de decisões e planejamento estratégico exigem menos recursos de *hardware* e *software*, mas normalmente envolvem mais incertezas e riscos com relação aos seus benefícios potenciais.

Os sistemas de controle gerencial e de análise de decisões, por outro lado, concentram-se na oferta de visões mais claras de processos e alternativas para os problemas. Por exemplo, a análise e reprodução (*benchmarking*) de sistemas de controle gerencial podem identificar processos em que uma empresa está atrasada em relação a seus competidores, enquanto auditorias externas de serviço ao cliente podem identificar oportunidades para programas seletivos com foco nos clientes. Por fim, os sistemas de planejamento estratégico com a propriedade de avaliar o projeto da cadeia de suprimentos, a lucratividade do cliente/produto, a contribuição do segmento ou os benefícios de alianças podem causar impacto importante na lucratividade e na competitivi-

Figura 7-2 Utilização, características de decisões e justificativa dos SCIS.

dade da empresa, ainda que não sejam *hardwares* ou *softwares* intensivos.

No passado, a maior parte dos desenvolvimentos de sistemas priorizava a melhoria da eficiência dos sistemas de transações. Embora tais investimentos oferecessem retorno quanto a velocidade e custos operacionais menores, as reduções antecipadas de custos quase sempre foram ilusórias. O desenvolvimento e a implementação dos SCIS concentram atenção agora em um sistema aprimorado de integração na cadeia de suprimentos e nas tomadas de decisão mais efetivas.

Integração do Sistema de Informações Abrangente

Um sistema de informações abrangente dá início, monitora, dá assistência à tomada de decisões e efetua relatórios das atividades exigidas para concluir as operações e o planejamento logísticos. Há muitos componentes que devem ser combinados para formar um sistema de informações integrado e há muitas maneiras de se organizar e de se ilustrar seus componentes combinados.

Os componentes do sistema mais importantes são: (1) Planejamento dos Recursos Empresariais (ERP – Enterprise Resource Planning) ou sistemas legados, (2) sistemas de comunicações, (3) sistemas de execução e (4) sistemas de planejamento. A Figura 7-3 oferece uma ilustração desses componentes e suas interfaces mais comuns.

Planejamento de Recursos Empresariais ou Sistemas Legados

Os **sistemas ERP** ou **legados**, destacados na Figura 7-4, são a espinha dorsal dos sistemas de informação da cadeia de suprimentos da maioria das empresas. Essa espinha dorsal mantém dados correntes e históricos, bem como processa as transações para que se inicie e acompanhe o desempenho. Os sistemas de legado se referem a aplicativos de *mainframe*, desenvolvidos antes de 1990, para automatizar transações tais como entrada e processamento de pedidos, operações de armazenamento, gestão de inventário, transporte e suas transações financeiras relacionadas. Por exemplo, os sistemas referentes aos pedidos dos clientes eram comumente denominados Sistemas de Gestão de Pedidos (OMS – Order Management Systems), pois gerenciavam o processo de atendimento dos pedidos. Adicionalmente à informação dos pedidos, os sistemas legados normalmente mantêm informações sobre os clientes, os produtos, o *status* do inventário e as operações das instalações. Em muitos casos, esses sistemas legados são módulos de *software* desenvolvidos independentemente, aos quais faltam integração e consistência; conseqüentemente, há problemas em abundância quanto à confiabilidade e à integridade dos seus dados. Esses problemas tornam-se ainda mais complicados pelo fato de as empresas multidivisionais geralmente utilizarem sistemas legados diferentes para cada divisão ou país.

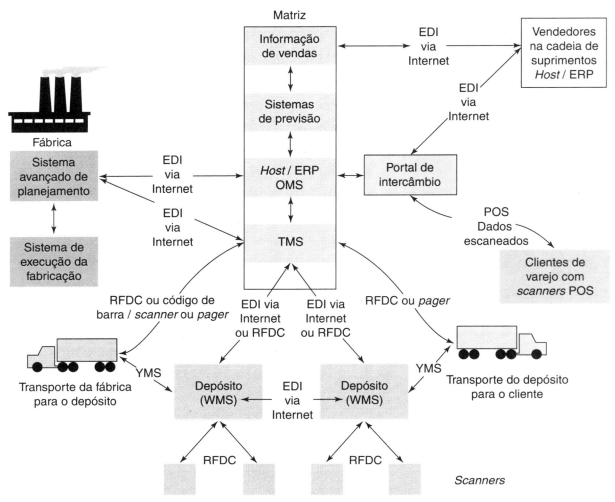

Fonte: Adaptado de Cahner's Publishing, "The Information Flow Across an Integrated Supply Chain" Logistics Online (www.manufacturing.net/scl/yearbook/). Usado com permissão.

Figura 7-3 Módulos integrados de sistemas da cadeia de suprimentos.

Durante os anos 90, muitas empresas começaram a substituir os sistemas legados por sistemas ERP projetados como módulos integrados de transações, com um banco de dados comum e consistente. Os sistemas ERP facilitaram a integração de operações e de relatórios para iniciar, monitorar e acompanhar atividades cruciais, como atendimento de pedidos e processamento de reposições. Além da integridade e consistência dos dados, os sistemas ERP ganharam popularidade rapidamente como forma de minimizar problemas potenciais com o *"bug do milênio"*. Os sistemas ERP também incorporaram um banco de dados integrado para toda a corporação, conhecido como armazém de dados (*data warehouse*), juntamente com as transações adequadas para facilitar as operações logísticas e da cadeia de suprimentos. As transações típicas incluem as transações de entrada e de atendimento do pedido, as de compras e as de produção. Além dessas aplicações operacionais, os sistemas ERP costumam incluir capacitações financeiras, contábeis e de recursos humanos. A Tabela 7-1 lista as características das capacitações tradicionais e emergentes dos sistemas ERP, e a Visão Setorial 7-1 descreve como uma empresa (Cisco) usou os sistemas ERP para alcançar um enorme crescimento, para dar suporte a aquisições e para desenvolver um serviço superior aos clientes.

Para capitalizar os benefícios da integração, os sistemas centrais da corporação estão começando a incluir outros dois componentes: previsão e Gestão de Relacionamento com o Cliente (CRM Customer Relationship Management), como ilustrado pela Figura 7-3. O CRM ou sistema de gestão de vendas é um dos mais novos aplicativos

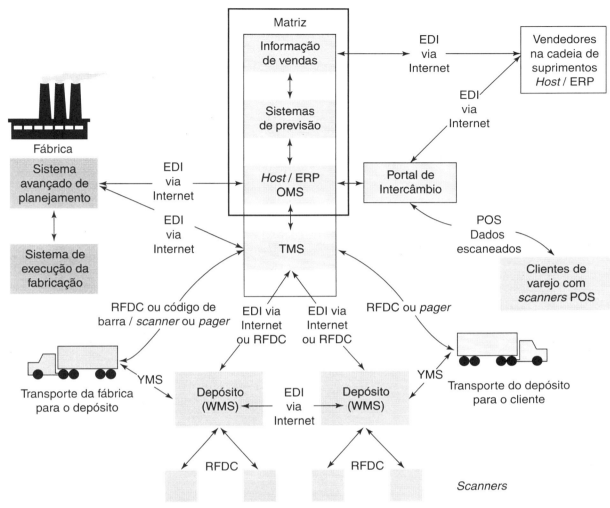

Fonte: Adaptado de Cahner's Publishing, "The Information Flow Across an Integrated Supply Chain" Logistics Online (www.manufacturing.net/scl/yearbook/). Usado com permissão.

Figura 7-4 Planejamento de recursos empresariais – ERP.

Tabela 7-1 Capacitações dos sistemas ERP

O que se ganha com o ERP?
Mesmo que o ERP pareça um bloco inteiriço, ele não o é. Na verdade, o programa é composto por muitos diferentes módulos (por volta de 60) que se conectam ao sistema financeiro de uma empresa. Os dados coletados são então usados para projetar o desempenho dos elementos financeiros chave de uma empresa. O modelo de ERP, centrado na empresa, está agora sendo expandido para incluir novos módulos que permitam que o ERP seja parte do processo de planejamento da empresa e de seus fornecedores e clientes.

Capacidades tradicionais
- Relação de materiais
- Contas a pagar e a receber
- Razão geral
- Controle de estoque
- Entrada de pedidos
- Compras
- Planejamento de necessidades de projeto
- Determinação de rotas
- Planejamento das necessidades de capacitação

Capacidades emergentes
- Integração dos aplicativos das empresas
- Visibilidade
- Planejamento colaborativo, previsão e reposição
- Gestão dos relacionamento com clientes
- Aplicações com uso da *Web*
- *Hosting* – Hospedagem

Fonte: Gary Forger, "ERP Goes Mid-Market," *Modern Materials Handling*, January 2000, p. 71. Reedição permitida.

Visão Setorial 7-1   Realizando a Integração Por Meio da Descentralização

Desde sua fundação, em 1984, a Cisco sempre pareceu ser capaz de enxergar um pouco além do horizonte em relação aos seus concorrentes. Ela concentrou-se na formação de redes, enquanto o resto do mundo ainda pensava ponto a ponto. Ela especializou-se no aprimoramento da funcionalidade do traçado de rotas, enquanto a maioria das pessoas pensava que desviar era tudo o que se precisava. E a Cisco movimentou-se rapidamente para realizar grande parte de suas operações de vendas *online*, antes mesmo que a concorrência pensasse que isso fosse praticável.

Como resultado, a Cisco atualmente administra 75% de sua receita através de sua página na Internet: $ 25 milhões por dia, $ 8 bilhões por ano. Muitos observadores do setor acreditam que esse seja o maior *site* de comércio eletrônico do mundo.

Apesar do indiscutível sucesso da Cisco, a jornada nem sempre foi fácil. O crescimento foi uma razão. Em 1994, a Cisco expandiu rapidamente seus sistemas aplicativos. "Estávamos experimentando taxas de crescimento de mais de 70% ao ano", relata Andy Starr, Gerente de Sistemas de Informação. A receita havia alcançado $ 1 bilhão, mas a Cisco ainda operava com aplicativos que deviam dar suporte a uma empresa com metade daquele tamanho. Para remediar a situação, a Cisco envolveu-se em uma implementação agressiva de ERP utilizando a base de dados e os aplicativos da Oracle. Em 1995, após apenas nove meses, a empresa apresentou uma implementação gigantesca – uma mudança completa em relação aos sistemas de transações no mundo todo. Cinco mil pedidos acumulados eram convertidos em apenas um final de semana. Peter Solvik, CIO (executivo-chefe de informática) da Cisco, esclarece: "Os aplicativos ofereceram a arquitetura na qual podíamos crescer, nos adaptar e aumentar em escala a empresa de forma rápida, bastante rápida".

As aquisições foram outra razão. Em cinco anos, a Cisco havia adquirido 27 empresas. Quando se adquire uma empresa, a integração dos sistemas é fundamental para apoiar os períodos de fechamento de 60 a 90 dias utilizados pela Cisco. O objetivo é aceitar pedidos para os produtos daquela empresa no sistema de informações da Cisco, no dia em que o negócio é fechado. Os sistemas legados da empresa adquirida eram, então, substituídos rapidamente, criando um ambiente mundial de efetivação de pedidos comum no mundo todo. "Nós não teríamos adquirido essas empresas se não tivéssemos a habilidade de integrá-las de forma fluida. Elas não iriam agregar valor a nossos clientes ou a nossos acionistas", afirma Solvik.

A estrutura de ERP da Cisco cresceu de um único provedor para três provedores nos EUA e um na Holanda. Essa rede de servidores coordena os processos de produção e de atendimento de pedidos, provendo resposta imediata às solicitações e melhor disponibilidade de produtos para seus clientes.

Por exemplo, um pedido que entra pelo servidor de Amsterdã é programado para entrega utilizando o servidor dos EUA "Prometido para Estar Disponível" (ATP – Available-to-Promise). O servidor ATP faz a programação de acordo com o fornecimento informado como disponível pelo servidor de produção dos EUA. O pedido do cliente é então elaborado e enviado de uma das cinco unidades industriais e faturado a partir do servidor de Amsterdã. Todos esses servidores combinados propiciam à Cisco quatro benefícios: confiabilidade elevada, risco reduzido de falha do servidor, flexibilidade reforçada e possibilidade de escalonamento do sistema ERP, e redução do tempo de entrega de quatro para uma semana.

Solvik afirma que toda a iniciativa de comércio pela Internet da Cisco está baseada em um verdade simples: "Os clientes preferem o auto-serviço". Para atingir um grau mais elevado de auto-serviço, a Cisco foi a primeira empresa a integrar seu *website* a uma infra-estrutura de Aplicativos Oracle ERP. O *site* da Cisco na Internet "Cisco Conexão *Online*" (CCO – Cisco Connection Online) oferece aos clientes e fornecedores comunicações globais com 49 páginas, por país ou por região, de serviços de apoio e de produtos específicos, além de informações de contato, traduzidas para 14 idiomas. O *site* opera com *links* de servidores dedicados, localizados na Austrália, na China, na França, em Hong Kong, no Japão, na Holanda e na Coréia do Sul, que dão suporte a 200 escritórios localizados em 54 países no mundo.

No CCO encontra-se o "Centro Internet de Produtos", onde clientes podem configurar e efetuar pedidos; pesquisar preços, datas de entrega e *status* do pedido; e acessar informações de faturamento. Isso reduziu o tempo de ciclo dos pedidos de 1 semana para menos de 3 dias. Igualmente reduziu o ciclo de reconhecimento do pedido de 12 para 2 horas, com o objetivo de atingir o reconhecimento em tempo real nos próximos 6 meses. A Cisco possui a habilidade singular de processar a nota fiscal em muitas moedas e gerenciar impostos e questões de regulamentação em todos os países em que atua, e ainda consolida o desempenho financeiro baseado na moeda dos EUA. "O CCO permite que o pessoal de vendas concentre-se no aspecto estratégico do relacionamento", explica Solvik, "e melhora a capacidade de resposta ao cliente a partir da automação de tarefas corriqueiras".

Graças às capacitações da sua infra-estrutura Oracle ERP, a Cisco tem sido capaz de adicionar uma produção terceirizada a suas operações nos últimos 4 anos. "Mais de 50% das unidades embarcadas não são manuseadas nas fábricas da Cisco ou por um funcionário da empresa", destaca Solvik. "Gerenciamos nossa produção terceirizada no mundo todo com quase 50 fornecedores através dos Aplicativos de Produção Oracle".

A Cisco também estendeu suas comunicações através da cadeia de suprimentos para aproximadamente 100 fornecedores. "Agora, nossos fornecedores de componentes podem fazer ofertas de um novo produto pela Inter-

(Continua)

Visão Setorial 7-1   Realizando a Integração Por Meio da Descentralização   (*Continuação*)

net, concorrendo entre si", informa Slovk. Através do *site* CCO, as alterações nas Listas de Materiais podem ser acessadas pelos fornecedores. "Reduzimos as mudanças de engenharia no tempo de ciclo dos pedidos de 25 para 10 dias, nos últimos quatro anos. Isso melhora a qualidade de forma significativa e reduz as obsolescências técnicas do inventário", salienta o executivo-chefe.

Mais importante ainda, Slovik pode tirar proveito dos benefícios desse bom relacionamento em dólares e centavos. "Juntando-se os benefícios do comércio eletrônico, do auto-serviço eletrônico, das iniciativas da produção e de alguns [benefícios] oferecidos pela Internet, a contribuição anual para a companhia soma mais de $ 550 milhões, apenas nessas áreas".

Fonte: http://www.oracle.com/customers/sia/cisco.html.

---

projetados para facilitar o compartilhamento de informações entre a força de vendas e a gestão operacional. O CRM oferece informações atuais aos representantes de vendas e aos clientes, referentes ao histórico de vendas, de embarques, o *status* do pedido, o resumo das promoções e detalhes de embarques, todas elas obtidas a partir do sistema ERP. As informações de histórico e do *status* atual, combinadas com as informações sobre o desenvolvimento, a precificação e a promoção dos produtos, permitem ao CRM prever os pedidos dos clientes, o que permitirá maximizar o sucesso do cliente, como foi discutido no Capítulo 3. Essa troca de informações exatas e no tempo certo aumenta a probabilidade de que a venda dos produtos e seus planos promocionais serão respaldados pela disponibilidade de produtos.

Sistemas de Comunicação

O módulo de comunicações facilita o fluxo de informações entre áreas funcionais no interior de uma empresa e entre os parceiros da cadeia de suprimentos. A Figura 7-5 destaca os principais componentes de comunicação necessários para as operações da cadeia de suprimentos. A informação logística compõe-se de dados em tempo real das operações da empresa – fluxos de entrada de materiais, *status* da produção, inventários de produtos, embarques aos clientes e pedidos que chegam.

A partir de uma perspectiva externa, as empresas precisam fazer com que as informações sobre o pedido, o embarque e o faturamento estejam disponíveis aos fornecedores, às instituições financeiras, aos transportadores e aos clientes. As unidades operacionais internas devem ser capazes de compartilhar e trocar informações sobre a programação e o *status* da produção. As tecnologias de comunicação mais comuns nas cadeias de suprimentos incluem os códigos de barras, a leitura óptica, o Intercâmbio Eletrônico de Dados (EDI – Electronic Data Interchange), as comunicações por satélite, a radiofreqüência e a Internet. Os padrões e formatos para a troca de dados serão discutidos mais adiante neste capítulo.

Sistemas de Execução

Os sistemas de execução da empresa funcionam em conjunto com o seu ERP para oferecer uma funcionalidade específica que ofereça suporte às operações logísticas. Embora alguns sistemas ERP incluam uma funcionalidade logística razoável, a muitos faltam as capacitações para facilitar operações simultâneas de armazenamento e de transporte. A Figura 7-6 destaca módulos selecionados de sistemas de execução. A maioria dos sistemas de execução está "ligada" ou integrada ao sistema ERP, para facilitar a troca de dados. Além de facilitarem as funcionalidades-padrão da gestão de armazenamento, tais como recebimento, estocagem, embarque e automatização da armazenagem, os Sistemas de Gestão do Armazenamento (WMS – Warehouse Management Systems) geralmente incluem relatórios da gestão, apoio para serviços agregadores de valor e capacitação de apoio à decisão. O Sistema de Gestão do Transporte (TMS – Transportation Management Systems) tipicamente inclui a definição de rotas, as instalações de carga, a consolidação e a gestão das atividades da logística reversa, bem como a programação e a documentação. Os Sistemas de Gestão de Pátio (YMS – Yard Management Systems) acompanham o inventário dos veículos agrupados nos pátios das instalações. O Capítulo 8 oferece uma discussão mais detalhada dos sistemas de execução logísticos.

Sistemas de Planejamento

Completando o conjunto de componentes do sistema de informações, estão os sistemas de planejamento, destacados na Figura 7-7. Embora os sistemas ERP processem transações para executar atividades logísticas específicas, os sistemas de transações em geral não avaliam estratégias alternativas e não oferecem assistência à tomada de decisões. Os sistemas de planejamento das cadeias de suprimentos, agora denominados Sistemas de Planejamento e Programação Avançados (APS – Advanced Planning and Scheduling), são projetados para auxiliar na avaliação de alternativas e na tomada de de-

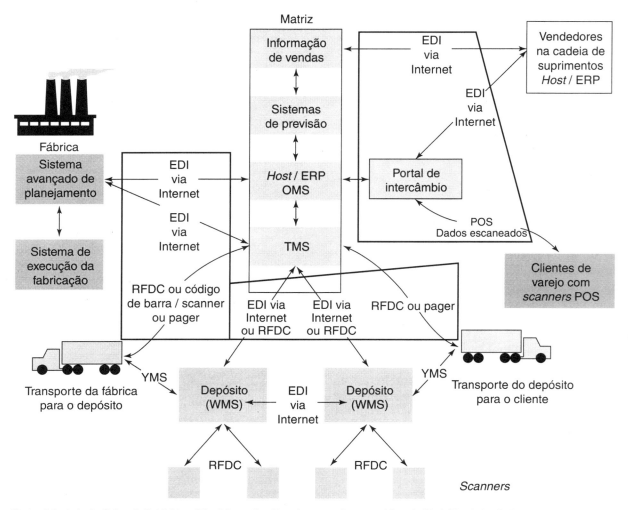

Fonte: Adaptado de Cahner's Publishing, "The Information Flow Across an Integrated Supply Chain" Logistics Online (www.manufacturing.net/scl/yearbook/). Usado com permissão.

Figura 7-5 Módulos de comunicação.

cisões na cadeia de suprimentos. Sistemas sofisticados de planejamento da cadeia de suprimentos estão se tornando cada vez mais comuns, permitindo examinar alternativas complexas de decisões sob restrições de tempo apertadas. Os aplicativos de planejamento mais comuns da cadeia de suprimentos incluem programação da produção, planejamento de recursos de inventário e planejamento de transportes. Utilizando os dados históricos e atuais mantidos no armazém de dados, o aplicativo APS sistematicamente identifica e avalia caminhos alternativos de ação, e recomenda as soluções mais práticas dentro das restrições impostas. As restrições mais comuns envolvem a produção, as instalações, o transporte, os inventários ou as limitações de matéria-prima.

Os sistemas de planejamento podem ser agrupados geralmente em duas categorias: estratégico e tático. Os sistemas de planejamento estratégico são projetados para apoiarem a análise em situações onde há um grande número de alternativas e são exigidos dados fora do conjunto histórico atual. Projetos de rede e a análise estrutural da cadeia de suprimentos, como qual combinação de fornecedor, produção e instalações de distribuição deveria ser usada, e como os produtos deveriam fluir entre as instalações existentes ou potenciais, são exemplos de aplicações de planejamento estratégico.

O planejamento tático focaliza as questões operacionais enquanto restritas por limitações de recursos a curto prazo, como as capacidades de produção, de instalação ou de veículos. O apoio de informações para o planejamento tático encontra-se comumente disponível no armazém de dados de uma empresa. Os processos de planejamento tático avaliam as necessidades dos clientes e identificam uma combinação operacional entre produção, inventário, instalações e utilização de equipamento, a qual pode ser aplicada dentro das restrições de capacidade. O resultado é um plano de ação para orientar as operações de curto prazo.

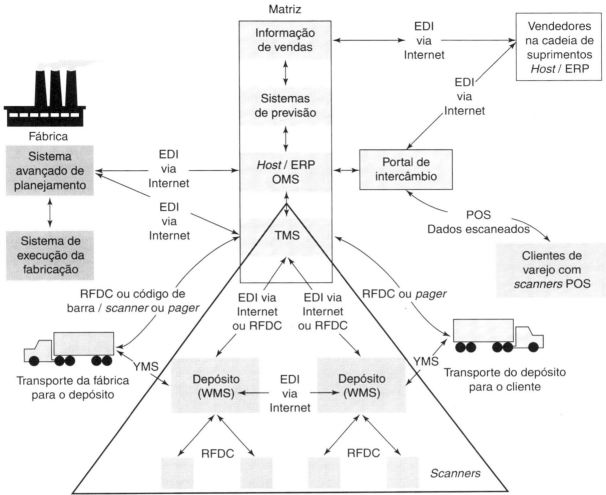

Fonte: Adaptado de Cahner's Publishing, "The Information Flow Across an Integrated Supply Chain" Logistics Online (www.manufacturing.net/scl/yearbook/). Usado com permissão.

Figura 7-6 Módulos de execução.

Acessando Aplicativos da Cadeia de Suprimentos

A manutenção da tecnologia do sistema de informações abrangente pode ser extremamente dispendiosa. O *hardware* é extensivo e o *software* é complexo. O *hardware* geralmente inclui uma rede de servidores e computadores pessoais para prover a capacidade de processamento e de armazenamentos de dados, para acompanhar um grande número de clientes, produtos, inventários e operações envolvendo pedidos. O *software* deve permitir uma ampla variedade de opções para usuários localizados no mundo todo. Além disso, o *hardware* e o *software* precisam incorporar segurança e redundância substanciais, como prevenção contra perdas críticas de capacitações e de informações, caso venham a falhar. O *hardware* e o *software* exigem conhecimento específico para implementação e manutenção posterior. Embora empresas menores talvez possam não exigir os mesmos níveis de escala, redundância e globalização dos sistemas, a funcionalidade operacional exigida é essencialmente a mesma. Existem três maneiras de as empresas terem acesso ao *hardware*, *software* e suporte necessários.

A primeira é pela *propriedade direta*. A empresa compra *hardware* e *software* para utilização em suas instalações. Embora o custo inicial possa ser considerável, a propriedade direta oferece alta segurança e baixo custo variável. As empresas podem reduzir o investimento de capital ao alugarem *hardware* ou *software* de vendedores ou empresas de financiamento. Entretanto, existem também riscos associados aos planos de propriedade direta. A empresa precisa empregar ou contratar indivíduos com capacidade técnica para implementar, modificar e manter *hardware* e *software*. A gestão e o apoio financeiro dos recursos da tecnologia da informação podem utilizar capital e talento necessários para desen-

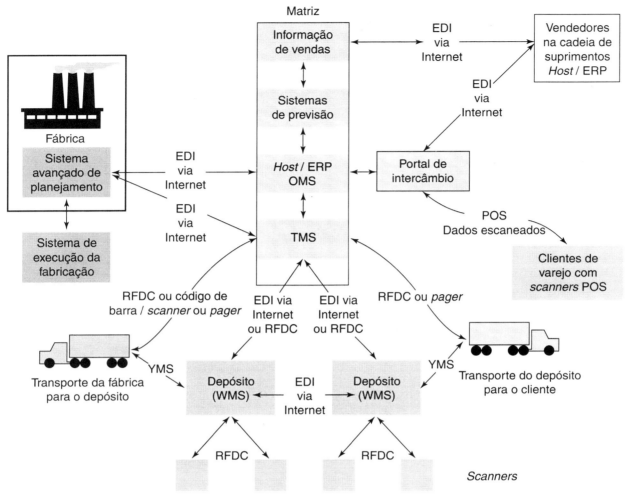

Fonte: Adaptado de Cahner's Publishing, "The Information Flow Across an Integrated Supply Chain" Logistics Online (www.manufacturing.net/scl/yearbook/). Usado com permissão.

Figura 7-7 Componentes do planejamento e programação avançados.

volver as competências essenciais da empresa. Além disso, na propriedade direta dos recursos da tecnologia da informação deve-se avaliar cuidadosamente as exigências de redundâncias. Os SCIS exigem que as operações globais recebam suporte 24 horas por dia, sete dias por semana.

Uma segunda maneira é *terceirizar* a gestão da informação, ou seja, utilizar terceiros com competência e perícia para implementar, manter e gerenciar essas tecnologias. Empresas como a International Business Machine (IBM), a Electronic Data Systems (EDS) e a Accenture oferecem terceirização e ampla consultoria em tecnologia da informação. *Hardware* e *software* podem ser dedicados ou compartilhados com outros clientes do provedor de serviços. Em qualquer um dos casos, o *hardware* e os dados estão razoavelmente seguros. Os benefícios da terceirização resultam do fato de que a responsabilidade operacional é delegada a um especialista que possui amplos recursos para se concentrar na implementação e nas operações do *hardware* e do *software*. Além disso, essas empresas de gestão normalmente oferecem serviços de *backup* ao compartilharem recursos substanciais com um grande número de clientes. A principal desvantagem de se utilizar um provedor de serviço terceirizado é o custo variável elevado. Para oferecer o serviço, uma margem de lucro precisa ser adicionada ao custo dos equipamentos e de *software*. Entretanto, o diferencial de custo justifica-se plenamente, uma vez que o provedor de serviço deve estar em posição de ofertar economias de escala ao compartilhar recursos e pessoal entre muitos clientes.

Finalmente, a terceira forma de ter acesso a *hardware*, *software* e suporte é utilizando um Provedor de Serviços de Aplicativos (ASP – Application Service Provider). O ASP é um tipo relativamente novo de provedor de serviço que surgiu *via* Internet. ASPs são empresas terceirizadas que possuem ou mantêm *hardware* e *software* computacionais, que alugam para clientes com base em uso ou em transações. Com um ASP, *hardware* e *software* comumente se limitam a um computador pessoal, um navegador (*browser*) de rede e uma conexão de Internet. O ASP possui *websites* que oferecem uma variedade de *softwares* e arquivos de computadores dos clientes. No que se tem chamado de *Aplicativos no Balcão* (*Apps on tap*), o ASP mantém e atualiza os *softwares* e os bancos de dados, tornando-os disponíveis para a empresa. O ASP é responsável pela segurança, redundância e integridade do *website*. A Tabela 7-2 lista os principais benefícios e riscos do ASP.

Na maioria dos casos, as empresas irão empregar uma combinação dessas três estratégias para acomodarem suas necessidades da tecnologia da informação. O *software* básico de entrada e de gestão dos pedidos pode ser adquirido e operado por uma empresa utilizando computadores próprios para minimizar o custo e prover segurança. *Softwares* mais complexos, tais como sistemas de planejamento, podem ser alugados de ASPs. Em qualquer dos casos, a combinação dos métodos de propriedade e de acesso oferece às empresas a capacidade de criar um sistema de informações abrangente, sem a presença local forte de um perito nem um investimento inicial muito significativo.

Sistemas de Comunicação

A tecnologia da informação também é fundamental para o compartilhamento de informações que visam a facilitar o planejamento e as operações logísticas e da cadeia de suprimentos. Historicamente, a coordenação da logística tem sido difícil, porque as atividades logísticas são geralmente desempenhadas em locais distantes do *hardware* da tecnologia da informação. Como resultado, a informação torna-se indisponível no local onde é necessária, em termos de tempo e de conteúdo. A última década testemunhou grandes avanços na capacitação dos sistemas de comunicações logísticos. O EDI, a Internet, a Linguagem Extensível de Marcação (XLM), e a tecnologia de satélite existem para facilitar as comunicações entre empresas e instalações. A radiofreqüência permite comunicações em áreas pequenas das instalações, como as dos armazéns. As tecnologias de imagem, código de barras e leitura óptica permitem as comunicações entre os sistemas de informação da cadeia de suprimentos e seus ambientes físicos.

Intercâmbio Eletrônico de Dados (EDI)

Embora o telefone, o fax e a conexão direta por computador tenham possibilitado a troca de informações no passado, o EDI e a Internet estão se tornando rapidamente os padrões para uma troca de informações efetiva, precisa e de baixo custo. O EDI é definido como uma troca interempresarial, computador a computador, de documentos comerciais em formatos padrão para facilitar um alto volume de transações. Isso envolve capacitação e prática para intercomunicação eletrônica entre empresas, substituindo os meios tradicionais, como correspondência, *courier* ou até mesmo fax.

Os benefícios diretos do EDI incluem produtividade interna elevada, relacionamentos de canal melhorados, produtividade externa aumentada, maior capacidade para competir internacionalmente e custos operacionais diminuídos. O EDI melhora a produtividade a partir da transmissão mais rápida de informações e de uma redundância reduzida. A precisão é melhorada pela redução da entrada e interpretação repetitivas de dados. O EDI causa impacto nos custos operacionais logísticos através (1) do custo reduzido da mão-de-obra e do material associado à impressão, correio e manuseio de transações com base no papel; (2) do uso reduzido de telefone, fax e Telex; e (3) dos custos menores com funcionários. O setor gráfico percebeu que o EDI pode eliminar 90% dos sistemas com base em papéis, pode re-

Tabela 7-2 Benefícios e riscos dos provedores de serviços de aplicativos – ASP

Benefícios	Riscos
Economias de custo: não é necessário comprar ou aprimorar programas.	Segurança: as informações privadas podem estar sujeitas a vulnerabilidade por falhas do ASP.
Economias de tempo: a empresa pode concentrar esforços nos seus negócios principais.	Infra-estrutura: o ASP exige conexão Internet de banda larga.
Fornecimento de pessoal: o ASP fornece equipes técnicas para apoiar a implementação e manutenção.	Histórico: ainda não existe um modelo claro de negócios.
Flexibilidade: o cliente pode ter acesso remoto ao programa por um navegador da *web*.	

Fonte: ASPNews.com. Cherry Tree & Co. Reedição permitida.

duzir em 50% o tempo de processamento de recibos e pode economizar $ 8 por documento de faturamento.[2] Em outro exemplo, a Texas Instruments relata que o EDI reduziu em 95% os erros de embarque, em 60% os problemas de campo, em 70% as necessidades de recursos de entrada de dados, e em 57% o ciclo de tempo de compras globais.[3]

Embora o EDI tenha resultado em avanços significativos nas comunicações logísticas, sua penetração está começando a se estabilizar em torno de 50% das transações. Grandes fabricantes, distribuidores e varejistas adotaram o EDI como meio de trocar informações com seus principais parceiros comercias, mas os custos substanciais de aplicação e de perícia exigida limitaram sua aplicação em empresas de médio e pequeno portes. Pesquisas anuais de empresas logísticas, desenvolvidas pela Universidade Estadual de Ohio, indicam que a maioria das atividades de EDI envolve empresas vendedoras e contas-chave.[4]

Padrões de comunicação e de informação são essenciais para o EDI. Os padrões de comunicação definem as características técnicas para que o *hardware* computacional possa desempenhar corretamente o intercâmbio. Os padrões de comunicação lidam com grupos de caracteres, prioridade de transmissão e velocidade. Os padrões de informação comandam a estrutura e o conteúdo das mensagens. Organizações padronizadoras desenvolveram e aprimoraram dois padrões gerais, além de numerosos padrões específicos para cada setor, numa iniciativa para padronizar tanto o intercâmbio de comunicações e como o de informações.

Padrões de Comunicação

Os padrões de comunicação mais amplamente aceitos são os ANS X.12 (*American National Standards Committee X.12*) e o UN/EDIFACT (*United Nations/Electronic Data Interchange for Administration, Commerce and Transport*)*. O X.12 é do o padrão utilizado nos EUA, enquanto que o EDIFACT é considerado pelas Nações Unidas um padrão mais global.[5] Cada organização definiu uma estrutura para a troca de dados comuns entre os parceiros da cadeia de suprimentos.[6] A Tabela 7-3 apresenta a diferença entre comunicações em papel e eletrônicas. O lado esquerdo da tabela mostra o detalhe de linha do item necessário para comunicar um pedido de quatro linhas. Os dados específicos incluem quantidade, unidade de medida, número do item, descrição e preço por unidade. O lado direito da tabela mostra as informações em forma codificada, com separadores de campo. Perceba que essa abordagem é limitada, já que os campos precisam ser transferidos em uma seqüência aceita e entendida normalmente, pois o formato X.12 não inclui uma definição variável. A falta de consistência na definição e na interpretação variáveis dificultou ainda mais a adoção do EDI e motivou o avanço do XML, uma linguagem de computador flexível, que discutiremos mais adiante neste capítulo.

O Instituto Nacional de Padrões e Tecnologia (NIST – *National Institute of Standards and Technology*) e especialistas do setor automotivo estão aumentando a integração das informações ao experimentarem abordagens relativas à troca de dados em todo o ciclo de negócios. O programa, conhecido como STEP (*Standard for the Exchange of Product Model Data* – Padrão para a Troca de Dados do Modelo do Produto), foi projetado para a troca de dados de projeto e de engenharia entre os parceiros na cadeia de suprimentos. O STEP deveria permitir que os usuários integrassem

---

[2] Anônimo, "EDI Benefits Are Seen in the Dealer Channel", *Graphic Arts Monthly*, March 1999, p. 20.

[3] Clay Youngblood, "EDI Trialand Error", *Transportation and Distribution*, April 1993, p. 46.

[4] Universidade Estadual de Ohio, "Careers Patterns Survey", 1998; disponível sob "Careers" no *site* do Conselho de Gestão Logística (*Council of Logistics Management*), www.clm1.org.

* N. de T.: Nações Unidas/Intercâmbio Eletrônico de Dados para Administração, Comércio e Transporte.

[5] Gregory B. Harter, "What Can We Expect", *Transportation and Distribution* 34, n°. 4 (April 1993), p. 43.

[6] Ibid.

Tabela 7-3 Comparação de formatos de comunicações de transações

Quantidade	Unidade	Número	Descrição de formato do papel	Preço	Formato ANS X.12
3	Cse (Caixa)	6900	Esponjas de celulose	12,75	ITI•3•CA•127500•VC•6900 N/L
12	Ea (Cada)	P450	Baldes plásticos	0,475	ITI•12•EA•4750•VC•P450 N/L
4	Ea (Cada)	1640Y	Secador de pratos amarelo	0,94	ITI•4•EA•9400•VC•1640Y N/L
1	Dz (Dúzia)	1507	Vasos de flores de plástico de 6 polegadas	3,40	ITI•1•DZ•34000•VC•1507 N/L

Fonte: Mercer Management, Inc. Reedição permitida.

os sistemas de dados comerciais e técnicos envolvendo todos os elementos do ciclo de negócios, incluindo projeto, análise, produção, vendas e serviços.[7]

Conjuntos de Transações EDI

Os padrões de comunicação são implementados via conjuntos de transações. Um conjunto de transações oferece um padrão comum único para facilitar o intercâmbio de informações entre os parceiros de qualquer setor ou país. A Tabela 7-4 lista os padrões mais comuns de transações relacionados ao setor logístico. Para cada setor, o conjunto de transações define os tipos de documento que podem ser transmitidos. Os documentos cobrem as atividades logísticas comuns, tais como encaminhamento de pedido, operações de armazenamento e transporte. A Tabela 7-5 lista a matriz de uso dos conjuntos de transações. O conjunto de transações consiste em um código de transação (ou ID) e é seguido dos dados necessários. O código da transação indica, por exemplo, se a comunicação eletrônica é um pedido de embarque a partir do armazém (código 940) ou se é uma transferência de recebimento de estoque do armazém (código 944). Além do código de transação, uma transação de armazém contém o número do armazém, o número do item e sua quantidade.

Embora os aplicativos estejam migrando para os padrões comuns, ainda existem conflitos quanto ao seu objetivo final. Um padrão único comum facilita o intercâmbio de informações entre os parceiros em qualquer setor ou país, mas muitas empresas acreditam que a vantagem estratégica pode ser alcançada apenas com capacitações de propriedade de EDI. As capacitações de propriedade permitem que a empresa ofereça transações personalizadas que atendam às exigências de informações de forma eficiente.

Além disso, um conjunto-padrão de transações precisaria atender às necessidades de todos os tipos de usuários e, como resultado, deveria ser mais complexo. Por exemplo, o setor de produtos de mercearia exige um código universal de produto de 12 dígitos (UPC – *Universal Product Coding*), enquanto o setor de fornecimento de eletrônicos exige um código de item de 20 dígitos. As transações logísticas padronizadas de EDI precisariam acomodar ambas as especificações.

---

[7] Amy Zukerman, "Standards, Technology and The Supply Chain", *Transportation and Distribution*, May 2000, p. 44.

Tabela 7-4 Padrões principais de EDI no setor logístico

UCS (*Uniform Communication Standards* – Padrões Uniformes de Comunicação): mercearias

VICS (*Voluntary Interindustry Communication Standard Committee* – Comitê Voluntário de Padrões de Comunicação Inter-indústrias): comerciantes atacadistas

WINS (*Warehouse Information Network Standards* – Padrões de Rede de Informações de Armazéns): operadores de armazéns

TDCC (*Transportation Data Coordinating Committee* – Comitê Coordenador de Dados de Transporte): transportadoras

AIAG (*Automotive Industry Action Group* – Grupo de Ação da Indústria Automotiva): indústria automotiva

Tabela 7-5 Matriz de uso do conjunto de transações

Códigos TS	Nomes dos grupos de transação	UCS	VICS EDI
102	Dados associados	√	√
180	Notificação e autorização de devolução de mercadorias	√	√
204	Cotação de embarque completo por transportadora rodoviária	√	√
210	Fatura e detalhes de frete de transportadora rodoviária	√	√
214	Mensagem de condição de embarque por transportadora rodoviária	√	√
753	Pedido de instruções de rotas	√	√
754	Instrução de rota	√	√
810	Fatura	√	√
812	Ajuste de crédito/débito	√	√
816	Relacionamentos empresariais	√	√
818	Relatório de comissões de vendas	√	√
820	Pedido de pagamento/remessa do pagamento	√	√
824	Formulário de aviso	√	√
830	Cronograma de planejamento da capacidade de liberação	√	√

(*Continua*)

Tabela 7-5 Matriz de uso do conjunto de transações (*Continuação*)

Códigos TS	Nomes dos grupos de transação	UCS	VICS EDI
831	Formulários dos totais de controle	✓	✓
832	Catálogo de preços/vendas	✓	✓
846	Aviso/pesquisa de estoque	✓	✓
850	Pedido de compra	✓	✓
852	Dado de atividades dos produtos	✓	✓
853	Instruções de rota e transportadora	✓	✓
855	Reconhecimento de pedidos de compra	✓	✓
856	Notificação/manifesto de embarque	✓	✓
857	Notificação de embarque e cobrança	✓	✓
860	Requerimento de mudança no pedido de compra – iniciada pelo comprador	✓	✓
861	Aviso de recebimento/certificado de aceitação	✓	✓
864	Mensagem de texto	✓	✓
867	Transferência de produto e relatório de revenda	✓	✓
869	Pesquisa de condição do pedido	✓	✓
870	Relatório de condição do pedido	✓	✓
875	Pedido de compra de produtos de mercearia	✓	✓
876	Mudança no pedido de compra de produtos de mercearia	✓	✓
877	Estrutura de famílias de códigos de cupons do fabricante	✓	✓
878	Autorização/cancelamento de autorização de produto	✓	✓
879	Informação de preço	✓	✓
880	Fatura de produtos de mercearia	✓	✓
881	Detalhe de resgate de cupom do fabricante	✓	✓
882	Resumo das informações de entregas direto às lojas	✓	✓
883	Alocação de recursos de desenvolvimento de mercados	✓	✓
884	Estabelecimento de recursos para o desenvolvimento de mercados	✓	✓
885	Características da loja	✓	✓
886	Relatório de ligações dos clientes	✓	✓
887	Notificação de cupom	✓	✓
888	Manutenção de itens	✓	✓
889	Aviso de promoção	✓	✓
891	Relatório de pesquisa de deduções	✓	✓
893	Pedido de informação de itens	✓	✓
894	Registro básico de entregas/devoluções	✓	✓
895	Conhecimento e/ou ajuste de entregas/devoluções	✓	✓
896	Manutenção de dimensão de produtos	✓	✓
940	Pedido de embarques do armazém	✓	✓
944	Aviso de recebimento de transferência de estoque de armazém	✓	✓
945	Aviso de embarques do armazém	✓	✓
947	Aviso de ajuste de estoque de armazém	✓	✓
997	Conhecimento funcional	✓	✓

* Fonte: Deborah Faraqher, Uniform Code Council, Inc. 1995.

Muitas empresas resolvem esse dilema usando redes de valor agregado (VANs – *Value-Added Networks*). A VAN, como se observa na Figura 7-8, é uma interface comum entre sistemas de envio e de recebimento. Ela agrega *valor* ao gerenciar transações, traduzir padrões de comunicação e reduzir o número de conexões de comunicação. A gestão da transação inclui divulgar a mensagem para subgrupos de fornecedores, transportadores ou clientes e receber mensagens dos clientes utilizando padrões diferentes de comunicação.

O Conselho de Código Uniforme (UCC – *Uniform Code Council*), em parceria com a EAN International, é a organização responsável pelos padrões de numeração internacional e tem como compromisso desenvolver padrões globais comuns para conjuntos de produtos e transações. Para obter informações referentes a suas iniciativas atuais, acesse **www.uc-council.org**. Outra fonte que documenta a evolução dos padrões comerciais é o *Voluntary Interindustry Commerce Standards* – VICS (Padrões Comerciais Voluntários Interindustriais) no endereço **www.vics.org**.

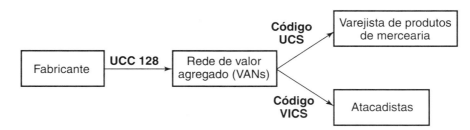

Figura 7-8 Rede de valor agregado (VAN). A VAN coleta mensagens de transações e de informações a partir de um fabricante e depois as converte em padrões apropriados de comunicação, específicos de um setor.

Internet

A ampla disponibilidade da Internet e de interfaces padronizadas oferecidas por navegadores de Internet, como o Netscape e o Internet Explorer, expandiram substancialmente as oportunidades e capacitações de troca de informações entre empresas de todos os portes. A Internet está rapidamente se tornando a ferramenta escolhida para transmissão de informações nas cadeias de suprimentos, no que se refere a previsões de necessidades, pedidos, *status* de inventários, atualizações de produtos e informações sobre embarques. Em conjunto com um PC e um navegador de Internet, a Internet oferece uma abordagem-padrão para a entrada de pedidos, questionamentos sobre a situação de pedidos e acompanhamento dos embarques. Pesquisa da Universidade Estadual de Ohio prevê que a Internet irá processar 20% dos pedidos de clientes até o ano de 2010.[8] A Visão Setorial 7-2 descreve como a OshKosh B'Gosh utiliza figuras (*templates*) de documentos na Internet para oferecer a visibilidade de inventários e de transportes.

A progressiva disponibilidade da Internet também tem possibilitado o desenvolvimento do portal de troca, um meio de comunicação que apresenta implicações significativas para a cadeia de suprimentos. Um portal de troca é um *infomediário* que facilita a troca horizontal e vertical de informações entre os parceiros da cadeia de suprimentos. A Figura 7-9 apresenta um portal de troca projetado para facilitar a comunicação entre clientes e fornecedores de uma empresa. A empresa pode prover informações relativas às necessidades de matéria-prima, disponibilidade de produtos ou mudanças de preços, e permite que o mercado reaja ao colocar ofertas ou pedidos baseados na informação mais recente. As projeções indicam que 60% das 500 empresas da Fortune terão portais de troca até 2003, para facilitar a comunicação com clientes e fornecedores-chave.[9] Embora o *site* de uma determinada empresa possa veicular uma boa propaganda na Internet, ela aumenta a complexidade, já que todos os parceiros devem se confrontar com interfaces múltiplas e exclusivas, resultando em um alto custo de transações.

Um segundo tipo de portal de troca é o de base específica por setor. Ele facilita as comunicações entre todos os parceiros na cadeia de suprimentos de um determinado setor de atividade e pode reduzir substancialmente os custos das transações. A Figura 7-10 ilustra o portal de troca que o setor automotivo desenvolveu para facilitar a comunicação entre os fabricantes de equipamentos originais e seus múltiplos níveis de fornecedores. Esse portal oferece uma estrutura comum para a troca de informações, incluindo informações de projetos, solicitações de propostas, disponibilidade de *commodities*, licitações e programações. Ao mesmo tempo em que as informações podem ser disponibilizadas para todas as partes interessadas, também é possível restringir essa disponibilidade. Existe um receio cada vez maior de que as colaborações no portal do setor possam ampliar o potencial de práticas de monopólio e de restrições de comércio. Existe a expectativa de que a Comissão Federal de Comércio (FTC – *Federal Trade Commission*) irá desempenhar um papel cada

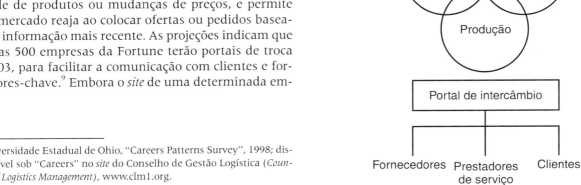

Figura 7-9 Portal de troca de uma única empresa.

---

[8] Universidade Estadual de Ohio, "Careers Patterns Survey", 1998; disponível sob "Careers" no *site* do Conselho de Gestão Logística (*Council of Logistics Management*), www.clm1.org.

[9] Sanjiv Sidhu, "Harvesting Value in the Eye of the Hurricane", apresentado na Conferência Planet 2000, San Diego, CA: October 9, 2000.

Visão Setorial 7-2 Utilizar a Internet Economiza Tempo e Dinheiro

De sua base em White House, TN, as atividades da gestão logística da OshKosh B'Gosh se estendem para além das fronteiras nacionais. Para gerenciar as inevitáveis papeladas que acompanham o embarque internacional, os gerentes logísticos implementaram uma série de passos para alinhar as operações. "Juntamos todos os nossos documentos e criamos planilhas básicas", afirma Dennis Defnet, gerente corporativo de transporte da OshKosh. Isso permite que a empresa envie a documentação de importação para seus agentes alfandegários via Internet, eliminando o uso de faxes. Isso não apenas aumenta a velocidade e reduz a quantidade de papéis, como tem se tornado um sucesso junto aos fiscais alfandegários, que podem tirar proveito da clareza dos documentos. "Isso tem gerado maravilhas em termos de precisão, velocidade e liberações pré-embarque", revela Defnet. Além disso, segundo ele, o custo por documento utilizando a Internet em relação ao EDI é significativamente mais baixo.

Ao conectar seus sistemas com os sistemas de seus fornecedores e transportadores, a OshKosh também obtém a informação de que precisa para gerenciar os embarques para recebimento. Obter visibilidade dos embarques para recebimento é crucial, explica Joe Burgert, diretor de distribuição da empresa. A OshKosh possui um grande número de contratantes realizando embarques da Ásia. Esse centro de distribuição recebe em torno de 20 contêineres marítimos por dia. Saber qual produto está em que contêiner permite que os gerentes do centro de distribuição localizem produtos sazonais rapidamente e determinem a melhor seqüência de descarregamento.

Para esses embarques internacionais, a OshKosh apóia-se na informação de chegada do embarque provida por seus agentes alfandegários. "Temos a visibilidade quanto ao contratante, à sazonalidade e ao número de unidades e de caixas", diz Burgert. "Possuímos todas as informações enviadas para o departamento de recebimento em White House". Os dados, transmitidos eletronicamente, são carregados em arquivos de planilhas, que os gerentes da OshKosh podem usar para o planejamento.

Defnet completa que saber a hora de chegada permite que a empresa gerencie o espaço e o tempo da armazenagem para o descarregamento de embarques aéreos e marítimos. "Nós sabemos exatamente onde nossos embarques estão, quando eles são liberados na alfândega, quando a empresa de transporte é notificada e assim por diante", garante o executivo.

Fonte: "Big Results From Small Packages", *Inbound Logistics*, November 1999.

---

vez mais atuante na evolução dos portais de troca, particularmente para as atividades de B2B.[10]

Um terceiro tipo de portal de troca é o de base intersetorial, projetado para facilitar as comunicações entre as empresas que possuem interesses comuns em *commodities* e serviços. A Figura 7-11 ilustra um portal de troca intersetorial para fabricantes, fornecedores, provedores de serviços e clientes. Quando uma das empresas-membro tem necessidade de matéria-prima, produtos ou serviços, ela pode acessar o portal de troca para verificar a disponibilidade e o preço potencial. De forma semelhante, quando uma das empresas-membro possui produtos ou capacidade de serviços em excesso, essa disponibilidade pode ser colocada no portal, para despertar o interesse ou uma possível oferta por parte de um dos membros das trocas. Visão Setorial 7-3 oferece uma descrição detalhada do portal de troca Trademix.com.

A Internet e o portal de troca provocaram o avanço das comunicações na cadeia de suprimentos, passando de uma capacitação "um-a-um" (ou limitada) para um ambiente de "um para muitos", com capacidade para se estender a uma capacitação de "muitos para muitos". O resultado é que as comunicações via Internet estendida são uma realidade que oferece desafios substanciais quanto à exploração de informações amplamente disponíveis.

Um dos principais desafios para a ampla adoção dos portais de troca é a definição e aceitação dos catálogos *online*. Praticamente como a versão de papel, um catálogo *online* contém uma lista de produtos e serviços oferecidos, juntamente com suas descrições e especificações. Um catálogo que ofereça consistência às empresas participantes é imprescindível para facilitar uma comparação efetiva de produtos e serviços. Por exemplo, uma empresa que pretende comprar uma camiseta básica em um portal gostaria que todos os fornecedores daquele tipo de camiseta, naquele portal, tivessem suas entradas formatadas de modo semelhante, descrevendo seu produto, suas cores, os tecidos disponíveis, bem como outros detalhes, para que o cliente possa fazer uma comparação efetiva. Ao passo que os clientes preferem catálogos completos, os fornecedores preferem usar catálogos como um diferencial e, assim, relutam em modificar os formatos de sua propriedade. Para facilitar o compartilhamento e a troca de informações, o *Voluntary Interindustry Commerce Standards* – VICS (Padrões Comerciais Voluntários Interindustriais) e o Planejamento, Previsão e Reposição Colaborativos (CPFR – *Collaborative Planning, Forecasting and Replenishment*) estão promovendo ativamente definições e padrões de catálogos comuns e consistentes.

---

[10] Kim S. Nash, "Really Check", *Computerworld*, June 5, 2000, pp. 58-9.

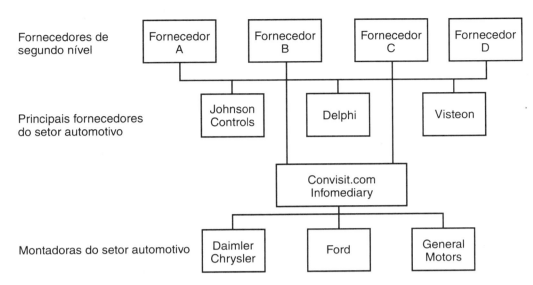

Figura 7-10 Portal de troca da indústria automotiva.

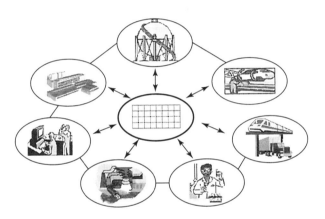

Figura 7-11 Portal de troca intersetorial.

Visão Setorial 7-3   Um Infomediário para Cadeias de Suprimentos

A TradeMatrix.com é uma plataforma de negócios eletrônicos que enfatiza o projeto, as operações e a avaliação de mercados B2B, para melhor atender às demandas dos clientes. Esse mercado eletrônico permite que as empresas concentrem seus esforços em clientes-chave, determinem a lucratividade por segmento e acelerem o tempo ao mercado.

A idéia da TradeMatrix é permitir que as empresas construam, lancem e sirvam os mercados da Internet que facilitam relacionamentos com clientes bastante focalizados. A Internet torna-se o sistema central de comércio para os principais fabricantes e provedores de serviços. Por exemplo, as empresas participantes podem agora instantaneamente checar o inventário — e a capacidade da produção — de todos os seus fornecedores ao mesmo tempo, para determinar quão rápido os pedidos podem ser entregues. Esse compartilhamento de informações pode reduzir substancialmente a incerteza na cadeia de suprimentos e resultar em menos inventário e ciclos de desempenho mais curtos e mais consistentes. A visibilidade pode também auxiliar no desenvolvimento de novos produtos ao permitir que fornecedores, fabricantes e até mesmo clientes projetem, refinem e busquem fornecimento de componentes antes do início da produção.

Sendo um portal de comércio intersetorial, apoiado pela colaboração de inúmeros provedores de serviços e produtos na cadeia de suprimentos, a TradeMatrix inclui a funcionalidade do aplicativo para apoiar as compras, o *marketing*, o atendimento, o planejamento, o desenvolvimento dos produtos e a atenção aos clientes. Embora muitas empresas participantes ofereçam serviços de negócios eletrônicos, através da TradeMatrix elas também oferecem a estrutura de *hardware* e *software* para permitir que outras empresas iniciem as atividades de comércio

(Continua)

Visão Setorial 7-3   Um Infomediário para Cadeias de Suprimentos   (*Continuação*)

eletrônico. A TradeMatrix coloca à disposição o conjunto completo de *software*, ferramentas e serviços para facilitar o projeto e o lançamento de um mercado eletrônico e, com isso, melhorar o comércio com os parceiros da cadeia de suprimentos.

O estabelecimento de um mercado *online* como a TradeMatrix requer uma combinação de serviços de tecnologia compartilhados com a gestão do mercado eletrônico. Os serviços de tecnologia compartilhados oferecem um conjunto de diretrizes e padrões para facilitar os aplicativos de projeto, distribuição, operações de rotina e monitoramento. A gestão do mercado eletrônico oferece perícia gerencial e técnica para implementação do sistema, gestão do catálogo, personalização, faturamento, gestão de perfil, gestão de relacionamentos e gestão de serviços.

A Sun Microsystems e a IBM aplicaram o conceito da TradeMatrix em suas cadeias de suprimentos. A Sun opera em um ambiente sem mistérios (sem produção interna de componentes), com fabricantes contratados produzindo seus componentes eletrônicos. Com esse modelo, a Sun deve supervisionar e coordenar os processos comerciais de muitos fornecedores de componentes, de seus fabricantes contratados e de provedores logísticos terceirizados. O sistema permitiu que a Sun lidasse com alguns de seus desafios mais cruciais, incluindo grandes flutuações no *mix* de produtos previsto, prazos de entregas longos de produtos através da cadeia de suprimentos, prazos longos de entregas de planejamento colaborativo com fornecedores, e o equilíbrio entre os giros de inventário e a satisfação dos clientes.

A IBM Personal Systems Group concentrou seus esforços na redução do inventário nos canais de distribuição ao mesmo tempo em que fortaleceu os níveis de serviço. A IBM revigorou a comunicação com parceiros dos canais de distribuição ao utilizar dados POS oferecidos pela utilização de EDI, juntamente com outros dados para gerar uma previsão adequada. Os parceiros do canal editam de forma colaborativa a previsão e a retornam aos planejadores da IBM. As previsões resultantes formam, então, o impulso para um processo de planejamento integrado que combina e aloca fornecimento/demanda. Os relatórios de colaboração aumentaram os níveis de serviços ao cliente para praticamente 100% de disponibilidade, reduziu o inventário no canal em 80% e reduziu o tempo de programação do pedido de 10 para 3 dias.

Fonte: www.TradeMatrix.com e www.i2.com.

Linguagem de Marcação Extensível (XML)

A Linguagem de Marcação Extensível (XML – Extensive Markup Language) é uma linguagem computacional flexível que facilita a transferência de informações entre uma ampla gama de aplicações, sendo de fácil interpretação por todos. Ela foi difundida em 1998 pelo World Wide Web Consortium, para facilitar a transferência de informações entre sistemas, banco de dados, e navegadores da Rede. Uma vez que o EDI é bastante estruturado, o custo de instalação e a perícia exigida são relativamente altos, limitando os aplicativos a situações que envolvem grandes volumes de transações. A XML surge como um meio de transferência de informações entre empresas e provedores de serviços que não possuem volumes de transações que justifiquem o EDI. A XML está facilitando a comunicação ao quebrar muitas barreiras da tecnologia da informação que têm restringido a adoção do EDI.

Uma mensagem básica em XML consiste em três componentes: a informação sendo transmitida, as etiquetas dos dados, e uma DTD (*Document Type Definition* – Definição do Tipo de Documento) ou esquema. A etiqueta dos dados é um atributo fundamental, pois define os dados que estão sendo transmitidos. Por exemplo, em um embarque de XML, a etiqueta para endereço seria "endereço" e poderia aparecer <endereço>123 Main St.</endereço>. As etiquetas informam aos computadores quais são os dados entre parênteses e para onde tais dados devem ir, se para um banco de dados ou para uma página na Internet. A utilização de termos comuns e a inexistência de exigências de seqüenciamento tornam as transações em XML mais fáceis de serem usadas do que em EDI. O XML DTD, ou esquema, informa ao computador a qual formato de documento deve fazer referência na decodificação de uma mensagem. Um DTD é essencialmente uma planilha que mapeia um formulário-padrão, suas etiquetas e suas relações com o banco de dados. Por exemplo, haveria um esquema separado para os pedidos dos clientes, notificações adiantadas de embarques ou documentação de transportes.

Em situações caracterizadas por pouco volume, a XML é superior ao EDI por três razões. A primeira delas é que não é dispendiosa para instalar. É fácil de projetar um aplicativo e exige muito menos tempo para implementar. A segunda é que a XML é fácil de manter, pois pode ser facilmente convertida em HTML (*Hypertext Markup Language* – Linguagem de Marcação Hipertexto), a linguagem dos navegadores de Internet. Isso torna mais fácil a modificação e o compartilhamento de dados entre os aplicativos. E a terceira razão é que a XML é mais flexível, permitindo aplicativos abrangentes e de rápida definição, bem como a extensão dos padrões.[11] Um dos maiores desafios para o crescimento da XML é a definição de padrões nos setores.

---

[11] Para mais detalhes, consulte Gordon Forsyth, "XLM: Breaking Down IT Barriers in Logistics", *American Shipper*, June 2000, pp. 20-6.

Lançado em 1998, Rosettanet, um consórcio de mais de 60 empresas, começou a desenvolver definições comuns para as práticas de negócios e produtos, assim como padrões para a utilização de XML para transmitir informações através da cadeia de suprimentos.[12] Esse vocabulário comum é necessário para possibilitar que os participantes da cadeia de suprimentos intercomuniquem-se e confiem que a troca de informações é segura.

Tecnologia de Satélite

A tecnologia de satélite permite a comunicação em uma vasta área geográfica, como uma região ou até mesmo o mundo. Esse tipo de tecnologia assemelha-se à utilizada pelas antenas parabólicas de uso doméstico, conectadas aos televisores, em áreas fora do alcance do cabo. A Figura 7-12 demonstra uma comunicação em duas vias entre os escritórios centrais de uma corporação e veículos e locais remotos, como as lojas.

A comunicação via satélite oferece um canal rápido e de grande volume para as informações se movimentarem pelo globo. A Schneider National, uma transportadora que cobre o país inteiro, faz uso desse tipo de tecnologia em seus caminhões, para permitir a comunicação em duas vias entre os motoristas e seus expedidores. Essa interação em tempo real fornece informações atualizadas relativas à localização e informações de entrega, permitindo também aos expedidores alterarem a rota dos veículos quando necessário ou devido ao tráfego intenso. As cadeias de varejo também utilizam a comunicação via satélite para rapidamente dar retorno aos escritórios centrais sobre informações de vendas. O Wal*Mart utiliza diariamente valores de vendas para prover reposição nas lojas e impulsionar o *marketing* quanto a padrões de vendas locais.

Troca de Dados por Radiofreqüência

A tecnologia da Comunicação de Dados por Radiofreqüência (RFDC – *Radio Frequency Data Communication*) é utilizada em áreas relativamente pequenas, como centros de distribuição, para facilitar a troca de informações em duas vias. A aplicação principal é a comunicação em tempo real com operadores móveis, como operadores de empilhadeiras e selecionadores de pedidos. A RFDC permite que esses operadores tenham as instruções e as prioridades atualizadas em tempo real, em vez de utilizarem uma cópia das instruções impressa horas antes. As instruções em tempo real para guiar os fluxos de trabalho oferecem flexibilidade e capacidade de resposta, e possuem o potencial de melhorar o serviço utilizando menos recursos. As aplicações logísticas de RFDC também incluem uma comunicação em duas vias do ciclo de seleção do armazém, para verificação de contagem e impressão de etiquetas.

Capacitações avançadas de RFDC, na forma de comunicações de voz em duas vias, estão encontrando seus caminhos nas aplicações logísticas em armazéns. Sem exigir pessoal das operações de armazenamento para interface com um computador móvel ou portátil, o RFDC de voz prepara os operadores para suas tarefas com comandos audíveis e fica ao aguardo de respostas ou pedidos verbais. A United Parcel Service utiliza o RFDC com base na fala para ler os códigos postais de pacotes que chegam e para imprimir etiquetas de rotas que guiarão esses pacotes até as novas instalações selecionadas. Os sistemas de reconhecimento de voz se baseiam em palavras-chave e padrões de voz de cada operador. O benefício principal do RFDC de voz é uma interface mais fácil dos operadores;

---

[12] James Aaron Cooke, "New Wave", *Logistics,* January 2000, pp. 67-70.

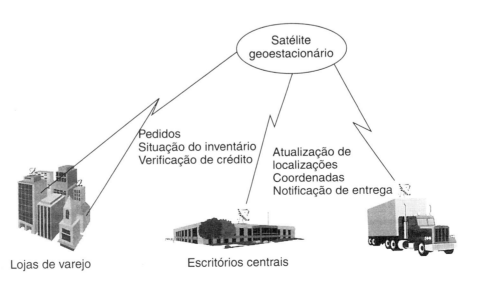

Figura 7-12 Aplicativos da comunicação logística via satélite.

pois como não é exigida a entrada de dados pelo teclado, eles têm ambas as mãos livres para tirar os pedidos.[13]

A identificação por radiofreqüência (RFID – *Radio Frequency Identification*) é uma segunda forma de tecnologia em termos de radiofreqüência. A RFID pode ser utilizada para identificar um contêiner ou seu conteúdo enquanto é movimentado nas instalações ou no equipamento de transporte. A RFID coloca um *chip* eletrônico codificado no contêiner ou caixa. Enquanto o contêiner ou caixa é movimenta-se na cadeia de suprimentos, ele pode ter seu código de identificação lido opticamente (escaneado) ou até mesmo uma listagem de conteúdos. Os varejistas estão começando a utilizar o RFID para permitir que carregamentos inteiros de mercadorias sejam lidos opticamente de maneira simultânea. O departamento de defesa dos EUA utiliza o RFID para listar os conteúdos de paletes, para que possam ser acompanhados à medida que são carregados no equipamento de transporte ou enquanto são movimentados nas instalações.

Processamento de Imagens

As aplicações de processamento de imagens fazem uso da tecnologia de fac-símile (fax) ou de leitura óptica para transmitir e armazenar informações de faturamento de fretes, bem como outros documentos de apoio, tais como recibos de comprovação de entrega ou conhecimentos de embarque. O fundamento lógico desse novo serviço é que informações de embarque no tempo certo são quase tão importantes para o cliente quanto a entrega dos produtos no tempo certo. Quando a carga é entregue aos clientes, a documentação de apoio é enviada para os locais de processamento de imagens, é lida eletronicamente e logo inserida nos sistemas.

Imagens eletrônicas dos documentos são então transmitidas a um centro de dados principal, onde são armazenadas em discos ópticos a *laser*. No dia seguinte, os clientes podem acessar os documentos através de conexões de computadores ou ligações telefônicas para seus representantes de serviços. A solicitação de um cliente por uma cópia impressa de um documento pode ser atendida em questão de minutos pela transmissão via fax. Os benefícios aos clientes incluem o faturamento mais preciso, as respostas mais rápidas por parte do pessoal da transportadora e o fácil acesso à documentação. O transportador também se beneficia, pois o sistema elimina a necessidade de arquivar documentos em papel, reduz a chance de perdas e assegura maior credibilidade junto aos clientes.

A tecnologia de satélite, RF e processamento de imagem exigem grande investimento de capital antes da obtenção de quaisquer retornos. A experiência tem mostrado, entretanto, que o maior benefício trazido por essas tecnologias da comunicação não é o seu custo reduzido, mas um serviço ao cliente otimizado. O aprimoramento dos serviços é oferecido na forma de definições em tempo certo de tarefas, acompanhamentos mais rápidos de embarques e transferência mais rápida de informações de vendas e de inventário. Haverá maior demanda por esses aplicativos da tecnologia da comunicação quando os clientes observarem os benefícios competitivos das transferências em tempo real de informações.

Código de Barras e Leitura Óptica

Os sistemas de auto-identificação (ID), como o código de barras e a leitura óptica eletrônica, foram desenvolvidos para facilitar a coleta e a troca de informações logísticas. As aplicações comuns incluem acompanhar recebimentos em armazéns e as vendas a varejo. Esses sistemas de ID exigem investimentos significativos de capital por parte dos usuários, mas substituem necessariamente os antigos processos de coleta e troca de informações baseados em papéis, que eram mais suscetíveis a erros e consumiam mais tempo. De fato, a acirrada competição local e internacional está levando os expedidores, transportadores, armazéns, atacadistas e varejistas a desenvolverem e utilizarem capacitações de Auto ID para competir no mercado atual.

O Auto ID permite que os membros da cadeia de suprimentos acompanhem e comuniquem rapidamente os detalhes de movimentação com uma baixa probabilidade de erro, assim é fácil que venha a tornar-se uma exigência de serviço fundamental para o acompanhamento das cargas pelos transportadores. Tanto os consumidores como os clientes B2B esperam ser capazes de acompanhar o progresso de seus embarques utilizando um sistema com base na Internet oferecido por transportadores como a United Parcel Service ou a FedEx.

Códigos de barras são seqüências alfanuméricas, em forma de barras verticais de diferentes larguras, legíveis eletronicamente, colocadas pelo computador nos itens, caixas, contêineres, paletes e até mesmo em vagões ferroviários. A maioria dos consumidores está consciente do Código Universal do Produto (UPC – *Universal Product Code*) presente em praticamente todos os produtos de consumo. Os códigos de barras UPC, utilizados pela primeira vez em 1972, representam uma numeração de 12 dígitos exclusiva para cada fabricante ou produto. Códigos de barras padronizados reduzem erros no recebimento, manuseio ou envio de produtos. Por exemplo, um código de barras distingue o tamanho do pacote ou o tipo. A Numeração Européia de Artigos (EAN – *European Article Numbering*) é o padrão europeu ou das Nações Unidas para a codificação em barras de itens. É possível que os sistemas EPC e EAN tornem-se mais harmonizados devido à pressão do comércio global.

Embora a simbologia da UPC/EAN seja adequada ao setor de produtos de consumo, alguns membros da cadeia de suprimentos desejam informações mais abran-

---

[13] Patti Satterfied, "Voice-Directed Systems Warehouse Picking", *Parcel Shipping & Distribution*, September 1999, pp. 22-4.

gentes. Os expedidores e transportadores, por exemplo, estão preocupados com os conteúdos dos paletes e contêineres. Portanto, existe a necessidade de código de barras para identificar as caixas, paletes ou contêineres de produtos, em vez de um produto individual de varejo. Apesar de ser possível ter um documento em papel que liste os conteúdos dos paletes, esse documento pode ser perdido ou danificado em trânsito. É necessário ter um código legível por computador que contenha informações sobre o expedidor, o destinatário, os conteúdos das caixas e quaisquer instruções especiais que possam ser anexadas aos embarques em trânsito; entretanto, a incorporação dessa quantidade de informações no código de barras ultrapassa a capacidade de 12 dígitos do UPC/EAN. O problema básico é que os profissionais de *marketing* não desejam que os códigos de barra ocupem espaço nas embalagens dos produtos, pois isso reduz a área para informações e para publicidade. Por outro lado, a inclusão de mais informações no espaço existente tornaria os códigos muito pequenos e aumentaria os erros de leitura óptica.

Para encaminhar soluções a tais problemas, pesquisas e desenvolvimento de código de barras se deram em uma série de direções. Existem atualmente outras simbologias que são particularmente relevantes para a logística. Essas incluem Código 39, Código 128, Intercalado 2 de 5 e PDF 417 (*Portable Data File* – Arquivo de Dados Portátil).

O Código 39 foi desenvolvido em razão de que alguns setores precisavam inserir dados alfabéticos e numéricos no código de barras. O Código 39 é comumente um padrão de código de barras para produtos não-alimentícios, sendo utilizado para fins de identificação, de inventário e de acompanhamento em muitos setores, como o de manufatura. O Código 39 produz códigos relativamente longos e talvez não sejam adequados, caso o tamanho da etiqueta seja uma restrição.

O Código 128 evoluiu quando surgiu a necessidade de uma seleção mais ampla de caracteres do que o Código 39 podia prover; é utilizado no setor de embarques, onde o tamanho da etiqueta é relevante. O Código 128 está adquirindo ampla aceitação como o código-padrão internacional de contêineres, já que identifica de forma singular cada contêiner em um embarque e melhora a escolha da rota e a capacidade de acompanhar seu percurso. O Código 128 permite que os fabricantes e distribuidores ofereçam a identificação do contêiner desde a produção até o ponto de venda. O UCC 128 é utilizado em conjunto com o EDI Advance Ship Notice – ASN (Notificação Avançada de Embarque), que identifica precisamente os conteúdos das caixas.

A expectativa é de que mais de 90% de todos os embarques nos setores de saúde, varejo, utilidades e o setor atacadista de remédios irão utilizar a simbologia do Código 128 para acompanhar a data de vencimento, os números dos lotes e as datas de fabricação.[14]

O Intercalado 2 de 5 é outra simbologia freqüentemente utilizada no setor de embarques. É uma simbologia compacta de grande utilização em caixas de papelão ondulado para embarques para varejistas. O Intercalado 2 de 5 é um código de uma dimensão que grava um valor numérico de 10 dígitos.

O PDF 417 é uma simbologia bidimensional, de alta densidade, e não-linear que possui grande capacidade para dados. O PDF é realmente um Arquivo de Dados Portátil que se opõe a ser simplesmente um número de referência. O PDF 471 utiliza um projeto de referência matriz que pode armazenar 1.800 caracteres por polegada.

A Tabela 7-6 apresenta uma visão geral dos códigos de barra mais comuns, juntamente com seus pontos fortes e fracos. O desenvolvimento e as aplicações do código de barras estão crescendo a taxas elevadas. A Tabela 7-7 resume os benefícios e oportunidades disponíveis a partir das tecnologias de Auto ID. Embora os benefícios sejam óbvios, ainda não está claro quais simbologias serão adotadas como padrões para o setor. A padronização e a flexibilidade são mais passíveis de atender às necessidades de uma ampla grama de setores, mas também aumentam custos, tornando ainda mais difícil a implementação de tecnologias padronizadas para expedidores, transportadores e destinatários de médio e pequeno portes. Por fim, apesar da possibilidade de convergência continuada para padrões comuns, as pesquisas indicam que setores selecionados e os maiores expedidores irão continuar a utilizar códigos de propriedade para maximizar seus posicionamentos competitivos.

Outro componente-chave da tecnologia de Auto ID é o **processo de leitura óptica**, que representa os olhos do sistema de código de barras. Um *scanner* coleta opticamente os dados do código de barras e os converte em informações. Existem dois tipo de *scanner*: um modelo que pode ser empunhado livremente e outro que permanece em posição fixa. Cada um deles utiliza uma tecnologia de contato ou de não-contato. Os *scanners* de manuseio livre são leitores a *laser* (*laser guns* – não-contato) ou bastões (*wands* – contato). Os *scanners* de posição fixa são *scanners* automáticos (não-contato) ou leitores de cartão (*card readers* – contato). As tecnologias de contato requerem que o equipamento de leitura toque propriamente o código de barras. Uma tecnologia de contato reduz os erros de leitura óptica, mas diminui a flexibilidade. A tecnologia de leitores a *laser* é a mais popular tecnologia de leitura óptica atualmente em uso;

---

[14] Para acompanhar uma discussão das tendências de codificação em barras e leitura óptica, consulte Rick Gurin, "Scanning Technologies Adapt to Changing Times", *Automatic I.D. News*, December 1999, p. 28.

Tabela 7-6 Comparação entre códigos de barras comuns

Histórico	Pontos fortes	Pontos fracos
Datamatrix (Datacode)		
• Desenvolvido para marcar itens pequenos	• Legível com contraste relativamente fraco • Densidade para poucos caracteres	• Capacidade limitada de correção de erros • Código de propriedade privada • Não legível por *laser* • Somente legível com *scanners* dispendiosos
Codablock 39/128		
• Desenvolvido na Europa	• Decodificação direta baseada em simbologia unidimensional • Domínio público	• Não há correção de erros • Baixa densidade • Não apoia caracteres completos ASCII
Código 1		
• Código matricial mais recente	• Melhor capacidade de correção de erros para códigos matriciais • Domínio público	• Uso limitado em indústrias • Não pode ser lido por *laser* • Somente legível por *scanners* de área dispendiosos
Código 49		
• Desenvolvido para marcar itens pequenos	• Legível com *scanners* a *laser* normais • Domínio público	• Não há correção de erros • Capacidade reduzida
Código 16K		
• Desenvolvido para marcar itens pequenos	• Legível com *scanners* a *laser* normais	• Não há correção de erros • Capacidade reduzida
PDF 417		
• Desenvolvido para representar quantidades grandes de dados em pequenas áreas físicas • Reduz a dependência do EDI (a informação sobre viagens vai na etiqueta)	• Capacidade extremamente aumentada • Capacidade de correção de erros • Lê informações vertical e horizontalmente • Domínio público	• Exige desenvolvimento tecnológico para reduzir o custo de leitura • Precisa ser testado para aplicações altamente avançadas

Notas: *Capacidade* se refere à quantidade de caracteres que pode ser codificada dentro de uma área específica.
Domínio público significa que o código pode ser usado livremente sem a necessidade de se pagar direitos autorais (*royalties*).
Correção de erros significa que os erros de codificação podem ser identificados e corrigidos.

Tabela 7-7 Benefícios das tecnologias de identificação automática

Embarcadores	Armazenagem
Aperfeiçoam a preparação e o processamento de pedidos Eliminam erros de expedição Reduzem o tempo de mão-de-obra Melhoram a manutenção de arquivos Reduzem o tempo físico de inventário	Melhoria da preparação, processamento e expedição de pedidos Controle preciso do inventário Acesso dos clientes a informações em tempo real Acesso a considerações sobre a segurança das informações Redução dos custos de mão-de-obra
Transportadoras	**Atacadistas/Varejistas**
Maior integridade da informação sobre faturas de frete Acesso de clientes às informações em tempo real Melhoria da manutenção de informações relativas às atividades de expedição para os clientes Rastreamento de embarques Processamento de contêineres com maior simplicidade Controle de produtos incompatíveis entre si, em veículos Redução do tempo de transferência de informações	Precisão na contagem do inventário Precisão de preços nos pontos-de-venda Melhoria na produtividade de registro na saída de produtos Redução do tempo físico do inventário Aumento da flexibilidade do sistema

os bastões de movimento são a tecnologia mais amplamente instalada.[15]

A tecnologia de leitura óptica possui duas aplicações principais na logística. A primeira é o Ponto de Vendas (POS – *Point of Sale*) nas lojas de varejo. Além de imprimir os recibos de caixa para os consumidores, as aplicações POS no varejo oferecem controle preciso de inventário na loja. O POS permite acompanhar precisamente cada Unidade Mantida em Estoque (SKU – *Stock Keeping Unit*) vendida e pode ser usado para facilitar a reposição de inventário. Além de assegurar um reabastecimento preciso e o fornecimento de dados para as pesquisa de *marketing*, o POS pode prover mais benefícios estratégicos no tempo certo para todos os membros do canal de distribuição.

A segunda aplicação logística da leitura óptica é para manuseio e acompanhamento de materiais. Através do uso de leitores a *laser*, os funcionários que manuseiam os materiais podem acompanhar a movimentação de produtos, a localização de estoques, os embarques e os recebimentos. Embora tais informações pudessem ser acompanhadas manualmente, isso consumiria muito tempo e estaria sujeito a erros. A utilização mais ampla de leitores ópticos nas aplicações logísticas irá aumentar a produtividade e reduzir os erros. A demanda por tecnologia de leitura óptica mais rápida e menos errática está levando as rápidas mudanças no mercado em termos de aplicações e tecnologia.[16]

Resumo

Os sistemas de informações na cadeia de suprimentos ligam as atividades logísticas em um processo integrado em quatro níveis de funcionalidade. Um sistema de transações oferece a base para coletar os pedidos eletronicamente, iniciar sua seleção e o embarque, e concluir as transações financeiras adequadas. Os sistemas de controle gerencial registram o desempenho funcional e operacional das empresas e oferecem um relatório gerencial adequado. Os sistemas de análise de decisões dão suporte à gestão na identificação e avaliação de alternativas logísticas. Os sistemas de planejamento estratégico oferecem gestão de ponta com uma visão do impacto das mudanças estratégicas, tais como fusões, aquisições e ações competitivas. Embora o sistema de transações ofereça toda a base, os sistemas de controle gerencial, de análise de decisões e de planejamento estratégico estão se tornando decisivos para uma gestão de alto desempenho na cadeia de suprimentos.

O ERP ou o sistema legado é a espinha dorsal da maioria dos SCIS devido às capacitações do seu banco de dados e de suas transações modulares integradas. Os sistemas de comunicação facilitam a troca de informações internamente para as funções da empresa, bem como externamente em organizações globalizadas e com outros parceiros da cadeia de suprimentos. Os sistemas de execução estão se tornando anda mais cruciais para o controle das operações de armazenamento e de transporte. Os sistemas de planejamento da cadeia de suprimentos possivelmente irão tornar-se diferenciais competitivos de enorme relevância no futuro, já que as empresas desejam melhorar a produtividade de seus ativos a partir da redução de inventários e de ativos físicos.

Existem três abordagens alternativas para a obtenção de *hardware*, *software* e apoio na cadeia de suprimentos. Embora a propriedade direta seja o mais comum, a terceirização e o uso de ASPs estão se tornando cada vez mais populares. A terceirização representa a completa responsabilidade da tecnologia da informação em um provedor de serviço terceirizado, enquanto que o ASP utiliza a Internet para acessar aplicativos-chave de *software*, em especial para comunicação e planejamento.

Avanços significativos ocorreram para facilitar a comunicação logística nas empresas e entre os parceiros da cadeia de suprimentos. O EDI, a utilização de satélites e mais recentemente o XLM continuam a possibilitar uma comunicação mais rápida e mais consistente entre os parceiros da cadeia de suprimentos. Outras tecnologias, como código de barras, leitura óptica e radiofreqüência estão fortalecendo substancialmente a efetividade da comunicação entre os sistemas de informações logísticos e o ambiente físico no qual precisam operar.

A acessibilidade e a capacidade cada vez maiores desses sistemas de informação e comunicação aumentam substancialmente a disponibilidade e a precisão das informações na cadeia de suprimentos. Os avanços da tecnologia da informação reduziram dramaticamente a incerteza entre grandes empresas, mas ainda existem oportunidades substanciais para comunicações entre empresas pequenas, o que atenderia à maioria dos participantes da cadeia de suprimentos. Enquanto maiores avanços dos sistemas de comunicações continuarão a reduzir a incerteza, é possível que as principais oportunidades para fortalecer os desempenhos futuros se darão a partir dos sistemas de planejamento estratégico e de análise da cadeia de suprimentos.

Questões Desafiadoras

1. Compare e aponte as diferenças entre o papel desempenhado pelos sistemas ERP e o desempenhado pelos sistemas de planejamento no fortalecimento do desempenho e na competitividade da empresa.
2. Compare e aponte as diferenças entre o papel desempenhado pelos sistemas ERP e o desempenhado pelos sistemas de execução da logística.

---

[15] Para informações mais detalhadas sobre os processos de codificação em barras, *hardware* e caixas, visite o *website* da Symbol Technology www.symbol.com.

[16] Rick Gurin, op. cit., pp. 28-9.

3. Compare e aponte as diferenças entre o papel desempenhado pelos sistemas ERP na cadeia de suprimentos e o desempenhado pelos sistemas avançados de planejamento e programação no fortalecimento da competitividade da cadeia de suprimentos.
4. Como as empresas de pequeno porte podem se manter competitivas na troca de informações logísticas?
5. Discuta e compare o papel que o EDI e a Internet terão para facilitar a comunicação entre os parceiros da cadeia de suprimentos.
6. Compare e aponte as diferenças entre o papel do EDI e o da Internet em relação à troca de informações logísticas e na cadeia de suprimentos.
7. Descreva e aponte as diferenças entre o papel do RDFC e do RFID em relação às aplicações logísticas e na cadeia de suprimentos.
8. Comente os benefícios relativos da compra de *software*, da utilização de provedores terceirizados e do uso de aplicativos de provedores de serviços.
9. Compare e aponte as diferenças entre os benefícios e os riscos dos portais de troca ao nível da empresa, do setor e intersetorial.
10. Comente as diferenças relativas entre leitura óptica de contato e de não-contato.

Sistemas de Planejamento e Execução de Recursos Empresariais

Fundamento Lógico para a Implementação do ERP
    Compatibilidade
    Economias de Escala
    Integração
Projeto de Sistemas ERP
    Banco de Dados Central
    Aplicativos para a Cadeia de Suprimentos
    Aplicativos Financeiros
    Aplicativos de Serviços
    Aplicativos de Recursos Humanos
    Aplicativos de Relatórios
    Sistemas ERP Comuns
Projeto do Sistema da Cadeia de Suprimentos
    Planejamento/Coordenação
    Operações
    Distribuição e Gestão do Inventário
Sistemas de Execução Empresariais
    Gestão do Relacionamento com Clientes
    Sistema de Gestão de Transportes
    Sistema de Gestão de Armazenagem
Resumo

O sistema de Planejamento de Recursos Empresariais (ERPs) e o sistema de execução são os principais componentes de *software* dos sistemas de informações logísticas. O ERP oferece o banco de dados e a capacidade transacional para iniciar, acompanhar, monitorar e relatar os pedidos dos clientes e os de reposição. Os sistemas ERP oferecem às empresas informações consistentes, economias de escala e integração. O projeto do sistema ERP inclui um banco de dados central e módulos de aplicativos para facilitar a gestão da cadeia de suprimentos, a financeira e a dos recursos humanos. O projeto do sistema da cadeia de suprimentos inclui componentes para o planejamento/coordenação, operação e organização dos inventários. O componente de planejamento/coordenação gerencia os recursos da empresa e da cadeia de suprimentos, incluindo os recursos para produção, estocagem e transporte. O componente de operações controla o processamento de transações para iniciar, gerenciar, atender e embarcar os pedidos dos clientes e os de reposição. A organização dos inventários gerencia esses recursos na empresa e, cada vez mais, na cadeia de suprimentos.

Os sistemas de execução empresarial oferecem a interface entre o ERP e as operações cotidianas com os clientes, transportes e armazéns. Os sistemas de gestão do relacionamento com os clientes (CRM – Customer Relationship Management) oferecem uma visão sobre o nível de atividade e o desempenho da empresa junto aos clientes-chave. Os sistemas de gestão de transportes (TMS – Transportation Management Systems) iniciam os embarques e registram os movimentos, para monitorar o desempenho do transporte e os custos de uma empresa. Os sistemas de gestão de armazéns (WMS – Warehouse Management Systems) dão início às atividades de armazenagem, controlam os equipamentos de manuseio de materiais, monitoram o desempenho da mão-de-obra e elaboram relatórios sobre os níveis de desempenho e os custos.

Fundamento Lógico para a Implementação do ERP

Quando as empresas introduziram a tecnologia de computadores de forma extensiva, para controlar e monitorar as operações e as finanças no início dos anos 70, a maior parte do desenvolvimento se deu de forma lenta. Em geral, os sistemas financeiro e contábil foram introduzidos primeiro, seguidos de alguns tipos de sistemas de gestão de vendas e de pedidos. Quando uma funcionalidade adicional era necessária, outros aplicativos eram desenvolvidos e comprados. Esses módulos adicionados utilizavam freqüentemente processos inconsistentes, pressupostos incompatíveis e dados redundantes. Em alguns casos, os sistemas funcionais eram desenvolvidos internamente pela empresa, para adequar os processos internos de trabalho. O resultado era uma série de sistemas de *corporativos* que reunia grande parte do histórico da empresa referente a seus processos e informações, mas era exclusivo quanto aos processos, capacitações e atributos. Uma vez que os equipamentos de processamento e de armazenamento de dados eram quase sempre muito caros, na época em que esses sistemas de corporativos foram introduzidos, seus criadores utilizavam freqüentemente técnicas de programação sofisticadas e complexas, para minimizar a necessidade de memória e de tempo de processamento. Como exemplo, muitos desses sistemas de corporativos incluíam programas com o *bug* do milênio (Y2K) embutido na sua lógica operacional. Por registrar apenas dois dígitos do ano, exigia-se menos memória de disco para a entrada de datas, reduzindo assim os custos associados à tecnologia. Essa combinação de eventos relativos aos sistemas de corporativos, juntamente com a disponibilidade de tecnologias de armazenamento de informações relativamente baratas, fez com que as empresas reinvestissem em seus sistemas empresariais durante os anos 90. Elas também buscavam reforçar sua integração interna. Embora as possibilidades das novas tecnologias se mostrem certamente muito à frente daquelas dos sistemas de corporativos originais, os custos da implementação continuam sendo altos – ultrapassando milhões ou dezenas de milhões de dólares em alguns casos. Até este momento, a maioria, senão todas, as empresas da *Fortune 1000* implementaram ou estão em processo de implementação de sistemas ERP, e se verifica um potencial de crescimento no mercado desses sistemas para empresas de pequeno e médio portes. Independentemente do tamanho da empresa, esses investimentos costumam ter como base racional três fatores: consistência, economias de escala e integração.

Compatibilidade

Como vimos anteriormente, muitas empresas ou divisões de empresas desenvolveram sistemas de corporativos para atender suas próprias necessidades e processos específicos. Isso também ocorreu em divisões internacionais à medida que as empresas estendiam globalmente seus mercados e operações. De forma semelhante, as muitas aquisições e fusões que ocorreram durante as décadas de 80 e 90 uniram empresas de sistemas de corporativos incompatíveis. Como resultado, proliferaram sistemas diferentes que ofereciam processamentos diferentes e, em muitos casos, incompatíveis. Um gerente de uma multinacional de produtos de consumo afirmou que precisava examinar 15 sistemas computacionais diferentes para determinar a situação de vendas e do inventário de suas subsidiárias sul-americanas![1] A Tabela 8-1 ilustra uma situação em que cada divisão ou região possui um sistema diferente para as finanças (FS), os recursos humanos (HR), a gestão de pedidos (OM), a gestão de armazenagem (WM) e o planejamento de materiais (MP). A tabela indica como cada região ou divisão poderia ter plataformas de *hardware* ou *software* diferentes para muitas cadeias de suprimentos e para outras aplicações. A região A implementou o Sistema Financeiro 1, enquanto que a re-

---

[1] Discussão com um gerente de logística da Johnson & Johnson.

Tabela 8-1 *Status* comum dos sistemas corporativos

	Região/Divisão A	Região/Divisão B	Região/Divisão C	Região/Divisão D
Financeiro	FS1	FS2	FS3	FS4
Recursos humanos	HR1	HR2	HR3	HR4
Gestão de pedidos	OM1	OM2	OM2	OM4
Gestão de armazéns	WM1	WM1	WM2	WM3
Planejamento de materiais	MP1	MP1	MP2	MP2

gião B implementou o Sistema Financeiro 2, em função de suas condições monetárias. De forma semelhante, sistemas de decisões divergentes são freqüentemente implementados para outras regiões ou divisões. A tabela apresenta a situação de muitas empresas, em que alguns componentes de sistemas são comuns a divisões variadas, enquanto que outros, como a gestão de pedidos, são exclusivos para cada divisão.

O resultado são informações incompatíveis e conflitantes, bem como sistemas variados difíceis de manter e complexos de serem interpretados, uma vez que a regulação de tempo (*timing*) e os processos podem ser diferentes para cada um.

Assim, o primeiro e principal objetivo do ERP é criar um sistema que, de forma globalizada, utilize dados e processos compatíveis para as regiões e divisões de uma empresa. Em um aplicativo típico, os dados encontram-se em um banco de dados comum que pode ser acessado de forma globalizada. Além disso, esses dados podem ser modificados com segurança e controles adequados utilizando transações disponíveis em muitos idiomas. As transações para iniciar uma atividade específica da cadeia de suprimentos são implementadas utilizando hipóteses e tempos comuns. Da mesma forma, processos compatíveis permitem que os clientes globais utilizem o mesmo procedimento de entrada de pedidos, por exemplo, independentemente de onde eles dão entrada nesses pedidos. Essa perspectiva unificada oferece à alta administração uma visão integrada e sólida da empresa e da gestão operacional, além de facilitar o uso pelos clientes.

Economias de Escala

À medida que as empresas se fundiram e se expandiram de forma globalizada, a administração apresentou demandas cada vez maiores para o aproveitamento das economias de escala globalizadas pela racionalização dos recursos. De forma semelhante, os clientes começaram a procurar fornecedores que pudessem prover produtos de forma globalizada, utilizando capacitações e interfaces de sistemas compatíveis, para também aproveitarem as economias de escala. O ERP oferece às empresas, de várias maneiras, economias de escala potenciais. Primeiro, um único processador centralizado ou uma única rede descentralizada de processadores, com um único programa de computador configurado, oferece potencial para significativas economias de escala para os setores de compras e de manutenção.

Segundo, a abordagem centralizada do ERP oferece economias de escala significativas em relação a *software*, uma vez que apenas um número limitado de licenças de *software* é necessário quando todas as divisões e regiões utilizam um mesmo aplicativo. Embora o custo da licença inicial do *software* possa ser um tanto alto, as taxas de licença e de manutenção para um único aplicativo de ERP são menores do que inúmeras cópias exigidas para cada divisão ou região. Entretanto, os verdadeiros benefícios da economia de escala resultam da redução de pessoal necessário para implementar e manter um sistema de ERP comum. Os sistemas que variam por divisão ou região exigem muitos profissionais, com diferentes especializações em *hardware* e *software*, para implementar, manter e modificar cada aplicativo. Uma vez que alguns conhecimentos apresentam possibilidade limitada de transferência ao longo das plataformas de *hardware* e *software*, a *expertise* dos indivíduos em geral não pode ser usada de forma efetiva. Embora existam economias de escala potenciais para o conhecimento em ERP, elas atualmente podem não estar disponíveis, já que poucos são os indivíduos que desenvolveram essas habilidades de forma ampla e que com isso passaram a ser bastante procurados pelas empresas.

Por fim, a abordagem centralizada do ERP aumenta o potencial de uma empresa multidivisional implementar recursos e serviços compartilhados pelas divisões ou até mesmo pelas regiões. A habilidade de rever as necessidades de recursos de produção, de estocagem ou de transporte de muitas divisões, num sistema comum, aumenta o potencial para o compartilhamento de recursos críticos. As informações integradas facilitam a utilização de fornecedores, de instalações de produção, de instalações de estocagem ou de equipamentos de transporte comuns, resultando num enorme potencial para negociar e operar economias.

Embora não exista evidência de que as implementações atuais do ERP estejam materializando essas economias de escala, os benefícios irão possivelmente começar a se acumular tão logo as implementações recentes se estabilizem.

Integração

O benefício final do ERP é a integração fortalecida de sistemas, tanto dentro da empresa como entre os fornecedores e clientes. A integração interna resulta de um banco de dados integrados comum e da implementação de processos comuns nas divisões ou regiões. Os processos comuns típicos incluídos no ERP são entrada de pedidos, processamento de pedidos, gestão do armazenamento, faturamento e contabilidade. O fato de serem comuns permite incorporar processos e oferece aos principais clientes uma interface comum e compatível com a empresa. Essa integração também resulta em práticas financeiras padrão nas unidades de negócios. As interfaces padronizadas oferecidas por muitos sistemas ERP também facilitam a comunicação externa com os parceiros da cadeia de suprimentos. Por exemplo, muitas empresas nos setores automotivo e químico estão buscando a padronização no sistema ERP oferecido pela SAP. Os principais fabricantes estão solicitando a seus fornecedores que façam interface com seus bancos de dados SAP, para obterem dados sobre os requisitos e os cronogramas de solicitações. Essa integração de informações e processos fortalece substancialmente o compartilhamento de informações da cadeia de suprimentos, reduzindo a incerteza dentro da empresa e entre os parceiros da cadeia.

A maioria dos analistas do setor acredita que um sistema ERP deveria ser considerado um custo necessário nas negociações. Um provedor de ERP afirmou:

> Eu acredito que a maioria das pessoas teria dificuldade em fornecer um valor de retorno sobre o investimento para um sistema de ERP. Um aspecto comercial é que você pode ser capaz de dirigir uma empresa de US$10 milhões com um PC, mas se você pretende crescer e ser uma empresa de US$50 milhões, você precisa de um ERP. O segredo é comprar um sistema que pode ser escalonado conforme evolui seu crescimento.[2]

O crescimento nas implementações de ERP tem diminuído entre as empresas de grande porte à medida que a maioria vai assimilando e aprimorando o que já foi implementado. Em contraste, as empresas menores estão começando a investir nele e a implementá-lo.

Uma nova geração de sistemas ERP está evoluindo para oferecer integração adicional, em particular com os clientes. Esses sistemas, identificados como ERP II, integram o ERP tradicional juntamente com o sistema de gestão do relacionamento com cliente (CRM), para melhor integrar as exigências dos clientes-chave com os planos da cadeia de suprimentos. A principal melhoria oferecida pelo ERP II é a conectividade externa, aspecto crucial para a colaboração na cadeia de suprimentos. Também está se tornando comum para esses aplicativos integrados o acesso pela Internet, possibilitando assim uma interface comum globalizada.[3]

Projeto de Sistemas ERP

A Figura 8-1 apresenta os principais módulos do sistema ERP. O centro do sistema é um banco de dados central, ou armazém de informações, em que todas as informações são mantidas para facilitar o acesso de todos os módulos aos dados comuns e compatíveis. Ao redor desse banco de dados estão os módulos funcionais que iniciam e coordenam as atividades comerciais. Apesar de os benefícios totais do ERP poderem ser alcançados quando todas as funções estão integradas em um aplicativo comum, muitas empresas decidem implementar os sistemas utilizando uma abordagem modular, para difundirem as necessidades de recursos e para minimizar os riscos, já que um número limitado de funções de uma empresa estão em transição num dado momento.

Banco de Dados Central

O **banco de dados central** é o repositório de informações relacionais para todo o sistema ERP. Ele é descrito como relacional porque relaciona ou liga as informações a respeito das entidades operacionais, de maneira que haja redundância mínima de informações no banco de dados. Com o tempo, a redundância de informações geralmente leva à imprecisão, pois uma referência para um item dos dados é modificada eventualmente sem uma mudança correspondente na outra referência. Por exemplo, se o endereço de um cliente está contido em dois locais diferentes no banco de dados, é possível que eventualmente uma referência seja modificada quando o cliente muda de endereço, mas a segunda referência ficará esquecida. Nesse momento, o banco de dados não seria mais confiável e todas as referências ao segundo endereço estariam incorretas.

Alguns aplicativos ERP utilizam uma estrutura de dados de propriedade que limita o acesso. Nesses casos, toda a comunicação com o banco de dados precisa ser realizada através do ERP. Possuir a lei (*act*) do sistema ERP como uma interface não chega a ser um problema, mas pode reduzir a flexibilidade e a consistência dos dados. Na maioria dos casos, entretanto, a estrutura do banco de dados utiliza uma das muitas *arquiteturas abertas de banco de dados* que podem ser acessadas por outros sistemas. Uma arquitetura aberta do banco de dados significa que a interface é definida e documentada publicamente, e pode ser usada por uma série de outros aplicativos. A definição pública significa que o criador do *software* documentou publicamente a estrutura e o conteúdo do banco de dados para que outros fornecedores de *softwares* possam acessar, modificar e inserir dados no banco de dados central. Apesar de o banco de dados ser extensivo e poder conter milhões de itens de dados em inúmeros arquivos, oito principais arquivos de dados são decisivos para as operações logísticas: (1) arquivo de clientes, (2) arquivo de produtos, (3) arquivo de fornecedores, (4) arquivos de pedidos, (5) arquivo da relação de materiais (*bill of materials*), (6) arquivo de pedido de compra, (7) arquivo de inventários, e (8) arquivo do histórico.

Arquivo de clientes

O **arquivo de clientes** contém informações que descrevem os clientes de uma empresa. Cada registro define um cliente, incluindo nome, endereço, informações para faturamento, local para embarque, contatos da empresa, lista de preços, termos de compra e instruções especiais. Um arquivo de clientes comum é de grande utilidade especialmente quando muitas divisões de uma empresa prestam serviços para um mesmo cliente.

---

[2] Anonymous, "Who's Using ERP," *Modern Materials Handling* 54, no. 13 (November 1999) pp. 14-18.

[3] Michel Roberto, "ERP Gets Redefined," *Information Technology for Manufacturing*, February 2001, pp. 36-44.

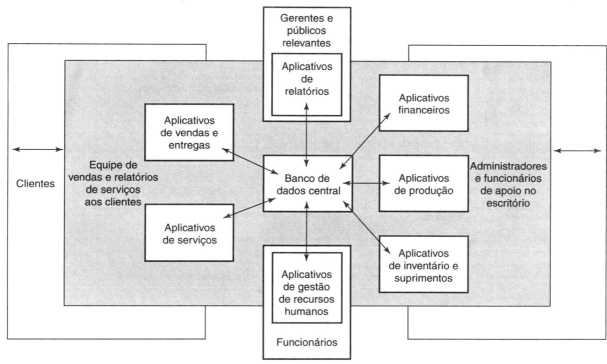

Fonte: Thomas H. Davenport, "Putting the Enterprise into the Enterprise System," *Harvard Business Review*, July/August 1998, p. 124. Reimpresso com permissão.

Figura 8-1 Arquitetura do ERP.

Arquivo de Produtos

O **arquivo de produtos** contém as informações que descrevem os produtos e serviços oferecidos pela empresa. Os registros específicos incluem o número do produto, as características físicas, a origem da compra ou o local da produção, referências a produtos equivalentes ou atualizações e dados de custo-padrão. O arquivo de preços, ou arquivo relacionado, também contém informações sobre preços e quebras de quantidades. A manutenção do arquivo de produtos é cada vez mais desafiadora, devido aos ciclos de vida mais curtos dos produtos e às mudanças cada vez mais freqüentes de preços.

Arquivo de Fornecedores

O **arquivo de fornecedores** lista os fornecedores de materiais e serviços da empresa. Os registros específicos incluem o número e o nome do fornecedor, o endereço, informações de transporte e de recebimento, e instruções de pagamento. Um arquivo de fornecedores comum é imprescindível para realizar economias de compra através da racionalização e consolidação de fornecedores.

Arquivo de Pedidos

O **arquivo de pedidos** contém as informações sobre todos os pedidos abertos, os quais estão em algum estágio do processamento ou atendimento pela empresa. Cada pedido representa uma solicitação atual ou potencial de um cliente que deseja o envio de produtos. O arquivo de pedidos contém o número e o nome do cliente, a data de recebimento solicitada e a lista de produtos e quantidades pedidos. O arquivo de pedidos está sendo cada vez mais exigido no sentido de incluir solicitações especiais de embarque e acondicionamento para clientes exclusivos. O sistema, cada vez mais, precisa aceitar também pedidos a partir de muitas origens, inclusive por EDI e Internet, bem como as entradas internas de pedidos.

Arquivos de Relação de Materiais

O **arquivo de relação de materiais** descreve como a matéria-prima é combinada para os produtos acabados. Por exemplo, uma relação simples de materiais para automóvel indicaria que esse veículo carro exige uma lataria, um chassi, quatro assentos, um motor, um eixo transversal e cinco pneus. Apesar desse relacionamento entre produtos ser comumente usado pela produção, ele também está se tornando cada vez mais importante para a logística. As operações logísticas estão começando a utilizar a relação de materiais para facilitar o acondicionamento, a personalização e o *kitting** nas operações de centros de distribuição.

---

* N. de T.: *Kitting* é um agrupamento de materiais de volume reduzido, ou seja, pequenas montagens.

Arquivo de Pedido de Compra

O **arquivo de pedido de compra (PO** – *Purchase Order*) assemelha-se ao arquivo de pedidos, exceto por conter os registros dos pedidos de compra que foram feitos aos fornecedores. O pedido de compra pode referir-se à matéria-prima para apoiar a produção ou a suprimentos de MRO (*Maintenance, Repairs and Operating* – Manutenção, Reparos e Operações – Materiais Indiretos da Fabricação), necessários para apoiar as operações e a administração. Os itens de MRO não são incluídos diretamente como produtos acabados vendidos pela empresa. As informações específicas do arquivo de pedidos de compras incluem o número do pedido de compra, o número e o nome do fornecedor, a data da solicitação, o local para embarque, o modo de transporte e o transportador, e a lista de itens a serem comprados, com as quantidades correspondentes. Outras necessidades cruciais do arquivo de PO são as especificações do produto, as exigências de entrega e o preço contratado.

Arquivo do Inventário

O **arquivo do inventário** registra o inventário físico ou a quantidade de produto que uma empresa possui disponível, ou que poderá estar disponível no futuro com base nas programações atuais da produção. O arquivo também documenta: a localização física do produto no estoque de materiais ou instalação; o *status* do produto quanto à disponibilidade para embarque, danos, qualidade ou condição "em espera" para um cliente-chave; e números de lotes para os produtos que precisam ser rastreados. As informações específicas incluem o número do produto, o local da instalação, o local do estoque e a quantidade do inventário para cada situação do produto.

Arquivo do Histórico

O **arquivo do histórico** documenta o histórico dos pedidos de clientes e dos pedidos de compra de uma empresa para facilitar os relatórios gerenciais, a análise orçamentária e das decisões, e a realização de previsões. Essencialmente, esse arquivo contém os resumos dos pedidos de clientes que foram arquivados e dos pedidos de compras que foram recebidas.

Aplicativos para a Cadeia de Suprimentos

Os aplicativos ERP para a cadeia de suprimentos incluem os módulos denominados *aplicativos de inventário e de fornecimento, aplicativos de produção* e *aplicativos de vendas e de entrega*, apresentados na Figura 8-1. Esses três módulos prestam apoio à atividade da cadeia de suprimentos, incluindo a aquisição de matéria-prima, a produção e o atendimento aos pedidos dos clientes. Esses módulos incorporam as transações e os processos que iniciam a gama inteira de atividades da cadeia de suprimentos. Os processos e as atividades específicas são discutidos segundo essa visão modular geral.

Aplicativos Financeiros

O módulo financeiro incorpora as transações necessárias para manter os registros financeiros e contábeis da empresa. Especificamente, o módulo mantém os conteúdos e referências do livro contábil da empresa e acompanha as contas a pagar e a receber. O módulo também facilita o desenvolvimento de declarações de perdas e lucros e balanços padronizados para as divisões, regiões geográficas, ou para toda uma operação global. As transações mais comuns incluem contas a pagar e a receber, faturamento, contabilidade financeira e relatórios gerenciais.

Aplicativos de Serviços

O módulo de serviços dá suporte às atividades de pós-venda de produtos e de garantia. Os clientes de equipamentos dispendiosos, tais como os de produção, médicos, de comunicação ou de transporte, exigem um forte apoio pós-venda para manutenção e reparos. O sistema precisa acompanhar os tipos e versões de equipamentos, para garantir que as peças de reparo corretas estejam disponíveis e possam ser despachadas rapidamente para o local indicado. O módulo de serviço pode também acompanhar os registros de uso e de reparo para antecipar problemas potenciais com manutenção preventiva ou ajuste de equipamentos.

Aplicativos de Recursos Humanos

O módulo de recursos humanos acompanha os registros de funcionários, suas tarefas e seus desempenhos. Essas informações são utilizadas no preparo da folha de pagamento, na verificação de impostos e na documentação do histórico de trabalho. Além das aplicações comuns à gestão de recursos humanos, esse módulo auxilia no cálculo dos custos das atividades da cadeia de suprimentos, ao calcular o tempo gasto pelos funcionários com um pedido, para que assim possa ser calculada a despesa relativa associada a um custo personalizado e especializado de produção ou de serviço.

Aplicativos de Relatórios

O módulo de relatórios gera relatórios padronizados e personalizados para o monitoramento, avaliação de desempenho e apoio às decisões. Utilizando o banco central de dados, os aplicativos de relatórios oferecem à gestão a capacidade de monitorar os níveis de atividades e identificar as falhas e problemas do desempenho.

Figura 8-2 O mercado de aplicativos empresariais em 2000.

Sistemas ERP Comuns

Assim como na produção, o setor de *software*, particularmente o *software* ERP, está vivenciando uma consolidação substancial. O resultado é que há fornecedores de *software* ERP em menor quantidade e com maior capacidade. Enquanto um número limitado de fornecedores concentra seus esforços em setores especializados, a maioria dos principais sistemas incorpora uma ampla gama de funções e atributos, comercializando com uma enorme variedade de setores. A Figura 8-2 resume os componentes-chave dos aplicativos de *software* empresarial.[4] (A figura inclui os principais módulos descritos na Figura 7-3). Para cada módulo de aplicativo empresarial, a Figura 8-2 lista a dimensão atual ou estimada do mercado para 2004, juntamente com os principais fornecedores do *software*. As projeções indicam que os módulos de maior crescimento são o CRM, a cadeia de suprimentos e o comércio eletrônico. Isso indica que as empresas querem fortalecer suas capacidades de análise, de colaboração e de coordenação de suas cadeias de suprimentos nos próximos anos. A avaliação, seleção e implementação de um pacote de ERP para uma empresa são processos bastante exigentes, consomem muito tempo e são geralmente dispendiosos. É necessária uma avaliação que examine a adequação do ERP à estratégia da empresa, as funções e os atributos, o apoio continuado e, obviamente, o custo. A Visão Setorial 8-1 discute algumas verificações e avaliações que precisam ser feitas antes da adoção de um sistema de ERP. Uma avaliação abrangente de sistemas ERP alternativos está além do escopo deste livro; entretanto, empresas de avaliação de *software*, como a AMR e Gardner Group, oferecem avaliações abrangentes para seus clientes.

Projeto do Sistema da Cadeia de Suprimentos

O sistema de informações da cadeia de suprimentos é a espinha dorsal das operações logísticas modernas. No passado, essa infra-estrutura focalizava as atividades de iniciação e de controle exigidas para obter, processar e expedir os pedidos dos clientes. Para as empresas de hoje manterem-se competitivas, o papel da infra-estrutura da informação precisa ser ampliado, para incluir as necessidades de planejamento, controle gerencial, análise de decisões e integração com outros membros da cadeia de suprimentos.

Embora a Figura 8-1 apresente os módulos da cadeia de suprimentos relativos aos demais módulos ERP, ela não descreve o fluxo detalhado de informações e produtos relativos à cadeia de suprimentos nos módulos de processo. A Figura 8-3 repete a Figura 2-3 para ilustrar o fluxo de informações e a relação entre módulos de processos-chave. Os processos-chave iniciam, monitoram e avaliam as atividades exigidas para preencher e repor os pedidos dos clientes. Esses processos apresentam duas formas. A pri-

---

[4] Para uma discussão mais detalhada sobre as capacidades do *software* ERP, veja Eryn Brown, "The Best Software Business That Bill Gates Doesn't Own", *Fortune*, 136, no. 12 (December 1997), pp. 242-250.

Visão Setorial 8-1   Os Desafios da Implementação de um Sistema ERP

Os sistemas empresarias parecem ser um sonho que se torna realidade. Esses pacotes comerciais de programas de computador prometem a integração, sem falhas, de todo tipo de informações que circulam dentro de uma empresa – financeiras e contábeis, de recursos humanos, da cadeia de suprimentos, dos clientes. Para os gerentes que estiveram lutando com sistemas incompatíveis de informação e práticas operacionais inconsistentes, a promessa de uma solução para os problemas de integração nos negócios é tentadora.

Entretanto, o número crescente de histórias de terror sobre projetos que falharam ou ficaram fora de controle deveriam, com certeza, sugerir uma pausa aos administradores. A FoxMeyer Drug afirma que seu sistema contribuiu para conduzi-la à falência. A Dow Chemical consumiu sete anos e quase meio bilhão de dólares na implementação de um sistema de base, apenas para começar do zero novamente.

Parte da culpa desses desastres está nos enormes desafios técnicos; esses sistemas são partes de *softwares* profundamente complexos, e a sua instalação requer um enorme investimento de dinheiro, tempo e *expertise*. Mas os desafios técnicos não são a razão principal da falência desses sistemas. Os maiores problemas são aqueles referentes a negócios. As empresas falham em conciliar os imperativos tecnológicos do sistema empresarial com suas próprias necessidades comerciais.

Um sistema empresarial impõe sua própria lógica sobre a estratégia, a organização e a cultura de uma empresa. Ele conduz a empresa na direção da integração, mesmo quando um certo grau de segregação de unidades de negócios possa ser de maior interesse. Além disso, o sistema leva a empresa a processos genéricos, ainda que os processos personalizados podem ser a razão da vantagem competitiva. Um sistema empresarial é, sobretudo, uma solução genérica e reflete uma série de hipóteses sobre o modo como as empresas operam em geral.

Imagine, por exemplo, um fabricante de produtos industriais que construiu uma estratégia em torno de sua capacidade de prover um serviço extraordinário aos clientes no atendimento de pedidos de peças sobressalentes. Por ser capaz de entregar peças em um nível 25% mais rápido do que os competidores, ela conquistou uma clientela fiel, disposta a pagar um preço diferenciado. Se, após a instalação de um sistema ERP, a empresa necessitar seguir um processo mais racional, embora menos flexível para o atendimento de pedidos, a razão essencial de sua vantagem será posta em risco. Esse perigo torna-se ainda mais presente em função de que um único pacote de ERP é cada vez mais utilizado por praticamente todas as empresas de um setor industrial. Essa convergência ao redor de um único pacote deveria levantar questionamentos graves nas considerações dos diretores: até que ponto nossos fluxos de informação podem ser semelhantes aos dos nossos competidores, antes de começarmos a minar nossas próprias fontes de diferenciação no mercado?

Os sistemas empresariais também causam um impacto direto, e muitas vezes paradoxal, sobre a organização e a cultura de uma empresa. Por um lado, ao prover acesso universal aos dados em tempo real, os sistemas permitem que as empresas alinhem suas estruturas gerenciais, criando organizações mais enxutas, mais flexíveis e mais democráticas. Por outro lado, eles também envolvem a centralização do controle sobre as informações e sobre a padronização dos processos, que são características de organizações hierárquicas de culturas uniformes.

Para as empresas multinacionais existe outra questão importante: que nível de uniformidade deveria existir na maneira como as empresas fazem negócios em diferentes regiões ou diferentes países? Talvez este seja o desafio mais difícil para um administrador que está implementando um ERP: unidades gerenciais corporativas e de negócios devem sentar juntas, muito antes de dar início à implementação do sistema, para definirem cada tipo principal de informação e cada processo principal da empresa. Questões difíceis precisam ser levantadas: o quanto é importante para nós processar pedidos de forma consistente para o mundo todo? Devemos estender o sistema a todas as nossas funções ou apenas implementar alguns módulos? Seria melhor ampliar o sistema de forma globalizada ou restringi-lo a apenas algumas unidades regionais? O termo "cliente" significa a mesma coisa para todas as unidades de negócios? Encontrar respostas para tais questões é essencial para tornar o ERP um sucesso.

Fonte: Thomas H. Davenport, "Putting the Enterprise into the Enterprise System", *Harvard Business Review*, July/August 1998, pp. 121-31.

---

meira é a dos processos de planejamento e de coordenação, para produzir e distribuir inventário. A segunda é a dos processos operacionais, para receber, processar, expedir e faturar os pedidos dos clientes.

O planejamento e a coordenação incluem os processos necessários para programar e coordenar as compras, a produção e a alocação dos recursos logísticos na empresa. Esses componentes específicos incluem a definição dos objetivos estratégicos, a racionalização das restrições de capacidade e a determinação das exigências de mercado/distribuição, da produção e de compras.

As operações incluem os processos necessários para gerenciar o atendimento dos pedidos dos clientes, incluindo processamento dos pedidos, alocação do inventário, operações de distribuição, operações de transporte e a coordenação dos pedidos de reposição. Os pedidos dos clientes refletem as demandas colocadas pelos clientes da empresa. Os pedidos de reposição iniciam a movimenta-

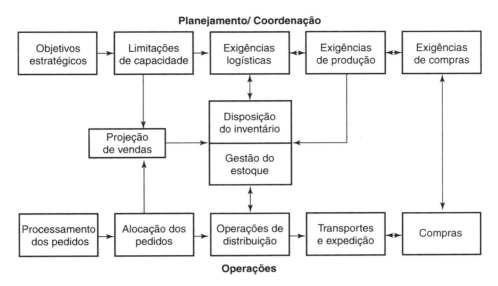

Figura 8-3 Arquitetura do sistema da cadeia de suprimentos.

ção dos produtos acabados entre as instalações de produção e de distribuição.

A distribuição e a gestão do inventário representam a interface entre o planejamento/coordenação e as operações que controlam o ciclo e a segurança do estoque de inventário sempre que a estratégia de fabricação sob medida (MTO – make-to-order) ou de montagem sob encomenda (ATO – assemble-to-order) não for possível. Quando uma empresa pode utilizar uma estratégia de produção de MTO, o planejamento/coordenação e os processos de operações essencialmente têm reflexo um no outro. Por exemplo, quando uma estratégia de MTO é possível, pode não ser necessário programar previamente a matéria-prima e a produção ou manter inventário de segurança.

Planejamento/Coordenação

Os **componentes de planejamento/coordenação** do sistema da cadeia de suprimentos formam as bases do sistema de informação para os fabricantes e comerciantes. Esses componentes definem as atividades essenciais que guiam a alocação de recursos e o desempenho de uma empresa desde as compras até a entrega do produto.

Como se pode observar na Figura 8-2, o planejamento/coordenação inclui os processos de planejamento de materiais na empresa e entre os parceiros da cadeia de suprimentos. Os componentes específicos são: (1) objetivos estratégicos; (2) restrições de capacidade; (3) necessidades logísticas; e (5) necessidades de compras.

Objetivos Estratégicos

Os direcionadores principais de informação para as empresas são os objetivos estratégicos que definem as metas de *marketing* e financeiras. Esses objetivos estratégicos são comumente desenvolvidos para um horizonte de planejamento de muitos anos, que geralmente inclui atualizações trimestrais. Os objetivos estratégicos do *marketing* definem os mercados-alvo, o desenvolvimento do produto, planos de *mix* de *marketing*, e o papel das atividades logísticas com valor agregado, tais como níveis de serviço ou capacitações. Os objetivos incluem o escopo de clientes, variedade de produtos e serviços, promoções planejadas, e os níveis de desempenho desejados. As metas de *marketing* são as políticas e objetivos de serviço aos clientes que definem os alvos das atividades e do desempenho logísticos e da cadeia de suprimentos. Os alvos do desempenho incluem a disponibilidade, a capacitação e os elementos de qualidade do serviço discutidos anteriormente. Os objetivos estratégico-financeiros definem as receitas, os níveis financeiros e de atividades, assim como suas despesas correspondentes, além das restrições de capital e de recursos humanos.

A combinação dos objetivos de *marketing* e financeiros define o escopo dos mercados, produtos, serviços, e os níveis de atividades que os administradores logísticos e da cadeia de suprimentos precisam acomodar durante o planejamento do horizonte. As metas específicas incluem níveis de atividade planejados anual ou trimestralmente como receitas, embarques e volume de carga. Os eventos que devem ser levados em consideração incluem as promoções de produtos, a introdução de novos produtos, a estratégia de *marketing* para lançar novos produtos em muitas regiões ao mesmo tempo, e aquisições. De forma ideal, os planos de *marketing* e financeiros devem estar integrados e ser compatíveis, pois a desarmonia resulta em serviço fraco, excesso de inventário ou falha em alcançar os objetivos financeiros.

A combinação dos objetivos de *marketing* e financeiros oferece o rumo para os outros planos da empresa. Embora o processo de estabelecer os objetivos estratégicos seja, por natureza, não-estruturado e amplo, ele precisa desenvolver e comunicar um plano detalhado o suficiente para que possa ser operacionalizado.

Restrições de Capacidade

As limitações de capacidade da logística e da produção são impostas por restrições internas ou externas quanto aos recursos de produção, de armazenamento e de transporte. Baseadas nos níveis de atividade definidos pelos objetivos estratégicos, essas restrições determinam os gargalos materiais e guiam a alocação dos recursos para atender às demandas do mercado. Para cada produto, as restrições de capacidade influenciam o onde, quando e quanto de produção, de estocagem, de movimentação e de capacidade de estocagem.

Os problemas relativos a capacidade podem ser resolvidos pela aquisição de recursos ou pela especulação/adiamento da produção ou da entrega. Os ajustes de capacidade podem ser feitos por aquisição ou acordos, tais como contrato para produção ou aluguel de instalações. A especulação reduz os gargalos ao antecipar exigências de maior capacidade da produção por meio de uma programação prévia ou contrato para produção. O adiamento retarda a produção e a expedição até que necessidades específicas sejam conhecidas e a capacidade possa ser alocada. Pode ser necessário oferecer incentivos aos clientes, tais como descontos ou bonificações, como forma de compensar a espera. As limitações de capacidade programam os objetivos estratégicos da empresa em fases, levando em consideração as restrições de instalações, finanças e recursos humanos. Essas restrições possuem uma influência importante na programação da logística, da produção e das compras.

As limitações de capacidade decompõem o plano operacional agregado da empresa em necessidades semanais ou diárias, e determinam o nível mensal ou semanal da produção para cada local de produção. A longo prazo existe grande flexibilidade, uma vez que muitas estratégias de adiamento, especulação e aquisição podem ser usadas. Mas a curto prazo, como no período de uma semana, existe flexibilidade limitada, pois os recursos estão geralmente comprometidos. A habilidade em considerar de forma conjunta as necessidades e restrições da empresa é decisiva para o planejamento e a coordenação efetivos da cadeia de suprimentos. As empresas mais bem-sucedidas costumam apresentar um alto nível de integração entre todos os componentes de planejamento/coordenação. Os sistemas APS, que discutiremos em detalhes no Capítulo 9, oferecem o suporte informativo para se avaliar, de forma efetiva, as restrições de capacidade.

Necessidades Logísticas

As exigências logísticas incluem em fases de tempo as instalações, os equipamentos, a mão-de-obra e os recursos de inventários necessários para a realização da missão logística. Por exemplo, o componente de necessidades logísticas programa os embarques de produtos acabados a partir da planta de produção até os centros de distribuição e os varejistas. A quantidade expedida é calculada como a diferença entre as necessidades dos clientes e o nível de inventário. As necessidades logísticas são geralmente implementadas utilizando o Planejamento das Necessidades da Distribuição (DPR – *Distribution Requirements Planning*) como ferramenta de controle de inventário e de controle de processos. As necessidades futuras têm como base as previsões, os pedidos de clientes e as promoções. As previsões baseiam-se nas vendas e nos insumos de *marketing*, juntamente com os níveis históricos de atividade. Os pedidos dos clientes incluem pedidos atuais, pedidos futuros acertados e contratos. A atividade promocional é particularmente importante quando se planeja as necessidades logísticas, pois isso geralmente representa um grande percentual de variação no volume e possui grande impacto na capacidade. O nível atual do inventário indica os produtos disponíveis para expedição. A Figura 8-4 mostra os componentes de cálculo para a determinação periódica das necessidades logísticas.

Especificamente, para cada período do planejamento, dia, semana ou mês, a soma da previsão mais os pedidos

```
+ Previsões (vendas, marketing, insumos, histórico, contas)
+ Pedidos de clientes (pedidos atuais, pedidos futuros acertados, contratos)
+ Promoções (promoção, planos de propaganda)
= Demanda no período
− Inventário disponível
− Recebimentos planejados
  Necessidades logísticas no período
```

Figura 8-4 Necessidades logísticas.

dos clientes, mais o volume promocional, representa a demanda no período. Não é fácil determinar o percentual de volume previsto que os pedidos conhecidos dos clientes representam, assim, algum julgamento deve ser feito. Em geral, a demanda no período é, na verdade, uma combinação dos três, já que as previsões atuais podem incorporar alguns pedidos futuros ou volume promocional. Quando se determina a demanda no período, é importante que a interseção entre a previsão, os pedidos futuros dos clientes e as promoções seja considerada. As necessidades logísticas por períodos são então determinadas pela demanda no período menos o inventário disponível mais os recebimentos planejados. Utilizando essa fórmula, cada período terminaria, de forma ideal, com zero de inventário disponível, assim, os recebimentos planejados iriam igualar exatamente a demanda no período. Embora a combinação perfeita entre a demanda e os suprimentos possa ser ideal na perspectiva de gestão de inventário, talvez ela não seja possível ou talvez ela não seja a melhor estratégia para a empresa.

As necessidades logísticas precisam estar sincronizadas com as restrições de capacidade e com as capacitações da produção, para que o sistema apresente um excelente desempenho; caso contrário, ocorrerá acúmulo no inventário de produtos acabados no final da linha de produção.

Necessidades de Produção

As necessidades de produção programam os recursos da produção e procuram resolver os gargalos de capacidade cotidianos por meio de um sistema de gestão de materiais. Os gargalos principais resultam da falta de matéria-prima ou das limitações diárias em termos de capacidade. As necessidades da produção determinam a Programação Mestra de Produção (MPS – *Master Production Schedule*) e o Plano das Necessidades da Produção (MRP – *Manufacturing Requirements Plan*). O MPS define semanal ou diariamente as programações de produção e de máquinas. Dado o MPS, o MRP programa no tempo as compras e a chegada de materiais e componentes para apoiar o plano de produção desejado. Embora essa discussão apresente as necessidades logísticas e as necessidades da produção em seqüência, elas precisam operar em paralelo. Isso ocorre particularmente nas empresas que utilizam estratégias de fluxo em relação à demanda ou estratégias de produção de acordo com o mercado. Essas estratégias coordenam as programações da produção diretamente com as demandas ou pedidos do mercado, e reduzem a necessidade de planejar ou fazer previsão. De certo modo, as estratégias de fluxo em relação à demanda ou de produção de acordo com o mercado projetam toda a produção por encomenda (MTO) e, assim, integram totalmente as necessidades logísticas e de produção.

De um certo modo, o *modelo Dell* de computadores MTO ilustra um processo que combina a produção com a demanda. Entretanto, mesmo o modelo Dell precisa operar dentro das restrições de capacidade em um horizonte de tempo limitado. A Figura 8-5 mostra como o MRP relaciona-se ao DRP em uma empresa.

Necessidades de Compras

As necessidades de compras programam as relações de pedidos de compra de materiais, os embarques e os recebimentos; baseiam-se nas restrições de capacidade, nas necessidades logísticas e nas necessidades da produção para determinar as necessidades de materiais a longo prazo e a programação de emissão das relações de compras. A programação de necessidades e de compras é então usada para a negociação das compras, a contratação, a coordenação dos equipamentos de transporte e a programação das chegadas de material.

Integração Planejamento/Coordenação

Embora cada componente de planejamento/coordenação possa operar – e freqüentemente isso ocorre – de forma independente, essa independência geralmente leva a incompatibilidades que criam excesso de produção e de inventário logístico, bem como ineficiência operacional. Para as empresas, não era incomum possuir previsões diferentes para cada módulo funcional, uma vez que cada um deles era controlado por funções organizacionais independentes. Por exemplo, os objetivos estratégicos podem desenvolver previsões exageradas para motivar a força de vendas, enquanto que a logística pode ser planejada com base em previsões mais moderadas. De forma semelhante, as diferenças entre as previsões da logística, da produção e das compras resultaram em incompatibilidades entre a aquisição de produtos, a programação da produção e a distribuição logística, o que gerou estoques de segurança desnecessários no suporte a tais operações independentes. Essa é uma característica do *grande divisor*, discutido no Capítulo 6.

Historicamente, os processos individuais de planejamento/coordenação limitaram a habilidade de se planejar dentro de restrições de capacidade. Cada processo de planejamento era essencialmente *incapacitado*, como se houvesse capacidade infinita. Fundamentalmente, o processo inicial de planejamento não mantinha para qualquer restrição de capacidade os recursos para as necessidades, a produção, a distribuição e o transporte. Uma vez que o processo de incapacidade estivesse concluído, processos heurísticos seriam usados para tentar uma adequação das demandas às restrições existentes na cadeia de suprimentos. Mais tarde, ferramentas mais sofisticadas de planejamento foram desenvolvidas para cada um dos processos de planejamento/coordenação, resultando em um tratamento mais direto da capacidade dos recursos. Entretanto, o enfoque sobre capacidade raramente se estendeu além dos processos funcionais individuais. Por exemplo, a produção desenvolvia um plano que estava, de uma forma geral, dentro das suas restrições de recursos e a logística

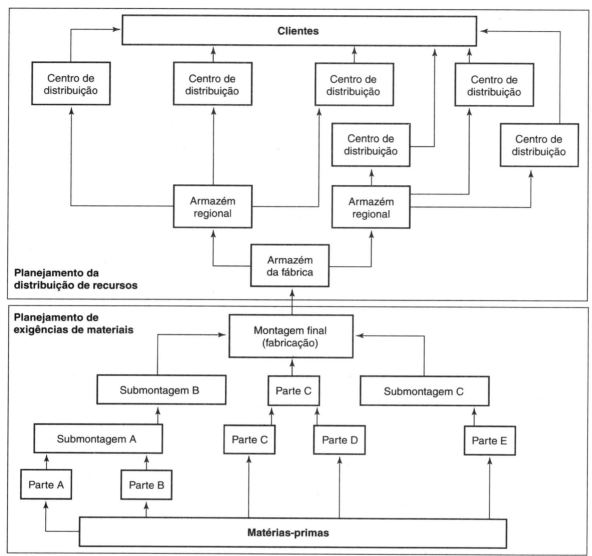

Fonte: Anônimo, "How DRP Helps Warehouse Smooth Distribution," *Modern Materials Handling* 39, no. 6 (April 1984), p. 53.

Figura 8-5 Visão geral do sistema de planejamento dos recursos.

fazia o mesmo. Porém, o plano integrado resultante raramente refletia as trocas compensatórias adequadas entre essas duas áreas funcionais.

As empresas estão aperfeiçoando a coordenação das necessidades e da capacidade ao fortalecer a consistência da previsão e ao promover uma avaliação mais integrada da capacidade, resultando em inventários mais baixos e melhor utilização dos recursos. A coordenação otimizada pode ser alcançada pelo uso de bancos de dados e previsões comuns, trocas de informações mais freqüentes e ferramentas de análise mais sofisticadas. As empresas com logística de alto desempenho utilizam a integração planejamento/coordenação como a fonte mais importante de uma efetividade aprimorada.

Operações

Os **sistemas de informação das operações** coordenados e integrados são igualmente essenciais para a competitividade da cadeia de suprimentos. A coordenação e a integração facilitam um fluxo suave e consistente de informações dos pedidos dos clientes e dos pedidos de reposição na empresa, e oferecem a visibilidade da situação atual do pedido. O compartilhamento de informações integradas reduz atrasos, erros e a necessidade de recursos. Os processos de operações exigidos para atender o pedido dos clientes e para coordenar o recebimento dos pedidos de compra são: (1) processamento de pedidos, (2) alocação de pedidos, (3) operações de distribuição, (4) transportes, (5) compras.

Processamento de pedidos

O **processamento de pedidos** é o ponto de entrada para os pedidos e pesquisas dos clientes. Ele permite a entrada e a manutenção dos pedidos dos clientes pelo uso de tecnologias de comunicação, tais como correio, telefone, fax, EDI e Internet. À medida que os pedidos ou pesquisas são recebidos, o processamento de pedidos entra e recupera informações, edita os valores apropriados e retém os pedidos corretos para sua alocação. O processamento de pedidos pode oferecer também informações sobre a disponibilidade do inventário e datas de entrega para estabelecer e confirmar as expectativas dos clientes. O processamento de pedidos, em conjunto com os representantes de serviços aos clientes, forma a interface inicial entre o cliente e o ERP, ou sistema de corporativos.

A Tabela 8-2 lista a funcionalidade principal do processamento de pedidos. Ela inclui a entrada de pedidos macro (*blanket*), eletrônicos e manuais. Os pedidos macro são pedidos de grandes quantidades, que refletem a demanda de um período amplo de tempo como um trimestre ou um ano. Os embarques futuros relativos aos pedidos macro são acionados por emissões individuais de pedidos. O processamento de pedidos cria e mantém a base de pedidos e de reposição dos clientes que desencadeia os demais componentes operacionais.

Alocação do Pedido

A **alocação do pedido** aloca o inventário disponível ao abrir os pedidos e a reposição referentes aos clientes. A alocação pode ocorrer em tempo real, quando os pedidos são recebidos, ou por um *modo batch*. O modo *batch* significa que os pedidos são agrupados para seu processamento periódico, por exemplo, por dia ou por turno. Embora a alocação em tempo real possua maior capacidade de resposta, um processo *batch* oferece à empresa maior controle nas situações em que o inventário é baixo. Por exemplo, em um processo *batch*, a alocação do pedido pode ser projetada para alocar o estoque somente do inventário atual ou da capacidade programada de produção. O sistema operacional tem mais capacidade de resposta se ele permite a alocação de inventário com base nas quantidades ou capacidades programadas de produção. A alocação das quantidades de produção é conhecida por utilizar o inventário *disponível conforme o prometido*, enquanto que a alocação da capacidade da produção utiliza o inventário *capaz de cumprir o prometido*. Entretanto, existe uma troca compensatória, uma vez que a alocação da capacidade programada da produção reduz a capacidade da empresa de reprogramar a produção. Os melhores aplicativos de alocação de pedido operam de forma interativa em conjunto com o processamento de pedidos, a fim de gerar uma solução para o pedido que satisfaça as exigências dos clientes dentro das restrições de recursos da empresa. Nesse tipo de ambiente operacional, o representante de serviço ao cliente e o próprio cliente interagem para determinar a combinação de produtos, quantidades e extensão do ciclo de desempenho aceitáveis por ambas as partes. Em caso de conflito de alocação de pedidos, as soluções possíveis incluem ajustes da data de entrega, substituição de produtos ou embarque partindo de outra origem.

A Tabela 8-2 lista as funcionalidades típicas da alocação de pedidos, que inclui a alocação de inventário, a criação e o processamento de pedidos, a geração do documento de seleção de pedidos e a verificação do pedido. Os documentos de seleção dos pedidos, em papel ou eletrônicos, direcionam as operações de distribuição para selecionarem um pedido a partir do centro de distribuição ou do armazém, e o acondicionam para o embarque. O pedido de um cliente ou de reposição, com seu inventário alocado ou seleção de material para o pedido correspondente, liga a alocação do pedido às operações físicas do centro de distribuição.

Operações de Distribuição

As **operações de distribuição** incorporam processos para guiar as atividades físicas dos centros de distribuição, incluindo o recebimento de produtos, a movimentação e a estocagem de material, e a seleção do pedido. Por essa razão, são comumente denominados *sistemas de gestão de controle de inventário* ou *sistemas de gestão de armazenagem* e também, às vezes, *sistemas localizadores de armazém*, em referência à sua capacidade de encontrar os locais de estocagem de inventário nos armazéns. As operações de distribuição direcionam todas as atividades dos centros de distribuição utilizando uma combinação de alocações *batch* e tempo real. No ambiente *batch*, o sistema das operações de distribuição desenvolve uma lista de instruções ou tarefas "a serem realizadas" para guiar cada responsável pelo manuseio de material no armazém. Os responsáveis pelo manuseio de material são os indivíduos que operam equipamentos como empilhadeiras e paletes. Em um ambiente de tempo real, as tecnologias de informações direcionadas, tais como código de barras, comunicação por rádio-freqüência e equipamentos automatizados de manuseio, operam de forma interativa com os processos de operações de distribuição, para reduzir o espaço de tempo entre a decisão e a ação. As tecnologias de informação em tempo real direcionadas para o manuseio de materiais, cujos detalhes estão no Capítulo 14, também precisam fazer interface de forma direta com o processo das operações de distribuição para que haja flexibilidade operacional e redução das necessidades de ciclo de tempo do desempenho interno.

A Tabela 8-2 lista a funcionalidade típica das operações de distribuição. Além de direcionarem as operações e atividades do armazém, as operações de distribuição, agora, precisam também planejar as necessidades operacionais e avaliar o desempenho. O planejamento das operações inclui as programações de pessoal e de recursos, incluindo funcionários, equipamentos e instalações. A ava-

Tabela 8-2 Funcionalidade dos sistemas de operações

Processamento de pedidos	Alocação de pedidos	Gestão de inventário	Operações de distribuição	Transportes e expedição	Compras
Entrada de pedidos (manual, listas ou eletrônica)	Criar listagem de pedidos	Modelo e análise de previsões	Alocar e rastear localizações de armazenagem	Seleção de transportadoras	Conferência das faturas e pagamento
Verificação de crédito	Gerar faturas	Manutenção e atualização de dados de previsão	Contagem de ciclos de inventário	Programação de transportadoras	Revisão de pedidos em aberto
Disponibilidade no inventário	Gerar documentos de seleção de pedidos	Seleção de parâmetros de previsão	Programação de mão-de-obra	Despacho	Entrada de pedidos de compra
Conhecimento de pedidos	Alocação de inventário	Seleção de técnicas de previsão	Programação de equipamento	Preparação de documentos	Manutenção de pedidos de compra
Modificação de pedidos	Processar listagem de pedidos	Seleção de parâmetros de inventário	Controle de lotes	Pagamento de fretes	Recebimento de pedidos de compra
Formação de preços de pedidos	Liberar estoque reservado	Simulação e teste do inventário	Seleção de pedidos, localização e ressuprimento	Mensuração do desempenho	Situação de pedidos de compra
Conhecimento da condição de pedidos	Realocar fonte de pedidos	Planejamento das necessidades de inventário	Recebimento	Consolidação de embarques e criação de rotas	Pedidos de cotas
Preços e extensão de descontos	Liberar listagem de pedidos	Integração de dados de promoções	Descarte	Determinação de tarifa de embarques	Comunicação de exigências
Verificação de promoção	Verificar embarques	Programação, construção, liberação de pedidos de ressuprimento	Armazenagem	Programação de embarques	Programação de agenda de recebimentos
Processamento de devoluções		Definição dos objetivos de serviço	Mensuração de desempenho	Rastreamento e expedição de embarques	Histórico de fornecedor
Gestão de serviços				Carregamento de veículos	

liação do desempenho inclui o desenvolvimento de relatórios de produtividade do pessoal e dos equipamentos.

Transporte e Embarque

Os processos de transporte e de embarque, geralmente conhecidos como *Sistemas de Gestão do Transporte* (*TMS – Transportation Management System*), planejam, executam e gerenciam as funções de transporte e de movimentação. O TMS inclui o planejamento, a programação, a consolidação e a notificação dos embarques, e também a geração da documentação de transporte e o controle dos transportadores. Esses processos facilitam a utilização eficiente dos recursos do transporte e o controle efetivo sobre o transportador.

Uma característica singular do TMS é que o sistema geralmente envolve três partes – o expedidor, o transportador e o consignatário (destinatário). Para gerenciar o processo de forma efetiva, é indispensável haver um nível básico de integração de informações. O compartilhamento de informações exige formatos padronizados de dados para os documentos de transporte. Nos Estados Unidos, o Comitê de Coordenação de Dados do Transporte (TDCC – *Transportation Data Coordinating Committee*) e o VICS iniciaram e aprimoraram a padronização dos formatos de documentos do transporte. Esses esforços para integrar os documentos do transporte com outros documentos comerciais, tais como pedidos, faturas e notificações de embarque, foram discutidos no Capítulo 7.

A Tabela 8-2 lista a funcionalidade dos transportes e dos embarques. O TMS gera a documentação para liberar o pedido de embarque e verifica a habilidade da empresa de entregar o pedido de forma satisfatória. Historicamente, o TMS focalizava a geração de documentação e o acompanhamento das tarifas. Os documentos do transporte incluem os manifestos e os conhecimentos de embarque, aspectos discutidos mais adiante, no Capítulo 12; as tarifas são os encargos cobrados pelo transportador para a movimentação do produto. O grande número de embarques efetuados pela maioria das empresas exige um TMS automatizado e direcionado para a exceção, capaz de reduzir erros e registrar o desempenho. Com a crescente oportunidade de fortalecer o desempenho através de uma gestão otimizada dos transportes, a funcionalidade contemporânea do TMS enfatiza o monitoramento do desempenho, a auditoria das tarifas, a definição de rotas e a programação, o faturamento, os relatórios e a análise das decisões. Os aplicativos TMS avançados incorporam uma capacitação maior no planejamento e na avaliação do desempenho, e são denominados *sistemas de execução empresarial*, que discutiremos na próxima seção.

Compras

Compras gerencia a preparação, a modificação e a liberação dos Pedidos de Compra (PO – *Purchase Order*), além de acompanhar o desempenho e o cumprimento por parte dos vendedores. Apesar de os sistemas de compras não serem tradicionalmente considerados parte dos sistemas logísticos, a importância de se integrar compras às programações da logística é indiscutível, para facilitar a coordenação do recebimento de materiais, da capacidade das instalações e dos percursos de retorno nos transportes.

Para a gestão integrada da cadeia de suprimentos, compras precisa acompanhar e coordenar as atividades de recebimento e de embarque, para otimizar a programação das instalações, dos transportes e do pessoal. Por exemplo, já que as docas de carregamento e descarregamento são geralmente recursos críticos nas instalações, um sistema eficaz de compras deveria coordenar o uso do mesmo transportador, tanto para as entregas como para os embarques. Essa capacitação exige que o sistema da empresa possua visibilidade de recebimentos e de embarques. A integração do sistema da cadeia de suprimentos poderá ser fortalecida futuramente pela integração eletrônica com os fornecedores. A Tabela 8-2 lista a funcionalidade de compras. O estado da arte dos sistemas de compras oferece planos, direciona as atividades e avalia o desempenho, coordenando as atividades de movimento de entrada e saída de materiais.

Os sistemas operacionais são geralmente bem integrados, mas é necessário rever continuamente os sistemas para remover gargalos e fortalecer a flexibilidade. Um eficaz e eficiente sistema ERP de operações é essencial para um desempenho de alto nível da empresa; ainda assim, sozinho ele será incapaz de impulsionar a empresa para a categoria de alto desempenho.

Distribuição e Gestão do Inventário

A **distribuição e gestão do inventário** atua como interface fundamental entre o planejamento/coordenação e as operações ao planejar as necessidades e gerenciar o inventário de produtos acabados, desde a produção até o embarque aos clientes. Especificamente, onde o inventário de produtos acabados deveria ser movimentado através das cadeias de suprimentos? Quando os pedidos de reabastecimento deveriam ser feitos? Que quantidade deveriam especificar os pedidos? As empresas com sistemas de materiais MTO integraram essencialmente seus planejamentos/coordenação e operações, para que fosse mínima a necessidade de distribuição e gestão de inventário.

O primeiro componente dos sistemas de distribuição e gestão de inventário é o processo de previsão. Esse processo prevê as necessidades de produtos por cliente e por centro de distribuição, para respaldar o planejamento da empresa.

O segundo módulo da distribuição e gestão de inventário é o apoio à decisão de alocação de inventário, variando de modelos reativos simples a ferramentas complexas de planejamento. O auxílio à decisão é necessário para guiar os planejadores de inventário na decisão de quando e quanto pedir. Modelos reativos respondem à demanda atual e às situações de inventário utilizando como parâmetros o ponto de reabastecimento e os pedidos de quantidade. Em outras palavras, eles tomam decisões de reposição ao reagir aos níveis correntes de inventário. As ferramentas de planejamento antecipam necessidades futuras com base nas previsões e em projeções dos ciclos de tempo. As ferramentas de planejamento permitem que os administradores identifiquem problemas potenciais, enquanto estes ainda podem ser resolvidos, por meio de uma gestão proativa.

Os sistemas de distribuição e gestão de inventário também diferem na quantidade exigida de interação humana. Alguns aplicativos exigem que planejadores de inventário efetuem ou aprovem, manualmente, todos os pedidos de reposição. Esses sistemas não são baseados na exceção, pois todos os pedidos de reposição exigem a aprovação explícita dos planejadores. Os sistemas baseados na aprovação manual exigem maior número de recursos humanos, mas podem incorporar melhores julgamentos. Aplicativos de maior sofisticação realizam automaticamente os pedidos de reposição e monitoram seu progresso ao longo do ciclo de reposição. Aplicativos sofisticados ilustram uma filosofia mais baseada na exceção, uma vez que os planejadores intervêm apenas no caso de pedidos excepcionais de reposição.

Os direcionadores fundamentais da distribuição e da gestão do inventário são os objetivos do serviço ao cliente estabelecidos pela administração. Os objetivos de serviço definem as metas de cumprimento de atendimento para os clientes e os produtos. A combinação dos objetivos de serviço, das características da demanda, das características da reposição e das políticas operacionais determina o onde, o quando e o como, discutidos anteriormente. A distribuição e a gestão de inventário efetivas podem reduzir de forma significativa o nível dos ativos em inventário, exigidos para atender a objetivos de serviço específicos.

Além de iniciar as decisões básicas de inventário, a distribuição e a gestão de inventário precisam avaliar o desempenho do inventário pelo acompanhamento do nível, dos giros e da produtividade do inventário. A Tabela 8-2 apresenta a funcionalidade da distribuição e da gestão do inventário para uma aplicação logística relativamente sofisticada. Note que a funcionalidade inclui várias atividades relacionadas à previsão. A distribuição e a gestão de inventário exigem estimativas das demandas futuras na forma de previsões implícitas ou explícitas. Previsões implícitas, ou básicas, assumem que as vendas do mês seguinte serão as mesmas do mês anterior. As previsões explícitas são desenvolvidas de forma mais científica, com a utilização de informações da empresa, dos clientes e das ações dos concorrentes. A proposição básica é que informações de previsão mais integradas facilitam a distribuição e a gestão do inventário, e resultam em menos exigências de inventário.

Como a tecnologia da informação está evoluindo muito mais rapidamente do que a maioria das outras capacitações logísticas, tais como o transporte e o manuseio de materiais, as novas tecnologias precisam ser revistas constantemente, para se determinar potenciais aplicações logísticas. É impossível para um livro-texto oferecer informações em tempo real sobre a situação de toda tecnologia da informação que possa ter aplicações logísticas; entretanto, existem várias tecnologias que têm demonstrado aplicações logísticas amplas, como as que veremos a seguir.

Sistemas de Execução Empresariais

Os sistemas ERP estão fortalecendo substancialmente a consistência e a integração dos processos e das informações das operações da cadeia de suprimentos. Ainda assim, o foco nos processos integrados tem em geral reduzido a funcionalidade e os atributos do sistema, particularmente no caso dos próprios elementos operacionais, como a gestão de armazéns e de transportes. Embora muitos sistemas ERP incorporem alguma capacitação de gestão de armazéns e de transportes, quase sempre eles são um pouco rudimentares ou *não-ricos em atributos*. O resultado é que os módulos de ERP não são capazes de desempenhar algumas das atividades mais importantes, em especial aquelas focalizadas no aprimoramento de valor, exigidas pelas operações da cadeia de suprimentos. Os sistemas de execução empresariais, incluindo o CRM, TMS e WMS, estão evoluindo para atender a essas necessidades específicas.

Gestão do Relacionamento com Clientes

CRM é projetado para ampliar a funcionalidade das vendas de ERP e para propiciar aplicativos, como mostra a Figura 8-6.[5] As empresas estão utilizando o CRM para a transição entre tratar os clientes como fontes de renda a serem exploradas e tratá-los como ativos a serem cultivados. Apesar de as aplicações tradicionais em vendas e entrega terem sido projetadas para aceitar os pedidos dos clientes em uma ampla gama de formatos e para permitir que esses pedidos sejam gerenciados no seu processo de atendimento, um leque ainda maior de capacitações é necessário para gerenciar o relacionamento com os clientes. Além dessa funcionalidade básica, o CRM atualmente exige o acompanhamento das vendas, a análise do histórico de vendas e a gestão da precificação, das promoções, do composto de produtos e de categorias. Em alguns casos, a expectativa dos clientes é que a força das vendas de seus fornecedores gerencie a categoria de produtos como um todo na sua instalação. Por exemplo, cada vez é mais comum os comerciantes de produtos de mercearia esperarem que seus fornecedores gerenciem o *mix* de produtos e as quantidades nas prateleiras para as categorias mais importantes de produtos, tais como bebidas e produtos especiais. Essa prática, conhecida como *gestão da categoria*, requer apoio substancial de informações por parte do fabricante, mas também facilita o compartilhamento de informações.

Sistema de Gestão de Transportes

Em geral, o TMS avançado precisa identificar e avaliar proativamente as estratégias e táticas de transporte, para determinar os melhores métodos de movimentar os produtos dentro das restrições existentes. Como mostra a Tabela 8-3, isso inclui as capacitações para selecionar modos, planejar carregamentos, consolidar carregamentos com outros expedidores, aproveitar os movimentos de tráfego atuais não balanceados, traçar rotas de veículos e otimizar o uso dos equipamentos de transporte. As principais realizações advindas dos TMSs são as economias de custo e a funcionalidade elevada para oferecer dados confiáveis ATP e CTP. A Visão Setorial 8-2 descreve como o TMS foi aplicado na Meldisco para reduzir os custos com transporte.

Sistema de Gestão de Armazéns

Historicamente, a funcionalidade dos sistemas tradicionais de armazenamento focalizava o recebimento de embarques de reposição, estoques rejeitados e coleta de pedidos. A Figura 8-7 ilustra outras atividades-padrão tradicionais classificadas na categoria *funcionalidade essencial do WMS*. (O Capítulo 13 discute essas atividades específicas em detalhes.) Os armazéns atualmente precisam oferecer uma gama mais ampla de serviços, uma

---

[5] Para uma discussão mais detalhada, veja Charles Trepper, "Customer Care Goes End-to-End", *Information Week.com*, May 15, 2000, pp. 55-73.

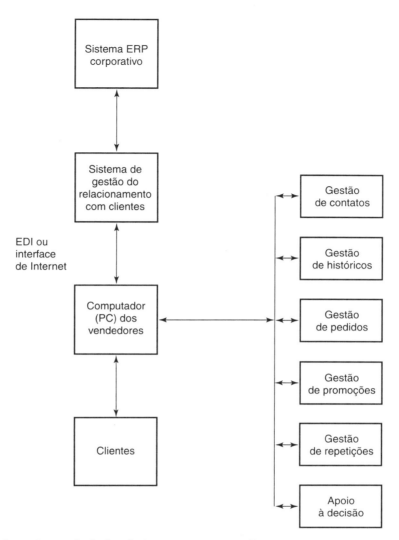

Figura 8-6 Sistema típico de gestão ampliada do relacionamento com os clientes.

Tabela 8-3 Expectativas do cliente relacionadas ao desempenho logístico

- Consolidação de pedidos
- Otimização de rotas
- Gestão das tarifas de transportadoras
- Ligações via EDI com transportadoras
- Rastreamento de embarques via Internet
- Gestão integrada de reclamações
- Identificação dos modos mais econômicos: pacotes, carga fracionada (LTL), carga fechada (TL), *pool* de distribuição, paradas em trânsito
- Cálculo da melhor rota
- Seleção de transportadoras com base em custos e serviços, inclusive desempenho

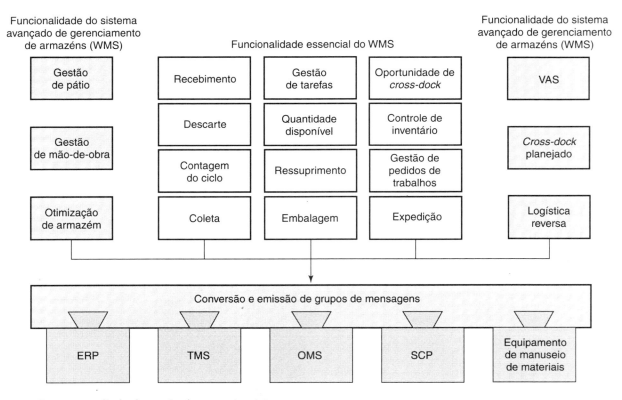

Figura 8-7 Sistema ampliado de gestão de armazém típico.

Visão Setorial 8-2 Meldisco: Software Reduz os Custos de Transporte

A Meldisco é a única fornecedora de calçados para as lojas Kmart no mundo todo. Ela adquiriu um *software* de gestão do transporte no esforço de aprimorar seu processo de gestão da cadeia de suprimentos, para distribuir produtos às lojas de forma mais efetiva.

Em 1996, a empresa substituiu quatro centros de distribuição (CDs) regionais (cada um deles recebia produtos de outros países e entregava diretamente às lojas) por dois novos centros de distribuição. Atualmente, todos os calçados oriundos de consolidadores em outros países seguem para a instalação de Mira Loma, CA, onde são preparados em *cross-dock** para embarque direto às lojas, *pools* ou ao outro centro de distribuição da Meldisco em Gaffney, SC. O centro de distribuição de Mira Loma atende a aproximadamente 25% da cadeia, enquanto que o da Gaffney embarca o restante.

A Meldisco inicialmente preocupou-se em encontrar um sistema que automatizasse as reclamações de carga. Ela logo se deu conta do valor de implementar um programa de transporte mais robusto, que poderia gerenciar o recebimento e saída de cargas e que faria interface com seu WMS. Joe Bongiovanni, diretor de operações, afirma: "Queríamos ser capazes de acompanhar nossa carga, não apenas entre as quatro paredes do centro de distribuição, mas também fora dele".

A empresa começou a implementar o sistema Empresarial de Gestão do Transporte da Metasys em fevereiro de 1996. "Aproximadamente 80% dos nossos produtos provêm de outro país, e um dos nossos problemas era que nossos recebimentos estavam muito concentrados na primeira semana do mês", expõe Bongiovanni. "A Metasys ofereceu a capacitação para nivelar essa programação de recebimento".

O módulo MetaCarga da Metasys acompanha a carga de recebimento desde o porto em Mira Loma até sua chegada no centro de distribuição; a seguir, passa adiante as informações para o WMS da Meldisco. Uma vez que os produtos são carregados numa carreta, o WMS mais uma vez faz interface com a Metasys para acompanhar a carga de distribuição.

A Meldisco instalou o *software* da Metasys nos seus 45 pontos de *pool* terceirizados no país, para alertar quando um caminhão está a caminho. Quando ele chega, o *pool* escaneia a carga para o sistema. "Existe um círculo fechado", explica Bongiovanni. "O que nós envia-

(*Continua*)

---

* N. de T.: *Cross-dock* é uma operação de recebimento de veículos com cargas consolidadas, que são recebidas em uma instalação e, em seguida, separadas e acondicionadas em veículos menores para entrega.

Visão Setorial 8-2   Meldisco: Software Reduz os Custos de Transporte *(Continuação)*

mos e o que eles recebem deve ser o mesmo, e o sistema verifica isso". A Meldisco descarrega as informações da demanda para a Metasys, que produz listas de retirada e subconhecimentos de embarque nos pontos de *pool*, informando quando enviar o produto para as lojas específicas. O sistema carrega essas informações no VMS da Meldisco, que reenvia para a rede de informações da loja da empresa para notificar os gerentes das lojas sobre o que está a caminho.

A Meldisco verificou um grande aumento na precisão desde que começou a testar o módulo Metacadeia da Metasys em junho de 1998. A empresa espera aumentar a precisão de seus relatórios de excesso, faltas e de danos, passando dos atuais 80% para aproximadamente 98%. Com mais 130 milhões de pares de calçados movimentando-se anualmente na sua linha de fornecimento, isso se traduz em economias significativas.

Ao antecipar algumas dores de cabeça em relação às reclamações de cargas, os *pools* possibilitam à Meldisco 1,5% de redução nas tarifas dos transportadores. A empresa recebe uma redução adicional de 1% dos *pools* ao fazer pagamentos sem fatura através do sistema Metasys. Outro benefício atribuído diretamente ao fato de ter um sistema automatizado de acompanhamento de produtos em trânsito é a possibilidade de postergar os faturamentos para as lojas. "Antes do Metasys, quando o produto saía do CD, ele era faturado imediatamente para a loja", revela Bongiovanni. "Ele poderia ficar em trânsito por quatro ou cinco dias, mas já estaria sendo apontado em seus livros". Resolver as reclamações ou faltas de produtos depois do fato ocorrido poderia ser difícil, e freqüentemente a falta era absorvida pela loja.

A Meldisco melhorou significativamente a eficácia e a eficiência de sua cadeia de suprimentos através da implementação de um TMS.

Fonte: Leslie Hansen Harps, "Warehouse Management System: What's Up With That?" *Inbound Logistics*, May 1999.

Visão Setorial 8-3   Os Métodos da Moen para a Expansão da Cadeia de Suprimentos

"Não se pode mais lidar com cadeias de suprimentos manualmente", afirmou o vice-presidente de logística da Moen, uma importante fabricante de torneiras para cozinha. À medida que cresce a complexidade da cadeia de suprimentos devido a exigências mais exclusivas por parte dos clientes, sistemas flexíveis e de resposta mais rápida são exigidos para atender simultaneamente a exigências específicas dos clientes, dentro das restrições dos sistemas de cadeia de suprimentos. Quando a alta administração da Moen vislumbrou as exigências logísticas de seus clientes para os próximos cinco anos, ela antecipou a necessidade de entregas mais rápidas, taxas de atendimento melhores, notificações de embarque antecipadas (ASN – Advanced Shipping Notices) via EDI e um sistema de etiquetamento formal utilizando transmissões UCC 128. O objetivo da empresa era processar um pedido, um embarque e uma fatura no espaço de 24 horas e ter o produto fabricado e levado ao local do cliente dentro de 5 dias.

Para atender a essas exigências de serviço, a Moen investigou o uso de um WMS para iniciar e acompanhar as atividades no armazém, permitindo assim, que os clientes efetuem a leitura óptica dos códigos de barra nos produtos recebidos, comparem esses dados com os pedidos de compra e, automaticamente, atualizem seu inventário. O WMS foi integrado ao Sistema de Gestão do Pedido (OMS – Order Management System) da Moen em seu computador central. A Moen buscou reduzir o estoque de segurança para apoiar a produção, mesmo quando sua linha de produtos continuava a expandir-se. O WMS ajudou a alcançar essa redução ao facilitar a fabricação a pedido, o que exigia o fornecimento apenas das peças certas no tempo certo às suas unidades próprias de produção.

A implementação do WMS ensinou à Moen várias lições a respeito da precisão e do fluxo de informações. Durante a integração do WMS com o OMS ocorreram alguns fluxos de dados inesperados, onde o OMS comunicou-se com o sistema de armazenagem anterior. A Moen precisou modificar o OMS de corporativos para redirecionar ou redefinir esses fluxos de comunicação e assim atender às expectativas relativas ao WMS. A Moen também percebeu rapidamente que os dados precisos dimensionais sobre o inventário são decisivos, uma vez que o *software* de coletas, os algoritmos de armazenamento e de embarque inserem as dimensões dos produtos estocados nos arquivos de dados. A Moen recalculou o volume cúbico e o peso de seus produtos, resultando em dados mais eficientes, bem como manuseio, expedição e estocagem melhores. Recentemente, uma ferramenta de volume cúbico/peso foi adicionada para automatizar esse processo.

A Moen identificou quatro benefícios principais resultantes da implementação do WMS. Primeiro, o WMS em conjunto com o equipamento de RFDC tornou o processo como um todo "sem papel", o que aumentou de forma substancial o cumprimento de prazos, a produtividade e a precisão. Segundo, a precisão aumentada dos dados, resultante de dados dimensionais melhorados, fortaleceu a credibilidade do processo de planejamento e possibilitou melhor utilização de ativos em instalações e veículos. Terceiro, o sistema WMS aumentou a precisão do detalhamento dos produtos, fortalecendo a habilidade da Moen de garantir que o *mix* correto de produtos esteja dentro da área de coleta para refletir as mudanças dos clientes ao longo do tempo. E, como quarto benefício, o WMS reduziu os níveis de inventário através do aumento da certeza quanto à disponibilidade e situação do inventário.

Fonte: Christopher Trunk, "How Moen Handles Supply Chain Expansion", *Supply Chain Flow Supplement*, June 1998, pp. 11-12.

vez que estão freqüentemente desempenhando uma produção leve. Deles também se exigeque gerenciem cada vez mais o inventário pelo método *just-in-time*. A Figura 8-7 ilustra algumas dessas atividades indicadas como *funcionalidade avançada de WMS*. A gestão de pátio refere-se ao processo de gerenciar o veículo e o inventário que se encontra no interior do veículo, quando este ainda está no pátio do armazém. O giro mais rápido de inventário exige que se tenha dele uma melhor visibilidade, mesmo em veículos de transporte. A gestão da mão-de-obra refere-se à maximização do uso da mão-de-obra do armazém. Historicamente, a mão-de-obra do armazém tem sido bastante especializada, permitindo um planejamento relativamente fácil. Atualmente, entretanto, a expectativa é que a mão-de-obra do armazém desempenhe uma variedade mais ampla de atividades, para minimizar o número de funcionários necessários em qualquer dado momento. A otimização do armazém refere-se à seleção do melhor local dentro do armazém para estocagem e retirada de produtos, com o objetivo de minimizar tempos e movimentações. *Serviços com Valor Agregado* (VAS – Value-Added Service) referem-se à coordenação das atividades do armazém para personalizar o produto, tais como acondicionamento, etiquetas, *kitting* e preparação de demonstradores (*displays*). O *cross-docking* e a fusão planejados representam a integração de duas partes do pedidos dos clientes que já foram fornecidas a partir de um fornecedor diferente, sem manutenção de inventário. Essa estratégia é muitas vezes utilizada no setor de computadores pessoais, para juntar a unidade de processamento ao monitor no armazém, pouco antes da entrega ao cliente final. Uma vez que não há inventário de nenhuma das peças no armazém, a atividade de fusão exige cálculo de tempo e coordenação precisos. Uma função final da execução é a capacitação para gerenciar as atividades da logística reversa, tais como devoluções, reparos e reciclagens. Ambos os interesses, os dos clientes e os ambientais, estão aumentando suas demandas para que as cadeias de suprimentos possam acomodar a logística reversa. A Visão Setorial 8-3 descreve o uso e os benefícios da WMS para a Moen.

Resumo

As bases de qualquer sistema de informação da cadeia de suprimentos de uma empresa são o sistema ERP e os de execução, que provêm os sistemas de transação e os bancos de dados para iniciar e acompanhar as atividades das cadeias de suprimentos. As empresas continuam a colocar uma forte ênfase na implementação dos sistemas ERP para obter informações consistentes, economias de escala e integração. Essas características estão se tornando exigências básicas para o comércio globalizado. Um projeto de sistema ERP de base ampla inclui uma banco de dados integrados juntamente com módulos que apóiam a cadeia de suprimentos, os serviços e as operações financeiras, além de dar suporte à gestão de recursos humanos.

O projeto do sistema de cadeias de suprimentos inclui os componentes para planejamento/coordenação, operações e distribuição do inventário. Baseado nos planos estratégico e de *marketing* da empresa, o componente de planejamento/coordenação gerencia as capacidades de produção, de estocagem e de movimentação da empresa. O componente de operações provê as informações de transações para iniciar pedidos, alocar inventário, selecionar os pedidos no armazém, transportes e o faturamento dos pedidos dos clientes e dos de reposição. Baseado nos níveis de vendas e de previsão, o componente de distribuição de inventário gerencia o inventário da cadeia de suprimentos de maneira que atenda aos níveis de serviço, enquanto minimiza o inventário.

Os sistemas empresariais de execução fazem interface com o sistema ERP para as funções de serviço aos clientes, transportes e armazenagem. O CRM oferece o histórico detalhado do cliente e as informações das atividades em andamento para o pessoal de vendas e de serviço ao cliente, a fim de reduzir a incerteza dos clientes e de fortalecer seu sucesso. O TMS acompanha a movimentação de materiais e orienta a utilização dos recursos de transporte. O WMS inicia e controla as atividades de armazenagem e a tecnologia de manuseio de materiais. As capacitações nos sistemas empresariais de execução firmam-se cada vez mais como diferencial no desempenho das cadeias de suprimentos, pois permitem que a empresa atenda às exigências específicas de clientes.

Embora o sistema ERP ofereça a infra-estrutura de comunicação, de processo e de dados para conduzir as operações da cadeia de suprimentos, uma visão clara e discernimento são necessários para guiar as decisões na cadeia de suprimentos. No Capítulo 9, veremos como o apoio às decisões tem se tornado ainda mais crucial a partir de um escopo e complexidade cada vez maiores das decisões na cadeia de suprimentos.

Questões Desafiadoras

1. Comente a racionalização para a implementação de sistemas ERP por parte das empresas envolvidas na gestão da cadeia de suprimentos.

2. Comente os desafios mais importantes que uma empresa deveria esperar quando implementa um sistema ERP integrado, incluindo as aplicações financeiras, na cadeia de suprimentos, em serviços e recursos humanos.

3. Explique de que maneira o fluxo de planejamento/coordenação e o fluxo de operações diferem em empresas com estratégias MTO e MTS.

4. Compare e estabeleça a diferença entre o papel do planejamento/coordenação e o das operações na melhoria da competitividade da empresa.
5. Compare e estabeleça a diferença entre os direcionadores e o papel dos sistemas MRP e DRP.
6. Esclareça por que é importante coordenar a chegada dos embarques de materiais comprados com os embarques aos clientes.
7. Comente sobre o direcionador e o papel do sistema de gestão e distribuição do inventário.
8. Comente a base lógica e os riscos associados à utilização de previsões comuns para conduzir o fluxo de planejamento/coordenação da empresa.
9. Comente o papel do sistema CRM no fortalecimento da competitividade de uma empresa.
10. Explique de que maneira a funcionalidade avançada do WMS irá modificar o papel dos centros de distribuição na cadeia de suprimentos.

9

Planejamento e Programação Avançados

Base Racional para o Planejamento e Programação Avançados
    Reconhecimento do Horizonte de Planejamento
    Visibilidade na Cadeia de Suprimentos
    Avaliação Simultânea de Recursos
    Avaliação de Recursos
Aplicativos APS da Cadeia de Suprimentos
    Planejamento da Demanda
    Planejamento da Produção
    Planejamento das Necessidades
    Planejamento do Transporte
Visão Geral de Projetos dos Sistemas APS
    Componentes dos Sistemas APS
Previsão
    Componentes da Previsão
    Abordagens da Gestão de Previsões
    Processo de Gestão das Previsões
    Técnicas de Previsão
    Erros de Previsão
    Planejamento, Previsão e Reabastecimento Colaborativos
Benefícios do APS e Considerações
    Benefícios
    Considerações
Resumo

O suporte às decisões tem se tornado mais decisivo em função de o escopo e a complexidade serem cada vez maiores nas decisões envolvendo cadeia de suprimentos. Os Sistemas de Apoio às Decisões (DSS – *Decision Support System*) guiam os gestores e planejadores no processo de entendimento e de avaliação de alternativas complexas da cadeia de suprimentos. Os DSS especializados, conhecidos como Sistemas de Planejamento e Programação Avançados (APS – Advanced Planning and Scheduling), são necessários para auxiliar os administradores a utilizarem recursos na cadeia de suprimentos de forma eficiente e efetiva, incluindo materiais, produção, mão-de-obra, instalações e transporte.

Base Racional para o Planejamento e Programação Avançados

Historicamente, os processos de planejamento da logística e da cadeia de suprimentos eram concluídos seqüencialmente e de forma independente. Cada processo da cadeia de suprimentos desenvolvia planos de curto e de longo prazo, baseados em conjeturas e restrições independentes. O resultado eram planos inconsistentes de compras, produção, inventário, armazenamento e transporte. As divergências nos planos resultavam em excesso de estoque, capacidade excessiva e uma fraca utilização dos recursos. Tornavam-se necessárias reservas de capacidade e de inventário para lidar com as incompatibilidades relacionadas às necessidades, resultantes dos planos independentes. Esse uso não-efetivo dos recursos era entendido como parte dos negócios, gerando desperdícios não mais aceitáveis atualmente. A otimização do desempenho exige uma crescente integração do planejamento nos processos logístico e, eventualmente, nos processos da cadeia de suprimentos.

Os sistemas APS buscam integrar as informações e coordenar a logística e as decisões na cadeia de suprimentos como um todo, ao mesmo tempo em que reconhece a dinâmica entre as funções e processos. Os 4 fatores que direcionam o desenvolvimento e implementação dos APS são: (1) reconhecimento do horizonte de planejamento, (2) visibilidade na cadeia de suprimento, (3) consideração simultânea de recursos e (4) utilização de recursos.

Reconhecimento do Horizonte de Planejamento

A primeira consideração é a da tendência a **horizontes de planejamento** cada vez mais curtos para as decisões operacionais. No passado, as atividades na cadeia de suprimentos eram planejadas com meses de antecedência, com pouca flexibilidade para mudança no mês corrente e, geralmente, sem flexibilidade para mudança na semana. Esse "tempo preso" era geralmente conhecido por *período de congelamento* no planejamento das decisões de produção e na cadeia de suprimentos. A flexibilidade reduzida, causada por períodos de congelamento, resultava em um fraco serviço aos clientes, pois a produção e os embarques não eram capazes de respostas rápidas ou falhavam em responder às mudanças necessárias, o que resultava em estoque excedente.

O foco gerencial em inventários reduzidos e a maior atenção aos processos *JIT* reduziram e, em alguns casos, até eliminaram os períodos de congelamento. A habilidade de se ajustar à mudança significa ciclos de planejamento mais curtos, que precisam ser reavaliados semanalmente ou até mesmo diariamente. A necessidade de manter ciclos de planejamento mais curtos e de acomodar dinâmicas complexas nos processos da cadeia de suprimentos levaram à necessidade de ferramentas de planejamento mais abrangentes e mais efetivas.

Visibilidade na Cadeia de Suprimentos

A segunda consideração no desenvolvimento dos APS é a necessidade de **visibilidade** quanto à localização e à situação dos estoques e dos recursos na cadeia de suprimentos. Visibilidade significa não apenas ser capaz de acompanhar o inventário e os recursos na cadeia de suprimentos, mas também que as informações sobre recursos disponíveis possam ser avaliadas e dirigidas a contento. Num dado momento, por exemplo, os fabricantes podem ter milhares de embarques em trânsito e inventários armazenados em muitos locais no mundo. Ser capaz apenas de identificar os embarques e o inventário não é suficiente; a visibilidade na cadeia de suprimentos requer administração por exceção para realçar a necessidade de planos para os recursos ou para as atividades, a fim de minimizar ou prevenir problemas potenciais.

Embora os Estados Unidos e seus aliados tenham demonstrado os benefícios de um planejamento e tecnologia efetivos durante a Guerra do Golfo, no início dos anos 90, o Departamento de Defesa aprendeu que seus sistemas logísticos e de cadeia de suprimentos não acompanharam os mesmos padrões. A razão principal para um desempenho logístico fraco foi a falta de visibilidade na cadeia de suprimentos. Por razões de segurança e outras, o Departamento de Defesa e seus fornecedores de serviços não possuíam sistemas de informações integrados, capazes de documentar e identificar a situação e localização dos inventários. Havia um mínimo de integração entre cada área militar (Exército, Marinha, e Aeronáutica) e os provedores de serviços logísticos, como a Agência Logística de Defesa. Essa integração logística não havia recebido, historicamente, um foco importante. Tal falta de integração e o medo de que potenciais adversários pudessem obter vantagens entrando nos sistemas de acompanhamento, ou monitorando as movimentações, resultaram num desempenho que em nada refletia o que deveria ser possível em 1991.

Uma vez que havia visibilidade limitada do inventário em trânsito e dos horários esperados de chegada, existia uma incerteza significativa com respeito à disponibilidade de estoque. A falta de certeza em uma situação em que a disponibilidade de inventário é crucial resultou em inventários e requisições adicionais, para reduzir as chances de falta de estoque. Embora seja óbvio que nenhuma força militar possa tolerar um estoque baixo, estoques excedentes custam caro e podem levar ao desperdício de recursos cruciais. Inúmeros comentários dos profissionais da logística na Guerra do Golfo sugeriram que a visibilidade efetiva da cadeia de suprimentos teria reduzido substancialmente os comprometimentos do inventário e as necessidades de transportes.[1]

Embora os sistemas ERP possam prover visibilidade de recursos dentro da empresa, a visibilidade externa e uma capacitação efetiva de gestão exige maior sofisticação. Um sistema APS eficiente integra as informações oferecidas por outros parceiros na cadeia de suprimentos para possibilitar essa visibilidade.

Avaliação Simultânea de Recursos

Uma vez que o sistema de planejamento determina a situação e a disponibilidade dos recursos pela visibilidade, a terceira consideração dos APS é a necessidade de desen-

---

[1] Lt. General William G. Pagonis and Jeffrey L. Cruikshank, *Moving Mountains: Lessons of Leadership and Logistics from the Gulf War* (Boston, MA: Harvard Business School Press, 1994).

volver um plano que incorpore de forma combinada a demanda, a capacidade, as exigências de materiais e as restrições da cadeia de suprimentos. As necessidades da cadeia de suprimentos refletem a demanda dos clientes em quantidade de produto, programação e local de entrega. Embora algumas dessas exigências dos clientes possam ser negociáveis, a logística precisa operar segundo as necessidades e os padrões acordados.

As restrições em atender às necessidades dos clientes se referem às capacidades de materiais, de produção, de estocagem e de transportes. Essas exigências representam as limitações físicas dos processos e das instalações. Os métodos de planejamento tradicionais comumente consideravam essas restrições de capacidade de forma seqüencial. Por exemplo, um plano inicial era criado para operar dentro das restrições de produção. Esse plano inicial, então, era ajustado para refletir as restrições de materiais e de fontes de fornecimento. Um segundo plano era, então, ajustado para levar em consideração as restrições de estocagem e de transporte. Embora os passos sejam diferentes, a tomada decisão de forma seqüencial era característica da maioria dos sistemas de planejamento; entretanto, resultavam em planejamento e capacidade inconsistentes e inferiores.

Alcançar o desempenho integrado na cadeia de suprimentos exige uma avaliação simultânea das restrições relevantes na cadeia da mesma, para identificar as trocas compensatórias em que custos funcionais aumentados, tais como na produção ou na estocagem, possam levar a custos menores de sistema como um todo. O sistema APS deve avaliar quantitativamente as trocas compensatórias e sugerir planos que possam otimizar o desempenho geral.

Utilização de Recursos

As decisões logísticas e da cadeia de suprimentos influenciam de forma decisiva muitos dos recursos da empresa, incluindo a produção, as instalações e os equipamentos de distribuição, os equipamentos de transporte e os inventários. Esses recursos consomem uma fração substancial dos ativos fixos e circulantes de uma empresa típica. Assim como no caso dos sistemas de planejamento, o foco gerencial tradicional realçava a utilização dos recursos nas funções individuais. A gestão da produção focava, por exemplo, a minimização das instalações e dos equipamentos necessários para a produção. O resultado mais comum eram turnos mais longos de produção com um mínimo de *setups* e de mudanças. Entretanto, turnos mais longos resultam, invariavelmente, em maior inventário de produtos acabados, enquanto quantidades substanciais são produzidas em antecipação à demanda projetada. Maior inventário aumenta as necessidades de capital de giro, ao mesmo tempo em que exige espaço físico adicional. Essa tendência era agravada pelo alto grau de incerteza, fruto da necessidade de fazer a previsão para um tempo futuro mais longo.

Com as trocas compensatórias de recursos funcionais em mente, a consideração final que conduz o desenvolvimento e a implementação do sistema APS é a necessidade de implementação de uma abordagem de planejamento integrado que minimize os recursos combinados na cadeia de suprimentos. Essa é uma capacitação crucial quando o desempenho da cadeia de suprimentos e da empresa colocam uma forte ênfase na utilização total dos ativos.

Aplicativos APS na Cadeia de Suprimentos

Há um número crescente de aplicativos APS. Novos aplicativos estão evoluindo devido à necessidade de uma gama mais ampla de atividades e de recursos no escopo do planejamento da cadeia de suprimentos. Existem, porém, alguns aplicativos comuns a muitos ambientes de planejamento da cadeia. Eles incluem o planejamento da demanda, da produção, dos inventários e das necessidades, assim como dos transportes.

Planejamento da Demanda

A complexidade cada vez maior das ofertas de produtos e das estratégias de *marketing*, juntamente com ciclos de vida mais curtos dos produtos, exigem maior precisão, flexibilidade e consistência na determinação das necessidades de inventários. Os **sistemas APS de planejamento da demanda** buscam possibilitar essas capacitações.

O planejamento da demanda desenvolve a previsão que direciona, de forma antecipada, os processos da cadeia de suprimentos. As previsões se referem às projeções mensais, semanais ou diárias da demanda, determinando as necessidades da produção e de inventário. Cada quantidade projetada pode incluir uma parcela de pedidos futuros efetuados de forma antecipada à demanda dos clientes juntamente com uma parcela de demanda prevista com base no histórico. Essencialmente, o processo de planejamento da demanda corresponde às previsões baseadas nos históricos e em outras informações envolvendo eventos que possam influenciar as atividades futuras de vendas (por exemplo, planos promocionais, alterações de preços e a introdução de novos produtos), visando à obtenção da melhor posição integrada possível das necessidades.

Outro aspecto do processo de planejamento da demanda focaliza a criação de consistência da previsão para os diversos produtos e instalações de distribuição. A gestão integrada efetiva exige uma única previsão precisa para cada item e instalações de distribuição. As necessidades agregadas e combinadas precisam refletir um plano compatível com as vendas setoriais e totais da empresa e com as projeções financeiras. A soma das vendas de cada instalação de distribuição individual deve, por exemplo, ser compatível com as projeções de vendas nacionais. De forma semelhante, as necessidades relativas a itens precisam ser ajustadas, para refletir o nível de movimentação de cada item relacionado. Por exemplo, a necessidade de produtos existentes poderá decrescer em função da reação do mercado à introdução de um novo produto; ou a necessidade de um determinado item poderá exigir um ajuste durante a promoção de um item substituto.

Planejamento da Produção

Para desenvolver um plano de produção exeqüível, o **planejamento da produção** utiliza a posição de necessidades, obtida no planejamento da demanda, em conjunto com os recursos e restrições de produção. A posição das necessidades define quais itens deverão ser produzidos e quando serão necessários. Apesar de ter havido uma tendência definida em direção de produção em MTO e ATO, essas práticas com base na resposta nem sempre são possíveis devido à capacidade de produção e às restrições de recursos. As limitações ocorrem em termos de equipamentos disponíveis nas instalações e de disponibilidade de mão-de-obra.

O ASP de planejamento da produção compatibiliza o plano de necessidades e as restrições de produção. O objetivo é satisfazer as exigências necessárias a um custo total mínimo de produção sem violar nenhuma restrição. O planejamento da produção efetiva compreende um plano seqüencial de distribuição do tempo para produzir os itens necessários dentro de um cronograma funcional, levando em consideração as limitações de recursos, equipamentos e mão-de-obra. O processo de planejamento da produção identifica os itens que devem ser produzidos imediatamente, para se manter dentro das restrições da produção, mas ainda assim minimizar o estoque. O planejamento da produção também identifica quais são os pedidos de clientes que poderão ser postergados devido à falta de disponibilidade.

Planejamento das Necessidades

O APS de **planejamento das necessidades** estende o processo de planejamento para além dos muros da fábrica. Ao mesmo tempo que é importante alcançar o desempenho econômico da unidade de produção, a gestão eficaz da cadeia de suprimentos exige levar em consideração o impacto das decisões da produção sobre o desempenho geral. Por exemplo, os planos da produção podem sugerir um turno longo de um único item. Isso irá acumular inventário acabado, exigindo capacidade de estocagem e de transporte. Embora esses turnos longos da produção possam minimizar o custo produtivo, o desempenho do sistema como um todo poderá funcionar melhor com turnos mais curtos, resultando em menor necessidade de estocagem e de transporte. O processo de planejamento das necessidades utiliza técnicas para avaliar as trocas compensatórias de custos entre a produção, a estocagem e o transporte. A análise procura satisfazer a demanda dos clientes, minimizar o custo total e manter-se dentro das limitações físicas da cadeia de suprimentos.

Planejamento do Transporte

Um outro aplicativo APS focaliza o **planejamento do transporte.** O objetivo desse sistema é planejar as necessidades de transporte ao longo da cadeia de suprimentos. Historicamente, as áreas de compras e de transporte de produtos acabados buscavam minimizar seus custos individualmente. Compras minimizava as despesas da movimentação de matéria-prima ao trabalhar com fornecedores e transportadores no suprimento. A logística se concentrava em minimizar as despesas de distribuição ao trabalhar com os clientes e seus transportadores. Havia ainda um terceiro foco gerencial em embarques internacionais e de expedição. As perspectivas individuais de transporte geralmente resultavam em economias de escala limitadas, em compartilhamento limitado de informações e despesas de transporte excessivas.

O APS referente a transporte integra as necessidades e os recursos do transporte, assim como os custos relevantes, em um sistema tático comum de suporte à tomada de decisão que busca minimizar a despesa total de frete. A análise sugere maneiras pelas quais o frete pode ser redirecionado entre os transportadores ou consolidado, a fim de obter economia de escala. Ele também facilita o compartilhamento de informações entre os transportadores e outros provedores de serviços, para permitir uma melhor utilização dos ativos.

Como é possível perceber, o planejamento logístico e da cadeia de suprimentos é imprescindível para a utilização racional dos recursos. A falta de ferramentas precisas e abrangentes de planejamento logístico e da cadeia de suprimentos resultou, historicamente, numa utilização inexpressiva da capacidade de produção, da estocagem e do transporte. O foco cada vez maior na utilização otimizada dos ativos, juntamente com capacitações e técnicas aprimoradas de gestão das informações e de análise das decisões, tornaram os APS abrangentes uma realidade. A seção seguinte descreve os principais componentes de um sistema APS.

Visão Geral de Projetos dos Sistemas APS

Para corresponder às estratégias efetivas de planejamento e de execução na logística e na cadeia de suprimentos, o APS incorpora ao mesmo tempo considerações espaciais e temporais. As considerações espaciais incluem o movimento entre os provedores de matéria-prima, as unidades de produção, os centros de distribuição, os distribuidores, os varejistas e os clientes finais. As considerações temporais incluem o cálculo de tempo e a programação da movimentação.

O sistema APS, apresentado na Figura 9-1, é uma rede simplificada que inclui unidades de produção, centros de distribuição e clientes, bem como os fluxos de transporte. Essa rede, uma versão simplificada daquela que observamos no Capítulo 1, reflete a situação e a alocação de recursos em um momento do tempo, por exemplo, no primeiro dia do mês. O planejamento efetivo exige um processo que coloque em fases de tempo e coordene as necessidades e limitações de recursos ao longo do período em questão. Por exemplo, se um determinado cliente necessita do produto X no período 3, sua movimentação na cadeia de suprimentos precisa apresentar uma defasagem para chegar no período 3. Assumindo um ciclo de desempenho de um período entre cada estágio na cadeia de suprimentos, isso significa que o APS deve planejar o embarque do produto X a partir da unidade produtora durante o período 1, e seu embarque do centro de distribuição no período 2.

De forma mais específica, suponha que uma empresa esteja enfrentando a situação resumida na Tabela 9-1. Os clientes necessitam de 200 unidades de produtos em cada um dos próximos cinco períodos, com exceção do período 4, quando uma promoção especial irá elevar a demanda a 600 unidades. A capacidade de produção da empresa é de 300 unidades por semana. Em casos extremos, a empresa pode optar entre duas abordagens para satisfazer as necessidades dos clientes, dadas as restrições de produção. A alternativa 1 é esperar até o quarto período de tempo e depois partir para a produção utilizando horas extras, para assim poder atender às necessidades dos clientes. Essa alternativa resulta em um custo produção mais alto, mas nenhum custo de transporte ou de armazenamento. A alternativa 2 é produzir antecipadamente, utilizando a capacidade extra de 100 unidades nos tempos anteriores ao período 4. Utilizando esta alternativa, 100 unidades extras serão produzidas e adicionadas ao inventário em cada período, até que sejam necessárias no período 4. Essa segunda alternativa não irá exigir produção em tempos extras, mas implicará em maiores custos de transporte e de armazenamento. Há, é claro, alternativas intermediárias entre essas duas apresentadas. A opção ideal é selecionar o ajuste que proporcione o menor custo combinado de produção e de armazenamento.[2] Utilizando técnicas de otimização lineares, o APS pode identificar as trocas compensatórias de custo mais efetivas, levando em consideração todos os custos relevantes. Embora as empresas tenham tentado avaliar essas trocas compensatórias no passado, a análise das capacitações apenas permitiram avaliações das duas ou três trocas compensatórias mais importantes para minimizar o problema da complexidade. O APS oferece a capacidade de avaliar completamente trocas compensatórias complexas envolvendo um grande número de alternativas.

Componentes dos Sistemas APS

Embora haja muitas abordagens conceituais para o projeto do APS, seus componentes básicos são fundamentalmente os mesmos: gestão da demanda, gestão dos recursos, otimização das necessidades e alocação de recursos. A Figura 9-2 ilustra como esses módulos relacionam-se uns aos outros e aos sistemas corporativos ERP ou de legado.

---

[2] O Custo total de produção foi definido no Capítulo 2.

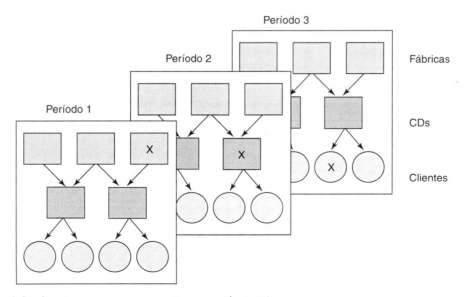

Figura 9-1 Visão geral do planejamento e programação avançados (APS).

Tabela 9-1 Amostra da situação do planejamento APS

	Período de tempo				
	1	2	3	4	5
Necessidade	200	200	200	600	200
Capacidade de produção	300	300	300	300	300
Alternativa 1 (ao longo do tempo)					
Produção	200	200	200	600	200
Carregamento de inventário	–	–	–	–	–
Alternativa 2 (antecipada)					
Produção	300	300	300	300	200
Carregamento de estoque	100	200	300	–	–

Gestão da Demanda

O módulo de **gestão da demanda** desenvolve as projeções das necessidades para o horizonte de planejamento. De fato, ele gera as previsões de vendas baseadas no histórico de vendas, pedidos atualmente programados, atividades de *marketing* programadas e informações dos clientes. Na forma ideal, a gestão da demanda trabalha de modo colaborativo e interativo, tanto internamente, dentro dos componentes funcionais de uma empresa, como externamente, com os parceiros da cadeia de suprimentos, a fim de desenvolver uma previsão comum e compatível com cada período de tempo, local e item. A previsão também precisa incorporar o retorno dos clientes para integrar a influência das atividades combinadas de geração de demanda, tais como propaganda e promoções. Uma vez que a gestão da demanda e a previsão estão tão relacionadas e a previsão é um tópico extenso em si mesmo, os detalhes da previsão serão discutidos mais adiante neste capítulo.

Gestão dos Recursos

O módulo de **gestão dos recursos** coordena e registra os recursos e as restrições do sistema de cadeias de suprimentos. Devido ao fato de que os sistemas APS utilizam as informações de recursos e de restrições para avaliar as trocas compensatórias associadas às decisões na cadeia de suprimentos, a precisão e a integridade das informações são cruciais para possibilitar decisões otimizadas e para fortalecer a credibilidade do sistema de planejamento. Decisões incorretas no planejamento não apenas inibem o desempenho da cadeia de suprimentos como também reduzem de forma severa a credibilidade da gestão no próprio sistema de planejamento.

Além da definição das necessidades, desenvolvida pelo módulo de gestão da demanda, o APS exige quatro outros tipos de informações. Eles incluem: as definições de produtos e de clientes, as definições e os custos dos recursos, as restrições do sistema, e a função objetivo do planejamento.

As definições de produtos e de clientes fornecem as constantes relativas aos produtos e clientes de uma empresa que apóiam o processo de planejamento. As definições de produto estipulam as descrições do produto e suas características físicas, tais como peso e cubagem, custos-padrões e listas de materiais. As definições de clientes discriminam os locais de embarque e de distribuição, juntamente com exigências especiais de serviços. A combinação de ambos os aspectos define o que está sendo produzido, distribuído, onde está sendo entregue e os ciclos de desempenho envolvidos na distribuição.

As definições de recursos especificam os recursos físicos utilizados para realizar as atividades na cadeia de suprimentos, tais como a produção, a estocagem e a movi-

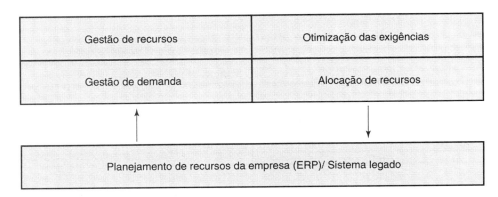

Figura 9-2 Módulos de sistema APS.

mentação. Os recursos incluem equipamento de produção e taxas de processamento, instalações de armazenamento, assim como equipamentos e disponibilidade de transportes. Além de definir a existência de recursos específicos, o banco de dados deve incluir as características de custo e de desempenho, e também os custos associados à utilização de recursos.

As limitações de sistema definem as principais restrições que limitam as atividades na cadeia de suprimentos. Essas restrições incluem as limitações de capacidade associadas à produção, armazenagem e movimentação. A capacidade de produção define quantos produtos podem ser produzidos em um determinado período de tempo e quais são as trocas compensatórias associadas à manufatura de vários produtos. A capacidade de armazenagem define a quantidade de produto que pode ser estocada em uma instalação específica. A capacidade de movimentação define o volume de produto que pode ser transportado entre instalações ou clientes em um dado espaço de tempo.

A função objetivo define os critérios para o desenvolvimento de uma solução de planejamento. Os objetivos mais comuns incluem a minimização do custo total ou qualquer um de seus subcomponentes, atendimento a todas as exigências dos clientes, ou minimização do número de vezes em que a capacidade é excedida.

A combinação de informações oferece a base para a análise APS. O módulo inclui os bancos de dados para armazenar as definições, os recursos, as restrições e os objetivos, além dos processos para validá-las e mantê-las. Os usuários percebem que um dos maiores desafios de um APS eficaz é a habilidade de desenvolver e manter dados precisos e consistentes.

Otimização dos Recursos

O módulo de **otimização dos recursos** é o fulcro computacional ou a "caixa-preta" dos sistemas APS. Utilizando as exigências do módulo de gestão da demanda e as definições, recursos, restrições e objetivos do módulo de gestão dos recursos, a otimização dos recursos utiliza a combinação de programação matemática e heurística para determinar como melhor atender às exigências dos clientes, ao mesmo tempo em que utiliza os recursos da forma mais efetiva. A programação matemática é uma combinação de programação linear e de programação mista-inteira utilizada para minimizar a função objetivo especificada; a heurística corresponde a regras computacionais básicas ou atalhos que reduzem o tempo ou os recursos computacionais exigidos para se desenvolver o plano integrado. Com efeito, o módulo de otimização dos recursos avalia múltiplas alternativas de planejamento e completa sistematicamente as trocas compensatórias, para identificar as melhores alternativas, até que um resultado próximo do ideal seja alcançado. O módulo de otimização dos recursos também determina quando as necessidades não podem ser atendidas e quais os recursos que oferecem maior limitação no desempenho da cadeia de suprimentos. O resultado do módulo de otimização é um plano da cadeia de suprimentos, projetado para períodos de tempos futuros, que minimiza os custos totais, enquanto procura operar dentro das maiores restrições de recursos. O plano especifica que produtos deveriam ser produzidos e quando, assim como determina as necessidades de movimentação e de estocagem ao longo da cadeia de suprimentos.

O módulo de otimização dos recursos pode ser usado também para conduzir a sensibilidade ou a análise "do que, se" para determinar o impacto de mudanças das exigências ou proposições de mercado. Essas análises permitem que o planejador da cadeia de suprimentos isole o impacto da demanda e a incerteza do desempenho nas capacitações e operações da cadeia de suprimentos. Utilizando o critério das trocas compensatórias e do impacto da incerteza, o módulo de otimização de recursos do APS guia o planejador no sentido de estabelecer um controle mais efetivo das compras, da produção, da movimentação e da estratégia de estocagem.

Alocação de Recursos

Seguindo a revisão e o julgamento do planejador em relação aos resultados do módulo de otimização de recursos, o módulo de **alocação dos recursos** ajusta minuciosamente as alocações de recursos e transmite os dados ao sistema ERP, para dar início às transações apropriadas. Os resultados incluem as necessidades de compras, produção, estocagem e transportes. As necessidades específicas podem ser comunicadas ao sistema ERP na forma de transações ou instruções para se concluir uma atividade específica. Cada transação inclui instruções detalhadas quanto ao tipo de atividade da cadeia de suprimentos, fornecedores, clientes, produtos envolvidos e o tempo do pedido, juntamente com uma lista de produtos e quantidades relevantes. O módulo de alocação de recursos também oferece informações sobre quando o produto estará "disponível conforme prometido" (ATP – available to promise) ou "capacitado para promessa" (CTP – capable to promisse). O ATP é usado para designar que mesmo que o inventário não esteja disponível no momento, ele estará apto para embarque (ou promessa) em uma data específica no futuro. Com efeito, a designação do ATP permite que as empresas cumpram a produção programada aos clientes. O CTP é utilizado para designar quando o produto solicitado pode ser prometido para entrega futura. O CTP exige uma análise muito mais abrangente, já que determina se há capacidade ou capacitação específica no futuro, em razão das demandas atuais ou projetadas da cadeia de suprimentos. ATP e CTP podem fortalecer significativamente o desempenho e a eficácia da cadeia de suprimentos ao permitir compromissos referentes a produção e capacidade futuras. O resultado são compromissos atendidos com maior rapidez, menos surpresas por parte dos clientes, e a utilização mais racional dos recursos.

Previsão

Sempre que a logística envolver qualquer aspecto de fabricação por planejamento ou fabricação para estocagem, será necessária uma previsão para conduzir o processo. A previsão é uma definição específica do que será vendido, quando e onde; ela define os requisitos que a cadeia de suprimentos deve programar, os inventários e os recursos para seu atendimento. Uma vez que ainda existem muitas atividades logísticas e da cadeia de suprimentos que precisam ser concluídas em antecipação à venda, a previsão mantém-se um procedimento decisivo no planejamento.

Componentes da Previsão

A previsão contém geralmente quantidades mensais ou semanais de cada Unidade Mantida em Estoque (SKU – Stock Keeping Unit), por local de distribuição. Embora a quantidade prevista seja geralmente expressa por um único número, o valor é, na verdade, formado por seis componentes: (1) demanda-base, (2) sazonalidade, (3) tendência, (4) ciclos, (5) promoções e (6) fatores aleatórios. Supondo que a demanda-base ocorra ao nível de vendas médio, os componentes restantes, exceto os fatores aleatórios, correspondem a índices ou fatores que são multiplicados ao nível-base para um ajuste positivo ou negativo. A fórmula resultante para a previsão é:

$$P_t = (N_t \times S_t \times T \times C_t \times R_t) + I,$$

em que:

P_t = Quantidade prevista para o período t
N_t = Nível de demanda-base para o período t
S_t = Fator de sazonalidade para o período t
T = Componente de tendência – índice que reflete a tendência de crescimento ou retração por período de tempo
C_t = Fator cíclico para o período t
R_t = Fator promocional para o período t
I = Quantidade irregular ou aleatória

Apesar de algumas previsões não incluírem todos os componentes, é importante entender o comportamento de cada um deles, para que cada componente possa ser acompanhado ou incorporado de forma apropriada.

A **demanda-base** é a quantidade remanescente depois que os demais componentes foram removidos. Uma boa estimativa pode ser a média de um período de tempo longo. A demanda-base é a previsão apropriada para itens que não apresentam sazonalidade, tendências e fatores cíclicos, ou que não estejam sujeitos a promoções.

O componente de **sazonalidade** é geralmente um movimento recorrente de aumento ou redução no padrão da demanda, geralmente, numa base anual. Um exemplo é a demanda anual de brinquedos, cujo pico se dá antes do Natal, baixando nos três primeiros trimestres do ano. Pode-se dizer que o padrão de demanda de brinquedos apresenta baixa sazonalidade nos três primeiros trimestres, com pico sazonal no quarto trimestre. Deve-se ter em conta que essa sazonalidade se refere à sazonalidade no varejo referente aos consumidores. A sazonalidade em nível de atacado precede a demanda dos consumidores em aproximadamente um trimestre. Os fatores ou índices de sazonalidade apresentam uma média de 1,0 para todos os períodos (por exemplo, meses), mas fatores individuais de sazonalidade mensal podem variar entre 0 e 12. Um fator sazonal individual de 1,2 indica que as vendas para o período previsto são projetadas 20% acima da média de todos os períodos.

O componente de **tendência** é definido como um movimento geral e sistemático das vendas verificado num longo período de tempo. Essa tendência pode ser positiva, negativa ou neutra na direção que toma. Uma tendência positiva significa que as vendas estão aumentando ao longo do tempo. Por exemplo, a tendência para a venda de computadores na década de 90 estava aumentando. Durante o ciclo de vida de um produto, a direção da tendência pode mudar muitas vezes. Por exemplo, devido à alteração nos hábitos de consumo de bebidas, a procura por cerveja passou de uma tendência de crescimento para uma tendência de estabilidade, no início da década de 80. Tendências de aumento ou de baixa dependem das mudanças nos padrões populacionais ou de consumo. O conhecimento de qual fator causa impacto nas vendas é significativo para a elaboração de projeções. Uma redução na taxa de natalidade, por exemplo, implica a redução do consumo de fraldas descartáveis. Entretanto, uma tendência para o uso de fraldas descartáveis em substituição a fraldas de tecido pode causar o aumento da demanda de uma categoria específica de produto, embora o mercado como um todo esteja encolhendo. Esses são exemplos típicos de previsão de tendências. Embora o impacto da tendência em previsões logísticas de curto prazo seja sutil, ainda é necessário que seja levado em consideração ao se desenvolver previsões. Diferentemente dos demais componentes de previsões, o componente de tendência influencia a demanda-base nos períodos subseqüentes. A relação específica é:

$$B_t + 1 = B_t \times T$$

onde:

$B_t + 1$ = Demanda-base no período $t + 1$
B_t = Demanda-base no período t
T = Índice de tendência periódica

O índice de tendência que apresenta um valor maior do que 1,0 indica que a demanda periódica está aumentando, enquanto que um valor menor do que 1,0 aponta uma tendência de declínio.

O componente **cíclico** é caracterizado por variações no padrão da demanda em períodos superiores a um ano. Esses ciclos podem ser de alta ou de baixa. Um exemplo seria o ciclo dos negócios, no qual a economia geralmente varia de ciclos de expansão a ciclos de recessão em períodos de três a cinco anos. A demanda por residências, bem como a demanda por eletrodomésticos, normalmente está ligada aos ciclos econômicos.

O componente **promocional** caracteriza as variações de demanda iniciadas pelas atividades de *marketing* da empresa, tais como propaganda, negócios ou promoções. Essas variações caracterizam-se em geral por aumento de vendas durante a promoção, seguido por declínios nas vendas à medida que os clientes compram além de suas necessidades para aproveitar as promoções. Essas promoções podem se resumir em vantagens oferecidas aos consumidores ou negócios apenas oferecidos aos atacadistas e varejistas (*trade promotions*). A promoção pode ser regular, ocorrendo todo ano na mesma época.

A partir de uma perspectiva de previsão, um componente de promoção regular lembra um componente sazonal. Um componente de promoção irregular não ocorre necessariamente no mesmo período de tempo, assim, precisa ser acompanhado ou incorporado separadamente. É importante que o componente promocional seja identificado, em especial pelos fabricantes de produtos de consumo, uma vez que causa grande influência nas variações das vendas. Em alguns setores, as vendas promocionais representam de 50 a 80% do volume de variações periódicas. Isso não sugere, porém, que as vendas seriam de apenas 20% em relação aos níveis atuais, caso não houvesse promoções. Entretanto, implica que as promoções resultam numa demanda mais dificultosa do que seria o caso, se o consumo real fosse levado em consideração. O componente promocional é diferente dos demais componentes da previsão, uma vez que suas datas e magnitude são controladas, na maioria das vezes, pela empresa. De fato, o ideal seria encontrar informações dentro da empresa, junto aos departamentos de vendas ou de *marketing*, a respeito da época e do possível impacto de planos promocionais programados. Esse compartilhamento interno de informações pode fortalecer de forma substancial a exatidão da previsão.

O componente irregular ou **aleatório** inclui as quantidades aleatórias ou imprevisíveis que não se enquadram nas demais categorias. Devido a sua natureza aleatória, esse componente é impossível de se prever. Ao desenvolver-se o processo de previsões, o objetivo é minimizar a magnitude do fator aleatório, identificando e prevendo os demais componentes.

Está além do escopo deste livro oferecer uma discussão detalhada de como formular cada previsão. Há uma série de textos que oferecem discussões minuciosas sobre o processo e exemplos de métodos de previsões.[3] A questão importante é que o responsável por elaborar a previsão precisa reconhecer o impacto potencial dos diferentes componentes e dar-lhes um tratamento adequado. O tratamento de um componente sazonal, por exemplo, por ser este um componente de tendência, reduz a precisão da previsão ao longo do tempo. Os componentes significativos para um item em particular precisam ser identificados, analisados e incorporados a partir de técnicas adequadas de previsões.

Abordagens de Gestão de Previsões

A Figura 9-3 demonstra que as previsões podem ser desenvolvidas a partir de duas perspectivas. O método **de baixo para cima**, ou de **agregação**, desenvolve previsões para cada SKU em cada localidade e, então, constrói uma projeção agregada da demanda. Especificamente, uma previsão de SKU para cada centro de distribuição é desenvolvida de forma independente e, então, somada para calcular a previsão de SKUs em nível nacional. Essa abordagem descentralizada é apropriada quando a demanda para cada SKU/localidade é independente das de outros SKUs ou localizações.

A abordagem **de cima para baixo**, ou **de decomposição**, como mostra a Figura 9-3, desenvolve um nível de previsão nacional de SKUs e, em seguida, distribui o volume total pelas diversas localidades com base nos padrões históricos de vendas. Como exemplo, considere uma previsão mensal agregada para o país inteiro de 10.000 unidades. Considerando-se que a empresa utiliza quatro centros de distribuição para atender à demanda, com participações históricas de 40, 30, 20 e 10%, respectivamente, as previsões para cada centro de distribuição individual são projetadas para serem de 4.000, 3.000, 2.000 e 1.000 unidades.

A gestão das previsões deve selecionar a melhor abordagem para cada situação específica. A abordagem de cima para baixo é centralizada e apropriada para situações estáveis de demanda ou quando os níveis de demanda modificam-se de forma uniforme no mercado. Quando os níveis de demanda crescem, alcançando, por exemplo, 10% de forma uniforme, a abordagem de cima para baixo facilita o desenvolvimento de novas previsões detalhadas, uma vez que todas as mudanças são relativas.

Por outro lado, a abordagem de baixo para cima é descentralizada, pois a previsão de cada centro de distribuição é desenvolvida de forma independente. Como resultado, cada previsão pode identificar e considerar com maior rigor as flutuações de demanda em mercados específicos. Entretanto, a abordagem de baixo para cima exige um armazenamento de informações mais detalhado e torna ainda mais difícil a incorporação sistemática de fatores de demanda, tais como o impacto de promoções importantes ou a introdução de novos produtos.

Embora o executivo responsável pelas previsões não precise optar por uma alternativa no lugar de outra, ele deve selecionar uma combinação adequada de ambas. A combinação correta deve equilibrar o detalhamento da abordagem de baixo para cima com a facilidade da manipulação dos dados inerente à abordagem de cima pa-

---

[3] John T. Mentzer e Carol C. Bienstock, *Sales Forecasting Management* (Thousand Oaks, CA: Sage Publications, 1998).

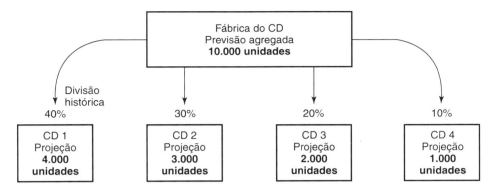

Figura 9-3 Exemplo de previsão de cima para baixo.

ra baixo. Quando a combinação é utilizada, o desafio é incorporar as estimativas individuais a uma previsão única representativa.

Processo de Gestão das Previsões

O planejamento e a coordenação da logística exigem a melhor estimativa possível das quantidades demandadas de SKUs por localidade. Apesar de a previsão estar longe de ser uma ciência exata, o processo de gestão da demanda deve incorporar coleta de dados de múltiplas fontes, matemática apropriada e técnicas estatísticas, assim como promover capacitação para dar suporte a decisões e manter os recursos humanos treinados e motivados.

O horizonte de tempo das previsões operacionais na cadeia de suprimentos é normalmente de um ano ou menos. Dependendo da finalidade do plano, as previsões podem ser estabelecidas em bases diárias, semanais, mensais, trimestrais, semestrais ou anuais. O período de previsão mais comum de uma cadeia de suprimentos é de um mês, embora muitas empresas estejam adotando processos de previsões semanais. Uma exigência importante é que o período de projeção a ser selecionado acomode as operações da cadeia de suprimentos.

Um processo eficaz de gestão de previsões exige uma variedade de componentes, como ilustra a Figura 9-4. Os componentes fundamentais do processo de previsão são o histórico de pedidos e o banco de dados das previsões, que inclui informações tais como pedidos, histórico de pedidos e processos que geraram esses pedidos, como promoções, negócios especiais, ou greves. Esse banco de dados inclui vendas anteriores, um histórico das previsões, bem como um registro de atividades tais como mudanças de preços ou promoções que ocorreram simultaneamente às atividades de venda. O banco de dados das previsões é, idealisticamente, parte dos dados do arquivo central do ERP, apesar de algumas empresas manterem banco de dados referentes às previsões independentes. Outros dados ambientais, tais como a situação da economia e as ações dos competidores, poderiam ser também incluídos nesse banco de dados. Para apoiar previsões eficazes, esse banco de dados deve incluir informações históricas e de planejamento sempre atualizadas, de maneira a facilitar sua manipulação, sintetização, análise e geração de relatórios. As exigências específicas relativas ao banco de dados incluem flexibilidade, precisão, manutenção e atualização dos dados.

A seguir, um processo eficaz de gestão da demanda deve desenvolver uma previsão integrada e consistente que apóie as necessidades de seus usuários, como finanças, *marketing*, vendas, compras e logística. Em especial, esses usuários exigem previsões precisas, consistentes, detalhadas e atualizadas.

Por fim, o desenvolvimento de previsões eficazes exige um procedimento que integre os três seguintes componentes: técnicas de previsão, sistema de apoio à previsões, e gestão de previsões. A caixa de texto que a Figura 9-4 apresenta à direita demonstra que o ideal seria uma empresa utilizar uma previsão comum e consistente para todas as suas funções de planejamento.

Técnica de Previsão

A técnica de previsão consiste no cálculo matemático e estatístico usado para transformar parâmetros numéricos, incluindo dados históricos, em uma previsão de quantidade. As técnicas incluem a elaboração de modelos de séries temporais, nos quais o histórico de vendas é um fator primordial, e a criação de modelos de correlação, nos quais as relações com outras variáveis independentes sejam o fator essencial. As técnicas, por si só, não podem lidar com as complexidades vivenciadas na atual previsão dos negócios: embora as técnicas possam integrar facilmente os padrões históricos às previsões futuras, elas não o fazem tão bem ao incorporarem dados de entrada referentes a eventos futuros antecipados. Como resultado, uma gestão de demanda mais precisa se mostra cada vez mais necessária, exigindo a integração das técnicas de previsão aos sistemas de apoio e administrativos adequados.

Sistema de Apoio às Previsões

O sistema de apoio às previsões inclui a capacidade de manipulação para coleta e análise de dados, desenvolvi-

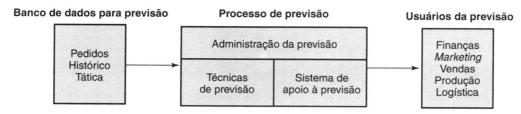

Figura 9-4 Processo de gestão das previsões.

mento da previsão e comunicação a respeito da mesma ao pessoal responsável e ao sistema de planejamento. Esse componente apóia a manutenção e a manipulação de dados e permite a consideração de fatores externos, tais como o impacto das promoções, as greves, as alterações de preços, as mudanças nas linhas de produtos, a ação da concorrência e a situação da economia. O sistema precisa ser projetado tanto para permitir como para estimular a consideração desses fatores. O gerente de *marketing*, por exemplo, pode ter conhecimento de que a promoção programada para o mês seguinte poderá aumentar as vendas em 15%. Entretanto, se houver dificuldade em alterar os números da previsão para o próximo mês, o gerente de *marketing* talvez não se incomode em fazer a alteração ou talvez se mostre relutante em passar os dados para o planejador. Da mesma forma, quando uma mudança nas dimensões de uma embalagem é anunciada, fica claro que a previsão futura ou o histórico de previsões deve ser alterado, para refletir essa atualização no tamanho da embalagem. Caso isso seja difícil de realizar dentro das capacitações dos sistemas, o profissional que elabora as previsões provavelmente não fará qualquer ajuste. Assim, é muito importante que um processo de gestão da demanda inclua um sistema de apoio para facilitar a manutenção, a atualização e a manipulação do banco de dados e de previsões históricos. Embora seja fácil de entender por que a capacidade de processar ajustes é necessária, é quase sempre difícil operacionalizá-los para milhares de SKUs em múltiplas localidades. Essa combinação de SKUs com localidades significa que muitos milhares de pontos de dados precisam ser mantidos em arquivo. Para realizar essa manutenção de forma efetiva, o sistema de apoio a previsões deve incluir procedimentos significativos de automação e exceção.

Gerenciamento das Previsões

O gerenciamento das previsões inclui os aspectos organizacional, procedimental, motivacional e de pessoal da função de gestão da previsão e sua integração às demais funções da empresa. O aspecto organizacional abrange papéis e responsabilidades individuais. Questões específicas incluem: (1) Quem é responsável pela elaboração das previsões? (2) Como são avaliados a precisão e o desempenho das previsões? (3) Como as previsões afetam a avaliação de desempenho e a remuneração dos responsáveis? Os aspectos procedimentais exigem a compreensão individual do impacto relativo das atividades, dos sistemas de informação e das técnicas de previsão. Questões específicas incluem: (1) Os analistas de previsão entendem como suas ações afetam as necessidades de coordenação logística e da cadeia de suprimentos? (2) Os analistas possuem conhecimento sobre as capacitações do sistema de previsões e essas capacitações são utilizadas de forma eficaz? e (3) Os analistas de previsões possuem conhecimento sobre as principais diferenças existentes entre as técnicas?

É importante que essas questões sejam respondidas em detalhe ao se definir a função de gestão das previsões. Se essas questões não forem levadas em consideração, a responsabilidade e avaliação das previsões geralmente tornar-se-ão obscuras e deixarão de servir como elementos com os quais se pode contar. Se, por exemplo, os departamentos de *marketing*, vendas, produção e logística desenvolvem cada um uma previsão independente, não há previsão integrada nem responsabilidade abrangente. Se uma previsão integrada for desejável, é necessário que se defina especificamente cada responsabilidade gerencial sobre a demanda na empresa, e que se especifique sua responsabilidade por medidas específicas. Uma administração efetiva das previsões exige que considerações organizacionais e procedimentais sejam bem definidas. Sem elas, mesmo que a técnica de previsão e o sistema de apoio à previsão sejam adequados, o processo global de gestão das previsões possibilitará um desempenho inferior ao ideal desejado.

A simulação dinâmica por computador ilustra o impacto da inconsistência da previsão sobre os vários membros de uma cadeia de suprimentos. Da inclusão inicial de nova informação à sua avaliação, o custo da comunicação direta de vendas ou das previsões é muitas vezes menor do que o custo de uma mensagem errada. Uma vez que uma grande quantidade de ações da cadeia de suprimentos é iniciada em antecipação às futuras transações, a comunicação contendo previsões e projeções otimistas pode causar um esforço excessivo de trabalho inútil. A análise da comunicação entre membros dos canais sugere que a antecipação apresenta uma tendência de se ampliar à medida que ela prossegue entre os participantes do canal, particularmente enquanto a informação prossegue na direção do consumidor final. Cada erro de interpretação das necessidades de transações cria um distúrbio envolvendo todo o canal logístico. Em um trabalho clássico, Forrester simulou inter-relações em canais para demonstrar como um canal inteiro pode adquirir um padrão oscilante, resultando em uma série de ajustes para mais ou para menos em relação às reais necessidades do mercado.[4] A Figura 9-5 ilustra as oscilações nos níveis de inventário ao longo do canal, as quais são estimuladas quando um varejista aumenta a demanda em 10% mas não informa diretamente os outros membros do canal.

A figura demonstra que um aumento da demanda em 10% no varejo, sem uma comunicação clara em retorno aos demais membros da cadeia de suprimentos, resulta em variações de nível de inventário de 16% para o distribuidor, de 28% para a armazenagem na empresa, e de 40% para a produção da empresa. Essas oscilações aumentam, obviamente, a variância na cadeia de suprimentos, o que por sua vez aumenta os custos e diminui a utilização dos ativos.

Pela própria natureza de sua missão, um canal de distribuição deve ser sensível às necessidades de transações. O sistema precisa estar preparado para iniciar a ação logística a partir do recebimento de uma mensagem. Devem ser tomados extremos cuidados na estruturação da função de comunicações, mantendo alto grau de confiabilidade e ao mesmo tempo preservando a flexibilidade necessária para mudanças e adaptações.

Como mostra a Figura 9-4, é importante perceber que um processo de previsão significativo exige uma combinação de componentes integrada e consistente. Historicamente, pensava-se que uma atenção especial a um componente individual, tal como a técnica, poderia superar problemas com outros componentes. Por exemplo, acreditava-se que uma técnica "perfeita" de previsão poderia ser identificada e compensar a necessidade de sistemas de apoio e de um processo consistente. É cada vez maior a percepção de que os três componentes precisam ser trabalhados conjuntamente. O processo de planejamento deve avaliar de forma adequada os pontos fortes e as fragilidades de cada componente, e realizar a projeção buscando o desempenho ideal do sistema integrado.

Mentzer e Bienstock fizeram as seguintes observações quanto à situação das previsões em empresas dos EUA:[5]

- As empresas estão em geral empregando processos mais sofisticados e incorporando insumos de uma gama mais ampla de funções empresariais.

- Não houve um progresso substancial na avaliação da empresa e no desempenho individual das previsões; isso resultou em pouco entusiasmo e falta de motivação para melhorar o desempenho das previsões.

- Um melhor desempenho nas previsões decorre fundamentalmente a partir dos avanços tecnológicos, tais como o uso de computadores pessoais e *softwares* relacionados.

---

[4] Jay W. Forrester, *Industrial Dynamics* (Cambridge, MA: MIT Press, 1961); e "IndustrialDynamics", *Harvard Business Review* 36 (July/August 1958), p. 43.

[5] John T. Mentzer e Carol C. Bienstock, op. cit.

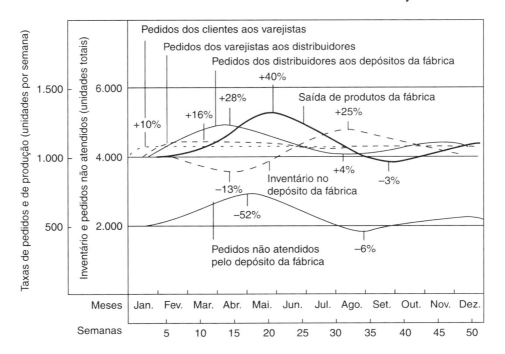

Fonte: Jay W. Forrester, *Industrial Dynamics* (Cambridge, MA: The MIT Press, 1961); and "Industrial Dynamics," *Harvard Business Review* 36 (July/August 1958), p.43.

Figura 9-5 Resposta de um sistema de simulação de produção/distribuição frente um aumento repentino de 10% no nível de vendas ao varejo.

Eles apontam os dois maiores desafios para o futuro. Primeiramente, as empresas precisarão estimar a responsabilidade compartilhada para o processo de estabelecimento de previsões. Isso significa que equipes interfuncionais precisarão trabalhar juntas para desenvolver previsões comuns e consistentes. Segundo, o sistema de acesso das previsões de vendas para *marketing*, vendas, planejamento, gestão do produto e para a logística deverá ser aprimorado. Os sistemas deverão incluir aspectos relativos ao apoio por sistemas de previsões e a gestão das previsões, assim como um envolvimento colaborativo entre fornecedores e clientes.

Ainda que a técnica de previsão seja apenas um componente de todo o processo de gestão da demanda, é importante compreender o conjunto de técnicas disponível e as medidas para avaliá-las.

Técnicas de Previsão

A gestão da demanda exige a seleção de técnicas apropriadas para gerar previsões periódicas. O uso efetivo de técnicas exige a compatibilidade entre as características de cada situação e as habilidades da técnica. Em um artigo, Makridakis *et al.* sugerem os seguintes critérios para avaliar a aplicabilidade de uma técnica: (1) precisão, (2) horizonte de tempo da previsão, (3) o valor da previsão, (4) a disponibilidade de dados, (5) tipo de padrão de dados, e (6) a experiência do profissional responsável pelas previsões.[6] Cada alternativa de técnica de previsão deve ser avaliada qualitativa e quantitativamente segundo esses seis critérios.

Há literalmente centenas de artigos que descrevem abordagens sobre a eficácia de alternativas de previsões. Nas últimas quatro décadas, as técnicas de previsão tornaram-se ainda mais complexas, com capacitações estatísticas e analíticas mais sofisticadas. O desenvolvimento geral entende que, quanto maiores forem a complexidade e a sofisticação, maior será a precisão da previsão. Embora isso seja verdadeiro em muitos casos, numerosas pesquisas indicam que o mais simples é, às vezes, o melhor. As técnicas mais sofisticadas nem sempre oferecem resultados significativamente melhores do que as técnicas simples, em especial ao se considerar os recursos, a informação e o conhecimento especializado, que as técnicas mais complexas exigem.[7]

Embora seja vantajoso poder identificar uma técnica específica de previsão, simples ou complexa, que seja apropriada para cada aplicação, o desenvolvimento e avaliação das técnicas de previsão não são exatos. A escolha da técnica de previsão apropriada é muito mais uma arte do que uma ciência. Por isso, a gestão da cadeia de suprimentos deve escolher uma técnica ou técnicas que proporcionem os melhores resultados. O conceito de **previsão composta** ilustra uma das abordagens que leva aos resultados.[8] A previsão composta incorpora um número de técnicas que variam de muito simples a razoavelmente complexas. Para cada período de tempo, uma previsão é gerada por SKU utilizando cada técnica. A previsão composta, então, combina os resultados numa média, ou valor medido, baseado na combinação que deveria ter sugerido os melhores resultados para períodos recentes de tempo. Suponha, por exemplo, que seja necessário elaborar uma previsão para o mês de junho. Ao final de maio, a previsão composta iria elaborar uma previsão para maio utilizando todos os dados disponíveis desde o final de abril, além de uma série de técnicas. No final do mês de maio, as previsões resultantes de cada técnica seriam comparadas com as vendas reais de maio, para determinar-se qual combinação de técnica *teria sido* a mais precisa em relação ao mês de maio. Supostamente, a melhor combinação para junho é a que teria sido a melhor para maio. A **previsão focada** oferece outro exemplo de técnica combinada.[9]

Com o contínuo interesse em previsões melhoradas e com o avanço da tecnologia de informação, há um número crescente de pacotes de previsão disponíveis para computadores pessoais, assim como para outras plataformas. Em geral, os pacotes incorporam um grande número de técnicas e de sistemas de apoio à gestão da demanda, a fim de facilitar a manipulação e a análise de dados. Yurkiewicz oferece uma listagem desses pacotes, juntamente com um resumo de suas características principais.[10]

Categorias de Técnicas de Previsão

Há três categorias de técnicas de previsão: (1) qualitativa, (2) de séries temporais e (3) causal. As **técnicas qualitativas** usam dados tais como opinião de especialistas e informações especiais para prever o futuro. Uma técnica qualitativa pode ou não considerar o passado. As **técnicas de séries temporais** concentram-se totalmente nos padrões históricos e na mudança desses padrões, para gerar previsões. E as **técnicas causais**, como a regressão, utilizam informações refinadas e específicas quanto às variáveis, para desenvolver uma relação entre um evento condutor e a atividade a ser prevista.

---

[6] Spyros Makridakis, Steven Wheelwright, e Robert Hyndman, *Forecasting, Methods and Applications*, 3rd. Ed. (New York: John Wiley and Sons, 1997).

[7] Para uma análise mais detalhada dos resultados, veja J. Scott Armstrong, Forecasting by Extrapolation: Conclusions from 25 Years of Research", *Interfaces*, November/December 1984, pp. 52-66.

[8] Charles W. Chase, Jr. "Composite Forecasting: Combining Forecastes for Improved Accuracy", *Journal of Business Forcasting Mathods and Systems*, 19, no. 2 (Summer 2000), pp. 2-6.

[9] Everette Gardner e Elizabeth Anderson, Focus Forecasting Reconsidered", *International Journal of Forecasting 13*, no. 4 (December 1997), pp. 501-8.

[10] Jack Yurkiewicz, "Forecasting 2000", *OR/MS Today*, February 2000, pp. 58-65.

Técnicas Qualitativas As técnicas qualitativas apóiam-se fortemente na experiência do profissional, são bastante dispendiosas e consomem muito tempo. Elas são ideais para situações em que poucos dados históricos e muito julgamento gerencial são exigidos. A utilização de dados de entrada, advindos de equipes de vendas como base para a previsão de uma região ou produto, é um exemplo de um aplicativo na cadeia de suprimentos utilizando a técnica qualitativa de previsão. Entretanto, os métodos qualitativos não são os mais apropriados para a previsão na cadeia de suprimentos, devido ao tempo que levam para gerar as previsões detalhadas de SKU necessárias. As previsões qualitativas são desenvolvidas utilizando pesquisas, painéis e reuniões de consenso.

Séries Temporais As técnicas de séries temporais são métodos estatísticos utilizados quando estão disponíveis dados históricos de vendas contendo relações e tendências relativamente claros e estáveis. Com base em dados históricos de vendas, a análise de séries temporais é utilizada para identificar a sazonalidade, os padrões cíclicos e as tendências. Uma vez que os componentes individuais de previsão estão identificados, as técnicas em séries temporais interpretam que o futuro irá refletir o passado. Isso significa que os padrões de demanda passados irão continuar no futuro. Essa premissa está, na maioria das vezes, razoavelmente correta a curto prazo, assim, essas técnicas são mais apropriadas para previsões de curto prazo.

Quando a taxa de crescimento ou a tendência mudam significativamente, o padrão da demanda também passa por uma alteração substancial. Uma vez que as técnicas em séries temporais utilizam padrões históricos de demanda e médias ponderadas de pontos de dados, elas não são sensíveis à essas alterações. Assim, outras abordagens precisam ser integradas às técnicas em séries temporais, para determinar-se quando as alterações provavelmente irão ocorrer.

As técnicas de séries temporais incluem uma variedade de métodos que analisam os padrões e a movimentação dos dados históricos, para assim estabelecer características recorrentes. Com base em características específicas, técnicas variadas em sofisticação podem ser utilizadas para desenvolver previsões em séries de tempo. As quatro técnicas em séries temporais, em ordem crescente de complexidade, são: (1) média móvel, (2) amortecimento exponencial, (3) amortecimento estendido, e (4) amortecimento adaptativo.

A **previsão em média móvel** utiliza uma média das vendas do período mais recente. A média pode utilizar qualquer número de períodos anteriores, apesar de serem comuns médias de 1, 3, 4 e 12 períodos. A média móvel de 1 período determina que a previsão do período seguinte seja projetada pelas vendas do período anterior. A média móvel de 12 períodos, como a média mensal, utiliza a média dos 12 últimos períodos. Cada vez que um novo período de dados reais se torna disponível, a média substitui os dados do período mais antigo, mantendo constante a quantidade de períodos nela.

Apesar de as médias móveis serem fáceis de calcular, há inúmeras limitações. A mais importante é o fato de elas não responderem, ou darem resposta lenta, em relação às alterações; além do que, uma grande quantidade de dados históricos precisa ser mantida e atualizada para calcular as previsões. Caso haja grandes variações no histórico de vendas, a média ou valor médio não será confiável para a elaboração das previsões. Além do componente-base, as médias móveis não levam em consideração os componentes da previsão discutidos anteriormente.

Matematicamente, a média móvel é expressa pela seguinte fórmula:

$$P_t = \frac{\sum_{i=1}^{n} V_{t-i}}{n}$$

em que,

P_t = Previsão de média móvel para o período t
V_{t-i} = Vendas para o período i
n = Número total de períodos de tempo

Por exemplo, uma previsão de média móvel de abril, baseada nas vendas de 120, 150 e 90 para os três meses anteriores, é calculada da seguinte forma:

$$P_{Abril} = \frac{120+150+90}{3}$$
$$= 120$$

Para contornar parcialmente essas deficiências, as *médias móveis ponderadas* foram introduzidas como refinamento. A ponderação coloca mais ênfase nas observações recentes. O método de **amortecimento exponencial** é uma forma de média móvel ponderada. O amortecimento exponencial baseia a estimativa de vendas futuras na média ponderada da demanda anterior e nos níveis de previsão. A nova previsão é uma função da previsão antiga incrementada por alguma fração do diferencial entre a previsão antiga e as vendas reais realizadas. O incremento de ajuste é denominado *fator alfa*. O formato básico do modelo é

$$P_t = \alpha D_{t-1} + (1-\alpha)P_{t-1}$$

onde,

P_t = Vendas previstas para o período t
P_{t-1} = Previsão para o período $t-1$
D_{t-1} = Demanda real para o período $t-1$
α = Fator alfa ou constante de amortecimento ($0 \leq \alpha \leq 1{,}0$).

Para ilustrar, considere que as previsões para o período mais recente tenham sido de 100 unidades e as vendas reais tenham sido de 110. Considere também que o fator alfa empregado seja de 0,2. Assim, por substituição,

$$\begin{aligned}P_t &= \alpha D_{t-1} + (1-\alpha)P_{t-1}\\ &= (0,2)(110) + (1-0,2)(100)\\ &= 22 + 80\\ &= 102\end{aligned}$$

Portanto, a previsão para o período t é de 102 unidades para vendas de produto.

A principal vantagem do amortecimento exponencial é que ele permite um cálculo rápido de novas previsões, sem registros históricos substanciais ou atualizações. Assim, o amortecimento exponencial é perfeitamente adaptável a previsões computadorizadas. Dependendo do valor da constante de amortecimento, também é possível monitorar e modificar a sensibilidade da técnica.

A principal decisão quando se usa o amortecimento exponencial é a seleção do fator alfa. Se um fator de 1 é empregado, o efeito líquido é utilizar as vendas dos períodos mais recentes como previsão para o período seguinte. Um valor altamente baixo, como 0,01, possui o efeito líquido de reduzir a previsão a quase uma média móvel simples. Fatores alfa elevados tornam a previsão muito sensível a mudanças e, portanto, profundamente reativa. Fatores mais baixos tendem a reagir de forma mais lenta a mudanças e, portanto, minimizam a resposta a flutuações aleatórias. Porém, a técnica não pode identificar a diferença entre sazonalidade e flutuação aleatória. Assim, o amortecimento exponencial não elimina a necessidade de julgamento. Ao selecionar o valor do fator alfa, o responsável pela previsão se defronta com uma troca compensatória entre eliminar flutuações aleatórias ou fazer com que a previsão responda completamente às mudanças na demanda.

O amortecimento exponencial estendido incorpora a influência de tendências e sazonalidade quando valores específicos para esses componentes podem ser identificados. O cálculo do amortecimento estendido é semelhante ao do modelo básico de amortecimento exponencial, exceto que há três componentes e três constantes de amortecimento para representar os componentes de base, da tendência e da sazonalidade.

Semelhante ao amortecimento exponencial básico, o **amortecimento estendido** permite o cálculo rápido de novas previsões com um mínimo de dados. Sua habilidade de resposta depende dos valores da constante de amortecimento. Valores mais altos da constante de amortecimento proporcionam uma rápida capacidade de resposta, mas podem levar a reações excessivas e problemas de precisão nas previsões.

O **amortecimento adaptativo** proporciona uma revisão regular da validade do valor do fator alfa. O valor alfa é revisto na conclusão de cada período de previsão para determinar-se o valor exato que teria resultado de uma previsão perfeita no período anterior. Uma vez determinado, o fator alfa usado para gerar a previsão subseqüente é ajustado a um valor que teria produzido uma previsão perfeita. Assim, o julgamento gerencial é parcialmente substituído por um método sistemático e consistente de alfa atualizado. A maioria dos pacotes de *software* de previsão inclui a capacitação de sistematicamente avaliar constantes alternativas de amortecimento, para identificar aquela que teria o melhor desempenho nos períodos de tempo mais recentes.

Formas mais sofisticadas de amortecimento adaptativo incluem um sinal automático de monitoramento de erros. Quando o sinal é disparado devido a erros excessivos, a constante é automaticamente aumentada para tornar a previsão mais capaz de responder aos amortecimentos de períodos recentes. Se as vendas no período recente demonstrassem alterações substanciais, o aumento na capacidade de resposta diminuiria o erro de previsão. Com um erro de previsão diminuído, o sinal de monitoramento automaticamente devolve à constante de amortecimento o seu valor original. Embora as técnicas adaptativas tenham sido projetadas para sistematicamente se ajustarem aos erros, seu ponto fraco é que elas, algumas vezes, exageram na interpretação de erros aleatórios, tais como tendências ou sazonalidades. Essa interpretação errônea pode levar a um aumento de erros no futuro.

Técnicas causais A previsão por regressão estima as vendas numa base por SKU baseando-se em outros fatores independentes. Se uma boa relação pode ser identificada, tais como a existente entre preços esperados e consumo, a informação pode ser usada para prever efetivamente as necessidades. A previsão causal ou por regressão funciona bem quando uma variável condutora, como o preço, pode ser identificada. Entretanto, tais situações não se mostram particularmente comuns nas aplicações da cadeia de suprimento. Se a previsão por SKU é feita com base num fator único, ela é denominada *análise de regressão simples*. Usando mais de um fator de previsão, é denominada *regressão múltipla*. As previsões por regressão usam a correlação entre um evento condutor ou previsível e as vendas na demanda por SKUs. Não é necessário existir uma relação de causa/efeito entre as vendas do produto e o evento independente caso um alto grau de correlação se mostre consistentemente presente. Uma correlação assume que as vendas são projetadas por algum fator independente condutor, como as vendas de um produto relacionado. Entretanto, o uso mais confiável da previsão por regressão se baseia numa relação de causa/efeito. Uma vez que a regressão possa efetivamente considerar fatores e eventos externos, técnicas causais se mostram mais adequadas para previsões de longo prazo ou agregadas. Por exemplo, técnicas causais são, comumente, utilizadas para gerar previsões de vendas anuais ou nacionais.

Erros de Previsão

A **precisão da previsão** se refere à diferença entre as previsões e as vendas reais correspondentes. O aperfeiçoamento da precisão da previsão exige a avaliação e a análise dos erros. Há três passos para reduzir os erros de previsão. Primeiramente, devem ser definidas as medidas apropriadas. Em segundo lugar, é preciso identificar o nível de medição. Por fim, devem ser definidos os ciclos de retroalimentação (*feedback*).

Medição dos Erros

Os erros de previsão podem ser medidos em bases absolutas ou relativas, utilizando-se vários métodos. Embora o erro de previsão possa, de uma forma geral, ser definido como a diferença entre a demanda real e sua previsão, uma definição mais precisa se torna necessária para cálculo e comparação. A Tabela 9-2, a seguir, apresenta a demanda e a previsão mensais por unidade de um modelo específico de computador pessoal, para um centro de distribuição regional. Esse exemplo ilustra medidas alternativas para os erros de previsão.

Uma forma de medir erros é somar os erros ocorridos ao longo do tempo, como mostra a coluna 4 da Tabela 9-2. Percebe-se que a média dos erros está muito próxima de zero, apesar de ocorrerem erros expressivos em determinados meses. A preocupação com esse tipo de abordagem é que erros positivos (para mais) anulam erros negativos (para menos), escondendo um problema de previsão significativo. Para evitar esse inconveniente, uma abordagem alternativa é ignorar o "sinal" (positivo ou negativo) e avaliar o erro absoluto.

A coluna 5, na tabela, mostra o cálculo dos erros absolutos e o Desvio Médio Absoluto (MAD – Mean Absolute Deviation) deles resultantes. Embora a abordagem do MAD seja bastante utilizada para se mensurar os erros de previsão, o MAD utiliza o mesmo peso para desvios pequenos ou grandes. Outra maneira é calcular o quadrado do erro e depois utilizar a Média dos Erros ao Quadrado (MSE – Mean Squared Error) para comparar as previsões alternativas. A coluna 6 ilustra a abordagem da média dos quadrados. A vantagem da abordagem da MSE é que ela penaliza mais um sistema com poucos erros grandes do que outro com um grande número de pequenos erros. A abordagem do MAD, por exemplo, penaliza um desvio da previsão de valor 2 apenas duas vezes mais que um desvio de 1. A abordagem da MSE penaliza uma medida de desvio na previsão com valor 2 quatro vezes mais que o desvio de previsão de valor 1.

Embora as abordagens de cálculo de erros a partir da média, média absoluta ou dos quadrados sejam medidas eficientes para se avaliar individualmente por SKU ou por local, elas são inapropriadas quando se avalia o desempenho de previsões agregadas. Essas medições absolutas tratam da mesma maneira um erro de 40 unidades de SKU para demandas mensais de 40 ou 4000.

O primeiro caso demonstra um erro de 100%, o qual mostra uma previsão relativamente pobre. No segundo caso, entretanto, o erro relativo da previsão é de 1%, o que demonstra uma previsão bastante precisa. Para comparar previsões de SKUs e locais com diferentes demandas médias, geralmente são calculados os erros percentuais, referentes à divisão do erro médio pela demanda média. A medição do erro médio pode ser a medida absoluta, como mostra a coluna 5 da Tabela 9-2, ou a medida do erro ao quadrado, mostrada na coluna 6. A Tabela 9-2 mostra as duas medidas e suas magnitudes relativas. Embora a medida do erro relativo não seja a mais apropriada para fins de comparação, o erro relativo da previsão utilizando a medida dos erros ao quadrado facilita a identificação de SKUs com *problemas*.

Tabela 9-2   Demanda e previsão mensal de computadores pessoais

(1) Mês	(2) Demanda	(3) Previsão	(4) Erro	(5) Erro absoluto	(6) Erro ao quadrado
Janeiro	100	110	−10	10	100
Fevereiro	110	90	20	20	400
Março	90	90	0	0	0
Abril	130	120	10	10	100
Maio	70	90	−20	20	400
Junho	110	120	−10	10	100
Julho	120	120	0	0	0
Agosto	90	110	−20	20	400
Setembro	120	110	50	50	2500
Outubro	90	130	−40	40	1600
Novembro	80	90	−10	10	100
Dezembro	90	100	−10	10	100
Soma	1200	1240	−40	200	5800
Média	100	103,3	−3,3	16,7[a]	483,3[b]
Porcentagem (erro/média)			3,3%[c]	16,7%[d]	22,0%[e]

a = desvio absoluto da média. b = erro médio ao quadrado. c = erro médio/demanda média. d = valor absoluto do erro previsto na média/demanda média. e = raiz quadrada da soma dos erros ao quadrado/demanda média.

Nível de Medição

O segundo passo considera o nível de medição ou de agregação. Presumindo-se que os detalhes de uma SKU individual sejam registrados, o erro de previsão pode ser calculado para combinações individuais de locais e de SKUs, para grupos de SKUs ou de locais, bem como nacionalmente. Geralmente, quanto maior é o nível de agregação, menores são os erros relativos de previsão. A Figura 9-6, logo adiante, demonstra, por exemplo, erros de previsão comparativos para o nível nacional, para marcas de grupos de SKUs e para o nível de locais dos SKUs. Nesse exemplo, o erro relativo é calculado utilizando-se os erros ao quadrado. A Figura 9-6 mostra também os erros de previsão mínimos, máximos e médios relativos a uma amostra de empresas que comercializam produtos de consumo. Como se pode observar, embora um erro relativo de 40% seja considerado médio para o nível de agregação de um SKU/local, tal nível indicaria uma previsão bastante deficiente se avaliada em nível nacional.

Há dois aspectos a considerar ao determinar-se o nível de agregação da previsão. Primeiramente, uma agregação menor facilita o problema de identificação e concentra os esforços no aperfeiçoamento do desempenho da previsão. Segundo, essa agregação exige mais recursos para os cálculos de erros e de armazenamento de dados, devido ao número de combinações de locais de SKUs numa empresa comum. No entanto, essa é uma questão de menor relevância, devido à disponibilidade de computadores de baixo custo e o processamento com base na exceção.

Como vimos, ao discutir técnicas atuais de previsão, a preocupação principal se refere à identificação e monitoramento dos erros de previsão. Para oferecer consistência a longo prazo, é necessário que o nível de medição seja identificado e que então o erro seja rastreado regularmente. Os erros relativos de previsão, tanto para o caso de itens individuais como para agregados, podem ser assinalados graficamente ao longo do tempo, para indicar mudanças na eficácia das previsões.

Feedback

O terceiro passo para reduzir os erros de previsão é o estabelecimento de ciclos adequados de retroalimentação (*feedbacks*) da previsão, para que o processo de gestão da demanda seja motivado a evoluir. O aprimoramento da gestão da demanda resulta de um processo e de indivíduos motivados a identificar os problemas e melhorar as oportunidades. A motivação surge quando as medidas do desempenho do profissional de previsão são dependentes da precisão da gestão da demanda. A precisão da gestão da demanda, por exemplo, geralmente melhora quando os profissionais de previsão têm seu trabalho reconhecido a partir de bonificações ou prêmios. Com a devida motivação, os gestores de demanda podem identificar as causas principais de erros e desenvolver técnicas e fontes de informações capazes de reduzi-los. Em alguns casos, técnicas mais sofisticadas de previsão, como a previsão composta, levaram a avanços significativos. Em outros casos, é possível reduzir de forma expressiva os erros de previsão por meio de outras ações na gestão da demanda, como, por exemplo, melhor comunicação das atividades de *marketing*, tais como mudanças de preços, promoções ou mudanças de pacotes promocionais. Na avaliação do desempenho da gestão da demanda, é importante reconhecer que uma previsão perfeita é impossível e que as expectativas, portanto, não devem ser tão altas.

Planejamento, Previsão e Reabastecimento Colaborativos

Os processos e técnicas de previsões ora descritas alcançaram benefícios significativos quanto a possibilitar um desempenho logístico superior nos canais de distribuição; no entanto, ainda é possível que ocorram eventos dispendiosos, sem planejamento nem coordenação, que distorçam o fluxo tranqüilo de produtos na cadeia de suprimentos. Essas distorções ocorrem porque os participantes dos canais freqüentemente falham em coordenar suas

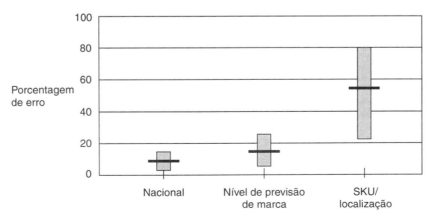

Figura 9-6 Erros comparativos de previsão.

previsões individuais de demandas finais de produtos de consumo e dos eventos de comercialização projetados para estimular a demanda. Imagine, por exemplo, que, no começo do mês, o fabricante preveja a venda de 100.000 caixas de determinado item para um cliente varejista em particular, utilizando publicidade planejada e promoções para apoiar esse nível de vendas. Enquanto isso, esse cliente varejista prevê a venda de 150.000 caixas e planeja eventos promocionais específicos para atingir tal previsão. Fica claro, dessa forma, que o planejamento em conjunto e o compartilhamento de informações relativas a esses eventos aumentariam a possibilidade de um relacionamento bem-sucedido.

Planejamento, Previsão e Reabastecimento Colaborativo (CPFR – Colaborative Planning, Forecasting and Replenishment) é um processo iniciado pelo setor de produtos de consumo a fim de alcançar esse nível de coordenação. Ele não substitui as estratégias de reposição automática, mas as complementa com um processo cooperativo.[11] Essencialmente, o CPFR coordena os planos de necessidades para as atividades de criação e atendimento da demanda. A Figura 9-7 mostra as relações básicas do CPFR. A solução CPFR compartilha informações envolvendo promoções, previsões, dados de itens e pedidos com os parceiros comerciais a partir da utilização de EDI ou da *Internet*. As informações desenvolvidas de forma colaborativa são então utilizadas conjuntamente e de forma iterativa pelos planejadores para gerar a demanda, determinar as necessidades de reabastecimento e adequar a produção às demandas.

[11] Para informações mais detalhadas, veja o *website* da CPFR no www.cpfr.org.

O primeiro passo no processo de CPFR é o planejamento conjunto dos negócios, em que um fornecedor e um varejista compartilham, discutem, coordenam e racionalizam suas estratégias individuais a fim de criar uma estratégia de parceria. O plano conjunto oferece uma visão comum e consistente daquilo que se espera que seja vendido, como será comercializado e promovido, em qual mercado e em que período de tempo. Um calendário conjunto é criado para se compartilhar as informações, determinando o fluxo dos produtos. Uma previsão comum de vendas é criada e compartilhada entre fornecedor e varejista com base no conhecimento compartilhado sobre o plano comercial de cada parceiro. O CPFR inclui um processo iterativo em que o plano da previsão e das necessidades é trocado e aprimorado entre os parceiros, até chegarem a um consenso. A partir desse consenso, os planos da previsão, da produção, do reabastecimento e dos embarques são desenvolvidos. De forma ideal, a previsão se torna um compromisso entre os dois parceiros comerciais – quanto às vendas pelo varejista e quanto ao reabastecimento pelo fabricante. Os benefícios do CPFR se estendem além do reabastecimento automático. Logo adiante, leia atentamente Visão Setorial 9-1 e fique sabendo como os esforços de planejamento colaborativo da Nabisco Brands com seus principais clientes possibilitaram benefícios significativos para todos os envolvidos.

Os canais relacionais de distribuição apresentam grande potencial para um desempenho logístico superior. Os canais convencionais tradicionais são primeiramente adversários em sua natureza, não conseguem reconhecer sua dependência e são dirigidos pelas informações guardadas e não compartilhadas, por isso não podem atingir as interfaces logísticas sofisticadas exigidas pelo CPFR.

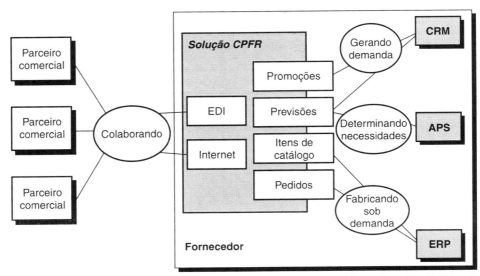

Fonte: Matt Johnson, "Collaboration Data Modeling: CPFR Implementation Guidelines," *Proceedings of the 1999 Annual Conference of the Council of Logistics Management* (Chicago, IL: Council of Logistics Management), p.17.

Figura 9-7 CPFR no ambiente de tecnologia de informação do varejo.

Visão Setorial 9-1   O CPFR na Nabisco Inc. e Wegmans Food Markets

A gestão de categoria e a gestão da cadeia de suprimentos têm garantido a oferta de uma vantagem competitiva a empresas que podem implementá-las com sucesso. Os parceiros comerciais poderão obter uma vantagem ainda maior ligando essas atividades pelo processo de CPFR (*Collaborative Planning, Forecasting and Replenishment*). O CPFR oferece a oportunidade de ligar os resultados dos planos de negócio desenvolvidos conjuntamente pelos parceiros comerciais aos processos da cadeia de suprimentos. Os planos de negócios e as previsões são monitorados e mantidos atualizados por ambos os parceiros comerciais. Isso é obtido pela criação de um processo de comunicação em duas vias que permite a transferência de planos promocionais e as previsões entre os fabricantes e distribuidores.

A Nabisco, destacado fabricante internacional de biscoitos, salgadinhos e produtos *premium* de mercearia, comercializa seus produtos nos Estados Unidos, no Canadá e em mais 85 países no mundo. A Wegmans Food Markets, Inc., uma rede de supermercados com 58 lojas em Nova York e Pensilvânia (com uma loja em New Jersey), é uma empresa familiar reconhecida como inovadora e líder no setor. Em 1998, essas empresas se engajaram em um plano piloto de CPFR para validar o modelo de negócios VICS (*Voluntary Interindustry Commerce Standards*). O plano piloto se limitava a 22 itens de castanhas da marca Planters. Ele foi desenvolvido sem aumento de recursos nas áreas de vendas dedicadas (*headcount*) ou tecnologia. Nos 6 primeiros meses, a transferência de informações foi realizada com a utilização de planilhas e *e-mail*.

Os resultados reais do piloto de CPFR a partir de julho de 1998 até janeiro de 1999 incluíram um aumento nas vendas da categoria em 13%, contra 8% de queda para outros varejistas do mercado. O aumento nas vendas da marca Planters alcançou o impressionante índice de 53%, como medido pelo IRI para as 30 semanas até 17 de janeiro de 1999. A maioria dos aumentos nas vendas a varejo pode ser atribuída aos planos de negócio desenvolvidos conjuntamente, os quais alavancaram a estratégia gerencial da categoria e aumentaram o foco na mesma.

Esses resultados foram alcançados com estresse mínimo na cadeia de suprimentos em função do CPFR. Quanto às operações, o nível de serviços nas lojas passou de 93 para 97%, e os dias de inventário foram reduzidos para 2,5 dias (18%). Esses resultados positivos levaram a Nabisco e a Wegmans a decidir estender o período de tempo para esse piloto e expandir seu escopo, a fim de incluir os produtos para animais Milk-Bone. Além disso, um *software* de colaboração disponível será testado como potencial de soluções tecnológicas. Ambas as empresas estão desenvolvendo pilotos com outros parceiros comerciais.

Fonte: "Nabisco Inc. and Wegmans Food Markets", *1999 Voluntary Interindustry Commerce Standards Association*, pp. 33-44.

Alianças e parcerias criam relacionamentos de longo prazo entre as parcerias na cadeia de suprimentos. Quando ocorrerem problemas, e eles sempre ocorrem, poderão ser facilmente resolvidos. Por fim, são essas formas de ajuste que reduzem os custos de negociação envolvendo todos os membros do canal.

Benefícios do APS e Considerações

Há benefícios substanciais que podem ser alcançados pela aplicação do APS para integrar o planejamento da cadeia de suprimentos. Entretanto, esse potencial vem acompanhado de desafios significativos.

Benefícios

Embora benefícios específicos do APS tenham sido discutidos anteriormente, há três deles, mais amplos, que advêm da sua utilização. Eles incluem a capacidade de resposta para mudanças, a perspectiva abrangente e a utilização de recursos.

Historicamente, os profissionais de logística e de cadeia de suprimentos utilizaram *lead times* extensos e congelamento de programação para planejar as atividades futuras na cadeia de suprimentos. Por exemplo, a produção seria programada para 3 a 4 semanas e depois seria congelada para minimizar a incerteza. Os longos períodos de *lead time* e de congelamento eram necessários, já que o processo de planejamento era complexo e exigia análises substanciais. Os planos precisavam ser definidos cedo e depois congelados, para permitir à empresa tempo suficiente para executá-los. Embora essa abordagem reduzisse a incerteza, ela também reduzia substancialmente a flexibilidade e a capacidade de resposta.

Os clientes de hoje exigem mais capacidade de resposta às necessidades de mercado e demandam níveis de inventário reduzidos, impedindo longos ciclos de tempo. As mudanças no mercado e nas empresas podem ser introduzidas rapidamente nos módulos de gestão da demanda e de recursos, permitindo que os processos de planejamento utilizem as informações mais atuais e mais precisas. O módulo de otimização das necessidades resolve, então, a alocação, permitindo ciclos de planejamento diários e de uma só semana, em vez de múltiplas semanas ou meses. O APS resulta, de fato, em um processo de planejamento que pode responder melhor às mudanças no mercado ou nas empresas.

Em segundo lugar, a gestão efetiva da cadeia de suprimentos exige planejamento e coordenação na empresa e entre empresas. O processo precisa considerar as trocas compensatórias associadas às mudanças nas atividades e recursos entre as funções e as organizações. Essa perspectiva abrangente aumenta substancialmente a complexidade do processo de planejamento. A complexidade advém do número de organizações, instalações, produtos e ativos que precisam ser levados em consideração na coordenação- das atividades e os recursos em uma cadeia de suprimentos inteira. O APS oferece a capacitação necessária para considerar uma perspectiva abrangente e fazer as trocas compensatórias adequadas, para que se atinja um desempenho a contento na cadeia de suprimentos.

Em terceiro lugar, o APS geralmente resulta em melhorias substanciais no desempenho da cadeia de suprimentos. Apesar de o planejamento abrangente e a redução da incerteza resultarem sempre em um melhor atendimento ao cliente, o benefício mais importante do APS é o aprimoramento da utilização de recursos. Um planejamento mais efetivo e de melhor resposta permite uma distribuição mais equilibrada de exigências para a capacidade existente de fornecimentos, de produção, de estocagem e de transporte. O resultado é que a capacidade existente passa a ser utilizada de forma mais efetiva. As empresas também relatam que o APS tem diminuído significativamente a necessidade de ativos ao abrandar as demandas de recursos. Essa diminuição inclui estimativas de 20 a 25% de reduções na planta, em equipamentos, em instalações e em inventário. A Visão Setorial 9-2, logo adiante, descreve os avanços em termos de desempenho observados pela Heineken USA a partir da implementação do APS.

Embora o APS abrangente apresente-se como uma capacitação relativamente nova, a visão do futuro é promissora na medida em que são desenvolvidas tecnologias e a capacidade de se avaliar e gerenciar, de forma efetiva, cadeias de suprimentos integradas. O APS representa uma perspectiva abrangente e dinâmica da cadeia de suprimentos como um todo e focaliza a redução das necessidades de ativos na cadeia de suprimentos, como exigem os mercados financeiros.

Considerações

Antes da implementação propriamente dita, há muitas considerações referentes à aplicação APS. Os executivos apresentam como suas maiores preocupações: (1) aplicações integradas *versus* fragmentadas, (2) integridade dos dados e (3) educação na aplicação.

Aplicações Integradas versus Aplicações Fragmentadas

Tecnicamente, existem quatro abordagens para a aquisição e implementação de aplicações de APS. A primeira é desenvolvimento, utilizando recursos internos da empresa. Isso não é muito comum, uma vez que o desenvolvimento do APS exige profundo conhecimento e não é possível que uma empresa que não esteja focada nos sistemas de APS como sua competência fundamental seja capaz de desenvolver o programa, a experiência ou manter as capacitações de apoio. Além disso, o processo de planejamento de setores ou empresas individuais não é suficientemente diferente a ponto de ser capaz de obter qualquer vantagem competitiva significativa.

As opções dois e três seriam utilizar um aplicativo APS integrado ao sistema ERP da empresa, ou algum outro terceirizado que se conecte ao sistema ERP da empresa. Alguns provedores de ERP, como a SAP, oferecem um APS projetado para estar fortemente integrado ao sistema ERP. Os benefícios óbvios dessa integração incluem a consistência e integração de dados, bem como a necessidade reduzida de transferir dados entre aplicativos, o que resulta em atrasos e erros em potencial. A alternativa é utilizar uma abordagem de *conexão* ou *melhor-de-todos*, que procura identificar o melhor sistema APS para a empresa baseada nos seus atributos e funcionalidades, para depois, então, conectá-lo ao sistema ERP da empresa. O resultado é um sistema APS que melhor atende às necessidades específicas de uma empresa, ou que oferece um desempenho otimizado, mas a um provável custo de integração reduzido. Embora os provedores de aplicativos integrados ou conectados de APS estejam tentando fortalecer sua integração com os provedores de sistema ERP, a integração operacional entre os sistemas de execução e de planejamento continuam sendo um desafio. A quarta opção, discutida no Capítulo 7, de utilizar um aplicativo de provedor de serviço, está começando a despertar maior interesse.

Integridade dos Dados

A integridade dos dados é o segundo maior aspecto citado como problema para a implementação do APS. Os sistemas APS se baseiam na absoluta integridade dos dados para uma tomada de decisão efetiva. Embora a integridade dos dados seja sempre importante, o APS a torna ainda mais crucial já que a falta ou imprecisão de dados pode causar um forte impacto na confiança e na estabilidade da decisão.

Um problema constantemente citado em relação à integridade dos dados diz respeito ao detalhe do nível de produto, como cubagem e peso. Embora sejam dados bastante básicos, não é fácil manter a precisão quando há um grande número de produtos em constante mudança e ainda a introdução de outros novos. Os executivos apontam que no processo de implementação do sistema APS, não é incomum encontrar algumas centenas de produtos com características físicas incorretas ou omitidas. Embora não represente um grande percentual de produtos em número, a imprecisão pode causar um impacto considerável na tomada de decisão por meio do APS. Por exemplo, a cubagem imprecisa ou omitida pode fazer com que o APS gere uma recomendação de transporte errada, orientando carregar um veículo com uma quantidade de produtos que excede sua capacidade física. Especificamente, o APS irá

Visão Setorial 9-2   Quando o Pensamento do Grupo (*groupthinking*) é Bom

O fenômeno da *Internet* e da *intranet*, que revolucionou a maneira pela qual as pessoas se comunicam, consomem e lêem as notícias, está também remodelando a maneira pela qual as empresas gerenciam seu processo de cadeias de suprimentos. Sabiamente, empresas modernas estão conectando fornecedores, distribuidores e clientes pela *Internet* ou *intranets*, de maneira que todos os agentes possam compartilhar informações e construir, de forma colaborativa, os planos de fornecimento e de produção.

A Heineken USA obteve grandes benefícios a partir do planejamento colaborativo. À medida que se intensificava a competição de pequenas cervejarias regionais e locais no final da década de 80 e começo dos anos 90, a então empresa familiar Heineken USA mantinha-se lenta em sua reação. Como resultado, a participação de mercado da Heineken USA caiu e a Heineken NV, a empresa matriz na Holanda, decidiu assumir as operações de distribuição e comercialização americanas. A Heineken USA, na sua forma atual, começou as operações em 1995 e passou a examinar e aprimorar seus processos de previsão de demanda e produção.

Os antigos mecanismos de previsão e de pedidos da Heineken envolviam reuniões face a face com os distribuidores e muitos passos para envio por fax dos pedidos entre os escritórios distritais e o central nos Estados Unidos, e o da matriz em Amsterdã. Conseqüentemente, demorava de 10 a 12 semanas para que os distribuidores recebessem seus embarques.

Para resolver o problema, a Heineken USA implementou uma rede privada conectando a empresa a seus fornecedores, distribuidores e clientes utilizando a tecnologia da *Internet*. Os distribuidores se conectam às páginas personalizadas da Heineken USA na *Internet* utilizando *browser* e conexão padrões da *Internet*. Assim, apenas digitando sua identificação e senha, os distribuidores podiam acessar suas previsões de vendas, modificar e dar entrada a seus pedidos.

A Heineken USA reavaliou de forma completa a estratégia de sua empresa para levar o produto da fábrica a seus distribuidores. A empresa montou uma equipe interfuncional, incluindo representantes dos departamentos de *marketing*, vendas, finanças, pedidos e embarque da empresa. Para que o planejamento colaborativo funcione e passe a fortalecer a eficiência da cadeia de suprimentos, cada departamento precisa se envolver no processo e fazê-lo funcionar em seu setor. O novo programa de planejamento colaborativo reduziu os ciclos de tempo de pedido de 3 meses para 4 semanas e simplificou o planejamento para os clientes dos distribuidores da Heineken USA. O resultado são níveis reduzidos de inventário e produtos mais saudáveis para consumo.

A Eastman Chemical Company, uma fabricante de químicos, fibras e plásticos, cujo faturamento é de US$ 5 bilhões anuais, também aprimorou sua gestão de previsões e da cadeia de suprimentos a partir do planejamento colaborativo em tempo real. A Eastman precisava de uma maneira de alinhar a demanda anual e a previsão da produção aos planos financeiros de longo prazo. A sincronização das previsões de curto e longo prazos também ajudaria a reduzir os inventários, a melhorar a satisfação do cliente e a cortar custos.

A empresa se voltou para sua *intranet*, que estava já em funcionamento, mas era utilizada raramente. Uma vez que as entradas em tempo real no sistema pelos 300 vendedores da Eastman era imprescindível para apoiar o processo de previsão, a empresa forneceu a uma ampla gama de funcionários *hardware* e *software* padronizados para acessar a *intranet*. A *intranet* agora, amplamente acessível, possibilitou a base para a implementação de aplicativos para o planejamento colaborativo. O novo sistema da Eastman permite que qualquer pessoa envolvida no processo de previsão visualize a previsão atual e a planejada, bem como faça mudanças à medida que as condições do mercado se alteram. Utilizando a intranet para o planejamento colaborativo, a Eastman espera reduzir os custos entre 2 e 4% – uma soma substancial, considerando-se uma empresa de seu porte.

A empresa que implementa o planejamento colaborativo em sua cadeia de suprimentos via *Internet* ou *internet* precisa integrar completamente o novo processo às operações, processos e cultura existentes. O planejamento colaborativo via *Internet* ou *intranets* é um elemento vital para se estreitar os elos na cadeia de suprimentos, adequando a produção ao fluxo global de pedidos ao longo da cadeia.

Fonte: Andrew White, "When Groupthink Is Good: Collaborative Planning via Internet and Intranets Reduces Costs, Enhances Supply Chain Management", *Enterprise Systems Journal*, September 1999.

---

pensar que uma grande quantidade de produtos pode ser carregada em um caminhão, quando os dados do produto contêm sua cubagem incorreta ou igual a zero.

Embora os erros de decisão resultantes de problemas com a integridade dos dados possam ser significativos, o maior problema mesmo é que esses erros reduzem substancialmente a credibilidade do sistema APS em geral. Alguns erros altamente visíveis, como veículos de transporte com excesso de carga ou instalações de armazenamento com capacidade excedida, levam os gerentes e planejadores a questionar a integridade do sistema de APS como um todo. Como conseqüência, eles passam a não confiar nos resultados e preferem voltar aos antigos e precisos métodos de planejamento e programação. De fato, o potencial para o planejamento aprimorado é reduzido até que a confiança seja retomada. Um forte foco no desenvolvimento e manutenção da integridade dos dados é essencial para a implementação efetiva do APS.

Educação na Aplicação

A educação na aplicação de APS é o terceiro maior aspecto considerado na implementação do APS. O treinamento do usuário na execução e no planejamento de sistemas para a cadeia de suprimentos tem geralmente se concentrado na mecânica para iniciar as transações. Assim, o usuário seria treinado nos dados e parâmetros de entrada, sendo que o sistema ofereceria um rápido retorno quanto à aceitabilidade da entrada. Os sistemas de planejamento da cadeia de suprimentos são relativamente mais complexos, pois seu retorno (*feedback*) não é imediato e o impacto pode ser externo. Por exemplo, uma mudança de necessidade ou de previsão para um item, em um determinado período de tempo, pode alterar as programações da produção de itens relacionados no outro lado do mundo. O entendimento da dinâmica do sistema APS é decisivo para uma aplicação bem-sucedida. Esse entendimento exige um conhecimento completo do funcionamento e da dinâmica do sistema APS. Embora esse conhecimento possa ser iniciado pelo treinamento, precisa ser refinado e estendido pela educação e experiência no APS. A educação no APS concentrar-se-á nas características e relações entre as atividades e processos de gestão da cadeia de suprimentos, internos e externos à empresa. O processo educacional deve ser bem mais amplo do que as abordagens de treinamento existentes. A experiência no APS pode ser desenvolvida utilizando-se simulações e experiências de ensaio de trabalhos. O ambiente de ensaio oferece a experiência efetiva e "na própria atividade" em um ambiente de tempo real. O ambiente simulado oferece o laboratório em que profissionais de planejamento sem experiência podem ver ou observar os resultados em seu ambiente de planejamento, com pouco risco para a empresa. A combinação dessas duas experiências educacionais oferece uma base sólida para a implementação do APS. Essa base é imprescindível para o êxito do APS.

Visão Setorial 9-3 mostra como uma divisão da IBM empregou e expandiu o APS para atingir um desempenho superior.

Resumo

Há crescente interesse nos sistemas APS devido à sua capacidade de otimizar a utilização de recursos na cadeia de suprimentos. As aplicações de APS mais comuns na cadeia de suprimentos incluem o planejamento da demanda, da produção, das necessidades e dos transportes. Estabelecidos os objetivos de serviço na cadeia de suprimentos e as restrições de recursos correspondentes, os sistemas APS procuram desenvolver uma decisão gerencial que vá ao encontro dos objetivos de serviço, dentro das restrições, com o menor custo total. Os módulos principais dos sistemas APS são: gestão da demanda, gestão dos recursos, otimização dos recursos, e alocação de recursos. A gestão da demanda desenvolve uma previsão das necessidades por produto e serviço, com base no histórico e no conhecimento de mercado. A gestão dos recursos facilita a manutenção da informação que documenta o sistema de recursos, os custos, as compatibilidade e as restrições. A otimização dos recursos é o mecanismo que soluciona o problema das decisões gerenciais, utilizando normalmente uma combinação de programação linear e heurística. O componente de otimização busca encontrar a solução que atenda às exigências de serviço projetadas, ao mesmo tempo em que minimiza o custo e se mantém dentro das restrições de recursos. O módulo de alocação dos recursos operacionaliza o plano quando aloca recursos para atender a um cliente ou a pedidos específicos.

A menos que a cadeia de suprimentos seja totalmente MTO, há atividades logísticas e da cadeia de suprimentos que precisam ser antecipadas com a utilização de previsões. As previsões incluem um grande número de componentes, sendo os mais importantes o nível, a tendência e a sazonalidade. Embora esses componentes externos sejam significativos, variações relevantes na demanda também resultam de fatores controlados pela empresa, tais como promoções, alterações de preço e lançamentos de produtos. As previsões de baixo para cima (*bottom-up*) são mais apropriadas aos mercados que respondem independentemente, enquanto que as de cima para baixo (*up-down*) têm mais utilidade nas situações em que existem ações mais centralizadas, como promoções e lançamentos de produtos no mercado. O processo de previsão deve incorporar uma combinação de técnicas, sistemas de apoio e apoio administrativo. As técnicas oferecem um ponto de partida quantitativo; o sistema de apoio refina os dados para considerar as mudanças no mercado; e a administração da previsão oferece um processo de gestão para guiar e monitorar os esforços dos profissionais de previsão. Existem técnicas qualitativas e técnicas causais de previsão, mas a maioria das previsões logísticas e da cadeia de suprimentos é desenvolvida utilizando métodos de séries temporais. Embora tenham ocorrido alguns avanços nas técnicas e métodos de previsão, melhorias substanciais na previsão têm sido alcançadas pelo uso de técnicas colaborativas, como o CPFR, envolvendo os múltiplos parceiros da cadeia de suprimentos.

Aplicações do APS irão tornar-se mais comuns e extensivas à medida que empresas e parceiros na cadeia de suprimentos continuem a focalizar e fortalecer o desempenho global da mesma, particularmente com base numa perspectiva de gestão de ativos.

Questões Desafiadoras

1. Discuta as aplicações principais de APS na cadeia de suprimentos, dedicando particular atenção ao papel e aos benefícios previstos em cada aplicação.
2. Discuta o fluxo global de informações e o papel mais importante de cada componente do sistema APS.
3. Descreva a principal base lógica e os benefícios previstos na implementação do APS.

Visão Setorial 9-3   Divisão Microeletrônica da IBM: Transformando a Cadeia de Suprimentos

A Divisão Microeletrônica da IBM (DM) desenvolve, produz e comercializa semicondutores, pacotes eletrônicos relacionados e peças de submontagem para as divisões internas da IBM, assim como para clientes externos. Os semicondutores são desenvolvidos, fabricados, embalados e testados em 12 plantas industriais no mundo. Os produtos primários são microprocessadores, memória, aplicativos de circuitos integrados específicos, *chips* lógicos de entrada e saída, e processos de comunicação para aplicações em processamento de dados, comunicação e segmentos selecionados de consumidores.

Historicamente, o processo de planejamento era completado de forma independente em uma base mensal para cada planta. Os planos individuais eram agregados em um plano combinado. Os longos ciclos de planejamento e inconsistência de dados resultavam em tempos estendidos de comprometimento com os clientes e, freqüentemente, conflitos, resultando numa significativa insatisfação por parte dos clientes.

A DM começou uma transformação para redimensionar seu processo global de gestão, concentrando o foco nas exigências fundamentais dos negócios. Os objetivos da DM eram os de alcançar a excelência em desempenho, oferecendo respostas instantâneas aos clientes em tempo real ATP, de embarque compatível e no tempo certo para todas as plantas, com giro melhorado de inventários e iniciativas de *e-business*.

O processo de mudança da gestão incorporou quatro estágios. O primeiro estágio avaliou os processos de negócio correntes e comparou-os às melhores práticas identificadas no setor de semicondutores. Esse estágio identificou as mudanças necessárias e ofereceu uma estrutura quanto aos objetivos, princípios e guias para a reestruturação. O segundo estágio utilizou equipes interfuncionais e intergeográficas, com patrocínio executivo, para desenvolver e aprimorar um modelo de processo de negócios abrangente para a Gestão Total dos Pedidos (TOM – Total Order Management). Esse modelo aprimorado de negócios incluiu um sistema APS integrado para toda a divisão. A DM optou por adquirir a capacitação básica do APS de um fornecedor externo com customização interna significativa. O terceiro estágio implementou as mudanças de processos e ferramentas de planejamento, as quais eram respaldadas por reuniões semanais, simulações por estágio e treinamento e educação efetivos. O quarto estágio avaliou os resultados referentes à receptividade dos clientes, ao embarque no tempo certo e ao giro de inventário.

A DM experimentou melhorias significativas com a implementação do processo redimensionado e do sistema TOM em 1999. O processo de racionalização da demanda/suprimento permite o planejamento semanal das necessidades ao nível das divisões integradas e ao nível das restrições de capacidade para todas as categorias de produtos. O processo de alocação da demanda oferece às divisões a devida capacitação para o atendimento instantâneo dos pedidos e uma comunicação em tempo hábil com o aplicativo ERP da SAP. As melhorias operacionais específicas resultantes do TOM e das capacitações avançadas de planejamento são:

- Processo de planejamento semanal único para toda a divisão;
- 97% das peças de grande volume são comprometidas através do ATP;
- Tempo de resposta por pedido reduzido de 4 dias para 1 dia, com mais de 65% dos pedidos comprometidos através do ATP em menos de um dia;
- Entrega no tempo certo em relação ao prazo de compromisso aumentou de 93 para 97%;
- Desempenho na entrega do pedido do cliente evoluiu de 45 70%;
- Aumento de 20%na satisfação dos clientes;
- Redução da necessidade de ativos em torno de US$ 80 milhões;
- Redução do inventário médio em US$ 20 milhões; e
- A capacidade de facilitar o *e-business* por meio da *web*.

Com o processo redimensionado e a experiência adicional em APS, a DM está planejando aumentar sua receita bruta acima da média do setor, assim como aprimorar no futuro a utilização de seus ativos, ampliar os níveis de satisfação dos clientes e tornar-se o modelo de empresa de semicondutores *e*-habilitados.

Fonte: David J. Closs, utilizando informações prestadas por Stuart Reed, vice-presidente, Integrated Supply Chain, International Business Machines, 2000.

---

4. Discuta os principais aspectos que uma empresa deve levar em consideração quando implementa o APS.
5. Discuta as diferenças básicas entre os processos de previsão de cima para baixo e de baixo para cima.
6. Identifique e discuta os componentes principais das previsões. Por que é importante decompor a demanda entre esses componentes quando se desenvolve uma nova previsão?
7. Compare e estabeleça as diferenças existentes no papel do sistema de apoio à previsão, das técnicas de previsão e dos processos de previsão.
8. Compare e estabeleça as diferenças existentes no diferenciador lógico básico no que diz respeito às técnicas de previsão de séries de tempo e causais. Sob que condições cada uma delas seria mais adequada?
9. Discuta como a responsabilização sobre os erros pode ser um fator fundamental na melhoria do desempenho da previsão.
10. Discuta como uma pequena mudança na demanda, em nível de varejo, pode causar impacto significativo na variação da cadeia de suprimentos junto aos distribuidores, fabricantes e fornecedores.

Grupo de Problemas 1 Informação e Previsão

1. Mike McNeely, gerente de logística da Illumination Light Company, está avaliando a possível reposição do sistema manual de gestão do pedido da empresa por um de pedidos eletrônicos, uma aplicação de EDI. Ele estima para o sistema atual, incluindo mão-de-obra, custos de $ 2,50/pedido para transmissão e processamento, quando o volume anual está abaixo de 25.000. Se o volume de pedidos se igualar ou exceder 25.000 num determinado ano, McNeely precisará contratar um representante adicional de serviços aos clientes para dar assistência ao recebimento de pedidos no processo manual. Isso aumentaria o custo variável para $ 3,00/pedido. Ele também estima que a taxa de erros na colocação e transferência de pedidos seria de 12/1.000 pedidos.

   O EDI custaria $ 100.000 para ser implementado e os custos variáveis seriam de $ 0,50/pedido, independentemente do volume. O EDI poderia adquirir e manter a informação do pedido com uma taxa de erro de 3/1.000 pedidos. Seria indispensável a presença permanente de um especialista em EDI para manter o sistema. Seu salário é de $ 38.000 no primeiro ano, com reajustes anuais de 3%.

   Os erros de pedidos custam $ 5 por ocorrência, em média, no sistema manual. A correção de erros no EDI custa $ 8 em média, pois na maioria das ocasiões o especialista inspeciona o sistema para encontrar possíveis falhas.

   a. Se nos próximos 5 anos a empresa espera um volume anual de pedidos de 20.000, 22.000, 25.000, 30.000 e 36.000, respectivamente, o EDI pagar-se-ia nos primeiros 5 anos?

   b. Quais os efeitos, além de custo, que McNeely deveria levar em consideração ao implementar o EDI?

2. McNeely atualmente processa os pedidos utilizando o sistema manual de gestão de pedidos. Os pedidos são acumulados para seu processamento diário. Se McNeely optar por implementar o EDI, isso poderá afetar seus atuais meios de processamento de pedidos? Caso sim, por quê?

3. A Quality Marketing Technologies, Inc. acaba de contratá-lo como representante de vendas. A você foi solicitado que telefonasse para a Quikke Stop, uma cadeia de pequenas lojas de conveniência, com cinco estabelecimentos em sua cidade. A quais benefícios das aplicações de UPC e códigos de barras você poderia recorrer para estimular a Quikee Stop a utilizar essas tecnologias e assim acompanhar as vendas em suas lojas?

4. Comfortwear Hosiery, Inc. fabrica meias masculinas em sua unidade industrial em Topeka, Kansas. As meias são estocadas em um armazém próximo à fábrica, antes de serem distribuídas aos locais dos Centros de Distribuição (CD) em Los Angeles, Memphis e Dayton. O armazém utiliza uma abordagem de previsão de cima para baixo quando determina as quantidades demandadas previstas para cada CD.

   A previsão mensal agregada para junho é de 12.000 pares de meias. Historicamente, a demanda do CD de Los Angeles é de 25% do estoque do armazém. As demandas de Memphis e Dayton têm sido de 30 e 35%, respectivamente. Os 10% remanescentes são embarcados diretamente do armazém.

   a. Baseado na previsão agregada, quantos pares de meias você imagina que cada CD demandaria no mês de junho?

   b. Suponha que a previsão agregada para julho resulte em um aumento de 6% sobre a previsão de junho. Quantos pares de meias cada CD anteciparia em julho?

5. Kathleen Boyd, diretora de logística da Scenic Calendar Company, espera avaliar dois métodos de previsão em séries temporais. Ela coletou dados das vendas trimestrais referentes aos anos de 1993 e 1994.

1993		1994	
Trimestre	Vendas reais	Trimestre	Vendas reais
1	1200	1	1300
2	800	2	800
3	200	3	250
4	1000	4	1200

   a. Utilize a técnica de médias móveis para estimar as vendas previstas para o terceiro trimestre de 1994, com base nas vendas reais dos três trimestres anteriores.

   b. Use o amortecimento exponencial simples para prever as vendas de cada trimestre em 1994, dado que Boyd previu qualitativamente 900 calendários para o último trimestre de 1993. Ela alocou um fator alfa de 0,1 para a sensibilidade das séries de tempo.

   c. Repita as técnicas de amortecimento exponencial simples do problema 5b com Boyd empregando um fator alfa de 0,2.

   d. O quanto as técnicas de médias móveis e de amortecimento exponencial parecem funcionar bem na situação de Boyd? De que maneiras as técnicas parecem falhar?

6. Michael Gregory, gerente logístico da Muscle Man Fitness Equipment, determinou que seu atual sistema de previsão das vendas nacionais mostra historicamente uma taxa de erro de 20%. Devido ao nível de erro, os gerentes do CD da Muscle Man mantiveram inventário nas suas sedes, custando à empresa $ 3.000 por mês, em média.

Ao aperfeiçoar sua metodologia e reduzir os horizontes da previsão, Gregory espera um corte de 12% no nível de erros. Com a previsão aprimorada, os gerentes do CD da Muscle Man manifestaram-se confortáveis com níveis mais baixos de inventário. O Sr. Gregory espera reduções de 40% nos custos mensais de carregamento dos inventários.

a. Se a melhora no sistema de previsão custará $ 1.000 a mais por mês em relação ao antigo sistema, deveria Gregory implementar a mudança?
b. Por que os clientes da Muscle Man deveriam estimular a empresa a aperfeiçoar seus métodos de previsão?

Parte III

Operações

A Parte III compõe-se de cinco capítulos que descrevem em detalhes as atividades e as funções logísticas. O Capítulo 10 focaliza a gestão de inventário, incluindo a análise racional dos custos associados à manutenção do inventário, os procedimentos para um estabelecimento adequado e o monitoramento dos níveis de inventário, bem como a estrutura para gerenciar os recursos globais dos inventários. O Capítulo 11 descreve a infra-estrutura de transportes, incluindo seu papel, sua funcionalidade e seus princípios. Descreve também o ambiente de regulamentação dos transportes, as características das formas de transporte e a gama de serviços prestados. O Capítulo 12 concentra-se principalmente nas questões gerenciais dos transportes, examinando seus aspectos econômicos, a precificação e a administração funcional. Juntos, os custos relativos a inventários e transportes representam a maior parte das despesas logísticas totais. O Capítulo 13 discute o fundamento lógico do armazenamento e as atividades necessárias para o projeto de instalações e para suas operações. O Capítulo 14 trata das atividades internas das instalações de armazenamento, examinando as tecnologias de acondicionamento e o manuseio de materiais. Discute também as exigências no acondicionamento de materiais e aborda o aspecto da eficiência. Em prosseguimento, traz uma discussão sobre capacitações e trocas compensatórias referente aos equipamentos de manuseio de materiais. Esse grupo de capítulos enfoca de maneira específica e detalhada os itens essenciais para alcançar a excelência logística. Questões relativas a inter-relacionamentos e trocas compensatórias interfuncionais são reservadas à Parte IV.

10. Estratégia e Gestão de Inventário

Princípios e Funcionalidade do Inventário
    Tipos e Características de Inventários
    Funcionalidade do Inventário
    Definições Relativas aos Inventários
Custo de Manutenção do Inventário
    Custo de Capital
    Impostos
    Seguros
    Obsolescência
    Estocagem
Planejando o Inventário
    Determinando Quando Pedir
    Determinando Quanto Pedir
Administrando a Incerteza
    Incerteza da Demanda
    Incerteza do Ciclo de Desempenho
    Determinando o Estoque de Segurança sob Incerteza
    Reabastecimento da Demanda Dependente
Políticas de Gestão de Inventário
    Controle de Inventário
    Métodos Reativos
    Métodos de Planejamento
    Planejamento de Inventário Colaborativo
    Lógica Adaptativa
Práticas de Gestão de Inventário
    Classificação Produto/Mercado
    Definição da Estratégia de Segmentos
    Operacionalizando Políticas e Parâmetros
Resumo

As decisões referentes a inventário são de alto risco e de alto impacto na gestão da cadeia de suprimentos. O inventário, comprometido em dar suporte às vendas futuras, direciona uma série de atividades de caráter preventivo na cadeia de suprimentos. Sem inventário com sortimento apropriado, a perda de vendas e a insatisfação dos clientes são uma conseqüência natural. Da mesma forma, o planejamento do inventário é crucial para a produção. A falta de materiais e componentes pode paralisar uma linha de produção ou forçar a modificação da programação de produção, o que cria custo adicional e provável escassez de produtos acabados. Assim como a escassez pode frustrar a comercialização planejada e as operações de produção, o excesso de inventário igualmente pode criar problemas operacionais. O inventário excessivo aumenta os custos e reduz a lucratividade, como resultado da armazenagem adicional, capital de giro, seguros, impostos e obsolescência. A gestão dos recursos de inventário exige um entendimento dos seus princípios, custos, impactos e dinâmicas.

Princípios e Funcionalidade do Inventário

A formação de políticas de inventário exige uma compreensão do papel do inventário nos ambientes de produção e logístico. Para compreender a importância das decisões de inventário, considere a magnitude dos ativos comprometidos por uma empresa comum. A Tabela 10-1, a seguir, apresenta as vendas, o lucro líquido e o investimento de inventário para seletos fabricantes de produtos de consumo, produtos industriais e manufaturados. A tabela evidencia que um percentual significativo de ativos está relacionado ao inventário. Como o inventário representa um centro de custo de grande importância, a redução, em alguns pontos percentuais, do comprometimento com inventário numa empresa pode resultar em uma melhora expressiva na lucratividade.

A atenção dedicada à gestão de inventário tem reduzido sensivelmente as necessidades de inventários vinculados ao Produto Interno Bruto (PIB). Essas reduções têm sido obtidas no período em que a disponibilidade de um novo produto é disseminada. A Figura 10-1, logo adiante, mostra o desempenho global de inventários proporcionalmente às vendas.

Tipos e Características de Inventários

A gestão do inventário é arriscada e o risco varia conforme a posição da empresa no canal de distribuição. Os aspectos mais comuns relacionados ao investimento em inventário são o tempo de duração, a profundidade e a extensão do comprometimento.

Para uma empresa industrial, o risco de inventário é de longo prazo. O comprometimento de um fabricante com inventários começa com a matéria-prima e com as peças e componentes, inclui os produtos em processamento e encerra com os bens acabados. Além disso, os bens acabados em geral são deslocados para armazéns, em antecipação à demanda dos clientes. Em algumas situações, é exigido que os fabricantes consignem inventário nas instalações dos clientes. Com efeito, essa prática coloca todo o risco de inventários nas mãos dos fabricantes. Apesar de os fabricantes normalmente possuírem linhas de produtos mais restritas do que os atacadistas ou varejistas, seu comprometimento com inventários é profundo e de longa duração.

Um atacadista compra grandes quantidades de produtos dos fabricantes e vende quantidades menores para os varejistas. A justificativa econômica para um atacadista é sua capacidade de abastecer os clientes varejistas com mercadorias variadas, de diferentes fabricantes, em quantidades específicas. Quando os produtos são sazonais, quase sempre é necessário que os atacadistas adotem uma posição antecipada de inventário bem antes do período de vendas, o que amplia a dimensão e a duração dos riscos a que estão sujeitos. Um dos grandes desafios do setor atacadista é expandir as linhas de produtos até o ponto em que o grau de risco de inventário se aproxime daquele dos varejistas, enquanto a dimensão e a duração do seu risco permanecem com as características do atacado tradicional. Nos últimos anos, os varejistas têm também imposto um aumento significativo nessa dimensão e duração ao transferir a responsabilidade do inventário de volta aos atacadistas.

Para um varejista, a gestão de inventário diz respeito à velocidade de compra e venda. O varejista compra uma grande variedade de produtos e assume um risco considerável no processo de *marketing*. O risco de inventário do varejista pode ser considerado amplo, mas não muito grave. Devido ao alto custo dos espaços para armazenamento, os varejistas priorizam o giro do estoque e a lucratividade direta sobre os produtos. O giro dos produtos em estoque é uma medida da sua velocidade, e é calculada como a razão das vendas anuais sobre o inventário médio.

Embora os varejistas assumam uma posição de risco quanto a uma variedade de produtos, sua posição em relação a um determinado produto não é grave. Num supermercado comum, o risco se dilui entre mais de 30.000 unidades mantidas em estoque (*SKUs*). Uma loja de descontos que oferece mercadorias gerais e alimentos freqüente-

Tabela 10-1 Dados selecionados para comerciantes e fabricantes de produtos industriais e de consumo ($ milhões)

Empresa	Vendas	Receita líquida	Receita líquida como percentual de vendas	Total dos ativos	Investimento em inventário	Inventário como percentual dos ativos
Albertson's	$ 37.478	$ 10.314	27,52	$ 15.701	$ 3.249	20,69
Kroger	28.200	12.200	43,26	17.966	3.938	21,92
Safeway	28.859	8.511	29,49	14.900	2.445	16,41
Fleming	14.646	1.437	9,81	3.573	998	27,93
Spartan Stores	3.050	407	13,34	571	82	14,36
Supervalu	20.339	2.128	10,46	6.495	1.491	22,96
Hershey	3.971	1.616	40,70	3.347	602	17,99
Kellogg	6.984	3.659	52,39	4.809	503	10,46
Nabisco	8.268	3.766	45,55	11.961	898	7,51

Fonte: 1999 Annual Reports (Relatórios Anuais de 1999).

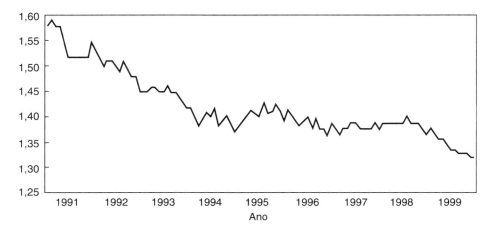

Fonte: Robert V. Delaney, "Logistics and Internet: In the Frantic Search for Space, It Is Still About Relationships", *Eleventh Annual State of Logistics Report*, ProLogistics and Cass Logistics, Inc., National Press Club, Washington, D.C., June 5, 2000.

Figura 10-1 Relação do inventário sobre as vendas.

mente excede 25.000 *SKUs*. Uma loja de departamentos com uma linha completa de produtos pode possuir até 50.000 *SKUs*. Enfrentando essa amplitude de inventário, os varejistas tentam reduzir seu risco pressionando fabricantes e atacadistas a assumirem responsabilidades cada vez maiores em termos de inventário. O fato de empurrar o inventário para trás nos canais de distribuição tem feito com que os varejistas exijam dos atacadistas e fabricantes entregas rápidas de embarques de produtos variados. Varejistas de especialidades, em contraste com os comerciantes de produtos em massa, normalmente enfrentam um risco de inventário de menor dimensão, pois lidam com sortimentos menores; contudo, eles têm que assumir riscos maiores no que diz respeito à extensão e à duração do inventário em seu estabelecimento.

Todo negócio que planeja operar com mais de um nível de canal de distribuição deve estar preparado para assumir o risco de inventário correspondente. Por exemplo, a cadeia de alimentos que opera em um armazém regional assume o risco relativo à operação do atacadista sobre e acima das operações normais de varejo. O gerenciamento de inventário deve ocorrer em todos os níveis da cadeia de suprimentos, até o ponto em que o empreendimento se torna verticalmente integrado.

Funcionalidade do Inventário

A partir de uma perspectiva de inventário, a situação ideal seria ter uma capacidade de resposta para fabricar produtos de acordo com as especificações dos clientes. Em vários pontos dos capítulos anteriores, a possibilidade de se tornar uma organização completamente voltada para a resposta foi discutida em função dos custos totais e da oportunidade de apoio aos clientes. Ao mesmo tempo em que um sistema de distribuição/fabricação com inventário zero é normalmente impossível, é importante lembrar que cada dólar investido é uma troca compensatória relativa ao seu uso alternativo em ativos que poderiam gerar melhor retorno.

O inventário constitui-se num ativo importante que deve trazer retorno de acordo com o capital investido. O retorno dos investimentos em inventário é a margem de lucro sobre as vendas que não aconteceriam sem a existência dele. Especialistas contábeis há muito reconheceram que mensurar o impacto dos custos reais e benefícios dos inventários sobre os lucros e perdas da empresa é difícil.[1] A falta de sofisticação técnica na medição torna difícil avaliar as trocas compensatórias entre níveis de serviço, eficiências operacionais e níveis de inventário. Embora os níveis agregados de inventário tenham diminuído, muitas empresas ainda mantêm um inventário médio que excede suas necessidades básicas. Essa generalização pode ser mais bem entendida pela revisão das quatro funções básicas de inventário. A Tabela 10-2 resume a funcionalidade do inventário.

Estas quatro funções – especialização geográfica, desacoplamento, balanceamento entre demanda e suprimentos, e incerteza no estoque de segurança – requerem investimentos em inventário para atender a objetivos gerenciais e operacionais. Ao mesmo tempo em que a logística "enxuta", conforme discutido no Capítulo 2, tem proporcionado um progresso significativo na redução do inventário global na cadeia de suprimentos, um inventário adequadamente disposto pode agregar valor e reduzir o custo total. A partir de uma estratégia de *marketing*/fabricação específica, os inventários planejados e comprometi-

---

[1] Douglas M. Lambert, *The development of an Inventory Costing Methodology* (Chicago, IL National Council of Physical Distribution Management, 1976), p.3; and *Inventory Carrying Cost, Memorandum, 611* (Chicago, IL: Drake Sheahan/Stewart Dougall, Inc., 1974).

Tabela 10-2	Funcionalidade do inventário
Especialização geográfica	Permite posicionamento geográfico em unidades múltiplas de distribuição e fabricação. O inventário mantido em diferentes locais e estágios do processo de criação de valor permite sua especialização.
Desacoplamento	Permite: a) economia de escala dentro de uma única instalação; b) que cada processo opere com eficiência máxima ao invés de a velocidade do processo inteiro ser reduzida por causa do mais lento.
Equilíbrio entre demanda e suprimentos	Acomoda o lapso de tempo decorrido entre a disponibilidade do inventário (fabricação, desenvolvimento ou extração) e o consumo.
Incerteza no estoque de segurança	Incerteza em relação a uma demanda que exceda a previsão, ou demoras inesperadas no recebimento de pedidos ou no seu processamento; normalmente conhecido como estoque de segurança.

dos com operações somente podem ser reduzidos a um nível compatível com o desempenho das quatro funções do inventário. Todos os inventários que ultrapassam esse nível mínimo representam investimentos em excesso.

Ao nível mínimo, o investimento em inventário para obter especialização geográfica e desacoplamento somente pode ser modificado por meio de mudanças nos locais das instalações e nos processos operacionais da empresa. O nível mínimo de inventário exigido para equilibrar a demanda e o suprimento depende da árdua tarefa de se prever necessidades sazonais. Com a experiência acumulada da sazonalidade em alguns períodos, o inventário exigido para realizar vendas marginais em períodos de alta demanda pode ser previsto razoavelmente bem. Um plano de inventário com sazonalidade pode ser formulado com base nessa experiência.

Inventários comprometidos com estoques de segurança representam enorme potencial para otimizar-se o desempenho logístico. Esses comprometimentos são operacionais por natureza e podem ser ajustados rapidamente na eventualidade de erros ou de alterações políticas. Existe uma variedade de técnicas disponíveis para auxiliar os administradores no planejamento dos investimentos em estoque de segurança. O enfoque deste capítulo resume-se na análise completa das relações do estoque de segurança e na formulação de políticas.

Definições Relativas aos Inventários

Na formulação de políticas de gestão de inventário, devem ser consideradas as relações específicas de inventário. Cabe à empresa tirar proveito dessas relações para determinar a política ideal de inventário relativamente a quando e quanto pedir. A política de inventário essencialmente determina o desempenho de inventário. As duas chaves indicadoras de desempenho de inventário são o *nível de serviço* e o *inventário médio*.

Política de Inventário

A **política de inventário** consiste nas diretrizes que definem o que comprar ou fabricar, quando iniciar uma ação, e com que quantidade operar. Inclui também decisões relativas à localização geográfica do inventário. Por exemplo, algumas empresas podem decidir adiar a definição dessa localização, mantendo estoques na própria fábrica. Outras podem adotar uma política mais especulativa, preferindo colocar mais produtos em mercados locais ou armazéns regionais com o objetivo de manter os produtos mais próximos do mercado. O desenvolvimento de uma política de inventário em bases racionais é a questão mais difícil envolvendo a gestão de inventário.

Um segundo aspecto dessa política se refere à prática de gestão de inventário. Uma das propostas seria gerir o inventário de forma independente, considerando cada instalação de estocagem. No outro extremo está a gestão de inventário centralizada, abrangendo todas as instalações de estocagem. A gestão centralizada requer comunicação e coordenação eficazes. A crescente disponibilidade de tecnologia acessível e de sistemas de planejamento integrados estão permitindo que mais empresas decidam-se pelo planejamento centralizado de inventários.

Nível de Serviço

O **nível de serviço** corresponde à meta de desempenho especificada pela administração. Ele define os objetivos de desempenho dos inventários. Em geral, o nível de serviço é medido pelo tempo que dura o ciclo de um pedido, pela proporção de atendimento caso a caso, pela proporção de atendimento de linhas, pela proporção de atendimento de pedidos, ou qualquer combinação desses aspectos. O *ciclo de desempenho* é o tempo decorrido entre a liberação de um pedido de compras por um comprador e o recebimento da mercadoria correspondente. A *proporção de atendimento caso a caso* define o percentual de casos ou unidades compradas que são despachadas conforme o solicitado. Por exemplo, uma proporção de atendimento de 95% indica que, em média, 95 casos em 100 são supridos por estoque disponível. Os 5 casos restantes referem-se a pedidos pendentes ou cancelados. A *proporção de atendimento de linhas* é o percentual de linhas de pedidos supridas integralmente. a *proporção de atendimento de pedidos* é o percentual de pedidos de clientes totalmente atendido.

A gestão de inventário é o elemento de maior importância na estratégia logística; a gestão deve ser integrada, para satisfazer os objetivos de serviço. Ao mesmo tempo em que uma das estratégias para atingir um alto nível de serviço pode ser aumentar o inventário, outras abordagens alternativas podem ser o uso de transporte rápido e a colaboração entre os clientes e fornecedores de serviço para reduzir a incerteza.

Inventário Médio

O **inventário médio** consiste nos materiais, componentes, produtos em processamento e produtos acabados, normalmente estocados no sistema logístico. Do ponto de vista da política de metas, os níveis de inventário devem ser planejados para cada instalação. A Figura 10-2 ilustra os ciclos de desempenho de um item num local de armazenagem. No máximo, a instalação tem em estoque e durante o ciclo de desempenho normal $ 70.000, e no mínimo $ 30.000. A diferença entre esses dois níveis, $ 40.000 ($ 70.000 – $ 30.000), é a quantidade do pedido resultante de um ciclo de inventário de $ 20.000. O ciclo de inventário ou estoque básico (também denominado *tamanho do lote de estoque*) é a parte do inventário médio resultante da renovação do estoque. No início do ciclo de desempenho, o nível de estoque é máximo. Os clientes vão esgotando o inventário até que o nível do estoque atinja seu mínimo. Antes de o estoque atingir o mínimo, um pedido de reposição é providenciado, de maneira que o inventário complete-se antes de ocorrer uma falta no estoque. O pedido de reposição deve ocorrer no momento em que o inventário disponível está menor ou igual à demanda prevista para o tempo do ciclo de desempenho. A quantidade solicitada para a renovação é denominada quantidade do pedido. *Determinada essa formulação básica de pedido, o inventário médio do ciclo ou estoque básico é equivalente à metade da quantidade do pedido.* A maior parte do inventário num sistema de logística comum representa o **estoque de segurança**. Ele é mantido num sistema logístico para proteção contra incertezas no ciclo de desempenho e na demanda. O inventário de estoque de segurança é usado somente ao final dos ciclos de reabastecimento, pela incerteza referente a uma demanda mais alta do que o previsto ou em função de períodos de ciclo de desempenho mais longos do que o esperado. Assim, na gestão logística, o enfoque do inventário médio refere-se *à metade da quantidade do pedido mais o estoque de segurança*.

Inventário Médio sobre Ciclos de Desempenho Múltiplos

No início da formulação de políticas é necessário determinar a quantidade de inventário a ser pedida em um período específico. Apenas como ilustração, suponha que o ciclo de desempenho do reabastecimento seja sempre de 10 dias e a proporção de vendas diárias seja de 10 unidades/dia. Suponha também que a quantidade do pedido de reabastecimento seja de 200 unidades.

A Figura 10-3 exemplifica essas relações. Esse tipo de figura é conhecido como *diagrama dentes de serra*, por causa da série de triângulos com ângulos retos. Desde que exista certeza com relação ao uso e ao ciclo de desempenho, os pedidos são programados para chegar tão logo a última unidade seja vendida. Dessa maneira, não há necessidade de estoque de segurança. Uma vez que a taxa de venda, no exemplo, é de 10 unidades por dia, levando 10 dias para completar o reabastecimento do inventário, uma política sólida de reabastecimento poderia ser a de pedir 200 unidades a cada 20 dias. Determinadas essas condições, a terminologia referente à formulação da política pode ser identificada.

Primeiro, **o ponto de reposição** é especificado em 100 unidades disponíveis. O ponto de reposição define quando um pedido de reposição é iniciado. Neste exemplo, sempre que a quantidade disponível cai abaixo de 100, um pedido adicional de 200 unidades é feito. O resul-

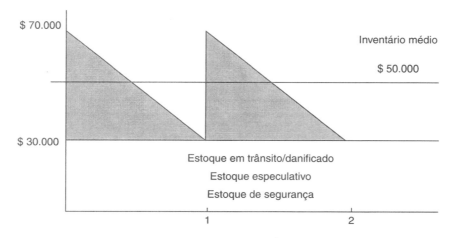

Figura 10-2 Ciclo de inventário para produtos comuns.

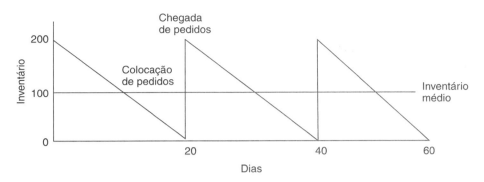

Figura 10-3 Relação do inventário com vendas e ciclos de desempenho constantes.

tado desse procedimento é que o nível de inventário diário varia de um máximo de 200 a um mínimo de zero durante o ciclo de desempenho.

Segundo, o inventário médio é de 100 unidades, desde que o estoque disponível exceda 100 unidades metade do tempo, ou por 10 dias, e que ele seja menor que 100 unidades também metade do tempo. De fato, o inventário médio é igual à metade da quantidade do pedido de 200 unidades.

Terceiro, supondo um ano de trabalho de 240 dias, 12 compras serão necessárias ao longo do ano. Portanto, no período de um ano, 200 unidades serão compradas 12 vezes, num total de 2.400 unidades. A expectativa é de que as vendas sejam iguais a 10 unidades por dia durante 240 dias, num total de 2.400 unidades. Conforme vimos anteriormente, o inventário médio é de 100 unidades. Portanto, o giro do inventário passará a ser 24 (2.400 do total de vendas/100 unidades de inventário médio).

Em tempo, o tédio absoluto dessa rotina de operações levaria a gerência a colocar algumas indagações referentes a esse ajuste. O que aconteceria se os pedidos fossem feitos mais freqüentemente do que uma vez a cada 20 dias? Por que não pedir 100 unidades a cada 10 dias? Por que fazer pedidos a cada 20 dias? Por que não fazer um novo pedido de 600 unidades uma vez a cada 60 dias? Admitindo-se que o ciclo de desempenho de inventário permaneça em uma constante de 10 dias, qual seria o impacto de cada uma dessas políticas de pedido alternativas sobre o ponto de reposição, o inventário básico médio e a renovação de estoque?

A política de solicitar um volume menor do que 100 unidades a cada 10 dias significa que dois pedidos estariam sempre pendentes. Assim, o ponto de reposição permaneceria em 100 unidades disponíveis ou sob requisição para atender vendas diárias médias de 10 unidades, num ciclo de inventário de 20 dias. Porém, o inventário médio disponível cairia para 50 unidades, e o giro de estoque aumentaria para 48 vezes por ano. A política de solicitar 600 unidades a cada 60 dias resultaria em um inventário básico médio de 300 unidades e um giro de estoque de aproximadamente oito vezes por ano. Tais políticas alternativas de pedidos podem ser observadas na Figura 10-4.

A figura mostra que o inventário médio é uma função da quantidade de reposição. Pedidos de reposição menores realmente resultam em um inventário médio mais baixo, mas há outros fatores, tais como: incertezas no ciclo de desempenho, descontos de compras e economias de transporte, os quais são aspectos importantes ao se determinar os pedidos de quantidade.

Uma política exata de pedidos de quantidade pode ser determinada contrabalançando-se o custo dos pedidos e o custo de carregamento do inventário médio. O modelo de **Lote Econômico de Compra** (LEC) fornece a quantidade específica que balanceia esses dois componentes essenciais do custo. Determinando-se o LEC e dividindo-o pela demanda anual, identifica-se a freqüência e o volume dos pedidos de reposição, que minimiza o custo total do ciclo de inventário. Antes de examinar o LEC, é necessário identificar os custos normalmente associados aos pedidos e manutenção de inventários.

Custo de Manutenção do Inventário

O **custo de manutenção de inventário** corresponde às despesas para manter-se o inventário. A despesa de inventário é calculada multiplicando-se o percentual de custo anual de manutenção de inventário pelo valor de inventário médio. A prática contábil padrão é avaliar o inventário na compra ou custo de fabricação padrão, em vez de no preço de venda.

Admitindo-se um percentual de custo anual de manutenção de inventário de 20%, a despesa anual de inventário para uma empresa com $ 1 milhão em inventário médio seria de $ 200 mil (20% × $ 1 milhão). Enquanto que o custo do capital normalmente se constitui numa abordagem padrão, as despesas relativas a seguros, obsolescência, armazenagem e impostos variam conforme os atributos específicos dos produtos.

Custo de Capital

A real importância a ser atribuída ao capital investido em inventário varia muito. Dados obtidos junto a uma varie-

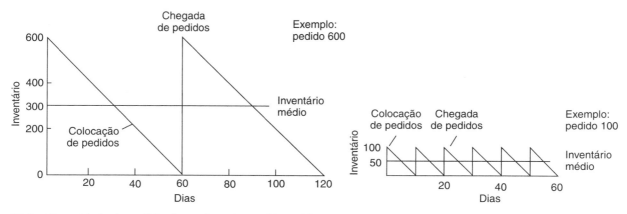

Figura 10-4 Quantidade do pedido alternativo e inventário médio.

dade de empresas apontam que as abordagens estendem-se desde a taxa básica de juros* até um percentual tão alto quanto 25%[2]. A lógica para usar a taxa de juros básica ou uma taxa específica relacionada à taxa básica é que o dinheiro para repor o capital investido em inventário pode ser obtido no mercado de capitais àquela taxa. Custos de capital mais altos, especificados pela administração, são fundamentados no objetivo ou meta esperados para investimentos relacionados a todos os recursos disponíveis para a empresa. Essa taxa de retorno alvo é freqüentemente chamada taxa *barreira* (ou taxa mínima de atratividade). Quaisquer recursos investidos em inventário perdem seu poder de ganho alternativo, restringem a disponibilidade de capital e limitam outros investimentos. Por exemplo, se uma empresa espera um retorno, antes dos impostos, de 20% sobre o capital investido, lógica similar sugere que ao capital vinculado ao inventário deveria ser aplicado ou cobrado os mesmos 20%.

Freqüentemente resulta em confusão quando a alta administração não estabelece uma política clara de corte de custos de capital. Para o planejamento logístico, o custo do capital deve ser absoluta e claramente avaliado, uma vez que a taxa final de aplicação terá um impacto significativo sobre o projeto e o desempenho do sistema.

Impostos

As autoridades tributárias normalmente taxam estoques mantidos em armazéns. A taxa de imposto e as formas de taxação variam de lugar para lugar. A despesa com impostos é normalmente uma taxa direta baseada no nível de inventário num dia específico do ano ou no nível de inventário médio num determinado período de tempo.

Seguros

O custo referente a seguros é uma despesa estimada com base no risco previsto ou em perdas ao longo do tempo. O risco de perdas depende do tipo de produto e da instalação que armazena esse produto. Por exemplo, produtos de alto valor que costumam ser alvo de roubos, assim como produtos perigosos, acarretam altos custos de seguro. O custo do seguro também é impactado pelas características da instalação de armazenamento, tais como: câmaras de segurança e sistemas de *sprinklers* (aspersores d'água contra incêndio, geralmente fixados no teto), aspectos que reduzem os riscos.

Obsolescência

Os custos de obsolescência derivam da deterioração do produto durante a armazenagem. O exemplo típico de obsolescência é o de produtos com prazos de validade para venda, tais como alimentos e medicamentos. A obsolescência também envolve perda financeira quando um produto se torna obsoleto em termos de moda ou pelo fato de o projeto estar ultrapassado. Custos de obsolescência são normalmente estimados com base em experiências anteriores referentes a reduções de preço, doações, ou quantidades destruídas. Esta despesa é o percentual do valor do inventário médio declarado obsoleto a cada ano.

Estocagem

O custo de estocagem refere-se mais às despesas de instalação do que às despesas com o manuseio dos produtos. O custo de estocagem deve ser alocado de acordo com as exigências de produtos específicos, uma vez que ele não diz respeito diretamente ao valor do inventário. Em armazéns contratados ou públicos, as despesas de estocagem são cobradas numa base individual. Com instalações privadas

---

* N. de T.: Taxa básica de juros é a tradução para o termo *Prime Interest Rate*, o qual refere-se à taxa de juros fixada pelas autoridades monetárias, pagas para títulos do governo.

[2] Para uma lista com 13 diferentes formas de chegar a esse percentual, veja Douglas M. Lambert, *The Development of an Inventory Costing Methodology* (Chicago, IL: National Council of Physical Distribution Management, 1976), pp. 24-25.

próprias, as despesas totais referentes à depreciação do armazém devem ser calculadas por uma medida padrão, como custo por dia, por metro quadrado ou cúbico. O custo da ocupação total anual para um determinado produto pode ser especificado multiplicando-se o espaço físico diário médio ocupado pelo fator de custo padrão anual. Esse valor então é dividido pelo número total de unidades de mercadorias processadas na instalação, para determinar os custos médios de estocagem por unidades de mercadorias.

A Tabela 10-3 apresenta os componentes dos custos anuais de manutenção de inventário e suas variações típicas. Fica claro que o percentual final de custos de manutenção a ser utilizado por uma empresa é determinado pela sua política administrativa. As decisões referentes ao nível dos custos de manutenção de inventário são decisivas, porque tais custos apresentam uma troca compensatória com outros componentes de custos logísticos incidentes nos projetos de sistemas e nas decisões operacionais.

Tabela 10-3 Componentes do custo de manutenção de inventário

Elemento	Percentual médio	Variação percentual
Custo de capital	15,00%	8 – 40%
Impostos	1,00	0,5 – 2
Seguros	0,05	0 – 2
Obsolescência	1,20	0,5 – 2
Estocagem	2,00	0 – 4
Totais	19,25%	9 – 50%

Planejando o Inventário

Procedimentos e parâmetros-chave, isto é, quando pedir, quanto pedir e o controle de inventário orientam o planejamento do inventário. "Quando pedir" é determinado pela demanda e pela média e variação do desempenho. "Quanto pedir" é determinado pela quantidade do pedido. O controle de inventário define o processo de monitorar a situação dos inventários.

Determinando Quando Pedir

Como vimos anteriormente, o ponto de reabastecimento define quando um embarque de reposição deve ser iniciado. O ponto de reposição pode ser especificado em termos de unidades ou de dias de suprimento. Esta discussão concentra-se na determinação dos pontos de reposição sob condições de certeza de demanda e do ciclo de desempenho.

A fórmula básica do ponto de reposição é:

$$R = D \times T,$$

onde

R = Ponto de reposição em unidades
D = Demanda média diária em unidades
T = Duração média do ciclo de desempenho em dias

Para ilustrar esse cálculo, suponha uma demanda de 20 unidades/dia e um ciclo de desempenho de 10 dias. Neste caso,

$$R = D \times T$$
$$= 20 \text{ unidades/dia} \times 10 \text{ dias}$$
$$= 200 \text{ unidades}$$

Uma forma alternativa é definir o ponto de reposição em dias de suprimento. Em relação ao exemplo em questão, o número de dias para um pedido de reposição é 10.

O uso de fórmulas de ponto de reposição implica que o embarque dos produtos solicitados ocorrerá conforme o programado. Quando há incerteza na demanda ou na duração do ciclo de desempenho, é necessário formar um estoque de segurança. Neste caso, a fórmula do ponto de reposição é:

$$R = D \times T + \text{SS},$$

onde

R = Ponto de reposição em unidades
D = Demanda média diária em unidades
T = Duração média do ciclo de desempenho em dias
SS = Estoque de segurança em unidades

O cálculo do estoque de segurança sob condições de incerteza será discutido mais adiante neste capítulo.

Determinando Quanto Pedir

O tamanho do lote equilibra o custo de manutenção de inventários com o custo dos pedidos. A chave para entender essa relação é lembrar que o inventário médio é igual à metade da quantidade do pedido. Portanto, quanto maior a quantidade do pedido, maior o inventário médio e, conseqüentemente, maior o custo anual de manutenção. Porém, quanto maior a quantidade do pedido, menos pedidos serão feitos por período de planejamento e, conseqüentemente, mais baixo será o custo total. Fórmulas para a quantidade de lotes identificam as quantidades precisas, cujo custo total anual combinado dos custos de pedido e de manutenção de inventário é o mais baixo para um determinado volume de vendas. A Figura 10-5, logo adiante, demonstra as relações básicas. O ponto no qual a soma dos custos de manutenção e de pedidos é minimizada representa o custo total mais baixo. Resumidamente, os objetivos são identificar nos pedidos a quantidade que minimiza o total dos custos de manutenção de inventário e o custo dos pedidos.

Lote Econômico de Compra

LEC é a prática de reposição que minimiza o custo combinado de pedido e de manutenção de inventário. A identificação de tal quantidade supõe que a demanda e os custos sejam relativamente estáveis durante todo o ano. Uma vez que o LEC de cada produto é calculado individualmen-

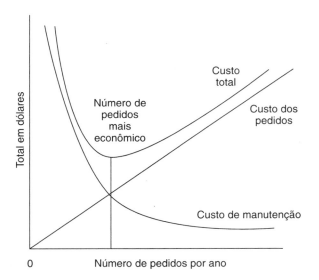

Figura 10-5 Lote econômico de compra.

te, sua fórmula básica não considera o impacto da adição de produtos diferentes nos pedidos.

O método mais eficiente de calcular o LEC é matemático. Anteriormente, neste capítulo, foi abordado um dilema político referente a quanto pedir, se 100, 200 ou 600 unidades. A resposta pode ser encontrada calculando o LEC apropriado para a situação. A Tabela 10-4 traz a informação necessária.

Para fazer corretamente os cálculos, a fórmula-padrão para o LEC é:

$$\text{LEC} = \sqrt{\frac{2C_o D}{C_i U}}$$

onde,

LEC = Lote econômico de compra
C_o = Custo por pedido
C_i = Custo anual de manutenção do inventário
D = Volume de vendas anual, unidades
U = Custo por unidade

Fazendo a substituição a partir da Tabela 10-4, obtemos:

$$\text{LEC} = \sqrt{\frac{2 \times 19 \times 2400}{0,20 \times 5,00}}$$
$$= 91.200$$
$$= 302 \text{ (arredondar para 300)}$$

O custo total de pedido importaria em $ 152 (2.400/300 × $ 19), e o custo de manutenção de inventário em $ 150 [300/2 × (5 × 0,20)]. Assim, após o arredondamento para permitir pedidos em múltiplos de 100 unidades, o pedido de reposição e o custo de manutenção de inventário anuais estarão igualados.

Para se beneficiarem do sistema de compras mais econômico, os pedidos de quantidade devem ser de 300 uni-

Tabela 10-4 Fatores para determinar o LEC

Volume de demanda anual	2400 unidades
Valor da unidade no custo	$ 5,00
Percentual de custos de manutenção de inventário	20% anualmente
Custos dos pedidos	$ 19,00 por pedido

dades em vez de 100, 200, ou 600. Dessa forma, oito pedidos seriam feitos durante o ano e o inventário básico médio seria de 150 unidades. Retornando à Figura 10-5, podemos observar o impacto de solicitar 300 unidades em vez de 200. Um LEC de 300 indica que um inventário adicional na forma de estoque básico foi introduzido no sistema. O inventário médio foi elevado de 100 para 150 unidades disponíveis.

Ao mesmo tempo em que o modelo do LEC determina a quantidade de reposição ideal, ele impõe algumas condições um tanto rígidas. As principais condições impostas pelo modelo simples do LEC são: (1) que toda a demanda seja atendida; (2) que a taxa de demanda seja contínua, invariável e conhecida; (3) que o tempo do ciclo de desempenho da reposição seja invariável e conhecido; (4) que o preço do produto seja invariável, independentemente da quantidade do pedido ou do tempo; (5) que o horizonte de planejamento seja infinito; (6) que não haja interação entre os múltiplos itens do inventário; (7) que não haja nenhum inventário em trânsito; e (8) que a disponibilidade de capital seja ilimitada. As restrições impostas por algumas dessas condições podem ser superadas por extensões de cálculos computacionais; contudo, o conceito de LEC ilustra a importância das trocas compensatórias associadas à manutenção de inventário e aos custos dos pedidos de reposição.

As relações referentes ao ciclo de desempenho de inventário, ao custo de inventário e às formulações de pedido econômico são de grande utilidade na orientação do planejamento de inventário. Primeiro, o LEC é encontrado no ponto onde o custo anual dos pedidos e o custo de manutenção de inventário são iguais. Segundo, o inventário básico médio é igual à metade da quantidade do pedido. Terceiro, sendo iguais todos os demais aspectos, o valor da unidade de inventário terá uma relação direta com a freqüência dos pedidos de reposição. De fato, quanto mais alto o valor do produto, mais freqüentemente ele será requisitado.

Extensões do LEC

Enquanto que a fórmula do LEC é relativamente direta, há outros fatores que devem ser considerados nas aplicações reais. Tais fatores referem-se aos vários ajustes necessários para aproveitar situações de compra especiais e características da unificação. Há três ajustes típicos: tarifas de transportes de volumes, descontos por quantidade e outros ajustes do LEC.

Tarifas de Transporte de Volumes. Na fórmula do LEC, discutida anteriormente, omitiu-se qualquer consideração quanto ao impacto do custo de transporte sobre a quantidade do pedido. Quando os produtos são comprados com entrega incluída e o vendedor paga o custo do transporte das mercadorias da origem ao destino, tal desconsideração se justifica. Porém, quando a posse do produto é transferida na origem, os impactos das tarifas de transporte sobre o custo total devem ser considerados quando se prepara a quantidade do pedido.

Como regra geral, quanto maior o peso envolvendo um pedido, mais baixo será o custo por quilo transportado, de qualquer origem até a destinação. Descontos no frete para embarques maiores são corriqueiros, tanto no transporte rodoviário como no ferroviário. Conseqüentemente, todos os outros aspectos sendo iguais, uma empresa naturalmente desejará comprar em quantidades que ofereçam o máximo de economia em transporte. Tais quantidades podem ser maiores do que a quantidade de compra determinada usando-se o método LEC. Aumentar a quantidade do pedido produz um impacto dobrado sobre o custo de inventário. Suponha, apenas como ilustração, que o preço do transporte mais favorável é obtido quando uma quantidade de 480 unidades é comprada, comparando-se à compra de 300 unidades recomendada pelo LEC, conforme calculado anteriormente.[3] O primeiro impacto de um pedido maior é o aumento do inventário básico médio de 150 para 240 unidades. Portanto, fazer pedidos em quantidades maiores aumenta o custo de manutenção do inventário.

O segundo impacto é uma diminuição no número de pedidos necessários para satisfazer as exigências anuais. Um número reduzido de pedidos aumenta o volume do embarque, o qual oferece maiores economias de transporte.

Para completar a análise é necessário formular o custo total com e sem as economias de transporte. Embora esse cálculo possa ser feito diretamente modificando-se a fórmula do LEC, as comparações diretas fornecem uma resposta mais esclarecedora. O único dado adicional necessário é a tarifa de frete aplicável na emissão de pedidos de quantidade de 300 e 480 unidades. A Tabela 10-5 fornece os dados necessários para se completar a análise.

A Tabela 10-6 mostra a análise do custo total. Considerando-se as economias de transporte potenciais nas compras envolvendo lotes maiores, o custo total anual de compras de 480 unidades cinco vezes por ano, em vez da solução do LEC de 300 unidades oito vezes por ano, resulta aproximadamente em uma economia de $ 570.

O impacto das tarifas de transporte de volumes sobre o custo total de aquisição não pode ser negligenciado. No exemplo em questão, o preço equivalente por unidade caiu de $ 1 para $ 0,75, o que representa 25%. A variação de custo por área (CWT – *hundredweight*)* para mover um produto específico por caminhão, referente a uma carga completa, pode exceder significativamente esses 25%. Dessa forma, se as despesas de transporte forem de responsabilidade do comprador, qualquer LEC deve ser testado em função da dependência dos custos de transporte em relação às tonelagens possíveis.

Um segundo aspecto observado, a partir dos dados da Figura 10-6, é o fato de que alterações expressivas na quantidade do pedido e no número de pedidos feitos por ano resultam apenas em uma pequena alteração no custo total de manutenção do inventário e no dos pedidos. A quantidade LEC de 300 unidades teve um custo total anual de $ 302, enquanto que a quantidade do pedido revisado teve um custo comparativo de $ 335.

Tabela 10-5 Necessidade de dados do LEC necessários para consideração das economias de transporte

Volume de demanda anual	2400 unidades
Valor da unidade no custo	$ 5,00
Percentual de custos de manutenção de inventário	20% anualmente
Custos dos pedidos	$ 19,00 por pedido
Tarifa de frete de embarques pequenos	$ 1,00 por unidade
Tarifa de frete de embarques grandes	$ 0,75 por unidade

---

[3] Para determinar a taxa de transporte, a quantidade deve ser medida em peso.

* N. de T.: Um *hundredweight* equivale a 50,80 kg, e é a unidade usual dos EUA para a fixação das taxas de frete.

Tabela 10-6 Tarifa de transporte em volume do LEC modificado

	Alternativa 1: LEC1=300	Alternativa 2: LEC2=480
Custos de manutenção de inventário	$ 150	$ 240
Custos dos pedidos	$ 152	$ 95
Custos de transporte	$ 2.400	$ 1.800
Custos totais	$ 2.702	$ 2.135

Tabela 10-7 Exemplo de descontos por quantidade

Custos	Quantidade pedida
$ 5,00	1 – 99
4,50	100 – 200
4,00	201 – 300
3,50	301 – 400
3,00	401 – 500

As fórmulas do LEC são muito mais sensíveis a mudanças significativas nas freqüências ou ciclos de pedido. Da mesma maneira, são necessárias alterações substanciais nos fatores de custo para mudar significativamente a quantidade econômica do pedido.

Por fim, dois fatores relativos ao custo do inventário sob condições de compra na origem são dignos de nota. A compra FOB (*Free on Board*) significa que o comprador é responsável pelo custo do frete e pelo risco relativo ao produto, quando em trânsito. Em primeiro lugar, compra na origem significa que o comprador assume o risco total sobre o inventário no momento do embarque. Dependendo do período do pagamento exigido, isso pode significar que o inventário em trânsito se torne parte do inventário médio da empresa e, portanto, sujeito ao respectivo encargo.[4] Por isso, qualquer mudança na tonelagem que leve a um método de embarque com um tempo de trânsito diferente deve ser bem avaliada, sendo seu custo adicional ou descontos, conforme o caso, considerados na análise do custo total.

Em segundo lugar, o custo do transporte deve ser acrescido ao preço de compra para obter-se uma avaliação precisa do valor dos bens vinculados ao inventário. Uma vez que o inventário tenha sido recebido, o valor investido no produto deve ser acrescido para refletir as despesas de transporte necessárias para conduzir o inventário até seu local atual. O custo de manutenção do inventário deverá então ser avaliado pelo custo combinado do item, acrescido dos custos de transporte.

Descontos por Quantidade. Descontos por quantidade de compra representam uma extensão do LEC análoga aos preços do transporte de volumes. A Tabela 10-7 apresenta um exemplo de programa de descontos. Descontos por quantidade podem ser calculados diretamente usando-se a fórmula básica do LEC, verificando-se o custo total referente ao preço de compra relativo a um determinado volume, para determinar os LECs associados. Se o desconto associado a uma quantidade de compra for suficiente para compensar o custo adicional de manutenção do inventário, menos o custo reduzido do pedido, então o desconto por quantidade representa uma alternativa viável. Deve ser observado que descontos por quantidade e preço do transporte de volumes afetam, cada um deles, quantidades de compra maiores. Isso não significa necessariamente que o custo total de compras mais baixo será sempre o de uma quantidade maior do que seria no caso de um LEC básico.

Outros Ajustes do LEC. Pode ocorrer uma variedade de situações especiais que requeiram ajustes do LEC básico. Exemplos: (1) tamanho da produção em lote, (2) compra de itens múltiplos, (3) limitação de capital, e (4) transporte por frotas próprias de caminhão. Tamanho da produção em lote refere-se a quantidades mais econômicas a partir de uma perspectiva de produção. Compra de itens múltiplos refere-se a situações quando mais de um produto é comprado simultaneamente, portanto, os descontos de transporte e de quantidade devem considerar o impacto das combinações de produtos. Limitação de capital refere-se a situações com orçamentos restritos para investimento total em inventário. Uma vez que os pedidos de produtos múltiplos devem ser feitos dentro das limitações orçamentárias, os pedidos de quantidade devem reconhecer a necessidade de se alocar os investimentos em inventário ao longo das linhas de produto. E o transporte por frota própria influencia a quantidade do pedido, pois ele representa um custo fixo tão logo a decisão de se repor o produto seja tomada. Assim que decidir usar frota própria para transportar o produto em reposição, a empresa deve carregar ao máximo o caminhão, independentemente do LEC. Não faz sentido realizar o transporte com espaço para carga sobrando apenas porque o pedido de um único item representa o LEC.

Outro aspecto a considerar ao determinar-se a quantidade do pedido é a unificação. Muitos produtos são armazenados e transportados em unidades-padrão, como caixas ou paletes. Como freqüentemente essas unidades-padrão são projetadas para se ajustarem a veículos de manuseio e transporte, poderá haver despesas significativas quando o LEC não se ajustar a uma delas. Como exemplo, suponha que um palete completo contenha 200 unidades de um determinado produto. Usar um LEC de 300 unidades exigiria embarque de 1,5 palete. De uma perspectiva de utilização dos equipa-

---

[4] Nessas situações, o custo do dinheiro investido no inventário deve ser cobrado apropriadamente, garantindo que seja pago na origem.

mentos de transporte ou de manuseio, provavelmente é mais eficaz solicitar um ou dois paletes, de forma alternativa ou permanente. No Capítulo 14 você encontrará uma discussão mais ampla das características de unificação e seu impacto estratégico.

Embora as consolidações do LEC em unidades-padrão sejam importantes, sua relevância está diminuindo à medida que a disposição e a capacidade dos embarcadores de fornecer unidades mistas ou paletes mistos aumentam. Unidades ou paletes mistos contêm combinações de produtos e são projetados para fornecer um sortimento de produtos, ao mesmo tempo em que garantem economia em transporte e manuseio.

Administrando a Incerteza

Embora seja útil compreender as relações de inventário sob condições de certeza, a formulação de uma política de inventário deve, de maneira realista, levar em consideração a incerteza. Uma das principais funções da gestão de inventário é planejar o estoque de segurança para proteção contra falta de produtos.

Dois tipos de incerteza produzem um impacto direto sobre a política de inventário. **Incerteza da demanda** é a taxa de vendas durante a reposição do inventário. **Incerteza do ciclo de desempenho** refere-se às variações do tempo nas reposições do inventário.

Incerteza da Demanda

A previsão de vendas avalia a demanda por unidade durante o ciclo de reposição dos inventários. Mesmo realizando uma boa previsão, a demanda durante o ciclo de reposição costuma exceder ou ficar aquém do previsto. Para proteção contra falta de estoque, quando a demanda excede a previsão, um estoque de segurança deve ser adicionado ao inventário básico. Sob condições de incerteza de demanda, o inventário médio representa uma quantidade relativa à metade de um pedido mais o estoque de segurança. A Figura 10-6 ilustra o ciclo de desempenho do inventário sob condições de incerteza da demanda. As linhas pontilhadas representam a previsão. A linha contínua representa o inventário disponível entre um ciclo de desempenho e o próximo. A tarefa de planejar o estoque de segurança requer três passos. Primeiro, a probabilidade da falta de estoque deve ser avaliada. Segundo, o potencial de demanda durante o período de falta de estoque deve ser previsto. Por fim, é necessária uma decisão política referente ao nível desejado de proteção contra falta de estoque.

Apenas como ilustração, considere que o ciclo de desempenho de inventário seja de 10 dias. A experiência indica que as vendas diárias variam de 0 a 10 unidades, com a venda média diária de 5 unidades. Considera-se que o pedido econômico seja 50, que o ponto de reabastecimento seja também 50, que o inventário planejado médio seja 25, e que as vendas durante o ciclo de desempenho estejam previstas para ser de 50 unidades.

Durante o primeiro ciclo, embora a demanda diária tenha variado, a média de 5 unidades por dia foi mantida. A demanda total durante o ciclo 1 foi de 50 unidades, conforme previsto. Durante o ciclo 2, a demanda totalizou 50 unidades nos primeiros 8 dias, resultando em falta de estoque; assim, nenhuma venda foi possível nos dias 9 e 10. Durante o ciclo 3, a demanda atingiu um total de 39 unidades. O terceiro ciclo de desempenho encerrou com 11 unidades remanescentes em estoque. Durante o período de 30 dias, o total de vendas foi de 139 unidades, para uma venda média diária de 4,6 unidades.

A partir de um registro histórico, conforme mostra a Tabela 10-8, observa-se que as faltas de estoque ocorreram em 2 do total de 30 dias. Desde que as vendas nunca excedam a 10 unidades/dia, não há nenhuma

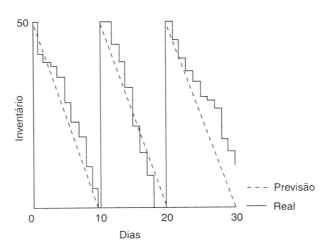

Figura 10-6 Relação do inventário, incerteza da demanda e ciclo de desempenho constante.

Tabela 10-8 Experiência comum de demanda durante três ciclos de reposição

	Previsão do ciclo 1		Falta de estoque ciclo 2		Excesso de estoque ciclo 3	
Dia	Demanda	Acumulado	Demanda	Acumulado	Demanda	Acumulado
1	9	9	0	0	5	5
2	2	11	6	6	5	10
3	1	12	5	11	5	14
4	3	15	7	18	3	17
5	7	22	10	28	4	21
6	5	27	7	35	1	22
7	4	31	6	41	2	24
8	8	39	9	50	8	32
9	6	45	Sem estoque	50	3	35
10	5	50	Sem estoque	50	4	39

possibilidade de falta de estoque nos 5 primeiros dias do ciclo de reposição. As faltas de estoque eram possíveis do dia 6 até o dia 10, baseadas na possibilidade remota de que a demanda média durante os 5 primeiros dias do ciclo fosse de 10 unidades por dia e nenhum inventário fosse transportado do período anterior. Uma vez que, durante os três ciclos de desempenho, 10 unidades foram vendidas em uma única ocasião, é evidente que o risco real de falta de estoque ocorra somente durante os últimos dias do ciclo de desempenho, e depois somente quando as vendas excederem a média por uma margem substancial.[5] É possível alguma aproximação referente ao potencial de vendas para os dias 9 e 10 do ciclo 2. Até um máximo de 20 unidades poderiam ter sido vendidas, se o inventário estivesse disponível. Por outro lado, é remotamente possível que, mesmo que o estoque estivesse disponível, nenhuma demanda ocorresse nos dias 9 e 10. Com base na demanda média de 4 a 5 unidades/dia, uma avaliação razoável de vendas perdidas seria de 8 a 10 unidades.

Fica evidente que o risco da falta de estoque criado por variações nas vendas é limitado a um período curto e representa um pequeno percentual das vendas totais. Embora a análise de vendas apresentada na Tabela 10-8 ajude a obter um entendimento da oportunidade, o curso de ação adequado ainda não se mostra claro. Probabilidades estatísticas podem ser usadas para auxiliar a administração a planejar o estoque de segurança. A discussão a seguir aplica técnicas estatísticas ao problema da incerteza da demanda.

O histórico das vendas durante um período de 30 dias foi organizado na Tabela 10-9 com distribuição de fre-

Tabela 10-9 Freqüência da demanda

Demanda diária (em unidades)	Freqüência (em dias)
Falta de estoque	2
0	1
1	2
2	2
3	3
4	4
5	5
6	3
7	3
8	2
9	2
10	1

qüência. O propósito principal de uma distribuição de freqüência é observar as variações em torno da demanda média diária. Admitida uma média esperada de 5 unidades/dia, a demanda excedeu a média em 11 dias e foi menor que a média em 12 dias. Uma forma alternativa de mostrar uma distribuição de freqüência é com um gráfico de barras, como na Figura 10-7.

Fornecida a freqüência histórica da demanda, é possível calcular o estoque de segurança necessário para oferecer um grau específico de proteção contra falta de estoque. A teoria da probabilidade é baseada na possibilidade aleatória de uma ocorrência específica dentro de um grande número de ocorrências. A situação ilustrada usa 28 dias. Em uma aplicação real, seria necessário um maior número de amostras.

A probabilidade de ocorrência admite um padrão em torno de uma medida de tendência central, que é o valor médio de todas as ocorrências. Embora uma série de distribuições de freqüência possa ser usada no controle do inventário, a mais básica é a da **distribuição normal**.

---
[5] Nesse exemplo, estatísticas diárias são utilizadas. Uma alternativa, tecnicamente mais correta do ponto de vista estatístico, é a utilização de demandas sobre ciclos de desempenho. A principal limitação aos ciclos de pedido é o período de tempo e a dificuldade presente na coleta dos dados necessários.

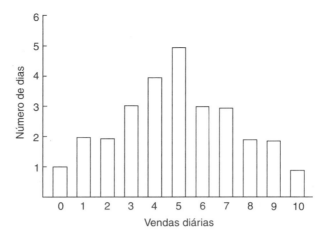

Figura 10-7 Análise histórica da evolução da demanda.

Uma distribuição normal caracteriza-se por uma curva simétrica em forma de sino, como na Figura 10-8. A característica fundamental de uma distribuição normal é que as três medidas de tendência central têm valor igual. O valor *médio* (ou média), a *mediana* (o meio) e *o modo* (mais freqüentemente encontrado) são iguais. Quando essas três medidas são aproximadamente idênticas, a distribuição de freqüência é normal.

A base para se prever a demanda durante um ciclo de desempenho usando uma distribuição normal é o desvio-padrão das observações em torno das medidas de tendência central. O **desvio-padrão** é uma medida de dispersão dos eventos dentro de áreas específicas sob a curva normal. Para a aplicação em gestão de inventários, o evento é vendas por unidade por dia e a dispersão é a variação nos níveis de vendas diárias. Dentro de ±1 desvio-padrão, 68,27% de todos os eventos ocorrem. Isso significa que 68,27% dos dias durante um ciclo de desempenho irão apresentar vendas diárias dentro de ±1 desvio-padrão das vendas médias diárias. Dentro de ±2 desvios-padrão, 95,45% de todos os eventos ocorrem. Nos ±3 desvios-padrão, 99,73% de todos os eventos estão incluídos. Para a política de inventário, o desvio-padrão fornece um método de se avaliar o estoque de segurança necessário para oferecer um grau específico de proteção acima da demanda média.

O primeiro passo para estabelecer o estoque de segurança é calcular o desvio-padrão. A maioria das calculadoras e planilhas permite fazer esse cálculo, mas se algum desses recursos não estiver disponível, um outro método para verificar o desvio-padrão é:

$$\sigma = \sqrt{\frac{\sum F_i D_i}{n}}$$

onde,

σ = Desvio-padrão
F_i = Freqüência do evento i

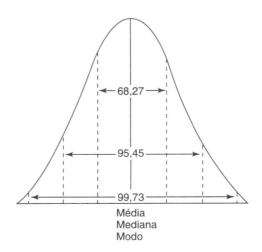

Figura 10-8 Distribuição normal.

D_i = Desvio com relação à média do evento i
n = Total de observações disponíveis

Os dados necessários para determinar o desvio-padrão estão na Tabela 10-10.

O desvio-padrão dos dados na Tabela 10-9 foi arredondado para 3 unidades. Quando se determinam os estoques de segurança, 2 desvios-padrão de proteção, ou 6 unidades, protegeriam contra 95,45% de todos os eventos incluídos na distribuição de freqüência. Contudo, as únicas situações de preocupação são as que se referem a probabilidades de eventos que excedam o valor médio. Não há problema de inventário para satisfazer uma demanda igual ou abaixo da média. Desta maneira, em 50% dos dias não será necessário nenhum estoque de segurança. A proteção do estoque de segurança ao nível de 95% irá, de fato, proteger contra 97,72% de todos os eventos possíveis. A cobertura de 95% irá abranger todas as situações, quando a demanda diária for de ±2 desvios-padrão da média, mais os 2,72% do tempo em que a demanda for mais de 2 desvios-padrão abaixo da média. Esse benefício adicional resulta do que normalmente é chamado uma aplicação estatística *de uma cauda*.

O exemplo ilustra como a probabilidade estatística pode ajudar com a quantificação da incerteza da demanda, mas as condições da demanda não são a única fonte de incerteza. Os ciclos de desempenho também podem variar.

Incerteza do Ciclo de Desempenho

A incerteza do ciclo de desempenho significa que a política de inventário não pode assumir uma entrega compatível. O planejador deve esperar que a experiência real dos ciclos de desempenho acumule-se próximo da média e distorça acima da duração planejada. Se a incerteza do ciclo de desempenho não for avaliada estatisticamente, a prática mais comum é basear as necessidades de estoque de segurança no tempo de reposição planejado. Contudo, se houver variação significativa nos ciclos de desempenho, uma avaliação formal será necessária.

A Tabela 10-11 apresenta uma amostra de distribuições de freqüência dos ciclos de desempenho. Embora 10 dias seja a mais freqüente, a experiência de reposição varia de 6 a 14 dias. Se o ciclo de desempenho seguir uma distribuição normal em forma de sino, a expectativa é de que um ciclo de desempenho individual fique entre 8 e 12 dias 68,27% do tempo.

De um ponto de vista prático, quando os dias do ciclo caem abaixo de 10, não há nenhum problema imediato com o estoque de segurança. Se o ciclo de desempenho ficar constantemente abaixo do ciclo de desempenho planejado durante um certo período de tempo, então seria conveniente um ajuste na duração prevista. A situação de maior preocupação ocorre quando a duração do ciclo de desempenho excede constantemente 10 dias.

Do ponto de vista da probabilidade de exceder 10 dias, a freqüência de tais ocorrências, a partir dos dados da Tabela 10-11, pode ser reformulada em ciclos de desempenho maiores do que 10 dias e iguais ou menores a 10 dias. Nos dados que aparecem no exemplo, o desvio-padrão não mudaria, porque a distribuição é normal. Contudo, se a experiência real distorcer acima do tempo de duração do ciclo além do esperado, então uma *distribuição de Poisson* talvez seja mais apropriada.[6] Nas distribuições de freqüência Poisson, o desvio-padrão é igual à raiz quadrada da média. Como regra geral, quanto menor a média, maior o grau de distorção.

Determinando o Estoque de Segurança sob Incerteza

A situação típica com que se depara o planejador de inventário é ilustrada na Figura 10-9, onde existe incerteza tanto na demanda como no ciclo de desempenho. Lidar com a incerteza na demanda e no ciclo de desempenho requer

---
[6] Edward Silver, David Pyke, and Rein Peterson, *Inventory Management and Production Planning and Sheduling*, 3rd ed. (New York: John Wiley & Sons, 1998.)

Tabela 10-10 Cálculo do desvio-padrão da demanda diária

Unidades	Freqüência (F_i)	Desvio da média (D_i)	Desvio ao quadrado (D_i^2)	$F_i D_i^2$
0	1	−5	25	25
1	2	−4	16	32
2	2	−3	9	18
3	3	−2	4	12
4	3	−1	1	4
5	5	0	0	0
6	3	+1	1	3
7	3	+2	4	12
8	2	+3	9	18
9	2	+4	16	32
10	1	+5	25	25
$n = 28$	$\bar{s} = 5$			$\sum F_i D_i^2 = 181$

Tabela 10-11 Cálculo do desvio-padrão da duração do ciclo de reposição

Ciclo de desempenho (em dias)	Freqüência (F_i)	Desvio da média (D_i)	Desvio ao quadrado (D_i^2)	$F_iD_i^2$
6	2	−4	16	32
7	4	−3	9	36
8	6	−2	4	24
9	8	−1	1	8
10	10	0	0	0
11	8	+1	1	8
12	6	+2	4	24
13	4	+3	9	36
14	2	+4	16	32
				$\sum F_iD_i^2 = 200$

$$N = 50 \quad t = 10$$

$$\sigma = \sqrt{\frac{F_iD_i^2}{N}} = \sqrt{\frac{200}{50}} = \sqrt{4} = 2 \text{ dias}$$

a combinação de duas variáveis independentes. A duração do ciclo é, pelo menos a curto prazo, independente da demanda diária. Contudo, no estabelecimento dos estoques de segurança, o impacto conjunto da probabilidade da variação tanto do ciclo de desempenho como da demanda deve ser determinado. A Tabela 10-12 apresenta um resumo do desempenho do ciclo de reposição e de vendas. A chave para se entender as relações potenciais dos dados da Tabela 10-12 é o ciclo de desempenho de 10 dias. A demanda total durante os 10 dias potencialmente varia de 0 a 100 unidades. Em cada dia do ciclo, a probabilidade da demanda é independente do dia anterior durante os 10 dias. Considerando-se a variação total das situações potenciais ilustradas na Tabela 10-12, as vendas totais durante um ciclo de desempenho poderiam variar de 0 a 140 unidades. A partir desse relacionamento básico entre os dois tipos de incerteza, as condições do estoque de segurança podem ser determinadas tanto por procedimentos de simulação como numéricos.

Ponderações Numéricas

A ponderação exata de duas variáveis independentes envolve a expansão multinominal. Esse tipo de procedimento requer cálculos extensos. Um método direto é determinar os desvios-padrão da incerteza da demanda e do ciclo de desempenho, e depois aproximar o desvio-padrão combinado usando a fórmula de incerteza:

$$\sigma_c = \sqrt{TS_s^2 + D^2S_t^2},$$

onde

σ_c = Desvio-padrão das probabilidades combinadas
T = Tempo do ciclo de desempenho médio
S_t = Desvio-padrão do ciclo de desempenho
D = Vendas médias diárias
S_s = Desvio-padrão de vendas diárias

Substituindo a partir da Tabela 10-12,

$$\sigma_c = \sqrt{10.000(2,54)^2 + (5,00)^2(2)^2}$$
$$= \sqrt{64,52 + 100} = \sqrt{164,52}$$
$$= 12,83 \text{ (arredondar para 13)}$$

Essa fórmula calcula o desvio-padrão combinado ou agregado de T dias com uma demanda média de D por dia, quando os desvios-padrão individuais são S_t e S_s, respectivamente. A média para a distribuição combinada é o produto de T com D, ou 50,00 (10,00 × 5,00).

Assim, dada uma distribuição de freqüência de vendas diárias de 0 a 10 unidades/dia e uma variação na duração do ciclo de reposição de 6 a 14 dias, 13 unidades (1 desvio-padrão multiplicado por 13 unidades) de estoque de segurança são necessárias para proteger em 84,14% de todos os

Tabela 10-12 Distribuição de freqüência – incerteza na demanda e na reposição

Distribuição da demanda		Ciclo de reposição da distribuição	
Vendas diárias	Freqüência	Dias	Freqüência
0	1	6	2
1	2	7	4
2	2	8	6
3	3	9	8
4	4	10	10
5	5	11	8
6	3	12	6
7	3	13	4
8	2	14	2
9	2		
10	1		
$n = 28$		$n = 50$	
$T = 5$		$T = 10$	
$S_s = 2,54$		$S_t = 2$	

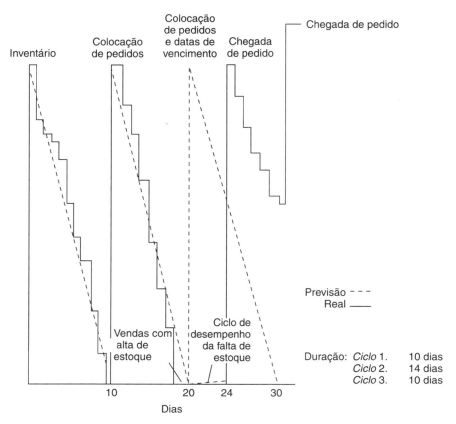

Figura 10-9 Incerteza combinada de demanda e do ciclo de desempenho.

ciclos de desempenho. Para proteger em 97,72% é necessário um estoque de segurança de 26 unidades. Esses níveis assumem uma distribuição de *uma cauda*, desde que não seja necessário proteger contra um *lead-time* de demanda abaixo da média.

É importante perceber que o evento específico a ser protegido é o de uma falta de estoque durante o ciclo de desempenho. Os níveis de 68,27% e 97,72% *não* são níveis de disponibilidade do produto. Esses percentuais refletem a probabilidade de uma falta de estoque durante um determinado ciclo do pedido. Por exemplo, com um estoque de segurança de 13 unidades, o esperado era que ocorressem faltas de estoque durante 31,73% (100 − 68,27) dos ciclos de desempenho. Embora esse percentual exprima a probabilidade de falta de estoque, ele não avalia sua magnitude. A magnitude da falta de estoque relativa indica o percentual de unidades faltantes em relação à demanda.

As necessidades do inventário médio seriam de 25 unidades, caso nenhum estoque de segurança fosse desejado. O inventário médio com 2 desvios-padrão de estoque de segurança é de 51 unidades [(25+(2 × 13))]. Esse nível de inventário protegeria contra uma falta de estoque durante 97,72% dos ciclos de desempenho. A Tabela 10-13 resume as alternativas de hipóteses com que se depara o planejador e os correspondentes impactos sobre o inventário médio.

Calculando o Índice de Atendimento

O índice de atendimento representa a magnitude de uma falta de estoque em vez de sua probabilidade. É o percentual de unidades que podem ser supridas quando solicitadas ao inventário disponível. A Figura 10-10 ilustra graficamente a diferença entre a probabilidade da falta de estoque e a sua magnitude. Os dois diagramas da Figura 10-10 apresentam um estoque de segurança de 1 desvio-padrão, ou 13 unidades. Para ambas as situações, fornecido qualquer ciclo de desempenho, a probabilidade de uma falta de estoque é de 31,73%. Porém, durante um período de 20 dias, a figura apresenta duas ocasiões em que o estoque pode ficar esgotado. Esses momentos estão no final do ciclo. Se a quantidade do pedido for dobrada, o sistema apresenta a possibilidade de faltar estoque somente uma vez durante o ciclo de 20 dias. Dessa forma, embora ambas as situações enfrentem o mesmo padrão de demanda, a primeira tem mais possibilidade e potencial para falta de estoque. Em geral, para um determinado nível de estoque de segurança, aumentando-se a quantidade do pedido, diminui-se a magnitude relativa das faltas de estoque potenciais e, inversamente, aumenta-se a disponibilidade de serviços aos clientes.

A fórmula matemática da relação é:

$$SL = 1 - \frac{f(k)\sigma_c}{Q},$$

Tabela 10-13 Impacto no inventário médio resultante das mudanças no LEC

	Quantidade de pedido	Estoque de segurança	Inventário médio
Assumindo vendas S constantes e ciclo de desempenho T constante	50	0	25
Assumindo proteção de demanda +2σ e ciclo de desempenho T constante	50	6	31
Assumindo vendas S constantes e ciclo de proteção de desempenho +2σ	50	20	45
Assumindo conjuntamente +2σ para demanda e ciclo de desempenho	50	26	51

onde,

SL = Magnitude da falta de estoque (nível de disponibilidade do produto)

$f(k)$ = Uma função da curva de perda normal, que fornece a área na cauda direita de uma distribuição normal

σ_c = Desvio-padrão combinado considerando ambas as incertezas: a do ciclo de reposição e a da demanda

Q = Quantidade no pedido de reposição

Para completar o exemplo, suponha que uma empresa desejou uma disponibilidade de produto ou uma taxa de atendimento de 99%. Suponha que Q foi calculado para ser de 300 unidades. A Tabela 10-14 resume a informação necessária.

Uma vez que $f(k)$ é o item usado para se calcular as necessidades de estoque de segurança, a equação acima deve ser resolvida para encontrar $f(k)$ por via algébrica. O resultado é:

$$f(k) = (1 - SL) \times (Q/\sigma_c)$$

Substituindo-se a partir da Tabela 10-14, temos:

$$f(k) = (1 - 0,99) \times (300/13)$$
$$= 0,01 \times 23,08 = 0,2308$$

O valor calculado do $f(k)$ é então comparado com os valores da Tabela 10-15, para encontrar-se o que mais se aproxima do valor calculado. No caso desse exemplo, o valor

Tabela 10-14 Informação para determinar o estoque de segurança necessário

Nível de serviço desejado	99%
σ_c	13
Q	300

de k que satisfaz a condição é 0,4. O nível de estoque de segurança necessário é:

$$SS = k \times \sigma_c$$

onde

SS = Estoque de segurança em unidades
k = O fator k que corresponde a $f(k)$
σ_c = O desvio-padrão combinado

Portanto, substituindo-se no exemplo,

$$SS = k \times \sigma_c$$
$$= 0,04 \times 13 = 5,2 \text{ unidades}$$

O estoque de segurança necessário para fornecer uma taxa de atendimento de produto de 99%, quando a quantidade do pedido for de 300 unidades, é de aproximadamente 5 unidades. A Tabela 10-16 mostra como os níveis calculados de inventário médio e de estoques de segurança variam em relação a outros pedidos de quantidade. Um pedido de volume maior pode ser usado como compensação, em caso de diminuição dos níveis de estoque de segu-

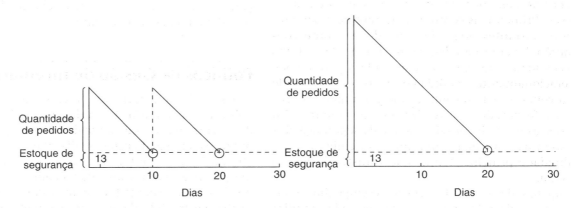

Figura 10-10 Impacto da quantidade do pedido sobre a magnitude da falta de estoque.

Tabela 10-15 Tabela de perda integral para uma distribuição normal padronizada

k	f(k)	k	f(k)
0,0	0,3989	1,6	0,0232
0,1	0,3509	1,7	0,0182
0,2	0,3068	1,8	0,0143
0,3	0,2667	1,9	0,0111
0,4	0,2304	2,0	0,0085
0,5	0,1977	2,1	0,0065
0,6	0,1686	2,2	0,0049
0,7	0,1428	2,3	0,0037
0,8	0,1202	2,4	0,0027
0,9	0,1004	2,5	0,0020
1,0	0,0833	2,6	0,0015
1,1	0,0686	2,7	0,0011
1,2	0,0561	2,8	0,0008
1,3	0,0455	2,9	0,0005
1,4	0,0366	3,0	0,0004
1,5	0,0293	3,1	0,0003

Fonte: Edward Silver, David Pyke, e Rein Peterson, *Inventory Management and Production Planning and Scheduling*, 3rd ed. (New York: John Wiley & Sons, 1998), pp. 724-34.

Tabela 10-16 Impacto da quantidade do pedido sobre o estoque de segurança

Quantidade de pedido (Q)	k	Estoque de segurança	Inventário médio
300	0,40	5	155
200	0,70	8	108
100	1,05	14	64
50	1,40	18	43
25	1,70	22	34

rança, ou vice-versa. A existência de tal troca compensatória implica que há uma combinação de quantidades no pedido de reposição que resultarão em um serviço prestado ao cliente a um custo mínimo.

Reabastecimento da Demanda Dependente

A questão do planejamento da demanda dependente envolve entender que necessidades dependentes do inventário são uma função de eventos conhecidos e geralmente não aleatórios. Portanto, uma demanda dependente não exige previsão, uma vez que não existe incerteza. Assim, não há nenhuma necessidade de estoque de segurança específico para apoiar um programa de compras distribuído no tempo como o MRP. A noção básica de distribuição no tempo é que peças e subconjuntos não precisam ser mantidos no inventário, contanto que cheguem quando necessários.

O fato de não se manter estoques de segurança sob condições de demanda dependente se baseia em duas hipóteses. Primeira, as compras para reposição são previsíveis e constantes. Segunda, vendedores e fornecedores mantêm inventários adequados para satisfazer 100% das necessidades de compra. A segunda hipótese pode ser operacionalmente atendida por meio de contratos de compra voltados para o volume, que garantam aos vendedores e fornecedores a realização das compras. Em tais casos, as necessidades de estoque de segurança ainda existem para o canal como um todo, embora a responsabilidade principal tenha sido transferida para o fornecedor.

A hipótese da certeza do ciclo de desempenho é mais difícil de se realizar. Mesmo em situações onde se utiliza transporte próprio, um elemento de incerteza sempre está presente. O resultado prático é que estoques de segurança realmente existem na maioria das situações de demanda dependente.

Três abordagens básicas têm sido usadas para introduzir estoques de segurança em um sistema, enfrentando demandas dependentes. Primeiro, uma prática comum é incluir *o tempo de segurança* no plano de necessidades. Dessa forma, um componente é pedido uma semana antes do período necessário para garantir que chegue no prazo. Uma segunda abordagem é aumentar a requisição em uma quantidade específica em função de um erro de previsão esperado. Como exemplo, suponha que o erro de previsão não irá exceder 5%. Esse procedimento é conhecido como *demanda superestimada de nível máximo*. O resultado líquido é aumentar as compras de todos os componentes na proporção da sua previsão de uso, acrescida de um reforço para cobrir eventuais erros de previsão. Componentes comuns a produtos finais, ou submontagens diferentes, abrangidos na técnica de superestimativa, irão naturalmente ser estocados em quantidades maiores do que a dos componentes e peças de uso único. Para ajustar o improvável evento de todas as montagens comuns, simultaneamente, exigirem proteção de estoques de segurança, um procedimento amplamente usado é estabelecer um estoque de segurança total para um item, num nível menor que a soma dos 5% de proteção referente a cada uso potencial. O terceiro método é utilizar as técnicas estatísticas discutidas anteriormente, para se estabelecer estoques de segurança diretamente para o componente, em vez de estabelecê-lo para o item com demanda de nível máximo.

Políticas de Gestão de Inventário

A gestão de inventário é o processo que implementa a política de inventário. A abordagem reativa ou "puxada" de inventário usa a demanda dos clientes para "puxar" o produto ao longo do canal de distribuição. Uma filosofia alternativa é a abordagem de planejamento que, de forma proativa, aloca o inventário com base na demanda prevista e na disponibilidade de produtos. E uma terceira abordagem, híbrida, usa uma combinação de "empurrar" e "puxar".

Controle de Inventário

O **controle de inventário** é o procedimento administrativo de implementar uma política de inventário. O aspecto da responsabilidade do controle mensura as unidades disponíveis num local específico e rastreia adições e supressões. A responsabilidade e o rastreamento podem ser desempenhados manualmente ou por computador. O controle de inventário define com que freqüência os níveis de inventário são revisados, para se determinar quando e quanto comprar. Ele é feito de forma contínua ou periódica.

Revisão Contínua

Um processo de controle de inventário contínuo revisa a situação do inventário diariamente para determinar as necessidades de reposição. Para utilizar a revisão contínua, é necessário fazer o rastreamento de forma exata de todas as SKUs (unidades mantidas em estoque). A revisão contínua é implementada por um ponto de reposição e quantidade do pedido.

Conforme vimos anteriormente,

$$ROP = D \times T + SS$$

onde

ROP = Ponto de reposição, em unidades
D = Demanda diária média, em unidades
T = Duração média do ciclo de desempenho, em dias
SS = Estoque de segurança, em unidades

A quantidade do pedido é determinada usando-se a LEC.

Apenas como ilustração, suponha que não há incerteza, de modo que nenhum estoque de segurança seja necessário. A Tabela 10-17 resume a demanda, o ciclo de desempenho e as características da quantidade do pedido. Para esse exemplo,

$$ROP = D \times T + SS$$
$$= 20 \text{ unidades/dia} \times 10 \text{ dias} + 0 = 200 \text{ unidades}$$

A revisão contínua compara o inventário disponível e o encomendado com o ponto de reposição do item. Se a quantidade disponível mais a encomendada for menor do que o ponto estabelecido para reposição, será necessário um pedido de reposição.

Matematicamente, o processo é:

Se $I + Qo \leq ROP$, então peça-se Q

onde

I = Inventário disponível
Qo = Inventário encomendado a fornecedores
ROP = Ponto de reposição, em unidade
Q = Quantidade no pedido, em unidades

No caso do exemplo anterior, um pedido de reposição de 200 é feito sempre que a soma da quantidade do inventário disponível e da do encomendado for menor ou igual a 200 unidades. Uma vez que o ponto de reposição é igual à quantidade do pedido, o embarque de reposição anterior chegaria no momento em que a próxima reposição é iniciada. O nível médio de inventário para um sistema de revisão contínua é:

$$I_{médio} = Q/2 + SS$$

onde

$I_{médio}$ = Inventário médio, em unidades
Q = Quantidade no pedido, em unidades
SS = Estoque de segurança, em unidades

Tabela 10-17 Amostra de demanda, ciclo de desempenho e características da quantidade do pedido

Média diária de demanda	20 unidades
Ciclo de desempenho	10 dias
Quantidade de pedidos	200 unidades

O inventário médio é calculado, para o exemplo anterior, como:

$$I_{médio} = Q/2 + SS$$
$$= 300/2 + 0 = 150 \text{ unidades}$$

A maioria das ilustrações em todo este texto é baseada no sistema de revisão contínua com um ponto de reposição fixo. A fórmula de reposição é derivada de duas hipóteses: os pedidos de compra referentes ao item sob controle serão feitos quando o ponto de reposição for atingido; e o método de controle fornece um monitoramento contínuo da situação do inventário. Se essas duas hipóteses não estiverem satisfeitas, os parâmetros de controle (ROP e Q) que determinam a revisão contínua devem ser aperfeiçoados.

Revisão Periódica

O controle periódico de inventário revisa a situação do inventário de um item em intervalos de tempo regulares, como semanal ou mensalmente. Para a revisão periódica, o ponto básico de reposição deve ser ajustado para considerar os intervalos prolongados entre as revisões. A fórmula para calcular o ponto de reposição na revisão periódica é:

$$ROP = D(T + P/2) + SS$$

onde

ROP = Ponto de reposição
D = Demanda média diária
T = Duração média do ciclo de desempenho
P = Período de revisão, em dias
SS = Estoque de segurança

Como a contagem do inventário ocorre periodicamente, qualquer item poderia ficar abaixo do ponto desejado de reposição antes do período de revisão. Entretanto, a hipótese é de que o inventário ficará abaixo da condição ideal de reposição antes da contagem periódica, aproximadamente na metade dos tempos de revisão. Supondo um período de revisão de 7 dias e usando condições similares àquelas do exemplo da revisão contínua, a ROP então seria como segue:

$$\begin{aligned} \text{ROP} &= D\,(T + P/2) + SS \\ &= 20\,(10 + 7/2) + 0 = 20\,(10 + 3,5) \\ &= 270 \text{ unidades} \end{aligned}$$

A fórmula do inventário médio para o caso da revisão periódica é:

$$I_{\text{médio}} = Q/2 + (P \times D)/2 + SS$$

onde

$I_{\text{médio}}$ = Inventário médio, em unidades
Q = Quantidade no pedido, em unidades
P = Período de revisão, em dias
D = Demanda média diária em unidades
SS = Estoque de segurança, em unidades

Para o exemplo anterior, o inventário médio é calculado conforme:

$$\begin{aligned} I_{\text{médio}} &= Q/2 + (P \times D)/2 + SS \\ &= 300/2 + (7 \times 10)/2 + 0 \\ &= 150 + 35 = 185 \text{ unidades} \end{aligned}$$

Devido ao intervalo de tempo introduzido pela revisão periódica, os sistemas de controle periódicos geralmente exigem inventários médios maiores do que os sistemas contínuos.

Métodos Reativos

O **sistema reativo** ou **sistema de inventário "puxado"**, como o nome indica, responde às necessidades de inventário dos membros de um canal, "puxando" o produto ao longo do canal de distribuição. Os embarques de reposição são iniciados quando os níveis de estoque disponíveis nos armazéns caem abaixo de um mínimo predeterminado ou abaixo do ponto de reposição. A quantia pedida é normalmente baseada em alguma fórmula de volume de lote, embora possa ser de quantidade variável, uma função dos níveis atuais de estoque e de um nível máximo predeterminado.

Os processos básicos de revisão periódica ou contínua discutidos anteriormente identificam um sistema reativo comum. A Figura 10-11 ilustra um ambiente de inventário reativo para um armazém que serve a dois atacadistas. A figura mostra o inventário atual (I), o ponto de reposição (ROP), a quantidade do pedido (Q), e a demanda média diária (D), para cada atacadista. Uma revisão do inventário do atacadista indica que um pedido de reabastecimento de 200 unidades deveria ser feito pelo atacadista A para o armazém. Uma vez que o inventário atual está acima do ROP para o atacadista B, nenhuma ação de reabastecimento é necessária nesse momento. Contudo, uma análise mais profunda aponta que as ações independentes do atacadista A irão provavelmente causar uma insuficiência de estoque no atacadista B dentro de poucos dias. O atacadista B irá provavelmente ficar sem estoque, porque o nível de inventário está próximo do ponto de reposição e o centro de distribuição que o abastece não terá inventário suficiente para essa reposição.

A lógica clássica de inventário reativo está baseada em sete hipóteses. Primeira, o sistema está fundamentado na hipótese básica de que todos os clientes, áreas do mercado e produtos contribuem igualmente para os lucros.

Segunda, um sistema reativo supõe capacidade infinita da fonte de suprimento. Esta hipótese implica que o produto pode ser fabricado conforme o desejado e armazenado na instalação produtora até que seja exigido na cadeia de suprimento.

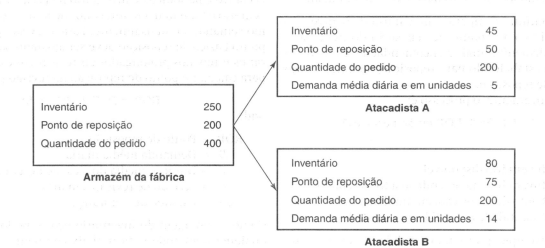

Figura 10-11 Um ambiente de inventário reativo.

Terceira, a lógica de inventário reativo pressupõe disponibilidade de inventário infinita no local de fornecimento. A combinação da segunda com a terceira hipótese implica uma certeza relativa de reposição. A lógica de inventário reativo possibilita que não haja pedidos pendentes ou faltas de estoque quando os pedidos de reposição estão sendo processados.

Quarta, as regras de decisão reativa pressupõem que o tempo do ciclo de desempenho pode ser previsto e que as durações do ciclo são independentes. Isso significa que cada ciclo de desempenho é um evento aleatório e que ciclos prolongados geralmente não ocorrem para pedidos de reposição subseqüentes. Embora a lógica reativa não pressuponha qualquer controle sobre os tempos de ciclo, muitos gerentes são, na verdade, capazes de influenciar a duração do ciclo de desempenho por meio de estratégias de expedições rápidas e de fontes alternativas de suprimento.

Quinta, a lógica de inventário reativo opera melhor quando os padrões de demanda do cliente são relativamente estáveis e consistentes. Idealmente, os padrões de demanda deveriam ser estáveis durante o ciclo relevante de planejamento, para que os parâmetros de inventário estatisticamente desenvolvidos possam operar corretamente. A maioria das regras de decisão do sistema reativo pressupõe padrões de demanda baseados em distribuições Poisson, gama ou normal. Quando a função da demanda real não se parece com uma dessas funções, as regras de decisão de inventário estatístico baseadas nessas hipóteses não operam corretamente.

Sexta, sistemas reativos de inventário determinam o momento oportuno para agir e a quantidade discriminada nos pedidos de reposição de cada centro de distribuição, independentemente de todos os outros locais, inclusive a fonte de suprimento. Assim, há pouca possibilidade de efetivamente coordenar-se as necessidades de inventário ao longo dos múltiplos centros de distribuição. A habilidade de aproveitar-se a informação do inventário não é utilizada – um defeito sério, considerando-se que a informação e sua comunicação estão entre os poucos recursos cujos custos decrescem nos canais de distribuição.

A hipótese final característica dos sistemas reativos de inventário é que a duração dos ciclos de desempenho não pode ser correlacionada com a demanda. Essa hipótese é necessária para se desenvolver uma aproximação acurada da variância da demanda no ciclo de desempenho. Em muitas situações, níveis mais altos de demanda criam ciclos de desempenho de reposição mais longos, uma vez que eles também aumentam as demandas de recursos de transporte e de inventário. Isso implica que períodos de demanda alta não deveriam necessariamente corresponder a ciclos de desempenho prolongados, causados por faltas de estoque ou disponibilidade limitada de produto.

Operacionalmente, a maioria dos gestores de inventário reduz o impacto dessas limitações por meio do astucioso uso de intervenções manuais. Porém, tais intervenções freqüentemente levam a decisões ineficazes de inventário, já que o plano resultante está baseado em regras e políticas administrativas inconsistentes.

Métodos de Planejamento

Os métodos de planejamento de inventário usam uma base de informação comum para coordenar as necessidades de inventário ao longo de locais ou estágios múltiplos na cadeia de suprimentos. As atividades de planejamento podem ocorrer ao nível do armazém da fábrica para coordenar a alocação e a entrega para múltiplos destinos. O planejamento é igualmente útil na coordenação das necessidades de inventário dos múltiplos parceiros ao longo do canal de distribuição, tais como fabricantes e varejistas. Os Sistemas de Planejamento e Programação Avançados discutidos no Capítulo 9, representam aplicações dos métodos de planejamento. Embora os sistemas APS informatizem o processo, é importante para os gerentes de logística entender sua lógica e as hipóteses subjacentes. Dois métodos de planejamento de inventário são: Alocação por Participação Justa (*Fair Share Allocation*) e Planejamento das Necessidades de Distribuição.

Alocação por Participação Justa

A **alocação por participação justa** é um método simplificado de planejamento da gestão de inventários que fornece a cada instalação de distribuição uma participação eqüitativa ou "justa" do inventário disponível a partir de uma fonte comum, como um armazém de fábrica. A Figura 10-12 ilustra uma estrutura de rede, o nível atual do inventário, e as necessidades diárias de três armazéns servidos por um armazém de fábrica comum.

Utilizando a alocação por participação justa, o planejador de inventário determina a quantidade de inventário proveniente do inventário disponível na fábrica que pode ser alocada para cada armazém. No caso do exemplo em questão, suponha que o objetivo é manter 100 unidades no armazém da fábrica; portanto, 500 unidades estão disponíveis para alocação. O cálculo para determinar o fornecimento em dias comuns é:

$$DS = \frac{AQ + \sum_{j=1}^{n} I_j}{\sum_{j=1}^{n} D_j}$$

onde,

DS = Fornecimento em dias comuns para armazéns de inventário
AQ = Unidades do inventário a serem distribuídas, provenientes do armazém da fábrica
I_j = Inventário em unidades, por armazém j
D_j = Demanda diária, por armazém j.

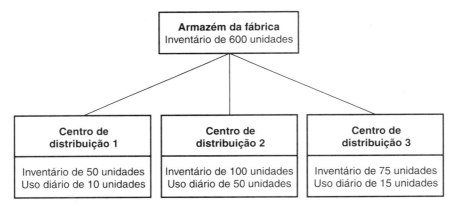

Figura 10-12 Exemplo de alocação por participação justa.

Neste exemplo,

$$DS = \frac{500 + (50 + 100 + 75)}{10 + 50 + 15}$$

$$= \frac{500 + 225}{75} = 9,67 \text{ dias}$$

A alocação por participação justa recomenda que cada armazém deveria estocar 9,67 dias de inventário. A quantidade a ser distribuída para cada armazém é determinada por:

$$A_j = (DS - I_j/D_j) \times D_j$$

onde,

A_j = Quantidade distribuída por armazém j
DS = Suprimento em dias, por armazém
I_j = Inventário em unidades, por armazém j
D_j = Demanda diária, por armazém j

A quantidade alocada para o armazém 1 neste exemplo é

$$A_1 = (9,67 - 50/10) \times 10$$
$$= (9,67 - 5) \times 10$$
$$= 4,67 \times 10 = 46,7$$
(arredondar para 47 unidades)

A alocação para os armazéns 2 e 3 pode ser determinada de maneira similar, sendo de 383 e de 70 unidades, respectivamente.

Embora a alocação por participação justa coordene níveis de inventário em muitos locais, ela não considera fatores específicos, tais como diferenças nos tempos dos ciclos de desempenho, LEC ou necessidades de estoque de segurança. Os métodos da alocação por participação justa são, portanto, limitados em sua habilidade de controlar inventários que envolvem muitos estágios.

Planejamento das Necessidades de Distribuição – PND

O PND é uma abordagem de planejamento mais sofisticada, que leva em consideração os estágios múltiplos de distribuição e suas características únicas. É uma extensão lógica do sistema MRP (Manufacturing Requirements Planning – Planejamento das Necessidades de Fabricação), embora haja uma diferença fundamental entre as duas técnicas. O MRP é acionado por um programa de produção definido e controlado pela política de gestão. Já o PND é acionado pela demanda dos clientes. Dessa forma, enquanto o MRP geralmente opera em uma situação de demanda dependente, o PND opera em um ambiente de demanda independente, onde a demanda incerta dos clientes conduz as necessidades de inventário. O MRP coordena a programação e a integração de materiais em produtos acabados e, dessa maneira, controla os inventários até que a fabricação ou a montagem estejam completas. O PND assume a responsabilidade pela coordenação quando os produtos acabados são recebidos pelo armazém da fábrica.

Processo do PND. A Figura 10-13 ilustra o projeto conceitual de um sistema combinado de MRP/PND que integra produtos acabados, produção em curso e planejamento de materiais. A metade inferior da figura mostra um sistema de MRP que cronometra as fases de chegada de matérias-primas para apoiar o programa de produção. O resultado da execução do MRP é um inventário de produtos acabados no local de fabricação. A metade superior da figura mostra o sistema PND que move o inventário de produtos acabados do local de fabricação para os centros de distribuição e, finalmente, para os clientes. O PND cronometra as fases e os movimentos para coordenar as chegadas de inventário e, com isso, satisfazer as necessidades e compromissos junto aos clientes. Os sistemas MRP e PND possuem interface um com o outro, possibilitada por meio do inventário de produtos acabados no local de fabricação. Uma estreita coordenação entre os dois sistemas resulta em necessidade mínima de estoques de segurança. O PND coordena níveis de inventário, programações e, quando necessário, reprograma o movimento de inventário entre os níveis.

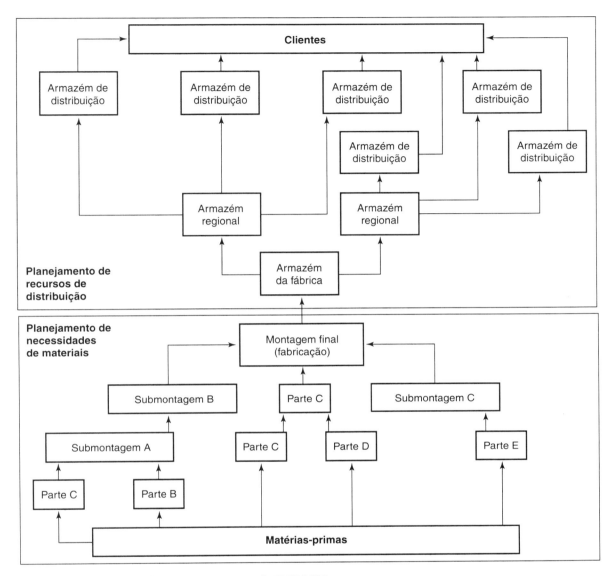

Figura 10-13 Projeto conceitual de um sistema integrado PND/MRP.

A ferramenta fundamental de planejamento do PND é a programação que coordena as necessidades no horizonte de planejamento. Há um programa para cada SKU em cada armazém. As programações para a mesma SKU são integradas, a fim de determinar as necessidades globais de reposição nas instalações, tais como o armazém de uma fábrica.

A Figura 10-14 demonstra as programações de planejamento do PND para três armazéns e uma instalação central de suprimento. As programações são desenvolvidas usando incrementos de tempo semanais, conhecidos como intervalos de tempo (*time buckets*). Cada intervalo projeta um período de atividade. Embora o mais comum sejam os incrementos semanais, também podem ser usados incrementos diários ou mensais. Para cada local e SKU, o programa informa o balanço atual disponível, o estoque de segurança, a duração do ciclo de desempenho e a quantidade do pedido. Adicionalmente, para cada período de planejamento, a programação informa as necessidades brutas, os recebimentos programados e o inventário disponível projetado. Usando a combinação da disponibilidade e das necessidades projetadas, o PND determina os pedidos planejados necessários para satisfazer as necessidades previstas. As necessidades brutas refletem a demanda dos clientes e de outras instalações de distribuição supridas pelo local sob revisão. Considerando a Figura 10-14, as necessidades brutas da instalação central de suprimento refletem as demandas, em forma de cascata, dos armazéns de Boston, Chicago e San Diego. Os recebimentos programados referem-se aos embarques de reposição planejados para chegar

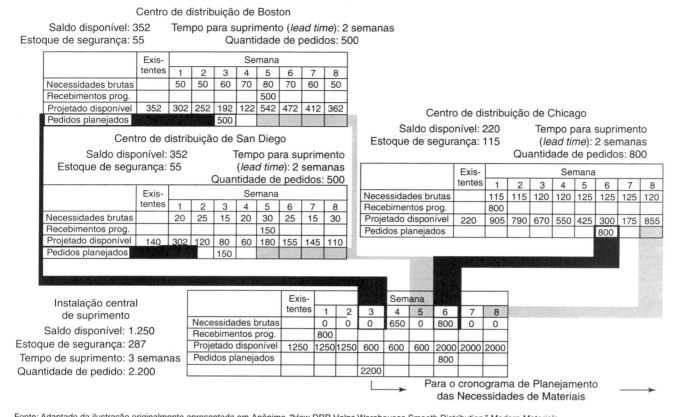

Figura 10-14 Processo de planejamento PND.

Fonte: Adaptado da ilustração originalmente apresentada em Anônimo, "How DRP Helps Warehouses Smooth Distribution," *Modern Materials Handling* 39, no. 6 (April 1984), p. 57.

no armazém de distribuição. O inventário disponível projetado refere-se ao nível previsto ao final das semanas. Ele é igual ao nível do inventário disponível no fim de semana anterior, menos o das necessidades brutas da semana em curso, mais quaisquer recebimentos programados. Embora as abordagens de planejamento para gestão de inventário ofereçam benefícios significativos, sua eficácia depende do atendimento a algumas exigências.

Primeiro, os sistemas de planejamento de inventário exigem previsões acuradas e coordenadas para cada armazém. A previsão é necessária para direcionar o fluxo de bens ao longo da cadeia de suprimentos. Idealmente, o sistema não mantém inventário adicional em nenhum local, de modo que há uma pequena possibilidade de haver erro num sistema de inventário enxuto. Na medida em que esse nível de exatidão de previsão seja possível, os sistemas de planejamento de inventário operarão a contento.

Segundo, o planejamento de inventário exige um produto constante e confiável para movimentações entre as instalações de armazenagem. Embora os ciclos de desempenho variáveis possam ser ajustados por meio de *lead times* (intervalos de tempo entre os pedidos e as reposições) seguros, essa incerteza reduz a eficácia do sistema de planejamento.

E, terceiro, os sistemas de planejamento integrados estão sujeitos ao nervosismo do sistema, ou freqüente reprogramação, devido a paralisações na produção ou atrasos de entregas. O nervosismo do sistema leva a flutuações na utilização da capacidade, a custos de reprogramação e a confusão nas entregas. Isso tudo é intensificado pelo ambiente volátil de operação, característico da logística. Incertezas tais como transporte e confiabilidade na entrega pelos vendedores podem causar um extremo nervosismo no PND. Embora o PND não seja uma solução universal para gestão de inventário, muitas empresas relataram avanços substanciais em termos de desempenho com o seu uso. Conforme você poderá observar lendo a Visão Setorial 10-1, a Johnson & Johnson é uma delas.

Planejamento de Inventário Colaborativo

Os programas de reposição são projetados para escoar o fluxo de mercadorias dentro dos canais de distribuição. Existem várias técnicas específicas para a reposição colaborativa, todas elas baseadas no denominador comum de rapidamente repor o inventário conforme a experiência real de vendas. O propósito é reduzir a dependência nas previsões de quando e onde o inventário precisa ser posi-

Visão Setorial 10-1   O PND na Johnson & Johnson

O planejamento da demanda, ou planejamento das necessidades de distribuição (PND), focaliza o cliente, colocando as necessidades de inventário dentro do contexto maior do planejamento da cadeia de suprimentos. Embora a idéia subjacente ao PND seja bastante conhecida desde 1970, a tecnologia para apoiá-la somente foi adotada em larga escala recentemente. O *software* do PND facilita melhores previsões de compras. Desde o início dos anos 90, um número crescente de companhias canadenses tem adotado o PND – freqüentemente como um componente de um sistema de planejamento dos recursos da empresa (ERP).

Da mesma forma que os métodos anteriores, o PND analisa os dados de demanda e de previsão. Além disso, são examinadas as atividades em cada armazém dentro da organização e todos os níveis de inventário em um processo de tomada de decisão são incorporados.

Os planejadores da Johnson & Johnson Produtos Médicos, em Peterborough, Ontário, no Canadá, optaram por um sistema de PND de J.D. Edwards para aumentar a produtividade e as atividades de escoamento. A companhia tem usado o PND desde meados de 1992 para administrar o fluxo do produto pelo Canadá – ligando, de forma única, seis armazéns, para controle mais rígido sobre a distribuição. Atualmente, a companhia gerencia o inventário a partir de dois armazéns.

"Usando o sistema do ponto de reposição, não houve jeito de ligar nossos locais para ver a demanda total dos nossos produtos", observa Darrell Clark, gerente da logística de *marketing* da Johnson & Johnson. "Com o PND, obtivemos um quadro global sem ter que recorrer a adivinhações".

A Johnson & Johnson Produtos Médicos estoca cerca de 12.000 produtos, aproximadamente 500 dos quais estão em seu sistema PND. Bons candidatos para o PND são os produtos de médio a alto volume, com flutuações de vendas transitórias. Os produtos com volumes de vendas relativamente baixos e estáveis são mais bem controlados utilizando-se fórmulas do ponto de reposição.

"Todo ano há mais pressão para se reduzir inventários, ter maior controle e melhores previsões", afirma Clark. "A única forma de você ser bem-sucedido é ter uma visão prévia, e é aí que entra o PND".

Uma vez que a Johnson & Johnson trabalha com produtos médicos sensíveis ao tempo e programados para uso próximo a cirurgias, uma meta de inventário zero é impraticável. Em vez disso, uma lógica de mínimo/máximo assegura que os níveis corretos do produto sejam mantidos. Porém, de acordo com Darrel Clark, a Johnson & Johnson reduziu os níveis de inventário entre 10 e 20%, e está agora em uma posição mais forte para atender às demandas de clientes para seus produtos.

Três aspectos compõem o sistema do PND do departamento de planejamento: as previsões, os níveis de estoque ótimos, e os *lead times* para cada produto. Quando um pedido colocado provoca queda dos níveis de inventário abaixo do limiar de segurança, o sistema de PND dispara uma recolocação de pedido, calculada num tempo que permita que o estoque chegue no armazém antes de ocorrerem faltas críticas.

O processo não é automático. Ao contrário, ele é baseado em proposta, significando que um planejador será avisado da atividade proposta e ainda terá a chance de suspendê-la. Em ocasiões em que a proposta pareça irreal, os planejadores simplesmente alteram os parâmetros no sistema do PND, para impedir que uma situação similar ocorra no futuro. A idéia é atingir um ponto onde um simples apertar de um botão irá confirmar as atividades propostas. Por exemplo: uma mensagem do PND pode informar ao comprador que ele deve expedir um pedido de compra porque a demanda está excessivamente alta, num ponto em que o comprador possa investigar o que está causando essa demanda e se tais circunstâncias eventualmente irão permanecer.

"O PND é um processo que visa ao futuro", assevera Darrell Clark. "Ele leva em consideração tanto as atividades de hoje como as de ontem, possibilitando-nos prever com precisão as necessidades de amanhã".

Fonte: Peter Weiler, "Too Big for your Warehouse?" *CA Magazine* 1998, pp. 41-42.

---

cionado para satisfazer a demanda dos consumidores ou dos usuários finais e, assim, permitir que os fornecedores respondam à demanda em uma base *just-in-time*. Programas colaborativos de reposição eficazes exigem uma cooperação ampla e o compartilhamento de informações entre os participantes do canal de distribuição. Técnicas específicas para reposição automática incluem resposta rápida, reposição contínua, inventário gerenciado por vendedores e perfil de reposição.

Resposta Rápida (RR) é o esforço cooperativo entre varejistas e fornecedores para melhorar a velocidade do inventário, ao mesmo tempo em que garante o suprimento de mercadorias, estreitamente ligado aos padrões de compra dos consumidores. A RR é implementada monitorando-se as vendas de varejo para produtos específicos e compartilhando-se informações na cadeia de suprimentos, para garantir que a variedade de produto certa estará disponível quando e onde for necessária. Por exemplo, em vez de operar com ciclos de pedidos de 15 a 30 dias, um arranjo de RR pode repor inventários de varejo em 6 ou menos dias. A troca de informação contínua referente à disponibilidade e entrega reduz a incerteza para a cadeia de suprimentos como um todo e cria oportunidade para uma máxima flexibilidade. Com a resposta segura e rápida aos pedidos, o inventário pode ser comprometido conforme a solicitação, resultando em aumento no giro dos estoques e uma disponibilidade melhorada.

Reposição Contínua (RC) e **Inventário Gerenciado pelo Fornecedor (IGF)** são modificações da RR que eliminam a necessidade de pedidos de reposição. O objetivo é estabelecer um arranjo na cadeia de suprimentos tão flexível e eficiente que o inventário do varejo seja continuamente reposto. A Visão Setorial 10-2 ilustra como os esforços contínuos de reposição da Procter & Gamble em relação a seus clientes principais proporcionaram benefícios significativos para todos os envolvidos. O fator diferencial entre RC e IGF é quem se responsabiliza por estabelecer níveis alvos de inventário e por tomar decisões sobre reabastecimento. Na RC, o varejista toma as decisões. No IGF, o fornecedor assume mais responsabilidade e realmente gerencia o inventário para o varejista. Recebendo transmissões diárias das vendas do varejo ou embarques dos armazéns, o fornecedor assume responsabilidade pela reposição do inventário do varejo nas quantidades, cores, tamanhos e estilos necessários. O fornecedor se compromete a manter o estoque do varejista e a manter a velocidade do inventário. Em algumas situações, a reposição envolve remessas diretas (*cross-docking*) ou entrega direta na loja, planejadas para eliminar a necessidade de armazenagem entre a fábrica e a loja de varejo.

Alguns fabricantes, atacadistas e varejistas estão experimentando uma cooperação ainda mais sofisticada, conhecida como **Reposição do Perfil (RP)**. A estratégia da RP expande a RR e o IGF, concedendo aos fornecedores o direito de prever necessidades futuras de acordo com o conhecimento global que têm sobre uma categoria de mercadorias. O perfil de uma categoria detalha a combinação dos tamanhos, cores e produtos associados, que normalmente são vendidos em um tipo específico de distribuidor varejista. Determinada a responsabilidade da RP, o fornecedor pode simplificar o envolvimento do varejista, eliminando a necessidade de rastear as informações de vendas por unidade e o nível do inventário para produtos de movimentação rápida.

Muitas empresas, especialmente fabricantes, estão usando o PND e até a lógica do APS para coordenar o planejamento de inventário com seus clientes principais. Os fabricantes estão expandindo suas estruturas de planejamento, incluindo armazéns de clientes e, em alguns casos, suas lojas de varejo. Essas capacidades de planejamento integradas facilitam a coordenação do fabricante e a gestão dos inventários do cliente.

O planejamento colaborativo compartilha eficazmente as necessidades e disponibilidades de inventário entre os participantes da cadeia de suprimentos, de forma a reduzir a incerteza. A Tabela 10-18 demonstra o impacto e o serviço de inventário em um ambiente simulado, sob condições de alta e de baixa incerteza.[7] Os resultados da indústria indicam também que a gestão colaborativa dos inventários rende melhorias no serviço de 10% em razões de atendimento e reduções de 25% de inventário no canal de distribuição.[8] Para uma discussão mais detalhada referente aos benefícios relativos e ao desempenho das técnicas de controle de inventário, consulte deLeeuw, van Goor, and vanAmstel.[9]

Lógica Adaptativa

Um sistema combinado de gestão de inventário pode ser usado para superar alguns dos problemas inerentes quando se utiliza tanto o método de planejamento como o reativo. Os fatores que poderiam tornar um sistema reativo mais adequado em uma situação podem mudar ao longo do tempo, de modo a favorecer o uso de um sistema de planejamento de inventário. Dessa forma, a abordagem ideal é a de um **sistema adaptativo de gestão de inventário**, que incorpore elementos de ambos os tipos de lógica e permita estratégias diferentes, para serem usadas com clientes específicos ou segmentos de produto.

A base racional de um sistema adaptativo é que a demanda do cliente deve ser normalmente tratada como independente; há, porém, algumas colaborações da cadeia de suprimentos onde a demanda pode ser tratada como dependente. Assim, em alguns locais e períodos dentro da cadeia de suprimentos, existe uma interface entre a demanda dependente e a independente. Quanto mais próxima essa interface estiver do cliente final, menor será a quantidade total de inventário do sistema, desde que os ambientes de demanda dependente reduzam a incerteza da demanda do sistema. Por exemplo, uma promoção importante para os consumidores poderia causar demanda, mesmo que ao nível do consumidor ela possa se comportar como dependente, uma vez que um grande pico de demanda pode ser previsto ao se conhecer o programa da promoção.

A singularidade da lógica de gestão adaptativa de inventário é que ela se ajusta à mudança. Por exemplo, durante algumas épocas do ano ela pode ser a mais eficiente para empurrar produtos para armazéns de campo, enquanto que em outras épocas a melhor alternativa pode ser segurar o estoque no local de fabricação e esperar que os clientes o puxem através da cadeia de suprimentos. Um exemplo de diferentes necessidades de gestão de inventário é o relacionamento entre fabricantes e varejistas. Normalmente, os varejistas geram pedidos de reposição con-

---

[7] David J. Closs, et al., "An Empirical Comparison of Anticipatory and Response-Based Supply Chain Strategies", *The International Journal of Logistics Management* 9, no. 2 (1998), pp. 21 – 34.

[8] Newton Birkheard and Robert Schirmer, "Add Value to Your Supply Chain", *Transportation & Distribuition*, September 1999, p. 59.

[9] Sander deLeeuw, Ad R. vanGoor, and Rien Ploos vanAmstel, "The Selection os Distribuition Control Techniques", *The International Journal of Logistics Management* 10, no. 1 (1999), pp. 97 – 112.

Visão Setorial 10-2 Benefícios do PRC (Programa de Reposição Contínua)

As companhias que estão tentando desenvolver iniciativas de respostas eficientes aos clientes tradicionalmente começam pela reposição. Os Programas de Reposição Contínua (*Continuous Replenishment Programs – CRP*) têm sido amplamente implementados. A Proctor & Gamble (P&G) estava entre as primeiras companhias a testar a iniciativa dos PRCs.

Aproximadamente 40% do volume das caixas da P&G são controlados através do PRC. Devido à complexidade da tarefa, a P&G contratou a IBM como seu provedor de soluções. A IBM utiliza um programa chamado Serviço de Reposição Contínua, uma oferta de serviço total que inclui todas as conexões *EDI* (*Electronic Data Interchange*) necessárias, *software* de reposição contínua, treinamento, um *help desk* (balcão de informações), e completo processamento dos dados, os quais incluem pedidos automáticos de reposição. A P&G constatou que a terceirização do PRC é altamente eficaz e mais econômica. De acordo com Ralph Drayer, vice-presidente de ECR da P&G Mundial, o serviço de reposição contínua da IBM "tem permitido que muitos fabricantes, estreantes em PRC, passem de zero a 30% de seus volumes utilizando o PRC numa questão de meses".

A P&G está gerenciando inventários para a maioria dos comerciantes varejistas de alimentos, de medicamentos e de outros produtos de grande escala. Os representantes de serviços aos clientes da P&G utilizam o PRC para monitorar o movimento de mercadorias no centro de distribuição do varejista, baseando as reposições de bens básicos ou de uso diário, no movimento, no inventário e nas previsões de curto prazo. O processo de reposição diário é comandado pelo *software*, sem necessidade de intervenção humana, a menos que haja exceções que se apresentem fora dos parâmetros estabelecidos. Esses representantes de serviço ao cliente mantêm um estreito relacionamento colaborativo com seus parceiros no varejo, para prever com maior precisão as reposições relativas a promoções. O representante da P&G e o gerente da classe varejista tomam a decisão de quantos produtos em promoção pedir; o que é manualmente inserido na base de dados do PRC da IBM. O programa, então, estima as necessidades totais de reposição do varejista.

Os varejistas alcançaram os seguintes benefícios por participarem do relacionamento do PRC com a P&G:

- Os giros de inventário aumentaram em 107%.
- Os níveis de inventário foram reduzidos em 12,5 dias, traduzidos em melhoria do fluxo de caixa de 12,5 dias.
- Os níveis de serviço de loja aumentaram em 2%.
- Média de níveis de serviço de loja de 99 ou 99,5% para a maioria dos clientes do PRC da cadeia de medicamentos.
- Vendas totais de varejo para produtos P&G gerenciados através do PRC subiram em 2%.
- Economias do meio varejista, resultantes de reduções de armazenagem e de custos de manipulação, foram de 20 centavos de dólar por caixa.

A P&G também foi muito beneficiada:

- Embarques de pedidos perfeitos (completos, pontuais, faturados corretamente e entregues sem danos) aumentaram em 5%.
- Taxas de danos para contas do PRC diminuíram em 19%.
- Devoluções foram reduzidas em 36%.
- Economias de oscilação de fabricação (oscilações geradas devido à inconstância dos embarques; o PRC nivelou os picos e vales da demanda) foram de 10 centavos de dólar por caixa, ao nível da fábrica.
- Despesas de entrega diminuíram em 20 centavos de dólar por caixa, pelo uso mais produtivo do espaço cúbico em trânsito.

Os programas do PRC são viáveis para cadeias de medicamentos e mercearias. "Tão improvável quanto parece", declara Drayer, "os programas PRC são benéficos tanto para as cadeias de medicamentos quanto o são para as cadeias de alimentos. As cadeias de alimentos trabalham com maiores volumes, produtos de alta cubagem, mas a cadeia farmacêutica trabalha com produtos de valor mais alto. O PRC é projetado em especial para a cadeia de medicamentos, por causa da combinação do alto valor em dólar e do número total de *SKUs* que eles mantêm. Um estojo com produtos de beleza ou para a saúde tem o triplo do valor em dólar do que uma caixa de produtos de papel."

Fonte: Liz Parks, "CRP Investment Pay Off in Many Ways," *Drug Store News*, February 1, 1999, p. 26.

---

forme sua necessidade, e os fabricantes reagem a eles, mas em algumas situações o fabricante assume a responsabilidade de gerenciar o inventário do centro de distribuição do varejista. Como resultado, o fabricante tem a visibilidade dos múltiplos níveis de demanda do canal, o que reduz a incerteza e o estoque de segurança. O arranjo IGV entre a Costco e a Kimberly-Clark, discutido a seguir na Visão Setorial 10-3, ressalta os benefícios desse tipo de relacionamento. Embora tais acordos sejam adequados para alguns relacionamentos, não o são entretanto para todos os clientes ou produtos, porque são trabalhosos e exigem troca intensiva de informações.

Um sistema de gestão adaptativo de inventário se ajusta ao local e ao tempo. Em outras palavras, um ade-

Tabela 10-18 Características de inventário e de serviço comparativo para sistemas de inventário com base na resposta *versus* previsto

	Antecipação de incertezas pequenas	Resposta a incertezas pequenas	Antecipação de incertezas grandes	Resposta a incertezas grandes
Atendimento aos clientes				
Taxa percentual de atendimento	97,69	99,66	96,44	99,29
Inventários				
Inventário dos fornecedores	12,88	13,24	14,82	13,61
Inventário do fabricante	6,05	6,12	7,03	6,09
Inventário do distribuidor	5,38	5,86	5,04	5,63
Inventário do varejista	30,84	15,79	32,86	20,30
Sistema de inventário	55,15	41,01	59,76	45,83

Fonte: Adaptado de David J. Closs et al., " An Empirical Comparison of Anticipatory and Response-Based Supply Chain Strategies," *The International Journal of Logistics Management* 9, no. 2, (1998), pp. 21-34. Usado com permissão.

quado sistema de gestão de inventário pode transferir-se para diferentes locais e em diferentes épocas do ano. A capacidade de adaptação exige que a base de informação para tal sistema seja totalmente integrada. A dificuldade básica para a implementação de tal sistema é determinar as regras decisórias de ajustes. A Tabela 10-19 apresenta as considerações administrativas que orientam as adaptações da lógica de controle.

Práticas de Gestão de Inventário

Uma estratégia integrada de gestão de inventário define as políticas e os processos usados para determinar onde localizar o inventário, quando iniciar os embarques de reposição e quanto alocar. O processo de desenvolvimento da estratégia emprega três passos para classificar produtos e mercados, define estratégias de segmento e implementa políticas e parâmetros.

Classificação Produto/Mercado

O objetivo da classificação produto/mercado é focalizar e aprimorar os esforços de gestão de inventário. A classificação produto/mercado, que também é denominada **classificação ABC** ou **de sintonia fina** (*fine-line*) agrupa produtos, mercados ou clientes com características similares, para facilitar a gestão de inventário. O processo de classificação reconhece que nem todos os produtos e mercados possuem as mesmas características ou o mesmo grau de importância. Uma gestão sólida de inventário exige que a classificação seja compatível com os objetivos de serviço e estratégias da organização.

A classificação pode ser baseada em uma série de medidas. As mais comuns são vendas, contribuição ao lucro, valor de inventário, taxa de uso, e natureza do item. O processo de classificação comum coloca em seqüência produtos ou mercados, de maneira que eventos com características similares sejam agrupados. A Tabela 10-20 demonstra a classificação de produtos por vendas. Os produtos são classificados em ordem decrescente de volume de vendas, sendo os produtos de alto volume listados primeiro, seguidos pelos de menor movimentação. A classificação por volume de vendas é um dos métodos mais antigos usados para estabelecer políticas ou estratégias seletivas. Para a maioria das aplicações de logística ou de *marketing*, um pequeno percentual de itens responde por um grande percentual do volume. Essa funcionalidade é conhecida como *Regra dos 80/20* ou *Lei de Pareto*. A regra dos 80/20, que é baseada em observações muito difundidas, afirma que,

Tabela 10-19 Lógica sugerida de gestão de inventário

Utilizar lógica de planejamento nas seguintes condições	Utilizar lógica de reação nas seguintes condições
Segmentos altamente lucrativos	Incertezas de ciclo de reabastecimento
Demanda dependente	Incertezas de demanda
Economias de escala	Limitações de capacidade nos locais de destino
Incertezas de suprimento	
Limitações de fontes de suprimento	
Acumulação sazonal de inventário	

Visão Setorial 10-3   A Kimberly-Clark Mantém a Costco em Fraldas

Certa manhã, uma loja da Costco em Los Angeles começou a ficar sem estoque dos tamanhos 1 e 2 da Huggies (marca de fraldas). A crise se acentuava. Então, o que os gerentes da Costco fizeram? Nada. Graças a um acordo especial com a Kimberley-Clark Corp., o fabricante das fraldas.

Por esse acordo, a responsabilidade pela reposição do estoque recai sobre o fabricante, não sobre a Costco. Em troca, o grande varejista compartilha informações detalhadas sobre as vendas de cada loja em particular. Assim, muito tempo antes que os bebês em Los Angeles pudessem perceber isso, uma crítica escassez de fraldas foi evitada por um analista de dados da Kimberley-Clark, trabalhando em um computador há centenas de quilômetros de distância, em Neenah, Wisconsin. Uma conexão especial por computador permite que o analista tome decisões rápidas sobre onde entregar mais fraldas Huggies e outros produtos Kimberly-Clark.

Há alguns anos, o compartilhamento desses dados entre um grande varejista e um fornecedor importante teria sido impensável. Porém, o acordo entre a Costco e a Kimberly-Clark evidenciou uma amplitude de mudança no varejo norte-americano. Por todo o país, varejistas poderosos estão pressionando seus fornecedores a desempenhar um papel mais ativo na movimentação de seus produtos, da fábrica para as prateleiras das lojas.

No caso da Costco e da Kimberly-Clark, através do arranjo IGV (inventário gerenciado por vendedores), a Kimberly-Clark supervisiona e paga por tudo que envolve a gestão do inventário da Costco, exceto os estoquistas reais nos corredores entre as prateleiras. Qualquer que seja o arranjo, o foco principal é o mesmo: cortar custos ao longo da assim chamada cadeia de suprimentos, a qual compreende cada passo, desde a extração da matéria prima até a prateleira da loja. A tese é que os fornecedores estão em melhor posição para identificar ineficiências e então corrigi-las.

Em muitos relatos, a colaboração estreita entre a Kimberly-Clark e a Costco serve como modelo para outros comerciantes e também ajuda a explicar os recentes avanços em vendas de ambas as companhias. Nos dois últimos anos, a Kimberly-Clark gradualmente expandiu o programa e agora gerencia o inventário de 44 varejistas de seus produtos. A companhia diz que espremeu $ 200 milhões em custos na cadeia de suprimentos durante esse período e jura extrair outros $ 75 milhões este ano.

Para a Costco, os benefícios são igualmente óbvios. A empresa economiza dinheiro em funcionários e em armazenagem. Além disso, a Costco afirma ser menos provável que suas prateleiras fiquem vazias sob o novo sistema. Isso é decisivo para ambos, varejista e fornecedor.

A importância da cadeia de suprimentos, propriamente dita, não se perde na Kimberley-Clark, a qual está tentando aplicar os mesmos princípios a seus próprios fornecedores. Atualmente, ela mantém o suprimento de fraldas de menos de um mês em seus próprios depósitos, aproximadamente menos de 50% em comparação aos 2 últimos anos.

Neste momento, os embarques de matéria-prima são o elo fraco. Os avanços são pequenos, focalizando detalhes, como de que forma a companhia estoca fitas de velcro para suas fraldas. Dois anos atrás, a companhia começou a compartilhar semanalmente seus planos de produção com a Velcro USA Inc. por *e-mails*. Esse procedimento permitiu reduzir o inventário da Velcro em 60%, garantindo economia de vários milhões de dólares.

Fonte: Emily Nelson e Ann Zimmerman, "Minding the Store: Kimberly-Clark Keeps Costco in Diapers, Absorbing Costs Itself." *The Wall Street Jornal*, September 7, 2000, pp. A1, A12.

---

para um empreendimento normal, 80% do volume de vendas normalmente referem-se a 20% dos produtos. Um corolário para a regra é que 80% das vendas do empreendimento se referem a 20% dos clientes. A perspectiva reversa da regra seria dizer que os restantes 20% das vendas são obtidos dos 80% de produtos, clientes, etc. Em termos gerais, a regra 80/20 implica que a maioria das vendas resultam de relativamente poucos produtos ou clientes.

Uma vez que os itens estejam classificados ou agrupados, é comum classificar cada categoria por meio de um código ou descrição. Os produtos de rápida movimentação e de alto volume costumam ser descritos como itens "A". Os itens de volume médio são chamados de itens "B", e os de volume baixo ou de lenta movimentação são conhecidos como "C". A utilização de letras nessa classificação indica por que o processo é comumente chamado de análise ABC. Embora a classificação de sintonia fina use três categorias, algumas empresas utilizam quatro ou cinco categorias, para refinar ainda mais as classificações. Agrupar produtos similares facilita os esforços dos gestores em estabelecer estratégias de inventário focalizadas em segmentos específicos de produtos. Por exemplo: os produtos de rápida movimentação ou de alto volume são normalmente os alvos para maiores níveis de serviço. Isso freqüentemente exige que os itens de rápida movimentação possuam relativamente maiores estoques de segurança. Inversamente, para reduzir os níveis globais de inventário, pode-se permitir que os itens de movimentação mais lenta possuam um estoque de segurança relativamente menor, resultando em níveis de serviço menores.

Em situações especiais, os sistemas de classificação podem ser baseados em fatores múltiplos. Por exemplo: a margem bruta do item e a importância para os clientes podem ser pesadas ou avaliadas para desenvolver um índice

Tabela 10-20 Classificação dos produtos por mercados (vendas)

Identificação de produto	Vendas anuais (em 000s)	Percentual das vendas totais	Vendas acumuladas (%)	Produtos (%)	Categorias de classificação
1	$ 45.000	30,0%	30,0%	5%	A
2	35.000	23,3	53,3	10	A
3	25.000	16,7	70,0	15	A
4	15.000	10,0	80,0	20	A
5	8.000	5,3	85,3	25	B
6	5.000	3,3	88,6	30	B
7	4.000	2,7	91,3	35	B
8	3.000	2,0	93,3	40	B
9	2.000	1,3	94,6	45	B
10	1.000	0,7	95,3	50	B
11	1.000	0,7	96,0	55	C
12	1.000	0,7	96,7	60	C
13	1.000	0,7	97,4	65	C
14	750	0,5	97,9	70	C
15	750	0,5	98,4	75	C
16	750	0,5	98,9	80	C
17	500	0,3	99,2	85	C
18	500	0,3	99,5	90	C
19	500	0,3	99,8	95	C
20	250	0,2	100,0	100	C
	$ 150.000				

combinado, em vez de usar simplesmente o volume de vendas. A posição ponderada, então, agruparia os itens que têm características de importância e de lucratividade semelhantes. A política de inventário, incluindo os níveis de estoque de segurança, é assim estabelecida usando uma classificação ponderada.

A forma de classificação define os grupos de produto ou de mercado para os quais serão atribuídas estratégias similares de inventário. O uso de grupos de itens facilita a identificação e a especificação de estratégias de inventário, sem necessidade de um cansativo desenvolvimento de estratégias referentes a itens individuais. É muito mais fácil rastrear e gerenciar de 3 a 10 grupos do que centenas de itens individuais.

Definição da Estratégia de Segmentos

O segundo passo é definir a estratégia integrada de inventário para cada grupo ou segmento de produto/mercado. A estratégia integrada inclui a especificação de todos os aspectos do processo de gestão de inventário, incluindo objetivos de serviço, métodos de previsão, técnicas de gestão e ciclos de revisão.

A chave para estabelecer estratégias de gestão seletivas é a compreensão de que os segmentos de produto possuem diferentes graus de importância, no que se refere a atender a missão da organização. Diferenças importantes na capacidade de resposta dos inventários devem ser planejadas a partir das políticas e procedimentos usados para sua gestão.

A Tabela 10-21 apresenta um exemplo de estratégia integrada para quatro categorias de itens. Neste caso, os itens são agrupados por volume de vendas ABC e como item básico ou promocional. Itens promocionais são aqueles geralmente vendidos por meio de esforços especiais de *marketing*, resultando em um considerável volume de demanda. Padrões de picos de demanda são característicos dos períodos de promoção com alto volume de vendas, seguidos por períodos pós-promocionais com demanda relativamente baixa.

A Tabela 10-21 ilustra um esquema de gestão de segmentação baseado em objetivos de serviço, processo de previsão, período de revisão, abordagem de gestão de inventário e freqüência de monitoramento da reposição. Um maior ou menor total de características do processo de inventário dependerá de como funcionam algumas organizações. Embora essa tabela não esteja sendo apresentada como uma estrutura abrangente de estratégias de inventário, ela ilustra as questões que devem ser consideradas. A base lógica por trás de cada elemento apresentado baseia-se na classificação da linha completa.

O primeiro aspecto a considerar é o objetivo de serviço. Aos itens "A" é atribuído um alto objetivo de serviço, uma vez que normalmente existem poucos itens (conforme a regra 80/20); eles produzem impactos significativos no desempenho global de serviços aos clientes, devido ao seu alto volume. Inversamente, um objetivo mais baixo de serviço é apropriado para itens de movimentação lenta, pois envolvem produtos de baixo volume de vendas e, assim, provocam relativamente pouco impacto sobre o desempenho do serviço aos clientes.

A segunda consideração refere-se aos procedimentos de previsão. Uma vez que as vendas dos itens promocio-

Tabela 10-21 Estratégia integrada

Classificação de sintonia fina	Objetivos de nível de serviço	Procedimento de previsão	Período de revisão	Gestão de inventário	Controle da reposição
A – promocional	99%	CPFR	Permanente	Planejamento – PND	Diário
A – normal	98	Histórico de venda	Permanente	Planejamento – PND	Diário
B	95	Histórico de venda	Semanal	Planejamento – PND	Semanal
C	90	Histórico de venda	Quinzenal	Ponto de Reposição	Quinzenal

nais são influenciadas pelo calendário de promoções, sua previsão deve ser feita usando-se uma detonação de cima para baixo do volume promocional total. Os produtos de alto volume seriam beneficiados ao máximo com a maioria das atividades do Planejamento Colaborativo. Como a demanda para as categorias de produtos restantes é menos densa ou de menor volume, as previsões deve ser desenvolvidas usando-se o histórico de vendas, os métodos das séries de tempo, e as previsões de baixo para cima.

O terceiro aspecto a ser considerado envolve o período de revisão da reposição. Embora minimizar o número de revisões de inventário possa não ser tão importante quanto era no passado, devido ao avanço atual da tecnologia de informação, esse procedimento ainda é vital para os elementos manuais do processo de revisão. Por exemplo, quando os pedidos de compra ou de reposição devem ser revistos ou consolidados manualmente, as restrições de tempo do pessoal podem limitar o processo de gestão do inventário para revisões semanais. Porém, os itens de movimentação rápida podem requerer revisões mais freqüentes, para evitar faltas de estoque. Supondo que períodos diferentes de revisão sejam apropriados, os itens de alto volume devem usar a revisão constante, enquanto que os itens "B" e "C" devem ser revistos periodicamente, de forma semanal ou bissemanal, respectivamente.

A quarta consideração é a lógica específica de gestão de inventário para cada grupo. O *continuum* de opções se estende desde um simples sistema reativo até os métodos de planejamento, conforme vimos anteriormente. É provável que o produto de maior volume possa ser previsto com uma precisão relativamente maior, porque sua demanda é mais estável ou porque é possível realizar esforços adicionais para se desenvolver previsões melhores, uma vez que há menos itens "A". Os itens de baixo volume são geralmente difíceis de prever, porque normalmente eles têm uma incerteza de demanda relativamente maior. Supondo que previsões melhores sejam possíveis para os itens "A" e que existam benefícios de escala significativos para movimentações de produto planejadas para instalações de distribuição e de clientes, devem ser usadas as abordagens de planejamento PND (Planejamento das Necessidades de Distribuição) ou de APS para produtos de volume maior. Inversamente, a gestão reativa de inventário é mais apropriada para itens de volume menor, de modo que movimentos arriscados fluindo no canal de distribuição possam ser minimizados. A lógica reativa também minimiza a manipulação e a coleta de dados necessárias para dar suporte aos aplicativos dos sistemas de planejamento do inventário, referentes ao grande número de itens de baixo volume.

A consideração final trata da freqüência do monitoramento da reposição. Ela se refere à revisão e aos esforços de pronta expedição para assegurar que os pedidos de reposição cheguem a tempo. O processo de monitoramento pode incluir pesquisas junto aos fornecedores e aos transportadores para checar a situação dos embarques e determinar seus dias de chegada. Se o monitoramento verificar que o pedido de reposição não chegará a tempo, a reposição deverá ser apressada, ou será necessário encontrar uma fonte alternativa. A Tabela 10-21 reflete o monitoramento diário de itens de volume alto e o monitoramento semanal de itens de volume baixo. O monitoramento diário é apropriado para produtos de volume alto, pois mesmo uma falta de estoque de apenas 1 ou 2 dias causaria um impacto negativo nos serviços. Por outro lado, itens de volume baixo podem ser monitorados semanalmente, desde que a posição do inventário não se altere tão rapidamente, e as faltas de estoque não provoquem impactos significativos no desempenho do serviço.

A integração das características acima define um processo que focaliza esforços da gestão em proporcionar um alto desempenho de serviços para a maior parte das vendas ou unidades de volume dos itens "A" e estabelece as necessidades baixas de pessoal e de inventário para um grande percentual de produtos. Enquanto uma estratégia inicial pode ser planejada para três ou quatro grupos, a experiência e o desejo de aperfeiçoar o desempenho em serviços, assim como a redução do inventário, motivam estratégias adicionais. Estas podem ser implementadas aumentando-se o número de grupos e aprimorando-se as políticas e procedimentos de cada uma.

Operacionalizando Políticas e Parâmetros

O passo final na implantação de uma estratégia focalizada na gestão de inventários é a definição detalhada dos procedimentos e parâmetros. Os procedimentos definem as necessidades de dados, as aplicações de *software*, os objetivos de desempenho e os princípios gerais das decisões. Os parâmetros delineiam valores como a duração do período de revisão, os objetivos de serviço, o percentual do custo de manutenção do inventário, os pedidos de quantidade, e os pontos de reposição. A combinação de parâmetros tanto determina, como pode ser usada para calcular as quantidades precisas necessárias para se tomar as decisões de inventário.

Uma vez que os procedimentos e os parâmetros tenham sido implementados, as características do ambiente e do desempenho devem ser monitoradas regularmente. O monitoramento contínuo é necessário para assegurar que o sistema de gestão de inventário satisfaça aos objetivos desejados e que o ambiente do produto e do cliente não seja alterado significativamente. Por exemplo, conforme a demanda de um produto específico aumenta, o monitoramento do processo de inventário deve reconhecer a necessidade e talvez sugerir a mudança de um método reativo para um sistema de planejamento de inventário.

Resumo

O inventário normalmente representa o segundo maior componente do custo de logística, suplantado apenas pelo transporte. Os riscos associados à manutenção do inventário aumentam conforme os produtos se movimentam na cadeia de suprimentos para mais próximo dos clientes, porque o potencial de ter o produto na forma ou no lugar errados aumenta e incorre em custos para movimentar o produto ao longo do canal. Além do risco de vendas perdidas devido à insuficiência de estoque – porque o inventário adequado não estava disponível –, outros riscos incluem a obsolescência, os furtos e os danos. Além disso, o custo de manutenção do inventário é significativamente influenciado pelo custo financeiro a ele atrelado. A especialização geográfica, o desacoplamento, o equilíbrio entre demanda e oferta, e a incerteza em estoques de segurança representam a base lógica para manter-se inventário. Embora exista um considerável interesse em reduzir o inventário total na cadeia de suprimentos, ele realmente acrescenta valor e pode resultar em custos totais mais baixos na cadeia de suprimentos com as trocas compensatórias apropriadas.

A partir de uma perspectiva logística, os principais elementos controláveis do inventário referem-se aos ciclos de reposição de estoques, aos estoques de segurança e aos estoques em trânsito. Os estoques adequados do ciclo de reposição são determinados usando-se uma fórmula da LEC (Quantidade Econômica do Pedido), para refletir a troca compensatória entre a estocagem e o custo dos pedidos. O estoque de segurança depende da demanda média e da variância da demanda diária, assim como do ciclo de desempenho da reposição. O estoque em trânsito depende da modalidade de transporte e do tempo de espera nos terminais.

A gestão de inventário usa uma combinação das lógicas reativa e de planejamento. A lógica reativa é mais apropriada para itens de baixo volume, alta demanda e alta incerteza do ciclo de desempenho, porque ela adia o risco do inventário especulativo. A lógica do planejamento de inventário é apropriada para itens de alto volume com demanda relativamente estável. Os métodos de planejamento de inventário oferecem o potencial para a gestão eficaz de inventário, pois aproveitam as economias de escala e as informações aprimoradas. A lógica adaptativa combina as duas alternativas, dependendo das condições dos produtos e dos mercados. A colaboração entre as partes interessadas na cadeia de suprimentos oferece uma forma de atingir, conjuntamente, a eficiência e a eficácia dos inventários.

Questões Desafiadoras

1. De que maneira o custo de manutenção do inventário provoca impacto nos tradicionais demonstrativos de lucro de uma empresa?

2. Comente a relação entre nível de serviço, incerteza, estoque de segurança e quantidade do pedido. Como as trocas compensatórias entre esses elementos podem ser feitas?

3. Comente o risco desproporcional da posse do inventário por varejistas, atacadistas e fabricantes. Por que há uma tendência a empurrar os inventários para trás nos canais de distribuição?

4. Qual a diferença entre a probabilidade de uma falta de estoque e a magnitude de uma falta de estoque?

5. Os dados sugerem que, enquanto os níveis médios globais de inventário estão diminuindo, o percentual relativo mantido pelos fabricantes está aumentando. Considerando certa ou errada essa observação, explique por quê. Descreva como tal mudança poderia beneficiar as operações em todo o canal de distribuição e como os fabricantes poderiam aproveitar essa mudança.

6. Comente as diferenças entre as lógicas de inventário reativa e de planejamento. Quais são as vantagens de cada uma? Quais são as principais implicações de cada uma?

7. Exemplifique como a classificação de sintonia fina de inventário pode ser usada com segmentos de mercado e de produtos. Quais são os benefícios e as ponderações quando se classifica o inventário por produto, mercado e produto/mercado?

8. Quais as vantagens que o PND – (Planejamento das Necessidades de Distribuição) apresenta sobre o método de alocação de inventário por participação justa.

9. Comente a importância da colaboração no desenvolvimento das estratégias de inventário na cadeia de suprimentos. Apresente um exemplo.

10. As estratégias de gestão de inventário baseadas nos clientes permitem o uso de diferentes níveis de disponibilidade para clientes específicos. Discuta a base lógica dessa estratégia. Essas estratégias são discriminatórias? Justifique sua posição.

Infra-estrutura e Regulamentação dos Transportes

Funcionalidade, Princípios e Participantes do Setor de Transportes
    Funcionalidade dos Transportes
    Princípios dos Transportes
    Participantes do Setor de Transportes
Regulamentação do Transporte
    Tipos de Regulamentação
    História da Regulamentação nos EUA
Estrutura de Transporte
    Ferroviário
    Rodoviário
    Hidroviário
    Dutoviário
    Aéreo
    Classificação por Modal
Serviços de Transporte
    Transportadores Típicos
    Serviço de Encomendas (Pequenos Volumes)
    Transporte Intermodal
    Intermediários Não-operacionais
Resumo

O papel do transporte nas operações logísticas tem mudado de forma significativa nas últimas três décadas. Anteriormente à regulamentação, a compra de serviços de transportes poderia ser igual à compra de bens como carvão ou grãos. Quase não havia diferença entre os prestadores de serviço de transporte na sua oferta de produtos, serviços e preços. A regulamentação dos transportes, em 1980, introduziu a flexibilidade dos preços e um aumento significativo na gama de serviços que os transportadores poderiam oferecer aos clientes.

Atualmente, uma ampla variedade de alternativas de transportes está disponível para apoio às logísticas de produtos e de matérias-primas. Por exemplo, os gerentes de logística podem integrar o transporte com frota própria com o transporte terceirizado, para reduzir custos totais de logística. Muitos transportadores terceirizados intermediários não-operacionais oferecem uma ampla variedade de serviços de valor agregado, tais como separação de produtos, seqüenciamento, além de entrega e apresentação personalizadas. A tecnologia da informação desenvolveu a visibilidade em tempo real dos locais por onde a carga se desloca na cadeia de suprimentos e quando será entregue. A entrega correta dos produtos reduz os inventários, a armazenagem e o manuseio de materiais. Como tal, o valor do transporte tem se tornado maior do que simplesmente a movimentação do produto de um lugar para outro. Este capítulo oferece um panorama da infra-estrutura de transportes e da sua estrutura atual de regulamentação, visando a estabelecer um amplo entendimento da importância do papel do transporte para uma logística bem-sucedida.

Funcionalidade, Princípios e Participantes do Setor de Transportes

O transporte é um elemento bastante visível dentro da logística. Os consumidores estão acostumados a ver trens e caminhões transportando produtos, ou a vê-los estacionados nos pátios dos estabelecimentos. Poucos consumidores realmente percebem como nosso sistema econômico é dependente de transportes econômicos e confiáveis. Esta seção oferece o fundamento para a revisão da funcionalidade dos transportes e os seus princípios de operações subjacentes.

Funcionalidade dos Transportes

Empresas de transporte oferecem dois serviços principais: movimentação de produtos e armazenamento de produtos.

Movimentação de Produtos

Seja na forma de materiais, componentes, subconjuntos, produtos semi-acabados ou acabados, a utilidade básica oferecida pelo transporte é movimentar os inventários para o estágio seguinte do processo de negócios. A proposta fundamental dos transportes é a da movimentação de produtos para frente e para trás dentro da cadeia de suprimentos. O desempenho dos transportes é vital para os setores de compras, fabricação e distribuição ao mercado. O transporte também tem papel importante na logística reversa. Sem um transporte confiável, a maioria das atividades comerciais não poderia funcionar. O transporte consome recursos financeiros, ambientais e de tempo.

O transporte usa recursos de tempo, porque o produto em geral está inacessível durante o processo de transporte. O produto cativo do sistema de transporte é conhecido como "inventário em trânsito". Naturalmente, quando se projeta um sistema logístico, os gerentes tentam reduzir o tempo de inventário em trânsito para o mínimo possível.

O transporte também consome recursos financeiros. Nos Estados Unidos, os serviços de transporte representam aproximadamente 59% do total dos custos logísticos.[1] Os custos de transporte são o resultado da mão-de-obra de motoristas, operações de veículos, investimento de capital em equipamentos, e administração. Além disso, os custos advêm de perdas e danos relacionados aos produtos movimentados.

O transporte de produtos usa recursos ambientais de forma direta e indireta. Diretamente, ele representa um dos maiores consumidores de combustível e óleo dos Estados Unidos. Apesar de o nível de consumo de combustível e óleo ter diminuído a partir da fabricação de veículos mais econômicos, o consumo como um todo ainda permanece alto. De forma indireta, o transporte tem impacto sobre o meio ambiente devido aos congestionamentos, à poluição do ar e sonora.

Armazenagem de Produto

Um aspecto menos visível do transporte é a armazenagem de produto. Embora os produtos estejam no interior do veículo de transporte, eles estão sendo armazenados. Os veículos de transporte também podem ser usados para armazenamento de produtos nos embarques de origem ou de destino, contudo são instalações de armazenamento comparativamente muito mais caras. Uma vez que o principal objetivo do transporte é a movimentação, um veículo com o compromisso de armazenar não está disponível para o transporte. Existe uma troca compensatória favorável entre usar um veículo de transporte e temporariamente colocar produtos em um depósito. Se o inventário envolvido estiver programado para partir dentro de alguns dias para um local diferente, o custo de descarga, armazenamento e recarregamento do produto pode exceder a cobrança temporária, por usar um veículo de transporte para o seu armazenamento.[2]

Uma outra forma de armazenamento temporário de produtos é o *desvio da carga* (*diversion*). O desvio da carga ocorre quando o destino de um embarque sofre alteração quando o produto já está em trânsito. Por exemplo, o trajeto de um produto que inicialmente parte de Chicago para Los Angeles pode ter seu destino alterado para São Francisco em pleno deslocamento. Tradicionalmente, o telefone era usado para implementar as estratégias de desvio de carga. Atualmente, a comunicação via satélite entre a sede da empresa e os veículos permite desvios de carga com maior eficiência. Embora o desvio de carga seja usado principalmente para melhorar a efetividade da resposta logística, ele também produz impacto no armazenamento em trânsito.

Assim, embora dispendioso, o armazenamento de produtos em veículos de transporte pode ser justificado por uma perspectiva de custo total ou de desempenho, quando se considera a carga e a descarga, as limitações de capacidade e a habilidade de estender o tempo de avanço.

Princípios dos Transportes

Existem dois princípios econômicos fundamentais que causam impacto na eficiência dos transportes: economia de escala e economia de distância.

A **economia de escala**, em transportes, é o custo por unidade de peso diminuído à medida que aumenta o tamanho do embarque. Por exemplo, por utilizarem sua capacidade total, os caminhões de carga completa têm um custo menor por peso do que embarques menores que utilizam uma parte limitada da sua capacidade. De uma maneira geral, também é verdade que os veículos de maior capacidade, como os utilizados em transportes ferroviários e marítimos, custam menos por unidade de peso do que os

---

[1] Para uma visão mais ampla dos custos totais logísticos, consulte o Capítulo 2.

[2] Os termos técnicos do uso de veículos para o armazenamento são *demurrage – compensação por demora* para vagões e *detention – retenção* para caminhões. Consulte o Capítulo 12.

rodoviários ou aéreos de menor capacidade. As economias de escala de transporte existem porque o custo fixo associado à movimentação de uma carga é atribuído ao peso maior. Os custos fixos incluem a gestão relacionada à programação, aos custos de equipamentos, ao tempo para posicionar os veículos para carga e descarga, e às atividades de faturamento. Tais custos são considerados fixos porque eles variam de acordo com o tamanho dos embarques. Em outras palavras, para se gerenciar, o custo de um embarque de 50 quilos é o mesmo de um de 500 quilos.

A **economia de distância** se refere à diminuição do custo de transporte por unidade de peso conforme aumenta a distância a ser percorrida. Por exemplo, um embarque de 1.200 quilômetros custará menos do que dois embarques com o mesmo peso, cada um se deslocando 600 quilômetros. A economia de escala de distância é geralmente conhecida como Princípio Atenuante (*Tapering Principle*). A lógica das economias de distância é semelhante à das economias de escala. Especificamente, distâncias maiores permitem que custos fixos sejam diluídos em uma maior quilometragem, resultando em menor custo por quilômetro.

Esses princípios de escala são importantes quando se avalia as alternativas de transporte. O objetivo, sob a perspectiva dos transportes, é maximizar o tamanho da carga e a distância a ser percorrida e ao mesmo tempo atender às expectativas dos clientes.

Participantes do Setor de Transportes

O ambiente do transporte provoca impacto na gama de decisões que podem ser implementadas nos sistemas logísticos. Diferentemente das transações comerciais, as decisões de transporte são influenciadas por seis participantes: (1) embarcadores, (2) destinatários, tradicionalmente denominados de *consignatários*, (3) transportadores e corretores, (4) governo, (5) Internet e (6) público. A Figura 11-1 ilustra a relação entre as partes envolvidas. Para entender a complexidade do ambiente de transporte é necessário revisar o papel e a perspectiva de cada participante.

Embarcadores e Consignatários

Os embarcadores e os consignatários têm em comum o interesse em movimentar bens desde a origem até o destino, dentro de um determinado tempo, pelo menor custo. Os serviços relacionados ao transporte incluem tempos específicos para coleta e entrega, tempos de trânsito previsíveis, e nenhum dano ou perda, assim como trocas de informações e faturamento com precisão e em tempo hábil.

Agentes Transportadores

O transportador, um tipo de negócio que presta serviços de transporte de carga, busca maximizar suas receitas por meio de deslocamentos, ao mesmo tempo em que procura minimizar seus custos. Como uma empresa de serviços, o transportador procura cobrar de seus clientes a maior tarifa possível, enquanto diminui seus custos com mão-de-obra, combustível, e veículos para completar a movimentação. Para alcançar esse objetivo, o transportador esforça-se para coordenar os tempos de coleta e entrega numa tentativa de agrupar ou consolidar fretes de embarcadores diferentes em deslocamentos que propiciem economias de

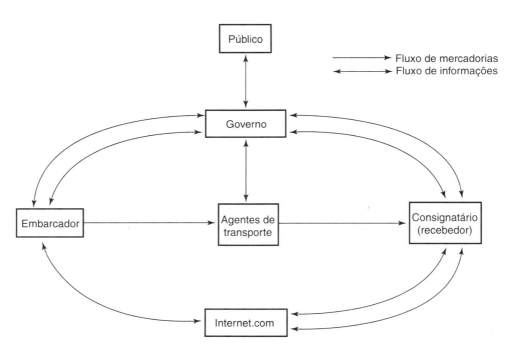

Figura 11-1 Relações entre os participantes dos transportes.

escala e de distância. Corretores (*brokers*) e agenciadores de carga (*freight forwarders*) são agentes de comercialização de transportes que facilitam a combinação de interesses entre transportadores e clientes.

Governo

O governo tem demonstrado um grande interesse no setor de transportes. Isso se deve à importância crucial que serviços confiáveis representam para a economia e o bem-estar social. O governo deseja um ambiente de transporte estável e eficiente que apóie o crescimento econômico.

Um ambiente de transporte estável e eficiente exige que os transportadores ofereçam serviços essenciais a custos razoáveis. Devido ao impacto direto do transporte sobre o sucesso econômico, os governos têm demonstrado maior envolvimento nas práticas dos transportadores do que em qualquer outro empreendimento comercial. Em algumas situações, como no caso da United States Postal Service, o governo está diretamente envolvido na prestação de serviços de transporte. Tradicionalmente, o governo controla as operações dos transportadores, restringindo os mercados em que podem atuar e regulamentando os preços cobrados. O governo também promove o desenvolvimento dos transportadores por meio do apoio à pesquisa e possibilitando direito preferencial de passagem (*right-of-way*), como nos casos das rodovias e aeroportos. Em alguns países, inclusive, há controle governamental absoluto sobre os mercados, os serviços e as tarifas. Esse controle permite aos governos exercerem maior influência para viabilizar o sucesso econômico de regiões, setores ou empresas.

A natureza da regulamentação dos transportes, como um todo, mudou de forma significativa nas últimas três décadas. Mais adiante, neste capítulo, você acompanhará um panorama geral das mudanças na regulamentação.

Internet

Um recente desenvolvimento ocorrido no setor do transporte é a amplitude de oferta de serviços na Internet. A principal vantagem da comunicação via Internet é a possibilidade de os transportadores compartilharem informações em tempo real com clientes e fornecedores. Nos últimos anos, além da comunicação direta, via Internet, entre as empresas envolvidas nas operações logísticas, uma ampla variedade de empresas lançou-se na rede mundial de computadores. Elas normalmente oferecem ao mercado dois tipos de serviço. O primeiro tem como objetivo trocar informações para conciliar a capacidade de carga dos transportadores com os embarques disponíveis. Esse tipo de serviço baseado na Web também pode oferecer uma base de mercado que facilite as transações.

O segundo tipo de serviço, também utilizando a troca de informações via Internet, refere-se à compra de combustível, equipamentos, peças e suprimentos. A troca de informações realizada pela Internet oferece aos transportadores a oportunidade de agregar suas compras e identificar oportunidades no âmbito de uma enorme variedade de vendedores em potencial.

A principal razão do rápido crescimento no uso do *B2B* via Internet, no setor de transporte rodoviário, se deve ao fato de que esse mercado de transporte é altamente fragmentado nos EUA. Mais de 450 mil empresas de transporte rodoviário estão em operação, sendo que 70% delas operam com somente seis, ou menos, caminhões.[3] O uso de serviços da Internet para agregar informações mostra-se atrativo tanto para os transportadores quanto para os embarcadores.

Enfim, o uso da Internet como estrutura principal de comunicação está mudando rapidamente a natureza das operações de transporte. A disponibilidade de informações em tempo real tem melhorado a visibilidade dos embarques a tal ponto que seu acompanhamento e rastreamento não são mais um desafio. Além da visibilidade em tempo real, a Internet pode ser usada para compartilhar informações a respeito de programação e planejamento de capacidades.

Público

O participante final dos sistemas de transporte, o público, tem seu interesse voltado à acessibilidade, ao custo e à efetividade, assim como aos padrões ambientais e de segurança. O público cria indiretamente demandas de transporte ao adquirir bens de consumo. Ao mesmo tempo em que é importante minimizar o custo de transporte para os consumidores, o impacto ao meio ambiente e as questões de segurança são foco de preocupações. Os efeitos da poluição do ar e do derramamento de óleo é um problema social relacionado ao transporte. O custo do impacto ambiental e da segurança é, em última análise, pago pelos consumidores.

A formação de uma política de transporte é complexa devido à interação entre esses seis elementos que destacamos. Essa complexidade resulta em conflitos freqüentes entre embarcadores, consignatários e transportadores. A preocupação em proteger o interesse público serviu como justificativa histórica para o envolvimento do governo na regulamentação econômica e social. A seção seguinte oferece uma breve revisão de como as normas governamentais têm mudado ao longo dos anos.

Regulamentação do Transporte

Em função de o comércio do transporte de cargas apresentar grande impacto econômico, tanto em nível inter-

---

[3] American Trucking Association, *American Trucking Trends* (Alexandra, VA: American Trucking Association Inc., 1996), p. 1.

no quanto externo, o governo tem demonstrado interesse especial em controlá-lo e promovê-lo. O controle toma a forma de regulamentações federais e estaduais, assim como uma ampla gama de normas da administração pública e judicial. Com a promulgação da Lei de Regulamentação Interestadual (*Act of Regulate Interstate Commerce*) em fevereiro de 1887, o governo federal dos EUA passou a participar ativamente da proteção dos interesses públicos com respeito ao desempenho e à prestação de serviços de transporte.

Tipos de Regulamentação

A regulamentação governamental dos transportes pode ser agrupada em duas categorias: primeira, regulamentação econômica; segunda, regulamentação social e de segurança. As iniciativas de regulamentação têm, historicamente, se concentrado nas questões econômicas. Entretanto, cada vez mais, as iniciativas recentes têm sido direcionadas às questões sociais e de segurança.

Regulamentação Econômica

A regulamentação das práticas de comércio é a forma mais antiga de controle governamental. Para oferecer serviços de transporte confiáveis e promover o desenvolvimento econômico, os governos federal e estaduais têm se engajado de forma dinâmica na regulamentação econômica. Por mais de cem anos, a regulamentação governamental buscou tornar o transporte igualmente acessível a todos, indiscriminadamente. Políticas regulamentares têm procurado promover a concorrência entre as empresas de transporte privadas. Para incentivar uma prestação de serviços econômica e abrangente, o governo investiu em infra-estrutura pública, como rodovias expressas, aeroportos, canais hidroviários e portos. Entretanto, para realmente oferecer serviços de transporte, ele apoiou e regulamentou o sistema de transportadores privados contratados.

Em razão da importância do transporte para o crescimento econômico, o governo entendeu que os transportadores deveriam ser regulamentados, para que fossem asseguradas a disponibilidade e a estabilidade dos serviços prestados. A disponibilidade garantiria que os serviços de transporte estariam acessíveis a todas as empresas que deles necessitassem. E a estabilidade asseguraria que os transportadores teriam lucros suficientes para viabilizar as operações a longo prazo. A regulamentação econômica, de um modo geral, procurou alcançar seus objetivos por meio do controle da entrada, das tarifas e dos serviços. Além disso, a prática da regulamentação econômica tratava de cada método de transporte de maneira independente. Essa prática limitava a capacidade dos transportadores de desenvolver relacionamentos e ofertas intermodais. A partir de 1970, a regulamentação econômica imposta pelo governo atingiu 100% do transporte ferroviário e aéreo, 80% do transporte por dutos, 43,1% do transporte por caminhões, e 6,7% do transporte doméstico por hidrovias.[4] O grau de regulamentação econômica direta começou a declinar ainda durante os anos 70 e passou por uma mudança significativa em 1980, com a aprovação da principal legislação de desregulamentação. O ambiente contemporâneo de regulamentação econômica é dominado pela livre concorrência no mercado, parcialmente normatizado por leis antitruste.

Regulamentação Social e de Segurança

Em contraposição direta à pouca regulamentação dos transportes, uma outra tendência dos anos 70 e 80 foi a ampliação da regulamentação social e de segurança. Desde seu início em 1966, o Departamento de Transporte (DOT) tinha um papel ativo no controle dos transportes e do manuseio de produtos perigosos, e de regras relacionadas à carga horária máxima de trabalho dos motoristas e sua segurança. A norma de regulamentação foi institucionalizada com a aprovação do *Transportation Safety Act* de 1974*, que estabeleceu formalmente as questões sociais e de segurança numa iniciativa governamental. Um grande número de regulamentações com impacto sobre o desempenho da logística de transporte foi aprovado durante as três décadas seguintes. O *Hazardous Materials Transportation Uniform Safety Act*, de 1990**, que promoveu o controle federal sobre o projeto de equipamentos, classificação de materiais perigosos, embalagem e manuseio, priorizou as regulamentações de meio ambiente estaduais e locais. Uma ênfase adicional sobre a segurança nos transportes tem ocorrido, devido a ações legais relacionadas ao meio ambiente e responsabilidades.

História da Regulamentação nos EUA

A discussão a seguir está dividida em dois períodos, refletindo as posturas normatizadoras dominantes. A discussão inicial do período de regulamentação oferece, aos futuros gerentes logísticos, percepções sobre os fundamentos legislativos, administrativos e judiciais do mercado atual de transporte.

Período Anterior a 1920: Estabelecendo o Controle Governamental

O propósito original da regulamentação interestadual foi investigar no interesse público as atividades dos trans-

---

[4] Extraído do Department of Transportation, 1972 *National Transportation Report* (Washington, DC: U.S. Government Printing Office, 1972), pp. 2-44.

* N. de T.: Lei de Segurança no Transporte.

** N. de T.: Lei de Uniformidade da Segurança no Transporte de Produtos perigosos.

portadores contratados. Uma vez que, inicialmente, as ferrovias dominavam os meios de transportes, as companhias ferroviárias praticamente detinham um monopólio. Cada estado americano mantinha o direito legal de regulamentar práticas discriminatórias dentro de suas fronteiras, mas não existia nenhuma regulamentação federal para oferecer um controle interestadual consistente. Em 1887, a Lei de Regulamentação do Comércio foi aprovada pelo Congresso dos EUA e se tornou o fundamento da regulamentação norte-americana dos transportes.[5] A mesma lei também criou a Comissão de Comércio Interestadual (ICC – Interstate Commerce Commission).

O refinamento do poder normatizador do governo federal sobre os transportadores evoluiu a partir de decisões legislativas e judiciárias de 1900 a 1920. Na virada do século, práticas destrutivas entre concorrentes resultaram da formação independente de preços praticada pelos transportadores. Apesar da autoridade que a ICC detinha para rever os grupos de tarifas visando a uma aplicação justa e correta, uma vez publicadas pelos transportadores, não existia regulamentação sobre a formação de tarifas. Foram consideradas ilegais as tentativas de formação de tarifas conjuntas pelas companhias ferroviárias. Em 1903, as companhias ferroviárias apoiaram a aprovação da Lei Elkins. Essa legislação eliminava descontos e concessões secretos, ao mesmo tempo em que aumentava as penalidades por fugas às tarifas publicadas. Entretanto, essa legislação não eliminou a causa das práticas discriminatórias – a formação de preços não regulamentada e independente.

A aprovação da Lei Hepburn, de 1906, começou a estabelecer o poder da regulamentação federal sobre a formação de preços. A autorização de revisão justa e razoável do ato de 1887 foi expandida para incluir o exame de tarifas máximas. Entretanto, a postura regulamentar permaneceu *ex post*, ou seja, a revisão era feita após a efetivação da tarifa, até a aprovação da Lei Mann-Elkins, em 1910. Essa lei permitiu à ICC legislar sobre a adequação das tarifas propostas *antes* da sua efetivação e suspender as tarifas que aparentassem ser discriminatórias.

A postura moderna de regulamentação foi completada com a aprovação da Lei dos Transportes de 1920. O poder de revisão da ICC foi expandido para estabelecer a adequação das tarifas máximas e mínimas. A ICC foi instruída a assumir uma postura mais agressiva diante das tarifas propostas. A Lei de Regulamentação do Comércio original foi alterada para instruir a comissão a iniciar, modificar e ajustar as tarifas conforme o interesse público.

Período de 1920-1940: Formalização Normatizadora

Inúmeras leis de transporte adicionais foram promulgadas durante esse período. Com algumas exceções, o objetivo principal das mesmas era esclarecer as questões relacionadas à legislação do período de 1887 a 1920. Em 1935, a Lei do Transporte de Emergência instruiu a ICC a determinar os padrões relativos a níveis adequados de tarifas. Por volta de 1930, os transportadores rodoviários transformaram-se em um fator de grande importância nos transportes. Em 1935, a Lei do Transporte Rodoviário submeteu a regulamentação dos transportadores rodoviários comuns à jurisdição da ICC. Essa lei, que se transformou na Parte II da Lei do Comércio Interestadual, definiu a natureza básica das formas legais dos transportadores rodoviários contratados.

Em 1938, a Lei da Aeronáutica Civil estabeleceu a Autoridade da Aeronáutica Civil (CAA – Civil Aeronautics Authority), como uma contrapartida da ICC para a regulamentação dos transportes aéreos. Os poderes e encargos da CAA eram, de alguma forma, diferentes daqueles da ICC, no que a lei especificava que a CAA deveria promover e desenvolver de forma ativa o crescimento do setor aéreo. Em 1940, as funções originais do CAA foram reorganizadas na Direção da Aeronáutica Civil (CAB – Civil Aeronautics Board) e na Administração da Aeronáutica Civil, que mais tarde seria conhecida como Administração Federal da Aeronáutica (FAA – Federal Aeronautics Administration). Além disso, em meados de 1930 foi criado o Comitê do Conselho Nacional da Aeronáutica, que em 1951 ficou conhecido como NASA – National Aeronautics and Space Administration. A partir de 1960, a NASA foi especificamente encarregada da exploração do espaço sideral. Entretanto, coube também à entidade a responsabilidade pelo aumento da segurança, da utilidade e do conhecimento básico da aviação pelo uso efetivo de ciência e tecnologia. Portanto, na estrutura regulamentar resultante, a CAB regulamentava a formação de preço; a FAA administrava o sistema aéreo; e a NASA concentrava-se no desenvolvimento científico do espaço aéreo e da aviação comercial e privada.

A regulamentação dos dutos não foi tão claramente definida como nos casos dos transportes ferroviário, rodoviário e aéreo. Em 1906, a Lei Hepburn declarou que os oleodutos eram transportadores comuns. A necessidade de regulamentação deu-se no início do domínio de mercado pela *Standard Oil Company*, que desenvolveu dutos para transporte de petróleo cru que competiriam com as ferrovias. Em 1912, a ICC decretou – o que mais tarde seria confirmado pela Suprema Corte – que os oleodutos particulares poderiam ser regulamentados como transportadores comuns. Embora existam diferenças significativas entre oleodutos e as outras formas de regulamentação, para todos os efeitos, a ICC regulamentou completamente o tráfego por oleodutos. A diferença significativa da regulamentação dos oleodutos é que este tipo de transportador comum tinha permissão de transportar bens apenas de sua propriedade, o que é um aspecto interessante.

---

[5] Para uma visão histórica das tentativas de legislação sobre os transportes nos EUA antes de 1887, consulte L. H. Hanley, *A Congressional History of Railroads in the United States, 1850-1887*, Bulletin 342 (Madison: University of Wisconsin, 1910).

Período de 1940-1970: Status Quo

A regulamentação do transporte hidroviário antes de 1940 era extremamente fragmentada. Existiam alguns padrões tanto sob domínio da ICC como da Comissão Marítima Federal (FMC – Federal Maritime Commission). Além disso, uma série de leis regulamentava vários aspectos do transporte hidroviário doméstico sob o domínio de agências específicas. Por exemplo, a Lei dos Transportes de 1940 colocou o transporte hidroviário doméstico sob jurisdição da ICC e concedeu ao FMC autoridade sobre o transporte hidroviário no comércio exterior, entre o Alasca e o Havaí e outros portos dos EUA.

É importante entender que a ICC não determinava ou estabelecia, de fato, as tarifas dos transportadores. Ao contrário, ela as revisava para depois aprová-las ou não. Os transportadores, sob regulamentação federal, tinham permissão para estabelecer conjuntamente os preços, uma vez que eram isentos dos dispositivos antitruste referentes às leis Sherman, Clayton, e Robinsson-Patman. Uma exceção foi a Lei Reed-Bulwinkle, de 1948, que permitia aos transportadores colaborarem entre si em agências de precificação. A precificação colaborativa tornou-se um aspecto comum entre os transportadores. Em particular, os transportadores rodoviários e ferroviários organizaram-se em agências que padronizavam os preços e publicavam as listas relativas a áreas geográficas específicas.

De 1970 até 1973 inúmeros atos foram aprovados para ajudar o então deteriorado setor de ferrovias nos Estados Unidos. Em 1970, a Lei de Serviços do Transporte Ferroviário de Passageiros formou a Cooperação Nacional do Transporte Ferroviário de Passageiros (Amtrak). A Lei de Reorganização Regional de Ferrovias de 1973 (3-R) (*Regional Rail Reorganization*) foi aprovada para oferecer ajuda econômica às sete maiores ferrovias do nordeste dos EUA, as quais enfrentavam a falência. Como resultado das disposições da Lei 3-R, a *Consolidated Rail Corporation* (CONRAIL) começou a colocar em operação trechos das sete linhas em 1º de abril de 1976.

A formação da Amtrak e da Conrail representou a primeira tentativa moderna do governo federal americano de se tornar proprietário e operar na área dos transportes. Embora a promulgação subseqüente da Lei de Revitalização das Ferrovias e Reforma da Regulamentação (4-R) (*Railroad Revitalization and Regulatory Act*) e da Lei de Melhoria do Transporte Ferroviário (*Rail Transportation Improvement Act*), ambas de 1976, fornecesse apoio financeiro para a Amtrak e a Conrail, tais leis também davam início à reversão da tendência de expansão da regulamentação que tinha prevalecido por nove décadas.

Período de 1970-1980: Introdução à Desregulamentação

No início de 1970, começava a ganhar força um movimento de revisão e modificação da regulamentação econômica para melhor atender às exigências da sociedade contemporânea. Um Comitê Consultivo da Presidência (*Presidential Advisory Committee*) recomendou que o aumento da concorrência no sistema de transportes seria de interesse público geral. As recomendações do comitê foram publicadas em 1960, em um relatório editado pelo Departamento do Comércio.[6] Em 1961, um Comitê do Senado publicou a revisão das Políticas de Transporte Nacional. Entre outras recomendações, o relatório de 1961 indicava a formação de um Departamento de Transportes (DOT).[7] Após a sua formação em 1966, o DOT transformou-se na força dominante de busca de modificações na regulamentação. De 1972 a 1980, o departamento introduziu ou influenciou de forma significativa a alteração da legislação a cada dois anos, para alterar o escopo da regulamentação de transportadores contratados.

O sucesso inicial na reforma da regulamentação foi de natureza administrativa. De 1977 a 1978, o chefe de gabinete do CAB, Alfred Kahn, forçou, de fato, o fim da regulamentação do CAB por meio de regras administrativas que incentivaram a competição de preços e facilitaram o estabelecimento de novas companhias aéreas. Em 1977, a Lei da Aviação Federal foi submetido a uma emenda que desregulamentou as companhias aéreas domésticas de carga, agenciadores de carga e associações de embarcadores, em relação à precificação e aberturas de empresas. O padrão de exigência para entrada no setor de cargas aéreas foi modificado para que os novos competidores fossem julgados com base na sua adequação, intenção e habilidade para prestar os serviços propostos. Foi eliminado o critério tradicional de avaliação de propostas de novas empresas, baseado na conveniência e na necessidade públicas. Em 24 de outubro de 1978, foi aprovada a Lei de Desregulamentação das Companhias Aéreas, estendendo a concorrência livre de mercado a todas as formas de transporte aéreo de passageiros. O CAB foi fechado em 30 de novembro de 1984.

Período de 1980-Presente: Desregulamentação

O direcionamento de mudança na regulamentação econômica do transporte ferroviário e de caminhões se tornou oficial com a aprovação da Lei do Transporte Rodoviário de 1980 (MC 80) e da Lei de Reorganização Ferroviária (Lei Staggers).[8]

O MC 80 foi um esforço formal para estimular a concorrência e promover a eficiência dos transportadores rodoviários. Foram abrandadas as restrições na abertura de empresas ou o direito de conduzir as operações, permitindo que empresas oferecessem serviços de transporte desde que estes fossem julgados adequados, necessários e capa-

---

[6] Departamento de Comércio, *Federal Transportation Policy and Program* (Washington, D.C.: U.S. Government Printing Office, 1960).

[7] Senate Committee on Commerce, 87th Congress, *National Trasnportation Policy,* (Washington, D.C.: U.S. Government Printing Office, 1961). O Departamento de Transportes foi criado pelo Decreto-Lei 86-670 de 1966 e iniciou as operações em 1º de Abril de 1967.

[8] Decreto das Transportadoras Rodoviárias de 1980 (Decreto-Lei 96-296) e Decreto de Organização Ferroviária (Decreto-Lei 96-488).

citados. Foram abolidas restrições relacionadas ao tipo de carga que os transportadores poderiam de fato movimentar, e a variedade de serviços que poderiam executar. Embora a ICC detivesse o direito de proteger o público de práticas discriminatórias e de preços abusivos, foi concedido direito aos transportadores particulares de estabelecer os preços de seus serviços. A prática de precificação coletiva do setor de transportes rodoviários foi restringida e logo seria abolida. O impacto estrutural do MC 80 sobre o setor de transportes rodoviários foi dramático. Da noite para o dia, o setor passou de uma estrutura altamente regulamentada para uma altamente competitiva.

No dia 14 de outubro de 1980, o então presidente dos EUA, Jimmy Carter, pôs fim à regulamentação no setor ferroviário ao assinar a Lei de Reorganização Ferroviária. Essa lei apenas deu continuidade a uma tendência que teve início com as leis 3-R e 4-R, e complementou a Lei de Melhoria do Transporte Ferroviário de 1976. A filosofia da Lei de Reorganização Ferroviária era oferecer às administrações ferroviárias a necessária liberdade para revitalização do setor. Como tal, a disposição mais significativa da lei foi de aumentar a liberdade de precificação. As ferrovias foram autorizadas a reduzir de forma seletiva as tarifas, para que pudessem enfrentar a concorrência, e a aumentar outras tarifas, para cobrir seus custos operacionais. As ferrovias também ganharam maior flexibilidade em relação a sobretaxas. Foram especificamente legalizados acordos contratuais de tarifas com embarcadores particulares. Além da flexibilidade no preço, foi concedida autoridade às administrações ferroviárias para suspender serviços ferroviários deficitários. A lei também propiciou a estrutura para uma atitude liberal frente a fusões, e aumentou a possibilidade de as ferrovias envolverem-se na prestação de serviços de transporte rodoviário.

Desde a aprovação da legislação marcante de 1980, inúmeros atos legislativos importantes definiram as práticas e a estrutura das ferrovias. A tendência de competitividade no mercado de transportes foi reforçada por meio de importantes normas administrativas e judiciais. A Lei de Tarifas Negociadas, de 1993, propiciou a estrutura para que os transportadores rodoviários pudessem reclamar a respeito de subtarifação. O problema de subtarifação resultou da falha de algumas empresas em apresentar descontos de tarifas junto à ICC. Inúmeros processos legais foram apresentados contra transportadores por não cumprirem a regulamentação de apresentação a essa Comissão.[9]

A autoridade normatizadora da ICC ficou enfraquecida, de uma forma geral, com a aprovação subseqüente da Lei de Reforma do Setor de Transporte Rodoviário de 1994.[10] Essa lei eliminou a necessidade de os transportadores rodoviários apresentarem suas tarifas à ICC. Efetiva em 1º de janeiro de 1966, a ICC foi extinta com a aprovação do Ato de Encerramento da ICC em 1995. Além disso, esse ato desregulamentou o transporte e criou a Diretoria de Transporte de Superfície (STB – Surface Transportation Board), integrada por três pessoas do DOT, para administrar as questões de regulamentação econômica remanescentes no setor.[11] A autoridade do STB incluiu todos os meios de transporte e incorporou os negociantes (*brokers*) e agentes de carga.

Por décadas, ocorreram conflitos consideráveis entre o governo federal e os estaduais em relação ao direito legal de regulamentar o comércio interestadual. Ambos os níveis de governo alegavam direitos inerentes sobre a regulamentação. Os governos estaduais têm, claramente, o direito de regulamentar embarques interestaduais em relação a tamanho dos veículos, entrada, tarifas e rotas. No auge da era da regulamentação, 42 estados estavam ativamente engajados em algum tipo de regulamentação.[12] As questões do direito dos estados de regulamentar não estavam tão claras em relação à movimentação das cargas do comércio interestadual.

Em um esforço para aumentar a consistência da regulamentação dentro dos estados, a ICC tentou tornar claro e expandir o transporte interestadual. O comércio interestadual era tradicionalmente definido como movimentação de produtos através das fronteiras estaduais. Em uma disposição regulamentar de 1993, a ICC concluiu que embarques de armazéns para mercados dentro do mesmo Estado deveriam ser considerados movimentações interestaduais se os produtos tivessem sido despachados originalmente de fora do Estado. A ICC argumentava que tais carregamentos faziam parte de uma *movimentação contínua* e que devia ser aplicada a regulamentação interestadual. Em um esforço para adquirir maior controle sobre as regulamentações intra-estaduais, a Lei de Autorização da Administração Federal de Aviação e a Lei de Reautorização Federal de Aviação, de 1996, praticamente previniam a regulamentação econômica dos transportes intra-estaduais.[13] Essa prevenção foi colocada na lei porque o Congresso norte-americano concluiu que a regulamentação dos estados no transporte intra-estadual (1) impunha um custo excessivo ao comércio interestadual; (2) impedia o fluxo livre de comércio, tráfego e transporte para o comércio interestadual; e (3) impunha custos excessivos aos consumidores norte-americanos.

Essa disposição impedia a regulamentação estadual de preços, rotas e serviços diretos dos transportadores aéreos e dos transportadores rodoviários relacionados. O

---

[9] Decreto de Tarifas Negociadas, de 1993 – Decreto-Lei.

[10] Decreto de Reforma do Setor de Transporte de Caminhões, de 1994 (Decreto-Lei S.B. 2275).

[11] Decreto de Encerramento da ICC, em 1995 (Decreto-Lei).

[12] Cassandra Chrones Moore, "Interstate Trucking: Strongholdof the Regulations," *Policy Analysis 204*, 16 de Fevereiro de 1994, p. 6.

[13] Decreto de Autorização Administrativa da Aviação Federal, de 1994 (H. R. 103-2739) e Decreto de Reautorização da Aviação Federal, de 1996 (USCS 40101).

propósito era igualar o campo de ação dos transportadores aéreos e rodoviários em relação à regulamentação econômica intra-estadual de caminhões. O efeito líquido foi a remoção da regulamentação intra-estadual dos transportes. Em 1998, a Lei de Reforma de Embarques Marítimos revisou e atualizou a lei anteriormente aprovada em 1994. Essa lei serviu para reduzir significativamente a autoridade normatizadora da Comissão Federal Marítima (FMC – Federal Maritime Commission). Embora a FMC continuasse a regulamentar as linhas de embarque marítimo, os armadores não precisavam mais apresentar suas tarifas à FMC. A lei concedeu aos armadores muito mais liberdade para negociar tarifas e contratos com os embarcadores.

Uma lei final de grande relevância para o transporte foi aprovada no ano 2000. A Lei de Assinaturas Eletrônicas no Comércio Global e Nacional proporcionou aos documentos eletrônicos com assinatura digital o mesmo peso legal que os documentos em papel. A Visão Setorial 11-1 ilustra a variedade de complexidades legais que acompanham essas importantes mudanças.

A atual regulamentação de mercado está limitada, inicialmente, a questões sociais e de segurança. Questões relacionadas à concorrência respondem a leis gerais antitruste que orientam práticas justas nos negócios. Assim, embora os executivos de logística estejam livres do peso histórico de uma regulamentação explícita dos transpor-

Visão Setorial 11-1   Assine o www._____

Em agosto de 2000, o presidente dos Estados Unidos, Bill Clinton, inaugurou uma nova era de leis contratuais quando assinou – com caneta e teclado – a Lei de Assinaturas Eletrônicas no Comércio Global e Nacional. Tal lei dá aos documentos eletrônicos com assinatura digital o mesmo peso legal que qualquer documento com 'linha pontilhada' sempre deteve.

Agora, começa a parte difícil. As incertezas em torno da legalidade e implementação de assinaturas digitais permanecem – nem todo mundo sabe o que é uma assinatura eletrônica. A lei proposta pelo Congresso norte-americano foi projetada para ser não-descritiva no que diz respeito aos métodos usados para produzir assinaturas eletrônicas e para autenticar eletronicamente documentos. Os legisladores dos Estados Unidos não pretendiam impedir a criação de novas tecnologias. Os interesses do comércio e dos transportes estão tentando assimilar precisamente quais os efeitos da nova lei sobre as práticas existentes, tais como a transmissão eletrônica de conhecimentos de embarque, guias de faturas de transporte aéreo e cartas de crédito.

A lei apóia as transmissões eletrônicas de conhecimentos de embarque e guias de faturas de transporte aéreo não-negociáveis, o que poderia facilitar o uso da Internet para verificação de entrega e mudança de propriedade, assim como para fazer pagamentos de cartas de crédito. O mais importante é que a lei abre a oportunidade de substituir contratos de compra em papel, cartas de crédito e conhecimentos de embarque negociáveis. Ela poderia estimular a opção de novas práticas de compras via Internet.

Responsáveis pelo desenvolvimento de mercados B2B *online* nos setores automotivo, de varejo e de aço, para citar alguns, têm implantado um conceito denominado "compras dinâmicas" (do inglês, "dinamic sourcing") como sendo o principal benefício das transações *online*. Empresas compradoras, como a Ford Motor Co., a Sears, e a Bethlehem Steel, poderão colocar-se *online* e comprar de milhares de fornecedores de produtos no mundo inteiro.

Alguns analistas argumentam que as empresas, particularmente as de menor porte, poderão se beneficiar de mais opções. Estabelecer relacionamentos com fornecedores estrangeiros ou contratos com fornecedores/transportadores pode ser um exercício muito caro e que consome muito tempo. Os proponentes do mercado B2B afirmam que a Internet pode juntar instantaneamente compradores e vendedores, e portanto, criar maior concorrência e eficiência no mercado internacional de comércio.

A assinatura digital pode tornar possível a administração de todos os processos de compra sem uso de papel.

Em 1998, o U.S. Bank introduziu o *PowerTrack*, um sistema de pagamento eletrônico de fretes para embarcadores e transportadores. O sistema foi projetado para eliminar o papel dos processos de pagamento de fretes por meio do pagamento direto aos transportadores e o envio eletrônico de faturas aos embarcadores. O *PowerTrack* oferece ao U.S. Bank provas eletrônicas de entregas, para que ele possa liberar o pagamento direto na conta dos transportadores. Até o presente momento, a empresa tem confirmado a identidade dos usuários por meio de senhas e acordos de associação.

As assinaturas digitais permitem que o U.S. Bank ofereça seus serviços eletrônicos para qualquer pessoa utilizando conhecimento de embarque e carta de crédito eletrônicos. Tudo o que o U.S. Bank precisa é verificar provas de entrega e mudança de propriedade. "O reconhecimento de entrega pode ocorrer de forma eletrônica, liberando o banco de pagar os fundos imediatamente, e criando uma via de documentação muito mais clara e fácil de ser auditada", explica Langer, gerente-geral da *PowerTrack*.

As empresas de Internet envolvidas com a movimentação de recursos financeiros e documentações deram boas-vindas à lei, considerando-a um apoio a mais nas suas visões do futuro do comércio.

Fonte: Gordon Forsyth, "Sign on the www._____", *American Shipper*, August 2000, pp. 22-24.

tes, suas ações executivas mantêm a responsabilidade de se reportar à Comissão Federal de Comércio e ao Departamento de Justiça.

Estrutura de Transporte

A estrutura do transporte de cargas consiste no direito preferencial de passagem, veículos e transportadores que operam dentro de cinco modais básicos de transporte. Um *modal* identifica um método ou forma básica de transporte. Os cinco modais básicos de transporte são: ferroviário, rodoviário, hidroviário, dutoviário e aéreo.

A relativa importância de cada tipo de transporte nos Estados Unidos é medido em termos de distância coberta no sistema, volume de tráfego, receitas e natureza da carga transportada. A Tabela 11-1 oferece um resumo dos gastos com transporte, conforme o modo, de 1960 a 2000. As Tabelas 11-2 e 11-3 oferecem as participações por volume e receita, conforme o modo, em 1996, com projeções para 2006. Esses dados confirmam que as participações do transporte rodoviário no mercado doméstico de cargas excedem amplamente todas as outras modalidades combinadas. A participação do transporte rodoviário relativa à tonelagem, em 1996, foi de 60,3%, e a relativa às receitas de transporte alcançou 82,3%. Embora todas as modalidades de transporte sejam vitais para uma estrutura de transportes nacional sólida, fica claro que a economia dos Estados Unidos, atual e projetada, depende dos caminhões. A discussão a seguir oferece um breve panorama das características operacionais essenciais de cada modalidade.

Ferroviário

Historicamente, as ferrovias movimentaram o maior volume de toneladas/quilômetro nos EUA continental. Tonelada/quilômetro é a medida-padrão das atividades de carga que combina peso e distância. Como resultado do desenvolvimento precoce de uma rede ferroviária abrangente, ligando quase todas as cidades e vilas, as ferrovias dominaram as cargas intermunicipais até a Segunda Guerra Mundial. Essa superioridade inicial foi resultado de sua capacidade de transportar, de forma econômica, grandes embarques e de oferecer freqüência de serviços, o que deu às ferrovias a posição de quase monopólio. Entretanto, com o advento da forte concorrência de transportadores rodoviários após a Segunda Guerra Mundial, a

Tabela 11-1 A receita de fretes nos Estados Unidos (em bilhões de dólares)

	1960	1970	1980	1990	2000
Rodoviário	32,3	62,5	155,3	270,1	481,0
Ferroviário	9,0	11,9	27,9	30,0	36,0
Hidroviário	3,4	5,3	15,3	20,1	26,0
Dutoviário	0,9	1,4	7,6	8,3	9,0
Aéreo	0,4	1,2	4,0	13,7	27,0
Outros transportadores	0,4	0,4	1,1	4,0	6,0
Outros custos dos embarcadores	1,3	1,4	2,4	3,7	5,0
Total geral	47,8	83,9	213,7	350,8	590
PNB (em trilhões)	0,5	1,046	2,831	5,832	9,060
Total geral em percentual do PNB	9,00%	8,03%	7,55%	6,02%	5,92%

Fonte: Robert V. Delaney, Twelfth Annual "State of Logistics Report," apresentado no National Press Club, Washington, DC, June 4, 2001.

Tabela 11-2 Embarques domésticos por modal e volume

	Volume de carga (em milhões de toneladas)		Participação por modal		1996-2006 Percentual de mudança na participação
	1996	2006	1996	2006	
Rodoviário	6.549	8.242	60,3%	62,9%	25,9%
Ferroviário	1.682	1.979	15,5	15,0	17,7
Ferroviário intermodal	135	211	1,2	1,6	56,3
Aéreo	11	24	0,1	0,2	118,2
Hidroviário	1.044	1.137	9,6	8,6	8,9
Dutoviário	1.443	1.600	13,3	12,1	10,9

Fonte: ATA Foundation 3rd Annual United States Freight Forecast to 2006.

Tabela 11-3 Embarque doméstico por modal e receita

	Volume de carga (em bilhões de dólares)		Participação por modal		1996-2006 Percentual de mudança na participação
	1996	2006	1996	2006	
Rodoviário	346,0	446,0	82,3%	81,5%	29,0%
Ferroviário	29,6	35,1	7,0	6,4	18,6
Ferroviário intermodal	5,6	8,7	1,3	1,6	55,4
Aéreo	13,3	29,4	3,2	5,4	121,1
Hidroviário	7,4	8,1	1,8	1,5	9,5
Dutoviário	18,3	20,2	4,4	3,7	10,4

Fonte: ATA Foundation 3rd Annual United States Freight Forecast to 2006.

participação das ferrovias nos transportes por volume e receita diminuiu.

As ferrovias já foram as primeiras entre os meios de transporte em número de quilômetros em serviço. O desenvolvimento extensivo de estradas e rodovias, em apoio ao número crescente de automóveis e caminhões após a Segunda Guerra Mundial, alterou essa colocação. Em 1970, existiam 309.398 quilômetros de ferrovias nos Estados Unidos. Em 1998, esse número diminuiu para 193.095 quilômetros, devido à significativa suspensão dos serviços.[14] Nos últimos anos, o número de quilômetros de ferrovias tem se mantido estável.

A capacidade de transportar, de forma eficiente, grandes volumes em longas distâncias é a razão pela qual as ferrovias são responsáveis por uma parcela significativa dos transportes intermunicipais. As operações ferroviárias apresentam custos fixos bastante altos devido ao valor dos equipamentos, ao direito preferencial de passagem e linhas, aos pátios de manobras, e aos terminais. Entretanto, a ferrovia apresenta custos variáveis de operação relativamente baixos. O desenvolvimento de motores a diesel reduziu os custos variáveis da tonelada/quilômetro e a eletrificação tem propiciado reduções maiores. Alterações nos acordos trabalhistas têm reduzido as exigências de mão-de-obra, resultando em reduções nos custos variáveis.

Como resultado da desregulamentação e do desenvolvimento concentrado em negócios, o tráfego nas ferrovias passou do transporte de uma ampla variedade de mercadorias para o de cargas específicas. O transporte principal das ferrovias diz respeito ao de setores extrativos de matérias-primas localizados a uma distância considerável de hidrovias e de itens como automóveis, equipamentos agrícolas e máquinas. A estrutura de custos fixos das ferrovias oferece vantagens competitivas para movimentações a grandes distâncias. A partir de meados de 1970, as ferrovias começaram a segmentar o mercado de transporte focalizando o tráfego de cargas de vagão completo, intermodais e de contêi-

neres. A ênfase do seu *marketing* tornou-se mais segmentada após a aprovação do Ato Ferroviário Staggers. As ferrovias voltaram-se ao atendimento das necessidades dos clientes, em especial dos setores de produtos a granel e de manufatura pesada, diferentemente dos padrões de serviços prestados com vagões fechados. As operações intermodais expandiram-se com a formação de alianças e a propriedade de transportadores rodoviários. Por exemplo, a UPS – United Parcel Service, originariamente uma transportadora rodoviária multifacetada, transformou-se na maior usuária do transporte de carretas por ferrovia nos Estados Unidos.

Para oferecer melhores serviços a seus principais clientes, as ferrovias avançadas têm se concentrado no desenvolvimento de equipamentos especializados, tais como vagões fechados, com três andares, para automóveis; vagões com amortecedores especiais; trens unitários; vagões articulados e vagões-plataforma, para transporte de dois contêineres empilhados. Essas tecnologias são aplicadas pelas ferrovias para reduzir o peso, aumentar a capacidade de carregamento e facilitar o intercâmbio. As três últimas inovações mencionadas são explicadas com maiores detalhes a seguir.

Em um trem unitário, todos os vagões transportam um único produto. Normalmente, o produto é uma mercadoria a granel, como carvão ou grãos. Os trens unitários têm sido, também, usados como apoio a operações de montagem para a indústria automotiva. É uma modalidade mais rápida e custa menos para ser operado do que os trens tradicionais, uma vez que apresenta uma rota ininterrupta, sem pontos de parada da origem ao destino.

Os vagões articulados possuem um chassi estendido que pode carregar até 10 contêineres em uma única unidade flexível. O objetivo é reduzir o peso e o tempo exigido no intercâmbio de vagões.

Os vagões-plataforma para dois contêineres, como o próprio nome explica, são construídos para transportar dois níveis de contêineres em uma única plataforma, duplicando assim a capacidade de cada vagão. Os contêineres, que discutiremos mais adiante neste capítulo, são em sua essência carretas sem rodas.

---

[14] ENO Transportation Foundation, Inc., *Transportation in America*, 1999, p. 64.

Os exemplos citados não são, em hipótese alguma, uma revisão abrangente das mais recentes inovações do sistema ferroviário. Eles representam as tentativas de manter e ampliar sua participação no mercado. Fica claro que essas modificações estão ocorrendo de acordo com a estrutura tradicional do sistema ferroviário. Os desafios de sobrevivência e o potencial de estatização dos anos 70 foram substituídos pela revitalização da rede ferroviária. As ferrovias na atualidade desempenham um papel altamente focalizado e importante na estrutura dos transportes como líderes intermodais do século XXI.

Rodoviário

O transporte por rodovias expandiu-se de forma muito rápida desde o fim da Segunda Guerra Mundial. Isso é resultado da velocidade e da capacidade de operar sistemas "porta-a-porta".

Os transportadores rodoviários possuem flexibilidade, podendo operar em todos as vias do sistema rodoviário. Por volta de 2 milhões de quilômetros de estradas estão disponíveis para os transportadores rodoviários, o que significa maior extensão em quilometragem do que as de todas as demais modalidades juntas. A frota de caminhões nas estradas excede o 1,5 de cavalos mecânicos e os 4,4 milhões de *trailers*.[15]

Em comparação às ferrovias, o transporte rodoviário tem relativamente pequeno investimento fixo em instalações de terminais e utilizam rodovias financiadas e mantidas com dinheiro público. Embora os custos das taxas de licença, de uso e de pedágio serem consideráveis, essas despesas estão diretamente relacionadas ao número de caminhões operados e aos quilômetros percorridos.* Os custos variáveis por quilômetro para os transportadores rodoviários são altos, pois é necessário um "cavalo mecânico"** e um motorista para cada carreta ou composição de carretas atreladas.*** As exigências de mão-de-obra também são maiores devido às restrições de segurança aos motoristas e à necessidade significativa de trabalho nas docas. As operações de transporte rodoviário caracterizam-se por um custo fixo baixo e custos variáveis altos. Em comparação às ferrovias, o transporte rodoviário apresenta melhor desempenho nos carregamentos pequenos em distâncias curtas.

As características dos transportadores rodoviários favorecem os negócios relacionados à produção e à distribuição de produtos de alto valor, nas distâncias até 750 quilômetros. Os transportadores rodoviários fizeram grandes transferências do tráfego ferroviário de produtos industriais médios e leves. Devido à flexibilidade de entrega, eles dominam as movimentações de cargas desde os atacadistas ou armazéns até os varejistas. A perspectiva de manutenção de uma estabilidade das participações no mercado do transporte rodoviário permanece promissora. Atualmente, com exceção da movimentação de pequenos volumes nos serviços *premium*, quase todos os embarques intermunicipais de menos de 7 mil quilos são transportados por caminhão.

O setor do transporte rodoviário não está livre de problemas. As dificuldades principais estão relacionadas ao aumento do custo de reposição de equipamentos, à manutenção, à segurança, à escassez de motoristas e ao salário dos trabalhadores das plataformas e docas. Apesar de o aumento nas folhas de pagamento influenciar todas as modalidades de transporte, os transportadores rodoviários reúnem muita mão-de-obra, o que resulta numa maior preocupação com o alto volume de salários. Em contrapartida a essa tendência, os transportadores têm dado muita atenção às melhorias na programação dos percursos de transporte, aos sistemas de cobrança informatizada, aos terminais mecanizados, às operações em comboio que atrelam dois ou três reboques com um único "cavalo mecânico", e à participação na coordenação de sistemas de transporte intermodal.

Uma ameaça para os transportadores contratados é o transporte por frota própria de embarcadores ou os caminhões manobrados por operadores de serviços de logística integrada (ISPs), que têm contrato para executar serviços de transporte para os embarcadores. Aproximadamente 55% de todo volume intermunicipal de caminhões é transportado por frota própria dos embarcadores ou controladas por eles. Após a desregulamentação, essa relação chegou a 66% em 1987.[16] A queda para 55% foi o resultado da conscientização, por parte dos embarcadores, das inúmeras complexidades e problemas em operar frotas próprias. O crescimento das operações com caminhões de prestadoras de serviço de logística integrada oferece um serviço que combina a flexibilidade das operações próprias com o potencial de consolidação por operadores contratados. Operadores de serviços de logística integrada podem executar o serviço de vários embarcadores e portanto obter economias de escala e de distância.[17] Projeções atuais indicam que os transportadores contratados representarão cerca de 57,4% dos principais transportes de cargas em volume e 57,6% da receita em 2006.[18]

---

[15] ENO Transportation Foundation, Inc, *op. cit.*

* N. de T.: Nas auto-estradas pedagiadas dos Estados Unidos, e de alguns países europeus, a tarifa cobrada depende dos quilômetros percorridos, ou seja, paga mais aquele que percorre uma quilometragem maior.

** N. de T.: Unidade motorizada que traciona uma carreta.

*** N. de T.: Esse tipo de operação é conhecido como transporte "Romeu e Julieta" ou "bi-trem", caracterizado pela utilização de um "cavalo mecânico" que traciona duas carretas atreladas.

[16] Bernard Campbell, "Strategy: Economic Forecast: Good News, Bad News for Trucking", *Fleet Owner* 84, no. 1, (January 1987) p. 103.

[17] Helen L. Richardson, "Who's Driving Your Truck", *Transportation and Distribution*, November 1988, p. 105.

[18] ATA Foundation 3rd Annual United States Freight Forecast to 2006.

Desde 1980, a desregulamentação mudou drasticamente a natureza do setor de transportes rodoviários contratados. Os segmentos desse setor, que se tornaram mais definidos desde a desregulamentação, incluem carga completa (TL) e carga fracionada (LTL) de caminhão, assim como cargas especiais. A mudança significativa está relacionada ao tipo de transportadores operando em cada categoria.

O segmento de carga completa de caminhão inclui cargas com mais de 30 toneladas, que normalmente não exigem paradas entre a origem e o destino. Embora empresas grandes, como a Schneider National e a J.B. Hunt, ofereçam serviços de carga completa de caminhão por todo o território norte-americano, esse segmento caracteriza-se por um grande número de transportadores relativamente pequenos, aplicando preços, em geral, bastante competitivos.

O segmento de carga fracionada de caminhão envolve embarques com menos de 30 toneladas, que normalmente são complementados até alcançar a capacidade total da carreta. Devido aos custos com terminais na origem e no destino e ao custo um tanto alto do *marketing*, esse segmento apresenta maior percentual de custos fixos do que o segmento de carga completa. As características operacionais do segmento de cargas fracionadas têm causado uma consolidação extensiva do setor, resultando em poucos transportadores nacionais de grande porte e em fortes redes regionais de transportadores menores. Entre os maiores transportadores nacionais estão a Yellow Freight, a Consolidated Freightways e a TNT Freightways.

Transportadores de cargas especiais, como a Waste Management, a United Parcel Service e a Federal Express, incluem transportes de produtos a granel e de embalagens. As empresas de cargas especiais concentram-se em atender às exigências específicas de transporte de um determinado mercado ou produto. Esse segmento geralmente não se mostra um concorrente direto dos demais.

Tendo em vista a enorme abrangência do setor de transporte rodoviário e os serviços oferecidos, a expectativa é de que essa modalidade de transporte deverá continuar a funcionar como a estrutura principal das operações logísticas num futuro previsível.

Hidroviário

A água é o mais antigo meio de transporte. As antigas embarcações a vela foram substituídas por barcos a vapor a partir de 1800 e por barcos a diesel por volta de 1920. Normalmente é feita uma distinção entre o transporte por alto-mar e o transporte interno por vias navegáveis.

O transporte aquaviário doméstico nos EUA, que envolve os Grandes Lagos, os canais e rios navegáveis, tem mantido em termos de volume de transporte uma participação anual relativamente constante de 13% nas últimas três décadas.[19] Embora as participações tenham se mantido estáveis, o composto se modificou significativamente. A participação dos transportes por rios e canais aumentou de 4,9 para 10,8% nos últimos 30 anos, enquanto a dos Grandes Lagos diminuiu de 10,5 para 2,6%. Esses números refletem uma transferência do transporte de produtos a granel das ferrovias e rodovias para as movimentações de baixo custo por rios e canais.

Em 1998, havia 38.665 quilômetros de vias navegáveis disponíveis para o transporte interno, sem incluir os Grandes Lagos ou embarques de cabotagem.[20] O tamanho dessa rede tem se mantido estável nas últimas décadas e espera-se que continue assim no futuro previsível. A extensão de vias navegáveis para o transporte interno é menor do que qualquer outro meio de transporte.

A principal vantagem do transporte hidroviário é a capacidade de realizar embarques de porte extremamente grandes. Ele utiliza dois tipos de embarcação nas suas movimentações: embarcações de alto-mar são geralmente projetadas para o transporte de cabotagem, de longo curso, e nos Grandes Lagos; barcaças de reboque, movidas a diesel, costumam operar em rios e canais, e apresentam muito mais flexibilidade.

Em relação a custos fixos, o transporte aquaviário posiciona-se entre o ferroviário e o rodoviário. Embora os transportadores hidroviários tenham que operar seus próprios terminais, o direito preferencial de passagem é desenvolvido e mantido pelo governo, o que resulta em custos fixos moderados em comparação com o transporte ferroviário. As principais desvantagens do transporte hidroviário são sua limitação em certos tipos de operação e sua baixa velocidade. A menos que as movimentações tenham origem ou destino próximos de uma via navegável, será necessário transporte complementar por trem ou caminhão. A capacidade do sistema hidroviário de transportar grandes volumes a um baixo custo variável faz com que a demanda por esse sistema de transporte ocorra quando são desejadas baixas tarifas de frete e a velocidade de trânsito não é prioritária.

O transporte hidroviário continuará sendo uma opção viável de transporte nos sistemas logísticos futuros. O trânsito lento de um transporte por rios oferece uma forma de armazenamento de produtos em trânsito que pode beneficiar um projeto de sistema logístico integrado. Além disso, o Acordo de Livre Comércio da América do Norte (Nafta) continua a oferecer potencial para ampliar o uso do canal do rio St. Lawrence e para ligar novos produtores e mercados em cidade portuárias do México, do Meio-Oeste americano e do Canadá. Concluindo, o transporte marítimo de longo curso mantém-se como o principal sistema na logística global.

Dutoviário

Os dutos representam parte significativa do sistema de transporte dos EUA. Os oleodutos são responsáveis por

---

[19] ENO Transportation Foundation, Inc, *op. cit*. p. 44.

[20] ENO Transportation Foundation, Inc, *op. cit*. p. 64.

aproximadamente 56,8% de toda a movimentação em tonelada/quilômetro de petróleo não-refinado. Em 1998, havia 268.000 quilômetros de dutos em operação nos EUA.[21]

Além de derivados do petróleo, outro importante produto transportado por dutos é o gás natural. Exatamente como acontece com o petróleo, os dutos de gás natural nos EUA são de propriedade privada e operados por seus proprietários, e muitas empresas de gás atuam como distribuidoras e como prestadoras de serviço de transporte.

A natureza básica de um duto é única em comparação com qualquer outra modalidade de transporte. Os dutos operam 24 horas, durante sete dias por semana e são limitados somente pela mudança de produto transportado ou pela manutenção. Diferentemente de outros sistemas, não há contêineres vazios ou veículos que devem retornar à origem. Os dutos têm os mais altos custos fixos e os menores custos variáveis dentre todas as modalidades de transporte. Os altos custos fixos se devem ao direito preferencial de passagem dos dutos, à necessidade e à construção de estações de controle, e ao bombeamento. Uma vez que os dutos não representam mão-de-obra intensiva, os custos variáveis operacionais são extremamente baixos a partir da sua construção. Uma desvantagem óbvia é que os dutos não oferecem muitas opções. Eles são limitados em relação aos tipos de produtos que podem ser transportados, pois apenas permitem a vazão de gás, líquidos ou semifluidos.

Experiências com relação ao potencial para movimentações de produtos sólidos em forma de semifluidos ou suspensão aquosa continuam em desenvolvimento. Os dutos de pasta de carvão têm provado ser eficientes e econômicos para o transporte de longas distâncias. As linhas para carvão semifluido exigem grandes quantidades de água, o que gera uma significativa preocupação dos ambientalistas. Atualmente, somente uma linha de carvão semifluido, a *Black Mesa*, está em operação nos EUA. Linhas de semifluidos que não o carvão são mais comuns em outros países.

Aéreo

A mais recente e menos utilizada modalidade é o transporte aéreo de carga. A vantagem significativa do frete aéreo está na velocidade com que um embarque é movimentado. Um embarque de costa a costa por via aérea leva somente algumas horas, com larga vantagem sobre outros meios que precisam de vários dias para o mesmo transporte. Embora seja um sistema dispendioso, a velocidade do transporte aéreo permite outros benefícios logísticos, como a redução ou eliminação de armazéns operacionais ou inventários.

A despeito de seu alto desempenho, o transporte aéreo ainda permanece mais como um potencial do que como uma realidade. Embora as rotas aéreas excedam 591.000 quilômetros, os transportes aéreos representam menos da metade de 1% das toneladas/quilômetro intermunicipais.

As possibilidades do transporte aéreo são limitadas, em função de sua restrita capacidade de carregamento e de levantamento de peso, e da pouca disponibilidade de aeronaves para esse fim. Normalmente, o transporte aéreo intermunicipal de cargas era realizado através de linhas aéreas de passageiros programadas. Embora a prática fosse justificada economicamente, o resultado era a limitação na capacidade e na flexibilidade operacional. Os custos altos de um avião a jato, combinados com a natureza irregular de demanda de transporte, serviram para limitar o compromisso econômico de aviões destinados a operações de transporte aéreo de cargas.

Entretanto, o advento dos serviços de transporte *premium*, como a Federal Express, a United Parcel Air, a DHL, e a Airborne Express, introduziu o serviço de transporte aéreo por meio de aviões exclusivamente cargueiros. Embora originalmente os serviços *premium* tenham tido como alvo os documentos de alta prioridade, eles expandiram-se até incluir o transporte de encomendas. Por exemplo, os transportadores *premium* integraram os seus serviços para incluir entregas expressas, no dia seguinte*, a partir de centros de distribuição localizados em suas sedes de concentração de operações de tráfego aéreo (*hubs*). As entregas expressas noturnas a partir de um depósito centralizado mostraram-se atrativas para empresas com um número grande de produtos de alto valor e exigências de serviços sensíveis ao tempo.

Os custos fixos do transporte aéreo são baixos se comparados aos do transporte ferroviário, hidroviário e por dutos. Na verdade, o transporte aéreo está classificado em segundo lugar (em primeiro está o rodoviário) em relação a custos fixos baixos. As vias aéreas e aeroportos são geralmente desenvolvidos e mantidos pelo governo. Os custos fixos do transporte aéreo de carga estão associados à compra de aeronaves e às necessidades de sistemas de manuseio e contêineres de carga especializados. Por outro lado, os custos variáveis do transporte aéreo de carga são extremamente altos, em razão do combustível, das tarifas aos usuários, da manutenção e da mão-de-obra numerosa, tanto a bordo quanto em terra.

Uma vez que os aeroportos exigem espaçosas áreas de terreno, eles costumam ser limitados em termos de integração com outros meios de transporte. Entretanto, há grande interesse na integração efetiva do transporte aéreo com os demais meios de transporte, assim como no desenvolvimento de aeroportos para cargas de todos os tipos; a proposta é eliminar o conflito com os serviços de passageiros. Por exemplo, o Aeroporto Alliance, localizado em Fort Worth, no Texas, foi projetado para integrar os transportes aéreo e ferroviário, e a distribuição por caminhões a partir de um único local.

Não há predomínio de nenhuma mercadoria específica no tráfego de operações de cargas aéreas. Talvez o único di-

---

[21] ENO Transportation Foundation, Inc, *op. cit.* p. 64.

* N. de T.: Em inglês, *overnight*.

ferencial seja que a maior parte da carga é transportada em função do seu nível de prioridade. Os negócios tendem a utilizar movimentações programadas ou não-programadas de cargas aéreas quando a necessidade do serviço proposto justifica o custo alto. Os produtos com maior potencial para movimentações aéreas regulares são aqueles que possuem maior valor ou que são extremamente perecíveis. Quando o período de venda de um produto (artigos de alta costura, peixe fresco ou flores) ao mercado é extremamente limitado, como no Natal, o transporte aéreo pode ser o único método prático de transporte para apoiar operações nacionais. A rotina logística de produtos como computadores, peças de reposição e catálogos para consumidores também utiliza o transporte aéreo.

Classificação por Modal

A Tabela 11-4 compara as estruturas dos custos fixos e variáveis de cada modalidade de transporte. A Tabela 11-5 mostra a classificação das características operacionais de cada modalidade em relação à velocidade, disponibilidade, confiabilidade, capacidade e freqüência.

A *velocidade* refere-se ao tempo de uma movimentação. O transporte aéreo é o mais rápido. A *disponibilidade* refere-se à capacidade de um sistema em servir um determinado par de localidades. Os transportadores rodoviários têm a maior disponibilidade, uma vez que podem se dirigir diretamente aos pontos de origem e de destino. A *confiabilidade* refere-se à variância potencial entre entregas esperadas ou programadas.

Os dutos, devido ao serviço contínuo e à quase inexistente interferência do clima e dos congestionamentos, estão na posição mais alta da classificação em termos de confiabilidade. A *capacidade* é a habilidade de um sistema em lidar com qualquer exigência de transporte, por exemplo, o volume do carregamento. As hidrovias são as mais capacitadas nesse sentido. Quanto à *freqüência*, está relacionada à quantidade de movimentações programadas. Os dutos, por seus serviços contínuos entre dois pontos, lideram essa classificação.

Como ilustra a Tabela 11-5, a atratividade do transporte rodoviário é, em parte, explicada por sua posição relativamente alta na classificação com base nas cinco características operacionais. Operando em um sistema de classe mundial, os transportadores rodoviários estão em primeiro ou segundo lugar em todas as categorias, exceto em relação a "capacidade". Apesar de as melhorias significativas na capacidade dos transportadores rodoviários terem resultado em menos limitações em termos de tamanho e peso nas estradas interestaduais, e na aprovação do uso de reboques atrelados, ainda não é possível assumir, realísticamente, que o transporte rodoviário ultrapassará a capacidade dos transportes ferroviário e hidroviário.

Serviços de Transporte

Os serviços de transporte são realizados por meio da combinação das capacidades de cada modalidade. Antes da desregulamentação, as políticas governamentais limitavam os

Tabela 11-4 Estrutura de custo de cada modal

- *Ferroviário*. Custos fixos altos referentes a equipamentos, terminais, linhas, etc. Custos variáveis baixos.
- *Rodoviário*. Custos fixos baixos (as rodovias construídas e fornecidas com apoio governamental). Custos variáveis médios (combustível, manutenção, etc.).
- *Hidroviário*. Custos fixos médios (embarcações e equipamentos). Custos variáveis baixos (capacidade de transporte de grandes volumes de pesos).
- *Dutoviário*. Custos fixos mais altos (direito de via, construção, necessidades de estações de controle, e capacidade de bombeamento). Custos variáveis menores (custo de mão-de-obra pouco significativo).
- *Aéreo*. Custos fixos baixos (aeronaves e sistema de manuseio de cargas). Custos variáveis altos (combustível, mão-de-obra, manutenção, etc.).

Tabela 11-5 Características relativas operacionais por modal*

Características operacionais	Ferroviário	Rodoviário	Hidroviário	Dutoviário	Aéreo
Velocidade	3	2	4	5	1
Disponibilidade	2	1	4	5	3
Confiabilidade	3	2	4	1	5
Capacidade	2	3	1	5	4
Freqüência	4	2	5	1	3
Somatório	14	10	18	17	16

* A menor pontuação significa a melhor classificação.

transportadores a operar em apenas uma modalidade. Essas restrições de propriedade buscavam promover a competição entre os modais e limitavam o potencial de práticas monopolistas. Após a desregulamentação, os transportadores ficaram livres para desenvolver serviços modais integrados, num esforço para atender de forma mais eficiente e eficaz às necessidades de seus clientes. A seção a seguir revisa a atual gama de serviços oferecidos por diferentes transportadores. A descrição também inclui exemplos de transportadores representativos de cada categoria.

Transportadores Típicos

A empresa de transportes típica é aquela que presta somente um tipo de serviço entre os cinco modais básicos. O foco em um único tipo modal operacional faz com que um transportador torne-se altamente especializado.

Apesar de os operadores de uma única modalidade de serviço serem capazes de oferecer um transporte extremamente eficiente, essa especialização cria dificuldades para o embarcador que deseja soluções intermodais de transporte, pois exige negociações e planejamento comercial junto a vários transportadores. As empresas aéreas são um exemplo típico de transportadores que prestam apenas um tipo de serviço de transporte, tanto no que se refere à carga como aos passageiros, limitando-se tradicionalmente ao atendimento entre aeroportos. Desde a desregulamentação, muitos transportadores vêm desenvolvendo serviços que facilitam a integração multimodal.

Serviço de Encomendas (Pequenos Volumes)

Nas últimas décadas, tem ocorrido um sério problema de disponibilidade em relação a transporte de pequenos volumes. Tornou-se difícil para os transportadores comuns oferecer preços razoáveis para os serviços de embarques pequenos, devido aos custos administrativos associados às operações nos terminais e linhas de serviço. Esses custos administrativos forçavam os transportadores a cobrar uma *tarifa mínima*. Esse mínimo situava-se, normalmente, na casa dos $ 100, independentemente do volume ou da distância dos embarques. Em face dessa tarifa mínima e da falta de alternativas, surgiu uma oportunidade para a entrada no mercado de empresas oferecendo serviços especializados em pequenos embarques ou serviços de entrega de pequenos volumes.

Os serviços de encomendas representam uma importante parte na logística, e a influência de transportadores nesse segmento vem aumentando devido ao seu tamanho e capacitação intermodal. O advento do *e-commerce* e a necessidade de atendimento ao consumidor direto têm aumentado de forma significativa a demanda pela entrega de pequenos volumes. Embora os serviços de encomendas estejam em expansão, os serviços exigidos não podem ser completamente enquadrados no esquema tradicional de classificação dos sistemas de transporte. O transporte de pequenas encomendas é realizado regularmente através dos serviços ferroviários, rodoviários e aéreos. É oferecido tanto em bases regulares como *premium*.

Serviço de Entrega Terrestre de Encomendas

Um grande número de transportadores oferece serviço de entrega dentro de áreas metropolitanas. Outros prestam atendimento de entrega de encomendas numa base intraestadual e interestadual. Os transportadores mais destacados nos Estados Unidos são a United Parcel Service (UPS), a United States Postal Service e a Federal Express Ground.

O serviço originalmente oferecido pela UPS era o de entregas locais contratadas por lojas de departamentos. Atualmente, a empresa oferece uma gama diversificada de serviços de encomenda intermunicipais. Na verdade, a UPS tem expandido o escopo de suas operações despachando encomendas para consumidores e empresas dos EUA e do mundo, em conformidade com as restrições especializadas de tamanho e peso. Embora ofereça serviços de logística envolvendo todos os tipos de produtos, a especialização da empresa em pequenos volumes permite um custo viável dos serviços expressos noturnos para a maioria das cidades num raio de 450 quilômetros. O serviço de entrega em dois dias da UPS cobre aproximadamente 55% da população continental dos EUA, graças aos embarcadores localizados em centros comerciais estratégicos.

A UPS possui várias capacitações, oferecendo uma gama variada de serviços, entre os quais, o transporte terrestre e aéreo *premium*. A Tabela 11-6 apresenta um resumo dos serviços integrados oferecidos por transportadores de pequenos volumes, como a UPS. É interessante notar que o serviço de transporte terrestre freqüentemente envolve movimentações intermodais pelo uso combinado dos transportes rodoviário e ferroviário.

O United States Postal Service opera com serviços de encomendas por via terrestre e aérea. A cobrança postal das encomendas leva em consideração o peso e a distância de embarque. Em geral, as encomendas devem ser entregues em uma agência de correios do United States Postal Service, origem dos embarques. Entretanto, para grandes usuários e quando é conveniente para a United States Postal Service, a coleta pode ser feita no local onde se encontra o embarcador. O transporte intermunicipal é realizado por meio da contratação de serviços de transportadores rodoviários, aéreos, ferroviários e até mesmo hidroviários. A entrega ao destino é feita pelo United States Postal Service.

A importância para o sistema logístico dos serviços de entrega postal de pequenas encomendas não pode ser, no entanto, superestimada. Uma das formas de venda em expansão nos EUA é a do comércio varejista fora das lojas, em que as encomendas são feitas via Internet, telefone ou correios, para a entrega subseqüente a domicílio. As empresas especializadas no atendimento total aos clientes estão entre as prestadoras de serviço logístico de maior e mais rápido crescimento.

Tabela 11-6 Exemplo de serviços integrados de transportadores de encomendas

Serviços de carga

- *Aéreo no dia seguinte.* Garantia de entrega aérea de cartas e pacotes para o dia seguinte.
- *Aéreo no segundo dia.* Entrega aérea com economia significativa se comparada à entrega no dia seguinte.
- *Serviço de entrega terrestre.* Entregas rotineira em dois dias dentro de 1.300 quilômetros do ponto de origem.
- *Serviço com base no peso (múltiplo de 50,80 Kg).* Contrato de serviço de remessas múltiplas com mais de 100 kg para um único destinatário, em um único local em um único dia.
- *Econômico.* Entrega de pacotes de grandes volumes de empresa para empresa dentro de áreas metropolitanas específicas.
- *Aéreo internacional.* Coletas automáticas diárias e entregas expressas para mais de 180 países.
- *Serviço de cargas aéreas.* Transporte Internacional e nacional de cargas de volume ou peso excessivo.
- *Serviço de entrega entre os EUA e Canadá.* Entregas terrestres ou aéreas utilizando computadores interligados com as alfândegas de cada país.
- *Serviço expresso internacional de pacotes.* Alternativa de frete aéreo para entrega de vários pacotes.
- *Serviço expresso internacional de documentos.* Entrega internacional de documentos com o mínimo de exigências para desembaraço na alfândega.
- Leasing *de caminhões.* Serviço completo de arrendamento mercantil (*leasing*) e aluguel de veículos.

Serviços com valor agregado

- *Rastreamento eletrônico.* Monitora os embarques desde a coleta até a entrega.
- *ALIS – Sistema Avançado de Identificação de Etiquetas.* Rastreamento de pacotes por código de barras possibilita consultas por parte dos clientes.
- *Serviço de confirmação de entrega.* Confirmação automática de entrega com uso de códigos de barra.
- *Serviço de desembaraço aduaneiro.* Serviço expresso para a UPS International Air.
- *Sistema de processamento de pacotes MaxiShip. Software* para ajudar os clientes na gestão das operações de embarques.
- Software *de acesso dos clientes MaxiTrac.* Conexão *online* direta dos clientes com o sistema da UPS de rastreamento e localização de entregas.
- *Faturamento ao destinatário.* Gerenciamento e pagamento direto de cobranças de transporte de cargas de recebimento pelos clientes.
- *Estoque expresso.* Apoio logístico (controle de estoques, distribuição e relatórios) para produtos sensíveis ao tempo que exigem distribuição rápida e confiável.
- *Pedido de coleta no serviço aéreo.* Coleta realizada no mesmo dia para todos os serviços aéreos da UPS mediante ligação telefônica dos clientes.
- *Propriedade da UPS.* Desenvolvimento de instalações para aluguel de locais próximos às operações da UPS.

Fonte: Material promocional da UPS – United Parcel Service.

Serviço de Entrega Aérea de Encomendas

Muitas empresas, como a Federal Express, a UPS, a Emery Worldwide Logistics e a DHL, entraram no mercado de transporte de encomendas ou transporte *premium* nas duas últimas décadas. A maioria das organizações que oferece serviços de encomendas de rotina também oferece serviços *premium*. A UPS, por exemplo, oferece serviço para o "dia seguinte" ou "para dois dias", enquanto a United States Postal Service oferece uma variedade de prioridade de serviços.

O primeiro serviço de encomendas *premium* mundialmente reconhecido foi iniciado pela Federal Express (FedEx) em 1973. A FedEx oferece serviço expresso noturno para todo o território americano utilizando uma frota especial de aviões cargueiros. O serviço original da FedEx atraiu a atenção devido ao seu plano inovador de concentração de linhas de movimentação, em que todos os volumes de carga eram direcionados durante a noite para um centro de distribuição localizado em Memphis, no Tenessee, para separação e redistribuição. O serviço original da FedEx tem se expandido consideravelmente pela oferta de serviços de transporte de volumes grandes e com restrições de peso, e pela possibilidade de conexão global.

A demanda por serviços de entrega de encomendas tem atraído muitos concorrentes. Além das empresas especializadas, como a FedEx, a UPS, a Airborne Freight e a Emery Worldwide, os maiores transportadores rodoviários e aéreos têm começado a oferecer serviços competitivos. Muitos desses serviços mostram-se atrativos para as negociações comerciais por satisfazerem a demanda por entregas rápidas.

Transporte Intermodal

O transporte intermodal combina dois ou mais tipos modais para tirar vantagem das economias inerentes a cada modal e, com isso, oferecer um serviço integrado a um custo total mais baixo. Nos últimos anos, muitos esforços têm sido desenvolvidos visando à integração dos diferentes meios de transporte. As primeiras tentativas de coordenação modal datam do início dos anos 20, mas durante esse período inicial a cooperação era restringida pelas limitações da regulamentação, que procurava limitar as práticas de monopólio. As ofertas de transporte intermodal começaram a se desenvolver com maior sucesso durante os anos 50, a partir da integração dos serviços ferroviário e rodoviário, conhecido popularmente como *serviço piggy-back*.* Esse arranjo intermodal comum combina a flexibilidade do transporte rodoviário, e seu baixo custo em curtas distâncias, com a movimentação por longas distâncias do transporte ferroviário. A popularidade dessas ofertas de serviço tem aumentado de forma significativa, como forma de alcançar um transporte mais eficiente e efetivo.[22]

Tecnicamente, o transporte coordenado ou intermodal poderia ser realizado por todos os tipos modais básicos. Alguns jargões descritivos — *piggy-back, fishyback, trainship,* e *airtruck*,**— tornaram-se termos-padrão na descrição de transportes. A Visão Setorial 11-2 ilustra as implicações de longo alcance da integração intermodal para a Deustche Post, a empresa de correios alemã.

Piggy-back/TOFC/COFC/Roadtrailer

O sistema intermodal mais conhecido e mais amplamente utilizado é a carreta (TOFC –*Trailer On FlatCar*) ou contêiner (COFC – *Container On FlatCar*) sobre um vagão-plataforma. Os contêineres são caixotes de grandes dimensões utilizados para armazenagem e movimentação de produtos no transporte intermodal entre os modos rodoviário, ferroviário e hidroviário. Em geral, um contêiner tem 2,5 metros de largura, 2,5 metros de altura e entre 6 e 12 metros (20 a 40 pés) de comprimento; não possui rodas. Quanto às carretas, assemelham-se em largura e altura aos contêineres, mas podem ter até 16 metros de comprimento e possuem rodas. Como as próprias siglas indicam, a carreta ou o contêiner é colocado sobre um vagão-plataforma onde se realiza parte da movimentação intermunicipal e então é rebocado por caminhões na sua origem e destino. Os custos de movimentação referem-se aos gastos com movimentações intermunicipais realizadas por caminhões ou trens. Desde o desenvolvimento original dos TOFCs, muitas combinações de carretas ou contêineres sobre vagões-plataforma, dois contêineres empilhados, por exemplo, têm aumentado de forma significativa.

Uma grande variedade de planos de serviços coordenados de transporte ferroviário-rodoviário vem sendo desenvolvidos. Cada plano define as responsabilidades dos transportadores ferroviários e rodoviários. A Tabela 11-7 apresenta os planos operacionais mais comuns. Os planos diferem quanto à responsabilidade sobre o equipamento, à coleta e à entrega.

Embora o conceito do TOFC facilite a transferência direta entre o transporte ferroviário e o rodoviário, ele também apresenta várias limitações técnicas. A colocação de uma carreta com pneus, a transferência para um vagão, pode levar a problemas como resistência aos ventos, danos e peso. O uso de contêineres reduz o potencial desses problemas, uma vez que podem ser empilhados a dois e são facilmente transferidos, por exemplo, para transportadores hidroviários. Entretanto, eles exigem equipamento especial para coleta e entrega.

Containership (Conteinerização)

Fishyback, trainship e *containership* são exemplos das formas mais antigas de transporte intermodal. Eles utilizam hidrovias, que são uma das formas mais baratas de transporte. Os conceitos de *fishyback, trainship e containership* descrevem carretas rodoviárias, trens e contêineres transportados em uma balsa ou embarcação. Esses serviços são oferecidos em águas litorâneas, entre os portos do Oceano Atlântico e os do Golfo, desde os Grandes Lagos até pontos na costa e ao longo das hidrovias internas navegáveis. Uma variante dessa opção intermodal é o conceito de *land bridge,* que movimenta contêineres combinando o transporte marítimo e o ferroviário. O termo *land bridge* é comumente usado para contêineres em movimentação entre a Europa e a costa do Pacífico, para reduzir o tempo e custo da movimentação total por água. Por exemplo, os contêineres são expedidos para a Costa Oeste dos EUA a partir da costa do Pacífico, carregados em trens para a Costa Leste e então recarregados em navios para a Europa. O conceito de *land bridge* baseia-se no benefício advindo da combinação dos transportes marítimo e ferroviário que utiliza uma tarifa única, a qual é menor que o custo total combinado das duas tarifas em separado.

Ação Coordenada Caminhão-Avião

Uma outra forma de transporte intermodal combina o transporte aéreo e o rodoviário, por caminhões. O frete local é uma parte vital de todas as movimentações aéreas, já que a carga aérea deve, eventualmente, se movimentar do aeroporto para seu destino final de entrega. As movimentações por caminhão-avião normalmente prestam serviços e apresentam flexibilidade comparáveis a uma carga rodoviária direta.

O modal caminhão-avião é comumente utilizado para oferecer serviços *premium* de encomendas, tais como aqueles oferecidos pela UPS e pela FedEx, mas também pode ser utilizada para aplicações-padrão de carga por

---

* N. de T.: O termo, que descreve o transporte combinado rodoviário-ferroviário de carretas sobre vagões, faz alusão à brincadeira de carregar alguém ou algo nas costas, sobre os ombros, que em português seria "de cavalinho".

[22] Para uma discussão mais detalhada das operações intermodais contemporâneas, ver John C. Taylor and George C. Jackson, "Conflict, Power and Evolution in the Intermodal Transportation Industry's Channel of Distribution," *Transportation Journal,* Spring 2000, pp. 5-7.

** N. de T.: Os termos descrevem, respectivamente: o transporte combinado rodoviário-ferroviário de carretas sobre vagões; transporte combinado rodoviário-hidroviário; 'navio-trem' para o transporte combinado ferroviário-hidroviário; e 'caminhão aéreo' para o transporte combinado rodoviário-aéreo.

Visão Setorial 11-2 A Realidade de um Ponto Único de Compra

A Deutsche Post (empresa de correios alemã) integrou o transporte aéreo e a expedição marítima, a entrega expressa de encomendas e os serviços de correios tradicionais numa onda de compras de dois anos. A Alemanha irá eliminar o monopólio da Deutsche Post na entrega de correspondência por correio em 2003, o que levará, inevitavelmente, à perda significativa de receita. A expectativa é substituir as receitas perdidas por negócios de transportes internacionais.

A demanda dos clientes, mais do que a desregulamentação postal, é que está determinando a visão da Deutsche Post. "Mais e mais clientes estão vendo vantagens em trabalhar diretamente com seus fornecedores", afirma Klaus Zumwinkel, CEO da Deutsche Post. "Eles não utilizarão apenas um fornecedor; escolherão entre alguns poucos fornecedores. Para estar entre esses fornecedores, a empresa terá que ser globalizada. Ninguém dirá 'Bem, os negócios na África são muito complicados. Entenda, Sr. Cliente, nós adoraríamos trabalhar nos EUA e na Europa; na África não temos nenhuma instalação'." Até certo ponto, a Deutsche Post está criando, mais do que seguindo, uma tendência de consolidação.

Mais do que simplesmente reagir à concorrência, as maiores empresas transportadoras querem se posicionar como os operadores *premium* de serviços de logística global para clientes multinacionais.

A Deutsche Post e a Lufthansa uniram suas participações de 25% em poder de voto na DHL International, para um empreendimento conjunto chamado Aerologic, que procura áreas de cooperação para os três parceiros. A Deutsche Post terá o controle administrativo na Aerologic, pois a DHL está mais próxima dos interesses centrais da agência de correios alemã – a coleta e a entrega. A DHL é elemento chave nos planos de expansão internacional da Deutsche Post. Ela oferece serviços globais de entrega de correspondências e produtos, dos quais a Deutsche Post é grande apoiadora. A divisão Deutsche Post Global Mail expandiu-se de forma agressiva, particularmente na América do Sul. A DHL presta serviços expressos além-fronteira, mas também oferece à Deutsche Post uma rede valiosa de coleta e entrega em nível global.

"Todos os embarcadores globais – e também, cada vez mais os locais e os menores – estão exigindo transparência", revela Jean-Peter Jansen, o novo presidente da Lufthansa Cargo. "Eles querem continuar a ter um fluxo contínuo de informações e um fluxo contínuo de mercadorias para eles mesmos".

O serviço essencial de entrega da Lufthansa será sempre sua capacidade de transporte de cargas por via aérea. A empresa deseja fortalecer sua posição de liderança por meio de alianças com outros transportadores de carga. A Lufthansa descreve sua aliança estratégica de forma geométrica. Ela se aliará a companhias aéreas de forma horizontal e com agentes de carga em alianças setoriais verticais. A partir de seu negócio com a Deutsche Post, a empresa aérea acrescentou uma linha diagonal ao seu mapa, representada pelas novas iniciativas no comércio eletrônico.

A Deutsche Post e a Lufthansa formaram uma *joint-venture* denominada *e-logic*, para atender seus interesses mútuos na logística do *e-commerce*. A nova empresa fará investimentos em novas tecnologias e em novos empreendimentos, e já trabalha para desenvolver um conjunto de soluções que atendam completamente aos embarcadores do *e-commerce*.

Jansen explica: "Acreditamos que o que fará toda a diferença no futuro será nos colocarmos mais próximos, não exatamente em termos de integração, mas de uma forma que nos apoiemos mutuamente. O que realmente estamos esperando é o crescimento e a estabilidade da nossa posição no mercado."

Fonte: Gordon Forsyth, "The New Integrators", *American Shipper,* July 2000, pp. 28-35.

---

inúmeras razões. Primeiro, nos EUA existe carência de serviços de carga aérea para atender pequenas cidades. As cidades menores em geral são servidas por aviões de pequeno porte e aviões de passageiros não equipados para o manuseio de cargas. Portanto, o transporte rodoviário para as pequenas cidades, partindo de aeroportos metropolitanos, oferece um serviço necessário a um custo competitivo. Segundo, os transportadores de pequenos volumes, embora aptos a servir pequenas cidades, têm capacidade limitada para lidar com cargas pesadas. O foco destes está centralizado exatamente nos pequenos volumes e em sistemas de manuseio de materiais que apresentam limitações no manuseio de cargas pesadas. Como resultado, muitos transportadores aéreos estenderam seus serviços de transporte rodoviário para áreas geográficas maiores.

O conceito de transporte intermodal é atrativo tanto para os embarcadores como para os transportadores, devido à alavancagem financeira de unir dois modais. Na verdade, muitas autoridades acreditam que o único meio de manter forte a rede nacional de transportes é estimular o crescimento do transporte intermodal. Os esforços para desenvolver o transporte intermodal são do maior interesse dos planejadores logísticos, pois tais iniciativas expandem as opções disponíveis aos projetos do sistema logístico. É necessário reconhecer, entretanto, que o crescimento intermodal se deve em especial ao aumento do uso de contêineres, mais do que ao uso de carretas (*trailers*) de caminhões.

Intermediários Não-operacionais

De uma maneira geral, o setor de transportes também inclui diversos tipos de empresas que não possuem nem operam equipamentos. Esses intermediários não-opera-

Tabela 11-7 Resumo dos planos básicos de coordenação do transporte ferroviário

- *Esquema 250.* Transporte ferroviário do terminal de origem ao de destino de embarques feitos em vagões da ferrovia. O embarcador é responsável pela coleta e entrega fora dos terminais.
- *Esquema 300.* Transporte ferroviário de embarques feitos em vagões dos embarcadores do terminal de origem ao terminal de destino. O embarcador é responsável pela coleta e entrega fora dos terminais.
- *Esquema 310.* Transporte ferroviário de vagão vazio do embarcador que teve ou terá carregamento imediato antes ou subseqüente de movimentação doméstica via correio. O embarcador é responsável pela coleta e entrega fora dos terminais.
- *Esquemas 400 a 470.* Esses serviços se aplicam apenas para contêineres de embarques domésticos envolvendo contêineres das ferrovias ou o reposicionamento de contêineres internacionais de propriedade e controle de armadores de navios. Eles incluem, onde indicado, coleta por caminhão na origem e/ou entrega no destino.
    Esquema 400. Porta-a-porta, da origem ao destino.
    Esquema 420. Porta na origem e terminal no destino.
    Esquema 450. Terminal na origem e terminal no destino.
    Esquema 470. Terminal na origem e porta no destino.
- *Esquemas 600 a 625 ou Serviço de Código 20 a 67.* Esses serviços se aplicam a embarques envolvendo vagões das ferrovias e dos embarcadores. Eles incluem coleta por caminhão na origem e/ou entrega no destino.
    Esquema 600. Porta-a-porta, origem e destino (veículo da transportadora).
    Esquema 605. Porta-a-porta, origem e destino (veículo do embarcador).
    Esquema 610. Porta na origem e terminal no destino (veículo da transportadora).
    Esquema 615. Porta na origem e terminal no destino (veículo do embarcador).
    Esquema 620. Terminal na origem e porta no destino (veículo da transportadora).
    Esquema 625. Terminal na origem e porta no destino (veículo do embarcador).
- *Esquema 800.* Transporte ferroviário do terminal de origem ao terminal de destino de um vagão do embarcador carregado, no qual o embarque teve ou terá uma movimentação antes ou subseqüente por hidrovia no comércio internacional sem transferência de carga. O embarcador é responsável por serviços de coleta e entrega fora dos terminais.
- *Esquema 810.* Transporte ferroviário de um veículo de embarcador vazio do terminal de origem ao terminal de destino, tendo uma movimentação imediata antes ou subseqüente por ferrovia em conexão com hidrovia no comércio internacional. O embarcador é responsável por serviços de coleta e entrega fora dos terminais.

cionais servem de corretores para outras empresas. Um *broker* (corretor) de transporte assemelha-se a um atacadista num canal de distribuição ao mercado.

Os intermediários não-operacionais justificam economicamente suas funções pela oferta aos embarcadores de tarifas mais baixas para a movimentação entre dois locais do que seria possível com um embarque direto por intermédio de um transportador comum. Devido a particularidades na estrutura de tarifas dos transportadores comuns, tais como tarifas mínimas, sobretaxas e tarifas de cargas fracionadas, apresentam-se condições para as quais os intermediários não-operacionais podem facilitar reduções de custos aos embarcadores. Um aspecto interessante são os casos em que os intermediários não-operacionais cobram tarifas maiores do que as oferecidas pelos transportadores. A justificativa para tarifas mais altas é baseada na habilidade dos intermediários não-operacionais de organizar serviços de entrega mais rápida e/ou mais completos. Os principais intermediários são os agentes de carga (*freight fowarders*), as associações de embarcadores e os corretores.

Agentes de Carga (Freight Fowarders)

O agenciamento de cargas é um tipo de negócio com fins lucrativos que consolida embarques pequenos de vários clientes em carregamentos maiores e então utiliza um transporte terrestre comum ou um transportador por via aérea para a movimentação. No destino final, o agente de carga divide o carregamento completo nos pequenos embarques originais. A entrega local pode ou não ser negociada pelo agente. A principal vantagem dos agentes é a sua tarifa baixa por CWT (cwt – *hundredweight* = 50,80 kg), obtida em função de seus carregamentos grandes e, na maioria dos casos, dos transportes de embarques pequenos mais rápidos do que seriam se o cliente fosse servido diretamente por um transportador comum. Os agentes de carga assumem total responsabilidade pelo resultado do embarque.

Associação/Cooperativas de Embarcadores e Agentes

As associações de embarcadores são operacionalmente semelhantes aos agentes de carga no que diz respeito à consolidação de embarques pequenos em grandes movimentações, como forma de obter reduções de custo. As associações de embarcadores são entidades sem fins lucrativos nas quais os seus membros, operando em setores específicos, colaboram para que sejam obtidos ganhos de custos relacionados a embarques pequenos. Normalmente, os membros compram produtos a partir de fontes comuns ou a partir de fornecedores localizados em uma determinada área. Uma prática corriqueira é fazer pedidos de pequenas quantidades em intervalos freqüentes, para minimizar o inventário do varejo. A participação em uma associação de embarcadores normalmente significa ganhos na velocidade de entrega, uma vez que um grande número de diferentes produtos podem ser comprados em um único local, por exemplo, no distrito do vestuário na cidade de Nova York.

A associação exige que um grupo de embarcadores estabeleça um escritório administrativo ou contrate um agente nos locais de compra freqüente de mercadorias. O agente negocia para que as compras individuais sejam entregues em uma instalação local. Quando um volume suficiente se acumula, um carregamento consolidado é realizado para o destino determinado pela associação, para as entregas locais subseqüentes. Algumas associações operam seu próprio transporte intermunicipal. Cada membro recebe a cobrança proporcional à sua participação no transporte, além da parte referente a sua parcela nos custos fixos da associação.

Corretores

Os corretores são intermediários que coordenam os planos de transporte para embarcadores, consignatários e transportadores. Eles também negociam carregamentos com transportadores e operadores autônomos isentos. Os corretores normalmente trabalham à base de comissões. Antes da desregulamentação, os corretores tinham um papel pequeno na logística, devido às restrições de serviços. Hoje, os corretores oferecem serviços mais abrangentes, tais como conferência de cargas, negociação de tarifas, faturamento e rastreamento. Todo o campo de operações dos corretores está bastante adaptado a transações realizadas via Internet.

Resumo

O transporte é uma atividade-chave na logística, porque movimenta produtos através de vários estágios da produção até, finalmente, a entrega aos consumidores. Este capítulo introduziu os princípios básicos da economia de transporte e ofereceu uma breve introdução à história da regulamentação governamental nos EUA. É importante que os gerentes de logística percebam e entendam a história da regulamentação, para que possam compreender totalmente a lógica que hoje determina o sistema de transporte.

O sistema de transporte possui cinco modais de operação: ferroviário, rodoviário, hidroviário, dutoviário e aéreo. Cada modal possui atributos específicos que caracterizam as opções de transporte apropriadas para uma movimentação específica. O suprimento tradicional de serviços de transporte consistia em um grande número de transportadores especializados, cada um limitando as operações a um modal específico. A falta de transportes coordenados resultou em ineficiências e altos custos. A desregulamentação introduziu a precificação em bases competitivas e a flexibilidade para as empresas transportadoras. Tornou-se comum para os transportadores combinar serviços intermodais e oferecer serviços de transporte especializado para clientes individuais. Como resultado, uma ampla seleção de serviços de transporte especializados está atualmente disponível para satisfazer às exigências específicas dos clientes. O Capítulo 12 concentra-se na gestão dos transportes, seguindo-se uma discussão sobre o panorama econômico dos transportadores, precificação e documentação.

Questões Desafiadoras

1. Compare e estabeleça a diferença entre os princípios de transporte de economias de escala e os de distância. Explique como eles são combinados para criar um transporte eficiente.
2. Descreva os cinco modais de transporte, identificando as características mais significativas de cada um.
3. Por que o transporte de carga rodoviário é o preferido para movimentar produtos?
4. Qual é a justificativa econômica para o crescimento recente e rápido dos serviços de encomendas *premium*?
5. Por que é importante para os gerentes de logística possuírem algum conhecimento da história da regulamentação?
6. Por que a extensão das ferrovias diminuiu durante o período de crescimento dos EUA?
7. As ferrovias apresentam o maior percentual de movimentação em tonelada/quilômetro de cargas intermunicipais, mas o transporte rodoviário possui a maior receita. Como você explica essa relação?
8. Comente as diferenças fundamentais entre o TOFC e o COFC. Por que o empilhamento duplo foi considerado a maior inovação no sistema de transporte intermodal?
9. Explique a proposta de valor oferecida pelos agentes de carga. Forneça um exemplo que ilustre por que os embarcadores estariam atraídos pelos serviços de agentes de carga em comparação com arranjos próprios de transporte.
10. Os cinco modais básicos de transporte estão disponíveis há aproximadamente 50 anos. Essa situação será sempre a mesma ou você pode identificar um sexto modal em condições de se tornar economicamente viável num futuro previsível?

12

Gerenciamento do Transporte

Economia e Precificação dos Transportes
    Fatores Econômicos
    Estrutura de Custo
    Estratégias de Formação de Preço dos Transportadores
    Tarifas e Tarifação
Gerenciamento do Departamento de Transportes
    Gestão das Operações
    Consolidação de Cargas
    Negociação de Tarifas
    Controle dos Carregamentos
    Auditoria e Gerenciamento de Reclamações
    Integração Logística
Documentação
    Conhecimento de Embarque
Resumo

O transporte é crucial para o desempenho logístico. A visão histórica de que os departamentos de transportes eram formados por indivíduos usando óculos verdes, sentados entre pastas repletas de tarifas e tabelas de taxas, é um cenário bastante distante da realidade competitiva de hoje. Os departamentos de transportes comprometem e administram em torno de 60% das despesas logísticas de uma empresa comum. Os gerentes de transportes são responsáveis pelos arranjos referentes aos inventários a serem movidos de maneira econômica e em tempo hábil. A responsabilidade fundamental é determinar quais serviços de transportes deveriam ser desempenhados utilizando-se capacidade interna própria ou terceiros especializados. As decisões sobre o uso de transportes próprios ou terceirizados não são totalmente diferentes das demais enfrentadas por outras tantas áreas operacionais. Nos transportes, a diferença está no enorme impacto que suas operações têm sobre o desempenho logístico. À medida que as expectativas operacionais se tornam mais precisas, que os ciclos de desempenho ficam mais compactos e que as margens de erro são reduzidas a zero, as empresas de sucesso percebem que *"não existe transporte barato"*. Caso o transporte não seja administrado de maneira eficiente e eficaz, o desempenho dos setores de compras, produção e distribuição fracassarão no atendimento às expectativas. Este capítulo oferece um panorama de como o transporte é administrado dentro do processo logístico.

Economia e Precificação dos Transportes

A economia e a precificação dos transportes dizem respeito aos fatores e às características que direcionam os custos. Para desenvolver uma estratégia de logística eficaz é necessário entender tais fatores e características. Negociações bem-sucedidas exigem um entendimento completo da economia de transportes. Constrói-se um panorama geral da economia e precificação dos transportes a partir de quatro tópicos: (1) os fatores que direcionam os custos; (2) as estruturas ou classificações de custos; (3) a estratégia de precificação dos transportadores; e (4) as tarifas de frete e tarifação do transporte.

Fatores Econômicos

Os custos de transporte são calculados a partir de sete fatores. Apesar de não serem componentes de tarifa diretos, cada um deles influencia as tarifas de frete. Tais fatores são: (1) distância; (2) volume; (3) densidade; (4) capacidade de acondicionamento; (5) manuseio; (6) responsabilidade; e (7) aspectos de mercado. A seqüência de abordagem reflete a importância relativa de cada fator a partir da perspectiva do embarcador (*shipper*). Tenha em mente que o impacto exato de cada fator varia de acordo com as características específicas dos produtos.

Distância

A distância é o fator de maior influência nos custos do transporte, pois contribui diretamente para as despesas variáveis, como mão-de-obra, combustíveis e manutenção. A Figura 12-1 ilustra a relação geral entre distância e custo do transporte. Dois importantes aspectos podem ser observados nessa figura. O primeiro aspecto é que a curva de custo não começa na origem porque existem custos fixos associados à coleta e à entrega da carga, independentemente da distância. O segundo aspecto é que a curva de custo aumenta a uma taxa decrescente, como uma função de distância. Essa característica é conhecida como Princípio Atenuante (*Tapering Principle*)[1].

Volume

O segundo fator é o volume de carga. Como em muitas atividades logísticas, as economias de escala do transporte existem para a maioria das movimentações de transporte. Essa relação, mostrada na Figura 12-2, indica que o custo do transporte por unidade de peso diminui à medida que o volume da carga aumenta. Isso ocorre porque os custos fixos de coleta, entrega e administração podem ser diluídos no incremento de volume. Essa relação tem como limite a capacidade do veículo de transporte. Uma vez que o veículo esteja lotado, a relação recomeça para cada veículo adicional. A implicação gerencial é que pequenas cargas deveriam estar vinculadas a cargas maiores, para maximizar as economias de escala.

Densidade

O terceiro fator é a densidade do produto. A densidade é a combinação do peso com o volume. O peso e o volume são importantes, pois o custo de transporte para qualquer movimentação é cotado em valor por unidade de peso. Os encargos de transporte são comumente cotados como um montante por um múltiplo de unidade de peso (ctw*). Em termos de peso e volume, os veículos estão mais restritos pela capacidade cúbica do que pelo peso. Uma vez que os custos com veículo, mão-de-obra e combustível não são drasticamente influenciados pelo peso, os produtos de alta densidade apresentam custos relativamente fixos, que são diluídos conforme aumenta o peso. Como resultado, os produtos de alta densidade são normalmente avaliados como de baixo custo de transporte por unidade de peso. A Figura 12-3 ilustra essa re-

---

[1] Os princípios da economia de escala e da economia de distância foram apresentados no Capítulo 11.

* N. de T.: 50,80 kg equivale a 1 cwt (*hundredweight*). O *hundredweight* é a unidade usual nos EUA para a fixação das taxas de frete.

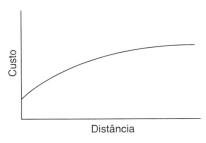

Figura 12-1 Relação geral entre distância e custo do transporte.

Figura 12-2 Relação geral entre peso e custo do transporte/quilo.

Figura 12-3 Relação geral entre densidade e custo do transporte/quilo.

lação de custos de transporte decrescentes por unidade de peso à medida que aumenta a densidade.

Em geral, os gerentes de transporte buscam otimizar a densidade do produto, para que a capacidade cúbica do veículo possa ser completamente utilizada. Por exemplo, a empresa Kimbely-Clark conseguiu reduzir os custos de transporte a partir da redução de ar contido nas embalagens de papel. A compressão aumentou a densidade do produto.

Capacidade de Acondicionamento

A capacidade de acondicionamento refere-se a como as embalagens dos produtos podem acomodar-se nos equipamentos de transporte. Embalagens com tamanhos e formas irregulares, assim como aqueles com excesso de peso e comprimento, podem não se ajustar aos equipamentos de transporte; resultando num desperdício de capacidade cúbica. Apesar de a densidade e a capacidade de acondicionamento serem semelhantes, é possível que haja itens com densidades semelhantes acondicionados de maneiras diferentes. Itens com formas retangulares são mais facilmente acondicionados do que aqueles com formatos diferentes. Por exemplo, enquanto blocos e barras de aço podem ter a mesma densidade, barras são mais difíceis de acondicionar do que os blocos, devido ao seu comprimento e forma. A capacidade de acondicionamento também é influenciada por outros aspectos de tamanho; numerosos itens podem ser *aninhados* para embarques, mas há dificuldade de acondicionamento quando as quantidades são pequenas. Por exemplo, é possível acomodar um número significativo de latas em um caminhão, mas seria difícil acomodar uma única lata.

Manuseio

Equipamentos especiais de manuseio muitas vezes são necessários no carregamento e descarga de caminhões, vagões ferroviários e navios. Além da utilização de equipamentos especiais, a maneira como o os produtos são fisicamente reunidos em caixas ou paletes para o transporte e armazenamento terá reflexo no custo do manuseio. Os Capítulos 13 e 14 abordam especificamente as questões de manuseio relacionadas à embalagem e ao armazenamento.

Responsabilidade

A responsabilidade envolve aquelas características dos produtos que podem resultar em danos ou reclamações potenciais. Os transportadores devem possuir seguro, para proteção contra possíveis reclamações, ou assumir as responsabilidades financeiras em caso de danos. Os embarcadores podem reduzir os riscos e, em última análise, os custos de transporte, por meio do aprimoramento das embalagens ou reduzindo a suscetibilidade a perdas e danos.

Aspectos de Mercado

Por fim, temos os aspectos de mercado, como o volume de transporte numa rota ou seu balanceamento, que também influenciam os custos de transporte. Uma rota ou via de transporte refere-se às movimentações entre os pontos de origem e os de destino. Uma vez que os veículos de transporte e seus motoristas têm que voltar ao ponto de origem, eles devem encontrar um carregamento de retorno (*backhaul*), ou o veículo voltará vazio, "batendo lata"*, como se diz. Quando ocorrem movimentos de retorno vazio, os custos com a mão-de-obra, combustível e manutenção devem ser embutidos na movimentação de carga de ida. Assim, a situação ideal é negociar movimentações nos dois sentidos, ou de equilíbrio, com volume igual na ida e na volta. Entretanto, isso não acontece facilmente, devido aos desbalanceamentos de demanda nas praças de fabricação e de consumo. Por exemplo, muitos produtos são manufaturados na costa leste dos Estados Unidos e depois embarcados para os mercados de consumo na região ocidental do país; isso resulta numa maior movimentação para o oeste do que para o leste. Tal desequilíbrio acarreta fretes de menor valor para as movimentações direcionadas ao leste. O balanceamento das movimentações também é influenciado por períodos sazonais, como as movimentações de frutas e legumes, que coincidem com o período de colheita. A localização da demanda e a sazonalidade resultam em tarifas de transporte que se alteram quanto à direção e à estação do ano. O projeto de sistema

---

* N. de T.: O termo original é *deadheaded empty*, traduzido conforme nossa gíria local.

logístico deve levar em conta esses fatores para obter movimentações de retorno sempre que possível.

Estrutura de Custo

A segunda dimensão da economia e da formação de preço dos transportes consiste nos critérios de alocação de custos. A alocação de custos é a principal preocupação dos transportadores, mas como a estrutura de custo influencia a habilidade para negociações, a perspectiva dos embarcadores também é muito importante. Os custos de transporte estão classificados em várias categorias.

Variáveis

Os **custos variáveis** mudam de uma maneira previsível e direta em relação ao nível da atividade. Eles só podem ser evitados se o veículo não for operado. Excetuando-se circunstâncias excepcionais, a tarifa do transporte deve cobrir pelo menos os custos variáveis. As categorias variáveis incluem os custos diretos dos transportadores associados à movimentação de cada carga. Essas despesas são geralmente medidas como custo por quilômetro ou por unidade de peso. Os componentes típicos dos custos variáveis incluem mão-de-obra, combustível e manutenção. Em uma base de custo por quilômetro, o custo variável dos transportadores varia entre $ 0,47 e $ 0,97 por veículo por quilômetro. O custo variável das operações representa o valor mínimo que o transportador deve cobrar para cobrir suas contas diárias. Não é possível para nenhum transportador cobrar abaixo dos custos variáveis e imaginar que poderá manter o negócio por muito tempo. Na verdade, as tarifas devem cobrir por completo todos os custos.

Custos Fixos

Custos fixos são as despesas que não mudam num curto espaço de tempo e que se mantêm mesmo quando a empresa não está funcionando, como, por exemplo, em feriados ou greves. A categoria dos custos fixos inclui custos não diretamente influenciados pelo volume do carregamento. Para empresas de transporte, os componentes dos custos fixos incluem veículos, terminais, direito preferencial de passagem, sistemas de informação e equipamentos de apoio. No curto prazo, as despesas associadas aos ativos fixos devem ser cobertas pela contribuição sobre os custos variáveis numa base por carregamento.

Custos Conjuntos

Custos conjuntos são despesas inevitáveis criadas por uma decisão de oferecer um determinado serviço em particular. Por exemplo, quando um transportador decide realizar um carregamento de um ponto A para um ponto B, existe a decisão implícita do custo conjunto referente a retornar do ponto B para o ponto A. Os custos conjuntos devem ser cobertos pelo embarcador original de A para B, ou será necessário encontrar um transporte de carga de retorno. Os custos conjuntos produzem um impacto significativo nos encargos de transporte, porque as cotações dos transportadores precisam incluir os custos conjuntos inerentes, baseando-se em considerações relacionadas a transportes adequados para retorno e/ou custos de retorno a serem cobrados do embarcador original.

Custos Comuns

Esta categoria inclui os custos do transportador referentes a todos ou a alguns embarcadores específicos. Os **custos comuns**, tais como despesas referentes a terminais ou a administração, são conhecidos como de estrutura (*overhead*). Eles são geralmente alocados para um embarcador, de acordo com o seu nível de atividades, como o número de carregamentos ou de compromissos de entregas realizadas. Entretanto, alocar o *overhead* dessa forma pode significar uma atribuição incorreta de custos. Por exemplo, um embarcador pode ser cobrado por compromissos de entrega quando ele, na verdade, não usa o serviço.

Estratégias de Formação de Preço dos Transportadores

Ao determinar as tarifas cobradas aos embarcadores, os transportadores normalmente escolhem uma ou a combinação de duas estratégias. Mesmo sendo possível empregar uma única estratégia, a abordagem de combinação leva em consideração trocas compensatórias entre os custos de serviço incorridos pelos transportadores e o valor do serviço para o embarcador.

Custo de Serviço

A estratégia de **custo de serviço** é uma abordagem de construção na qual o transportador estabelece o frete baseando-se no seu custo em prover o serviço mais a margem de lucro. Por exemplo, se o custo da prestação do serviço de transporte é $ 200 e a margem de lucro é 10% o transportador deverá cobrar $ 220. A abordagem de custo de serviço, que representa a base ou mínimo para os encargos de transporte, é mais comumente usada na precificação para produtos de baixo valor ou em situações de alta competitividade.

Valor de Serviço

Valor de serviço é uma estratégia alternativa em que é cobrado um preço baseado no valor definido com o embarcador, e não nos custos dos serviços realmente incorridos pelo transportador. Por exemplo, um embarcador entende que é mais interessante e mais valioso transportar 1.000 quilos de equipamento eletrônico do que 1.000 quilos de carvão, uma vez que os eletrônicos valem substancialmente mais do que carvão. Como tal, um embarcador estará provavelmente disposto a pagar mais pelo transporte. Os transportadores tendem a substituir a precificação pelo valor de serviço no caso de produtos de alto valor ou quando existe uma competitividade limitada.

A precificação do valor de serviço ocorre no mercado *premium* de transportes expressos (*overnight*). Quando a FedEx introduziu a entrega expressa existiam poucos concorrentes que podiam prestar esse serviço, assim, os embarcadores consideravam de alto valor essa alternativa. Eles estavam dispostos a pagar $ 22,50 pela entrega expressa de um único pacote. Quando concorrentes como a UPS e a United States Postal Service entraram no mercado, as tarifas caíram para os níveis atuais, reduzidos de $ 5 a $ 10 por pacote. Esse declínio das tarifas reflete mais precisamente o valor e o custo de serviço.

Precificação Combinada

A estratégia de **precificação combinada** fixa o preço do transporte em um nível intermediário entre o mínimo de custo de serviço e o máximo de valor de serviço. Na prática, a maioria das empresas transportadoras usa esse valor médio. Os administradores logísticos devem entender as variações de preços e suas estratégias alternativas para poderem negociar apropriadamente.

Preços de Tarifa Líquida

Tirando vantagem da liberdade na regulamentação gerada pelo *Trucking Industry Regulatory Reform Act* (*TIRRA*) de 1994 e da redução de aplicabilidade da doutrina de tarifas registradas, uma série de embarcadores comuns está experimentando um formato simplificado de precificação, denominado Preço de Tarifa Líquida. Devido à eliminação pelo TIRRA da exigência de registro das tarifas aplicadas pelas empresas de transporte rodoviário que estabeleciam as tarifas individualmente com os clientes, os transportadores são agora de fato capazes de simplificar a precificação para se adequar às circunstâncias e às necessidades de cada cliente. Especificamente, os transportadores podem substituir folhas de desconto e classes de tarifas individuais por uma tabela simplificada de preço. A abordagem de preço de tarifa líquida se livra da obrigação pesada e complexa de uma estrutura de precificação e de descontos que se tornou prática comum desde a desregulamentação.

Descontos estabelecidos e encargos acessórios estão incluídos nas tarifas líquidas. Em outras palavras, a tarifa líquida é um preço que inclui tudo. O objetivo é reduzir drasticamente os custos administrativos dos transportadores e responder diretamente às demandas dos clientes, ao simplificar o processo de determinação de tarifa de fretes. Os embarcadores são atraídos por essa simplificação, pois ela promove o faturamento preciso e oferece um claro entendimento de como gerar economia em transportes.

Tarifas e Tarifação

A discussão anterior reviu as estratégias-chave usadas pelos transportadores para fixarem preços. Com base nessa fundamentação, esta seção apresenta a mecânica de precificação usada pelos transportadores. A discussão se aplica especificamente a transportadores comuns, embora transportadores por contrato também se utilizem de uma abordagem similar.

Classe de Tarifas

Na terminologia de transportes, nos EUA, o preço em dólares e centavos por 50,80 kg (cwt – *hundredweight*) para mover um produto específico entre duas localidades é denominado **tarifa**. A tarifa de frete é listada em uma tabela de preços ou arquivo de computadores conhecidos como **tarifas**. O termo "classe de tarifa" evoluiu a partir do fato de todos os produtos movimentados por transportadores comuns serem classificados com o propósito de precificação. Todos os produtos legalmente transportados no comércio interestadual podem ser embarcados via "classe de tarifas".

A determinação da classe de tarifas de transportadores comuns é um processo de duas etapas. A primeira etapa é a classificação, ou agrupamento de produtos a serem transportados. A segunda etapa é a determinação de tarifa exata, baseada na classificação de produto e nos pontos de origem/destino de cada embarque.

Classificação

Todos os produtos transportados estão normalmente agrupados em classificações uniformes. A classificação leva em consideração as características de um produto ou de uma *commodity* que irão influenciar o custo do manuseio ou transporte. Produtos semelhantes quanto a densidade, capacidade de acomodação, manuseio, responsabilidade e características de valor são agrupados em uma classe, reduzindo portanto a necessidade de lidar com cada produto de maneira individual. A classe particular que um determinado produto ou *commodity* recebe é a sua *tarifação*, usada para determinar o seu frete. É importante entender que a classificação não identifica o preço cobrado por movimentação de um produto. Ela refere-se às características de transporte do produto em comparação a outras *commodities*.

Os transportadores rodoviários e ferroviários têm sistemas de classificação independentes. O sistema dos transportadores rodoviários usa a *National Motor Freight Classification*, enquanto as classificações ferroviárias são publicadas na *Uniform Freight Classification*. O sistema rodoviário possui 23 classes de tarifas de frete; o ferroviário, 31. Em áreas locais e regionais, grupos individuais de transportadores podem publicar listas de classificação adicionais. Desde o fim da regulamentação, uma atenção considerável foi direcionada à simplificação geral do esquema de classificação tradicional.

A classificação de produtos individuais é baseada em um índice relativo de 100. A classe 100 é considerada a classe do produto médio, enquanto outras classes chegam tão alto quanto 500 e tão baixo quanto 35. A cada produto é designado um item numerado para o propósito de listagem, e então lhe é dada uma tarifa de classificação. Como regra geral, quanto mais alta a classificação, mais alto será o custo de transporte do produto. Historicamente, um produto classificado como 400 seria aproximadamente quatro vezes mais caro para transportar do que o classificado como 100. Embora o múltiplo real possa não ser de quatro, um produto classificado como 400 ainda resultaria num custo de frete substancialmente maior do que um classificado como 100. Os produtos também podem ser designados para classificação com base na quantidade embarcada. Embarques fracionados (*Less-than-truckload* – LTL) de produtos idênticos terão classificação mais alta do que uma carga completa de um vagão (CL – *carload*) ou de um caminhão (TL – *truckload*).

A Tabela 12-1 mostra uma página do *National Motor Freight Classification*. Ela contém o agrupamento geral de produto 86750, que é o *vidro especial*. Notem que a categoria de vidro com chumbo é ainda subdividida em tipos específicos de vidro, como por exemplo "vidro, placa de microscópico ou cobertura, em caixas" (item 86770). No caso de embarques fracionados (LTL), ao item 86770 é atribuída uma tarifa de 70. Para embarques completos (TL) de vidro com chumbo é atribuída uma tarifa de 40, desde que seja embarcado um mínimo de 1,8 tonelada.

Os produtos também podem receber diferentes tarifas de acordo com sua embalagem. O vidro poderá ter diferentes tarifas, conforme é embarcado solto, em engradados ou em caixas, ou se recebe embalagens com material protetor. Diferenças em relação à embalagem influenciam a densidade, a capacidade de acomodação e a proteção dos produtos, demonstrando que os fatores de custo discutidos anteriormente entram no processo de determinação de tarifa. Portanto, uma série de classificações diferentes pode se aplicar a um mesmo produto, dependendo de onde ele será embarcado, do tamanho desse embarque, do meio de transporte e do tipo de embalagem.

Uma das maiores responsabilidades dos gerentes de transporte é obter a melhor tarifa possível para todos os produtos embarcados; por isso, é importante que todos os membros do departamento de transportes tenham um entendimento completo dos sistemas de classificação. Apesar de existir diferenças entre classificações ferroviárias e rodoviárias, cada sistema é guiado por regras semelhantes, embora as normas ferroviárias sejam mais abrangentes e detalhadas do que as rodoviárias.

A reclassificação de um produto é possível, desde que um requerimento seja elaborado e posteriormente encaminhado ao Conselho de Classificação apropriado. O Conselho de Classificação examina propostas para alterações ou acréscimos em relação a pesos mínimos, descrição de *commodities*, exigências quanto a embalagens, além de normas e regulamentos gerais. Um departamento de transportes atento deve ter participação ativa na classificação. Economias significativas podem ser obtidas ao encontrar-se a classificação correta de um produto, ou recomendando-se uma alteração na embalagem ou na quantidade de embarque, que reduzirá a tarifa de um produto.

Administração das Tarifas

Uma vez obtida a classificação para um produto, sua tarifa deverá ser determinada. A tarifa CWT é normalmente baseada na origem e no destino do transporte, embora o preço realmente cobrado para um determinado embarque esteja em geral sujeito a um encargo mínimo e a uma atribuição de sobretaxas. Historicamente, as tarifas de origem e destino eram mantidas manualmente em livros próprios, que necessitavam ser atualizados e revisados regularmente. Hoje, as tarifas são apresentadas em disquetes pelos transportadores e a administração do processo é realizada quase sempre com o auxílio da informática.

As tarifas de origem e destino são organizadas por código de endereçamento postal com três a cinco dígitos. A Tabela 12-2 ilustra as tarifas para todas as classes de frete de Atlanta, Geórgia, (CEP 303) para Lansing, Michigan (CEP 489). A tabela lista as tarifas para embarques que variam em tamanho, do menor embarque fracionado (menor que 500 libras; listado como L5C) à maior carga completa de caminhão (maior do que 40.000 libras; listado como M40M). A tarifa é cotada em centavos de dólar por CWT. Considerando um embarque de 10.000 libras, a tarifa para a classe 85 entre as cidades de Atlanta e Lansing é de $ 12,92 por CWT.

Historicamente, a tarifa publicada é a que deveria ser cobrada para todos os embarques de uma classe específica e para a combinação origem/destino. Isso exigia revisão e manutenção freqüentes, para que as tarifas estivessem sempre atualizadas. A partir da desregulamentação, os transportadores passaram a oferecer uma maior flexibilidade por meio de descontos nos fretes. Agora, em vez de desenvolver tabelas individuais de tarifas para atender às necessidades dos segmentos de clientes, os transportadores aplicam desconto nas classes de tarifas para clientes específicos. Os descontos, geralmente variando entre 30 e 50%, dependem do volume proposto pelo embarcador e da competição no mercado.

Uma alternativa para o CWT é o valor por quilômetro, comum em embarques de carga completa de caminhão. Como discutido anteriormente, embarques de carga completa de caminhão são projetados para reduzir os custos de manuseio e de transferência. Como o veículo é utilizado de maneira completa em uma movimentação e não há exigência de transferir o embarque para um terminal, a base por quilômetro oferece uma abordagem mais apropriada de precificação. Para movimentações em um só sentido, os encargos podem variar entre $ 0,80 a $ 1,85 por quilômetro, dependendo do mercado. Apesar de ser negociável, esse valor normalmente inclui serviços

Tabela 12-1 Classificação 100-S da National Motor Freight

Item	Artigos	Classes - Carga fracionada LTL	Classes - Carga fechada de caminhão TL	Peso mínimo (Kg)
86737	Nota: A classificação TL também se aplica quando o vidro é embarcado deitado, em caixas de madeira sobre paletes.			
86750	Vidro, acondicionado com chumbo, ver nota, item 86752.			
Sub1	Com desenhos de paisagem, pictórios ou religiosos, embalados em caixas.	200	70	1,200
Sub2	Com formas curvas, anguladas ou retas, com outros desenhos que não os de paisagens, pictórios, ou religiosos, em caixas.	100	70	1200
86752	Nota: A expressão acondicionado com chumbo significa vidro colorido ou não, acondicionado com chumbo ou outro metal.			
86770	Vidro, placa ou tampa de microscópio, em caixas.	70	40	1800
86830	Vidro, plano, embrulhado em tiras de alumínio com terminais metálicos afixados, em caixas, engradados ou em embalagem 1339.	77,5	45	1500
86840	Vidro, plano, embrulhado em tiras de alumínio, NOI, em caixas, engradados ou em embalagem 1339.	70	37,5	1800
86900	Vidro, entanhado para espelho, sem moldura, revestido numa face, ou montado com alças ou dispositivos de aperto.			
Sub1	Alto impacto (vidro de janela, estanhado), em caixas, ver nota do item 86902; Também TL, em embalagens 227 ou 300.	85	40	1500
Sub2	Outros que não alto impacto, também TL, em embalagens 227 ou 300: curvo:			
Sub3	Não excedendo 5 metros decomprimento e 3 metros de largura, em caixas.	100	70	1200
Sub4	De mais de 5 metros de comprimento ou 3 metros de largura, em caixas.	250	70	1200
Sub5	Não curvo, ver bloco 785.			
Sub6	300 cm de placas sobrepostas, em caixas, engradados ou em embalagens 198,	70	40	1500
Sub7	235 ou 1339.			
Sub8	Mais de 300 cm de placas sobrepostas, não excedendo 5 metros de comprimento e 3 metros de largura, em caixas ou engradados.	100	40	2000
Sub9	Mais de 5 metros de comprimento ou 3 metros de largura, em caixas ou engradados.	200	45	2000
86902	Nota: Vidro, estanhado para espelho, encaixilhado ou revestido de um lado, ou montado com alças ou dispositivos de aperto, é classificado como espelho NOI.			
86940	Vidro, janela, não em placas lisa, com bordas de metal, sem caixilhos ou engradados em caixas.	77,5	45	1500
86960	Vidro brilhante, sem caixilho (ver nota do item 86966), em caixas, engradados, ou embalagens 2133, 2149 ou 2281.	70	45	1500
86966	Nota: Aplica-se a placas de vidro separadas entre si, seladas em todas as bordas com o mesmo ou outros materiais.			
87040	Material de construção de clarabóias, telhados ou paredes laterais, consistindo de vidro plano bruto, com reforço interno de arame ou sem ele, com acessórios de instalação, ver nota do item 87042, em caixas ou engradados.	65	35	2000

Fonte: National Motor Freigth Classification (Alaxandria, VA: American Trucking Association, 1992).

relativos a uma carga incompleta de caminhão, tais como carregamento, descarregamento e responsabilidade.

Além do valor variável do embarque, aplicado tanto por CWT quanto por quilômetro, duas tarifas adicionais são comuns para o transporte: a **tarifa mínima** e a **sobretarifa**. A tarifa mínima representa o montante que um embarcador tem que pagar para formar um embarque, independentemente do peso. Apenas como ilustração, considere que a classe de tarifa aplicada é de $ 15/CTW e que o embarcador deseja transportar 100 libras para um local específico. Se não existisse uma tarifa mínima, o embarcador pagaria $ 15. Entretanto, com uma tarifa mínima de $ 150 por embarque, o embarcador teria que pagar esse mínimo. A tarifa mínima cobre os custos fixos de um embarque.

A sobretarifa representa um encargo adicional, projetado para cobrir custos específicos do transportador. Ela é utilizada para proteger os transportadores de situações não previstas a partir da publicação de uma tarifa geral. A sobretarifa pode ser considerada uma tarifa fixa básica, um percentual ou uma escala de tarifas baseada no tamanho do embarque. É comum o uso das sobretarifas para compensar os transportadores por grandes variações no custo do combustível. Por exemplo, no outono de 2000,

Tabela 12-2 Exemplo de tarifas de Atlanta, Geórgia, USA, (CEP 303) para Lansing, Michigan, USA (CEP 489)

Classes de tarifa									

Classes de tarifa	M2C	M2C	M4C	M8C	M2M	M4M	M8M	M12M	M16M
500	233,58	193,89	147,14	119,10	84,05	65,37	40,32	32,25	28,24
400	188,24	156,25	118,58	95,98	67,73	52,69	32,55	26,03	22,79
300	144,11	119,63	90,78	73,48	51,86	40,34	29,94	19,95	17,45
250	126,30	104,84	79,56	64,40	45,45	35,34	21,86	17,48	15,31
200	98,37	81,66	61,97	50,16	35,40	27,53	17,00	13,60	11,91
175	88,65	73,58	55,84	45,20	31,90	24,81	15,30	12,24	10,72
150	76,11	63,18	47,94	38,81	27,38	21,30	13,20	10,56	9,24
125	64,76	53,76	40,80	33,03	23,31	18,12	11,25	9,00	7,88
110	56,27	46,71	35,43	28,69	20,25	15,75	9,88	7,90	6,92
100	52,62	43,68	33,15	26,83	18,94	14,73	9,22	7,38	6,46
92	49,79	41,33	31,37	25,39	17,92	13,94	8,91	7,12	6,24
85	46,15	38,31	29,07	23,53	16,61	12,92	8,58	6,86	6,01
77	42,91	35,62	27,03	21,88	15,44	12,01	8,34	6,67	5,84
70	40,48	33,59	25,50	20,64	14,57	11,33	8,10	6,48	5,67
65	38,46	31,92	24,22	19,61	13,84	10,76	8,02	6,41	5,61
60	36,84	30,58	23,21	18,78	13,26	10,31	7,94	6,35	5,56
55	34,81	28,90	21,93	17,75	12,53	9,74	7,85	6,28	5,50
50	32,79	27,22	20,66	16,71	11,80	9,18	7,77	6,22	5,44
Limites de peso (kg)*	Abaixo de 500	500–1000	1000–2000	2000–5000	5000–10.000	10.000–20.000	20.000–30.000	30.000–40.000	Acima de 40.000

Origem 303: Destino: 489: MC 81,00: RBNO 0077SE

*N. de T.: Os limites de peso são originalmente em libras, foram chamados de quilogramas para melhor entendimento.

quando o combustível sofreu aumentos acentuados, era comum ver tarifas de transporte com 10 ou 20% de sobretarifa. A sobretarifa oferece uma forma de alívio imediato para os transportadores se recuperarem de custos inesperados, por não terem incluído tais custos em uma estrutura de fretes de longo prazo.

A classe de tarifas, valor mínimo, mudanças arbitrárias e sobretarifas formam a estrutura de precificação que, com várias combinações, são aplicáveis em todo o território dos Estados Unidos. A tarifa indica a classe de frete para qualquer grupo de tarifação entre a origem e o destino especificados. Em combinação, o esquema de classificação e a estrutura de classe de frete formam um mecanismo generalizado de precificação de transportadores ferroviários e rodoviários. Cada meio de transporte tem características específicas aplicáveis às suas tarifas. Nos transportes hidroviários, são feitas provisões de tarifas específicas para locais de carga dentro da embarcação ou no tombadilho. Além disso, são feitas provisões para fretar toda a embarcação. Provisões especializadas semelhantes são encontradas em cargas aéreas e tarifas de dutos. Prestadores de serviços intermediários não-operacionais e de embalagem também publicam tarifas especializadas dos seus serviços.

Tarifas Comuns (Commodity* Rates)

Quando uma grande quantidade de produtos é movimentada entre duas localidades de forma regular, os transportadores costumam publicar uma **tarifa comum (*commodity rates*)**. Tratam-se de tarifas diferenciadas, ou específicas, publicadas sem qualquer relação com uma determinada classificação. Os termos e as condições de uma tarifa comum normalmente estão explícitos em um contrato firmado entre o transportador e o embarcador. As tarifas comuns geralmente são publicadas em uma base ponto a ponto e se aplica somente a produtos especificados. Atualmente, a maioria dos fretes ferroviários ocorre à base de tarifas comuns, mas o mesmo não acontece nos fretes rodoviários. Sempre que existe tarifa comum, ela prevalece sobre a classe correspondente ou a tarifa de exceção.

Tarifas de Exceção

Tarifas de exceção, ou exceções à classificação, são tarifas especiais publicadas para oferecer aos embarcadores fretes mais baixos do que os referentes a sua classe de tarifas. O propósito original das tarifas de exceção foi oferecer uma tarifa especial para uma área, origem/destino, ou bem de consumo (*commodity*) específicos, quando movimentos competitivos ou de alto volume justificavam esse procedimento. Em vez de publicar uma nova tarifa, era estabelecida uma exceção à classificação ou à classe de tarifas.

Como o nome sugere, quando uma tarifa de exceção é publicada, altera-se a classificação que normalmente

---

* N. de T.: *Commodity* pode ser traduzido como bem ou serviço que não apresenta diferenciação e é comercializado de forma genérica. Optou-se por manter o termo original, bastante comum no léxico dos negócios.

se aplica ao produto. Essas mudanças podem envolver designação a uma nova classe ou podem ser baseadas em percentuais sobre a classe original. Tecnicamente, as exceções podem ser mais altas ou mais baixas, apesar de a maioria ser menor do que a classe de tarifa original. A menos que algo seja declarado, todos os serviços oferecidos na sua classe de tarifa permanecem na tarifa de exceção.

Desde a desregulamentação, vários tipos de tarifa de exceção ganharam popularidade. Por exemplo, uma tarifa de **agregado** *tender** é utilizada quando o embarcador concorda em oferecer carregamentos múltiplos para o transportador, em troca de um desconto ou tarifa de exceção com relação à classe de tarifa que prevaleceria. O objetivo principal é reduzir os custos do transportador, ao permitir a coleta de carregamentos múltiplos durante uma parada nas instalações do embarcador, ou reduzir a tarifa para o embarcador, devido à diminuição das operações ou ao alto custo do *marketing* do transportador. Para ilustrar, a UPS oferece descontos baseados no peso e/ou volume agregado a clientes que necessitam de múltiplos embarques de pequenos volumes. Desde 1980, os transportadores comuns têm introduzido inúmeras inovações de preço baseadas em vários princípios de agregação.

A tarifa de **serviço limitado** é utilizada quando um embarcador concorda em fazer alguns serviços que normalmente são feitos por transportadores, tais como carregamento de carreta, em troca de um desconto. Um exemplo comum é a tarifa de carregamento e contagem, em que o embarcador assume a responsabilidade pelo carregamento e pela contagem dos volumes. Isso não só tira do transportador a responsabilidade pelo carregamento do embarque, como também implica que ele não é responsável pela garantia de contagem dos volumes. Um outro exemplo de serviço limitado é a tarifa sem seguro, que limita a responsabilidade do transportador em casos de perdas ou danos. Normalmente, o transportador é responsável pelo valor total do produto, caso ocorra perda ou dano durante o transporte. A tarifa cotada deve incluir um seguro adequado que cubra riscos. Freqüentemente, é mais efetivo para os fabricantes de produtos de alto valor providenciar um auto-seguro, para obter o menor frete possível. O serviço limitado é usado quando os embarcadores têm confiança na capacidade do transportador. Os custos podem ser reduzidos eliminando-se a duplicação de esforços ou de responsabilidades.

Sob as tarifas de agregado *tender* ou de serviço limitado, assim como outras tarifas inovadoras de exceção, a justificativa econômica básica é a redução de custos dos transportadores e o subseqüente compartilhamento dos benefícios, com base na cooperação entre embarcador e transportador.

---

* N. de T.: O termo *tender* identifica o vagão de carvão que segue atrelado à locomotiva.

Tarifas e Serviços Especiais

Uma grande variedade de tarifas e serviços especiais são oferecidos pelos transportadores contratados para operações logísticas. A seguir, examinaremos vários exemplos importantes.

Tarifas de Frete de Todos-os-Tipos

Conforme já comentamos, as tarifas de frete de todos-os-tipos (FTT) são importantes para as operações logísticas. Nas tarifas FTT, uma variedade de diferentes produtos é transportada sob uma tarifa genérica. Em vez de determinar a classificação de tarifa aplicável a cada produto, uma tarifa média é aplicada sobre o total do embarque. As tarifas FTT são tarifas de carga geral, pois substituem as de classes de tarifa, de exceção, ou de *commodities*. O seu propósito é simplificar o serviço burocrático associado à movimentação de *commodities* misturadas para reduzir custos, por isso são de particular importância na distribuição física.

Tarifas Local, Conjunta, Proporcional e Combinada

Existem inúmeras tarifas especiais que visam a oferecer economias de custo para movimentações específicas de carga. Quando uma *commodity* é movimentada pela tarifa de um único transportador, essa tarifa é conhecida como **tarifa local** ou tarifa de linha única. Uma **tarifa conjunta** pode ser aplicada quando há mais de um transportador envolvido em um processo de transporte efetivo. Pelo fato de transportadores rodoviários e ferroviários operarem em território restrito, talvez seja necessário utilizar os serviços de mais de um transportador, para completar um carregamento. A utilização de uma tarifa conjunta pode oferecer economias substanciais sobre o uso de duas ou mais tarifas locais.

As **tarifas proporcionais** oferecem incentivos de preços especiais para a utilização de uma tarifa publicada que se aplica somente a parte da rota desejada. As condições proporcionais de uma tarifa são mais comumente aplicadas a pontos de origem ou de destino fora da área geográfica normal de uma tarifa de linha única. Quando não existe uma tarifa conjunta e sim a proporcional, a estratégia de realizar embarques sob esse tipo de tarifa oferece um desconto no trecho de linha única e, portanto, resulta em um menor custo geral.

As **tarifas combinadas** são semelhantes às tarifas proporcionais no que se refere a um comprador poder combinar duas ou mais tarifas ao não existir uma tarifa de linha única ou conjugada entre a origem e o destino. As tarifas podem ser qualquer combinação entre classes de tarifa, de exceção ou de *commodities*. A utilização de tarifas combinadas normalmente envolve várias especificidades técnicas, mas que vão além do escopo desta discussão. Sua utilização reduz substancialmente o custo de um carregamento individual. Em situações envolvendo movimentações regulares de carga, a necessidade de se utilizar tarifa combinada é eliminada pela publicação de tarifas específicas. A tarifa específica é uma tarifa padronizada que se aplica da origem ao destino de um carregamento.

Serviços em Trânsito. Os **serviços em trânsito** permitem que um carregamento pare em um ponto intermediário entre a origem e o destino final para descarga, armazenamento e/ou processamento. O carregamento é então novamente realizado para entrega no destino final. Exemplos típicos de serviços em trânsito são a moagem de grãos e o processamento de açúcar de beterraba. Em casos assim, cobra-se pelo transporte uma tarifa específica da origem ao destino e acrescenta-se o encargo referente ao serviço em questão. Os serviços em trânsito são mais comuns no transporte ferroviário. Na perspectiva do embarcador, a utilização desse serviço especializado está restrito a rotas e destinos. Portanto, perde-se flexibilidade quando o produto é colocado em trânsito, porque seu destino final somente pode ser alterado a um custo adicional significativo ou, pelo menos, com a perda da vantagem da tarifa específica. O custo adicional de administração deverá ser cuidadosamente ponderado, avaliando-se os verdadeiros benefícios da utilização da vantagem de trânsito. Durante a última década, as ferrovias têm, em geral, reduzido a disponibilidade de tais serviços de trânsito.

Alteração de Rota e Redespacho. Um embarcador ou consignatário, por várias razões, pode desejar uma alteração na rota, no destino final, ou até mesmo em relação ao próprio consignatário, depois que o carregamento já está em trânsito. Essa flexibilidade pode ser muito importante, particularmente em relação ao transporte de alimentos ou de outros produtos perecíveis, quando o mercado demanda mudanças rápidas. É uma prática comum, entre certos tipos de intermediários no mercado, a compra de *commodities* com a intenção prévia de vendê-las enquanto estão em trânsito. A alteração de rota consiste em mudar o destino de um embarque antes que chegue ao destino original. Redespacho é a mudança de consignatário antes da entrega. Ambos os serviços são oferecidos por ferrovias e transportadores rodoviários a um custo específico.

Entrega Parcelada. Uma **entrega parcelada** é exigida quando partes de um carregamento precisam ser entregues em localidades diferentes. Sob condições de tarifas específicas, a entrega pode ser estendida para múltiplos destinos. Em geral, a tarifa cobrada reflete o valor do transporte da carga até o destino mais distante. Além disso, normalmente existe um custo para cada ponto de entrega.

Sobreestadia (*demurrage*) e Retenção (*detention*). Sobreestadia e retenção são encargos cobrados pelo tempo de permanência excedente ao estabelecido, para carga e descarga, dos caminhões e carretas. O termo **sobreestadia** é usado pelas ferrovias para caracterizar a manutenção de um vagão além das 48 horas regulamentares para descarga. As empresas rodoviárias usam o termo **retenção** para caracterizar atrasos semelhantes. No caso dos transportadores rodoviários, o tempo permitido está especificado na tarifa e normalmente limita-se a algumas poucas horas.

Serviços Acessórios. Além do transporte básico, os transportadores rodoviários e ferroviários oferecem uma ampla variedade de serviços especiais e auxiliares que contribuem no planejamento das operações logísticas. A Tabela 12-3 apresenta uma relação dos serviços auxiliares mais freqüentemente utilizados.

Os transportadores também podem oferecer serviços ambientais e equipamentos especiais. Os **serviços ambientais** referem-se ao controle especial de cargas em trânsito, em termos de refrigeração, ventilação e aquecimento. Por exemplo, no verão, a Hershey's normalmente transporta os seus confeitos de chocolate em carretas dotadas de refrigeração, para proteger os produtos das altas temperaturas. Os encargos referentes a **equipamentos especiais** referem-se ao uso de equipamentos que o transportador necessita adquirir para proporcionar maior economia e conveniência aos embarcadores. Por exemplo, é necessário um equipamento sanitário especial para limpar e preparar as carretas para armazenamento e

Tabela 12-3 Tipos de serviços acessórios prestados por transportadoras

- *COD*. Cobrança de valor contra entrega
- *Mudança de COD*. Troca de consignatário com pagamento de valor contra entrega
- *Entrega interior*. Entrega de mercadoria dentro do(a) edifício/instalação
- *Marcação ou etiquetagem*. Marcação/impressão ou etiquetagem de mercadoria durante transporte
- *Notificação antes da entrega*. Aviso/notificação de entrega antes do(a) despacho/liberação (marcar hora de chegada antes da liberação)
- *Reconsignação da entrega*. Desvio de carga para outro destino, ainda em trânsito
- *Reentrega*. Segunda visita para tentativa de entrega
- *Entrega domiciliar*. Entrega em residência sem local para descarga de caminhão
- *Sortimento e separação*. Separação de mercadorias antes da entrega
- *Armazenagem*. Armazenagem de mercadorias antes da entrega

transporte de alimentos, caso a mesma tenha sido utilizada na movimentação de produtos ou *commodities* não-alimentícios.

Embora esta breve discussão sobre serviços especiais não tenha incluído todos os itens, ela oferece vários exemplos da abrangência e dos tipos de serviços oferecidos pelos transportadores. O papel destes, no âmbito do sistema logístico, costuma ir muito além da simples oferta de um transporte simples em um só sentido.

Gerenciamento do Departamento de Transportes

Embora os gerentes de transportes administrem muitas atividades, eles são responsáveis fundamentalmente pelas seguintes ações: (1) gestão das operações, (2) consolidação de cargas, (3) negociação de tarifas, (4) controle de cargas, (5) auditoria e reclamações, e (6) integração logística.

Gestão das Operações

A responsabilidade fundamental do departamento de transportes é o controle diário dos embarques. Em grandes organizações, o gerenciamento das operações de transporte envolve uma ampla variedade de responsabilidades administrativas. As empresas têm, cada vez mais, implementado o Sistema de Gestão de Transportes (TMS)[2] como parte essencial de suas estratégias de integração de informações. Sob uma perspectiva operacional, os elementos-chave da gestão de transportes são a programação dos equipamentos, o planejamento dos carregamentos, a definição das rotas e o controle dos transportadores.

Programação dos Equipamentos

Uma das principais responsabilidades do departamento de transportes é a programação de equipamentos. A programação é um processo importante tanto para os transportadores comuns como para os privados. Um gargalo operacional sério e dispendioso pode resultar do fato de haver equipamentos de transporte aguardando carga e descarga. Uma programação adequada exige um cuidadoso planejamento dos carregamentos, da utilização correta de equipamentos e da programação dos motoristas. Adicionalmente, a manutenção preventiva dos equipamentos deve ser planejada, coordenada e monitorada. Por fim, quaisquer exigências de equipamento especializado devem ser bem planejadas e implementadas.

A organização e o ordenamento dos compromissos de entrega e coleta têm uma relação estreita com a programação de equipamentos. É importante o agendamento em tempo hábil de posições ou espaços nas docas, para evitar longos tempos de espera e otimizar a utilização dos equipamentos. Tornou-se uma prática comum estabelecer programações regulares ou de espera para facilitar o carregamento e a descarga. Algumas empresas estão implementando a prática de estabelecer esse agendamento nos compromissos de compra ou venda. Cada vez mais, a programação efetiva de equipamentos tem sido um aspecto decisivo na implementação de uma organização logística baseada em tempo. Por exemplo, um arranjo de *cross-dock* é totalmente dependente de uma programação precisa de chegada e saída de equipamentos.

Planejamento dos Carregamentos

O modo como se planeja o carregamento tem impacto direto na eficiência do transporte. No caso dos transportadores rodoviários, a sua capacidade está limitada a peso e volume. O planejamento da seqüência de carregamento nas carretas deve considerar as características físicas dos produtos, o volume de cada embarque e a seqüência de entregas, caso vários embarques sejam feitos em uma única carreta. Como mencionado anteriormente, o *software* TMS está disponível para facilitar o planejamento dos carregamentos.

O grau com que efetivamente se planejam os carregamentos produz impacto direto na eficiência geral da logística. Por exemplo, o plano de carregamento direciona a oportunidade de seleção dos produtos e a seqüência de trabalho nos armazéns. Os equipamentos de transporte devem estar disponíveis para manter um fluxo ordenado de produtos e materiais, desde o armazém ou fábrica até o destino do embarque.

Definição das Rotas

Um aspecto importante para obter máxima eficiência no transporte é a definição das rotas dos embarques. Essa definição determina o trajeto que um veículo percorrerá para completar as exigências dos transportes. Mais uma vez, o *software* de definição de rota é parte integrante do TMS.

Sob uma perspectiva administrativa, o departamento de transportes é responsável por assegurar que a definição de rotas seja executada de maneira eficiente para atender às exigências básicas dos clientes. A forma como as rotas são definidas deve levar em consideração especialmente as exigências de atendimento aos clientes, como tempo de entrega, local e serviços especiais de descarga.

Controle dos Transportadores

Os gerentes de transportes têm a responsabilidade fundamental de controlar o desempenho dos transportadores contratados ou próprios. Uma administração efetiva exige

---

[2] A funcionalidade do TMS foi discutida no Capítulo 8.

medições e avaliações regulares do desempenho na área dos transportes. Até recentemente, os esforços para medir os serviços reais dos transportadores eram esporádicos e pouco confiáveis. O procedimento comum era incluir cartões com a discriminação dos embarques, solicitando aos consignatários que anotassem o horário e as condições da carga na chegada ao destino. O desenvolvimento da tecnologia da informação aprimorou de modo significativo a confiabilidade das informações referente aos transportes. O fato de muitos embarcadores terem reduzido o número de transportadores contratados simplificou significativamente esse controle. Uma administração efetiva exige a escolha, a integração e a avaliação dos transportadores.

Escolha dos Transportadores

Cabe ao departamento de transportes a responsabilidade básica de escolher o transportador que realizará o transporte terceirizado. Praticamente todas as empresas usam serviços de transportadores contratados. Mesmo aquelas que dispõem de frotas próprias necessitam de serviços suplementares dos transportadores comuns, sob contrato e especializados para complementarem suas necessidades de transporte. A maioria das empresas que utilizam transportes contratados tem implementado o que costuma se denominar **Estratégia de Transportador Essencial** (*Core Carrier Strategy*).

O conceito de transportador essencial se refere a criar um relacionamento de trabalho com um pequeno número de empresas prestadoras de serviços de transportes. Historicamente, os embarcadores mantiveram a prática de divulgar suas exigências de transporte entre uma ampla variedade de transportadores, para garantir o fornecimento de equipamentos. No período de regulamentação, havia pouca diferença de preços entre os transportadores. Como resultado, os embarcadores normalmente faziam negócios com centenas de transportadores diferentes. Existem exemplos em que embarcadores reduziram o número de transportadores de 400 a 500 para 20, ou até mesmo 10.[3] A concentração de volume de transportes em um pequeno núcleo de transportadores visa a estabelecer um relacionamento de negócios que padronize os processos operacionais e administrativos. Um planejamento mútuo e o reconhecimento de dependência entre embarcadores e transportadores resultam no fornecimento de equipamento confiável, serviços personalizados, programação aprimorada e uma administração global mais eficiente.

Em inúmeras situações, o relacionamento com transportadores essenciais se dá diretamente entre o embarcador e a empresa prestadora de serviços de transporte. Uma inovação é o uso de Prestadores de Serviços Integrais (PSIs) para estabelecer e manter os relacionamentos de negócios com os transportadores essenciais. Nessas situações, os PSIs facilitam a administração e consolidam as cargas numa ampla variedade de embarcadores. A Visão Setorial 12-1 descreve o desenvolvimento de uma nova tecnologia, implementada na Meijer, Inc., para gerenciar suas atividades de transporte relacionadas a cargas que chegam. Em outras situações, o transportador essencial serve como coordenador ao organizar os serviços de diversas empresas, e até de transportadores concorrentes, para satisfazer às necessidades de embarque de clientes preferenciais.

O conjunto de modelos de relacionamentos é constantemente mudado pelo fato de os fornecedores de serviço criarem métodos novos e mais avançados para identificar e integrar exigências de transporte. Contudo, ao final do dia, permanece a responsabilidade intrínseca da gestão de transporte de assegurar que a empresa tem o suporte de um transporte confiável e econômico. Essa responsabilidade fundamental não pode ser delegada.

Integração de Transportadores. A integração de transportadores é semelhante à introdução de um novo produto e capacidades de serviço nas operações logísticas. Os dois desafios na integração de transportadores são as tendências de longo prazo e os serviços desses transportadores. Esses dois tipos de integração são cruciais para os embarcadores atingirem seu desempenho funcional e estratégico no mercado.

O monitoramento das tendências de longo prazo do mercado exige avaliação das capacidades das carretas ou dos vagões, aspectos necessários para atender às exigências dos embarques em bases sazonais ou anuais. Relacionado a isso, está o planejamento de fornecimento do tipo de equipamento que satisfaça às exigências operacionais. Um exemplo é determinar se o fornecimento de contêineres ou de carretas será suficiente para atender à demanda de um setor ao longo de um horizonte planejado. Essa conscientização sobre oferta e demanda é essencial para uma negociação exitosa.

O monitoramento da demanda de serviços dos transportadores também é imprescindível. Para uma integração bem-sucedida, os transportadores devem planejar o equipamento a ser utilizado e prestar serviços essenciais às necessidades logísticas de um cliente. A menos que existam transportadores disponíveis para prestar os serviços essenciais, as descontinuidades operacionais certamente ocorrerão.

Avaliação de Transportadores. Antes da desregulamentação, a contratação de serviços de transporte era uma tarefa relativamente fácil. Os embarcadores selecionavam um transportador para um carregamento específico numa lista extensa, sabendo que cada um deles oferecia serviços essencialmente padronizados e pelo mesmo preço. A regulamentação econômica não abria muito espaço para negociações de preços ou serviços.

---

[3] Peter Buxbaum, "Core Carrier Programs: Poetry in Motion". *Inbound Logistics*, September 1997, pp. 32-39.

Visão Setorial 12-1 A LeanLogistics Gerencia o Transporte de Recebimento

Executivos da LeanLogistics anunciaram que a Meijer, Inc. começou a utilizar o sistema próprio da LeanLogistics baseado na Internet para cotação de preços *online*, execução e gestão de todos os seus transportes de recebimento. A Meijer está utilizando a tecnologia de propriedade da LeanLogistics para comunicar dados importantes para todos os transportes de recebimentos na sua rede de distribuição. O sistema está processando todas as transações de recebimento da Meijer para todos os pedidos de embarques fracionados (LTL), cargas completas de caminhão (TL), e cargas fracionadas (LTL) consolidadas.

De acordo com Ed Nieuwenhuis, vice-presidente de logística da Meijer, "Com o aumento da complexidade na distribuição, como resultado de *lead times* (tempos de avanço) menores, níveis de inventário menores, lotes de embarques menores e mais freqüentes, e da necessidade de maior visibilidade, a oportunidade de utilizar esse tipo de tecnologia de ponta não tinha existido até então. A tecnologia da LeanLogistics no contexto das transações próprias permite que a Meijer desenvolva os relacionamentos existentes com transportadores, ao mesmo tempo que alcança uma eficiência inerente propiciada por um sistema sem igual e altamente visível em sua operação. Somos capazes de elevar a logística a um outro nível, sem interromper quaisquer relacionamentos essenciais".

A LeanLogistics é uma solução com base na Internet que proporciona um ambiente de transporte para o comércio eletrônico (*e-commerce*) altamente seguro e escalonável. Baseado na filosofia de **empresa enxuta**, a tecnologia da LeanLogistics utiliza a Internet para transações entre embarcadores e transportadores de maneira eficiente, reduzindo os custos gerais da movimentação de cargas. Via *web*, eles podem gerenciar todas as transações de transporte, desde o pedido do cliente até a entrega, incluindo o pagamento e a liquidação.

Por exemplo, um dos maiores benefícios da tecnologia da LeanLogistics é que ela permite ao embarcador simplificar o processo de cotação de preços dos seus transportadores preferenciais. O embarcador pode, com eficiência, propor a esses transportadores uma cotação de preços de embarques usando uma tarifa de contrato. Caso o primeiro transportador não aceite a proposta, a tecnologia automaticamente transfere a cotação ao próximo transportador disponível.

Como mais um exemplo, a LeanLogistics automaticamente retém todos os dados de tarifas e custos de serviço como parte do processo de cotação de preços – as cargas são automaticamente pré-auditadas antes de serem executadas. Isso elimina a auditoria e o consumo de tempo deconciliação entre embarcadores e transportadores.

A tecnologia da LeanLogistics permite que todas as cargas, de ponta a ponta, durante 24 horas por dia, 7 dias por semana, além da situação dos pedido *de compra*, sejam visualizados pelo pessoal de logística e de compras da Meijer, assim como pelos transportadores preferenciais e outros participantes. Se um imprevisto acontece, tal como a perda de um compromisso, o sistema automaticamente alerta as partes envolvidas para uma ação proativa das questões relativas às mercadorias recebidas, reduzindo assim as faltas no estoque e assegurando um maior grau de atendimento dos pedidos em tempo hábil.

No caso dos transportadores, as informações para carga são recebidas eletronicamente, o que elimina sua reconexão aos seus sistemas. Os transportadores também têm a possibilidade de realizar *online* os agendamentos de entrega nos centros de distribuição da Meijer.

Fonte: Material cedido pela LeanLogistics, Holland, Michigan, EUA.

Desde a desregulamentação, entretanto, a avaliação de transportadores tornou-se muito mais complexa e importante, já que inúmeros fatores necessitavam ser examinados. A avaliação de transportadores deveria focalizar os critérios considerados importantes pelos consignatários e não pelos embarcadores. Essas considerações normalmente incluem custo, tempo de transporte, confiabilidade, capacidade, acessibilidade e segurança.

O *custo* de transporte é o aspecto mais crucial. O valor do frete é somente parte do custo total. O custo total precisa levar em conta o impacto no inventário do tempo e da consistência do transporte, a facilidade de interface do sistema, os equipamentos e as atividades relacionadas, tais como carregamento e contagem de produtos. Os transportadores que oferecem maior rapidez e *tempos de trânsito* mais confiáveis estão apresentando atributos decisivos no desempenho logístico geral. Independentemente do quanto um fornecedor é capaz de despachar com presteza uma determinada mercadoria, ele precisa transmitir um elevado grau de *confiabilidade*. Se o transportador realizar entregas inconsistentes, haverá problemas. Vendas serão perdidas e linhas de produção serão encerradas, se os transportadores não atenderem aos compromissos de entrega. Alguns transportadores praticam melhor atendimento do que outros, e aqueles que oferecem vantagens mudam rapidamente. A tarefa é manter uma avaliação atualizada da capacidade do transportador.

Uma avaliação comum da confiabilidade é a avaliação estatística da entrega e do tempo de chegada de um embarque. A tecnologia tem feito com que esses dados estejam cada vez mais à disposição dos embarcadores. A variação entre o desempenho real e o esperado pode ser medida e mantida no relatório de confiabilidade do transportador. A *capacidade* se refere à possibilidade de o transportador fornecer equipamentos potentes e especializados, tais como os destinados ao controle de temperatura, aos produtos a granel e à descarga lateral. As capacidades gerais incluem transações eletrônicas (EDI), Internet, programação e faturamento, rastreamento *online* dos embarques, e armazenamento e consolidação.

A *acessibilidade* geralmente não é problema para os transportadores rodoviários; entretanto, ela pode ser um fator crítico para as demais modalidades de transporte de carga. A preocupação específica diz respeito à movimentação inicial dos produtos de e para o aeroporto, estação ferroviária, porto ou pontos de acesso a dutos. Enquanto a acessibilidade física vem gradativamente deixando de ser um entrave, devido à expansão de serviços intermodais, a acessibilidade a transportadores com acordos de operações específicos ou conjuntos tem aumentado. Esses acordos geralmente aumentam a velocidade dos serviços, ao mesmo tempo em que reduzem a necessidade de negociações de tarifas múltiplas, de preparação de múltiplas cópias de documentação dos embarques, ou múltiplos telefonemas para seus rastreamentos.

Uma consideração final diz respeito à *segurança* oferecida pelo transportador. Segurança é a capacidade que o transportador tem de proteger a carga contra perdas, danos ou furtos. Relacionado a isso, está sua habilidade para resolver rapidamente reclamações que envolvem prejuízos desse tipo.

A partir das considerações ora comentadas, pode ser usado um processo de duas etapas para avaliar comparativamente os transportadores. A primeira etapa determina a importância relativa dos elementos de serviço para um embarcador. Essa abordagem atribui então, um fator de ponderação da importância de cada elemento. Por exemplo, um item muito importante pode ser classificado como 1, enquanto um elemento menos importante é classificado como 3. A Tabela 12-4 ilustra essa abordagem.

A segunda etapa é avaliar o desempenho do transportador em relação a cada elemento. A Tabela 12-4 apresenta uma escala de classificação em três pontos, variando de um bom a um fraco desempenho. A avaliação do desempenho de um transportador deve incluir tanto elementos quantitativos como qualitativos. Uma classificação de transportador combinada pode ser estabelecida pela multiplicação da importância relativa de um elemento e seu desempenho. Na Tabela 12-4, uma avaliação de transportadores em 23 pontos representa a soma dos fatores de classificação e a relativa importância individuais. Nessa avaliação, o melhor transportador em um grupo é aquele com menor pontuação total.

Consolidação de Cargas

Em diferentes pontos deste livro, foi discutida a importância da consolidação de cargas. O fato de que os custos de frete estão diretamente relacionados aos tamanhos dos embarques e à extensão dos percursos enfatiza a importância da consolidação de cargas. A partir do célebre termo utilizado tempos atrás pelo presidente Truman, *"The buck stops here"**, depreende-se que a gestão de transportes é a função administrativa responsável por realizar a consolidação de cargas.

A abordagem tradicional da consolidação de cargas era combinar carga fracionada LTL, ou embarques parciais, em uma localização genérica. O objetivo da consolidação das expedições era claro e direto. As economias de transporte na movimentação de um único carregamento *versus* múltiplos carregamentos individuais e pequenos eram normalmente suficientes para pagar o manejo e a entrega local, ao mesmo tempo em que reduzia o custo total.

A mudança para uma logística com base na resposta à demanda introduziu novos desafios em relação à consolidação. A logística baseada no tempo tende a transferir o impacto de uma demanda imprevisível, que vai da manutenção de estoques de segurança à criação de pequenos embarques. Todos os membros da cadeia de suprimentos estão buscando reduzir o tempo de manutenção de inventários a partir de uma melhor sincronização entre reabastecimento e demanda. O resultado são pedidos menores e mais freqüentes. O aumento do número de embarques menores não só resulta em custos de transporte mais altos como também representa um congestionamento no manejo e nas docas. A Visão Setorial 12-2 discute essa alteração para tamanhos de pedidos semelhantes e algumas soluções implementadas por empresas ao lidar com isso.

---

* N. de T.: A expressão *"The buck stops here"* pode ser traduzida como "a delegação pára aqui", denotando que a responsabilidade final é do presidente.

Tabela 12-4 Exemplo de avaliação de transportadoras

Fator de avaliação	Importância relativa	×	Desempenho da transportadora	=	Classificação da transportadora
1. Custo	1	×	1	=	1
2. Tempo em trânsito	3	×	2	=	6
3. Confiabilidade do tempo em trânsito	1	×	2	=	2
4. Capacidade	2	×	2	=	4
5. Acessibilidade	2	×	2	=	4
6. Segurança do serviço	2	×	3	=	6
			Total da classificação do transportador		23

Visão Setorial 12-2   Mudanças no Mercado Exigem Nova Visão da Cadeia de Suprimentos

Num esforço para reduzir os níveis de inventário e melhorar o retorno de ativos, as empresas estão "empurrando o inventário" para seus fornecedores e desejando serviços menores e mais freqüentes, a fim de rapidamente reabastecer seus reduzidos níveis de estoque. Isso permite que o fabricante corte seus inventários para alguns dias de suprimento, mas os custos não foram realmente eliminados na cadeia de suprimentos.

O impacto dos pedidos de quantidade menores é mensurável e material. É razoável considerar que o encolhimento dos volumes nos pedidos se apresente como o fator principal na elevação de gastos gerais com transporte. Pesquisas indicam que o transporte representa não só o maior componente dos custos totais da logística, mas também o de maior crescimento, passando de 44% do total em 1980 para 57% em 1995.

Como resultado da mudança para pedidos menores e mais freqüentes, muitas empresas assistem a uma alteração no composto de modais nos transportes de pequenos volumes, passando de caminhões em carga completa para os de carga incompleta. Os custos de frete podem aumentar rapidamente quando os pedidos precisam ser embarcados usando caminhões de cargas fracionadas ou modalidades de carga de pequenos volumes. Os custos de frete podem subir de duas a três vezes nos casos de mudanças drásticas no perfil dos pedidos ou no composto de modais de carregamento. Isso pode significar um frete de expedido que representa de 1 a 2 ou 3% das vendas. Em uma empresa que utiliza 10% como margem de lucro, isso representa uma redução de 10 a 20% nessa margem.

Estratégias de Redução de Custo

A Entrega Direta na Loja (EDL), ou direta ao consumidor, são formas pelas quais alguns parceiros comerciais evitam o custo de manejo de pequenos pedidos em centros de distribuição para varejistas ou distribuidores. Ao permitir-se que os fornecedores despachem os pedidos diretamente às lojas ou consumidores finais, elimina-se uma etapa inteira da cadeia de suprimentos, e os varejistas (ou compradores) atendem ao objetivo de "empurrar o inventário" para seus fornecedores. A EDL é uma abordagem válida para se lidar com pedidos menores e mais freqüentes, desde que os fornecedores consigam responder de forma rápida e a custos competitivos. Se a EDL realmente irá oferecer ou não uma vantagem de custo ou de serviço numa dada situação, isso exige uma avaliação cuidadosa. Como os custos de transporte e de recebimento costumam aumentar, os benefícios podem ser facilmente neutralizados.

Além da EDL, existem outras opções para lidar com os pedidos menores e mais freqüentes: a consolidação de cargas é uma maneira efetiva de compensar alguns aumentos nos custos de transporte associados aos pequenos embarques. A consolidação pode ser usada tanto no recebimento como na expedição de mercadorias, mas exige a concentração de volume de carga para uma determinada rota de transporte, a fim de obter-se um custo efetivo. A consolidação do suprimento de produtos pode fazer sentido se um certo número de fornecedores estiver embarcando cargas fracionadas (LTL) de uma mesma região geográfica. Para fazer isso funcionar, os fornecedores despacham a carga fracionada para um ponto de consolidação, onde ela pode ser combinada com cargas completas de caminhão (TL) para o comprador. A consolidação se torna mais atrativa para distâncias mais longas, devido à oportunidade de se eliminar os altos custos dos longos percursos de cargas fracionadas. Da mesma forma, se existir concentração de pedidos para expedição em cargas fracionadas para uma região, os pedidos podem ser combinados em um transporte de carga completa de caminhão para um ponto de "desconsolidação". A entrega a curtas distâncias para os consumidores finais pode ser feita em cargas fracionadas ou por contratos de entregas.

A ação de se redirecionar o destino de embarques (*zone skipping*) é uma técnica de consolidação de carga usada para reduzir os custos de frete na expedição de pequenos volumes. Combinando-se as pequenas expedições em caminhões completos e despachando-os direto para o centro de consolidação dos transportadores mais próximos do destino final, os fretes podem ser tarifados para uma zona de custo menor.

Provedores de serviços logísticos (3PLs) oferecem outra alternativa de economia ao potencializarem a combinação de volumes de transportes de seus clientes, de forma a obter economias de escala não disponíveis para um embarcador. Os serviços prestados por 3PLs podem envolver armazenamento, consolidação de cargas, gestão de inventários, *zone skipping*, ou oportunidades de *milk-run*.*

Os gerentes de logística têm se defrontado com o encolhimento dos perfis de pedidos já há um certo tempo. Ao encarar as tendências nas cadeias de suprimento de pedidos menores e mais freqüentes, podemos estar razoavelmente certos de que o encolhimento de pedidos continuará a ser uma questão importante. Podemos também ter certeza de que a pressão pela redução das despesas de distribuição não diminuirá. Os gerentes de logística devem ser criativos o suficiente para aplicar idéias e tecnologias inovadoras, assim como abordagens que comprovadamente fazem sentido agora.

Fonte: Paul Huppetz, "Market Changes Require New Supply Chain Thinking." *Transportation and Distribution*, 40, no. 3. (March 1999), pp. 70-74.

---

* N. de T.: A expressão *milk-run* é conhecida como o procedimento de coleta de produtos junto a fornecedores numa determinada rota e programação preestabelecidas; é muito usada no setor automobilístico, razão pela qual se manteve a expressão original.

Para controlar os custos de transporte ao utilizar uma estratégia baseada no tempo, a administração deve direcionar sua atenção para o desenvolvimento de meios engenhosos de obter os benefícios da consolidação de transportes. Para traçar o plano de consolidação de cargas é necessário possuir informações confiáveis quanto à situação do inventário atual e à do planejado. É também desejável ter capacidade de reservar ou comprometer a produção programada para completar a consolidação prevista. Do ponto de vista prático, as consolidações devem ser planejadas antes do processamento dos pedidos e da seleção dos pedidos nos depósitos, para evitar atrasos. Todos os aspectos da consolidação exigem informações relevantes e em tempo hábil das atividades planejadas.

Do ponto de vista operacional, as técnicas de consolidação podem ser agrupadas em *reativas* e *proativas*. Cada tipo de consolidação é importante para atingir a eficiência nos transportes.

Consolidação Reativa

A abordagem reativa para a consolidação não tenta influenciar a composição e a oportunidade (*timing*) das movimentações de transporte. Os esforços de consolidação acontecem conforme os embarques vão surgindo, e buscam combinar as cargas em embarques mais amplos para a movimentação em percursos de linha. Talvez o exemplo mais visível de uma efetiva abordagem reativa é a separação e a consolidação noturna dos pacotes de mercadorias para percursos intermunicipais praticadas pela UPS – United Parcel Service.

Do ponto de vista operacional, existem três maneiras de atingir uma efetiva consolidação de cargas reativa: (1) área de mercado, (2) entrega programada, (3) entrega combinada.

Área de Mercado. O método mais simples de consolidação é combinar pequenos embarques direcionados a diferentes clientes dentro de uma área geográfica de mercado. Esse procedimento não interrompe o fluxo natural das cargas ao alterar o *timing* dos embarques. Ao contrário, a quantidade global de embarques para uma determinada área de mercado proporciona a base para a consolidação.

A dificuldade de desenvolver as consolidações em áreas de mercado, tanto para o recebimento como para a distribuição, é a variação no volume diário. Para compensar a deficiência de volume, geralmente são utilizados três arranjos operacionais. Primeiro, os embarques consolidados podem ser enviados a um ponto intermediário de separação (*break bulk*)* para fins de economia de transporte. Nesse local, os embarques individuais são separados e despachados para seus respectivos destinos. Segundo, as empresas podem determinar que irão manter embarques consolidados para entregas programadas em dias específicos para certos mercados. Terceiro, as empresas podem alcançar a consolidação de pequenos embarques utilizando os serviços terceirizados de uma empresa de logística para agrupar as entregas. Os dois últimos métodos exigem arranjos especiais, que serão discutidos em detalhe a seguir.

Entrega Programada. A entrega programada consiste em limitar os embarques para mercados específicos em determinados dias da semana. O plano de entrega programada é normalmente comunicado aos clientes de maneira que evidencie os benefícios mútuos da consolidação de cargas. A empresa embarcadora compromete-se com seus clientes de que todos os pedidos recebidos antes de um horário específico de fechamento terão garantia de entrega no dia programado.

A entrega programada pode entrar em conflito com a tendência de prazos de entrega especificados pelos clientes. O tempo para entrega especificado significa que a expectativa é de que um pedido seja entregue no menor tempo possível. No mundo atual, a exigência de entrega de um componente ou peça em mais ou menos 1 hora pode estar especificada no contrato de compra. Levado ao extremo, a entrega especificada pelos clientes exige a capacidade de entregar qualquer tamanho de embarque em qualquer prazo estipulado. O objetivo da entrega programada é oferecer uma solução para o cliente ao mesmo tempo em que obtém os benefícios da consolidação de cargas.

Entrega Associada. Participar de um plano de entregas associadas normalmente significa que um agente de cargas (*freight forwarder*), armazém público ou empresa de transportes irá organizar a consolidação de cargas de múltiplos embarcadores, destinadas a uma mesma área geográfica de mercado. Os fornecedores de serviços integrados organizam serviços de consolidação associada, normalmente por meio de entregas programadas para destinos com alto volume de cargas. É comum, sob tais arranjos, que a empresa de consolidação preste serviços com valor agregado, como classificação, continuidade ou separação de cargas de recebimento, para atender às exigências dos seus clientes.

Consolidação Proativa

Embora os esforços reativos no desenvolvimento de consolidações de transporte tenham obtido sucesso, as empresas estão se tornando mais inovadoras ao realizar um planejamento de pré-transações de compra e venda. Duas forças estão direcionando uma abordagem mais proativa da consolidação de cargas. A primeira força, o impacto de sistemas logísticos baseado no tempo, cria

---

* N. de T.: Ponto de *Break Bulk* é uma instalação onde se separam as várias cargas consolidadas de diferentes clientes, transferidas então para embarques ou carregamentos menores. Essas instalações não mantêm estoques.

um grande número de pequenos embarques. Essa tendência de aumentar o número de embarques menores tem se intensificado pelo incremento das transações com base no *e-commerce*. A segunda força, a consolidação proativa, tem aumentado o interesse dos embarcadores, transportadores e consignatários em participar da economia que a consolidação de carga propicia. Os programas de consolidação tradicionais favoreciam normalmente um desses três agentes, com a exclusão de um ou dos dois restantes. A vontade de compartilhar os benefícios pode incentivar todos os membros da cadeia de suprimentos a praticar a consolidação de cargas.

Planejamento Pré-pedidos. Um importante passo em direção ao sucesso da consolidação proativa é o planejamento antecipado dos pedidos de quantidade e do tempo para entrega, de modo a facilitar a movimentação das cargas consolidadas. Colocado de forma simples, a criação de pedidos não deve restringir-se a tempos de compras padronizados ou regras de reabastecimento de estoques. A participação dos compradores na criação de pedidos pode facilitar significativamente a consolidação de cargas.[4]

Consolidação Multiempresarial. Significativas oportunidades para a consolidação de cargas também podem ocorrer se empresas não-relacionadas puderem ser coordenadas. Comumente denominada *Consolidação de multivendedores*, a idéia geral de agrupar diferentes embarcadores sempre fez parte das operações de carga geral com transportadores de carga fracionada (LTL). A iniciativa diz respeito ao planejamento conjunto de armazenamento e processamento de pedidos pelas diferentes empresas, para facilitar a consolidação de suas cargas. A criação dessa consolidação multiempresarial é um serviço de valor agregado oferecido por um crescente número de 3PLs.[5] Da mesma forma, as empresas estão apoiando organizações de associações entre concorrentes para atingir a eficiência logística.[6]

Negociação de Tarifas

No Capítulo 11, discutiu-se uma descrição básica de tarifas de transporte e sua regulamentação associada. Em qualquer embarque, é de responsabilidade do departamento de transportes obter a menor tarifa possível, compatível com as exigências de serviços. O preço prevalecente para cada alternativa de transporte – ferroviário, aéreo, rodoviário, dutoviário, hidroviário e assim por diante – é encontrado consultando-se as tarifas.

Desde 1980, a tarifa preponderante representa o ponto de partida nas negociações de transporte. A chave para uma negociação efetiva é buscar acordos em que ambos, embarcadores e transportadores, saiam ganhando, e compartilhem os ganhos de produtividade. Como muitas vezes foi mencionado no transcorrer deste texto, o menor custo de transporte possível pode não ser o menor custo logístico total. O departamento de transportes deve buscar a menor tarifa compatível com os padrões de serviços. Por exemplo, se uma entrega em dois dias for exigida, o departamento de transportes deve optar pelo meio de transporte que irá satisfazer essa exigência ao menor custo possível. Dadas as considerações especiais dos transportes, vários fatores discutidos no decorrer desta seção devem guiar a negociação de tarifas. Entretanto, no contexto de construção de um relacionamento sólido com os transportadores, os gerentes de transportes devem buscar tarifas justas e balanceadas.

Controle dos Carregamentos

Também são responsabilidades importantes na gestão de transporte o rastreamento e a expedição. **Rastreamento** é um procedimento para localizar cargas extraviadas ou atrasadas. Os embarques comprometidos numa rede de transportes estão sujeitos a eventuais desvios ou atrasos. A maioria dos grandes transportadores mantém um rastreamento *online* para auxiliar os embarcadores na localização de seus carregamentos. A ação de rastreamento deve ser iniciada pelo departamento de transportes do embarcador, mas depois de iniciada é responsabilidade do transportador fornecer as informações desejadas. **Expedição** envolve uma notificação do embarcador para o transportador, relatando que necessita realizar um determinado embarque o mais rápido possível e sem atrasos.

Os problemas tradicionais relacionados ao rastreamento e à expedição de cargas têm sido consideravelmente reduzidos pelo uso de tecnologias da informação, tais como código de barras, sistema *online* de informações de carregamentos, satélite e comunicações via Internet. O uso de código de barras oferece transferência de informação de forma rápida e sem erros, facilitando o rastreamento de embarques em pontos intermediários. Sistemas *online* de informação de carregamento permitem aos embarcadores e consignatários o acesso direto aos computadores do transportador para verificar a situação de qualquer embarque. A Schneider National utiliza o rastreamento via satélite para fornecer a localização e a previsão de futuras movimentações para toda a sua frota, de modo a identificar eventuais problemas e trabalhar proativamente com seus clientes na implementação de soluções satisfatórias.

---

[4] Carol Casper, "Multi-Vendor Consolidation," *Food Logistics*, January/February, 1999, pp. 37-48.

[5] Katherine Doherty, "The Faster Freight Moves the Better Off We Are," *Food Logistics*, October, 1998, pp. 54-58.

[6] Helen L. Richardson, "Pooling With Competitors," *Transportation and Distribution*, November, 1998, pp. 105-10.

Auditoria e Gerenciamento de Reclamações

Quando os serviços de transporte ou seus encargos não apresentam o desempenho esperado, os embarcadores podem solicitar restituições. As reclamações são normalmente classificadas como perda ou dano, ou cobrança de valor acima ou abaixo do fixado. A reclamação de perda ou dano é aquela na qual o embarcador exige que o transportador o indenize, parcial ou totalmente, por perdas ou danos ocorridos com sua mercadoria durante o trânsito. As reclamações por cobrança de valor a mais ou a menos ocorrem quando o montante faturado é diferente do esperado; em geral, são resolvidas por meio de um procedimento de auditoria dos conhecimentos de carga descritos a seguir.

Os acordos estipulam os procedimentos apropriados para o preenchimento de reclamações e ajudam a definir as responsabilidades. Dois fatores com relação ao gerenciamento das reclamações são de importância fundamental. Primeiro, dever ser dada uma atenção especial a esse tipo de gerenciamento, porque a recuperação só é alcançada com programas agressivos de auditoria. Segundo, grandes volumes de reclamações indicam que um transportador não está desempenhando adequadamente seus compromissos de serviço. Independentemente dos valores recuperados pelo gerenciamento das reclamações, as falhas no desempenho dos serviços aos clientes que resultam em reclamações por perdas e danos têm grande impacto na reputação do embarcador junto a seus clientes.

A auditoria dos conhecimentos de carga é uma importante função do departamento de transportes. O propósito da auditoria é assegurar a exatidão do faturamento. A complexidade das tarifas de transporte resulta em uma probabilidade de erros mais alta do que em outras decisões de compra. Existem dois tipos de auditoria de fretes. A auditoria prévia determina os encargos apropriados antes do pagamento de um conhecimento de frete. A auditoria posterior faz o mesmo, só que após o pagamento ter sido realizado. A auditoria pode ser externa ou interna. Se for externa, as empresas especializadas em auditoria de fretes são contratadas utilizando peritos em classes específicas de bens de consumo, o que é geralmente mais eficiente do que o uso de funcionários internos, que possivelmente não terão o mesmo desempenho nessa prática. O pagamento da auditoria externa é geralmente baseado num percentual das recuperações das cobranças de valores mais altos. A contratação de empresas reconhecidamente probas e éticas é de importância crucial para esse propósito, pois valiosas informações de *marketing* e dos clientes estão contidas nos conhecimentos de frete, e as atividades corporativas podem ser prejudicadas se informações reservadas não forem mantidas em absoluto sigilo.

Uma combinação de auditorias interna e externa é freqüentemente utilizada, tomando por base o valor do conhecimento de frete. Por exemplo, uma fatura de $ 600 com erro de 10% resulta em uma recuperação de $ 60, mas uma fatura de $ 50 com o mesmo percentual de erro resulta em uma recuperação de apenas $ 5. Assim, faturas com alto potencial de recuperação poderão ser auditadas internamente.

A comparação entre auditorias externa e interna pode também ser afetada pelo porte da empresa ou pelo seu grau de informatização. Por exemplo, grandes departamentos de transportes têm condições para ter em seu quadro funcionários especializados em auditorias. Empresas que utilizam sistemas informatizados de pagamento de frete também podem construir sistema de verificação de tarifas para a maioria dos pontos de origem/destino, volumes e pesos. Essas capacitações de informatização permitem verificações automáticas dos pagamentos devidos.

Integração Logística

Em relação a um determinado período operacional, a expectativa é de que a gerência de transportes atenda às exigências dos serviços de transporte ao custo previsto no orçamento. É também responsabilidade da gerência de transportes buscar meios alternativos de realizar efetivamente os carregamentos e reduzir os custos totais logísticos. Por exemplo, uma pequena mudança na embalagem pode criar a oportunidade de negociar uma classificação de fretes mais baixos para um produto. Embora os custos de embalagem possam aumentar, essa despesa adicional pode ser recuperada por uma redução substancial no custo do transporte. A menos que tais oportunidades sejam detectadas pelo departamento de transportes, elas provavelmente passarão despercebidas numa empresa de porte médio. Como indicado anteriormente, o transporte é a única área de maior custo na maioria dos sistemas logísticos. Esse nível de despesa, combinado à dependência das operações logísticas para um transporte efetivo, significa que o departamento de transportes precisa desenvolver um papel ativo no planejamento estratégico.

Documentação

A documentação completa e em ordem é uma exigência básica para a execução de um serviço de transporte. Com exceção da transferência própria dentro de uma única empresa, os produtos normalmente são comercializados entre embarcadores e consignatários. Portanto, o título legal de propriedade ocorre no momento em que o serviço de transporte é executado. Quando transportadores terceirizados estão comprometidos com a execução do transporte, a transação deve estabelecer claramente as responsabilidades das partes envolvidas. O propósito principal da documentação de transporte é justamente proteger os interesses dos envolvidos na execução da transação. Os três tipos principais de documentação de transporte são o conhecimento de embarque, o conhecimento de frete, e os manifestos de embarque.

Conhecimento de Embarque

O **conhecimento de embarque (bill of lading)*** é um documento básico utilizado na contratação de serviços de transporte. Ele serve como recibo e documenta os produtos e as quantidades embarcadas. Por essa razão, são essenciais a descrição e a contagem exata dos produtos. Em caso de perda, danos ou atrasos, o conhecimento de embarque é a base para reclamações da parte prejudicada. O indivíduo ou comprador designado em um conhecimento de embarque é o único que tem legitimidade para receber os produtos. O transportador é responsável pela entrega correta, de acordo com as instruções contidas no documento. Na verdade, o título de propriedade é transferido com a finalização da entrega.

O conhecimento de embarque especifica os termos e as condições de responsabilidade sobre os produtos transportados e as documenta para todas as possíveis causas de perda ou dano, exceto para aquelas definidas como Atos de Deus**, ou seja, por motivos de força maior. É importante que os termos e condições sejam claramente entendidos, para que as providências apropriadas possam ser tomadas em casos de desempenho insatisfatório. Regras legais permitem que conhecimentos de embarque padronizados sejam informatizados e transmitidos eletronicamente entre embarcadores e transportadores.

Além dos conhecimentos de embarque *padronizados*, outros tipos freqüentemente utilizados são a *notificação de pedido*, de *exportação* e *governamental*. É importante que escolher o conhecimento de embarque correto para um embarque específico.

Um conhecimento de embarque de notificação de pedido ou negociável constitui-se num instrumento de crédito. Ele possibilita que a entrega seja suspensa até que o conhecimento de embarque original seja repassado ao transportador. O procedimento usual é que o vendedor envie o conhecimento de embarque de notificação de pedido a um terceiro, normalmente um banco ou uma instituição de crédito. A instituição de crédito libera o conhecimento de embarque tão logo ocorra o pagamento pelo cliente. O comprador, então, apresenta o documento para um transportador comum que, por sua vez, libera os produtos. Esse procedimento facilita o transporte internacional onde o pagamento de produtos entre os países possa ser motivo de maior preocupação. Um conhecimento de embarque de exportação permite que um embarcador use tarifas de exportação, que podem ser mais baixas do que as domésticas. As tarifas de exportação podem reduzir o custo total quando aplicadas à origem ou destinos domésticos do percurso dos transportes. Os conhecimentos de embarque governamentais podem ser usados quando o produto é de propriedade do governo dos EUA.

Conhecimento de Frete

O **conhecimento de frete** é um método utilizado pelo transportador para cobrar pelos serviços prestados. Ele é desenvolvido usando as informações contidas no conhecimento de embarque. O conhecimento de frete pode ser *pré-pago* ou *a pagar*. O conhecimento de frete pré-pago prevê que os custos de transporte devem ser pagos antes de serem executados, enquanto o conhecimento de frete a pagar passa a responsabilidade de pagamento para o consignatário.

A preparação de conhecimentos de embarque e de frete envolve um gerenciamento considerável. Esforços significativos têm ocorrido para automatizar os conhecimentos de frete e de embarque por meio de transações eletrônicas (EDI). Algumas empresas atualmente escolhem pagar por seu conhecimento de frete no momento em que o conhecimento de embarque é criado, combinando portanto os dois documentos. Esses arranjos se justificam pelos benefícios financeiros de redução de custos no trabalho burocrático. Estão em desenvolvimento várias tentativas de produzir todos os documentos de transporte simultaneamente.

Manifesto de Embarque

O **manifesto de embarque** lista as paradas ou consignatários individuais quando múltiplas cargas são colocadas em um único veículo. Cada carga exige um conhecimento de embarque. O manifesto lista as paradas, os conhecimentos de embarque, peso e contagem de volumes de cada carga. O objetivo do manifesto é fornecer um documento único que defina o conteúdo geral da carga, dispensando a revisão dos conhecimentos de embarque individuais. Para embarques com parada única, esse manifesto é o conhecimento de embarque.

Resumo

O transporte, de um modo geral, *constitui-se na maior* despesa envolvendo a maioria das operações logísticas. Antes da desregulamentação, os serviços de transporte eram padronizados e inflexíveis, resultando em uma habilidade limitada em desenvolver vantagens competitivas. Como resultado da desregulamentação dos transportes de carga, os serviços oferecidos têm se expandido e as restrições, diminuído, permitindo que os recursos de transporte sejam efetivamente integrados nas cadeias de suprimento como um todo.

O conhecimento das economias de transporte e das formas de precificação são essenciais para uma gestão lo-

---

* N. de T.: *Bill of Lading* significa "Conhecimento de Embarque". Manteve-se a expressão original ao lado da tradução por tratar-se de um termo cujo uso se dá nas duas formas.

** N. de T.: "Atos de Deus" provém da expressão *Act of God*, que representa as causas de força maior ou decorrentes de fenômenos naturais.

gística eficaz. Os principais fatores que orientam os custos de transporte são a distância, o volume, a densidade, a capacidade de acondicionamento, o manuseio, a responsabilidade e os aspectos de mercado. Esses direcionadores determinam os preços de transporte que serão apresentados aos compradores como tarifas relacionadas a serviços específicos. Gerentes de logística devem estar familiarizados com o trabalho de estrutura básica de tarifação para as movimentações de carga e para os serviços relacionados a transportes especializados.

As responsabilidades fundamentais dos administradores de transporte são a gestão de operações, a consolidação de cargas, a negociação de tarifas, o controle de cargas, a auditoria e as reclamações, e a integração logística. Todos os aspectos administrativos são essenciais para um efetivo gerenciamento de transportes. A abrangência com que as responsabilidades administrativas discutidas são executadas por um departamento de transportes próprio, ou são oferecidas por um fornecedor de serviços integrados, é uma questão de política gerencial.

Questões Desafiadoras

1. Foram apresentados sete fatores econômicos que influenciam os custos de transporte. Selecione um produto específico e discuta como cada fator afetará a determinação da tarifa.

2. Compare e especifique as diferenças entre custos variáveis, fixos e conjuntos.

3. Compare e especifique as diferenças entre o custo de serviços e o valor de serviços, como estratégias alternativas na determinação de tarifas.

4. Comente o conceito de precificação de tarifa líquida. Quais as vantagens que a precificação de tarifa líquida oferece aos transportadores e aos embarcadores?

5. Qual é a finalidade da classificação de cargas? O conceito de classificação tem alguma relevância em face da desregulamentação dos transportes?

6. Explique a diferença entre tarifa e tarifação. Qual a sua relação com a classificação?

7. Qual é o papel dos conhecimentos de frete e de embarque numa transação de transporte?

8. Qual é o conceito básico de consolidação de multivendedores? Como as 3PLs ajudam na obtenção dessa consolidação?

9. Compare e especifique as diferenças entre as consolidações reativa e proativa. Apresente um exemplo de cada uma.

10. Quatro aspectos da gestão de operações de transporte foram identificados: (1) programação dos equipamentos, (2) planejamento dos carregamentos, (3) definição das rotas, e (4) controle dos transportadores. Identifique uma movimentação comercial de carga da qual você tenha conhecimento e comente como cada aspecto gerencial se desenvolveu.

13

Armazenagem

Estratégia e Funcionalidade dos Armazéns
    Armazenagem Estratégica
    Funcionalidade dos Armazéns
Operações Envolvendo o Armazém
    Manuseio
    Estocagem
Classificação de Propriedade dos Armazéns
    Privado (ou Próprio)
    Público
    Armazenagem Contratada
    Estratégia de Organização dos Produtos
Planejamento da Armazenagem
    Escolha do Local
    Projeto
    Análise do *Mix* de Produtos
    Expansão Futura
    Considerações sobre o Manuseio de Materiais
    Layout
    Dimensionamento
Início das Operações no Armazém
    Estocagem
    Treinamento
    Sistemas de Gestão de Armazenagem
    Proteção
    Entrega
    Segurança e Manutenção
Resumo

A armazenagem incorpora diferentes aspectos das operações logísticas. Devido à interação, a armazenagem não se enquadra nitidamente em esquemas de classificação utilizados quando se fala em gerenciamento de pedidos, inventário ou transporte. Um armazém é normalmente visto como um lugar para se guardar ou armazenar produtos ou materiais. Entretanto, nos sistemas de logística contemporâneos, a funcionalidade dos armazéns pode ser mais bem compreendida como um conjunto de produtos. Este capítulo fornece o fundamento para o entendimento do valor da contribuição da armazenagem ao processo logístico. A abordagem aqui é relevante para todos os tipos de armazéns, incluindo-se aí os centros de distribuição, os terminais de consolidação, as instalações de desconsolidação e separação de carga, e os *cross-docks* (de transferência modal). O objetivo é introduzir as responsabilidades gerenciais gerais relacionadas à armazenagem.

Estratégia e Funcionalidade dos Armazéns

Embora os sistemas logísticos efetivos não possam ser projetados para manter estoques por um longo período, há ocasiões em que a manutenção de estoques se justifica, em termos de custo e serviço.

Armazenagem Estratégica

O armazenamento sempre foi um importante aspecto de desenvolvimento econômico. Na era pré-industrial, o armazenamento de produtos era feito nas próprias residências, que funcionavam como unidades econômicas auto-suficientes. Os consumidores realizavam a armazenagem e aceitavam os riscos respectivos.

Com o desenvolvimento dos meios de transporte, tornou-se possível adotar especializações. A armazenagem de produtos passou das residências para os varejistas, os atacadistas e os fabricantes. Os armazéns mantinham os inventários ao longo dos canais logísticos, de modo a coordenar o suprimento de produtos à sua demanda pelos consumidores.[1] Como o valor da estratégia de armazenagem não era bem compreendido, os armazéns eram normalmente considerados "um mal necessário" que acrescentava despesas aos processos de distribuição. O conceito de que o intermediário só aumenta o custo surgiu dessa crença. A necessidade de entrega de sortimentos de produtos variados era limitada. No início dessa época, não havia maior preocupação com a produtividade da mão-de-obra, o manuseio eficiente de materiais e o giro dos estoques. A mão-de-obra era relativamente barata e os recursos humanos eram usados livremente. Pouca consideração era dada à eficiência na utilização de espaço, nos métodos de trabalho e no manuseio de materiais. Apesar das deficiências, esses primeiros armazéns serviam de ponte para a necessária ligação entre produção e mercado.

Após a Segunda Guerra Mundial, as atenções gerenciais voltaram-se para a armazenagem estratégica. Os administradores começaram a cogitar sobre a necessidade de grandes redes de armazéns. Nos setores de distribuição, tais como varejo e atacado, tradicionalmente era considerada melhor prática manter um armazém contendo o sortimento completo de produtos para as vendas totais de um território. Com o aprimoramento das técnicas de projeção e de programação da produção, os gestores deram-se conta do risco dessa organização de inventário. O planejamento da produção se tornou mais confiável à medida que as interrupções e os atrasos durante a fabricação de produtos foram sendo reduzidos. As produções e o consumo sazonais ainda exigem que haja produtos armazenados, mas a necessidade geral de armazenagem para apoiar os padrões estáveis de produção e de consumo diminuiu.

A mudança das exigências do varejo fez mais do que anular as reduções de custo obtidas na armazenagem, resultantes de melhorias na manufatura. As lojas varejistas, em face dos desafios de fornecer aos consumidores um sortimento crescente de produtos, confrontaram-se com mais dificuldades em obter economia nas compras e no transporte, ao comprar direto dos fornecedores. Os custos de transporte de pequenos embarques tornaram proibitivos os pedidos direto aos fabricantes. Isso criou a oportunidade de estabelecer armazéns estrategicamente localizados para fornecer o suprimento de estoques em tempo hábil e de forma econômica para os varejistas. Atacadistas e varejistas, integrados, passaram a desenvolver sistemas de armazenagem refinados para logisticamente apoiar a reposição de mercadorias. Portanto, o foco da armazenagem deslocou-se da estocagem passiva para o de um sortimento estratégico.

Os avanços na eficiência do armazenamento para o varejo foram rapidamente adotados pelas indústrias manufatureiras. Para os fabricantes, o armazenamento estratégico propiciou uma maneira de reduzir o tempo de estocagem de materiais e peças. A armazenagem se tornou parte integrante das estratégias *Just-In-Time** (JIT) e de produção sem estoque. Como a preocupação básica do JIT é reduzir os estoques envolvidos com a produção em andamento, essas estratégias de manufatura exigem uma logística confiável. Alcançar esse apoio logístico por todo o território dos EUA exige armazéns estrategicamente localizados. A concentração dos estoques de peças em um armazém central reduz a necessidade de estoques em cada fábrica. Os produtos podem ser comprados e despachados para um armazém central estrategicamente localizado, obtendo-se as vantagens da consolidação de transportes. No armazém, os produtos são classificados, seqüenciados e embarcados para as fábricas conforme a necessidade. Quando estão totalmente integradas, as instalações de classificação e seqüenciamento tornam-se uma extensão vital da manufatura.

No caso da expedição de produtos de uma fábrica, os armazéns podem ser usados para formar o sortimento do carregamento do cliente. A possibilidade de receber carregamentos de *mix* de produtos oferece aos clientes duas vantagens específicas. Primeiro, os custos logísticos diminuem, pois um sortimento de produtos pode ser entregue obtido, ao mesmo tempo, a vantagem da consolidação do transporte. Segundo, o inventário de produtos de baixa rotatividade pode ser reduzido, em razão de quantidades menores serem recebidas como parte de uma remessa consolidada. Fabricantes que fornecem sortimentos de produtos variados podem desenvolver vantagem competitiva.

Uma importante mudança na armazenagem é a flexibilidade máxima. Essa flexibilidade pode ser obtida através da tecnologia da informação. Aplicações baseadas na informatização têm influenciado quase todas as áreas de operações de armazenagem e criado novas e melhores formas de realizar a estocagem e o manuseio. A flexibilidade é também parte essencial da capacidade de responder à

---

[1] Veja no Capítulo 4 a contribuição da logística no desenvolvimento de especializações econômicas.

* N. de T.: *Just In Time* (JIT), expressão que significa "no tempo certo", é um método japonês de administração de materiais, cuja finalidade é organizar as entregas de fornecedores para as linhas de produção nos prazos e locais exatos, para evitar estoques.

crescente demanda dos clientes por sortimentos de produtos e às formas com que os embarques são entregues e apresentados. A tecnologia da informação facilita essa flexibilidade ao permitir que os operadores de armazéns possam rapidamente reagir às novas exigências dos clientes.[2]

Funcionalidade dos Armazéns

Os benefícios obtidos com a armazenagem estratégica são classificados com base nos custos e serviços. Nenhuma funcionalidade dos armazéns deve ser incluída num sistema logístico, a não ser que ela seja completamente justificada por alguma combinação de custos e serviços. De maneira ideal, um armazém deverá oferecer simultaneamente benefícios econômicos e de serviços.

Benefícios Econômicos

Os benefícios econômicos da armazenagem ocorrem quando os custos logísticos totais são reduzidos. Por exemplo, se o fato de acrescentar-se um armazém no sistema logístico reduzir o custo total de transporte num montante maior do que o investimento e os custos operacionais decorrentes, então o custo total será reduzido. Portanto, o armazém é economicamente justificável sempre que forem obtidas reduções no custo total. Existem cinco benefícios econômicos básicos: (1) consolidação e desconsolidação de cargas, (2) sortimento, (3) adiamento, (4) organização dos estoques, e (5) logística reversa.

---

[2] Kenneth B. Ackerman, "The Changing Role of Warehousing," *Warehousing Forum* 8, no. 12 (November 1993), p. 1.

Consolidação e Desconsolidação de Cargas. Os benefícios econômicos da consolidação e desconsolidação de cargas referem-se à redução dos custos de transporte pela utilização da capacidade do armazém de aumentar as economias de escala nos embarques.

Na consolidação de cargas, o armazém recebe os materiais de diferentes fontes, que são combinadas em um único grande carregamento para um destino específico e também para um determinado cliente. Os benefícios se referem à obtenção das menores tarifas de frete possíveis, entregas em tempo hábil e controladas, e redução do congestionamento nas docas de recebimento dos clientes. O armazém torna possível para o recebimento e para a expedição que as movimentações possam ser consolidadas em carregamentos maiores, o que geralmente resulta em encargos de transporte menores e entregas mais rápidas.

Um operador de desconsolidação recebe uma única grande remessa e organiza a entrega para múltiplos destinos. A economia de escala é alcançada no transporte de grandes remessas consolidadas. O armazém ou terminal de desconsolidação classifica ou separa pedidos individuais e organiza a entrega local.

Tanto consolidações como arranjos de desconsolidação utilizam a capacidade do armazém para melhorar a eficiência dos transportes. Grande parte dos arranjos logísticos envolve consolidações e desconsolidações. A Figura 13-1 ilustra cada atividade.

Sortimento. O benefício básico do sortimento é reconfigurar a carga enquanto ela é transportada da origem para o destino. Três tipos de sortimento são usados largamente nos sistemas de logística: *cross-docking*, combinação e montagem.

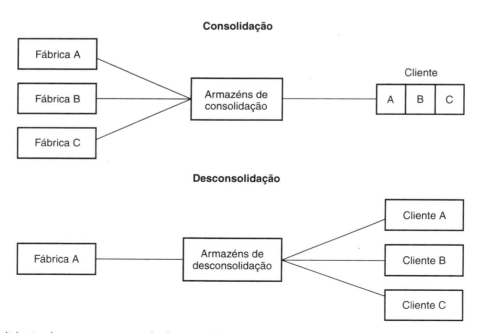

Figura 13-1 Consolidação de carga e arranjos de desconsolidação.

O objetivo do *cross-docking* é combinar estoques de múltiplas origens no sortimento de um cliente específico. Os varejistas fazem amplo uso das operações de *cross-docking* para reabastecer as lojas de estoques de alta rotatividade.[3]

Exige-se um desempenho a tempo e preciso dos fabricantes. Quando um produto é recebido e descarregado em uma instalação, ele é separado por loja de destino. Na maioria dos casos, o varejista já comunicou de forma clara as quantidades de cada produto para cada loja. Os fabricantes, por sua vez, devem ter classificado, carregado e rotulado a quantidade apropriada para cada local. O produto é então literalmente transportado das docas de entrega até o caminhão. Uma vez que os caminhões estejam carregados com um *mix* de produtos de múltiplos fabricantes, eles são então liberados para o transporte até a loja varejista de destino.

A combinação de produtos obtém um resultado final semelhante ao do *cross-docking*. Entretanto, a combinação é executada em um local intermediário entre o embarque na origem e seu destino. Numa operação típica de combinação, vagões e caminhões lotados de carga de produtos são despachados da origem para os armazéns mistos. Os embarques são planejados de forma a minimizar os custos de transporte de recebimento. Na chegada ao armazém misto, a carga é descarregada e classificada conforme as combinações desejadas pelos clientes. As combinações em trânsito são normalmente apoiadas por fretes especiais, que fornecem incentivos que facilitam o processo.[4] Durante o processo de combinação, o recebimento de produtos pode ser integrado aos produtos regularmente estocados no armazém. Os armazéns que operam combinação em trânsito possibilitam um efeito líquido de reduzir a armazenagem de produtos do sistema logístico, ao mesmo tempo em que realizam sortimentos específicos de cada cliente e minimizam os custos de transporte.

O objetivo da montagem é apoiar as operações de manufatura. Os produtos e componentes de uma variedade de fornecedores secundários são montados pelo armazém localizado nas proximidades da fábrica. Embora as organizações manufatureiras venham tradicionalmente executando as montagens, tem se tornado comum a utilização dos serviços de valor agregado prestados por parte dos fornecedores líderes ou de primeiro nível, que classificam, ordenam e entregam os produtos conforme as necessidades das fábricas. A Gestão da Cadeia de Suprimentos Vector (Vector Supply Chain Management) fornece esses serviços de integração e coordenação para a logística de recebimento e expedição da General Motors.[5] Semelhante ao *cross-docking* e ao processo de combinação, a montagem permite viabilizar um processo de agrupamento dos estoques em tempo e local exatos. A Figura 13-2 ilustra estas três aplicações de sortimento.

Processamento/Adiamento. Os armazéns podem adiar o compromisso da configuração final de um produto ao completar o acondicionamento, a etiquetagem e as produções leves. Por exemplo, legumes e verduras podem ser processados e enlatados em *brights* nas fábricas de processamento. *Brights* são latas sem rótulo. Manter o estoque como *brights* significa que o produto não está comprometido com nenhum cliente específico ou acabamento final durante seu processamento. Quando um pedido de um determinado cliente é recebido, o armazém pode etiquetar e finalizar a embalagem.

O adiamento propicia dois benefícios econômicos. Primeiro, o risco é minimizado, porque um acondicionamento personalizado não será executado antes de um pedido do cliente ou para, meramente, atender a uma previsão. Segundo, o estoque total pode ser reduzido pelo uso de um inventário de produtos básicos que pode atender às exigências de etiquetas e embalagem de múltiplos clientes. A combinação de riscos diminuídos e estoques menores resulta na redução total dos custos dos serviços, mesmo se o acondicionamento realizado no armazém for mais caro por unidade do que se fosse completado durante a fabricação. Visão Empresarial 13-1 revela várias maneiras pelas quais os serviços de valor agregado são prestados nos armazéns.

Formação de Estoques. O benefício econômico direto da formação de estoque é a estocagem da produção ou demanda sazonais. Por exemplo, os móveis de jardim e brinquedos são produzidos durante o ano todo, mas são vendidos somente durante um curto período mercadológico. Em contraste, a colheita da produção agrícola ocorre em épocas específicas, e seu subseqüente consumo acontece durante o ano todo. Ambas as situações exigem a formação de estoques de inventário para dar suporte às iniciativas de *marketing*. A formação de estoques oferece um inventário reserva (*buffer*) que garante eficiência apesar das restrições impostas pelas fontes de material e de consumo.

Logística Reversa. O armazenamento desempenha um papel-chave no desempenho da logística reversa. A maior parte do trabalho físico relacionado à retirada de produtos do mercado (*recall*), reclamações e disposição de estoques excedentes ou danificados é executada pelos

---

[3] Para uma discussão mais ampla, ver "The Nuts and Bolts of Cross-Docking," *Grocery Distribution*, April 1997. pp. 18-20; e Arnold Maltz, *The Role of Warehousing* (Oak Brook, IL: Warehousing Education and Research Council, 1998) or "Warehousing After 2000," *Warehousing Forum*, February, 1998, pp. 1-2.

[4] Consultar o Capítulo 12.

[5] Acesse **www.vectorscm.com** para mais informações sobre esse empreendimento conjunto entre a CNF e a General Motors.

Visão Setorial 13-1 Armazenagem com Valor Agregado

Atualmente, além dos tradicionais benefícios econômicos e de serviços, os operadores de armazéns devem oferecer também outros serviços com valor agregado, para permanecerem competitivos.

Os serviços com valor agregado mais comuns referem-se ao acondicionamento. Os produtos são embarcados a granel ou sem rótulo para os armazéns, de forma que o inventário não é diferenciado. Uma vez que o pedido de um cliente é recebido, o operador do armazém personaliza e libera os produtos para entrega. Um exemplo desse tipo de serviço é o de um fabricante de baterias para automóveis que entrega seus produtos sem nenhuma marca a um armazém. O armazém, por sua vez, recebe rótulos adesivos (decalques) das marcas sob as quais as baterias serão vendidas. Ao receber um pedido de uma marca específica, caberá ao armazém colar os rótulos nas baterias e acondicioná-las em caixas personalizadas. O cliente, assim, recebe produtos e embalagens personalizados. O fabricante de baterias reduz o seu estoque, já que necessita de um estoque de segurança menor para atender à demanda individual de seus clientes. Também é obtida uma redução correspondente na complexidade da previsão e no planejamento da produção.

A armazenagem pode aumentar o valor agregado por meio do aprimoramento do acondicionamento de produtos, para melhor atender às necessidades dos clientes no canal de distribuição. Por exemplo, um armazém pode agregar valor ao embalar produtos com filme plástico ou utilizar outros tipos de *paletes*. Isso permite que o fabricante possa lidar com apenas um tipo de unificação, enquanto adia seu compromisso relacionado a exigências de embalagens específicas. Um outro exemplo de serviço com valor agregado é a remoção de embalagens protetoras antes da entrega do produto aos consumidores. A prestação desse serviço é valiosa no caso dos eletrodomésticos de grande porte, pois muitas vezes é difícil para os consumidores se desfazerem de um grande número de embalagens.

Operadores de armazém também podem agregar valor alterando as características das embalagens, como por exemplo, no caso de um fornecedor de produto anticongelante (*antifreeze*)* que despacha esse produto a granel para os armazéns. O operador de armazém engarrafa os produtos para atender às exigências de tamanho e embalagem de uma marca específica. Esse tipo de adiamento minimiza os riscos de inventário, reduz o custo de transporte e evita possíveis danos (por exemplo, produtos embalados em garrafas de vidro).

Os armazéns também podem finalizar atividades de produção para adiar a especialização e aprimorar as características de um produto. Algumas vezes, a remontagem pode ser feita no armazém, para corrigir problemas na produção. Por exemplo, motores de automóvel que são embarcados para um armazém. No caso de surgir um problema de qualidade com os carburadores, eles podem ser trocados no próprio armazém, sem a necessidade de retornar cada unidade para a fábrica de motores. Nesse caso, o armazém está operando como a última etapa da produção.

Outro serviço com valor agregado é a climatização ambiental para produtos, tais como frutas e legumes. Os operadores de armazéns podem promover ou atrasar o processo de amadurecimento de bananas, dependendo da temperatura de armazenagem. O produto pode amadurecer conforme as condições de mercado.

Os serviços com valor agregado de um armazém também podem oferecer sigilo de mercado. Um importador coloca nova etiqueta nos produtos, de acordo com as marcas de seus clientes particulares. Esse processo é realizado depois que o produto entrou nos EUA, para impedir que o fornecedor identifique o cliente final do importador.

Oferecer serviços com valor agregado de armazenagem exige uma responsabilidade especial dos operadores de armazéns ou gerentes de centros de distribuição que supervisionam operações contratadas. Ao mesmo tempo em que a terceirização de atividades e de operações reduz a necessidade de estoques e aumenta a eficiência operacional, ela conduz responsabilidades importantíssimas para fora do controle das empresas.

Fonte: Keneth B. Ackerman, "Value-Added Warehousing Cuts Inventory Costs," Transportation & Distribution, July 1998, pp. 32-35.

---

armazéns[6]. Muitas empresas estão obtendo um fluxo de caixa significativo pela reforma, reciclagem e disposição de produtos danificados ou com defeito. Cabe à logística reversa manter o inventário controlado e regular.

O estoque controlado refere-se a materiais perigosos e produtos retirados do mercado que possam oferecer riscos à saúde geral e ao meio ambiente. As reclamações referente a estoques controlados devem ser avaliadas sob estritos cuidados operacionais, para impedir possíveis redistribuições ou liberação imprópria de produtos. Vários órgãos governamentais, como a Comissão de Segurança de Produtos ao Consumidor, o Departamento de Transportes (DOT), a Agência de Proteção Ambiental (EPA), a Administração de Alimentos e Medicamentos (FDA), e a Administração de Segurança e Saúde Ocupacional (OSHA),

---

* N. de T.: *Antifreeze* é um produto químico que, adicionado à água do radiador dos veículos, impede o congelamento da mesma. É muito utilizado nos países com invernos rigorosos, inclusive no armazém d'água de limpadores de pára-brisas.

[6] Para uma discussão abrangente da logística reversa e seus desafios relacionados, consulte James R. Stock, *Development and Implementation of Reverse Logistics Programs* (Oak Brook, IL: Council of Logistics Management, 1998); e Dale S. Rogers e Ronald S. Tibben-Lembk, "Going Backwards: Reverse Logistics Trends and Practices," Pittsburgh, PA: Reverse Logistics Executive Council 1999.

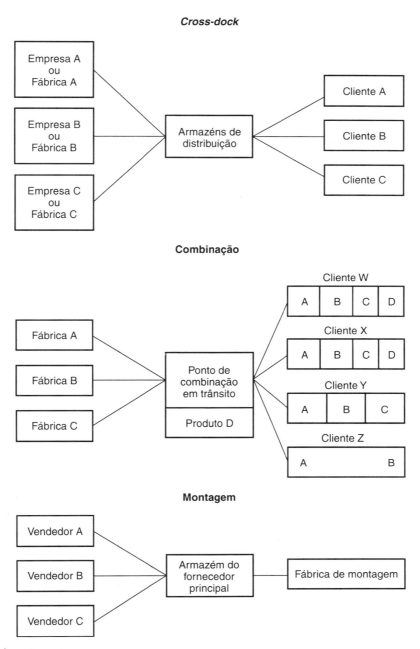

Figura 13-2 Arranjos de sortimento.

estão diretamente envolvidas na distribuição de inventários controlados.[7]

Tradicionalmente, pouca atenção era dada às reclamações de inventário regular. Em 1997, a disposição que tornava esses produtos invendáveis estimou um custo de $ 4 bilhões para as empresas.[8] A indústria alimentícia sozinha, apresentou um estoque invendável estimado em torno de $ 2,6 bilhões, crescendo a uma taxa de 20% ao ano.[9] O produto envolvido em tais reclamações normalmente está danificado ou a data de validade para venda está vencida. Embora alguns produtos com venda não autorizada tenham sofrido danos nos próprios armazéns, a maior parte deles é devolvida pelo varejo ou até mesmo pelos consumidores.

Embora a reclamação seja problemática para os inventários regulares, ela é muito mais desafiadora para os in-

---

[7] Toby B. Gooley, "Many Happy Returns," *Logistics Management,* May 1997, pp. 53-55.

[8] "The ABC's of OSD," *WERC Sheet*, October 1998, pp. 1-3.

[9] "Fixing the Cracks in the System," *Food Logistics,* October 1998, pp. 29-35.

ventários controlados. Em ambas as situações de devolução, o fluxo de produtos ressente-se de um processo ordenado característico de movimentações de expedição. As movimentações reversas normalmente consistem em embalagens e caixas fora de padrão, ao contrário das movimentações de expedição de cargas de caixas ou paletes. Os invólucros estão normalmente rompidos e os produtos não estão embalados corretamente. Os produtos devolvidos normalmente exigem uma classificação e uma inspeção manual trabalhosas, para determinar-se a disposição apropriada.[10] Entretanto, a oportunidade de recuperar os custos por reembolsos e reciclagem é significativa.[11] A Visão Setorial 13-2 apresenta alguns desafios da logística reversa.

Benefícios de Serviços

Os serviços dos armazéns podem oferecer benefícios através de uma geração intensificada de receitas. Quando um armazém é justificado principalmente pelos serviços, a racionalidade subjacente é que as vendas podem aumentar, em parte, por meio de seu desempenho logístico. Normalmente, é difícil quantificar o retorno sobre o investimento em serviços pela sua difícil mensuração. Por exemplo, implantar um armazém para servir um mercado específico pode aumentar os custos, mas deve também aumentar as vendas a esse mercado, as receitas e, potencialmente, a margem bruta. Os armazéns podem prestar serviços como resultado de estoques ocasionais (*spot*), sortimento de linhas completas, apoio à produção e presença no mercado.

Estoque Ocasional (*spot*). O estoque ocasional é normalmente utilizado em apoio ao mercado distribuidor. Os fabricantes de produtos essencialmente sazonais estocam de forma ocasional. Em vez de manter um estoque no armazém o ano inteiro, ou embarcar da fábrica diretamente para os clientes, a resposta aos picos de venda pode ser intensificada por meio de inventário temporário posicionado estrategicamente no mercado. Sob esse conceito, um inventário selecionado é estocado num armazém local no mercado, numa antecipação de resposta às necessidades dos clientes durante o período crítico de vendas. O uso das instalações de um armazém para estoque ocasional permite que os inventários possam ser colocados em uma variedade de mercados adjacentes, para clientes preferenciais, pouco antes do período de pico sazonal das vendas.[12] Por exemplo, as empresas de fertilizantes para a agricultura às vezes estocam próximo às propriedades rurais, antecipando-se às épocas de plantio. Após o período de crescimento das plantações, esse estoque provavelmente será reduzido.

Sortimento Completo. Tradicionalmente, os fabricantes, atacadistas e varejistas usam armazéns para estocar um *mix* de produtos de forma antecipada aos pedidos dos clientes. Os varejistas e atacadistas típicos oferecem sortimento composto de vários produtos de diferentes fabricantes. De fato, esses armazéns oferecem a possibilidade de "uma só compra" (*one-stop shopping*) de mercadorias produzidas por vários fabricantes.

A diferença entre estoque ocasional e sortimento completo está no grau e duração do uso dos armazéns. Uma empresa que segue a estratégia de estoque ocasional pode estocar temporariamente uma pequena variedade de produtos, em um grande número de armazéns, por um período limitado de tempo. Uma estocagem de sortimento completo está, freqüentemente, restrita a poucos locais estratégicos e opera durante o ano todo. Além disso, armazéns de sortimento completo melhoram o serviço ao reduzir o número de fornecedores com que um cliente tem que lidar. Sortimentos combinados também tornam economicamente possíveis embarques maiores.

Apoio à Produção. As características econômicas da fabricação podem justificar a armazenagem de inventários de peças e componentes específicos. Armazéns de apoio à produção estocam inventário oferecendo suporte às operações de fabricação. O estoque de segurança de itens comprados de fornecedores externos justifica-se em razão dos longos ciclos de produção, possíveis descontinuidades de fornecimento e variações significativas nas taxas de uso. Nessas situações, a prática de suprimento mais eficaz pode ser a da utilização de armazéns de apoio à produção que mantenham estoques de materiais processados, componentes e subconjuntos. O benefício referente a serviço de armazenagem está estreitamente relacionado aos sortimentos para montagem, discutidos com base em benefícios econômicos. A diferença fundamental entre armazenagem de apoio à produção e sortimento para montagem está no tamanho e na finalidade do armazém. Na armazenagem de apoio à produção, o estoque médio é maior e a rotatividade é menor.

Presença no Mercado. Embora os benefícios da presença no mercado possam não ser tão óbvios como os de outros serviços, freqüentemente eles são citados por executivos como sendo a maior vantagem dos armazéns locais. A convicção é de que um armazém local pode responder mais rapidamente às necessidades dos clientes do que um armazém mais distante. Prevê-se que a presença em armazéns locais irá aumentar a participação no mercado e os lucros potenciais. Embora o fator presença no mercado seja uma estratégia freqüentemente discutida, existe pouca pesquisa sólida que confirme ou refute sua existência. Além disso, transportes mais confiáveis e o processamento informatizado de pedidos estão diminuin-

---

[10] Tom Adel, "Revers Logistics: A Second Change to Profit," *Transportation and Distribution,* July 1997, pp. 61-66.; e Deborah Catalano Ruriani, "Return Reverse Recycle," *Inbound Logistics,* August 1997, pp. 42-44.

[11] "Bringing It Back," *WERC Sheet,* March 1999, pp. 1-3.

[12] Para uma discussão mais ampla, consulte Tom Andel, "Temporary Warehousing to the Rescue," *Transportation and Distribution,* November 1997, pp. 88-90.

Visão Setorial 13-2   Gerenciando Refugos de Tinta

O setor de tintas tem agido ativamente para minimizar os impactos dos seus produtos no meio ambiente. Mas para onde vão as latas vazias ou sobras, depois que o consumidor já não precisa mais delas? Atualmente, grande parte acaba nos aterros sanitários. Quais as responsabilidades que os fabricantes de tintas e de latas, e os membros de seus canais de vendas e de distribuição, têm sobre esses produtos?

Muitos estados e comunidades nos EUA desenvolvem regulamentos e serviços para lidar com as latas e resíduos de tinta látex. Eles permitem que os mercados do tipo faça-você-mesmo e pintores profissionais joguem fora as latas e embalagens plásticas (as quais, coincidentemente, não são da classe correta para serem economicamente recicláveis) nos aterros. No entanto, há a exigência de que as embalagens vazias permaneçam abertas e as que ainda contêm algum resíduo sejam esvaziadas. A responsabilidade pela distribuição, por estratégias de recuperação e pelas operações está agora passando para os fabricantes, os varejistas e os usuários. As estratégias de logística reversa incluem o fluxo de embalagens e resíduos para instalações de recuperação, sendo os componentes materiais direcionados para diversos segmentos do mercado:

- Comerciantes de sobras de metal e plástico;
- Recicladores de resíduos;
- Centros de reprocessamento de sobras de tinta, que misturam e transformam resíduos em tintas "verdes" (ecológicas), com uso restrito, para posterior comercialização.

As sobras de tinta e de embalagens, por restrições de aterro e/ou exigências dos armazéns de latas, poderiam também ser levadas de volta aos pontos de venda, como é o caso das baterias de automóvel. No caso das tintas e embalagens, os membros dos canais de venda e distribuição usam um processo de logística reversa semelhante ao atualmente usado na devolução de paletes. Muitos fabricantes de tinta têm frotas particulares ou específicas para utilizar em suas entregas.

Uma equipe de pesquisadores da Universidade de Wisconsin em Madison identificou também uma abordagem segmentada para lidar com bens e produtos devolvidos. Uma vez que pintores profissionais representam aproximadamente 70% das vendas de tintas, eles estariam mais aptos a devolver as embalagens para as lojas ou para os centros de distribuição designados, patrocinados de forma conjunta pelos fabricantes.

As indústrias de tintas têm recebido grandes oportunidades para controlar os destinos dos resíduos de seus produtos. Ao invés de serem regulamentados de uma maneira pouco vantajosa para os membros dos seus canais de distribuição, os fabricantes de tinta e seus clientes podem reconfigurar os fluxos nos canais para melhor atender aos usuários, ao mesmo tempo em que reduzem os custos. Como os consumidores estão cada vez mais conscientes com relação à preservação do meio ambiente, tanto dentro de suas fronteiras quanto globalmente, isso poderia se constituir em uma vantagem competitiva para os fabricantes.

Fonte: Ed Marien e Fred Ristow: "Managing Waste from Old Paint," Transportation & Distribution, July 1997, p. 62.

---

do os tempos de resposta, independentemente das distâncias. A menos que o armazém seja justificado economicamente ou pelo serviço prestado, é pouco provável que a presença no mercado local influencie favoravelmente os resultados operacionais.

Operações Envolvendo o Armazém

Tão logo a missão do armazém esteja determinada, a atenção gerencial passa então a concentrar-se na definição das operações. Um armazém típico contém materiais, peças e produtos acabados em movimentação. As operações que envolvem um armazém são a desconsolidação, a estocagem e os procedimentos de montagem. O objetivo é, de forma eficiente, receber o inventário, possivelmente estocá-lo até que o mercado o demande, montá-lo em pedidos completos, e iniciar a sua movimentação até os clientes. A ênfase no fluxo de produtos retrata um armazém moderno como sendo uma instalação que abriga produtos variados. Como tal, grande parte da atenção gerencial nos armazéns diz respeito a como desenvolver a armazenagem de modo a facilitar o manuseio eficiente dos materiais.

Manuseio

O primeiro aspecto a ser considerado focaliza a continuidade das movimentações e as economias de escala em todo o armazém. A continuidade de movimentação significa que é melhor para o operador de um equipamento de manuseio de material realizar movimentações de maior duração do que realizar várias movimentações pequenas, para alcançar o mesmo resultado final. A troca de produtos entre operadores ou a movimentação de um equipamento para outro representa perda de tempo e aumenta os riscos de danos aos produtos. Portanto, como regra geral, é preferível realizar movimentações de maior duração dentro dos armazéns. Uma vez iniciada a movimentação, os produtos devem ser deslocados de forma contínua até a chegada ao seu destino final.

As economias de escala justificam a movimentação das maiores quantidades ou cargas possíveis. Ao invés de movimentar caixas individuais, o manuseio deve ser projetado para a movimentação de caixas agrupadas em paletes, *slipsheets** ou contêineres.[13] O objetivo global do manuseio de materiais é, eventualmente, classificar embarques recebidos em sortimentos exclusivos de cada cliente. As três atividades principais do manuseio são o recebimento, o manuseio para estocagem e a expedição.

Recebimento

As mercadorias e materiais normalmente chegam no armazém em embarques de grande quantidade. A primeira atividade de manuseio é o descarregamento. Na maioria dos armazéns, a descarga é parcialmente mecanizada, realizada com o uso combinado de empilhadeiras e processos manuais. Quando a carga está empilhada no piso do veículo de transporte, o procedimento comum é colocar manualmente os produtos em paletes ou numa esteira transportadora. Quando os produtos recebidos estão unitizados em paletes ou contêineres, podem ser usadas empilhadeiras para facilitar o recebimento. O principal benefício de receber cargas unitizadas é a possibilidade de liberar o equipamento de transporte mais rapidamente. Em geral, o recebimento constitui-se no descarrregamento de um volume relativamente grande de produtos semelhantes.

Manuseio para Estocagem

O manuseio para estocagem consiste em movimentações de produtos dentro do armazém. Após o recebimento e a movimentação para um local provisório, os produtos devem ser levados para estocagem ou separação de pedidos. Finalmente, quando um pedido é processado, é necessário selecionar os produtos solicitados e levá-los a um local de expedição. Esses dois tipos de manuseio em estocagem são normalmente denominados transferência e seleção.

Existem no mínimo duas ou três movimentações de transferência em um armazém típico. A mercadoria é inicialmente levada da área de recebimento para um local de armazenagem. Essa movimentação é normalmente feita por uma empilhadeira, quando os paletes ou *slipsheets* estão sendo usados, ou por outros meios mecanizados para outros tipos de carga unitizada. Uma segunda movimentação interna pode ser necessária antes da montagem do pedido, dependendo dos procedimentos operacionais de cada armazém. Quando uma carga unitizada tem que ser fracionada para a separação de um determinado pedido, os normalmente pedidos são transferidos da armazenagem para um local de separação ou área de coleta. Quando os produtos são volumosos, tais como certos eletrodomésticos, essa movimentação intermediária de transferência para uma área de coleta pode não ser necessária. Esses produtos são geralmente separados na área de armazenagem e levados direto para a local de expedição. O local de expedição é uma área contígua às docas de expedição. Em armazéns de separação de pedidos, os pedidos de montagem dos clientes são transferidos da área de separação para o local de expedição. De forma característica, o manuseio em estocagem envolve movimentações de volumes menores do que as de recebimento, mesmo de produtos relativamente semelhantes.

A separação de pedidos é uma das atividades principais de um armazém. O processo de separação exige que materiais, peças e produtos sejam agrupados para facilitar a montagem dos pedidos. É comum que uma área do armazém seja designada como área de separação ou de coleta para ser usada na montagem dos pedidos. Para cada pedido, a combinação de produtos precisa ser selecionada e embalada para atender às exigências específicas de cada cliente. O processo de separação mais comum é coordenado por um sistema informatizado de gestão de armazéns.

Expedição

A expedição consiste na verificação dos pedidos e no carregamento dos veículos de transporte. De forma semelhante ao recebimento, as empresas podem usar as esteiras transportadoras ou equipamentos de manuseio de cargas unitizadas, tais como empilhadeiras, para movimentar os produtos de uma área operacional para os veículos de transporte. Tendo como base o recebimento, a expedição dos armazéns deve acomodar movimentações de uma variedade de produtos de volume relativo baixo, reduzindo assim o potencial de economias de escala. A expedição de cargas unitizadas tem se tornado cada vez mais popular pelo fato de ganhar-se ganhar um tempo considerável no carregamento de veículos. Cargas unitizadas é como são denominados os produtos unitizados ou paletizados. Para facilitar o carregamento e a subseqüente descarga na entrega, muitos clientes estão solicitando a seus fornecedores que forneçam combinações mistas de produtos dentro de uma unidade. Outra alternativa é empilhar as caixas no compartimento específico do veículo de transporte. A verificação do conteúdo é normalmente exigida quando o produto muda de proprietário. Essa verificação pode limitar-se a simples contagem de caixas ou checagem peça por peça, com o objetivo de confirmar a marca correta, o tamanho e, em alguns casos, o número de série de cada embarque, para assegurar a precisão deste.

Estocagem

O segundo aspecto a ser considerado é que na utilização de armazéns é necessário organizar os produtos de acordo com as suas características individuais. As variáveis mais importantes de um produto a serem observadas em um plano de estocagem são o seu volume, o peso e as exigências de estocagem.

---

* N. de T.: *Slipsheet*, ou folha separadora, é uma chapa de material variado, como compensado de madeira ou papelão grosso, sobre a qual se coloca uma ou mais camadas de caixas agrupadas. Isso permite que o transporte ou a armazenagem das mesmas seja estável e sua distribuição mais homogênea.

[13] Tipos específicos de equipamento de manuseio, paletes e unitização são discutidos no Capítulo 14.

O volume ou velocidade dos produtos é o fator principal na determinação do *layout* de um armazém. Produtos de grande volume devem ser posicionados no armazém de maneira a minimizar a distância entre as movimentações. Por exemplo, produtos de alta velocidade devem ser posicionados perto das portas, nos corredores principais e nas prateleiras mais baixas das estantes. Esse posicionamento minimiza o manuseio dentro do armazém e reduz a necessidade de uso freqüente de empilhadeiras. Ao contrário, a localização para produtos de baixo volume deve ser a mais distante possível dos corredores principais, ou então nas prateleiras mais altas das estantes. A Figura 13-3 apresenta um plano de estocagem baseado nas movimentações previstas de produtos.

Do mesmo modo, o plano de estocagem deve levar em conta o peso e as características especiais de cada produto. Os itens mais pesados devem ser localizados mais próximos do chão, para minimizar o levantamento. Produtos a granel ou de baixa densidade exigem espaços cúbicos. Os espaços no piso ao longo das paredes externas são ideais para esse tipo de produto. Por outro lado, itens menores podem exigir estocagem em prateleiras, caixotes ou gavetas. Um plano integrado de estocagem deve considerar as características específicas de cada produto.

Um armazém típico está comprometido com a combinação de duas alternativas de estocagem de produtos: a estocagem ativa e a estocagem estendida. Os armazéns que atendem diretamente aos clientes normalmente concentram-se numa estocagem de curto prazo ativa. Em contraposição, há os armazéns que usam a estocagem estendida para inventários especulativos, sazonais ou obsoletos. Ao controlar e avaliar as operações de um armazém, é importante diferenciar as exigências e as capacidades de desempenho entre a estocagem ativa e a estocagem estendida.

Estocagem Ativa

Independentemente da velocidade de giro do estoque, a maioria dos produtos é estocada ao menos por um curto período de tempo. A estocagem para o reabastecimento básico de um estoque é conhecida como estocagem ativa. A estocagem ativa deve fornecer inventário suficiente para que possam ser atendidas as demandas periódicas da área de serviço. A necessidade de uma estocagem ativa está normalmente relacionada à capacidade de se obter economias de escala no transporte ou no manuseio de produtos. Para uma estocagem ativa, os processos e as tecnologias de manuseio de materiais devem concentrar-se em movimentos rápidos e em flexibilidade, reduzindo ao máximo as estocagens prolongadas e densas.

O conceito de estocagem ativa inclui a **distribuição ao longo do fluxo**, que usa o armazém para consolidação e sortimento, ao mesmo tempo em que mantém um inventário mínimo ou nenhum inventário em estoque. A resultante necessidade de redução de inventário favorece as técnicas de fluxo direto e o *cross-docking*, que estimulam as movimentações e não a estocagem. A distribuição ao longo do fluxo é mais adequada para produtos de grande volume e de alto giro, em que as quantidades são razoavelmente previsíveis. Embora a distribuição ao longo do fluxo coloque demandas mínimas nas exigências de estocagem, ela exige que os produtos sejam rapidamente descarregados, desunitizados, agrupados e seqüenciados conforme as solicitações dos clientes, assim como recarregados no equipamento de transporte. Como resultado, a ênfase no manuseio de materiais está na informação correta e direcionada e também na rápida movimentação.[14]

---

[14] Para uma discussão mais abrangente sobre exigências no manuseio de materiais na distribuição ao longo do fluxo, consulte Thomas Feare, "Storage less, Stage More", *Modern Materials Handling* 55, no. 5 (May 2000), pp. 80-83.

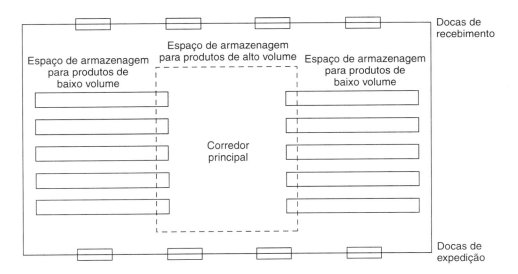

Figura 13-3 Plano de estocagem baseado na movimentação prevista dos produtos.

Estocagem Estendida

A estocagem estendida, um termo um tanto quanto enganoso, refere-se ao estoque que excede às exigências normais de reabastecimento dos estoques de um cliente. Em algumas situações especiais, pode ser necessária a estocagem durante muitos meses até a expedição para o cliente. A estocagem estendida usa processos e tecnologias de manuseio de materiais que se concentram na utilização máxima de espaço, com um mínimo de necessidade de acesso rápido.

Um armazém pode ser usado para estocagem estendida por várias outras razões. Itens sazonais, por exemplo, exigem que a estocagem aguarde a demanda ou que o fornecimento seja distribuído ao longo do tempo. Outras razões para optar pela estocagem estendida incluem itens de demanda irregular, condições dos produtos, compras especulativas ou oferta de descontos por fornecedores.

Determinadas condições dos produtos às vezes exigem a estocagem estendida, como no caso do amadurecimento de bananas. Armazéns de produtos alimentícios normalmente contam com áreas de amadurecimento, para manter os produtos até que eles atinjam seu ponto mais alto de qualidade. este tipo de estocagem também pode ser necessário para verificações mais prolongadas de qualidade.

Os armazéns também estocam mercadorias de forma estendida quando elas são adquiridas para fins especulativos. A magnitude da compra especulativa depende de materiais específicos e dos setores envolvidos, mas isso é muito comum no mercado de *commodities* e de produtos sazonais. Por exemplo, se há expectativa de aumento de preço para um determinado item, não é incomum uma empresa comprar esse produto com antecedência ao preço atual e estocá-lo para comercialização posterior. Nesse caso, os descontos ou as economias correspondentes devem ser comparados aos custos de estocagem e de transporte. *Commodities* como grãos, petróleo e lâminas de papelão são normalmente estocados por razões especulativas.

O armazém pode também ser usado para garantir descontos especiais. Compras antecipadas, aproveitando descontos, justificam a estocagem estendida. O gerente de compras pode ser capaz de obter uma redução substancial de preços durante um período específico de ano. Sob essas condições, normalmente os armazéns mantêm inventários maiores do que o usual em estocagens ativas. Os fabricantes de fertilizantes, de brinquedos e de móveis de jardim procuram passar os custos de armazenagem para os clientes oferecendo descontos para estocagem fora da estação.

Classificação de Propriedade dos Armazéns

Os armazéns são normalmente classificados com base em sua propriedade. Um armazém privado é operado pela empresa proprietária das mercadorias manuseadas e estocadas nas instalações. Um armazém público, ao contrário, é administrado como um negócio independente, oferecendo uma variedade de serviços a serem contratados, tais como estocagem, manuseio e transporte. Um operador de armazém público em geral oferece uma lista de serviços relativamente padronizados aos clientes. A **armazenagem contratada**, que é uma extensão personalizada do armazém público, combina os benefícios do armazém privado com os serviços do armazém público. O armazém contratado é um acordo de negócio de *longo prazo* que oferece serviços exclusivos ou sob medida para um limitado número de clientes. O cliente e o fornecedor de serviços integrados compartilham os riscos associados à operação.[15] As diferenças mais importantes entre operadores de armazéns públicos e contratados são a extensão antecipada do tempo de relacionamento, o grau de exclusividade ou de personalização dos serviços, e a incorporação compartilhada dos benefícios e riscos.

Privado (ou Próprio)

Os armazéns privados geralmente são operados pela empresa proprietária dos produtos. As instalações, no entanto, podem ser de propriedade da empresa ou arrendadas. A decisão em relação à propriedade ou ao arrendamento é essencialmente financeira. Às vezes não é possível encontrar um armazém para arrendamento que se encaixe nas exigências logísticas especializadas; por exemplo, a natureza física de uma instalação disponível pode não ser adequada para um manuseio eficiente dos produtos, tais como instalações com prateleiras de estocagem inadequadas, ou abertura de docas ou pilares com restrições. A única ação cabível seria então projetar ou providenciar a construção ou reforma.

Os principais benefícios de um armazém privado são o controle, a flexibilidade, o custo e outras vantagens intangíveis. Os armazéns privados oferecem a possibilidade de um maior controle, pois a administração tem autoridade para priorizar atividades. Esse controle facilita a integração entre as operações de armazenagem e o equilíbrio das operações logísticas da empresa.

Os armazéns privados geralmente oferecem maior flexibilidade, uma vez que as políticas operacionais e os procedimentos podem ser ajustados para atender às exigências dos clientes e de um produto específico. Empresas com clientes ou produtos altamente especializados em geral procuram operar instalações próprias.

Os armazéns privados costumam ser considerados menos dispendiosos do que os públicos, já que as instalações privadas não são operadas visando ao lucro, apesar de poder ser exigido delas que contribuam para a empresa, para assegurar sua competitividade. Como resultado, seus

---

[15] *Contract Warehousing: how It Works and How to Make it Work Effectively* (Oak Brook, IL: Warehousing Education and Research Council, 1993), p. 7.

componentes de custos fixos e variáveis podem ser menores do que os dos serviços contratados.

Por fim, uma instalação privada pode oferecer benefícios intangíveis. Um armazém privado com o nome da empresa na porta pode estimular a percepção dos clientes ao passar a idéia de pronta resposta e estabilidade. Essa percepção oferece uma vantagem de *marketing* sobre os concorrentes.

Não obstante, o uso de instalações privadas está em declínio, devido ao interesse crescente de reduzir os ativos da logística, uma vez que a instalação de um armazém representa uma parcela substancial desses ativos. Além disso, a relação custo-benefício alcançada com os armazéns privados pode ser potencialmente anulada pela capacidade dos armazéns públicos de obter economias de escala baseadas na alavancagem de processamento combinado de múltiplos clientes.

Público

Os armazéns públicos são amplamente utilizados em sistemas logísticos. Praticamente, qualquer combinação de serviços pode ser organizada com base na contratação dos serviços, tanto a curto como a longo prazo. Os armazéns públicos têm sido tradicionalmente classificados de acordo com suas especializações operacionais, tais como (1) mercadorias gerais, (2) refrigerados, (3) *commodities* especiais, (4) alfandegários, e (5) móveis e utensílios domésticos.

Os armazéns de mercadorias gerais são projetados para lidar com produtos embalados, tais como eletrônicos, papel, alimentícios, pequenos eletrodomésticos e suprimentos de utensílios domésticos. Os armazéns refrigerados oferecem capacidade de resfriamento ou congelamento projetada para proteger produtos que exigem temperaturas especiais, como produtos alimentícios, medicinais, fotográficos e químicos. Os armazéns de *commodities* especiais são projetados para lidar com materiais a granel ou itens que exigem condições especiais de manuseio, tais como pneus ou roupas. Os armazéns alfandegários têm concessão do governo para estocar produtos antes do pagamento das taxas ou impostos de importação/exportação. Eles exercem um forte controle sobre as movimentações de entrada e saída das instalações, uma vez que cada movimentação deve ser acompanhada de documentação específica. Por fim, os armazéns de móveis e utensílios domésticos são especializados em manuseio e armazenagem de itens volumosos e a granel, tais como equipamentos eletrodomésticos e móveis. Obviamente, os armazéns públicos oferecem combinações desses serviços. Os armazéns públicos oferecem flexibilidade e o compartilhamento dos benefícios referentes a seus serviços. Por ser a armazenagem seu principal negócio, os armazéns públicos têm o potencial de oferecer conhecimentos específicos em operações e gestão de armazéns.

A partir de uma perspectiva financeira, os armazéns públicos podem alcançar custos operacionais mais baixos do que as instalações privadas. Esse diferencial de custos variáveis pode ser o resultado de menores salários, melhor produtividade, compartilhamento de recursos e economias de escala. Normalmente, os armazéns públicos não exigem investimento de capital por parte dos seus clientes. Quando o desempenho gerencial é julgado de acordo com o retorno de investimentos, a utilização de armazéns públicos pode ser uma alternativa atraente. Os armazéns públicos oferecem flexibilidade em relação ao tamanho e ao número de instalações, permitindo assim que os usuários possam atender às demandas dos fornecedores, dos clientes e sazonais. Em comparação, os armazéns privados são relativamente fixos e de difícil modificação, porque os prédios têm que ser construídos, expandidos ou vendidos.

Os armazéns públicos apresentam, também, potencial para compartilhar economias de escala, uma vez que exigências combinadas dos usuários podem ser alavancadas e potencializadas. Essa alavancagem dilui custos fixos e pode justificar o investimento em modernos equipamentos de manuseio. Um armazém público pode também alavancar transportes ao oferecer consolidação de entregas de cargas para vários clientes. Por exemplo, ao invés de exigir que o fornecedor A e o fornecedor B entregue uma carga para uma loja varejista partindo de suas instalações próprias, um armazém público ao atender ambos os clientes pode organizar uma entrega combinada e, portanto, reduzir o custo de transporte para seus clientes. A Tabela 13-1 resume os tipos de serviços e capacitações típicas de muitos operadores de armazéns públicos.

Tabela 13-1 Armazéns/serviços com valor agregado

- *Cross-dock*/transferência de carga
- Devoluções de clientes
- Personalização/adiamento
- Entrega domiciliar ou por catálogo
- Fusão em trânsito
- Controle de inventário
- *Kanban* (painéis de controle de estoques na linha de produção)
- *Kitting* (montagem de *kits*)
- Etiquetagem/pré-etiquetagem
- Controle de lotes
- Apoio à fabricação
- Atendimento completo do pedido
- Coleta/embalagem
- Distribuição conjunta (*pool*)
- Reparo/reforma
- Gestão de contêineres retornáveis
- Logística reversa
- Seqüenciamento/medição
- Embalagem especial
- Apoio à loja/entrega direto à loja (EDL)

Um grande número de empresas utiliza os serviços de armazéns públicos para a distribuição ao mercado, devido a seus custos variáveis, escalonamento, gama de serviços e flexibilidade. A Visão Setorial 13-3 ilustra o uso criativo dos armazéns públicos na distribuição de produtos previamente vendidos. Em inúmeras situações, as instalações e os serviços prestados pelo armazém público podem ser projetados e executados para atender de forma completa às exigências operacionais.

Um armazém público cobra de seus clientes uma taxa básica pelo manuseio e estocagem. No caso do manuseio, a cobrança toma como parâmetro a quantidade de caixas ou o peso dos produtos movimentados. Para a estocagem, a cobrança é feita em função da quantidade de caixas ou do peso dos produtos estocados por um determinado tempo. Os preços dos serviços especiais ou de valor agregado são normalmente fixados numa base de negociação.

Armazenagem Contratada

A armazenagem contratada combina as características dos armazéns privados e as dos públicos. Uma relação contratual de longo prazo normalmente resulta em custos totais mais baixos do que os dos armazéns públicos. Ao mesmo tempo, contratar operações de armazenagem oferece os benefícios do conhecimento especializado, da flexibilidade e de economias de escala ao se compartilhar recursos de gestão, de mão-de-obra, equipamentos e de informação com clientes múltiplos.

Os armazéns contratados geralmente oferecem uma série de serviços logísticos, tais como gestão de transportes, controle de inventário, processamento de pedidos, serviço de apoio aos clientes e processamento de devoluções de mercadorias. Há operadores de armazenagem contratada, conhecidos como 3PLs, que assumem toda a responsabilidade logística de uma empresa.[16]

Por exemplo, a Kraft Foods tem se utilizado cada vez mais da armazenagem contratada para substituir instalações de armazéns privados e públicos que oferecem armazenagem refrigerada para produtos alimentícios de mercearias. Desde o final da década de 90, a Kraft tem usado os serviços da AmeriGold Logistics, uma empresa de armazenagem e de serviços de distribuição integrados, para executar a estocagem, manuseio e serviços de distribuição. Esse arranjo apresenta múltiplos benefícios para ambas as partes. O arranjo contratual de longo prazo permite que a Kraft possa expandir sua rede de distribuição sem estar sujeita ao tempo e ao custo de expansões físicas. A Kraft está segura de que sempre haverá espaço para um novo produto e, portanto, a sua rede de distribuição está protegida. A AmeriGold não precisa preocupar-se em vender espaços nos armazéns utilizados pela Kraft – ela pode concentrar-se na prestação dos serviços. Além disso, quanto mais tempo a Kraft utilizar os serviços da AmeriGold, melhor a sua capacidade de entender as necessidades de negócios e oferecer serviços personalizados.

Estratégia de Organização dos Produtos

Como seria de se esperar, muitas empresas utilizam uma combinação de armazéns privados, públicos e de armazenagem contratada.[17] A utilização completa de um armazém durante o período de um ano é rara. Como regra gerencial, um armazém típico será plenamente utilizado de 75 a 85% do tempo; assim, entre 15 e 25% do tempo o espaço necessário previsto para satisfazer às exigências dos períodos de pico ficará ocioso. Nessas situações, uma estratégia atraente pode ser o uso de armazéns privados ou contratados para cobrir 75% das necessidades, ao mesmo tempo em que se usa as instalações de armazéns públicos para acomodar a demanda nos períodos de pico. A Figura 13-4 ilustra esse conceito.

Desenvolver uma estratégia de armazenagem exige a resposta para duas questões. A primeira é quantos armazéns precisam ser estabelecidos. (O Capítulo 16 oferece conteúdo para responder essa questão estratégica de rede). A segunda questão focaliza que tipos de propriedade de armazéns devem ser utilizados em mercados específicos. Para muitas empresas, a resposta é uma combinação das alternativas de armazenagem, diferenciadas por clientes e produtos. Especificamente, alguns grupos de clientes podem ser mais bem atendidos por um armazém privado, enquanto os armazéns públicos e de armazenagem contratada podem ser mais adequados para outros clientes. A segmentação de armazéns está cada vez mais popular, pois clientes importantes estão exigindo mais serviços e capacitações personalizados.

Planejamento da Armazenagem

As decisões iniciais relacionadas à armazenagem têm base no planejamento. O conceito básico do que os armazéns oferecem, como um espaço fechado para a armazenagem e manuseio de materiais, exige análise detalhada antes que as dimensões, o tipo e a forma das instalações sejam estabelecidas. Esta seção revisa as questões de planejamento que estabelecem as características dos armazéns e que, por sua vez, determinam a eficiência de manuseio que se deseja alcançar.

---

[16] Para uma discussão mais ampla sobre serviços de armazenagem contratada, consulte o Warehousing Reseach Council, *Contract Warehousing: How It Works and How to Make it Work Effectively* (Oak Brook, IL: Warehousing Education and Research Council, 1993).

[17] Para uma discussão mais ampla sobre estratégias de armazenagem, consulte Ken Ackerman, *Warehousing Profitability: A Manager's Guide* (Columbus, OH: Ackerman Publications, 1994).

Visão Setorial 13-3   Harley Davidson Usa Armazém Público

O planejamento, a construção e a operação de um novo centro de distribuição representam um investimento substancial para qualquer empresa. Muitas empresas consideram os armazéns públicos uma opção viável para obter uma gestão especializada e um aumento na eficiência operacional. Os armazéns públicos podem oferecer um diferencial competitivo ao (1) reduzir despesas administrativas e assim liberar capital que poderá ser investido em outras áreas, (2) permitir que as empresas se concentrem em seus pontos fortes específicos, (3) permitir que empresas em início de operação e fabricantes estrangeiros entrem no mercado norte-americano com menores dificuldades, e (4) permitir que as empresas alcancem lucros maiores e obtenham eficiência logística.

No início da década de 80, por exemplo, a Harley Davidson desejava aumentar a produtividade de suas instalações existentes e concluiu que os armazéns públicos constituíam uma opção logística.

Operações mais enxutas, tempos de produção reduzidos e controle de inventários JIT melhoraram a posição competitiva da Harley Davidson. Atualmente, a empresa controla 60% do mercado de motocicletas pesadas (850 cc ou mais) – aumento significativo se comparado com sua fatia de mercado de 20% em 1982. O aumento das vendas forçou a empresa a estudar alternativas para movimentação de seu inventário pré-vendas, em sua fábrica de York, na Pensilvânia, a fim de possibilitar o aumento da capacidade de produção. No caso da Harley Davidson, o inventário de pré-vendas (isto é, produtos vendidos aos consumidores ou revendedores cuja entrega ainda não foi efetuada ou autorizada por eles) pode permanecer armazenado por vários meses. Esse inventário, normalmente, representa entre 500 a 1.000 motocicletas. Cada motocicleta é destinada a um cliente específico e exige uma etiqueta de identificação detalhada, onde constam o nome do cliente e as exigências de entrega. O armazém público tem a responsabilidade de assegurar que a motocicleta certa seja despachada ao cliente certo. Para isso, cada motocicleta deve ser estocada de forma que ela e sua etiqueta de identificação sejam de fácil acesso.

"Ao entregar nosso inventário pré-vendido a um armazém público, obtivemos o aumento de capacidade de que necessitávamos e, o mais importante, obtivemos a gestão especializada de inventário que tanto precisávamos", afirma o gerente-geral Tom Sowarz. A utilização de armazém público também ajudou a Harley Davidson a manter um maior controle sobre os custos de mão-de-obra. Sowarz comentou ainda: "Mesmo em períodos de venda fraca, o pessoal que trabalhava em armazém próprio tinha que ser mantido, para atender à carga de trabalho quando as vendas ao mercado novamente reagissem. As vantagens referentes à utilização de um armazém público são inerentes, a empresa paga apenas pelo espaço que ocupa, quando necessário".

Fonte: M. L. Jenkins. "Utilizing Public Warehousing". *Plants, Sites & Parks*, November/December 1992, p. 88.

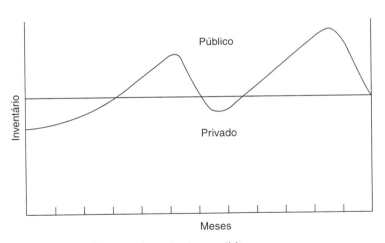

Figura 13-4   Combinação de instalações de armazéns privados e públicos.

Escolha do Local

A primeira etapa é identificar tanto a localização geral como, mais tarde, a específica. A área geral diz respeito à geografia ampla, onde um armazém ativo faz sentido dentro das perspectivas econômica, estratégica e de serviços. A questão geral concentra-se numa área geográfica maior, como pode ser ilustrado na necessidade de se construir um armazém no Centro Oeste dos EUA, o que normalmente implica possuir uma instalação nos estados de Illinois, Indiana ou Wisconsin. Existem várias técnicas que podem auxiliar na determinação da melhor combinação de áreas gerais para os armazéns.[18]

---

[18] Mais detalhes sobre o processo geral estão no Capítulo 16; sobre ferramentas específicas, consulte Ronald Ballou e James Masters, "Facility Location Commercial Software Study," *Journal of Business Logistics* 20, no. 1 (1999), pp. 215-32.

Estando as combinações de áreas amplas já determinadas, a localização específica da instalação deve então ser definida. As áreas mais comuns de localização de armazéns numa comunidade são zonas comerciais, áreas externas atendidas principalmente por carretas e áreas centrais da cidade.

A escolha da localização é direcionada pela disponibilidade e custo dos serviços. O custo dos terrenos constitui-se no fator mais importante. O armazém não precisa ser localizado na principal área industrial. Em muitas cidades, os armazéns estão localizados entre as plantas industriais e em áreas de zoneamento para indústrias leves e pesadas. A maioria dos armazéns pode operar legalmente sob as restrições de uso impostas às propriedades comerciais em geral.

Além dos custos de compras e de preparação (*setup*), também devem ser avaliadas despesas operacionais como as relativas a desvios ferroviários, instalações de energia e comunicações, impostos, prêmios de seguro e vias de acesso. Os custos desses serviços em geral variam muito de um local para outro. Por exemplo, uma empresa de distribuição de alimentos recentemente rejeitou o que parecia ser um local absolutamente satisfatório para o armazém devido às projeções de prêmios de seguro. O local era próximo ao final da linha de fornecimento de água. Durante grande parte do dia, a pressão adequada da água estava disponível para qualquer exigência operacional ou de emergência. Entretanto, havia a possibilidade de ocorrer um problema durante duas curtas horas do dia. Das 6h30min às 8h30min e das 17 às 19h, a demanda geral de água ao longo da linha era tanta que não havia pressão suficiente para lidar com uma emergência. Por conta dessa deficiência, os prêmios de seguro eram muito mais altos do que o normal exigido e por isso o local foi rejeitado.

Muitas outras exigências devem ser satisfeitas antes de um local ser adquirido. Por exemplo, ele deve ter espaços adequados para expansões. Deve existir disponibilidade de atendimento das necessidades de serviços auxiliares de energia e comunicação. O solo deve ser capaz de suportar a estrutura. O local deve ser suficientemente alto para propiciar boa drenagem. Talvez seja necessário o atendimento a exigências extras, dependendo da estrutura a ser construída. Por essas e outras razões, a escolha final do local deve ser precedida de uma análise detalhada.[19]

Projeto

O projeto de um armazém deve considerar as características de movimentação dos produtos. Os três fatores a serem determinados no processo de criação do projeto são: o número de andares nas instalações, um plano de utilização cúbica, e o fluxo de produtos.

O projeto ideal de armazém é um prédio de apenas um piso, que elimine a necessidade de movimentar produtos verticalmente. O uso de aparatos de manuseio vertical, como elevadores e esteiras, na movimentação de um andar para o outro, exige tempo, energia e normalmente cria situações de gargalo no manuseio. Portanto, como regra geral, os armazéns devem ser projetados para operações em um só piso, para facilitar o manuseio, embora isso nem sempre seja possível, como no caso de distritos comerciais centrais, onde os terrenos são escassos ou caros.

O projeto de armazém deve maximizar a utilização cúbica. A maioria dos armazéns é projetada com pé-direito livre de 7 a 10 metros, apesar de as instalações prediais modernas e automatizadas poderem ter pé-direito livre de mais de 33 metros. A altura máxima efetiva de um armazém é limitada pela segurança e pela capacidade dos equipamentos para o manuseio dos materiais, tais como empilhadeiras e prateleiras, assim como pelo atendimento às normas de prevenção a incêndio, a partir da instalação de sistema de extinção de fogo por aspersão (*sprinklers*).

O projeto do armazém deve prever a facilitação do fluxo contínuo de produtos por todo o prédio. Isso é necessário não só quando um produto é movimentado para a armazenagem, mas também quando segue para *cross-docking*. Em geral, isso significa que o produto deve ser recebido em uma ponta do prédio, armazenado conforme o necessário no centro da área, e expedido na outra ponta. A Figura 13-5 apresenta a linha de fluxo direto de produtos que proporciona agilidade e, ao mesmo tempo, minimiza o congestionamento e o manuseio repetitivo.

Análise do Mix de Produtos

Uma outra área independente de análise quantitativa é o estudo detalhado dos produtos a serem distribuídos pelo armazém. O projeto e as operações de um armazém estão diretamente relacionados ao composto de produtos armazenados. Em relação a cada produto, devem ser analisadas suas vendas anuais, a demanda, o peso, a cubagem e a embalagem. É também conveniente determinar o tamanho total, a cubagem e o peso do pedido médio que será processado pelo armazém. Esses dados oferecem as informações necessárias para determinar os espaços no armazém, o seu projeto e *layout*, os equipamentos de manuseio, os procedimentos operacionais e as formas de controle.

Expansão Futura

Em face da crescente importância dos armazéns nas redes logísticas contemporâneas, é necessário considerar a expansão futura durante a fase inicial de planejamento. Organizações bem administradas freqüentemente estabelecem planos de expansão entre 5 e 10 anos. Uma expansão

---

[19] Steven Gold, "A New Approach to Site Selection," *Distribution* 90, no. 13 (December 1991), pp. 29-33; "A Guideline to Site Selection in the 90's," *Traffic Management,* Setembro 1991, pp. 205-235; e David Luton, "Selecting a New Warehouse Site," *Modern Materials Handling* 55, no. 4 (April 2000), p.37.

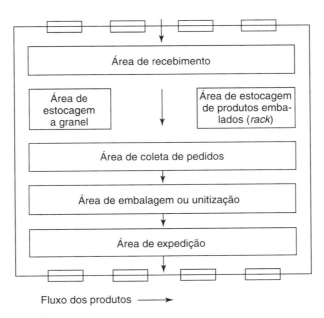

Figura 13-5 Projeto básico de um armazém.

potencial pode justificar a compra ou opção por um local três a cinco vezes maior do que o necessário para as primeiras operações.

O projeto do prédio deve acomodar a expansão futura sem afetar significativamente as operações em andamento. Algumas paredes podem ser construídas com materiais semi-permanentes que permitam sua rápida remoção. As áreas com pisos projetados para receber movimentação de cargas pesadas podem ser estendidas na construção inicial para facilitar uma eventual expansão.

Considerações sobre o Manuseio de Materiais

O sistema de manuseio de materiais é o direcionador básico para o projeto de um armazém. Como já foi comentado anteriormente, as principais funções de um armazém são a movimentação e o sortimento de produtos. Portanto, o armazém é uma estrutura projetada para facilitar o fluxo eficiente dos produtos É importante ressaltar que o sistema de manuseio de materiais seja escolhido no início do processo de desenvolvimento do projeto. A tecnologia de manuseio será discutida no Capítulo 14.

Layout

O *layout* ou plano de armazenagem de um armazém deve ser traçado de maneira a facilitar o fluxo de produtos.[20] O *layout* e o sistema de manuseio de materiais são integrados. Além disso, uma atenção especial deve ser dada à localização, ao número e ao projeto das docas de recebimento e expedição.[21]

É difícil generalizar *layouts* de armazéns, uma vez que eles são normalmente individualizados para acomodar suas exigências de manuseio específicas. Se forem utilizados paletes, o primeiro passo seria determinar o tamanho adequado. Um palete com dimensões fora de padrão pode ser útil para produtos especiais. Entretanto, sempre que possível, paletes de tamanho padrão devem ser utilizados em todo o armazém. Os tamanhos mais comuns de paletes são de 40 × 48 polegadas e de 32 × 40 polegadas.* Em geral, quanto maior a carga nos paletes, menor será o custo de movimentação por peso ou acondicionamento a uma dada distância. Um operador de empilhadeira pode movimentar uma carga maior com o mesmo consumo de tempo e de esforço que ele precisaria para movimentar uma carga menor. A análise das caixas de produtos e padrões de empilhamento irá determinar o tamanho de palete que melhor se enquadra na operação. Independentemente do tamanho escolhido, a administração deve adotar um mesmo tamanho de palete para uso em todo o armazém.

Uma segunda etapa no planejamento de *layouts* de armazéns envolve o posicionamento dos paletes. A prática mais comum de posicionamento é em 90 graus, ou qua-

---

[20] "Loading Dock 2000," *Grocery Distribution,* October 1998, pp. 28-31.

[21] "The Importance of Proper Sequence," *Warehousing forum,* June 1997, pp. 1-2.

* N. de T.: Tanto a ABNT (Associação Brasileira de Normas Técnicas) como a PBR (Paletes do Brasil) normatizaram medidas e materiais. Assim, as medidas dos paletes devem ser fornecidas em metros. Porém, por tratar-se de um contexto onde a medida dos paletes não é exclusivamente padrão, mas também é considerada especial, manteve-se a medida em polegadas.

drado. O posicionamento quadrado é amplamente usado em razão da facilidade de *layout*. Posicionamento quadrado significa que os paletes estão posicionados perpendicularmente aos corredores. A Figura 13-6 ilustra esse método de posicionamento.

Finalmente, o equipamento de manuseio deve ser integrado para completar-se o *layout*. O caminho e o ritmo do fluxo dos produtos dependem do sistema de manuseio de materiais. Para ilustrar essa relação entre o manuseio de materiais e o *layout*, dois sistemas e seus respectivos *layouts* são apresentados na Figura 13-7. Esses exemplos são apenas duas das muitas possibilidades de *layout*.

O *layout* A representa um sistema de manuseio de materiais e um *layout* de utilização de empilhadeiras na movimentação de recebimento e transferência de inventários, assim como o uso de carrinhos e paleteiras mecânicas para separação de pedidos. Esse cenário admite que o produto se enquadra em operações paletizadas. Esse *layout* é apresentado de forma simplificada, no qual os escritórios, as áreas especiais e outros detalhes são omitidos.

A planta baixa do *layout* A é aproximadamente quadrada. Os defensores do *layout* quadrado entendem que ele oferece melhor estrutura para a eficiência operacional como um todo. Como indicado anteriormente nesse capítulo, os produtos devem ser posicionados numa área específica do armazém para a separação conforme os pedidos. É o caso do *layout* A. Essa área é conhecida como Área de Separação, ou de Coleta. Seu objetivo principal é reduzir ao mínimo a distância que os separadores têm que percorrer para montar um pedido.

A área de separação tem apoio da área de armazenagem. Logo que os produtos são recebidos, eles são paletizados e levados para a área de armazenagem. A área de separação é suprida pela área de armazenagem conforme se fizer necessário. Dentro da área de separação, os produtos são posicionados de acordo com o peso, o tamanho e a velocidade de reabastecimento, de forma a minimizar as movimentações de expedição. Os pedidos dos clientes são montados por um separador de pedidos com o uso de carrinhos ou paleteiras mecânicas na área de separação. As setas no *layout* indicam o fluxo para separação dos produtos.

O *layout* B apresenta um sistema de manuseio de materiais que utiliza empilhadeiras nas movimentações de recebimento e de transferência de produtos. Uma linha de movimentação contínua é usada para separação de pedidos. A planta baixa do *layout* B é retangular. Num sistema que utiliza a movimentação mecanizada contínua, a área compacta de separação é substituída pela separação direta no local de armazenagem. Os produtos são movimentados da área de recebimento para áreas de armazenagem adjacentes à linha de movimentação contínua. Os pedidos são, então, separados diretamente do estoque e carregados em carros-reboque, que são movimentados dentro do armazém seguindo as linhas de movimentação contínua. A mercadoria é armazenada, ou posicionada de forma a minimizar as movimentações de recebimento. O ponto fraco das linhas de movimentação fixa é que elas facilitam a separação de todos os produtos de mesma velocidade e freqüência, sem considerar as necessidades especiais de produtos de alta rotatividade. As setas no *layout* B indicam as movimentações principais de produtos. A linha no centro do *layout* indica o sentido das movimentações mecanizadas.

Como se pode observar, ambos os *layouts* são bastante simplificados. O propósito é ilustrar abordagens extremamente diferentes que os gerentes têm desenvolvido para conciliar a relação entre o manuseio de materiais e o *layout* do armazém.

Dimensionamento

Várias técnicas estão disponíveis para ajudar a estimar o tamanho do armazém. Cada método começa com uma projeção do volume total esperado que será movimentado pelo armazém durante um determinado período. A projeção é usada para estimar o estoque básico e o estoque de segurança de cada produto a ser armazenado no armazém. Algumas técnicas consideram tanto taxas de utilização normal como as de pico. Falhas na consideração das taxas de utilização podem resultar em uma construção maior do que o necessário, com o correspondente aumento nos custos. É importante saber, no entanto, que a principal reclamação dos gerentes de armazéns refere-se à subestimação das necessidades de dimensionamento. Uma boa regra é considerar um adicional de 10% na área, para eventuais aumento de volume, novos produtos e oportunidades de novos negócios.

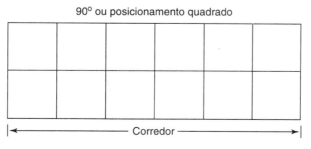

Figura 13-6 Método básico de posicionamento de paletes.

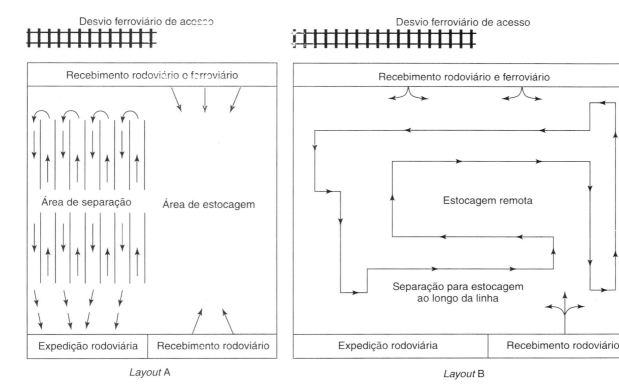

Figura 13-7 Layouts A e B.

Início das Operações no Armazém

Para iniciar as operações de armazém, a gerência deve planejar e executar o início da formação dos estoques, a contratação de pessoal e os procedimentos de trabalho, bem como implementar um Sistema de Gerenciamento de Armazém (WMS – Warehouse Management System) e operações de distribuição de mercadorias expedidas.[22] Apesar de focalizarem o início do processo de armazenagem, muitas dessas atividades também são relevantes no andamento das operações no armazém.

Estocagem

O procedimento ideal para o início da estocagem é receber e estocar todos os itens do inventário antes de dar início às operações. Os produtos individuais a serem distribuídos pelo armazém e a quantidade de cada unidade de estoque mantida (SKU – Stock Keeping Unit) devem ser determinados durante o processo de planejamento do armazém. O desafio no início da estocagem é programar e seqüenciar a chegada de produtos. O tempo necessário para formar um estoque inicial depende do número e da quantidade de produtos. Na maioria das situações, o processo de início das operações leva de duas a quatro semanas para ser completado.

Numa área de armazenagem, cada carregamento completo de paletes é designado para uma posição predeterminada. Dois métodos comuns de atribuição de posicionamento (*slot*) são o *variável* e o *fixo*. O sistema de posicionamento variável, também denominado *posicionamento dinâmico*, permite alterar locais no armazém cada vez que chega um novo carregamento. O objetivo do posicionamento variável é a utilização racional dos espaços. O sistema de posicionamento fixo exige locais permanentes no armazém para cada produto. O produto é estocado naquele determinado local pelo tempo que ele possa suportar o seu volume. Quando o volume aumenta ou diminui, pode ser necessária uma nova localização para esse produto. A vantagem do posicionamento fixo é que o pessoal operacional do armazém familiariza-se com a posição onde se encontram produtos específicos, tornando mais eficientes as operações. Entretanto, capacitações novas dos sistemas WMS têm tornado cada vez mais precisos os registros da localização de produtos. Independentemente do sistema de posicionamento empregado, cada produto recebido deve ter uma posição predeterminada.

---

[22] Para acompanhar uma discussão sobre o uso de equipes de projeto para facilitar o início das operações de armazéns, consulte Marille Tatalias, "Warehouse Start-Ups", *Warehousing Forum*, April 1998, pp.1-2.

Treinamento

Uma grande preocupação em relação às operações logísticas, nas últimas décadas, tem sido a produtividade da força de trabalho. A natureza básica das matérias-primas, das peças e dos produtos acabados que circulam através e entre a ampla rede de instalações transforma a logística em atividade de mão-de-obra intensiva. De fato, a armazenagem é o maior consumidor individual de mão-de-obra na logística.

É realmente um desafio contratar e treinar pessoal qualificado para operar um armazém. Independentemente do quanto, em tese, o sistema proposto para o armazém seja eficiente, ele será tão bom quanto o for seu pessoal operacional. Parte do desafio é atrair trabalhadores competentes e produtivos para o ambiente do armazém. Como os armazéns exigem trabalho físico executado em locais nem sempre ideais, é particularmente difícil atrair trabalhadores em períodos de relativo pleno emprego. Combinado ao desafio de iniciar as operações de um armazém, bem como o das suas operações em andamento, existe a necessidade de encontrar pessoal capacitado a passar em testes de aptidão e de adição de drogas. Novos equipamentos de manuseio de materiais exigem habilidade para lidar com computadores e disciplina para seguir ordens específicas. Testes de adição de drogas são necessários para reduzir responsabilidades por acidentes com o pessoal, enquanto eles operam equipamentos de manuseio de materiais.

Uma vez contratado, o funcionário deve então ser adequadamente treinado para assegurar os resultados pretendidos no sistema. A força de trabalho como um todo deve estar disponível para testes relativos a procedimentos operacionais antes da chegada de mercadorias. O pessoal contratado para atividades específicas deve estar suficientemente treinado para desempenhar as exigências de suas atribuições e para entender o papel da sua contribuição no desempenho geral do sistema. Após a orientação, todos os funcionários devem receber treinamentos específicos. O pessoal contratado para operar um armazém pode ser agrupado nas seguintes categorias: administrativos, supervisores, separadores de pedido, operadores de equipamentos, operários, manejadores de materiais, além de pessoal para serviços de apoio, como os de manutenção.

Antes das operações reais começarem, é interessante simular o trabalho que cada grupo deverá executar. Essa simulação oferece experiência de campo sem risco de problemas operacionais. Quando a formação dos estoques iniciais começa, a força de trabalho terá a experiência real de manuseio de mercadoria. Normalmente, tanto os fornecedores do sistema como os dos equipamentos básicos de manuseio de materiais oferecem as instruções relativas às operações em ambas as condições, a simulada e a de início da armazenagem. Estando o estoque inicial armazenado, é uma boa prática simular um atendimento completo dos pedidos dos clientes. Nessa simulação, os pedidos podem ser separados e carregados em caminhões de entrega, e a mercadoria pode ser tratada como um novo recebimento e transferida de volta para o estoque.

Sistemas de Gestão de Armazenagem

O desenvolvimento de procedimentos operacionais passa necessariamente pelo rigoroso treinamento do pessoal de armazém. Muitas empresas implementam o WMS para padronizar os procedimentos e estimular as melhores práticas. É de responsabilidade do gerente assegurar que todo o pessoal assimilou e segue tais procedimentos.

Num armazém mecanizado, aproximadamente 65% do pessoal são aproveitados em alguma parte da separação de pedidos. Os dois métodos básicos da coleta de pedidos são a separação individual e a separação por área, também conhecida como separação de lote. Utilizando a separação individual, um funcionário completa o pedido de um cliente. Esse não é um sistema amplamente utilizado. Sua aplicação principal ocorre quando uma grande quantidade de pequenos pedidos é separada para reembalagem ou embarque consolidado, como no caso da finalização de pedidos de *e-commerce*. No sistema mais comumente utilizado, o de separação por área, a cada funcionário se atribui responsabilidade por uma parte específica do armazém. Para completar o pedido de um cliente, são necessários vários separadores. Uma vez que cada funcionário tenha conhecimento de sua área específica, mais rápida será a localização dos itens.

Procedimentos de trabalho adequados também são importantes no recebimento e na expedição dos produtos. Os procedimentos estabelecidos para recebimento e para garantia de que cada produto dê entrada nos registros de inventário são decisivos. Se forem usados paletes, as mercadorias devem ser empilhadas seguindo os padrões determinados, para assegurar máxima estabilidade da carga e contagens precisas de produtos. O pessoal que atua na expedição deve conhecer as práticas de carregamento das carretas. Em tipos específicos de operação, particularmente quando a mercadoria muda de proprietário, os itens devem ser conferidos durante o carregamento.

Os procedimentos de trabalho não estão restritos ao pessoal de linha. Também devem ser estabelecidos para a administração e a manutenção. A reposição do inventário em um armazém pode causar problemas operacionais se não houver procedimentos adequados para os pedidos. Geralmente, existe uma interação limitada entre compradores e o pessoal de armazém, apesar do aprimoramento dessa comunicação desenvolvida pelas organizações de gestão integrada das cadeias de suprimentos. Os compradores tendem a adquirir quantidades que garantam um preço melhor; pouca atenção é dada à quantidade de paletes compatíveis ou ao espaço disponível nos armazéns.

O ideal é que os compradores entrem em entendimento com o pessoal dos armazéns antes de fazer pedidos de grandes quantidades ou introduzir novos produtos. A experiência de algumas empresas tem forçado a gerência a exigir que os compradores predeterminem a alocação de espaço nos armazéns antes de fazerem seus pedidos. Outro problema potencial é o da quantidade de caixas pedidas. O objetivo é comprar em quantidades múltiplas, relacionadas à capacidade de acomodação nos paletes. Por exemplo, se de maneira adequada um produto for empilhado num padrão de 50 caixas, o comprador deve fazer o pedido na forma de múltiplos de 50. Se o pedido for de 120 caixas, serão utilizados dois paletes completos e um terceiro com apenas 20 caixas. Essas 20 caixas a mais ocuparão o espaço cúbico de um palete projetado para 50 caixas, utilizando a mesma capacidade de manuseio de materiais para sua movimentação.

Proteção

Em termos amplos, a segurança envolve a proteção das mercadorias contra furtos e deterioração. Cada forma de segurança exige máxima atenção da administração.

Proteção contra Furto

Nas operações de armazém é necessário proteger-se contra furtos cometidos por funcionários ou ladrões, bem como contra tumultos e desordem. Os procedimentos de segurança normais, utilizados em todo tipo de negócio, devem ser estritamente impostos para cada armazém. A segurança começa na cerca. Como procedimento-padrão, somente pessoal autorizado pode ter acesso às instalações e áreas adjacentes. A entrada para o pátio de um armazém deve ser controlada por um único portão. Sem exceção, nenhum automóvel particular, independentemente do cargo ou posição administrativa de quem o usa, deverá entrar no pátio ou na área de estacionamento próxima a um armazém.

Para ilustrar a importância das diretrizes de segurança, a experiência descrita a seguir pode ser de grande ajuda. Uma determinada empresa adotou a regra de que nenhum veículo particular teria autorização para entrar no pátio do armazém, à exceção de dois funcionários com necessidades especiais que trabalhavam no escritório. Certa noite, após o término do seu turno, um desses funcionários descobriu um embrulho preso na parte interna de um dos pára-lamas do seu carro. Uma verificação subseqüente revelou que o carro era literalmente um caminhão de entrega lotado. O caso foi relatado à segurança, que informou ao funcionário que não mexesse em qualquer embrulho e que continuasse a estacionar seu carro no mesmo local do pátio. Nos dias seguintes, tudo foi descoberto, culminando com a prisão de sete funcionários do armazém, que confessaram estar furtando mercadorias que já representavam milhares de dólares. A empresa poderia ter se saído melhor se tivesse oferecido transporte aos dois funcionários com necessidades especiais, em vez de oferecer vagas no estacionamento junto às estações de trabalho.

A falta de cuidado é sempre uma preocupação nas operações de armazém. Muitos erros são cometidos durante a separação de pedidos e a expedição, mas o propósito da segurança é restringir furtos de qualquer natureza. A maior parte deles ocorre durante o horário normal de trabalho.

O controle de inventário e os sistemas de processamento de pedidos ajudam a proteger as mercadorias, uma vez que elas só podem ser carregadas para fora do armazém se estiverem acompanhadas de documentos de liberação impressos nos computadores. Se alguma amostra for autorizada para uso do pessoal de vendas, a mercadoria tem que ser mantida num inventário à parte. Nem todos os furtos ocorrem de forma individual. Acordos entre o pessoal do armazém e os motoristas das transportadoras pode resultar em coleta de mercadorias deliberadamente em excesso, ou na troca de mercadorias de valor mais baixo por outras de valor mais alto e seu transporte para fora do armazém. Rotação de funcionários, contagem total das caixas, e verificações ocasionais dos itens de uma linha de produtos são capazes de reduzir a vulnerabilidade a esse tipo de ação.

Uma última preocupação é o aumento das incidências de casos de roubo de carga próximo ao armazém ou nas estradas, durante o transporte dos produtos. O roubo de carga constitui-se numa grande preocupação logística. A prevenção do roubo de cargas em trânsito é, primeiramente, um caso de polícia, mas o roubo próximo da área do armazém pode ser eliminado com fortes medidas de segurança. Nos países em desenvolvimento o roubo de cargas é um problema ainda maior. Um administrador de uma empresa de bebidas com operações na América Latina relatou que incluía no orçamento a perda de uma carreta por semana, devido a assaltos. Ele instruiu seus motoristas para que simplesmente entregassem a chave do veículo e fossem embora, em vez de arriscarem suas vidas.

Deterioração de Produtos

Num armazém, inúmeros fatores podem levar um produto ou material à condição de invendável. A forma mais típica de deterioração de um produto é sua danificação pelo descaso no manuseio. Por exemplo, quando paletes com mercadorias são empilhados a grandes alturas, a variação de umidade ou de temperatura que incide sobre as embalagens que suportam a pilha pode causar seu colapso. O ambiente do armazém deve ser cuidadosamente controlado e medido para oferecer proteção adequada aos produtos. A falta de atenção por parte dos funcionários é a principal preocupação em um armazém. A esse respeito, uma empilhadeira pode ser a maior inimiga da administração. Independentemente da freqüência com que os operadores de empilhadeira são alertados de estar carregando peso excedente, alguns deles ainda insistem nessa atitude enquanto não são repreendidos com maior rigor. Houve uma situação em que uma pilha de quatro paletes caiu de uma empilhadeira nas docas de recebimento de um armazém de alimentos. O procedimento-padrão era o de movimentar no máximo dois paletes por carga. O custo dos danos às mercadorias excedeu a média diária de lucro de dois supermercados. A deterioração de produto por falta de cuidado no manuseio, no interior dos armazéns, representa uma forma de perda que não pode ser assegurada ou recuperada por ganhos compensatórios.

Uma outra forma de deterioração é o transporte simultâneo ou o armazenamento contíguo de produtos incompatíveis. Por exemplo, alguns cuidados especiais devem ser tomados quando chocolates são armazenados ou despachados, para que eles não absorvam odores de outros produtos que estão sendo transportados, como por exemplo, produtos químicos de uso doméstico.

Entrega

A maioria dos embarques nos armazéns de distribuição para os clientes é realizada por caminhões. Quando uma carreta própria é utilizada, a preocupação da gerência é programar os embarques para ter transportes eficientes. O planejamento de carga com o uso de sistemas informatizados e de técnicas de definição de rotas são extremamente úteis para organizar as exigências de transporte.

Segurança e Manutenção

A prevenção de acidentes é um dos fatores de grande preocupação na gestão de armazéns. Um programa abrangente de segurança exige a avaliação constante dos procedimentos e dos equipamentos de trabalho, para identificar e tomar ações corretivas que eliminem condições de trabalho inseguras, antes que aconteça algum acidente. Os acidentes ocorrem em geral quando funcionários distraem-se ou expõem-se física ou mecanicamente a riscos. Os pisos de um armazém podem causar acidentes se não estiverem bem limpos. Durante uma operação normal, devem ser recolhidos resíduos de borracha ou de vidro nos corredores, que poderiam resultar em acidentes. Procedimentos adequados de limpeza, portanto, reduzem o risco de acidentes. Segurança ambiental também se tornou uma grande preocupação dos órgãos governamentais, como a OSHA – Occupational Safety and Health Administration (Organização de Administração de Segurança e Saúde) e não pode ser negligenciada pelos gestores dos armazéns.

Um programa de manutenção preventiva também se faz necessário para os equipamentos de manuseio de materiais. Ao contrário das máquinas de produção, os equipamentos de movimentação não são estacionários, por isso sua manutenção adequada é mais difícil. Todo armazém deve implantar um programa de manutenção preventiva, com verificações periódicas e programadas dos equipamentos de manuseio.

Resumo

A armazenagem pode contribuir para a eficiência na fabricação e nas atividades varejistas. Embora o papel dos armazéns tradicionais tenha sido o de armazenar inventários, os armazéns modernos apresentam uma proposição mais abrangente de valor relativo a benefícios econômicos e de serviços. Os benefícios econômicos incluem consolidação e desconsolidação, sortimento, adiamento, organização dos estoques e logística reversa. Os benefícios de serviços incluem estoques ocasionais (*spot*), sortimento de linhas completas, apoio à produção e presença no mercado. A visão de armazenagem está mudando da missão de estocagem para uma caracterizada por velocidade e movimentação.

Os centros de distribuição e os armazéns são projetados para acomodar suas duas atividades principais: manuseio e estocagem. As atividades de manuseio incluem o recebimento de embarques de mercadorias; o manuseio interno para movimentações entre diferentes tipos de estocagem, como de longo prazo, a granel e coleta, acondicionamento e escalonamento de embarques para os clientes. As atividades de estocagem ativas facilitam o *cross-docking*, a desconsolidação, o apoio à produção e o adiamento. As atividades de estocagem estendida facilitam o equilíbrio entre oferta e demanda, especulação e desconsolidação.

Os armazéns são normalmente classificados com base na propriedade. Um armazém privado é operado pela empresa proprietária das mercadorias. Um armazém público é operado de forma independente e oferece vários serviços contratados com valor agregado. Um armazém de armazenagem contratada é um arranjo de negócios de longo prazo que oferece serviços sob medida para um número limitado de clientes. Uma estratégia de armazém integrado incorpora uma combinação das opções de propriedade dos armazéns.

Há inúmeras considerações gerenciais no planejamento e início do processo operacional de um armazém, incluindo seu projeto, formas de estocagem, contratação de pessoal, treinamento, proteção, segurança, manutenção e implementação de WMS (Sistemas de Gestão de Armazenagem). Cada uma dessas exigências demanda esforço gerencial considerável para assegurar que as instalações se estabeleçam e comecem a operar rotineiramente de maneira adequada, com capacidade inclusive para acomodar mudanças de forma rápida e bem-sucedida, de modo a ir ao encontro das demandas atuais dos negócios.

Questões Desafiadoras

1. Defina e apresente um exemplo de estocagem estratégica de um sistema logístico de seu conhecimento.
2. Comente e ilustre a justificativa econômica para o estabelecimento de um armazém.

3. Por que os armazéns eram tidos como um "mal necessário"?
4. Como os armazéns realizam o sortimento?
5. Sob quais condições faria sentido a combinação entre armazéns público e privado num sistema logístico?
6. Qual é o papel que um armazém pode assumir em estratégias de adiamento?
7. Qual é o conceito de presença de mercado, e como ele se relaciona com a funcionalidade de um armazém?
8. Comente e ilustre o papel que os armazéns assumem na logística reversa.
9. Ilustre a relação entre o tamanho e formato de um armazém de distribuição e o sistema de manuseio de materiais. Por que alguns armazéns têm formato quadrado enquanto outros têm formato retangular?
10. Explique a seguinte afirmação: "Um armazém deveria consistir somente em paredes e em um sistema de manuseio eficiente".

14

Embalagem e Manuseio de Materiais

Considerações sobre Embalagem
    A Embalagem e a Eficiência no Manuseio de Materiais
    Materiais para Embalagem
Manuseio de Materiais
    Considerações Básicas sobre o Manuseio de Materiais
    Sistemas Mecanizados
    Sistemas Semi-automatizados
    Sistemas Automatizados
    Sistemas Baseados na Informação
    Considerações Especiais sobre Manuseio de Materiais
Resumo

No interior de um armazém e enquanto são transportados em um sistema logístico, os produtos são identificados e protegidos por suas embalagens. A embalagem que contém um produto é a unidade que deve ser movimentada pelo sistema de manuseio de materiais de uma empresa. Por essa razão, iremos discutir conjuntamente a embalagem e o manuseio de materiais, como partes integrantes do armazenamento e do sistema logístico de uma empresa.

Considerações sobre Embalagem

A embalagem é normalmente analisada sob dois enfoques: como meio de sensibilizar o **consumidor**, onde o foco principal está no *marketing*, ou como fator **industrial**, onde o foco está na logística. A questão principal das operações de logística é o projeto da embalagem industrial. Os produtos ou peças específicas são normalmente agrupadas em caixas de papelão, sacos, caixotes ou barris, para um manuseio eficiente. Os contêineres, usados para agrupar produtos específicos, são chamados de embalagens secundárias (*master carton*). Quando as embalagens secundárias são agrupadas em unidades maiores, essa combinação é conhecida como **conteinerização** ou **unitização**.

As embalagens secundárias e as cargas unitizadas transformaram-se nas unidades básicas de manuseio das operações de logística. O peso, o volume e os danos potenciais às embalagens secundárias determinam as exigências de transporte e de manuseio dos materiais. Quando a embalagem não é projetada para um processamento logístico eficiente, o desempenho geral do sistema é prejudicado.

A quantidade ou a apresentação para a venda no varejo ou demonstração não deve ser o determinante principal das embalagens secundárias. Por exemplo, as cervejas, normalmente vendidas no varejo em pacotes contendo 6 unidades, são acondicionadas em embalagens secundárias de 24 unidades. As embalagens secundárias devem ser largas o suficiente para propiciar economias de escala no manuseio, mas leves o bastante para facilitar o manuseio por um indivíduo sem ajuda mecanizada. O objetivo principal da logística é projetar operações de manuseio de uma variedade limitada de embalagens secundárias padrão. A padronização de embalagens secundárias facilita o manuseio de materiais e seu transporte. A importância dessa padronização pode ser ilustrada por um exemplo adaptado de um varejista de calçados.

O sistema logístico inicialmente implantado pelo lojista, para despachar os calçados do armazém para as lojas, consistia em reutilizar as caixas de papelão do vendedor. Pares de calçados eram agrupados da melhor maneira possível nas caixas disponíveis para reaproveitamento. O resultado era uma variedade de tamanhos de caixas chegando a cada loja. O método de seleção de pedidos usado na montagem dos pedidos de cada loja era trabalhar a partir de listas de separações seqüenciais do armazém que agrupavam os calçados por estilo e quantidade. Os calçados eram separados no armazém, embalados em caixas e, então, manualmente empilhados em carrinhos de transporte (quatro rodas), sendo a seguir transferidos para as docas de embarque. Lá, as caixas eram colocadas nos caminhões para entrega nas lojas. Embora as listas de separação oferecessem uma relação de todos os calçados que faziam parte desse embarque, era impossível para os varejistas de cada loja identificar o conteúdo de uma determinada caixa.

À medida que o manuseio de materiais para entrega e as operações de loja foram considerados um sistema integrado, foi tomada a decisão de suspender a reutilização de caixas. O novo procedimento usava uma embalagem secundária padronizada que facilitava a separação de pedidos e o manuseio de materiais. A nova prática logística foi projetada em torno de dois conceitos. Primeiro, as embalagens secundárias padronizadas foram adaptadas para permitir a movimentação de esteira contínua a partir da área de separação dos pedidos no armazém para a área de carregamento do caminhão. Segundo, o sistema integrado usava um processo computadorizado para assegurar que cada embalagem padronizada fosse feita com a máxima utilização prática de sua cubagem. Sob o novo sistema, uma lista de separação foi gerada para cada embalagem. Após a colocação dos pares de calçados na embalagem, era anexada a lista da separação, oferecendo um resumo do conteúdo para o pessoal da loja varejista.

As vantagens das embalagens secundárias padronizadas chegaram aos armazéns das lojas, que ganharam mais espaço. Como o conteúdo de cada embalagem era facilmente determinado, não era necessário procurar nas caixas o estilo ou tamanho dos calçados. As embalagens secundárias padronizadas eram mais facilmente empilhadas, resultando num congestionamento menor no armazém da loja. Finalmente, a completa identificação do conteúdo das embalagens secundárias facilitou a gestão e a reposição do estoque das lojas de varejo.

O novo sistema integrado exigiu a compra de embalagens secundárias, uma vez que cada uma só poderia ser reutilizada aproximadamente três vezes. Entretanto, esse custo adicional justificou-se plenamente pela redução na mão-de-obra para separação dos pedidos, pela movimentação contínua de embalagens nos caminhões e pela utilização mais eficiente da capacidade de transporte das carretas. Uma vez que cada embalagem secundária foi cubada para uma utilização próxima da sua capacidade, o espaço 'morto', ou não utilizado nas embalagens, foi reduzido. O tamanho padrão das embalagens secundárias foi selecionado para máxima compatibilidade com o volume dos caminhões, eliminando-se o espaço 'morto' no empilhamento. O resultado final do uso das embalagens secundárias padrão foi uma redução substancial do custo total, resultante de um sistema de manuseio de materiais muito mais eficaz, tanto no armazém quanto nas lojas de calçados.

Esse exemplo de embalagem ilustra a importância do planejamento integrado de logística e o princípio do menor custo total. Entretanto, o ponto mais importante é que a padronização das embalagens secundárias facilitou a integração na cadeia de suprimentos.

Naturalmente, poucas organizações podem reduzir as exigências referentes a suas embalagens secundárias a um único tamanho que sirva para tudo. Quando são exigidas embalagens secundárias de vários tamanhos, um cuidado extremo deve ser tomado para chegar a uma variedade de unidades compatíveis. A Figura 14-1 ilustra um conceito que utiliza quatro padrões de embalagens secundárias que apresentam compatibilidade modular.

É claro que considerações de logística não podem dominar completamente os projetos de embalagem. A embalagem ideal para o manuseio de materiais e o transporte seria um cubo perfeito que tivesse comprimento, largura e profundidade iguais, ao mesmo tempo em que atingisse a máxima densidade possível. Essa embalagem possivelmente não existe. O importante é que as exigências logísticas sejam avaliadas, juntamente com os aspectos de fabricação, *marketing* e de projeto de um produto, ao finalizar-se a escolha da embalagem secundária.

Uma outra preocupação logística quanto à embalagem é o grau de proteção exigido para que ela resista a contento aos ambientes previstos. O projeto da embalagem e o material devem ser compatíveis, para que seja atingido o nível desejado de proteção sem incorrer em custos de superproteção. Há casos em que o projeto de uma embalagem está adequado, mas o material não oferece a proteção necessária. Chegar a uma solução em termos de embalagem satisfatória envolve a definição de um grau aceitável de danos que ela possa sofrer, tendo em vista uma expectativa das condições gerais, para então identificar uma combinação de projeto e materiais capaz de atender a essa especificação. Nos projetos de embalagem, existem dois princípios básicos. Primeiro, o custo de uma proteção total será, em muitos casos, proibitivo. Segundo, a construção da embalagem é propriamente uma combinação de projeto e materiais.

Uma última consideração logística referente à embalagem é a relação entre o tamanho da embalagem secundária, a quantidade necessária para o reabastecimento do

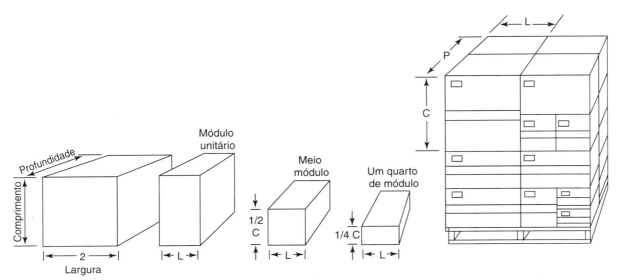

Fonte: Adaptado do trabalho de Walter Frederick Friedman and Company, New York.

Figura 14-1 Exemplo e benefícios de um sistema modular de embalagem.

varejo, e o grau de exposição no varejo. Com relação a manuseio de materiais, as embalagens secundárias devem ser padronizadas e grandes o suficiente para minimizar o número de unidades manuseadas no armazém. Para facilitar o manuseio nos armazéns, o ideal é que as lojas de varejo comprem embalagens secundárias em quantidade. Entretanto, para os produtos de baixa rotatividade, a embalagem secundária pode significar estocagem excessiva de itens que vendem somente uma unidade por semana, mas estão acondicionados em caixas com 48 unidades. Por fim, de forma a minimizar a mão-de-obra, os varejistas normalmente colocam pilhas de embalagens secundárias nas prateleiras das lojas, para que cada unidade não precise ser descarregada e organizada individualmente. Dessa forma, são preferíveis embalagens secundárias ou bandejas que atinjam as exigências de espaço nas prateleiras dos varejistas.

A definição do projeto final da embalagem exige muitos testes, para garantir que tanto as especificações de *marketing* como as de logística sejam alcançadas. Esses testes podem ser realizados em laboratórios ou numa base experimental. Embora os aspectos de *marketing* geralmente sejam foco das pesquisas de mercado, as pesquisas logísticas de embalagens ainda não foram formalizadas da mesma forma. Durante a década passada, o processo de projeto de embalagem e de seleção de materiais se tornou muito mais científico. Análises em laboratório oferecem um método confiável de avaliar o projeto da embalagem como resultado dos avanços dos equipamentos de teste e das técnicas de mensuração. Existem à disposição equipamentos de registros com instrumentos para medir a gravidade e as características dos choques de uma embalagem em trânsito. Até certo ponto, os cuidados com o projeto de embalagem foram mais estimulados devido às regulamentações federais em relação aos materiais perigosos.

As quatro causas mais comuns de danos a produtos num sistema logístico são: vibração, impacto, furos e compressão. Uma combinação de danos pode ocorrer sempre que uma embalagem é transportada ou manuseada. Os testes de monitoramento com base científica de embarques são dispendiosos e difíceis de realizar. Para uma maior precisão, podem ser usadas simulações computadorizadas de fatores externos diferentes, a fim de reproduzir as condições a que as embalagens estarão expostas dentro de um sistema logístico. Estão disponíveis equipamentos de teste em laboratório, para avaliar-se o impacto dos choques na interação entre a fragilidade dos produtos e os materiais e projetos de embalagem.

A Embalagem e a Eficiência no Manuseio de Materiais

A utilidade da embalagem reflete como ela causa impacto na produtividade e na eficiência das atividades logísticas. Todas as operações de logística são afetadas pela utilidade da embalagem – o carregamento dos caminhões, a produtividade nas separações nos armazéns, o transporte e a utilização cúbica no armazenamento. A eficiência no manuseio de materiais em todos esses casos é bastante influenciada pelo projeto de embalagem, sua unitização e suas características de comunicação.

Projeto de Embalagem

A embalagem dos produtos em configurações padronizadas e as quantidades de pedidos facilitam a eficiência nas atividades logísticas. Por exemplo, a utilização cúbica pode ser melhorada com a redução do tamanho da embalagem pela concentração de produtos, tais como suco de laranja ou amaciante de roupas; pela eliminação do ar no interior das embalagens; e pelo embarque de itens desmontados, encaixados, com um mínimo de amortecedores de choque. Em muitos casos, certos materiais de proteção, tais como partículas de espuma de poliestireno, podem ser minimizados simplesmente reduzindo-se o tamanho das caixas. A IKEA, empresa sueca varejista de móveis desmontados, dá tanta ênfase à utilização cúbica mínima a ponto de entregar travesseiros em embalagens a vácuo. Essa empresa usa uma estratégia de utilização cúbica mínima que permite competir, com sucesso, no mercado norte-americano, mesmo despachando seus produtos da Suécia. Alguns especialistas acreditam que a melhora na utilização cúbica é a grande oportunidade em termos de embalagens; eles prevêem que, em linhas gerais, a diminuição da utilização cúbica das embalagens pode chegar a 50%, o que significaria duplicar a eficiência do transporte.[1] A Hewlett-Packard despacha impressoras dos Estados Unidos para a Europa por via aérea com as embalagens reduzidas ao mínimo.[2] Quantidades unitizadas de impressoras são embrulhadas a vácuo, para oferecer estabilidade e diminuir eventuais danos. Além da diminuição nos custos de transporte, essa prática reduz os valores aduaneiros, uma vez que é adiada a agregação de valor até que o produto seja finalmente montado e vendido na Europa.

A minimização da utilização cúbica é mais importante para produtos leves, como móveis de jardim montados, que *atingem a capacidade cúbica* de um veículo de transporte antes de atingir seus limites de peso. Por outro lado, produtos extremamente pesados, como rolamentos de aço ou garrafas de vidro com líquido, atingem a capacidade de peso de um veículo de transporte antes que seu espaço cúbico seja preenchido. Quando um veículo ou contêiner tem sua capacidade de peso atingida, a empresa acaba transportando ar nos espaços onde não consegue preencher com produtos, o que reduz a eficácia do transporte. O peso total pode, às vezes, ser reduzido por meio de mudanças nos produtos ou nas embalagens. Por exemplo, substituir garrafas de vidro por garrafas plásticas aumenta de forma significativa o número de garrafas carregadas numa carreta. A recente substituição de garrafas de vidro por garrafas de plástico, promovida pela Gerber Baby Food, foi parcialmente projetada para reduzir os custos de transporte.[3] Mesmo quando o projeto da embalagem não é alterado, os produtos mais pesados que atingem a capacidade de peso antes que o espaço cúbico seja ocupado podem oferecer uma oportunidade de ganho de espaço, uma vez que os produtos mais leves podem ser carregados sobre os produtos mais pesados, tirando vantagem dos espaços vazios sem que isso mude significativamente o peso total ou custo de transporte.

A minimização da utilização cúbica e de peso é um desafio especial para pedidos via correio ou operações de *e-commerce*. Essas operações tendem a usar embalagens padronizadas tanto para a eficiência da compra como para a das operações. Isso resulta em embalagens superdimensionadas, com uso excessivo de material antichoque e aumento de custos de embarque. A natureza dos produtos e a amplitude das linhas de produtos do *e-commerce* normalmente exigem embalagens múltiplas a serem combinadas num pedido único. Essa é a grande preocupação dos consumidores, que estão se tornando mais conscientes dos custos de manuseio e de embarques das remessas diretas, bem como dos movimentos ambientalistas preocupados com o descarte das embalagens.

Unitização

A **unitização** é o processo de agrupamento de embalagens secundárias em uma unidade física para manuseio ou transporte de materiais. O conceito de conteinerização inclui todas as formas de unitização, desde o uso de fita adesiva para juntar duas embalagens secundárias até o uso de equipamento de transporte especializado. Todos os tipos de conteinerização têm como objetivo básico o aumento da eficiência do manuseio e do transporte. Cargas unitizadas oferecem vários benefícios para o manuseio individual de embalagens secundárias. Primeiro, o tempo de descarga e o congestionamento no destino são minimizados. Segundo, o manuseio de materiais é facilitado pelo uso de cargas unitizadas de produtos. As cargas unitizadas consomem aproximadamente um quinto do tempo exigido para carga ou descarga manual. A verificação de recebimento dos embarques também é simplificada pelo aumento do recebimento das cargas unitizadas identificadas por código de barras. O estoque pode ser rapidamente posicionado para separação de pedidos. Por fim, os danos ocorridos em trânsito podem diminuir por meio do embarque de cargas unitizadas ou pelo uso de equipamentos de transporte especializados. Todos esses fatores reduzem o custo das atividades logísticas. A discussão a seguir está limitada a métodos de unitização para veículos de transporte.

Contêineres Rígidos. Contêineres rígidos oferecem um aparato em que as embalagens secundárias ou produtos soltos são unitizados. A premissa é a de que ao se colocar a mercadoria dentro de um contêiner, ele vai tanto protegê-la como facilitar o manuseio. As perspectivas de uma conteinerização doméstica extensiva tem sido alvo de grande atenção desde o início dos anos 50. O potencial para o aumento da produtividade pela conteinerização é óbvio. Aproximadamente metade do custo total do trans-

---

[1] James Goff, "Packaging-Distribution Relationships: A Look to the Future," *Logistical Packaging Innovation Proceedings* (Oakbrook, IL: Council of Logistics Management, 1991).

[2] Edward Feitzinger and Han L. Lee, "Mass Customization at Hewlett-Packard: The Power of Postponement," *Harvard Business Review*, January/February 1999, pp. 116-20.

[3] Anônimo, "Gerber Serves Convenience in Plastic Packaging," *Packaging Digest*, August 2001, p. 2.

porte doméstico de bens está vinculado ao carregamento de produtos em veículos, manuseio nas docas e plataformas, embalagem e preenchimento de reclamações por perdas ou danos, advindas de furtos ou das seguradoras. As companhias aéreas usam contêineres rígidos tanto para vôos de carga quanto para as bagagens de passageiros. Os contêineres, projetados para caberem na área de carga de aviões, facilitam a carga e descarga, ao mesmo tempo em que reduzem os danos e furtos de produtos. A Tabela 14-1 resume os benefícios do uso de contêineres rígidos.

Contêineres Flexíveis. Como o próprio nome indica, contêineres flexíveis não protegem os produtos completamente. A forma mais comum de uso de contêiner não-rígido é o empilhamento de embalagens secundárias em paletes ou folhas separadoras (*slipsheet*). A Figura 14-2 mostra um palete construído em madeira de lei. Uma folha de separação, que tem o tamanho e a finalidade semelhantes ao do palete, é geralmente feito de papelão ou de filme plástico. Como as folhas de separação ficam em contato direto com o chão, são necessárias empilhadeiras especiais para manusear cargas unitizadas dessa maneira. A principal vantagem da folha de separação é o baixo custo. As folhas de separação permitem o uso descartável e são pouco significativas em peso e volume. Os contêineres flexíveis são normalmente usados para fornecer a base para cargas unitizadas.

A maior parte das associações industriais recomenda o uso de paletes ou folhas separadoras padronizadas como plataforma de cargas unitizadas. Na sua distribuição de alimentos, a Grocery Manufacturers of America tem adotado o palete de 40 × 48 polegadas, com quatro entradas e tamanho semelhante ao das folhas separadoras. A indústria de bebidas, por outro lado, tem o padrão de palete de 32 × 36 polegadas. Os tamanhos mais freqüentemente utilizados pelas indústrias são os de 40 × 48, 32 × 40 e 32 × 36 polegadas. Uma prática comum é a de primeiro identificar as dimensões de entradas mais freqüentes para os equipamentos de manuseio.

Geralmente, quanto maior for a plataforma, mais econômico será o manuseio de materiais. Por exemplo, os paletes de 40 × 48 polegadas oferecem 768 polegadas quadradas a mais por camadas empilhadas do que os de 32 × 36 polegadas. Considerando que as embalagens secundárias podem ser empilhadas em até 10 camadas, o total de espaço adicional unitizado por paletes de 40 × 48 polegadas será de 7.680 polegadas quadradas. Isso representa 60% a mais de espaço em relação aos paletes de 32 × 36 polegadas. A determinação final do tamanho deve ser considerada com base na carga, na compatibilidade com os equipamentos de manuseio e no transporte utilizado no sistema logístico, e na prática-padrão do setor. Com a utilização dos modernos equipamentos de manuseio, há poucas restrições de limite de peso.

Embora possa ser usada uma variedade de versões diferentes para empilhar embalagens secundárias em folhas de separação ou paletes, as mais comuns são bloco, tijolo assentado, fileira e helicoidal. O método de bloco é utilizado para embalagens com largura e comprimento iguais. Quando as larguras e comprimentos são diferentes, são empregados os padrões de tijolo assentado, fileira ou helicoidal. A Figura 14-3 ilustra esses quatro padrões básicos. Com exceção do método de bloco, as embalagens são organizadas na unidade de carga numa forma interposta em fileiras, formando ângulos de 90 graus, umas em relação às outras. A estabilidade da carga é maior com essa interposição. O padrão de bloco não oferece esse benefício. Embora ofereça um bom ponto de partida quando os tamanhos das embalagens secundárias são limitados, a maioria dos padrões de paletes é determinada usando-se programas de computador.

O uso de cargas unitizadas em contêineres não-rígidos pode aumentar o potencial de danos, caso não sejam adequadamente contidas durante o manuseio ou transporte. Na maioria das situações, a estabilidade das pilhas é insuficiente para assegurar a carga unitizada. Métodos padronizados de melhoria da estabilidade incluem a amarra com corda, aparadores laterais, fitas de aço, fita adesiva e tratamento antiderrapante, adesivos separáveis e empacotamento. Esses métodos basicamente prendem as embalagens secundárias aos paletes. Os métodos mais comuns de contenção de cargas unitizadas continuam sendo o

---

Tabela 14-1 Benefícios do uso de contêineres rígidos

- Melhoria da eficiência geral da movimentação de materiais
- Redução de danos no manuseio e em trânsito
- Redução de furtos
- Redução das exigências de proteção da embalagem
- Maior proteção em relação a elementos ambientais
- Reaproveitamento em maior número de vezes de uma unidade de embarque, reduzindo assim o desperdício e a necessidade de dispor do contêiner

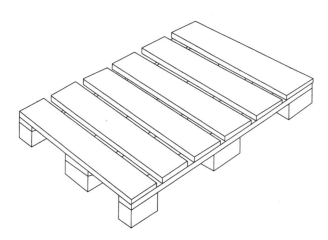

Figura 14-2 Exemplo de palete em madeira de lei.

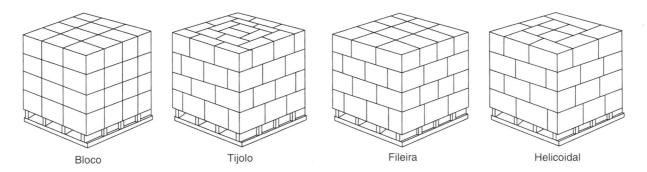

Bloco   Tijolo   Fileira   Helicoidal

Fonte: Adaptado do guia de paletização da National Pallet & Container Association, Arlington, VA.

Figura 14-3 Padrões básicos de empilhamento de embalagens secundárias em paletes.

empacotamento térmico a vácuo, por encolhimento ou sucção. Ambos os métodos usam filme plástico semelhante àqueles usados na cozinha, para preservar alimentos. (Os métodos de empacotamento serão discutidos mais adiante neste capítulo.)

Comunicação

A terceira função mais importante na logística de embalagens é a comunicação, ou transferência de informação. Essa função tem se tornado cada vez mais imprescindível, possibilitando a identificação de conteúdo, o rastreamento e as instruções de manuseio.

Identificação de Conteúdo. O papel mais óbvio da comunicação é a identificação do conteúdo da embalagem para todos os membros do canal. Informações comuns incluem o fabricante, o produto, o tipo de contêiner, a quantidade e o número do Código Universal de Produto (*UPC – Universal Product Code*)*.

A informação na embalagem serve para identificar o produto no recebimento, na separação de pedidos e na verificação do embarque. A visibilidade é o aspecto principal na identificação de conteúdo, para que os responsáveis pelo manuseio de materiais sejam capazes de visualizar a etiqueta a uma distância razoável, em todas as direções. Exceção a embalagens de alta visibilidade são as embalagens de produtos de alto valor, que normalmente possuem etiquetas pequenas, para minimizar o potencial de roubo.

Rastreamento. A facilitação do rastreamento de embalagens também é importante. Operações internas efetivas e aumento do número de clientes exigem que o produto seja rastreado à medida que ele é movimentado na cadeia de suprimentos. Um controle adequado de toda a movimentação reduz a perda ou o roubo de produtos. Esse rastreamento detalhado seria excessivamente caro se fosse realizado manualmente. Entretanto, a disponibilidade de *scanners* portáteis para leitura de códigos de barras e a identificação por radiofreqüência (RFID) permitem um rastreamento detalhado. O RFID usa um *chip* embutido na embalagem, no contêiner ou no veículo de transporte, o que permite que a unidade de carga e o conteúdo sejam identificados e verificados ao passar por pontos de controle ao longo das instalações de distribuição e portões de acesso. Os equipamentos de *scanner* de baixo custo e o aumento da padronização de códigos aumentaram a capacitação e a eficiência dos rastreamentos.

Instruções de Manuseio. O papel logístico final das embalagens é oferecer instruções de manuseio e de possíveis danos para os responsáveis pelo manuseio dos materiais. A informação deve atentar para considerações especiais no manuseio de um produto, tal como contêineres de vidro, restrições de temperatura, orientações para o empilhamento ou possíveis preocupações com o meio ambiente. Se o produto é potencialmente perigoso, como químicos, a embalagem ou material que o acompanha deve oferecer instruções sobre como lidar com eventuais derramamentos ou danos na embalagem.

Materiais para Embalagem

Inúmeros tipos de material são usados para a embalagem logística, que vão do tradicional papelão aos mais exóticos tipos de plástico. Examinaremos primeiramente as alternativas tradicionais e, a seguir, os materiais alternativos emergentes.

Materiais Tradicionais

Desde o início do século XX, as transportadoras comuns nos EUA têm tentado regulamentar a natureza das embalagens que movimentam. A American Trucking Association, a American Association of Railroads e a United Parcel Service divulgam as exigências sobre materiais de embalagem em suas classificações de tarifas de frete. Esses padrões, inicialmente desenvolvidos em conjunto

---

* N. de T.: A utilização do código UPC é predominante nos EUA e Canadá. No Brasil, Europa e Mercosul é usado o código EAN (*European Article Numbering*).

com a Fiber Box Association, normalmente exigem mais materiais de papelão do que seria necessário para a proteção desejada.

Historicamente, o uso desses materiais-padrão tem relação direta com a responsabilidade das transportadoras por danos. Um dos recursos legais de defesa mais comum das transportadoras, no pagamento de reclamação por danos, é que a embalagem não estava em conformidade com as exigências do padrão de classificação. Como resultado, essa prática comum forçou os embarcadores a superdimensionarem as embalagens de seus produtos. A imposição desses padrões pelos transportadores resultou no abandono, por parte das empresas, da crença de que a embalagem é uma área de melhoria de produtividade. De fato, as exigências em termos de embalagem têm sido tradicionalmente uma barreira para inovações nessa área. Nos últimos anos, entretanto, as barreiras diminuíram muito por duas razões. Primeiro, os grandes membros dos canais integrados, no atual contexto de alta competitividade de mercado, têm poder suficiente para prevenir danos e controlar os custos relacionados à embalagem. Segundo, o fim da regulamentação nos transportes tem reduzido a quantidade de carregamentos sujeitos às regras das transportadoras comuns e tem aumentado a quantidade de carregamentos em carga completa, negociados em bases contratuais com valores de frete divulgados. Como resultado, as regras para caixas de papelão aplicam-se somente para transportadoras comuns de cargas fracionadas (*LTL – less than truckload*). Muitas transportadoras de cargas fracionadas agora aceitam embalagens em contêineres fora dos padrões tradicionais, desde que essas embalagens passem por testes de desempenho.

Além das caixas de papelão, outros materiais tradicionais de embalagem são os sacos de aniagem, mantas, recipientes de aço, baldes, cintas e tambores, engradados e sacos de papel multifolhados. Novas opções incluem filme plástico de baixa densidade, empacotamentos a vácuo (por encolhimento ou por sucção), sacolas e cercados, caixas e caixotes de plástico de alta densidade, cintas plásticas e proteção de espuma plástica e calçamento para produtos frágeis e formatos irregulares.

O empacotamento por encolhimento consiste em colocar uma folha ou saco de filme plástico pré-esticado sobre as embalagens secundárias ou plataforma unitizada. O material é então aquecido para encolher até prender as embalagens à plataforma. O empacotamento por sucção consiste em envolver a carga unitizada com plástico altamente tensionado, para que a carga empilhada seja pressionada e travada. A carga unitizada é rodada numa plataforma giratória para tensionar o embrulho que assim é colado junto a plataforma. Com o empacotamento por encolhimento ou por sucção, a carga unitizada assume muitas características dos contêineres rígidos. Entretanto, o empacotamento por encolhimento ou por sucção oferece maior proteção física, devido ao encaixe e suporte de peso exatos. Outros benefícios do empacotamento a vácuo são a redução da exposição das embalagens secundárias aos processos logísticos, o baixo custo, a capacidade de adaptação a vários tamanhos de embarque, o peso adicional insignificante e a capacidade de identificação do conteúdo e de danos. Seu maior problema é o descarte de materiais.

Os sacos e cercados são contêineres de papel ou de plástico que oferecem proteção ao empacotarem produtos a granel ou soltos. São flexíveis e relativamente fáceis de serem descartados. A falha dessa embalagem está na sua incapacidade de oferecer proteção contra danos e ser usada para uma ampla variedade de produtos.

As caixas ou caixotes de plástico de alta densidade são contêineres com tampas semelhantes às de uso doméstico. Eles são rígidos e resistentes, oferecendo uma proteção significativa aos produtos. Os caixotes funcionam bem para separação e embarque de produtos variados para lojas de varejo. O ponto fraco dos caixotes é que eles são rígidos, razoavelmente pesados e devem ser reutilizados para justificar sua economia.

As cintas plásticas são usadas para conter ou unitizar uma carga, de modo que múltiplos contêineres menores possam ser manuseados como uma carga única. A cinta é geralmente de 1/2 ou 1 polegada de largura, amarrada com muita tensão em volta dos contêineres.

Acolchoamento de espuma plástica são as conhecidas bolinhas de espuma, usadas para aninhar produtos de formato irregular dentro de caixas de papelão padronizadas. É um material leve e não aumenta o custo de transporte. Além disso, oferece boa proteção. Seu maior problema é o descarte.

Alternativas Emergentes de Embalagem

O abrandamento dos padrões de caixas de papelão, condições de competitividade nos setores levando a soluções integradas, inovações tecnológicas e exigências da Administração de Segurança e Saúde Ocupacional (OSHA – *Occupational Safety and Health Administration*) provocaram o ressurgimento das embalagens logísticas. Cada vez mais, os expedidores têm questionado os materiais e as formas de embalagens tradicionais e alternativos, e encorajado experimentações com novos, mais baratos e criativos sistemas de embalagem.

Alternativas emergentes incluem embalagens com uso de filme plástico, empacotamento com mantas, contêineres retornáveis, contêineres intermediários de cargas a granel, *pallet pool*, paletes de plástico e alternativas que exigem equipamentos especiais de manuseio de materiais. Apesar da muitas dessas alternativas serem adaptações de conceitos tradicionais de embalagem, elas diferenciam-se dos métodos tradicionais por dois aspectos cruciais. Primeiro, elas são personalizadas para sistemas e produtos logísticos específicos; e, segundo, elas são projetadas para minimizar os custos de embalagem e o descarte de resíduos sólidos.

Embalagem de Filme Plástico. As embalagens à base de filme plástico utilizam materiais flexíveis em vez de rígidos, como por exemplo, caixas de fibra corrugada. Tradicionalmente, os sistemas de empacotamento a vácuo com uso de filme plástico têm sido usados para estabilizar cargas unitizadas. Nas aplicações emergentes atuais, eles têm sido usados para criar as atuais embalagens para embarques de bens de consumo como latas e garrafas, móveis, eletrodomésticos e pequenos veículos. As novas embalagens geralmente são combinadas com materiais rígidos. Por exemplo, latas podem ser empacotadas a vácuo por encolhimento sobre bandejas de fibra, garrafas plásticas têm bandejas com suportes laterais para empilhamento, gabinetes de guarda de materiais têm cantos de papelão corrugado para proteção contra cortes e eletrodomésticos têm painéis protetores em dois lados, para facilitar o manuseio com uso de braçadeiras.

As embalagens flexíveis com uso de filme plástico oferecem muitas vantagens sobre os métodos tradicionais de embalagem rígida. Os sistemas que usam filme plástico operam automaticamente, reduzindo os custos da mão-de-obra do encaixotamento manual. A padronização na embalagem é alcançada porque os rolos de filme encaixam-se igualmente em quase todas as configurações de produtos, eliminando a necessidade de manter estoque de caixas de vários tamanhos. Um benefício paralelo é que os sistemas que utilizam o filme minimizam o peso e o volume dos embarques, uma vez que as embalagens têm praticamente o mesmo tamanho e peso do seu conteúdo. Os sistemas baseados em filmes oferecem redução de espaço para estocagem em armazéns porque os rolos de filme são menores do que os paletes com caixas vazias ou planificadas; além disso, menos lixo é gerado depois que o produto foi tirado da embalagem. Como vantagem final, por mais ilógico que possa parecer, as embalagens com filme oferecem maior proteção contra danos, se comparadas com os métodos tradicionais de embalagem rígida. As pesquisas mostram que os embarques são geralmente manuseados com maior cuidado se o conteúdo estiver claramente visível, em vez de estarem escondidos em caixas fechadas. Além disso, os danos aos produtos que não exibem informações são reduzidos, permitindo a imediata identificação do dano e a conseqüente redução da complexidade das reclamações relativas aos embarques e dos conflitos administrativos.

As aplicações de embalagens com filme funcionam melhor para produtos resistentes, que aceitam a colocação de camadas por cima, uma vez que a embalagem não oferece força de compressão para empilhamento. Os tipos que melhor se encaixam incluem produtos quadrados, como gabinetes de guarda de materiais, latas, garrafas e eletrodomésticos, ou produtos redondos, como rolos de isolamento térmico. Em comparação, produtos de formato irregular, como cadeiras, não são adequados para embalagens que utilizam filme plástico.

Invólucro com Manta. O invólucro com manta é uma forma tradicional de embalagem oferecido por empresas de mudança. Esse tipo de embalagem é ideal para acomodar produtos de formato irregular, como mesas e cadeiras, que teriam que ser embaladas individualmente em caixas de papelão. Um *deck*, ou plataforma de suporte, é construído com chapas de compensado e barras que se travam nas paredes da carreta; os produtos são empilhados sobre o *deck* e suas faces são protegidas com mantas.

O conceito de invólucro com manta tem sido estendido a prestadoras de serviço de transporte expresso que não utilizam embalagens de papelão. As transportadoras possuem, fornecem e administram os sistemas de material de embalagem, carregam e descarregam as carretas, e são diretamente responsáveis por quaisquer danos ocorridos no processo.

Os serviços de transporte que não utilizam embalagens de papelão aplicam-se melhor a caminhões com grandes quantidades de cargas, como sofás, móveis de escritório, equipamentos de laboratório, computadores centrais ou minicomputadores, mobiliário para restaurantes ou elementos de decoração de lojas. As vantagens incluem a eliminação de material de embalagem e seu descarte, a utilização cúbica mínima no transporte e um desempacotamento mais fácil dos produtos.

Contêineres Retornáveis. Os contêineres retornáveis têm sido tradicionalmente usados para alguns produtos. A maioria das embalagens reutilizáveis é de aço ou de plástico, apesar de algumas empresas reutilizarem caixas de papelão corrugado. Os fabricantes de automóveis usam *racks* retornáveis para a movimentação de peças entre fábricas; as empresas químicas reutilizam tambores de aço. Existe, entretanto, uma tendência crescente em reutilizar embalagens para pequenos itens e peças, tais como ingredientes, alimentos perecíveis, movimentação entre fábricas e caixas para movimentação entre armazéns e lojas de varejo.

Os contêineres retornáveis são particularmente apropriados para ambientes integrados, onde exista um controle razoável dos contêineres entre embarcadores e clientes. As indústrias automotivas usam *racks* e embalagens retornáveis de forma extensiva entre fornecedores de peças e suas linhas de montagem. Em um sistema de embalagem retornável, as partes precisam cooperar de forma explícita para maximizar o uso dos contêineres; caso contrário, esses contêineres pode ficar perdidos, em lugar errado, ou esquecidos. Em contrapartida, os sistemas de armazém se tornam necessários nos casos de cadeia de suprimentos com um fluxo mais livre, em que seus membros estão ligados por transações ocasionais ou não-repetidas. Os sistemas de armazéns são freqüentemente utilizados para garrafas de refrigerante, barris, paletes e tambores de aço.

A decisão de investir num sistema de embalagens retornáveis envolve considerações explícitas sobre o número de ciclos de embarques e os custos de transportes de retorno *versus* a compra e o custo para se descartar os contêineres descartáveis. Os benefícios na melhoria do manuseio e na redução de danos devem ser levados em consideração, assim como os custos futuros de sortimento, rastreamento e limpeza dos contêineres usados. Para se abordar de forma precisa seu potencial operacional e estratégico, a análise financeira dos sistemas de embalagens retornáveis deve ser feita com base nos cálculos de seus valores atuais líquidos, em vez de métodos de *payback* por período.[4]

Contêineres Intermediários de Carga a Granel. Contêineres intermediários de carga a granel (IBC) são usados para embarques de produtos granulados ou líquidos em quantidades menores do que caminhões-tanque e maiores do que sacos ou tambores. Os produtos comuns incluem paletes de resina, ingredientes de alimentos e adesivos. Os contêineres intermediários mais freqüentemente usados são sacos e caixas de produtos a granel. Os sacos são confeccionados com plástico trançado com uma camada de barreira; sua capacidade é de 1 a 2 toneladas. As caixas são normalmente do tamanho dos paletes, revestidas com um saco plástico. Os IBCs para cargas líquidas exigem o uso de caixas ou caixotes rígidos.

Pallet Pools. Os *pallet pools* foram introduzidos como forma de superar os tradicionais problemas de descarte e intercâmbio de paletes. Os paletes de alta qualidade são caros e difíceis de serem recuperados após terem saído do controle do proprietário. Quando ocorre uma transferência para uma empresa externa, os armazéns rotineiramente embarcam paletes de má qualidade e ficam com os de boa qualidade.

Pallet Pools são fornecedores terceirizados que mantêm e locam paletes de alta qualidade por todo o território americano a uma taxa variável por ciclo individual. Um ciclo pode ser definido como o carregamento dos paletes nas instalações do fabricante até o transporte para o armazém de um varejista. Empresas de *pallet pool*, como a CHEP, que é uma das maiores, assumem a responsabilidade pelo desenvolvimento, compra e manutenção dos paletes, bem como oferecem controle e gerenciamento dos sistemas.[5] Os *pallet pools* são comuns na Europa e na Ásia e estão, cada vez mais, tornando-se um padrão na América do Norte para o setor alimentício.

Paletes de Plástico. Os paletes de plástico têm sido tema de pesquisas e experimentos há muito tempo, particularmente no âmbito do setor alimentício.[6] Os paletes de plástico tentam contrabalançar as desvantagens dos paletes de madeira. Eles são mais higiênicos, mais leves e recicláveis; os custos em seu ciclo de vida são comparáveis aos dos paletes tradicionais. Entretanto, eles de fato exigem um investimento inicial maior e, por conta dessa despesa, a única maneira com que podem ser utilizados num setor como um todo é por meio de redes rigidamente controladas.

O setor alimentício está testando alternativas de projeto de paletes de plástico com maior durabilidade e desempenho operacional.[7] Os fabricantes de paletes submetem projetos a laboratórios independentes para testes, a fim de poderem determinar se as especificações foram alcançadas. A Tabela 14-2 compara custos, durabilidade, capacidade de reparo, impacto no meio ambiente e aplicações comuns de tipos alternativos de paletes.

Contêineres Frigoríficos. Os paletes refrigerados estão introduzindo uma nova tecnologia que integra as demandas de ambiente e de unitização de produtos especiais. Tratam-se de unidades de embarque auto-refrigeradas, com tamanhos comparáveis aos de um palete carregado. Essas unidades podem ser carregadas dentro de um veículo comum de carga seca, o que elimina a dependência de caminhões frigoríficos e torna mais flexível a entrega JIT de produtos perecíveis. Os paletes refrigerados podem facilitar o fluxo eficiente e efetivo de uma gama de produtos que dependem de temperatura controlada para estender a vida de prateleira e a negociabilidade, como alimentos frescos, flores, químicos, produtos farmacêuticos, doces e alimentos congelados.

Manuseio de Materiais

Os investimentos em tecnologia e em equipamentos de manuseio de materiais oferecem o potencial para um aumento substancial da produtividade logística. Os processos e a tecnologia de manuseio de materiais produzem impacto sobre a produtividade por influenciar os funcionários, o espaço e as exigências de capital em equipamentos. O manuseio de materiais é um elemento-chave nas atividades de logística e não pode ser desconsiderado. Embora os detalhes técnicos da tecnologia de manuseio de materiais sejam extensivos e fora do escopo deste texto, a seção a seguir examina as considerações básicas sobre manuseio e seus sistemas alternativos.

---

[4] Para uma análise financeira detalhada dos elementos de custo envolvidos nas embalagens retornáveis e sua relativa fragilidade, consulte Sangjin Lee, *An Analysis of Factors Affecting the Cost of Returnable Logistical Packaging Systems,* tese de mestrado não publicada, Michigan State University, 1999.

[5] Para informações sobre os produtos e serviços oferecidos pela CHEP, acesse www.chep.com.

[6] Para a revisão dos resultados de alguns desses testes, consulte Anônimo, "The Problems with Pallets," *Modern Materials Handling,* June 1, 1996; Anônimo, "In Search of Pallets Solutions," *Modern Materials Handling,* July 1, 2000; e David Maloney, "What Buyers Say About Pallets," *Modern Materials Handling,* May 1, 2000. Todos esses artigos podem ser encontrados no *website* do *Modern Materials Handling,* www.manufacturing.net/magazine/mmh.

[7] Alison Paddock, "Making a Case for Plastic," *Grocery Distribution,* July/August 2000, p. 43.

Tabela 14-2 Comparação de tipos de paletes

Base unitizada	Custo[a]	Base de peso (lb)[b]	Durabilidade[c]	Capacidade de reparo	Aplicações comuns
Palete de madeira	$3,50–25,00	55–112	Média	Alta	Uso geral, incluindo alimentos, produtos automotivos, bens duráveis, e ferramentas.
Palete de compensado	4,75–6,65	30–40	Média	Baixa	Sacolas, separação de pedidos, impressos e materiais de construção.
Palete de plástico sólido moldado	30–80	35–75	Alta	Média	Sistemas de confinamento ou de amarras, materiais FDA[1] e USDA[2], sistemas automatizados de armazenamento e busca, equipamentos automotivos.
Palete de metal	30–350	32–100	Alta	Média	Sistemas de confinamento ou de amarras, materiais FDA e USDA, sistemas automatizados de armazenamento e busca, equipamentos militares, pesados e aeronáuticos.
Palete de fibra corrugada	3,00–8,00	8–12	Baixa	Baixa	Carregamento de exportação, embalagens sem retorno para alimentos, produtos leves de papel, e peças industriais.
Folha de separação de fibra corrugada	1,00–4,00	2–6	Baixa	Baixa	Embalagens sem retorno de exportação, folhas de separação sem retorno que exigem uma base acolchoada, alimentos e produtos leves de papel.

[a] Os números nesta tabela representam uma variação de valores. Os preços podem ser maiores ou menores, dependendo das exigências específicas de aplicação, dimensões, capacidade de carga, quantidade e fabricante.
[b] O peso da base unitizada pode ser maior ou menor dependendo das exigências específicas de aplicação. Consulte cada fabricante individual para verificar capacidades de carga.
[c] A durabilidade é definida como o número esperado de viagens antes do primeiro reparo.
Fonte: Karen Auguston, "Selection Guidelines for Pallets and Slipsheets," *Modern Materials Handling,* 48, no. 13 (November 1993), p. 43.

Considerações Básicas sobre o Manuseio de Materiais

O manuseio logístico de materiais concentra-se nos armazéns, e em torno deles. Existe uma diferença básica no manuseio de cargas a granel e embalagens secundárias. O manuseio de cargas a granel é a situação em que a embalagem secundária protetora é desnecessária. Entretanto, são necessários equipamentos especiais de manuseio para a descarga de materiais a granel como sólidos, líquidos, em *pellets* e gasosos. O manuseio desses materiais é geralmente completado usando-se dutos ou esteiras. A discussão a seguir enfoca o manuseio de materiais não-granéis em embalagens secundárias.

Há muitos princípios básicos que guiam a seleção de processos e tecnologia de manuseio de materiais. Os princípios resumidos na Tabela 14-3 oferecem uma base estrutural inicial para a avaliação de alternativas de manuseio.

Os sistemas de manuseio podem ser classificados como *mecanizados, semi-automatizados, automatizados* e *direcionados por informação*. Uma combinação de mão-de-obra e equipamentos de manuseio é utilizada em sistemas mecanizados para facilitar o recebimento, o processamento, e/ou o embarque. Geralmente, a mão-de-obra representa a maior parte dos custos gerais de manuseio mecanizado. Os sistemas automatizados, ao contrário, tentam minimizar a mão-de-obra tanto quanto for possível pela utilização de investimento de capital em equipamentos. O sistema é conhecido como semi-automatizado, quando se utiliza uma combinação de sistemas mecanizados e automatizados para o manuseio de materiais. Um sistema direcionado por informação aplica o uso de computadores, que fazem o seqüenciamento do manuseio mecanizado e orientam os esforços da mão-de-obra direta. Os sistemas de manuseio mecanizados são os mais comuns, mas aumenta cada vez mais o uso de sistemas semi-automatizados e automatizados. A maior desvantagem em relação ao

---
[1] N. de T.: Food and Drug Administration, órgão federal norte-americano que fiscaliza a qualidade de alimentos e medicamentos.

[2] N. de T.: United States Department of Agriculture.

Tabela 14-3	Princípios do manuseio de materiais

- Os equipamentos para manuseio e estocagem devem ter o máximo de padronização.
- Quando em operação, o sistema deve ser projetado para propiciar o máximo de fluxos contínuos dos produtos.
- Os investimentos devem concentrar-se no manuseio e não em equipamentos fixos.
- Os equipamentos de manuseio devem ser utilizados o máximo possível.
- Deve ser minimizada a relação tara/peso útil dos equipamentos de manuseio.
- Sempre que possível, deve ser aproveitada a lei de gravidade no projeto do sistema de manuseio.

manuseio automatizado é a falta de flexibilidade. Um fator que contribui para essa baixa produtividade logística é que o manuseio por direcionamento de informação ainda precisa alcançar seu potencial completo. Prevê-se que essa situação mude radicalmente durante a primeira década do século XXI.

Sistemas Mecanizados

Os sistemas mecanizados empregam uma ampla variedade de equipamentos de manuseio. Os tipos de equipamento mais comumente usados são empilhadeiras, paleteiras, cabos de reboque, veículos de reboque, esteiras transportadoras e carrosséis. A Figura 14-4 apresenta exemplos dessa variedade de equipamentos de manuseio mecanizado.[8]

Empilhadeiras

As empilhadeiras podem movimentar cargas de embalagens secundárias tanto horizontal quanto verticalmente, mas não estão limitadas ao manuseio de cargas unitizadas. Pranchas ou caixas também podem ser transportadas, dependendo da natureza do produto.

Há muitos tipos de empilhadeira disponíveis. Empilhadeiras de alcance em altura são capazes de executar movimentos verticais de até 13 metros. Versões com garras laterais estão disponíveis para manuseio de produtos a granel sem paletes ou *slipsheet*. Outros tipos de empilhadeira estão disponíveis para operações em corredores estreitos e carregamento lateral. Em anos recentes, tem crescido o interesse por empilhadeiras para corredores estreitos, devido ao fato dos que os armazéns buscam aumentar a densidade de prateleiras e *racks* e a capacidade geral de armazenagem. A empilhadeira não é econômica para movimentos horizontais em grandes distâncias por causa da alta proporção de mão-de-obra por unidades transferidas; ela é mais efetiva nos embarques e recebimentos, assim como na colocação de mercadorias em grande utilização cúbica. As duas maiores fontes de energia das empilhadeiras são o gás propano e a eletricidade.

Paleteiras

As paleteiras representam equipamentos eficazes e de baixo custo para o manuseio geral. As aplicações mais comuns incluem carga e descarga dos equipamentos de transporte, separação e acumulação de pedidos e transferência de pequenas cargas por longas distâncias dentro do armazém. As paleteiras são muito usadas em armazéns do setor alimentício.

Cabos de Reboque

Cabos de reboque são dispositivos de arrasto, tracionados sobre o solo ou em estruturas aéreas. Eles são utilizados para oferecer força contínua para vagonetas de quatro rodas. A principal vantagem do cabo de reboque é o seu movimento contínuo. Entretanto, esse dispositivo de manuseio não tem a mesma flexibilidade das empilhadeiras. A aplicação mais comum dos cabos de reboque é na separação de pedidos. Separadores de pedido colocam as mercadorias nas vagonetas de quatro rodas que são então rebocados para as docas de expedição. Um grande número de dispositivos de separação existe para redirecionar as vagonetas da linha principal para as docas de embarque determinadas.

O ponto de maior controvérsia é quanto ao mérito das instalações no solo *versus* instalações aéreas. As instalações no solo são muito dispendiosas para serem modificadas e são de difícil manutenção, sob o ponto de vista da limpeza de um armazém. Já as instalações aéreas são mais flexíveis, mas se o piso do armazém não for absolutamente nivelado, a linha pode causar solavancos nas rodas dianteiras das vagonetas, com risco de danos aos produtos. As linhas aéreas também podem representar um perigo em potencial para as operações com empilhadeiras.

Veículos de Reboque

O veículo de reboque é uma unidade motorizada controlada por um operador; reboca um certo número de vagonetas de quatro rodas, que carregam várias cargas unitizadas. O tamanho comum desses veículos é 1,2 × 2,4 metros. Assim como os cabos de reboque, os veículos de reboque são usados para facilitar a separação de pedidos. A principal vantagem desses veículos é sua flexibilidade. Eles são menos econômicos do que os cabos de reboque, pois exigem mais mão-de-obra.

---

[8] Para um resumo mais detalhado e atual das alternativas, características e fornecedores de equipamentos de manuseio de materiais, visite **www.manufacturing.net/magazine/mmh/glossary/egtruck.htm**.

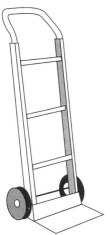

Carrinho de mão
Carrinho de duas rodas. Existe em três materiais: madeira maciça e aço, integralmente de aço e em liga de alumínio e magnésio. A capacidade de carga vai até 1.000 kg. Estão disponíveis projetos especiais.

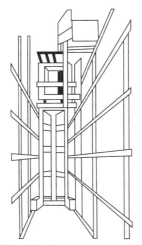

Transelevador
Estrutura móvel para suporte de elevação. Eleva o operador à mesma altura do palete. É útil para empilhamento de paletes em ambos os lados de estantes, em corredores muito estreitos, de até 12 metros de altura.

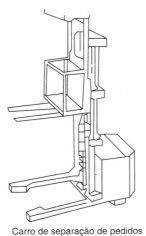

Carro de separação de pedidos (empilhadeira)
Eleva o operador, numa plataforma que acompanha o garfo. O operador retira os produtos e caixas das estantes para um palete ou para uma estrutura do tipo paleteira.

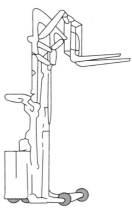

Carro de alcance
Opera em passagens estreitas, armazenando e retirando paletes em estantes. Alguns carros são equipados com um mecanismo pantográfico que permite armazenar dois paletes na mesma estante, um atrás do outro.

Carro de quatro rodas
Balanceado, é facilmente manobrável, mesmo com cargas longas ou volumosas, pois seu equilíbrio está localizado nas rodas centrais e em duas rodas menores com dispositivos giratórios.

Carro de tração
De marcha unicamente para frente, com operador a bordo, e movimento independente, é usado para puxar vagonetas ou carros por longas distâncias. Alguns podem operar em espaços abertos.

Superestruturas tipo gaiola
Para montagem em carros com plataforma livre, para transporte de itens soltos. Tornam o carro muito útil para a separação de pedidos.

Carro elevatório com contrabalanço (empilhadeira)
Pode trabalhar com bateria ou gás liquefeito de petróleo, ou ainda com motor a óleo diesel. Há modelos de três e quatro rodas, com pneus normais.

Paleteira elevadora
Carro para paletes de tração manual, muito versátil, eleva paletes e estrados a baixa altura. Possui capacidade entre 1.400 e 3.600 kg. Muito comum em depósitos de alimentos.

Paleteira manual
Equipamento básico de manuseio de materiais. Atualmente, sua capacidade de carga chega a 4.500 kg. Pode ter acessório, como rampas adaptadas.

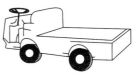

Carro motorizado
Transporte para trabalho pesado. Excelente para longas distâncias. Trabalha também em espaço aberto.

Figura 14-4 Exemplos de equipamentos de manuseio mecanizado.

Esteiras Transportadoras

As esteiras transportadoras são amplamente usadas nas operações de embarque e recebimento, e formam o dispositivo básico para inúmeros sistemas de separação de pedidos. As esteiras são classificadas de acordo com a energia, a gravidade e a sua movimentação, por roletes ou correias.[9] Nos sistemas de energia, a esteira funciona com uma corrente de tração em cima ou embaixo. Considerável flexibilidade das esteiras é perdida em instalações com essa configuração de energia. Os sistemas que utilizam a gravidade e roletes ou correias permitem que a instalação básica seja feita com um mínimo de dificuldade. As esteiras portáteis que funcionam com a gravidade e com roletes são normalmente usadas para carga e descarga e, em alguns casos, são transportadas sobre caminhões, para facilitar a descarga de veículos. As esteiras transportadoras são bastante eficientes, uma vez que somente os produtos são movimentados, eliminando a necessidade de uma unidade de movimentação em retorno.

Carrosséis

Um carrossel opera em um conceito diferente da maioria dos outros equipamentos mecanizados de manuseio. Ao invés de exigir que o separador de pedidos vá até o estoque, o carrossel movimenta o estoque até o separador. Trata-se de uma série de receptáculos montados numa trilha ou coluna oval. Podem existir muitos níveis de trilhas, o que permite um armazenamento de carrosséis de alta densidade. O carrossel inteiro gira, movendo o receptáculo selecionado para um operador estacionário. A aplicação típica do carrossel é na separação de pacotes em embalagem, reembalagem e serviço. A funcionalidade do sistema de carrossel está em diminuir a necessidade de mão-de-obra na separação de pedidos, com redução do tempo e das distâncias a serem percorridas. Os carrosséis, particularmente os sistemas modernos de empilhamento ou com múltiplos eixos, também reduzem de forma significativa as exigências de espaço de armazenamento. A Figura 14-5 mostra exemplos de carrosséis de estocagem vertical e horizontal, e sistemas de separação de pedidos. Alguns sistemas de carrossel utilizam listas de pedidos e direcionamento de rotação computadorizados, para aumentar a produtividade na separação. Esses sistemas são conhecidos como *separação sem papel*, pois não existe trabalho burocrático que possa retardar a atividade dos funcionários. Uma variação nos sistemas de carrossel é a estante móvel. Tais estantes movem-se horizontalmente, para eliminar os corredores permanentes entre elas. Esse sistema, de uso freqüente em bibliotecas, oferece maior densidade de armazenamento, mas reduz a eficiência da separação, pois as estantes têm que ser movidas para acessar-se determinados produtos.

Os equipamentos de manuseio mecanizados aqui apresentados representam apenas algumas, entre uma ampla variedade de alternativas. A maioria dos sistemas combina diferentes dispositivos de manuseio. Por exemplo, empilhadeiras podem ser usadas para movimentações verticais, enquanto veículos de reboque e paleteiras são os principais métodos de transferências horizontais.

Sistemas Semi-automatizados

O manuseio mecanizado quase sempre é complementado por equipamentos semi-automatizados. Os equipamentos mais comuns utilizados no manuseio semi-automatizado incluem sistemas de veículos automáticos, separação computadorizada, robótica e várias outras formas de estantes móveis.

Sistema de Veículo Guiado Automaticamente (SVGA)

Um VGA (Veículo Guiado Automaticamente) pode ser usado para substituir vagonetas e veículos de reboque mecanizados. A diferença essencial é que os VGAs são direcionados e posicionados automaticamente sem intervenção de um operador.

Os equipamentos utilizados em um SVGA normalmente são sistemas de guia ópticos ou magnéticos. No caso da guia óptica, são colocadas linhas de direcionamento no piso do armazém. Os VGAs são então guiados por um feixe de luz apontados para essas linhas de direcionamento. As principais vantagens de um SVGA é a redução da mão-de-obra direta e um fluxo predeterminado no armazém. SVGAs novos usam vídeo e tecnologia da informação para seguirem seus trajetos sem a necessidade de trilhos fixos. O baixo custo e particularmente o aumento da flexibilidade têm incrementado a capacidade de aplicação dos SVGAs para movimentações de armazém repetitivas e freqüentes, ou que acontecem em áreas congestionadas, como relatado em Visão Setorial 14-1.

Separação

Os dispositivos automatizados de separação são normalmente usados em combinação com as esteiras transportadoras. Uma vez que os produtos são selecionados no armazém e colocados em uma esteira transportadora para a movimentação para as docas de embarque, eles precisam ser separados em remessas específicas. Por exemplo, um estoque que deve satisfazer pedidos múltiplos é separado em grupos, criando-se a necessidade de separação para cada embarque individual. Para que os sistemas de separação automatizada possam operar, as embalagens secun-

---

[9] Para uma discussão mais detalhada sobre alternativas e características das esteiras transportadoras, consulte David Maloney, "e-Conveyors," *Modern Materials Handling*, 55, no. 1 January 2000, pp. 49-53.

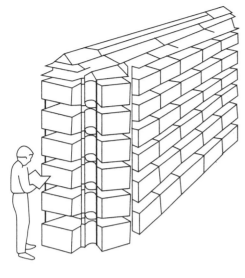

Carrosséis horizontais
Armazenam pequenas peças ou peças em processo de montagem em caixotes ou outros contêineres. Alguns podem ter autocarregamento, utilizando equipamento automático para alta eficiência.

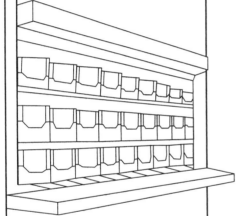

Carrosséis verticais
Oferecem armazenamento de alta densidade. Os sistemas armazenam pequenas peças ou peças em processo de montagem em caixas ou prateleiras que giram verticalmente.

Fonte: www.manufacturing.net/magazine/mmg/glossary/egstore.htm

Figura 14-5 Exemplos de carrosséis de estocagem vertical e horizontal, e sistemas de separação de pedidos.

dárias devem apresentar identificação diferenciada.[10] Em geral, os códigos de barra são lidos por dispositivos de varredura óptica, que automaticamente direcionam o produto para sua localização desejada. A maior parte dos controladores de separação podem ser programados para permitir um fluxo personalizado e uma lógica decisória que atendam às exigências de mudança.

A separação automatizada oferece duas vantagens principais. A primeira, bastante óbvia, é a redução da mão-de-obra. A segunda é o aumento significativo da velocidade e da precisão. Sistemas de separação de alta velocidade, tais como os utilizados pela United Parcel Service, podem separar e alinhar embalagens a uma taxa que excede uma por segundo.

Robótica

O robô é uma máquina que se assemelha ao ser humano, mas que pode ser programado para executar uma ou uma série de funções. A atratividade da robótica está na habilidade de se programar sua funcionalidade com base em sistemas especializados que usam a lógica decisória para direcionar o processo de manuseio. A popularidade da robótica foi o resultado de sua ampla adoção na indústria automotiva durante o início dos anos 80, num esforço para automatizar tarefas específicas de manuseio. Entretanto, um armazém oferece um desafio para a robótica muito além do encontrado em típicas linhas de produção. Em um armazém, o objetivo é acumular de maneira eficiente as exigências específicas no estoque de pedidos de um

---

[10] Para acompanhar uma discussão detalhada sobre tecnologias de código de barra e suas capacitações normalmente usadas nos armazéns, consulte Norm Weiland, "On-Demand Printing of Barcode Symbols," *Parcel Shiping & Distribution*, September 1999, pp. 12-15.

Visão Setorial 14-1   Os VGAs Amenizam o Tráfego no The Home Depot*

Os negócios do setor de bricolagem do The Home Depot Imports Distribution Center em Savannah, na Geórgia, cresceram em torno de $ 365 bilhões. Essa estimativa considera o total de compras dos clientes do "faça-você-mesmo" e dos profissionais da construção civil, incluindo revendedores de material de construção e profissionais de manutenção de edifícios.

Don Harrison, o diretor de relações públicas do Home Depot, diz: "Estocamos em torno de 50.000 tipos diferentes de materiais de construção, suprimentos para reformas domésticas e produtos para casa e jardim. O centro de distribuição de 160 mil metros quadrados serve aproximadamente 500 lojas localizadas na metade leste dos Estados Unidos. Os produtos importados variam de ventiladores de teto e persianas a serras de mesa e bancos de jardim. Os embarques conteinerizados de vários países da Europa e do Extremo Oriente chegam por mar, no Porto de Charleston, ou no de Savannah. Alguns itens chegam por via aérea."

Marc Schumacher, gerente de manutenção no Centro de Distribuição afirma: "O recebimento de materiais, a estocagem de produtos a chegar, e atividades de coleta de pedidos são feitos de maneira suave, usando-se estratégias e técnicas convencionais de distribuição. É no embarque, na parte final da cadeia de suprimentos, que ferramentas avançadas de automação são consideradas imperativas para acelerar a distribuição final, mantendo-se um fluxo estável de mercadorias que saem do Centro de Distribuição para as lojas de varejo."

Um VGA de sete carros simplificou o padrão de tráfego e os movimentos individuais de VGA coordenados para prevenir um *gridlock*** em potencial na área de embarque. Cada VGA consegue transportar dois paletes carregados por vez.

A "rua principal" em que um VGA trafega mede pouco mais de 500 metros de comprimento. Localizados em um dos lados, estão seis zonas de coleta de palete, cada uma com espaço para dois paletes. Do outro lado, 100 vias de embarque esperam a entrega dos paletes completamente carregados.

O sistema de comando de direcionamento de tráfego dos VGAs, TRACE (Traffic Routing AGV Command Executive)***, do Home Depot, designa um VGA disponível para um pedido de movimentação de palete, comanda os VGAs para que desempenhem adequadamente as seqüências de movimentações até completarem o pedido, monitora a condição dos VGAs durante todo o processo e evita a colisão de veículos.

A área de manuseio de materiais é compartimentada: o compartimento A é para os paletes carregados; o compartimento B é para empilhamento, no piso, de itens muito grandes para serem paletizados; e o compartimento C é para paletes com cargas parciais misturadas.

Assim que um palete sai da esteira transportadora, ele passa por um leitor estacionário de código de barras e então avança para a área de coleta do VGA. Um veículo é designado para coletar os paletes e, depois de confirmada a coleta, o veículo é direcionado para uma linha de embarque ou para o local de colocação dos paletes parcialmente carregados.

Schumacher explica que "o SVGA está projetado para transferir paletes carregados da esteira transportadora para as linhas de embarque. Outros movimentos físicos – direcionar paletes parciais para zonas intermediárias, para uma operação manual, e desviar paletes problemáticos para fora do sistema de manuseio – são importantes para a operação.

"O sistema TRACE executa tarefas secundárias, como registros históricos e para relatórios, funções de diagnóstico e relato de mau funcionamento, caso ocorra, do sistema ou dos VGAs. Toda a manutenção e a programação de alterações no sistema podem ser feitas por nossos funcionários. A economia de tempo e de custo obtida pela equipe de funcionários é evidente."

Fonte: Anônimo, "AGVS Ease Traffic at Home Depot," *Material Handling Management,* April 2000, p. 97.

---

cliente. Portanto, as exigências podem variar de maneira extensa de um pedido ao próximo, resultando numa operação sem a rotina de uma fábrica comum.

O uso principal da robótica no armazenamento é construir e desmembrar (*break down*) cargas unitizadas. No processo de desmembramento, o robô é programado para reconhecer padrões de empilhamento em cargas unitizadas e colocar os produtos na posição devida em uma esteira transportadora. O uso de robôs na construção de cargas unitizadas é essencialmente o oposto do processo de desmembramento. Um outro uso da robótica no armazenamento ocorre em ambientes hostis para a atividade humana. Exemplos incluem o manuseio de materiais em áreas de muito ruído, de materiais perigosos e de operações sob temperaturas extremas, como aquelas para alimentos congelados.

---

* N. de T.: The Home Depot é uma rede de varejo de grande porte que opera no setor de materiais de construção, bricolagem e utilidades domésticas; é muito popular na América do Norte.

** N. de T.: A expressão *gridlock* foi usada primeiramente em Londres, no início da década de 80; mais tarde passou a ser usada para descrever um enorme congestionamento em que os veículos não saem do lugar.

*** N. de T.: A palavra TRACE, além da sigla, pode também ser traduzida como *rastro* ou *traçado*, criando assim um duplo sentido.

Existe um grande potencial para o uso da robótica em armazéns mecanizados, para a execução de tarefas específicas. A capacidade de incorporar inteligência artificial, além da sua velocidade, confiabilidade e precisão, faz da robótica uma alternativa atraente aos processos manuais tradicionais em situações altamente repetitivas ou muito pouco amigáveis a seres humanos.

Estantes Dinâmicas

Um dispositivo comumente usado para reduzir o trabalho manual nos armazéns é o uso de estantes de armazenamento projetadas, em que os produtos automaticamente fluem para a posição desejada. Uma estante dinâmica típica contém esteiras de roletes e é construída para o carregamento por trás. A parte traseira de uma estante é inclinada para a frente, provocando o fluxo dos produtos à frente por gravidade. Quando as embalagens secundárias ou cargas unitizadas são removidas pela frente, todas as outras embalagens ou cargas naquela estante específica movem-se para a frente.

O uso de estantes dinâmicas reduz a necessidade do uso de empilhadeiras para transferir cargas unitizadas. A vantagem mais significativa de armazenamento em uma estante dinâmica é a rotação automática dos produtos, como resultado do carregamento por trás. Esse tipo de carregamento facilita o gerenciamento do estoque do tipo "primeiro a entrar, primeiro a sair (PEPS)".* O uso da gravidade no fluxo de produtos é variado. Por exemplo, estantes dinâmicas são utilizadas para determinar a seqüência de pães frescos num palete para embarque para um fabricante de produtos de padaria. Estantes de fluxo também são usadas para determinar a seqüência de assentos de carro nos sistemas JIT.

Sistemas Automatizados

Por muitas décadas, o conceito de manuseio automatizado tem oferecido um enorme potencial e conquistas limitadas. Os esforços iniciais do manuseio automatizado concentravam-se nos sistemas de separação de pedidos com embalagens secundárias. Recentemente, a ênfase mudou para sistemas automatizados de estruturas verticais e de recuperação.

---

* N. de T.: O conceito de PEPS, ou *First-in, first-out*, significa que o primeiro produto a entrar é o primeiro a sair. Um outro exemplo seria uma comparação entre uma estante de supermercado e a geladeira de lojas de conveniência. Diferentemente do supermercado, em que os produtos nas prateleiras vão sendo empurrados para trás, nas lojas de conveniência um suco ou cerveja em lata, por exemplo, posicionado na frente da prateleira será o primeiro a ser retirado pelo consumidor, garantindo assim uma adequada rotatividade de produtos.

Potencial para Automatizar

A atratividade da automação está na substituição da mão-de-obra por capital investido em equipamentos. Além de exigir menos mão-de-obra direta, um sistema automatizado opera mais rápido e com maior precisão do que o sistema mecanizado. As desvantagens são o alto capital para investimento, a complexidade de desenvolvimento e a falta de flexibilidade.

A maioria dos sistemas automatizados é projetada e construída para aplicações específicas. As seis diretrizes apontadas anteriormente para sistemas de manuseio mecanizados não se aplicam aos sistemas automatizados. Por exemplo, o equipamento de armazenamento dentro de um sistema automatizado é parte integrante da capacidade de manuseio e pode representar cerca de 50% do total investido. A relação da tara com o peso útil de carregamento tem pouca relevância quando o manuseio é automatizado.

Apesar de os computadores já desempenharem um papel importante em todo o sistema de manuseio, eles são essenciais nos sistemas automatizados. O computador controla a seleção automática de equipamentos e faz interface com o Sistema de Gestão de Armazenagem. A maior desvantagem da automação é a sua dependência das redes de computadores e de comunicação. Com o objetivo de diminuir essa dependência, novos sistemas automatizados estão sendo conectados à Internet e usando *browsers*-padrão como rede de controle das operações dos armazéns. Os armazéns automatizados exigem uma integração estreita entre o Sistema de Gestão de Armazenagem e os sistemas operacionais de manuseio de materiais.

Sistemas de Separação de Pedidos

Inicialmente, a automação foi aplicada nos armazéns na separação e na montagem de pedidos com embalagens secundárias. Devido à intensidade de uso de mão-de-obra na separação de pedidos, o objetivo básico era integrar o manuseio mecanizado e automatizado num sistema total que oferecesse tanto uma alta produtividade como precisão, usando um mínimo de mão-de-obra.

O processo geral começa na separação automatizada com dispositivos previamente carregados com os produtos. O dispositivo em si consiste numa série de estantes instaladas verticalmente. As mercadorias são carregadas por trás em estantes dinâmicas, o que permite que os produtos movam-se por gravidade sobre esteiras transportadoras até que parem numa porta defronte a prateleira. Entre as prateleiras ou por baixo delas, esteiras motorizadas criam uma linha de fluxo de mercadorias com diversas linhas posicionadas umas sobre as outras, cada uma elas para servir cada um dos níveis de prateleiras.

Com base no recibo de um pedido, o sistema de controle do armazém gera instruções seqüenciadas para, quando necessário, apanhar os produtos na porta de cada prateleira da estante, avançando os produtos para a esteira motorizada. As esteiras, por sua vez, transportam a mercadoria para uma área de embalagem de pedidos, para que sejam colocadas nos contêineres de embarque e transferidos para a área de expedição. O produto é quase sempre separado e carregado seqüencialmente, para que seja feita a descarga na seqüência desejada pelo cliente.

Se comparadas com a automação moderna, essas tentativas iniciais de manuseio de embalagens automatizado são bastante ineficientes. Um grande esforço de mão-de-obra é exigido para executar o carregamento de mercadorias nas prateleiras, e o equipamento de separação automatizado é bastante caro. As aplicações são limitadas a mercadorias de valor extremamente alto, com tamanhos de embalagens comuns ou padronizados, ou a situações em que as condições de trabalho justifiquem o investimento. Por exemplo, esses sistemas iniciais foram amplamente testados na separação de pedidos de alimentos congelados.

Avanços significativos têm ocorrido na separação automatizada de caixas de bens de consumo. O manuseio de produtos de alta rotatividade em embalagens secundárias pode ser completamente automatizado desde o ponto de recebimento da mercadoria até sua colocação em caminhões. Esses sistemas usam uma rede integrada de esteiras transportadoras movidas a energia ou por gravidade, ligando toda a área de um armazém dinâmico. Todo o processo é controlado por computador, em conjunto com os sistemas de gerenciamento de pedidos e de armazenagem. Assim que as mercadorias chegam, elas são automaticamente direcionadas para a posição no armazém dinâmico e os registros de inventário são atualizados. Quando os pedidos são recebidos, a mercadoria é pré-dimensionada cubicamente para embalagem ou para o tamanho do veículo de transporte, e programada para separação. No momento apropriado, toda a mercadoria é separada na seqüência de carregamento e automaticamente transportada por esteiras até as docas de embarque. Em algumas situações, o primeiro contato manual da mercadoria dentro do armazém somente ocorre quando ela é empilhada dentro do veículo de transporte.

A solução para o problema de interface de entrada e saída e o desenvolvimento de sistemas de controle sofisticados continua a apresentar potencial para um manuseio de embalagem eficiente e eficaz. Os problemas principais associados aos sistemas de automação da separação de pedidos continuam sendo sua confiabilidade e flexibilidade. Embora os sistemas de informações e os sistemas geradores de energia necessários sejam, em geral, confiáveis, uma falha em ambos os sistemas pode resultar na paralisação total das operações, em uma ou em múltiplas instalações. Os sistemas altamente automatizados costumam não ser flexíveis, devido ao sistema de integração de equipamentos de informática, ou de controle, exigido, o que dificulta uma pronta resposta às mudanças nos produtos ou na demanda de mercado.

Sistemas Automatizados de Armazenamento e Recuperação

Um sistema automatizado de manuseio de carga unitizada, ou Sistema Automatizado de Armazenamento e Recuperação (AS/RS), que usa estruturas de armazenamento verticais elevadas é uma forma popular de automação. A Figura 14-6 ilustra o conceito de um armazenamento vertical bastante elevado. Os AS/RSs são particularmente apropriados para itens não-ergonômicos, tais como caixas pesadas ou produtos em ambientes refrigerados. O conceito de manuseio com estrutura vertical elevada normalmente é automatizado, do recebimento aos embarques. Os quatro componentes principais do AS/RS são as prateleiras de armazenamento, os equipamentos de armazenamento e recuperação, o sistema de entrada e saída, e o sistema de controle.

O nome, estrutura vertical elevada, deriva da aparência das estantes, que são estruturas de aço verticais para armazenamento que podem atingir até 40 metros de altura. A altura comum de uma estante com paletes de papelão num sistema de manuseio mecanizado é de 6,5 metros, portanto, o potencial de estocagens elevadas é bastante evidente.

Uma instalação comum de estruturas elevadas consiste em fileiras com prateleiras de armazenamento. As fileiras são separadas por corredores que possuem de 40 a 266 metros de comprimento. As atividades principais de armazenamento e de recuperação ocorrem dentro desses corredores. Uma grua de armazenamento e recuperação sobe e desce o corredor alternadamente, estocando e separando produtos. Uma variedade de equipamentos de estocagem e recuperação está disponível. A maioria das máquinas exige direcionamento no topo e embaixo, para obter a estabilidade necessária aos movimentos horizontais e levantamentos verticais em alta velocidade. As velocidades horizontais variam entre 100 e 130 metros por minuto, enquanto os de levantamento chegam a 35 metros por minuto, ou mais.

A função inicial do equipamento de estocagem e recuperação é alcançar o mais rapidamente possível a desejada localização no estoque. A segunda função é colocar ou retirar mercadoria. Na maior parte das vezes, a colocação e a retirada de cargas são realizadas com o uso de mesas móveis, que podem entrar e sair da estante a uma velocidade de até 35 metros por minuto. Como essas mesas movimentam-se apenas por alguns metros, elas precisam acelerar e parar rapidamente.

O equipamento de estocagem e recuperação é essencialmente uma combinação de empilhadeiras e paleteiras em uma única grua móvel. Ele se movimenta para cima e para baixo pelo corredor para inserir ou retirar uma carga unitizada de dentro de um receptáculo de estocagem. Quando o AS/RS opera com cargas unitizadas, o processo é normalmente automatizado. Entretanto, o AS/RS freqüentemente incorpora seleção manual quan-

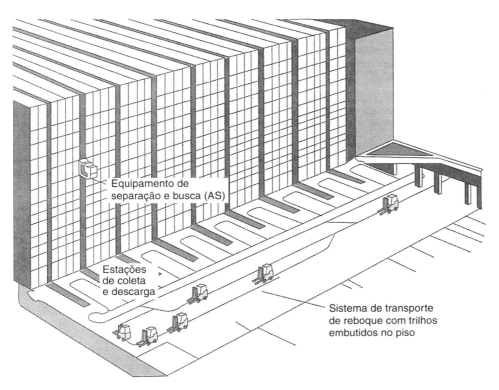

Fonte: Les Gould, "Canadian Tire's 1.1 Million-Square-Ft Formula for Success," *Modern Materials Handling* 47, no. 8 (July 1992), p. 37.

Figura 14-6 Instalação com estrutura vertical elevada do tipo AS/SR. O tamanho do novo AS/RS do Canadian Tire é, por assim dizer, difícil de se entender. Para começar, a estrutura de estantes na seção central, que também a abriga, mede 234 × 657 pés e alcança uma incrível altura de 108 pés. A estrutura de estantes, sozinha, contém 78.400 posições de estocagem de paletes, cada uma com capacidade para cargas em paletes de até 2.500 libras. Esses números podem ser traduzidos para aproximadamente 3,3 milhões de pés cúbicos de área de estoque de produtos. A estrutura, bastante incomum, apresenta um projeto com dupla profundidade e três pilares com 39.200 aberturas. A estrutura é interseccionada por 10 corredores e, verticalmente, ela é dividida em 14 níveis.

do o sistema separa as caixas e embalagens secundárias. Em algumas instalações, o equipamento de estocagem e recuperação é posicionado para atender rapidamente os corredores com o uso de unidades de transferência. Inúmeros arranjos de transferência e *layouts* estão disponíveis. As unidades de transferência podem ser do tipo *dedicada* e *não-dedicada*. A unidade de transferência dedicada está sempre estacionada no final do corredor, onde o equipamento de estocagem e recuperação está operando. As unidades de transferência não-dedicada operam em vários corredores e equipamentos de recuperação, num esquema programado para atingir a máxima utilização do equipamento. A decisão de se incluir ou não a transferência de "corredor-para-corredor" dentro de um sistema de estocagem e recuperação com estrutura vertical elevada depende da quantidade de material e do número de corredores incluídos no sistema como um todo.

O sistema de entrada e saída de um armazém de estoque vertical elevado atém-se à movimentação da área das estantes e para essa mesma área. Dois tipos de movimentos estão envolvidos nesse processo. Primeiro, as cargas devem ser transportadas das docas de recebimento ou das linhas de produção para a área de estocagem. Segundo, dentro da área imediata periférica das estantes, as cargas devem ser posicionadas para a entrada ou saída. O maior problema potencial do manuseio está na área periférica. Uma prática comum designa estações separadas para coleta e remoção, capazes de criar um fornecimento adequado de cargas para cada corredor, e assim utilizam completamente os equipamentos de estocagem e recuperação. Para o desempenho máximo das operações de entrada e saída, o procedimento normal exige diferentes estações de transferência de cargas de recebimento e de embarque destinadas ao mesmo corredor. As estações de coleta e descarte (P/D) estão ligadas ao mesmo sistema de manuseio que transfere a mercadoria da área de armazenamento vertical elevado e para essa mesma área. O sistema de controle de uma estrutura de armazenamento vertical elevado é semelhante ao sistema de separação de pedido automatizado descrito anteriormente. Além da programação de chegada e da determinação de localização, o sistema de controle lida com o controle de inventário e a rotação dos estoques. O sistema de controle pode também rastrear a localização de um produto dentro do AS/RS, a utilização das caixas de armazenamento, e as operações de grua. No caso de armazenamento vertical elevado, a confiabilidade e a integridade do sistema são cruciais para alcançar produtividade e máxima rentabilidade do equipamento.

Nas aplicações de manufatura, os produtos fluem da linha de produção automaticamente transformados em cargas unitizadas. A carga unitizada é então transportada para a área de armazenamento vertical elevado por esteiras motorizadas. Quando a carga chega, é acondicionada no local de armazenamento e transferida por esteira para uma estação apropriada de coleta. Nesse momento, o equipamento de estocagem e recuperação assume o processo e movimenta a carga unitizada para o seu local predeterminado. Quando os pedidos são recebidos, o sistema de controle direciona a coleta de cargas unitizadas específicas. A partir das estações de entrega de mercadoria para embarque, a carga unitizada é movimentada por esteiras motorizadas ou por gravidade até a doca de embarque apropriada. Enquanto o processo de busca e entrega de mercadoria para embarque é executado, o processo burocrático necessário para iniciar a embarque de um produto é completado. Uma determinada empresa substituiu 13 centros de distribuição nos Estados Unidos por um único centro de distribuição localizado próximo às instalações de sua fábrica. O novo centro de distribuição emprega o AS/RS juntamente com uma estratégia refinada de gestão de estoques, oferecendo o mais elevado nível de serviços que os clientes mais sofisticados exigem. A estratégia de gestão de inventário estoca somente os itens de alta rotatividade, enquanto os itens de baixa rotatividade são fornecidos por MTO.* A consolidação reduziu os custos das instalações ao mesmo tempo em que melhorou consideravelmente o giro de inventário; também aumentou o índice de atendimento das linhas, passando de 74 para 97%. Portanto, o AS/RS e novas estratégias de gestão de estoque têm impacto imediato no desempenho da empresa e nos serviço oferecidos aos outros membros da cadeia de suprimentos.[11]

Uma outra aplicação inovadora da tecnologia do AS/RS pode ser encontrada na indústria automotiva. Em Toledo, Ohio, a Chrysler produz carrocerias de picapes e jipes em uma única fábrica. Assim que a produção termina, duas máquinas de SR selecionam cada carroceria numa seqüência adequada para o carregamento lateral de caminhões e as transporta para uma fábrica de montagem final a alguns quilômetros dali. Na segunda fábrica, duas máquinas de SR são usadas para coordenar o processo e a entrega *JIT* das carrocerias para a linha de montagem apropriada. Visão Setorial 14-2 mostra, em outro exemplo, como a IBM atualizou o seu sistema AS/RS de 15 anos para ir ao encontro das novas exigências.

Esses exemplos ilustram as aplicações do AS/RS nos mais variados setores. Todos os sistemas procuram aumentar a produtividade do manuseio de materiais ao ofertar uma densidade máxima de armazenamento por metro quadrado e minimizar a mão-de-obra direta necessária ao manuseio. A natureza de controle rígido dos AS/RS propicia um manuseio confiável, sem perdas ou danos, e com extrema precisão de controle. Entretanto, as estruturas verticais elevadas do AS/RS são geralmente melhores do que os dispositivos de manuseio e, assim, reduzem sua atratividade em situações em que giros rápidos de estoques são mais importantes do que uma armazenagem barata.

Sistemas Baseados na Informação

O conceito de manuseio baseado na informação é relativamente novo, sendo tema de muitas pesquisas e desenvolvimentos. O conceito é atraente, pois combina o controle típico do manuseio automatizado com a flexibilidade dos sistemas mecanizados. Sistemas baseados na informação utilizam manuseio mecanizado controlado pela tecnologia da informação. Dois exemplos comuns de sistemas de manuseio de materiais baseados na informação são os equipamentos controlados por radiofreqüência (RF) e operações direcionadas por luz.

Equipamento Controlado por Radiofreqüência

O equipamento de manuseio controlado por Comunicação de Dados via Radiofreqüência (RFDC) é um equipamento padronizado de manuseio de materiais, controlado pela tecnologia da informação, para oferecer direção e controle em tempo real aos operadores. Sistemas comuns de sistemas de RF utilizam empilhadeiras. Entretanto, o uso básico de RFDC para instruir a movimentação das empilhadeiras é expandido numa aplicação baseada na informação para se tornar um sistema de manuseio de materiais altamente integrado. No *layout* e no projeto, as instalações do armazém são essencialmente as mesmas de quaisquer instalações de manuseio mecanizado. A diferença é que todas as movimentações de empilhadeira são direcionadas e monitoradas por alguma combinação de computador instalado na empilhadeira, computadores de mão, e comunicação por ativação de voz. A troca de informação em tempo real é projetada para alcançar flexibilidade e melhor utilização.

A principal vantagem do RF é melhorar a velocidade e a flexibilidade das operações com empilhadeiras. Em

---

* N. de T.: MTO significa *Make To Order*, expressão que pode ser traduzida como Fabricação sob Pedido. Para uma discussão mais detalhada, consulte o Capítulo 5 deste livro.

[11] Anônimo, "How Aeroquip Slashed Invenstory 90% Yet Fills, Ships Order in Hours," *Modern Materials Handling* 53, no. 10 (November 1993), p. A6-7.

Visão Setorial 14-2   A Atualização do AS/RS Manda o Big Blue* Para Escanteio

Depois de 16 anos de serviços contínuos, o AS/RS nas instalações da fábrica da IBM em Charlotte, na Carolina do Norte, mostrava sinais de uso e desgaste extensivos. Muitos dos sistemas de controle existentes tornaram-se obsoletos. As peças eram de propriedade da IBM ou difíceis de serem encontradas. Além disso, existia o *bug* do milênio**. A segurança também era um problema, quando apareceram rachaduras nos trilhos usados para guiar o sistema de Máquinas de Armazenamento e Recuperação (S/RMs).

A IBM enfrentava o dilema de compra de um sistema novo ou da atualização completa do AS/RS existente, que servia o sistema principal de armazém para matérias-primas usadas na produção de computadores pessoais e de Terminais de Pontos de Vendas. Aproximadamente um quinto da capacidade do AS/RS era usada para produtos com acabamento final. Depois de analisar as alternativas, ficou determinado que uma atualização completa ofereceria economias significativas – aproximadamente um décimo do custo estimado com a substituição por um sistema novo.

Desde o fim da atualização, os custos do AS/RS operacional foram bastante reduzidos. A produtividade aumentou, a densidade de armazenamento é maior, e implantou-se um melhor sistema de rastreamento. O sistema agora pode manusear 50% a mais da quantidade de materiais colocada no sistema, a um ritmo de 220 movimentos por hora, e o índice de atualização é de 98%.

Atualmente, o AS/RS abriga mais de 28.000 unidades comercializadas nos seus 10 corredores de mais de 26 metros de altura e 167 metros de comprimento. Um AS/RS é dedicado para cada corredor, manuseando as funções de recebimento e separação.

Todo o sistema AS/RS é controlado por uma série de PCs ligados em rede a um computador central RS/6000. O *mainframe* decide quais produtos são necessários para a produção do dia e gera uma lista de materiais. Um S/RM é enviado para o local específico onde são armazenadas as peças. Um visor fotográfico direciona o S/RM para a localização exata das unidades comercializadas desejadas e um extrator retira a carga. O S/RM, então, entrega a peça para uma estação de coleta/armazém na parte frontal do corredor, colocando o palete sobre uma folha separadora. Uma esteira transportadora entrega a unidade no local de produção da fábrica.

Antes da atualização, os controladores de esteiras que supriam a parte frontal do AS/RS e as esteiras que despachavam a produção trabalhavam de modo independente e exigiam salas de controle separadas. Após a atualização, ambos operam a partir dos mesmos PLCs, eliminando uma sala de controle e a necessidade de ter um operador em cada sala. As funções de monitoramento e registro foram bastante melhoradas.

A instalação do novo sistema de AS/RS não foi uma tarefa fácil. Como um componente essencial do processo de produção da fábrica, o AS/RS precisava continuar a armazenar e recuperar o inventário durante todo o processo de modificação de pós-produção. As equipes de funcionários precisavam atender a uma programação apertada, para executar o trabalho de instalação daquele dia, testar e verificar as exigências, e então estarem prontos para colocar tudo de volta para a produção do dia seguinte.

A atualização do S/RM foi executada de corredor em corredor, com o primeiro corredor levando 7 dias para ser atualizado, e 3 dias para cada um dos nove corredores restantes.

Os 1.600 metros de extensão de trilhos no piso, que guiam os S/RMs, também foram substituídos por novos trilhos de epóxi, soldados termicamente, e projetados para evitar deterioração.

As preocupações originais quanto à segurança desapareceram depois da atualização. Também desapareceram as peças obsoletas e de propriedade da empresa, uma vez que todos os componentes possuem tecnologia de ponta e estão em conformidade com o Y2K, e prontamente disponíveis em uma variedade de fornecedores.

Fonte: David Maloney, "AS/RS Upgrade Puts Big Blue in the Black," *Modern Materials Handling*, 54, no. 4 (April 1999), pp. 40-41.

---

vez de seguir instruções por escrito ou listas geradas por computador, os motoristas têm suas tarefas atribuídas por terminais RF de bordo ou de mão. O uso de tecnologia RF oferece comunicação em tempo real com a central do sistema de processamento de dados. Durante as operações, o sistema de gerenciamento de armazenagem trabalha em conjunto com o controle das operações do computador que planeja e inicia todas as movimentações, comunicando as exigências aos responsáveis pelo manuseio de materiais, e rastreia a finalização de todas as tarefas. O sistema de apoio à decisão analisa todas as exigências de movimentação para alocar equipamentos, de maneira que a movimentação direta seja maximizada e as movimentações ociosas sejam minimizadas. Aplicativos menos sofisticados usam listas impressas de movimentação geradas por computador e coletadas nas estações de im-

---

* N. de T.: *Big Blue Machine* foi um apelido atribuído à IBM, nos EUA, por causa do IBM TX, um computador muito popular antes da criação dos PCs.

** N. de T.: Possível *bug* que na passagem do milênio poderia destruir o banco de dados dos computadores por uma questão interna do sistema.

pressoras distribuídas pelo armazém. O manuseio baseado na informação oferece um grande potencial, porque vários benefícios específicos da automação podem ser alcançados sem a necessidade de investimentos significativos. Os sistemas baseados na informação podem também aumentar significativamente a produtividade ao rastrear o desempenho das empilhadeiras, e, portanto permitir o pagamento pelo nível de realização. A principal desvantagem do sistema é sua flexibilidade na determinação de tarefas. A forma de operar de uma empilhadeira, durante um período de trabalho, faz com que ela esteja envolvida com a carga e descarga de veículos diferentes, separando itens de vários pedidos e completando várias tarefas não relacionadas a sua atribuição de manuseio. A grande variedade de tarefas aumenta a complexidade de direcionamento de serviço e pode diminuir a responsabilidade pelo desempenho. Essa complexidade aumenta a demanda de capacitação dos motoristas.

A Visão Setorial 14-3 ilustra como a Pioneer Hi-Bred International Company usa a tecnologia para comandar as operações de empilhadeiras. Sistemas como o *Voice-over-IP* (*Internet Protocol*) usam redes de RF para permitir que o pessoal de uma oficina ou armazém comunique-se diretamente com o pessoal do centro de distribuição sobre a situação de uma remessa ou sobre a necessidade de pessoal adicional para completar uma tarefa. A tecnologia de *Voice-over-IP* permite ao responsável pelo manuseio de materiais a interface com o sistema de gerenciamento de armazenagem, com a Internet e até mesmo com um telefone.[12]

Separação por Luz

A **separação por luz**, tecnologia que usa uma variação nos sistemas de carrossel, tornou-se um procedimento cada vez mais comum. Nesses sistemas, os separadores de pedido coletam itens determinados diretamente nas caixas ou esteiras dos receptáculos ou locais de um carrossel com *luz*. Uma série de luzes ou uma *"árvore de luzes"* na frente de cada local de coleta indica o número de itens a ser coletado de cada local. O sistema de luz pode também ser usado para facilitar a progressão de uma caixa. Em sistemas em que um mesmo item é separado para múltiplos pedidos, barras indicadoras de coleta mostram aos separadores de pedidos quantos itens são necessários de cada embalagem para completar aquele pedido específico. Uma variação do sistema de separação por luz é o sistema **colocação por luz**, em que o separador de pedidos coloca o produto nos contêineres apontados por uma luz. Cada contêiner ou caixote é designado a um pedido ou cliente específico, e assim a luz indica qual cliente deverá receber um determinado produto.

A Tabela 14-4 oferece diretrizes gerais e considerações administrativas em meio a um conjunto de alternativas de armazenamento e manuseio. A principal comparação é entre os custos de instalação e os custos operacionais relacionados a alternativas automatizadas e mecanizadas.

Considerações Especiais sobre o Manuseio de Materiais

O objetivo principal do manuseio de materiais é facilitar o fluxo de mercadorias, de maneira ordenada e eficiente, desde o fabricante até o ponto de venda. Esta seção identifica e discute considerações especiais para separação e operação dos equipamentos de manuseio de materiais.

E-Atendimento (E-fulfillment)

Satisfazer os locais de atendimento da Internet significa demandas especiais para o sistema de armazenamento e manuseio de materiais de uma empresa. Tanto os varejistas do comércio eletrônico como os domésticos, ao entrar no ambiente de transações eletrônicas, têm sido forçados a adaptar seus processos para atender às necessidades específicas de mercado. As quatro considerações específicas que influenciam o armazenamento e o manuseio de materiais em um ambiente de *e*-atendimento são: volume de pedido, produtos, pessoas e rastreamento.[13] Primeiro, para servir os clientes, as instalações de *e*-atendimento normalmente precisam processar um grande número de pequenos pedidos. Isso significa que é difícil alcançar qualquer tipo de economia de escala significativa para as operações de seleção. Segundo, as instalações de *e*-atendimento devem lidar, de uma forma geral, com um amplo espectro de produtos, o que se traduz por grandes estoques e uso de práticas como fluxo direto (*flow-through*) para a consolidação de pedidos por embarque. As empresas que escolhem consolidar os pedidos devem estar aptas a receber de forma efetiva e combinar uma grande quantidade de pequenos pedidos rapidamente. Terceiro, uma instalação de *e*-atendimento conta com muitos funcionários, porque a flexibilidade de seleção de pedidos necessária acaba sendo reduzida, devido a métodos manuais ou ao uso limitado da tecnologia de separação por luz. Em muitos casos, as operações de *e*-atendimento são sazonais, aumentando a necessidade de treinamento contínuo para empregados novos ou temporários. Quarto, o aumento das expectativas dos consumidores em relação ao rastreamento exige que muitas atividades dentro do armazém e a interface com a transpor-

---

[12] Robert Preston, "Value-Oriented Companies Place Bets on Supply Chain," *Internetweek,* February 19, 2001. Edição 849.

[13] Amy Hardgrove, "e-Fulfillment: The Last Step in the e-tail Process," *Grocery Distribution,* July/August 2000, pp. 27-30.

Visão Setorial 14-3 ⋅ Coleta de Dados Sem Uso das Mãos

A Pioneer Hi-Bred International, localizada em Durant, Iowa, é a maior empresa do mundo no ramo de sementes. Produz 600 produtos transgênicos que representam milhares de unidades comercializadas.

Além de ser líder em genética agrícola e na produção de sementes, a Pioneer é conhecida por sua reputação em experimentos tecnológicos de armazenamento para apoiar suas operações. Nos últimos anos, à medida que a quantidade de produtos especializados aumentava, a empresa decidiu explorar algumas tecnologias de armazenamento modernas, visando a aumentar sua eficiência. Há alguns anos, a empresa substituiu seus métodos manuais de rastreamento de estoque por um sistema personalizado de gerenciamento de armazenagem que permitiu ao pessoal obter dados por meio de terminais portáteis. Entretanto, o pessoal do armazém não se sentia à vontade em ter que digitar dados. A gerência considerou, inicialmente, o uso de códigos de barras e etiquetas de identificação por RF para eliminar a necessidade de teclado, mas ao final ficou estabelecido que as opções exigiam muitas mudanças cruciais no sistema.

No final de 1993, numa de suas fábricas, a empresa iniciou os testes de coleta de dados com um sistema de terminais móveis, que permitem que o operador tenha as mão livres, utilizando a tecnologia de reconhecimento de voz. "Estávamos procurando um sistema que pudéssemos aplicar num armazém já existente; percebemos que a maneira de eliminar o uso de teclados para coletar dados seria por meio de sistemas com reconhecimento de voz", explica Mike Doty, gerente de sistemas de informação da Pionner. Como funciona o sistema? Ele consiste em um par de fones de ouvido equipado com microfone, alto-falantes e um terminal miniaturizado com tela medindo 3,0 × 3,3 centímetros, fixado na estrutura do fone, na cabeça do operador. Embora a tela seja muito pequena, para a mente ela tem o mesmo efeito de tela de monitor de um computador. A voz é utilizada para coletar dados e enviá-los por RF a um servidor. O sistema direciona o separador de pedidos para cada local onde se encontram as mercadorias, mostrando um item por vez. Ao selecionar um item, o operador lê em voz alta o local de armazenamento. O sistema verifica se o palete com a mercadoria certa foi selecionado, repetindo a informação de volta para o operador e fazendo piscar a tela do terminal.

A racionalidade do sistema foi proporcionar aos operadores de empilhadeiras do armazém a possibilidade de coletar dados do estoque em tempo real, enquanto simultaneamente oferecia mobilidade para executar suas tarefas de rotina, como armazenamento e separação de produtos, montando paletes de cargas mistas para remessa e processamento de devoluções. Além dos ganhos na produtividade e da manutenção dos padrões de segurança, as maiores economias vieram da melhora na capacidade de rastreamento de estoques. Especificamente, o rastreamento permite uma armazenagem aleatória de paletes em áreas de armazenamento a granel, melhorando a eficiência de armazenamento em mais de 20%. "Nós racionalizamos o embarque e estamos movimentando muito mais materiais com menos funcionários", revela Joe Kaufman, gerente de fábrica. Considerando que parte do armazém é refrigerado, as economias têm produzido um retorno expressivo de 200% do investimento.

A Pioneer está tão satisfeita com a tecnologia experimental que está preparando testes do sistema em alguns de seus armazéns mais complexos.

Fonte: Nancy Hitchcock, "Hands-Free Data Collection Blazes New Trail at Pioneer", *Modern Materials Handling*, 48, no. 12, October 1993, pp. 46-48.

---

tadora sejam eletronicamente escaneadas e rastreadas. Apesar do rápido crescimento em *e-tailing**, muitas empresas estão ainda tentando resolver quais são os processos de armazenamento e manuseio de materiais mais adequados para dar apoio a suas atividades. Em muitos casos, esses *e-tailers* estão terceirizando o atendimento para operadores logísticos. De qualquer maneira, o ambiente de *e-tailing* continuará a aumentar a demanda por operações de armazenamento e manuseio de materiais em tempo oportuno, com mais capacidade de resposta e de forma integrada.

Preocupações com o Meio Ambiente

Existe uma crescente preocupação em relação ao impacto das operações de armazém no meio ambiente. Em particular, os impactos provocados pelo uso dos equipamentos de manuseio de materiais, tais como empilhadeiras. O controle de poluição em novos motores com ignição por faísca para as empilhadeiras é semelhante ao dos motores de automóveis, fazendo com que eles se tornem mais eficientes, porém com manutenção mais complicada.[14] Exis-

---

* N. de T.: *E-tailing* é uma adaptação da palavra *retailing* para o ambiente da Internet em que há relações comerciais entre fabricantes e consumidores via *web*. Além de representar o varejo eletrônico, o termo ainda pode representar pedidos feitos sob medida, de acordo com as necessidades e exigências do cliente. Uma versão em português poderia ser *e*-varejista ou varejista eletrônico.

[14] Tom Feare, "It's Not Easy Being Green," *Modern Materials Handling* 55, no 4, (April 1, 2000), pp. 45-49.

Tabela 14-4 Diretrizes de armazenamento

Equipamento	Tipo de material	Vantagens	Outras considerações
Manual			
Estantes:			
Porta-paletes convencionais	Carga de paletes	Boa densidade de armazenagem, boa segurança para os produtos	Densidade de armazenagem aumentada pela armazenagem de dois paletes num mesmo nível
Paleteiras de acesso interno normal	Carga de paletes	Empilhadeiras de garfo podem ter acesso às cargas; boa densidade de armazenamento	Acesso das empilhadeiras por uma única direção
Prateleiras de entrada livre	Carga de paletes	Empilhadeiras de garfo podem ter acesso às cargas; boa densidade de armazenamento	Acesso das empilhadeiras por duas direções
Prateleiras de grande altura	Carga de paletes	Densidade muito alta de armazenagem	Muito usadas em AS/RS, podem oferecer vantagens tributárias* em construções sustentadas pelas próprias prateleiras
Prateleiras com estrutura em balanço	Cargas longas	Próprias para armazenar formatos incomuns	Cada SKU diferente pode ser armazenado numa prateleira diferente
Estruturas de empilhamento de paletes	Peças frágeis ou de formato especial	Permitem empilhamento de cargas difíceis, economizando espaço no solo	Podem ser desmontadas quando fora de uso
Prateleiras de empilhamento	Peças frágeis ou de formato especial	Empilhadeiras de garfo podem ter acesso às cargas; boa densidade de armazenamento	Podem ser empilhadas quando fora de uso
Prateleiras de deslizamento por gravidade	Produtos em geral	Armazenagem de alta densidade; cargas movidas por gravidade	Deslizamento dos tipos "primeiro a entrar, primeiro a sair", ou "último a entrar, primeiro a sair"
Prateleiras simples	Cargas pequenas e soltas	Baratas	Podem ser combinadas com gavetas, para maior flexibilidade
Gavetas	Peças e ferramentas pequenas	Todas as peças são alcançadas facilmente; boa segurança	Podem ser compartimentadas por grupos ou famílias de SKUs
Estantes ou Prateleiras móveis	Carga de paletes, materiais soltos e caixas	Podem reduzir a área necessária pela metade	São equipadas com dispositivos de segurança
Automatizado			
Cargas unitizadas AS/RS	Paletes e volumes com ampla variedade de tamanhos e formas	Densidade de armazenagem muito alta, controle por computador	Pode ter vantagens tributárias* quando a estrutura da construção é sustentada pelas próprias prateleiras
Carrinho de percurso fixo	Paletes e outras cargas	Densidade alta de armazenagem	Melhor usados quando se trata de grandes quantidades de poucos SKUs
AS/RS para pequenas cargas	Peças pequenas	Densidade alta de armazenagem, controle por computador	Para maior flexibilidade, pode ser instalado em várias configurações diferentes
Carrosséis horizontais	Peças pequenas	Acesso fácil às peças, relativamente baratos	Podem ser empilhados um sobre o outro
Carrosséis verticais	Peças e ferramentas pequenas	Densidade alta de armazenagem	Podem servir de sistemas de entrada e separação em instalações com muitos andares
Equipamentos manuais	Peças pequenas	Muito flexíveis	Podem ser usados em prateleiras de grande altura com gavetas modulares

Fonte: "Storage Equipment for Warehouse," *Modern Materials Handling: 1985 Warehousing Guidebook 40,* Vol. 4 (Spring 1985), p. 53.
* N. de T.: Estas vantagens tributárias não existem no Brasil.

te também um crescente interesse em relação ao manuseio e descarte de materiais perigosos usados ou estocados nos armazéns. As empresas devem assegurar que tais materiais serão descartados de maneira apropriada, para evitar serem responsabilizadas por contaminação.

Regulamentação do Ambiente de Trabalho

O armazém de distribuição é, para algumas empresas, uma das operações mais intensivas de mão-de-obra. É também uma das mais perigosas, com cerca de 100 mortes e 95.000 acidentes registrados anualmente.[15] Para reduzir esses números, a OSHA (*Occupational Safety and Health Administration*) está ampliando sua influência normatizadora para as operações e a tecnologia de armazéns. Em março de 1999, a OSHA estabeleceu o regulamento de Treinamento de Operadores de Veículos Motorizados Industriais (*PITOT – Powered Industrial Truck Operator Training*), exigindo o treinamento e a reavaliação de todos os motoristas de empilhadeiras. Os motoristas reprovados na avaliação e aqueles envolvidos em acidentes devem passar por treinamentos de reforço. Outra regulamentação em evolução concentra-se na elevação e ângulos de levantamento de pesos. Muitos dos acidentes envolvem a coluna vertebral, e são causados por levantamento indevido de embalagens secundárias ou de equipamentos de unitização. A OSHA agora coloca limites no peso que um indivíduo pode carregar, o ângulo do levantamento, e o número de repetições de movimento. O peso recomendado é calculado começando com pouco mais de 23 quilos e subtraindo-se os fatores de distância, freqüência e quantidade. Para a maioria dos trabalhos repetitivos de manuseio de materiais, o limite de peso aprovado varia de 9 a 14 quilos. Um terceiro foco da OSHA é a limpeza do armazém, particularmente as instalações que lidam com alimentos e produtos farmacêuticos. Os pisos e as áreas de trabalho devem estar limpas, de forma a inibir a presença de roedores e garantir a segurança do trabalhador contra escorregões ou tropeços. Projetar as operações de um armazém levando em consideração esses limites é crucial, uma vez que as multas podem ser significativas, além das responsabilidades legais que podem chegar a sentenças judiciais de grande vulto.

Processamento de Devoluções

Por um conjunto de razões, uma mercadoria pode ser recolhida (*recall*) pelo fabricante ou devolvida para ele. Isso é particularmente válido no ambiente de *e-tailing*, onde 30% dos pedidos são devolvidos. Normalmente, essa logística reversa não tem quantidade e regularidade que justifiquem uma movimentação de cargas unitizadas, portanto, o único método conveniente para o processamento de fluxo reverso de mercadorias é o manuseio manual. Na prática, o projeto de manuseio de materiais deve considerar os custos e os impactos dos serviços de logística reversa. Esse fluxo freqüentemente envolve paletes, caixas de papelão e materiais de embalagem, além de mercadorias com danos, fora dos prazos de validade e em excesso. O manuseio e o projeto geral de um sistema logístico, em muitas indústrias, exige a habilidade de manuseio eficiente de movimentos em duas vias.[16] Muitas empresas estão optando pelo processamento realizado por um operador logístico terceirizado, para separar o fluxo e reduzir a chance de erros ou de contaminação.

Resumo

A embalagem tem um impacto significativo nos custos e na produtividade da logística. A compra de materiais de embalagem, as operações de embalagem e a subseqüente necessidade de descartar materiais, representam os principais custos de embalagens. A embalagem afeta o custo de todas as atividades logísticas. O controle de inventário depende da precisão dos sistemas manuais ou automáticos de identificação, determinados pela embalagem dos produtos. A velocidade, a precisão e a eficiência da separação de pedidos são influenciadas pela identificação da embalagem, pela configuração e pela facilidade de manuseio. Os custos de manuseio dependem da capacidade e das técnicas de unitização. Os custos de transporte e armazenamento são determinados pelo tamanho e a densidade das embalagens. O serviço ao consumidor depende da embalagem para alcançar o controle de qualidade durante a distribuição, para oferecer educação e conveniência aos clientes e para estar de acordo com as regulamentações relativas ao meio ambiente. O conceito de adiamento da embalagem para atingir uma flexibilidade estratégica é particularmente importante em função da complexidade e do tamanho das cadeias globais de suprimento, assim como dos custos de novas instalações.

O manuseio de materiais de alto desempenho é a chave para a produtividade do armazém, por várias razões importantes. Primeiro, um número significativo de horas de trabalho é dedicado ao manuseio de materiais. Segundo, a capacidade de manuseio de materiais limita os benefícios diretos que podem ser obtidos com a otimização da tecnologia de informação. Embora o advento dos computadores tenha introduzido novas tecnologias e capacidades, o uso de mão-de-obra predomina no manuseio de materiais. Terceiro, até recentemente, o manuseio de materiais não tinha sido gerenciado de forma integrada com outras atividades logísticas, nem tinha recebido atenções maiores por parte da alta administração. Por fim, a tecnologia de automação capaz de reduzir mão-de-obra no manuseio de materiais está

---

[15] Alison Paddock, "Operator Training: Setting the Goals," *Grocery Distribution*, July/August 2000, p. 34.

[16] Para acompanhar uma discussão mais detalhada sobre processos de devolução, consulte Anônimo, "Return to Sender," *Modern Materials Handling*, 55, no 6 (May 15, 2000), pp. 64-65.

apenas começando a atingir sua capacidade total. Entretanto, indicações recentes demonstram que a automação reduz a flexibilidade das operações.

Apesar de terem sido discutidas separadamente, a embalagem, a conteinerização e o manuseio de materiais são partes integrantes do sistema de operações logísticas. Os três aspectos devem ser levados em consideração ao projetar-se uma cadeia integrada de suprimentos.

Inúmeros programas integrados de embarques têm sido implementados com sucesso, atendendo às preocupações de fabricação e dos clientes. O que leva à implementação desses programas é a integração das capacidades de manuseio, transporte, armazenamento, política de estoque e comunicação dentro do sistema logístico com quantos fornecedores das cadeias de suprimentos seja possível, de modo a minimizar embaraços no manuseio e na comunicação durante a troca de mercadorias. Como a duplicação de trabalho e a falta de entendimento podem ser reduzidas, as economias de custo podem ser uma realidade para ambos, fabricantes e clientes.

A padronização das plataformas de cargas unitizadas, o código de barras, e os formatos de instrução podem melhorar significativamente a integração na cadeia de suprimentos. Embora haja acordo com relação aos objetivos, o processo não se dará sem falhas, uma vez que todos os participantes devem concordar e implementar tecnologias comuns com interpretações comuns.

Questões Desafiadoras

1. Forneça um exemplo que destaque as diferenças entre embalagem de consumidor e embalagem industrial.
2. Qual é o principal uso do código de barras em embalagens? O papel do código de barras é diferente no manuseio de materiais?
3. Comente as diferenças entre contêineres rígidos e não-rígidos. Discuta o papel da garantia de carregamento na unitização.
4. Que benefícios possuem os materiais flexíveis de unidades de carregamento em contraposição aos contêineres rígidos?
5. Que trocas compensatórias estão envolvidas no uso de prateleiras retornáveis?
6. Em termos de manuseio básico de materiais, qual é o papel do carregamento da unidade de carregamento?
7. Por que os sistemas automatizados de manuseio não conseguiam, até pouco tempo atrás, atingir o potencial que deles se esperava? O que mudou para encorajar a automatização nos anos 80?
8. Compare e aponte as diferenças entre a automatização de seleção de pedido e a de unidade de carregamento.
9. Qual é a lógica da "prateleira viva"?
10. Que tipos de produtos e aplicativos logísticos são mais adequados ao manuseio AS/RS?

Grupo de Problemas 2   Operações

1. O Sr. Stan Busfield, gerente do centro de distribuição da Hogan Kitchenwares, precisa determinar quando repor seu estoque de espátulas. O CD apresenta uma demanda diária de 400 espátulas. A duração média do ciclo de desempenho das espátulas é de 14 dias. O Sr. Busfield necessita que 500 espátulas sejam mantidas como estoque de segurança para poder administrar a incerteza da demanda.
   a. Utilize o ponto de reposição lógico simples para determinar a quantidade de espátulas por pedido.
   b. Baseado na sua resposta à questão (a), encontre o nível médio de inventário do Sr. Busfield.

2. O Sr. Busfield recentemente concluiu um curso de gestão logística e agora percebe que há custos significativos associados aos pedidos e à manutenção de inventário em seu centro de distribuição. Ele aprendeu que Lote econômico de compra é a lógica de reabastecimento que minimiza esses custos. Em um esforço para encontrar o LEC para copos de medida, o Sr. Busfield reuniu dados relevantes. Ele espera vender 44.000 copos de medida este ano. A Hogan adquire os copos de medida da Shatter Industries por 75 centavos de dólar cada um. A Shatter cobra $ 8 pelo processamento de cada pedido. Além disso, o Sr. Busfield estima que o custo de manutenção de inventário de sua empresa será de 12% anualmente.
   a. Encontre o LEC de Sr. Busfield para os copos de medida. Considere que o Sr. Busfield assume a propriedade de produtos a partir do recebimento em seu CD.
   b. Considere agora que Sr. Busfield precisa providenciar o transporte de recebimento dos copos de medida, uma vez que a Hogan assume a propriedade dos produtos a partir do ponto de embarque do fornecedor. Quantidades menores do que 4.000 copos de medida custam 5 centavos de dólar por unidade a ser transportada. Quantidades a partir de 4.000 custam 4 centavos de dólar por unidade a ser transportada. Determine a diferença nos custos totais associados ao LEC de 4.000 unidades e o nível de LEC encontrado na questão (a) quando os custos de transporte precisam ser considerados.
   c. A partir das informações ora fornecidas e da alternativa de baixo custo de LEC determinada na questão (b), utilize a lógica período-pedido-quantidade para determinar o número de pedidos de copos de medidas que a Hogan colocaria cada ano e o intervalo de tempo entre os pedidos.

3. O Sr. Dave Jones gerencia o armazém de inventário para a Athleticks, um distribuidor de relógios esportivos. A partir da sua experiência, ele sabe que o relógio para corrida PR-5 apresenta uma demanda diária de 100 unidades e o ciclo de desempenho de 8 dias. O Sr. Jones não necessita de estoque de segurança neste momento.
   a. Considere que o Sr. Jones revê regularmente os níveis de inventário. Encontre o ponto de reposição do relógio de corrida PR-5.
   b. Encontre o nível médio de inventário do relógio PR-5.
   c. Como poderia ser alterado o ponto de reposição, caso o Sr. Jones revisse o inventário uma vez por semana? Determine o ponto de reposição nessas condições.
   d. Encontre o nível médio de inventário para o relógio PR-5 nessa revisão periódica (semanal).

4. O Sr. John Estes supervisiona a distribuição dos produtos da Tastee Snacks a partir do armazém da fábrica para seus dois centros de distribuição nos Estados Unidos. O armazém da fábrica possui atualmente 42.000 unidades do produto mais popular da empresa, o Chocolate Chewies. O Sr. Estes retém 7.000 unidades do produto no armazém como estoque de segurança. O CD de Cincinnati possui um inventário de 12.500 unidades e apresenta necessidade diária de 2.500 unidades. O CD de Phoenix possui um inventário de 6.000 unidades e uma necessidade diária de 2.000 unidades.
   a. Determine os dias comuns de suprimento de Chocolate Chewies para cada CD.
   b. Dada essa informação e sua resposta para a questão (a), utilize a lógica de participação justa de alocação para determinar a quantidade de Chocolate Chewies a ser alocada para cada CD.

5. A Stay Safe International produz equipamentos de segurança industrial em sua fábrica em Evansville, Indiana. A empresa iniciou o DRP* para coordenar a distribuição de produtos acabados a partir da fábrica para os CDs em Dallas, no Texas, e em Lexington, na Virginia.
   a. A partir da informação a seguir sobre capacetes, complete a programação de DRP para o armazém da fábrica e para cada CD.
   b. Suponha que, sem aviso, não mais do que 500 unidades possam ser distribuídas a partir do armazém aos CDs em uma determinada semana, devido a uma quebra da produção. Os capacetes são vendidos a US$ 12 cada a partir do CD de Dallas e a US$ 14 cada a partir de Lexington. Argumente se o armazém deveria atrasar os embarques até que as necessidades de ambos os CDs sejam satisfeitas ou se deveria alocar embarques conforme a necessidade.

6. A Scorekeeper, Inc. produz placares esportivos para estádios. A Tabela 1 ilustra a demanda de painéis de resultados da Scorekeeper nos últimos 25 dias. A média diária de demanda é de 6 unidades.

---

* N. de T.: DRP significa *Distribution Requirements Planning*, traduzido como Planejamento das Necessidades de Distribuição.

Tabela 1

Dia	Demanda	Dia	Demanda
1	4	14	6
2	3	15	4
3	4	16	2
4	6	17	5
5	7	18	6
6	8	19	7
7	6	20	6
8	5	21	6
9	6	22	5
10	10	23	7
11	8	24	8
12	7	25	9
13	5		

a. A distribuição da demanda é normal? Como você sabe?

b. Calcule o desvio-padrão da demanda diária. Considere, nesse caso, que o ciclo de desempenho é constante.

A Tabela 2 resume os ciclos de desempenho da Scorekeeper nos últimos 40 reabastecimentos realizados. A duração esperada do ciclo é de 12 dias.

Tabela 2

Ciclo de Desempenho (em dias)	Freqüência (f)
10	4
11	8
12	16
13	8
14	4

c. O ciclo de desempenho da distribuição é normal? Como você sabe?

d. Calcule o desvio-padrão para o ciclo de desempenho.

e. A partir das suas respostas para as questões (b) e (d), encontre o estoque de segurança para o desvio-padrão combinado das incertezas da demanda e do ciclo de desempenho.

f. Se o pedido de quantidade típico é de 36 unidades, encontre o inventário médio em 3 desvios-padrão, tendo em vista a incerteza da demanda e do ciclo de desempenho.

g. A Scorekeeper está buscando um nível de 99% de disponibilidade de produto. A partir dessa informação e da sua resposta à questão (e), encontre o valor da função da curva de perda normal $f(k)$.

h. Use a Tabela 10-15 para encontrar o valor para k, a partir da sua resposta à questão (g), e calcule o estoque de segurança para o nível desejado de 99% de disponibilidade.

i. Qual seria o estoque de segurança necessário para uma disponibilidade de 99%, se o pedido de quantidade fosse alterado para 30 unidades?

7. A XYZ Chemical Company precisa embarcar 9.500 galões de pesticida a partir de sua fábrica em Cincinnati, Ohio, para um cliente em Columbia, Missouri. A XYZ possui contrato com a Henderson Bulk Trucking Company e também com a Central States Railroad. Ambas as transportadoras estão disponíveis para a movimentação. A Henderson cobra $ 600 por caminhão-tanque e a Central States cobra $ 1.000 por vagão-tanque. Os caminhões-tanque da Henderson podem transportar uma quantidade máxima de 7.000 galões. A XYZ possui uma frota de vagões-tanque de 23.500 galões disponível em Cincinnati.

  a. A partir dessas informações, avalie o custo de cada alternativa.

  b. Que outros fatores qualitativos deveriam ser considerados nessa decisão?

8. A Shatter Industries, Inc. fabrica produtos de vidro para uso doméstico e comercial que servem a uma variedade de funções.

  a. Consulte a *National Motor Freight Classification** 100-S (Tabela 12-1) para determinar as classificações de produtos LTL e o TL** para os seguintes itens da Shatter:

  i. Item 86960, vidro rajado, embalado.

  ii. Lâminas de vidro para microscópio.

  iii. Espelho de vidro dobrável, com dimensões 7 × 5 pés.

  b. A Shatter embarca muitos de seus produtos a partir de um armazém em Atlanta, Geórgia, para um centro de distribuição em Lansing, Michigan. Tomando como base as tarifas apresentadas na Tabela 12-2, determine cobranças aplicáveis para os seguintes embarques para rota:

  i. 5.200 libras de vidro espelhado de choque (Item 86900, Sub 1-classe 85).

  ii. 32.000 libras de produtos da classe 65.

  iii. 200 libras de produto da classe 60.

  iv. 19.000 libras de produtos da classe 150.

  v. 2.500 libras de produtos da classe 200 com uma sobretaxa temporária de combustível de 5% adicionada aos encargos referentes ao percurso principal.

9. A Gigoflop Electronics possui três embarques de produtos da classe 100 para serem transportados de Atlanta, Georgia, para Lansing, Michigan. Os embarques pesam 5.000 libras, 10.000 libras e 7.000 libras, respectivamente. A Gigoflop pode embarcar cada quantidade individualmente ou consolidá-las num

---

* N. de T.: Classificação nacional padrão de frete rodoviário.

** N. de T.: Para mais detalhes, consulte o Capítulo 11.

Centro de distribuição em Dallas
Saldo disponível: 220 *Ciclo de suprimento:* 1 semana
Estoque de segurança: 80 *Quantidade de pedidos:* 200

	Existentes	Semana					
		1	2	3	4	5	6
Necessidades brutas		60	70	80	85	90	80
Recebimentos programados							
Disponível projetado							
Pedidos planejados							

CD1 (Centro de distribuição 1)

Centro de distribuição em Lexington
Saldo disponível: 420 *Ciclo de suprimento:* 2 semanas
Estoque de segurança: 100 *Quantidade de pedidos:* 400

	Existentes	Semana					
		1	2	3	4	5	6
Necessidades brutas		100	115	120	125	140	125
Recebimentos programados							
Disponível projetado							
Pedidos planejados							

CD2 (Centro de distribuição 2)

Armazém em Evansville
Saldo disponível: 900 *Lead time:* 2 semanas
Estoque de segurança: 250 *Quantidade de pedidos:* 650

	Existentes	Semana					
		1	2	3	4	5	6
Necessidades brutas	0						
Recebimentos programados							
Disponível projetado							
Pedidos planejados							
Relatório mestre de programação							
Programação mestre de início							

transporte com paradas múltiplas. Cada embarque deve ser entregue em um local diferente em Lansing. A transportadora, Eckgold Trucking, cobra $ 50 por parada (não incluindo o destino final). Com base na Tabela 12-2, avalie os custos dos embarques individuais comparativamente ao consolidado. Qual opção deveria ser usada pela Gigoflop?

10. Stanley Harris, gerente de tráfego da This n' That Manufacturers, está considerando a negociação de uma taxa FAK (*freight-all-kinds*)* para embarques entre Atlanta e Lansing. A empresa realiza 200 embarques (de classe 200) de 5.000 libras, 40 (de classe 400) de 1.200 libras, 30 (de classe 100) de 10.000 libras e recebe um desconto de 45% sobre as tarifas publicadas.

   a. Com base na Tabela 12-2, determine a fatura atual de frete para esses embarques. *Nota:* considere o desconto sobre a tarifa publicada e arredonde a taxa aplicável a 100 libras-peso (*hundredweight*).

   b. O Sr. Harris deveria aceitar a taxa FAK de $ 10 por *hundredweight*?

   c. Que outros fatores, além do preço, o Sr. Harris deveria considerar na taxa FAK?

11. Carole Wilson, gerente de transportes da Applied Technologies, possui um carregamento de 150 monitores de computador originado na fábrica da empresa, em Santa Fé Springs, na Califórnia. O embarque, avaliado em $ 29.250, está destinado ao CD em St. Louis, Missouri. John Miller, gerente de recebimento do CD de St. Louis, estabeleceu um tempo-padrão de trânsito de 2,5 dias. O Sr. Miller avalia um custo de oportunidade de $ 6 por monitor para cada dia além desse padrão. A Sra. Carole Wilson tem três opções de transporte disponíveis.

   a. A Cross Country Haulers, uma empresa de transporte rodoviário de longos percursos, pode embarcar os monitores a uma taxa contratada de $ 1,65/milha. A distância entre Santa Fé Springs e St. Louis é de 1.940 milhas. A Cross Country estima que pode entregar o embarque em 3 dias. Um caminhão pode carregar 192 monitores.

---
* N. de T.: Taxa-padrão para qualquer tipo de frete.

b. A Ferrovia Sea-to-Shining Sea (STSS) pode retirar o carregamento na doca da fábrica e entregar os monitores diretamente ao CD de St. Louis. A STSS pode transportar monitores por trem a um custo fixo de $ 1.500. A Sra. Carole Wilson recentemente experimentou atrasos na manobra de seus vagões e acredita que a entrega levará 5 dias.

c. A gerente também negociou um acordo com a Lightning Quick Intermodal, Inc. (LQI), uma transportadora terceirizada que utiliza o transporte rodoferroviário. A LQI pode coletar o embarque por caminhão na fábrica e entregá-lo num pátio ferroviário intermodal em Bakersfield, na Califórnia, onde a carreta é colocada num vagão-plataforma. A ferrovia, a Rocky Mountain (RMR), entrega então a carreta em outro pátio intermodal próximo a St. Louis, onde ela é descarregada e transportada por cavalo mecânico ao CD. A Lightning Quick oferece o transporte da origem ao destino por $ 2.500. O tempo de trânsito previsto é 2,5 dias. A partir de experiências passadas, o Sr. Miller descobriu que o manuseio adicional inerente ao serviço da Lightning Quick resulta em 3% de perdas e danos em produtos. A recuperação dessas perdas é difícil e normalmente resulta em apenas 33,3% de indenização imediata.

Estime o custo de cada alternativa de transporte.

12. A Moving Hands, Inc. embarca relógios despertadores de Atlanta para Lansing. A empresa começou a embalar os relógios em caixas mais fortes, de papelão ondulado, para reduzir a possibilidade de danos na estocagem e em trânsito. Como resultado da melhoria na embalagem, a classificação de produto dos relógios caiu de 100 para 85, sem que houvesse adição de peso à embalagem.

    a. Que efeito possui a nova embalagem no custo do transporte de um único embarque de 1.000 libras? Consulte a Tabela 12-2.

    b. Suponha que a Moving Hands embarca 300 carregamentos de 1.000 libras cada ano e que o custo da nova embalagem é de $ 10.000 para ser desenvolvida e produzida. A Moving Hands obterá no primeiro ano o retorno completo do investimento em embalagem?

13. a. Bill Berry, gerente de vendas de transportes da Speedy Trucking Company, considerou a possibilidade de prestar serviço a um novo cliente, a El Conquistador, Inc., uma importadora venezuelana de mercadorias que movimenta 12 caminhões carregados de produtos a cada mês a partir do porto de recebimento em Bayonne, Nova Jersey, para uma distribuidora em Pittsburg, Pensilvânia, por $ 850 por carregamento. Cada caminhão em serviço precisa sair do terminal da Speedy em Seacaucus, Nova Jersey, distante 12 milhas do porto marítimo. A distância entre Beyonne e Pittsburg é de 376 milhas. A partir do descarregamento em Pittsburg, os caminhões retornam vazios para o terminal Seacaucus, distante 380 milhas do distribuidor. Se custasse à Speedy uma média de $ 1,20 por milha para operar um caminhão, o Sr. Berry deveria aceitar o negócio na tarifa negociada? Sim ou não, explique por quê.

    b. O Sr. Berry coordenou movimentos de cargas de retorno para os embarques da Conquistador com um novo cliente em Youngstown, Ohio. O novo cliente, Super Tread, Inc., embarca pneus a partir de sua fábrica em Youngstown até o porto de Bayonne, para exportação. Cada embarque da Conquistador será acompanhado por carga de retorno da Super Tread (12 carregamentos/mês). A Speedy cobrará da Super Tread $ 1,30 por milha. Bayonne está a 430 milhas de Youngstown. A distância de Pittsburg para Youngstown é de 65 milhas. Os caminhões precisam retornar ao terminal em Seacaucus após a entrega dos produtos relativos aos carregamentos de retorno (antes da retirada, novamente, em Bayonne). Os termos do acordo da Conquistador estipulados na questão (a) mantêm-se intactos. Quanto o Sr. Berry pode esperar que a Speedy lucre (ou perca) por viagem, a partir do novo arranjo?

    c. Quanto o Sr. Berry pode esperar que a Speedy lucre (ou perca) a cada mês, a partir do novo arranjo, caso a empresa aceite o negócio?

    d. Valeria a pena para o Sr. Berry fazer um arranjo para a carga de retorno? Sim ou não, explique por quê.

14. A Super Performance Parts (SPP) produz aparelhos de freio exclusivamente para a Ace Motor Company, um fabricante automotivo. A SPP tem alugado espaço para armazenagem em uma instalação pública a 20 milhas da fábrica da empresa. A SPP foi procurada por um grupo de 4 outros fornecedores para a Ace com a idéia de construir um armazém consolidado, para economizar em transporte e manuseio de materiais. Seria necessário um investimento de $ 200.000 de cada uma das cinco empresas para a aquisição do armazém. O investimento inicial assegura 10 anos de participação no acordo. As despesas operacionais anuais previstas são de $ 48.000 para cada um dos envolvidos. A SPP paga atualmente $ 6.000 por mês pelo uso de instalações públicas de armazenagem.

O transporte de distribuição da SPP, a partir do armazém público, consiste geralmente em quantidades LTL. O pagamento anual de transportes de distribuição é, atualmente, de $ 300.000. A SPP espera que com o armazém consolidado, possa utilizar mais carregamentos completos, sendo as despesas de transporte compartilhadas entre os fornecedores. Os pagamentos da SPP referentes à distribuição seriam reduzidos em 25% com o plano de consolidação. As diferenças de custo no transporte de recebimentos são consideradas insignificantes, nesse caso.

a. Compare os custos de armazenamento e de embarques associados aos custos do armazenamento consolidado com os custos atuais direcionados pelo plano de embarques da SPP. Existem vantagens aparentes na consolidação?

b. Além da redução potencial de custos, de que outra forma a SPP pode se beneficiar ao participar do armazém consolidado?

c. Que desvantagens poderiam existir em um armazém consolidado em comparação com uma situação de embarques diretos?

15. A Essen Beer Company possui uma cervejaria na península superior de Michigan e está instalando um centro de distribuição em Jackson, Michigan, na península inferior do Estado. A empresa embala suas bebidas em barris e em caixas de 24 latas. Os barris devem ser mantidos a temperaturas abaixo de 15 graus centígrados até a entrega ao varejista. O departamento de logística da empresa precisa determinar se irá operar com armazéns privados individuais para os barris e caixas ou se irá utilizar um só armazém, com os barris depositados em um ambiente cuidadosamente controlado, separados das caixas. Considere que as caixas não precisam ser armazenadas ou transportadas em ambientes refrigerados.

A Essen apresenta uma demanda semanal de 300 barris e de 5.000 caixas. A empresa negociou um transporte de caminhão completo com a Stipe Trucking Service. A Stipe opera carretas dotadas de refrigeração e sem refrigeração, bem como carretas multicompartimentadas, onde metade do espaço é refrigerada e a outra metade não. Um caminhão refrigerado pode carregar 72 barris, enquanto que um não-refrigerado pode levar 400 caixas. A carreta multicompartimentada pode levar 36 barris e 200 caixas. Os custos para esses serviços e outras despesas relacionadas são detalhados a seguir:

a. Considerando a demanda e todos os custos detalhados, qual armazém apresenta a alternativa de menor custo total, o armazém único, o consolidado ou os dois armazéns individuais?

b. Agora, suponha que a Stipe Trucking Service irá oferecer *apenas* as carretas multicompartimentadas para atender ao armazém consolidado proposto. Qual plano apresenta o menor custo total nesse cenário?

Custos por carregamento de caminhão completo

Refrigerado	$ 550
Não-refrigerado	$ 400
Multicompartimentado	$ 500

Despesas de armazém

Armazéns individuais
Para estocagem apenas de caixas:
Capital	$ 1.250/semana
Mão-de-obra	$ 2.500/semana

Para estocagem apenas de barris:
Capital	$ 2.500/semana
Mão-de-obra	$ 1.600/semana

Armazém único, consolidado
Capital	$ 3.500/semana
Mão-de-obra	$ 3.200/semana

16. A Comfy Mattresses, Inc. está abrindo uma nova fábrica em Orlando, na Flórida. Foi solicitado a Ron Lane, gerente de distribuição, um sistema logístico com o menor custo de distribuição. Em face do volume anual de vendas de 24.000 colchões, determine os custos associados a cada uma das opções a seguir.

a. Construir um armazém privado próximo à fábrica por $ 300.000. O custo variável, incluindo a manutenção do armazém e a mão-de-obra, foi estimado em $ 5 por unidade. A contratação de uma transportadora custa em média $ 12,50 por unidade. Não há, nesse cenário, necessidade de serviços externos de transporte para o embarque de colchões da fábrica ao armazém. O investimento fixo no armazém pode ser depreciado em 10 anos.

b. Alugar um espaço em um armazém público a 10 milhas da fábrica. O armazém público não exige investimento fixo, mas possui custos variáveis de $ 8 por unidade. O contrato de uma transportadora para distribuição custaria $ 12,50 por unidade em média. A transportadora também cobra $ 5 por unidade para entregar os colchões ao armazém a partir da fábrica.

c. Contratar os serviços de armazenamento e de transporte da Freeflow Logistics Company, uma empresa de logística integrada com um armazém localizado a 25 milhas da fábrica. A Freeflow exige o investimento fixo de $ 150.000 e cobra $ 20 por unidade para todos os serviços originados na fábrica. O investimento fixo cobre um contrato de 10 anos com a Freeflow.

d. Cite algumas vantagens, além do custo, que a alternativa mais barata pode oferecer em relação às demais alternativas.

17. A Sra. Sara Ritter é gerente de distribuição da Fiesta Soft Drink Company. Ela está considerando a possibilidade de promover uma automatização completa do armazém da fábrica. Até o momento, o armazém utiliza um sistema mecanizado de manuseio de materiais. O sistema atual emprega 20 trabalhadores a um salário médio de $ 13/hora. Os trabalhadores trabalham em média 2.000 horas por ano. A mecanização custa $ 18.000 por ano para ser mantida. O equipamento foi comprado há dois anos com pagamentos anuais uniformes de $ 25.000. No nono ano o equipamento mecânico será substituído por um novo, com um custo anual fixo de $ 35.000. Além disso, irá custar à Fiesta $ 12.000 por ano para manter o novo equipamento com os mesmos 20 trabalhadores.

O equipamento automatizado custará $ 1,2 milhão antecipados para sua implementação. Apenas 8 trabalhadores e um especialista em automação seriam necessários para manter as operações do novo sistema. Os trabalhadores receberiam $ 16/hora sobre 2.000 horas por ano. O especialista receberia um salário de $ 56.000 por ano, aumentando 2% ao ano após o 1º ano. Grande parte do antigo equipamento mecanizado poderia ser vendido imediatamente por um total de $ 125.000. A manutenção do sistema automatizado está estimada em $ 60.000 anuais, sendo que esse custo aumentaria 3% anualmente após o primeiro ano. A expectativa é de que o sistema automatizado preste serviços à Fiesta por 15 anos.

- **a.** Examine o fluxo de caixa de cada sistema. Qual é o período de retorno (*payback*) financeiro da automação?
- **b.** Que outras vantagens, além da economia de custos a longo prazo, um armazém automatizado pode ter sobre sistemas mais dependentes de mão-de-obra?

18. A Dandy Collectibles está abrindo um novo armazém. Bob Lee, o gerente do armazém, está tentando determinar um pacote de pagamentos de compensação da mão-de-obra que utilize, mais produtivamente, os recursos. Um plano de compensação mais comum oferece um salário-base no valor de $ 13 por hora. O Sr. Lee está considerando também um plano de incentivo. O plano de incentivo recompensa apenas o desempenho de coletores de pedidos que recebem $ 0,40/unidade preparada para embarque. Uma semana típica mostra o número de unidades pedidas que precisam ser preparadas para embarque.

    Algumas vezes ocorreram erros na coleta dos pedidos da Dandy. O erro no manuseio de produtos ocorre em 1% dos pedidos sob o plano de incentivo e em 0,5% dos pedidos sob o plano de salário por hora. Os pedidos errados são descartados e resultam numa perda de receitas de $ 500 por ocorrência. Trabalhadores horistas coletam 28 unidades por hora. Independentemente da sua designação por plano, os funcionários trabalham 40 horas por semana. Restrições sindicais impedem que a Dandy opere aos sábados e domingos. O sindicato dos trabalhadores também impede a Dandy de contratar trabalhadores em período parcial. Os pedidos não precisam ser atendidos diariamente, mas todos os pedidos precisam ser embarcados até o final da semana (sexta-feira). Considere que os custos de contratação e de treinamento são insignificantes.

    - **a.** Quantos trabalhadores são necessários em cada plano para a demanda semanal comum?
    - **b.** Qual plano atende à demanda semanal comum ao menor custo, incluindo vendas perdidas, resultantes de erros?

19. A Mitchell Beverage Company produz Cactus Juice, uma bebida alcoólica bastante popular. Recentemente, a empresa passou por problemas de roubo de produto no armazém. Em um mês, 3.200 garrafas de Cactus Juice, representando 0,4% do volume do mês, não pôde ser encontrada para embarque. Se o problema continuasse sem solução, previu-se que isso continuaria a essa taxa. O volume anual de vendas previsto para o Cactus Juice é de 9,6 milhões de garrafas. Cada garrafa é vendida a $ 4,50.

    Steve Davis, vice-presidente de distribuição, solicitou que você examinasse as seguintes opções de segurança a fim de reduzir o problema de furto.

    - **a.** Contratar quatro seguranças para patrulharem o piso do armazém o dia inteiro, 7 dias por semana. A empresa ofereceria um salário de $ 14,50/hora aos guardas, bem como pacotes de benefícios, os quais deverão representar $ 2.000 por funcionário por ano. A presença de seguranças deveria reduzir o roubo em 0,2% do volume. Apenas um guarda estaria em vigília permanente.
    - **b.** Implementar um sistema eletrônico de detecção baseado na tecnologia de código de barras. Isso exigiria a compra de equipamento de código de barras para as instalações de embalagem e para o armazém. Os equipamentos eletrônicos de leitura ótica também precisam ser comprados e posicionados nas entradas do armazém. O alarme dispara sempre que um item com código de barras passa por uma das entradas do armazém sem ter sido autorizado. O pacote de detector eletrônico, incluindo as impressoras e leitores de código de barras, custará $ 120.000. Além disso, os funcionários na fábrica e no armazém precisarão ser treinados para utilizar o novo equipamento, com um custo de $ 8.000. A manutenção mensal do sistema deve custar $ 8.000.

      Além disso, precisará ser contratado um especialista em código de barras. O especialista receberia um salário de $ 49.000 por ano. A expectativa é de que o roubo de produtos seja reduzido a 0,1% do volume com o sistema eletrônico de segurança. O sistema possui uma vida útil estimada em 8 anos. Calcule todos os custos para a vida útil total do equipamento.
    - **c.** Instalar câmaras de segurança em locais-chave por todo o armazém. Foi decidido que seis câmaras poderiam gravar de forma adequada as operações no armazém. Cada câmara custa $ 1.200. Os instrumentos de apoio e de instalação custarão $ 36.000. Quatro seguranças seriam contratados para visualizar eventuais atividades suspeitas nos monitores de segurança,. Um segurança permaneceria o tempo todo a postos. Cada segurança recebe $ 12/hora, em uma semana de 42 horas de trabalho, e recebe um pacote de benefícios no valor de $ 1.000 por ano. O furto nessas condições seria em torno de 0,05% do volume. O equipamento de monitoramento tem um ciclo de vida de 12 anos. Calcule os custos fixos durante toda a vida útil do equipamento.

    A empresa deveria implementar qualquer uma das opções acima, ou não deveria investir e permitir que o desaparecimento de produtos continue à taxa de 0,4% do volume? Compare os custos e benefícios anuais de cada opção.

20. A Chronotronics produz dois modelos de rádio-relógio, o X-100 e o X-250 deluxe. Ambos os produtos

são atualmente embalados em papelão ondulado de uma só face. A partir de uma observação minuciosa, a empresa descobriu que 0,5% desses produtos são danificados entre a embalagem e a entrega aos clientes. A Chronotronics pode embalar qualquer um dos modelos, ou ambos, em caixas de papelão de dupla face, o que reduziria pela metade os danos aos produtos. A embalagem atual de uma só face custa $ 0,80 por unidade. A embalagem de dupla face custa 20% a mais. O X-100 e o X-250 possuem valores de mercado de $ 40 e $ 70, respectivamente. As unidades danificadas representam perda total. A Chronotronics vendeu 12.000 X-100s e 7.000 X-250s no ano passado. As previsões indicam vendas consistentes do X-100 e um aumento de 5% nas vendas do X-250 para o próximo ano. *Nota:* Coleta de todas as unidades perdidas.

   a. A partir de uma perspectiva de custo mínimo, a Chronotronics deveria utilizar as caixas de papelão de dupla face para o X-100 no próximo ano?

   b. A partir de uma perspectiva de custo mínimo, a Chronotronics deveria utilizar as caixas de papelão de dupla face para o X-250 no próximo ano?

   c. A partir da discussão anterior, como as melhorias nas embalagens afetam os custos de transporte?

21. Sua empresa está planejando introduzir uma nova linha de produtos. Sua tarefa é determinar as conseqüências no inventário do novo produto. O produto comum será embarcado numa média de 20 unidades por dia do CD central da empresa. Os padrões históricos de vendas indicam que o desvio-padrão das vendas diárias seria de aproximadamente 3. O ciclo de desempenho comum tem tido uma média de 7 dias e um desvio-padrão de 2.

   a. Considerando uma reposição, a partir da fábrica, de 200 unidades, qual será o estoque de segurança e o estoque médio resultante para uma taxa de atendimento de 95%?

   b. Quais serão as conseqüências no inventário (estoque de segurança e inventário médio) ao se aumentar a taxa de atendimento para 99%?

   c. Quais seriam as conseqüências no inventário para um atendimento diário a uma taxa de atendimento de 99%, considerando-se o mesmo nível de demanda e a mesma incerteza no ciclo de desempenho?

22. Como representante da logística na equipe gerencial de vendas, foi solicitado a você que quantificasse os benefícios que poderiam ser oferecidos a um cliente por meio de transporte e serviços consistentes. O cliente deseja uma disponibilidade de caixas de 99% nos seus Centros de Distribuição a serem repostos pelo fabricante. A demanda média diária em caixas no CD do cliente é de 1.000 unidades, com um desvio-padrão de 4 dias. O cliente usa de forma tradicional um custo de carregamento de inventário de 20% e um valor médio por caixa de $ 25. O cliente pede semanalmente 7.000 unidades.

   a. Quais são o inventário médio e o custo de carregamento do inventário na situação atual?

   b. Qual será o impacto no inventário médio e no custo de carregamento do inventário ao reduzir-se a variação no ciclo de desempenho do fabricante em 2 dias?

   c. Como se pode comparar uma variação de 2 dias no ciclo de desempenho com a redução da extensão do ciclo médio de desempenho em 2 dias, levando-se em conta o inventário médio e o custo de carregamento do inventário?

23. A Spartan Plastics fornece componentes para as plantas de montagem do setor automotivo. Atualmente, ela embarca diretamente de sua fábrica em St. Louis para fábricas em Lansing, Michigan; Toledo, Ohio; e mais oito montadoras nas cercanias de Detroit, Michigan. No total, são 10 plantas de montagem, cada uma recebendo embarques de cerca de 3.000 libras por dia. Atualmente, a empresa embarca LTL de sua fábrica para cada montadora a um custo de $ 0,0013 por libra por milha. A empresa está examinando duas alternativas de transporte para reduzir custos. A primeira alternativa é usar o sistema *milk-run**, no qual um caminhão completo sai de St. Louis, pára em Lansing, e então se dirige às fábricas de Detroit e finalmente à fábrica de Toledo. O custo de transporte do sistema *milk-run* seria de $ 1,30 por caminhão por milha, mais $ 100 por parada, sem incluir a parada final em Toledo. A segunda alternativa seria consolidar o transporte em caminhão completo para Ypsilanti, Michigan, e então realizar uma operação de *cross-dock* para entrega dos componentes às montadoras por meio de um operador logístico. O custo do caminhão de carga completa será ainda de $ 1,30 por milha, e o custo da entrega para cada montadora a partir de Ypsilanti será de $ 200.

   a. Quais são as características dos custos de cada alternativa de entrega?

   b. Quais são as características relativas à qualidade e ao serviço de cada alternativa de entrega?

24. A Presswick Industries fornece produtos de plástico para aplicações médicas, tais como seringas e material para coleta de amostras laboratoriais. A Presswick fabrica os contêineres e tubos e então os envia aos clientes que incorporam esses produtos plásticos a *kits* que serão usados em hospitais e laboratórios. Atualmente, a Presswick simplesmente carrega os contêineres e tubos em caixas de papelão e despacha essas caixas para os clientes que, então, ficam responsáveis pela disposição final das embalagens. A Presswick está considerando a possibilidade de usar embalagens retornáveis para alguns clientes-chave, com o propósito de ser ambientalmente mais responsável e talvez conseguir reduzir custos. O custo atual unitário da embalagem (contêineres ou tubos)

---

* N. de T.: Para mais detalhes, consulte o Capítulo 12.

de papelão é de $ 0,05 com um adicional de $ 0,02 por unidade para seu descarte. O custo unitário do contêiner reciclável é de $ 0,25. O contêiner reciclável não precisa ser descartado, mas deve ser transportado de volta para a Presswick a um custo unitário de $0,02. Considere que os contêineres recicláveis somente podem ser usados durante um ano, pois a partir daí os produtos plásticos no contêiner começam a partir-se.

   a. Para qual volume anual faria sentido usar os contêineres recicláveis em vez das caixas de papelão?

   b. Que outros fatores qualitativos deveriam ser considerados para a tomada de decisão?

25. A Forest Green Products fornece produtos vegetais com sua marca para cadeias de mercearias do Meio-Oeste norte-americano. Atualmente, possui Centros de Distribuição em Columbus, Ohio; St. Louis, Missouri; e Minneapolis, Minnesota. A necessidade típica de capacidade por ano da Forest Green é de 5 milhões de caixas, repartidas em 35%, 40% e 25% respectivamente para Columbus, St. Louis e Minneapolis. A empresa está reformulando sua capacidade de manuseio de materiais e de estocagem para cada instalação. As alternativas tecnológicas consideradas referem-se a sistemas mecanizados, semi-automatizados e direcionados pela informação. A Tabela 3 resume os custos de aquisição, os custos fixos anuais, o custo variável por caixa e a vida útil de cada sistema alternativo. Os custos de aquisição e os fixos são avaliados em termos de dólares por milhão de unidades de capacidade. Em outras palavras, um CD com uma necessidade de dois milhões de unidades de capacidade custaria o dobro do custo especificado. O custo fixo anual não inclui a depreciação do custo de aquisição. Considere que a área em metros quadrados dos CDs é a mesma.

   a. Qual alternativa de sistema seria usada pelos CDs tendo como base o custo anual? Como essa decisão se alteraria se o Valor Presente Líquido (VPL) fosse considerado para toda a vida útil de cada um dos sistemas?

   b. Considere, para simplificar, que a Fores Green queira usar somente um único sistema para os três CDs. Qual sistema apresentaria o menor VPL para sua vida útil na combinação dos três CDs?

   c. Que fatores qualitativos deveriam ser considerados?

Tabela 3

Alternativa de manuseio de materiais	Custos de aquisição de embalagens sem retorno	Custos fixos anuais	Custo variável por caixa	Tempo de vida para o uso de embalagens (em anos)
Mecanizado	$1.000.000	$50.000	$0,30	10
Semi-automatizado	$3.000.000	$200.000	$0,08	5
Direcionado por informações	$1.500.000	$150.000	$0,15	7

Parte IV

Projeto da Rede Estrutural

Uma das duas principais responsabilidades dos gestores da logística de uma empresa, como mencionado nos Capítulos 1 e 2, é participar no projeto da cadeia de suprimentos. A Parte IV traz dois capítulos dedicados à responsabilidade por projeto. O foco do Capítulo 15 é a teoria de redes integradas. Um modelo integrado é desenvolvido e ilustrado relacionando-se as dimensões temporais e espaciais da logística a uma única estrutura teórica. A estrutura de integração fornece as bases para o processo de desenvolvimento, quantificação das trocas compensatórias (*trade-offs*) e uma mensuração holística. No Capítulo 16, a estrutura teórica é operacionalizada em escolhas estratégicas para apoiar iniciativas específicas de *marketing* e produção. Esse capítulo também desenvolve a metodologia e a técnica para orientar um projeto de sistema logístico. O processo de projeto passo a passo fornece um guia para lidar com estruturas de canais complexas e com o projeto e implementação de estratégias. A Parte IV é apoiada em cinco casos que ilustram as várias facetas do projeto de rede estrutural.

15

Integração de Rede Estrutural

Estrutura das Instalações da Empresa
    Espectro das Decisões de Localização
    Presença Local: Um Paradigma Obsoleto
Necessidades de Armazenagem
    Direcionadores de Compras
    Direcionadores da Produção
    Direcionadores de Distribuição no Mercado
    Justificativa para o Armazenamento
Integração do Custo Total
    Economia de Transporte
    Economia de Inventário
    Custo Total da Rede Estrutural
Formulando a Estratégia Logística
    Minimização de Custos
    Serviço Limiar
    Análise de Sensibilidade dos Serviços
    Estratégia de Finalização
Resumo

Na maior parte dos casos, os administradores confrontam-se com uma missão nova e desafiadora quando são chamados a participar da reengenharia de um sistema logístico. Por conta do ritmo acelerado das mudanças em quase todas as facetas das operações logísticas, os administradores podem esperar uma descontinuidade considerável ao tentar usar suas experiências prévias para orientar a criação e a integração de novas competências na área da logística. Portanto, sucesso ou fracasso podem depender de quão bem a equipe de planejamento é capaz de quantificar as forças existentes e racionalizá-las num plano de ação lógico e exeqüível. Um entendimento abrangente dos constructos teóricos que atuam como fundamentos da integração logística possibilita um importante passo para a conceituação de uma estratégia integrada.

Nos capítulos anteriores, a essência da estratégia logística foi identificada como "alcançar o menor custo total operacional e, simultaneamente, manter a flexibilidade". Flexibilidade é a chave para prover serviços de alto nível aos clientes e ao mesmo tempo manter capacidade de operação suficiente para ir ao encontro ou superar as expectativas dos clientes-chave. Para explorar a flexibilidade, uma empresa precisa alcançar um alto nível de integração de processos logísticos. A integração é necessária em dois níveis operacionais. Primeiro, as áreas de operação da logística devem ser integradas ao longo de uma rede de instalações que dá suporte à distribuição, ao mercado, à produção e às exigências de compras. Esse tipo de integração é essencial se a empresa está usando competência logística para aumentar sua vantagem sobre a concorrência. Segundo, a integração deve se estender além de uma única empresa ao apoiar as relações em toda a cadeia de suprimentos. Este capítulo apresenta uma estrutura para auxiliar os administradores a obter essa integração.[1]

---

[1] O leitor deve atentar para o fato de que este capítulo enfatiza os constructos teóricos que determinam o projeto do sistema logístico. O texto oferece uma estrutura para guiar análises de trocas compensatórias. Enquanto discussões teóricas tendem a ser abstratas, os princípios apresentados são logicamente consistentes, independentemente do ambiente competitivo ou cultural dentro do qual a reengenharia logística é efetuada.

Estrutura das Instalações da Empresa

Antes da disponibilidade de transporte terrestre confiável e de baixo custo, predominavam no comércio mundial as movimentações por via marítima e fluvial. Durante esse período, a atividade comercial concentrava-se ao redor das cidades portuárias. O transporte terrestre de produtos era caro e lento. Por exemplo, o *lead time* de um pedido de roupas de uma costa a outra dos Estados Unidos poderia exceder a 9 meses. Apesar da necessidade de um transporte rápido e eficiente existir, somente após a invenção da locomotiva a vapor, em 1829, é que a revolução da tecnologia de transporte começou nos Estados Unidos. Hoje, o sistema de transportes americano é uma rede de serviços altamente desenvolvida sobre trilhos, por água, por ar, pelas estradas e pelos dutos. Cada alternativa de transporte oferece um tipo diferente de serviço para ser usado em um sistema logístico. Essa disponibilidade de transporte econômico cria a oportunidade para estabelecer-se uma rede de instalações competitivamente superior para prestar serviços aos clientes.

A importância da análise da localização da rede estrutural foi reconhecida desde meados do século XIX, quando o economista alemão Joachim von Thünen escreveu *The Isolated State*.[2] Para von Thünen, o determinante primário de desenvolvimento econômico era o preço da terra e o custo de transporte de produtos da propriedade rural até o mercado. Considerava-se valor da terra diretamente ligado ao custo do transporte e à habilidade do produto em obter um preço adequado para cobrir todos os custos e resultar numa operação rentável. O princípio básico de von Thünen é que o valor de uma determinada hortaliça, no local onde ela é colhida, perde-se com a distância até o mercado de venda primário.

Depois de von Thünen, Alfred Weber generalizou essa teoria da localização a partir de um sistema agrário para a sociedade industrial.[3] O sistema teórico de Weber consistia em vários locais de consumo distribuídos em uma área geográfica e ligados por custos de transporte lineares por peso-distância. Weber desenvolveu um esquema para classificar os materiais principais como *ubíquos* ou *localizados*. Materiais ubíquos eram aqueles disponíveis em todos os locais. As matérias-primas localizadas eram as jazidas minerais encontradas apenas em áreas selecionadas. Na base de sua análise, Weber desenvolveu um **índice de materiais**. Correspondia à relação de matérias-primas localizadas no peso total do produto final. Vários tipos de indústrias tiveram uma **ponderação de localização** baseada no índice de materiais. Utilizando essas duas medidas, Weber concluiu que as indústrias localizariam suas instalações junto aos pontos de consumo quando o processo de produção aumentasse o peso do produto ou nos pontos onde havia disponibilidade de matérias-primas quando o processo de produção diminuísse o peso do produto. Por fim, se o peso não aumentasse nem diminuísse, a empresa selecionaria uma fábrica num ponto intermediário de conveniência.

Vários teóricos da localização seguiram von Thünen e Weber. As contribuições mais notáveis para a teoria geral da localização foram desenvolvidas por August Lösch, Edgar Hoover, Melvin Greenhut, Walter Island e Michael Webber.[4] Nos seus escritos, esses cinco autores destacaram a importância da especialização geográfica na localização da indústria, incluindo a quantificação da importância do transporte.

Espectro das Decisões de Localização

Em termos de planejamento logístico, o transporte oferece o potencial de ligar produção, armazenamento e locais de mercado geograficamente dispersos em um sistema integrado. O sistema de instalações logísticas inclui todas as instalações em que matérias-primas, trabalhos em processo e o inventário de produtos acabados são manuseados ou estocados. Portanto, todos os pontos de varejo, armazéns de produtos acabados, fábricas e armazéns de matérias-primas são locais da rede logística. Segue então que a seleção de localizações individuais, tanto quanto a localização geral da rede estrutural, representam decisões logísticas ligadas diretamente ao seu custo, constituindo-se em fatores importantes na competitividade.

A localização de uma fábrica muitas vezes necessita de vários anos até a sua total implementação. Por exemplo, a decisão da General Motors de construir uma nova fábrica da Cadillac em Lansing, Michigan, levou 5 anos desde a idéia até a realidade. Em contraste, alguns sistemas de armazéns são flexíveis o suficiente para serem usados somente em momentos específicos durante o ano. A seleção de ponto de vendas a varejo é uma decisão especializada que é influenciada pelas condições de *marketing* e pela concorrência. A discussão a seguir concentra-se na localização dos armazéns. De todas as decisões de localização em que se envolvem os administradores de logística, aquelas que tratam sobre armazéns são as mais freqüentes.

---

[2] Joachim von Thünen, *The Isolated State*, Beziehung auf Landwirtschaft und Nationalökonomie. Hamburg, 1862.

[3] Alfred Weber, *Theory of Location of Industries*, traduzido por Carl J. Friedrich (Chicago, IL: University of Chicago Press, 1928).

[4] August Lösch, *Die Räumliche Ordnung der Wirtschaft* (Jena: Gustav Fischer Verlag, 1940).; Edgar M. Hoover, *The location of Economic Activity* (Nova York: Mc-Graw Hill Book Company, 1938); Melvin L. Greenhut, *Plant Location in Theory and Practice* (Chapel Hill, NC: University of North Carolina Press, 1956); Walter Isard et al., *Methods of Regional Analysis: An Introduction to Regional Science* (New York: John Wiley and Sons, Inc. 1960); Walter Isard, *Location and Space Economy* (Cambridge, MA: The MIT Press, 1968); and Michael J. Webber, *Impact of Uncertainty on Location* (Cambridge, MA: The MIT Press, 1972).

Presença Local: Um Paradigma Obsoleto

Uma crença que predominou por longo tempo era a de que uma empresa deveria ter instalações em mercados locais para conduzir os negócios com sucesso. Durante o desenvolvimento econômico da América do Norte, serviços de transporte desordenados criaram sérias dúvidas sobre a possibilidade de uma empresa garantir entregas pontuais e consistentes. Em resumo, os clientes sentiam que a não ser que a empresa mantivesse inventário na área do mercado local, seria difícil – senão impossível – oferecer entregas consistentes. Essa percepção, conhecida como **paradigma da presença local**, resultou em estratégias logísticas comprometidas com a distribuição antecipada de inventário. Ainda na década de 60 não era incomum para os fabricantes manter em operação 20 ou mais armazéns de distribuição para atender os Estados Unidos. Algumas empresas foram tão longe que mantinham inventários completos em armazéns próximos aos seus principais escritórios de vendas.

Quando uma estratégia de sucesso torna-se parte de uma tradição, é difícil mudar. No entanto, nas últimas décadas o custo de inventários e o risco associado à presença local têm levado a uma reavaliação. Os serviços de transporte têm alcançado enorme expansão, e a sua confiabilidade tem aumentado a ponto de os horários de chegada serem conhecidos e previsíveis. Os avanços rápidos da tecnologia da informação têm diminuído o tempo para identificar e comunicar as exigências do cliente. Há tecnologia disponível para acompanhar os veículos de transporte, viabilizando informações precisas sobre a entrega.[5] Uma entrega para o dia seguinte, a partir de um armazém localizado de 1.300 a 1.600 quilômetros já é comum.

Transporte, tecnologia da informação e economia do inventário são aspectos que favorecem o uso de poucos armazéns de distribuição, ao invés de muitos, para servir clientes dentro de uma área geográfica. Em várias situações, a percepção dos clientes relativa à presença local ainda influencia a descentralização do inventário. Para responder a questão "em que quantidade a presença local é necessária?", o mais recomendável é examinar com cuidado as relações que conduzem o projeto de sistemas logísticos.

Necessidades de Armazenagem

Os armazéns são estabelecidos num sistema lógico para baixar o custo total ou para aprimorar o serviço prestado aos clientes. Em algumas situações, os benefícios do baixo custo e do serviço melhorado podem ser obtidos simultaneamente.

Armazéns agregam valor aos processos que apóiam. A produção necessita de armazéns para estocagem, separação e seqüenciamento de matérias-primas e componentes. As instalações usadas para o recebimento de matérias-primas e componentes são conhecidas como **armazéns do suprimento**. Armazéns são também usados para estocar, seqüenciar e combinar inventário para a consolidação de cargas destinadas a clientes no próximo nível da cadeia de suprimentos. Armazéns usados para apoiar a distribuição ao mercado são conhecidos como **armazéns de demanda**. As exigências de um armazém de demanda estão diretamente relacionadas com as estratégias de produção e distribuição ao mercado.

Por conta do manuseio especializado de materiais e das exigências dos processos de inventário, os armazéns em geral se especializam em realizar serviços de suprimento ou de demanda. Armazéns comprometidos com o apoio à produção localizam-se nas proximidades das fábricas a que eles prestam apoio; armazéns dedicados à distribuição ao mercado localizam-se estrategicamente dentro da área geográfica do mercado que servem.

As combinações de tecnologia da informação, realização de compras por via eletrônica e estratégias de negócios com base na resposta alteraram radicalmente como e porque os armazéns são utilizados. A justificativa econômica e a funcionalidade desejada de um armazém são diferentes para instalações dedicadas a compras, à produção e à distribuição ao mercado.

Direcionadores de Compras

Os direcionadores de compras concentram-se na utilização de armazéns para auxiliar na compra de matérias-primas e componentes ao menor preço total possível. Executivos de compras experientes já perceberam que a combinação de preço de compra, desconto pela quantidade, condições de pagamento e desempenho logístico é necessária para obter o menor custo de produto na entrega. Em um esforço para desenvolver e apoiar melhores relações de trabalho, a maioria das empresas diminuiu o número de fornecedores com os quais mantêm negócios. A lógica é

---

[5] Veículos de transporte podem ser acompanhados por sistemas de dados sem fio. A forma principal de acompanhamento se dá através de vários sistemas de comunicação móveis comuns em empresas de caminhões. Para mais informações consulte Jim Mele, "Guide to Mobile Communications", Fleet Owner, December 1992, pp. 45-52. Outra forma de sistema de informação sem fio é o acompanhamento via satélite. Esse sistema requer um investimento maior mas permite cobertura nacional. Como tal, sistemas de satélite são mais relevantes para o mercado nacional de cargas, e não para o de entregas local LTL (*less truck load*). Os sistemas de satélite devem crescer, devido ao plano da FCC de desenvolver um sistema nacional de satélite no esforço de reduzir custos para que mais operadores possam utilizar essa tecnologia. Para outras informações, consulte Jim Mele, "Wireless Data Communications" Fleet Owner, February 1993, pp. 44-50). A tecnologia de hoje em dia já está disponível há quase uma década.

desenvolver um número limitado de relações com fornecedores que podem integrar-se operacionalmente à cadeia de suprimentos da empresa. Os objetivos dos relacionamentos nas compras são eliminar o desperdício, a duplicação e a redundância não planejada.

Em um esforço para melhorar a eficiência operacional, examinar o aspecto ciclo de vida tornou-se imprescindível nas decisões de compra. A dinâmica relacional de trabalhar com um número limitado de fornecedores é baseada na filosofia "do nascimento à morte". A relação é posicionada de forma a focalizar todos os aspectos do ciclo de vida desde o desenvolvimento de um novo produto até a recuperação ou disposição de materiais não utilizados ou inventário de produtos não vendidos. Esse foco no ciclo de vida é resultado de práticas distintas de compra que produzem impacto diretamente na natureza e na funcionalidade do armazém voltado para o suprimento. Serviços que agregam valor, relacionados a compras, estão cada vez mais desvinculados dos preços de compra. Esse tipo separação facilita a absorção funcional e a troca de um fabricante por outro, e entre seus fornecedores. Há também uma tendência para estratégias de negócios mais fundamentadas na resposta, que redefinem as expectativas a respeito da participação e do apoio dos fornecedores dentro do processo de agregar valor. O resultado são novas relações estruturais, como as relações com fornecedores de primeiro nível e com facilitadores de tempo de suprimento. Por fim, a sazonalidade de alguns suprimentos especiais, as oportunidades de comprar a preços reduzidos, e a necessidade de rapidamente acomodar picos de produção continuam fazendo com que a armazenagem de matérias-primas de forma seletiva seja uma decisão apropriada.

Como resultado das tendências ora mencionadas, o papel dos armazéns voltados para suprimentos continua a mudar. Os armazéns eram tradicionalmente utilizados para empilhar matérias-primas e componentes. Hoje tais instalações colocam mais ênfase em separar e seqüenciar materiais à medida que fluem para a produção. Em várias organizações, a desvinculação dos serviços dos preços dos materiais tem facilitado a terceirização das necessidades de armazenagem. Os serviços de armazenagem exigidos para, de modo mais eficiente, dar apoio à produção, cada vez mais são colocados à disposição por grandes fornecedores ou fornecedores de serviços de logística integrada. O objetivo é deixar o fluxo de materiais mais eficiente, eliminando manuseio duplicado e estoque de inventários idênticos em vários locais na rede de suprimentos.

Direcionadores da Produção

Armazéns que dão suporte à produção são usados para combinar produtos acabados para posterior embarque aos clientes. A capacidade de consolidar contrasta com o embarque de pedidos individuais. A vantagem principal de um armazém voltado para a demanda é a capacidade de oferecer aos clientes o sortimento de uma linha completa de produtos numa única nota fiscal, ao preço da carga rodoviária em caminhão completo. De fato, a possibilidade de um fabricante oferecer tal consolidação pode ser a razão principal para sua seleção como fornecedor preferido.

Os principais exemplos de armazéns voltados para a demanda são as redes usadas por empresas como a General Mills, a Johnson & Johnson, a Kraft, a Kimberly-Clark e a Nabisco Foods. Na Johnson & Johnson, os armazéns são usados para dar suporte aos setores hospitalar e de consumo, servindo como consolidadores para uma variedade de unidades de negócio diferentes. Como resultado, os clientes podem comprar uma grande variedade de produtos de unidades de negócios diferentes numa mesma nota fiscal, para transporte em um único caminhão. A Kimberly-Clark produz uma enorme gama de produtos individuais em linhas de produção específicas em fábricas especializadas. Produtos como Kleenex®, Scott Tissue® e fraldas descartáveis Huggies® são fabricados em volumes de economia de escala; depois, são temporariamente mantidos em armazéns voltados para a demanda. Cargas de caminhão completo específicas para cada cliente, com uma variedade de produtos, são montadas no armazém. No caso da Nabisco, armazéns secundários localizam-se próximos às diferentes fábricas de alimentos. Os inventários dos produtos mais importantes são mantidos em cada um desses armazéns, para facilitar cargas completas para os clientes.

O determinante principal da armazenagem, necessário para prestar apoio à produção, é a estratégia de produção específica que está sendo implementada. No Capítulo 5 foram discutidas as três estratégias básicas de produção: *fabricação sob planejamento* (MTP), *fabricação por pedido* (MTO) e *montagem por pedido* (ATO).[6] A extensão da armazenagem voltada para a demanda pode ser ligada diretamente às exigências de apoio de cada estratégia de produção. Em geral, estratégias de produção do tipo MTO exigem armazenagem voltada para os suprimentos, mas muito pouca, se alguma, armazenagem voltada para a demanda. Em contrapartida, as estratégias do tipo MTP, que focalizam seus recursos para obter produção em economia de escala máxima, exigem alta capacidade de armazenagem voltada para a demanda.

Direcionadores de Distribuição ao Mercado

Armazéns de apoio ao mercado agregam valor ao oferecer o sortimento a atacadistas e varejistas. Um armazém localizado geograficamente próximo aos clientes busca minimizar o custo de transporte dos suprimentos pela maximi-

---
[6] Veja Capítulo 5.

zação da consolidação e a distância dos trajetos a partir da fábricas, seguida de movimentos relativamente curtos de distribuição até os clientes finais. A área geográfica de um mercado servido por um armazém de apoio depende da velocidade desejada para o serviço, do volume médio dos pedidos e do custo por unidade de entrega local. Um grande número de armazéns de distribuição ao mercado é operado em instalações públicas ou contratadas de provedores de logística terceirizados. Independentemente de quem opera o armazém, a instalação existe para oferecer variedade de sortimento de inventário e reabastecimento aos clientes. O armazém se justifica se ele for capaz de oferecer um serviço competitivo ou uma vantagem de preço.

Reabastecimento Rápido

Armazéns de distribuição ao mercado tradicionalmente oferecem aos varejistas um sortimento de produtos de um grande número de fabricantes e fornecedores. Uma loja de varejo em geral não tem demanda suficiente para fazer um pedido em grande quantidade direto do atacado ou do fabricante. Um pedido típico de reabastecimento do varejo é feito ao atacadista, que vende uma variedade de produtos de diferentes fabricantes.

Armazéns de apoio ao mercado são comuns nos setores de alimentos e de mercadorias em massa. Um armazém moderno de distribuição de alimentos costuma estar localizado geograficamente próximo às lojas de varejo que ele serve. A partir desse armazém central, sortimentos de produtos consolidados podem reabastecer rapidamente o varejo graças a sua proximidade física. Grandes lojas de varejo podem receber múltiplas entregas em caminhões completos do armazém em um dia. A localização do armazém dentro do mercado servido se justifica como o menor preço para reabastecer rapidamente um sortimento de inventários a um consumidor final ou loja de varejo.

ATO Baseado em Mercado

O projeto de uma rede de armazéns para distribuição ao mercado está relacionado diretamente à estratégia de distribuição do inventário. O estabelecimento de armazéns para distribuição ao mercado é resultado de uma estratégia de distribuição antecipada de inventário em antecipação a demandas futuras do mercado. Esse conceito significa que o fabricante que usa essa rede de distribuição depende da colocação antecipada de inventário para compensar o tempo de resposta para suprir as exigências dos clientes. Tomando-se como base a discussão anterior, os inventários distribuídos antecipadamente são comuns em empresas que produzem de acordo com o planejado e de acordo com o sistema ATO descentralizado. Em situações ATO, componentes comuns ou não-diferenciáveis são estocados em antecipação à realização de produções ou montagens especializadas nos armazéns, quando os pedidos dos clientes são recebidos.

Um número crescente de operações ATO são realizadas em armazéns localizados na área de mercado, se comparadas às realizadas em locais centralizados de produção. A montagem nas proximidades dos mercados principais permite que se obtenha os benefícios do adiamento ao mesmo tempo que evita o alto custo e o tempo gasto em embarques diretos a longa distância.

Justificativa para o Armazenamento

Armazéns justificam-se em um sistema logístico quando um serviço ou vantagem de custo possa resultar do seu posicionamento entre os fornecedores, fabricantes e clientes. A vantagem competitiva gerada ao se estabelecer uma rede de armazéns pode ser resultado tanto de um custo total mais baixo como de um serviço mais rápido até o destino. Do ponto de vista da economia em transporte, há vantagem no custo quando se utiliza um armazém para a consolidação de cargas. No entanto, a consolidação de cargas normalmente requer inventário para apoiar a montagem de pedidos específicos. De maneira alternativa, a consolidação ou o sortimento podem ser obtidos pelo uso de instalações de passagem (*flow-thru*) ou de operações de recomposição imediata na doca (*cross-dock*) sem inventários pré-disponíveis. Esse tipo de movimento contínuo transforma efetivamente armazéns de estocagem de inventário em instalações de composição de produtos. É claro que algumas situações de negócio justificarão uma combinação de estocagem de inventários e operações *flow-thru* para, de maneira eficiente e econômica, servir os clientes. Da perspectiva da gestão integrada, as questões principais a respeito do projeto de sistema logístico são: Quantos armazéns, e de que tipo, uma empresa deve ter? Onde devem estar localizados? Que serviços devem oferecer? Que inventários devem manter? A quais clientes devem servir? Essa seqüência de perguntas inter-relacionadas representa o desafio clássico do projeto de uma rede logística. Para os fabricantes, o projeto da rede começa com a estratégia de *marketing* e prossegue com o planejamento de produção e de compras. Nas empresas de atacado e de varejo, a estrutura segue além de compras e chega às estratégias de distribuição ao mercado.

Integração do Custo Total

Forças econômicas, como as relativas a transportes e inventários, determinam a configuração de rede de instalações de armazenagem mais apropriada para uma empresa. Essa discussão identifica as trocas compensatórias de custo relacionadas a transportes e inventários que, acompanhadas de sua integração, apontarão a rede de instalações que apresenta o menor custo total.

Economia de Transporte

A chave para alcançar um transporte econômico resume-se a dois princípios básicos. O primeiro, denominado **princípio da quantidade**, é aquele em que os embarques individuais devem ser os maiores possíveis, considerando-se o que a transportadora pode legalmente carregar no veículo utilizado. O segundo é conhecido como **princípio do estreitamento** (*tapering*), ou seja, grandes cargas devem ser transportadas às maiores distâncias possíveis. Ambos os princípios servem para diluir o custo fixo do transporte pelo maior número de quilogramas e quilômetros possível. A economia na consolidação de transportes pode justificar a utilização de um único armazém ou pode ser obtida por meio de uma rede de armazéns.

A Justificativa para os Armazéns Baseada em Custos

O princípio econômico básico que justifica o uso de um armazém é a consolidação de transportes. Os fabricantes normalmente vendem produtos numa vasta área geográfica. Se os pedidos dos clientes tendem a ser pequenos, então o potencial de economia em custos de transportes consolidados pode oferecer a justificativa econômica para se estabelecer um armazém.

A título de ilustração, imagine que o embarque médio de um fabricante seja de 225 kg (500 libras) e que o frete para um cliente custe $ 7,28 para 45 kg (100 libras). Cada embarque direto do fabricante para o mercado custaria $ 36,40. O frete de embarques de 9.000 kg (20.000 libras) ou mais é de $ 2,40 para 45 quilogramas (100 libras). Finalmente, a entrega local, dentro da área do mercado, custa $ 1,35 para 45 kg (100 libras). Nessas condições, produtos enviados ao mercado com fretes para grandes quantidades e depois distribuídos localmente custariam $ 3,75 para 45 kg (100 libras), ou $ 18,75 para 225 kg (500 libras). Se for possível instalar um armazém, estocá-lo com inventário e operá-lo por menos de $ 17,65 para 225 kg (500 libras), o custo total de distribuição ao mercado poderá ser mais baixo. A partir dessas relações econômicas, a instalação de um armazém oferece um potencial de redução do custo logístico total.

A Figura 15-1 ilustra o princípio econômico básico da justificativa de um armazém. *PL* identifica o local de produção e *WL* a localização de um armazém dentro de uma determinada área do mercado. A linha vertical no ponto *PL*, denominada P_c, reflete os custos de manuseio e de embarque associados à preparação de uma carga LTL de 225 kg (*C*) (500 libras) e uma carga completa de caminhão com 9.000 kg (*A*) (20.000 libras). A inclinação da linha *AB* reflete o frete de uma carga completa de caminhão da fábrica *PL* para o armazém *WL*, que se supõe seja linear com a distância. A linha vertical denominada *WC*, no ponto *WL*, representa os custos de operação do armazém e de manutenção do inventário. As linhas denominadas *D* representam o custo de entrega a partir do armazém para os clientes no mercado *Ma* a *Ma'*. A inclinação da linha *CD* re-

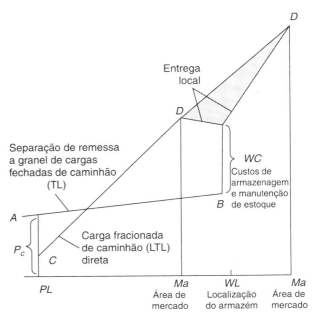

Figura 15-1 Justificativa econômica de um armazém baseada em custos de transporte.

flete o frete LTL da fábrica para os clientes localizados entre a fábrica e a limite *Ma'*. A área escurecida representa os locais para os quais o custo total de entregas de 225 kg (500 libras) usando o armazém de consolidação seria mais baixo do que se fosse efetuado um embarque direto a partir da fábrica.

Do ponto de vista somente do custo, não haveria diferença caso os clientes estivessem localizados exatamente nos pontos *Ma* e *Ma'*, e fossem servidos a partir da fábrica ou do armazém.

Minimização dos Custos de Transporte na Rede

Como regra geral, devem ser adicionados armazéns à rede quando:

$$\sum \frac{P_{\overline{V}} + T_{\overline{V}}}{N_{\overline{X}}} + W_{\overline{X}} + L_{\overline{X}} \leq \sum P_{\overline{X}} + T_{\overline{X}}$$

Onde:
- $P_{\overline{V}}$ = Custo de processamento de um embarque de grande volume
- $T_{\overline{V}}$ = Custo de transporte de um embarque de grande volume
- $W_{\overline{X}}$ = Custo de armazenagem de um embarque médio;
- $L_{\overline{X}}$ = Entrega local de um embarque médio
- $N_{\overline{X}}$ = Número de embarques médios por embarque de grande volume
- $P_{\overline{X}}$ = Custo de processamento de um embarque médio
- $T_{\overline{X}}$ = Custo do envio direto de um embarque médio

A única restrição quanto a essa regra geral é que deverá haver volume de embarques suficiente para cobrir o custo fixo da instalação de armazenamento. Desde que o custo combinado do armazém e da entrega local seja igual ou menor ao custo combinado de embarques diretos aos clientes, o estabelecimento e a operação de um armazém adicional será economicamente justificado.

Uma relação geral entre custo de transporte e o número de armazéns numa rede é mostrada na Figura 15-2. O custo total de transporte diminui inicialmente à medida que os armazéns são adicionados à rede logística. Em operações reais, o local de consolidação pode ser um armazém ou mesmo uma instalação de transferência *cross-dock* que ofereça um transporte de fracionamento de carga (*break-bulk*). Não é necessário estocar inventário num armazém para alcançar o menor custo de transporte. A redução de custos de transporte pode resultar de grandes embarques consolidados para uma instalação que ofereça desconsolidação de cargas, combinada com o embarque de pequenas cargas a curtas distâncias até o destino final. O custo de embarque de pequenos pedidos direto do fabricante para o cliente está no extremo superior esquerdo da curva, na Figura 15-2. O ponto mais baixo, próximo ao centro da curva de custo de transporte, indica o número de instalações exigidas para alcançar-se o máximo de fretes consolidados. O custo de transporte é minimizado no ponto máximo de consolidação de fretes.

Se o número de instalações se expande para além do ponto máximo de consolidação de fretes, o custo total irá aumentar, porque o volume de cargas que chega a cada instalação, capaz de ser consolidado, irá diminuir. O aumento da freqüência de cargas menores chegando resulta em maior custo por quilograma de embarques recebidos. Em outras palavras, a maior freqüência de recebimento de embarques menores provoca o aumento do custo total de transporte.

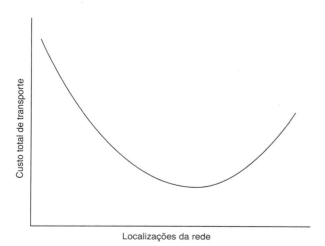

Figura 15-2 Custo de transporte como uma função do número de localizações de armazéns.

Economia de Inventário

O nível de inventário em um sistema logístico está diretamente relacionado às localizações na rede. A estrutura para planejar a disponibilização de inventários está vinculada ao ciclo de desempenho. Apesar de um elemento desse ciclo ser o transporte, o qual oferece solução espacial, o principal direcionador da economia de inventário é o tempo. A disponibilização antecipada de inventário em um sistema logístico potencialmente melhora o tempo de resposta dos serviços. Mas essa disponibilização antecipada também aumenta o inventário total, o que resulta em maior custo e risco.

Justificativa para Armazenamento Baseado em Serviços

O uso de armazéns pode ser uma peça vital na estratégia logística de uma empresa que visa a uma distribuição nacional. O inventário relacionado à rede de armazéns consiste em estoques de *base, em trânsito* e *de segurança*. Para toda a rede logística, o comprometimento médio de inventário é:

$$\bar{I} = \sum_{i=1}^{n} \frac{Q_s}{2} + SS_i,$$

Onde:
$\bar{I}$ = Inventário médio em toda a rede
n = Número de ciclos de desempenho na rede
Q_s = Pedidos de quantidade para um dado ciclo de desempenho identificado de forma adequada
SS_s = Estoque de segurança, para o mesmo ciclo de desempenho identificado

Na medida em que armazéns são adicionados ao sistema logístico, o número de ciclos de desempenho aumenta. Essa complexidade adicional está diretamente relacionada à quantidade de inventário necessária para toda a rede.

Inventário-base. O impacto no inventário-base causado pela adição de inventário não é significativo. O nível de estoque-base em um sistema logístico é determinado pelos lotes de produção e de transporte, que não se alteram em função do número de armazéns na rede. A combinação dos custos de manutenção e de pedidos, ajustada para levar em consideração os fretes e os descontos de preços em compras de grandes volumes, determina o reabastecimento da quantidade econômica de pedido e o inventário-base resultante. Em situações de compras *just-in-time*, o inventário-base é determinado pelo pedido de quantidade discreto necessário para apoiar a marcha de produção ou de montagens planejadas. Em qualquer um dos casos, o inventário-base independe do número de armazéns incluído no sistema logístico.

Inventário em Trânsito. O inventário em trânsito é o inventário que está sendo movimentado nos veículos de transporte de carga. Enquanto em trânsito, o inventário está disponível como promessa, não pode ser fisicamente acessado. Disponível como promessa significa que ele pode ser comprometido para um cliente ou empenhado dentro do sistema de gestão de pedidos. Na medida em que mais ciclos de desempenho são adicionados à rede logística, o impacto antecipado é que os ciclos existentes experimentarão uma redução no inventário em trânsito. Essa redução ocorre porque o número total de dias em trânsito para toda a rede diminui. Para ilustrar, suponha que um único produto esteja sendo vendido para os mercados A e B e, no presente momento, esteja sendo fornecido pelo armazém X, como apresentado na Figura 15-3. Suponha também que a previsão média de venda diária seja de 6 unidades para o mercado A e de 7 unidades para o mercado B. A duração do ciclo de desempenho é de 6 dias para o mercado A e de 10 dias para o mercado B.

Mantendo-se tudo inalterável, o que aconteceria caso um segundo armazém fosse adicionado, como na Figura 15-4? A Tabela 15-1 apresenta um resumo dos resultados. A mudança mais importante é que o ciclo de desempenho do mercado B foi reduzido de 10 para 4 dias; e o segundo armazém reduziu o inventário em trânsito de 53 para 32 unidades. Perceba que o segundo armazém não gerou ciclos de desempenho adicionais no lado de distribuição ao mercado do fluxo logístico. No entanto, no lado de recebimentos, cada produto estocado no novo armazém requer uma fonte de reabastecimento. Supondo que uma linha completa de produtos é mantida em cada armazém, o número de ciclos de desempenho exigido para reabastecer a rede irá aumentar a cada novo armazém adicionado.

Apesar da necessidade crescente de reabastecimento, o inventário em trânsito médio para toda a rede diminui à medida que mais armazéns são adicionados, porque o número de dias necessários para servir aos clientes também diminui. Suponha que o armazém X seja abastecido por quatro fábricas cujos ciclos de desempenho

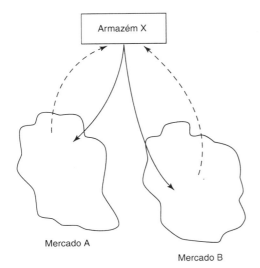

Figura 15-3 Rede logística: dois mercados, um armazém.

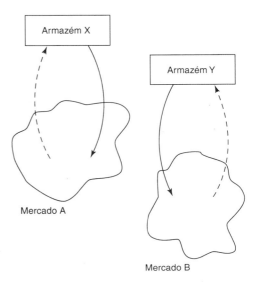

Figura 15-4 Rede logística: dois mercados, dois armazéns.

individuais e vendas médias previstas são aqueles mostrados na Tabela 15-2.

Para fins de comparação, suponha que o valor unitário para os produtos nos armazéns seja de $ 5. Utilizando apenas o armazém X, o inventário em trânsito médio seria de 2.835 unidades a $ 5, ou seja, $ 14.175.

A Tabela 15-3 ilustra a adição do armazém Y. O inventário médio em trânsito com uma rede logística de dois armazéns caiu para 2.248 unidades, ou $ 1.1240. Assim, apesar de mais 4 novos ciclos de reabastecimento serem adicionados à rede logística, o tempo médio em trânsito foi reduzido devido à diminuição do total de dias de reabastecimento.

A adição de armazéns normalmente reduz o número de dias em trânsito, reduzindo também o nível de inventários em trânsito. Os resultados irão variar de acordo com as particularidades de cada situação. Cada localização na rede deve ser analisada com cuidado, para que seja determinado o impacto no inventário médio em trânsito. A chave para o entendimento da natureza geral dessas mudanças é lembrar que o número de dias em trânsito diminui, apesar de o número de ciclos de desempenho aumentar. A qualificação está no fato de que, enquanto um aumento no número de ciclos de desempenho normalmente reduz os dias de trânsito, isso pode também aumentar as incertezas no *lead time* global. À medida que aumenta o número de ciclos de desempenho, aumenta também a possibilidade de problemas, levando a eventuais falhas nos serviços. Esse impacto potencial é tratado nos inventários de segurança.

Inventário de Segurança. O inventário de segurança é adicionado ao inventário-base e ao inventário em trânsito para oferecer proteção contra incertezas nas vendas e nos ciclos de desempenho. Ambos os aspectos das incertezas estão relacionados ao tempo. Incerteza nas

Tabela 15-1 Inventário em trânsito sob diferentes redes logísticas

Projeção das vendas diárias médias	Área de mercado	Somente o armazém X	Instalações de dois armazéns		
			Armazém X	Armazém Y	Combinado
6	A	36	36	—	36
7	B	70	—	28	28
	ΣA + B	106			64
	I_a	18			18
	I_b	35			14
	$Σ\bar{I}$	53			32

Tabela 15-2 Estrutura logística: um armazém, quatro fábricas

	Armazém X			
Instalação da fábrica	Duração do ciclo de suprimento	Previsão das vendas médias	Inventário em trânsito	$\bar{I}$
A	10	35	350	175
B	15	200	3.000	1.500
C	12	60	720	360
D	20	80	1.600	800
	57	375	5.670	2.835

Tabela 15-3 Estrutura logística: dois armazéns, duas fábricas

Instalação da fábrica	Duração do ciclo de suprimento	Previsão das vendas médias	Inventário em trânsito	$\bar{I}$
		Depósito X		
A	10	20	200	100
B	15	100	1.500	750
C	12	35	420	210
D	20	30	600	300
	57	185	2.720	1.360
		Depósito Y		
A	5	15	75	38
B	8	100	800	400
C	6	25	150	75
D	15	50	750	375
	34	190	1.775	888
	Σxy + 91	Σxy + 375	Σxy + 4.495	Σx̄xy + 2.248

vendas refere-se a uma demanda que exceda a previsão de vendas durante o período de reabastecimento. Já a incerteza no ciclo de desempenho diz respeito à variação no total de dias necessários para reposição dos inventários no armazém. Do ponto de vista do inventário de segurança, o resultado esperado ao adicionar armazéns é o aumento do inventário médio do sistema. O propósito do inventário de segurança é proteger a empresa contra faltas não planejadas de estoques no reabastecimento de inventários. Assim, *se o inventário de segurança aumenta em decorrência do aumento do número de armazéns, a incerteza global na rede também pode aumentar.*

A adição de armazéns na rede logística produz impacto sobre a incerteza de duas maneiras. Primeira, como os dias dos ciclos de desempenho são reduzidos, a variabilidade das vendas durante o reabastecimento, assim como a variabilidade dos ciclos, são igualmente reduzidas. Portanto, ao reduzir-se a extensão dos ciclos de desempenho, alivia-se até certo ponto a necessidade de estoque de segurança para proteger contra a variabilidade.

A adição de locais à rede também produz um impacto significativo no inventário médio. Cada novo ciclo de desempenho adicionado ao sistema gera a necessidade de um estoque de segurança adicional. A introdução de um armazém adicional para servir um mercado específico reduz o tamanho da distribuição estatística usada para determinar as exigências de inventário de segurança. Com efeito, o tamanho de um mercado servido por uma determinada instalação se reduz, sem uma redução correspondente na incerteza. Por exemplo, quando a demanda de vários mercados é agrupada usando um único armazém, a variabilidade da demanda é rateada entre os mercados. Isso permite que picos de demanda de um mercado sejam compensados pela queda de demanda em outro mercado. Essencialmente, isso quer dizer que o inventário de segurança de um mercado está sendo usado para cumprir as exigências de outro mercado.

Para ilustrar, a Tabela 15-4 oferece um resumo das vendas mensais de três mercados, tanto de maneira combinada como separada. A venda média dos três mercados combinados é de 22 unidades por mês, com a maior variação acima da média no mês 6, quando as vendas atingiram 29 unidades, ou seja, 7 unidades acima da média. Se a meta é oferecer 100% de proteção contra a falta de estoques e uma venda total de 29 unidades tem probabilidade igual de ocorrer em qualquer mês, será necessário um inventário de segurança de 7 unidades.

A média mensal para os mercados A, B e C é de 8,4 e 10 (arredondando-se) unidades, respectivamente. O máximo de demanda acima do previsto ocorreu no mercado A, com 5 unidades no mês 12; no mercado B, 3 unidades no mês 8; e, no mercado C, 4 unidades no mês 6. A soma desses três meses onde o extremo foi atingido é de 11 unidades. Se os inventários de segurança forem planejados para cada mercado em separado, 11 unidades seriam necessárias, enquanto somente 7 poderiam servir a todos os mercados a partir de um único armazém. Ao utilizar-se 3 armazéns, será necessário um aumento de 4 unidades no inventário de segurança.

Esse exemplo simplificado ilustra o impacto no inventário geral de segurança causado pela adição de armazéns à rede logística. O ponto importante a ser entendido é que o aumento nesses inventários resulta de uma inabilidade de se reunir as incertezas dos diferentes mercados. Como conseqüência, quantidades específicas de estoque de segurança são exigidas para acomodar as variações de demandas locais.

Minimização do Custo de Inventários na Rede

O impacto geral sobre o inventário médio, causado pelo acréscimo do número de armazéns numa rede logística, é mostrado de forma genérica na Figura 15-5. A redução no inventário médio em trânsito é ilustrada como mostra a linha $\bar{I}_t$. O pressuposto é de que há uma relação linear entre o inventário médio em trânsito e o número de armazéns numa rede logística.

A curva chamada $\bar{I}_{ss}$ (estoque de segurança médio) aumenta à medida que armazéns são adicionados à rede. O inventário aumenta numa taxa decrescente, já que o aumento líquido exigido por instalação nova diminui. O incremento de estoque de segurança é a soma dos inventários para acomodar as incertezas de demanda menos a redução de inventários necessária para acomodar a menor incerteza de *lead time*. Logo, o incremento de inventário exigido para manter a execução dos serviços aos clientes diminui a cada novo armazém adicionado ao sistema. A curva do inventário médio, $\bar{I}$, representa o impacto combinado dos inventários em trânsito e de segurança. A observação significativa é que o inventário de segurança domina o impacto do inventário em trânsito. Para toda a rede, o inventário médio é o inventário de segurança mais

Tabela 15-4 Resumo das vendas combinadas e separadas de três mercados

Mês	Vendas combinadas, todos os mercados	Unidades de venda por mercado		
		A	B	C
1	18	9	0	9
2	22	6	3	13
3	24	7	5	12
4	20	8	4	8
5	17	2	4	11
6	29	10	5	14
7	21	7	6	8
8	26	7	7	12
9	18	5	6	7
10	24	9	5	10
11	23	8	4	11
12	23	12	2	9
Total das vendas	265	90	51	124
Média mensal de vendas	21,1	7,5	4,3	10,3
Valores maiores do que a média	7	4	3	4

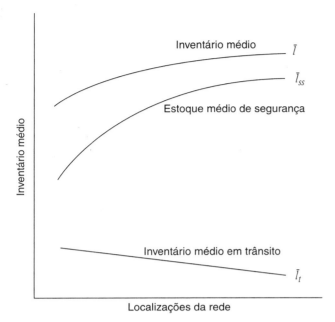

Figura 15-5 Inventário médio como uma função do número de localizações de armazéns.

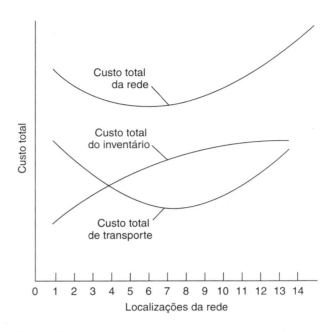

Figura 15-6 Projeto de rede com menor custo total.

metade da quantidade de pedidos e o inventário em trânsito. Logo, dada a mesma demanda e as metas de serviços aos clientes, o inventário total aumenta a uma taxa decrescente à medida que o número de armazéns no sistema aumenta.

Custo Total da Rede Estrutural

Como vimos anteriormente, o objetivo da integração logística é a identificação do projeto de menor custo total da rede. O conceito básico de custo total para todo o sistema logístico é mostrado na Figura 15-6. O ponto baixo na curva do custo total de transporte corresponde a 8 instalações. O custo total em relação ao comprometimento de inventário médio aumenta a cada armazém adicional. Para o sistema como um todo, o menor custo total da rede é alcançado com 6 instalações. O ponto de menor inventário seria com a utilização de apenas um armazém.

Relações de Trocas Compensatórias

A identificação do projeto de rede com menor custo total utilizando 6 instalações, na Figura 15-6, ilustra as relações de trocas compensatórias. O ponto de custo total mínimo para o sistema não é o ponto de menor custo nem para inventário nem para transporte. Essa é a idéia central da análise de logística integrada.

Na prática, é difícil identificar e mensurar todos os aspectos do custo logístico total. Várias considerações são necessárias para se operacionalizar a análise da rede logística. Uma consideração adicional é o fato de que uma análise bidimensional, como a mostrada na Figura 15-6, não abrange a complexidade da integração do custo total.

Hipóteses e Limitações Críticas

A visualização bidimensional da Figura 15-6 representa um nível projetado de volume de vendas em um único período de planejamento. As exigências de transporte estão representadas por um único embarque médio. Em operações reais, é provável que nenhuma dessas hipóteses seja válida. Em primeiro lugar, a natureza do projeto de rede estrutural logística não é um problema de planejamento de curto prazo. Quando decisões que envolvem instalações precisam ser tomadas, o horizonte de planejamento se estende por vários anos, e deve acomodar uma gama de diferentes projeções anuais de vendas. Em segundo lugar, os tamanhos de embarques e de pedidos irão variar significativamente em relação à média. Uma visão realista do planejamento deve incorporar uma gama de tamanhos de embarques apoiada por métodos logísticos alternativos, para satisfazer as exigências dos clientes. Em uma operação real, são utilizados métodos alternativos de transporte, quando necessário, para aumentar a velocidade de entrega.

Há significativas trocas compensatórias de custo entre inventário e transporte. O custo de inventário, em função do número de armazéns, está diretamente relacionado ao nível desejado de disponibilidade de inventário. Se nenhum estoque de segurança é mantido em um sistema, o inventário total limita-se ao inventário-base e ao inventário em trânsito. Em uma situação de ausência de estoque de segurança, o custo mínimo total para o sistema estaria no ponto de menor custo de transporte, ou próximo dele. Logo, hipóteses relativas à disponibilidade de inventário e às taxas de atendimento desejadas são essenciais para a análise de trocas compensatórias e têm um impacto significativo na solução do projeto de menor custo total.

O aspecto da seleção de localização no planejamento de uma rede estrutural logística é bem mais complexo do que a simples decisão de quantas instalações serão escolhidas num conjunto simples de locais, como mostra a Figura 15-6. Uma empresa envolvida num sistema logístico em âmbito nacional tem uma enorme possibilidade de escolha sobre onde colocar seus armazéns. Nos Estados Unidos há 50 estados, dentro dos quais um ou mais armazéns de distribuição poderiam ser localizados. Suponha que o total permitido não possa exceder 50 armazéns e que sua localização esteja limitada a um por estado. Dada essa gama de opções, existem $1,1259 \times 10^{15}$ combinações de armazéns para serem avaliadas na seleção da rede estrutural de custo total mínimo.

Para superar algumas dessas limitações, devem ser incluídas variações em dimensões de embarques e alternativas de transporte na análise bidimensional mostrada na Figura 15-6. A extensão da análise para um tratamento mais completo das variáveis normalmente exige o uso dos modelos e técnicas de planejamento discutidos no Capítulo 16. As três variáveis críticas são as dimensões dos embarques, o modal de transporte e as alternativas de localização. As constantes são a disponibilidade de inventário, a duração do ciclo de desempenho e as localizações específicas dos armazéns que estão sendo avaliadas.

Na construção de uma análise mais abrangente, as dimensões dos embarques podem ser agrupadas pela freqüência com que ocorrem e conforme o modal de transporte economicamente justificado para se lidar com cada tamanho de embarque, dentro de restrições específicas de duração do ciclo de desempenho. Para cada tamanho de embarque pode ser identificada uma relação de custo total. O resultado é uma análise bidimensional para cada tamanho de embarque e seu modal de transporte apropriado. A seguir, esses perfis bidimensionais podem ser ligados juntando-se os pontos de custo total mínimo de cada relação entre tamanho de embarque e modal de transporte. Num sentido técnico, trata-se de uma **curva envelope** que liga os pontos de menor custo total de tamanhos de embarques individuais/relações de modais de transporte. A Figura 15-7 oferece uma visualização tridimensional de integração de tamanho de embarques, modal de transporte e localização.

A curva de planejamento liga o ponto de custo mínimo para cada tamanho de embarque. Essa curva não liga os pontos de localização. Por exemplo, o número de instalações para apoiar o menor custo para um determinado tamanho de embarque pode ser maior ou menor em relação a outro tamanho. É necessária uma análise adicional para se identificar as localizações específicas que oferecem

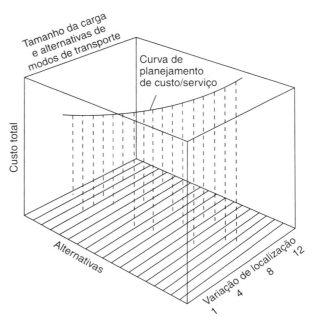

Figura 15-7 Curva de custo total tridimensional.

uma alternativa de menor custo para cada combinação de tamanho de embarque e modal de transporte. Suponha que as localizações a serem consideradas representem uma rede de 1 a 12 armazéns. Dentro dessa variação, a curva de planejamento deve identificar o menor número de armazéns aceitável para uma avaliação mais detalhada. Na Figura 15-7, os pontos de custo mínimo, o tamanho dos embarques e as combinações de transporte caem em uma faixa de 4 a 8 locais.

A seleção final da rede de armazéns exige uma análise. Inicialmente, a duração do ciclo de desempenho e as hipóteses de disponibilidade de estoque devem ser mantidas constantes. A disponibilidade de serviços e a duração do ciclo de desempenho servem de parâmetros para, inicialmente, ajudar a isolar uma aproximação de custo mínimo. Mais tarde, na formulação da estratégia, esse parâmetros podem ser flexibilizados e submetidos a análises de sensibilidade. O formato da curva de custo mínimo de planejamento exige análise de custos marginais para combinação de tamanho de embarque e modal de transporte para redes de quatro, cinco, seis, sete e oito localizações de armazéns. Assumindo-se que as metas de serviço aos clientes são alcançadas com uma rede entre 4 e 8 armazéns, fica identificada uma primeira aproximação de rede de custo mínimo total de armazéns potenciais.

Um refinamento final seria a avaliação da localização e/ou instalações específicas de armazéns. No caso da Figura 15-7, que é também a situação de abordagem de modelagem mais complexa, a melhor rede de locais está limitada a um conjunto de armazéns selecionados para a análise. Os resultados podem ser satisfatórios a nível gerencial, mas não são superiores em custo a um outro grupo de armazéns em diferentes locais. Cada conjunto de armazéns selecionados para análise terá uma combinação de menor custo total. A política final pode exigir que as análises sejam elaboradas para diferentes conjuntos de localização de armazéns, a fim de que possam ser identificados os mais adequados para uma determinada situação de negócio. A seleção final usando tal método de tentativa e erro jamais identificará a solução matemática ideal para minimizar o custo logístico total. No entanto, irá auxiliar a administração a identificar uma rede estrutural superior à operação atual, que possa melhor servir aos clientes a um menor custo logístico total.

Modelos complexos já foram desenvolvidos para se avaliar uma vasta gama de variáveis ao projetar um sistema logístico. As hipóteses necessárias para dar suporte a um projeto de sistema integrado são importantes do ponto de vista do seu impacto na formulação da estratégia. A curva de custo total integrado deve levar em conta todas as variáveis relevantes que são críticas para um projeto de sistema logístico.

Formulando a Estratégia Logística

Para completar a estratégia logística, é necessário avaliar as relações entre níveis alternativos de serviços aos clientes e os custos associados. Enquanto existem dificuldades substanciais na mensuração da receita, a avaliação comparativa do desempenho de serviços marginais e seus custos relacionados oferecem uma forma de aproximação do projeto ideal de um sistema logístico. A abordagem geral consiste em (1) determinar o custo total mínimo da rede estrutural, (2) medir o limiar de disponibilidade de serviços e a capacidade associada ao projeto de menor custo total do sistema, (3) conduzir análises de sensibilidade relacionadas a serviços incrementais e custeá-los diretamente com a geração de renda, e (4) finalizar o plano.

Minimização de Custos

Da mesma maneira que uma réplica física de uma área geográfica pode demonstrar elevações, depressões e contornos da superfície da terra, um mapa econômico pode realçar os diferenciais em custos logísticos. Geralmente, picos de custo relativos a mão-de-obra e serviços essenciais ocorrem em grandes áreas metropolitanas. No entanto, devido a concentrações de demanda, o menor custo logístico total resultante de benefícios no transporte e na consolidação de inventários é minimizado nessas áreas.

A estratégia de menor custo total procura uma rede estrutural de sistema logístico com os menores custos fixos e variáveis. Um projeto de sistema para alcançar um menor custo total é direcionado puramente por trocas compensatórias de custos por custos. Em termos de relações básicas, a Figura 15-6 mostrou um projeto de custo total mínimo. O nível de serviços aos clientes, que está associado ao projeto de menor custo logístico, resulta das políticas de estoque de segurança e da proximidade física dos armazéns em relação aos clientes. O nível geral de serviços aos clientes associado a qualquer projeto de sistema de custo mínimo é conhecido como **nível de serviço limiar**.

Serviço Limiar

Para estabelecer um nível de serviço limiar é necessário iniciar a reengenharia da rede estrutural aplicando políticas focadas nas *capacidades* e *disponibilidades* desejadas de inventários. É prática comum ter a capacidade de serviço aos clientes baseada no sistema existente de entrada e processamento de pedidos, ter as operações dos armazéns baseadas em tempos padrões de atendimento de pedidos nas instalações existentes, e ter o tempo de entrega baseado nos métodos de transporte de menor custo. A partir desses conceitos, o desempenho existente é o ponto de partida para a avaliação do potencial de melhoria dos serviços.

O ponto de partida típico para a análise da disponibilidade de serviços aos clientes é assumir o desempenho a uma taxa aceitável de atendimento. Freqüentemente, o padrão que prevalece no setor é usado como primeira avaliação. Por exemplo, se a meta de disponibilidade de estoque de segurança foi estabelecida em 97,75% de desempenho para uma combinação de probabilidades de demanda e incerteza no *lead time*, pode-se antecipar que aproximadamente 98 de cada 100 itens dos pedidos seriam entregues dentro da especificação.

Fornecidos esses pressupostos iniciais, para cada cliente é atribuído um local de embarque, com base no menor custo total. Em situações de *mix* de produtos, a seleção de territórios de serviços para cada instalação irá depender dos produtos estocados em cada armazém e do grau de consolidação exigido pelos clientes. Como os custos apresentam diferenças geográficas significativas, a área de serviço de uma determinada instalação irá variar em tamanho e configuração. A Figura 15-8 apresenta uma ilustração da atribuição de áreas de serviço a diferentes armazéns, com base num custo total de entrega equalizado. A irregularidade dos territórios de serviços resulta dos diferenciais de custos de transporte a partir dos três armazéns.

Na Figura 15-8 os armazéns são identificados pelas letras X, Y e Z. O custo hipotético associado a cada instalação representa todo o custo logístico para um pedido médio, exceto o custo do transporte. O diferencial de custos dos pedidos médios entre as instalações reflete os diferenciais locais.

Ao redor de cada instalação são mostradas linhas de custo total a intervalos de $ 1,50, $ 2,50 e $ 3,50. O custo representado pela linha é o custo total logístico, incluindo transporte, até os pontos conectados ao longo da linha. Clientes localizados dentro de uma determinada área podem ser servidos a um custo menor do que o mostrado na

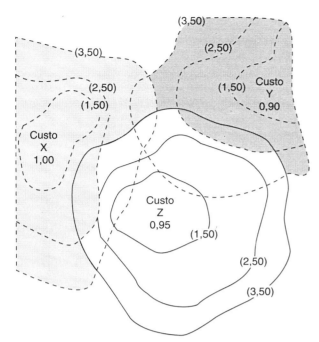

Figura 15-8 Determinação dos territórios de serviços: três pontos, sistema de menor custo.

linha. A área geral de serviço de cada armazém é determinada pela atribuição do menor custo total. A linha de limite de território representa o ponto de custo igual para dois armazéns. Ao longo dessa linha, o custo total para servir um cliente é igual. No entanto, poderá ocorrer uma grande diferença no tempo de entrega.

Duas condições são levadas em consideração na Figura 15-8. Primeira, a ilustração é baseada numa distribuição de um pedido médio. Logo, custos de logística de entrega são igualados pela média. Na mesma medida em que os tamanhos dos pedidos variam em relação à média, limites de território alternativos variam conforme o tamanho do embarque. Segunda, o tempo de entrega é baseado na distância. O inventário em trânsito também é estimado com base no tempo de entrega. De acordo com essa análise inicial do limiar de serviço, não é possível concluir que os tempos de entrega serão compatíveis entre os territórios, ou que custos totais logísticos iguais serão obtidos dentro de uma mesma área de serviço.

O fato de a rede estrutural inicial ser projetada para alcançar custo mínimo logístico não significa que o limiar de serviços ao cliente será baixo. O tempo que decorre, desde a colocação dos pedido pelos clientes até a entrega do produto num sistema de custo mínimo, espera-se que, na média, seja maior do que os obtidos em redes alternativas que foram modificadas para melhorar o desempenho global dos serviços. No entanto, clientes localizados próximos a armazéns, em qualquer tipo de rede, estão potencialmente aptos a receber entregas rápidas. Como uma localização de custo mínimo tende a favorecer áreas de alta concentração de demanda, um número significativo de clientes terá condições de receber entregas com rapidez.

Fornecida uma estimativa de expectativa de tempo de ciclo de pedido, a gestão terá condições de firmar um comprometimento básico de entrega aos clientes. Uma política de serviço pode ser elaborada nos termos desta que segue:

O desempenho dos pedidos da área A deverá ser de 5 dias, desde o seu recebimento nas instalações do armazém. É nossa política ser capaz de atender 90% de todos os pedidos em um período de 5 dias.

O desempenho real de um sistema logístico é medido pelo grau em que esses padrões de serviço são alcançados. Dada a quantificação das variáveis envolvidas, o limiar de serviço relacionado ao sistema de custo total mínimo oferece o ponto de partida para o desenvolvimento de uma plataforma de serviços básicos de uma empresa. O próximo passo na formulação da política é testar a adequação do nível de serviço limiar aos clientes.

Análise de Sensibilidade dos Serviços

O limiar de serviço, que resulta do projeto de menor custo logístico, oferece uma base para as análises de sensibilidade. As capacidades de serviços básicos de uma rede estrutural podem ser aumentadas ou diminuídas em função da variação do número de armazéns, da mudança em um ou mais ciclos de desempenho para aumentar a velocidade ou a consistência das operações, ou ainda devido a alterações nas políticas de estoque de segurança.

Mudanças nas Localizações

A estrutura de armazéns de um sistema logístico estabelece os serviços que podem ser realizados sem alterações no ciclo de desempenho ou na política de inventário de segurança. Para ilustrar a relação entre o número de armazéns e o tempo de serviço resultante, considere que uma medida importante é o percentual de demanda atendida num intervalo de tempo específico. O impacto geral de se adicionar armazéns ao sistema é apresentado na Tabela 15-5. São apresentados vários pontos de interesse.

Primeiro, o serviço com incremento é uma função decrescente. Por exemplo, os primeiros cinco armazéns oferecem desempenho de 24 horas a 42% dos clientes. Para dobrar esse percentual, ou seja, serviço 24 horas para 84% dos clientes, são necessários nove armazéns adicionais, ou um total de 14 armazéns.

Segundo, altos níveis de serviço são alcançados mais rapidamente em ciclos de desempenho longos do que em ciclos curtos. Por exemplo, quatro armazéns oferecem 85% do desempenho num intervalo de 96 horas. Ampliando-se o número de instalações de 4 para 14, aumenta-se o desempenho em apenas 9%. Em contraposição, um total de 14 armazéns não consegue alcançar 85%, dado um ciclo de desempenho de 24 horas.

Tabela 15-5 Capacidades de serviço em um intervalo de tempo como uma função do número de localizações

Localizações da rede	Porcentagem de demanda por duração do ciclo de suprimento (horas)			
	24	48	72	96
1	15	31	53	70
2	23	44	61	76
3	32	49	64	81
4	37	55	70	85
5	42	60	75	87
6	48	65	79	89
7	54	70	83	90
8	60	76	84	90
9	65	80	85	91
10	70	82	86	92
11	74	84	87	92
12	78	84	88	93
13	82	85	88	93
14	14	84	86	94

Por fim, o custo total associado a cada armazém adicionado à rede logística aumenta enormemente. Assim, enquanto o incremento de serviços que resulta de um armazém adicional diminui, o incremento de custos associados a cada novo armazém aumenta: a compensação de serviços para cada instalação nova é decrescente.

Freqüentemente os gerentes de logística são chamados para estimar o impacto no inventário causado pela adição ou eliminação de um armazém. Essa relação entre a incerteza e o inventário exigido é denominada **efeito** *portfólio*.[7] O efeito *portfólio* pode ser estimado usando-se a *regra da raiz quadrada*. A regra da raiz quadrada, originalmente proposta por Maister, determina que o aumento do inventário de segurança como resultado de um armazém é igual à raiz quadrada do número de locais da nova rede dividida pela raiz quadrada do número de armazéns existentes.[8]

Por exemplo, suponha que um gerente queira estimar o impacto no inventário causado pela mudança em uma rede, que passa de um armazém para dois armazéns. Na prática, a rede está sendo dobrada. Por razões já discutidas anteriormente, a variabilidade de demanda será aumentada. Usando a regra da raiz quadrada, o inventário de segurança agregado da empresa (SS_2) para uma rede de dois armazéns pode ser estimado como:

$$SS_2 = \frac{\sqrt{N_2}}{\sqrt{N_1}} \times SS_1$$

$$= \frac{1,41}{1,0} \times SS_1$$

$$= 1,41 \times SS_1$$

Onde:

SS_2 = estoque de segurança agregado para N2 armazéns ou variações de produto

N_2 = número de armazéns ou variações de produtos para a nova configuração de rede

N_1 = número de armazéns ou variações de produtos para a rede original

SS_1 = estoque de segurança agregado para N1 armazéns ou variações de produto

O aumento do inventário projetado, resultado da adição do segundo armazém à rede, é estimado em 41% a mais de inventário de segurança. A Tabela 15-6 ilustra o impacto da mudança em uma gama de armazéns e de variações de produtos. Apesar de a regra da raiz quadrada funcionar razoavelmente para projeções de inventário, ela requer algumas hipóteses de demanda para melhorar sua precisão. A primeira hipótese é de que a localização de estocagem ou as variações de produtos terão demandas similares. Especificamente, se existem dois locais de estocagem em um dado momento, eles devem ter aproximadamente o mesmo nível de demanda, para que a regra da raiz quadrada funcione corretamente. Segundo, os níveis de demanda em cada armazém, ou para cada variação de produto, não devem estar correlacionados. Isso significa que os desvios de demanda para cada instalação devem ser independentes. E, por fim, a raiz quadrada exige que a demanda para cada armazém se aproxime da distribuição normal. Embora a adequação dessas hipóteses deva ser analisada, a regra da raiz quadrada é uma maneira útil de estimar o impacto no inventário causado pela adição ou eliminação de armazéns da rede logística.

Modificação no Ciclo de Desempenho

Velocidade e consistência dos serviços podem variar para mercados ou clientes específicos pela modificação de algum aspecto do ciclo de desempenho. Para melhorar o serviço, podem ser usados pedidos por via eletrônica ou transportes especiais. Portanto, a proximidade geográfica

---

[7] Para acompanhar uma discussão mais detalhada sobre o efeito *portfólio*, consulte Walter Zinn, Michael Levy and Donald J. Bowersox, "Measuring the Effect of Inventory Centralization/Decentralization on Aggregate Satefy Stock: The Square Root Law Revisited", *Journal of Business Logistics* 10, no. 1 (1989), pp. 1-14; e Philip T. Evers, "Expanding the Square Root Law: An Analysis on Both Safety and Cycle Stocks", *Logistics and Transportation Review 31*, no. 1 (1995), pp. 1-20.

[8] D. H. Maister, "Centralization of Inventories and the 'Square Root Law'," *International Journal of Physical Distibution* 6, no. 3 (1976), pp. 124-134.

Tabela 15-6 Impacto da mudança de inventário em uma rede de armazéns

Localizações da rede	Nível de estoque de segurança
1	97
2	141
3	175
4	203
5	229

e o número de armazéns não se traduzem diretamente em entregas rápidas e consistentes. A decisão de se agregar serviços pela adoção de arranjos de ciclo de desempenho mais rápido, normalmente resultará em maiores custos variáveis. Em contraste, a melhoria em serviços, a partir da adição de armazéns, envolve um alto nível de custo fixo e pode resultar em menor flexibilidade geral do sistema.

Nenhuma generalização pode ser feita a respeito da relação custo/melhoria de serviço resultante de uma mudança no ciclo de desempenho. A relação comum entre o custo de um transporte especial e o de baixo custo resulta em um incentivo significativo em favor de grandes embarques. Logo, se o volume de pedidos é substancial, a economia da logística pode indicar a conveniência do uso de um armazém ou ponto de consolidação para servir a um mercado.

O impacto causado pelo uso de transportes especiais é o do aumento do custo total. Ajustes no sistema de menor custo total logístico podem ser justificados se o melhor serviço gerar aumento de renda. A Visão Setorial 15-1 ilustra como a Timberland Company ajustou o nível de seu serviço limiar depois de perceber que o perfil dos clientes estava mudando.

Modificações no Estoque de Segurança

Uma maneira direta de alterar os serviços é aumentando ou diminuindo a quantidade de inventário de segurança mantido em um ou mais armazéns. O impacto do aumento do estoque de segurança sobre todo o sistema provoca a elevação geral da curva de custos de inventário. A meta de aumentar a disponibilidade de serviços aos clientes resultará em maiores estoques de segurança em cada armazém. À medida que se aumenta a disponibilidade, o inventário de segurança exigido para cada incremento de disponibilidade aumenta a taxas crescentes.

Estratégia de Finalização

Os gerentes costumam cair na armadilha de serem muito otimistas no comprometimento de serviços junto aos clientes. O resultado é a criação de grandes expectativas por parte dos clientes, seguidas de um desempenho insatisfatório. Em parte, esse comprometimento excessivo resulta da falta de entendimento do custo total exigido para apoiar um serviço com defeitos zero.

O último passo no estabelecimento de uma estratégia é avaliar o custo de serviços adicionais, devido à possibilidade de gerar uma compensação negativa da renda. Como ilustração, suponha que o sistema atual está preparado para atender 90% dos clientes, com uma disponibilidade de inventário de 95%, dentro de um prazo de 60 horas a partir do recebimento do pedido. Considere ainda que o sistema logístico atual está obtendo esses resultados com o menor custo total possível, utilizando cinco armazéns. Mesmo assim, o departamento de *marketing* não está satisfeito e acredita que a capacidade de atendimento deveria ser aumentada para 90% dos clientes, com uma disponibilidade de 97% do inventário, entregue em 24 horas. Os gestores de logística devem estimar o custo desse comprometimento estratégico.

A Figura 15-9 ilustra como as estratégias alternativas podem ser avaliadas. O departamento de *marketing* está solicitando uma melhora de 2% na disponibilidade de inventário, combinando com uma melhora de 36 horas na capacidade de entrega. Suponha que a análise desse projeto identifique que 12 armazéns representam a rede estrutural de menor custo capaz de produzir esses novos padrões de serviço. O custo total dessa expansão da capacidade de serviço é medido no eixo vertical, na Figura 15-9, pela distância entre os pontos A e B. O custo total para atingir o que foi solicitado pelo *marketing* irá exigir aproximadamente um aumento de $ 400.000 por ano em custos

---

Visão Setorial 15-1 Dando um Lustro nas Operações Calçadistas

A reengenharia na Timberland Co. tem desfeito algumas antigas crenças. A fabricante de calçados de Hampton, New Hampshire, sempre mediu sua produtividade pelo tamanho de cada entrega; logo, a prioridade era dada às grandes lojas de departamentos em detrimento de pequenas butiques que, no entanto, representavam uma fatia crescente de seu mercado. Há dois anos, a Timberland decidiu mudar sua própria rotina.

A empresa começou a marcar duas ou mais entregas para cada cliente por semana, em vez de uma grande entrega. Leitores de códigos de barras acompanham o inventário automaticamente e geram notas fiscais, tornando o sistema eficiente tanto para pequenos como para grandes pedidos.

Essa reengenharia está atingindo inclusive outras operações. Anteriormente havia um departamento para receber pedidos e outro para verificar o crédito dos clientes; agora, os dois foram transformados em um só. Atualmente, os pedidos são enviados via rede para a produção, de uma forma mais rápida e com menos erros.

A Timberland também está fazendo uso da via eletrônica para alcançar seus clientes. Ao permitir que suas lojas transmitam pedidos automaticamente para seus computadores, a empresa espera dobrar o volume de vendas a cada acréscimo de 25% na equipe de vendas. Na Timberland, manter-se um grande fabricante de calçados significa não ficar preso ao passado.

De Gary McWilliams, "The Technology Payoff: A Sweeping Reorganization of Work Itself Is Boosting Productivity," *Business Week*, June 14, 1993, p. 59.

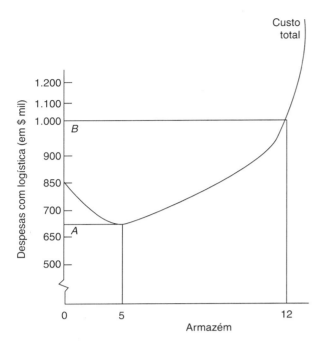

Figura 15-9 Custo total comparativo para um sistema de distribuição com 5 e 12 armazéns.

logísticos. Supondo uma margem de lucro média, antes dos impostos, de 10% nas vendas, seria necessário gerar $ 4 milhões em vendas adicionais para simplesmente custear a oferta do serviço adicional.

A aceitação ou rejeição da proposta do *marketing* para o aumento de serviços envolve um posicionamento estratégico. A logística pode oferecer qualquer desempenho exigido pela estratégia geral de serviços aos clientes da empresa. Mudanças na política empresarial, uma vez adotadas, irão influenciar o projeto da rede estrutural logística. Para finalizar a política logística, a administração normalmente exige a avaliação de uma gama de alternativas estratégicas. Além do custo total mínimo, existem pelo menos outros quatro modelos estratégicos: serviço máximo, maximização do lucro, maximização da vantagem sobre a concorrência, e mínima disponibilização de ativos. Cada uma dessas estratégias direcionará um projeto de rede estrutural logística único.

Serviço Máximo

A estratégia de serviço máximo raramente é implementada. Um sistema projetado para oferecer o máximo em serviço altera a ênfase do projeto, de custos para disponibilidade e rapidez na entrega. Áreas de serviço máximo podem ser desenvolvidas de maneira similar às de menor custo, como as mostradas na Figura 15-8; no entanto, as linhas de custos serão substituídas por limites de tempos de serviço. Os limites para cada área de serviço de uma instalação são determinados pela capacidade de oferecer a entrega exigida. Como acontece nas áreas de serviço orientadas pelo custo, as áreas orientadas pelo tempo serão irregulares devido às configurações das rotas de transporte. A variação do custo total de um sistema de custo mínimo para um de serviço máximo, tendo em vista o serviço a um mesmo cliente será significativo. Por exemplo, atender todo o território dos Estados Unidos, oferecendo entrega no dia seguinte, poderia exigir de 30 a 40 armazéns e o uso de transporte absolutamente confiável. O número de armazéns poderia ser reduzido pelo uso de transportes especiais.

Lucro Máximo

A maioria das empresas visa a maximizar o lucro em seu projeto de sistema logístico. Teoricamente, a área de serviço de cada armazém deve ser determinada estabelecendo-se uma contribuição mínima ao lucro para clientes localizados a diferentes distâncias do armazém. Como os armazéns estão normalmente próximos a mercados de grande volume, quanto mais distante estiver um cliente do centro da área de serviço, mais alto será o seu custo logístico, de um modo geral. Esse aumento no custo ocorre não somente pela distância, mas também por conta da baixa densidade de clientes na periferia da área de serviço do armazém. No ponto onde o custo de atender clientes periféricos resulta em mínima margem de lucro permitida, as extensões da área de serviço tornam-se não-lucrativas, tomando-se como base o custo total de entrega.

Se um serviço melhorado é oferecido a um cliente, é possível que ele compre mais do sortimento de produtos vendidos pela empresa. Teoricamente, os serviços adicionais devem ser introduzidos quando a renda marginal gerada equiparar-se aos custos marginais. Atingido esse ponto de equilíbrio, nenhum outro serviço adicional se justificaria. Serviços adicionais podem ou não resultar em um aumento do número de armazéns. O serviço desejado pode ser oferecido por um sistema suplementar de entrega, usando distribuição direta ou dupla. A posição teórica de maximização de lucros é mais fácil de exprimir do que de fato mensurar. Voltando à Figura 15-8, o ponto de igualdade normalmente seria encontrado ao longo da curva de custo total à direita do ponto de menor custo, mas ainda distante do ponto onde os custos sobem rapidamente. Para a situação ilustrada na Figura 15-8, o sistema de maximização de lucros como primeira aproximação acabaria resultando em um número entre 6 e 10 armazéns.

A Tabela 15-5 apresenta a quantificação das capacidades de serviço de 14 armazéns para uma determinada configuração de clientes. Os ganhos reais de serviço que resultam da adição de armazéns variam de acordo com cada situação de negócio. Como regra geral, os benefícios aos serviços gerados pela adição de armazéns são progressivamente decrescentes. O custo de acrescentar armazéns reflete os custos adicionais de se alcançar entregas mais rápidas. Tais estimativas de custos operacionais permitem uma avaliação do valor marginal do serviço adicionado. Dada uma gama de relações custo/serviço, os gerentes terão informações suficientes para auxiliá-los no estabelecimento da estratégia de serviços aos clientes.

Vantagem Máxima sobre a Concorrência

Em situações especiais, a estratégia mais recomendável para guiar o projeto de um sistema logístico talvez seja a de buscar o máximo de vantagem sobre a concorrência. Apesar de existirem várias maneiras pelas quais um sistema pode ser modificado para obter vantagens competitivas, apresentaremos duas delas para ilustrar as considerações estratégicas pertinentes.

Serviço Segmentado. Uma modificação típica em projetos de custo mínimo é aprimorar os serviços para proteger os principais clientes dos avanços da concorrência. A administração deve estar atenta a como as expectativas dos principais clientes estão sendo satisfeitas. Se a política de serviço existente é capaz de atender somente 42% dos clientes, com uma entrega em 24 horas, a 95% de disponibilidade de inventário, devem ser tomados muitos cuidados para que os clientes mais rentáveis estejam recebendo os melhores serviços possíveis.

A título de ilustração, imagine uma típica empresa do setor de produtos de massa; considere que 20% dos clientes dela comprem 80% do que ela produz. Suponha, ainda, que esse grupo de clientes importantes esteja sediado em 75 diferentes locais de entrega. A chave para o posicionamento estratégico é determinar se esses 75 clientes estão incluídos entre os 42% que recebem entregas em 24 horas. Sob condições de igual dispersão geográfica entre esses clientes, a probabilidade de que um deles esteja incluído entre os 42% é de cerca de 0,5. Em outras palavras, não há expectativa de que, em média, mais do que 40 ou 45 desses clientes essenciais estejam recebendo entregas em 24 horas.

A Tabela 15-7 apresenta o tipo de resultado obtido nesse processo de avaliação. O número real de clientes recebendo entregas em 24 horas nesse exemplo é 53. Assim, apesar de 42% do *total* de clientes receberem o serviço em 24 horas, 76% dos clientes essenciais recebem esse serviço. O processo iterativo, portanto, identifica clientes essenciais que recebem serviços que estão abaixo do nível de satisfação máxima. A análise aponta que há dois clientes preferenciais recebendo entregas em 60 horas.

Essa situação pode ser corrigida modificando-se as capacidades para acomodar clientes específicos. O custo de um sistema que oferece serviços em 24 horas para todos os clientes essenciais pode ser separado, para poder-se estimar o custo de implementar uma política de serviço segmentado. Uma alternativa lógica talvez seja usar transportes especiais para servir aqueles clientes preferenciais que não estão recebendo entregas em 24 horas.

Várias outras modificações no sistema também são possíveis. A administração pode decidir examinar o serviço oferecido aos clientes mais lucrativos. Podem ser feitas avaliações a respeito de clientes e não-clientes com maior potencial de crescimento. Além disso, uma empresa pode desejar avaliar o custo adicional de oferecer serviços superiores aos melhores clientes dos seus maiores concorrentes. Apesar de todas essas modificações aumentarem o custo total e diminuírem o lucro a curto prazo, a longo prazo o ganho pode ser uma melhora substancial na posição competitiva.

Armazenamento de Alto Custo Justificado. Uma outra aplicação das modificações de projeto para capitalizar em situações de concorrência é o armazém de alto custo economicamente justificado. Essa situação diz respeito especialmente a pequenos negócios ou negócios de nicho específico. Por causa da rigidez inerente às grandes empresas, suas políticas de preço tendem a ser inflexíveis. A legislação antitruste reforça essa rigidez. O resultado é que grandes empresas, vendendo em mercados geograficamente vastos, tendem a ignorar situações individuais de custo e demanda em mercados locais, ou não encontram maneira de acomodar essas oportunidades individuais aos seus sistemas de *marketing* e de logística. Essa inflexibilidade gera oportunidade para pequenas empresas, habilitando-as a fazer investimentos significativos em capacidade logística, para atrair os segmentos de mercados localizados.

A localização de uma pequena fábrica ou instalação de armazenagem em um mercado restrito, distante de grandes concorrentes, pode estabelecer uma capacidade de serviço local um tanto isolada da concorrência. A lógica dessa situação especial foi desenvolvida na discussão geral dos fatores que influenciam a escolha da localização de instalações. Por enquanto, é suficiente realçar que a maioria das empresas normalmente segue uma ou duas políticas a respeito dessas oportunidades únicas.

Como primeira política, uma grande empresa pode decidir evitar essas situações muito localizadas. Essa política de concentração nos mercados mais importantes pode ser uma oportunidade para a pequena empresa de custo mais alto. Como segunda política, grandes produtores podem estabelecer instalações de menor escala ou até implementar sistemas logísticos diretos, num esforço para atender uma demanda local. Seguir a primeira política le-

Tabela 15-7 Resultados do questionamento de clientes essenciais

Total dos clientes principais	Número de clientes principais atendidos por intervalo de hora			
	24	36	48	60
75	53	16	4	2

va a um sistema que se aproxima da configuração de menor custo total. Já a segunda política requer modificações substanciais no sistema logístico, com custos mais altos e lucros menores a curto prazo.

Disponibilização Mínima de Ativos

A estratégia logística final pode ser motivada pelo desejo de minimizar os ativos comprometidos com o sistema logístico. A empresa que deseja manter o máximo de flexibilidade pode usar componentes logísticos de custos variáveis, como armazéns públicos e transportes por contrato. Tal estratégia pode resultar em maiores custos totais logísticos do que poderia ser alcançado com um comprometimento de ativos visando a obter economias de escala. No entanto, o risco é bem menor e a estratégia aumenta a flexibilidade geral.

A integração da estratégia logística para apoiar as operações gerais da empresa exige um grande comprometimento de serviços aos clientes. Do ponto de vista do projeto de um sistema logístico, o custo total mínimo e o limiar de serviços associados oferecem uma plataforma ideal para a análise de sensibilidade de custos/serviços.

Resumo

Os principais determinantes de um projeto de rede estrutural logística são as exigências estabelecidas pela integração das estratégias de compras, de produção e de distribuição ao mercado. Dentro da estrutura dessas estratégias inter-relacionadas, as exigências logísticas são satisfeitas pela fusão de capacidades de transporte e inventário. Essas capacidades são distribuídas através da rede de instalações da empresa. As instalações de armazenamento são exigências importantes no desempenho logístico. Elas são justificadas pelo projeto de sistema logístico em termos de contribuição para a redução de custos, de melhorias nos serviços ou a combinação de ambos.

A economia em transportes e inventários são considerações críticas no projeto da rede estrutural. Ao buscar a logística de custo mínimo, os transportes lidam com os aspectos espaciais da logística. A possibilidade de consolidar o transporte é a justificativa primeira para incluir armazéns no projeto de uma rede. O inventário introduz uma dimensão temporal à logística. O inventário médio aumenta à medida que o número de armazéns de um sistema também aumenta, dada uma situação de demanda constante. A integração do custo total oferece uma estrutura para, simultaneamente, integrar custos de logística, de produção e de compras. Dessa forma, a análise do custo total fornece a metodologia para integrar toda a rede estrutural.

Uma análise minuciosa do custo total não acontece sem problemas práticos. Para começar, há o fato de que vários custos importantes não são medidos de maneira específica pelos sistemas de contabilidade padrão. Um segundo problema na análise do custo total é a necessidade de se considerar uma grande variedade de alternativas de projetos de redes estruturais. Para se desenvolver uma análise completa de uma situação de planejamento, devem ser levados em consideração os diferentes tamanhos de embarques, os modais de transporte e uma gama de localizações diferentes para os armazéns.

Esses problemas podem ser superados tomando-se o devido cuidado na análise da rede estrutural. O formato de custo recomendado para a análise do custo total é agrupar todos os custos funcionais associados aos transportes e inventários. A contribuição significativa da integração do custo total é que oferece uma análise simultânea dos custos relacionados a tempo e espaço nos projetos de sistemas logísticos.

A formulação de uma estratégia logística requer que a análise do custo total seja avaliada com base no desempenho dos serviços aos clientes. O serviço logístico é medido em função da disponibilidade, da capacidade e da qualidade do desempenho. O cumprimento total de cada um desses atributos está relacionado diretamente ao projeto de rede estrutural de logística. Para obter o mais alto nível de apoio da operação logística na integração da empresa como um todo, os serviços oferecidos aos clientes devem ocorrer até o ponto em que seu custo marginal se iguale à sua renda marginal. Essa igualdade marginal não é alcançada na prática; no entanto, a relação serve como uma meta do planejamento normativo.

A formulação de uma política de serviços começa a partir da identificação e da análise de um projeto de sistema de menor custo total. Dada uma meta de disponibilidade de inventário estabelecida pela administração, pode ser identificada a capacidade de serviço associada ao projeto de custo mínimo. O nível de serviço inicial é denominado nível de serviço limiar. Para avaliar modificações potenciais no projeto de custo mínimo é usada a análise de sensibilidade. Os níveis de serviço podem ser melhorados alterando-se (1) o número de armazéns, (2) algum aspecto do ciclo de desempenho e/ou (3) o estoque de segurança.

Além do projeto de custo mínimo, há quatro estratégias potenciais: serviço máximo, lucro máximo, vantagem competitiva máxima, e mínima disponibilização de ativos. Dessa gama de opções estratégicas, o objetivo final do projeto de sistema logístico é escolher a estratégia logística que dê suporte à estratégia geral de negócios da empresa.

Questões Desafiadoras

1. Descreva com palavras próprias o significado de integração espaço-temporal na integração do sistema logístico.

2. Que justificativa lógica pode ser usada para apoiar-se a colocação de um armazém em um sistema logístico?

3. Por que os custos de transporte diminuem à medida que novos armazéns são acrescentados ao sistema? E por que os custos de inventários aumentam, diante dessa mesma circunstância?

4. Qual o impacto causado pelo inventário na localização? Qual a diferença entre inventários em trânsito e inventários de segurança? Explique com palavras próprias.

5. O que significa nível de serviço limiar de um sistema de custo mínimo?

6. Por que os serviços aos clientes não aumentam na mesma proporção que o custo total, quando um sistema logístico está sendo projetado?

7. Consulte a Tabela 15-5 e responda: por que a velocidade de serviço aos clientes aumenta mais para clientes localizados a maiores distâncias do armazém? Qual é a implicação dessa relação no projeto de sistemas logísticos?

8. Comente as diferenças entre melhorar o serviço aos clientes com transportes mais rápidos e consistentes, com quantidades maiores de inventário, e/ou com maior número de armazéns.

9. Qual a diferença, no projeto de um sistema, entre as políticas de custo total mínimo e a maximização de lucro a curto prazo?

10. De que maneira o desempenho do serviço ao cliente pode ser melhorado pela flexibilização das operações de distribuição em um projeto de sistema logístico?

16

Técnicas e Processos de Projeto

Metodologia de Planejamento
Fase I: Definição do Problema e Planejamento
    Avaliação de Viabilidade
    Planejamento do Projeto
Fase II: Coleta e Análise de Dados
    Premissas e Coleta de Dados
    Análise
Fase III: Recomendações e Implementação
    Recomendações
    Implementação
    Métodos e Técnicas de Análise Decisória
        Análise de Linhas de Carga
        Análise de Inventário
        Decisões sobre Localização
        Decisões sobre Inventário
        Decisões sobre Transporte
Resumo

O ambiente logístico está em permanente evolução em virtude das mudanças nos mercados, na concorrência e na tecnologia. Para desenvolver e focalizar a estratégia da empresa visando ao enfrentamento desse ambiente mutante são necessários uma metodologia de planejamento sistemático e projetos para avaliar as alternativas de maneira efetiva. Este capítulo descreve uma metodologia geral que inclui uma visão abrangente de técnicas usadas no planejamento logístico.

Metodologia de Planejamento

Até mesmo em setores amadurecidos, o mercado, a demanda, o custo e as exigências de serviço de uma empresa mudam rapidamente, em resposta ao comportamento dos clientes ou da concorrência. No enfrentamento dessas mudanças, as empresas freqüentemente se deparam com questões tais como: (1) Quantos armazéns devemos utilizar e onde devem estar localizados? (2) Quais são as trocas compensatórias (*trade-offs*) entre inventários e nível de serviço para cada armazém? (3) Que tipos de equipamentos de transporte devem ser usados e que rotas os veículos devem seguir? e (4) O investimento em novas tecnologias de manuseio de materiais se justifica?

.Tais questões geralmente são caracterizadas como complexas e exigentes em termos de informação. A complexidade provém do grande número de fatores que influenciam o custo logístico total e da ampla gama de soluções alternativas. A grande necessidade de informações advém das características de avaliação das alternativas logísticas. Análises de informações típicas referem-se a alternativas possíveis de serviço, de características de custo e de tecnologias de operação. Tais análises exigem um processo estruturado e ferramentas analíticas efetivas.

Da mesma maneira que não há um sistema logístico ideal capaz de se adequar a toda empresa, o método para identificar e avaliar as alternativas de estratégias logísticas pode variar bastante. No entanto, há um processo geral que se aplica à maioria dos projetos logísticos e situações de análise. A Figura 16-1 ilustra o fluxo desse procedimento.

O processo é segmentado em três fases: definição do problema e planejamento, coleta de dados e análise, e orientação e implementação.

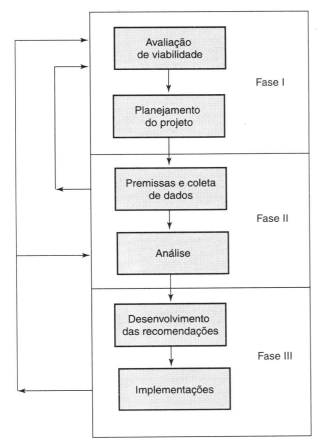

Figura 16-1 Procedimento de pesquisa.

Fase I: Definição do Problema e Planejamento

A primeira fase do projeto de sistema logístico oferece a fundamentação para o projeto inteiro. A definição do problema e um planejamento completo e bem documentado são essenciais para as fases seguintes.

Avaliação de Viabilidade

O projeto e o planejamento logístico devem começar com uma avaliação abrangente da situação logística atual. O objetivo é entender as características do ambiente, do processo e do atual desempenho do sistema, e então determinar quais mudanças serão necessárias, se for o caso. O processo de avaliar a necessidade de mudanças é conhecido como **avaliação de viabilidade**, e inclui as atividades de análise da situação existente, o desenvolvimento da lógica de apoio e a estimativa de custo/benefício.

Análise da Situação

Análise da situação é a coleta de medidas e características de desempenho que descrevem o ambiente logístico atual. Uma avaliação típica exige revisão interna, avaliação do mercado, avaliação da concorrência e avaliação da tecnologia disponível para determinar potenciais e oportunidades de aprimoramento.

A revisão interna é necessária para desenvolver um entendimento claro dos processos logísticos existentes. Ela faz o levantamento dos perfis históricos de desempenho, da disponibilidade de informações, das estratégias, das operações e das práticas políticas e táticas. A revisão normalmente abrange os processos logísticos como um todo, assim como as funções logísticas.

Uma auto-avaliação completa para uma revisão interna examina os principais recursos da empresa, como a força de trabalho, os equipamentos, as instalações, os relacionamentos e as informações. Em particular, a revisão interna deve focalizar uma avaliação completa das capacidades e deficiências do sistema atual. Cada elemento do sistema logístico deve ser examinado cuidadosamente quanto a seus objetivos e sua capacidade de alcançá-los. Por exemplo, o sistema de informações da gestão logística está oferecendo e medindo corretamente os objetivos de serviço aos clientes na forma desejada pelo Departamento de *marketing*? Da mesma maneira, o processo de gestão de materiais presta suporte adequado às exigências da produção? A rede atual de centros de distribuição apóia efetivamente os objetivos de serviço aos clientes? E, por fim, como se comparam as medidas e as capacidades de desempenho logístico entre as diferentes unidades de negócio ou instalações? Essas e outras questões similares formam a base da auto-avaliação necessária para a análise interna. Essa revisão abrangente busca identificar as oportunidades que podem motivar ou justificar o refinamento ou o redesenho do sistema logístico.

A Tabela 16-1 lista alguns tópicos freqüentemente abrangidos numa revisão interna. O formato sugerido não é a única maneira de abordar o assunto, mas realça o fato de que essa avaliação deve levar em consideração processos, decisões e medidas-chave para cada atividade logística importante. As considerações a respeito de processo enfocam os fluxos físicos e informativos ao longo da cadeia de valores. As considerações a respeito de decisões enfocam os critérios e a lógica usados na gestão da cadeia de valores. E as considerações a respeito de medidas enfocam os indicadores-chave de desempenho e a habilidade da empresa em medi-los.

O conteúdo específico da revisão depende do escopo da análise. Dificilmente a informação desejada já está disponível. O propósito da revisão interna não é a coleta detalhada de informações; interessa mais o diagnóstico dos processos e dos procedimentos logísticos atuais do que a prospecção da disponibilidade de informações. E o que é mais importante, a revisão interna é voltada para a identificação das áreas onde existem oportunidades substanciais para melhorias. A avaliação externa é uma revisão das tendências e demandas de serviço exigidas pelos clientes. O objetivo desse tipo de avaliação é documentar e formalizar as percepções e desejos dos clientes com relação a mudanças nas capacidades logísticas da

Tabela 16-1 Tópicos selecionados para uma revisão interna

	Processos	Decisões	Mensurações
Serviços aos clientes	Qual é o fluxo atual de informação? Qual é o perfil de pedidos e como está mudando? Como os pedidos são recebidos?	Como são tomadas as decisões sobre pedidos de compra? O que acontece quando o inventário não está disponível para atender um pedido?	Quais são os indicadores-chave de serviços aos clientes? Como eles são medidos? Qual é o nível atual de desempenho?
Gestão de materiais	Como é o fluxo atual de materiais entre as fábricas e os centros de distribuição? Quais processos são realizados em cada instalação de fábricas e centros de distribuição?	Como são tomadas as decisões sobre alocação de capacidade das fábricas e centros de distribuição? Como são tomadas as decisões sobre planejamento e programação de produção?	Quais são as limitações-chave da capacidade das fábricas e dos centros de distribuição? Quais são os indicadores-chave para o desempenho de gestão de materiais? Como eles são medidos? Qual é o nível atual de desempenho?
Transporte	Quais os modais atualmente utilizados? Qual é o perfil de peso dos pedidos e embarques e como se diferenciam? Qual é o fluxo de requisições, de pagamentos e de troca de informações com as transportadoras? Qual é o fluxo de informação para a documentação dos embarques?	Como são tomadas as decisões sobre a escolha do modal e das transportadoras para cada embarque? Como as transportadoras são avaliadas?	Quais são os indicadores chave de desempenho dos transportes? Como são medidos? Qual é o nível atual de desempenho? Quais são as características econômicas relativas a cada modal e a cada transportadora?
Armazenagem	Quais as instalações, atualmente em uso, para estoque e manuseio e quais funções desempenham? Quais são as linhas de produtos mantidas em cada instalação? Quais as funções de valor agregado, como estocagem e manuseio, que são ou podem ser realizadas em cada uma das instalações?	Como são tomadas as decisões de consolidação de embarques em cada instalação? Quais as decisões tomadas pelos manipuladores de materiais e como eles tomam essas decisões? Como são armazenados os produtos na instalação e como são tomadas as decisões sobre separação de produtos?	Qual o volume e estocagem de produtos processados em cada instalação? Quais os indicadores-chave de desempenho do armazém? Como são medidos? Qual o nível atual de desempenho? Quais as características econômicas relativas de cada instalação?
Inventário	Quais as funções de valor agregado desempenhadas pelo inventário atual acumulado?	Como são tomadas as decisões sobre a gestão de inventário? Quem fornece e quais informações são usadas para apoiar essas decisões?	Qual o custo de carregamento de inventário da corporação? Quais são os indicadores-chave de desempenho do inventário? Como eles são medidos? Qual o nível atual de desempenho?

empresa. Essa avaliação pode incluir entrevistas com clientes especiais ou pesquisas mais detalhadas com os clientes em geral.[1]

A Tabela 16-2 ilustra tópicos típicos de avaliações de mercado. A avaliação deve focalizar as relações externas com fornecedores, clientes e consumidores. Deve considerar tanto as tendências em relação às exigências e os processos como as aptidões da empresa e da concorrência.

A avaliação da tecnologia focaliza a aplicação e a capacitação de tecnologias logísticas essenciais, incluindo transporte, armazenamento, manuseio de materiais, embalagem e processamento de informações. A avaliação leva em conta a capacidade da empresa, com base nas tecnologias atuais e no potencial de aplicação de novas tecnologias. Por exemplo: Será que capacidades avançadas de manuseio de materiais, oferecidas por um fornecedor terceirizado, podem aprimorar a desempenho logístico? Que papel exercem os sistemas de tecnologia da informação, comunicação e de apoio a decisões na função de guiar as capacidades de respostas logísticas? Finalmente, como as tecnologias de comunicação por leitura ótica e via satélite podem contribuir para as capacitações do sistema logístico? O objetivo da avaliação da tecnologia é identificar os avanços tecnológicos que possam oferecer trocas compensatórias efetivas com outros recursos logísticos, como

---

[1] Francis J. Gonillart e Frederick D. Sturdivant, "Spend a Day in the Life of Your Customers," *Harvard Business Review* 72, no. 1 (January/February 1994), pp. 116-25.

Tabela 16-2 Tópicos para avaliação de mercado

	Tendências de mercado	Capacidades do empreendimento	Capacidades competitivas
Fornecedores	Quais os serviços com valor agregado oferecidos pelos fornecedores? Quais os principais gargalos dos fornecedores atuais?	Quais são as oportunidades de internalizar ou terceirizar serviços com valor agregado? Como os processos podem ser modificados para reduzir os gargalos?	Quais ações a concorrência têm efetivado com os fornecedores para refinar o fluxo de produtos e informações? O que são *benchmarks* competitivos em números de fornecedores, características de custo, e medidas de desempenho?
Clientes	Quais as maiores limitações e gargalos dos serviços prestados aos clientes principais? Quais os impactos nos custos dessas limitações e gargalos? De que maneira os padrões de pedido dos clientes têm mudado? Quais são os critérios dos clientes principais?	Quais funções ou atividades podem ser mudadas de e para os clientes para melhorar o desempenho do sistema logístico? Como os clientes avaliam nosso desempenho nos seus critérios-chave de avaliação?	Quais os serviços oferecidos aos clientes pela concorrência? Como a concorrência se sai nas medidas-chave de desempenho identificadas pelos clientes?
Consumidores	De que maneira os padrões de compra dos consumidores têm mudado em relação a localização das compras, tempo e critérios de seleção? Quais as tendências dos consumidores em relação às atividades logísticas, tais como quantidades adquiridas, embalagens, entrega a domicílio e qualidade do produto?	Como podemos ser capazes de responder às mudanças nos padrões de compra dos consumidores e em seus critérios de seleção?	Como os nossos concorrentes estão respondendo às mudanças nos padrões de compra e nos critérios de seleção dos consumidores?

transporte ou inventário. A Tabela 16-3 apresenta os tópicos mais comuns de avaliação da tecnologia para um conjunto de funções logísticas. Tal avaliação deve ser completada para cada elemento do sistema logístico, assim como a partir de uma visão geral de integração.

Desenvolvendo a Lógica de Apoio

A segunda tarefa da avaliação de viabilidade é o desenvolvimento de uma **lógica de apoio** para integrar os resultados da revisão interna, revisão externa e do estudo tecnológico. O desenvolvimento da lógica de apoio costuma ser a parte mais difícil do processo de planejamento estratégico. O propósito da análise da situação existente é oferecer à alta administração da empresa o melhor entendimento possível das aptidões e fragilidades das capacidades logísticas existentes, tanto para o ambiente atual quanto para o futuro. O desenvolvimento da lógica de apoio é construído sobre essa revisão abrangente de três maneiras.

Primeiro, é necessário determinar se existem oportunidades de melhoria logística suficientes para justificar uma pesquisa e análise detalhadas. De certa maneira, o desenvolvimento da lógica de apoio força uma revisão crítica das oportunidades potenciais e a determinação de investigações adicionais se fazem necessárias ou não. O desenvolvimento da lógica de apoio usa os princípios logísticos (p. ex.: princípio do refinamento, princípio da agregação de inventário) discutidos nos capítulos anteriores para determinar a viabilidade de conduzir uma análise detalhada e os benefícios potenciais existentes. Como a realização das tarefas restantes do processo de planejamento gerencial não compromete a empresa com a implementação, nem garante um novo projeto de sistema logístico, os benefícios potenciais das mudanças devem ser claramente identificados durante o desenvolvimento da lógica de apoio.

Segundo, o desenvolvimento da lógica de apoio avalia, de forma crítica, os procedimentos e as práticas atuais usando uma análise factual abrangente, de modo a eliminar vieses de percepção. A identificação de áreas com potencial de melhoria, assim como aquelas em que as operações são satisfatórias, oferece a base para determinar-se a necessidade de ajuste estratégico. Por exemplo, pode se tornar aparente que estoque excessivo é um problema sério e que existe potencial de redução de custos e de aperfeiçoamento do serviço. Enquanto o processo de avaliação geralmente confirma que vários aspectos do sistema atual estão mais certos do que errados, a conclusão deve ser sempre fundamentada no aperfeiçoamento. Se a lógica de apoio reafirma o número atual de centros de distribuição e suas respectivas localizações, uma análise subseqüente pode ser focalizada na adequação dos níveis de inventário sem riscos sérios de subotimização. Os resultados desse processo de avaliação incluem a classificação dos aspectos de planejamento e revisão, priorizados em primários e secundários, dentro de horizontes de planejamento de curto ou longo prazo.

Tabela 16-3 Abordagem tecnológica comum

	Tecnologia atual	Tecnologia ao estado da arte
Previsão	Quais são as tecnologias atuais para coleta, manutenção e desenvolvimento das previsões?	Como as melhores empresas desenvolvem suas previsões?
Entrada do Pedido	Quais são as tecnologias de entrada de pedidos utilizadas atualmente? Qual tecnologia de entrada de pedidos que os clientes estão exigindo?	Como são as melhores práticas relativas ao recebimento de pedidos? Quais novas tecnologias estão disponíveis para melhorar a efetividade da entrada de pedidos?
Processamento do Pedido	Qual é o processo de alocação do inventário disponível aos pedidos dos clientes? Quais são as limitações da abordagem atual?	Como são as melhores práticas relativas ao processamento de pedidos? Quais novas tecnologias (*hardware* e *software*) estão disponíveis para melhorar a efetividade da entrada de pedidos?
Planejamento das Necessidades	Quais processos de tomada de decisões são usados para determinar as necessidades de inventário para produção e distribuição? Como esses processos são apoiados por informações correntes e ajudas de decisão?	Como as melhores empresas tomam decisões relativas à produção e ao planejamento de inventários? Quais novas tecnologias estão disponíveis para melhorar a efetividade do planejamento de necessidades?
Faturamento e EDI	Como são transmitidos atualmente faturas, pesquisas e pagamentos?	Como as melhores empresas estão utilizando EDI? Quais novas tecnologias em comunicações e intercâmbio de dados estão disponíveis para aprimorar o faturamento e outras formas de comunicação com os clientes?
Operações nos Armazéns	Como são tomadas as decisões sobre pessoal e programação nos armazéns? Como as instruções operacionais dos armazéns são fornecidas aos supervisores e pessoal de manuseio? Como os supervisores e o pessoal de manuseio dos armazéns controlam suas atividades e desempenho?	Como as melhores empresas estão usando as tecnologias de informação e de manuseio de materiais nos armazéns? Quais novas tecnologias estão disponíveis para aprimorar a efetividade das operações nos armazéns?
Transporte	Como são tomadas as decisões relativas à consolidação, roteirização e programação dos transportes? Como a documentação de transporte é desenvolvida e comunicada aos transportadores e clientes? Como os custos de transporte são determinados, abordados e acompanhados? Como são utilizadas as tecnologias de embalagem e de carregamento?	Como as melhores empresas estão utilizando as tecnologias de informação, de embalagem e de carregamento junto aos transportadores? Quais novas tecnologias de informação, embalagem, carregamento e comunicação estão disponíveis para melhorar a efetividade das operações de transporte?
Apoio às Decisões	Como são tomadas as decisões relativas ao planejamento tático e estratégico da logística? Quais informações são utilizadas e quais análises são elaboradas?	Como as melhores empresas estão desenvolvendo seus processos de tomada de decisão táticas e estratégicas similares? Quais tecnologias de informação e avaliação estão disponíveis para aprimorar a efetividade das decisões tomadas?

Terceiro, o processo do desenvolvimento da lógica de apoio deve incluir afirmações claras das alternativas potenciais de reprojeto. Essas afirmações devem incluir: (1) definição dos procedimentos e sistemas atuais, (2) identificação das alternativas de projeto de sistema mais prováveis, baseadas nas práticas da concorrência e de empresas líderes de mercado, e (3) sugestões de abordagens inovadoras, fundamentadas em novas teorias e tecnologias. As alternativas devem desafiar os procedimentos existentes, mas também devem ser práticas. Quanto menor for a freqüência da realização dessas reavaliações dos projetos e procedimentos atuais, mais importante será a identificação de uma gama de opções para exame. Por exemplo, a avaliação de um sistema total de gestão de logística ou de uma rede de distribuição deve considerar uma gama maior de opções se feita a cada cinco anos do que a cada dois anos.

Nesse momento do processo de projeto e planejamento, pode valer a pena a construção de fluxogramas e/ou esquemas para ilustrar os conceitos básicos associados a cada alternativa. A ilustração dessas estruturas de oportunidades para práticas logísticas flexíveis claramente evidencia as exigências de fluxo de informações e de adição de valor, e oferecem uma visão abrangente das opções. Algumas práticas logísticas refinadas ou segmentadas são difíceis de ilustrar em um diagrama de fluxo único. Por exemplo, variações regionais, variações dos compostos (*mix*) de produtos e políticas diferentes de cargas são difíceis de visualizar, apesar de fazerem parte da base das alternativas de projeto. Quando estratégias segmentadas são propostas, é mais fácil imaginar cada opção de maneira independente.

Um procedimento recomendado exige que o administrador, responsável por avaliar a estratégia logística, desenvolva uma declaração lógica e uma justificativa dos benefícios potenciais. Usando o conceito de serviços aos clientes (Capítulo 3) e a lógica e a metodologia da integração logística (Capítulo 15), o gerente deve documentar e racionalizar as alternativas estratégicas mais atraentes.

Estimativa de Custo/Benefício

A última tarefa da avaliação de viabilidade, a **estimativa de custo/benefício**, é uma estimativa dos benefícios potenciais de se realizar a análise logística e implementar suas orientações. Os benefícios devem ser classificados em aperfeiçoamentos dos serviços, reduções de custo e prevenções de custo. As categorias não são mutuamente exclusivas, já que a estratégia logística ideal pode incluir em certo grau os três benefícios simultaneamente.

Melhorias nos serviços incluem resultados que ressaltam a disponibilidade, a qualidade ou a capacitação. Um serviço de melhor qualidade aumenta a lealdade dos clientes existentes e atrai novos negócios.

Reduções de custo podem ser observadas de duas formas. Primeira, os benefícios podem ocorrer como resultado de uma redução num evento único dos recursos gerenciais ou financeiros necessários para operar o sistema logístico. Por exemplo, o reprojeto logístico pode permitir uma redistribuição das instalações de venda, dos dispositivos de manuseio de materiais ou de equipamentos de tecnologia da informação. Reduções de capital utilizado em inventários e outros ativos ligados à distribuição podem melhorar de maneira significativa o desempenho de uma empresa se os custos correntes forem eliminados e o capital for liberado para desenvolvimentos alternativos. Segunda, reduções de custo podem ser obtidas na forma de despesas variáveis ou de caixa (*out-of-pocket*). Por exemplo, novas tecnologias para manuseio de materiais e processamento de informações tendem a reduzir o custo variável ao possibilitarem operações e processos mais eficientes.

A prevenção de custo reduz o envolvimento em programas e operações que estejam experimentando aumentos de custo. Por exemplo, muitos aprimoramentos no manuseio de materiais ou em nível de tecnologia da informação são, pelo menos, justificados parcialmente pela análise financeira de suas implicações futuras na disponibilidade de mão-de-obra e nos níveis salariais. Naturalmente, qualquer justificativa de prevenção de custo é baseada numa estimativa de condições futuras e, portanto, está sujeita a erro. Enquanto houver a possibilidade de o projeto de um novo sistema logístico não ser aprovado por completo em função dessa incerteza, é importante que as medidas de prevenção continuem sendo levadas em consideração.

Não existem regras para determinar quando uma situação de planejamento oferece um potencial adequado de custo/benefício que justifique um esforço ainda maior. O ideal é que certo grau de revisão aconteça de maneira contínua, em intervalos regulares específicos, para garantir a viabilidade das operações logísticas atuais e futuras. Na análise final, a decisão de levar adiante um planejamento profundo irá depender do quanto a lógica de apoio é convincente, do quanto os benefícios estimados são confiáveis e oferecem retorno suficiente sobre o investimento, para justificar a mudança operacional e organizacional. Esses benefícios potenciais devem ser contrabalançados com os dispêndios exigidos para completar o processo.

Embora nem sempre se apresente como um dos objetivos de projeto e do planejamento, as oportunidades de melhorias imediatas são freqüentemente um dos resultados da avaliação de viabilidade. O desempenho logístico alcançado em função dessas melhorias imediatas pode aumentar os lucros ou diminuir o custo, de maneira a justificar o restante da análise. À medida que a equipe de projeto vai identificando essas oportunidades, um grupo de direcionamento deve avaliar cada uma delas, para determinar as condições de retorno e de implementação.

Planejamento do Projeto

O planejamento do projeto é a segunda atividade da Fase I. A complexidade de um sistema logístico exige que qualquer esforço para identificar e avaliar alternativas estratégicas e táticas seja planejado na sua totalidade, para oferecer uma base sólida para mudança. O planejamento do projeto envolve cinco itens específicos: definição de objetivos, definição de restrições, padrões de medida, análise dos procedimentos, e plano de trabalho do projeto.

Definição de Objetivos

A **definição de objetivos** documenta as expectativas de custo e de serviço relacionadas à revisão do sistema logístico. É essencial que esses objetivos sejam definidos de maneira explícita e em fatores mensuráveis. Os objetivos definem segmentos de mercado ou de setor, a duração da revisão e as exigências específicas de desempenho. Essas exigências geralmente definem níveis de serviço específicos que a gerência pretende alcançar. Por exemplo, a seguir sugere-se uma combinação de objetivos mensuráveis que podem ser usados para orientar uma análise logística:

1. Disponibilidade de inventário:
   - 99% para os produtos da categoria A;
   - 95% para os produtos da categoria B;
   - 90% para os produtos da categoria C;
2. Entrega desejada de 98% dos pedidos dentro de 48 horas a partir da sua entrada;
3. Redução dos embarques a clientes, feitos a partir de centros de distribuição secundários;
4. Atendimento a pedidos de produtos variados, sem pedidos em espera, em pelo menos 85% deles;
5. Retenção dos pedidos por no máximo 5 dias; e
6. Atendimento com desempenho de pedido perfeito em 98% dos pedidos dos 50 clientes mais rentáveis.

A definição específica desses objetivos orienta os esforços do projeto de sistema para serem alcançados níveis explícitos de desempenho de serviços aos clientes. O custo total do sistema para atendimento dos objetivos de serviço pode então ser determinado usando-se um método analítico apropriado. Caso o custo total não esteja dentro das expectativas da gestão, níveis alternativos de desempenho de serviços aos clientes podem ser avaliados usando-se a análise de sensibilidade para determinar seu impacto no custo logístico total.

Alternativamente, os objetivos de desempenho podem estabelecer as restrições de custo total, e então um sistema que proporciona o máximo de serviços aos clientes, dentro de um orçamento logístico aceitável, pode ser projetado. Tais objetivos direcionados pelo custo são práticos, já que as recomendações são garantidas dentro de parâmetros de orçamento aceitáveis, mas falta sensibilidade para projetos direcionados aos serviços.

Definição de Restrições

A segunda consideração do planejamento de projeto são as **restrições de projeto**. Com base na análise de situação, a expectativa é que a alta administração imponha restrições à extensão das modificações permitidas ao sistema. A natureza dessas restrições irá depender de circunstâncias específicas de cada empresa. No entanto, dois exemplos típicos são oferecidos para ilustrar de que forma as restrições podem afetar o processo de planejamento como um todo.

Uma restrição comum ao projeto de sistema de distribuição refere-se a redes de fábricas e seu sortimento de produtos. Para simplificar o estudo, na maioria das vezes a gestão mantém constante o composto de produtos e o número de fábricas existentes durante a revisão do sistema logístico. Essas restrições podem ser justificadas pelos grandes investimentos financeiros nas instalações de produção existentes e na capacidade da organização de assimilar mudanças.

O segundo exemplo de consideração de restrições está ligado aos canais de *marketing* e às atividades de distribuição física de divisões distintas. Em empresas com um padrão tradicional de responsabilidade por lucro descentralizada, a gerência pode decidir incluir algumas divisões e omitir outras, ao avaliar um reprojeto. Logo, algumas divisões são identificadas pela gestão como candidatas a mudanças, outras não.

Todas as restrições de projeto servem para limitar o escopo do plano. No entanto, como afirmou um executivo: "Por que estudar sobre coisas com as quais nada pretendemos fazer?" A menos que haja uma chance razoável de a gerência estar inclinada a aceitar recomendações de mudanças significativas na estratégia logística e nas operações, suas limitações podem, na melhor das hipóteses, ser tratadas como restrições ao próprio estudo.

O propósito de desenvolver uma definição das restrições é ter um ponto de partida bem definido e uma perspectiva geral para todo o esforço de planejamento. Se for usada análise por computador, as restrições principais devem ser revistas mais tarde. Ao contrário da análise de situação existente, discutida anteriormente, a definição de restrições lista elementos específicos da organização, tais como prédios, sistemas, procedimentos e/ou práticas a serem mantidos.

Padrões de Medidas

A avaliação de viabilidade destaca a necessidade de desenvolvimento de **padrões de desempenho gerencial**. Esses padrões orientam o projeto, identificando estruturas de custo e dificuldades de desempenho, e oferecendo meios de estimar o sucesso. A gerência deve estipular padrões de medida e objetivos para cada categoria, como pré-requisito para a formulação do plano. É importante que os padrões reflitam adequadamente o desempenho do sistema como um todo, em vez de um foco subotimizado, limitado a uma função logística. Uma vez formulados, tais padrões devem ser monitorados e acompanhados ao longo de todo o desenvolvimento do sistema, para permitir um *benchmarking* do resultado das mudanças. Embora haja competência da gerência na formulação de padrões, deve ser tomado o máximo cuidado para não se diluir a validade da análise e dos seus resultados ao estabelecer-se metas impraticáveis.

Uma exigência importante dessas medições é quantificar a lista de premissas que dão apoio lógico a esses padrões. Essas premissas devem receber aprovação da alta administração, já que elas dão todo o formato dos resultados do plano estratégico. Por exemplo, uma pequena variação no custo e procedimento padrões para avaliar inventário pode gerar grandes variações no plano estratégico.[2]

Os padrões de medida devem incluir definições de como os componentes de custo, tais como transporte, inventário e processamento de pedido são calculados, incluindo referências detalhadas de contas financeiras. Os padrões também devem incluir especificações de medidas relevantes de serviços aos clientes e métodos para calculá-las.

Procedimentos de Análise

Estando definidos os pontos críticos e as alternativas, um adequado **procedimento de análise** deve ser escolhido. Técnicas de análise vão desde uma simples verificação manual até o uso de modernas ferramentas computadorizadas de apoio à decisão. Por exemplo, modelos que incorporam algoritmos de otimização ou de simulação são comuns em avaliações e comparações de opções de redes logísticas de armazéns. No entanto, muitos projetos e pro-

---

[2] Para acompanhar uma discussão detalhada, consulte Patrick M. Byrne e William J. Markham, *Improving Quality and Productivity in the Logistics Process* (Oak Brook, IL: Council of Logistics Management, 1991), cap. 10.

cessos de planejamento podem ser elaborados de maneira efetiva usando-se apenas análises manuais ou planilhas. Uma vez que os objetivos e as restrições do projeto estão definidos, o planejamento do projeto deve identificar as técnicas alternativas de solução e escolher a melhor abordagem. A Accenture publica anualmente informações sobre programas de computador para apoio a decisões logísticas.[3] Tipos específicos de programas serão discutidos mais adiante neste capítulo.

A escolha de uma técnica de análise deve levar em conta a informação necessária para avaliar detalhes e opções do projeto. Especificamente, os padrões críticos de medida de desempenho e a extensão do sistema logístico devem ser identificados e avaliados. A escolha do procedimento de análise também deve levar em consideração o formato e a disponibilidade da informação necessária.

Plano de Trabalho do Projeto

Com base na avaliação de viabilidade, nos objetivos, nas restrições e nos procedimentos de análise, deve ser criado um plano de trabalho e serem determinados os recursos e o tempo necessários para sua realização. As alternativas e as oportunidades listadas durante a avaliação de viabilidade devem oferecer a base para determinar o escopo do estudo. E o escopo, por sua vez, determina o tempo necessário.

A gestão de projeto é responsável por alcançar os resultados esperados dentro das restrições de tempo e de orçamento. Um dos erros mais comuns no planejamento estratégico é subestimar o tempo necessário para completar uma determinada tarefa. Atrasos exigem maiores dispêndios financeiros e reduzem a credibilidade do projeto. Felizmente, há um grande número de programas de computador que podem auxiliar na estruturação de um projeto, orientar a alocação de recursos e mensurar o progresso. Essas metodologias identificam resultados e inter-relações entre as tarefas.[4]

Fase II: Coleta e Análise de Dados

Uma vez que a avaliação de viabilidade e o planejamento de projeto foram completados, a Fase II irá enfocar a coleta de dados e sua análise. As atividades desta fase servirão para definir premissas, coletar informações e analisar alternativas.

Premissas e Coleta de Dados

Essa atividade compreende a avaliação de viabilidade e o planejamento de projeto para desenvolver hipóteses detalhadas de planejamento e identificar as exigências de coleta de dados por meio (1) da definição das abordagens e técnicas de análise, (2) da definição e revisão das premissas, (3) da identificação das fontes de informação, (4) da coleta de dados e (5) da coleta de dados de validação.

Definição das Abordagens e Técnicas de Análise

Embora possa não ser a primeira, uma das tarefas iniciais é determinar a abordagem adequada para a análise e a obtenção de técnicas de análise necessárias. Ainda que exista um grande número de opções disponíveis, as técnicas mais comuns são as analíticas, as de simulação e as de otimização. A abordagem analítica usa métodos numéricos padronizados, como os disponíveis em planilhas eletrônicas, para avaliar cada alternativa logística. Um exemplo típico da abordagem analítica é a determinação das trocas compensatórias entre inventário e serviços aos clientes usando-se as fórmulas apresentadas no Capítulo 10. A disponibilidade e a capacidade das planilhas eletrônicas têm aumentado a utilização da abordagem analítica nas aplicações de distribuição.

A abordagem de simulação pode ser comparada a um laboratório para testar alternativas da cadeia de suprimentos. Simulações são amplamente usadas, principalmente em situações de grande incerteza. O ambiente de teste pode ser *físico*, como um modelo de sistema de manuseio de materiais que mostra fisicamente o fluxo de produtos em pequena escala, ou *numérico*, como um modelo computacional de um ambiente de manuseio de materiais que demonstra o fluxo de produtos na tela do computador. Programas de computador atualmente disponíveis fazem da simulação a abordagem mais eficaz, em termos de custo, para se avaliar alternativas logísticas dinâmicas.[5] Por exemplo, uma simulação baseada em PC pode modelar os fluxos, os níveis de atividade e as características de desempenho. Várias simulações também podem ilustrar graficamente as características do sistema. Por exemplo, a simulação dinâmica de uma cadeia de suprimentos pode ser usada para ilustrar as trocas compensatórias entre a estratégia de alocação de inventário e o desempenho da cadeia de suprimentos.[6]

A otimização usa programas lineares e matemáticos para se avaliar alternativas e selecionar a melhor. Apesar de serem capazes de selecionar a melhor opção, os aplicativos de otimização são, freqüentemente, menores em termos de escopo do que as abordagens comuns de simula-

---

[3] Accenture, *Logistics Software* (Oak Brook, IL: Council of Logistics Management, 2000).

[4] Um exemplo desse tipo de *software* é o *Microsoft Project* (Redmond, WA).

[5] Para acompanhar uma discussão mais completa sobre alternativas de simulação, consulte James J. Swain, "Flexible Tools for Modeling." *OR/MS Today*, December 1993, pp. 62-78; e John D. Sterman, *Business Dynamics: Systems Thinking and Modeling for a Complex World* (Burr Ridge, IL: McGraw Hill, 2000).

[6] David J. Cross, et al., "An Empirical Comparision of Anticipatory and Response-Based Strategies," *The International Journal of Logistics Management* 9, no. 2 (1998), pp. 21-34.

ção. Devido a sua enorme potencialidade, a otimização é usada de maneira extensiva para avaliar alternativas de redes logísticas, como as de número e de localização dos centros de distribuição.

Definição e Revisão das Premissas

A revisão e a definição de premissas baseiam-se na análise de situação, nos objetivos do projeto, nas suas restrições e nos padrões de medida. Para fins de planejamento, as premissas definem as características operacionais mais importantes, as variáveis e os fatores econômicos dos sistemas atual e alternativos. Embora o formato dessas premissas sofra variações de projeto para projeto, elas podem ser classificadas em: (1) premissas do negócio, (2) premissas da gestão e (3) premissas da análise.

As *premissas do negócio* definem as características do ambiente geral dos negócios, incluindo o mercado apropriado, os consumidores e as tendências do produto, e as ações da concorrência. Essas premissas definem o amplo ambiente onde os planos logísticos alternativos devem operar. As premissas de negócio geralmente estão além da habilidade da empresa de realizar mudanças.

As *premissas da gestão* definem as características físicas e econômicas dos ambientes logísticos atuais e alternativos, e geralmente fazem parte da esfera de controle da empresa, podendo ser mudadas ou refinadas. Entre as típicas premissas da gestão estão as definições de alternativas de instalações de distribuição, os modais de transporte, os processos logísticos e os custos fixos e variáveis.

As *premissas de análise* definem as restrições e limitações que devem ser levadas em consideração para se adequar o problema à técnica de análise. Essas premissas estão relacionadas ao tamanho do problema, ao grau de detalhe da análise e à metodologia de solução.

A Tabela 16-4 oferece descrições detalhadas para cada categoria de premissa.

Identificação das Fontes de Informação

Na prática, o processo de coleta de dados tem início com a avaliação de viabilidade. Além disso, é imprescindível uma especificação bem detalhada de dados para formular-se ou adequar-se uma técnica de análise. No entanto, nessa etapa do procedimento de planejamento, é preciso coletar e organizar informações detalhadas para dar apoio à análise. Em situações onde os dados são extremamente difíceis de serem obtidos, ou o nível de precisão necessário é desconhecido, podem ser usadas análises de sensibilidade para identificar as exigências da coleta de dados. Por exemplo, uma análise inicial pode ser feita usando-se custos de transporte estimados com regressões baseadas nas distâncias. Se a análise indicar que a melhor resposta é muito sensível aos preços reais de frete, um esforço adicional deverá ser feito para obter preços de frete mais precisos a partir de cotações de transportadores. Tão logo mostre-se operacional, a análise de sensibilidade pode ser usada para determinar os fatores mais importantes. Quando tais fatores, como custo de transporte até o cliente, forem identificados, maior esforço poderá ser direcionado para aumentar ainda mais a precisão; correspondentemente, menor esforço precisará ser feito em relação a outros dados.

A maior parte dos dados necessários para um estudo logístico pode ser encontrada nos registros internos da empresa. E mesmo que muita pesquisa possa ser necessária, a informação geralmente está disponível.

A principal e primeira categoria de dados refere-se aos pedidos e às vendas a clientes. Geralmente são necessárias previsões de vendas anuais, percentual de vendas men-

Tabela 16-4 Descrição das categorias de premissas

Premissas Classes/Categorias	Descrição
Premissas relativas a negócios	
Escopo	Definição das unidades de negócios e linhas de produtos a serem incluídas.
Alternativas	Gama de opções que pode ser considerada.
Tendências de mercado	Natureza e magnitude das mudanças nas preferências de mercado e nos padrões de compra.
Tendências de produtos	Natureza e magnitude das mudanças nos padrões de compra dos produtos, particularmente com relação ao tamanho e tipo de embalagem.
Ações competitivas	Pontos fortes e fracos e estratégias competitivas da logística.
Premissas relativas à gestão	
Mercados	Padrões de demanda por área de mercado, produto, e tamanho dos embarques.
Instalações de distribuição	Localizações, políticas operacionais, características econômicas, e histórico de desempenho das instalações atuais e potenciais de distribuição.
Transporte	Tarifas de transporte para movimentações entre os centros de distribuição e clientes atuais e potenciais.
Inventário	Níveis de inventário e políticas operacionais para cada instalação de distribuição.
Premissas relativas à análise	
Grupos de produtos	Informações de produto detalhadas e agregadas para atender o escopo das análises técnicas.
Áreas de mercado	Agrupamento de demanda de clientes para agregar áreas de mercado de modo a atender o escopo das análises técnicas.

sais, eventuais padrões sazonais para determinar o volume logístico e os respectivos níveis de atividade. Também são indispensáveis amostras de faturas de clientes, para determinar padrões de embarques e seus tamanhos por mercado. A combinação de medições conjuntas de demanda e de embarques caracteriza as exigências logísticas que devem ser atendidas.

Também são necessários alguns dados específicos de clientes para localizar-se no espaço a análise logística. Essa dimensão espacial reflete o fato de que uma logística efetiva deve levar em conta o custo e o tempo associados ao cumprimento de uma determinada distância transportando o produto. Freqüentemente, clientes e mercado são agrupados por localização, tipo, tamanho, freqüência de pedidos ou taxa de crescimento; ou por serviços logísticos especiais visando a reduzir a complexidade da análise, sem comprometer sua precisão.

Para uma análise integrada de canais, é necessário identificar e acompanhar os custos relacionados com produção e compras. Isso freqüentemente exige classificações adicionais, usando-se uma lista completa de peças e componentes (*bill of materials*). Embora a localização das fábricas possa não ser um componente variável do projeto de sistema logístico, quase sempre é necessário levar em conta o número e a localização das fábricas, o *mix* de produtos, a programação da produção e a sazonalidade. Devem ser identificadas as políticas e os custos associados à transferência de inventário, os pontos de reposição e o processamento no armazém. As regras de controle de inventário e os procedimentos de alocação de produtos são fatores de grande importância. Finalmente, para cada armazém atual ou potencial, é necessário estabelecer os custos operacionais, as capacidades, o *mix* de produtos, os níveis de estocagem e as possibilidades de prestação de serviços.

As exigências de dados de transporte incluem o número e os tipos de transporte utilizados, o critério para seleção modal, os fretes e o tempo de trânsito, as políticas e as normas de embarques. Se o transporte privado for incluído na análise, a informação correspondente é necessária para a frota privada.

A discussão precedente oferece alguma perspectiva sobre os dados necessários para se avaliar alternativas logísticas. A justificativa básica para executar-se o processo formal de coleta de dados, após a seleção da técnica de análise, é permitir que sua coleta ajuste-se às exigências específicas dessa técnica. Em outras palavras, a solução do projeto não pode ser melhor do que os dados em que está baseada.

Para a maioria das aplicações de análise logística, os dados do mercado mostram-se úteis para avaliar cenários futuros. A gerência, em geral, pode oferecer uma estimativa de vendas para os horizontes de planejamento. A dificuldade está em obter projeções mercado a mercado.

Uma solução para o problema é usar projeções demográficas que estejam intimamente vinculadas às vendas. Por exemplo, suponha que a prática ou as vendas estejam altamente correlacionadas com a população. Usando essa correlação e as projeções do governo referentes à população, é possível estimar níveis futuros de demanda e logo determinar as exigências logísticas para a mesma. Uma variedade de projeções a respeito de fatores demográficos são publicados regularmente pelos órgãos governamentais e pelas universidades. Há um grande número de fontes de códigos postais que podem oferecer muitos dados úteis para o planejamento logístico.[7] Portanto, um razoável banco de dados contendo informações sobre o ambiente está em permanente disponibilidade.

Também é de grande utilidade documentar fluxos e projetos de sistemas logísticos dos concorrentes, para dispor de informações acerca de estratégias e capacidades dos mesmos. Na maioria dos casos, esse tipo de informação está disponível em publicações e relatórios anuais, podendo inclusive ser do conhecimento dos executivos da empresa. A finalidade principal da coleta de dados é o *benchmarking*, para comparar-se capacitação de serviços aos clientes, redes de distribuição e capacidades de operação.

Coleta de Dados

Uma vez identificadas as fontes alternativas de dados, o processo de coleta pode começar. O processo inclui a reunião dos dados necessários e a conversão para um formato adequado à ferramenta de análise. Freqüentemente, essa tarefa é tediosa e consome muito tempo, favorecendo a ocorrência de erros. Constituem-se erros potenciais coletar dados de um período de tempo não-representativo ou concentrar-se em dados que não refletem os principais componentes da atividade logística, como volume de cargas retiradas pelos clientes. Por essa razão, o processo de coleta de dados deve ser documentado cuidadosamente para auxiliar na identificação de erros que podem reduzir a precisão da análise, ou para determinar mudanças que possam ser necessárias visando à alcançar um nível mínimo de precisão.

Coleta de Dados para Validação

Além da coleta de dados para apoiar análises alternativas, também devem ser coletados **dados para validação** ou **dados de caso básico**, para confirmação de que os resultados refletem de maneira precisa a realidade. A questão específica diz respeito a determinar se a abordagem analítica escolhida reflete precisamente os resultados históricos no momento em que as práticas de distribuição e o ambiente de operação são avaliados. A comparação deve focalizar os dados históricos (por exemplo, vendas e volumes) e os níveis de despesas, tanto no somatório geral como por instalação.

---

[7] American Map Corporation, *United States ZIP Code Atlas* (Maspeth, NY: publicado anualmente).

O objetivo da validação é aumentar a credibilidade por parte dos gestores do processo de análise. Se o processo não gerar resultados confiáveis, a administração perderá a confiança na análise das alternativas. É essencial que os esforços na coleta de dados incluam investigações sobre a razão de os resultados analíticos não refletirem corretamente o passado. Por exemplo, mudanças nas práticas operacionais de um centro de distribuição, ou eventos específicos, como uma greve, podem tornar impossível refletir o passado. Quando tais situações ocorrem, a validação do processo de coleta de dados deve incluir uma avaliação dos impactos prováveis de tais mudanças, para que possam ser feitas as avaliações adequadas.

Análise

A atividade de análise utiliza a técnica e os dados provenientes das atividades anteriores para avaliar alternativas logísticas estratégicas e táticas. Inclui os seguintes procedimentos: (1) definir as questões da análise, (2) completar e validar a análise básica, (3) completar a análise das alternativas, e (4) completar a análise de sensibilidade.

Definir as Questões da Análise

A primeira tarefa define questões específicas a respeito das alternativas e da gama de incertezas aceitável. Essas questões específicas baseiam-se nos objetivos de pesquisa e nas restrições pela identificação de políticas e parâmetros operacionais específicos. Por exemplo, as questões para a análise do local de um centro de distribuição devem identificar as combinações de localização específicas a serem avaliadas. No caso de uma análise de inventário, as questões podem enfocar serviços alternativos e níveis de incerteza.

Suponha que o esforço de planejamento estratégico esteja enfocando a identificação de uma rede ideal de instalações de distribuição, para servir o mercado doméstico dos Estados Unidos. Considere que a rede já existente utiliza quatro centros de distribuição, localizados em Newark (New Jersey), Atlanta (Geórgia), Chicago (Illinois) e Los Angeles (Califórnia). A Tabela 16-5 resume o volume de embarque, o custo e outras características de serviço do sistema existente. O volume de embarque é definido pelo peso transportado; o custo, pelas despesas de transporte e de manutenção do inventário; o nível de serviço, pelo percentual de vendas, referente às vendas realizadas dentro de uma área com 2 dias de trânsito, a partir do centro de distribuição. Possíveis questões para a análise incluem: (1) Que impacto sofreu o desempenho com o fechamento do centro de distribuição de Chicago? (2) Que impacto sofreu o desempenho com o fechamento do centro de distribuição de Los Angeles? (3) Que impacto sofreu o desempenho com o fechamento do centro de distribuição de Atlanta?

Essas questões representam apenas um pequeno grupo de alternativas potenciais para avaliação. Outras alternativas poderiam incluir menor ou maior número de centros de distribuição ou até a avaliação de localidades diferentes. É importante tomar muito cuidado na definição das questões da análise, para que possa ser avaliado o maior número de opções sem perda de tempo com a análise de itens com pouca probabilidade de serem implementados.

Completar e Validar a Análise Básica

A segunda tarefa completa a análise básica do ambiente logístico atual usando a ferramenta ou o método apropriado. Os resultados são comparados com os dados de validação coletados previamente, para determinar o grau de adequação entre os dados históricos e os analíticos. Essa comparação deve concentrar-se em identificar diferenças significativas e fontes determinantes de possíveis erros. Erros potenciais podem ser resultado da inserção de dados incorretos ou imprecisos, procedimentos de análise não apropriados ou imprecisos, ou até mesmo dados de validação não-representativos. À medida que discrepâncias vão sendo encontradas, os erros devem ser identificados e corrigidos. Há casos em que determinados erros não poderão ser corrigidos, mas ao menos poderão ser explicados e racionalizados. Tão logo as discrepâncias sejam removidas ou explicadas, dentro de uma margem aceitável de 2%, a aplicação pode ser qualificada como válida e a análise pode avançar.

Completar a Análise das Alternativas

Uma vez que a abordagem foi validada, o próximo passo é completar uma avaliação de alternativas da cadeia de suprimentos. A análise deve ser realizada para determinar as

Tabela 16-5 Resumo do desempenho de distribuição

Centro de distribuição	Volume de remessas (mil libras)	Transporte de recebimento	Transporte de expedição	Custos de carregamento do inventário	Custo total
Newark	693.000	317.000	264.000	476.000	1.750.000
Atlanta	136.400	62.000	62.000	92.000	216.000
Chicago	455.540	208.000	284.000	303.000	795.000
Los Angeles	10.020	5.000	5.000	6.000	16.000
Total	1.294.960	592.000	615.000	877.000	2.777.000

características de desempenho relevantes de cada estratégia ou projeto alternativo. As opções devem considerar possíveis mudanças nas políticas e práticas da gestão, envolvendo fatores como o número de centros de distribuição, os níveis pretendidos de inventário ou o perfil de tamanho dos embarques de transporte.

Completar a Análise de Sensibilidade

Uma vez que a análise esteja completa, as alternativas que demonstraram melhor desempenho podem ser usadas para avaliações de sensibilidade mais extensas. Aqui, fatores incontroláveis como demanda, custos e ações da concorrência podem ser simulados, para avaliar-se a capacidade operacional de cada alternativa, sob diversas condições. Por exemplo, suponha que a análise de alternativas indique que cinco centros de distribuição oferecem a troca compensatória ideal entre custo e serviço para a área de mercado da empresa, considerando-se um nível de demanda básico. A análise de sensibilidade investiga a adequação dessa solução ideal para diferentes níveis de demanda e custo. Em outras palavras, cinco centros de distribuição ainda seriam a solução correta, caso a demanda aumentasse ou diminuísse em 10%? A análise de sensibilidade, juntamente com uma avaliação dos cenários mais prováveis, é assim usada numa árvore de decisão para selecionar a melhor alternativa.

Fase III: Recomendações e Implementação

A Fase III torna operacionais os esforços de planejamento e projeto fazendo recomendações específicas à gerência e desenvolvendo planos de implementação.

Recomendações

Os resultados das análises de alternativas e de sensibilidade são revistos para determinação das orientações que serão propostas à gerência. Esse processo de revisão compreende quatro atividades: (1) identificar a melhor alternativa, (2) avaliar custos e benefícios, (3) desenvolver uma avaliação de riscos, e (4) preparar uma apresentação.

Identificando a Melhor Alternativa

As análises de alternativas e de sensibilidade devem identificar a melhor alternativa a ser considerada para implementação. No entanto, freqüentemente várias alternativas geram resultados similares ou comparáveis. As características de desempenho e as condições para cada alternativa devem ser comparadas para identificar as duas ou três melhores opções. Apesar de que o conceito de *melhor* possa ter diferentes interpretações, a melhor alternativa será geralmente aquela que oferece os objetivos de serviço desejados a um custo mínimo total.

Avaliando Custos e Benefícios

Nas discussões anteriores sobre planejamento estratégico, os benefícios potenciais foram identificados como melhorias no serviço, redução nos custos e prevenção de custos. Foi enfatizado que esses benefícios não são mutuamente exclusivos e que uma estratégia razoável pode contemplar todos esses benefícios de forma simultânea. Ao avaliar-se o potencial de uma determinada estratégia logística, para cada alternativa deve ser completada uma análise que compare o custo atual e a capacidade de serviço dentro das condições projetadas. A análise ideal de custo/benefício compara as alternativas num momento-base e então projeta operações comparativas considerando o horizonte de planejamento. Assim, os benefícios podem ser projetados com base tanto nas economias imediatas, geradas pelo novo projeto, como nas economias recorrentes geradas pela nova operação. A importância de visualizar os resultados de custo/benefício ao longo do horizonte de planejamento é ilustrada nos exemplos seguintes.

No primeiro exemplo, suponha que uma análise heurística tenha estabelecido 3 alternativas de projeto que a gerência deseja avaliar em detalhes: (1) expandir as instalações existentes, (2) expandir as instalações existentes e acrescentar mais duas, e (3) expandir as instalações existentes e acrescentar mais três. Os resultados custo/serviço das simulações estão graficamente ilustrados nas Figuras 16-2 e 16-3. As figuras apresentam características de desempenho completamente diferentes para cada alternativa. A alternativa 1 oferece um custo baixo nos anos iniciais, mas o nível de serviço também é baixo e cai à medida que cresce a demanda em mercados distantes. A alternativa 2 apresenta custos mais baixos do quinto ao oitavo ano, e o nível de serviço de fato aumenta à medida que cresce a demanda nos centros de distribuição. E a alternativa 3 oferece um serviço substancialmente melhor, mas apresenta desvantagens em termos de custo no início do horizonte de planejamento.

As três alternativas têm condições de atingir o objetivo da administração que é 90% do volume entregue em 5 dias, nos anos iniciais. Enquanto a alternativa 1 é a que apresenta custo mais baixo nos primeiros quatro anos, a alternativa 2 apresenta o menor custo entre o quinto e o oitavo ano. Do ponto de vista estratégico, a administração tem a opção de otimizar a competitividade da empresa oferecendo um serviço bem mais competitivo com a alternativa 3, que no entanto tem alto custo. Depois do oitavo ano, a administração selecionaria a alternativa 3, já que esta oferece melhores serviços a um custo total relativamente menor.

Antes do processo de planejamento, a gerência acreditava que armazéns adicionais seriam necessários para manter os padrões de serviço desejados, e que o custo total do sistema aumentaria substancialmente ao incluir novos centros de distribuição. A análise de planejamento

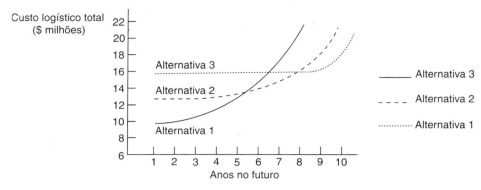

Alternativa 1: Expandir as instalações existentes
Alternativa 2: Expandir as instalações existentes e adicionar dois centros de distribuição
Alternativa 3: Expandir as instalações existentes e adicionar três centros de distribuição

Figura 16-2 Custo total.

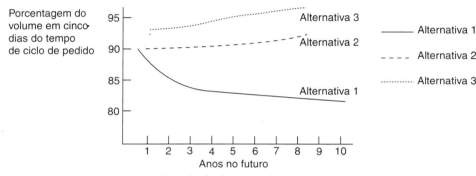

Figura 16-3 Características do ciclo de desempenho.

identificou o plano de longo prazo mais efetivo para manter os serviços competitivos ou até mesmo melhorados.

Um segundo exemplo examina uma situação de planejamento de inventário para uma área de mercado de cerca de oito estados. Nessa situação, o departamento de *marketing* deseja a adição de um segundo armazém, para melhorar a capacidade de serviço e reduzir o tempo médio de ciclo de pedido. As expectativas sugerem que o custo total para servir todo o mercado irá aumentar devido à inclusão do segundo armazém. Outra alternativa para melhorar o serviço ao cliente é aumentar o estoque de segurança no armazém existente. Isso diminuiria o tempo de ciclo de pedido, evitando pedidos em atraso. O ciclo médio atual de pedidos é de 4,6 dias, com 75% de todos os pedidos entregues em 5 dias. O departamento de *marketing* deseja uma melhora de 10%, a um custo total mínimo.

A adição de um armazém (alternativa 1) reduz o ciclo de pedido médio para 4,1 dias e eleva o número de pedidos entregues em 5 dias de 75 para 92%. O aumento de estoque de segurança no armazém existente (alternativa 2) reduz o ciclo de pedido médio para 4,3 dias. Isso é equivalente a melhorar o percentual de pedidos entregues em 5 dias de 75 para 87%. Em um período de 10 anos, a adição de um segundo armazém oferece a alternativa de menor custo total.

A relação custo/serviço das duas alternativas está ilustrada nas Figuras 16-4 e 16-5. Nessa situação, a inclusão de um armazém resulta no menor custo total e oferece um nível de serviços mais alto ao cliente médio. É interessante notar que a inclusão do armazém é a alternativa mais cara aproximadamente nos três primeiros anos de operações simuladas; no entanto, é a mais barata nos 10 anos

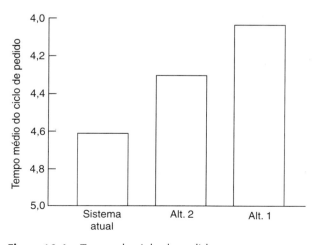

Figura 16-4 Tempo do ciclo de pedido.

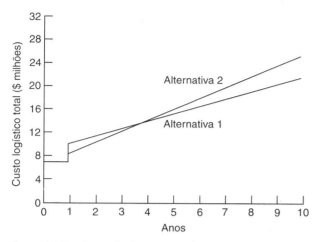

Figura 16-5 Exemplo 2: custo total.

do horizonte de planejamento. Em outras palavras, o *marketing* conseguiu promover um aumento de 12% na capacidade de serviço nos 3 anos iniciais a um custo mínimo aumentando o estoque de segurança no armazém existente. A inclusão de um segundo armazém, a tornar-se operacional no quarto ano, representaria um aumento adicional de 5% no nível de serviços e a continuidade do arranjo de custo mínimo.

O terceiro exemplo, Figura 16-6, ilustra as trocas compensatórias da gerência associadas ao aumento do número de centros de distribuição. A situação específica refere-se ao aumento de 6 para 8 centros de distribuição. A seguir, realiza-se uma análise para determinar a relação do custo de carregamento dos estoques e um desempenho médio de atrasos para a configuração com 8 armazéns. De fato, simula-se a restrição original de um ciclo de pedidos com 90% entregues em até 5 dias para a obtenção de melhorias possíveis no nível de serviço com o aumento de estoque de segurança. A Figura 16-7 mostra que, para a alternativa de 8 centros de distribuição (CDs), seria necessário um aumento que passaria de $ 10 a $ 14 milhões, em termos de custo anual de inventário, para melhorar o nível de serviços, com o atendimento de todos os pedidos de 90 para 100% dentro do ciclo médio de 5 dias.

Desenvolvendo uma Avaliação de Riscos

Um segundo tipo de justificativa necessária para apoiar as orientações de planejamento estratégico é a avaliação de riscos. Ela leva em conta a probabilidade de que o ambiente de planejamento atenda aos pressupostos elaborados. Além disso, considera os perigos potenciais da mudança de sistemas.

O risco relacionado à opção por uma das alternativas pode ser quantificado usando-se análises de sensibilidade. Por exemplo, é possível variar os pressupostos para determinar-se os impactos resultantes no desempenho do sistema para cada alternativa. A título de ilustração, a análise de sensibilidade pode se usada para identificar o desempenho do sistema para diferentes hipóteses de níveis de demanda e de custos. Se a alternativa selecionada ainda for a melhor com variações de demanda de aproximadamente 20%, a administração pode concluir que há pouco risco associado a pequenos erros no ambiente de demanda. O resultado final da avaliação de riscos oferece uma avaliação financeira dos problemas que podem surgir caso os pressupostos do planejamento não venham a se materializar.

O risco relacionado com a mudança do sistema também pode ser quantificado. A implementação de um plano estratégico logístico pode exigir vários anos para ser executada. O procedimento típico é desenvolver um cronograma de implementação para guiar a mudança de sistemas. Para avaliar o risco associado a atrasos imprevistos, pode ser testada uma série de planos de contingências para determinar seus possíveis impactos.

Fontes típicas de risco externo incluem incerteza associada à demanda, ao ciclo de desempenho, ao custo e às ações da concorrência. Fontes típicas de risco internas incluem considerações sobre mão-de-obra e produtividade, mudanças na estratégia da empresa, e mudanças na acessi-

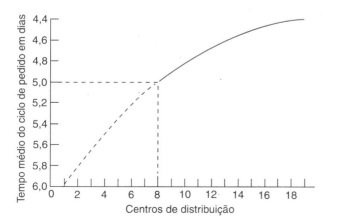

Figura 16-6 Relação dos centros de distribuição e o tempo total de pedido.

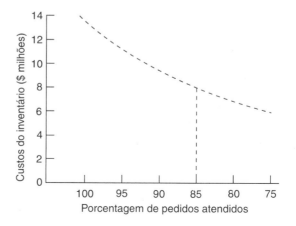

Figura 16-7 Porcentagem de pedidos atendidos num ciclo médio de 5 dias (8 centros de distribuição).

bilidade a recursos. Essas considerações devem ser abordadas tanto quantitativa como qualitativamente, para oferecer à gerência direcionamento e elementos de comprovação.

Preparando a Apresentação

A tarefa final é desenvolver uma apresentação para a administração que identifique, racionalize e justifique as mudanças sugeridas. A apresentação e o relatório que a acompanha devem identificar as mudanças operacionais e estratégicas específicas, oferecer uma racionalidade qualitativa que explique a adequação dessas mudanças, e por fim justificar quantitativamente as mudanças nos serviços aos clientes, nas despesas, no uso de ativos e na melhoria da produtividade. A apresentação deve incorporar o uso extensivo de gráficos, mapas e fluxogramas para ilustrar as mudanças na rede de distribuição, nos fluxos e nas práticas operacionais logísticas.

Implementação

O plano real ou projeto de implementação é a atividade final do processo. Um plano adequado de implementação é importante, já que pô-lo em prática é a única maneira de se obter retorno do processo de planejamento. A implementação real exige uma série de procedimentos, sendo que há 4 tarefas amplas: (1) definir o plano de implementação, (2) programar a implementação, (3) definir o critério de aceitação, e (4) implementar o plano.

Definindo o Plano de Implementação

A primeira tarefa define o plano de implementação, em termos de eventos individuais, sua seqüência e as interdependências. Embora o plano inicial possa estar em nível macro, ele deve ser redefinido determinando-se alocações individuais de respostas e de responsabilidades. As interdependências no plano identificam as inter-relações entre eventos e, assim, sua seqüência de complementação.

Programando a Implementação

A segunda tarefa estabelece um cronograma para a implementação e a seqüência no tempo das tarefas identificadas previamente. O cronograma deve reservar tempo suficiente para a aquisição de instalações e equipamentos, negociação de contratos, desenvolvimento de procedimentos e treinamento. O cronograma da implementação pode empregar um dos *softwares* mencionados anteriormente.

Definindo o Critério de Aceitação

A terceira tarefa é definir os critérios de aceitação para avaliar o sucesso do plano. O critério de aceitação deve estar focalizado na melhoria dos serviços, na redução de custos e na melhoria do uso dos recursos e da qualidade. Se o foco principal é o nível de serviços, o critério de aceitação deve identificar componentes detalhados, como melhoria da disponibilidade de um produto ou um ciclo de tempo de desempenho reduzido. Se o foco principal é o custo, o critério de aceitação deve definir as mudanças positivas e negativas esperadas em todas as categorias de custo afetadas. É importante que o critério de aceitação apresente uma perspectiva ampla, com foco em todo o sistema logístico ao invés de se concentrar no desempenho de uma única função. Também é importante que o critério incorpore uma participação ampla da organização.

Implementando o Plano

A tarefa final é a implementação propriamente dita do plano ou projeto. A implementação deve incluir controles adequados, para assegurar que o cronograma seja cumprido e que os critérios de aceitação sejam cuidadosamente monitorados.

É essencial o uso de um processo formal para guiar o projeto de um sistema logístico ou um projeto de refinamento, para assegurar que os objetivos estejam documentados e entendidos, e que as análises sejam completadas de maneira apropriada. Ao mesmo tempo em que a metodologia apresentada apóia análises de projeto e de planejamento logístico, ela também pode ser adaptada para guiar projetos de sistema de informações logísticas. Para aplicação em um projeto de sistema, a análise de situação concentra-se nas características e nas capacidades do sistema atual, enquanto a coleta de dados e a análise de atividades concentra-se no projeto, no desenvolvimento e na validação do novo sistema.

Métodos e Técnicas de Análise Decisória

A logística de alto desempenho requer análises abrangentes de estratégias e táticas que envolvem a cadeia de suprimentos. Análises regulares de linhas de carga são necessárias para responder a mudanças nas tarifas de frete e no balanceamento dos fluxos de carga; nas análises táticas de inventário, para identificar itens com excesso de estoques e para determinar os níveis apropriados de inventário; e nas análises de localização, hoje conhecidas como *planejamento da cadeia de suprimentos*, para realizar avaliações estratégicas das alternativas de cadeias de suprimentos, tais como identificação de fontes de fornecimento, localização de fábricas, localização de armazéns e áreas de serviço aos mercados, cada vez mais importantes para otimizar fluxos para cadeias de suprimentos globais. A simulação dinâmica é usada para investigar as dinâmicas de inventários multiestágio, como entre fornecedores, fábricas e centros de distribuição; e a análise tática de transportes auxilia na roteirização e na programação dos caminhões. Para cada um desses tipos de decisões, as seções seguintes descrevem questões específicas, técnicas alternativas de análise e exigências típicas de dados.

Análise de Linhas de Carga

Uma análise logística corriqueira está relacionada aos movimentos de transporte em linhas de carga específicas. Uma linha de carga refere-se à atividade de embarques de cargas entre um ponto de origem e um ponto de destino. A análise pode ser feita de forma específica, entre duas instalações, ou de forma mais geral, para uma determinada região. A **análise das linhas de carga** é focada no balanceamento de volumes entre origens e destinos. Para maximizar a utilização dos veículos, os movimentos devem ser balanceados, ou praticamente iguais em ambas as direções. As linhas podem incluir dois ou mais pontos, como ilustra a Figura 16-8. Linhas de carga triangulares são uma tentativa de coordenar as movimentações entre três pontos pela combinação de movimentos de matérias-primas e produtos finais entre fornecedores, fabricantes e clientes.

A análise das linhas de carga envolve tanto o volume dos movimentos de carga como a quantidade de embarques ou viagens entre esses pontos. O objetivo é identificar desequilíbrios que ofereçam oportunidades para otimizar a produtividade logística. Uma vez que o desbalanceamento está identificado, a administração deve identificar um volume de carga que possa ser transportado no espaço subutilizado. Isso pode ser conseguido mudando de transportadora ou de modos de transporte, transferindo volumes de carga para (ou da) frota própria, aumentando o retorno de matérias-primas ou até mesmo criando uma aliança com outro embarcador. Inversamente, volumes de carga em linhas congestionadas podem ser direcionados a outras transportadoras ou embarcadores, ou fornecidos a partir de outro local.

A Tabela 16-6 ilustra uma análise de linha que claramente identifica um desbalanceamento de embarques. O gerente de transporte deve tentar balancear as viagens triangulares por meio do desenvolvimento de volumes adicionais de carga entre Cincinnati e Detroit. Esse volume de cargas pode ser desenvolvido pela troca da fonte dos produtos para a área de Cincinnati ou pela criação de uma aliança com um embarcador que envia carga de Cincinnati para Detroit sem retorno.

Análise de Inventário

A segunda análise logística mais comum enfoca o desempenho e a produtividade do inventário. A análise de inventário típica considera o volume relativo de vendas de produtos e o giro de inventário, e é realizada numa base ABC, como vimos no Capítulo 10. Por exemplo, listando em ordem decrescente os 10 itens que representam as maiores vendas e estoques, o gestor de logística pode rapidamente determinar os grupos de produtos que têm maior influência nos volumes e nos níveis de inventário. Como foi mencionado no Capítulo 10, apenas 20% dos itens vendidos são responsáveis por 80% das vendas. Também é fato comum que 80% do inventário é responsável por apenas 20% do volume. O conhecimento dessas características e dos itens que compõem cada grupo de produtos é de grande utilidade no direcionamento dos esforços na gestão dos inventários. Itens que comprometem grande volume de estoque relativamente às vendas podem ser selecionados para esforços intensos da gerência em reduzir seus níveis de estoque e aperfeiçoar o desempenho (p. ex.: o giro).

A Tabela 16-7 apresenta um relatório típico de análise de inventário. Esse exemplo está classificado em itens de vendas, apesar de haver uma lógica no ordenamento do relatório por nível decrescente de inventário ou giros de inventário. Itens com níveis de inventário relativamente altos, ou com poucos giros, devem ser identificados pela administração para as devidas providências.

Decisões sobre Localização

A localização de fábricas e de centros de distribuição são problemas comuns enfrentados pelos gestores de logística. Economias de escala crescentes na produção e custo reduzido do transporte tem concentrado a atenção nos armazéns.[8] Nos últimos anos, a análise de localização tem adquirido maior abrangência, para incluir o projeto de ca-

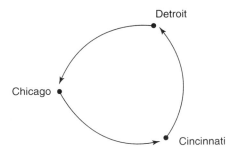

Figura 16-8 Exemplo de uma linha de carga triangular.

Tabela 16-6 Análise das linhas de carga em movimentos mensais

Origem	Destino	Peso (CWT)	Embarques
Detroit	Chicago	8.740	23
Chicago	Cincinnati	5.100	17
Cincinnati	Detroit	2.000	8

---

[8] Vários autores têm discutido aspectos e processos usados para definir a localização dos centros de distribuição. Um grupo representativo inclui: A.M. Geoffrion e G.W. Graves, "Multicommodity Distribution System Design by Bender's Decomposition", *Management Science* 20, no. 5 (January 1974), pp. 822-44; P. Bender, W. Northrup e J. Shapiro, "Practical Modeling for Resource Management," *Harvard Business Review* 59, no. 2 (March/April 1981), pp. 163-73; e Jeffrey J. Karrenbauer e Gleen W. Graves, "Integrated Logistics System Design," em James M. Masters e Cynthia L. Coykendale, eds., "Logistics Education and Research: A Global Perspective," *Proceedings of Eighteenth Annual Transportation and Logistics Educators Conference*, St. Louis, Missouri, October 22, 1989, pp. 142-71.

Tabela 16-7 Relatório de análise do inventário

Data 01 de julho de 2000
Vendas totais: $74.282

Relatório de análise da classificação de produtos
Inventário total: $22.470

Listagem da classificação interna
Total de itens: 53

Número da peça	Localização	Participação do item	Itens por embalagem	Custo unitário	Venda a custo	Venda a custo acumulada	Porcentagem da venda acumulada	Inventário em dólares	Inventário em dólares acumulado	Porcentagem do inventário acumulado	Giro do inventário	Unidades vendidas	Classe
SQDFAL36100 3P-600V 100A CDR BREAKER	1	1	1,9	141,780 E	14.462	14.462	19,5	2.836	2.836	12,6	5,1	102	A
SQDFAL36040 3P-600V 40A CDR BREAKER	1	2	3,8	115,420 E	14.428	28.890	38,9	4.040	6.876	30,6	3,6	125	A
SQDFAL36015 3P-600V 15A CDR BREAKER	1	3	5,7	115,420 E	11.311	40.201	54,1	2.539	9.415	41,9	4,5	98	A
SQDFAL36030 3P-600V 30A CDR BREAKER	1	4	7,5	115,420 E	7.156	47.537	63,8	2.424	11.839	52,7	2,9	62	A
SQDFAL36050 3P-600V 50A CDR BREAKER	1	5	9,4	0,000 E	5.194	52.551	70,7	0	11.839	52,7	0,0	45	A
SQDFAL36060 3P-600V 60A CDR BREAKER	1	6	11,3	115,420 E	4.501	57.052	76,8	693	12.532	55,8	6,5	39	A
SQDFAL36020 3P-600V 20A CDR BREAKER	1	7	13,2	115,420 E	2.306	59.360	79,9	1.385	13.917	61,9	1,7	20	A
SQDF0215 2P-120/240V 15A CDR BREAKER	1	8	15,1	9,500 E	1.796	61.156	82,3	437	14.354	63,9	4,1	189	B
SQDF0220 2P-120/240 20A CDR BREAKER	1	9	17,0	9,500 E	1.748	62.094	84,7	760	15.114	67,3	2,3	184	B
SQDF0230 2P-120/240V 30A CDR BREAKER	1	10	18,9	9,500 E	1.748	64.652	87,0	817	15.931	70,9	2,1	184	B
SQDF0120 3P-600V 20A CDR BREAKER	1	11	20,8	4,180 E	1.739	66.391	89,4	67	15.998	71,2	25,9	416	B
SQDF0130 3P-600V 30A CDR BREAKER	1	12	22,6	4,180 E	1.267	67.658	91,1	109	16.107	71,7	11,6	303	C
SQDF0240 2P-600V 40A CDR BREAKER	1	13	24,5	9,500 E	1.235	68.893	92,7	627	16.734	74,5	1,9	130	C
SQDF0115 3P-600V 20A CDR BREAKER	1	14	26,4	4,180 E	1.124	70.017	94,3	422	17.156	76,4	2,7	269	C
SQDF0140 3P-600V 40A CDR BREAKER	1	15	28,3	4,180 E	1.066	71.083	95,7	435	17.591	78,3	2,4	255	D

Fonte: Adaptado de Eugene R. Roman, Inventory Management Seminar, Systems Design, Inc., South Holland, Illinois, 1993.

nais logísticos como resultado da globalização de fontes de suprimentos e de aspectos de *marketing*. Como as operações globais aumentam a complexidade das decisões relativas a canais logísticos, das alternativas de projeto e dos custos logísticos relacionados, a importância da análise de localização tem aumentado substancialmente. Agora descrita como *projeto de cadeia de suprimentos,* a análise de localização em geral leva em consideração fornecedores de materiais, locais de produção, centros de distribuição e prestadores de serviço.

Como diz o nome, as decisões de localização estão focadas na escolha do número e da localização dos armazéns. Questões comuns na gestão incluem: (1) Quantos armazéns a empresa deve usar e onde devem estar localizados? (2) Que clientes ou áreas de mercados devem ser servidos por cada um dos armazéns? (3) Quais as linhas de produtos que devem ser fabricadas e em quais fábricas e armazéns devem ser estocadas? (4) Quais os canais de logística que devem ser usados para buscar materiais e para servir mercados internacionais? (5) Qual combinação deve ser usada entre armazéns públicos e privados? Problemas mais críticos envolvendo a rede logística aumentam a complexidade de certos aspectos, exigindo análise combinatória para integrar as questões ora referidas.

Os problemas típicos da análise de localização podem ser classificados como muito complexos, exigindo muitos dados. Essa complexidade é gerada pelo grande número de alternativas de fábricas, de centros de distribuição, de mercado e de produtos; a intensidade de dados ocorre em função da necessidade da análise de dados de demanda e de transporte. Lidar de forma efetiva com essa complexidade e intensidade de uso de informação exige modelagem e algumas técnicas de análise sofisticadas, para identificar-se as melhores alternativas. As ferramentas usadas para apoiar a análise de localização podem ser classificadas em *programação matemática* e *simulação*.

Programação Matemática

Os métodos de programação matemática, classificados como técnicas de otimização, são as ferramentas de planejamento logístico estratégico e tático mais utilizadas. A **programação linear**, uma das técnicas mais comuns na análise de localização, seleciona a cadeia de suprimentos ideal a partir de uma gama de opções, levando em conta restrições específicas. House e Karrenbauer têm uma definição clássica da otimização relativa à logística:

"Um modelo de otimização leva em consideração o conjunto agregado de exigências dos clientes, o conjunto agregado de possibilidades de produção dos fornecedores, os pontos intermediários potenciais e as alternativas de transporte, e desenvolve o sistema ideal. Com base no fluxo agregado, o modelo determina onde devem ser localizados os armazéns, onde devem estar os pontos de estocagem, quais as dimensões dos armazéns e que tipos de opções de transporte devem ser implementadas."[9]

Para solucionar um problema usando a programação linear, várias condições devem ser satisfeitas. Primeira, duas ou mais atividades devem estar competindo por recursos limitados. Por exemplo, o embarque de carga a um cliente pode ser feito a partir de, pelo menos, duas localizações. Segunda, todas as relações pertinentes à estrutura do problema devem ser determinísticas e possíveis de aproximação linear. A não ser que essas condições capacitadoras sejam satisfeitas, a solução derivada da programação linear, embora matematicamente perfeita, não terá valor para o planejamento logístico.

Embora a programação linear seja usada freqüentemente para o planejamento estratégico logístico, ela também é aplicada a problemas operacionais, tais como a programação de produção e a alocação de estoques. Dentro da otimização, os analistas de distribuição têm usado duas metodologias de solução para análises logísticas.

Uma das formas mais utilizadas de programação linear para problemas logísticos é **otimização da rede**. A otimização da rede trata os canais de distribuição como uma rede composta de nós que identificam produção, armazéns e mercados, e arcos que refletem as ligações de transporte. No manuseio das mercadorias nos nós e nas suas movimentações nos arcos incorre-se em custos. O objetivo do modelo de rede é minimizar os custos totais de produção, de abastecimento e de distribuição sujeitos a restrições de fornecimento, de demanda e de capacidade.

Além das considerações básicas para todas as técnicas analíticas, a otimização da rede apresenta vantagens e desvantagens específicas que tanto melhoram como reduzem suas aplicações em análises logísticas. Tempos curtos para solução e facilidade de comunicação entre especialistas e leigos são as principais vantagens dos modelos de rede. Eles também podem ser aplicados em incrementos de tempos mensais, em vez de anuais, o que permite análise dos níveis de inventário, tanto longitudinalmente como ao longo do tempo. As formulações da rede também podem incorporar custos fixos, para reproduzir a propriedade das instalações. Os resultados de um modelo de rede identificam o conjunto ideal de instalações de distribuição e de fluxos de materiais para os problemas de projetos logísticos, como foi especificado para análise.[10]

As desvantagens tradicionais da otimização da rede têm sido o tamanho do problema que pode ser resolvido e a inclusão de componentes de custos fixos. A questão do tamanho do problema era uma preocupação particular aos

---

[9] Robert G. House e Jeffrey J. Karrenbauer, "Logistics System Modeling," *International Journal of Physical Distribution and Material Management* 8, no. 4 (May 1978), pp. 189-99.

[10] Exemplos de programação linear baseada no tempo são abordados em S. Kumer e S. Arora, "Customer Service Effect in Parts Distribution Design," *International Journal of Physical Distribution and Logistics Management* 20, no. 2 (1990), pp. 31-39; e em M. Cohen, et al., "Optimizer: IBM's Multi-Echelon Inventory System for Managing Service Logistics," *Interfaces* 20, no. 1 (January/February 1990), pp. 65-82.

sistemas de distribuição multiestágio, tais como aqueles que incluem fornecedores, locais de produção, centros de distribuição, atacadistas e clientes. Embora o tamanho do problema ainda seja uma preocupação, avanços nos algoritmos de solução e na velocidade dos equipamentos de computação têm melhorado de maneira significativa as capacidades da otimização de rede. A limitação do custo fixo está relacionada à capacidade de se otimizar tanto os custos fixos como os variáveis, referentes às instalações de produção e de distribuição. Avanços significativos têm ocorrido, para superar esse problema pelo uso de uma combinação de otimização de rede e de programação inteira mista (*mixed-integer*).

A programação inteira mista é outra técnica de solução de otimização que é aplicada com sucesso nos problemas logísticos. Sua formulação oferece grande flexibilidade, permitindo a incorporação de várias complexidades e idiossincrasias encontradas nas aplicações logísticas. A principal vantagem do formato inteira mista é que tanto o custo fixo como os diferentes níveis de custos variáveis podem ser incluídos na análise. Por exemplo, a demanda pode ser tratada numa base não-integral, permitindo assim incrementos na capacidade do sistema em específicas etapas de aumentos. Em outras palavras, a programação inteira mista torna possível soluções que reflitam de maneira precisa os custo fixos e as economias de escala crescentes à medida que grandes centros de distribuições são utilizados. A abordagem inteira mista permite um alto grau de praticidade ao acomodar restrições encontradas nas operações logísticas do dia-a-dia.

Historicamente, as restrições no tamanho dos problemas têm sido a maior limitação da otimização. Junto a outros avanços na programação inteira mista, as restrições relacionadas ao tamanho do problema foram superadas já há algum tempo pela aplicação da *decomposição* às técnicas de solução.[11] A decomposição permite que múltiplas *commodities* sejam incorporadas ao projeto de sistema logístico. A maioria das empresas tem uma variedade de produtos ou *commodities* que são comprados por clientes em uma gama variada de sortimentos e quantidades. Embora esses produtos possam ser expedidos e estocados juntos, eles não são intercambiáveis do ponto de vista do cliente.

A técnica da decomposição oferece um procedimento para dividir-se uma situação multiprodutos numa série de problemas de um único produto. O procedimento para chegar a essa atribuição por *commodity* segue um processo iterativo, onde os custos associados a cada *commodity* são testados para chegar a uma convergência até que o custo mínimo ou a solução ideal seja encontrada.

Essas abordagens de otimização oferecem ferramentas efetivas para situações que envolvem análise de localização, como as referentes a instalações, a fluxo ideal de produtos e alocação de capacidade. A abordagem inteira-mista é geralmente mais flexível quanto à capacidade de acomodar nuanças operacionais, enquanto a abordagem de rede é mais eficiente no aspecto computacional. Ambos os tipos de abordagem de programação linear são técnicas eficientes para avaliar situações em que existem limitações significativas de capacidade nas instalações.

Não obstante o valor da otimização, a programação linear confronta-se com alguns grandes problemas quando lida com projetos de sistemas logísticos complexos. Primeiro, para formatar um projeto abrangente, é necessário desenvolver relações funcionais explícitas para uma gama completa de opções de projeto. A relação funcional deve levar em consideração todas as possíveis combinações de fornecedores, locais de produção, locais para distribuição, atacadistas, mercados e produtos. O próprio número total de alternativas e suas restrições associadas resultam em um grande problema. Segundo, a capacidade da técnica em relação à otimização é relativa; ela é tão válida quanto a definição do problema de projeto. Simplificações demasiadas nos pressupostos podem levar a uma solução matematicamente perfeita, mas inútil na prática de negócios. Terceiro, a capacidade dos procedimentos de programação linear existentes é geralmente limitada pelo número de níveis ou etapas no sistema de distribuição, e também pelo tamanho do problema. Por exemplo, problemas necessitando a análise de fluxos a partir dos locais de produção até os centros de distribuição, e depois até os mercados (ou seja, três níveis), podem ser resolvidos facilmente pela maioria dos otimizadores. No entanto, as limitações de tamanho podem dificultar a execução de uma análise de cadeias de suprimentos completas. A Visão Setorial 16-1 discute a aplicação do projeto de cadeia de suprimentos e seu impacto nas exigências de recursos.

Avanços significativos têm sido alcançados, tanto na velocidade quanto na capacidade de otimização dos algoritmos e dos *softwares*. Embora ainda existam algumas limitações em termos de escopo e de complexidade, novas capacidades têm sido continuamente relatadas na literatura.[12]

Simulação

O segundo método de análise de localização é a **simulação estática**. O termo *simulação* pode ser aplicado a quase qualquer tentativa de replicar uma situação. Robert Shannon definiu originalmente simulação como sendo "o processo de projetar um modelo de um sistema real e con-

---

[11] Para uma discussão sobre a aplicação da decomposição no projeto de sistema logístico, veja A.M. Geoffrion and G.W. Graves, "Multicommodity Distribution System Design by Bender's Decomposition," *Management Science 20*, no. 1 (January 1974), pp. 822-44; e Arthur M. Geoffrion, "Better Distribution Planning with Computer Models," *Harvard Business Review* 54, no. 4 (July/August 1976), pp. 92-99.

[12] Para uma visão geral do processo de localização de instalações, consulte Paul S. Bender, "How to Design an Optimum Worlwide Supply Chain," *Supply Chain Management Review* 1, no. 1 (Spring 1997), pp. 70-81.

Visão Setorial 16-1 Otimizando o Transporte

A JELD-WEN Inc. é um exemplo perfeito de uma empresa integrada verticalmente. Das suas próprias áreas de extração de madeira, esse grande fabricante de portas, janelas, esquadrias e produtos especiais de madeira corta toras e as envia às suas próprias madeireiras. Lá, as toras são cortadas, preparadas e enviadas para as fábricas da JELD-WEN, que por sua vez enviam seus produtos à área de distribuição da empresa. Este último vende seus produtos direto ao consumidor, fechando uma cadeia completa de integração vertical.

Bob Smith, gerente de transportes da JELD-WEN no escritório administrativo de Winnipeg, no Canadá, supervisiona 18 instalações sediadas naquele país. A empresa tem mais de 150 divisões, supera os 20.000 empregados ao redor do mundo e é bastante diversificada. As atividades de produção e distribuição acontecem tanto no Canadá como nos Estados Unidos, gerando a necessidade de uma cadeia de suprimentos rápida e produtiva em ambos os lados da fronteira, essencial para o crescimento da empresa. "Basicamente, nós sempre procuramos nos assegurar de que nosso sistema de transporte é tão eficiente quanto a produção em nossas fábricas," afirma Smith. "Para alcançar essa meta, concentramo-nos em tentar reduzir o tempo e o desperdício em nossa cadeia de suprimentos."

Com esse objetivo em mente, a JELD-WEN tomou a iniciativa de examinar de forma aprofundada as suas instalações canadenses. No processo de revisão das suas instalações dispersas geograficamente ao norte da fronteira, a JELD-WEN percebeu que algumas tinham se tornado desnecessárias ao longo dos anos. "Nós decidimos que poderíamos oferecer o mesmo tipo de serviço a partir de instalações maiores", explica Smith, "e percebemos várias melhorias em nossas operações ao mesmo tempo". O resultado final foi uma consolidação em cinco instalações.

Essa consolidação também liberou uma frota de transporte e um sortimento de equipamentos em excesso que precisavam ser disponibilizados de maneira eficiente. "Nós fomos até os locais e realizamos inspeções físicas em todas as unidades enquanto fazíamos uma revisão detalhada dos registros de manutenção," diz o gerente. "Revisamos a utilização dos equipamentos, a quilometragem e outros aspectos importantes do uso de cada unidade nos últimos anos." Bob Smith vendeu boa parte do equipamento a preços justos de mercado. "Nós também abrimos algumas outras opções", esclarece ele, "como o que podíamos esperar de prejuízos por quebras antecipadas de contratos de *leasing* de equipamentos. Também discutimos trocar algumas unidades específicas em excesso por outros veículos que fossem mais úteis para nós." Além disso, antes de se desfazer de qualquer veículo ou equipamento, a equipe de Smith consultou outras instalações da JELD-WEN para saber se alguma delas poderia ter interesse no material. "Nós também analisamos cuidadosamente os novos pedidos de veículos, para verificar se poderíamos atendê-los com os veículos que já possuíamos; buscamos também oportunidades de renovarmos as frotas de veículos existentes em outras instalações com unidades de menor quilometragem ou que estivessem em melhores condições", completou o gerente. Depois de passar, de forma exaustiva, por todas essas etapas, os veículos que ainda sobraram foram vendidos.

O processo de consolidação possibilitou resultados positivos para a JELD-WEN, com a redução de custos relacionados a transporte em mais de $ 1 milhão e a redução do custo total de armazenagem. "Como empresa, queremos ser conhecidos por oferecer serviços de classe mundial ao cliente o tempo todo," afirma Smith. "Apesar de termos reduzido o número de armazéns, sabemos que seremos capazes de cumprir nossos objetivos de serviço. De fato, sem a redução e a venda da frota, nós provavelmente não teríamos como chegar ao nível de economia com transportes, inventários e custos de armazenagem que obtivemos no ano passado."

Fonte: Bridget McCrea, "Optimizing Transportation", *Warehousing Management*, March 2001, pp. T2-T3.

---

duzir experimentos com ele, visando a compreender o comportamento de um sistema real ou avaliar várias estratégias dentro dos limites impostos por um critério ou conjunto de critérios de operação desse sistema."[13]

A simulação estática replica os fluxos de produto e suas despesas relacionadas em redes de canais logísticos potenciais ou existentes. A Figura 16-9 apresenta uma rede típica e a maioria dos componentes de custo. A rede inclui fábricas, centros de distribuição e mercados. Os maiores componentes de despesas são: obtenção de matérias-primas, fabricação, fretes com suprimentos, custos fixos e variáveis dos centros de distribuição, fretes de distribuição e custos de manutenção dos inventários.

As simulações estáticas avaliam o fluxo de produto como se acontecesse em um único ponto durante todo o ano. Desse modo, a principal diferença entre simulação estática e dinâmica é a maneira como os eventos relacionados ao tempo são tratados. Enquanto a simulação dinâmica avalia o desempenho do sistema ao longo do tempo, a simulação estática não faz nenhuma tentativa de levar em conta a dinâmica entre os períodos de tempo. Simulação estática trata cada período de operação dentro do horizonte de planejamento como um intervalo finito. Os resultados finais representam uma hipótese de desempenho operacional para cada período dentro do horizonte de planejamento. Por exemplo, na formulação

---

[13] Robert E. Shannon, *Systems Simmulation: The Art and Science* (Englewood Cliffs, NJ: Prentice-Hall, Inc. 1975), p. 1.

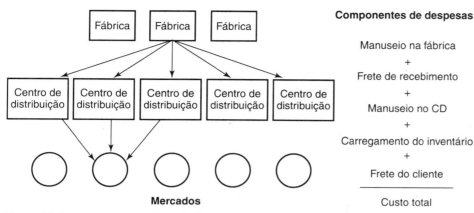

Figura 16-9 Componentes da rede de custo.

de um plano de cinco anos, cada ano é simulado como um evento independente.

A simulação estática tem como objetivo projetar o resultado de um determinado plano ou curso de ação futura. Se um projeto potencial de sistema for identificado, uma simulação poderá ser usada para quantificar os níveis de serviços ao cliente e as características de custo total. Assim utilizado, o simulador estático oferece uma ferramenta para medir rapidamente as capacidades e os custos relacionados ao projeto de sistema e às análises de sensibilidade.[14]

Um uso expandido da simulação estática envolve um procedimento de computação heurística para auxiliar na seleção de armazéns. Nessa aplicação, um simulador estático pode ser programado para avaliar e quantificar várias combinações de armazéns de uma lista potencial de locais, disponibilizada durante a definição do problema.

Quando utilizado para identificar a melhor rede logística, o procedimento heurístico típico inclui todas os possíveis locais de armazéns numa simulação inicial. As destinações referentes aos clientes são alocadas aos melhores armazéns baseando-se no menor custo logístico total. Um grande benefício da simulação estática é a flexibilidade das alternativas de canais de distribuição que podem ser avaliados. A heurística da simulação estática pode ser projetada para levar em consideração o custo total mínimo, o máximo de serviço ou uma combinação de ambos, em um algoritmo que aloque os mercados aos centros de distribuição.

Fornecido um objetivo de projeto, a simulação exclui localizações de armazéns, uma por vez, do número máximo de locais potenciais até o mínimo estipulado pela administração, ou até restar um só armazém no sistema. O procedimento de exclusão típico elimina o armazém de maior custo entre as instalações remanescentes *no sistema*, com base nos custos marginais. A demanda atendida anteriormente pelo armazém *excluído* é então realocada para o próximo ponto de distribuição de menor custo em termos de suprimento, e o procedimento de quantificação se repete. Caso se deseje a exclusão de todo o sistema, a simulação estática exigirá tantas iterações quantas localizações potenciais de armazéns estiverem sendo consideradas.

Por exemplo, a Figura 16-10 ilustra como uma primeira simulação pode levar em conta uma rede logística com 10 armazéns. A simulação heurística avaliaria o valor relativo de cada instalação ponderando a redução de custos fixos e os incrementos de custo variável que ocorreriam caso aquela instalação fosse fechada. Se a heurística determina que o custo total diminui, como ilustrado na Figura 16-10, o simulador *fecharia* o armazém e recalcularia as características de custo e serviço da rede de 9 armazéns. O processo iterativo continua até que a rede de distribuição de custo mínimo seja identificada. Para esse exemplo, a rede de custo mínimo utiliza seis armazéns.

A simulação estática identifica a *melhor* solução por meio da comparação entre o custo total e as capacidades

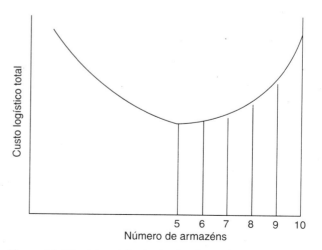

Figura 16-10 Metodologia de simulação heurística.

---

[14] Exemplos de *software* para simulações estáticas podem ser encontrados em R. Ballou and J. Masters, "Facility Location Commercial Software Survey," *Journal of Business Logistics* 20, no. 1 (1999), pp. 215-32.

iniciais de serviço das combinações de instalações de distribuição resultantes do processo de exclusão. Essa análise é realizada pela comparação direta das características de custo e de serviço das redes alternativas. Não há garantia de que a combinação de instalações selecionada como resultado do processo de exclusão seja a ideal ou esteja próxima da melhor configuração. O fato de a localização de um armazém ser excluída e não ficar disponível para avaliação nas replicações seguintes é uma das desvantagens dos procedimentos de simulação estática. A Figura 16-11 mostra o fluxo de solução de um modelo típico de simulação estática. O algoritmo de projeto de sistema representa o procedimento de exclusão de instalações ora discutido.

A maior vantagem da simulação estática é que ela é mais simples, de operação mais barata e mais flexível que a maioria das técnicas de otimização. As capacidades de replicação de um simulador estático multiestágio criam possibilidades de projeto quase ilimitadas. Ao contrário das abordagens de programação matemática, a simulação não garante a solução perfeita. No entanto, a simulação estática oferece uma ferramenta muito flexível, que pode ser usada para avaliar uma enorme gama de estruturas complexas de canais. Como resultado do processo de computação numérica, a simulação estática não requer relações funcionais explícitas. As capacidades e a extensão de operação de um simulador estático abrangente podem freqüentemente e de forma significativa incorporar mais detalhes de mercados, de produtos, de instalações de distribuição e de tamanhos de embarques do que as técnicas de otimização.

Enquanto a análise de localização, em especial para um único local, pode ser feita manualmente ou com uma planilha, problemas mais complexos freqüentemente exigem o uso de programas de computador especializados.[15] Existem vários *softwares* comerciais projetados especificamente para resolver os problemas de análise de localização. Ballou e Masters identificaram os *softwares* disponíveis – características específicas, como preço, natureza dos problemas que podem ser resolvidos, metodologia de solução, aspectos diferenciais; estimaram o estado de arte do desenvolvimento dos programas e perguntaram aos usuários sobre sua satisfação em relação aos programas de localização e sobre os fatores que eles consideraram importantes na seleção desses programas.[16]

Exigências de Dados para Análise de Localização

As exigências básicas de dados para uma análise de localização são definições de mercados, produtos, rede, demanda dos clientes, tarifas de fretes e custos fixos e variáveis.

Definição de Mercados. A análise de localização necessita que a demanda seja classificada ou alocada a uma área geográfica. A combinação de áreas geográficas constitui uma área logística de serviços. Tal área pode ser um país ou uma região global. A demanda de cada cliente é alocada a uma área de mercado. A seleção do método de definição das áreas de mercado é um elemento extremamente importante no procedimento de projeto do sistema.

Um grande número de estruturas de definição de mercados já foram desenvolvidos. As estruturas mais úteis para modelagem logística são (1) municípios, (2) área estatística metropolitana padrão (SMSA – Standard Metropolitan Statistical Area) e (3) códigos postais.* A estrutura mais comum utiliza os códigos postais, visto que os registros das empresas normalmente já contêm essa informação. Existe, ainda, uma grande quantidade de dados governamentais e relativos aos transportes disponível por código postal. Uma das principais questões na abordagem da seleção de mercados é o número de áreas necessário para garantir resultados precisos. É verdade que mais detalhes sobre áreas de mercado aumentam a precisão, mas também exigem maior esforço na análise. Pesquisas indicam que aproximadamente 200 mercados oferecem uma troca compensatória entre precisão e esforço de análise.[17]

Definição de Produto. Apesar de os fluxos de produtos individuais poderem ser levados em conta na realização de análise de localização, não é necessário usar tal detalhamento. Itens individuais, especialmente aqueles com características de distribuição, locais de produção e arranjos de canais similares são agrupados, ou agregados, para simplificar a análise. As análises de cadeia de suprimentos típicas são realizadas em nível de famílias de produtos.

Definição da Rede. A definição da rede especifica os membros dos canais, as instituições e os possíveis locais a serem incluídos na análise. Aspectos específicos dizem respeito a combinações de fornecedores, locais de produção, centros de distribuição, atacadistas e varejistas que deverão ser incluídos. A definição da rede também inclui considerações de novas alternativas de centros de distri-

---

[15] Para problemas logísticos de pequena escala, planilhas do tipo Excel podem ser usadas para resolver problemas de otimização. A abordagem de uma solução específica é discutida na documentação "Solver", contida no manual do usuário do *software*.

[16] Ronald H. Ballou e James M. Masters, op. cit. Uma listagem de *softwares* específicos está disponível no *Annual Guide to Logistics Software* oferecido pelo *Council of Logistics Management* em http://www.clm1.org.

* N. de T.: Os códigos postais são chamados de *zip codes* na América do Norte. No texto, o autor oferece uma explicação de que, internacionalmente, os *zip codes* são conhecidos como *postal codes*.

[17] Para examinar pesquisas originais sobre o número de áreas de mercado, consulte Robert G. House e Kenneth D. Jaime, "Measuring the Impact of an Alternative Method Classification System in Distribution Planning," *Journal of Business Logistics* 2, no. 2 (1981), pp. 1-31; e Ronald H. Ballou, "Information Considerations for Logistics Network Planning," *International Journal of Physical Distribution and Materials Management* 17, no. 7 (1987), pp. 3-14.

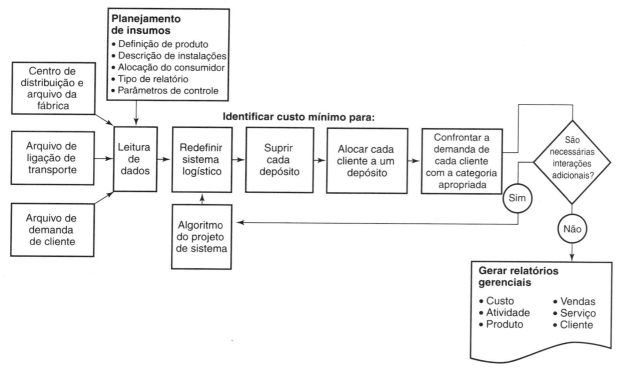

Figura 16-11 Fluxo de solução de uma simulação estática.

buição ou de membros dos canais. A Figura 16-12 apresenta um canal. Embora a utilização de uma definição mais abrangente reduza a chance de se subotimizar o desempenho do sistema, a análise total da localização dos canais aumenta a complexidade dessa análise. Os analistas de cadeias de suprimentos devem avaliar as trocas compensatórias entre o aumento da complexidade da análise e o potencial de melhoria da otimização total da cadeia de suprimentos.

Demanda do Mercado. A demanda de mercado define o volume de embarques para cada área geográfica identificada como mercado. De maneira específica, a análise da cadeia de suprimentos é baseada no volume relativo de embarques de um produto enviado a cada área de mercado. Enquanto o volume pode ser referente ao número de unidades ou caixas embarcadas para cada mercado, a maioria das análises de localização são baseadas no peso, já que o custo dos transportes é fortemente influenciado pelo peso movimentado. A demanda do mercado utilizada na análise também deve basear-se nos dados históricos de embarques ou no volume estimado, se mudanças significativas são esperadas no futuro. A demanda de mercado deve ser moldada em perfis referentes aos diferentes tamanhos de embarques, uma vez que estes têm grande influência sobre os custos de transportes.

Tarifas de Fretes. As tarifas de transporte para suprimento e distribuição constituem-se em importantes exigências de dados para as análises de localização. As tarifas devem ser obtidas para embarques entre mercados e membros dos canais de distribuição existentes e potenciais. E, ainda, as tarifas devem ser desenvolvidas para cada dimensão de embarque e para cada ligação de transporte entre os centros de distribuição e os mercados. É comum que uma análise de cadeia de suprimentos necessite mais do que um milhão de fretes individuais. Em razão desse grande número, geralmente as tarifas são desenvolvidas por meio de regressões, ou através de disquetes oferecidos pela maioria das empresas transportadoras.

Custos Fixos e Variáveis. Os últimos dados necessários para as análises de localização são os custos fixos e variáveis associados à operação das instalações de distribuição. Os custos variáveis incluem despesas relacionadas com mão-de-obra, água e esgoto, energia elétrica, gás, telefone e materiais. Em geral, as despesas variáveis são uma função do volume do fluxo de produtos. Os custos fixos incluem despesas relacionadas a instalações, equipamentos e à gerência de supervisão. Dentro de certos volumes de operação das instalações, os custos fixos permanecem relativamente constantes. Embora, de um modo geral, as diferenças entre custos fixos e variáveis geograficamente não sejam substanciais, há algumas pequenas considerações relativas à localização que devem ser incluídas, para garantir a precisão da análise. As diferenças principais resultam de peculiaridades locais, tais

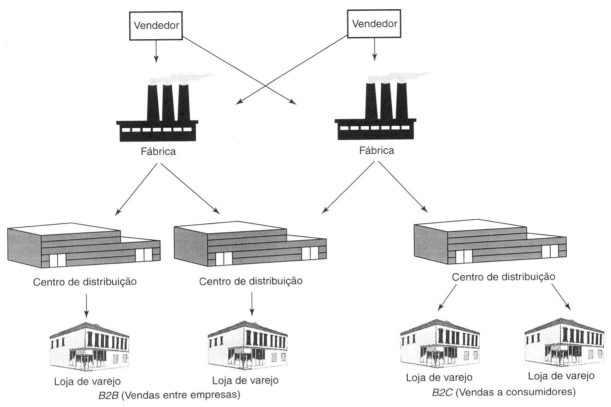

Figura 16-12 Exemplo do canal de rede.

como valor da mão-de-obra, custo da energia elétrica, impostos e custos de terrenos.

Grande ênfase do planejamento logístico é colocada na análise de localização. No passado, as redes de distribuição eram relativamente estáveis, por isso não era necessário que as empresas fizessem regularmente análises de todo o seu sistema logístico; entretanto, a dinâmica das opções de cadeia de suprimentos, a mudança nos níveis de custo e a disponibilidade de serviços terceirizados exigem que as redes de cadeia de suprimentos sejam avaliadas e refinadas mais freqüentemente, hoje em dia. É comum que as empresas realizem avaliações anuais ou até mesmo mensais.

Decisões sobre Inventário

As decisões da análise do inventário estão focalizadas em determinar os melhores parâmetros de gestão de inventário, para atender aos níveis de serviços desejados com um investimento mínimo. Os parâmetros de inventário são estoque de segurança, ponto de reposição, quantidade de pedidos e aos ciclos de revisão de uma determinada combinação de instalações ou produtos. Essa análise pode ser projetada para refinar os parâmetros de inventário periodicamente ou até diariamente. Refinamentos diários tornam os parâmetros mais sensíveis às mudanças ambientais, tais como os níveis de demanda ou a extensão dos ciclos de desempenho; no entanto, eles também resultam em um sistema de gestão de inventário mais *nervoso*. O nervosismo do sistema causa a expedição e a não-expedição freqüentes de numerosos embarques de pequenas cargas.

A análise de inventário concentra-se nas decisões discutidas no Capítulo 10. Questões específicas podem incluir: (1) Que quantidade de produto deve ser fabricada no próximo ciclo de produção? (2) Quais centros de distribuição devem manter inventários, e de quais itens (p. ex.: deve-se centralizar os itens mais lentos)? (3) Qual o tamanho ideal dos pedidos de reposição (a decisão relativa à quantidade de pedido)? e (4) Em que momento será necessário um ponto de reabastecimento para atender à reposição (decisão relativa ao estoque de segurança)?

Existem dois tipos de métodos para avaliar e escolher opções de gestão de inventário: *analítico* e *simulação*.

Técnicas Analíticas de Inventário

Os métodos analíticos de inventário utilizam relações funcionais, como as discutidas no Capítulo 10, para determinar os parâmetros ideais de estoque e o nível de serviço desejado. A Figura 16-13 apresenta o conceito analítico de inventário. A técnica usa os objetivos de serviço, as carac-

Figura 16-13 Visão geral analítica do inventário.

terísticas da demanda, as características do ciclo de desempenho e as características do sistema logístico como insumos para calcular os parâmetros ideais de inventário. Do ponto de vista da gestão do inventário, os objetivos de serviço são geralmente definidos em caixas ou taxas de atendimento dos pedidos. As características de demanda descrevem a média periódica e o desvio-padrão da demanda dos clientes; as características do ciclo de desempenho, os desvios médio e padrão para ciclos de desempenho de reposição; e as características do sistema logístico, o número de estágios de distribuição ou os níveis que exigem decisões de gestão de inventário. A técnica analítica de inventário é baseada em pressupostos que descrevem as características do sistema logístico (níveis de estocagem) e as probabilidades relativas à demanda e às características do ciclo de desempenho. As relações de probabilidade, juntamente com os objetivos de nível de serviços, determinam os melhores parâmetros da gestão de inventário referentes a tamanho dos pedidos de reposição e pontos de reposição. Existem vários exemplos de *softwares* que utilizam técnicas analíticas para determinar os parâmetros ideais da gestão de inventário.[18]

A vantagem das técnicas analíticas de inventário é sua capacidade de determinar diretamente os parâmetros ideais da gestão de inventário, fornecidos alguns pressupostos relacionados aos ambientes de operação. Por outro lado, as técnicas analíticas de inventário ficam limitadas, em termos de precisão, quando tais pressupostos não são alcançados. Por exemplo, uma vez que a maioria das técnicas analíticas de inventário consideram que a demanda e o ciclo de desempenho obedecem a uma distribuição normal, as técnicas perdem sua precisão quando as formas reais da demanda e do ciclo de desempenho se desviam da hipótese de normalidade.[19] Apesar disso, as técnicas analíticas de inventário freqüentemente mostram-se um bom lugar para se dar início à tentativa de determinar os parâmetros ideais de inventário.

Técnicas de Simulação do Inventário

A abordagem da simulação do inventário cria um modelo matemático e probabilístico do ambiente operacional logístico como ele realmente existe. Como ilustrado na Figura 16-14, a abordagem da simulação é similar a criação de um ambiente de laboratório de testes para a rede logística e para as políticas de operação. A simulação é similar à abordagem analítica, exceto pelo fato de que os papéis dos parâmetros de inventário e dos níveis de serviço são trocados.

---

[18] Exemplos desses sistemas de gestão de inventário incluem: *Linx* da Numetrix Software, de Toronto, Ontário, Canadá; *Optimal Planner* da CSC Consulting, de Cleveland, OH; e *Inventory Analist* da Intex Solutuions Inc., de Needham, MA. Os dois primeiros incluem programas de gestão de inventário dentro um programa bem maior de modelagem de empresas. O terceiro programa é um exemplo de modelo baseado em planilha que computa os parâmetros de inventário. A maioria dos programas APS, tais como o *Rhythm* da i2, o *Advanced Planning Optimizer* da SAP e o *Manugistics* incorporam técnicas analíticas em seus programas de planejamento.

[19] Essas hipóteses relativas a demandas e *lead times* normais podem ser superadas através de métodos numéricos, como os que são discutidos em J. Masters, "Determination of Near Optimal Stock Levels for Multi-Echelon Distribution Inventories," *Journal of Business Logistics* 14, no. 2 (1993), pp. 165-96.

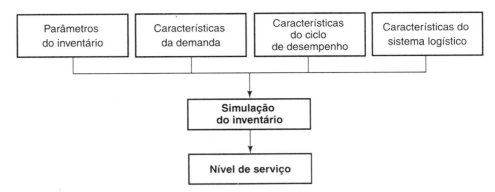

Figura 16-14 Visão geral da simulação do inventário.

Na simulação, os parâmetros do inventário, tais como a quantidade de pedidos e os pontos de reposição do estoque que serão testados, tornam-se os dados de entrada. Esses dados definem o ambiente a ser testado. Os principais resultados da simulação são as características do nível de serviço e do desempenho do inventário no ambiente testado. A simulação, na verdade, avalia o desempenho de uma situação específica. Se o desempenho relatado não alcançar os objetivos desejados, os parâmetros do inventário devem ser mudados e um novo ambiente é simulado. Às vezes, é necessário realizar várias simulações para identificar a combinação de parâmetros de inventário que levem ao desempenho ideal.

O maior benefício das técnicas de simulação de inventário é sua habilidade de modelar uma enorme gama de ambientes logísticos sem exigir a simplificação de pressupostos. É possível simular com precisão praticamente qualquer ambiente logístico por meio da incorporação de suas características e políticas operacionais. A maior dificuldade apresentada pelas técnicas de simulação é sua capacidade limitada de pesquisar e identificar soluções ideais. Apesar de existirem exemplos de simulação de inventário que incorporam algoritmos de pesquisa, eles são limitados, tanto em capacidade como em escopo. Há indicativos de que a simulação torna-se mais popular à medida que as empresas começam a entender as dinâmicas de inventários nos canais logísticos.[20]

Os aplicativos de apoio às decisões referentes a inventário estão ganhando importância devido à ênfase no aperfeiçoamento dos níveis de inventário para reduzir a base de ativos logísticos. A demanda por parâmetros do inventário mais refinados tem aumentado a necessidade de técnicas mais sofisticadas de análise de inventário. As empresas de *software* têm respondido com o desenvolvimento de programas integrados ou simplesmente de simulação de inventário.[21] Visão Setorial 16-2 descreve uma aplicação de simulação para análise de inventário.

Decisões sobre Transporte

As análises de transporte estão focalizadas na roteirização e na programação dos equipamentos de transporte para otimizar a utilização dos veículos e dos motoristas, buscando atender às exigências de serviço dos clientes. As decisões relativas aos transportes podem ser caracterizadas como *estratégicas* ou *táticas*. Decisões estratégicas de transporte dizem respeito à alocação de recursos de longo prazo, isto é, por longos períodos de tempo. Logo, decisões estratégicas de roteirização acabam por identificar rotas fixas de transporte que podem ser usadas por meses ou anos. Decisões táticas de transportes dizem respeito à alocação de recursos por prazos curtos, como rotas diárias ou semanais. O objetivo da análise de transportes é minimizar a combinação de veículos, horas e quilômetros necessários para entregar um produto. As questões típicas de uma análise do transporte são: (1) Como devem ser agrupadas as entregas para formar as rotas? (2) Qual é a melhor seqüência de entrega para atendimento aos clientes? (3) Quais rotas devem ser alocadas e para que tipo de veículos? (4) Qual é o melhor tipo de veículo para servir diferentes tipos de clientes? e (5) Como as restrições de horário de entrega serão impostas pelos clientes? A Figura 16-15 ilustra um problema típico de rotas e entregas. O centro de distribuição representa o ponto central de partida para todos os veículos de entrega e cada parada representa um cliente, por exemplo, um varejista.

---

[20] O processo de simulação é amplamente discutido em K. Mabrouk, "Mentorship: A Steping Stone to Simulation Success," *Industrial Engeneering*, Fevereiro 1994, pp. 41-43. As capacidades dos pacotes de simulação são descritas em J. Swain, "Flexible Tools for Modeling," *OR/MS Today*, December 1993, pp. 62-78.

[21] Exemplos incluem: James Aaron Cooke, "Simulate Before You Act," *Logistics Management and Distribution Report* 38, no. 9 (September 1999), pp. 77-80; e Anônimo, "IBM Product Analyses Your Supply Chain," *Industrial Distribution* 88, no. 8 (August 1999), p. 44.

Visão Setorial 16-2 Simule Antes de Reestruturar

Antes de lançar uma restruturação da cadeia de suprimentos, a Tesco Ltd., líder no setor de varejo de alimentos na Grã-Bretanha, usou uma ferramenta de simulação ao estado de arte para determinar se deveria ou não reformar sua rede de distribuição de alimentos congelados. Essa simulação por computador validou os planos da empresa para reestruturar a rede e construir uma instalação à parte, específica para a estocagem de alimentos congelados.

Os oito centros de distribuição ingleses da Tesco mantêm uma mistura de produtos congelados, resfriados e à temperatura ambiente (produtos de mercearia em geral e itens não-alimentícios).

Há dois anos, os executivos da Tesco começaram a ponderar a idéia de criar um armazém reservado somente para produtos congelados, responsáveis por cerca de 10% das vendas das mercearias da empresa. A base racional era que uma instalação à parte permitiria que os varejistas expandissem suas linhas de produtos congelados e adquirissem maior eficiência operacional. Antes de discutir a idéia com a diretoria da empresa, os executivos de distribuição decidiram simular o impacto do plano de distribuição em um modelo computadorizado. Eles escolheram um *software* da IBM, chamado *The Supply Chain Analyzer*. Esse *software* oferece às empresas uma maneira de visualizar impactos físicos, financeiros e informacionais da restruturação da cadeia de suprimentos na rede de distribuição, por meio da descrição de diferentes situações hipotéticas.

Levou 6 semanas para que os consultores da IBM pudessem configurar e rodar o modelo computadorizado com a ajuda da Tesco. Joe Galloway, diretor da divisão de tecnologia da informação da cadeia de suprimentos da empresa, relata que grande parte desse tempo foi consumido na coleta de dados referentes a todo um ano de operações do centro de distribuição para alimentar o computador. "Nós buscamos dados nos pedidos reais que passaram pela nossa cadeia de suprimentos, por linha (de produtos) e por loja," explica ele. Uma vez que os dados alimentaram o programa, eles corroboraram a solidez do modelo.

Quando os executivos da Tesco rodaram os mesmos dados no computador para simular a reestruturação da cadeia de suprimentos com uma instalação voltada a alimentos congelados, os resultados foram ao encontro de suas hipóteses. O modelo indicou que os varejistas de alimentos poderiam economizar de 2 a 5% nas despesas de distribuição, dependendo do sortimento real de alimentos congelados estocados na instalação em questão.

Os custos dos transportes cairiam, já que a Tesco eliminaria viagens entre os centros de distribuição e faria mais entregas diretas às lojas. Em conjunto com a consolidação das viagens de distribuição, a Tesco também determinou que faria mais economia nos percursos para suprimento, já os produtos dos fornecedores seriam movimentados para um único ponto, em vez de para dois ou três armazéns.

Os custos de manutenção de inventário também cairiam. Se todos os produtos congelados fossem estocados na instalação criada, a Tesco poderia diminuir seu inventário ou mesmo expandir o sortimento de produtos congelados e aumentar as vendas dessa categoria em suas lojas, conforme mostrou o modelo. A Tesco também eliminaria a necessidade de construir mais instalações no futuro. A retirada dos produtos congelados dos armazéns abriria espaço para a expansão dos produtos resfriados, segundo Galloway.

O modelo de computador demostrou que usar uma instalação única não traria restrições ao serviço das lojas da Tesco. A simulação também indicou que a empresa poderia se beneficiar se tentasse algumas abordagens alternativas. "Nós podíamos ver algumas vantagens não oferecendo todos os produtos por meio de um ponto central, mas tendo um tipo de *cross docking* através dos outros quatro (centros de distribuição) para lojas não tão próximas à instalação central," lembra Galloway.

Finalmente, a simulação forneceu à Tesco alguns *insights* sobre sua operação atual, os quais possibilitaram à empresa a realização de mudanças imediatas que geraram economias. A empresa descobriu que podia diminuir as entregas de alguns produtos mais lentos para uma vez por semana e ainda assim manter um estoque adequado em suas lojas.

A simulação por computador, além de ter ajudado a persuadir a diretoria na aprovação do plano de reestruturação, trouxe outro benefício. Ela auxiliou os gerentes de logística da Tesco a ter uma visão profunda da sua própria operação de cadeia de suprimentos. "No fim do exercício," explica Galloway, "eles tinham um melhor entendimento dessa área do negócio. Isso os levou a refletir a respeito de custos e eficiências da cadeia de suprimentos."

Fonte: James Aaron Cooke, "Simulate Before You Act," *Logistics Management and Distribution Report* 38, no. 9 (September 1999), pp. 77-80.

Técnicas de Análise de Transportes

As análises de roteirização e de programação têm sido bem pesquisadas pelo planejamento e projeto logístico. Elas são particularmente importantes para empresas que realizam entregas de cargas parciais, tais como a distribuição de encomendas ou de bebidas. As técnicas, em geral, podem ser classificadas como *abordagens heurísticas, abordagens exatas, abordagens interativas* e *abordagens combinadas*.[22]

---
[22] Para mais detalhes sobre essas abordagens, consulte Kevin, Bott e Ronald H. Ballou, "Research Perspectives in Vehicle Routing and Scheduling." *Transportation Research* 20A, no. 3 (1986), pp. 239-43.

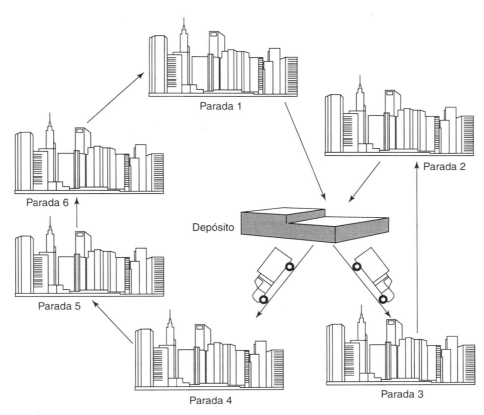

Figura 16-15 Problema típico de notas ou entregas.

As abordagens heurísticas utilizam o "bom senso" no agrupamento ou técnicas de economia para desenvolver rotas pela adição e remoção de paradas de forma ordenada. As abordagens exatas ou de otimização usam programação (linear) matemática para identificar a melhor rota. Historicamente, os métodos de solução por otimização têm sido muito complexos para processamento até mesmo nos computadores mais rápidos, mas os mais recentes avanços na programação matemática otimizaram suas capacidades. As principais dificuldades com a maioria dos procedimentos exatos são (1) o grande número de restrições e variáveis necessárias para representar até o mais básico problema de roteirização ou de programação, e (2) o impacto dessa dimensão no tempo de computação e no espaço de disco.

As abordagens interativas utilizam a combinação de simulação, calculadores de custo ou uma capacidade gráfica para apoiar um processo de decisão interativo. O decisor identifica as alternativas para avaliação. Então, o sistema interativo de apoio à decisão determina e traça as rotas, calculando as características de desempenho em tempo e custo. O decisor então avalia interativamente as características de desempenho de cada alternativa e refina a estratégia até que nenhuma melhoria adicional seja possível. A desvantagem óbvia da abordagem interativa é a dependência da habilidade e da perícia do decisor, particularmente à medida que o tamanho do problema e sua complexidade aumentam.

Combinações das três abordagens já se provaram bem efetivas. Dois critérios são importantes na avaliação da alternativa de abordagem de solução: generalização e precisão. A generalização é a habilidade de eficientemente incorporar extensões para situações especiais, tais como retiradas e entregas, vários depósitos, janelas de tempo, capacidades de veículos e tempos legais de condução pelos motoristas, em um cenário real. A precisão se refere à habilidade de estimar as características de desempenho e a proximidade do resultado em relação à solução ideal. A precisão determina o nível e a credibilidade das possíveis economias, como resultado da diminuição das despesas operacionais dos veículos, dos melhores serviços prestados aos clientes e do aumento de produtividade da frota.[23] A Visão Setorial 16-3 descreve uma aplicação de análise de rotas de transporte.

---

[23] Para acompanhar uma discussão mais abrangente sobre abordagens alternativas de análise, consulte Kevin Bott e Ronald H. Ballou op. cit.; Ronald H. Ballou e Yogesh K. Agerwal, "A Performance Comparison of Several Popular Algorithms for Vehicle Routing and Scheduling," *Journal of Business Logistics* 9, no. 1 (1988), pp. 51-64; e Ronald H. Ballou, "A Continued Performance Comparison of Several Popular Algorithms for Vehicle Routing and Scheduling," *Journal of Business Logistics* 11, no. 2 (1990), pp. 111-26.

Visão Setorial 16-3 Tome o Caminho da Redução de Custos

A Aspen Distribution, uma empresa pública de transporte e armazenamento sediada em Salt Lake City, possui aproximadamente 100 clientes para os quais oferece distribuição por 11 estados do Oeste dos Estados Unidos. Chuck Mullinex, diretor de transportes e de planejamento estratégico, revela: "Uma das razões que nos levou a usar o sistema *Shipper TPL* da *Prophesy* é que não agüentávamos mais fazer tudo manualmente; não havia gente suficiente para dar conta do trabalho."

A Buffalo Rock Distribution, o maior distribuidor privado de produtos da Pepsi nos Estados Unidos, lidava com suas operações um pouco diferente antes de implementar um sistema de planejamento. "Nós não planejávamos. Esse era o problema", confessa Rick Dodd, gerente de operações da Buffalo Rock. "Nós carregávamos o caminhão com qualquer coisa que o motorista entendesse que poderia vender no dia seguinte. Ele poderia trabalhar em um território específico e vender o que fosse possível." Isso ocorria antes de a empresa instalar o sistema *Roadshow* da *Descartes Systems*.

Até a Emery WorldWide operava à moda antiga – um desafio real, se você pensar que ela atendia mais de 200.000 clientes em 206 países, numa rede com 590 centros de serviço. Cynthia Sttodard, VP de sistemas de informação na Emery, afirma: "Os supervisores de entregas e coletas verificavam os diferentes clientes que tínhamos e assinalavam cada um deles em um mapa, então, manualmente, calculavam a rota mais efetiva e dividiam o trabalho entre os motoristas."

Os objetivos de uma empresa podem incluir velocidade, otimização da quilometragem, serviço e capacidade de carga. "Você quer ter certeza que suas cargas são rentáveis. Eu sei que amanhã ainda terei que fazer carregamentos. Isso acaba se tornando um ato de equilíbrio," diz Mullinex. As empresas querem um pacote que possa otimizar sua distribuição e que seja fácil de utilizar.

As economias em custos são o principal fator motivacional para a implementação de *softwares* de roteirização. As empresas esperam um retorno significativo do seu investimento. *Softwares* de roteirização podem cortar despesas em muitas áreas. Algumas das economias de custos mais comuns são: maior utilização e diminuição da frota, aumento de produtividade, redução de pessoal interno, menor uso de combustível e melhoria dos serviços aos clientes.

A expectativa da Buffalo Rock era de que parte das suas economias acontecesse na utilização da frota. "Eu acreditava que o custo real da frota cairia, mas esperava que fôssemos usar o mesmo número de caminhões," diz Dodd. "Usando o *Roadshow*, reduzimos nossa frota em 50%."

A redução de pessoal é outra alternativa para diminuir os custos, mas pode ser um assunto complicado. "O que mais surpreendeu, com a redução de pessoal, é que nós ainda podíamos operar e dirigir o departamento," relata Mullinex. "Inicialmente, reduzimos duas pessoas."

A Emery economiza mais na área de entregas e coletas. "As economias acontecem principalmente ali," esclarece Stoddard. "Uma estimativa moderada indica uma economia de 10%."

Algumas empresas procuram soluções básicas para as necessidades futuras; outras, como a Emery, estão procurando agir de forma mais global. A Emery WorldWide já está encontrando benefícios nas capacidades de obtenção de informações em tempo real. Os motoristas recebem informações sobre embarques a partir do sistema próprio da Emery, chamado EMCON – que discrimina todos os embarques destinados a sua própria localização. O novo aplicativo gera as rotas ideais, mesmo quando os motoristas já estão em trânsito. Essas rotas são carregadas nos terminais móveis de dados de cada motorista. Durante o dia, em tempo real, à medida que coletas são necessárias ou alguma condição muda, os terminais de dados são atualizados para uma resposta rápida. A Emery está pensando em implementar esse sistema em todos os centros de serviço e nas principais instalações internacionais. "Um exemplo disso são as rotas internacionais necessárias para levar carga através de países diferentes," completa Stoddard.

A automação das funções de transporte é um projeto imenso, mas não precisa ser encarado como desencorajador. Se você deseja tornar reais suas economias potenciais, esteja certo de que está investindo em um sistema que dará conta das suas necessidades. Capacidades imensas podem integrar um sistema, mas você talvez não necessite delas. Faça o teste dos pacotes usando seus próprios dados. Só então o potencial de gestão de transportes para a sua operação fará sentido.

Fonte: J. Michael McGovern, "Route Your Way to Cost Savings," *Transportation and Distribution*, April 1998, pp. 42-46.

Exigências de Dados para Análise de Transportes

A análise dos transportes requer três tipos de dados: características da rede, da demanda de entrega ou de coleta, e das operações. A rede define todas as possíveis rotas, é a espinha dorsal de qualquer análise de sistemas de transportes. Em alguns casos, a rede é definida com o uso de mapas de ruas da área de entrega. Cada intersecção é um nó, e as ruas se tornam ligações. A rede contém as ligações entre cada nó, a distância de percurso, o tempo de viagem e quaisquer outras restrições, tais como limites de peso ou pedágios. Uma rede detalhada em nível de ruas oferece grande precisão, particularmente quando existem limites físicos como rios e montanhas. A deficiência de tal rede é o alto custo de seu desenvolvimento e manutenção. Outra abordagem é assinalar os clientes em um gráfico e computar as possíveis conexões entre eles usando a distância de linhas retas. Coordenadas de longitude e latitude são usadas freqüentemente. Embora um sistema gráfico seja mais barato de desenvolver e manter do que uma rede de ruas, ele é menos preciso e não leva em conta as restrições.

Os dados de demanda definem as exigências periódicas de coleta e entrega aos clientes. Para uma análise estratégica ou de longo prazo, a demanda é especificada em coletas e entregas periódicas médias por cliente. Então são criadas as rotas, com base na demanda média, com uma margem de permissão de capacidade para períodos de demanda extremamente alta. Para análise tática das rotas, a demanda geralmente representa os pedidos programados para entrega no período planejado. A análise tática permite que as rotas sejam projetadas precisamente para as exigências de entrega, sem espaço para incertezas.

As características de operação definem o número de veículos, suas limitações, as restrições dos motoristas e os custos de operação. As limitações dos veículos incluem restrições de capacidade e peso, e também exigências para carregamento, como compatibilidade com a doca. As restrições envolvendo os motoristas incluem o tempo de condução e as limitações ao descarregamento. Os custos de operação incluem despesas fixas e variáveis associadas a veículos e motoristas.

A análise dos transportes para roteirização e programação de veículos vem sendo alvo de um interesse cada vez maior, por causa da eficiência e da disponibilidade de *softwares* de baixo custo. Muitas empresas envolvidas no dia-a-dia das operações de transporte têm reduzido seus custos entre 10 e 15% com o uso da análise dos transportes, tática ou estratégica. À medida que os clientes continuam a exigir pedidos menores, a análise dos transportes torna-se ainda mais imprescindível nas decisões de roteirização, de programação e de consolidação.

Resumo

Este capítulo oferece uma ampla revisão do processo de planejamento logístico, de decisões e de técnicas. Ele foi projetado para orientar o gestor de logística através de todo o processo de análise de situação, identificação de alternativas, coleta de dados, avaliação quantitativa e desenvolvimento de recomendações viáveis.

A metodologia, genérica o suficiente para a solução da maioria dos problemas logísticos, inclui três fases: definição e planejamento do problema, coleta de dados e análise, e recomendações e implementação. A fase de definição e planejamento do problema está relacionada com a avaliação de viabilidade e o planejamento do projeto. A avaliação de viabilidade inclui a análise da situação existente, o desenvolvimento de uma lógica de apoio e a estimativa da relação custo/benefício. O planejamento do projeto requer a definição de objetivos e restrições, a definição dos padrões de medida, a especificação da técnica de análise e o desenvolvimento do plano de trabalho.

A etapa da coleta e da análise de dados desenvolve pressupostos, coleta dados e realiza análises quantitativas e qualitativas. O desenvolvimento de premissas e a coleta de dados incluem tarefas para definir a abordagem da análise, formalizar os pressupostos, identificar as fontes de dados e coletar os dados. A etapa da análise envolve a definição das questões de análise, a complementação das análises de validação e do caso básico, e a realização de análises de alternativas e de sensibilidade.

A etapa das orientações e da implementação desenvolve o plano final. A etapa do desenvolvimento da recomendação inclui a identificação e a avaliação das melhores alternativas. A etapa da implementação define o curso de ação recomendado, o cronograma de desenvolvimento, a definição dos critérios de aceitação e o cronograma final de implementação.

As análises táticas *ad hoc*, tais como o balanceamento das linhas de carga ou análises ABC de inventário, devem ser realizadas regularmente para responder às mudanças nas tarifas de frete, nos fluxos e nas demandas de produtos. O planejamento da cadeia de suprimentos e a análise de localização estão se tornando cada vez mais críticos para responder às mudanças referentes a uma disponibilidade global de materiais, demandas de mercado e disponibilidade de recursos de produção. Ferramentas mais táticas, tais como simulação dinâmica e algoritmos de roteirização e programação podem ser usados para investigar e avaliar alternativas de transportes e no inventário. A importância desses métodos de planejamento e de análise abrangentes, e suas ferramentas, está crescendo, devido à complexidade das alternativas possíveis nas cadeias globais de suprimentos.

Questões Desafiadoras

1. Qual é o objetivo básico em um estudo de análise e de projeto logístico? É normalmente uma atividade única no tempo?
2. O que é análise de sensibilidade e qual o seu papel na análise e no projeto de um sistema?
3. Por que é importante desenvolver a lógica de apoio para guiar o processo de planejamento logístico?
4. Revisões externas e internas devem levar em consideração uma série de medidas. Quais são elas e por que são importantes?
5. Por que a avaliação custo/benefício é importante para os esforços de projeto de sistema logístico?

6. Qual é o principal objetivo da análise das linhas de carga?
7. De uma maneira geral, quais as principais diferenças entre as técnicas analíticas e as de simulação?
8. Qual é a principal vantagem da típica técnica de otimização em comparação com a de simulação?
9. Em que ponto de uma análise típica a técnica abre espaço para o processo de revisão de avaliação por parte da gerência?
10. Compare e aponte as diferenças entre as decisões de transporte táticas e as estratégicas.

Parte V

Administração

Nesta última parte trataremos da segunda principal responsabilidade da gestão logística de uma empresa – a administração. O Capítulo 17 desenvolve princípios de gestão de empresas e de relacionamentos que são essenciais para a realização de operações integradas. Modelos colaborativos alternativos são desenvolvidos e ilustrados como meio de facilitar a cooperação entre clientes, fornecedores de materiais, fornecedores de serviços e a empresa, orquestrando o arranjo da cadeia de suprimentos. A atenção também é dirigida para a gestão interempresarial de mudanças e conceitos de organização de recursos humanos. A natureza ubíqua das operações logísticas cria um desafio ímpar para a estrutura empresarial. A difusão das atividades logísticas por vastas áreas geográficas chama a atenção para o desenvolvimento de uma gestão eficaz. O Capítulo 18 muda o foco para a avaliação do desempenho e o desenvolvimento da medição de custos para apoiar a gestão baseada na atividade. Uma atenção especial é dirigida para o desenvolvimento da avaliação do desempenho da cadeia de logística e suprimentos. O livro encerra com o Capítulo 19 abordando os maiores desafios enfrentados pela logística do século XXI. A Parte V é composta de quatro casos, os quais ilustram questões relativas à administração.

17

Gestão da Organização e dos Relacionamentos

Desenvolvimento da Organização Logística
Estágios de Agregação Funcional
    Organização no Estágio 1
    Organização no Estágio 2
    Organização no Estágio 3
Estágio 4: Mudança na Ênfase, de Função para Processo
Estágio 5: Virtualidade e Transparência da Organização
Questões e Desafios
    Conceitos de Grande Importância Logística
    Carreiras e Lealdade
    Gerenciando a Mudança Organizacional
Gestão de Relacionamentos
    Desenvolvendo Relacionamentos Colaborativos
    Desenvolvendo Confiança
Resumo

Entre os tópicos de logística, poucos apresentam maior interesse gerencial do que a organização. A grande mudança que está ocorrendo na prática da organização logística faz desta um dos tópicos mais difíceis de se descrever com precisão. A revolução da informação e o foco na integração das cadeias de suprimentos estão forçando os gestores de logística a repensar quase todos os aspectos da lógica tradicional de organização. Guiadas por contínuas inovações de projeto e de reengenharia da sua lógica básica, as estruturas organizacionais hierárquicas estão sendo modificadas para acomodar redes de informação e trabalhos em equipes autodirigidas. A estrutura burocrática vertical que prevaleceu por séculos está dando lugar a abordagens horizontais que focam a gestão de processos-chave.

Devido à natureza geograficamente dispersa das atividades logísticas e ao fato de que as operações geralmente envolvem mais de um negócio, não existe nenhuma estrutura de organização absolutamente certa ou errada. Duas empresas competindo pelos mesmos clientes podem optar por organizar suas operações de maneiras substancialmente diferentes. Cada uma irá procurar atingir capacidades únicas para satisfazer o que percebem como exigências importantes dos clientes. A noção ultrapassada de divulgar diagramas de organização usando princípios de gestão "pré-fabricados" não funciona no mundo dinâmico de hoje, e é improvável que funcione no futuro.

Desenvolvimento da Organização Logística

Até os anos 50, funções hoje aceitas como logísticas eram geralmente vistas como trabalho de apoio ou facilitação. A responsabilidade organizacional da logística normalmente era dispersa pela empresa. Essa fragmentação normalmente significava que aspectos do trabalho logístico eram desempenhados sem coordenação interfuncional, resultando muitas vezes em informações duplas e desperdícios. A informação estava freqüentemente distorcida ou desatualizada, e as definições de autoridade e responsabilidade eram geralmente obscuras. Os administradores, reconhecendo a necessidade de controle total de custos, começaram a reorganizar e a combinar funções logísticas em um único grupo gerencial. A estruturação da logística como uma organização integrada apareceu pela primeira vez no transcorrer dos anos 50.[1]

O estímulo que impulsionava a agregação funcional era uma convicção crescente de que agrupar funções logísticas em uma única organização aumentaria a probabilidade de integração e facilitaria um entendimento melhor de como as decisões e os procedimentos, em uma área operacional, causam impacto no desempenho de outras áreas. A crença era que, eventualmente, todas as funções começariam a funcionar como um único grupo focado no desempenho do sistema como um todo. O paradigma da integração, baseado na proximidade organizacional, prevaleceu durante um período de 35 anos. Entretanto, na metade dos anos 80, tornou-se cada vez mais claro que o paradigma da agregação funcional, em última análise, poderia não oferecer a melhor abordagem para se alcançar uma logística integrada. Para muitas empresas, a tinta mal havia secado no que parecia ser o desenho de uma organização logística perfeita, quando novas reformulações, muito mais abrangentes do que a estrutura ideal, emergiram.

Quase do dia para a noite, a ênfase mudou da função para o processo. Empresas começaram a examinar o papel que a competência logística poderia desempenhar no processo geral de criar valor para o cliente. Isso conduziu a um novo pensamento, preocupado em atingir o melhor desempenho logístico integrado. Em um grau significativo, o foco no processo reduziu a pressão para agregar funções em unidades organizacionais abrangentes. A questão crítica tornou-se "como administrar melhor o processo logístico como um todo" e não "como organizar funções individuais". Os desafios e oportunidades da desagregação funcional e da integração voltada para a informação começaram a aparecer.

A missão do trabalho logístico é posicionar estoque onde e quando ele é necessário, para viabilizar vendas lucrativas. Esse trabalho de apoio deve ser desempenhado o tempo todo e, normalmente, no mundo todo, o que significa que a logística precisa ser parte de todos os processos. A estrutura ideal para a logística seria uma organização que desempenhasse seu trabalho essencial como parte dos processos que ela apóia enquanto alcançasse a sinergia da integração interfuncional.

A tecnologia da informação introduziu um potencial de integração virtual em contraste à combinação física das funções logísticas. Fazer uso da tecnologia da informação para coordenar ou orquestrar um desempenho integrado permite que a própria responsabilidade em desempenhar o trabalho seja distribuída através da empresa como um todo. A integração requer que a logística seja combinada com outras áreas, tais como o *marketing* e a produção. Por exemplo, em vez de concentrar o foco em como relacionar transporte e inventário, o verdadeiro desafio é integrar transporte, inventário, desenvolvimento de novos produtos, produção flexível e sucesso com o cliente. Para atingir a integração da organização como um todo, uma empresa precisa combinar uma ampla variedade de capacidades em novas unidades da empresa.

Isso significa que os tradicionais departamentos de função única devem ser assimilados em um processo. Tal assimilação muitas vezes requer que as antigas organizações sejam desagregadas para depois serem recombinadas de novas e particulares maneiras. À primeira vista, essa desagregação funcional pode parecer que retorna para os primeiros dias dos fragmentados departamentos de função única. Entretanto, a diferença crucial no modelo de organização emergente é uma disponibilidade de informações amplamente difundida. O novo formato de organização caracteriza-se por uma cultura extremamente diferente no que diz respeito a como a informação e o conhecimento são administrados e compartilhados.

Gestores de logística podem se beneficiar do entendimento do processo de desenvolvimento da organização. Tal entendimento permite a eles avaliar o presente estado de organização de suas empresas e planejar mudanças a serem ajustadas. Para entender plenamente e administrar mudanças, é útil entender como as organizações burocráticas tradicionais evoluíram. A pesquisa sugere que gerentes inicialmente estabilizaram a logística por meio da agregação funcional. Essa agregação foi essencial para iniciar o uso de redes de informação com o objetivo de facilitar a integração de processos. A Figura 17-1 apresenta cin-

---

[1] Para conhecer os primeiros artigos discutindo a integração das atividades logísticas, consulte Donald J. Bowersox, "Emerging Patterns of Physical Distribution Organization," *Transportation and Distribution Management*, May 1968, pp. 53-59; John F. Stolle, "How to Manage Physical Distribution," *Harvard Business Review*, July/August 1967, pp. 93-100; and Robert E. Weigand. "The Management of Physical Distribution: A Dilemma," *Michigan State University Business Topics*, Summer 1962, pp. 67-72.

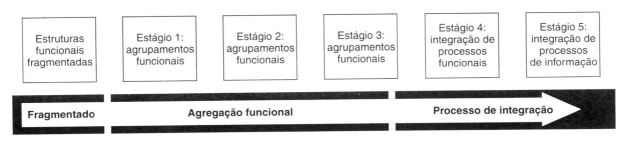

Figura 17-1 Ciclo de desenvolvimento da organização logística.

co estágios de desenvolvimento da empresa, com base em um equilíbrio relativo da agregação funcional e na integração das informações.

Num determinado momento, o conjunto perceptível de organizações logísticas percorre toda a gama de estágios de desenvolvimento. Algumas empresas estão apenas aceitando o desafio do estágio 1, enquanto outras estão indo além das fronteiras do estágio 5. Mesmo que a evolução da organização possa ser acelerada, a pesquisa sugere que não se deve queimar etapas[2]. O desafio para os gestores de logística é serem capazes de avaliar como sua empresa deveria ser estruturada para melhor aproveitar a competência logística.

Estágios de Agregação Funcional

A Figura 17-2 mostra uma estrutura organizacional tradicional com funções logísticas dispersas. (Apenas funções normalmente envolvidas em operações logísticas são mostradas nessa tabela organizacional hipotética.) A crença inicial era de que o desempenho integrado seria facilitado pelo agrupamento de funções logísticas normalmente distribuídas pela empresa tradicional, em uma estrutura de controle e comando únicos. Acreditava-se que as funções logísticas seriam mais bem gerenciadas, que as trocas compensatórias seriam analisadas com maior profundidade e que as soluções de menores custos seriam mais facilmente identificadas, caso todo o trabalho logístico fosse integrado em uma organização.

Apesar de a idéia de integração funcional ser lógica e apelar para o senso comum, ela nem sempre é apoiada por gerentes de outras unidades. É natural que qualquer tentativa de reposicionar responsabilidade e autoridade gerenciais encontre resistência. Muitos executivos de logística podem citar exemplos de tentativas de reorganização que foram recebidas com resistência e desconfiança – sem mencionar acusações de criação de um império. Tradicionalmente, em estruturas organizacionais, os orçamentos financeiros acompanham a responsabilidade operacional. Do mesmo modo, poder, visibilidade e compensação pessoal estão diretamente vinculados à gestão de grandes contas e de orçamentos substanciais. A reorganização logística, portanto, foi vista muitas vezes como uma maneira de os gestores da área adquirirem poder, visibilidade e compensação, à custa de outros gerentes. Essa percepção foi uma das razões que mais pesou para que outros gerentes protegessem seu poder, resistindo à integração logística de funções. Em um número crescente de empresas, entretanto, os benefícios foram suficientes para dar força à reorganização. A evolução resultante, de um modo geral, envolveu três estágios de agregação funcional.

Organização no Estágio 1

As tentativas iniciais de agrupar funções logísticas surgiram ao longo dos anos 50 e no início dos anos 60. Organizações com um grau mínimo de unificação apenas apareceram depois que seus gerentes seniores passaram a crer que a melhoria do desempenho surgiria. O padrão evolutivo típico era o do agrupamento operacional de duas ou mais funções logísticas, sem modificação significativa da organização hierárquica como um todo. Durante esse estágio inicial de desenvolvimento, raramente as unidades da empresa comprometidas com as compras e a distribuição de mercado eram integradas.

A Figura 17-3 apresenta uma típica organização no estágio 1. Na maioria das vezes, a mudança da organização no estágio 1 envolvia o agrupamento de funções dentro dos domínios tradicionais do *marketing* e da produção. Na área de *marketing*, o agrupamento normalmente era feito em torno do serviço aos clientes; na área de produção, do recebimento de materiais e da aquisição de peças. Com poucas exceções, a maioria dos departamentos tradicionais não era mudada e a organização hierárquica não era alterada significativamente. A deficiência mais evidente de uma organização no estágio 1 era o fracasso em focalizar diretamente a responsabilidade pelo inventário. Por exemplo, as primeiras organizações de distribuição física normalmente controlavam armazenamento, transporte e processamento de pedidos. Poucas organizações no estágio 1 tinham responsabilidade direta no gerenciamento das trocas compensatórias entre o transporte e a organização final do inventário.

Organização no Estágio 2

À medida que a empresa como um todo ganhou experiência organizacional com logística unificada e seu custo-benefício, um segundo estágio organizacional começou a evoluir. A Figura 17-4 apresenta o estágio 2, que começou a surgir entre o final dos anos 60 e o começo dos anos 70.

---

[2] Para uma revisão relacionada à evolução da organização da logística, consulte: Kearney, A. T., *Measuring Productivity in Physical Distribution: The $40 Billion Gold Mine* (Oak brook, IL: Council of Logistics Management, 1978); Kearney, A. T. "Organizing Physical Distribution to Improve Bottom Line Results", *Annual Proceedings of the Council of Logistics Management*, 1981, pp. 1-14; Karney, A. T., *Measuring and Improving Productivity and Logistics Process: Achieving Customer Satisfaction Breakthrough* (Oak brook, IL: Council of Logistics Management, 1991). O autor A. T. Kearney completou e publicou estudos na Europa, Ásia e América do Norte em 1993. Esses estudos foram distribuídos pelo autor em periódicos. Para uma revisão da pesquisa e melhor prática em Organização da Logística da Universidade Estadual de Michigan, consulte: Bowersox, Donald J. et al.; *Leading Edge Logistics: Competitive Positioning or the 1990s* (Oak brook, IL. Council of Logistics Management 1989); Bowersox, Donald J. et al. *Logistics Excellence: It is not Business as Usual* (Burlington, MA: Digital Press, 1992); The Global Logistics Research Team na Universidade Estadual de Michigan, *World Class Logistics: The Challenge of Managing Continuous Change* (Oak brook, IL: Council of Logistics Management, 1995); Bowersox, Donald J., Closs David J., Stank, Theodore P., *21st Century Logistics: Making Supply Chain Integration a Reality* (Oak brook, IL: Council of Logistics Management, 1999).

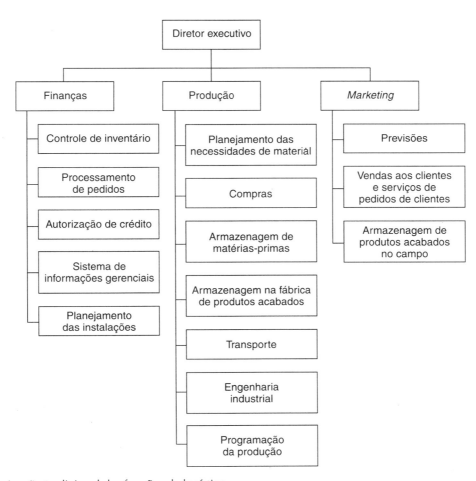

Figura 17-2 Organização tradicional das funções da logística.

A característica significativa de uma empresa no estágio 2 era que a logística havia adquirido independência e se posicionado como uma área de responsabilidade e autoridade organizacional, normalmente focalizando a distribuição física ou a gestão de materiais. A motivação era simples: posicionar a logística em um nível organizacional mais alto e mais visível aumentava a probabilidade de impacto estratégico. O *status* independente permitiu à logística ser administrada como uma competência essencial. A distribuição física era uma forte candidata a ter *status* elevado em empresas onde o atendimento ao cliente era crucial para o sucesso global (Figura 17-4). O setor automotivo constituía-se num exemplo em que a gerência de materiais freqüentemente aumentou sua autoridade e responsabilidade, porque o recebimento de materiais e a produção perfaziam a maior parcela do custo do produto. Assim, o grupo focal que era elevado à importância mais alta em organizações no estágio 2 geralmente dependia da natureza do negócio principal da empresa.

Assim como no estágio 1, as organizações no estágio 2 não atingiram uma logística plenamente integrada. Desta vez, o fracasso em sintetizar a gestão logística em um sistema integrado deveu-se, em parte, a uma preocupação com funções específicas, tais como processamento de pedidos ou compras, considerados essenciais para as operações tradicionais. Um segundo fator limitante à integração total foi a falta de sistemas de informações logísticas interfuncionais. Como regra geral, a integração organizacional estava diretamente relacionada à capacidade do seu sistema de informações.

Um aspecto significativo a respeito da organização no estágio 2 é que a distribuição física integrada e/ou a gestão de materiais começou a ganhar aceitação entre os correspondentes financeiros, de produção e de *marketing*. Os outros empregados executivos da corporação viram essas organizações integradas como algo mais do que meros esforços reativos voltados à contenção e à redução de custos. Na organização no estágio 2, era comum a unidade integrada tornar-se um contribuinte fundamental à estratégia do negócio. Organizações no estágio 2 permanecem difundidas em todo o setor industrial hoje em dia e representam uma abordagem comum de facilitação logística.

Organização no Estágio 3

Organizações no estágio 3 emergiram nos anos 80 tão logo se iniciou o renascimento logístico. Essa estrutura or-

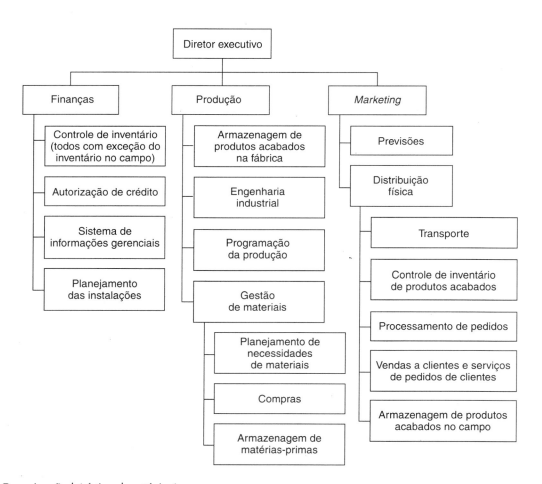

Figura 17-3 Organização logística de estágio 1.

ganizacional procurou unificar todas as funções e operações logísticas sob o controle de um único gerente sênior. Organizações no estágio 3 que apresentam natureza abrangente, ilustrada na Figura 17-5, eram e continuam sendo raras. Entretanto, a tendência em organizações nesse estágio foi claramente agrupar o máximo possível de funções de planejamento logístico e operacionais sob uma única responsabilidade e autoridade. A meta era uma gestão estratégica de todos os materiais, da movimentação e do armazenamento de produtos finais para o máximo benefício da empresa.

O rápido desenvolvimento de sistemas de informação logística deram um ímpeto às organizações no estágio 3. A tecnologia da informação tornou-se disponível para planejar e operar sistemas que integravam plenamente operações logísticas. Diversos aspectos de organizações no estágio 3 justificam uma discussão mais aprofundada.

Primeiro, cada área da logística – compras, apoio à produção e distribuição física – é estruturada como uma linha de operação separada. As linhas de autoridade e responsabilidade fazem com que, diretamente, cada grupo de serviços de apoio seja desempenhado como parte de um esforço logístico integrado geral. Uma vez que as áreas de responsabilidade por operação estão bem definidas, é possível estabelecer o apoio à produção como uma unidade de operação similar a compras e a distribuição física. Devido ao fato de cada unidade ser operacionalmente auto-suficiente, ela pode manter a flexibilidade para acomodar serviços críticos exigidos por sua respectiva área operacional. Além disso, uma vez que as atividades logísticas como um todo podem ser planejadas e coordenadas em uma base integrada, podem ser exploradas sinergias operacionais entre as áreas.

Segundo, cinco competências agrupadas sob o apoio logístico são posicionadas como serviços operacionais. Essa orientação de serviços compartilhados é o mecanismo para integrar operações logísticas. É importante ressaltar que o apoio logístico *não* é uma organização de *staff*. O grupo gerencia o trabalho logístico do dia-a-dia, que é estruturado com a matriz de responsabilização, numa ligação direta entre a distribuição física, o apoio à produção e as operações de compra.

Terceiro, o planejamento de recursos logísticos abarca todo o potencial das informações gerenciais ao planejar e coordenar as operações. O processamento de pedidos colo-

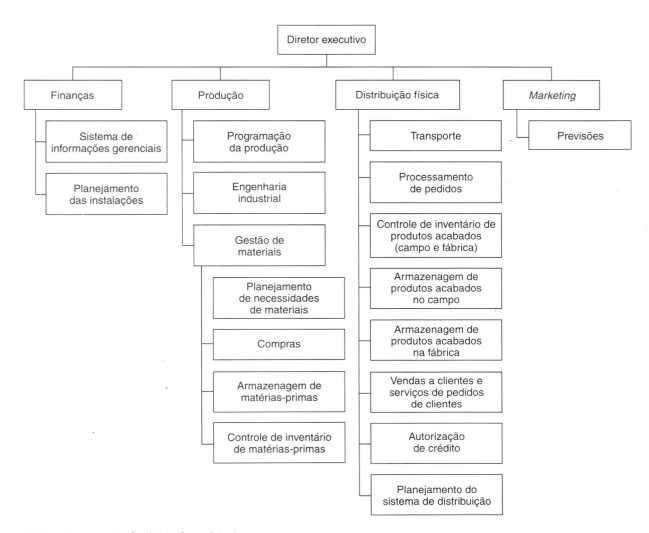

Figura 17-4 Organização logística de estágio 2.

ca o sistema logístico em funcionamento e gera a base de dados integrada necessária para o controle. O planejamento de recursos logísticos facilita a integração. Os planos de recursos logísticos são baseados em previsões de produto/mercado, processamento de pedidos e situação do inventário, para determinar o conjunto de exigências para qualquer período de planejamento. Com base nas exigências identificadas, a unidade de planejamento operacionaliza a produção por meio da coordenação dos cronogramas, planejamento da capacidade e planejamento das necessidades de materiais.

Finalmente, o planejamento e a supervisão gerais existem no nível mais alto da organização no estágio 3. Essas iniciativas servem para facilitar a integração. O grupo de planejamento está preocupado com o posicionamento estratégico de longo prazo e é responsável pela melhoria da qualidade e pela reengenharia do sistema logístico. O *controller* da logística está atento à medição dos custos, ao desempenho do atendimento aos clientes e à provisão de informações para o processo de tomada de decisões gerenciais. O desenvolvimento dos procedimentos para a controladoria da logística é uma das áreas mais críticas da administração logística integrada.

A necessidade de medição precisa é o resultado direto da ênfase crescente dada à melhoria contínua do desempenho dos serviços aos clientes.[3] A tarefa de medição é extremamente importante, devido aos grandes volumes de despesas operacionais de capital envolvidos na logística.

A organização no estágio 3 oferece uma lógica única para guiar a aplicação eficiente de recursos humanos e financeiros, desde a procura de materiais até a entrega do produto final aos clientes. Dessa forma, uma organização logística no estágio 3 coloca as empresas na posição de gerenciar trocas compensatórias entre compras, apoio à produção e distribuição física.

---

[3] Medição de desempenho é discutida com mais detalhes no Capítulo 19.

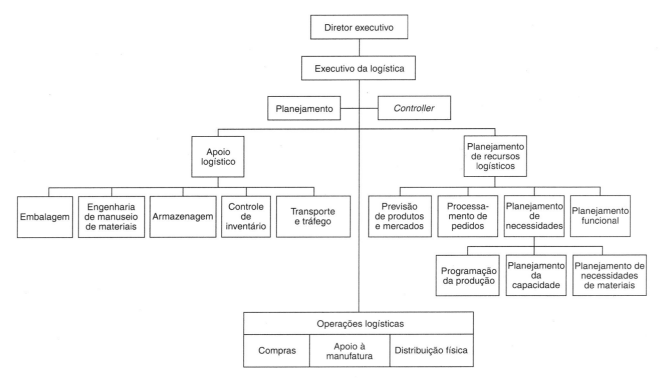

Figura 17-5 Organização logística de estágio 3.

Estágio 4: Mudança na Ênfase, de Função para Processo

Independentemente da agregação ou desagregação funcional, é óbvio que as empresas estão lutando para posicionar suas capacidades operacionais e com isso prestar melhor apoio à gestão orientada aos processos. Como um observador concluiu, "A busca pela organização perfeitamente projetada para o século XXI está avançando com a urgência de uma caça desesperada".[4] Frank Ostroff e Doug Smith, consultores da McKinsey, propuseram uma arquitetura para ilustrar como a organização vertical hierárquica e funcional poderia evoluir em direção a uma organização horizontal orientada para o processo. O modelo de Ostroff/Smith é apresentado na Figura 17-6.

O conceito da empresa do século XXI é vislumbrado como o resultado de três fatores: (1) o desenvolvimento de um ambiente de trabalho altamente envolvido com equipes de trabalho autodirigidas (SDWT)*, como veículo para dar condições aos empregados de atingir o máximo desempenho; (2) melhoria da produtividade que resulte de processos administrativos mais do que de funções (esta noção sempre esteve presente no núcleo da logística integrada); (3) o rápido compartilhamento de informações precisas, que permitam que todas as facetas da empresa sejam integradas. A tecnologia da informação é vista como a estrutura de sustentação da nova empresa, substituindo a hierarquia organizacional.

A essência do argumento pela reestruturação radical é que o conceito evolutivo tradicional de mudança organizacional não é suficiente para estimular grandes rupturas nos serviços ou na produtividade. Ao contrário, a tradicional mudança organizacional desloca ou realinha a estrutura operacional sem uma reformulação séria do processo básico de trabalho. Uma vez que tal reestruturação geralmente assume que as organizações funcionais irão continuar a desempenhar o trabalho básico, pouca ou nenhuma diferença real resulta na prática. Essencialmente, as companhias estão redirecionando velhas práticas de negócios, em vez de projetar processos novos e mais eficazes.

São três os desafios de gerenciar a logística como processo. Primeiro, todo esforço deve ser focalizado no valor agregado aos clientes. Uma atividade só existe e é justificada na medida em que agrega valor para o cliente. Portanto, o comprometimento logístico deve ser motivado pela crença de que os clientes desejam que uma atividade específica seja desempenhada. Gerentes da logística devem desenvolver uma capacidade de pensar externamente à empresa. Segundo, integrar a logística como parte de um processo requer que todas as habilidades necessárias para completar o trabalho estejam disponíveis, independentemente de sua organização funcional. O agrupamento organizacional com

---

[4] Thomas A. Stewart, "The Search for the Organization of Tomorrow", *Fortune*, May 18, 1992, p. 91-98.

* N. de T.: A sigla SDWT significa *Self-Directed Work Team*, isto é, uma equipe de trabalho com autodeterminação.

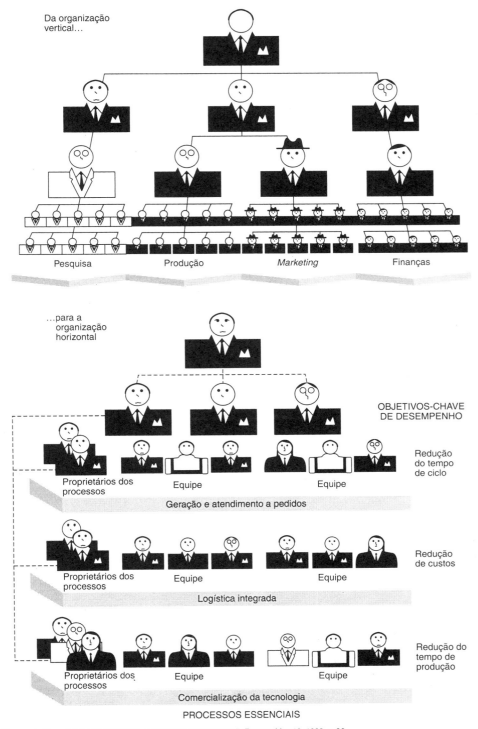

Figura 17-6 De organização vertical para horizontal.

base em funções selecionadas pode separar artificialmente fluxos naturais de trabalho e criar gargalos. Quando estruturas horizontais são postas em prática, habilidades críticas precisam ser posicionadas e tornadas acessíveis, para assegurar que o trabalho exigido seja executado.

Por fim, o trabalho desempenhado em um contexto de processos deve estimular a sinergia. Com a integração de sistemas, a concepção do trabalho como um processo significa que as trocas compensatórias da organização como um todo são estruturadas de forma a atingir o máximo desempenho com um mínimo de investimento.⁵ A Visão Setorial 17-1 discute o conceito do desenvolvimento de um reposicionamento para o processo.

As mudanças radicais propostas pelo redirecionamento de orientação funcional para aos processos misturaram as mensagens aos gerentes envolvidos em logística. Pelo lado positivo, a adoção geral de uma orientação aos processos constrói os princípios básicos da integração de sistemas. No núcleo da logística integrada há um compromisso com a excelência funcional, que contribui para o desempenho dos processos. A reorientação geral para o gerenciamento da logística como um processo significa que ela será posicionada como colaboradora central para todas as iniciativas que focalizam o desenvolvimento de novos produtos, a geração de pedidos dos clientes, os atendimentos e as entregas. A tendência geral do processo de integração é expandir o potencial operacional e de impacto da logística.

Menos claro é o entendimento completo de como os próprios processos serão desempenhados e gerenciados. As mais avançadas soluções logísticas observadas durante a década passada combinaram formas de organização e o desempenho das melhores práticas para gerenciar-se o processo logístico como um todo, usando uma estrutura hierárquica modificada. O conceito de organização matricial surgiu como uma estrutura comum para facilitar a gestão horizontal.⁶ A disponibilidade de informação superior para operacionalizar a abordagem matricial diminui a dependência de uma estrutura organizacional formal rígida. Em termos de arquitetura para uma organização logística, as questões críticas são: (1) Quanto da estrutura hierárquica formal deve ser mantida enquanto se procura habilitar e encorajar uma orientação aos processos?, e (2) Como uma organização pode ser estruturada para que se possa gerenciar um processo tão complexo como a logística global sem tornar-se excessivamente burocrática? Para resolver essas questões, os administradores devem possuir um profundo entendimento do potencial do estágio 5, que defende redes de trabalho logístico orientadas para a informação integrada que se estende além dos limites da empresa.

Estágio 5: Virtualidade e Transparência da Organização

É muito improvável que a atenção hoje dada aos processos acabe com a busca gerencial por uma organização logística ideal. Enquanto diversos cenários diferentes relativos à organização do futuro são tecnologicamente possíveis, um dos mais intrigantes é a especulação de que a estrutura formal de comando e controle da organização hierárquica será substituída por uma rede de trabalho eletrônica e informal, muitas vezes referida como uma *organização virtual*.⁷ O adjetivo *virtual* implica sua existência subjacente, sem reconhecimento formal.⁸

Em outras palavras, uma organização virtual, seja ela a empresa completa ou uma competência essencial específica, existirá como provedora de desempenho integrado, mas não como uma unidade identificável na estrutura formal. No caso da logística, equipes-chave podem ser eletronicamente conectadas para desempenhar atividades críticas de forma integrada. Essas equipes de trabalho poderiam ser transparentes em termos da estrutura formal de sua associação, isto é, os organogramas formais de sua organização podem não estar relacionados ao verdadeiro fluxo de trabalho. (Na verdade, organizações logísticas do futuro poderiam caracterizar-se pela desagregação funcional da empresa ao focalizar o fluxo de trabalho e não a estrutura).

Os conceitos de virtualidade e transparência têm implicações de longo alcance para os conceitos organizacionais há muito discutidos, como centralização e descentralização:

> Para atender às exigências dos clientes por velocidade e agilidade, a autoridade tem que ser empurrada para baixo na empresa. Pode-se esperar que a direção estratégica origine-se nos escritórios centrais. Adaptações operacionais serão cada vez mais realizadas nas linhas de frente. Gerentes da linha de frente terão que, cada vez mais, refinar estratégias e aplicá-las diretamente nas operações. Centralização e descentralização tornar-se-ão cada vez mais termos sem sentido. Organizações do futuro procurarão capturar o melhor da centralização e da descentralização, sem compromisso com nenhum dos dois conceitos.⁹

Para desfrutar completamente dos benefícios da tecnologia da informação, uma grande mudança estru-

---

⁵ Michael Hammer e Steve Tanton, "How Process Enterprises Really Work," *Harvard Business Review,* November/December 1999, pp. 108-17.

⁶ A estrutura de organização matricial é discutida mais adiante neste capítulo.

⁷ Para mais detalhes e exemplos de organizações virtuais, consulte: Charles C. Snow, Raymond E. Miles e Henry J. Coleman Jr., "Managing 21st Century Network Organizations," *Organizational Dynamics* 20, no. 3 (Winter 1992), pp. 5-20. Kiechel III, Walter, "How will we work in the year 2000", *Fortune* 127 no. 10, May 17, 1993, pp. 38-52; Magretta, Joan. "The Power of Virtual Integration: an Interview with Dell Computer's Michael Dell", *Harvard Business Review*, March/April, 1998, pp. 73-84; Carr, Nicholas G., "Being Virtual: Character in the New Economy", *Harvard Business Review*, May/June 1999, pp. 181-186; Davidrow, William H. e Malone, Michael S., *The Virtual Corporation: Structuring and Revitalizing the Corporation for the 21ˢᵗ Century*, (New York: Harper Business, 1992); Byrne, John A. "The Virtual Corporation: The Company of the Future will be the ultimate in adaptability", *Business Week,* February 8, 1993, pp. 98-102; Gayne, Kevin C. e Dye Renne, "The Competitive Dynamic of Network-based Business", *Harvard Business Review*, January/February, 1998, pp. 99-109.

⁸ O dicionário Webster define virtual como algo "que existe como faculdade, porém sem exercício ou efeito atual".

⁹ Donald J. Bowersox, et. al., *Logistical Excellence: It's Not Business as Usual* (Burlington, MA: Digital Press, 1992), pp. 173-74.

Visão Setorial 17-1   Uma Nova Forma de Administrar o Processo de Conhecimento

Na maior parte da década passada, uma equipe de pesquisadores do MIT Sloan School of Management, em Cambridge, Massachussetts, trabalhou silenciosamente em uma tarefa hercúlea – documentar, meticulosamente, cada processo de negócios significativo. The Process Handbook Project, como a iniciativa é denominada, obteve sucesso em criar um repositório eletrônico de informações sobre mais de 5.000 processos e atividades, juntamente com um sofisticado *software* de programas para explorar e manipular os dados.

Agora, o MIT está tornando disponível para qualquer companhia o repositório de processos e o *software* por meio de uma empresa licenciada, a Phios Corporation. A Phios planeja comercializar a pesquisa de duas maneiras. Primeiro, irá auxiliar companhias individuais a desenvolver suas próprias versões proprietárias do repositório, oferecendo uma maneira fácil de armazenar, organizar e compartilhar diversas informações, tais como mapas de processos, manuais de procedimento, imagens, *softwares* e *links* na *web*. Segundo, irá colocar o repositório geral de processos na internet, possibilitando que os administradores tenham acesso a uma riqueza de conhecimentos sobre projetos de processos.

Thomas W. Malone, um professor na Sloan School e co-fundador e presidente da Phios, acredita que as ferramentas de gestão de processos estão se tornando cada vez mais importantes. "O comércio eletrônico, a terceirização e os sistemas de *softwares* empresariais estão forçando as companhias a repensar o modo como organizam seu trabalho", afirma ele. "As companhias precisam ser mais criativas e flexíveis ao gerenciar seus processos – e isso requer uma abordagem muito mais sistemática para capturar e disseminar os conhecimentos sobre processos."

Uma empresa que já usa o *software* para administrar seus conhecimentos de processo é a Dow Corning. A companhia percebeu, ao instalar um sistema SAP, que faltava uma maneira consistente de documentar os projetos de processos envolvidos e compartilhar as informações em toda a empresa. Ela está usando o *software* Phios para criar mapas interligados de seus processos-chave. A companhia também continua avançando com os planos ao colocar seu repositório de processos na sua intranet. Qualquer um na companhia será capaz de aprender rapidamente os passos a serem seguidos em qualquer processo, encontrar *links* para guias detalhados dos seus processos e de suas políticas, conferir medições de desempenho de processos e compartilhar idéias sobre o aprimoramento de seus projetos de processos.

Muito da força do repositório de processos da Phios está em sua estrutura bidimensional única, que organiza as informações de acordo com as partes dos processos e as características de cada uma delas. Um usuário que explore o processo geral de vender um produto, por exemplo, pode mover-se verticalmente no banco de dados para obter informações mais detalhadas sobre as partes componentes desse processo ou subatividades envolvidas. O usuário pode também se mover horizontalmente para estudar tipos mais especializados do processo, como vendas pela internet ou vendas de serviços financeiros. Ao facilitar para o usuário o movimento em ambas as direções, o *software* da Phios é capaz de inspirar pensamentos criativos sobre novas formas de trabalhar.

Uma grande companhia de serviços usou o repositório para gerar novas idéias de reestruturação do seu processo de contratação. A companhia estava crescendo rapidamente em um mercado de trabalho restrito, e estava tendo problemas em conseguir pessoal qualificado. Então, usou o repositório para explorar os processos de contratação de outras companhias, tanto dentro quanto fora de seu setor de atuação. Quando descobriu que o grupo Marriott usava um sistema automático de telefone para selecionar candidatos a empregos, a empresa percebeu que poderia usar um processo similar para certos cargos de nível inicial.

A companhia também olhou para análogos do processo de contratação. No esquema de classificação do repositório, "contratação" é uma forma especializada de um processo mais abrangente chamado "compra". Ao explorar diferentes processos de compra, a companhia encontrou via internet uma descrição do sistema de compras da General Electric, que permite aos compradores rapidamente encontrarem e compararem diferentes fornecedores. A companhia de serviços percebeu que algo semelhante poderia ser uma forma produtiva de localizar e avaliar empregados potenciais. Ela também considerou a possibilidade de montar um sistema *on-line* de oferta de empregos, assim como a Onsale, empresa de leilões eletrônicos, fez em relação a produtos.

O valor do conhecimento bem administrado sobre processos tende a crescer no futuro, de acordo com Malone. "À medida que os limites entre funções e companhias desmoronam, o velho organograma organizacional perde sua utilidade como ferramenta de gestão", ressalta ele. "Nas companhias de amanhã, os executivos provavelmente irão depender de mapas profusamente detalhados de processos para guiar suas decisões gerenciais e estratégicas."

Fonte: Nicholas G. Carr, "A New Way to Manage Process Knowledge," *Harvard Business Review*, September/October 1999, pp. 24-25.

---

tural e filosófica precisa acontecer. Estruturas de comando e controle têm uma precedência histórica significativa nos negócios, a qual é difícil de ser modificada. Na verdade, alguns acreditam que tal mudança radical somente pode ser obtida se as soluções organizacionais originais forem completamente abolidas ou desintegradas. Em outras palavras, a mudança não pode ser feita simplesmente por meio da alteração da estrutura organizacional existente.[10]

A idéia por trás da desagregação é que o poder da tecnologia da informação permitirá a gestão integrada e o desempenho do trabalho logístico sem agrupar ou agregar funções em uma unidade empresarial formal. A responsabilidade por desempenhar as funções logísticas deveria ser posicionada organizacionalmente junto aos usuários. O *usuário*, nesse sentido, é uma organização que demanda transporte, armazenamento, inventário ou qualquer outro serviço logístico para completar sua missão. Tornar aqueles que desempenham os serviços logísticos parte integrante da organização usuária tem o potencial de aumentar a importância e a flexibilidade. Essencialmente, o *empowerment* final tornar-se-ia concreto. Cada departamento da empresa desempenharia o serviço logístico de que necessita. O paradigma da desintegração é baseado na crença de que a funcionalidade logística não precisa ser organizacionalmente alocada a um comando especial ou a uma estrutura de controle, para eficaz e eficientemente coordenar o desempenho.

Há muitos argumentos contrários à desagregação funcional. O primeiro e mais importante é o perigo de que a desagregação criaria o risco de reversão a uma fixação funcional ou à miopia característica da logística fragmentada (organização de pré-estágio 1). Uma segunda preocupação é que a escala e o escopo críticos das operações logísticas sejam perdidos e resultem em gastos adicionais. Por fim, a padronização e a simplificação dos trabalhos podem diminuir, caso tipos similares de trabalhos estejam espalhados pela organização dos usuários sem mecanismos formais de *feedback*.

Apesar de os argumentos ora mencionados não esgotarem o tema, eles são característicos das preocupações que os gerentes têm com relação ao abandono da empresa formal e integrada. A chave para o melhor desempenho é a percepção de que a importância e a flexibilidade podem ser ampliadas ao se criar uma rede eletrônica que facilite a coordenação logística, em contraste com a confiança na estruturação organizacional formal. Na verdade, a tecnologia da informação não existia quando o paradigma da organização integrada formal foi lançado, num esforço de se satisfazer necessidades de integração. Por causa do caráter novo das idéias, é difícil perceber como uma organização no estágio 5 poderia ser administrada.

A partir de uma perspectiva tecnológica, é possível assumir que as empresas de estrutura logística formal que nós conhecemos hoje podem deixar de existir em termos dos atuais arranjos de comando e controle. A integração será cada vez mais atingida via eletrônica e intercomunicação do trabalho logístico numa base informal. Sob tal coordenação, os aspectos essenciais do desempenho integrado podem ser mantidos e o pouco conhecimento e especialização podem ser compartilhados, para atingir-se padronização e simplificação máximas. *Todo* o trabalho logístico, independentemente de quando e onde é desempenhado, pode ser capturado como parte da rede de comunicação logística informal. O compartilhamento de informações comuns a respeito de exigências e avaliação de desempenho, ao mesmo tempo em que se retém o controle local, oferece uma competência logística essencial que supera em muito o modelo atual de melhores práticas.

A organização logística do futuro é essencialmente o que corresponde a um *keritsu eletrônico*. Adotado da cultura oriental, o *keritsu* é um grupo de empresas, de certo modo afiliadas, e que compartilham aspectos comuns e estão comprometidas a ter um comportamento cooperativo. Uma rede de comunicações logísticas transparentes pode ser considerada uma composição de funções comerciais afiliadas, que são motivadas e dirigidas por interesses e metas comuns. A rede de comunicação informal é facilitada pelo compartilhamento de informações.

O público está interessado se e quando a rede de comunicações logísticas funcionalmente desagregada irá se tornar uma solução organizacional logística realista. Uma pesquisa sobre as melhores práticas indica que algumas empresas estão no estágio inicial de ligação eletrônica de trabalhos diversos, em vez de sua unificação física ou organizacional.[11]

A idéia de organização virtual é mais ampla do que a simples criação de transparência estrutural. A noção de que entidades podem se configurar para atingir metas comuns e então se dispersar é significativa para os desafios da gestão de relacionamentos, que discutiremos mais adiante neste capítulo. Os aspectos da virtualidade que lidam com um grupo fluido e flexível de empresas trabalhando juntas, para alavancar suas competências, estão provocando um grande impacto no futuro dos fornecedores de serviços logísticos. Eles dão substância à idéia de uma competência logística descartável, que os usuários podem adquirir quando necessária e depois abandonar quando não mais precisam dela. A idéia da logística descartável tem aplicação em áreas como promoções especiais, sazonalidade e desenvolvimento, e introdução de novos produtos.

O fato de que as empresas hoje em dia constantemente formam e rompem alianças oferece credibilidade às noções de transparência e virtualidade.

---

[10] Christopher Meyer e David Power, "Enterprise Disintegration: The Storm before the Calm," *Commentary* (Lexington, MA: Temple, Baker and Sloane, 1989).

[11] Donald J. Bowersox, David J. Closs e Theodore P. Stank, *21st Century Logistic: Making Supply Chain Integration a Reality* (Oak brook, IL: Council Of Logistics Management, 1999).

Questões e Desafios

A literatura geral sobre administração está repleta de frases de efeito e conceitos organizacionais, colocados como trilhas para o sucesso instantâneo. Dado esse contínuo bombardeio de novas idéias, torna-se confuso para os executivos responsáveis por gerenciar a logística escolher e implementar o equilíbrio adequado entre conceitos tradicionais comprovados e uma variedade de caminhos novos e inovadores, para melhorar a produtividade logística e a flexibilidade operacional. O desafio está em diferenciar conceitos que satisfaçam às exigências únicas de cada organização em particular e conceitos que são simples modas passageiras, oferecendo pouca ou nenhuma importância. Esse desafio é ampliado pelas discrepâncias que existem entre palavras e realidades.

Esta seção trata de três importantes considerações que um gerente preocupado com a arquitetura da organização logística deve rever com cuidado: (1) novos conceitos organizacionais que parecem ter relevância particular para a logística, (2) o impacto de um ambiente de negócios, caracterizado por mudanças desenfreadas, onde ocorre o trabalho de logística, e (3) os desafios de administrar as mudanças e as transformações da organização.

Conceitos de Grande Importância Logística

Nos tempos de hoje, a reestruturação organizacional está focalizada na facilitação do atendimento às metas dos processos. Para a logística, isso significa que as competências operacionais precisam se direcionar à maximização do valor aos clientes. A tecnologia da informação está criando potencial para redes de comunicação que transcendem as linhas tradicionais de autoridade e responsabilidade. Existe o potencial para se criar organizações transparentes que coordenem o trabalho logístico em qualquer lugar que a empresa realize negócios. Em vez de a logística ser gerenciada em um departamento no escritório central, as organizações logísticas podem se estender e permear todos as localizações de seus usuários.

À luz de onde a estrutura da empresa esteve e para onde ela pode ir, os gerentes da logística precisam avaliar aquelas idéias que têm a maior aplicabilidade e são mais passíveis de serem implementadas. Quatro conceitos gerais parecem ser particularmente relevantes: compressão estrutural, *empowerment*, formação de equipe e aprendizado.

Compressão Estrutural

Muitos termos e conceitos diferentes têm sido usados para capturar aspectos altamente visíveis da mudança organizacional. Termos como *downsizing* (cortes e redução), *flattening* (achatamento), *networking* (redes de comunicação), *clustering* (conglomerados), *right-sizing* (redução ao tamanho adequado), *delayering* (redução de camadas/estratos hieráquicos), *reengineering* (reengenharia) e *nonhierarchical* (não-hierarquização) são abundantes na imprensa popular sobre administração. Todas essas idéias têm uma coisa em comum: o desejo de estruturar organizações, de modo que elas possam desempenhar melhor o trabalho exigido usando menos recursos humanos. Entretanto, o que está em jogo é mais amplo do que simplesmente tentar fazer mais com menos. A natureza do trabalho logístico está mudando, e certamente as estruturas organizacionais precisam adaptar-se, para facilitar uma execução "enxuta".

A motivação para compressão estrutural da logística começa com a mudança de papéis do responsável-chefe pela logística (*CLE – Chief Logistics Executive*). Em um ambiente caracterizado por um número restrito de contas principais e controle intensivo dos ativos, o executivo sênior de logística está surgindo como parte integrante da contínua luta da empresa para ganhar e manter a fidelidade dos clientes.[12] No ambiente competitivo atual, os executivos seniores da logística podem despender mais de 50% do seu tempo trabalhando diretamente com os clientes. Esse comprometimento de linha de frente significa agir como membro de uma equipe interfuncional ou de categoria. Embora os executivos da área logística possam tradicionalmente ter visitado os clientes a pedido dos executivos de vendas, para explicar eventuais fracassos, o seu papel atual é menos o de um "bode expiatório" e mais o de um planejador de eventos futuros e provedor de visão estratégica. Para atingir uma efetiva colaboração do cliente, os executivos da logística precisam ter acesso direto a todos os tipos e níveis de informações.

Mudanças no topo geralmente resultam em mudanças por toda a empresa. Na maioria das vezes, tais mudanças em estruturas logísticas concentraram-se na reestruturação e na redução da gerência intermediária. Muita coisa já foi escrita sobre as mutáveis necessidades dos negócios, em termos de funcionários de escritório (*white-collar*) que gerenciam informações e sua tradicional contribuição para o fluxo e o controle de dados. A disponibilidade de grandes bancos de dados baseados em transações significa que tempo e pessoal utilizados anteriormente para analisar e formatar informações não são mais necessários. Na verdade, os atrasos enfrentados por essas análises não podem ser tolerados em um ambiente competitivo baseado no tempo. Elaborar procedimentos internos de liberação, para obter informações operacionais, não pode mais dar conta das rápidas trocas compensatórias exigidas hoje em dia. Mais do que isso, o compartilhamento de informações precisa transcender todos os níveis organizacio-

---
[12] Eugene Emerson Jennings, *How Managers Become Chiefs: Rules and Moves* (Okemos, MI: Mobility Study Institute, 1997).

nais e deve ser de fácil acesso ao pessoal adequado. Em decorrência, quanto menos níveis uma organização tiver, menor a chance de atraso, distorção, amplificação ou omissão das informações.

Portanto, enquanto reestruturação geralmente significa menos pessoas, o desejo de mudar também está relacionado à melhora da velocidade e da flexibilidade das respostas. A estrutura burocrática de comando e controle que efetivamente atendia às necessidades de outrora simplesmente não satisfaz às exigências da era da informação. Além de determinar os níveis de gerenciamento que oferecem o perfeito equilíbrio entre uma supervisão efetiva e a agilidade desejada, a mudança das estruturas básicas requer uma revisão cuidadosa de crenças antigas e consolidadas.

De uma Estrutura Matricial para Horizontal. Conforme vimos anteriormente, a estrutura organizacional predominante na logística, nas últimas três décadas, é a da agregação de grupos funcionais. Sob uma estrutura funcional, as atividades logísticas como transporte e armazenamento eram organizacionalmente agrupadas em conglomerados, relacionando-se por linhas diretas de autoridade e responsabilidade. Tais agrupamentos funcionais geralmente utilizam linhas de controle e comando para alocar recursos para as operações.

À medida que uma empresa começa a enfrentar o desafio da gestão por processos, torna-se difícil e mesmo indesejável manter linhas claras de autoridade e responsabilidade representativas das estruturas organizacionais funcionais. Em uma estrutura de comando e controle, é difícil atingir a flexibilidade interfuncional necessária para satisfazer as exigências únicas dos clientes. A solução desenvolvida pelos gerentes para solucionar operações interfuncionais chama-se *organização matricial*.

Na organização matricial original, dois gerentes seniores compartilhavam as responsabilidades gerais pelo empreendimento. O primeiro gestor sênior focalizava os aspectos financeiros, sendo responsável pela lucratividade de unidades específicas da empresa que eram freqüentemente estruturadas em torno de categorias de produto, proximidade geográfica ou classe de negócios. O segundo gestor sênior focalizava os recursos, sendo responsável pela organização dos recursos humanos e físicos ao longo das unidades organizacionais.

O modelo matricial de estruturar autoridade e responsabilidade ganhou popularidade em organizações de serviços como consultoria e contabilidade pública. Aos gerentes de negócios era atribuída responsabilidade completa sobre os clientes ou projetos específicos; pessoal capacitado lhes era designado para a atividade, escolhido com base nas exigências do projeto. Ao mesmo tempo em que respondia diretamente ao gerente de recursos, esse pessoal capacitado era temporariamente designado junto ao gerente de negócios. O gerente de negócios tinha autoridade direta sobre o projeto dos trabalhos, a designação temporária da equipe funcional e o controle do projeto. Em geral, compartilhava com o gerente de recursos determinadas recomendações a respeito de promoções, aumentos de salário e outros benefícios para esse pessoal capacitado. Ao final do projeto, o pessoal retornava aos grupos funcionais para nova designação.

O potencial de uma estrutura organizacional matricial ganhava um interesse renovado à medida que os gerentes lutavam contra os desafios da administração por processos. Uma vez que a abordagem oferece maneiras de compartilhar ativos e recursos tecnológicos escassos numa base flexível, ela reduz o potencial de duplicação de pessoal altamente especializado nas unidades de negócios. Um fator adverso é que o pessoal temporário pode não sentir o mesmo comprometimento característico das estruturas funcionais tradicionais.

Uma extensão moderna da abordagem matricial para a estrutura de negócios vem sendo chamada de *organização horizontal*. Semelhante ao modelo McKinsey discutido anteriormente, a organização horizontal é projetada para facilitar o processo, não para desempenhar tarefas.[13] A Figura 17-7 apresenta uma empresa horizontal; A Visão Setorial 17-2 detalha os sete elementos-chave desse tipo de organização.

---

[13] Consulte Thomas A. Stewart, "The Search for the Organization of Tomorrow", *Fortune* 125, no. 10 (May 18, 1992), pp. 92-98; e John A. Byrne, "The Horizontal Corporation: It's About Managing Across, Not Up and Down", *Business Week*, (December, 20 1993), pp. 76-81.

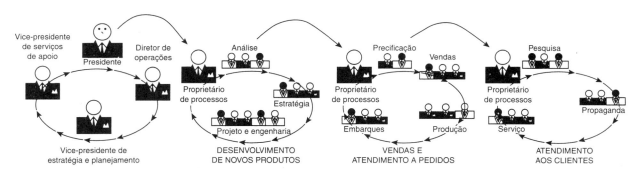

Figura 17-7 A organização horizontal utiliza o gerenciamento descentralizado e não de cima para baixo.

Visão Setorial 17-2   Sete Elementos-chave da Corporação Horizontal

A simples diminuição do tamanho não causou o crescimento fantástico na produtividade que muitas companhias esperavam. Alcançar saltos quantitativos de desempenho exige repensar a maneira como os trabalhos são realizados. Para isso, algumas companhias estão adotando um novo modelo de organização. Eis como ele poderia funcionar:

1. *Organize-se em torno dos processos, não das tarefas.* Em vez de criar uma estrutura em torno de funções e departamentos, construa a companhia em torno de seus quatro ou cinco processos essenciais e estabeleça metas específicas de desempenho. Designe um "dono" para cada processo.

2. *Achate a hierarquia.* Para reduzir a supervisão, combine tarefas fragmentadas, elimine os trabalhos que falham na agregação de valor e corte ao mínimo as atividades de cada processo. Use o mínimo possível de equipes para desempenhar um processo inteiro.

3. *Use equipes para gerenciar tudo.* Faça das equipes os principais blocos constitutivos da organização. Limite os papéis de supervisão, fazendo com que as equipes gerenciem a si mesmas. Dê às equipes um propósito comum. Mantenha-as responsáveis por metas de desempenho mensuráveis.

4. *Permita que os clientes direcionem o desempenho.* Faça da satisfação dos clientes – não a avaliação dos estoques ou a lucratividade – o elemento principal de avaliação do desempenho. Os lucros virão e os estoques aumentarão se os clientes estiverem satisfeitos.

5. *Recompense o desempenho da equipe.* Altere os sistemas de avaliação e de pagamentos para recompensar os resultados das equipes, não apenas o desempenho individual. Encoraje todos a desenvolver habilidades múltiplas ao invés de um conhecimento especializado. Recompense-os por isso.

6. *Maximize o contato com fornecedores e clientes.* Estimule os empregados ao contato direto e regular com os fornecedores e os clientes. Inclua os representantes dos fornecedores ou dos clientes como membros em tempo integral das equipes internas de trabalho, quando puderem ser úteis.

7. *Oriente e treine todos os empregados.* Não forneça a eles apenas a informação básica e pasteurizada, do tipo "vocês devem saber". Confie dados brutos ao seu pessoal, mas treine-os para que saibam como usá-los para desempenhar suas próprias análises e tomar suas próprias decisões.

Fonte: John A. Byrne, "The Horizontal Corporation: It's about Managing Across, Not Up and Down", *Business Week*, December 1993, pp. 76-79.

Embora a organização matricial dos anos 80 não seja idêntica à corporação horizontal dos anos 90, diversos conceitos-chave são similares. Mais adiante, neste capítulo, outros desenvolvimentos críticos para a gestão horizontal, como a formação de equipes e aprendizado, serão discutidos.

Quando se reestrutura uma organização, a questão principal para o gestor da área logística é o quanto a nova estrutura poderá ser inovadora. Questões relacionadas à capacidade da empresa, disponibilidade de recursos, conhecimentos críticos e o conjunto de habilidades exigidas, economias de escala e economias de escopo servem para mediar o grau desejável de transição de uma gestão vertical para uma gestão horizontal. A decisão sobre o quão horizontal poderá se tornar uma estrutura varia de uma empresa para outra, dependendo diretamente do grau de tecnologia da informação adotado.

Empowerment, termo inglês derivado do verbo *to empower*, que significa ato de delegar. A delegação de autoridade não é um conceito administrativo novo. O que é novo a respeito da autorização contemporânea é o grau no qual ela é permitida e no qual se *espera* que os empregados tomem decisões relacionadas ao trabalho que lhes foi designado.[14] A autorização começa com a disponibilidade e a vontade dos gerentes seniores de livremente compartilhar informações importantes.

A motivação por trás da autorização é a convicção de que o esforço geral para satisfazer os clientes será intensificado se os empregados da linha de frente forem autorizados a fazer o que julgarem uma ação apropriada. Tal "tomada de decisão no ponto" pode acelerar em muito a resposta de uma empresa às exigências dos clientes.[15]

Em logística, *empowerment* poderia variar da acomodação de todas as ordens de pedido na base de um só chamado (*one-call*), para a solução no local das discrepâncias na entrega. Isso tudo leva a confiar que os empregados da linha de frente façam um julgamento seguro ao lidar com as situações do dia-a-dia. Da mesma forma, uma organização com *empowerment* permite que a gerência de nível intermediário resolva problemas e faça julgamentos proativos. O grau de *empowerment* de uma organização se refle-

---

[14] Sharafat Khan, "The Key to Being a Leader: Company Empowerment", *Journal For Quality Participation*, January/February 1997, p. 23.

[15] Para acompanhar discussões interessantes sobre *empowerment*, consulte: Chris Argyus, "Empowerment: The Emperor's New Clothes", *Harvard Business Review*, May/June 1998, pp. 98-105; e Suzy Wetlanfer, "Organizing for Empowerment: An Interview With AES's Roger Sant and Dennis Bokke, *Harvard Business Review*, January/February 1999, pp. 110-23.

te na rapidez de sua resposta. Numa organização que aplica o *empowerment*, muitas decisões não precisam transcender a hierarquia de negócios para serem tomadas. Os empregados têm a grande oportunidade de desempenhar o trabalho que lhes foi designado.

Empowerment em logística assume um significado especial. A grande quantidade de detalhes necessários para apoiar o trabalho de logística torna essencial que os gerentes das linhas de frente estejam posicionados para completar todos os aspectos de seus respectivos trabalhos. Se a essência da liderança é a flexibilidade, então detalhes tais como a maneira ideal de desempenhar o trabalho devem ser formalizados por meio de métodos padronizados e de simplificação máxima. Ao atingir tal formalização, tem-se a fundamentação capaz de viabilizar operações flexíveis para satisfazer exigências importantes dos clientes. O *empowerment* somente será eficaz em uma organização que tenha estabelecido completamente as maneiras e os meios de obter vantagens diferenciais.

Formação de equipe

O conceito de **Equipe de Trabalho Autodirigida (SDWT – Self-Direct Work Team)** tem sua origem no comitê interfuncional. A noção de que múltiplos pontos de vista são melhores do que um tem raízes duradouras na prática administrativa. A idéia de desenvolver SDWTs, entretanto, ampliou o poder do comportamento dos grupos de duas importantes maneiras.

Primeiro, a SDWT geralmente não é estruturada para uma designação especial ou solução de problemas. O conceito original é de que um comitê se reuniria para rever ou avaliar uma situação especial, fazer recomendações e depois ser dissolvido. Expectativa semelhante ocorre em grupos de trabalho com propósitos especiais. Em logística, tais comitês especiais ou grupos de trabalho podem ser formulados para facilitar a aplicação de um novo *software* ou para lidar com uma exigência especial, como a escolha de um novo local para um armazém de distribuição. Em outras situações, comitês duradouros são estruturados para se encontrarem regularmente e desenvolver certas tarefas específicas. Por exemplo, um comitê duradouro pode ser designado para elaborar relatórios de auditoria e de compensação. Em contraste, a SDWT é posicionada como uma forma permanente de organizar o desempenho de um trabalho básico. A equipe é uma alternativa para a estrutura mais tradicional de organização departamental.

A segunda característica única de uma SDWT é a forma como seu desempenho é planejado e executado. O rótulo *autodirigida* significa que os membros da equipe têm autorização para fazer o que for necessário para desempenhar de forma efetiva o trabalho designado. Uma característica de equipe de trabalho disciplinada é os membros desenvolverem responsabilização individual e mútua. A idéia é focar a equipe no desempenho do trabalho interfuncional. Um grupo de trabalhadores altamente motivado, selecionado para representar diversas habilidades e conhecimentos, teria potencial sinergético maior do que uma estrutura vertical tradicional, composta de trabalhadores sob constante supervisão.

Parte do apelo de uma equipe é seu foco no processo, em contraste com o provincianismo funcional. Finalmente, uma abordagem de equipe oferece a oportunidade de as tarefas envolvidas serem conduzidas por empregados e não por gerentes. A Tabela 17-1 apresenta um resumo de diferenças-chave entre grupos de trabalho e equipes.

Adotada dos esportes populares, a noção de equipe é atraente, porque implica a noção de que, ao trabalhar juntos, o resultado final será maior do que se fosse apenas a soma das habilidades individuais. Como é de se esperar, os gerentes encontram problemas ao tentar estruturar uma SDWT efetiva. Um observador chegou ao ponto de concluir que "quando os gerentes tentam formar equipes, eles normalmente fracassam."[16] Há muitas razões por que as SDWTs fracassam. Primeiro, as metas e os desafios de desempenho específicos nem sempre são estabelecidos. Equipes precisam de metas claras para estabelecer diretrizes, desenvolver o ímpeto e a dedicação. Segundo, o papel da responsabilização individual no contexto do desempenho da equipe nem sempre é definido claramente. Enquanto o foco é a equipe, o participante individual é o tijolo construtor do desempenho sinergético. Terceiro, a formação de equipes às vezes cria rivalidades baseadas em competições. Todo trabalho é geralmente visto como o domínio legítimo de algum grupo ou departamento existente. Esses departamentos tradicionais costumam tratar o trabalho de cada participante como bagagem da equipe. Quarto, a maneira como a equipe irá trabalhar pode se tornar assunto de sério debate. A falta de um consenso claro ou de um comprometimento em relação à abordagem da equipe pode resultar em um debate nada funcional, fazendo com que os membros passem a trabalhar independentemente. Quinto, supervisores e gerentes às vezes têm problemas em deixar a equipe trabalhar sem restrições. Delegar não é fácil para gerentes acostumados com as tradicionais relações supervisor/subordinado. Problemas relacionados ao envolvimento gerencial podem ser amplificados quando os membros da equipe são oriundos de áreas muito diferentes da mesma empresa. O perigo é que as agendas de pessoas originárias de departamentos distintos retardem ou impeçam o desempenho da equipe. Talvez o problema mais difícil a ser resolvido é o das discrepâncias de compensação. Um membro individual da equipe pode ressentir-se por esperarem dele o mesmo grau de compro-

---

[16] Jon Katzenbach, "The Right Kind of Teamwork", *The Wall Street Journal,* November 9, 1992, p. A10.

Tabela 17-1 Nem todos os grupos são equipes: como relatar a diferença

Grupo de trabalho	Equipe de trabalho
Forte, com foco bem claro	Papéis de liderança compartilhados
Responsabilidade individual	Responsabilidades individuais e mútuas
O objetivo do grupo é o mesmo que a missão organizacional mais ampla	O objetivo específico do grupo determinado pela própria equipe
Produtos de trabalhos individuais	Produtos de trabalhos coletivos
Realiza reuniões eficientes	Incentiva discussões abertas e reuniões ativas para solução de problemas
Mede sua efetividade indiretamente por sua influência sobre outros (ex. desempenho financeiro da empresa)	Mede o desempenho diretamente pela avaliação dos produtos do trabalho coletivo
Discute, decide e delega	Discute, decide e realiza, de fato, o trabalho em conjunto

Fonte: Jon R. Katzenbach and Douglas K. Smith, "The Discipline of Teams", *Harvard Business Review* 71, no. 2 (March/April 1993), p. 113.

metimento ou responsabilidade que esperam de outro membro da equipe que recebe uma gratificação significativamente mais alta. Uma vez que os empregados são motivados por vários fatores, a necessidade de níveis de compensação comparativos é significativa entre membros com níveis similares de *empowerment*.

O fato de que mudanças significativas na estrutura de trabalho são necessárias para obter-se grandes avanços em termos de desempenho é aceitável para a maioria dos gerentes e trabalhadores. Até agora, parece que as equipes têm alcançado maior sucesso quando lhes é solicitado desenvolver atribuições especiais, em contraste com o desempenho em atividades rotineiras. Uma razão para isso parece ser o fato de que equipes permanentes não são, geralmente, apoiadas pelo desenvolvimento de sistemas de medição de desempenho que comparem seu progresso frente ao atendimento a metas. O potencial das SDWTs está limitado ao aspecto de que é necessário um ambiente de trabalho desagradável para que uma equipe conquiste a excelência. A natureza do trabalho desenvolvido em logística oferece amplas oportunidades para se aplicar os conceitos de equipe. Seleção e montagem de pedidos de armazéns, recebimento e processamento de pedidos de clientes, solução de discrepâncias em quantidades de embarques, são áreas em que as equipes podem oferecer melhorias de produtividade. Ao contrário, uma estrutura como a do transporte de carga por caminhões limita-se a um único motorista ou, no máximo, a uma equipe composta de duas pessoas.

As visões e as potenciais realizações das SDWTs, ao contrário dos comitês tradicionais, são mais atrativas. A liberação da criatividade e os benefícios dos resultados sinergéticos são motivadores poderosos para encorajar a formação das estruturas de equipes. Entretanto, permanecem na cultura ocidental algumas questões ligadas à viabilidade a longo prazo referentes a **grupo** versus **individualidade**. Robert Bresticker adverte que conceitos motivacionais que dão certo em uma sociedade, como o Japão, podem não ser necessariamente transferíveis para outra parte do mundo:

> "Nós deveríamos considerar a possibilidade de a veneração da "Equipe" enfraquecer as habilidades americanas de individualidade e criatividade. Quando copiamos cegamente os métodos de organização de nossos concorrentes asiáticos, passamos a jogar no campo deles e posicionamos a nós mesmos num *status* de segunda categoria. Portanto, deveríamos recolher o que há de melhor nos métodos deles e juntar às nossas capacidades, como uma força de trabalho multicultural.[17]

A forma mais recente de SDWTs é a de uma estrutura informal que emerge para abordar pontos de interesse comum. Esse tipo de estrutura informal é denominada *comunidade da prática*. Tais comunidades representam empregados unidos informalmente pela experiência e pela paixão compartilhada por alguma forma de realização. A comunidade da prática pode concentrar-se em um problema operacional ou pode ser dirigida por um interesse mútuo para o desenvolvimento de uma nova perspectiva ou estratégia. A tecnologia da informação oferece a conexão de comunicação necessária para tornar as comunidades de empregados uma força poderosa, sem limites geográficos ou temporais. A Tabela 17-2 apresenta uma comparação entre a constituição formal e informal de equipes.

Costura/Co-evolução

Empresas complexas e multiunidades enfrentam problemas particulares ao estimular a cooperação entre os vários negócios que as compõem. Porém, quando as unidades empresariais compartilham aspectos dos seus clientes, produtos, tecnologia, canais de comunicação ou geografia, a cooperação pode permitir que a empresa atinja uma si-

---

[17] Robert B. Bresticker, *American Manufacturing and Logistics in the Year 2001* (Hoffman Estates, IL: Brigadoon Bay Books, 1992).

Tabela 17-2 Uma breve foto para comparação

	Qual é o objetivo?	Quem participa?	O que a mantém unida?	Quanto tempo dura?
Comunidade de prática	Desenvolver as capacidades dos membros; construir e trocar conhecimentos	Membros escolhem a si mesmos	Paixão, compromisso e identificação com o conhecimento do grupo	Enquanto houver interesse em se manter o grupo
Grupo de trabalho formal	Entregar um produto ou serviço	Qualquer um que responda ao gerente do grupo	Exigências de trabalho e objetivos comuns	Até a próxima reorganização
Equipe do projeto	Realizar uma tarefa específica	Funcionários designados pela alta administração	Objetivos e marcos dos projetos	Até que o projeto tenha sido completado
Rede informal	Coletar e passar adiante informações da empresa	Amigos e conhecidos de trabalho	Necessidades mútuas	Enquanto as pessoas tiverem uma razão para se unir

Fonte: Reimpresso com permissão de Etienne C. Wenger and William M. Snyder, "Communities of Practice: The Organizational Frontier", *Harvard Business Review*, January/February 2000, p. 142.

nergia significativa, ao desenvolver eficiências e/ou efetividades nas operações. Para empresas que tentam estabelecer colaboração interna, duas abordagens alternativas para se desenvolver essa colaboração são a costura (*patching*) e a co-evolução (*coevolving*).

A costura focaliza a flexibilidade na organização. Pelo sistema de costura, executivos de nível corporativo tomam a responsabilidade de manter a corporação alinhada com os mercados e clientes em constante mudança. Entretanto, enquanto os gerentes tradicionais vêem a estrutura como algo relativamente estável e os esforços para reorganizar a corporação como mudanças de longo prazo, a costura assume que a estrutura é temporária e que a evolução constante é necessária para acompanhar os mercados em constante mudança. Ela pode tomar a forma de adicionar, dividir, transferir ou combinar partes de diferentes unidades de negócio.[18] Por exemplo, quando a Johnson & Johnson percebeu que os hospitais seus clientes eram forçados a lidar independentemente com muitas unidades de negócio diferentes, ela criou um novo negócio, o J&J Hospital Supply, que reduziram a sua estrutura interna de negócios para apresentar uma única face a seus clientes.

Co-evolução é uma estratégia um pouco diferente, que se apóia nos gerentes de unidades de negócio independentes procurando oportunidades para colaborar, que sejam mutuamente benéficas, ainda que independentemente recompensadoras.[19] Qualquer ligação estabelecida entre as unidades de negócio é assumida como temporária e será abandonada quando não fizer mais sentido para os negócios. Ela se apóia em equipes de gerentes de unidades que estabelecem ligações entre essas unidades que serão vantajosas para os negócios, individualmente. Por exemplo, uma promoção conjunta, a combinação em um pacote de lâminas Gillette com o desodorante Right Guard poderia exigir a participação conjunta dos executivos de ambas as empresas durante dois oun três meses, até que o período de promoção se encerrasse. Co-evolução envolve trabalho em equipe, reuniões freqüentes e comunicação entre os executivos das unidades de negócio; entretanto, não há nenhuma tentativa de forçar programas conjuntos ou colaborações por eles mesmos. Ao contrário, os executivos são recompensados pelo desempenho de sua própria unidade de negócio individual.

Cada conceito representa uma abordagem para se construir colaboração interna através de SDWTs. Costura e co-evolução são conceitos amplos, que inicialmente podem ou não envolver operações logísticas, mas qualquer forma de colaboração irá, mais cedo ou mais tarde, produzir impacto sobre a estratégia de apoio logístico da empresa.

Aprendizado

Aprendizado organizacional é um conceito relativamente novo em administração. Embora o aprendizado tenha sido sempre reconhecido como uma atribuição individual para trabalhadores e gerentes, sua extensão para a organização como um todo introduz desafios significativos e benefícios potenciais. Alguns afirmam que o desafio primário para a gerência sênior é promover e nutrir a capacidade da organização de melhorar e inovar. Nesse sentido, o aprendizado torna-se a força unificadora da organi-

---

[18] Kathleen M. Eisenhardt e Shona L. Brown, "Patching: Restitching Business Portfolios in Dynamic Markets," *Harvard Business Review*, May/June 1999, pp. 72-83.

[19] Kathleen M. Eisenhardt e D. Charles Galunic, "Coevolving: At last, A Way to Make Synergies Work," *Harvard Business Review*, January/February 2000, pp. 91-101.

zação, substituindo o controle como responsabilidade fundamental da gerência.[20]

Existe pouca polêmica no fato de que, hoje, os trabalhadores e executivos de logística precisam aprender mais a lidar com os desafios que acompanham as mudanças abrangentes discutidas neste texto. A habilidade de gerenciar processos e evitar as armadilhas das hierarquias organizacionais significa que todos os empregados, em todos os níveis, precisam aumentar sua capacidade de aprender. Essa capacidade de aprendizado rápido pode ser a diferença essencial entre vencedores e perdedores.

Entretanto, o aprendizado envolve mais do que desenvolver novas habilidades e conhecimentos individuais para atingir resultados superiores. Uma organização precisa desenvolver a capacidade de reter experiência e de repassá-la para as gerações de trabalhadores e gerentes. Muito freqüentemente, conhecimentos cruciais baseados em experiências inestimáveis são perdidos quando os empregados se aposentam ou deixam a organização. Assim, o aprendizado em seu sentido mais amplo envolve programas e mecanismos para reter e compartilhar o conhecimento. Mais uma vez, o poder da tecnologia da informação parece ser a solução salvadora.

Sistemas de operações *online* podem ser projetados para **catalogar** e mostrar **banco de dados** contendo experiências importantes que podem auxiliar funcionários com poder de decisão. A chave para uma logística eficaz e flexível está na capacidade de formular e avaliar cenários operacionais alternativos. A questão é que o aprendizado deve transcender a técnica, para alcançar o uso da informação. Para se beneficiar da experiência, uma organização deve aprender a retê-la e torná-la disponível para outros. Por fim, o aprendizado tem uma relação direta com as carreiras individuais e com o tópico mais amplo da lealdade, que é desenvolvido em mais detalhes na próxima parte deste capítulo. A Visão Setorial 17-3 mostra como a tecnologia da informação está modificando os locais de trabalho e também resume vários aspectos discutidos nesta seção.

Carreiras e Lealdade

Um autor referiu-se ao estado dos negócios nas empresas como um novo local de trabalho darwiniano.[21] O desafio tanto de trabalhadores quanto de gerentes refere-se a crenças crescentes de que os antigos e bem estabelecidos planos de carreira não existem mais. O impacto mais divulgado da mudança é o declínio da gerência intermediária, como resultado da natureza cada vez mais achatada das empresas. Entretanto, mesmo sendo menos divulgadas, também estão acontecendo mudanças de carreira na alta administração e nos níveis de trabalho da linha de frente.

Antigamente, os empregados novos poderiam receber um plano razoavelmente detalhado de como seriam suas carreiras, caso correspondessem às expectativas. Do nível de entrada até, no mínimo, o de gerência intermediária ou alta, a hipótese era de que, conforme os empregados demonstrassem habilidade para preencher as capacitações pré-requeridas e dedicação à empresa, eles seriam recompensados com promoções para posições de maior valorização e maiores responsabilidades.

Entretanto, a segurança, que já foi parte do desenvolvimento das carreiras, não existe mais na maioria das corporações, particularmente naquelas fustigadas por repetidos esforços de reconfiguração de suas estruturas.

Na empresa moderna, os empregados de todos os níveis organizacionais devem assumir total responsabilidade por suas carreiras individuais. Isso significa aprendizado contínuo para desenvolver habilidades que se ajustem às necessidades de um ambiente de trabalho sempre mutável. As habilidades do futuro estarão muito menos relacionadas ao conhecimento especializado e muito mais focalizadas em capacitações relacionadas à análise, integração, motivação e criatividade. A capacidade de pensar de forma crítica e inovadora será considerada um atributo mais atraente do que a habilidade de desempenhar uma tarefa específica. A razão é óbvia – a tarefa pode se tornar obsoleta da noite para o dia.

Cada nova onda de cortes em uma organização é normalmente concluída com os gerentes assegurando que a reestruturação necessária está completa e que novos cortes e demissões estão fora da pauta. Para aqueles que têm o emprego ameaçado, essas afirmações significam que eles sobreviveram a essa onda de cortes e podem considerar-se seguros até a próxima. Ninguém, nem mesmo os gerentes seniores, realmente sabe qual será a estrutura definitiva da organização ou o que essa estrutura exigirá em termos de recursos humanos. Como resultado, pode-se esperar que os empregados de todos os níveis troquem de emprego rapidamente, sempre que surgir uma boa oportunidade, e que os empregadores também não hesitarão em melhorar seu *status*, se vislumbrarem uma chance. Assim, é provável que no futuro se observe menos gerentes desenvolvendo toda sua carreira em uma ou mesmo em poucas empresas. A não ser que a administração consiga reativar a lealdade em toda a companhia, a mobilidade externa irá se tornar cada vez mais o plano de carreira do futuro.

Entram em cena os desafios do aprendizado! Uma solução para lidar com as necessidades em constante mudança das carreiras é regenerar a lealdade por meio de um aprendizado contínuo. Uma das formas de uma organização logística manter seus melhores funcionários é demonstrar a intenção de investir nas carreiras deles. Na visão do empregado, se o conhecimento dele está se expandindo em

---

[20] Morten T. Hanson, Nitin Nohria e Thomas Tierney, "What's Your Strategy For Managing Knowledge", *Harvard Business Review*, March/April 1999, pp. 106-16.

[21] Stratford Sherman, "A Brave New Darwinian Workplace," *Fortune* 127, no. 2 (January 25, 1993), pp. 50-56.

Visão Setorial 17-3 Quando a Tecnologia da Informação Altera o Ambiente de Trabalho

Os gerentes devem

1. Estimular o comprometimento dos empregados, em vez de exercerem liderança com base numa estrutura de comando e controle.
2. Ser orientadores, treinando os empregados nas habilidades necessárias aos trabalhos, assegurando que eles disponham de recursos para alcançar as metas e explicando as ligações entre o seu trabalho e o que acontece em toda a companhia.
3. Conceder mais poder para os empregados a respeito de cronogramas, determinação de prioridades e até mesmo de compensações.
4. Usar novas tecnologias da informação para medir o desempenho dos empregados, possivelmente baseado na satisfação dos clientes, com o cumprimento de metas específicas.

Os trabalhadores devem

1. Demonstrar iniciativa, sendo capazes de agir sem direcionamento da gerência.
2. Adquirir conhecimento financeiro, para que possam entender as implicações comerciais daquilo que fazem e a partir daí formular sugestões.
3. Aprender habilidades de interação em grupo, inclusive como resolver disputas dentro do grupo de trabalho e como atuar em outras funções na própria companhia.
4. Desenvolver novas habilidades matemáticas, técnicas e analíticas, para poder colocar em prática as informações mais recentes disponíveis em seus trabalhos.

Fonte: James B. Treece, "Breaking the Chains of Command", *Business Week*, Special Edition on The Information Revolution, 1994, pp. 112-14.

---

profundidade e abrangência, então os perigos de uma obsolescência pessoal diminuem. A carreira das pessoas sempre foi uma corrida entre a obsolescência e a aposentadoria. A essência do problema é que a velocidade dessa corrida aumentou, ao ponto de o aprendizado constante não poder mais ser relegado. Empregados motivados e apoiados por uma educação funcional contínua são mais valiosos e têm maior valorização de mercado. A chave para se reconstruir a lealdade é aumentar o compromisso com o valor individual. Tal comprometimento demonstra lealdade ao empregado e estimula a lealdade recíproca à empresa. A Visão Setorial 17-4 ilustra esse comprometimento.

Gerenciando a Mudança Organizacional

Um tópico final de preocupação para os gerentes de logística é como lidar com mudanças. Decidir o que deve ser feito é uma coisa, colocar tudo em prática é outra, inteiramente diferente. Mais uma vez, os gestores de logística não podem esperar encontrar um manual para orientá-los. Como regra geral, eles estão envolvidos em três tipos principais de mudança.

Primeiro, há questões relacionadas a mudanças estratégicas. Isso envolve a implementação de novos e melhores métodos para atender aos clientes. O tópico da gestão da mudança estratégica foi discutido em diferentes seções deste livro.

O segundo tipo de mudança diz respeito a modificações na estrutura operacional da empresa. Na base das considerações estratégicas, os executivos de logística estão constantemente engajados na alteração de onde os produtos estão posicionados, como lidar com as necessidades dos clientes, etc. Tal reengenharia operacional representa grande parte das mudanças que devem ser administradas, para manter as capacidades da empresa alinhadas com suas necessidades estratégicas.

O terceiro tipo de mudança refere-se à estrutura de recursos humanos. Uma vez que a missão e as necessidades logísticas mudam, os gerentes tradicionalmente têm encontrado dificuldade em alterar as estruturas organizacionais em tempo hábil. Pesquisas demonstram claramente que as mudanças na organização são freqüentes.

É crucial evitar uma mentalidade do tipo "ajuste rápido". A estrutura de comando e controle prevalecente sobreviveu por séculos – ela não pode ser desmantelada da noite para o dia. O caminho é o desenvolvimento de um modelo de mudança que mapeie um curso razoável e significativo de transição. Como vimos anteriormente, os gerentes devem ter cuidado ao tentar acelerar a transição das estruturas logísticas ao longo dos cinco estágios evolutivos discutidos neste capítulo. Embora seja possível acelerar o processo, parece que tentar pular etapas – que as pesquisas indicam como sendo a evolução natural de uma organização – pode ser extremamente perigoso e resultar em tentativas abortadas de reestruturação. Portanto, apesar do apelo para mudanças rápidas, o sucesso real pode ser aprimorado por meio de procedimentos cautelosos.

Uma consideração final sobre mudanças é a capacidade de uma organização em absorver novos e desafiadores métodos de otimização do desempenho. Enquanto toda a mudança desejada ocorre, os negócios do dia-a-dia precisam ser levados adiante. Apesar de alguns defenderem mudanças radicais, isso parece não se aplicar muito bem a organizações logísticas.

Visão Setorial 17-4   O Poder de Ficar Tem Recompensas – E Um Preço

Nancy P. Karen tem 46 anos de idade e absoluta certeza que seu emprego não irá desaparecer. Em seus 24 anos de atuação na companhia, ela foi uma trabalhadora incansável e dedicada (*workaholic*)* na crítica área de sistemas de informação. Como diretora da rede interna de computadores pessoais da empresa, Nancy está enfrentando novas e mais exigentes demandas, como resultados dos esforços gerenciais.

Ela entrou para a New York Telephone em 1969, durante o grande *boom* de contratações, conhecido como a "grande abundância". Para atender a um crescimento explosivo, a companhia contratou dezenas de milhares de pessoas entre o final dos anos 60 e meados dos anos 70. Nancy Karen, graduada em matemática no Vassar College, era uma entre os 103.000 empregados na New York Telephone em 1971. Hoje, a NYT conta com aproximadamente 40.220 pessoas em seu quadro. Trabalhando em um monopólio regulamentado, ela se sentia segura e confortável, coisa que hoje em dia mais parece uma lembrança distante. "Não se ouvia falar em *downsising* (cortes)", conta ela. "Quase todo mundo aqui começava cedo na empresa e aqui mesmo se aposentava".

Planos administrativos – e os esforços recentes da Nynex para reduzir a folha de pagamentos – mudaram tudo. Das 79 pessoas que se reportam diretamente a Nancy, 59 já viram colegas sacados da folha de pagamento em ondas anteriores de cortes. É provável que seu departamento sofra uma redução de 30% em termos de pessoal. "Quando eles começaram a falar sobre outra onda de cortes, as pessoas ficaram mais ansiosas, porque elas sabem que aqui já estamos trabalhando praticamente no limite. Agora, teremos que aprender a trabalhar de forma mais criativa e mudar completamente a maneira como fazemos as coisas".

Trabalhar de forma mais criativa também significa trabalhar mais duro – muito mais duro. Antes, ela supervisionava 26 pessoas, em vez dos atuais 79, e também costumava trabalhar em um horário mais confortável. Isso não mais ocorre. Nancy hoje trabalha 50 a 60 horas semanais, das 8h às 19h, cinco dias por semana; sua empresa é a Nynex, sediada em White Plains, Nova York. Onde quer que ela vá hoje em dia, carrega consigo um telefone celular e um *bip*; verifica seu correio de voz a cada hora. "É uma mentalidade diferente", afirma. "Meus fins de semana e feriados não são reservados." Em uma recente viagem de bicicleta pela região dos vinhedos da Califórnia, ela ligava pelo menos uma vez por dia para o escritório. Como Nancy é solteira, "ninguém reclama dos meus horários," brinca.

A Nynex não jogou Nancy Karen em seu novo e acelerado ritmo de trabalho completamente despreparada. No começo de 1993, a companhia tratou de inscrevê-la para participar de um *workshop* sobre mudança cultural, desenvolvido pela Sean-Delaney Leadership, uma empresa de consultoria de Long Beach, Califórnia. Inicialmente, Nancy demonstrava ceticismo. "Para mim, era apenas mais um programa", revela.

Surpreendentemente, ela saiu de lá acreditando.

As sessões – apelidadas de "Maneiras de Vencer" – são iniciativas que visam a inculcar os novos valores e habilidades que a Nynex acredita serem necessários para fazer a reengenharia administrativa acontecer. É um apanhado geral sobre comandos gerenciais modernos, ênfase ao trabalho em equipes, responsabilização, comunicações abertas, respeito às diversidades e trabalho de técnico (*coaching*) sobre o de gerência.

Embora impressionada em relação a como as sessões encorajavam os empregados a falarem mais livremente uns com os outros, Nancy viu sua parcela de não-convertidos nos dois primeiros encontros. "Algumas pessoas voltam ao trabalho sem nenhuma mudança" diz ela. "Mas há uma grande parcela querendo mudar, e há também um pequeno percentual no topo, extremamente entusiasmado".

Não se trata de Nancy — que cursou um MBA pela Columbia University, financiado pela companhia em 1981 — não ter maiores preocupações com o esforço de mudança. Uma dessas preocupações é que os cortes irão minar a capacidade da empresa de elaborar soluções para realizar os trabalhos de forma mais eficiente. Ela também está preocupada com o fato de que a empresa irá perder talento e *expertise*. Isso pode significar que ela e outros gerentes não poderão dispor das pessoas certas, em número suficiente para cumprir as tarefas determinadas. "Não irá funcionar perfeitamente", explica Nancy. "Haverá casos em que os cortes acontecerão antes da reengenharia."

Apesar da crescente carga de trabalho e sua preocupação com o moral dos empregados, Nancy Karen considera-se uma mulher de sorte. "Este é um desafio maravilhoso", revela. "Estou diante da tarefa de construir uma nova organização nos próximos seis meses ou um ano. Eu tenho a chance de me testar como nunca aconteceu antes".

Fonte: John A. Byrne, "The Pain of Downsizing," *Business Week*, May 1994, p. 67.

A noção de mudança radical não é nova nem exclusiva. A despeito do fato de que o conhecimento se expande rapidamente, as habilidades associadas e as práticas aceitas mudam em ritmo mais lento. Joseph Schumpeter previu a necessidade daquilo que ele rotularia como *destruição criativa*.[22] Peter Drucker advertiu que as empresas precisam desenvolver capacidade de abandono sistemático e construir em sua estrutura fundamental um mecanismo para gerenciar as mudanças.

---

* N. de T.: O termo *workaholic* identifica aqueles profissionais que se entregam desmedidamente ao trabalho; sua atividade adquire uma natureza não-saudável, beirando uma patologia, cujo controle é exercido à base de medicação e tratamento específico.

[22] Joseph A. Schumpeter, *Capitalism, Socialism and Democracy*, 6th ed. (London: Urwin Paperbacks, 1987).

O problema em parte é ampliado pelo fato de que a maioria das mudanças significativas não resulta de iniciativas próprias para a melhoria. Melhorias radicais são normalmente geradas por criatividade externa. Isso sugere a crença entre alguns especialistas de que mudanças extensas somente podem ser obtidas pela destruição total dos arranjos estruturais existentes. Em última análise, o ritmo de mudanças que uma empresa pode acomodar permanece único para cada organização. O grau de mudança que uma organização pode absorver requer uma calibração precisa. Geralmente, é menos do que a maioria dos gerentes avalia ser; mudanças reais costumam demorar mais do que o previsto.

Gestão de Relacionamentos

Ao longo deste livro destacamos a importância dos relacionamentos colaborativos como um aspecto integrante da gestão da cadeia de suprimentos. A Tabela 17-3 resume a cobertura dos tópicos relacionados à gestão de relacionamentos que foram discutidos em capítulos anteriores. Neste ponto, é apropriado discutir considerações especiais relacionadas à gestão além dos limites da empresa. A questão crucial é como os esforços internos e externos devem ser desenvolvidos, organizados e administrados, para que o desempenho desejado seja atingido.

Desenvolvendo Relacionamentos Colaborativos

Apesar do grande número de empresas procurando criar relacionamentos, a maioria dos gerentes relata que as organizações não possuem políticas ou guias claros para implementação ou avaliação do desempenho de tais arranjos.[23] Embora publicações acadêmicas e comerciais ofereçam alguns *guidelines* a respeito do que esses relacionamentos deveriam atingir, a maioria dos artigos é muito genérica. Entretanto, seis aspectos foram identificados como cruciais para o desenvolvimento de relacionamentos de sucesso: (1) perspectiva ampla de canal, (2) encontro seletivo de interesses, (3) compartilhamento de informações, (4) especificação dos papéis, (5) regras básicas, e (6) provisões para a saída.

Diversas razões para o fracasso também foram identificadas: (1) metas difusas, (2) confiança insuficiente, (3) comprometimento "da boca para fora", (4) incompatibilidade humana, (5) estruturas de operação inadequadas, e (6) medição incorreta. Apesar de a lista ser interessante, ela não consegue ir além da descrição e não especifica as razões subjacentes do fracasso.

Em um esforço para entender melhor a anatomia do que faz diferença para um relacionamento colaborativo bem-sucedido, estudos aprofundados foram desenvolvidos junto a fabricantes de alimentos de mercearia, um setor reconhecidamente líder em termos de arranjos interempresariais.[24] As alianças investigadas incluíram relacionamentos com fornecedores de materiais, provedores de serviços logísticos e comerciantes. Manuais foram desenvolvidos, explicando como iniciar e implementar uma aliança, e manter sua vitalidade. Apesar de o foco ser especificamente alianças, essa lógica pode ser estendida para qualquer relacionamento colaborativo bem-sucedido.

Iniciando Relacionamentos

As alianças estudadas foram geralmente iniciadas pela empresa que era considerada "cliente" no relacionamento. Uma explicação potencial para esse padrão é o exercício do poder de compra. Em um relacionamento comprador/vendedor, o vendedor freqüentemente irá implementar mudanças razoáveis para facilitar a troca interempresarial, de acordo com as exigências do cliente. Da mesma forma, quando inicialmente o pessoal da parte vendedora se aproxima do cliente potencial propondo uma aliança, a proposta não tem o mesmo peso e impacto do momento em que ela é gerada dentro da organização da parte compradora.

Tabela 17-3 Tópicos de cobertura das questões relativas à gestão de relacionamentos

Capítulo	Tópico
1	Gestão integrada
	Colaboração
	Extensão da empresa
	Terceirização multifuncional
	Desafios de implementação
	Liderança
	Lealdade e confidencialidade
	Mensuração
	Compartilhamento de riscos/recompensas
4	Arranjos de relações colaborativas
	Sistemas administrados
	Parcerias e alianças
	Sistemas contratuais
	Joint ventures
6	Competitividade da cadeia de suprimentos
	Riscos
	Poder
	Liderança
9	Planejamento, previsão e reposição colaborativos

---

[23] Donald J. Bowersox, David J. Closs e Theodore P. Stank, op. cit., p.109.

[24] Esta seção é uma adptação de Judith M. Schmitz, Robert Frankel e David J. Frayer, "ECR Alliances: A Best Practice Model," Joint Industry Project on Efficient Consumer Response, Grocery Manufacturers Association, Washington D.C., 1995.

Algumas alianças mostram anomalias nesse padrão. Em alguns casos, os vendedores realmente deram o primeiro toque no negócio, plantando uma semente, ao conceituar a viabilidade de uma aliança. Quando o cliente estava pronto para assumir a aliança, iniciava-se uma discussão mais detalhada.

Outra consideração essencial durante o desenvolvimento de um relacionamento colaborativo é a necessidade de a empresa iniciadora realizar um levantamento profundo de suas práticas, cultura e políticas internas. A empresa iniciadora deve avaliar sua habilidade para fazer qualquer mudança interna exigida para implementar e apoiar um relacionamento de sucesso.[25] Por exemplo, em alianças entre fabricante/fornecedor de material, os fabricantes tiveram que reexaminar sua habilidade em redefinir a importância dos preços de compra. Os compradores precisavam de um método para assimilar os benefícios intangíveis de uma aliança em avaliações competitivas. O importante para o comprador era a avaliação do custo total de propriedade, não apenas dos preços de compra.

Outro levantamento interno incluiu a habilidade de conceder poder efetivo aos contatos mais importantes da aliança, para que administrassem a relação. Por exemplo, os fabricantes precisavam realmente abordar o grau de integração operacional e estratégica que poderiam adotar com fornecedores de serviços. A integração que deu origem ao tipo de vantagem competitiva prevista no projeto inicial da aliança, como produtividade crescente em respostas rápidas aos pedidos dos clientes, só poderia ser atingida por meio de um compartilhamento abrangente de informações. As questões a serem respondidas dizem respeito ao grau de capacitação dos sistemas, à coleta de dados, à análise, à medição de desempenho e ao treinamento necessário para permitir que a informação fosse compartilhada de forma precisa e em tempo hábil.

A capacidade de integração também necessita ser avaliada, caso a aliança envolva várias fábricas dos parceiros, armazéns e/ou lojas que operam sob diferentes condições, com capacidades e exigências competitivas diferentes. Isso é especialmente importante para empresas que operam múltiplos centros de distribuição e localizações de lojas. Uma preocupação essencial, nesse caso, é a capacidade das unidades internas de utilizar práticas operacionais comuns e sistemas de informação compatíveis. A flexibilidade de adaptação para atender às necessidades específicas do mercado é importante para a viabilidade a longo prazo.

Implementando Relacionamentos

A chave de uma implementação bem-sucedida é escolher sabiamente o parceiro. Os parceiros devem ter uma cultura compatível, uma visão estratégica comum e filosofias operacionais de apoio. Não é necessário que as culturas das empresas sejam idênticas. Antes disso, as intenções e as filosofias estratégicas devem ser *compatíveis*, para assegurar que as habilidades e competências sejam *complementares*.

Por exemplo, em parte, os fabricantes iniciam alianças com fornecedores de serviços para obter melhores operações de armazenamento, confiabilidade no transporte e/ou programas crescentes de consolidação que dêem suporte à sua vantagem competitiva estratégica particular no mercado. Embora os fornecedores de serviços sejam líderes, os fabricantes podem ter conceitos e procedimentos operacionais mais sofisticados em relação a qualidade, padrões de medição de desempenho e conhecimento especializado. A atração entre os parceiros baseia-se, fundamentalmente, na vontade e na capacidade do fornecedor de serviços em oferecer soluções criativas, inovadoras e apoiadas na informação, para os problemas dos fabricantes, assim como no desejo dos fornecedores de serviços de internalizar a *expertise* em avaliação de desempenho e qualidade, que é a marca registrada dos fabricantes. Nesse sentido, as filosofias operacionais de cada parceiro apóiam e complementam umas às outras, em particular ao realçar sua visão estratégica comum de melhoria como um todo dos processos logísticos.

As alianças devem começar em pequena escala, para alcançar sucesso de modo fácil e rápido. É importante que esses primeiros êxitos imediatos sejam reconhecidos, para motivar os contatos-chave e construir a confiança em torno do desempenho da aliança. Por exemplo, nas alianças entre fabricantes e fornecedores de material, um começo tímido significa que inicialmente não serão feitos investimentos em tecnologia da informação. Os sistemas manuais de comunicação seriam suficientes, oferecendo oportunidades para os contatos principais de ambas as partes. Uma questão crucial é implementar a aliança em sua forma mais simples e então ir aumentando a sintonia do arranjo através da sofisticação tecnológica, quando as melhorias agregarem valor substancial.

Mantendo os Relacionamentos

A continuidade de longo prazo depende de três atividades-chave: (1) metas operacionais e estratégicas mútuas, (2) medição do desempenho em via dupla, e (3) mecanismos formais e informais de retroalimentação (*feedback*).

As metas estratégicas e operacionais devem ser mutuamente determinadas quando a aliança é implementada. Essa proposição foi discutida extensivamente na literatura acadêmica e comercial de administração e apela para o senso comum. É importante compreender que essas metas devem ser acompanhadas, revistas e atualizadas freqüentemente, para

---

[25] Para uma discussão mais profunda sobre levantamento interno, consulte: Clifford F. Lynch, *Logistics Outsourcing: A Management Guide* (Oak Brook, IL: Council of Logistics Management, 2000), pp. 37-38.

obter-se melhorias a longo prazo. Por exemplo, se um fabricante desenvolve um novo produto, uma meta mútua deve ser estabelecida com os clientes a respeito da posição do produto, especialmente no seu lançamento ao mercado. Essa meta deve levar em consideração o papel essencial do comerciante na introdução e na aceitação do novo produto.

As metas devem ser expressas em medidas específicas de desempenho que possam ser continuamente acompanhadas. As medidas de desempenho e a freqüência de sua apuração devem ser determinadas conjuntamente. Além disso, as medidas devem ser em via dupla. Muitas vezes, as medidas de desempenho entre os fabricantes e os fornecedores de material focalizam apenas o desempenho dos atributos do fornecedor, por exemplo, sua pontualidade e qualidade. Uma das alianças estudadas desenvolveu uma medida conjunta de sucesso – um sistema total de inventário. O fabricante reconhecia que era importante para ambos os parceiros reduzir o inventário, e não apenas ele. Historicamente, os fabricantes obtiveram reduções empurrando grande quantidade de estoque para seus fornecedores. A medida do sistema total de inventário inclui a consideração de ambos os parceiros, para assegurar que as reduções sejam reais e beneficiem as duas partes.

O *feedback* do desempenho pode ser realizado utilizando-se métodos formais e informais. Revisões anuais são levantamentos formais do desempenho da aliança. Essas análises geralmente envolvem a alta administração e concentram-se principalmente em examinar e atualizar metas estratégicas. Revisões trimestrais ou mensais não são tão formais quanto os levantamentos anuais, e normalmente não incluem os principais executivos. Elas focalizam o acompanhamento e a revisão das metas estratégicas e do desempenho operacional. As revisões possibilitam mudanças na prática operacional, que permitirão atingir-se as metas estratégicas e abrir-se caminho para a identificação de projetos de melhoria contínua.

Revisões semanais ou diárias também podem ocorrer de maneira informal. Tais revisões são gerenciadas pelos contatos principais; buscam resolver problemas específicos e identificar oportunidades potenciais para a melhoria. Elas são essenciais para resolver ou evitar conflitos e permitem aos contatos principais de ambos os lados desenvolver uma relação de trabalho mais próxima. Embora esses processos sejam normalmente informais em sua natureza, os mecanismos de resolução podem ser bastante detalhados. Por exemplo, quando dois parceiros, um fabricante e um provedor de serviços, não operam no mesmo lugar físico, eles podem estabelecer listas específicas de pessoal para contatos na fábrica e no local de prestação de serviços aos clientes, ou no de armazenamento.

Desenvolvendo Confiança

É claro que nenhuma colaboração *real* pode existir nos relacionamentos da cadeia de suprimentos sem uma grande dose de confiança. Embora uma poderosa empresa seja capaz de influenciar o comportamento de uma empresa com menor poder, a mudança de comportamento pode ser temporária e certamente será mais a contragosto. Pesquisas também mostraram que o uso persistente da coerção por parte de uma empresa leva a outra empresa, mais vulnerável, a procurar relacionamentos alternativos na sua cadeia de suprimentos.[26] Além do mais, a premissa fundamental dos relacionamentos colaborativos é que a gestão da cadeia de suprimentos exige que as empresas trabalhem juntas, para encontrar maneiras de aumentar o valor entregue aos clientes finais.

Mas confiança é um conceito difuso, que significa coisas diferentes para pessoas diferentes. Assim, duas questões precisam ser respondidas. Primeiro, no contexto da cadeia de suprimentos, o que significa confiança? Segundo, como as organizações podem construir a confiança entre si?

Confiança Baseada na Segurança e no Caráter

É claro que a confiança tem mais de uma dimensão. Apesar de haver diversos tipos de confiança, a maneira mais significativa de se entender o que representa confiança em colaborações nas cadeias de suprimentos é estabelecendo-se a diferença entre confiança baseada na segurança e confiança baseada no caráter.

A *confiança baseada na segurança* tem raízes na percepção de uma organização do potencial de comportamento real e de desempenho operacional de seu parceiro. Essencialmente, ela envolve a percepção de que o parceiro está pretendendo realizar algo e que ele será capaz de fazê-lo, conforme o prometido. Quando os participantes de uma cadeia de suprimentos não podem confiar no desempenho prometido pelos parceiros, todos os esforços para desenvolver relacionamentos colaborativos falham. Em resumo, uma empresa que é considerada incapaz de cumprir o prometido também será considerada não-confiável, não merecendo portanto confiabilidade em um relacionamento.

A *confiança baseada no caráter* fundamenta-se na cultura e na filosofia de uma organização. Essencialmente, ela surge da percepção que as os parceiros de uma cadeia de suprimentos estejam interessadas no bem-estar uma das outras e que, por isso, não agiriam sem levar em conta os impactos das ações nas parceiras.[27] Quando esse aspecto da confiança é desenvolvido, os participantes não se sentem vulneráveis às ações uns dos outros. Parceiros que desenvolvem tal nível de confiança estão convictos de que cada parte defenderá os interesses da outra. Por exemplo, um fabricante que compartilha seus planos pa-

---

[26] Nirmalya Kumar, "The Power of trust in Manufacturer-Retailer Relationships," *Harvard Business Review*, November/December 1999, p. 98.
[27] Nirmalaya Kumar, op. cit., p. 95.

ra o lançamento de novos produtos ou de promoções com um varejista confia que este não irá dividir essa informação com um fornecedor concorrente. Da mesma forma, dividir com o fornecedor de componentes sua programação de produção somente será viável se o fabricante tiver confiança de que tal informação será usada adequadamente.

Convém deixar claro que a confiança baseada na segurança é necessária para a formação de relacionamentos colaborativos, mas não é suficiente. Por exemplo, um parceiro que freqüentemente faz ameaças de punição e constantemente as executa pode até ser considerado seguro. Mas é improvável que seja confiável em termos de caráter.

Por certo, a confiança é desenvolvida ao longo do tempo, a partir de repetidas interações entre as organizações. Em particular, a confiança baseada no caráter acontece quando os parceiros percebem que cada um age de forma justa e eqüitativa em relação ao outro. Noções de confiança baseada no caráter são especialmente relevantes quando um dos parceiros da cadeia de suprimentos é claramente mais poderoso do que os outros. Em tais situações, a confiança é menos dependente da percepção de justiça das empresas menores nas interações preliminares. A justiça, por sua vez, apresenta dois componentes de interesse: justiça distributiva e justiça procedimental.

Justiça Distributiva. A justiça distributiva depende de como os riscos, benefícios e recompensas pela participação na cadeia de suprimentos são divididos. Com efeito, isso tem a ver com quanto eqüitativamente os participantes da cadeia de suprimentos percebem que sejam compensados por seu desempenho funcional. Ações como forçar um fornecedor a reter a propriedade do inventário ou a reduzir unilateralmente as margens permitidas em um canal de distribuição podem levar à percepção de desigualdade ou falta de justiça. É pouco provável que a confiança se desenvolva em tais circunstâncias.

Justiça Procedimental. A justiça procedimental, por outro lado, está relacionada à maneira como os problemas e as disputas são resolvidos entre os participantes. Quando uma empresa poderosa impõe sua vontade unilateralmente às empresas menores, o efeito é a quebra ou, pelo menos, a diminuição da confiança.

Quando as questões são discutidas abertamente e existe um mecanismo para levar em consideração os pontos de vista das partes, as empresas podem confiar que seus interesses serão respeitados. Conflitos devem ser resolvidos por meio de discussões abertas, negociações e procedimentos tais como a mediação e a arbitragem. Por exemplo, vários fabricantes, como a Caterpillar, desenvolveram conselhos de negociação que supervisionam a implementação de políticas relativas a novos negociantes e que são utilizadas para resolver conflitos entre um negociante específico e o fabricante. É possível que tais abordagens sejam percebidas mais como procedimentais do que apenas formas de agir baseadas no poder de um dos parceiros.

Construindo Confiança em Relacionamentos

Para construir a confiança, é necessário que uma empresa primeiro demonstre segurança em suas operações, desempenhando-as com consistência e atendendo às expectativas. Como vimos anteriormente, entretanto, a segurança é apenas um dos aspectos da confiança.

A segunda exigência básica para construir a confiança é o compartilhamento completo e franco de toda a informação necessária para o funcionamento efetivo do relacionamento. De fato, o compartilhamento e a comunicação de informações foram aqui destacados como sendo o fundamento para a colaboração efetiva. Dificilmente companhias que retêm certas informações ou falham ao divulgar fatos vitais são alvo de confiança.

Relacionada ao compartilhamento de informações está a explicação. Às vezes, uma empresa, devido a pressões competitivas, pode ter que tomar atitudes que seus parceiros talvez considerem ameaçadoras. Por exemplo, um fabricante abrindo novos canais de distribuição pode ameaçar seus varejistas existentes. Tal situação aconteceu quando John Deere apresentou a linha de tratores Sabre e recrutou Montgomery Ward e outros negociantes independentes, passando por cima de sua rede de negócios tradicional. Em tais situações, a confiança pode ser mantida com explicações completas sobre a base lógica usada e os aspectos comerciais que levaram à adoção de tal procedimento. Lamentavelmente, John Deere implementou essa política sem expor tais explicações e acabou tendo que justificar o fato depois de tudo haver ocorrido O resultado foram danos consideráveis na relação com seus distribuidores.[28]

Em última análise, a confiança pode ser ganha e aprendida. O tempo traz novas situações e circunstâncias para os parceiros demonstrarem confiabilidade e caráter. Visão Setorial 17-5 descreve o relacionamento e o desenvolvimento da confiança entre a TRW, empresa fabricante de componentes automotivos, e a Mollart, um pequeno fornecedor no Reino Unido.

Em vários sentidos, toda a discussão sobre a gestão da cadeia de suprimentos é também uma discussão sobre gestão de relacionamento. O texto enfocou questões ligadas a processos logísticos nas cadeias de suprimento e a gestão desses processos além dos limites da companhia. Relacionamentos operacionais singulares entre participantes da cadeia de suprimentos diferem significativamente entre si na intensidade e abrangência da colaboração. Enquanto contratos e *joint ventures* podem caracterizar algumas dessas interações, as parcerias e alianças representam as formas mais intensas de relacionamentos informais. Poder, liderança, conflito, cooperação, risco e recompensa são questões cruciais na gestão de relacionamentos.

---

[28] David. A. Aaker, "Should You Take Your Brand To Where Action Is?" *Harvard Business Review,* September/October 1997, pp. 135-43.

Visão Setorial 17-5 Casamento por Conveniência

A TRW Steering Systems é uma subsidiária da TRW, uma empresa multinacional norte-americana. A Mollart é uma fornecedora de pistolas perfuratrizes e de serviços, localizada nos subúrbio de Surrey, no Reino Unido. Essas companhias construíram uma parceria baseada na confiança, que fez com que a Mollart se transferisse para o Sul de Gales como primeiro "inquilino" do novo parque de fornecedores da TRW, o que significa que ela se tornou um importante fornecedor de segundo nível de montadoras de automóveis, globalmente e na Inglaterra.

Um componente-chave do sistema de direção é a barra *rack* – uma barra de aço de cerca de um metro, com um *rack* na ponta, que é acoplada ao pinhão da coluna de direção. A cerca de três quartos do eixo da barra, um estreito, profundo e preciso furo tem de ser feito.

Mollart, uma empresa familiar fundada nos anos 20, há muito se especializou em furos profundos utilizando pistolas perfuratrizes. Seu relacionamento com a TRW Steering Systems havia iniciado dez anos atrás, quando resolveu problemas de pico de produção da TRW. Inicialmente, a um índice de 100 por semana, que chegou a 7.500 em 1997 – uma parcela significativa da produção semanal da TRW, situada entre 26.000 e 30.000 componentes.

Mas o fluxo de material – da British Steel, em Sheffield, para a TRW e daí para a Mollart, em Chessington, e depois de volta para a TRW – não somente era desperdiçador como impedia o controle preciso e rápido das respostas. Assim, a Mollart mudou-se para o Neath Vale Supplier Park e começou a produzir lá em março de 1998. Ela está produzindo barras para os produtos da Honda, da Rover e da Land Rover, com planos de aumentar a produção para 13.000 unidades semanais – metade da necessidade total da TRW. A intenção da Mollart é que seu negócio com a TRW represente 60% das vendas, e que os 40% restantes seja dividido entre outros clientes.

A Mollart assumiu um grande risco sem garantias; não possuía um projeto único ou capacidade de fabricação para reter o cliente, e ela é um empresa pequena frente a seu (atualmente) único cliente. Por que, então, o relacionamento funcionou tão bem? Em grande parte, devido à atitude da TRW em relação a seus fornecedores. "Nós temos um produto crítico com relação à segurança; assim, temos que selecionar cuidadosamente nossos fornecedores", explica Roger Llewellyn, gerente de compras do grupo TRW. "Mais do que isso, fornecedores externos representam cerca de 52% daquilo que produzimos; assim nossa própria produção enxuta, embora de boa qualidade, somente pode atender a 48% da demanda".

A TRW possui equipes de desenvolvimento de fornecedores baseados nos princípios do *kaizen* – melhoria contínua – e do Sistema de Produção da Toyota. Elas ensinam os fornecedores sobre produção sincronizada, eliminação de grandes lotes e filas e outras técnicas, e os fornecedores da TRW são incluídos nos cursos internos da TRW, que enfatizam aspectos como o trabalho em equipe e o fluxo de uma única peça.

Para a Mollart e outros 21 importantes fornecedores da TRW, cujos produtos se modificam se a plataforma da TRW muda, e que representam 80% dos custos, Llewellyn afirma: "Nós somos totalmente transparentes. Abrimos nossas contas na frente deles e vice-versa. Eu conheço seus custos, a duração dos ciclos e tudo o mais, e eles conhecem os meus. Temos de ser extremamente éticos, e o relacionamento baseia-se na confiança, mas a informação nunca tem sido abusiva. Eu quero que todos os meus fornecedores sejam bem-sucedidos, que obtenham lucros e que compartilhem os ganhos".

Llewellyn continua: "Nós somos testados pelo mercado o tempo inteiro. Eu preciso saber que estou negociando com o fornecedor de perfuratrizes certo numa base de custo total, mas um fornecedor atual como a Mollart verá os resultados de cotações verdadeiras. Eu não posso dizer a eles como as outras companhias trabalham, mas nós os ajudamos com práticas de engenharia de valor etc. Eu quero ver o pessoal examinando os processos e garantindo melhorias contínuas, e não tirando lascas das margens de lucro para reter os clientes".

Fonte: Sam Tulip, "Marriage of Convenience", Supply Management, May 27, 1997, pp. 36-7.

A solução dessas questões, entretanto, depende, em última instância, do desenvolvimento de confiança entre os participantes.

Resumo

A logística está passando por enormes mudanças. Novos conceitos e idéias a respeito de como as melhores organizações atendem suas metas logísticas surgem diariamente. O desafio é pinçar as melhores práticas, comprovadas pelo tempo, e fundi-las com as novas idéias e conceitos mais aplicáveis.

Uma análise criteriosa do desenvolvimento das estruturas logísticas indica que as empresas mais avançadas evoluíram através de três estágios de agregação funcional. A evolução começou a partir de uma estrutura altamente fragmentada, em que as funções logísticas eram designadas a uma grande variedade de departamentos. Por mais de quatro décadas as empresas agruparam um número crescente de responsabilidades logísticas funcionais em departamentos únicos. O formato típico de agregação era a estrutura burocrática tradicional. O objetivo era agregar funções, em um esforço para otimizar a integração operacional.

O advento da gestão focada em processos fundamentais começou a indicar a direção do que se denomina empresas horizontais. Hoje em dia, as empresas líderes estão começando a experimentar o estágio 4 de organização, à medida que passam da gestão funcional para a gestão de processos.

Há evidências crescentes de que um quinto estágio de organização pode estar surgindo. O estágio 5 adota o uso da tecnologia da informação para implementar e administrar a logística como uma estrutura transparente. Embora os arranjos estruturais do estágio 5 permaneçam mais conceituais do que reais, a tecnologia da informação necessária está hoje plenamente disponível. O conceito é particularmente atraente para a gestão de logística, que envolve desafios substanciais em termos do tempo e de escopo geográfico das operações.

A organização de logística hoje em dia enfrenta um número expressivo de questões e desafios. A compressão estrutural, empresas horizontais, mais poder para os empregados da linha de frente, desenvolvimento de equipes formais de trabalho e sua constante adaptação às exigências do ambiente, assim como estender o aprendizado para toda a empresa, são os grandes desafios administrativos enfrentados pelos gerentes de logística, na medida em que eles assumem todas as outras funções da organização. Uma preocupação especial refere-se à erosão da fidelidade dos funcionários em relação à empresa e vice-versa. Devido a essa erosão, os administradores não podem mais contar com a permanência dos funcionários na empresa por longos períodos, e podem vir a perder seus melhores executivos para outras companhias. Assim, o aprendizado tanto por parte dos gerentes como por parte da empresa é essencial para o sucesso a longo prazo.

Talvez o trabalho mais difícil de todos seja administrar as mudanças em uma organização. Se a mudança é estratégica, envolvendo novos processos fundamentais, ou operacionais, ou somente o pessoal, os gerentes devem desenvolver novas habilidades, para que implementem mudanças sem desviar o foco da organização.

Além de tratar do gerenciamento interno das organizações, os executivos das cadeias de suprimentos estão intimamente envolvidos em administrar relacionamentos entre companhias. Iniciar, implementar e manter relacionamentos com fornecedores e clientes dependerá muito do grau de confiança entre os parceiros. Embora a segurança (confiabilidade) seja um aspecto essencial da confiança, o verdadeiro sucesso na gestão de relacionamentos dependerá da avaliação do caráter das empresas que tomam decisões referentes às cadeias de suprimentos das quais elas escolheram participar.

Questões Desafiadoras

1. O que significa "paradigma da agregação funcional"? Por que é importante?

2. Compare e aponte as diferenças entre os três estágios de agregação funcional.

3. Comente os três desafios que a logística enfrenta ao passar sua gerência de uma base funcional para uma base processual. Descreva cada desafio e forneça um exemplo de como ele pode ser superado.

4. O que significa "compressão estrutural"? Como ela afeta a logística?

5. O que é uma companhia horizontal e como ela seria organizada? Quais são os pontos fortes desse tipo de estrutura organizacional?

6. Descreva uma situação em que o *empowerment* foi utilizado. Quais são seus benefícios e prejuízos na situação apresentada?

7. Descreva por que as equipes estão sendo formadas com mais freqüência nos negócios atualmente. Relate algumas considerações especiais para que uma equipe seja bem-sucedida.

8. Defenda uma posição sobre a seguinte questão: Uma mudança radical na empresa requer a desintegração das estruturas existentes?

9. Descreva quatro razões pelas quais os relacionamentos colaborativos falham. Como essas falhas podem ser evitadas?

10. Aponte as diferenças entre a confiança baseada na segurança e a confiança baseada no caráter. Por que a confiança baseada no caráter é importante nos relacionamentos colaborativos?

Avaliação Financeira e do Desempenho

Objetivos do Sistema de Avaliação
Avaliação do Desempenho Logístico
    Perspectivas Funcionais
    Avaliando a Prestação de Serviços aos Clientes
    Métricas Abrangentes da Cadeia de Suprimentos
    Benchmarking
Avaliação Financeira
    Orçamento Financeiro
    Análise Custos/Receitas
    Modelo Estratégico de Lucro
Resumo

A criação de vantagem competitiva a partir do alto desempenho logístico nas cadeias de suprimentos exige sistemas integrados de avaliação. O antigo dito popular "o que não dá para avaliar, não dá para gerenciar" mantém-se verdadeiro para as atividades logísticas, tanto as internas de uma empresa quanto as externas relativas aos parceiros na cadeia de suprimentos. Por essa razão, deve ser estabelecida uma estrutura para a avaliação financeira e do desempenho.

Objetivos do Sistema de Avaliação

Sistemas eficientes de avaliação precisam ser construídos para que sejam alcançados três objetivos: monitoramento, controle e direcionamento das operações logísticas.

O *monitoramento* é realizado a partir do estabelecimento de métricas apropriadas, a fim de que se acompanhe o desempenho do sistema para relatar à gerência. Por exemplo, métricas comuns são desenvolvidas e dados são coletados para informar sobre o desempenho de um serviço básico relacionado às taxas de atendimento e às entregas no tempo certo, bem como para custos logísticos como os de transporte e de armazenamento. O *controle* é realizado quando se tem padrões apropriados de desempenho relativos às métricas estabelecidas, para indicar quando o sistema logístico exige modificação ou atenção. Por exemplo, se a taxa de atendimento está abaixo do padrão, os gerentes logísticos precisam identificar as causas e fazer ajustes, para que o processo retome a meta pretendida. O terceiro objetivo, *direcionamento*, está relacionado à motivação do funcionário e a recompensas pelo desempenho. Por exemplo, algumas empresas estimulam o pessoal dos armazéns a alcançar altos níveis de produtividade. Eles devem ser pagos por oito horas de trabalho, com base em medidas padrões de coleta ou carregamento. Se as tarefas forem completadas em menos de oito horas, poderia ser permitido a eles o uso pessoal do tempo disponível.

O objetivo mais importante de um desempenho logístico superior é o de melhorar o *valor para o acionista*. Um sistema de avaliação abrangente precisa, portanto, tocar os pontos cruciais de impacto no valor para o acionista. A Figura 18-1 apresenta uma estrutura que considera tanto a excelência operacional quanto a utilização de ativos no desempenho logístico. Na dimensão da excelência operacional, as métricas-chave focalizam o atendimento otimizado aos clientes, de modo a contribuir para seu sucesso ainda maior e reduzir o custo total dos serviços.

Figura 18-1 Modelo do valor para o acionista.

A utilização de ativos reflete a eficiência da gestão dos ativos fixos da empresa e do seu capital de giro. Os **ativos fixos** incluem as instalações de produção e de distribuição, equipamentos de transporte e de manuseio de materiais, bem como *hardware* de tecnologia da informação. O **capital de giro** representa o dinheiro em espécie, o investimento em inventário e o diferencial em investimentos relativos às contas a receber/pagar. Em particular, ao gerenciar de forma mais efetiva os ativos relativos às operações logísticas, a empresa pode liberar ativos da base existente. Esse capital liberado é conhecido como *giro de caixa**, que pode ser usado para reinvestimento em outras áreas da organização.[1] A utilização de ativos como um todo é particularmente importante para os acionistas e também para a empresa, na forma como ela é vista pelos mercados financeiros.

Avaliação do Desempenho Logístico

Um sistema para avaliar o desempenho logístico exige, antes de mais nada, uma perspectiva funcional. Além do desempenho funcional básico, os métodos melhorados de avaliação do atendimento dos serviços aos clientes estão recebendo maior atenção em muitas empresas. A avaliação do desempenho da logística integrada na cadeia de suprimentos coloca um desafio fundamental para a gestão contemporânea. O *benchmarking* é um quarto aspecto a ser considerado na avaliação logística.

Perspectivas Funcionais

Uma pesquisa realizada ao longo de vários anos indica que as medidas funcionais do desempenho logístico podem ser classificadas nas seguintes categorias: (1) custos, (2) serviços aos clientes, (3) qualidade, (4) produtividade e (5) gestão dos ativos.[2] A Tabela 18-1 apresenta uma visão geral das avaliações relativas a essas quatro áreas de interesse.

Custos

O reflexo mais direto do desempenho logístico é o custo real incorrido para realizar-se operações específicas. Como mostra a Tabela 18-1, o **desempenho de custo** normalmente é avaliado quanto ao total de dinheiro gasto em cada função. Assim, é comum monitorar e relatar os dados de custo para cada função logística específica, como armazenagem, transporte de distribuição, transporte de recebimento e processamento de pedidos. Essas categorias devem ser posteriormente ajustadas e os dados de custos devem ser apurados em relação a cada atividade individual, como coleta nos depósitos, carregamento dos pedidos e outras semelhantes.

Também é comum monitorar e relatar os dados de custos como um percentual de vendas ou como um custo por unidade de volume. Os custos de transporte, por exemplo, são freqüentemente avaliados como um percentual do volume de vendas em valor e como o valor gasto

---

* N. de T.: O termo *giro de caixa*, traduzido do inglês *cash spin* pode também significar retorno de caixa, pois trata-se do montante de dinheiro investido ou disponível para ser investido, trazendo retorno financeiro para a empresa. O termo abrange a noção de ativos financeiros liberados passíveis de serem reinvestidos em outras áreas e, portanto, considerados, ao mesmo tempo, valores para investimento e para aplicações financeiras.

[1] Consulte o Capítulo 1.

[2] Donald J. Bowersox et al., *Leading Edge Logistics: Competitive Positioning for the 1990s.* (Oak Brook, IL: Council of Logistics Management, 1989); World Class Logistics Research Team na Universidade Estadual de Michigan, *World Class Logistics: The Challenge of Managing Continuous Change* (Oak Brook, IL: Council of Logistics Management, 1995); Donald J. Bowersox, David J. Closs e Theodore P. Stank, *21st Century Logistics: Making Supply Chain Integration a Reality* (Oak Brook, IL: Council of Logistics Management, 1999).

Tabela 18-1 Métricas típicas de desempenho

Gestão de custos	Atendimento aos clientes	Qualidade	Produtividade	Gestão de ativos
Custo total	Taxa de atendimento	Freqüência de danos	Unidades expedidas por empregado	Giro do inventário
Custo unitário	Falta de estoque	Precisão da entrada de pedidos	Unidades por dispêndio com mão-de-obra	Níveis de inventário, número de dias de suprimento
Custos como porcentagem das vendas	Erros de embarque	Precisão da separação/ expedição	Pedidos por representante de vendas	Inventário obsoleto
Frete de recebimento	Entregas no prazo	Precisão da documentação/ faturamento	Comparação com os padrões históricos	Retorno sobre os ativos líquidos
Frete de expedição	Pedidos não atendidos	Disponibilidade de informação	Programas de objetivos	Retornos sobre investimentos
Administrativo	Tempo dos ciclos	Precisão das informações	Índice de produtividade	Classificação do inventário (itens ABC)
Processamento de pedidos no depósito	Consistência das entregas	Número de reclamações de crédito	Tempo de uso dos equipamentos	Valor econômico agregado (EVA)
Mão-de-obra direta	Tempo de resposta às inquirições	Número de devoluções de clientes	Produtividade da entrada de pedidos	
Comparação entre o realizado e o orçado	Precisão das respostas		Produtividade da mão-de-obra do armazém	
Análise de tendência de custos	Pedidos completos		Produtividade da mão-de-obra de transporte	
Lucratividade direta dos produtos	Reclamações de clientes			
Lucratividade por segmento de clientes	Reclamações da força de vendas			
Carregamento de inventário	Nível global de confiança			
Custo de produtos devolvidos	Nível global de satisfação			
Custo de danos				
Custo de falhas no serviço				
Custo de pedidos não atendidos				

por pedido entregue. Os custos de armazenamento podem também ser relatados como um percentual das vendas, e os custos das atividades individuais relatadas como o custo de coleta por item ou custo de carregamento por pedido. Essas medidas, quando comparadas a níveis históricos ou a padrões de desempenho, oferecem informações essenciais quanto à necessidade potencial de se tomar uma ação corretiva. Quando se considera uma série de atividades logísticas específicas diferentes, desde a entrada de um pedido até a coleta de um item, o descarregamento de um veículo de entrega, e a série de maneiras diferentes pelas quais o volume pode ser avaliado, desde vendas em valor até o número de pedidos ou o volume em peso dos produtos, uma longa lista de métricas possíveis referidas a custos pode ser gerada. A solução é os executivos de logística identificarem as métricas mais apropriadas para suas empresas e aplicá-las regularmente ao longo do tempo, para permitir que as atividades sejam controladas e direcionadas.

A Tabela 18-1 também mostra outras medidas relativas aos custos do desempenho logístico, tais como a lucratividade direta de um produto, a lucratividade por cliente e os custos de falhas de serviços. De fato, a maioria das empresas reconhece a importância dessas medidas, mas atualmente a elas faltam as informações necessárias para avaliar de forma precisa esses custos. A avaliação precisa dessas dimensões cruciais, ela exige um nível de sofisticação em termos de dados contábeis que apenas recentemente se tornou disponível. O custeio baseado em atividades (*ABC – Activity Based Costing*) é discutido mais adiante neste capítulo como um meio de avaliar-se de forma mais precisa os custos diretamente relacionados aos clientes e aos produtos.

Serviço Básico aos Clientes

No Capítulo 3, foram definidos os elementos dos **serviços básicos aos clientes**, tais como disponibilidade, desempenho operacional e confiabilidade dos serviços. Uma plataforma efetiva de serviços básicos exige métricas específicas para avaliar-se o desempenho em cada dimensão.

A disponibilidade reflete-se, em geral, pela capacidade de atendimento da empresa. É importante notar, entretanto, que o índice de atendimento pode ser mensurado de várias formas:

$$\text{Índice de atendimento do item} = \frac{\text{Número de itens solicitados pelos clientes}}{\text{Número de itens entregues aos clientes}}$$

$$\text{Índice de atendimento da linha} = \frac{\text{Número de linhas de pedidos comprados pelos clientes}}{\text{Número de linhas de pedidos comprados e entregues completos aos clientes}}$$

$$\text{Índice de atendimento do valor} = \frac{\text{Valor monetário total dos pedidos dos clientes}}{\text{Valor monetário total entregue aos clientes}}$$

$$\text{Índice de atendimento dos pedidos} = \frac{\text{Números de pedidos dos clientes}}{\text{Número de pedidos entregues completos}}$$

É claro que a taxa de atendimento do pedido (também conhecida como "pedido completo expedido") é a medida, relativa à disponibilidade do produto, mais importante do desempenho de uma empresa. Nessa métrica, um pedido ao qual falta apenas um item de uma linha é considerado incompleto. Também é comum às empresas acompanharem especificamente o número de faltas de estoque encontrado e o número de devoluções gerado, durante um período de tempo, como indicador de disponibilidade.

O desempenho operacional lida com o tempo e é comumente avaliado pelo tempo médio de ciclo de pedido e/ou entregas no tempo certo. O *tempo médio do ciclo do pedido* é comumente calculado como o número médio de dias (ou outras unidades de tempo) decorrido entre o recebimento do pedido e a entrega aos clientes. A *consistência do ciclo do pedido* é medida a partir de um grande número de ciclos de pedidos, e compara o desempenho real com o planejado. Suponha, por exemplo, que o tempo médio do ciclo de pedido seja de 5 dias. Entretanto, se 20% foi completado em 2 dias e 30% em 8 dias, há uma grande inconsistência em relação à média. Em situações em que as datas ou o tempo de entrega são especificados pelos clientes, a medida mais crucial da capacitação do ciclo do pedido é a *entrega no tempo certo*, o percentual de vezes em que as exigências de entrega dos clientes são realmente atendidas.

Qualidade

O desempenho relativo à confiabilidade do serviço é geralmente refletido pela avaliação da **qualidade logística** da empresa. Como mostra a Tabela 18-1, muitas das métricas de qualidade são projetadas para monitorar a efetividade de atividades individuais, enquanto outras focam a função logística como um todo. A precisão do desempenho em atividades como entradas de pedidos, retiradas no depósito e preparação da documentação é em geral acompanhada pelo cálculo da razão entre o número total de vezes em que a atividade é desempenhada corretamente pelo número total desempenhado. Por exemplo, 99,5% de precisão na coleta significa que 99,5 vezes em 100 o(s) item(ns) correto(s) foi (foram) coletado(s) nos depósitos.

A qualidade global do desempenho também pode ser avaliada de várias maneiras. Medidas comuns incluem freqüência de danos, que é calculada como a razão entre o número de unidades danificadas e o número total de unidades. Embora a freqüência de danos possa ser avaliada em vários pontos no processo logístico, tais como danos no depósito, danos no carregamento e danos no transporte, ela não é freqüentemente detectada até que os clientes recebam os embarques ou até mesmo em algum momento depois do recebimento. Assim, muitas empresas também monitoram o número de devoluções pelos clientes de produtos defeituosos ou danificados. É também comum avaliar as reivindicações dos clientes por crédito.

Outros indicadores importantes da qualidade do desempenho referem-se às informações. Muitas empresas avaliam especificamente sua habilidade em fornecer informações ao anotarem as ocorrências em que a informação não está disponível quando solicitada. Também é comum rastrear ocorrências em que são descobertas informações imprecisas. Por exemplo, quando a contagem física do inventário de produtos difere do seu *status* relatado pelo banco de dados. Além disso, a ocorrência de imprecisão de informações deve ser registrada, tendo em vista ações futuras.

Produtividade

A **produtividade** é uma relação, normalmente uma razão ou índice, entre a saída de produtos, os trabalhos realizados e/ou serviços produzidos e quantidades de insumos ou recursos utilizados para produzir o produto. A produtividade é, assim, um conceito básico. Se um sistema possui claramente produtos mensuráveis e identificáveis, assim como insumos mensuráveis que possam ser comparados com os produtos apropriados, a avaliação da produtividade é quase uma rotina. Entretanto, ela poderá ser difícil e frustrante (1) se houver dificuldade em avaliar os produtos e se a utilização de insumos for difícil de ser comparada em um determinado período de tempo; (2) se os compostos ou tipos de insumos e produtos sofrerem constantes alterações; (3) e se os dados forem difíceis de serem obtidos ou estiverem indisponíveis.

Geralmente, como a Tabela 18-1 mostra, os executivos de logística estão bastante preocupados em avaliar a produtividade da mão-de-obra. Embora a mão-de-obra possa ser quantificada de várias maneiras, as formas mais comuns são pelas despesas com mão-de-obra, pelas horas de trabalho ou por empregados individuais. De fato, as medidas comuns da produtividade da mão-de-obra nos transportes incluem unidades expedidas ou entregues por funcionário, dispêndios com mão-de-obra e horas de trabalho. A produtividade da mão-de-obra dos armazéns pode ser medida pelas unidades recebidas, coletadas e/ou armazenadas por funcionário, remuneração ou horas. Medidas semelhantes podem ser desenvolvidas para outras atividades, tais como entrada de pedidos e processamento de pedidos. É também comum os gerentes estipularem metas de melhoria da produtividade e confrontar o desempenho real com essa meta, ou, em último caso, com o desempenho do ano anterior.

Gestão de Ativos

A **gestão de ativos** focaliza a utilização de investimentos de capital nas instalações e equipamentos, bem como o capital de giro investido em inventários. As instalações logísticas, equipamentos e inventário representam uma parcela substancial dos ativos de uma empresa. Por exemplo, no caso dos atacadistas, o inventário freqüentemente excede 80% do capital total. As métricas da gestão de ativos concentram-se em quão bem os gestores logísticos utilizam o capital investido nas operações.

Instalações e equipamentos são normalmente avaliados em termos de utilização da capacidade, ou de percentual utilizado em relação à capacidade total. Por exemplo, se um armazém é capaz de expedir 10.000 caixas por dia, mas despacha apenas 8.000, a utilização da sua capacidade é de apenas 80%. É também comum medir-se a utilização dos equipamentos em termos de tempo. Os gestores de logística estão em geral preocupados com o número ou o percentual de horas em que um equipamento *não* é utilizado, o que é considerado *equipamento em espera*.* A medida "em espera" pode ser aplicada aos transportes, armazéns e equipamentos de manuseio de materiais. Essas medidas indicam a utilização efetiva ou não-efetiva do investimento de capital em ativos.

A avaliação da gestão de ativos também enfoca o inventário. A *taxa de giro do inventário* é a medida mais comum de desempenho. Ao longo deste livro, a melhoria do giro de inventário foi enfatizada como objetivo crucial da gestão logística. É importante entender como as empresas avaliam de forma específica a taxa de giro do inventário. De fato, há três métricas específicas, sendo que cada uma é utilizada por diferentes tipos de empresas:

A grande maioria das empresas utiliza (1) para calcular a taxa de giro do inventário. Entretanto, algumas empresas de varejo utilizam (2). De fato, ambos os cálculos devem levar a um mesmo resultado aproximado. Quaisquer diferenças nos dois cálculos resultariam de mudanças no montante da margem bruta (a diferença entre os valores das vendas e o custo dos produtos vendidos) durante o período de tempo considerado.

Uma terceira abordagem, utilizando unidades no lugar de valores monetários, é aplicável em especial a produtos cujos custos ou preços de venda mudam de forma significativa durante um período relativamente curto. O giro de inventário de gasolina, por exemplo, que se altera em termos de custo e vendas quase que diariamente, seria avaliado de forma mais apropriada a partir do cálculo de unidades de gasolina vendidas e unidades de inventário do que a partir de valores monetários de qualquer tipo.

Como uma nota final no cálculo do giro, é imprescindível que o inventário médio seja determinado utilizando-se o maior número possível de dados. Suponha, por exemplo, que uma empresa não possuía inventário no início do ano, mas comprou e manteve uma grande quantidade de produtos por 11 meses; depois, vendeu todo o inventário antes do final do ano. Utilizando apenas as posições de início e final do inventário, o inventário médio seria zero e a giro infinito. Certamente isso conduziria a uma gestão equivocada.

O investimento em inventário pode ser apurado pela quantidade disponível de produtos para atender o volume de vendas previsto, o que é expresso em *dias de fornecimento*. Se as vendas estão previstas, por exemplo, em 100 unidades por dia e há 5.000 unidades no inventário, a empresa possui a garantia de 50 dias de fornecimento.

É de grande interesse para os altos executivos o *retorno dos ativos* e o *retorno dos investimentos*. A taxa de retorno é de tal importância que será discutida em detalhes mais adiante, neste capítulo.

A maioria das empresas aprimorou de forma substancial seus sistemas de avaliação funcional nos últimos 10 anos.[3] O número de métricas específicas aumentou e a qualidade das informações melhorou. Grande parte da melhoria na qualidade da informação pode ser atribuída a tecnologias aprimoradas. Anos atrás, a avaliação das entregas no tempo certo não monitorava realmente seu recebimento pelos clientes. A maioria das empresas não tinha mecanismos para capturar informações sobre quando os clientes recebiam seus pedidos. Ao contrário, eles quase sempre avaliavam os embarques no tempo certo quando identificavam se o pedido havia ou não sido despachado em tempo hábil. Assumia-se que, se os em-

$$\text{Giro do inventário} = \frac{\text{Custo de produtos vendidos durante um período de tempo}}{\text{Inventário médio medido por seu custo durante esse período de tempo}} \quad (1)$$

$$\text{Giro do inventário} = \frac{\text{Faturamento de vendas durante um período de tempo}}{\text{Inventário médio medido pelo preço de venda durante esse período de tempo}} \quad (2)$$

$$\text{Giro do inventário} = \frac{\text{Unidades vendidas durante um período de tempo}}{\text{Média de unidades de inventário durante esse período de tempo}} \quad (3)$$

---

* N. de T.: *Downtime* é traduzido como "espera", que significa o período de tempo em que um equipamento está ocioso, esperando ser utilizado.

[3] Donald J. Bowersox, David J. Closs e Theodore P. Stank, op. cit.

barques deixavam a instalação do fornecedor "no tempo certo", então eles também chegariam às instalações dos clientes "no tempo certo". Assim, o aspecto de entrega do transporte do ciclo de pedidos era ignorado. Atualmente, utilizando conexões EDI, por satélite e o acompanhamento pela internet, muitas empresas realmente monitoram a chegada da carga no local dos clientes no tempo certo.

Atualmente, muitas empresas concentraram mais atenção em métodos alternativos, para avaliar sua capacidade de atender às exigências dos clientes. Elas reconhecem que as métricas tradicionais de serviço aos clientes, de fato, tinham um foco interno ao invés de serem focalizadas nos clientes. As métricas de taxa de atendimento, por exemplo, não refletem de fato as necessidades dos clientes; elas apenas refletem o ponto de vista dos fornecedores. São necessárias métricas aprimoradas, focalizando os clientes, assim como métricas que reflitam o desempenho dos processos, paralelamente ao desempenho funcional.

Avaliando a Prestação de Serviços aos Clientes

O Capítulo 3 apontou que um desempenho básico dos serviços logísticos é necessário, mas não suficiente para as empresas que estão verdadeiramente comprometidas com a excelência nas operações logísticas. Como resultado, um conjunto adicional de métricas é exigido para as organizações que buscam mover-se para além da prestação de serviços básicos aos clientes. A avaliação de pedidos perfeitos, o máximo desempenho e a satisfação dos clientes são três abordagens adotadas por algumas empresas, como parte de seu comprometimento em dar suporte às necessidades dos clientes. O melhor atendimento, o sucesso dos clientes, não possui métricas específicas, mas mantém-se como objetivo para as empresas comprometidas com relacionamentos nas suas cadeias de suprimentos.

Pedidos Perfeitos

O conceito de pedido perfeito foi introduzido no Capítulo 3 como um indicador do comprometimento de uma empresa com uma logística de defeito zero. A entrega de pedidos perfeitos é a medida máxima de qualidade nas operações logísticas. Um pedido perfeito mede a eficiência do desempenho como um todo de logística integrada de uma empresa, em vez de medir o desempenho de suas funções individuais. Ele mede quando um pedido é processado sem falhas em cada passo – entrada do pedido, avaliação de crédito, disponibilidade de inventário, coleta precisa, entrega no tempo certo, faturamento correto e pagamento sem deduções – o processo de gestão do pedido sem falhas, seja ele relativo à expedição, processamento de exceções ou intervenção manual.[4] A Tabela 18-2 amplia as dimensões do pedido perfeito. De fato,

[4] William C. Copacino, "Creating the Perfect Order", *Traffic Management*, February 1993, p. 27.

Tabela 18-2 Dimensões do "pedido perfeito"

Entrada correta de pedidos	Chegada no prazo
Códigos de transação e de EDI formatados corretamente	Embarque não danificado
Itens estão disponíveis	Fatura correta
Data de embarque permite entrega	Sobretaxas corretas
Pedidos separados corretamente	Sem dedução para os clientes
Documentação completa e precisa	Sem erros no processamento dos pagamentos

Fonte: Donald J. Bowersox, David J. Closs, and Theodore P. Stank, *21st Century Logistics: Making Supply Chain Integration a Reality* (Oak Brook, IL: Council of Logistics Management, 1999).

os clientes podem considerar 20 elementos logísticos diferentes de serviço para avaliar um pedido perfeito. A partir de uma perspectiva de avaliação, o desempenho do pedido perfeito é calculado como a razão entre os pedidos perfeitos durante um determinado período de tempo e o número total de pedidos finalizados durante esse mesmo período. Atualmente, com algumas exceções, mesmo as melhores empresas em aplicação logística relatam ter alcançado apenas 60 a 70% de desempenho em pedidos perfeitos. Simplesmente, existem tantas coisas que podem dar errado com um pedido!

Desempenho Absoluto

A maioria das medidas de serviço básico e de qualidade, e até mesmo medidas de pedido perfeito, resulta da agregação de muitos pedidos num determinado período de tempo. O problema relatado por alguns executivos sobre essas medidas "de média, no tempo" é que elas tendem a disfarçar o impacto real da empresa na sua base de clientes. Os executivos sentem que essas medidas podem realmente resultar em um sentimento de complacência dentro da empresa e que é mais apropriado acompanhar o **desempenho absoluto** o mais próximo possível do tempo real. A abordagem absoluta oferece uma indicação melhor de como o desempenho logístico de uma empresa realmente causa impacto junto a seus clientes. Por exemplo, os gerentes podem acreditar que o índice de 99,5% de entregas no tempo certo representa um excelente desempenho. Como disse um executivo de uma grande empresa de entrega, "Para nós, 99,5% de entrega no tempo certo significa que, em um dia normal, mais de 5.000 clientes receberam pedidos em atraso. Não podemos nos sentir bem ao causar esse tipo de impacto junto a tantos clientes". Essa empresa, e muitas outras companhias que buscam atingir o impacto máximo no mercado, monitoram as taxas absolutas de falhas e de sucesso, assim como as métricas mais comuns de razão e porcentagem.

Satisfação dos Clientes

O juiz absoluto do quão bem uma empresa atende às expectativas e exigências de seus clientes é o cliente. Todas as estatísticas geradas internamente, relativas aos serviços básicos, pedidos perfeitos ou desempenho absoluto, podem ser indicadores internos do atendimento ao cliente, mas para se quantificar a satisfação necessita-se de monitoramento, avaliação e coleta de informações junto à clientela. Embora uma discussão abrangente sobre o método de entrevista e de pesquisa esteja além do escopo deste texto, uma avaliação comum da satisfação exige uma investigação cuidadosa das expectativas, exigências e percepções do cliente sobre o desempenho de uma empresa, relativo a todos os aspectos das operações logísticas. Uma pesquisa típica, por exemplo, avalia as expectativas e as percepções de desempenho dos clientes quanto à disponibilidade, ao tempo dos ciclos de pedidos, à disponibilidade de informações, à precisão dos pedidos, à resolução de problemas e a outros aspectos da qualidade logística. É útil coletar-se informações sobre as sensações de satisfação dos clientes como um todo, além da suas avaliações de atividades logísticas específicas. Questões adicionais podem ser incluídas para captar as percepções dos clientes sobre o desempenho dos concorrentes. Apenas a partir da coleta de dados junto aos clientes é que a satisfação pode ser avaliada! Além disso, os esforços para reforçar o sucesso dos clientes podem ser medidos apenas a partir da perspectiva do cliente.

Métricas Abrangentes da Cadeia de Suprimentos

O foco atual no desempenho e na efetividade das cadeias de suprimentos como um todo demanda métricas que ofereçam uma perspectiva integrada. Essa perspectiva deve ser comparável e compatível com as funções da empresa e com as instituições da cadeia de suprimentos. Sem medidas integradas, gerentes em funções diferentes e em empresas diferentes podem ter perspectivas diferentes sobre o desempenho logístico real. Medidas específicas a serem consideradas são a conversão de dinheiro em dinheiro*, os dias de inventário na cadeia de suprimentos, o tempo de permanência, o percentual do estoque em prateleiras, o custo total da cadeia de suprimentos e o tempo de resposta da mesma.

Conversão de dinheiro em dinheiro

O conceito de conversão de dinheiro em dinheiro foi apresentado no Capítulo 1.[5] É a medida do uso efetivo do dinheiro em uma empresa. Embora o inventário seja comumente apresentado como um ativo corrente no balanço das empresas, o valor monetário explicitado pode não ser um indicador válido da distribuição real de ativos de uma empresa. Alguns inventários podem ter sido entregues a clientes que, por causa das condições de crédito comercial das vendas, ainda não pagaram as faturas relacionadas. De forma contrária, também pode uma organização dever a seus fornecedores pelos produtos ou componentes adquiridos e que estão em sua posse. O ciclo dinheiro em dinheiro é o tempo necessário para converter o dinheiro despendido com inventário em dinheiro arrecadado pelas receitas de vendas. Ele pode ser avaliado adicionando-se os dias de fornecimento de inventário da empresa aos dias referentes a contas a receber, subtraindo-se os dias de contas a pagar. Considere que um determinado varejista, que mantém um inventário de 30 dias de fornecimento, possua um crédito comercial dos fornecedores de 30 dias e venda aos clientes finais somente à base de transações à vista. Essa empresa teoricamente apresenta um ciclo dinheiro em dinheiro igual a zero, porque vende e recebe dos clientes finais justamente quando tem de realizar o pagamento devido a seus fornecedores. Ainda mais importante, o investimento real da empresa em inventário é zero, independentemente do que registra seu balanço societário.

O ciclo dinheiro em dinheiro não é apenas afetado pela logística, apesar de esta representar um aspecto importante. Ele é uma medida de processo interno, porque inclui um componente de *marketing* – precificação aos clientes e condições de venda –, assim como um componente de compras – precificação pelos fornecedores e suas condições. Ele oferece uma perspectiva integrada do comprometimento real de recursos financeiros de uma empresa em ativos de inventário.

Dias de Fornecimento de Inventário na Cadeia de Suprimentos

As medidas tradicionais do desempenho do inventário, giro e dias de fornecimento, focalizam empresas individuais. A partir de uma perspectiva da cadeia de suprimentos, a falha relativa a essas medidas é que uma empresa pode melhorar seu desempenho simplesmente transferindo seu inventário para seus fornecedores ou clientes. Os dias de fornecimento de inventário na cadeia de suprimentos focalizam o inventário total em todas as localizações e são comumente definidos como o inventário total de produtos acabados em todas as plantas industriais, centros de distribuição, atacadistas e varejistas, expressos em dias de calendário de disponibilidade para vendas tendo em vista sua atividade recente. Essa medida pode ser estendida para incluir matéria-prima e componentes mantidos pelas plantas industriais e fornecedores. Tais inventários de produtos em processo são convertidos em unidades equivalentes de produtos acabados e incluídos como parte do inventário total real da cadeia de suprimentos. Essa medida, quando adotada por todos os membros da cadeia de suprimentos, oferece o foco para as operações integradas. Nos últimos anos, surgiram muitos exemplos de esforços integrados nas cadeias de suprimentos para reduzir os dias totais de inventário das cadeias. Como exemplo, tem-se a iniciativa de Resposta Eficiente ao Cliente (ECR – *Efficient Consumer Response*) no setor de ali-

---

* N. de T.: Para uma discussão mais detalhada do conceito, consulte o Capítulo 1.
[5] Consulte o Capítulo 1.

mentos, motivada por um estudo que descobriu que, em muitas cadeias de suprimentos de alimentos processados, os fabricantes, atacadistas e varejistas vinham mantendo mais de 120 dias de inventário de produtos acabados.

Tempo de Espera

O tempo de espera é outra métrica que reflete o desempenho global da cadeia de suprimentos na gestão de ativos. O tempo de espera do inventário é a razão entre os dias em que o inventário fica ocioso na cadeia de suprimentos e os dias em que está sendo usado ou posicionado de forma produtiva.[6] Embora seja necessário, às vezes, que o inventário permaneça ocioso, por razões de controle de qualidade ou por cautela em relação a incertezas, um tempo de espera longo reflete a magnitude potencial de inventários não-produtivos. O tempo de espera pode ser calculado também para outros ativos, especialmente equipamentos de transporte. Por exemplo, a utilização de um vagão pode ser medida pelo cálculo do número de dias em que ele está ocioso e vazio *versus* o número de dias em que ele contém carga. A redução do tempo de espera de ativos é um objetivo principal para muitos executivos de logística. Ativos ociosos não contribuem para a produtividade da organização.

Percentual de Itens nas Prateleiras e em Estoque

Por fim, um objetivo de grande importância para todos os participantes em uma cadeia de suprimentos é ter produtos disponíveis quando e onde os clientes finais estejam aptos a comprar. Métricas de empresas individuais, relativas às taxas de atendimento em centros de distribuição ou de lojas de varejo, oferecem pouca segurança de que os produtos estejam disponíveis para as escolhas dos consumidores quando estiverem nas lojas. Por exemplo, num momento qualquer, durante uma semana comum, um supermercado apresenta falta de estoque de 8% em relação a itens que deveriam estar nas prateleiras. Por essa razão, em alguns relacionamentos da cadeia de suprimentos, uma medida crucial do desempenho geral é o percentual de itens nas prateleiras e em estoque, o percentual de tempo que um produto está disponível na prateleira de uma loja. A racionalidade está em que os consumidores de um modo geral não podem ou não irão escolher e comprar um item que não possa estar facilmente disponível nas prateleiras da loja. Aumentar o percentual de itens nas prateleiras e em estoque beneficia todos os membros da cadeia de suprimentos, não apenas o varejista. Ao mesmo tempo em que focaliza o impacto nos varejistas, considera também o impacto nos fornecedores, quando seus produtos não estão nas prateleiras no momento em que os consumidores querem comprar. A Visão Setorial 18-1 apresenta mais detalhes sobre o desempenho do inventário nas prateleiras de um supermercado.

Custo Total da Cadeia de Suprimentos

Grande parte da discussão sobre custo, até agora, tem focalizado os custos logísticos individuais de uma empresa. A Figura 18-2 ilustra o fato de que o custo total da cadeia de suprimentos corresponde à agregação de custos em todas as empresas da cadeia de suprimentos, não uma empresa individualmente. Essa perspectiva é absolutamente crucial para a gestão efetiva das cadeias de suprimentos. Focalizar o custo de uma só empresa pode levar a uma subotimização e levar a empresa a transferir o custo para uma outra. Se o objetivo na gestão da cadeia de suprimentos é reduzir o *custo total*, é razoável admitir que uma empresa pode realmente ter seu custo aumentado, ao passo que outras na cadeia apresentam reduções. A cadeia de suprimentos como um todo é melhorada quando a redução dos seus custos totais for maior do que os aumentos de custos para um membro individual da cadeia. Cabe, portanto, às empresas cujos custos são reduzidos compartilhar os benefícios, compensando de forma justa aquelas cujo custo aumentou. Essa determinação em compartilhar benefícios e riscos associados às mudanças na integração operacional é a essência da verdadeira gestão das cadeias de suprimentos.

Tempo de Resposta da Cadeia de Suprimentos

Uma métrica interessante e extremamente significativa para o desempenho abrangente da cadeia de suprimentos é o **Tempo de Resposta da Cadeia de Suprimentos (SCRT – *Supply Chain Response Time*)**. O SCRT é o tempo decorrido para que uma empresa reconheça uma mudança fundamental na demanda do mercado, internalize essa constatação e ajuste suas saídas de produto para atender à demanda. No setor automobilístico, por exemplo, quando se descobriu que a demanda por veículos esportivos estava altíssima, levou-se *muitos anos* para que as companhias montadoras desenvolvessem produção e capacidade suficientes, reorganizassem as relações de fornecimento e atendessem à demanda dos consumidores. Em muitos casos, o desenvolvimento de uma métrica real para o SCRT iria constituir-se em uma aproximação teórica, ao invés de uma medida verdadeira. De qualquer modo, é extremamente útil para os executivos das cadeias de suprimentos pensarem quanto tempo levaria para uma cadeia de suprimentos inteira preparar-se em todas as atividades, desde o fornecimento de matéria-prima até a distribuição final, quando a demanda por um produto é significativamente maior (ou menor) que a prevista.

Benchmarking

Uma discussão sobre *benchmarking** foi introduzida no Capítulo 17 em relação à reengenharia do processo logístico. O *benchmarking* é também um aspecto decisivo para a

---

[6] Consulte o Capítulo 1.

* N. de T.: *Benchmarking* significa comparar-se ao que o mercado tem de melhor.

Visão Setorial 18-1   Falta de Estoque se Mostra Dispendiosa

A falta de estoque custa aos varejistas mais de 15% das vendas potenciais em itens anunciados e reduz o potencial de compras dos consumidores em 3,1%, em média, numa jornada normal de compras. Em uma tarde típica, 8,2% dos itens não estão disponíveis para os consumidores. Essas foram algumas conclusões a que chegou um extenso estudo sobre faltas de estoque, conduzido pela Andersen Consulting, de Chicago, para a Coca-Cola Retailing Research Council.

O relatório rastreou 700 itens em 650 lojas operadas por seis cadeias. A auditoria de um mês focalizou oito categorias dos departamentos de alimentos congelados, laticínios e de produtos de mercearia. De uma forma geral, 48% dos itens estiveram fora de estoque pelo menos uma vez durante o mês.

Diante de faltas de estoque, os compradores não adquirem itens alternativos em sua ida às compras em 34% das vezes. Em aproximadamente 50% do tempo, a loja perde completamente a venda. No restante do tempo, a falta coloca os varejistas em risco, porque a compra é atrasada até a próxima vez, apontou o estudo. Ainda pior, faltas de estoque minam a fidelidade dos consumidores e os varejistas perdem algo em torno de 0,3 e 0,5% de sua base de consumidores anualmente. Na verdade, 50% dos 900 consumidores entrevistados pelo estudo revelaram que iriam examinar a possibilidade de trocar de loja, caso três ou quatro itens, entre os que queriam comprar, estivessem freqüentemente fora de estoque.

Muitos varejistas percebem que a maioria das faltas resulta de falhas em seus próprios sistemas de negócios, tendo os vendedores com entregas diretas às lojas contribuído para o problema, de acordo com o estudo. Problemas envolvendo os processos de pedidos das lojas, relativamente ao volume diário, foram responsáveis por 54% das faltas de estoque. A previsão e os pedidos de itens em promoção representam outros 19% das faltas de itens, segundo o estudo. Falta de capacidade das prateleiras para acomodar o volume diário, dentro do ciclo existente de pedidos da loja, foi responsável por 16% das faltas, enquanto que a incapacidade de reabastecer as prateleiras com o inventário disponível representou 8% das faltas de itens.

Fonte: Anônimo, "Out-of-Stocks Prove Costly", *Frozen Food Age,* March 1996, p. 4.

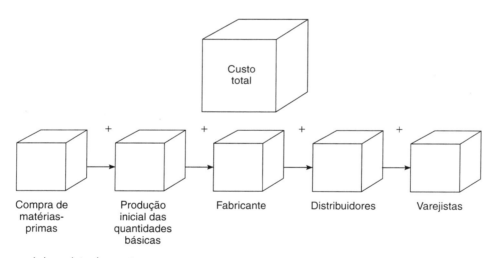

Figura 18-2   Custo total da cadeia de suprimentos.

avaliação do desempenho, que torna a gerência consciente do estado de arte das práticas de negócios. Muitas empresas adotaram o *benchmarking* como ferramenta para avaliar suas operações em relação às de empresas líderes, tanto concorrentes como não-concorrentes, em setores relacionados ou não-relacionados. Embora as métricas de *benchmarking* de desempenhos tenham se tornado padrão, muitas empresas não comparam seus processos.

Um aspecto crucial do *benchmarking* é a escolha a quem se comparar. Muitas empresas comparam desempenho de unidades internas de negócios envolvidas em operações semelhantes ou localizadas em regiões diferentes. A Johnson & Johnson, por exemplo, com mais de 150 diferentes unidades de negócios, possui amplas possibilidades de *benchmarking* interno. Uma vez que unidades de negócios de grandes corporações bastante diversificadas mostram-se freqüentemente pouco conscientes do que ocorre em outras unidades, o *benchmarking* interno oferece uma maneira de compartilhar conhecimento, bem como de aumentar o desempenho.

O *benchmarking* interno, entretanto, oferece pouca informação sobre o desempenho da concorrência. Uma empresa pode estar "ficando para trás" em relação à concorrência e não estar consciente disso. Informações sobre o desempenho dos concorrentes podem ser usadas para identificar-se onde é que mais se necessita de melhorias; porém, é extremamente difícil capturar informações sobre os processos operacionais dos concorrentes.

O *benchmarking* sem restrições envolve esforços para comparar tanto métricas (indicadores) quanto processos das melhores práticas, independentemente de onde se encontra a prática relevante. Isso não restringe as fontes de informações a nenhuma empresa ou setor em particular. O *benchmarking* sem restrições fundamenta-se na filosofia de que é possível aprender com empresas operando em setores não-relacionados que apresentem desempenhos impecáveis ou utilizem abordagens inovadoras. A L.L Bean, empresa de correio e catálogos, teve seus processos de atendimento de pedidos comparados por empresas de áreas bastante diversas, como do setor alimentício, de cuidados pessoais e de eletrônicos.

O *benchmarking* é uma ferramenta importante para o sistema de avaliação do desempenho de uma organização. Em um estudo sobre cadeias de suprimentos de empresas de melhores práticas, foi descoberto que essas empresas, que apresentam desempenho em altos níveis de capacitação da cadeia de suprimentos, são muito mais passíveis de se envolverem em atividades de *benchmarking* do que empresas que demonstram uma capacitação média na cadeia de suprimentos.[7] A Tabela 18-3 mostra os resultados da pesquisa relacionados ao *benchmarking*. Fica claro que o *benchmarking* é considerado um aspecto essencial de avaliação para empresas líderes.

Avaliação Financeira

No ambiente corporativo atual, os executivos de logística precisam estar aptos a demonstrar como as práticas e processos da cadeia de suprimentos afetam a saúde financeira global da empresa. A avaliação tradicional do desempenho não descreve a obtenção de resultados em linguagem financeira falada ao nível de diretoria da administração.

---
[7] Donald J. Bowersox, David J. Closs e Theodore P. Stank, op. cit, p. 96.

Os sistemas de avaliação devem permitir aos gestores logísticos conectarem o desempenho da cadeia de suprimentos diretamente com os resultados financeiros. Para assim fazê-lo de forma efetiva, os gestores da área precisam ter um bom embasamento a respeito das três ferramentas fundamentais da avaliação financeira: o orçamento financeiro, as metodologias de custeio e o modelo estratégico de lucro.

Orçamento Financeiro

Orçamento financeiro é o plano antecipado das despesas a serem realizadas durante um determinado período de tempo. Assim, ele se torna a base para que o controle dos custos logísticos seja alcançado. A grande maioria das medidas de custos identificada na discussão anterior precisa ser comparada às despesas orçadas, servindo de base para o controle. Quatro tipos básicos de orçamentos são utilizados pelo controle financeiro logístico: valores fixos, flexível, base zero e capital. Os três primeiros tipos são utilizados para controlar as despesas operacionais. O último é utilizado para ajustes mais importantes de recursos financeiros no projeto do sistema logístico, tais como instalações, equipamentos ou aplicativos de tecnologia da informação.

Orçamento de Valor Fixo

Um **orçamento de valor fixo** é a estimativa das despesas funcionais para a atividade logística prevista. Exemplos de despesas funcionais incluem transportes, mão-de-obra nos armazéns e serviços aos clientes. Dada a projeção do volume das vendas, o processo de orçamentação busca identificar um nível de despesas realista para traçar as metas de desempenho. O propósito de um orçamento finalizado é oferecer a base de comparação e controle. Por exemplo, custos orçados para um mês ou um plano de operação para um ano específico podem ser avaliados em despesas reais *versus* despesas previstas. O orçamento fixo é raramente utilizado, pois não considera a influência de mudanças ambientais, como um volume de vendas menor ou maior do que o previsto.

Tabela 18-3 *Benchmarking* de diferenciais de desempenho

Dimensão do desempenho	Porcentagem de empresas que alcançam índices altos	Porcentagem de empresas que alcançam índices médios
Atendimento aos clientes	92,5	56,0
Gestão de custos	80,0	47,1
Qualidade	70,0	31,0
Produtividade	77,5	38,5
Gestão de ativos	55,0	25,8

Nota: Todas as diferenças são estatisticamente significativas ao nível de 0,05.
Fonte: Donald J. Bowersox, David J. Closs, and Theodore P. Stank, *21st Century Loistics: Making Supply Chain Integration a Reality* (Oak Brook, IL: Council of Logistics Management, 1999), p. 97.

Orçamento Flexível

O **orçamento flexível** oferece um modo de assimilar aumentos ou reduções inesperadas de volume durante um determinado período operacional. Em geral, um orçamento flexível é estruturado numa base de custo-padrão. O *custo-padrão* é comumente definido como uma norma esperada. Custos-padrão podem ser desenvolvidos para avaliar a variedade de atividades logísticas, tais como recebimento e descarte, seleção de pedidos, embalagem e transporte. O processo de desenvolvimento de custos-padrão deve ser um esforço coordenado e interdepartamental envolvendo a logística, a contabilidade e o pessoal de engenharia industrial. O nível autorizado de despesa é então comparado com base na medida do custo-padrão multiplicada pelo nível previsto da atividade. Na verdade, as despesas orçadas ajustam-se automaticamente ao nível previsto da atividade. Embora o orçamento flexível seja preferível ao orçamento fixo, é necessário que se disponha de um alto grau de sofisticação para implementar esse processo. É imprescindível um acompanhamento disciplinado de custos e sistemas complexos de informação para monitorar os níveis e os custos das atividades.

A Tabela 18-4 apresenta um orçamento flexível com variações nas atividades logísticas fundamentais. O orçamento inicial, tanto para as linhas de itens como para as categorias, é mostrado nas colunas A1 e A2. O orçamento é desenvolvido utilizando-se a previsão de níveis operacionais e de custos-padrão. Os níveis operacionais previstos são especificados em peso por unidade ou volume de pedidos. A Tabela 18-5 mostra o cálculo dos valores do orçamento flexível para a linha do item transporte, o qual foi estimado em $ 12.150 para um volume de vendas de $ 126.000.

A coluna B da Tabela 18-4 é o montante orçado permitido com base no nível de atividade real. Como as vendas líquidas reais foram de apenas $ 112.000, o custo-padrão permitido para o transporte é $ 0,89 ($ 112.000/$ 126.000) do valor orçado originalmente, ou $ 10.800.

A coluna E da Tabela 18-4 é o montante real despendido em cada categoria para o período orçado. A diferença entre o montante orçado originalmente (coluna A2) e o valor real (coluna E) é conhecida como *variação orçamentária*. As variações podem ser atribuídas a uma combinação de não-efetividade com ineficiência. As variações resultantes da não-efetividade podem ser motivadas pelo fato de que as vendas líquidas tenham sido menores do que as previstas. Já que o nível de atividade foi de 89% da previsão de vendas, o montante orçado para as categorias variáveis de custo representou 89% do orçamento original. Para o transporte, a variação de efetividade é de $ 1.350. Esse valor é calculado subtraindo-se os $ 10.800 orçados com base no nível real de volume dos $ 12.150 orçados pela previsão de volume. Além disso, existe uma variação de $ 1.000 de eficiência, porque a despesa real com transporte foi de apenas $ 9.800, em vez de $ 10.800 permitidos ao volume de vendas real. Perceba que a alocação dos custos fixos atribuíveis não mudou.[8]

As variações resultantes de ineficiência podem ser atribuídas ao desempenho de atividades exigidas para um nível acima ou abaixo do custo-padrão. Uma variação negativa ocorre quando uma atividade foi concluída acima do custo-padrão. Na Tabela 18-4, a categoria do transporte mostra uma variação de eficiência positiva de $ 1.000, pois as despesas foram de $ 9.800 contra os $ 10.800 permitidos no orçamento flexível. A categoria de manuseio em armazéns ilustra uma variação de eficiência negativa de $ 1.000, porque as despesas reais de $ 4.600 são maiores do que deveriam ter sido para o nível de vendas real.

O conceito de orçamento flexível permite que a gerência examine uma variedade de níveis de atividade. Dependendo dos níveis de uma determinada atividade que realmente ocorrem, os gerentes são capazes de utilizar medidas de custo-padrão predeterminadas, para decidirem que custos relevantes deveriam ter ocorrido e analisarem as razões para as diferenças.

Orçamento Base Zero

O **orçamento base zero** é comumente utilizado para facilitar o controle operacional de duas formas. Ao nível de gestão de linha, um processo comum de orçamento base zero começa sem fundos autorizados no início do planejamento orçamentário. A formação de recursos é desenvolvida de uma maneira de *zero para mais*. Ou seja, os recursos são justificados com base nos níveis planejados da atividade, associados aos custos de desempenho-padrão. Cada dispêndio monetário precisa ser julgado de acordo com os benefícios previstos. Uma outra forma de orçamento de base zero é utilizada para identificar e comprometer as atividades de pessoal. O **orçamento de pessoal com base zero** aloca todos os custos necessários para as unidades funcionais desempenharem uma gama de serviços de apoio. Cada unidade funcional deve então justificar a utilização de pessoal de apoio. Ambos os tipos de orçamento de base zero busca ligar as despesas operacionais a tarefas específicas, e melhorar a base para a revisão e o controle gerenciais.

Orçamento de Capital

O **orçamento de capital** especifica o montante e a oportunidade (*timing*) de investimentos financeiros significativos para os recursos logísticos. Mudanças fundamentais no sistema logístico podem ser iniciadas, continuadas ou realizadas durante qualquer período operacional especificado. A maioria dessas mudanças se estende para muitos

---

[8] O conceito de custos diretos e indiretos é discutido mais à frente neste capítulo.

Tabela 18-4 Exemplos de orçamento flexível

	(A₁)	(A₂)	(B)	(C)	(D)	(E)
				Variação em relação ao orçamento		
	Linhas de itens do orçamento	Categorias do orçamento	Despesas orçadas e vendas reais alcançadas	Variação devido à ineficiência/nível de atividade acima (abaixo) da orçada	Variação devido à ineficiência/ desempenho acima (abaixo) do orçado	Resultados reais
Vendas líquidas		$ 126.000	$ 112.000	$ 14.000	—	$ 112.000
Custo das mercadorias vendidas						
Matérias-primas	$ 22.050		$ 19.600	$ 2.450		
Custos variáveis de fabricação	40.950		36.400	4.550		
Custo total das mercadorias vendidas		$ 63.000	$ 56.000	$ 7.000	—	$ 56.000
Contribuição da produção		$ 63.000	$ 56.000	$ 7.000	—	$ 56.000
Custos variáveis de *marketing* e logística						
Processamento de pedidos	4.050		3.600	(450)	400	3.200
Comissões de vendas	6.750		10.800	(750)		6.000
Transporte	12.150		10.800	(1.350)	1.000	9.800
Manuseio nos armazéns	4.050		3.600	(450)	(1.000)	4.600
Total dos custos variáveis de *marketing* e logística		$ 27.000	$ 24.000	($ 3.000)	$ (400)	$ 23.600
Margem de contribuição Segmentos de clientes		$ 36.000	$ 32.000	($ 4.000)	$ 400	$ 32.400
Custos fixos alocados						
Carregamento de inventário	2.500		2.500			2.500
Propaganda dos produtos	5.500		2.000			2.000
Salários	2.000		2.000			2.000
Total dos custos fixos alocados		$ 10.000	$ 10.000			$ 10.000
Margem controlável dos clientes		$ 26.000	$ 22.000	($ 4.000)	$ 400	$ 22.000

Tabela 18-5 Cálculo do orçamento flexível para o transporte

Nível de vendas	$ 126.000
Baseado na média em $ por libra	$ 10.00
Nível de vendas (libras)	12.600
Custo padrão de transporte	$ 12.150
Custo padrão de transporte por libra	$ 0.964

períodos operacionais. Essas mudanças podem exigir a autorização de despesas referentes à construção de uma nova instalação, à instalação de um novo sistema de processamento de pedidos ou à aquisição ou aluguel de equipamentos de transporte. Quando mudanças importantes são planejadas, o processo de orçamentação de capital é direto. A despesa é analisada e, se justificada, os recursos necessários são aprovados.

Uma situação mais difícil ocorre quando o investimento de capital é exigido para pesquisa e desenvolvimento. No início, essas despesas são quase impossíveis de serem justificadas com base em custos/benefícios e, assim, são em geral alocadas a muitos períodos de tempo no futuro.

Um posicionamento *insidioso* de capital pode ocorrer quando as operações do dia-a-dia resultam em despesas não planejadas. Por exemplo, as operações logísticas podem experimentar acúmulos não planejados de inventário. Embora os aumentos do inventário anual não pareçam significativos até o momento, o giro de inventário pode cair substancialmente em uma série de anos. Isso leva a um aumento insidioso no capital comprometido com inventário. Se essas tendências de investimentos de capital não forem rigorosamente monitoradas, podem resultar em comprometimentos não planejados de capital.

Uma nota final sobre orçamento de capital se refere à identificação de quais custos estão ligados a decisões específicas de investimento de capital. O processo comum de orçamentação de capital considera apenas aqueles investimentos que exigem capital novo. Caso sejam obtidas modificações planejadas no sistema e elas resultarem em economias operacionais sem o comprometimento de capital novo, de um modo geral elas não estarão sujeitas aos controles rígidos do processo de orçamentação de capital.

Implicações Logísticas

O desenvolvimento de um orçamento e o processo de aprovação é de extrema importância para a administração logística. Em particular, os altos executivos envolvidos na logística devem se preocupar com o desempenho total do sistema, ao invés de ocuparem-se com os orçamentos individuais de cada função específica. O desenvolvimento de um orçamento integrado, que avalie o desenvolvimento total do sistema, oferece à alta administração a estimativa de despesas exigida para atingir os objetivos operacionais e oferece a base para uma avaliação do desempenho financeiro.

Pedidos de orçamento de gerentes de linha individuais costumam exceder o nível de recursos que a alta administração desejaria autorizar. Isso se explicapelo fato de que nenhum gerente individual está preparado para ter uma visão total do sistema. Existe também a tendência de analisar as necessidades de qualquer atividade específica a partir de uma base de custo unitário. A tendência, no direcionamento de custos unitários, geralmente é encorajar ações que acabam resultando na eficiência de uma única área, sem a apreciação completa dos impactos em outras áreas. Por exemplo, um gerente de tráfego responsável por alcançar o menor custo unitário de transporte poderia ser motivado a selecionar um transporte de baixo custo sem a consideração necessária sobre o desempenho no tempo certo.

Por que se solicita aos gerentes individuais que formulem pedidos de orçamento se esses defeitos ou más alocações podem ocorrer? A resposta tem duas vertentes. Primeira, é essencial que os gerentes individuais participem da formulação de orçamentos para adquirir um entendimento completo e para assumir uma responsabilidade proprietária do sistema integrado de desempenho. A formação do orçamento é uma das mais potentes ferramentas de treinamento e controle disponíveis para a alta administração. Segundo, gerentes de unidades individuais estão geralmente conscientes dos itens a considerar em um plano operacional específico, mas que não recebem a atenção da alta administração. A interação da gestão logística é essencial para o desenvolvimento e implementação de orçamentos realistas, embora exigentes.

Análise Custos/Receitas

A integração logística exige o estabelecimento de uma estrutura de análise de custos/receitas. Práticas tradicionais de contabilidade tornam essa estrutura difícil para os executivos de logística. A margem de contribuição e as metodologias de custo total têm sido complementadas pelo uso do Custeio Baseado em Atividades (ABC) como o mais promissor método de identificação e controle das despesas logísticas.

Prática de Contabilidade Legal

Os dois relatórios financeiros mais importantes dos negócios de uma empresa comercial são o **Balanço Social** e a **Declaração de Lucros**. O balanço social reflete a posição financeira de uma empresa em um ponto específico no tempo. A finalidade de um balanço social é resumir ativos e passivos, e indicar o valor líquido de propriedade. A declaração de lucro reflete as receitas e os custos associados a operações específicas em um determinado período de tempo. Como o próprio nome indica, o *lucro* determina o sucesso financeiro das operações. As funções logísticas são partes integrantes de ambos os demonstrativos; porém, a falha mais importante na determinação do custeio e da análise da logística é o método pelo qual os custos contábeis padronizados são identificados, classificados e relatados. Lamentavelmente, os métodos convencionais de contabilidade não satisfazem de modo completo as exigências do custeio da logística.

O primeiro problema resulta do fato de que a prática contábil agrega custos em uma base contábil padrão ou por natureza, em vez de fazê-lo com base em atividades. A prática de agrupar despesas em contas por natureza, como salários, aluguel, energia e depreciação, falha em identificar ou alocar responsabilidades operacionais. Para ajudar a superar a agregação em contas de natureza de despesas, é comum os demonstrativos serem subdivididos em áreas organizacionais ou gerenciais de responsabilidade dentro das empresas. Os demonstrativos internos de lucro geralmente classificam e agrupam despesas ao longo das linhas orçamentárias da empresa. Assim, os custos são detalhados por responsabilidade gerencial. Porém, muitas despesas associadas ao desempenho logístico espalham-se pelas unidades da empresa. Por exemplo, os esforços para reduzir o inventário irão reduzir o custo de carregamento do mesmo, mas podem resultar em pedidos atrasados, o que iria aumentar o custo total do transporte. O resultado são dados não-confiáveis para uma avaliação integrada do desempenho.

Uma falha contábil que deve receber atenção especial envolve os métodos tradicionais de registrar as despesas com transporte. Permanece como prática habitual na contabilidade das empresas de varejo a dedução das despesas com transporte no recebimento de mercadorias das vendas brutas, como parte do custo dos produtos para se obter o valor de margem bruta. As despesas de frete na distribuição, por outro lado, são geralmente registradas como despesas operacionais. Porém, o problema se estende para além de *onde* o frete é contabilizado e relatado. Em muitas situações de compra, o frete não é relatado como um custo específico. Muitos produtos são comprados em uma base de preço de entrega, o que inclui o custo do transporte. A maioria dos procedimentos avançados de compras exige que os custos de todos os serviços, incluindo o transporte, sejam *discriminados* no custo total das compras para fins de avaliação.

Uma deficiência final na prática tradicional de contabilidade é a falha em especificar e alocar o custo do inventário. Essa deficiência apresenta dois aspectos. Primeiro, os custos completos associados à manutenção do inventário, tais como seguro e impostos, não são identificados, resultando em um valor subestimado ou obscuro no relatório de custos de inventário. Segundo, os encargos financeiros referentes a ativos comprometidos em inventários de materiais, de produtos em processo e de produtos acabados não são identificados, avaliados ou separados das outras formas de despesas de capital nas quais a empresa incorre. De fato, se uma empresa dispõe de recursos internos para apoiar as necessidades do inventário, é possível que nenhuma despesa de capital esteja refletida no demonstrativo de lucros e perdas.

Para solucionar essas deficiências, são necessárias várias modificações na contabilidade tradicional, para que se possa rastrear os custos logísticos. Em particular, as duas maiores despesas na logística – transporte e inventário – têm sido registradas de uma maneira que diminui sua importância ao invés de realçá-la. Apesar de a situação estar melhorando, o isolamento da rotina e o relato dos custos logísticos ainda não fazem parte das práticas-padrão da maioria das empresas.

Para controlar o custo e aprimorar a eficiência operacional, é necessário identificar e recuperar de forma apropriada todas as informações relevantes de custo, de um modo que seja proveitoso para os tomadores de decisões. O custeio da logística precisa também fornecer informações aos executivos que lhes permita determinar se um segmento específico dos negócios, como clientes, pedidos, produtos, canais ou serviços, é lucrativo. Isso requer a comparação de uma receita específica com seus custos específicos.

O custeio efetivo exige a identificação de despesas específicas incluídas em uma estrutura de análise. Duas estruturas, cada uma delas envolvendo inúmeros defensores, são a *abordagem da contribuição* e a *abordagem do lucro líquido*.

Abordagem da Contribuição

A pura **abordagem da contribuição** exige que todos os custos sejam identificados como fixos ou variáveis, de acordo com o seu comportamento. **Custos fixos** são aqueles que não mudam necessariamente com o volume de atividade. No curto prazo, esses custos permaneceriam iguais, mesmo que o volume fosse reduzido a zero. Por exemplo, o custo de uma entrega por caminhão é fixo. Se ela custa $ 40.000, a empresa que recebe a carga deve pagar os $ 40.000 (ou a depreciação apropriada), seja o caminhão usado para 1 ou 100 entregas. **Custos variáveis** são aqueles que mudam como resultado do volume. O combustível necessário para operar um caminhão de entrega é variável: o custo total de combustível depende da freqüência das viagens e da distância percorrida pelo veículo.

É também necessário, na análise de contribuição, especificar quais são os custos diretos e os indiretos. Os **custos diretos** são aqueles em que a empresa incorre especificamente devido à existência do produto, cliente ou outro segmento em consideração. Se o segmento fosse eliminado, o custo direto não existiria mais. Todos os custos variáveis podem ser diretamente identificados como produtos, clientes, canais específicos ou aspectos semelhantes. Alguns custos fixos podem também ser diretos, desde que apóiem logisticamente um segmento específico de negócios. Por exemplo, uma instalação de armazém pode ser construída especificamente para apoiar uma linha específica de produto ou uma conta importante de um cliente. Os **custos indiretos** existem devido a mais de um segmento dos negócios e continuariam a existir mesmo que um segmento específico fosse eliminado. De fato, um armazém que mantém linhas múltiplas de produto continuaria a operar mesmo que uma linha de produtos fosse descontinuada. Nesse caso, o armazém é *indireto* aos produtos.

Demonstrativos de lucros, com o método de análise de contribuição, podem ser preparados para identificar a lucratividade em cada segmento por meio da determinação dos custos fixos, variáveis, diretos e indiretos. A Tabela 18-6 oferece um exemplo hipotético desses demonstrativos de lucro para uma empresa que analisa a lucratividade de dois clientes, um hospital e um varejista. Os custos variáveis de produtos vendidos estão diretamente relacionados ao *mix* de produtos vendidos nos segmentos de cada cliente; eles incluem apenas mão-de-obra direta, materiais e fornecimentos. Todos os custos de *overhead* da fábrica são tratados como custos indiretos na abordagem da margem de contribuição. Os custos variáveis diretos incluem itens como comissões, descontos, certos custos logísticos relativos à prestação de serviços a cada cliente e outras despesas que variam diretamente com o volume vendido a cada cliente. Os custos fixos diretos incluem todos os custos que podem ser alocados diretamente a um cliente específico. Esses custos *podem* incluir certos aspectos das vendas, salários e despesas, propaganda, transporte, armazenamento, processamento de pedidos e outras atividades logísticas. A chave é que essas despesas devem ser atribuídas diretamente a esses clientes. Os custos fixos indiretos incluem todas as despesas que não podem ser facilmente alocadas a um segmento específico. Muitas dessas despesas são também relativas a custos logísticos. Por exemplo, armazéns, equipamentos de transporte compartilhados e outros recursos usados conjuntamente devem ser especificados como custos indiretos.

Na Tabela 18-6, ambos os clientes estão cobrindo os custos diretos e fazendo uma contribuição substancial para o custo fixo indireto. O hospital, entretanto, possui um percentual substancialmente maior de contribuição líquida no segmento, comparado ao do varejista – 37% contra 26%, respectivamente. Grande parte dessa diferença é atribuída à diferença no lucro variável bruto de 58% contra 50%. Essa diferença sugere que uma análise do *mix* de produtos para o varejista deve ser conduzida de modo a se determinar se deve ser dada ênfase a um *mix* mais lucrativo. A eliminação do varejista seria um grande erro, entretanto, já que o hospital passaria a ser responsável, então, por todo o custo fixo indireto, resultando em uma perda líquida de $ 4.000.

Abordagem do Lucro Líquido

A **abordagem do lucro líquido**, para avaliação financeira dos segmentos, exige que todos os custos operacionais sejam cobrados ou alocados a um segmento operacional. Os defensores dessa abordagem argumentam que as atividades de uma empresa existem para apoiar a produção e a entrega de produtos e serviços aos clientes. Além disso, em muitas empresas a maioria dos custos são, de fato, conjuntos ou compartilhados. Para determinar a verdadeira lucratividade de um canal, território ou produto, cada segmento precisa receber uma parte justa desses custos. No exemplo anterior, a alocação do custo fixo indireto na base de volume de vendas resultaria no hospital sendo cobrado em 40%, ou $ 16.400, e o varejista em 60%, ou $ 24.600. O lucro líquido de servir o hospital seria então registrado como $ 20.600. O lucro líquido do varejista seria registrado como $ 14.400.

Claramente, surgem problemas significativos na determinação de como alocar custos indiretos em uma base justa e eqüitativa. Os proponentes da abordagem da margem de contribuição afirmam que essas alocações são necessariamente arbitrárias e resultam em uma avaliação financeira equivocada. Eles apontam o uso do volume de vendas como a base comum para alocação de despesas e como o viés inerente a essa abordagem. Por exemplo, o varejista ora mencionado representa 60% do volume total de vendas, mas não necessariamente 60% das despesas em

Tabela 18-6 Demonstrativo de margens de contribuição de dois clientes

	Hospital	Varejista	Total
Receita	$ 100.000	$ 150.000	$ 250.000
Menos: custo variável das mercadorias vendidas	42.000	75.000	117.000
Lucro bruto variável	58.000	75.000	133.000
Menos: custo variável direto	6.000	15.000	21.000
Contribuição bruta do segmento	52.000	60.000	112.000
Menos: custos fixos diretos	15.000	21.000	36.000
Contribuição líquida do segmento	$ 37.000	$ 39.000	76.000
Menos: custos fixos indiretos			41.000
Lucro líquido			$ 25.000
Razão de contribuição líquida do segmento	37%	26%	30,4%

publicidade, armazenamento, processamento de pedidos ou outra atividade compartilhada. Ele pode representar muito mais (ou menos) de cada categoria de despesa, dependendo das circunstâncias que não estão de modo algum vinculadas simplesmente aos volumes de vendas.

Os defensores do lucro líquido argumentam, porém, que as noções tradicionais de custo fixo, custo variável, custo direto e custo indireto são demasiadamente simplistas. Muitos dos chamados custos fixos indiretos não são, de fato, indiretos ou fixos. Essas despesas aumentam e diminuem, dependendo das demandas que se apresentam aos negócios pelos vários segmentos operacionais.[9]

---

[9] B. Charles Ames e James D. Hlavacek, "Vital Truths about Managing Your Costs", *Harvard Business Review* 68, no. 1 (January/February, 1990), p. 144.

Custeio Baseado em Atividades

Como uma solução parcial ao problema de alocações arbitrárias, o **Custeio Baseado em Atividades (ABC)** sugere que os custos devem primeiramente ser atrelados às atividades desempenhadas e, depois, as atividades devem ser relacionadas a produtos ou segmentos específicos de clientes do negócio.[10] Suponha, por exemplo, que a despesa para processamento de pedidos seja basicamente um custo fixo indireto em nosso exemplo hipo-

---

[10] Para mais informações, consulte Ronald L. Lweis, *Activity-Based Costing for Marketing and Manufacturing* (Westport, CT: Quorum Books, 1993); John K. Stank e Vijay Govindarajan, *Strategic Cost Management: The New Tool for Competitive Advantage* (New York: Maxwell Macmillan International, 1993); e Robert S. Kaplan e H. Thomas Johnson, *Relevance Lost: The Rise and Fall of Management Accounting* (Boston: Harvard Business School Press, 1987).

Visão Setorial 18-2   Uma Avaliação Completa do Serviço aos Clientes

A Torrington Supply Co. sabe exatamente o quanto está lucrando com seus clientes e vendas graças às mentes curiosas de Joel Becker, CEO e presidente do conselho, e de David Petitti, diretor financeiro, os quais podem apontar detalhadamente que percentual da margem bruta das vendas médias é lucro ou perda referente a um determinado cliente. E eles são capazes de usar esses números para aumentar a lucratividade, tanto da Torrington como do cliente.

Becker confessa consumir o que ele considera "uma grande quantidade de tempo" montando um sistema abrangente de análise de lucratividade. Ele está convencido de que a chave para uma distribuição de sucesso é conhecer de onde vem o lucro e, por extensão, onde a Torrington deveria concentrar seus esforços. "Com alguns clientes você faz dinheiro; com outros, você perde. Saber qual é qual, é o nome desse jogo."

Joel Becker percebeu que uma informação em tempo real sobre a lucratividade líquida de um cliente poderia ser muito útil para o pessoal interno de vendas da Torrington, à medida que eles recebiam pedidos. Como eles possuíam esses dados, ficaram chocados ao descobrir que alguns entre os "melhores" clientes representavam seus maiores drenos de lucros.

Becker cita um cliente que estava comprando mais de $ 200.000 em materiais da Torrington a cada ano e pagando em menos de 29 dias. A empresa estava obtendo um lucro bruto de quase 20% nesses pedidos. "E ainda estávamos perdendo uma fortuna com ele!", ressalta ele.

O problema era que a Torrington estava faturando menos de $ 3 por linha — $ 21 por pedido — com esse cliente. "Há custos fixos associados a cada pedido", afirma o presidente. "O que importa é o lucro bruto por pedi-do, não o lucro bruto individual por linha de item. Nós, na verdade, obtivemos o menor lucro bruto em termos de percentual com nossos mais lucrativos clientes. O segredo está no tamanho do pedido."

Joel Becker decidiu que a melhor abordagem a adotar em situações tão delicadas era a da rota direta. Armado com o relatório de lucratividade, ele chamou o dono e o gerente de operações da empresa cliente. "Eu disse a eles: 'Vocês representam um excelente cliente.Vocês vêm fazendo negócios conosco há muito tempo, e nós adoramos vocês. Mas, para continuarmos a fazer negócios, precisamos que vocês nos ajudem a reduzir nossos custos de transações'. E aí listei de forma específica o que eu imaginava que eles pudessem fazer", explica Becker.

Os próprios clientes ficaram surpresos. Eles perceberam que colocar tantos pedidos estava, sem dúvida, custando caro para eles também. Ficaram então felizes de trabalharem com a Torrington para reduzir os custos compartilhados de seus negócios.

"Agora eles fazem seus pedidos eletronicamente", revela Becker. "A maioria dos clientes está surpresa com os níveis de atividades que seus negócios exigem de nós. É um verdadeiro caso de vencer ou vencer."

Até o momento, Joel Becker manteve esse diálogo apenas com aqueles clientes com oportunidade de melhora significativa. "Eu reviso os detalhes de suas atividades conosco nas últimas 52 semanas – quantos negócios eles fizeram; o lucro bruto que nós obtivemos; o número de linhas, faturas, retornos, entregas, retiradas, embarques diretos, tudo. Eles se esquecem dos custos do que exigem de nós. Mas quando vêem isso tudo, respondem muito bem", conclui ele.

Fonte: Marjie O'Connor, "A Full Measure of Costumer Service", *Supply House Times*, December 1999, pp. 44-49.

tético, representando $ 5.000. A alocação dessa despesa aos dois clientes, com base no volume de vendas, resulta em um encargo de $ 2.000 para o hospital e de $ 3.000 para o varejista. Entretanto, é possível que o hospital faça muitos pedidos durante o ano, todos em pequena quantidade, enquanto que o varejista faz apenas poucos pedidos, porém grandes. Se o hospital fez 80 pedidos e o varejista 20, uma abordagem ABC atribuiria ao hospital 80% ou $ 4.000 e, ao varejista, 20% ou $ 1.000 das despesas do processamento de pedidos. A aplicação de uma lógica semelhante a outros custos fixos indiretos pela identificação de atividades e direcionadores de custo poderia resultar em um refinamento maior da lucratividade dos clientes. A Visão Setorial 18-2 conta a história de um atacadista que usou o ABC para determinar a lucratividade dos clientes e, mais efetivamente, gerenciar suas operações.

Implicações Logísticas

Identificar as atividades, suas despesas relativas e os direcionadores de despesas é o maior desafio da abordagem ABC. O custo do processamento de pedidos pode estar relacionado ao número de pedidos em uma empresa e ao número de linhas em pedidos em outra empresa. As despesas de coleta nos armazéns podem estar relacionadas ao número de itens coletados em uma empresa e à quantidade em quilos em outra. O transporte pode estar relacionado ao número de entregas em uma empresa e à quantidade de quilômetros percorridos em outra. De acordo com os partidários do método de custeio com base nas atividades, apenas dois tipos de custos deveriam ser excluídos da alocação por segmentos. Primeiro, o custo de excesso de capacidade em uma empresa não deveria ser cobrado de um segmento. De fato, se um sistema de processamento de pedidos pudesse processar 5 milhões de pedidos por ano, mas é utilizado apenas para 4 milhões de pedidos, a capacidade excedente não deveria ser atribuída a qualquer segmento. De forma semelhante, se um armazém e seus empregados podem operar 100.000 embarques, mas são utilizados para apenas 80.000, a capacidade excedente é um custo do período de tempo, em vez de um custo atribuível a um segmento operacional existente. Todos os demais custos, porém, podem e devem ser rastreados pelo sistema com base nas atividades.[11]

Grande parte das diferenças entre as abordagens de margem de contribuição e de lucratividade líquida, em relação à análise do custo de segmento, está desaparecendo à medida que os analistas estão desenvolvendo abordagens melhores para identificar o comportamento das despesas. Provavelmente, os defensores do custeio direto e da margem de contribuição seguirão em frente com o rastreamento dos custos dos segmentos com base nas atividades desempenhadas enquanto a base para esse rastreamento refletir o custo *real* da atividade. Seu argumento historicamente tem se baseado na justiça e na adequação do método de alocação. Mesmo o mais ávido proponente de custeio total, por outro lado, não argumentaria em favor de uma alocação arbitrária do custo. O desenvolvimento de sistemas de ABC mais avançados possui potencial para resolver finalmente essa controvérsia, que persiste no *marketing* e na distribuição já há muitos anos.

Modelo Estratégico de Lucro

Embora a avaliação do custeio e da lucratividade sejam aspectos importantes do controle financeiro, a medida mais importante do sucesso estratégico é o **Retorno sobre o Investimento (ROI – *Returns on Investment*)**. Há duas formas de se analisar o ROI. A primeira refere-se ao **Retorno sobre o Valor Líquido (RONW – *Return on Net Worth*)**, que mede a lucratividade dos recursos que os proprietários investiram na empresa. A segunda refere-se ao **Retorno sobre os Ativos (ROA – *Return on Assets*)**, que mede a lucratividade gerada pela gestão dos ativos operacionais de uma empresa. Embora proprietários e investidores estejam mais interessados no RONW, o ROA oferece uma medida de quão bem a gestão está utilizando os ativos para obter lucros.

A Figura 18-3 apresenta o **Modelo de Lucro Estratégico (SPM – *Strategic Profit Model*)**, com dados hipotéticos. O SPM é uma ferramenta freqüentemente utilizada para analisar o ROI em uma empresa comercial. Na verdade, o SPM é uma ferramenta que incorpora os dados dos demonstrativos do balanço social e de lucro, e demonstra como esses dados relacionam-se uns com os outros para resultar no ROA.

Um dos principais benefícios do SPM é que ele mostra claramente que o objetivo financeiro principal da empresa é alcançar e aumentar o ROA. Muitas vezes, os gerentes focalizam objetivos mais limitados. Por exemplo, o gerente de vendas pode entender que as vendas são o objetivo principal dos negócios e, portanto, irá fundamentar suas decisões no volume de vendas. Já os gerentes de logística concentram-se na minimização de custos ou giro, concluindo que as decisões devem ser baseadas na redução de despesas ou no aumento da eficiência na utilização dos ativos da empresa. O SPM demonstra que há dois modos fundamentais pelos quais uma empresa pode aumentar o retorno em ativos: gerenciar a margem de lucro líquido e/ou gerenciar o retorno de ativos. As operações logísticas causam impacto significativo em ambos.

---

[11] Para acompanhar uma discussão sobre ABC na tomada de decisão logística, consulte Matthew J. Liberatore e Tan Miller, "A Framework for Integrating Activity-Based Costing and the Balance Scorecard into the Logistic Strategy Development and Monitoring Process", *Journal of Business Logistics* 19, no. 2, 1998, pp. 131-154.

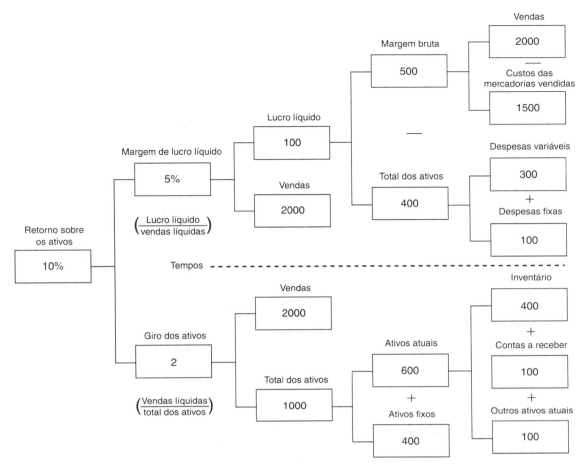

Figura 18-3 Modelo de lucro estratégico.

Margem de Lucro Líquido

Definida como um percentual, a **margem de lucro líquido** é o lucro líquido dividido pelas vendas líquidas. Avançando além dessa expressão simples, porém, a margem de lucro líquido mede realmente a proporção dos valores das vendas que é retida pela empresa como lucro líquido. Por exemplo, a empresa hipotética possui uma margem de lucro líquido de 5%; isso significa simplesmente que cinco centavos de cada dólar representam lucro líquido para a empresa. É importante notar que a margem de lucro líquido é também dividida em uma série de componentes específicos. Esses componentes são volumes de vendas, custo de produtos vendidos e despesas operacionais. Para avaliar com precisão a margem de lucro líquido de uma empresa, verificando se é a adequada e se pode ser melhorada, é necessário investigar cada componente para determinar se um aumento ou redução em qualquer um deles, ou em qualquer combinação de componentes, pode levar a um desempenho melhorado da margem de lucro líquido.

Giro dos Ativos

O **giro dos ativos** é a razão entre o total de vendas dividido pelo total de ativos. O giro dos ativos na verdade mede a eficiência da administração em utilizar os ativos. Ele mostra quantas unidades monetárias do volume total de vendas estão sendo geradas por cada unidade monetária que a empresa investiu em ativos. Por exemplo, a empresa hipotética, com uma razão de giro de 2:1 está gerando $ 2 no volume de vendas de cada unidade monetária investida em ativos. Como mostra a Figura 18-3, há uma série de ativos usados para gerar vendas. Os mais importantes são os inventários, as contas a receber e as instalações fixas. O inventário é um ativo particularmente importante, porque em geral é um dos maiores investimentos em ativos. Assim, é comum em logística focalizar especificamente a gestão da razão de giro do inventário.

Aplicações do SPM

O SPM pode ser usado para diferentes tipos de análise logística. Dois dos mais comuns são o impacto de mudanças nas atividades ou processos logísticos no ROA, e a análise do ROA por segmento.

Exemplo de Redução de Inventário. A Figura 18-4 apresenta o recálculo do ROA, considerando que a empresa hipotética fosse capaz de alcançar uma redução de $ 100 no inventário. O impacto mais claro dessa redução de inventário ocorre na redução dos ativos em inventário de $ 400 para $ 300. Uma mudança correspondente no total de ativos resulta em uma nova razão de giro de ativos de 2,22 *versus* o caso-base de 2,0 vezes. Considera-se, por razões didáticas, que o volume de vendas continua o mesmo.

Porém, uma redução no inventário médio também causa impacto nas despesas operacionais. O custo de carregamento de inventário, discutido no Capítulo 10, deveria ser reduzido também. Nesse exemplo, considerando-se um custo de carregamento de inventário de 20%, a redução da despesa seria de $ 20, aumentando o lucro líquido para $ 120 e a margem de lucro líquido em 6%. A margem de lucro combinada e o impacto do giro de ativos da redução de inventário resulta em um aumento do ROA de 10 para 13,3%. Fica bastante claro por que muitas empresas estão concentrando-se em estudar métodos para melhorar a gestão do inventário!

A hipótese simplista de não realizar qualquer mudança nas vendas poderia estar sujeita a exames mais profundos pela utilização do SPM. Uma série de cenários relativos a mudanças potenciais no volume, nas despesas e nos investimentos pode ser proposta e analisada. Na realidade, a estrutura do SPM é bastante adaptável a um modelo de planilha de computador, o que permite a investigação e a análise de muitas mudanças diferentes nas operações logísticas e seu impacto projetado no ROA. As mudanças na estrutura ou nos métodos das instalações, com mudanças previstas nas despesas, em investimentos em ativos e no nível de vendas, podem ser analisadas para projetar-se o impacto no ROA.

Análise por Segmento. O SPM, em conjunto com os conceitos discutidos na seção de análise de custos/receitas, pode também ser usado para examinar o retorno em ativos gerado por vários clientes e segmentos de produtos de um negócio. A Tabela 18-7 apresenta um exemplo de cálculo da **Margem de Contribuição do Retorno em Investimento no Inventário (CMROI – Contribution**

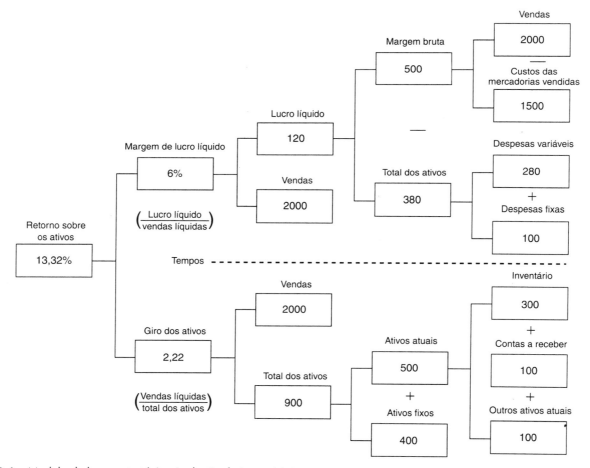

Figura 18-4 Modelo de lucro estratégico (redução de inventário).

Tabela 18-7 CMROI para dois produtos

	Produto A	Produto B
Vendas	$ 100.000	$ 50.000
Custos das mercadorias	60.000	35.000
Margem bruta	40.000 (40%)	15.000 (30%)
Despesas diretas	25.000	9000
Margem de contribuição	15.000 (15%)	6000 (12%)
Inventário médio	40.000	10.000
Margem de contribuição ao retorno sobre o investimento (CMROI)	37,5%	60%

Margin Return on Inventory Investments) para dois produtos. A margem de contribuição para cada produto é calculada utilizando-se apenas as despesas diretamente relacionadas a cada produto.

Nenhum custo indireto é alocado. De forma semelhante, os investimentos em ativos diretamente atribuíveis a produtos específicos deveriam ser identificados. Nesse caso, o único investimento direto em ativos é o investimento em inventário. Perceba que o produto B apresenta margens brutas e de contribuição menores, mas, na realidade, provê um retorno substancialmente maior, devido ao seu baixo investimento médio em inventário. Em outras situações – por exemplo, análise do retorno dos clientes sobre os ativos –, contas a receber e outros investimentos diretos em ativos atribuíveis a clientes específicos devem ser incluídos.

Outra rentabilidade de segmento e análise de ROI pode ser obtida pela utilização da estrutura do SPM. Ela exige considerações criteriosas e a identificação desses custos e dos investimentos em ativos atribuíveis a segmentos específicos. Com essa abordagem, o executivo da logística possui uma ferramenta útil e poderosa para identificar como o processo, as atividades e as decisões em logística produzem impacto sobre objetivos financeiros da empresa.

Implicações Logísticas

Um problema enfrentado pelos executivos de logística é que as abordagens comuns, relativas à avaliação do desempenho logístico, em geral não são expressas em termos suficientemente atraentes a outros altos executivos. Por exemplo, a despesa com transporte por quilômetro, a despesa com coletas nos armazéns e as métricas relativas a custos são extremamente significativas em relação ao gerenciamento de atividades específicas, mas de certa forma são pouco claras para os executivos de finanças e de *marketing*. A estrutura do SPM é uma ferramenta extremamente útil para relacionar as atividades logísticas aos objetivos globais financeiros de uma empresa. Ela oferece um mecanismo para rastrear de forma específica como as mudanças nos ativos ou nas despesas logísticas relacionam-se diretamente com as medidas que se mostram mais significativas para outros executivos: medidas como margem de lucro, giro e retorno de ativos.

Resumo

A gestão efetiva das operações logísticas e da integração nas cadeias de suprimentos exige o estabelecimento de uma estrutura para a avaliação do desempenho e do controle financeiro. Essa estrutura oferece o mecanismo para monitorar o sistema de desempenho, controlar as atividades e direcionar o quadro funcional para que níveis mais altos de produtividade sejam alcançados.

Sistemas abrangentes de avaliação do desempenho incluem métricas para cada uma das funções logísticas. Cinco importantes dimensões do desempenho funcional precisam ser consideradas: custos, serviços aos clientes, qualidade, produtividade e gestão de ativos. Empresas líderes expandiram seus sistemas de avaliação funcional para adotarem métricas focalizadas na sua habilidade em atender às exigências dos clientes. Essas métricas incluem medidas de desempenho absoluto no lugar de desempenho médio, pedidos perfeitos, medidas focalizadas nos cliente finais e na satisfação dos mesmos. Para auxiliar na integração da cadeia de suprimentos, as empresas líderes instituíram um conjunto de métricas entre as empresas, tais como dias de suprimento de inventário, tempo de espera do inventário, ciclo de tempo dinheiro em dinheiro, e o custo total da cadeia de suprimentos.

O controle efetivo da logística exige o conhecimento de três ferramentas decisivas. A primeira é o orçamento financeiro. A orçamentação oferece a base para o controle dos custos logísticos. Um orçamento representa a estimativa gerencial dos custos e recursos necessários para atingir-se os objetivos logísticos. Quatro tipos de orçamentos são utilizados pelo controle logístico: valor fixo, flexível, base zero e de capital. A segunda ferramenta é a análise custos/receitas. As práticas contábeis tradicionais são comumente inadequadas para o custeio da logística. A tomada efetiva de decisões exige que a administração seja capaz de comparar as receitas com as despesas incorridas para servir clientes, canais e produtos específicos. A margem de contribuição e o lucro líquido representam dois formatos alternativos para a análise custos/receitas. O custeio baseado nas atividades oferece à administração a capacidade de relacionar mais especificamente as despesas logísticas aos segmentos que geram receitas. A terceira ferramenta para o controle é o modelo de lucro estratégico. Esse modelo oferece aos administradores a possibilidade de avaliar o impacto das decisões logísticas na lucratividade, na utilização de ativos e no retorno sobre ativos. Ele também permite avaliar de forma mais precisa os segmentos em termos de lucro e retorno dos investimentos.

Questões Desafiadoras

1. Comente de forma breve os três objetivos para o desenvolvimento e implementação dos sistemas de avaliação do desempenho.
2. Compare e aponte as diferenças entre as várias métricas para a disponibilidade do produto. Por que a taxa de atendimento dos pedidos é considerada a métrica mais importante?
3. O ideal do pedido perfeito constitui-se em uma meta operacional real?
4. Por que é importante que uma empresa considere a percepção do cliente uma parte regular da sua avaliação de desempenho?
5. Por que medidas abrangentes do desempenho da cadeia de suprimentos, como o custo total, são tão difíceis de desenvolver?
6. Por que o orçamento flexível é uma ferramenta mais valiosa para os gerentes de logística do que o orçamento de valor fixo?
7. Compare e aponte as diferenças entre a abordagem de contribuição e a abordagem de lucro líquido na análise custos/receitas.
8. Você crê que o custeio baseado nas atividades representa uma base eqüitativa para a alocação de despesas indiretas?
9. Suponha que você foi chamado por uma empresa para avaliar o impacto no retorno em ativos de um transporte terceirizado. Atualmente, a empresa usa uma frota própria de caminhões e está avaliando a possibilidade de passar a utilizar uma empresa de transporte terceirizada. Quais os aspectos do modelo de lucro estratégico que seriam afetados?
10. Como pode o modelo de lucro estratégico ser integrado à análise custos/receitas com a finalidade de analisar o retorno em ativos, na prestação de serviços para a conta de um cliente específico?

Dimensões da Mudança

Olhando em Direção à Próxima Década
Dez Megatendências
    Do Serviço aos Clientes à Gestão de Relacionamentos
    Dos Relacionamentos Concorrenciais aos Relacionamentos Colaborativos
    Da Previsão à Efetivação
    Da Experiência à Estratégia de Transição
    Do Valor Absoluto ao Valor Relativo
    Da Integração Funcional à Integração de Processos
    Da Integração Vertical à Integração Virtual
    Das Informações Confidenciais às Informações Compartilhadas
    Do Treinamento à Aprendizagem Baseada no Conhecimento
    Da Contabilidade Gerencial à Gestão Baseada em Valores
    Riscos Associados
Epílogo

Este capítulo concentra-se no futuro da logística na gestão das cadeias de suprimentos. A discussão inicia com uma breve olhada no ambiente que os gerentes logísticos irão enfrentar na próxima década. À medida que o futuro vai chegando, tudo indica que dez megatendências irão direcionar as mudanças e as transformações necessárias para possibilitar às empresas alcançar um desempenho superior. Cada tendência é desenvolvida a partir da previsão de seu impacto nas prioridades gerenciais logísticas insurgentes; a discussão se encerra com a revisão dos riscos associados. No fechamento do capítulo, a seção Epílogo reúne os comentários finais dos autores.

Olhando em Direção à Próxima Década

Em face das mudanças extremas que ocorreram nos conceitos e práticas da gestão logística durante as últimas décadas, uma questão oportuna é: Qual nossa expectativa em relação aos próximos 10 anos? A determinante primordial do perfil e da forma das necessidades logísticas futuras será a natureza da demanda que precisa ser atendida.

O renascimento logístico desenvolveu um fundamento sólido para orientar os gestores de logística. Embora lições significativas tenham sido aprendidas nas últimas décadas, o processo de mudança está longe de terminar. A globalização dos negócios promete oferecer novos e singulares desafios para as competências logísticas da maioria das empresas. Poucos serão capazes de escapar do impacto de uma economia globalizada. Os desafios também irão aumentar em função dos aspectos ambientais da logística, bastante conhecidos como questões *verdes*. Está apenas emergindo a extensão completa, do "começo ao fim", da responsabilidade de longo prazo sobre o impacto ambiental de produtos e serviços. Por fim, as empresas podem ter certeza que os clientes que assumem compromissos comerciais importantes com seus parceiros das cadeias de suprimentos terão como expectativa um desempenho logístico praticamente perfeito. Mesmo no ambiente operacional atual, as empresas que constroem relacionamentos importantes com seus clientes e fornecedores precisam estar comprometidas com a excelência operacional. A tolerância ao erro logístico será ainda menor no futuro.

As projeções atuais são de que o Produto Interno Bruto dos Estados Unidos irá exceder $ 12 trilhões até o ano de 2010. Prevê-se um crescimento significativo tanto para os produtos como para os serviços. Entretanto, a maioria dos futurólogos prevê que os Estados Unidos e a maior parte do mundo industrializado irão, cada vez mais, tornar-se economias orientadas para os serviços. Em comparação com os dias de hoje, uma parte significativamente maior da população mundial procurará participar da vida confortável trazida pelo novo milênio. Os sistemas logísticos do futuro irão enfrentar exigências complexas e desafiadoras de desempenho. Mais ainda do que nos dias de hoje, da logística será exigido suporte à distribuição de produtos múltiplos para mercados heterogêneos e dispersos globalmente.

À exceção de um evento catastrófico, é difícil não se esperar que a população mundial exceda os 8 bilhões até o ano de 2025. Ao colocar-se esse crescimento populacional em perspectiva, no mínimo será necessário oferecer apoio logístico para uma pessoa a mais, a cada quatro existentes atualmente no mundo. As pessoas em geral terão cada vez mais recursos para participarem do crescimento econômico. Porém, diferenças significativas são esperadas no estilo de vida e nas prioridades sociais relacionadas. Evidências sugerem que os consumidores do futuro irão demandar serviços e conveniências contidas nos produtos que eles compram. Por exemplo, itens como a carne congelada: ela poderia ser pré-cozida e ficar pronta para consumo ao ser comprada. Na extensão em que o padrão de serviço/conveniência aumenta, mais valor será agregado aos produtos comuns, antes que se inicie o processo logístico. Para apoiar essa tendência, a complexidade do sistema de produção/comercialização, como um todo, irá aumentar.

A prioridade colocada no desenvolvimento das capacitações de gestão integrada baseia-se na contribuição que o desempenho logístico superior pode dar para o sucesso dos negócios. Uma empresa pode obter vantagem competitiva real quando clientes importantes percebem que ela possui as capacitações para superar logisticamente o desempenho dos concorrentes. Um pré-requisito para a logística estratégica é o desenvolvimento e a implementação da integração na cadeia de suprimentos. Gerenciar a logística de forma integrada está se tornando cada vez mais relevante pelas razões a seguir discriminadas.

Primeiro, há uma interdependência considerável entre as áreas de necessidades logísticas que podem ser exploradas como vantagem para uma empresa. A idéia de um sistema *total* de movimentação/estocagem apresenta um potencial de eficiência e de sinergia. Ao longo do sistema logístico, a administração se defronta com custos de mão-de-obra cada vez maiores. Uma vez que o trabalho logístico está entre os mais intensivos em termos de mão-de-obra dentro de uma empresa, os gestores de logística precisam desenvolver métodos para substituir o capital por processos intensivos em mão-de-obra. Uma integração completa aumenta a justificativa econômica relacionada a esse objetivo.

Segundo, uma abordagem funcional estreita ou restrita pode gerar um comportamento não-funcional. Existe uma crença de que os conceitos relevantes apenas à distribuição ao mercado, ao apoio à produção ou a compras podem criar prioridades e alvos operacionais diametralmente opostos. A falha em desenvolver uma gestão logística integrada cria o potencial para a subotimização.

Terceiro, as exigências de controle para cada aspecto individual das operações são semelhantes. O objetivo fundamental do controle logístico é compatibilizar as demandas operacionais de uma forma interfuncional, focalizada em metas abrangentes.

Uma quarta razão para a integração das operações logísticas é a crescente consciência de que trocas compensatórias significativas existem entre as economias na produção e as necessidades do *marketing*, e que estas podem ser compatibilizadas apenas por uma capacitação logística solidamente projetada. A prática tradicional da produção é fabricar produtos de vários tamanhos, cores e quantidades em *antecipação* às vendas futuras. O *adiamento* da montagem final e da distribuição inicial de produtos para momentos futuros, quando as preferências dos clientes estarão mais completamente identificadas, pode reduzir significativamente o risco e aumentar, de uma forma geral, a flexibilidade da empresa. Estão surgindo novos e inovadores sistemas que usam a competência logística para aumentar a capacidade de resposta e reduzir o tradicional comprometimento antecipado e o risco dos negócios.

Uma razão final – e talvez a mais significativa – para a integração é que a complexidade da logística futura irá exigir arranjos inovadores. O desafio para o novo milênio é desenvolver *novas maneiras* de satisfazer às necessidades logísticas, não apenas utilizando a tecnologia para fazer com que os *antigos métodos funcionem de forma mais eficiente*. Embora isso seja semelhante ao desafio enfrentado nos anos 90, as exigências estão aumentando. No futuro das empresas líderes pode-se esperar uma utilização cada vez maior da competência em logística integrada para obter vantagem diferencial. A implantação de forma ampla da gestão integrada da logística continuará como um pré-requisito para essas revoluções inovadoras.

O impacto combinado desses fatores é que a logística irá cada vez mais ser gerenciada em uma base integrada. Entretanto, o trabalho de reestruturar a logística para um processo integrado tem um longo caminho a percorrer. As pesquisas continuam a apontar que um número significativo de empresas no mundo todo fez apenas progressos limitados rumo à integração da logística. Aproximadamente 10% das empresas norte-americanas alcançaram um nível de integração que facilita o uso de sua competência logística para conquistar e manter a lealdade dos clientes. Eventos de significação histórica – como a reestruturação radical da Europa Oriental; a decomposição do comunismo na União Soviética; e até a rápida adoção da *internet* como meio de comunicação – servem para sublinhar a importância crescente da logística em todos os aspectos da sociedade. De muitas maneiras, esses eventos enfatizam o quanto as necessidades logísticas são exigentes e o quanto elas podem se tornar desafiadoras. A realidade é que uma grande quantidade de trabalho faz com que o potencial completo do renascimento da logística continue sendo uma realidade cotidiana.

Permanecerão na sociedade futura os contínuos problemas e pressões referentes à energia e ecologia. A dependência do sistema logístico do fornecimento imediato de energia é, e continuará sendo, uma preocupação crucial. O custo da energia se mantém significativo para o setor logístico e assim permanecerá até o futuro previsto. Na perspectiva ecológica, pressões contínuas existirão para reduzir o impacto negativo da logística no meio ambiente. Essas pressões refletem objetivos socialmente valiosos, apesar de sua conquista ser difícil. Pode-se antecipar que as preocupações ecológicas irão eliminar algumas práticas logísticas atuais, como, por exemplo, tipos específicos de material de embalagens. Por fim, fica claro que algumas matérias-primas específicas apresentarão de tempos em tempos uma oferta relativamente reduzida.

Dez Megatendências[1]

À medida que as empresas líderes transformam suas capacitações de cadeia de suprimentos para acomodar a transição de uma sociedade industrial para uma sociedade conduzida pela tecnologia da informação, essas megatendências implicam uma mudança substancial nas práticas logísticas. A mudança deve ocorrer tanto internamente como entre os parceiros da cadeia de suprimentos, enquanto esforçam-se para estabelecer soluções eficientes, efetivas e relevantes de produtos/serviços para os clientes finais. As transições subjacentes a algumas dessas megatendências representam os desafios desta década para os profissionais de logística e para os executivos das cadeias de suprimentos, e identificam a direção das mudanças.

Do Serviço aos Clientes à Gestão de Relacionamentos

A importância dos clientes irá se tornar cada vez mais um comprometimento estratégico de corporações líderes. Enquanto o tradicional serviço aos clientes focalizava o atendimento a padrões operacionais internos, as cadeias de suprimentos verdadeiramente conduzidas por relacionamentos focalizam o estabelecimento do sucesso dos clientes. Para muitos clientes, atributos operacionais como a compressão do ciclo de tempo, o desempenho das entregas no lugar certo e na hora certa, e a entrega do pedido perfeito, podem ser os direcionadores fundamentais da aceitação de um fornecedor. Em contraste, outros clientes podem não estar dispostos a arcar com os custos de apoio logístico com melhorias Seis Sigma no dia-a-dia. Sua preferência pode ser por um apoio logístico médio de alto nível, fortalecido por respostas prontas de recuperação de padrões de logística quando e onde necessário. Cadeias de suprimentos projetadas para atenderem proposições únicas de valor aos clientes possuem o potencial de transformar *commodities* em soluções com valor agregado. Explicado o que conduz o comportamento de compras dos clientes finais, uma cadeia de suprimentos baseada em relacionamentos apresenta o melhor potencial para que soluções logísticas únicas sejam, simultaneamente, eficazes, eficientes e relevantes. Isso sugere que as empresas irão possivelmente participar de várias cadeias de suprimentos para apoiarem clientes diferentes.

Embora a maioria das empresas não tenha atingido um nível desejado de aproximação com os clientes, essa é a mais avançada das megatendências. Empresas líderes reconhecem cada vez mais que o sucesso advém do estabelecimento de relacionamentos estreitos com seus principais clientes. Relacionamentos estreitos possibilitam às empresas gerarem ofertas exclusivas e lucrativas de produtos/serviços para seus clientes preferenciais. Isso, é claro, se contrapõe de forma direta aos princípios do *marketing* de massa, e é certamente proibitivo em termos de custo para extensão a todos os clientes, exceto a nichos mais estreitos definidos no mercado. Os gerentes que buscam atingir esse nível de entendimento com os clientes precisam avaliar os recursos de suas empresas frente às necessidades e desejos de clientes *individuais selecionados*. Assim, a empresa pode dispor seus recursos e capacitações para desempenhar atividades e serviços de valor aos clientes, os quais os concorrentes não podem de forma alguma oferecer; pelo menos, a um preço razoável.

Duas mudanças precisam ocorrer para que as empresas evoluam nesse *continuum*. Primeiro, as empresas que buscam desenvolver relacionamentos fortes com os clientes deveriam reconhecer que nem todos os clientes apresentam as mesmas expectativas e não necessariamente desejam ou merecem o mesmo nível global de serviços. As empresas precisam, portanto, identificar os clientes essenciais mais adequados para serem seus clientes nos negócios e, então, atender ou exceder suas expectativas, prestando serviços exclusivos com valor agregado. Esses serviços incluem a criação de equipes de foco específicas para identificar, projetar, implementar e refinar ofertas especializadas e sincronizadas. Além disso, as empresas precisam desenvolver a habilidade de satisfazer não apenas as necessidades existentes, mas também aquelas que podem surgir. Os prestadores desse tipo de serviços podem ficar à frente da concorrência ao combinarem de forma contínua suas capacitações em serviços com as expectativas inconstantes dos clientes.

Segundo, as empresas que buscam fortalecer os relacionamentos com os clientes precisam desenvolver sistemas operacionais capazes de reagir de forma rápida à mudança, em vez de dependerem da disposição antecipada de inventário para lidar com necessidades planejadas. Is-

---

[1] Adaptado de Donald Bowersox, David Closs e Theodore P. Stank, "Ten Mega-Trends That Will Revolutionize Supply Chain Logistics", *Journal of Business Logistics* 20, no. 2 (2000), pp. 1-16.

so é facilitado pela coleta e troca de informações na cadeia de suprimentos, em contraste com adivinhações do que pode acontecer. O foco deve ser um atendimento eficiente e efetivo de pedidos de clientes exclusivos, bem como a capacidade de reagir a circunstâncias operacionais inesperadas. Essas capacitações permitem que as empresas capitalizem sobre a incerteza, para fortalecer a satisfação dos clientes. Algumas abordagens que facilitam a flexibilidade incluem a existência de funcionários de campo com autoridade para aprovar pedidos de clientes especiais, acomodando automaticamente as faltas de estoque com serviços de localizações múltiplas e implementando soluções pré-delineadas. Outro facilitador crítico da flexibilidade é o estabelecimento de rotinas e simplificação de trabalhos fundamentais, para minimizar o esforço em lidar com detalhes do cotidiano e recursos grátis para tratar eventos inesperados. O emprego racional das formas e tempos da postergação também contribui para a habilidade de uma empresa EM responder a circunstâncias desconhecidas ou fora de planejamento.

Dos Relacionamentos Concorrenciais aos Relacionamentos Colaborativos

Na maioria dos relacionamentos comerciais atuais, os fornecedores vendem aos clientes. Normalmente, há conflitos consideráveis nesses arranjos vendedores/compradores, já que cada parte busca o melhor negócio financeiro. Nenhum dos lados confia completamente no outro. Os vendedores precisam adivinhar as necessidades dos clientes, uma vez que não são compartilhadas a demanda específica ou as informações de planejamento. Nessas situações, o potencial para se atingir eficiência operacional de forma global é limitado à medida que as empresas buscam benefícios de curto prazo ao custo de seus parceiros comerciais. O conceito da gestão integrada da cadeia de suprimentos, entretanto, enfatiza os benefícios alavancados pelas empresas ao colaborarem para alcançar objetivos comuns. A noção de arranjos colaborativos focalizados, paralelamente a uma responsabilização real do "começo ao fim", está revolucionando a maneira pela qual as empresas trabalham em conjunto para agilizarem o processo de distribuição. É incrível o potencial para uma maior eficiência global, como resultado da redução de trabalho duplicado e redundante.

O desenvolvimento de um comportamento colaborativo tem sido objeto de discussões substanciais. Esses comportamentos, entretanto, não estão bem definidos na maioria das empresas. Os gerentes, em muitas empresas, sentem que a mudança comportamental é extremamente difícil de ser conquistada. Freqüentemente, eles se vêem muito mais tratando sobre colaboração do que realmente praticando-a.

Três mudanças precisam ocorrer para fortalecer a colaboração entre empresas. Primeiro, relacionamentos colaborativos precisam estimular a confiança e os valores mútuos necessários para se desenvolver e sustentar operações e estratégias coordenadas. A verdadeira colaboração não significa dominação, nem beneficia a uma parte apenas do arranjo; é necessário que haja uma visão e objetivos compartilhados entre clientes e fornecedores sobre sua interdependência e os princípios de colaboração. Os esforços para se alcançar os objetivos precisam focalizar a oferta do melhor valor aos clientes finais, independentemente de onde estiverem, na cadeia de suprimentos, as competências necessárias. Essa perspectiva é decisiva para a viabilidade de longo prazo da cadeia de suprimentos.

Segundo, as regras e acordos devem clarear os papéis de liderança e as responsabilidades compartilhadas, delinear as diretrizes para o compartilhamento dos planejamentos próprios e das informações operacionais, e criar elos financeiros que tornem as empresas dependentes do seu desempenho mútuo. Eles também devem motivar o compartilhamento de riscos e de benefícios por meio do detalhamento de como os prêmios e penalidades devem ser distribuídos entre as empresas parceiras. Esse compartilhamento reflete o comprometimento com a crença de que o desempenho individual de uma empresa está ligado ao desempenho da cadeia de suprimentos como um todo. Além disso, devem ser estipuladas diretrizes formais que definam políticas e procedimentos operacionais conjuntos, para lidar com a rotina e com eventos inesperados.

Por fim, para serem verdadeiramente efetivos, os arranjos colaborativos também precisam ser altamente sensíveis aos aspectos negativos potenciais de arranjos interligados. Especificamente, as empresas participantes precisam estar dispostas a lidar com questões difíceis, relativas à desintegração do relacionamento antes da necessidade real de se dissolver o arranjo da cadeia de suprimentos. Embora a maioria dos relacionamentos colaborativos sejam voluntários, podendo de fato ser dissolvidos a qualquer momento, é recomendável criar procedimentos formais de interrupção, para evitar disputas sobre os ativos. Uma cláusula relativa à duração e ao término do relacionamento assegura que este deixou de ser vantajoso aos participantes.

Da Previsão à Efetivação

A capacidade de compartilhar as informações, tanto operacionais quanto estratégicas, é uma característica básica da colaboração. Como apontado anteriormente neste texto, as operações do modelo de distribuição existente são conduzidas por previsões. Essencialmente, muitas empresas continuam a prever os níveis de atividade e eventos que outros participantes da sua cadeia de suprimentos já sabem. No centro de uma gestão colaborativa está a habilidade de desenvolver de forma conjunta os planos da cadeia de suprimentos para melhor servir aos clientes finais. Além desse compartilhamento de informações, as empresas que cooperam precisam reprojetar produtos, processos e instalações, para aproveitarem em toda a sua extensão o poder representado por informações de qualidade. Embora as previsões mantenham-se como uma etapa importante no planejamento futuro das atividades e das necessidades fundamentais, elas não devem ser usadas para direcionarem as operações do dia-a-dia. Deverá ser realizado um esforço orquestrado para reduzir o número e o horizonte das previsões.

A mudança da previsão para a efetivação está atualmente recebendo uma atenção enorme, como resultado da iniciativa do **Planejamento, Previsão e Reposição Colaborativos (CPFR)***. É sabido que previsões melhoradas constituem-se em meios para fortalecer o desempenho da cadeia de suprimentos, e existe evidência empírica de que também reduzem o custo da cadeia. Embora esse conceito seja razoavelmente simples, sua implementação continua a ser difícil. A dificuldade se deve a provas suspeitas, falta de sistemas de apoio e falta de confiança.

Muitos gerentes desconfiam das medidas e controles ambientais usados nos exemplos atuais que ilustram os benefícios dos arranjos de CPFR. A credibilidade desses experimentos práticos e a confiança gerencial nos seus resultados poderiam ser fortalecidas por um controle maior. As empresas e pesquisadores precisam trabalhar juntos para projetarem e completarem experimentos, o que irá construir a credibilidade necessária.

Também é necessário obter maior desenvolvimento nos sistemas de informação, para facilitar as interfaces entre as trocas de CPFR baseadas na *Internet* e os sistemas de planejamento atuais. Essas capacitações em sistemas foram desenvolvidas, mas sua implementação e refinamento não têm sido tão rápidos quanto o desejado, devido aos recursos investidos na implementação de sistemas, como o Planejamento de Recursos Empresariais (ERP).

Por fim, há o fator confiança, que tem limitado outros aspectos da integração da cadeia de suprimentos. A ausência de confiança entre os parceiros da cadeia reduz a disposição de compartilhar informações táticas e estratégicas, como previsões, promoções e planos de desenvolvimento de produtos. O reforço da confiança exigirá experiência e tempo. Embora tenha ocorrido um progresso considerável, uma transformação completa irá requerer maior apoio e mais confiança.

Da Experiência à Estratégia de Transição

Ao longo dos anos, a assim denominada curva de experiência tem dominado as respostas estratégicas ao mercado e as situações competitivas. As empresas basearam suas estratégias em conceitos que tiveram sucesso no passado. Cada vez mais, porém, elas confrontam-se com situações únicas sobre as quais elas possuem experiência limitada ou nenhuma. Por exemplo, está se tornando comum para as empresas empregarem apenas recursos contratados (possivelmente, incluindo inventários consignados) para muitas atividades da cadeia de suprimentos. A maioria das empresas possui experiência limitada no estabelecimento e gestão desses relacionamentos. Um segundo exemplo é o foco cada vez maior na obtenção de ciclos reduzidos ou negativos de conversão de dinheiro em dinheiro. Atualmente, novos concorrentes alcançaram sucesso nas cadeias de suprimentos tradicionais utilizando uma combinação de comércio eletrônico com logística direta, para operar com menos de zero de capital de investimento. Essa mudança na avaliação e prática forçou muitas empresas a projetarem e gerenciarem em águas nunca dantes navegadas. O problema é que toda a experiência mundial em como o modelo logístico tradicional funciona é de muito pequeno valor no desenvolvimento de uma estratégia para confrontar esse novo padrão competitivo. Durante os períodos de intensa mudança, a experiência anterior e a infra-estrutura existente são em geral as barreiras mais difíceis de serem superadas. As empresas cada vez mais são confrontadas com a necessidade de reinventar processos que estão tendo um desempenho adequado, quando avaliados historicamente, mas que, na verdade, apresentam um desempenho sofrível ao serem confrontados com as soluções criadas pelas novas condições da concorrência. Três mudanças precisam ocorrer para facilitar a transformação da estratégia baseada na experiência em estratégia baseada na transição.

Primeiro, as estruturas fundamentais dos custos para servir totais precisam ser identificadas, documentadas e refinadas. Por experiência, a maioria dos gerentes criou modelos de negócios relativos aos processos que gerenciam. Embora esses modelos sejam, às vezes, abrangentes, em muitos casos são limitados em escopo e em perspectiva. Como resultado, as decisões baseiam-se muito em experiências limitadas do passado. No futuro, novos modelos de negócios precisarão incluir as organizações, as atividades, os recursos e os parâmetros relativos a uma empresa expandida.

Segundo, os gerentes precisam desenvolver habilidades para resolver situações que vão além da sua experiência tradicional. Isso deve incluir a análise de situações envolvendo produtos e mercados "fictícios", em que os administradores precisam apoiar-se na aplicação de conceitos, em vez de em práticas históricas.

Por fim, os gerentes precisam desenvolver *expertise* na aplicação e interpretação de ferramentas de apoio a decisões, que estão adquirindo importância cada vez maior na conceituação e avaliação das alternativas na cadeia de suprimentos. Aplicativos efetivos relativos a sistemas de apoio às decisões oferecem uma gama mais ampla de ex-

---

* N. de T.: CPFR – *Collaborative Planning, Forecasting and Replenishment*. Há um estudo detalhado dessa iniciativa no Capítulo 9. Porém, toda a discussão teórica sobre processos colaborativos pode ser encontrada ao longo da Parte I deste livro.

periências não-tradicionais para os administradores do futuro. A capacidade de identificar padrões estratégicos novos, avaliar de forma precisa seu possível desempenho e gerenciar a transição contínua tem se apresentado como parte dos modelos de ponta.

Do Valor Absoluto ao Valor Relativo

A chave para o sucesso de longo prazo é fazer as coisas que atraem e mantêm os clientes mais lucrativos, *e* fazê-las bem. Uma medida tradicional de sucesso tem sido o valor absoluto da participação no mercado, comumente avaliada pelos valores das vendas brutas. Uma abordagem mais sofisticada para se avaliar o sucesso é a participação relativa de um fornecedor no sucesso dos seus clientes preferenciais e na lucratividade resultante – a diferença entre as receitas e os custos. Muitas empresas agem para aumentar as vendas em resposta às pressões do mercado simplesmente por acreditar que a elevação de custos, associada ao aumento das vendas, corrói os lucros marginais. A noção do valor relativo é a de aumentar a participação das receitas *lucrativas* disponíveis em um arranjo comercial por meio da disposição de oferecer uma gama mais ampla de serviços de valor agregado, ao mesmo tempo em que se fortalece a lucratividade marginal.

Empresas mais esclarecidas estão começando a aceitar e a explorar essa mudança. Elas percebem que os esforços focalizados em desenvolver contas lucrativas podem gerar maiores retornos, se comparados com os obtidos pela oferta de serviços de qualidade mediana para uma vasta gama de clientes. Esse serviço "mediano" pode até satisfazer a alguns segmentos de clientes; contudo, deixa de atender a outros segmentos que estariam dispostos a pagar mais por serviços melhores. Freqüentemente, o resultado é a perda tanto de receitas como de lucro, nessas contas marginais. Na realidade, a verdadeira medida do crescimento bem-sucedido pode não ser o tamanho das vendas em termos de valor, mas a participação relativa das vendas em relação ao valor prestado. Embora muitas mudanças ainda precisam ocorrer para que essa tendência se materialize, há duas que são particularmente cruciais.

Para começar, é necessário uma implementação e aceitação mais amplas dos custeios, com base nas atividades e por segmentos. Sistemas logísticos de informação capazes de apontarem com precisão os componentes de custos, atribuindo-os aos segmentos corretos e produzindo relatórios fidedignos, para serem utilizados pela alta administração. Deve ser assegurado o envolvimento dos setores de vendas e de *marketing*, já que precisam aceitar o princípio de que mais vendas e mais receitas não significam necessariamente alta lucratividade para a empresa. Devem também ser adotadas práticas logísticas como a consolidação dos transportes para multiclientes, *cross-docking*, combinação em trânsito e outras inovações operacionais que aumentam a eficiência e fortalecem o valor relativo.

Além disso, os mercados financeiros precisam começar a dar mais importância ao lucro do que à participação no mercado. Embora os ganhos por participação e a lucratividade sejam medidas muito importantes de desempenho, os mercados financeiros realmente dão ênfase à participação. Isso força a alta administração a manter a participação mesmo quando a participação marginal não se mostra lucrativa. Empresas de visão estão começando a reconhecer essa mudança, mas o foco nesse valor relativo evoluirá de forma lenta, já que exige importantes mudanças de paradigmas. O conceito é fácil de entender; sua implementação, porém, requer mudanças fundamentais na filosofia da gestão.

Da Integração Funcional à Integração de Processos

Uma das tendências mais antigas – e, potencialmente, mais produtivas – é a migração contínua da integração funcional para a integração de processos. Embora a própria logística em si tenha permanecido relativamente a mesma na última década (e continuará assim nos próximos 10 anos), o que tem mudado e continuará mudando de forma acelerada é a forma de encarar essa atividade. Como os nichos de poder e controle se desenvolvem dentro das empresas, a noção tradicional de departamento se tornou um sinônimo de estar separado do resto da empresa. Embora os departamentos continuem sendo o método preferido para a gestão dos trabalhos, a realidade é que equipes de trabalho autogerenciadas e orientadas para o processo se apresentam, cada vez mais, como solução para avanços significativos na eficiência. Os gerentes percebem que a excelência funcional é importante pela contribuição das funções aos processos que servem. Para a estrutura organizacional, o conceito de departamentos funcionais é tão obsoleto quanto o são os cartões perfurados para a tecnologia da informação.

Já não se discute a validade da existência de custos compensatórios entre as áreas funcionais beneficiando os custos totais. Extensões da tecnologia da informação, como o ERP*, estão começando a apoiar abordagens mais sofisticadas de custeio, diminuindo a dificuldade de avaliar as funções de forma global. Embora tenha havido um progresso substancial, importantes oportunidades para alterar o foco para o processo ainda se mantêm.

Primeiro, embora as funções de compras, produção, logística e *marketing* tenham sido integradas nos seus processos individuais, houve menor progresso na integração entre essas áreas. Tal divisão é reconhecida pela maioria dos administradores. Uma maior integração entre as principais fronteiras funcionais de uma empresa é o primeiro passo rumo a uma maior integração dos processos.

---

* N. de T.: Para uma discussão mais detalhada a respeito desse e de outros sistemas de informação disponíveis para a melhora do desempenho, consulte o Capítulo 7.

Segundo, é preciso haver um avanço substancial de integração do processo com parceiros externos na cadeia de suprimentos, em particular com provedores de serviços. Isso exige mais consistência na definição, execução e avaliação dos processos da cadeia de suprimentos para se estabelecer linguagem e expectativas comuns.

Terceiro, os funcionários, em sua maioria, desenvolverão as atividades pelas quais estão sendo avaliado e pelas quais são remunerados. O desafio é converter estruturas de métrica e de recompensa de orçamentos, relacionados a departamentos, em incentivos relativos à coordenação entre processos. A realidade e o potencial de se possuir métricas significativas baseadas em um plano, que, por sua vez, fundamenta-se em uma previsão, irá cada vez mais tornar-se uma realidade. Houve progresso substancial nessa área, porém mais oportunidades existem, uma vez que mais informações relativas a custos, e com maior precisão, irão levar a processos mais refinados de duplicação reduzida.

Da Integração Vertical à Integração Virtual

Historicamente, as empresas tentaram reduzir os conflitos nas cadeias de suprimentos pelo estabelecimento de níveis sucessivos no processo comercial. A estratégia original de Henry Ford é uma tentativa lendária de usar a propriedade para obter a integração vertical da cadeia de suprimentos. O sonho de Ford era a propriedade e gestão total do processo de criação de valor inteiro, a fim de reduzir os desperdícios e aumentar a relevância. As plantações de borracha, os barcos e fundições de Ford, convertiam ferro bruto em um carro acabado em sete dias.

O problema com a integração vertical é que ela requer um enorme investimento de capital e uma estrutura organizacional inacreditavelmente complexa. A recriação da cadeia vertical de suprimentos de Henry Ford é atualmente inviável. As empresas, portanto, precisam depender da *expertise* e da sinergia de parceiros externos na cadeia de suprimentos para obterem sucesso. Integrar virtualmente as operações com fornecedores de materiais e de serviços, para formar um fluxo contínuo entre o trabalho interno e o externo, elimina as barreiras financeiras da propriedade vertical, ao mesmo tempo em que retém muitos dos seus benefícios.

Embora muitas empresas industriais e de varejo tenham tradicionalmente trabalhado com prestadores de serviços logísticos terceirizados para realizarem movimentações físicas de produtos, apresenta-se uma tendência, cada vez maior, de também terceirizar os processos de conhecimento. Pessoal e atividades de projeto de processos estão sendo terceirizados a partir de consultores. O projeto, a coleta, a manutenção e a análise de informações estão sendo terceirizados junto a integradores de informações. A especialização de conhecimento irá se tornar cada vez mais uma atividade relevante para terceirização por empresas virtuais. Os benefícios da terceirização dessas competências, para focalizar as necessidades essenciais dos negócios, continuarão conduzindo as empresas de uma integração vertical para uma integração virtual. Embora a maioria das empresas já tenha dado os primeiros passos em direção à integração virtual de suas cadeias de suprimentos, apenas algumas alcançaram uma implementação em larga escala.

Para passar à integração virtual, três mudanças devem ocorrer. Primeiro, os gerentes responsáveis por interfaces com fornecedores de materiais e serviços precisam aprender a gerenciar ativos e atividades que não controlam e não podem enxergar diretamente, mas cujo desempenho eles podem e devem monitorar, para garantir o sucesso. Esses fornecedores representam uma extensão da família da empresa e irão contribuir para o futuro sucesso ou fracasso da cadeia de suprimentos e dos departamentos internos. A estratégia de gestão empresarial deve refletir o reconhecimento de que as cadeias de suprimentos são tão fortes quanto seu elo mais fraco com o fornecedor.

Segundo, os parceiros da cadeia de suprimentos precisam ter uma visão comum do processo total de criação de valor, bem como a responsabilidade compartilhada em realizá-lo. As empresas devem identificar e selecionar cuidadosamente parceiros que tenham visões, estratégias e capacitações operacionais complementares. Os parceiros devem desenvolver interfaces com suas operações, de maneira a reduzir a duplicação, a redundância e o tempo de espera, ao mesmo tempo em que mantêm a sincronia. Além disso, as empresas precisam distribuir os riscos e as recompensas da colaboração para solidificar o atendimento a um objetivo. A evolução das estruturas para facilitar a integração virtual não é fácil, nem rápida.

E, em terceiro lugar, as empresas precisam estender as práticas gerenciais para além dos fornecedores, incluindo os fornecedores dos fornecedores. A visão dos fornecedores quanto a necessidades e restrições de recursos, ameaças, oportunidades e pontos fracos precisa ser levada em consideração quando se estabelece metas, objetivos e planos de ações, à medida que eles exercem um papel cada vez mais vital e insubstituível na criação de valor aos clientes finais.

Das Informações Confidenciais às Informações Compartilhadas

Implícita em muitas megatendências está a necessidade dos participantes das cadeias de suprimentos de compartilhar informações. A transição de uma mentalidade do tipo "precisa saber" para uma de compartilhamento de informações relevantes é difícil para os administradores de estilo mais conservador. A maioria deles, com muitos anos de experiência nas trincheiras, aprendeu do jeito mais difícil que informação é poder. Está se tornando cada vez mais claro, entretanto, que aqueles que escondem a informação somente podem explorá-la – não podem alavancá-la. Os ganhos imediatos, gerados pela confidencialidade de informações, tornam-se irrelevantes se comparados com os possíveis de auferir a partir do compartilhamento de informações relevantes com os parceiros da cadeia de suprimentos. A disposição aberta de informações dentro da cadeia de suprimentos é um catalisador que possibilita a integração efetiva.

Atualmente, a passagem da informação confidencial para o compartilhamento de informações depende da tecnologia. Primeiramente, a facilidade do uso e o baixo custo da *internet* estão levando a mudanças rápidas. Esse fato está se apresentando como uma transição difícil para os gerentes que são avaliados e premiados por métricas tradicionais, pelas razões que seguem.

Primeiro, o compartilhamento efetivo de informações depende basicamente da confiança, que começa dentro da empresa e alcança os parceiros da cadeia de suprimentos. Os administradores estão gradualmente aprendendo a compartilhar informações, apesar de alguns ainda acreditarem que compartilhar previsões, vendas, inventários, custos e planos promocionais ou de desenvolvimento pode comprometer a posição competitiva de suas empresas. É particularmente frustrante quando a visão dos gerentes sobre a empresa restringe-se a somente o seu específico departamento funcional. Por essa razão, a informação costuma não ser compartilhada entre os departamentos da mesma unidade operacional. Se os gerentes não compartilham informações internamente, duvida-se que o farão com os parceiros da cadeia de suprimentos.

O escopo das informações compartilhadas geralmente se expande à medida que a confiança é estabelecida. Inicialmente, dados táticos como previsões de curto prazo e disponibilidade de inventário poderiam ser fornecidos, para facilitar o planejamento de recursos e o fluxo dos produtos. Tão logo os benefícios desse compartilhamento tático sejam realizados, as empresas tendem a se tornar mais abertas ao compartilhamento de informações sensíveis sobre custos, planos de desenvolvimento de produtos e programações promocionais. O setor automotivo é um exemplo importante de empresas que indicam fornecedores líderes de primeiro nível que, por sua vez, coordenam e seqüenciam o trabalho de fornecedores secundários. Essa estratégia aplicada à cadeia de suprimentos reduziu significativamente os custos e os tempos de montagem dos automóveis. Tais benefícios são totalmente dependentes do compartilhamento de informações. Eventualmente, planos e estratégias de longo prazo são divulgados para desenvolver e integrar os processos e os recursos logísticos na cadeia de suprimentos.

Segundo, muitas empresas jamais compartilharão previsões ou dados de planejamento, enquanto outras já adotaram a prática de vender esses dados a um provedor terceirizado de dados concorrentes, como a Nielson e a *Information Resources* (*IRI*). Alguns varejistas, por exemplo, interpretam os dados de pontos de venda como uma mercadoria valiosa que possuem e da qual podem extrair lucro. Essa é uma mentalidade de curto prazo. Os administradores precisam começar a perceber que as eficiências obtidas com o compartilhamento de informações excedem substancialmente os lucros resultantes da venda de informações.

Terceiro, as empresas que encaram as informações como um recurso-chave gerenciam seu compartilhamento de uma maneira confidencial, para reduzir o conflito quando negociam com fornecedores de concorrentes ou quando atendem a clientes dos mesmos. Por exemplo, uma série de fabricantes criou equipes interfuncionais independentes para atenderem comerciantes de produtos envolvidos com a concorrência. As equipes incluem pessoal de ambas as empresas em áreas como vendas, *marketing*, finanças e logística. Cada vez mais se faz necessária a troca de informações confidenciais para planejar-se operações conjuntas. Para garantir a confidencialidade, é preciso existir credibilidade e confiança entre os parceiros da cadeia de suprimentos.

Por fim, o compartilhamento de informações pode ocorrer de várias formas. A mais abrangente é a troca de arquivos de dados e a permissão para acesso direto aos bancos de dados. Funcionários envolvidos no compartilhamento, apesar disso não ser ainda comum, estendem o processo ao tornarem-se condutores gerenciais pelos quais o fluxo de informações entre as empresas pode ser coordenado e traduzido. As informações podem também ser compartilhadas por meio de fornecedores logísticos terceirizados, os quais colocam funcionários dedicados em locais de expedições, para garantir a coordenação. O aumento substancial no compartilhamento de informações é decisivo para uma integração e um desempenho fortalecidos nas cadeias de suprimentos. Apesar da inibição histórica, as empresas precisam começar a expandir sua disposição em compartilhar.

Do Treinamento à Aprendizagem Baseada no Conhecimento

Num futuro próximo, o processo logístico irá se manter centrado no trabalho humano. A gestão efetiva do processo logístico, entretanto, é dificultada pelo fato de que mais de 90% de todo o trabalho de logística se dá fora do campo visual de qualquer supervisor. De nenhum outro funcionário se espera que realize um trabalho tão crítico, sem supervisão direta, como o que acontece na logística. Por exemplo, um caminhoneiro não supervisionado é responsável por quase todo o valor criado ao mover um produto de um local de expedição para o destino do cliente. Os caminhoneiros, na verdade, talvez passem mais tempo face a face com representantes importantes dos clientes do que qualquer outro funcionário da empresa. O caminhoneiro talvez nem seja um funcionário da empresa que está efetuando o embarque ao cliente. Outros exemplos incluem representantes de clientes e planejadores de inventário. Há uma necessidade fundamental de funcionários, nessas áreas, que entendam as dinâmicas da cadeia de suprimentos e saibam utilizar ferramentas baseadas na informação para desenvolverem e implementarem estratégias efetivas.

Enquanto muitos executivos esclarecidos entendem que essa megatendência é uma das mais cruciais com que irão se defrontar, a prática indica que pouco progresso está sendo feito. Os que tentam implementar a aprendizagem baseada no conhecimento estão tendo problemas em encontrar tempo e métodos apropriados para efetivamente treinarem seus funcionários. É difícil dedicar tempo para treinamento devido às reduções de mão-de-obra a que muitas empresas foram forçadas. Da mesma forma, tem sido difícil encontrar abordagens de treinamento apropriadas, já que é necessário integrar as várias áreas funcionais e incorporar múltiplas tecnologias. Os desafios de uma verdadeira gestão de recursos humanos têm sido dificultados pela globalização crescente. Mudanças significativas são necessárias para obter-se um ambiente de aprendizagem com base no conhecimento.

Para começar, a alta administração precisa aprimorar suas capacitações para gerenciar uma força de trabalho diversa. O treinamento precisa passar da ênfase nas habilidades individuais dos funcionários para o desenvolvimento da aprendizagem com base no conhecimento. Isso significa que o desenvolvimento das habilidades precisa ser colocado no contexto do processo como um todo quanto aos objetivos, dinâmicas e avaliações. Por exemplo, os caminhoneiros precisam certamente ser habilitados em todos os aspectos da sua atividade básica. Entretanto, eles também precisam saber como se encaixam nos processos logísticos e como fazem para acessar bancos de dados inteligentes, rastreando capacitações e os sistemas de apoio às decisões adaptativos, para solucionar e impedir problemas operacionais. Algumas formas da geração de conhecimento são tão simples como aprender a cooperar. Outras talvez exijam grande dose de astúcia para identificar tendências emergentes ou observar a superioridade da concorrência.

Além disso, torna-se cada vez mais evidente que as empresas precisam construir as capacitações de conhecimento de seus principais administradores e planejadores. A esses profissionais deve ser oferecida educação e experiência que lhes permita compreender os riscos e benefícios inerentes à integração da cadeia de suprimentos e ao relacionamento com seus parceiros. Em um mundo em que todos os profissionais de logística e das cadeias de suprimentos são especialistas relativamente bem remunerados, as empresas que desenvolvem e mantêm uma base ampla de administradores nessas cadeias irão explorar essa fórmula de sucesso.

Da Contabilidade Gerencial à Gestão Baseada em Valores

Por muitos anos as empresas foram administradas à base de números. Nos últimos 10 anos, porém, os administradores tornaram-se suficientemente conscientes das limitações de procedimentos contábeis geralmente aceitos e dispuseram-se a investir recursos significativos em métodos de contabilidade gerencial, tais como o custeio baseado nas atividades. Esses métodos facilitam o entendimento desses gestores acerca das dinâmicas das integrações interna e externa das atividades funcionais. Também oferecem as métricas que os administradores precisam para apoiar suas decisões estratégicas e táticas.

Atualmente, os executivos buscam expandir as medidas para avaliarem como seu trabalho direciona valor aos acionistas. Desenvolvimentos recentes, conduzidos em parte pela adoção generalizada do valor econômico agregado (EVA) e o valor agregado de mercado (MVA), estão resultando em estruturas integradas na implementação da gestão baseada em valores. A gestão com base no valor está intimamente relacionada à mudança básica do paradigma rumo a uma sofisticação financeira. O caminho é identificar e apoiar atividades que criam valor, em contraposição àquelas que apenas aumentam as receitas ou diminuem os custos.

Essa megatendência é considerada particularmente relevante para os gerentes operacionais. Lamentavelmente, tempo e esforços consideráveis têm sido dispendidos para que recebam atenção da alta administração. As iniciativas atuais para conectarem-se as operações ao desempenho baseado em valor são facilitadas pelo comprometimento com a implementação dos ERPs. É possível que agora a tendência decole, uma vez que os conceitos de gestão da cadeia de suprimentos estão sendo cada vez mais aceitos pela comunidade financeira.

Embora a ênfase para a gestão baseada em valor continue incipiente, os administradores estão sendo, cada vez mais, forçados a admitir que as mudanças nas práticas e processos da cadeia de suprimentos podem produzir efeitos sobre a saúde financeira global de suas empresas. As medidas tradicionais de desempenho não descrevem essa realização na linguagem financeira utilizada entre os executivos. Os sistemas de avaliação devem possibilitar aos administradores fazer a conexão direta entre o desempenho da cadeia de suprimentos e o desempenho financeiro.

Para aplicar a gestão baseada em valor são exigidas três transformações. Primeiro, as empresas precisam identificar e alocar os benefícios de iniciativas específicas aos parceiros adequados na cadeia de suprimentos. Abordagens de custeio baseado nas atividades oferecem uma forma de as empresas avaliarem o desempenho entre as áreas funcionais e focalizam os benefícios associados a uma atividade ou processo específico. Os métodos do custo total e do custeio baseado nas atividades permitem que as empresas detalhem a lucratividade de produtos, os clientes e a cadeia de suprimentos específicos, bem como projetem os resultados de custo/receita para diferentes programas e estratégias. Essas abordagens permitem que os administradores fixem metas relativas a ações e programas específicos e avaliem o desempenho. Elas possuem o potencial de relacionar as vendas aos clientes e à lucratividade, com base no custeio exato das práticas de pedidos e das expectativas de entrega. Essas informações de custo mais precisas podem ser usadas para modificar as práticas na cadeia de suprimentos. Por exemplo, os administradores podem trabalhar com clientes específicos, para desenvolver novas rotinas que simplifiquem e agilizem a colocação dos pedidos, resultando em melhores serviços e menores custos.

Segundo, deve haver uma mudança na maneira pela qual os benefícios são avaliados. Algumas empresas têm adotado um modelo abrangente de valor, o qual incorpora as perspectivas de excelência operacional à utilização de ativos, para avaliar as decisões gerenciais com base no valor. As métricas-chave da excelência operacional são a melhoria dos serviços aos clientes e o menor custo total de propriedade. A combinação permite que a cadeia de suprimentos responda de forma mais precisa às necessidades de clientes específicos. A avaliação do serviço aos clientes está associada às receitas e é realizada por meio do desenvolvimento de um conjunto de medidas interfuncionais e interorganizacionais, para guiar e monitorar o trabalho desempenhado por diversos parceiros na cadeia de suprimentos, na agregação de valor aos clientes finais. O menor custo total de propriedade incorpora todos os custos básicos do produto, assim como os custos da cadeia de suprimentos relativos a financiamento, aquisição, processamento, movimentação, armazenamento, manuseio e entrega dos inventários.

A utilização de ativos mede a eficiência da cadeia de suprimentos quanto a ativos fixos e capital de giro. Os ativos fixos incluem as instalações de produção e distribuição, os equipamentos de transporte e de manuseio de materiais e o *hardware* da tecnologia da informação. O capital de giro reflete o investimento em inventários da cadeia de suprimentos e o investimento diferencial em contas a receber relativas a contas a pagar. A utilização global de ativos é uma medida de avaliação particularmente importante do desempenho, tanto da empresa como da cadeia de suprimentos como um todo, na forma como ela é vista pelo mercado financeiro.

Por fim, as empresas devem alterar a forma de relatar o desempenho. O EVA tem se tornado um indicador cada vez mais popular do desempenho financeiro. Ele monitora o nível de valor criado pela empresa e permite que os acionistas determinem se a gestão está criando valor ou perdendo riqueza. O EVA é calculado como o lucro operacional anual, após os impostos, menos os encargos referentes ao custo de capital. A avaliação lembra as empresas de que um aumento a curto prazo no preço de sua ação não pode ser justificativa para o aumento a qualquer custo das receitas. Ao contrário, o aumento dos ganhos deve ser mais rápido do que a expansão de capital novo. A teoria é que, independentemente do quanto os números pareçam favoráveis, a empresa não está criando valor aos acionistas até que ofereça um lucro maior do que o seu custo de capital.

Riscos Associados

As transformações associadas às dez megatendências destacadas anteriormente devem fortalecer o desempenho das cadeias de suprimentos na próxima década. Todavia, devem também apresentar alguns riscos que merecem consideração ao contemplar-se tais mudanças: (1) dependência da conectividade em tempo real, (2) equilíbrio de poder no canal de distribuição, (3) vulnerabilidade das operações globais e (4) vulnerabilidade advinda da integração estratégica, do compartilhamento de informações e do investimento em tecnologia.

Primeiro, a conectividade em tempo real permite a redução da incerteza e do inventário na cadeia de suprimentos. A falta de quantidade de inventário de segurança, porém, reduz a disponibilidade de itens críticos quando os sistemas de comunicação ou de transporte falham em alcançar os níveis previstos de serviços. Segundo, embora tenha havido uma mudança significativa de poder nos canais de distribuição dos fabricantes para os varejistas, ele ainda mostra-se razoavelmente equilibrado. O maior uso da internet tem ajudado a manter esse equilíbrio; a consolidação continuada de megavarejistas, entretanto, poderia alterá-lo. Terceiro, as operações globais introduziram uma grande vulnerabilidade nas cadeias de suprimentos. Além da distância e do tempo, as operações globais introduziram uma diversidade significativa no ambiente político, legal, laboral, cultural e econômico. Essa vulnerabilidade reduz o controle da empresa e freqüentemente afasta os gestores de suas áreas de competência. O resultado é um maior potencial para falhas na cadeia de suprimentos. Por fim, os facilitadores de abordagens colaborativas nas cadeias de suprimentos expõem a empresa a um risco considerável. Falhas de alto nível em parcerias estratégicas têm contribuído para que os administradores relutem em compartilhar informações. O investimento pesado em tecnologia, uma exigência para ligar mercados e operações variados, também representa um risco significativo com o qual muitas empresas não têm se disposto a arcar. Até que retornos verossímeis em investimentos tecnológicos possam ser documentados, muitas empresas irão continuar à margem das grandes mudanças.

Apesar dos riscos, muitos executivos serão desafiados a implementarem mudanças logísticas substanciais nas cadeias de suprimentos. Infelizmente, poucos administradores foram treinados na gestão de mudança e a maioria possui experiência limitada em mudanças bem-sucedidas. É importante que os executivos entendam a dinâmica das mudanças e tomem medidas para seu autodesenvolvimento em conhecimento e capacitações em gestão de mudança. O processo educacional começa com o entendimento dos desafios básicos da mudança.

O primeiro desafio de mudança na cadeia de suprimentos é que o processo dos negócios que oferece algum nível de desempenho está quase sempre em andamento. Raramente a mudança na gestão começa do nível zero. A mudança na cadeia de suprimentos melhora um processo ou prática que não está parado e que, na mente de alguns, não precisa ser consertado. O segundo desafio é que mudanças logísticas exitosas na cadeia de suprimentos exigem liderança e planejamento abrangente e de longo prazo. Tipicamente, as políticas operacionais, os procedimentos e os sistemas logísticos são desenvolvidos em tempos diferentes e motivados por diferentes circunstâncias na solução de uma necessidade particular. Embora cada alternativa possa se mostrar uma solução apropriada, em geral faltam integração e coesão à cadeia de suprimentos resultante.

Por fim, a mudança na cadeia de suprimentos logística exige o alinhamento de operações fora do controle direto da organização logística de uma empresa. Estima-se que apenas 20% do escopo da iniciativa de uma mudança comum na logística estão sob o controle direto da área logística de uma empresa. Os 80% restantes em geral envolvem as responsabilidades dos gerentes de outras áreas de negócio. Assim, os líderes da mudança logística precisam vender suas idéias e atuar como catalisadores interfuncionais. Gerenciar a mudança em outras áreas é uma tarefa difícil que os líderes da logística necessitam dominar.

Epílogo

Em última análise, o desafio da gestão logística é elevar-se além do pensamento incremental tradicional, num esforço que visa a auxiliar na apreensão e difusão da necessidade dos negócios reinventarem o que têm feito até agora. O que eles deveriam fazer é muito simples – servir aos clientes. Embora às vezes pareça difícil compreender a razão, o fato é que a maioria das empresas comerciais necessita de uma reengenharia significativa para reposicionar seus recursos e conquistar esse objetivo básico de forma eficaz e eficiente. Por uma série de motivos, a complexidade predomina na empresa moderna. A reinvenção dos negócios diz respeito à sua simplificação e padronização. Diz respeito a voltar ao básico. A logística é básica.

Os gerentes logísticos do futuro serão muito mais agentes de mudanças e muito menos técnicos. O desafio da mudança ocorrerá pela necessidade de sincronizar a velocidade e a flexibilidade da competência logística em um processo de criação de valor para os clientes. A tecnologia e a técnica não serão fatores limitantes. Mesmo que nenhuma nova tecnologia seja inventada durante uma década, ou mais, nós ainda não teremos explorado completamente o que hoje está disponível. As técnicas sendo promovidas como novas formas de melhorar a produtividade são, na maioria das vezes, antigas e bastante adequadas em seu desempenho – custeio, concorrência com base no tempo, análise ABC de inventário, reposição contínua de inventário, resposta rápida, segmentação, etc. O novo é que os gerentes modernos estão usando a tecnologia da informação para fazê-los trabalhar.

É claro que o desafio para reinventar a empresa não é apenas uma responsabilidade da logística, mas é uma responsabilidade dos gestores logísticos participar desse processo, especialmente aqueles profissionais que dirigem operações globais, possuem recursos extensivos em capital e em recursos humanos e facilitam a entrega real de produtos e serviços aos clientes. O executivo de logística do futuro não será capaz de negligenciar a responsabilidade de contribuir e participar na gestão das mudanças exigidas para reinventar a empresa.

No encerramento deste estudo, os autores brindam o leitor com algumas citações e declarações que eles entendem que expressam o significado e a intensidade da mensagem colocada neste livro. Ao gestor da logística de hoje e de amanhã, que irá enfrentar os desafios da mudança, oferecemos as palavras a seguir como fonte de orientação e inspiração:

Quanto à Mudança: A Logística não é Uma Atividade Comum

A experiência ensina que os homens são mais influenciados por aquilo que se acostumaram a ver e a praticar; ensina também que melhorias mais simples e mais óbvias nas atividades mais comuns são adotadas com hesitação, relutância e de forma gradual.

Alexander Hamilton, 1791

Quanto à Empresa: É Uma Questão de Perspectiva

Treinamos duro... mas parecia que toda vez que começávamos a nos comportar como uma equipe, tínhamos que ser reorganizados. Tempos depois, aprendi com a vida que nossa tendência é enfrentar toda nova situação por meio da reorganização; é um método maravilhoso por criar a ilusão de progresso enquanto produz confusão, ineficiência e desmoralização.

Petronius, 200 a.C.

Quanto a Novas Idéias: Sonhar Não Custa Nada

Alguém poderia sonhar com uma produção tão organizada a ponto de nenhuma empresa comercial, ou outra unidade econômica, ser obrigada a manter estoques de matéria-prima ou de produtos acabados... imagine suprimentos de todos os tipos fluindo para as fábricas justamente no momento em que as máquinas estão prontas para utilizá-los; os produtos escoando para os vagões de carga e os caminhões manobrando para as plataformas de embarque; as mercadorias chegando às prateleiras dos comerciantes precisamente quando o espaço físico se tornou disponível... sob essas circunstâncias, o encargo das despesas e o risco gerado na sociedade, devido a estoques necessários para o processo de produção, seriam mínimos.

Leverett S. Lyon, 1929

Quanto à Valorização: O Que Você Tem Feito Por Mim Ultimamente?

O Profissional de Logística

Os profissionais da logística integram uma raça triste e amargurada de homens que são necessários na guerra e que se afundam em ressentimentos e obscuridade em tempos de paz. Eles lidam apenas com fatos, mas precisam trabalhar para homens que operam no comércio com base em teorias. Eles surgem durante a guerra, porque a guerra é realmente um fato. Eles desaparecem na paz, porque a paz é principalmente teoria. As pessoas que negociam com base na teoria, e que empregam profissionais da logística na guerra e os ignoram na paz, são os generais.

Os generais formam uma raça feliz e abençoada que irradia confiança e poder. Eles alimentam-se apenas de ambrosia e bebem apenas néctar. Na paz, eles caminham firmes e podem invadir um mundo ao simples varrer de suas mãos sobre um mapa, apontando seus dedos decisivamente para frente nas passagens de terreno e bloqueando desfiladeiros e obstáculos com as laterais de suas mãos. Na guerra, eles precisam caminhar mais lentamente, porque cada general tem um profissional de logística cavalgando nas suas costas e ele sabe que, a qualquer momento, o profissional de logística pode se curvar para frente e sussurrar: "Não, você não pode fazer isso". Na guerra, os generais temem os profissionais de logística; na paz, fazem de tudo para esquecê-los.

Regozijando-se ao lado dos generais estão os estrategistas e os táticos. Os profissionais de logística detestam estrategistas e táticos. Estes nada sabem sobre os profissionais de logística até que cresçam e tornem-se generais – o que normalmente ocorre.

Às vezes, um profissional da logística torna-se general. Quando isso ocorrer, ele logo deverá associar-se a generais a quem ele odeia; ele possui um séquito de estrategistas e táticos a quem ele despreza; e, à sua retaguarda, está um profissional de logística a quem ele teme. É por isso que os profissionais de logística que se tornam generais sempre sofrem de úlceras e, assim, não podem saborear sua ambrosia.

Autor e data desconhecidos.

Casos

Casos Relacionados à Parte I – Gestão Integrada

Caso 1 – Logística Integrada na DEP/GARD
Caso 2 – Woodmere Products
Caso 3 – Zwick Electrical
Caso 4 – Alternativa de Distribuição na SSI

Casos Relacionados à Parte IV – Projeto da Rede Estrutural

Caso 5 – Avaliação de Projeto de Sistema na Westminster Company
Caso 6 – Comissão de Controle de Bebidas Alcóolicas de Michigan
Caso 7 – W-G-P Chemical Company
Caso 8 – Western Pharmaceuticals (A)
Caso 9 – Western Pharmaceuticals (B)

Casos Relacionados à Parte V – Gestão da Cadeia de Suprimentos

Caso 10 – Serviços aos Clientes na Woodson Chemical Company
Caso 11 – Controle de Desempenho na Happy Chips, Inc.
Caso 12 – Gestão de Mudança na Wilmont Drug Company
Caso 13 – Gestão da Cadeia de Suprimentos na Dream Beauty Company

Caso 1: Logística Integrada na DEP/GARD[1]

Steve Clinton

Tom Lippet, representante de vendas da Dupont Engineering Polymers (DEP), estava tenso a caminho de uma reunião na Gard Automotive Manufacturing (GARD). No passado, as negociações de vendas com a GARD sempre tinham ocorrido sem problemas. Por várias vezes, os concorrentes nem mesmo eram chamados para orçar serviços para a GARD. Na explicação de Mike O'Leary, profissional de compras da GARD, isso ocorria porque nenhum outro concorrente se igualava à qualidade dos produtos da DEP.

Mas a atual negociação de contrato era diferente. Várias semanas antes de começarem as conversas para renovação do contrato, O'Leary anunciara seu plano de se aposentar dali a 6 meses. A diretoria da GARD rapidamente promoveu Richard Binish como sucessor de O'Leary. Embora Binish tenha permanecido relativamente quieto nas duas reuniões anteriores, Lippet pressentiu que os negócios não seriam mais como antes. E apesar da decisão final do contrato ainda depender da recomendação de O'Leary, Lippet suspeitara que Binish poderia se tornar um obstáculo.

Binish, de 35 anos, já havia trabalhado para uma entre as 500 maiores empresas norte-americanas, segundo a revista *Fortune*, após ter completado sua graduação em gestão de operações. Mesmo na GARD, Binish tinha se envolvido extensamente com programas JIT e de qualidade. Ele havia retornado aos estudos e obtido um diploma de MBA com especialização em Compras e Logística. Ansioso por deixar sua própria marca, Richard Binish rejeitou algumas ofertas de grandes empresas e aceitou o convite da GARD na área de gestão de inventário.

A GARD, fabricante de peças originais (OEM) para os produtores de automóveis dos Estados Unidos e para varejistas de peças de reposição, oferece uma variedade de produtos plásticos para carros e caminhões leves. Entre esses produtos, estão: painéis, maçanetas de portas e janelas e vários botões de controle. Quando Binish começou a trabalhar com a gestão de inventário da GARD ele aplicou a regra do 80/20, demonstrando para a diretoria que 80% dos negócios da GARD correspondiam a 20% da sua linha de produtos. Nos 3 anos seguintes, enquanto os contratos com os clientes e os fornecedores expiravam, Binish estreitava as linhas de produtos da GARD. A diretoria ficou impressionada com o impacto positivo nos lucros da GARD à medida que contratos e produtos não lucrativos eram descartados. Uma linha de artigos mais enxuta, composta principalmente de produtos de rápida movimentação, também resultou num maior giro de inventário.

Assim, quando O'Leary confirmou seus planos de aposentadoria, a diretoria imediatamente ofereceu a vaga a Richard Binish. Este, depois de alguns dias examinando as práticas de compras da GARD, entendeu que poderia mostrar resultados. Ele aceitou o convite. Enquanto aprendia como funcionava o departamento de compras, Binish procurou permanecer nos bastidores, mas logo se encontrou questionando várias práticas de O'Leary. Em especial, ele desdenhava os freqüentes "almoços de negócios" que O'Leary tinha com antigos conhecidos que trabalhavam para os fornecedores da GARD. Mas, apesar disso, Binish fez um esforço para não criticar abertamente O'Leary. No entanto, esses esforços não impediram que ele questionasse mais e mais sobre os processos de compras da empresa.

O'Leary, por sua vez, entendia que seu estilo tinha servido à GARD muito bem. Os preços haviam sido mantidos baixos e a qualidade sempre estivera dentro dos parâmetros estabelecidos. Embora O'Leary mantivesse normalmente uma enorme rede de fornecedores, os materiais mais críticos eram comprados de um número limitado deles. Nesses casos, as licitações para contratação eram quase um ritual, sendo o vencedor já conhecido por antecipação.

A DEP era um desses vencedores. Os seus polímeros eram materiais críticos no processo de fabricação da GARD. Quando O'Leary começou a comprar da DEP, há 15 anos, não havia dúvida de que os polímeros desse fornecedor eram os melhores do mercado. Os gerentes de produção da GARD raramente tinham algum problema de produção causado por polímeros abaixo dos padrões. O'Leary considerava que, quanto menor a quantidade de reclamações da produção, melhor para a empresa.

"Olá, Tom! Entre! Bom te ver! Você se lembra de Richard Binish, certo?" O ânimo de Lippet foi renovado com a alegre recepção de O'Leary.

"Claro que sim! Como vai, Richard? Fazendo o reconhecimento do seu novo terreno?"

Binish sorriu de forma cordial e balançou a cabeça, afirmativamente. A conversa descontraída continuava à medida que seguiam pelo corredor em direção à pequena sala de reuniões.

"Bem, ótimas notícias, Tom! A DEP obteve o contrato novamente!" O'Leary fez uma pausa e depois continuou, "mas teremos uma pequena alteração. Em vez do contrato habitual de 2 anos, desta vez só iremos oferecer um negócio com duração de 1 ano. Nada pessoal, mas a diretoria entende que, por justiça a Richard, estes últimos contratos que eu estou fechando sejam limitados a um ano. Dessa maneira, Richard não fica preso a nenhum negócio que possa prejudicar sua imagem!" O'Leary concluiu com risadas seu último comentário.

"Isso nada tem a ver com a DEP", observou Richard. "Simplesmente, me dá uma chance de avaliar os fornecedores no próximo ano sem estarmos atrelados a um contrato de longo prazo. Se a minha avaliação confirmar o que o Sr. O'Leary informou-me a respeito da DEP, não vejo razão para que a nossa relação de sucesso mude."

"Isso é perfeitamente compreensível", respondeu Tom, enquanto sua mente ponderava sobre o significado da *avaliação* de Binish. "Logo você também estará seguro de que o serviço e os produtos da DEP são tão bons quanto Mike informou."

Após a reunião, O'Leary convidou Lippet para um café no refeitório da GARD. Binish pediu licença para cuidar de outros assuntos.

Durante o café, O'Leary respirou fundo e disse: "Você vai se defrontar com várias mudanças por aqui, Tom. O melhor que eu pude fazer por você foi renovar o contrato por um ano."

"Não tenho certeza de que estou lhe entendendo. Tudo que sei é que a GARD nunca teve problemas com os produtos da DEP", destacou Lippet.

"E nunca tivemos," respondeu O'Leary. "Pelo menos dentro dos parâmetros que eu estabeleci com a diretoria. Mas no ano que vem vão ocorrer mudanças."

---

[1] Este caso foi preparado para discussão em classe. Alguns fatos reais foram alterados para manter a confidencialidade e oferecer uma situação de negócio mais interessante.

"Quais?", indagou Lippet.

"Bem, você se lembra quando eu comecei a comprar da DEP? Vocês eram os líderes, não havia nenhuma dúvida disso. E eu sabia que outros fornecedores tinham melhorado, mas se algo não está quebrado, para que consertar? Desde que o preço da DEP estivesse alinhado, eu sabia que não teria problemas com a produção. Menos dores de cabeça para mim. Agora, parece que Binish tem outras idéias para Compras. Posso garantir a você que ele tirou amostragens em vários lotes de produtos da DEP. E também solicitou a outros fornecedores potenciais que enviassem amostras. Na verdade, não há grande diferença entre os produtos da DEP e os dos concorrentes."

"Eu ainda não entendi claramente o problema, Mike."

"Para Binish, o produto é meramente um critério de qualificação. Se o produto de todo mundo é similar, especialmente em algo como polímeros, como você pretende se distinguir dos outros? Binish afirma que as empresas precisarão demonstrar algo chamado 'critério vencedor de pedidos' para fazer negócios com a GARD no futuro".

"Ainda não vejo problemas. Nós temos revisões feitas pela GARD todo ano. Nosso desempenho de serviço sempre foi à altura".

"Verdade. Mas isso de acordo com os meus parâmetros. Veja bem, em média, a GARD programa entregas para 10 dias depois do pedido. Eu considero como entrega pontual uma variação de mais ou menos 2 dias, com base na data programada. São cinco dias de janela de serviço. Esse valor de serviço mínimo na GARD, referente aos 5 dias, é de 95%. A DEP teve um recorde de 96,2% no último ano usando a minha janela. Sabe de que número o nosso amigo Binish anda falando?"

"Provavelmente, 3?"

"Exatamente. E você sabe qual é o desempenho da DEP usando uma janela de 3 dias?"

"Não, Mike, qual é?"

"Desculpe, Tom, mas é de 89,7%. E o que é pior, com Binish, não só a janela diminui como o nível de atendimento subirá para 96%. E isso só para os três primeiros anos após a minha aposentadoria. Depois disso, Binish está prevendo entregas no mesmo dia, com 96,5% de capacidade de serviço. Neste momento, a DEP tem atendido somente 80% das entregas no mesmo dia. Você não está nem perto de participar do jogo."

"Então, temos o espaço de um ano de contrato para mostrar que podemos entregar tanto os produtos como os serviços?"

"Agora você entendeu o problema!"

A técnica de produção de polímeros requer uma mistura de compostos químicos. O processo produtivo da DEP está apoiado em 6 compostos principais (de A – F). A política atual de compras da DEP é adquirir cada um desses compostos de 3 fornecedores, utilizando um processo anual de licitação. Normalmente, a empresa que apresenta o menor preço é considerada a de melhor oferta. A empresa mais bem colocada recebe 60% dos pedidos da DEP; as outras duas recebem 25 e 15%, respectivamente. A administração crê que essa política protege a DEP de faltas de material e de aumentos de preço absurdos. A Tabela 1 indica os fornecedores atuais de compostos e a estatística de seus desempenhos (participação no negócio, tempo de entrega a partir da data do pedido, nível de atendimento).

A DEP usa atualmente o seguinte critério de desempenho:

Entrega de A: pontual, se entregue em até 4 dias a partir da data do pedido +– 2 dias.
Entrega de B: pontual, se entregue em até 4 dias a partir da data do pedido +– 2 dias.
Entrega de C: pontual, se entregue em até 4 dias a partir da data do pedido +– 2 dias.
Entrega de D: pontual, se entregue em até 5 dias a partir da data do pedido +– 2 dias.
Entrega de E: pontual, se entregue em até 6 dias a partir da data do pedido +– 2 dias.
Entrega de F: pontual, se entregue em até 6 dias a partir da data do pedido +– 2 dias.

Nível de atendimento mínimo para todos os componentes é de 92%.

A produção de polímeros é altamente padronizada. A DEP tem investido continuamente em equipamentos de produção tecnologicamente avançados. Como resultado, a empresa pode rapidamente alterar seus processos para fabricar polímeros diferentes.

Para evitar falta de materiais e, com isso, maximizar a sua produção, a DEP mantém normalmente 7 dias de suprimento de cada composto. Uma tentativa anterior de produção JIT foi abandonada após a empresa acusar falta de materiais e suspensões da produção. Como resultado, o departamento de produção é contra qualquer implementação de conceitos do tipo JIT.

O departamento de produção está conectado eletronicamente ao departamento de Compras e ao departamento de *Marketing* e Vendas. Estes departamentos recebem os pedidos dos clientes por telefone ou fax. Os pedidos são então passados para o sistema de informação. Isso permite à produção monitorar os embarques de materiais no suprimento e programar as etapas de produção. Dentro desse sistema, a maioria dos pedidos dos clientes é produzido em 6 ou 8 dias.

Após a produção, os pedidos são imediatamente enviados para um armazém a uma pequena distância da DEP. Nesse armazém, o pessoal de expedição confronta os bilhetes da produção com os pedidos dos clientes, e prepara os documentos de embarque. Uma vez que esses documentos estejam prontos, os pedidos são preparados para embarque (por exemplo, colocados em paletes, embalados com plástico, etc.) e rotulado. Feito isso, a entrega é programada. Normalmente, decorrem de 3 a 6 dias desde o momento em que os pedidos deixam a fábrica até serem embarcados no armazém.

A distribuição física é dividida entre a frota própria da DEP e transportadoras comuns. A maioria dos clientes está dentro de um raio de 320 quilômetros. Os caminhões da DEP servem esses clientes em rotas bissemanais. Os clientes sediados além dessa área de entrega são atendidos pelas transportadoras; o tempo de entrega é variável, dependendo da localização e da distância, mas raramente excede 6 dias a partir do embarque.

Questões

1. Crie um diagrama da cadeia de suprimentos da DEP/GARD. Quais estágios estão adicionando valor? E quais não estão?
2. Usando os principais fornecedores da DEP (60% do negócio), qual é o menor ciclo de desempenho para a cadeia de suprimentos que você criou? Qual é o maior?

Tabela 1 Estatística de desempenho dos fornecedores de componentes

Fornecedor	Componentes químicos					
	A	B	C	D	E	F
Empresa 1	60% 3 – 8 dias 93%	60% 2 – 9 dias 94,5%			15% 5 – 8 dias 92%	15% 6 – 9 dias 94%
Empresa 2	25% 4 – 6 dias 95%	25% 3 – 4 dias 96%	15% 2 – 4 dias 98%	15% 2 – 4 dias 98,7%		
Empresa 3	15% 2 – 5 dias 95,5%	15% 2 – 4 dias 98%			25% 5 – 9 dias 97,5%	25% 4 – 6 dias 98,7%
Empresa 4			60% 4 – 9 dias 96,5%	60% 2 – 9 dias 97%		
Empresa 5					60% 4 – 7 dias 98,3%	60% 4 – 6 dias 97%
Empresa 6			25% 3 – 6 dias 98,4%	25% 3 – 5 dias 96%		

Os dados de entrada se referem, respectivamente, à porcentagem de negócios, ao tempo de entrega a partir do pedido e à taxa de atendimento.

3. O ciclo de desempenho pode ser melhorado com o uso dos outros fornecedores (25 e 15%)? Quais são as trocas compensatórias que precisam ser feitas para usar esses fornecedores?
4. Se você fosse Tom Lippet, quais são as mudanças que você faria na operação da DEP? Por quê? Quais os problemas que você poderia prever ao tentar implementar essas mudanças?
5. Considerando que você possa fazer as mudanças mencionadas na questão 4, como você "venderia" essa idéia para Richard Binish na próxima concorrência da DEP? Quais serão os prováveis "critérios de qualificação" e "pedidos vencedores"? Isso mudará ao longo do tempo? O que isso sugere para a gestão da cadeia de suprimentos?

Caso 2: Woodmere Products[2]

Judith M. Schmitz

John Smith tinha acabado de retornar do que se tornaria uma das suas mais importantes visitas de vendas. John, representante de vendas de um grande fabricante de móveis, havia participado de uma reunião com um representante da HomeHelp, o principal varejista de produtos de decoração. A compradora, Nan Peterson, e a equipe de produto que ela chefiava, tinham acabado de retornar da conferência anual do Council of Logistics Management. Na conferência, assistiram a várias sessões sobre estratégias logísticas baseadas no tempo. Apesar de Nan e sua equipe terem apenas tomado conhecimento dessas novas estratégias, perceberam que elas ofereciam um potencial significativo para vantagem competitiva no seu setor.

Na reunião com John, Nan explicou que a HomeHelp é uma empresa empreendedora que estimula suas equipes a tentar novos produtos e relações de canais. As poucas regras que a equipe deve obedecer são simples: (1) negociar apenas com fabricantes (nenhum representante independente é contatado) e (2) manter os custos baixos e o nível de serviço alto. A segunda regra realça a filosofia básica de negócio da HomeHelp. A empresa é uma cadeia de varejo de *design* e decoração que segue o formato do clube/depósito*. E, como tal, é dada prioridade à manutenção de custo de administração baixo para apoiar a estratégia de preço baixo todos os dias. O serviço também é prioridade, já que o foco da HomeHelp está sobre dois tipos de clientes: os consumidores "faça-você-mesmo", que necessitam ajuda especial no interior da loja; e os decoradores de interiores, que necessitam fazer seus pedidos rapidamente e entrega/retirada em horários convenientes.

Nan explicou que a equipe estava considerando a possibilidade de aplicar as estratégias logísticas baseadas no tempo no setor de móveis. Esses arranjos criam um potencial de melhora da disponibilidade dos produtos para os clientes nas lojas, ao mesmo tempo que reduzem o inventário total. O relacionamento estreito da HomeHelp com decoradores profissionais exige atenção contínua para aumentar a lucratividade e garantir crescimento a longo prazo. Os decoradores de interiores precisam de serviços convenientes e exatos, e a HomeHelp imagina que a lo-

---

[2] Este caso foi preparado para discussão em classe. Alguns fatos reais foram alterados para manter a confidencialidade e oferecer uma situação de negócio mais interessante.

* N. de T.: Em inglês, *warehouse club*, semelhante aos hipermercados somente para associados.

gística baseada no tempo aplicada ao setor de móveis poderia ser um passo importante para aumentar a lucratividade.

A principal preocupação da HomeHelp é que o setor de móveis como um todo parece estar seguindo outros setores em operações logísticas sofisticadas. Por exemplo, o setor de móveis tem investido pouco em tecnologia da informação e mantém níveis altos de inventário para todos os componentes de seu canal de distribuição, até mesmo no varejo. Os resultados obtidos por outras empresas com aplicações logísticas inovadoras transmitiram uma idéia à HomeHelp de como uma aliança com um fabricante de móveis poderia criar um sistema de distribuição com baixos custos e menor inventário.

Nan contou a John que sua empresa, a Woodmere, tinha potencial para conseguir um arranjo de distribuição exclusiva com a HomeHelp, se as duas empresas pudessem criar capacidade logística baseada no tempo. A Woodmere foi escolhida, já que recentemente a imprensa especializada tinha veiculado artigos sobre seu novo plano organizacional que focalizava os canais de distribuição e as estratégias logísticas de ponta. Além disso, a Woodmere estava começando a investir em tecnologia da informação. Nan percebeu que ambas as empresas poderiam ser capazes de reduzir os custos totais do canal e oferecer aos clientes uma disponibilidade de produtos superior. O seu pedido específico foi que John formulasse, em três semanas, uma proposta inicial para "malhar enquanto o ferro estava quente". Nan sabia que o momento e a oportunidade inesperada gerariam um grande desafio para a Woodmere, mas ela explicou que a HomeHelp se esforça para permanecer como empresa de ponta. E, ainda mais, a HomeHelp deseja aumentar seu crescimento anual para 20% e acredita que móveis oferecem as melhores oportunidades. Como tal, a atenção da alta administração está sobre esse arranjo potencial de negócios.

Enquanto John caminhava até o escritório do seu gerente regional de vendas, era difícil esconder seu entusiasmo. O potencial do acordo oferecido pela HomeHelp era enorme. No entanto, o esforço necessário para juntar todos os grupos dentro da Woodmere seria significativo. Como primeiro passo, a alta administração deveria ser convencida da singularidade dessa oportunidade, a fim de que uma equipe fosse formada para elaborar a proposta que a HomeHelp estava esperando.

Frank Harrison, chefe de John, estava ao telefone quando este entrou em sua sala. John planejou cuidadosamente suas palavras enquanto Frank terminava sua conversa. Quando Frank desligou o telefone, John disparou: "Temos possibilidade de um contrato exclusivo com a HomeHelp, mas eles querem um sistema de entregas diferenciado. A proposta precisa ser entregue em 3 semanas. Acho que a gente precisa do pessoal lá de cima nessa. Essa é grande."

A resposta de Frank foi típica. "Não é 1° de abril de novo, é, John? Qual o problema com o nosso sistema atual? Três semanas! Isso nunca vai acontecer." Depois que John explicou o encontro de negócios que tivera com Nan, Frank pegou o telefone para organizar uma reunião com a alta administração. Surpreendentemente, uma reunião de negócios estava programada para a sexta-feira seguinte. Frank e John conseguiram inserir na agenda da reunião o item novos negócios. Ótimo! Era quarta-feira e John começou a reorganizar sua programação para concentrar-se na reunião de sexta-feira.

O primeiro procedimento no qual John se concentrou foi pesquisar sobre a HomeHelp. Ele descobriu que essa empresa operava mais de 200 lojas em estilo de depósito em 18 estados, sendo que cada loja tinha uma média de mais de 9.000 metros quadrados de área, operando com mais de 25.000 produtos diferentes. A composição comum das vendas era: 50% de papel de parede e cortinas, 25% de acessórios, 20% de iluminação elétrica e 5% de móveis. O potencial de crescimento em móveis era claro. Os móveis incluíam estofados como sofás, namoradeiras e poltronas reclináveis, e também produtos em madeira, como mesas, cadeiras e criados-mudos. A HomeHelp era líder no ramo com 10% do mercado de decoração varejista de US$ 120 bilhões. Previsões indicavam que o mercado atingiria US$ 150 bilhões em 2006. Observadores do setor predizem que a HomeHelp está pronta para absorver até 20% desse mercado.

A HomeHelp é dedicada ao serviço. Aulas nas lojas abordam técnicas de *design*, reparos e procedimentos de instalação de papéis de parede, cortinas, peças elétricas e de iluminação. As aulas são ministradas pelos próprios funcionários da HomeHelp, dos quais a maioria é composta de empreiteiros ou decoradores profissionais aposentados ou que trabalham meio-período. Na maioria das suas lojas, a HomeHelp oferece serviço de instalação e serviços de decoração profissionais. Ambos prevêem o pagamento de taxas.

Praticamente 40% das vendas da HomeHelp envolvem decoradores profissionais. Os 60% restantes vêm de clientes "faça-você-mesmo". O segmento profissional é enorme, e a HomeHelp trabalha de forma estreita com esse grupo, para garantir o atendimento às exigências de serviço. Os profissionais afiliados, chamados *Propartners*, têm caixas exclusivos, um programa de crédito comercial e serviços de entrega. Atualmente, os clientes *Propartners* representam apenas 10% das vendas de móveis da HomeHelp. Nan Peterson acredita que esse nível baixo de vendas resulta de dois fatores. Primeiro, os serviços de entrega oferecidos pela HomeHelp são terceirizados a empresas de transporte locais, com os custos repassados aos clientes. A entrega de uma peça comum de mobiliário acresce em torno de 8% o preço do produto cobrado pela HomeHelp. Esse aumento faz com que o preço total da compra seja de $ 10 a $ 30 maior que o preço da concorrência, que oferece entrega gratuita. A pequena diferença no preço, acompanhada do efeito psicológico da entrega gratuita, faz com que vários clientes *Propartners* comprem mobiliário em outro lugar. Embora não seja uma grande preocupação, o uso das empresas de transporte às vezes provoca atrasos e, assim, as promessas de entrega nem sempre são cumpridas.

Segundo, o inventário de cada loja da HomeHelp é restrito aos itens de mostruário mais um estoque limitado dos produtos de maior movimentação. Geralmente, só 7% de todos os pedidos de clientes são atendidos pelo inventário da loja. Assim, se faltar à loja um item específico, um pedido será enviado ao armazém regional, onde o item é retirado do inventário e enviado à loja solicitante no dia seguinte. Os móveis estão disponíveis para pronta entrega, ou o cliente pode retirá-los 2 dias depois do pedido, nos casos em que o armazém regional tem os produtos em estoque. Se o armazém não tiver a peça em estoque, ela não ficará disponível para envio ou retirada em menos de 5 ou 7 dias, porque é necessária uma transferência entre lojas, ou o embarque a partir do fabricante.

Já que vários clientes *Propartners* estão trabalhando em projetos de reformas ou de redecoração, problemas inesperados e atrasos podem causar facilmente mudanças de programação. Com base no dia-a-dia, a hora exata da entrega de um móvel ou de uma instalação é difícil de ser fornecida com precisão. Os clientes *Propartners* gostariam de fazer seus pedidos no máximo 48 horas antes do atendimento do evento desejado, para reduzir custos de um novo agendamento. Trabalhar com tempos mais curtos melhoraria a eficiência e o fluxo de caixa, e é considerado pelos clientes *Propartners* o principal benefício. Atualmente, os clientes *Propartners* compram em maior quantidade de distribuidores independentes, os quais têm programas de entrega mais flexíveis.

A reunião daquela sexta-feira foi longa. Frank e John estavam programados para falar próximo ao final da reunião e esperavam que esta não excedesse o tempo previsto, forçando uma reprogramação. Finalmente, chegou a vez deles. Frank começou a apresentação e comentou quanto tempo e quanto esforço tinham sido dispendidos para desenvolver um relacionamento com a HomeHelp. A seguir, John falou a respeito dos benefícios dessa iniciativa. Ele se apoiou na necessidade de desenvolver novas relações de negócios porque a Woodmere integrava uma aliança com um varejista envolvido em problemas financeiros. Esse varejista, Happy Home & Living, historicamente era responsável por 25% das vendas da Woodmere, mas esse valor estava caindo drasticamente. As compras confusas da Happy Home & Living vinham causando subutilização das instalações de fabricação da Woodmere.

E, além disso, a HomeHelp mantinha relacionamento com decoradores, um grupo de clientes que a Woodmere vinha cortejando dentro do seu plano de reorganização. A imagem da Woodmere era a de líder de valor – móveis de boa qualidade a preços baixos. Atrair decoradores profissionais para seus produtos iria definitivamente realçar a imagem da empresa. Além disso, a Woodmere desejava ter contato direto com decoradores profissionais, para obter informação em primeira mão sobre as novas tendências da moda.

Por fim, um arranjo exclusivo com a HomeHelp seria crucial no futuro. A fabricação de móveis para o lar está concentrada em algumas poucas empresas de expressão, o que significa uma concorrência dura. Embora a atividade de decoração doméstica seja fragmentada, a HomeHelp é líder e parece estar posicionada para crescer mais que os concorrentes. Apesar de a HomeHelp possuir atualmente apenas 10% do mercado, seu potencial de crescimento é ilimitado e a empresa freqüentemente é denominada a *Wal*Mart* do setor de decoração residencial.

As reações da alta administração foram variadas. Apesar de alguns estarem entusiasmados com o potencial, eles também se mostravam cautelosos. O relacionamento de longo prazo com a Happy Home & Living, que havia prosperado por 50 anos, estava claramente se tornando um problema potencial para a Woodmere. Confiar na Happy Home & Living havia criado um falso sentimento de segurança, e quando a Happy Home & Living sofreu abalos financeiros durante a recessão da década de 80, o mesmo ocorreu com a Woodmere. Além disso, a reputação da Happy Home & Living como varejista de qualidade estava começando a declinar. De fato, estava passando a ter uma reputação de fornecedora de produtos de baixa qualidade e fora de moda. A alta administração estava com medo de lançar-se em outro relacionamento próximo, ligando o sucesso da Woodmere ao de outra empresa. Frank respondeu que a HomeHelp havia obtido crescimento de pelo menos 10% nos últimos 15 anos, mesmo em tempos de recessão. A razão principal para esse crescimento foi a estratégia de propaganda, que persuadia os clientes que não podiam comprar uma nova casa a pagar pela reforma ou por um novo projeto da sua casa atual.

Outra preocupação eram as mudanças nas operações tradicionais, as quais seriam necessárias para apoiar o sistema de entrega diferenciado. Enquanto não houvesse evidências concretas das exigências exatas de entrega personalizada aos clientes, ainda era aparente que o serviço sendo requisitado era único e não-tradicional, e que poderia exigir reestruturações e investimentos financeiros significativos. Além disso, alguns membros da diretoria questionaram como os clientes tradicionais, não interessados em logística baseada no tempo, iriam beneficiar-se disso. Sua preocupação específica era se o comprometimento com a HomeHelp aumentaria o custo total de fazer negócios com todos os clientes. Em suma, alguns clientes receberiam mais serviço do que o exigido, e seriam penalizados por custos. John concordou que eram preocupações sérias, mas lembrou o grupo dos benefícios potenciais que poderiam resultar de uma mudança bem-sucedida para a logística baseada no tempo. Não se mostraria importante apenas o contrato de exclusividade com a HomeHelp, mas esse "caso-teste" com um grande varejista poderia propiciar uma prática de ponta para a Woodmere, resultando em uma vantagem sobre a concorrência dificilmente reproduzível. Além disso, John estava convencido de que a HomeHelp mudaria para a logística baseada no tempo, com ou sem a Woodmere. Após uma longa discussão, o grupo decidiu criar uma força-tarefa, tendo John como líder, para determinar se um acordo com a HomeHelp seria do melhor interesse da Woodmere e, se isso se confirmasse, desenvolver a proposta pedida. A proposta necessitaria de aprovação antes de sua apresentação à HomeHelp. Uma reunião especial foi marcada para dali a 2 semanas.

Primeiro, John percebeu que a equipe teria que detalhar as operações atuais da Woodmere. Mais tarde, um sistema apropriado baseado no tempo seria definido e comparado com as operações atuais para isolar as mudanças necessárias com vistas a oferecer um excelente apoio aos serviços. Também seria necessário especificar um sistema modificado e seriam determinados seus custos e benefícios. O aspecto da coexistência entre as capacidades de resposta atuais e a da capacidade baseada no tempo também era uma preocupação.

Operações Atuais

Atualmente, a Woodmere possui duas fábricas e seis centros de distribuição regionais. Uma fábrica está localizada em Grand Rapids, a outra em Holland, ambas em Michigan. A instalação de Grand Rapids produz estofados, como sofás e poltronas reclináveis. A fábrica de Holland produz itens em madeira, como mesas e criados-mudos. Os seis centros de distribuição estão distribuídos pelos EUA, com um adjacente às fábricas. Os pedidos dos clientes são recebidos por meio eletrônico; os representantes de vendas fazem suas solicitações por telefone. Apenas 40% dos clientes da Woodmere estão conectados eletronicamente ao sistema de pedidos.

As fábricas da Woodmere elaboram previsões de vendas para programar a produção. As previsões são fechadas 6 semanas antes da montagem. Três dos centros de distribuição possuem as linhas completas de produtos e tentam manter uma quantidade mínima disponível de cada item. Quando o estoque atinge aquela quantidade mínima, um pedido de reabastecimento é enviado à fábrica apropriada. Os outros centros de distribuição mantêm apenas os itens de maior movimentação. Quando um pedido de cliente é recebido, ele é alocado ao centro de distribuição mais próximo ao cliente. Se o produto não está disponível, o pedido referente ao item é transferido para o centro de distribuição mais próximo, onde o produto esteja disponível. Se constarem vários itens em um mesmo pedido, este fica retido até que esteja completo para envio ao cliente. Nenhum envio é feito diretamente da fábrica para o cliente, todos são processados a partir de um centro de distribuição.

Os clientes da Woodmere são negociantes de varejo que mantêm seu próprio inventário dos produtos da Woodmere. Quando o inventário dos clientes está baixo, eles enviam pedidos de reabastecimento. Esses pedidos são transmitidos para o centro de distribuição designado pela Woodmere. Os centros de distribuição revisam seus pedidos toda as noites em um esforço para consolidar cargas completas de caminhões e programar rotas eficientes de entregas. Quando uma carga completa está disponível, os pedidos são montados e carregados para facilitar entregas seqüenciais. O ciclo normal dos pedidos é de 3 a 6 dias, quando o estoque está disponível no centro de distribuição designado. As transferências de inventário entre instalações adicionam 2 ou 3 dias ao ciclo do pedido. Quando o pedido de um item deve ser atendido pela fábrica, isso adiciona 8 a 12 dias ao ciclo do pedido. Quando ocorre a necessidade de atendimento de um item pela fábrica, um pedido parcial pode ser enviado ao cliente; entretanto, não existe uma política da empresa sobre quando reter ou quando embarcar pedidos parciais. Atualmente, a Woodmere utiliza uma transportadora nacional para suas entregas a clientes e suas movimentações entre os centros de distribuição. Essa transportadora já está trabalhando para clientes dos setores de alimentação e de vestuários que operam sistemas logísticos baseados no tempo.

A Logística Baseada no Tempo

John pensava ser importante que a equipe falasse com um representante de uma outra empresa sobre sua experiência com logística baseada no tempo. Então, entrou em contato com Phil Williams, um antigo colega de faculdade, funcionário da fabricante de roupas JeanJean, para ver se ele poderia ajudar. O ex-colega, assim, recebeu a equipe de John para uma visita à JeanJean, onde apresentou o sistema próprio da empresa baseado no tempo, chamado *QuickJeans*.

No sistema da JeanJean, os varejistas desempenham o papel principal. Quando um produto é vendido em uma loja do varejo, o código de barras do produto é lido eletronicamente e a informação POS (*point of sales*) é transmitida para a empresa. A informação POS discrimina o tamanho, a cor e o estilo do produto vendido, e é transmitida diretamente para as fábricas da JeanJean, onde é utilizada para adequar as programações de produção em resposta às vendas aos clientes. O movimento rápido da informação substituía a necessidade de previsões. Para a equipe da Woodmere, era como se a informação fosse trocada por inventário. O reabastecimento com produtos era exato e realizado poucos dias após a venda, dependendo do volume de cada loja. Por exemplo, lojas com alto volume de vendas recebiam cargas diárias de reabastecimento; outras lojas, com menor volume, eram reabastecidas com menor freqüência. O sistema baseado no tempo era flexível e capaz de acomodar uma variedade de diferentes estilos de reabastecimento, baseados nas necessidades individuais dos clientes varejistas.

Esse tipo de sistema reduz o tempo do ciclo de resposta dos pedidos e o inventário. Já que a entrega está vinculada às vendas reais, as tendências dos clientes são atendidas rapidamente, eliminando a obsolescência. Além disso, ciclos diários ou semanais de reabastecimento permitem que os varejistas mantenham menor inventário, ao mesmo tempo que melhoram o desempenho em relação à falta de estoque. A JeanJean também foi capaz de reduzir o inventário em 20%, sincronizando a produção com as informações dos POS. Essa redução impressionou ainda mais quando a JeanJean declarou que suas vendas aumentaram em 25%. Apesar de os custos de transporte dobrarem, isso foi plenamente justificado pelas economias em inventário e pelos benefícios de saber-se com certeza qual produto era necessário para atender aos clientes.

A solução *QuickJeans* foi direcionada pela tecnologia. O EDI usado para transmitir as informações dos POS e os códigos de barras foram essenciais para o funcionamento do sistema. O EDI também é utilizado para faturamento e pagamentos, notificação antecipada de embarques e verificação das entregas. Essa redução da papelada e das tarefas burocráticas geraram benefícios tanto para a JeanJean como para seus clientes.

Para implementar o *QuickJeans*, a JeanJean teve que alterar seus processos fundamentais de negócios, não só junto aos clientes mas também no interior de suas fábricas. A produção flexível exigia mudanças rápidas de produtos nas linhas de montagem, de modo a responder totalmente aos dados dos POS. Além disso, uma das principais exigências foi a habilidade de fabricar os produtos necessários em pequenos lotes.

A administração na JeanJean indicou que uma das etapas mais difíceis da implementação da logística baseada no tempo foi o declínio das vendas provocado pela "descarga no canal". Essa "queda" foi criada pela falsa noção resultante de previsões de vendas e o conseqüente estoque antecipado pela produção de acordo com as previsões, e não com a necessidade real. A JeanJean teve que esperar até que o inventário nas lojas e nos armazéns do varejo, nos armazéns da JeanJean e nas instalações de produção se movesse ao longo do sistema do canal antes que o *QuickJeans* começasse a funcionar e a mostrar os benefícios esperados. Isso criou alguma tensão na alta administração da JeanJean, porque representou um custo não previsto quando da aprovação do programa *QuickJeans*.

O custo principal para implementar o *QuickJeans* foi o investimento em tecnologia. Por exemplo, a JeanJean investiu mais de $ 1 milhão em leitores ópticos, *lasers* necessários para tornar as operações de distribuição mais rápidas e eficientes, e impressoras de etiquetas para rotular os produtos com códigos de barras exclusivos dos clientes. Os varejistas mais importantes gastaram basicamente a mesma quantia para comprar novos equipamentos para ler os códigos de barras. E isso não foi um dispêndio realizado uma única vez. A necessidade de reinvestir para aprimorar a tecnologia tem se mantido constante desde o início. Alguns varejistas, especialmente lojas que não fazem parte de cadeias, não desejavam participar do *QuickJeans*, justamente por causa desse investimento inicial. No entanto, os varejistas que participaram ficaram tão satisfeitos que colocaram a JeanJean na sua lista de fornecedores preferenciais.

A JeanJean forneceu à equipe de John um diagrama das operações do programa *QuickJeans*, como ilustra a Figura 1. O gráfico mostra que a transmissão diária de dados dos POS, assim como de promoções especiais, é realizada pelos varejistas. Essa informação é usada para calcular a programação inicial da produção. O inventário já à disposição na JeanJean, e também disponível nos armazéns dos clientes, é subtraído da programação, gerando as necessidades de produção para todos os produtos da JeanJean. Essas necessidades são revisadas por um especialista em pedidos, que cria a programação final de produção, a qual é transmitida à fábrica apropriada. Esse especialista em pedidos também geren-

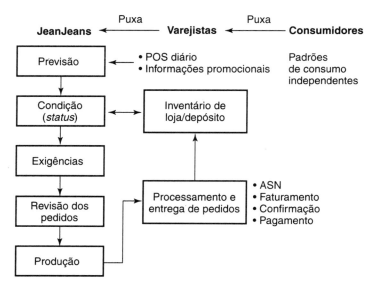

Figura 1 QuickJeans: um sistema logístico baseado no tempo.

cia os pedidos de clientes que não estão envolvidos no *QuickJeans*. Após a produção, todos os produtos recebem o código de barras estipulado. A entrega é iniciada por meio de um sistema eletrônico de Notificação Antecipada de Expedição (*ASN – Advanced Shipping Notification*), que leva ao conhecimento do varejista quais os produtos que estão a caminho. A entrega é feita diretamente ao lojista, a menos que seja especificado um local alternativo. Quando o pedido é recebido no local designado, o código de barras é lido e confrontado com a ASN e com a fatura. Estando a informação correta, o varejista paga a fatura eletronicamente.

A Proposta

A equipe de John estava finalmente pronta para apresentar à alta administração sua proposta de sistema de entregas baseado no tempo, e o grupo esperava que a proposta fosse aceita. A apresentação na HomeHelp estava marcada para dali a 3 dias. A força-tarefa da Woodmere havia trabalhado duro e estava confiante de que a proposta tinha pontos fortes a serem "vendidos" tanto para a Woodmere como para a HomeHelp. A reunião especial com a alta administração foi colocada como questão de ordem.

A equipe denominou o projeto "Distribuição Personalizada: Gerando Respostas aos Clientes Baseadas no Tempo" e começou a explicar como a proposta havia sido desenvolvida, mencionando a reunião na JeanJean. A equipe acreditava que a Woodmere podia beneficiar-se muito ao aceitar o desafio da HomeHelp.

Cada loja da HomeHelp transmitirá dados POS sobre vendas de móveis ao final de cada dia. A HomeHelp não terá nenhum inventário da Woodmere em seus armazéns regionais, apenas uma quantidade limitada de móveis e unidades para exibição em suas lojas. A transmissão POS incluirá os itens de mobiliário realmente vendidos a partir do estoque de cada loja e os móveis pedidos, mas não em estoque. A transmissão POS será enviada a uma central de serviços de informações. Essa central irá separar os dados POS e confrontá-los com o estoque disponível em cada centro de distribuição da Woodmere. Os móveis em estoque serão consolidados; os que não estiverem disponíveis serão incluídos na programação de produção e fabricados no dia seguinte.

Após a fabricação, os produtos serão entregues ao centro de distribuição onde ocorreu a consolidação dos itens em estoque e o pedido completo será expedido para os clientes. Após a expedição, as quantidades disponíveis nos centros de distribuição serão revistas, para verificação se o reabastecimento será ou não necessário. Se a quantidade disponível for muito baixa, um pedido de reabastecimento será enviado à fábrica apropriada.

Questões

1. Quais são as principais possibilidades de negócio a serem consideradas pela Woodmere e pela HomeHelp ao avaliar a proposta? A logística baseada no tempo é a estratégia correta para essas empresas?

2. Quais são os benefícios e as barreiras (a curto e a longo prazo) dessa proposta, tanto para a Woodmere como para a HomeHelp? Quais são os outros fatores que devem ser levados em conta?

3. Se você fizesse parte da alta administração da Woodmere, quais as sugestões que daria para melhorar a proposta atual, com vistas a sua viabilidade a longo prazo?

4. Se você fizesse parte da HomeHelp, aceitaria ou rejeitaria a proposta? Por quê?

Caso 3: Zwick Electrical[3]

Steve Clinton

"Os consultores sugeriram alguma coisa?", perguntou Wilton Zwick.

Seu irmão, Carlton, balançou a cabeça afirmativamente. "Existem várias alternativas possíveis. Em termos de alianças,

---

[3] Este caso foi preparado para discussão em classe. Alguns fatos reais foram alterados para manter a confidencialidade e oferecer uma situação de negócio mais interessante.

parece que eles identificaram dois parceiros potenciais. Dê uma olhada você mesmo."

Wilton passou os olhos pela capa do relatório. "Humm, a Asea Brown Boveri e a Siemens?"

Carlton e Wilton Zwick são, respectivamente, presidente e vice-presidente da Zwick Electrical Incorporated (ZEI), uma empresa de capital fechado. Carlton entrou na ZEI em 1983 após graduar-se em Marketing. Após haver concluído o curso de Engenharia, em 1975, Wilton passou 4 anos em uma divisão de produtos elétricos de uma grande empresa em Pittsburgh. Entrou para a ZEI em 1989.

A ZEI começou suas operações em 1952, quando Gunther Zwick, pai de Carlton e Wilton, abriu a empresa em Cleveland, Ohio. Nos anos iniciais, a linha de produtos da ZEI restringia-se a motores elétricos e peças. A empresa gradualmente expandiu sua linha, incluindo transformadores de força, interruptores de alta voltagem e dispositivos de medição. Em meados da década de 60, a ZEI já tinha adicionado instalações de produção nas cidades de Cincinnati, em Ohio, e Louisville, em Kentucky.

Em 1978, lacunas nas linha de produtos da ZEI levaram Gunther Zwick, o pai, a comprar a EL Transmission and Power (ELTP), uma empresa de equipamentos de transmissão de energia localizada em Memphis. Embora tivesse fechado o prédio administrativo, a ZEI manteve o centro de distribuição e o departamento de engenharia. As fábricas da ELTP de Chattanooga (Tennessee), Springfield (Missouri) e Shreveport (Louisiana) continuaram suas operações sob o controle da ZEI.

Durante os anos 80, nenhuma aquisição foi feita. As fábricas de Cincinnati e Chattanooga foram expandidas de maneira significativa para acomodar os negócios crescentes da ZEI. Pequenas reformas foram executadas nas instalações de Cleveland e Springfield.

Apesar de os negócios terem declinado drasticamente no início dos anos 90, a gestão da ZEI permaneceu otimista acerca do futuro. Graças aos pedidos de Wilton, o número das equipes de engenharia foi aumentado e foram traçados planos para a construção de uma instalação moderna no Sudeste. Em 1994, a ZEI abriu uma nova fábrica e centro de distribuição em Greenville, na Carolina do Sul, uma unidade especializada em transformadores de energia e interruptores de alta voltagem.

Em 1998, Gunther Zwick aposentou-se, deixando a ZEI. Ele recomendou Carlton para presidente e Wilton para vice-presidente executivo da empresa. Na realidade, Carlton está encarregado de tudo, menos dos projetos de produtos. Wilton supervisiona o desenvolvimento de produtos e, conseqüentemente, trabalha próximo aos departamentos de engenharia e de produção.

Acompanhando o declínio do início dos anos 90, a ZEI cresceu modestamente até 1999. O mercado norte-americano de energia, vitimado pela capacidade excessiva, havia estagnado. Ficou óbvio que as fábricas de Cleveland, Louisville e Shreveport estavam completamente obsoletas. Em 2000, a administração decidiu renovar a fábrica de Shreveport e fechar as portas das instalações de Cleveland e de Louisville.

Foi uma decisão particularmente difícil para Carlton aceitar. Ele acreditava que a ZEI não poderia esperar lealdade de seus empregados a não ser que demonstrasse preocupação com seu bem-estar em tempos difíceis. Wilton, também simpático à questão dos trabalhadores, já vinha observando empresas européias e japonesas reduzirem a participação norte-americana no mercado de energia. Ele acreditava que a ZEI deveria continuar competitiva. Se isso significava fechar fábricas não-competitivas, que assim fosse.

Nesse mesmo momento, os irmãos Zwick também decidiram que a ZEI deveria investir agressivamente em mercados internacionais. A empresa havia exportado esporadicamente no passado – mas somente quando um cliente internacional tomava a iniciativa do contato. Partindo para uma atitude mais proativa, a ZEI fechou acordo com uma empresa de gerenciamento de exportação, a Overseas Venture Management (OVM).

A OVM age principalmente como uma representante da ZEI na Europa Ocidental. Ela recebe uma comissão para cada venda de produtos da ZEI, mais uma taxa fixa para representar esta empresa em feiras comerciais européias. Em 1998, no primeiro ano do acordo, as vendas da OVM representaram menos de 0,5% das vendas totais da ZEI. Esse número cresceu para pouco mais de 1% em 1999.

Os irmãos Zwick estavam, de uma maneira geral, satisfeitos com o desempenho da OVM. Apesar de as vendas da sua contratada representarem menos de 3% do total em 2000 e 2001, as aparições em feiras haviam gerado interesse considerável na linha de semicondutores de energia da ZEI (dispositivos de interrupção eletrônicos para alta voltagem). De fato, semicondutores de energia representavam 70% das vendas na Europa em 2000 e 2001. Em particular, a reconstrução do Leste Europeu oferecia um mercado para semicondutores potencialmente lucrativo. Esperava-se que as vendas da OVM aumentassem modestamente em 2002.

O crescimento futuro na Europa estava ameaçado, no entanto, pela estagnação da economia e pelo medo da "Fortaleza Européia". Em 1987, os líderes europeus concordaram, através do Ato Europeu Único, em criar um mercado integrado. Essa Europa sem fronteiras abria mercados até então protegidos, criando um grande bloco de negócios regional. Alguns analistas de negócios previam que esse bloco ergueria barreiras de comércio projetadas para proteger as empresas domiciliadas na Europa, levando à mentalidade de "fortificação".

Abalados por essas previsões estrangeiras e pela erosão de sua fatia de mercado em sua terra natal, a ZEI buscou o aconselhamento de uma empresa de consultoria internacional. Nas discussões iniciais com os consultores, os irmãos Zwick levantaram 3 objetivos principais:

1. *Manter o acesso da ZEI aos mercados internacionais, mesmo com o desenvolvimento de blocos comerciais regionais.* Os irmãos Zwick entendiam que vários de seus produtos poderiam obter sucesso fora do país.

2. *Aumentar as vendas internacionais dos produtos da ZEI em um ritmo mais rápido do que o alcançado pela OVM.* A ZEI gostaria que, em 2006, as vendas internacionais representassem de 15 a 20% do total. Carlton e Wilton Zwick têm dúvidas quanto a um representante de fabricante ser capaz de obter tais resultados.

3. *Encontrar linhas de produtos complementares de fornecedores estrangeiros para adicionar à linha norte-americana de produtos da ZEI.* O custo do desenvolvimento diminuem os esforços da ZEI de criar linhas completas de produtos. Evidências indicam que a ZEI está perdendo mercado para concorrentes nacionais e internacionais, os quais oferecem linhas de produto mais completas. Muitos

desses concorrentes desfrutam custos de desenvolvimento e de produção substancialmente mais baixos, por desenvolverem e comprarem produtos provenientes de países que oferecem menor custo.

À medida que prosseguia o diálogo com a ZEI, os consultores identificaram muitas áreas críticas. Primeiro, apesar da relação de quase 5 anos da ZEI com a OVM, o nível de relação comercial internacional com a ZEI era bastante baixo. Segundo, nenhum dos irmãos Zwick mostrou interesse em transferir-se para fora dos Estados Unidos. Terceiro, Carlton e Wilton estavam tão acostumados a tomar suas próprias decisões que os consultores pensaram em quão efetivamente eles trabalhariam com organização externa. É claro que os consultores perceberam também que a competição externa e os lucros flutuantes tinham convencido muitas empresas norte-americanas a reexaminar o modo como desenvolviam seus negócios.

Com isso em mente, a empresa de consultoria sugeriu que a ZEI considerasse como alternativa a participação em uma relação comercial com a Asea Brown Boveri (ABB) ou com a Siemens AG.

ABB

"Eu preferiria ser mais ou menos correto e rápido do que supercorreto e lento. O custo do atraso é maior do que o custo de um erro ocasional."
— Percy Barnevik, presidente e chefe executivo da ABB

Guiado por esse tipo de pensamento, Percy Barnevik, em 1922, imaginou uma fusão entre duas empresas proeminentes: a Asea AB (Suécia) e a BBC Brown Boveri Ltd. (Suíça). Seguindo o estilo mais comum de Barnevik, a fusão foi iniciada e concluída silenciosamente, evitando possíveis atrasos em função dos governos, dos sindicatos e da oposição dos acionistas. O resultado dessa fusão entre Suíça e Suécia, a ABB, resultou em 180.000 funcionários e vendas anuais de aproximadamente $ 18 bilhões.

Atuante a partir de 1° de outubro de 1993, a ABB reorganizou-se em quatro segmentos de negócio (usinas de geração de energia, transmissões e distribuição de energia, sistemas industriais e sistemas de construção e transporte) e em três regiões econômicas (Europa, as Américas e a Ásia do Pacífico). Cada segmento de negócio é composto de diferentes áreas de negócio (*BAs – Business Areas*). Nesse novo alinhamento, a ABB possui 50 BAs. O grosso de sua receita é ainda gerado pelos segmentos de negócio relativos a energia. Grandes concorrentes – GE (EUA), Siemens (Alemanha), Hitachi e Mitsubishi (Japão) – diversificaram-se para além do setor de energia.

História. Antes da fusão, a Asea AB e a BBC Brown Boveri Ltd. eram comumente consideradas tesouros industriais nacionais em seus respectivos países. Ambas conquistaram respeito pelo desenvolvimento e fornecimento de produtos por quase um século.

A Brown Boveri, inicialmente uma fabricante de transformadores e geradores de alta capacidade, possuía grandes bases de clientes na Alemanha e nos Estados Unidos. Mas a empresa, administrada pela ótica da engenharia, estava experimentando quedas na lucratividade desde o final da década de 70. O relatório de um analista identificou subsidiárias "construindo impérios" como o maior problema. Com falta de uma estratégia corporativa clara, muitas subsidiárias da Brown Boveri engajaram-se independentemente em pesquisa e desenvolvimento, *marketing* e produção. Esses custos duplicados contribuíram para períodos sem dividendos em 1986 e 1987.

No final dos anos 70, a Asea AB estava crescendo lentamente, uma força dominante na engenharia eletrônica sueca e no mercado de usinas elétricas. Isso mudou em 1980, quando Barnevick assumiu a empresa e começou a se comportar de um modo nada sueco. Sua primeira orientação para os negócios? Cortar os custos de diretoria nos escritórios centrais da Asea. Nos primeiros 100 dias, Barnevick reduziu o quadro funcional do escritório central da Asea de 1.700 para 200 pessoas. (Isso se tornou a marca registrada de Barnevick. Em aquisições subseqüentes, a primeira ordem foi sempre uma redução severa de pessoal nos escritórios centrais.) A responsabilidade era passada para baixo à medida que numerosos centros de lucro eram estabelecidos, com objetivos específicos. Nos anos 80, outras empresas escandinavas foram adquiridas (Stronberg, da Finlândia; Flotech, da Dinamarca; e Elektrisk Bureau, da Noruega), num esforço para ampliar a linha de produção eletromecânica da Asea, bem como seus canais de distribuição. Expansões adicionais levaram a Asea para além da Europa, chegando à Ásia e à América do Norte. Em oito anos, Barnevik triplicou as vendas da Asea e aumentou cinco vezes os ganhos.

Nesse ambiente de aquisição/crescimento, Barnevik estava contemplando o horizonte europeu futuro. Uma Europa sem fronteiras abriria mercados protegidos. Para a Asea, isso significava uma oportunidade de ganhar participação no mercado de usinas elétricas das empresas locais. Essa percepção eventualmente levou Barnevik a abordar a Brown Boveri. A fusão Asea/Brown Boveri, com sede em Zurich, na Suíça, tornou-se oficial em 5 de janeiro de 1993.

Após a fusão, Barnevik racionalizou – ou enxugou – a força de trabalho da ABB e depois se lançou em uma série de aquisições. Em 1994, a ABB formou uma *joint venture* com a empresa estatal italiana Finmeccanica e completou a compra total da transmissão de energia e negócios de distribuição da Westinghouse Electric Corporation dos EUA. O ano seguinte viu a ABB: (1) assumir o controle da Combustion Engineering, uma construtora norte-americana de aquecedores de acumulação e de usinas nucleares; (2) movimentar-se em direção à Europa Oriental, com uma posição majoritária na Zamech, uma fabricante polonesa de turbinas e (3) criar elos com uma fornecedora de equipamentos eletrônicos, a Bergman-Bosig. Em 1993, a ABB adquiriu a Bergman-Borsig e continuou seu investimento agressivo na Europa Central e Oriental, formando aproximadamente 30 *joint ventures*. No ano 2000, a ABB já possuía aproximadamente 1.300 subsidiárias distribuídas pela Europa, Ásia, América do Norte, América Latina, África, Austrália e Nova Zelândia. Em 2001, as notícias eram de que a ABB iria se expandir ainda mais na Ásia e na Europa Oriental.

ABB: Organização. Para controlar essa ampla rede, a ABB empregou uma organização matricial, dividida por produtos e áreas geográficas. As quatro linhas de produtos mais importantes são subdivididas em BAs. O gerente de cada BA é responsável por estabelecer uma estratégia global para aquela linha de produto. A responsabilidade inclui a formulação e o acompanhamento dos custos de fabricação e dos padrões de qualidade, alocando mercados de exportação para as fábricas da BA, e a gestão e desenvolvimento de pessoal.

Dentro de cada uma das três áreas geográficas principais, a ABB está dividida por país. Os gerentes de cada país lidam com os governos locais e nacionais, sindicatos, leis e regulamentações. Eles operam empresas públicas e tradicionais. Mas os gerentes nesses países também trabalham ao longo das BAs, coordenando todas as operações dentro de seus territórios. É este último papel que relaciona os segmentos de negócio e as tentativas de criar uma rede de distribuição e de serviços eficiente, ao longo de todas as linhas de produtos.

Em um nível abaixo está o gerente da empresa. Esse profissional é responsável por uma única instalação e seus produtos. O gerente da empresa reporta-se a dois superiores: o gerente da BA e o gerente naquele país.

Essa organização matricial cria o que Barnevik prefere chamar de "multidoméstica", em vez de empresa multinacional. É, na opinião dele, a empresa multidoméstica que na realidade pode "pensar globalmente e agir localmente". Os gerentes da empresa são em geral nativos do país em que são empregados. Naturalmente, eles estão familiarizados com os costumes e com o mercado locais, mas são também forçados a pensar globalmente em razão da estratégia global do gerente da BA (por exemplo, mercados de exportação) para as mercadorias produzidas localmente. Como conseqüência, as fábricas da ABB comumente produzem uma variedade de produtos para o mercado local e uma linha mais restrita para exportação. Essa linha mais restrita reflete a especialidade particular ou o produto essencial da fábrica. Barnevik sabe que essa estratégia força a fábrica a ser flexível, a fim de atender às necessidades locais específicas, ao mesmo tempo em que produz mercadorias internacionalmente competitivas para exportação.

Para o sistema matricial funcionar, Barnevik busca "a superinformação". Informações são continuamente disseminadas em reuniões de corpo presente entre os membros do comitê executivo e as áreas de negócio, o país e os gerentes das empresas. Mas é o Abacus, sistema de informações gerenciais da ABB, que liga a altamente descentralizada empresa. O Abacus oferece um relatório centralizado das 1.300 subsidiárias e dos mais de 5.000 centros de lucro da ABB.

Além das medidas tradicionais de desempenho financeiro, Barnevik revê resultados agregados e desagregados por segmento de negócio, país e empresas. É a partir dessas últimas informações que ele examina tendências e detecta problemas. Com pouco alarde, a situação é discutida com o respectivo pessoal da ABB. Um curso de ação é rapidamente planejado e implementado.

Siemens AG

A Siemens, uma empresa alemã, possui 15 segmentos de negócios: geração de energia elétrica, transmissão e distribuição de energia elétrica, sistemas industriais e de construção, condução e produtos padrão, automação, sistemas de comunicação privados, redes públicas de comunicação, eletrônica de defesa, sistemas automotivos, semicondutores, engenharia médica, componentes passivos e tubos de elétrons, sistemas de transporte, sistemas de áudio e vídeo e componentes eletromecânicos. Além disso, uma fusão ocorrida em 1993 com a Nixdorf resultou na formação da Siemens Nixdorf Informationssysteme AG (SNI). A SNI, a segunda maior empresa de computadores da Europa, onde a IBM lidera, é uma entidade legal independente.

História. Em 1847, Werner Siemens e J. G. Halske formaram a Siemens e Halske (S&H) para fabricar e instalar sistemas telegráficos. A empresa foi bem-sucedida e, em apenas 10 anos, já construía um amplo sistema de telégrafos na Rússia, bem como desenvolvia com êxito o primeiro cabo telegráfico marítimo.

Estimulada por essas conquistas, a S&H diversificou seus produtos. Ao final do século XIX, a S&H atuava nas áreas de telefonia, energia elétrica, válvulas de raio X e equipamentos geradores de energia.

O crescimento prosseguiu nos primeiros anos do século XX até o romper da Primeira Guerra Mundial. Com a demanda civil em queda, a S&H buscou contratos militares. Durante a guerra, a empresa supriu o exército alemão com equipamentos de comunicação, explosivos, componentes de rifles e motores de aviões. A derrota alemã gerou perdas para a S&H. Seus ativos na Inglaterra e na Rússia foram confiscados pelos respectivos governos. Apesar desses prejuízos, a S&H continuou suas operações, concentrando-se na fabricação de eletrônicos. Em 1923, a empresa começou a produzir receptores de rádios. Pouco tempo depois, ela se voltou mais uma vez a mercados internacionais, estabelecendo uma subsidiária eletrônica no Japão; simultaneamente, desenvolvia projetos hidráulicos na Irlanda e na União Soviética.

A guerra mais uma vez interrompeu os negócios da S&H. Durante a Segunda Guerra Mundial, a maior parte de sua capacidade de produção concentrou-se em atender à demanda militar. As aptidões em eletrônica da empresa foram utilizadas no desenvolvimento de um sistema de piloto automático para aviões e para o foguete alemão V-2. Como conseqüência, as fábricas da S&H eram freqüentemente alvos dos bombardeios das forças aliadas. Depois que o exército soviético assumiu o controle sobre Berlim, em 1945, os escritórios centrais da S&H foram destruídos.

Com o fim da Segunda Guerra, a S&H realocou seu escritório central em Munique. No início dos anos 50, a empresa estava novamente produzindo uma variedade de produtos eletrônicos de consumo para os mercados ferroviário, da saúde, da telefonia e dos equipamentos geradores de energia elétrica. A S&H estabeleceu uma subsidiária americana em 1954. Ao final dos anos 50, a empresa já havia se expandido para os setores de processamento de dados e de energia nuclear.

Em 1966, a S&H passou por uma reorganização significativa. Todas as subsidiárias passaram ao controle direto da empresa-mãe. Em contrapartida, esta reincorporou-se e surgiu com um novo nome: Siemens AG.

Nos anos 70, a Siemens tinha mais uma vez se tornado um respeitável competidor internacional na fabricação de eletrônicos. A empresa superou a Westinghouse, tornando-se a segunda fabricante de eletrônicos no mundo. Isso colocou a Siemens diante da General Electric, a número um, em muitos mercados dos anos 70 até os anos 90.

Apesar de uma série de aquisições e fusões nos anos 80, a Siemens se mantém uma organização centrada na Europa. Os números de 1999 mostraram que 75% das suas vendas ocorrem no continente europeu, com 46% desse total somente na Alemanha.

A Organização da Siemens. De 1847 até 1981 um membro da família Siemens controlou as operações cotidianas da Siemens. Isso mudou, com a aposentadoria de Peter Von Siemens em 1981. Desde então, a empresa tem sido administrada por diretores que não carregam o sobrenome Siemens.

A estrutura corporativa da Siemens baseia-se em um conceito de responsabilidade descentralizada. Essa filosofia é apoiada por uma hierarquia achatada, dotada de atalhos para as tomadas de decisões. Os gestores acreditam que uma organização descentralizada garante uma resposta máxima ao mercado no ambiente competitivo dos dias de hoje.

A estrutura corporativa caracteriza-se por três divisões principais: grupos, unidades regionais e divisões corporativas e serviços centralizados. Os grupos abrangem os 15 segmentos de negócio anteriormente mencionados, além de muitas entidades de negócio legalmente independentes (por exemplo, a SNI). Comandado por um presidente do grupo, o qual possui responsabilidade no mundo todo por suas atividades de negócio, cada grupo deve atuar como um negócio isolado, assemelhando-se a uma empresa independente.

O papel das unidades regionais é implementar os objetivos de negócios de seu grupo. A unidade regional precisa estimular ao máximo a responsabilidade empreendedora local e, ao mesmo tempo, garantir que as unidades locais entendam a estratégia global de cada grupo. Na maioria dos casos, a unidade regional lida diretamente com as subsidiárias locais.

A utilização das divisões corporativas e dos serviços centralizados visa a separar as funções de pessoal das unidades de serviço. Cinco departamentos principais compõem as divisões corporativas: finanças, pesquisa e desenvolvimento (P&D), recursos humanos, produção e logística e planejamento e desenvolvimento. Esses departamentos fornecem as diretrizes gerais e apresentam funções de coordenação em suas áreas particulares. As funções de coordenação apóiam os negócios de cada grupo, ao mesmo tempo que resguardam os objetivos estratégicos globais da Siemens.

Ao encerrar a leitura do relatório elaborado pelo consultor, Wilton Swick recostou-se em sua cadeira e ponderou sobre o futuro da ZEI. Ele percebeu que as decisões da ZEI deveriam, em grande escala, determinar o futuro da empresa. Um passo em falso nessa conjuntura poderia ser desastroso. Uma decisão correta, no entanto, poderia lançar uma nova era de crescimento e prosperidade para a empresa.

Questões

1. Em que estágio estão as operações globais da ZEI, da ABB e da Siemens? Justifique sua resposta.
2. Além da simples perspectiva de vendas, por que a ZEI deveria considerar uma atividade internacional mais significativa?
3. A partir da perspectiva da ZEI, quais as vantagens e desvantagens que a ABB e a Siemens podem oferecer?
4. Alianças com a ABB e com a Siemens representam apenas uma das alternativas contidas no relatório dos consultores. Que outras alternativas o relatório pode conter?
5. Que curso de ações você crê que a ZEI deveria adotar? Por quê?

Caso 4: Alternativa de Distribuição na SSI[4]

Judith M. Schmitz

A Sugar Sweets, Inc. (SSI) estava avaliando maneiras de aumentar sua cobertura de mercado e o volume de vendas de seus doces e lanches. Historicamente, a maior parte dos produtos da SSI foi vendida aos consumidores por várias lojas de conveniência e de produtos de mercearia. As máquinas de distribuição automática e vendas institucionais, tais como em aeroportos, representam os consumidores remanescentes em segmentos de mercado. Os ambientes de venda para doces e lanches estavam se tornando cada vez mais competitivos e os canais tradicionais de distribuição começaram a ficar distorcidos, especialmente no comércio em mercearias e lojas de conveniência.

As lojas de produtos de mercearia e de conveniência eram tradicionalmente atendidas por distribuidores conhecidos como "atacadistas" de doces e tabaco. Esses distribuidores compravam os produtos da SSI em grandes quantidades e depois os vendiam a lojas de varejo para a venda aos consumidores finais. O número de atacadistas de doces e tabaco diminuiu, o que estava distorcendo os canais tradicionais de distribuição. Dois fatores estavam causando essa distorção. Primeiro, os setores atacadistas e o de distribuição em geral estavam passando por uma consolidação, ao mesmo tempo em que os grandes distribuidores continuavam a crescer e a se tornar mais lucrativos, à medida que os menores e os menos lucrativos eram adquiridos ou fechavam suas portas. Segundo, a popularidade dos clubes de lojas de atacadistas ameaçavam os atacadistas de doces e tabaco. As pequenas mercearias ou lojas de conveniências podiam comprar nesses clubes grande quantidade dos produtos que precisavam pelo mesmo preço ou até por um valor menor do que aquele que os distribuidores ofereciam. Além disso, os clubes de atacadistas ofereciam a experiência de se comprar tudo em um único lugar, onde as lojas de mantimentos podiam adquirir uma variedade de produtos maior do que os produtos vendidos pelos distribuidores de doces e tabaco. Por exemplo, uma loja de clube podia oferecer uma variedade menor dos produtos mais populares do SSI, assim como os produtos da concorrência, ao passo que um distribuidor individual tinha que trabalhar exclusivamente com produtos da SSI. Embora a SSI encorajasse as lojas de mantimentos e de conveniência a vender seus produtos, independentemente de essas lojas comprarem de distribuidores ou de clubes, existia uma preocupação sobre como esses produtos eram oferecidos. Os distribuidores ofereciam benefícios significativos, considerando-se que eles detinham uma linha mais ampla de produtos SSI do que a maioria das lojas de clubes. Da mesma forma, alguns atacadistas de doces e tabaco visitam seus consumidores de varejo regularmente, para certificarem-se de que as lojas mantinham um estoque de grandes variedades de produtos dentro da validade. Nesse sentido, os atacadistas de doces e tabaco ofereciam um serviço de *marketing* para a SSI que não é disponibilizado pelas lojas de clube.

Como tal, a SSI começou a procurar um sistema de canal alternativo que pudesse não só aumentar sua cobertura de mercado à luz do novo ambiente competitivo, mas também oferecer um importante serviço de *marketing* para assegurar uma grande variedade de produtos sempre novos disponíveis aos consumidores. Para alcançar esse objetivo, a SSI questionou a confiabilidade de seus tradicionais canais de mercado, bem como as lojas comuns (*outlets*), nas quais seus produtos eram vendidos. Andy Joslin, o vice-presidente de logística integrada teve uma idéia. Ele começou a focalizar as novas lojas de

---

[4] Este caso foi preparado para discussão em classe. Alguns fatos reais foram alterados para manter a confidencialidade e oferecer uma situação de negócio mais interessante.

venda direta*, onde os produtos da SSI poderiam ser vendidos, e como essas vendas poderiam ser geridas de forma única com novo arranjo de canal. Ficou determinado que a entrega direta de produtos SSI poderia ser realizada por meio de um processamento de pedidos por *telemarketing* e entregas de pequenos volumes. A idéia era que qualquer loja de venda direta que tivesse espaço suficiente de balcão e uma grande movimentação de clientes tinha chances de vender por impulso itens de lanche rápido, como os produtos da SSI. Entre as lojas de venda direta potenciais, que normalmente não contavam com itens de lanche rápido, estavam as lavanderias a seco, os barbeiros e cabeleireiros, as lojas de ferragens e alguns tipos de bares. Esse conceito está resumido na Tabela 1.

O plano alternativo de distribuição oferece vários benefícios. Primeiro, trata-se de um conceito único de vendas, uma vez que ele oferece aos varejistas uma forma de aumentar seus negócios com vendas de lanches rápidos com um pequeno risco de canibalização de outros produtos de venda direta, devido à natureza de compra por impulso dos produtos SSI. Além disso, os varejistas não precisam fazer investimentos significativos de capital para experimentar esse conceito; além disso, o estabelecimento corre um risco muito pequeno se esse plano falhar. A SSI providenciaria unidades de balcão ou prateleiras para a exposição dos produtos para venda e apresentaria uma sugestão de preços para um volume máximo de vendas e de lucro. O conceito de distribuição alternativa beneficia a SSI, assim como oferece crescimento no mercado e expõe seus produtos a uma gama mais ampla de consumidores. A SSI também terá contato direto com os varejistas, uma grande oportunidade para testar e monitorar produtos novos enquanto assegura a entrega em tempo hábil.

Uma eventual desvantagem é que os varejistas poderiam entender que o aumento da receita não seria suficiente, o que não os convenceria a fazer novos pedidos. Além disso, eles poderiam ter problemas com furtos, o que desencorajaria sua participação. E, finalmente, os arranjos poderiam ameaçar os atacadistas de doces e tabaco que se apóiam em contas de lojas semelhantes. Um desentendimento com os atacadistas de doces e tabaco poderia resultar em uma diminuição de seus atendimentos a lojas de produtos de mercearia e de conveniência.

A partir de entrevistas preliminares com varejistas-alvo, a SSI ficou convencida de que o conceito de distribuição alternativa tinha mérito. O passo seguinte seria avaliar se a idéia era uma decisão de negócios viável para seus interesses no varejo *versus* sua participação real. Um plano operacional interno para gerenciar o programa de distribuição alternativa também precisaria ser projetado para a identificação e determinação dos custos internos e dos lucros potenciais.

Interesse do Varejo. A pesquisa resumida na Tabela 2 apresenta considerações importantes para as vendas a varejo. Quinze tipos de lojas varejistas foram alvo para a participação e 30 linhas de produtos foram avaliadas para distribuição. As estimativas de participação e vendas esperadas foram aspectos cruciais no cálculo da viabilidade do negócio. Para começar, a SSI estimou que conseguiria contatar apenas 20% de todos os varejistas-alvo. Os varejistas remanescentes seriam abordados após um período de testes de um ano, caso o programa de distribuição alternativa obtivesse êxito. Dois tipos de unidades expositoras (*displays*) foram projetados, assim como dois pacotes para pedidos repetidos. Um pedido inicial incluiria duas caixas embaladas juntas com filme a vácuo. Uma caixa conteria os produtos, a outra conteria a unidade expositora. A Tabela 3 apresenta as características da unidade expositora e da embalagem do produto. Os pacotes referentes a pedidos repetidos conteria o mesmo peso de produtos e as mesmas unidades, como mostrado no pedido inicial.

Procedimentos Operacionais. Duas redes logísticas estão sob avaliação para um novo canal. Ambas facilitam o contato direto com os clientes varejistas: não há distribuidores no canal. Uma rede usa três centros de distribuição, enquanto a ou-

---

* N. de T.: O termo original, em inglês, é *outlet*. Esse tipo de loja obtém cada vez mais espaço e popularidade no Brasil.

Tabela 1 Conceitos alternativos de distribuição

De que se trata?
- Um conceito novo e singular para distribuição e venda de produtos de lanches da SSI em novas lojas de varejo (*outlets*), para aumentar a cobertura de mercado.

Como funciona?
- *Displays* de lanches populares da SSI são fornecidos às lojas de varejo para compra direta pelos consumidores.
- Itens de venda rápida são prontamente repostos por meio de pedidos telefônicos (um número 0800) e um ágil serviço de entregas de pequenos volumes.

Quais são as principais vantagens?
- É necessário um esforço mínimo por parte do varejista, uma vez que a popularidade das marcas mais conhecidas da SSI torna a venda fácil.
- A qualidade dos produtos, isto é, o respeito à data de validade, é garantida por embarques diretos dos armazéns da SSI através de um serviço de entrega rápida.
- O negócio pode se tornar mais lucrativo pela compra "por impulso" dos consumidores daqueles lanches de maior lucratividade; também não há risco, pois a SSI faz a remoção – sem custo para o varejista – dos produtos de pouca saída.

Tabela 2 Características do varejo

Regiões de venda	Número total de varejistas-alvo
Costa leste	320.000
Centro oeste	290.000
Costa oeste	210.000

Porcentagem de varejistas para contato inicial: 20%

Número estimado de varejistas que participarão após primeiro contato: 30%

Varejistas que continuarão após período de 6 meses de experiência: 55%

Média esperada de transações de vendas no varejo: $ 1,40 por compra dos consumidores

Média esperada de venda unitária: 1,12 unidades por compra dos consumidores

Média esperada de tráfego de consumidores/loja de varejo: 100/dia

Média esperada do número de clientes que comprarão produtos: 10%

Tabela 3 Características da unidade expositora (display) inicial e embalagem dos produtos

	Grande	Pequeno
Peso	25 lbs.	14 lbs.
Pés cúbicos	2,75	2,00
Produtos incluídos	24 lbs.	12 lbs.
Custo da unidade expositora	$ 35	$ 18
Unidades de produtos	180	92
s	$ 190	$ 98

tra usa quatro. Os serviços para a primeira rede deverão levar de 2 a 4 dias, com algumas áreas marginais atendidas em 5 dias. Para a segunda rede, deverão levar de 1 a 3 dias, com áreas marginais atendidas em 4 dias. O número de áreas marginais é reduzido na segunda rede. A Tabela 4 compara os custos de ambas as redes.

O fluxo de informação poderia começar com a entrada do pedido no departamento de *telemarketing*. Os pedidos dos varejistas seriam transmitidos ao centro de distribuição apropriado e compilados durante a noite. Os pedidos seriam coletados e embalados; então, a entrega seria organizada com base nos níveis de serviços mencionados anteriormente.

Resumo. Antes que a SSI pudesse determinar qual o conceito de distribuição alternativa que deveria ser iniciado, foi necessário analisar as informações coletadas e projetar o potencial de vendas e lucros. Os lucros devem ser determinados para a SSI e para os clientes-varejistas. Se os varejistas não obtiverem um aumento de lucro suficiente, é provável que eles não continuem a sua participação no plano. Uma equipe foi designada para desenvolver a análise de dados. Andy Joslin identificou cinco questões que ele considerou cruciais para a análise da equipe. Essas questões são apresentadas a seguir.

Questões

1. Determine o número total de varejistas inicialmente presentes no programa, bem como após o período de experiência.

2. Determine o que um varejista médio venderá por dia e por ano. Represente as vendas em termos de unidades e de valores em dólar. (Considere 260 dias úteis por ano e 5 dias úteis por semana.)

3. Represente as vendas anuais de um varejista médio em números de pacotes grandes que ele pedirá anualmente. Repita o procedimento para pedidos de pacotes pequenos. (Arredonde os resultados, se necessário.) Inclua o pedido inicial nos cálculos.

4. A SSI gostaria de determinar o seu potencial de vendas para o primeiro ano com base nas informações da Questão 3. Entretanto, existe alguma preocupação de que a média estimada de vendas seja alta demais. A SSI considera que apenas 40% dos varejistas participantes irão efetivamente alcançar a média de vendas e fazer novos pedidos (esse grupo é chamado de "alto desempenho"). A expectativa é de que 20% dos varejistas tenham um desempenho médio exitoso e vendam, ou façam novos pedidos, de apenas

Tabela 4 Custos operacionais por pedido

Custos	Três centros de distribuição	Quatro centros de distribuição
Manuseio	$ 3,00	$ 3,00
Armazenagem	0,11	0,21
Transporte de pacotes médios	6,25	5,90
Custos da realização de pedidos/pedidos	0,75	0,75
Custos logísticos totais /pedidos	$ 10,11	$ 9,86

75% da média de pedidos sugeridos pela SSI. Os varejistas com baixo desempenho representam os 40% remanescentes e atingirão, em média, apenas metade das vendas e de pedidos esperados. Calcule os pedidos (separe as quantidades iniciais e de novos pedidos) para o período de 6 meses de teste, considerando 45% dos varejistas que exclusivamente trabalham com pedidos de grandes pacotes e os varejistas remanescentes com pedidos de pequenos pacotes. Calcule o segundo período de seis meses de teste contando com desistências. (Arredonde os resultados, se necessário.) Considere as mesmas relações de "desempenho" após o término do período de teste (por exemplo, 40% são varejistas de desempenho médio, 20% vendem 75% da média e 40% vendem 50% da média.)

5. Suponha que os varejistas paguem $ 205 por um pacote grande (pedido inicial ou repetido) e $ 115 pelo pequeno. Com base nos valores de vendas do primeiro ano, calculados na Questão 4, determine o lucro da SSI considerando o uso de três centros de distribuição. Repita a operação para a rede de quatro centros de distribuição. Qual rede deveria ser usada, se é que alguma o seria? Qual(is) fator(es), exceto custo e lucro, podem influenciar a decisão de escolha do tipo de rede?

Caso 5: Avaliação de Projeto de Sistema na Westminster Company

David J. Closs e Christopher Kitchen

A Westminster Company é uma das maiores fabricantes de produtos para a saúde; seu nome e logotipo são reconhecidos no mundo todo. Fundada originalmente como um negócio familiar do setor de suprimentos de produtos farmacêuticos, em 1923, a sede da corporação ainda se localiza em uma pequena cidade de 60 mil habitantes no nordeste dos EUA. A Westminster também mantém escritórios regionais na Europa, na América Latina e na Costa do Pacífico para dar apoio às operações internacionais de fabricação e distribuição.

As operações domésticas da Westminster abrangem três divisões de vendas separadas – cada uma fabrica e distribui sua própria linha de produtos. A gestão divisional descentralizada é uma tradição da qual a Westminster se orgulha. De acordo com seu presidente Jonathan Beamer, esse é um processo que exige e encoraja a responsabilidade e a autopropriedade do processo de trabalho, e oferece um elemento-chave para o sucesso de uma corporação. Os produtos da Westminster são comercializados por uma rede diversificada de varejistas e atacadistas. Em termos de percentuais de vendas, as mercearias representam 37%; os medicamentos, 31%; as mercadorias de consumo de massa, 21%, e outros, 11%.

A Westminster Hoje

As pressões dos concorrentes domésticos e globais, bem como um grande número de clientes domésticos da Westminster, ultimamente têm forçado a empresa a reavaliar suas práticas de distribuição. Em particular, as atenções têm se concentrado nas mudanças necessárias para uma concorrência efetiva no mercado do século XXI.

A Westminster recém concluiu uma extensa pesquisa que durou vários meses, na qual o foco eram as principais preocupações logísticas dos clientes em relação ao futuro. A pesquisa constatou uma série de aspectos, mas foram identificados dois pontos-chave: a composição dos clientes e as suas exigências de serviços.

A tendência mais significativa, no que diz respeito à composição dos clientes nas últimas décadas, tem sido a evolução da base de clientes da empresa tanto para contas muito grandes como para contas menores. A expectativa é de que esse desenvolvimento mantenha esse mesmo ritmo em um futuro previsto; entretanto, não se espera que uma mudança maior na composição de contas altere de maneira significativa a composição histórica da venda de produtos. Aproximadamente 50% do volume de vendas de consumo doméstico está concentrado em 10% dos clientes da Westminster. O que pode afetar a composição de vendas de produtos para contas grandes de varejo é a rápida expansão dos medicamentos livres de receita de empresas privadas e o consumo de produtos de saúde. Fabricantes custo-efetivos privados de medicamentos livres de receita oferecem uma margem de lucro mais alta para as contas grandes de varejistas, uma vontade de mudar rapidamente ou personalizar os produtos e a habilidade de atrair consumidores cada vez mais preocupados com os preços. Especificamente, os negócios privados do setor de produtos de saúde e de beleza totalizaram vendas de $ 3 bilhões no ano 2000.

Os resultados das pesquisas confirmaram o que os administradores do alto escalão já haviam captado: que essas contas grandes geralmente possuem um enorme compromisso com o aumento da eficiência logística de suas empresas. Para manter e aumentar seu percentual no volume de vendas junto a essas importantes contas de clientes, a Westminster identificou diversas preocupações de seus clientes em relação aos serviços prestados. Essas preocupações referem-se especificamente ao segundo aspecto, aquele das exigências de serviços pelos clientes. A pesquisa da empresa também concluiu que a formulação de parcerias na cadeia de suprimentos entre a Westminster e seus clientes maiores se transformou em uma necessidade competitiva. Em muitos casos, os varejistas poderosos agora exigem tais formulações e, muitas vezes, têm poder de alavancagem suficiente para ditar as condições nos arranjos. A Westminster terá que manter uma flexibilidade considerável para acomodar diferentes soluções para uma ampla e poderosa gama de clientes. Idealmente, a Westminster desejaria, onde fosse prático, estabelecer uma posição de liderança nesses arranjos de parcerias.

A Westminster está bastante consciente de que os varejistas e os atacadistas de sucesso têm dado forte ênfase estratégica a um posicionamento de inventário em tempo hábil, eficiente e preciso. Muitas empresas de grande porte têm identificado técnicas de gestão da cadeia de suprimentos como a ferramenta principal para alcançar uma gestão bem-sucedida de estoques e melhorar o desempenho financeiro geral. "Eu visualizo três mudanças importantes para nossas operações referentes às contas," explica Alex Coldfield, vice-presidente de logística da Westminster. "Em primeiro lugar, os procedimentos tradicionais de reabastecimento de inventário serão substituídos por sistemas POS, direcionados pela informação. Os clientes irão transmitir a nós diariamente, ou quinzenalmente, as movimentações de vendas de produtos, para que possamos garantir o reabastecimento do inventário em tempo hábil e permitir que a produção seja programada por projeções direcionadas por vendas efetivas, e não por previsões de *marketing*. Vamos também criar e utilizar "equipes de trabalho" para atendimento aos clientes, que irão operar *in loco* com contas de clientes preferenciais, para melhor gerenciar os pedidos e a distribuição. Em segundo lugar, o nível atual do ciclo de tempo dos pedidos terá que ser reduzido. As contas maiores exigirão, ainda mais, duas e não apenas uma entrega por semana. Além disso, muitas contas grandes desejarão simplificar seus contatos com os fabricantes e questionarão por que nós não podemos oferecer embarques de pedidos consolidados das nossas três divisões de produtos e com isso obter reduções de custos. A demanda por entregas diretas nas lojas também pode crescer de forma significativa. E, em terceiro lugar, cada vez mais os produtos deverão atender às exigências de cada cliente, tais como a montagem de embarques individuais para cada loja, e também embalagens internas e unidades expositoras personalizadas. Os códigos de barras deverão utilizar os padrões da indústria, tais como o UCC 128. O faturamento e o pagamento, particularmente em relação a permissões promocionais e descontos, irão transformar-se em transações sem papel realizadas via EDI. A nossa formação de preço deverá evoluir para refletir os serviços prestados, mais do que simplesmente para a logística tradicional de atendimento completo de pedidos, transportes e manuseio."

Para o restante dos clientes da Westminster, os serviços de distribuição serão oferecidos como o são atualmente. Embora outros clientes possam não estar dispostos ou ser capazes de dar início a esse tipo de relacionamento próximo de trabalho, eles terão direito a um serviço básico de alto padrão, que oferece desempenho consistente e no tempo adequado. Para essas contas, os preços de compra permanecerão como prioridade, apesar de existir alguma pressão crescente por melhoras nas taxas de atendimento de pedidos e na diminuição dos ciclos de tempo. Permanecerá como regra o faturamento e o pagamento na forma tradicional dos pedidos de compras.

Em resposta às questões levantadas pela pesquisa, o CEO Wilson McKee determinou ao comitê diretor executivo da empresa que organizasse uma força-tarefa logística. Esse grupo, que incluía gerentes de alto escalão de cada divisão dos departamentos funcionais, foi incumbido de identificar potenciais mudanças nas redes das três divisões de vendas domésticas, com vistas a um melhor desempenho na distribuição e na capacidade de resposta.

Rede de Distribuição da Westminster. A Tabela 1 descreve a rede atual de distribuição da Westminster para as três divisões domésticas de vendas ao consumidor. Cada divisão consiste em um conjunto de instalações de fabricação e operação, e de centros de distribuição próprios. A Tabela 2 apresenta uma série de estatísticas importantes referentes à demanda e ao inventário de cada instalação.

Cada fábrica produz SKUs exclusivos de sua instalação. Todos os SKUs são distribuídos em âmbito nacional. Devido a despesas significativas de capital e a custos fixos associados a cada fábrica, a força-tarefa logística já eliminou a possibilidade de realocar as instalações atuais de fabricação.

As fábricas devem direcionar os produtos aos centros de distribuição antes da entrega final para um cliente varejista ou atacadista. Qualquer centro de distribuição pode ser utilizado dentro da sua própria divisão. Os centros de distribuição podem despachar os produtos para qualquer região do país; entretanto, os clientes normalmente são atendidos pelo centro de distribuição mais próximo dos limites regionais da Westminster. Os embarques de transferências entre centros de distribuição também são permitidos.

A maioria dos embarques de fábricas para os centros de distribuição são entregues por transportadoras rodoviárias em cargas completas (TL). O frete aéreo pode ser utilizado para embarques de emergência, mas também deve passar pelos centros de distribuição antes da entrega ao destino final. A maioria dos embarques entre centros de distribuição e clientes varejistas e atacadistas é feito por transportadoras rodoviárias de carga fracionada (LTL) e variam de tamanho, desde poucos quilos até quantidades correspondentes a carregamentos quase completos. A Tabela 3 ilustra os embarques mais comuns nas três divisões de vendas em intervalos de peso e o número de conhecimentos de embarque expedidos para cada intervalo. O primeiro intervalo de peso (0-31 quilos) representa os embarques normalmente entregues por pequenas transportadoras de encomendas; a maioria desses carregamentos representa o atendimento de pedidos de SKUs devolvidos. Aproximadamente 67% de todos os carregamentos são de 225 quilos ou menos.

As localizações dos centros de distribuição têm como base tanto fatores de mercado como de produção. A maioria dos centros de distribuição está estrategicamente localizada em todo o território dos EUA para atender os territórios geográficos que contêm as demandas maiores de produtos da Westminster. Os padrões de demanda para produtos de consumo seguem os principais centros populacionais e são, em geral, consistentes em todo o território para as três divisões. Diversos centros de distribuição estão localizados próximos às instalações das fábricas para reduzir os custos de transporte.

A Tabela 4 lista os custos atuais dos sistemas de transporte e de armazenagem para cada uma das três divisões. A classificação das tarifas de frete para embarques de produtos é diferente para cada divisão. O frete da Divisão A apresenta uma classificação de classe 60; o frete da Divisão B apresenta uma classificação de classe 70; o frete da Divisão C apresenta uma classificação de classe 200. Os custos de frete de transferência baseiam-se nas tarifas de embarques de cargas fechadas (TL) das fábricas para os centros de distribuição. Os custos de frete para os clientes baseiam-se nos embarques de carga fracionada (LTL) dos centros de distribuição para os clientes varejistas e atacadistas. O tempo médio de trânsito (em número de dias) de um centro de distribuição para os clientes varejistas e atacadistas consiste no tempo que o embarque leva do momento em que o pedido sai das docas de um centro de distribuição até sua chegada ao cliente. Qualquer eventual readequação de sistema deve considerar o efeitos dos custos de mão-de-obra. A Tabela 5 lista o salário médio em horas para um conjunto das principais cidades dos EUA.

A força-tarefa logística está atualmente considerando as três seguintes opções ou alternativas:

1. Consolidação dos três sistemas atuais de distribuição em um único sistema de distribuição que sirva as três empresas, utilizando menos depósitos do que atualmente.

2. Utilizar depósitos públicos (ou de terceiros) e transporte terceirizado, em vez do sistema de rede atual.

3. Prosseguir com o arranjo atual, tal como ele é.

Tabela 1 Localizações de instalações da Westminster

Divisão A

Fábricas	Porcentagem do total produzido (quilos)	Centros de distribuição	Porcentagem do total expedido (quilos)
Los Angeles, CA	53%	Newark, NJ	28%
Atlanta, GA	24	Atlanta, GA	31
Jacksonville, FL	23	Dallas, TX	41

Divisão B

Fábricas	Porcentagem do total produzido (quilos)	Centros de distribuição	Porcentagem do total expedido (quilos)
Philadelphia, PA	39%	Philadelphia, PA	78%
Newark, NJ	37	Los Angeles, CA	22
Atlanta, GA	24		

Divisão C

Fábricas	Porcentagem do total produzido (quilos)	Centros de distribuição	Porcentagem do total expedido (quilos)
Chicago, IL	75%	Newark, NJ	38%
Houston, TX	10	Chicago, IL	54
Trenton, NJ	15	Los Angeles, CA	8

Tabela 2 Demanda dos clientes da Westminster em 1992

Características	Divisão A	Divisão B	Divisão C
Demanda total (000.000 kg)	150	72	60
Vendas ($ 000.000)	475	920	271
Caixas (000.000)	13,2	8,5	9,8
Embarques (000)	80	88	9,8
Linhas pedidas (000)	1.060	683	340
Giro do inventário por ano	6,5	10,8	7,2
Total de SKUs	1.260	430	220

Tabela 3 Perfis dos embarques

Tamanho de remessa	Porcentagem do peso	Porcentagem dos embarques
Entregas de embalagem	6	25
< 500 lb	8	22
500 < tamanho ≤ 2.000 lb	13	20
2.000 < tamanho ≤ 5.000 lb	18	15
5.000 < tamanho ≤ 10.000 lb	22	10
> 10.000 lb	32	8

Questões

1. Quais os efeitos que as duas novas alternativas teriam sobre os custos de frete de transferência e para os clientes? Por quê?
2. Quais os efeitos da consolidação de depósitos nos custos de carregamento de inventário, nos níveis de serviços ao cliente e no índice de atendimento dos pedidos?
3. Como os custos com depósitos são afetados pela decisão de usar instalações de depósitos públicos ou pró-

Tabela 4 Custos de distribuição da Westminster em 2000 ($000.000)

	Divisão A	Divisão B	Divisão C
Transporte			
Frete de transferência	4,2	3,2	2,8
Frete do cliente	9,9	8,3	8,5
Custo total de transporte	14,1	11,5	11,3
Armazenagem			
Armazenagem e manuseio	6,2	4,4	3,2
Fixo	2,3	1,6	4,2
Custo total de armazenagem	8,5	6,0	7,4
Custo total de distribuição	22,6	17,5	18,7
Tempo médio de trânsito em dias (Centro de distribuição para os clientes)	2,8	2,9	2,3

Tabela 5 Taxas horárias de salários para cidades dos EUA

Cidade	Taxa salarial ($)	Cidade	Taxa salarial ($)
Chicago, IL	$ 16,20	Laredo, TX	13,63
Seattle, WA	17,87	El Paso, TX	13,63
Buffalo, NY	15,59	Dallas, TX	13,78
Syracuse, NY	15,59	Detroit, MI	19,38
Pittsburg, PA	16,96	Los Angeles, CA	16,96
Atlanta, GA	12,72	Minneapolis, MN	16,96
Houston, TX	15,14	Denver, CO	16,96
Phoenix, AZ	12,87	Memphis, TN	12,57
Kansas City, MO	15,90	New York, NY	15,14
Philadelphia, PA	15,75	San Francisco, CA	17,87

prias? Como isso afetará os custos de manuseio e de estocagem, e os custos fixos das instalações?

4. Quais são os efeitos da realização de embarques combinados, a partir dos centros de distribuição consolidados, sobre o perfil dos embarques?

5. Quais são os fatores que devem ser considerados para se determinar o número adequado de depósitos?

6. Qual é o critério de seleção que deveria ser usado para avaliar-se a capacidade de prestadores de serviços (depósitos público, ou de terceiros, ou transportadores terceirizados) em atender às exigências logísticas críticas?

Caso 6: Comissão de Controle de Bebidas Alcoólicas de Michigan

Em uma tarde de sexta-feira em outubro de 2000, Joseph Duncan, há três anos analista de sistemas de distribuição do Departamento de Comércio de Michigan, estava sentado à mesa de seu escritório, pesquisando materiais sobre a distribuição de bebidas alcoólicas destiladas em Michigan. Antes da sua posição atual, Joseph tinha trabalhado como analista de sistemas de distribuição em uma empresa privada por muitos anos após sua graduação em gerenciamento de materiais e logística em uma grande universidade do centro-oeste dos EUA. Sua supervisora direta, Donna Mills, passara a ele, naquele mesmo dia bem cedo, a tarefa: "Prepare-se para liderar uma equipe de projetos e elaborar uma proposta de distribuição de bebidas alcoólicas destiladas", disse Donna, "Nos encontraremos na quarta-feira às duas da tarde para delinearmos o plano inicial". Essa seria a primeira vez que Joseph "lideraria" um projeto e, apesar de não estar familiarizado com o assunto, ele estava ansioso pela oportunidade de mostrar suas habilidades. Joseph guardou o material pesquisado em sua pasta de trabalho e decidiu examiná-lo novamente em casa, no final de semana.

História do Sistema de Distribuição de Bebidas Alcoólicas em Michigan

No início do século XX, as destilarias de Detroit predominavam no Estado devido às suas performances em termos de tamanho, novas tecnologias de envasamento e opções legais "locais", que restringiam ou baniam a produção no município. Isso criou uma clara divisão entre as destilarias de fora do Estado e as de Detroit, e impedia a formação de uma forte associação estadual de bebidas alcoólicas. As forças relativas à proibição de bebidas alcoólicas também se beneficiavam dessa divisão; por volta de 1917, Michigan tinha 45 áreas urbanas ou rurais* sob o controle da Lei Seca. O Estado de Michigan estabeleceu a proibição geral de venda de bebidas alcoólicas em maio de 1918, aproximadamente 18 meses antes da aprovação da Lei Federal (Artigo 18º da Constituição dos EUA). No final dos anos 20 e início dos anos 30, existiam pressões significativas para a revogação da Lei Seca. No início de 1933, o Congresso Americano aprovou uma lei autorizando a produção de cervejas com 3,2% de álcool na sua composição. No mesmo ano, uma lei semelhante foi aprovada em Michigan e, com isso, a implementação de um órgão estatal que se tornou conhecido como Comissão de Controle de Bebidas Alcoólicas de Michigan (*MLCC – Michigan Liquor Control Commission*). Em abril de 1933, Michigan tornou-se o primeiro Estado a ratificar a revogação da Lei Federal de proibição, e o sistema atual de distribuição de bebidas alcoólicas foi projetado e colocado em prática.

Uma lei para cervejas e vinhos (legalmente, bebidas com teor alcoólico abaixo de 21%) foi aprovada, para permitir a distribuição das destilarias de cervejas e vinhos a atacadistas privados que poderiam então vendê-los aos varejistas. Entretanto, todas as bebidas destiladas *"spirits"* (legalmente, bebidas com alto teor alcoólico acima de 21%) deveriam ser adquiridas pelo Estado de Michigan. As leis de "pacificação" de Michigan exigiam que qualquer bebida destilada, transportada ou armazenada sob custódia em armazéns estatais, deveria ser manuseada por funcionários públicos. Vendas de bebidas alcoólicas em caixa tinham autorização para serem consumidas em qualquer hotel ou estabelecimento comercial. Muitos comerciantes eram farmacêuticos que tinham autorização legal de fornecer bebidas alcoólicas "medicinais", bem como prescrever receitas médicas. Foi também implementada a opção de consumo de bebidas no local.

A decisão do Estado de Michigan, em 1933, de exercer o controle público sobre a distribuição de bebidas alcoólicas, em vez de delegá-lo ao setor privado deveu-se a uma série de razões. Em primeiro lugar, a proximidade geográfica com o Canadá fez com que políticos se familiarizassem com o sistema de controle de monopólio de Ontário. Em segundo lugar, existia uma forte influência do sentimento favorável à Lei Seca e o medo do contrabando de bebidas, prática comum durante os anos de vigência dessa lei. Em terceiro lugar, os farmacêuticos tinham influência política forte naquele momento e poderiam se beneficiar do controle estatal. E, finalmente, o Estado acreditava que o controle governamental protegeria o público contra lucros excessivos de intermediários resultantes da formação de preços privada.

Atualmente, Michigan é um dos 18 estados dos EUA que controlam completamente a distribuição do atacado de bebidas de alto teor alcoólico entre as destilarias e os varejistas licenciados. Os 32 estados remanescentes utilizam um sistema "aberto" de licenças privadas, no qual o governo estadual não está, de forma alguma, envolvido na distribuição ao atacado.

Em 1993, Michigan e muitos outros estados por todo o país enfrentaram problemas de aumento rápido de custos de serviços públicos e de resistência forte dos cidadãos a qualquer aumento de impostos para a prestação desses serviços. Diferentemente de quase todas as funções governamentais de Michigan, o controle e a distribuição de bebidas alcoólicas gerou uma receita considerável de contribuição geral para o Estado. As contribuições referentes aos impostos sobre bebidas destiladas são canalizadas diretamente para um Fundo Geral do Orçamento Executivo, para o funcionamento da máquina do Estado de Michigan. No momento, impostos de 11,85% são embutidos no preço total de bebidas alcoólicas, na seguinte ordem: 4% referentes a taxas de licença, 6% para fundos de assistência em educação de Michigan e 1,85% pelas embalagens de bebidas alcoólicas.

A conscientização da população em relação às bebidas alcoólicas – como um tema social e sua capacidade de oferecer ao Estado uma receita significativa – faz com que o controle sobre as bebidas alcoólicas seja uma atividade de grande importância para o Governo. A partir de uma diretriz governamental recente, todas as funções de Estado devem ser examinadas para se determinar como a eficiência do Governo pode ser melhorada. Parece existir espaço suficiente para melhorias, apesar das contribuições das operações atuais. Por exemplo, mesmo com os avanços tecnológicos e a adição de instalações mais modernas, os custos da distribuição de bebidas alcoólicas continuam a aumentar. Especificamente, os custos administrativos das vendas aumentaram 121% nos últimos 11 anos, enquanto os giros de estoque caíram de 6,7 para 5,5%.

O Processo de Distribuição de Bebidas Alcoólicas

A distribuição de bebidas alcoólicas destiladas no Estado de Michigan, durante o ano fiscal de 2000-2001, envolveu embarques de 6,97 milhões de caixas de bebidas alcoólicas para os mercados varejistas e gerou $ 515 milhões de receitas para o Estado. Subtraindo-se os custos de compra e de gastos operacionais, a contribuição líquida ficou em $ 61,5 milhões. O Estado também arrecada cerca de $ 50 milhões por ano em impostos sobre bebidas destiladas.

As contribuições advindas da venda de bebidas alcoólicas são geradas da seguinte maneira: o Estado compra bebidas diretamente de uma destilaria a um determinado preço de entrega, por exemplo, $ 10 a garrafa. A seguir, contabiliza o transporte e outros custos e estabelece o preço da garrafa, com um acréscimo de 51%, ou seja, $ 15,10. Os varejistas compram a bebida do Estado com 17% de desconto no preço estabelecido, o que, no exemplo fornecido, representaria $ 12,53. Portanto, o preço estabelecido pelo Estado (margem de 51%) e a margem de lucro bruto dos varejistas (17%) são determinados por lei no Estado de Michigan. O resultado final é que os consumidores pagam o mesmo preço de varejo em qualquer parte do Estado. Os impostos aplicados pelo governo estadual de 11,85% são calculados sobre o preço de $ 15,10 e recolhidos pelos varejistas no momento da venda ao consumidor.

Qualquer alteração na distribuição de bebidas em Michigan deve considerar os efeitos potenciais nos preços das bebidas em nível de varejo. Em relação ao comportamento de compra dos consumidores, a quantidade de bebidas geralmente não é elástica em relação aos preços. Entretanto, a elasticidade-preço das vendas de bebidas alcoólicas em relação aos gastos totais é bastante grande. Essas condições significam que, com o aumento de preços, os consumidores, em geral, continuarão comprando a

---

* N. de T: Em inglês, *county*. A tradução literal poderia ser "condado", mas, de fato, o termo aqui refere-se a um nível de divisão político-administrativa usada pelos EUA entre municípios e estados, apresentando a seguinte hierarquia decrescente: estado, condado e município.

mesma quantidade de bebidas, apenas mudarão para marcas mais baratas. Essa mudança reduz os gastos com o consumo e as receitas com os impostos projetados. Se as mudanças no sistema exigem que os preços subam, o efeito nas receitas com impostos poderia ser negativo.

Atualmente, as bebidas destiladas são distribuídas por uma rede de dois níveis, formada por três depósitos de propriedade e operados pelo Estado, 75 depósitos menores e secundários (conhecidos como lojas estatais), que funcionam como pontos de venda de atacado e 12.000 varejistas licenciados que atendem ao público consumidor em todo o Estado (veja Figura 1). Os licenciados estão divididos em duas categorias de aproximadamente 6.000 membros cada: (1) venda e consumo de bebidas alcoólicas em copos, nas dependências de bares, restaurantes e hotéis e (2) venda de bebidas embaladas para consumo fora das dependências dos revendedores/lojas. Esses revendedores representam uma ampla variedade de negócios, que vão de lojas tradicionais de venda de bebidas alcoólicas, ou lojas participantes, a grandes varejistas e supermercados, como a Meijer, Inc. As primeiras 600 lojas foram licenciadas em 1934 e cresceram continuamente até atingirem suas escalas atuais. O número de lojas no Estado tem permanecido razoavelmente constante nos últimos anos e a maioria das primeiras 75 lojas continua em sua cidade original.

Os custos para operar a rede de distribuição atual representam aproximadamente $ 20 milhões por ano. A média de estoque de bebidas destiladas nos 75 depósitos secundários representa $ 25 milhões. Os custos de carregamento do inventário está estimado em 15%, o que é considerado uma estimativa conservadora, se compararmos com os valores usados nas análises da indústria de bebidas alcoólicas privada.

As destilarias embarcam seus produtos para os três depósitos estaduais em quantidades de acordo com a solicitação do Estado. As destilarias incorrem em uma taxa de manuseio para o armazenamento de seus produtos, porque o Estado de Michigan não assume a propriedade dos produtos até que sejam enviados para as lojas de varejo do Estado. Esse processo de transferência de propriedade no sistema consiste essencialmente em um arranjo de consignação. Sob consignação, o produto é enviado para um agente de vendas (neste caso, o Estado de Michigan) para venda ou guarda. Na perspectiva do Estado de Michigan, o arranjo de consignação reduz os riscos de propriedade do inventário e os custos de seu carregamento, porque o Estado não assume a propriedade até que o pedido de um varejista licenciado seja estabelecido. Esse arranjo operacional foi implementado há vários anos; entretanto, as destilarias contornam os esforços fiscais do Estado aumentando os preços o suficiente para cobrir o aumento nos seus gastos com armazenamento. Não existe remessa feita diretamente dos três depósitos estaduais para os varejistas licenciados. São raros os embarques entre os depósitos e as lojas estatais. Os varejistas licenciados colocam semanalmente seus pedidos por meio de um sistema centralizado de processamento de pedidos e podem coletá-lo pessoalmente ou garantir a entrega por uma transportadora comum. A única exceção quanto a esse sistema de entrega ocorre na área metropolitana de Detroit, onde o serviço estatal de entregas é feito a partir da maior loja estadual para todos os seus varejistas licenciados.

Geograficamente, a rede de distribuição de bebidas alcoólicas de Michigan está dividida em três distritos operacionais. A Figura 2 mostra os distritos que contam com os depósitos estatais principais. O depósito de Lincoln Park atende à área de Detroit (Distrito 1); o depósito de Lansing atende à região centro-oeste do estado (Distrito 2); e o depósito de Escanaba atende à região norte do estado, ou Península Superior (Distrito 3). A população, as vendas de caixas de bebidas e os custos das instalações por distrito são mostrados na Tabela 1.

Embora o Estado não pague diretamente os custos de recebimento a partir das destilarias, pesquisas indicam que o custo seja de aproximadamente $ 1 por caixa. O frete de transferência é definido como movimentação de carga dos três depósitos estatais para as 75 lojas estatais, ou movimentação nos dois sentidos. O frete dos clientes é definido como movimentação de carga entre as lojas estatais e os varejistas licenciados. Os encargos de frete referentes à transferência e aos clientes aparecem listados na Tabela 2.

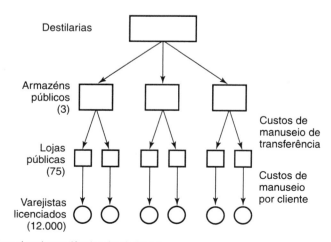

Figura 1 Rede de distribuição do MLCC.

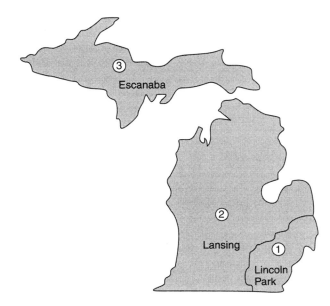

Figura 2 Os três distritos operacionais da rede de distribuição de bebidas alcoólicas de Michigan.

Tabela 1 Características dos distritos operacionais da MLCC

	Distrito 1	Distrito 2	Distrito 3
População	4.363.850	4.267.531	334.518
(% do estado)	(48,7%)	(47,6%)	(3,7%)
Caixas de destilados vendidas	3.945.441	2.749.611	286.013
Bebidas de alto teor alcóolico (% do estado)	(56,6%)	(39,9%)	(4,1%)
Custo fixo do armazém do distrito	$ 924.542	$ 576.294	$ 93.825
Custo variável do armazém do distrito	$ 0,41	$ 0,35	$ 1,48
Custo do armazém por caixa	$ 2,20	$ 3,91	$ 13,13
Custo fixo médio por loja do estado	$ 163.810	$ 65.274	$ 54.341
Custo variável por caixa por loja do estado	$ 1,37	$ 1,43	$ 3,64
Número de lojas do estado	12	46	17

Tabela 2 Encargos de frete referentes a transferência e embarques aos clientes da MLCC

	Distrito 1	Distrito 2	Distrito 3
Frete de transferência (por caixa)	$ 0,35	$ 0,28	$ 0,60
Frete dos clientes (por caixa)	$ 1,00	$ 0,40 – 0,70 (sul) $ 1,10 – 1,30 (norte)	Serviço não disponível; somente coleta.

Aspectos Atuais

A remodelação do sistema de controle de bebidas alcoólicas no Estado de Michigan não é uma idéia nova. Lawrence Desmond, gerente de negócios da MLCC, diz que "Quando se fala sobre a comissão de bebidas alcoólicas, na verdade fala-se sobre dois aspectos distintos. Um deles é o de agência regulamentadora que aplica as leis estaduais de bebidas alcoólicas. A outra é o fato de que somos os únicos atacadistas no Estado na venda de bebidas de alto teor alcoólico e, junto com o nosso processo de licenciamento, contribuímos diretamente para os recursos gerais do Estado". O assunto de remodelagem do sistema tem sido levantado inúmeras vezes por uma série de razões, e muitos grupos econômicos e de interesse político têm fortes opiniões sobre as duas questões, a da aplicação das leis de bebidas alcoólicas e a que trata sobre vendas e licenciamento.

A aplicação das leis de bebidas alcoólicas é um aspecto social bastante sensível. De 1992 a 2000, o consumo *per capita* de bebidas de alto teor alcoólico nos EUA caiu aproximadamente 3% ao ano. Os valores das vendas em Michigan espelham essa tendência nacional (Veja Figura 3). O aumento da conscientização do público em relação ao consumo excessivo de álcool tem sido reforçado por iniciativas das destilarias e cervejarias, de agências governamentais e de grupos organizados como o MADD – *Mothers Against Drunk Drivers* (Mães Contra Motoristas Bêbados). Grupos contra o consumo de álcool argumentam que o sistema estadual altamente controlado contribui para uma aplicação mais forte das leis sobre as violações e, conseqüentemente, atua como prevenção ao consumo excessivo de bebidas alcoólicas. "O álcool é uma droga narcótica causadora de problemas, e precisamos ter o máximo controle possível", destaca o Reverendo Allen West, do Conselho sobre o Abuso e Problemas com Álcool de Michigan.

O presidente e os cinco comissários da MLCC são indicados pelo governador de Michigan. Dada a natureza do processo político, a MLCC e seus procedimentos de licenciamento estão sujeitos a freqüentes acusações de patrocínio político, de suborno e de corrupção por quaisquer que sejam os partidos políticos na oposição. A MLCC emprega aproximadamente 620 pessoas; possui um considerável número de cargos bem pagos em trabalhos pouco qualificados. Embora a população de Michigan esteja concentrada no terço inferior do estado, muitos dos cargos na MLCC estão localizados em áreas geograficamente remotas, em que os empregados dificilmente conseguiriam ter empregos semelhantes no setor privado, caso a remodelação do sistema eliminasse suas posições. Além disso, aproximadamente 500 funcionários da MLCC são representados por sindicatos locais da United Auto Workers. Também existem empresas de entrega ligadas ao Teamster Union, que detêm contratos de longo prazo para movimentação de bebidas alcoólicas, especialmente na área metropolitana de Detroit.

Vários analistas estatais de orçamento e legisladores, bem como consultores acadêmicos e profissionais, acreditam que o sistema estatal de distribuição de bebidas alcoólicas é consideravelmente menos eficiente do que o da indústria privada. Eles argumentam, por exemplo, que os contratos de entrega determinados pelo Estado e os funcionários públicos com pouco incentivo ao desempenho no trabalho impedem avanços na produtividade.

Um pequeno número de varejistas licenciados teme que a remodelação do atual sistema possa restringir sua capacidade de comprar pequenas quantidades de bebidas alcoólicas, particularmente se forem instituídos tamanhos de pedidos ou quebras de carga de entrega. Eles acreditam que a mudança na estrutura atual poderá levá-los a uma séria desvantagem em relação a varejistas maiores, de grandes volumes relativos a cadeias de lojas. Jerry Faust, porta-voz de uma organização estadual que representa os varejistas é taxativo: "Se o sistema não está quebrado, não precisa consertar". Muitos consumidores argumentam que o atual sistema estatal de distribuição, com preços tabelados para todos os varejistas, oferece aos consumidores um sistema economicamente justo.

Desafios na Remodelação do Sistema

Antes de sair do escritório, Joseph definiu em linhas gerais os dois objetivos da remodelação da rede de distribuição: (1) aumentar o retorno financeiro do Estado na distribuição de bebidas alcoólicas, através da redução dos custos e das ineficiências na distribuição e (2) melhorar a gestão de inventário pela utilização de um Sistema de Gerenciamento de Informação (*MIS – Management Information System*), para aumentar ainda mais a eficiência. Ele também identificou quatro objetivos específicos: (1) manter o nível atual de serviços; (2) aumentar o giro dos estoques; (3) reduzir os custos administrativos, e (4) manter o nível atual de controle sobre uma área político-socioeconômica muito sensível.

Joseph Duncan percebeu que teria que contatar uma série de pessoas no seu retorno ao trabalho na segunda-feira para preparação do encontro de quarta-feira. Ele esboçou os primeiros planos para realizar uma reunião entre uma equipe representativa da MLCC, inclusive de seu pessoal operacional, pessoas ligadas ao MIS, especialistas em bebidas alcoólicas e em operações de entrega a clientes externos, e acadêmicos de *marketing* e logística das universidades próximas ao Estado.

Joseph decidiu que qualquer mudança na distribuição de bebidas alcoólicas destiladas teria reflexos sobre questões operacionais importantes, como precificação, nível de serviços, estimativas de vendas no varejo e impacto nos impostos, na entrega direta das destilarias para as cadeias de armazéns maiores e uma série de considerações nos custos de entrega – para não mencionar toda uma preocupação econômica e política relativa a grupos de interesses especiais. Ele começou a perceber que o assunto de distribuição de bebidas alcoólicas em Michigan era muito mais complexo do que parecia algumas horas atrás.

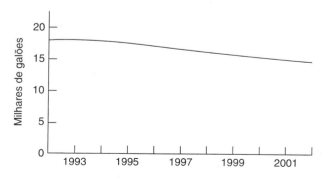

Figura 3 Consumo de bebidas de alto teor alcoólico (*spirits*) em Michigan (1993-2001).

Questões

1. Quais alternativas de remodelação da distribuição de bebidas alcoólicas em Michigan poderiam ser consideradas? Explique a base lógica de suas sugestões.
2. Comente os benefícios e os riscos das alternativas de remodelação da distribuição de bebidas alcoólicas em Michigan.
3. Quais as condições históricas do atual sistema de distribuição de bebidas alcoólicas em Michigan que ainda são importantes hoje? Que outros fatores, se houver algum, devem ser considerados?
4. Existe algum conflito social quanto ao fato de o Governo utilizar-se de recursos advindos de impostos sobre as vendas de bebidas alcoólicas para financiar programas de educação?
5. Como você organizaria o relatório final sobre a distribuição de bebidas alcoólicas em Michigan se estivesse no lugar de Joseph Duncan.

Caso 7: W-G-P Chemical Company

John White, vice-presidente de distribuição da W-G-P Chemical Company, estava se preparando para a sessão anual de revisão estratégica conduzida pelo comitê executivo da empresa. John fora encarregado de avaliar dois aspectos: os custos da distribuição física da W-G-P e a capacidade de prestação de serviços do setor de produtos químicos agrícolas secos e líquidos embalados da empresa.

Sistemas de Distribuição da W-G-P

A Figura 1 descreve em linhas gerais o sistema de distribuição existente na W-G-P. Há quatro tipos de instalações: (1) duas instalações próprias contínuas de fabricação, (2) nove instalações de fabricação operando por contrato sazonal, (3) inúmeros centros de distribuição em trânsito e (4) 28 centros de distribuição em período integral. O crescente movimento ambientalista tem influenciado a administração a rejeitar qualquer realocação das instalações de fabricação. A W-G-P distribui 129 produtos diferentes, ou SKUs, em âmbito nacional. Os produtos podem ser agrupados em duas diferentes categorias quanto a distribuição. A Categoria A consiste em 13 SKUs de um produto chamado *Prevention*. As vendas do *Prevention* são estritamente sazonais e representam 85% da receita total da W-G-P. Os 116 produtos da Categoria B (chamados *Support*) são vendidos o ano todo, mas também possuem um padrão de vendas sazonais semelhante ao dos produtos *Prevention*. Apesar de o volume de vendas da Categoria B representar apenas 15% da receita total da W-G-P, esse grupo de produtos contribui com, aproximadamente, 30% de todo o lucro, antes dos impostos. O usuário final típico dos produtos da W-G-P compra uma variedade de produtos, tanto da Categoria A quanto da B. Em muitos casos, os produtos são usados juntos nas aplicações agrícolas. A linha total de produtos da W-G-P é comercializada por uma rede de revendedores agrícolas. A empresa vende para os revendedores, que então revendem os produtos para proprietários rurais. O revendedor típico oferece ao fazendeiro uma ampla linha de produtos, inclusive aqueles que fazem concorrência direta com a W-G-P. Historicamente, os proprietários rurais costumam comprar os produtos A e B uma ou duas semanas antes da sua aplicação no campo. Essa aplicação ocorre em épocas diferentes nas várias regiões do país e está diretamente relacionada à intensidade das chuvas. Portanto, os produtos da W-G-P devem estar disponíveis no momento exato em que os fazendeiros precisam. Da mesma maneira, a quantidade necessária por hectare varia de acordo com o volume de chuva recebido em cada área. Assim, mesmo que a W-G-P fabrique os produtos *Prevention* e *Support* o ano todo, as vendas aos proprietários rurais só ocorrem durante um curto período de tempo. As exigências de cada proprietário variam, conforme a região do país, em termos de tempo e de duração de uso dos produtos.

Para uniformizar a distribuição física para os revendedores durante o ano inteiro, a W-G-P oferece incentivos e permissões de uso de depósito para aqueles que adquirirem os produtos com pelo menos 90 dias de antecedência em relação ao prazo estimado de aplicação. O programa de pedidos antecipados é responsável por 30 a 40% das vendas anuais totais dos produtos *Prevention* e *Support*. Para o revendedor, colocar um pedido antecipado sig-

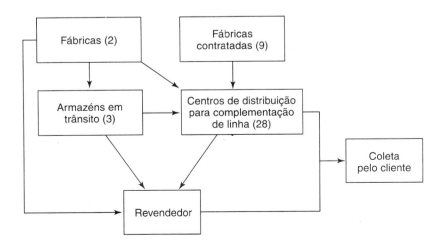

Figura 1 Fluxo de canais de produtos químicos da W-G-P.

nifica assumir um estoque de produtos *Prevention* antes da compra por parte dos fazendeiros. Entretanto, uma vez que os produtos *Prevention* e *Support* estejam de fato disponíveis, a permissão de uso de depósito para o pedido antecipado significa um desconto especial para os produtos *Support*, que são comercializados o ano inteiro. Para evitar abusos no programa, a W-G-P exige que uma quantidade proporcional de produtos *Prevention* acompanhe cada pedido. A W-G-P aceita devoluções de até 15% da quantidade total dos pedidos antecipados de produtos *Prevention*. A política de devolução da W-G-P exige o reembolso total do valor de compra, desde que os revendedores paguem o frete de retorno aos depósitos da empresa.

O programa de pedidos antecipados criado pela W-G-P oferece vantagens para ambos os lados:

1. De sua parte, a W-G-P pode programar os carregamentos conforme a sua conveniência, para alcançar o menor custo de transporte possível.
2. Já os revendedores recebem um desconto adicional se utilizarem meios próprios para transportar seus pedidos antecipados, logicamente se os seus custos forem menores do que utilizando o transporte feito pela W-G-P.

As vendas sazonais, aquelas em que os revendedores compram dentro do prazo de 90 dias da data estimada de aplicação, são responsáveis por 60 a 70% das vendas totais. Portanto, num grau significativo, o volume de vendas sazonais depende da capacidade da W-G-P em entregar os produtos rapidamente. Durante o período sazonal, os revendedores podem esperar que os produtos *Prevention* e *Support* estejam disponíveis para coleta nos centros de distribuição poucas horas depois de feito o pedido. Durante esse período, aproximadamente 50% dos revendedores coletam seus pedidos. Quando o transporte é providenciado pela W-G-P, os revendedores esperam pelas entregas expressas (*overnight*). Embora o nível de serviços exigido durante o período sazonal seja grande, essas vendas são muito rentáveis para os revendedores, porque os proprietários rurais estão dispostos a pagar o preço integral no varejo. A capacidade de oferecer produtos durante o período de aplicação é um dos critérios mais importantes usados pelos revendedores quando selecionam uma empresa química. Historicamente, as vendas têm se concentrado em 8 estados da região centro-oeste, que são responsáveis por 80% da receita anual. A Tabela 1 apresenta um resumo dos dados de 1997.

O padrão de distribuição para os produtos da W-G-P é relativamente simples. As duas instalações próprias de fabricação estão localizadas nos estados do Alabama e de Louisiana. A fábrica do Alabama produz apenas produtos *Support*, enquanto a de Louisiana produz tanto *Prevention* quanto *Support*. As duas instalações são fábricas com sistema de processos contínuos; suas localizações junto a portos de águas profundas facilitam a movimentação econômica de recebimento de matérias-primas. As nove instalações de fábricas contratadas para períodos sazonais passaram por auditorias ambientais e estão estrategicamente localizadas em pontos-chave de corredores de transportes.

Os três depósitos em trânsito são utilizados porque as instalações de fabricação têm espaço suficiente apenas para o armazenamento da produção de 2 ou 3 dias. A Tabela 2 apresenta as localizações das instalações em trânsito.

Tabela 1 Vendas anuais, 1997

Valores ($)	525.146.747
Peso (kg)	242.717.768
Metros cúbicos	26.912.753
Caixas	2.912.753
Linhas de produtos por pedido	25.392
Pedidos	19.139

Tabela 2 Depósitos em trânsito

Birmingham, AL
Memphis, TN
Alexandria, LA

Para o sistema como um todo, os depósitos em trânsito possuem três funções: (1) oferecer armazenamento até que sejam necessários embarques, (2) adiar o risco de embarques antecipados e (3) oferecer uma combinação de tarifas de transporte que seja menor para os centros de distribuição no campo do que a soma das tarifas públicas referentes a movimentações de entrada e saída nos depósitos em trânsito. Nesse sentido, os depósitos em trânsito são justificados economicamente por tarifas especiais de transporte. Todos os depósitos e centros de distribuição do sistema da W-G-P são instalações públicas. Portanto, os custos da W-G-P são baseados no volume de passagem e duração do armazenamento. Os 28 centros de distribuição de linha completa são principalmente instalações para atender aos revendedores. Embora alguns pedidos antecipados sejam despachados diretamente das instalações e dos depósitos em trânsito para os revendedores, eles representam menos de 10% do volume total anual despachado. Em torno de 90% de todo o volume é despachado ou coletado pelos revendedores nos centros de distribuição de linha completa. A Tabela 3 apresenta uma lista de localizações dos cen-

Tabela 3 Localizações dos depósitos

Indianapolis, IN	Brooklyn Center, MN
Memphis, TN	Rockford, IL
Ennis, TX	Memphis, TN
Alexandria, LA	Phoenix, AZ
Fresno, CA	Orlando, FL
Baton Rouge, LA	Milwaukee, WI
West Helena, AR	Goldsboro, NC
West Sacramento, CA	Des Moines, IA
Greenville, MS	Decatur, IL
Weslaco, TX	Columbia, SC
Omaha, NE	Pennsauken, NJ
Evansville, IN	Houston, TX
Albany, GA	Lubbock, TX
Montgomery, AL	Charlotte, MI
Birmingham, AL	Lima, OH
Kansas City, MO	

tros de distribuição. O reabastecimento dos estoques dos centros de distribuição se dá primeiramente com base numa alocação controlada pelo setor central de planejamento do inventário. Todos os pedidos são processados de forma eletrônica *on-line* no escritório central após seu recebimento por uma rede de telecomunicações. O tempo decorrido da entrada do pedido até seu embarque no centro de distribuição é de menos de 24 horas. O transporte rodoviário é o principal meio de embarque das fábricas para os depósitos em trânsito e os centros de distribuição.

A Revisão do Sistema

O principal objetivo da revisão do sistema de distribuição físico é avaliar o custo e os níveis de serviço do programa existente em comparação com os métodos operacionais alternativos. Apesar da relativa tranqüilidade nas operações, permanece o fato de que, ao final de cada temporada de aplicação, muitas exigências dos revendedores não foram satisfeitas, enquanto outros devolveram inventário. Portanto, vendas perdidas poderiam ter sido evitadas se os produtos estivessem disponíveis para os revendedores que deles necessitavam. Um elemento crucial do serviço aos clientes é promover a disponibilidade de inventário para acomodar coletas por parte dos clientes. Ao preparar o estudo, John White solicitou ao Departamento de Contabilidade que disponibilizasse custos-padrão. Foram então desenvolvidos os seguintes padrões:

1. Processamento de pedidos a um custo fixo por mês, com custo variável por pedido.
2. Custo de inventário, antes dos impostos, de 18% do estoque anual médio por campo no local do depósito.
3. Manuseio e estocagem ao custo local real para cada instalação existente e potencial. Taxa de estocagem adequada aplicável a cada armazém em trânsito.
4. Custos de transporte de expedição das fábricas e dos depósitos em trânsito para os depósitos de campo baseados em tarifas ponto a ponto.

A Tabela 4 apresenta os custos referentes ao ano de 1997.

Questões

1. Qual é o custo total de distribuição da W-G-P Chemical Company? Quais são os custos por quilo, metros cúbicos, caixa, linhas e pedidos? Como essas medidas podem contribuir para a revisão do processo de distribuição?
2. Assinale em um mapa as instalações de distribuição da W-G-P Chemical Company. Quais as características dos produtos e do mercado que podem ajudar a explicar essa estrutura de distribuição?
3. Qual o método alternativo de distribuição que a W-G-P deveria considerar para os produtos *Prevent* e *Support*?
4. Comente a base lógica para:
    A. Programa de pedidos antecipados,
    B. Políticas de coletas pelos clientes,
    C. Uso de instalações de depósitos públicos *versus* depósitos próprios.

Caso 8: Western Pharmaceuticals (A)

David J. Closs e Christopher Kitchen

George Castro tinha tudo para estar orgulhoso. Sua empresa, a Western Pharmaceuticals, acabou de unir-se ao maior fabricante de medicamentos para resfriados sem receita médica* na Costa Leste dos EUA. A fusão com a Atlantic Medical deve garantir uma cobertura de mercado de costa a costa, tanto para os produtos para dores no estômago da Western Pharmaceuticals como para os xaropes contra tosse da Atlantic Medical. George foi selecionado para ser o presidente da recém-fundada United Pharmaceuticals, que rapidamente está se tornando uma das principais líderes de negócios no México e nos EUA.

Histórico

A Western Pharmaceuticals foi fundada em Los Angeles, no pós-guerra, pelo avô de George. A reputação de Tony Romero de trabalhador incansável e profundo conhecedor da área fez com que o lançamento de seu primeiro antiácido estomacal em tabletes fosse um sucesso imediato na área central da cidade em crescente desenvolvimento.

O pai de George, Rudy, casou-se com uma Romero em 1961. Embora não fosse farmacêutico, Rudy havia conquistado graduação em planejamento urbano pela Universidade Pepperdine. Após muitas discussões calorosas com seu novo genro, Tony aceitou os conselhos para expandir seus negócios para fora dos limites da congestionada Los Angeles. A produção de tabletes seria então realizada na pequena cidade de Ontário, alguns quilômetros a leste de Los Angeles. O terreno urbano, convenientemente localizado próximo a várias rodovias importantes e a um terminal ferroviário, serviria somente como centro de distribuição.

---

* N. de T.: Em inglês, *over the counter*. Compra de medicamentos diretamente no balcão da farmácia, sem necessidade de receita médica.

Tabela 4 Custos de distribuição, 1997

Armazenagem	$ 3,1 milhões
Manuseio	$ 1,3 milhões
Execução de pedido	$ 3,5 milhões
Nível médio de inventário	$ 90,0 milhões
Transporte para o armazém	$ 2,3 milhões
Transporte de transferência entre os centros de distribuição	$ 1,2 milhões
Transporte aos clientes	$ 5,6 milhões

A sugestão de Rudy de separar a produção da distribuição deu resultado. Ontário ofereceu um mercado de locação de imóveis e custos de mão-de-obra bem mais baratos do que Los Angeles, e era próximo o suficiente para evitar maiores inconvenientes. Além disso, o fato de permitir que as instalações de Los Angeles se concentrassem somente na produção levou a economias significativas. A Western Pharmaceuticals prosperou.

Seguindo as recomendações de seu sogro, Rudy ingressou na faculdade de administração de empresas e concluiu seu MBA pela Universidade Estadual da Califórnia, em Los Angeles, no ano de 1968. Logo depois, Rudy foi indicado para vice-presidente executivo da Western Pharmaceuticals e rapidamente concentrou-se em expandir e diversificar a empresa. Além de buscar novos produtos, Rudy reconheceu a importância de um sistema de distribuição viável para uma maior participação no mercado. Um segundo centro de distribuição foi construído em Indianápolis, e a Western Pharmaceuticals começou a se direcionar para o leste. Em 1972, a empresa ocupava uma posição dominante na região nordeste, Utah, Idaho e Novo México, e estava abrindo espaços importantes no Colorado. Seguindo as recomendações de Rudy, Tony buscou a aquisição da Central Solutions, uma pequena empresa da região centro-oeste, fabricante de antiácido líquido. Embora a Central Solutions estivesse em dificuldades, a sua aquisição permitiu que a Western Pharmaceuticals se diversificasse para o mercado de antiácidos líquidos. Mais importante, a Western Pharmaceuticals obteve centros de distribuição em Omaha, Nebraska e New Brunswick, em New Jersey. Em conseqüência, apresentaram-se participações e lucros nos mercados do Centro-oeste e da Costa Leste.

George começou a trabalhar como funcionário de meio período no depósito de Los Angeles em 1978. Após graduar-se em 1982 pela UCLA – Universidade da Califórnia, em Los Angeles, ele trabalhou como gerente de produção nas instalações de Ontário. Na época em que ele obtêve seu MBA em 1986, a Western Pharmaceuticals havia conquistado sua maioridade no Oeste, Centro-oeste e na Costa Leste, e agora tinha os olhos voltados para o Sul. Em 1988, a empresa abriu seu mais novo centro de distribuição nas imediações de Atlanta, na Geórgia, junto a seu anel rodoviário interior. A construção das instalações de Atlanta possibilitou acesso ao Sul e ao Sudeste de forma mais eficiente; a participação no mercado aumentou proporcionalmente.

Em 1996, a Western Pharmaceuticals foi reconhecida como a "galinha dos ovos de ouro" do setor de medicamentos para males do estômago. Agora não mais como uma empresa inovadora, ela possuía uma linha de produtos bem conhecidos que garantiam suas participações de mercado por meio de campanhas promocionais criativas e agressivas. Rudy, agora presidente da empresa, estava feliz em deixar a Western Pharmaceuticals em sua condição atual. Isso levou a um desentendimento entre ele e seu filho George; este, um homem empreendedor e realizador, que tinha desenvolvido uma reputação agressiva dentro da empresa e que, freqüentemente, encorajava seu pai a expandir a oferta de produtos.

George tornou-se presidente da Western Pharmaceuticals após a aposentadoria de seu pai em meados do ano 2000 e, imediatamente, começou sua busca por novas aquisições. A Atlantic Medical oferecia tudo o que a Western Pharmaceuticals precisava para garantir a continuidade do seu sucesso atual. Primeiro, a empresa oferecia medicamentos para resfriados, algo que a Western Pharmaceuticals chegou a pensar mas nunca buscou. Segundo, a empresa tinha centros de distribuição-chave na Costa Leste, em Mechanicsburg, na Pensilvânia, e em Atlanta, na Geórgia. George estava convencido de que o sucesso da fusão entre as empresas seria uma garantia de sucesso nacional no mercado de medicamentos sem receita médica, no setor de antiácidos e xaropes contra tosse.

O Presente

A recém-fundada United Pharmaceuticals é composta de seis fábricas e oito centros de distribuição; produz seis produtos (A-F) com penetração no mercado nacional. Agora que a empresa marcava presença no mercado de costa a costa, George está buscando maiores eficiências. Principalmente, tendo em vista os custos de produção e de manuseio – custos de recebimento, de expedição e com serviços –, todos os centros de distribuição são necessários?

A Tabela 1 lista as instalações de fábrica e os centros de distribuição da Western Pharmaceuticals antes da fusão. A Tabela 2 lista as instalações e os centros de distribuição da Atlantic Medical antes da fusão.

Tabela 1 Instalações atuais de fabricação e centros de distribuição da Western Pharmaceuticals

Fábricas	Centros de distribuição
Columbus, OH	Atlanta, GA
Omaha, NE	Indianapolis, IN
Ontario, CA	Los Angeles, CA
South Bend, IN	Omaha, NE
New Brunswick, NJ	

Tabela 2 Instalações atuais de fabricação e centros de distribuição da Atlantic Medical

Fábricas	Centros de distribuição
Buffalo, NY/Toronto, ONT	Atlanta, GA
Newark, NJ	Mechanicsburg, PA
Sparks, NV	

A Tabela 3 lista a capacidade de produção e o percentual de volume para cada fábrica.

Mesmo que as empresas utilizem instalações de depósitos contratados, existem custos fixos incorridos em cada instalação, oriundos de gestão e tecnologia. Cada centro de distribuição opera com custos fixos de $ 300.000. Os custos com manuseio em cada centro de distribuição está estimado em $ 1 por *hundredweight* (*CWT*). Os custos com manuseio cobrem somente a mão-de-obra e os equipamentos necessários para receber os embarques das fábricas, os descartes, a coleta de pedidos e o carregamento de caminhões.

Para fins de contabilidade e de custos de carregamento de inventário, cada quilo de estoque está avaliado em $ 11. O giro

Tabela 3 Perfil de produção por fábrica

Fábrica	Produtos produzidos	Divisão de fornecimento	Porcentagem das vendas em peso representado por produto
Ontario, CA	A	WP	48
Columbus, OH	B	WP	6
South Bend, IN	C	WP	4
Omaha, NE	D	WP	7
Newark, NJ	E	AM	11
Buffalo/Toronto, ONT	E	AM	10
Buffalo/Toronto, ONT	F	AM	14

de produtos acabados nos centros de distribuição historicamente se situa em 3,5 giros por ano para a Western Pharmaceuticals e 3,0 giros anuais para a Atlantic Medical. Cada produto nos centros de distribuição é reabastecido a cada duas semanas, normalmente.

A Tabela 4 lista as atuais áreas de atendimento para cada divisão e estado. Embora existam inúmeros carregamentos de exceção, cada estado é atendido, geralmente, por um centro de distribuição designado.

Neste momento, a capacidade de produção da combinação de empresas está sendo plenamente utilizada. Assim, está fora de cogitação fechar qualquer instalação de produção. É possível, no entanto, redirecionar a capacidade nas diferentes fábricas com um único dispêndio de $ 500.000. Esse valor cobre os custos de preparar um local novo, desmontar os equipamentos, transferi-los, remontá-los e recalibrá-los em uma instalação alternativa. Com exceção do produto E, as economias de escala não permitem que qualquer outro produto seja fabricado em instalações múltiplas.

A satisfação dos clientes exige que todos os produtos para um único cliente sejam embarcados de um centro de distribuição comum. Isso implica que os embarques não podem ser feitos diretamente das fábricas. A empresa integrada tem operacionalizado essa política ao exigir que cada estado seja designado para somente um centro de distribuição. A empresa também exige que 95% do volume tenha um trânsito de somente dois dias para o centro de distribuição de atendimento. Isso significa, de fato, que 95% do volume deve estar dentro de um raio de 1.200 quilômetros do centro de distribuição de onde será expedido.

A planilha Excel de acompanhamento contém três planilhas de trabalho. A primeira, "Peso por Estado" lista o número e o total do peso dos embarques atuais para cada estado. O volume é quebrado em Cargas Fechadas (TL) e Cargas Fracionadas (LTL) e inclui a combinação-padrão de todos os produtos. Para produtos que saem de instalações de produção múltiplas, cada centro de distribuição é abastecido pela fábrica mais próxima. A segunda planilha, "Tarifas de Clientes", contém as tarifas de Cargas Fechadas (TL) e Cargas Fracionadas (LTL) (por *CWT*) de cada centro de distribuição para a maior cidade representando cada estado. Essas tarifas são baseadas nas tarifas com desconto de código postal a código postal, fornecidas pela transportadora principal da Western Pharmaceuticals. A terceira planilha, "Recebimento", oferece as tarifas de Cargas Fechadas (TL) de recebimento de cada fábrica para cada centro de distribuição. Essas tarifas também são em $/CWT.

Caso 9: Western Pharmaceuticals (B)

David J. Closs

Agora que George já iniciou o projeto de desenvolvimento da cadeia de suprimentos (veja Caso 8), sua próxima tarefa é investigar a capacitação de gestão de inventário da empresa, relativa à cadeia de suprimentos refinada. A integração da Western Pharmaceuticals com os sistemas de distribuição da Atlantic Medical exige o refinamento do sistema de gestão do inventário da empresa.

Embora a Western Pharmaceuticals desejasse possuir uma análise abrangente de inventário, as informações disponíveis são limitadas, devido à fusão e à mudança simultânea para um sistema ERP. De fato, para dados disponíveis rapidamente, existe apenas uma amostra limitada das vendas e dos registros de inventário da Atlantic Medical. Para uma amostra de 100 SKUs, o banco de dados inclui a média e o desvio-padrão das vendas semanais, o ciclo médio dos tempos de pedido (*OCT – Order Cycle Time*), a quantidade de pedidos de reabastecimento (*OQ – Order Quantity*)* e o inventário médio. Com base no histórico, o desvio-padrão do ciclo atual de tempo de reposição é de 1 semana. As vendas, os pedidos de quantidade e o inventário são registrados em quantidade de caixas. As informações históricas são fornecidas para cada um dos três centros de distribuição existentes.

A Atlantic acredita que a taxa de atendimento por caixas é de 95%, mas não estão certos.

Questões

1. Qual deveria ser a taxa de atendimento por caixa, para cada produto, dados os atuais níveis de incerteza e pedidos de quantidade, e como o cálculo da taxa agregada de atendimento por caixa difere do nível histórico observado?

2. Quais são os níveis de estoque de segurança e de inventário médio para cada produto e no total, necessários para se alcançar os 95% de atendimento por caixa para ca-

---

* N. de T.: Para mais informações sobre OCT e OQ, consulte o Capítulo 9.

Tabela 4 Histórico das áreas de serviço

Estado	Localização dos serviços da Atlantic Medical	Localização dos serviços da Westminster Pharmaceutical
AL	Atlanta	Atlanta
AR	Atlanta	Atlanta
AZ	Sparks	Los Angeles
CA	Sparks	Los Angeles
CO	Sparks	Omaha
CT	Mechanicsburg	New Brunswick
DC	Mechanicsburg	New Brunswick
DE	Mechanicsburg	New Brunswick
FL	Atlanta	Atlanta
GA	Atlanta	Atlanta
IA	Mechanicsburg	Omaha
ID	Sparks	Omaha
IL	Mechanicsburg	Indianapolis
IN	Mechanicsburg	Indianapolis
KS	Mechanicsburg	Omaha
KY	Mechanicsburg	Indianapolis
LA	Atlanta	Atlanta
MA	Mechanicsburg	New Brunswick
MD	Mechanicsburg	New Brunswick
MI	Mechanicsburg	Indianapolis
MN	Mechanicsburg	Omaha
MO	Mechanicsburg	Omaha
MS	Atlanta	Atlanta
MT	Sparks	Omaha
NC	Atlanta	Atlanta
ND	Mechanicsburg	Omaha
NE	Mechanicsburg	Omaha
NH	Mechanicsburg	New Brunswick
NJ	Mechanicsburg	New Brunswick
NM	Sparks	Los Angeles
NV	Sparks	Los Angeles
NY	Mechanicsburg	New Brunswick
OH	Mechanicsburg	Indianapolis
OK	Atlanta	Omaha
OR	Sparks	Los Angeles
PA	Mechanicsburg	New Brunswick
RI	Mechanicsburg	New Brunswick
SC	Atlanta	Atlanta
SD	Mechanicsburg	Omaha
TN	Atlanta	Atlanta
TX	Sparks	Los Angeles
UT	Sparks	Omaha
VA	Mechanicsburg	New Brunswick
VT	Mechanicsburg	New Brunswick
WA	Sparks	Los Angeles
WI	Mechanicsburg	Indianapolis
WV	Mechanicsburg	New Brunswick
WY	Sparks	Omaha

da produto? De que maneira os níveis atuais de inventário se desviam dos níveis teóricos de inventário? Quais são as conclusões que você pode tirar dessas diferenças?

3. Qual é o impacto do custo de carregamento de inventário ao se aumentar a taxa de atendimento por caixa do nível atual de 95% para 99%? Considere que o custo anual de carregamento de inventário é de 20%. Sabendo que 5% do potencial de vendas é perdido devido às faltas de estoque (100 – 95%) e que há uma margem de 25% no item médio (COGS = 75%), você recomendaria que o nível de serviços fosse aumentado? Justifique sua resposta.

4. Qual seria o impacto no inventário e nos serviços ao consolidar-se todo o estoque da Atlantic Medicals em uma única instalação? Aplique tanto a abordagem de raiz n como a do nível de item. A raiz quadrada de n deve ser aplicada para valores agregados de inventário referentes ao total de produtos. A abordagem de nível de item combina as médias e os desvios médios usados para locais individuais para a demanda e o desvio-padrão referentes a um único local. A média semanal para o local combinado é a soma das médias semanais. O desvio-padrão semanal combinado é calculado como:

$$\sigma_c = \sqrt{\sigma_1^2 + \sigma_2^2 + \sigma_3^2}$$

onde:

σ_c = Desvio-padrão semanal combinado; e

σ_i = Desvio-padrão semanal para o centro de distribuição i.

Comente as diferenças entre as duas abordagens. Qual é a razão para essas diferenças?

Caso 10: Serviços aos Clientes na Woodson Chemical Company

A partir da perspectiva de Melinda Sanders, os problemas da Woodson Chemical Company (WCC) eram facilmente identificáveis. As soluções, entretanto, pareciam ser muito mais difíceis e complexas. Melinda acabara de completar 29 anos e estava em seu sexto ano de trabalho na WCC. Após graduar-se em uma excelente universidade a Oeste dos Estados Unidos com um MBA em *Marketing*, ela progrediu continuamente em uma série de posições nesse ramo, assim como em vendas e em operações de distribuição. Sua posição atual é de líder do planejamento de distribuição da Divisão de Químicos e Produtos de Desempenho da WCC North America.

O mais recente relatório de serviços aos clientes da WCC North America relatou que "os clientes continuamente atribuem à empresa notas médias a baixas no desempenho de serviços. Em particular, os clientes expressam uma grande insatisfação com o processo de informação dos pedidos". Melinda sempre entendeu que quanto mais as vendas e os sistemas de distribuição da WCC se expandiam, pareciam ser criados mais gargalos na gestão e na comunicação. Ela também estava bastante ciente de que a questão da informação da situação dos pedidos era problemática em todas as operações da WCC North America. Cada divisão tinha trabalhado duramente nos últimos 18 meses, desenvolvendo e instituindo uma série de pacotes de *software* com o objetivo de melhorar o desempenho de seus serviços. Durante uma recente reunião com Barry McDonald, diretor de Serviços aos Clientes da WCC North America Químicos e Produtos de Desempenho, Melinda Sanders recebeu uma cópia do relatório referente às diretrizes previstas e à classificação da importância das necessidades de serviços aos clientes para o setor de químicos. O relatório afirmava:

o cliente deseja, especificamente, acesso instantâneo, em tempo real, a informações sobre a situação dos seus pedidos. A acessibilidade a essa informação é necessária em toda a cadeia de suprimentos – desde o primeiro questionamento do cliente sobre a situação da produção, do carregamento dos embarques e das chegadas aos destinos finais. Um objetivo crucial é sermos capazes tanto de nos comprometer como de controlar os inventários desde o momento em que o pedido é feito. Embora o objetivo de integração logística seja importante para muitas empresas químicas, seus esforços têm, freqüentemente, sido restringidos devido a sistemas de informações e projetos estruturais de organização inadequados.

A Woodson Chemical Company

A WCC foi fundada em 1899 por Alexander Woodson. A empresa originalmente estava localizada no sudeste do Texas; no início dos anos 60, a sede da corporação foi transferida para St. Louis, para aproveitar um local geograficamente privilegiado na cidade. Aproximadamente um terço dos negócios da WCC é feito no exterior. A maioria dos arranjos diz respeito a subsidiárias próprias; poucos são os países industrializados no mundo onde a WCC não possui alguma fábrica ou presença de vendas. A WCC North America, uma subsidiária que pertence integralmente à Woodson Chemical Company, é a sexta maior empresa de químicos da América do Norte e produz uma gama diversificada de químicos usados como matérias-primas na produção de alimentos, produtos de cuidado pessoal, farmacêuticos, papel e celulose e setores de serviços públicos.

A empresa opera quatro grupos de produtos, separados em três divisões (veja Tabela 1). A Divisão 1 contém químicos e produtos de desempenho, que são basicamente usados como matérias-primas na produção e/ou no processamento de produtos de consumo. A Divisão 2 é composta de dois grupos de produtos: produtos plásticos e hidrocarbonatos e energia. Os produtos plásticos são utilizados em vários mercados, como de embalagem, automotivo, aparelhos eletrônicos, construção, eletrodomésticos, recreação, móveis, pisos e produtos para a saúde. O grupo de hidrocarbonatos e de energia diz respeito à compra de combustíveis e materiais baseados em petróleo, bem como à produção de energia e vapor utilizados para produzir plásticos, químicos e metais da WCC. A Divisão 3 contém especialidades para consumidores, as quais servem aos mercados de produtos alimentícios, domésticos e pessoais.

Em termos de apoio funcional, cada divisão mantém seus departamentos próprios de *marketing*, logística e administração. Atualmente, nas divisões, a responsabilidade pelo processamento das informações referentes aos serviços aos clientes, transportes e armazenamento é do grupo logístico. O grupo administrativo tem a responsabilidade do processamento de informações para a área financeira e contábil. A Figura 1 apresenta a estrutura organizacional das operações da WCC North America.

Nos últimos anos, o desempenho nos quatro grupos de produto tem variado consideravelmente. Embora as vendas de produtos químicos e de desempenho tenham apresentado quedas

Tabela 1 Vendas da WCC 1997-2001 ($000.000)

Divisão	1997	1998	1999	2000	2001
1: Produtos químicos e de desempenho	$3.630	$3.785	$3.562	$3.165	$3.130
2: Produtos plásticos,	4.857	4.896	5.174	4.775	4.701
hidrocarbonatos e energia	1.051	1.243	1.547	1.353	1.214
3: Especialidades de consumo, saúde, agricultura e produtos de consumo	2.120	2.387	3.537	3.838	4.184
Total	$11.658	$12.311	$13.820	$13.131	$13.229

ou se tornado constantes, devido ao crescimento das oportunidades, a expectativa é de aumento no volume e de melhora na lucratividade. Na Divisão 2, os produtos de plástico mostraram vendas reduzidas; embora possa ser alcançado um crescimento moderado, prevê-se que os preços continuem sob pressão, devido à economia global em recessão e a um considerável excesso de oferta no setor. As vendas de hidrocarbonatos e de energia tiveram queda significativa nos últimos 3 anos; apesar de os custos de reabastecimento e de compra de energia terem sido reduzidos, as vendas mais baixas compensaram além das expectativas as economias resultantes de compras. A capacidade excessiva do setor permanece como um problema sério; com o desenvolvimento de indústrias na Coréia e na China essa situação irá exacerbar-se ainda mais. Especialidades de consumo continuam a apresentar enormes ganhos em vendas, particularmente nas categorias de produtos médicos, de saúde e de consumo. As vendas referentes à agricultura permanecem relativamente constantes. Prevê-se que o crescimento constante das especialidades de consumo continue; porém, talvez não no mesmo ritmo ágil dos últimos 5 anos.

Uma grande preocupação da gestão da WCC são os custos principais e as despesas das áreas de distribuição e de *marketing* (veja Tabela 2). A empresa fez progresso considerável na redução de custos de compra de matéria-prima, mas outras categorias de despesas estão aumentando a uma taxa que supera a do crescimento das vendas.

Histórico do Setor

Ao longo do tempo, a produção de químicos tem se mostrado um setor tipicamente cíclico; recessos e períodos de baixo crescimento econômico vêm há muitos anos fazendo cair as vendas do setor químico em determinados períodos. Tão logo as economias começam a se recuperar, a produção industrial aumenta e a produção de químicos então leva a economia dos EUA a um período de recuperação.

O setor químico tenta alterar seu planejamento estratégico à medida que os mercados e as estratégias mudam. A expansão da economia global e a tecnologia de ponta do setor químico alteraram de forma dramática a maneira pela qual o setor químico opera atualmente. No passado, uma empresa química de grande porte e altamente integrada, com controle de matéria-prima, economias de escala e fábricas modernas, possuía vantagens de custos significativas que poderiam eliminar, na margem, indústrias químicas eficientes em todo o mundo. Hoje em dia, essa estratégia é facilmente anulada. A disponibilidade de tecnologia química de ponta, que leva à construção de fábricas de primeira linha no setor, pode fazer com que um produtor de baixo custo, em relação à maioria das empresas, possa estruturar um arranjo para um reabastecimento constante de produtos químicos a partir de um país produtor de petróleo. A vantagem competitiva contemporânea em geral é resultante de uma posição focalizada no mercado, bom fornecimento de matérias-primas, sem a necessidade de investimento alto em uma estrutura completamente integrada verticalmente e de uma estrutura organizacional enxuta e eficiente. Os líderes no setor precisam manter recursos e estrutura organizacional eficientes, ao mesmo tempo que alavancam sua experiência tecnológica em tantas aplicações químicas quanto possível. Além disso, muitos fabricantes de químicos estão se diversificando para químicos especiais, em um esforço para equilibrar a natureza cíclica de seus ganhos.

Diante de grande pressão para se tornar cada vez mais globalizada, especialmente durante épocas de difícil condição econômica, os líderes dos sistemas de informação do setor de químicos tomam providências para implementar estratégias mais eficientes e custo-efetivas para rastrear e compartilhar informações relativas ao negócio. Angela Lowrey, diretora de Planejamento de Recursos de Informações da WCC North America, disse que "melhores informações logísticas entre as divisões de negócio é parte integrante da instituição de um plano de negócios estratégico. Os dispêndios atuais em sistemas de informação de computadores representam aproximadamente 2% das receitas da corporação, informações [relativas aos negócios] representam uma *commodity especial* e um ativo estratégico potencial que muitas empresas em nosso setor estão apenas começando a reconhecer".

A determinação de onde focalizar as operações químicas está também se tornando cada vez mais complexa, já que a natureza geográfica do setor muda economicamente. A incerteza na Europa Oriental, o rápido crescimento na Costa do Pacífico e os mercados potenciais na América Latina e no Caribe modificaram os padrões tradicionais da fabricação global do setor químico. São necessários investimentos muito altos em pesquisa e desenvolvimento para manter um fluxo constante de margem alta e de novos produtos. Problemas ambientais e questões de responsabilidade são preocupações significativas no setor de fabricação de químicos. Embora o comprometimento com controles de emissão cada vez maiores e precisos tenha melhorado o relacionamento entre os fabricantes de químicos, o governo e os grupos de interesse público, o transporte e o manuseio de materiais perigo-

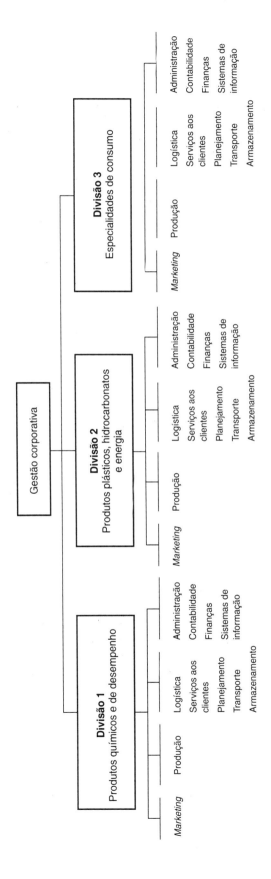

Figura 1 Woodson Chemical Company – Estrutura organizacional da divisão da América do Norte.

Tabela 2 Custos e despesas de operação da WCC 1988-2001 ($ mil)

	1997	1998	1999	2000	2001
Custo das mercadorias vendidas	$ 6.864	$ 7.335	$ 9.125	$ 8.863	$ 8.893
Pesquisa e desenvolvimento	540	611	795	811	902
Promoção e publicidade	291	346	447	505	557
Vendas e administrativo	$ 8.833	$ 9.523	$ 11.826	$ 11.706	$ 11.982

sos permanecem como uma questão de grande importância, em particular na América do Norte e na Europa Ocidental.

Rede de Distribuição da WCC North America

A WCC North America produz e vende mais de 1.500 produtos em muitas diferentes formulações, contêineres para embalamento e arranjos de rotulagem. Os produtos são fabricados em um ou mais locais entre as 22 unidades de fabricação nos EUA; depois, são distribuídos por meio de 5 centros de distribuição da WCC a depósitos de campo e, mais tarde, a 325 pontos de estoque (cooperativas e revendedores). A Tabela 3 lista as fábricas e os centros de distribuição da WCC localizados na América do Norte.

A fabricação de químicos não mantém níveis significativos de inventários de produtos em processo (*WIP – Work-in-process*) e gerenciá-los normalmente não é difícil. Entretanto, a gestão de inventários de produtos acabados é um problema considerável. Tempos de avanço curtos, altos níveis de serviços aos clientes, fabricação em grande quantidade, distribuição de produtos para reabastecimento e longo tempo de produção e distribuição exigem que muitos produtos já estejam disponíveis quando o pedido do cliente é recebido. O tamanho e a complexidade da rede de distribuição da WCC torna a gestão de distribuição muito difícil.

De acordo com Melinda Sanders, a estrutura gerencial da WCC não atende bem às necessidades de gestão da sua cadeia de suprimentos. Recentemente, entretanto, a empresa começou a implementar um sistema de logística integrada para coordenar as funções de planejamento, compras, produção, *marketing* e distribuição. Maior atenção tem sido direcionada ao problema de oferecer à fabricação a informação necessária, a fim de determinar o nível de produção individual por SKU (via MRP), bem como o quanto e onde distribuir os produtos (via DRP). A comunicação aprimorada entre *marketing*, produção e distribuição tem levado a melhores previsões da demanda dos clientes pela área de Tecnologia da Informação.

Entretanto, apesar de cada divisão da WCC estar começando a operar de forma mais integrada, cada divisão continua a ter responsabilidades independentes em relação aos pedidos dos clientes e à situação das informações. Cada divisão também projeta, planeja e executa suas atividades de produção, armazenamento, coleta e carregamento. A maioria dos depósitos usados corresponde a instalações públicas. O transporte é realizado por transportadoras rodoviárias comuns e sob contrato, e também por ferrovias. Uma porção significativa dos produtos da WCC é movimentada por ferrovia; na verdade, a WCC possui e opera uma frota própria de vagões razoavelmente grande, em razão da natureza especializada de seus produtos. O elo entre o transporte e o serviço aos clientes é um componente vital na WCC. "A lo-

Tabela 3 Rede de distribuição da WCC North America

Plantas de fabricação	Centros de distribuição	
Schaumburg, IL	Gary, IN	Reno, NV
Los Angeles, CA	Omaha, NE	Louisville, KY
Harrisburg, PA	Spokane, WA	Shreveport, LA
Memphis, TN	Denver, CO	Charlotte, NC
New Orleans, LA	Little Rock, AR	Omaha, NE
Shreveport, LA	Raleight-Durham, NC	
St. Louis, MO	Morristown, NJ	
Houston, TX	Toledo, OH	
Lubbock, TX	Wilmington, DE	
Tulsa, OK	Jacksonville, FL	
Montgomery, AL	Billings, MT	

Armazéns de campo (se necessários) principalmente instalações públicas

Revendedores e cooperativas por contrato em toda a América do Norte

gística na Divisão de Químicos e Produtos de Desempenho da WCC North America constitui-se numa ferramenta competitiva", destaca Michael Davidson, gerente logístico. "Eu asseguro que nós sempre temos transportadores mais do que suficientes para nosso tráfego de entrada e saída, podendo assim manter os produtos em movimento no nosso sistema".

Tradicionalmente, era aceitável um nível geral de atenção aos serviços aos clientes, mas a WCC reestruturou suas operações divisionais ao agrupar produtos e, em particular, diversificou em químicos especiais; assim, as necessidades das divisões se tornaram bastante diferenciadas. A complexidade do serviço aos clientes é ainda maior porque cada divisão serve a um número considerável de clientes comuns, muitos dos quais representam contas importantes e de alto volume. A estrutura divisional descentralizada da WCC North America tem, historicamente, permitido a cada divisão oferecer serviços personalizados de alta qualidade aos clientes, atendendo a suas exigências diferenciadas. A habilidade em personalizar esses serviços é considerada uma força competitiva na WCC. Os esforços em vendas, *marketing* e controle de custos estão se voltando cada vez mais para a resposta aos clientes – o nível de foco agora não é apenas determinado por divisão, mas também especificado para contas de clientes individuais. Em particular, a Divisão de Especialidades ao Consumidor serve um mercado altamente sensível ao tempo, incluindo muitos varejistas fortes e grandes, bem como comerciantes de produtos de massa.

Melinda Sanders e sua equipe têm uma reunião marcada para amanhã de manhã com Douglas Liddell, vice-presidente do Grupo de Sistemas de Informação Corporativos da WCC, para discutir as diretrizes da Divisão de Químicos e Produtos de Desempenho da WCC North America. Melinda acredita piamente que qualquer investimento em sistemas de informação deveria diretamente apoiar uma estratégia de negócio específica. As interrogações são: quais investimentos deveriam ser feitos e qual deveria ser, precisamente, a estratégia da WCC?

Questões

1. Qual a questão (ou questões) crucial que a WCC North America enfrenta?
2. Que mudanças (se houver alguma) deveriam ser iniciadas para lidar com essa questão crucial?
3. Identifique os riscos e benefícios de suas propostas de mudanças a partir da perspectiva (a) da gestão corporativa da WCC North America; (b) da gestão de distribuição das linhas da WCC North America; (c) dos clientes da WCC North America.
4. Qual seria o impacto nas operações da WCC North America se as mudanças propostas fossem implementadas com sucesso?
5. Que mudanças (se houver alguma) você recomendaria nos arranjos de processamento de informações da WCC North America?
6. Melinda Sanders ocupa uma posição que lhe permite compreender devidamente os problemas da WCC North America? Justifique sua resposta.
7. Você acredita que a situação atual da WCC North America é apropriada para suas operações globais? Como isso modificaria a natureza do problema, se é que modifica?

Caso 11: Controle de Desempenho na Happy Chips, Inc.

Wendell Worthmann, gerente de análise de custos logísticos da Happy Chips, Inc., viu-se frente a uma árdua tarefa. Harold L. Carter, o novo diretor de logística, havia divulgado uma correspondência da Buy 4 Less, única cliente de redes varejistas de massa da Happy Chips, reclamando do baixo desempenho operacional. Dentre os problemas citados pela Buy 4 Less, estavam: (1) freqüentes faltas de estoque, (2) pouca capacidade de resposta de serviços aos clientes e (3) preços altos dos produtos da Happy Chips. A carta sugeria que a Happy Chips, caso quisesse continuar como fornecedora da Buy 4 Less, precisaria eliminar as faltas de estoque da seguinte forma: (1) oferecendo entrega direta à loja quatro vezes por semana (em vez de três), (2) instalando um sistema automatizado de acompanhamento de pedidos para melhorar a resposta de serviço aos cliente (US$ 10.000) e (3) reduzindo os preços dos produtos em 5%. Embora o diretor de logística anterior tenha, certamente, começado a implementar as mudanças sugeridas, Harold Carter foi diferente. Ele solicitou a Wendell que preparasse uma análise detalhada da rentabilidade por segmento da Happy Chips. Também pediu que essa análise fosse feita em planilha, para possibilitar algumas verificações básicas. Isso era algo que Wendell nunca tinha tentado anteriormente, e que agora era uma necessidade imediata.

O Histórico da Empresa

A Happy Chips, Inc. é a quinta maior fabricante de batatas *chips* no mercado metropolitano de Detroit. A empresa foi fundada em 1922 e, após uma tentativa malsucedida de expansão nacional, manteve-se fundamentalmente com operações locais. A empresa, atualmente, produz e distribui uma variedade de batatas *chips* para três tipos diferentes de varejo: mercearias, farmácias e grandes redes varejistas. A maior parte dos negócios concentra-se no segmento de mercearias, com 36 locais de clientes varejistas, representando vendas anuais de 40.000 unidades e mais de 50% do faturamento anual. O segmento farmacêutico representa 39 locais de clientes, representando vendas anuais de 18.000 unidades e mais de 27% do faturamento anual. No segmento de redes varejistas, a Happy Chips possui um cliente com três locais, representando vendas anuais de 22.000 unidades e quase 22% do faturamento anual. Toda a distribuição é feita diretamente às lojas, com os motoristas tratando da devolução de materiais fora de prazo de validade, da disposição dos produtos nas prateleiras e das promoções.

Recentemente, a Happy Chips vem buscando com muita garra crescimento no segmento de redes varejistas devido à percepção de potencial de lucro. Porém, embora a empresa esteja bastante atenta à lucratividade global dos negócios, jamais houve uma análise com base em segmentos de clientes.

Estatísticas de Desempenho

Wendell participou recentemente de um seminário, em uma importante universidade da região centro-oeste, sobre custeio baseado em atividades (*ABC – Activity-based costing*). Ele ficou ansioso para logo aplicar as técnicas que havia aprendido no encontro, mas estava inseguro em relação a como proceder. Ele não entendeu a relação entre o custeio baseado em atividades e a análise da rentabilidade por segmento, mas sabia que o primeiro passo em qualquer um dos dois métodos seria identificar os custos relevantes. Wendell obteve uma cópia do demonstrativo de resultados mais recente da Happy Chips (Tabela 1).

Ele também contava com informações específicas sobre os custos logísticos por segmento (Tabela 2).

Todas as entregas eram feitas diretamente às lojas, com duas entregas por semana às mercearias, uma entrega por semana às farmácias e três entregas por semana às lojas de comércio de massa. A fim de obter informações sobre as vendas nas lojas, a Happy Chips comprou um *scanner* de dados de venda das mercearias e redes varejistas a um custo anual agregado de $ 1.000 por segmento. O segmento de farmácias exigiu o uso de *scanners* manuais pelo pessoal de entrega para acompanhar as vendas. O custo de entrega para cada loja dependia do tipo de veículo usado. Foram utilizadas rotas-padrão de caminhões para farmácias e mercearias, veículos maiores foram usados para acomodar o volume das redes varejistas.

Os preços de venda por unidade eram diferentes para os consumidores das mercearias ($ 1,90), farmácias ($ 2,30) e comércio de massa ($ 1,50). Wendell também estava ciente de que a Buy 4 Less exigiu que a Happy Chips cobrisse o preço de varejo sugerido com uma etiqueta trazendo seu preço reduzido. O custo anual de aluguel do equipamento necessário para aplicar essas etiquetas era de $ 5.000. A mão-de-obra e os materiais representavam um adicional de $ 0,03 por unidade.

Conclusão

Quando Wendell sentou-se em seu escritório para organizar as informações a fim de completar a análise da rentabilidade por segmento, recebeu várias ofertas (não solicitadas) de ajuda. Bill Smith, gerente de *marketing*, pediu-lhe que não se preocupasse com a análise:

A Buy 4 Less é, claramente, nosso cliente mais importante. Nós deveríamos implementar imediatamente as mudanças sugeridas.

Steve Brown, diretor de produção, não concordou. Ele acreditava que o custo adicional de produção, necessário para atender às necessidades da Buy 4 Less, era muito elevado:

Deveríamos permitir que a Buy 4 Less soubesse o que realmente pensamos sobre suas exigências especiais. Etiquetas, acima de tudo! Em que ramo de negócios eles pensam que estamos?

A equipe de vendas pensava diferente. Jake Williams tinha convicção de que o segmento de mercearias era o mais importante:

Apenas olhe para esse volume! Como eles poderiam ser qualquer coisa que não nossos melhores clientes?

O interesse geral gerado por essa tarefa preocupava Wendell. Será que ele precisaria ter que justificar suas recomendações a todos na empresa? Wendell silenciosamente fechou a porta de seu escritório.

Baseado nas informações disponíveis e em seu próprio conhecimento dos sistemas ABC, Wendell Worthmann precisava finalizar a análise de rentabilidade por segmento e as planilhas associadas antes de sua reunião com Harold, na manhã seguinte. Com todas as interrupções, seria uma noite longa.

Questões

1. Qual é a diferença entre o custeio baseado em atividades e a análise da rentabilidade por segmentos? Como você rebateria os argumentos dos outros gerentes sobre os segmentos mais atrativos? Utilizando os custos antes mencionados, determine a rentabilidade de cada um dos segmentos da Happy Chips.

Tabela 1 Demonstrativo de receita

Receita	
Vendas líquidas	$ 150.400,00
Juros e outras receitas	3.215,00
	153.615,00
Custo e despesas	
Custo dos produtos vendidos	84.000,00
Outros gastos de produção	5.660,00
Promoções, vendas e outras despesas	52.151,20
Gastos com juros	2.473,00
	144.284,20
Ganhos antes do Imposto de Renda	9.330,80
Imposto de Renda	4.198,86
Ganhos líquidos	5.131,94

Tabela 2 Custos logísticos anuais por segmento

Custo por categoria/segmento	Mercearia	Farmácias	Redes varejistas
Custos de estocagem ($/entrega)	$ 1,80	$ 1,20	$ 2,80
Custos de informações (anual)	1.000,00	8.000,00	1.000,00
Custos de entrega ($/entrega)	5,00	5,00	6,00

2. Baseado em sua análise, a Happy Chips deveria considerar as mudanças desejadas pela Buy 4 Less? Justifique sua resposta.
3. A Happy Chips deveria eliminar algum segmento de negócios? Justifique sua resposta.
4. Se o preço para as redes varejistas aumentasse em 20%, isso mudaria sua resposta para a questão anterior?
5. Além da lucratividade por segmento, há outros fatores que deveriam ser considerados? Caso sim, quais seriam eles?

Caso 12: Gestão de Mudança na Wilmont Drug Company

Enquanto se deslocava pelo corredor em direção à sala de reuniões, Charlie Smith, vice-presidente de logística da Wilmont Drug Company, mais uma vez revisava os eventos dos meses passados. Após uma década de crescimento sem precedentes nas vendas, o atacadista Wilmont Drug experimentou em março de 2001 sua quinta perda trimestral consecutiva. Embora o faturamento continuasse a crescer a uma taxa muito menor do que na década passada, as despesas tinham ultrapassado as vendas. A abordagem da empresa de atacado de alto serviço, que tinha sido a espinha dorsal de sua estratégia de crescimento nacional, caíra em descrédito para alguns acionistas importantes.

Fundador e antigo presidente, Robert H. Wilmont Sr. defendia uma estratégia de preço baixo, serviços enxutos, apoiados por uma iniciativa drástica de redução de custos. Na condição de acionista mais importante da empresa, ele era uma personalidade influente, cujo apoio seria crucial para qualquer plano de revitalização. John W. Brown, o então presidente da Wilmont Drug, tinha estabelecido com sucesso a liderança de seu empregador anterior no setor de computadores ao implementar uma estratégia de alto serviço semelhante à da Wilmont Drug. Ele recomendara que a empresa "permanecesse em seu curso", porque o crescimento do faturamento iria, oportunamente, retornar aos níveis anteriores e eliminaria as perdas atuais.

Charles Smith era realista. Ele sabia que uma mudança estratégica era necessária, mas discordava de uma mudança drástica, defendida pelo fundador da empresa. A estratégia de atacado de alto serviço tinha servido à empresa muito bem durante seu período de crescimento, mas as sempre crescentes demandas dos clientes tornaram o alto serviço uma base universal cada vez mais dispendiosa. Enquanto estudava para seu MBA em Logística em uma importante universidade do centro-oeste, Charlie passou a conhecer os conceitos de segmentação e de determinação seletiva de níveis de serviço. Com base nesses conceitos, no verão ele desenvolveu um plano de quatro estágios para reorientar a empresa. Agora, na sala de reuniões, Charlie precisava convencer Bob Wilmont, John Brown e o conjunto da alta gestão, de que seu plano poderia funcionar, se lhe fosse oferecida a oportunidade.

Histórico da Empresa

A Wilmont Drug Company, segunda maior atacadista de medicamentos dos Estados Unidos, foi fundada por Robert H. Wilmont Sr. em 1948. A princípio, a empresa prosperou como um pequeno atacadista regional, atendendo farmácias e hospitais na região nordeste norte-americana. Nas décadas subseqüentes, a Wilmont Drug cresceu, fundamentalmente, por meio de aquisições. Em 1970, a empresa adquiriu três depósitos adicionais e atingiu $ 10 milhões em vendas. Em 1978, as vendas excediam $ 250 milhões e sua cobertura se estendeu tão a oeste quanto Ohio. Apesar da queda geral das vendas no atacado nos Estados Unidos, a Wilmont Drug continuou a expandir-se. A empresa passou a operar com distribuição nacional em 1985, com a compra da Jones Drug Company, então a sétima maior atacadista dos Estados Unidos.

A Wilmont Drug garantiu a oferta de um serviço de entrega 24 horas contínuo e confiável, apesar das diferenças operacionais significativas entre as redes das empresas adquiridas. À medida que a empresa crescia, o desenvolvimento de ofertas de serviços personalizados a clientes específicos era visto como uma força singular. Soluções criativas para atender às necessidades dos clientes rapidamente expandiram a base de serviços e fizeram da Wilmont Drug o fornecedor preferido de muitas cadeias nacionais. Porém, essa singularidade trouxe também dificuldades. Quando o crescimento da receita começou a declinar, a partir do início do ano 2000 e anos seguintes, a ineficiência da oferta extensiva de serviços combinada à falta de consistência operacional levou a perdas trimestrais consecutivas.

O Atacado

Os problemas vividos pela Wilmont Drug Company não eram uma exclusividade do setor de medicamentos. Os atacadistas em geral, nos Estados Unidos, estavam sendo forçados a reexaminar os papéis tradicionais da cadeia de suprimentos, em função das mudanças trazidas pela desregulamentação dos transportes e pelos avanços da tecnologia. A relação básica custo/serviço mudou em favor das empresas com estratégias de serviços aos clientes, ao mesmo tempo eficientes e eficazes. Surgiu como uma alternativa estratégica lógica a noção de alto desempenho no atacado, focalizando a delineação clara das necessidades dos clientes e a oferta de serviços diferenciados.

Charlie Smith reconheceu essa alteração no atacado e decidiu torná-la o foco de seu plano de revitalização. Ele acreditava que, ao desenvolver e implementar uma estratégia de alto desempenho no atacado antes da concorrência, a Wilmont Drug seria capaz de definir a estrutura competitiva do setor de medicamentos e se concentrar nos mais atraentes clientes.

Plano de Revitalização/Modelo de Mudança da Gestão

Com esses objetivos em mente, Charlie enviou o seguinte memorando a John W. Brown, presidente da Wilmont Drug Company, detalhando seu plano de revitalização e a mudança no modelo de gestão a ele associada.

A base do modelo de mudança estratégica de gestão proposto por Charlie Wilson depende da implementação completa do estágio 1, ganhando efetividade de custo, e do estágio 2, acesso ao mercado. A maioria considera que esses estágios exigem uma força brutal de implementação por parte da gestão e um fortalecimento constante de iniciativas projetadas para se padronizar os processos operacionais e as ofertas de serviços. Ao alcançar os primeiros dois estágios do modelo, o negócio firma posiciona-

Memorando

Data: 1° de setembro de 2001

Para: John Brown

De: Charlie Wilson

Re: Modelo de Mudança Gerencial para Revitalizar a Wilmont Drug Company

O modelo e comentário a seguir apresentados detalham um plano para levar a Wilmont Drug Company ao topo do setor de atacado de medicamentos. Espero que V.Sª dedique a este plano sua mais profunda consideração, informando-me posteriormente quando gostaria de discutir sua eventual implementação.

O plano tem uma expectativa de implementação de 5 anos. Embora alguns aspectos da implementação possam ser realizados simultaneamente, os primeiros dois estágios precisam ser concluídos antes do lançamento de uma extensão de mercado e da criação de fases de desenvolvimento. Acompanhe o diagrama a seguir.

Modelo de mudança da gestão

Eficácia em Custo

Durante o estágio de eficácia em custo, o objetivo é alcançar o controle operacional necessário para apoiar as estratégias de segmentação. É essencial que os serviços básicos sejam oferecidos a um nível de desempenho constantemente alto e de modo que seja eficaz em custo. Para se obter eficácia em custo é indispensável que seja completada a racionalização dos fornecedores, dos produtos e das instalações. Serviços-chave comuns, usados por todas as áreas, serão centralizados para atingir-se economias de escala e padronização dos processos de comercialização. Essa padronização é necessária para ganhar-se competência operacional e credibilidade necessária para movimentar-se adiante.

Acesso ao Mercado

Esse aspecto da implementação consiste primeiramente na segmentação dos clientes. Os clientes selecionados são identificados e as operações são focalizadas para que se posicione a Wilmont Drug como fornecedor favorito dos clientes apontados como compradores de grande potencial. A ênfase nesse estágio da implementação está em serviços de alta qualidade a clientes selecionados. O plano de segmentação deve ser o mais simples possível.

Extensão de Mercado

A extensão de mercado envolve programas para aumentar a penetração nos negócios de clientes selecionados. Isso consiste em melhorias contínuas nos serviços básicos rumo a um desempenho de "defeito zero" e à introdução de serviços agregadores de valor, para solidificar e expandir os relacionamentos de negócio com os clientes de ponta. Inovações com valor agregado incluem o uso amplo de códigos de barras, conexões por computador, inventários gerenciados por máquinas de venda, consultoria de negócios e outros programas planejados para melhorar a eficiência operacional dos clientes e aumentar sua presença global no mercado. Esses serviços com valor agregado serão oferecidos somente a clientes que estejam dispostos a comprometerem-se com arranjos de negócio estendidos.

Criação de Mercado

O estágio final de implementação estratégica consiste na efetivação de programas para expandir a lucratividade e a competitividade de clientes de ponta, assim como auxiliá-los no desenvolvimento de estratégias de crescimento nos negócios. Para ganhar participação em um mercado de crescimento baixo, um atacadista precisa facilitar o crescimento da participação de seus clientes nesse mercado. A implementação de sistemas conjuntos, que alavanquem recursos combinados do atacadista e de seus clientes selecionados, é considerada imprescindível.

mento para explorar sua condição de liderança. O sucesso será bastante improvável no estágio 3, a não ser que os fundamentos dos dois estágios anteriores estejam consolidados. O estágio 3, extensão do mercado, e o estágio 4, criação de mercado, representam um aumento na participação no relacionamento com clientes-alvo. Diferentemente dos primeiros dois estágios, o 3 e o 4 são direcionados a clientes específicos. Portanto, as iniciativas associadas podem ser implementadas simultaneamente, em vez de seqüencialmente. Uma vez que um cliente esteja firmemente estabelecido na categoria do estágio 3-4, melhorias significativas podem ser projetadas para participação nas vendas, qualidade das transações e disposição dos ativos.

Após rever o memorando, John Brown tornou-se cético em relação ao plano. Ele nunca tinha estado pessoalmente envolvido nesse tipo de iniciativa. Ainda assim, ele recomendou que Charlie apresentasse o plano de revitalização e o modelo de mudança da gestão a toda a equipe da alta gerência.

Conclusão

Charlie sinceramente acreditava que melhorar o desempenho da empresa iria tomar tempo e esforço consideráveis, tanto da alta gerência como da intermediária. Ele também acreditava que a grande maioria dos administradores não tinha treinamento nem experiência de trabalho para gerenciar essas iniciativas. Charlie esperava uma grande resistência por parte da alta administração. Embora tivesse preparado antecipadamente respostas para todas as questões previsíveis, ainda precisava desenvolver um plano de implementação detalhando ações específicas.

Charles Wilson parou um pouco do lado de fora da sala de reuniões. Ele reconheceu que o plano de revitalização e o modelo de mudança da gestão que estava prestes a propor alteraria significativamente o destino da Wilmont Drug Company. Mesmo que a alta administração concordasse com o plano, ainda permaneceria a seguinte questão: a gerência intermediária aceitaria o desafio de implementar uma mudança dessa magnitude? Charlie respirou profundamente e adentrou à sala de reuniões.

Questões

1. Discuta as influências internas e externas que provocaram a necessidade da Wilmont Drug reorientar a empresa.
2. Avalie criticamente o plano de revitalização e o modelo de mudança de gestão proposto por Charlie Smith. Você sugeriria alguma mudança?
3. Sua avaliação mudaria caso a Wilmont Drug Company tivesse operações comerciais internacionais significativas? Justifique sua resposta.
4. Utilizando o modelo oferecido ou seu próprio modelo de mudança de gestão, desenvolva um plano detalhado de implementação para a reorientação da empresa.

Caso 13: Gestão da Cadeia de Suprimentos na Dream Beauty Company

A Dream Beauty (DB) Company é uma fabricante de produtos de beleza e cosméticos. Localizada perto de Money City, Nevada, a empresa atende a clientes nos Estados Unidos inteiro. Recentemente, um profissional especializado em cadeias de suprimentos foi escolhido para integrar o corpo diretivo. Maior atenção foi dirigida a essa área devido à visão da corporação quanto a operações de cadeias de suprimentos. Os custos na área haviam aumentado e a administração estava bastante preocupada com a questão. As vendas anuais da empresa tinham alcançado pela primeira vez $ 130.000.000. A administração acreditava que uma parte do aumento dos custos da cadeia de suprimentos podia ser atribuída às vendas adicionais, mas estavam certos de que existiam outros fatores que precisavam ser considerados. A situação era de chamar a atenção de toda a diretoria, em especial quando os custos da cadeia de suprimentos (e suas economias também) fluem diretamente para a "última linha" (lucro líquido) do demonstrativo.

A DB fornece seus produtos por meio de três diferentes canais: lojas de varejo (direto), lojas de conveniência e redes varejistas. Cada canal é considerado um centro de lucro independente, com responsabilidades financeiras totais sobre o demonstrativo de resultados e balanço patrimonial. O varejo representou 50% das vendas da DB; as lojas de conveniência, 30%, enquanto as redes varejistas ficaram com os 20% restantes das vendas. O custo dos produtos vendidos representava 40% das vendas. Os três canais pareciam lucrativos e contribuíram igualmente para a DB, de acordo com a contabilidade de custos da empresa.

Na DB, os ciclos de atendimento de pedidos compõem-se de quatro áreas:

	Custo total
Processamento de pedidos	$ 10.000.000
Embalagem	8.000.000
Etiquetagem	2.000.000
Entrega	$ 30.000.000
Total dos custos relacionados à cadeia de suprimentos	$ 50.000.000

A média do atendimento total dos pedidos é de 3 dias. Todos os pedidos são processados por um endereço central e entregues a partir dos centros de distribuição localizados nos Estados Unidos. Normalmente, os pedidos de lojas de varejo e de conveniência são expedidos sem etiquetas, em paletes à parte. As redes varejistas, por outro lado, colocam muita pressão na DB, exigindo que a empresa tenha um papel ativo para ajudá-los a gerenciar seu inventário. Para atender a esse canal, a DB assumiu algumas funções de trabalhadores de lojas e começou a etiquetar os pedidos das redes varejistas. Para isso, a empresa adquiriu recentemente uma máquina de etiquetagem que processa a uma velocidade de 30 etiquetas/segundo. O valor histórico dessa máquina fora determinado como $ 10.000.000. A empresa em geral deprecia linearmente equipamentos semelhantes após um período de 5 anos.

A DB possui uma política de desconto abrangendo os três canais que atende. O valor líquido é pago em 30 dias. Embora essa política seja demonstrada explicitamente em todas as faturas da empresa, as lojas de varejo são as únicas que pagam de acordo com esses termos. Os comerciantes de redes varejistas costumam pagar em 15 dias, enquanto as lojas de conveniência normalmente pagam em 45 dias. A contabilidade registrava todas as vendas como sendo a crédito. Vendas à vista e COD (*Cash On Delivery*, isto é, pagamento contra entrega) eram raras; portanto, podiam ser ignoradas nessa análise. A DB não se envolve em nenhuma transação não-monetária.

A empresa recebeu um total de 3.600 pedidos. Os pedidos do varejo representaram 1.000; os das lojas de conveniência, 2.500; e os das redes varejistas, 100 pedidos. Cada pedido tem sua entrega correspondente geralmente completada num ciclo de atendimento de 3 dias. A prática da empresa tem sido alocar os custos relacionados à logística a seus três canais, com base em suas participações proporcionais no volume de vendas. Os pedidos foram embarcados em 2.000 embalagens, com o varejo representando 800 embalagens; as lojas de conveniência, 1.100 embalagens; e as redes varejistas, 100 embalagens. O custo de embalagem costuma ser sempre o mesmo, independentemente do tamanho. Para atender a esses pedidos, a DB manteve um estoque de segurança correspondente ao nível de serviço prometido aos clientes (ciclo de atendimento de 3 dias). Estima-se que a empresa mantenha uma média de 90 dias de inventário para o varejo, 60 dias para as lojas de conveniência e 40 dias para as redes varejistas. A contabilidade estima os custos de manutenção dos inventários em aproximadamente 15% do inventário médio anual. Esses custos também incluem o custo de capital.

A base de clientes referente a lojas de conveniência inclui 13 diferentes lojas, localizadas nas principais cidades americanas. A Tabela 1 apresenta uma discriminação de vendas por loja, assim como os números de pedidos e de embalagens.

Historicamente, a DB tem oferecido a seus clientes um nível de serviço do mais alto padrão. Um dos gerentes de atendimento pronunciou-se de maneira enfática: "Não fazemos discriminação entre os clientes; nosso ciclo de atendimento de 3 dias, na minha opinião, está se tornando uma referência no setor, e me agrada que seja assim. Não penso que nossa estratégia deva mudar com relação a isso".

A diretoria possui uma segunda opinião sobre essa estratégia e sobre qual o valor agregado que ela está gerando para a empresa.

No primeiro dia, você vai se adaptando ao ambiente e se familiarizando com os sistemas computacionais. No segundo dia, surge a figura do vice-presidente da cadeia de suprimentos (e seu gerente contratado). Ele passa-lhe informações sobre os principais pontos tratados na reunião que acabou de ter com a alta administração da empresa. Ele revela que a administração quer saber por que os custos da cadeia de suprimentos parecem estar distorcidos; também deseja uma análise completa dos três canais logísticos que a empresa utiliza. A administração espera que você responda às seguintes questões:

1. Analise o modo pelo qual os custos atuais estão sendo alocados; quais mudanças potenciais você recomendaria para tornar o sistema mais eficiente e preciso?
2. Qual é o nível de lucratividade e de retorno sobre o investimento por canal de distribuição em relação às alocações atuais e às recomendadas?
3. Quais são suas recomendações a respeito da política da empresa de oferecer a todos os seus clientes o mesmo nível de serviço (ciclos de atendimentos de 3 dias)?

Nota: O custo de capital da empresa, tanto para tomar emprestado como para ceder por empréstimo, pode ser considerado de 9%. Ignore os efeitos de impostos em todas as transações.

Tabela 1

Nome da loja	Vendas	Pedidos	Embalagens
Love Your Style	$ 5.000.000	300	50
Looking Good	$ 1.500.000	75	10
Wild by Nature	$ 3.000.000	200	100
Beautyss Bliss	$ 10.000.000	450	150
Cosmo Naturelle	$ 3.500.000	60	30
Beautee Fatale	$ 1.000.000	100	100
La Belle Femme	$ 5.000.000	200	20
Le Beau Monsieur	$ 2.500.000	320	200
Fruity Beauty	$ 1.500.000	120	120
Tuti Fruity	$ 2.000.000	250	200
L'Air Du Jour	$ 1.000.000	150	75
Make-up Galore	$ 2.000.000	175	10
Nuttin' Homely	$ 1.000.000	100	35

Índice de Nomes

Aacker, David A., 445
Ackerman, Kenneth B., 315-316, 318, 326-327
Ackonberger. Richard J., 65-66
Agerwal, Yogesh K., 417-419
Alderson, Wroe, 31, 94
Ames, B. Charles, 462-464
Andel, Tom, 317-321
Anderson, Elizabeth, 226-227
Anderson. Matthew G., 127-130
Argyus, Chris, 435-436
Armstrong, J. Scott, 225-226
Artman, Les, 128-130
Arnott, Nancy, 86-88
Arora. S., 407-408
Auguston, Karen, 344-345

Bach, Jon Katzen, 436-437
Ballou, Ronald, 327-328, 410-411, 417-419
Barron, Kelly, 29-30
Bender, Paul, 405, 407-410
Benjamin, Robert, 109
Berry, Leonard, L., 81-84
Bienstock, Carol C., 222-223, 225
Birkheard, Newton, 266-268
Bokke, Dennis, 435-436
Bongiovanni, Joe, 210-211
Bott, Kevin, 417-419
Bova, Nicholas, 118
Bovet, David, 24-25, 61
Bowersox, Donald J., 34, 39-40, 78-79, 144-145, 150, 152, 160, 384, 422-424, 430-432, 442, 449-450, 452-457, 470-471
Bowman, Robert J., 49
Boynton, Andrew C., 31
Bresticker, Robert B., 437-438
Breyfogle, Forrest W., III, 20-21

Britt, Frank F., 80
Brown, Eryn, 199
Brown, Shona L., 438
Bucklin, Louis P., 74-75
Bussgang, Jeffrey, 109
Buxbaum, Peter, 305
Byrne, John A., 429-430, 434-435, 435, 441
Byrne, Patrick M., 396-397

Calantone, Roger J., 160
Callahan, Sean, 74-75
Campbell, Bernard, 284-285
Campbell, Jerry, 107
Carbone, James, 124-125
Carlson, Bob, 99-100
Carlson, Gary, 132-133
Carr, Nicholas G., 110-112, 429-432
Casper, Carol, 309-310
Chakmak, Scott, 74-75
Chase, Charles W., 225-226
Christensen, R.T., 135-137
Clark, Darrell, 264-265
Closs, David J., 34, 39-40, 78-79, 150, 152, 160, 235-236, 265-268, 397, 423-424, 432, 442, 449-450, 452-453, 455-457, 470-471
Cohen, M., 407-408
Coleman, Calmetta, 131-132
Coleman, Henry J. Jr., 429-430
Collins, Scott, 138-139
Cook, James Aaron, 35, 41, 118, 186-187, 414-416
Cooper, Martha C., 31
Copacino, William C., 452-453
Coughlan, Anne T., 22-23
Cox. J., 135-136
Coykendale, Cynthia L., 405, 407

Cruikshank, Jeffrey L., 215-216
Culliton, James W., 47
Curtis, Chris, 74-75

Davenport, Thomas H., 196-197, 200
Davidrow, William H., 429-430
Defnet, Dennis, 183-184
Degraeve, Zeger, 125-126
Delaney, Robert V., 29-30, 43-46, 241-242, 282
deLeeuw, Sander, 266-268
Dell, Michael, 429-430
Denzler, David R., 132-134
Doherty, Katherine, 310
Dorf, Bob, 74-75
Doty, Mike, 356-357
Drayer, Ralph, 267
Drucker, Peter, 439-441
Dye, Renee, 429-430

Eaton, Robert, 27-28
Eisenhardt, Kathleen M., 40, 438
Eliff, Scott, 131
Ellram, Lisa M., 125-126, 129-130
El-Ansary, Adel I., 22-23
Evers, Philip T., 384

Feare, Thomas, 323-324, 357-359
Feitzinger, Edward, 338-339
Flint, Daniel, 81-83
Flucht, Tim, 107
Ford, Henry, 92
Forrester, Jay W., 224-225
Forsyth, Gordon, 186-187, 281-282, 290-291
Fox, Robert T., 135-136
Frankel, Robert, 442-443
Frayer, David J., 442-443

Galloway, Joe, 416
Galunic, D. Charles, 40, 438
Gardner, Everette, 226-227
Garvin, David A., 120-121
Gayne, Kevin P., 429-430
Geoffrion, A.M., 405, 407-408
Goff, James, 338-339
Gold, Steven, 327-328
Goldratt, Eliyahu M., 135-136
Gonillart, Francis J., 391-392
Gooley, Toby B., 317-320
Gould, Les, 353-354
Govindarajan, Vijay, 462-464
Graves, G. W., 405, 407-408
Greenhut, Melvin L., 52-53, 371-372
Gunn, Thomas G., 135-136
Gurin, Rick, 188-191

Hammer, Michael, 429-430
Hanley, David, 44-45
Hanley, L. H., 277-278
Hanson, Morten T., 438-439
Hardgrove, Amy, 356-357
Harps, Leslie Hansen, 210-211
Harrison, Don, 349-350
Harter, Gregory B., 179-180
Hayes, Robert H., 137-138
Hitchcock, Nancy, 356-357
Hlavacek, James D., 462-464
Hoelscher, Douglas, 125-126
Hoffman, Kurt C., 139-140
Hoover, Edgar M., 52-53, 371-372
House, Robert G., 407, 411
Huppertz, Paul, 308
Hyndman, Robert, 225-226

Isard, Walter, 52-53, 371-372

Jackson, George, 65-66, 290
Jaime, Kenneth D., 411
Janoff, Barry, 107-108
Jansen, Jean-Peter, 290-291
Jenkins, M.L., 326-327
Jennings, Eugene E., 433-434
Johnson, H. Thomas, 462-464
Johnson, Matt, 230-231
Jones, Thomas O., 73-74
Juran, Joseph M., 81-83

Kalakota, Ravi, 110-112
Kanter, Rosabeth Moss, 156-157
Kaplan, Robert S., 462-464
Karrenbauer, Jeffrey J., 405, 407
Katz, Paul B., 128-130
Katzenbach, Jon R., 436-437
Kaufman, Joe, 356-357
Kent, John L., 81-83
Khan, Sharafat, 435
Kilbane, Doris, 130-131
Koch, Clark, 35
Krause, Daniel, 124-125
Kumar, Nirmalya, 443-445
Kumer, S., 407-408

LaHowchic, Nicholas J., 26
Lambert, Douglas M., 242-243, 246
Lee, Hans L., 338-339
Lee, Sangjin, 343-344
Levy, Michael, 384
Lewis, Howard T., 47
Lewis, Richard L., 462-464
Liberatore, Matthew J., 464-465
Lösch, August, 52-53, 371-372
Luton, David, 327-328
Lynch, Clifford F., 442-443

Mabrouk, K., 414-415
Makridakis, Spyros, 225-226
Maier, E.P., 74-76
Maister, D.H., 384
Mallen, Bruce, 94
Malone, Michael S., 429-430
Malone, Thomas W., 431
Maloney, David, 343-344, 348, 354-355
Maltz, Arnold, 316-317
Marien, Ed, 320-321
Markham, William J., 396-397
Martha, Joseph, 24-25, 61
Masters, James, 327-328, 405, 407, 410-411, 414
McCrea, Bridget, 409
McGovern, J. Michael, 418
McWilliams, Gary. 385-386
Mele, Jim, 372
Melnyk, Steven, 132-137
Mentzer, John T., 81-83, 222-223, 225
Menzies, A. J., 74-76
Metz, Alex, 147
Meyer, Christopher, 150, 430-432
Miles, Raymond E., 429-430
Miller, Tan, 464-465
Monczka, Robert M., 128-129
Moore, Cassandra Chrones, 280-282
Moran, Ursala, 103-104
Morgan, Andy, 85-86
Moriarity, Rowland T., 103-104
Mullinex, Chuck, 418

Nash, Kim S., 183-184
Nelson, Emily, 267-269
Nieuwenhuis, Ed, 305-306
Nohria, Nitin, 438-439
Northrup, W., 405, 407

O'Connor, Marjie, 463-464
Olson, Rasmus Friis, 129-130
Ostroff, Frank, 427-428

Paddock, Alison, 344-345, 357-359
Pagh, Janus, 31
Pagonis, William G., 215-216
Parasuraman, A., 81-84
Parks, Liz, 267
Peppers, Don, 74-75
Peterson, Rein, 254-255, 257-258
Pine, B. Joseph, 31
Pisano, Gary P., 137-138

Power, David, 150, 430-432
Preston, Robert, 354-356
Pyke, David, 254-255, 257-258

Quinn, Francis J., 26

Raia, Ernie, 125-126
Rangan, V. Kasturi, 74-76
Raynor, Robert, 85-86
Reed, Stuart, 235-236
Richardson. Helen L., 159, 284-285, 310
Ricker, Fred R., 110-112
Ristow, Fred, 320-321
Roberto, Michel, 196
Rogers, Dale S., 317-320
Rogers, Martha, 74-75
Roman, Eugene R., 406
Roodhooft, Filip, 125-126
Ruriani, Deborah Catalano, 66-67, 317-320
Ryan, Michael J., 85-86

Sant, Roger, 435-436
Sasser, W. Earl, Jr., 73-74
Satterfied, Patti, 187-188
Scally, Robert, 101
Schirmer, Robert, 266-268
Schmitz, Judith M., 442-443
Schumacher, Marc, 349-350
Schumpeter, Joseph A., 439-441
Seddan, Peter, 199
Shank, John K., 462-464
Shannon, Robert E., 408-410
Shapiro, J.. 405, 407
Shaw, Terry, 159
Sherman, Stratford, 438-439
Shonberger, Richard J., 65-66
Sidhu, Sanjiv, 183-184
Silver, Edward, 254-255, 257-258
Simson, Robert, 131
Siverts, Barbara, 49
Slywotzky, Adrian, J., 31-32
Smith, Bob, 409
Smith, Douglas K., 427-428, 436-437
Snow, Charles C., 429-430
Snyder, William M., 438
Solomon, Deborah, 131-132
Solvik, Peter, 174-175
Sowarz, Tom, 326-327
Spar, Debra, 109
Stalk, George, Jr., 34
Stank, Theodore P., 34, 39-40, 78-79, 150, 152, 160, 423-424, 430-432, 442, 449-450, 452-457, 470-471
Stanton, Steven, 429-430
Starr, Andy, 174-175
Steele, Jack D., 38-39
Sterman, John D., 397
Stern, Louis W., 22-23
Stewart, Thomas A., 427-429, 434-435
Stock, James R., 317-320
Stoddard, Cynthia, 418
Stolle, John F., 422-423

Sturdivant, Frederick D., 391-392
Swain, James J., 397

Tatalias, Marille, 330-331
Taylor, Frederick W., 24-25
Taylor, John C., 290
Tellis, Gerard J., 114-115
Tibben-Lembke, Ronald S., 317-320
Tierney, Thomas, 438-439
Treece, James B., 439-440
Trepper, Charles, 208
Trunk, Christopher, 212
Tulip, Sam, 446
Tulley, Shawn, 123-124
Tyndall, Gene, 36-37

Ullmark, Hans, 86-88

vanAmstel, Rein Ploos, 266-268
vanGoor. Ad R., 266-268
Victor, Bart, 31
von Thünen, Joachim, 370-372

Wetlanfer, Suzy, 435-436
Webber, Alan M., 34
Webber, Michael J., 52-53, 371-372
Weber, Alfred, 52-53, 370-372
Weigand, Robert F., 422-423
Weiland, Norm, 349-350
Weiler, Peter, 264-265
Wenger, Etienne C., 438

Werner, Farn, 131
Wheelwright, Steven, 225-226
White, Andrew, 234
White, Gregory L., 27-28, 131
Wigand, Rolf, 109
Wough, Richard, 131

Youngblood, Clay, 179-180
Yurkiewicz, Jack, 226-227

Zeithaml, Valeria, 81-84
Zimmerman, Ann, 267-269
Zinn, Walter, 384
Zukerman, Amy, 180-181
Zumwinkel, Klaus, 290-291

Índice

A. T... rney, 423-424
Ac... ry, 157-158, 396-397, 455-456
Ac... dware, 151-152
A... de Livre Comércio da América do Norte
  (... TA), 285-286
A... os de Produção de 1993, 27
... nento, 31-34, 317
  ...nistração de Alimentos e Medicamentos
    EUA (FDA), 61, 317-320, 344-345
  ...inistração de Segurança e Saúde Ocupa-
    ...nal dos EUA (OSHA), 317-320, 342, 359
  ...ninistração do departamento de tráfego,
    ...3-307
  ...ministração Federal de Aviação (FAA), 280-
    82
  ...&P, 144-145
  ...gência de Proteção Ambiental dos EUA
    (EPA), 317-320
Agentes (*brokers*), 292-293
Airbone Express, 286
Albertson's, 240-241
Alianças
  compatibilidade, 443
  complementaridade, 443
  definição, 106-107
Alocação, 94-95
Alocação de troca justa, 261-263
Altoids, 101-102
Alvo, 24-27, 38-39, 62-63, 74-75, 151-152
Amazon.com, 108-112
America On Line (AOL), 108-109
American Association of Railroads, 341-342
American Map Corporation, 399-400
American National Standard Committee, 179-180
American Trucking Association, 276, 282, 341-342
AmeriCold Logistics, 326-327
Amortecimento, 338-339
Análise da localização, 405, 407-414
Análise de custo/receita
  abordagem da contribuição, 461-462
  abordagem do lucro líquido, 461-465
  custeio baseado em atividades, 460-461
  custeio total, 460-461
  declaração de receitas, 460-461
  demonstrativo de balanço, 460-461
  margem de contribuição, 460-461, 464-465
Análise do transporte
  exata, 417-419
  heurística, 417-419
  necessidade de dados, 417-418
Análise segmentada, 466-467
Anderson & Lembke, 86-88
ANSI X.12, 179-180
Antitruste, 40
Apoio à produção, 320-321
Aprendizado, 476-477
Armazém
  ambiental, 357-359
  ambiente regulamentador, 357-359
  benefícios de serviço, 317-320
  benefícios econômicos, 315-316
  composto de produtos, 328-329
  contrato, 325-326
  diretrizes de estocagem, 356-358
  enfrentando a demanda, 372
  enfrentando a oferta, 372
  estratégia, 314-315
  estratégia de distribuição, 326-327
  funcionalidade, 314-315
  justificativa, 374-375
  justificativa baseada no custo, 375-376
  justificativa baseada no serviço, 376
  leiaute, 329-330
  operações, 320-321
  planejamento, 326-327
  privado, 324-327
  processamento de devoluções, 357-359
  projeto, 327-328
  propriedade, 324-327
  público, 27-29, 324-327
  seleção do local, 326-328
  serviços de valor agregado, 325-326
  tamanho, 330-331
  utilização cúbica, 328-329
Armazenamento, 51-52
Arquivo de dados portáteis (PDF) 417, 188-190
Arranjos do provedor de serviços, 59-60
Arranjos logísticos
  diretos, 57
  escalonados, 57
  flexíveis, 57-58
Aspen Distribution, 418
Associação de embarcadores, 292-293
Associação dos Fabricantes de Produtos de Consumo (GMA), 340
Associação Nacional de Paletes de Madeira & Contêineres, 340-341
Associated Wholesale Grocers, 99-100
Atacadistas, 94-95, 98-99
Ativo
  gestão, 452
  giro, 465-466
  nível de investimento, 60-62
  retorno dos ativos, 452-453, 465-466
Ato Clayton de 1914, 113-114
Ato de Encerramento da Comissão Interesta-dual de Comércio de 1995, 279-280
Ato Robinson-Patman de 1936, 113-115
Automotive Industry Action Group (AIAG), 180-181
Avaliação, 38-39
Avaliação da cadeia de suprimentos
  conversão de dinheiro em dinheiro, 454
  custo total da cadeia de suprimentos, 454-455
  dias de inventário de fornecimento, 454
  percentagem de estoque em prateleira, 454-455
  tempo de espera, 454-455
  tempo de resposta, 455-457
B2B, 130-132, 140-141, 276
Balanced Scorecard, 149
Bass Brewers, 134-135
Bethlehem Steel, 281-282
Benchmarking, 455-457
Bergen Brunswig, 88-90, 151-152
Biogen, 61

Black & Decker, 151-152
Buffalo Rock Distribution, 418

Cadeia de suprimentos
  avaliação, 454-457
  capacitação, 154-155
  competência, 155-156
  competitividade, 150-152
  definição, 21-22
  estrutura de integração, 152-158, 474-475
  limitações, 39-41
  modelo, 23-24
  projeto, 405, 407-414
  projeto do sistema, 199-201
  rede, 51-52
  revolução, 21-22
Campbell Soup Company, 118
Canais
  de *marketing*, 22-23
  distribuição, 22-23
Canal
  desintermediação, 109
  direto, 99-100, 109
  indireto, 99-100
  mapeamento, 101
  matriz, 103-104
  relacionamentos, 103-104
  separação, 95-97, 103-104
Capacitado para promessa (CTP), 220-221
Capital
  de giro, 448-449
  fixo, 448-449
Carga
  absorção, 113-114
  agentes (*forwarders*), 292-293
  análise de linha, 404-405, 407
  fantasma, 113-114
Carga de comércio (*trade loading*), 116
Cargill, 132-133
Carrefour, 131-132
Cenex, 132-133
Chipshot.com, 31-32
Ciclo de desempenho
  apoio à produção, 65
  compras, 65-66
  consistência, 451-452
  distribuição ao mercado, 63-65
  estrutura, 60-62
  global, 161-162
  incerteza, 67-68, 245-247, 250-251, 254-256, 258-259
  médio, 449-452
  operacional, 77-78
  serviço, 243
  velocidade, 77-78
Cisco Systems, 47-49, 174-175
Cliente
  definição, 71
  expectativas, 81-82, 84-85
  intermediário, 71-72
  modelo de satisfação e qualidade, 83-84
  quadro de escolhas, 31-32
  satisfação, 80-86, 453-454
  serviço, 76-77, 393-395, 471-472
  sucesso, 86-89
Cliente final
  definição, 23-24
Coca-Cola, 73-74
Código 39, 188-190
Código 128, 188-190
Código Universal de Produtos (UPC), 188-189, 340-341
Códigos de barra, 188-190, 349-350
Co-evolução, 40
Colaboração, 24-27

Coleta e análise de dados
  abordagens de análises, 397-398
  coleta de dados, 399-400
  fontes de dados, 397-400
  hipóteses e coleta de dados, 397-400
  projeto de análises, 400-401
  validação de dados, 399-400
Colgate-Palmolive, 38-39
Combinação em trânsito, 317
Comércio eletrônico *e-commerce*, 108, 147
Comissão Federal de Comércio dos EUA (FTC), 27, 40, 114-115, 183-184, 280-282
Comissão Federal Marítima (FMC), 278-282
Comissão Interestadual de Comércio (ICC), 277-282
Comissão Norte-Americana de Segurança de Produtos de Consumo, 317-320
Comitê de Coordenação de Dados de Transporte (TDCC), 180-181, 205-207
Compartilhamento de riscos/ganhos, 38-39
Compartimentação, 38-39
Competição baseada no tempo, 30
Compra antecipada, 115
Compras, 53-57, 205-207
  ciclo, 120
  custo total de propriedade mínimo, 124-125
  desenvolvimento do fornecedor, 124-125
  estratégias, 126-127
  necessidades, 203
  qualidade, 124-125
  suprimento contínuo, 123-124
Concentração, 94-95
Confiança
  desenvolvimento, 443-444
  nos relacionamentos, 445
Confidencialidade, 37-38
Conselho de Código Uniforme (UCC – Uniform Code Council), 181-183
Conselho de Gestão Logística (CLM), 22
Conselho de Pesquisa de Varejo da Coca-Cola, 455-456
Consolidação, 315-316, 323-324
Consolidação de carga, 307-309
  mercado, 307-309
  reativa, 307-309
Consolidação de volumes, 127-128
Consolidated Freightways, 284-285
Consumidor
  definição, 71
  valor, 41
Contêineres retornáveis, 343-344
Conteinerização, 336, 339-340
Conveniência espacial, 74-75
Conversão de dinheiro em dinheiro (*cash to cash*), 34-36
Coordenação do planejamento
  componentes do sistema, 199-201
  definição, 54-56
  integração, 203
  necessidades logísticas, 202-203
  objetivos estratégicos, 201-202
  restrições de capacidade, 201-202
Costco, 74-76, 94-95, 267-269
Covisint.com, 184-185
Cross-dock, 59-60, 317-319, 323-324
CSC Consulting, 151-152, 414
Custeio Baseado em Atividades (ABC), 24-27, 460-465
Custo
  direto, 461-462
  fixo, 461
  indireto, 461-462
  total, 50-51
  variável, 461

Custo de carregamento do inventário
  custo de capital, 245-246
  estocagem, 246
  impostos, 246
  obsolescência, 246
  seguro, 246
  taxa de barreira, 246
Custo total
  de produção (TCM), 139-140
  de propriedade (TCO), 124-131
  integração, 374-375
  rede, 379-382
Custos do ciclo de vida, 126-127

DaimlerChrysler, 27-28, 38-39, 74-75, 98-99, 107, 131, 184-185, 354
Deere & Company, 134-135, 445
Defeito Zero, 20-21, 63-65
Definição de problemas e planejamento
  análise situacional, 391-393
  desenvolvimento de apoio lógico, 392-395
  estimativa de custo/benefício, 393-395, 400-403
  objetivos, 395-396
  padrões de avaliação, 396-397
  planejamento de projeto, 395-397
  plano de trabalho, 396-397
  restrições, 395-397
  técnica de análise, 396-397
Dell Computer, 43-45, 100, 203
Delphi Systems, 184-185
Demanda
  base, 220-221
  cíclica, 221-222
  dependente, 258-259
  incerteza, 250-254
  irregular, 222-223
  promocional, 221-222
  promoções comerciais, 221-222
  sazonal, 221-222
  tendência, 221-222
Departamento de Agricultura dos EUA, 344-345
Departamento de Comércio dos EUA, 97-98
Departamento de Defesa dos EUA, 187-188, 215-216
Departamento de Justiça dos EUA, 40, 280-282
Departamento de Transporte dos EUA (DOT), 279, 317-320
Desacoplamento, 242-243
Descartes Systems, 418
Desconformidade da expectativa, 80-81
Desconsolidação de cargas (*break bulks*), 315-316
Descontos no preço de compra, 125-126, 245-246
Desempenho
  abordagem, 448
  absoluto, 453-454
  acompanhamento, 448
  controle, 448
  custo, 449-451
  direcionamento, 448
  gestão de ativos, 452
  métricas da cadeia de suprimentos, 454-457
  operacional, 449-451
  produtividade, 451-452
  qualidade, 451-452
  relatório, 169-170
  serviço aos clientes, 449-451
Desenvolvimento Internacional
  empresa sem nacionalidade, 158-159
  exportação/importação, 158-159
  presença local, 158-159
Deutsche Post, 290-291

Índice **525**

DHL, 286, 288-291
Diretoria de Transporte de Superfície (STB), 280-282
Discrepância
   espaço, 92-93
      quantidade, 92-93
      sortimento, 92-93
      tempo, 92-93
Dispersão, 94-95
Disponibilidade, 76-77, 449-451
Disponível conforme prometido (ATP), 220-221, 234-236
Distribuição
   canais, 22-23, 93-94, 110-112
   ciclo, 120
   exclusiva, 101-102
   intensiva, 101
   operações, 56-57
   seletiva, 101-102
Distribuição de Poisson, 254-255, 261
Distribuição Gamma, 261
Distribuição normal
   aplicações, 261
   desvio-padrão, 252-253
   média, 252-253
   mediana, 252-253
   moda, 252-253
Dow Chemical, 37-38, 86-88, 200
Dow Corning, 431
DuPont, 132-133, 151-152

Eastman Chemical Company, 153-154
e-atendimento (*e-fulfilling*), 356-358
E-chemicals, 131-132
Efeito Portfólio, 384
Efetivação (*endcasting*), 472-473
Eficácia
   custo, 88-89
   definição, 62-63
Eficiência
   definição, 62-63
   incentivos, 116-117
Eletrônico
   intercâmbio, de dados (EDI), 107-108, 116-117, 128-130, 173, 175, 179-180, 185-186
   keritsu, 432
   módulos de transações, 180-181
   transferência de fundos, 34-36
Elo, 60-62
Embalagens
   alternativas emergentes, 342-343
   comunicação, 340-342
   consumidor, 336-337
   contêineres intermediários, 343-344
   contêineres refrigerados, 344-345
   contêineres retornáveis, 343-344
   empacotamento com manta, 343
   industrial, 336-337
   manuseio de materiais, 338-339
   materiais, 341-342
   papelão corrugado, 341-343
   perspectivas, 51-52, 336-339
   projeto, 338-339
   secundária (*master carton*), 51-52, 336-337
Embalamento por compressão, 340-343
Emery Worldwide Logistics, 288-289, 418
Empacotamento por encolhimento (*stretch-wrap*), 340-343
Empresa
   extensão, 27
   Planejamento de Recursos (ERP), 49, 149, 170-172, 193, 195-196, 200, 204-205, 215-216
Empresa sem nacionalidade, 160-161
Entrega Direta na Loja (EDL), 308

Equilíbrio entre suprimento/demanda, 242-243
Era digital, 20-21
Ernst & Young, 24-25
Especialização, 94
Especialização geográfica, 242-243
Esteiras transportadoras, 322-323
Estocagem
   ativa, 323-324
   extensiva, 323-324
Estoque
   individual (*spot*), 320-321
   linha completa, 320-321
Estoque de segurança, 244, 247-248
   determinação com incerteza, 254-257
   estimativa da taxa de atendimento, 256-258
   fórmula de incerteza (*convolution*), 255
Estrutura infocrática, 149
Estruturas logísticas
   emergência flexível, 58-59
   rotina flexível, 58-60
Ethan Allen, 74-75
eToys, 111
Exel Logistics, 107, 134-135

Fabricantes, 98-99
Falhas recuperação, 78-79
Falta de estoque (*stockout*)
   definição, 77
   freqüência, 77
Farmbid.com, 132-133
Farmer Jack Supermarkets, 37-38
FedEX, 49, 73-74, 81-85, 147, 284-286, 288-291
Fiber Box Association, 341-342
Fleming, 151-152, 240-241
Flexibilidade, 78-79
Folha separadora (*slipsheet*), 340
Ford Motor Company, 38-39, 92-93, 98-99, 107, 131, 183-184, 281-282
Formação de estoques (*stockpilling*), 317-319
Fornecedores líderes, 65
Forrester Research, Inc., 110
FoxMeyer Drub, 200
Fundação ENO de Transporte, 282-286

Gap, The, 152
Gateway, 101
Gateway Country, 101
General Electric, 130-131, 431
General Mills, 372-373
General Motors, 38-39, 62-63, 98-99, 123-124, 130-131, 184-185, 317, 371-372
Gentronics, 138-139
Gerber Baby Food, 339-340
Gestão da Qualidade Total (TMQ), 79, 84-85, 122-123
Gestão de Resíduos, 284-285
Gestão de Relacionamento com o Cliente (CRM), 172-173, 175, 196, 208-209
Gestão por categoria, 208-209
Gillette, 438
Giro de caixa, 36-37, 448-449
Giro de caixa livre, 36-37
Global
   características de desenvolvimento, 162
   economia, 164-165
   estrutura do ciclo de desempenho, 161-162
   integração da cadeia de suprimentos, 157-165
Globalização, 36-37
GlobalNetxchange, 131
Godiva, 101-102

Harley-Davidson, 326-327
Heineken EUA, 234
Heineken NV, 234

Herman Miller SQA, 24-25
Hershey Foods, 240-241
Hewlett-Packard, 338-339
Hipermediação, 110-112
Home Depot, 109, 349-350
Honda, 128

i2, 414
IKEA, 338-339
Incerteza no estoque de segurança, 242-243
Índice de material, 370-371
Infomediário, 131, 183-184
Informação
   compartilhamento, 27, 475-476
   confidencialidade, 475-476
   funcionalidade, 168-169
Instituto de Tecnologia de Massachusetts (MIT), 431
Instituto Nacional de Padrões e Tecnologia (NIST), 179-180
Integração
   funcional, 474-475
   processo, 474-475
   vertical, 475
   virtual, 475
Integração operacional dos fornecedores, 128
Intercalado 2 de 5, 188-189
Internacionais
   alianças, 164-165
   sistemas de integração, 163-164
International Business Machines (IBM), 62-63, 74-75, 87-88, 185-186, 234-236, 354-355, 416
Internet, 20-21, 111-112, 130-133, 276
Intex Solutions Inc., 414
Inventário
   adaptativo, 266-268
   alavancagem, 149
   análise, 405-407, 412-415
   base, 376
   ciclo, 244
   classificação ABC, 268-271
   classificação por linha, 268-269
   controle, 258-260
   custo de carregamento, 245-246, 466-467
   de trânsito, 376-378
   dias de suprimento, 452-453
   distribuição (*deployment*), 55-56, 207-208
   do estoque de segurança, 377-379
   economia, 376-380
   estoque de segurança, 244, 247
   funcionalidade, 240-243
   gestão, 48-51, 56-57
   giro, 483-484
   investimento, 124-125
   médio, 242-245, 257-258
   métodos de planejamento, 261-263, 268-269
   métodos reativos, 260-261, 268-269
   minimização do custo de rede, 379-380
   percentagem de custo de carregamento, 245-246
   planejamento colaborativo, 264-265
   política, 243
   políticas de gestão, 258-259
   quando pedir, 247
   quanto pedir, 247-248
   segmentação, 270-271
   simulação, 414-415
Inventário Gerenciado pelo Fornecedor (IGF), 265-269
ISO, 122
ISO 14000, 122
ISO 9001, 122
ISO 9002, 122

J.C. Penney, 151-152
J.D. Edwards, 264-265
JELD-WEN, 409
JIT II, 140-141
Johnson & Johnson, 194-195, 264-265, 372-373, 438
Johnson Controls, 184-185
Joint Venture, 107-108
Just-in-time (JIT), 65-66, 139-142, 214-215, 314-315

Kellogg, 95-96, 240-241
Kimberly-Clark, 38-39, 267-269, 372-374
K-Mart, 24-27, 151-152, 210-211
KPMG, 159
Kraft Foods, 326-327, 372-373
Kroger, 37-38, 71-72, 98-99, 240-241
Kurt Salmon Associates, 151-152

Lands' End, 66-67
Lead time, 135-136
Lealdade, 37-38
LeanLogistics, 305-306
Lei da Aeronáutica Civil (1938), 278-279
Lei da raiz quadrada, 384-385
Lei de Assinaturas Eletrônicas no Comércio Global e Nacional (2000), 281-282
Lei de Desregulamentação das Companhias Aéreas (1978), 279-280
Lei de Reforma de Embarques Marítimos (1998), 280-282
Lei de Reforma do Setor de Transporte Rodoviário de 1994, 279-280, 298
Lei de Regulamentação Interestadual (1887), 277-278
Lei de Reorganização Regional de Ferrovias de 1976, 279-280
Lei de Serviços do Transporte Ferroviário de Passageiros (1970), 279
Lei de Tarifas Negociadas de 1993, 279-280
Lei do Transporte Rodoviário (1935), 278-279
Lei do Transporte Rodoviário (MCA-80), 27-29, 279-280
Lei dos Transportes de 1920, 278-279
Lei dos Transportes de 1940, 278-279
Lei Elkins, 277-278
Lei Hepburn, 277-278
Lei Mann-Elkins, 277-278
Lei Staggers, 27-29, 279-280, 282-283
Leis de Cabotagem, 162-163
Leis de conteúdo local, 160
Leis de Pesquisa e Desenvolvimento Cooperativos, 27, 40
Leitor óptico (*scanning*), 188-190
Lever Bothers, 38-39
Levi-Strauss and Company, 151-152
Líder de perda, 116
Liderança, 37-38, 151-153
Limited, The, 26, 98-99, 152
Limited Logistics Services, 24-26
Linguagem de Marcação Extensível (XML), 180-181, 184-185
Linguagem de Marcação Hipertexto (HTML), 186-187
Local de trabalho darwiniano, 438-439
Localização
 conveniência da, 100
 peso, 370-371
Logística
 apoio ao ciclo de vida, 146-148
 benefícios do serviço, 44-47
 capacidade de resposta, 146
 componentes, 47-53
 consolidação de embarques, 146

custo, 43-46
de recebimento (*inbound*), 53-54, 65-66
definição, 21-22
enxuta, 43-44, 242-243
gerenciando como um processo, 427-428
metodologia de planejamento, 390-404
minimização de custos, 47
processo de pesquisa, 390-391
qualidade, 146-148
redução de inventário, 146
redução de variação, 146
Logística *cradle to cradle*, 148-149
Logística reversa, 317-320
Logístico
 arranjos operacionais, 57
 formulação da estratégia, 381-388
 necessidades, 55-56, 202-203
 operações, 52-53
 proposição de valor, 44-48
 renascimento, 21-22
 sincronização, 60-62
Lote Econômico de Compra (EOQ), 125, 245-246, 247-251
Lufthansa, 290-291

Manuseio de materiais
 automatizado, 345-346, 349-354
 cabos de reboque, 346
 carrosséis, 348-349
 colocação por luz (*put-to-light*), 354-356
 considerações, 345-346
 direcionado pela informação, 345-346, 354-356
 elevação, 352-354
 empilhadeiras, 346, 354-357
 equipamento, 328-331
 estantes móveis, 349-352
 esteiras transportadoras, 348, 351-352
 mecanizado, 345-348
 paleteiras, 346
 robótico, 349-351
 seleção, 348-349
 semi-automatizado, 345-346, 348-351
 separação por luz (*pick-to-light*), 354-356
 veículos de reboque, 346
Margem de Contribuição do Retorno em Investimento no Inventário (CMROI), 466-467
Marketing
 conceito, 71-73
 de massa, 137-138, 140-141
 diferenciado, 73-74
 estratégias, 136-137
 focado, 136-137, 141-142
 funções, 93-94
 indiferenciado, 73-74
 micromarketing, 73-74
 nicho, 73-74
 relacionamento, 73-74
 segmentado, 136-137, 141-142
 transacional, 73-74
 um-a-um, 73-74, 137-138
Materiais
 economias de escala, 321-322
 embarque, 322-323
 estocagem, 322-323
 manuseio, 51-52, 321-322
 manuseio na estocagem, 321-322
 recebimento, 321-323
 seleção, 321-322
 transferência, 321-322
Mattel, 31-32
McKesson, 98-99, 151-152
McKinsey Consulting, 427-428, 434-435
Meijer, 37-38, 305-306

Meldisco, 210-211
Mercado
 acesso, 89-90
 cobertura, 101
 criação, 89-90
 distribuição, 53-55, 92-93, 110
 extensão, 89-90
 presença, 320-321
Mercer Management Consulting, 129-130
Metasys, 210-211
Metodologia de planejamento, 390-404
Métodos de decisão
 análise da localização, 405, 407-414
 inventário, 405-407, 412-416
 linha do frete, 404-405, 407
 projeto da cadeia de suprimentos, 405, 407-414
 transporte, 415-419
Microsoft, 397
Mistura, 317-319
Modelo estratégico de lucro (SPM), 464-468
Modelos de negócios
 antecipatório, 29-30
 com base na resposta, 29-31
Moen, 208-212
Mollart, 445, 446
Montagem, 317-319
Montgomery Ward, 445
Motorola, 123

Nabisco Foods, 231-232, 240-241, 372-374
National Motor freight Classification, 298-300
Netscape, 111
NFC Plc., 134-135
Nível de serviço
 taxa de atendimento dos pedidos, 243
 taxa de atendimento por caixa, 243, 257
 taxa de atendimento por linha, 240-241
 tempo do ciclo do pedido, 243
Nível de serviço limiar, 382-383
Nós, 60-62
Notificações de embarque antecipadas (ASN), 210-211
Numeração Européia de Artigos (EAN), 181-183, 188-189
NYNEX, 441

O Grande Divisor, 150-151, 203
Operações
 alocação de pedidos, 204-205
 arquitetura do sistema, 199-201
 definição, 56-57
 operações de distribuição, 205-206
 processamento de pedidos, 204-205
Operações no Armazém
 entrega, 334
 estocagem, 330-331
 manutenção, 334
 posicionamento (*slotting*), 330-332
 segurança, 334
 seguro, 332-333
 treinamento, 331-332
Oracle, 174-175
Orçamentação
 base zero, 458, 460
 capital, 458, 460
 financeiro, 457-461
 flexível, 458-459
 valor fixo, 457
Organização
 aprendizado, 438-439
 cinco estágios de desenvolvimento, 423-424
 co-evolução, 438
 compressão estrutural, 432-433

costura (*patching*), 438
desagregação funcional, 423-428, 430-432
empowerment, 435
equipes de trabalho autodirigidas (SDWT), 427-428, 435-437
horizontal, 434-435
impacto dos sistemas de informação logística, 425-428
integração virtual, 422-423
matricial, 429-430, 433-434
mudança, 438-442
transparência, 430-432
virtual, 429-432
Organização Internacional para Padronização (ISO), 122
OshKosh B'Gosh, 183-184
Owens-Croning Fiberglass, 151-152

Pacote produto/serviço, 143-144
Padrão para a Troca de Dados do Modelo do Produto (STEP), 180-181
Padrões Uniformes de Comunicação (UCS – Uniform Communication Standards), 180-181
Palete, 322-323, 329-330, 343-344
Paletes CHEP, 116-117, 343-344
Paradigma
  compartilhamento de informações, 27
  especialização de processos, 27
Parcerias, 106-107
Parker Hannifin, 125-126
Pedido perfeito, 20-21, 78-80, 452-453
Pedido sob medida eletrônico (*e-tailing*), 108-110
Pedidos
  alocação, 56-57
  atendimento final, 77
  coleta, 321-322
  consistência do ciclo, 77-78, 451-452
  entrega no tempo certo, 451-453
  processamento, 47-50, 56-57
  seleção, 321-322
  taxa de atendimento, 77
  tempo médio do ciclo, 449-451
Pepsi Cola, 163-164
Período de congelamento, 214-215
Personalização, 94-95
Phios Corporation, 431
Pioneer Hi-Bred International Company, 354-357
Planejamento, Previsão e Reposição Colaborativos (CPFR, 184-185, 230-232, 270-271, 472-473
Planejamento das Necessidades de Distribuição (PND), 202-203, 262-266, 271
Planejamento das Necessidades de Material (MRP), 140-141, 203
Planejamento de recursos empresariais
  capacitações, 173, 175
  projeto do sistema, 196
  racionalidade, 193-194
Planejamento e Programação Avançados (APS)
  aplicativos, 216-218, 265-266, 271
  benefícios, 232-233
  componentes do sistema, 202-203, 218-221
  considerações, 233-236
  definição, 175-177
  exemplo, 235-236
  projeto, 217-218
  racionalidade, 214-216
Poder, 151-153
Poder da marca, 132-134
Ponte por terra, 290
Ponto de reposição (ROP), 244-245

Ponto de Vendas (POS), 190-191
Portal de intercâmbio, 183-184
Precificação
  desagrupamento (*debundling*), 126
  descontos de quantidade, 114-115
  entregue, 112, 114-115
  free-on-board (FOB), 112-115
  líquida, 115
  logística, 112
  menu, 116, 126
  permissões de retirada, 114-115
  ponto base, 112-113
  preço baixo todos os dias (EDLP), 116
  preço líquido limite (*dead net*), 34-36, 115
  promocional, 115
  serviço de plataforma, 116
  taxas extras, 160
  zona múltipla, 112-115
  zona única, 112, 114-115
Precificação do transporte
  combinação, 298
  custo do serviço, 297
  preços livres de taxas, 298
  valor do serviço, 297
Prêmio Nacional de Qualidade Malcolm Baldrige, 122
Presença local, 160-161, 371-372
Prestadores de Serviços Integrados
  baseados em ativos, 29-30
  definição, 27-29
  não-baseados em ativos, 29-30
  tendências, 284-285, 305
Previsão, 56-57
  administração, 224-225
  amortecimento adaptativo, 227-229
  amortecimento exponencial, 227-228
  avaliação, 228-229
  causal, 228-229
  componentes, 220-221
  erro, 228-229
  foco, 226-227
  gestão, 222-224
  média móvel, 227
  precisão, 228-229
  qualitativa, 226-227
  séries de tempo, 226-227
  sistema de apoio, 223-224
  técnica, 223-225
Princípio de Pareto, 50, 268-269
Princípio do mínimo de transações totais, 94-95
Processamento de imagem, 188
Processo
  engenharia, 24-27
  especialização, 27
Procter & Gamble, 37-38, 71-72, 27, 115, 267
Produção
  apoio, 53-55, 120
  capacidade, 135-136
  capacidade avaliada, 135-136
  capacidade demonstrada, 135-136
  custo total de produção (TCM), 139-140
  economia de escala, 134-135
  economia de escopo, 134-135
  estratégia, 136-137
  fabricação para estoque (MTS), 137-142
  fabricação sob encomenda (MTO), 137-142, 199-201, 203
  fabricação sob planejamento (MTP), 137-142
  freqüência, 134-135
  montagem sob encomenda (ATO), 137-142, 199-201

necessidades, 55-56, 203
operações, 132-134
tamanho do lote, 134-135
variedade, 134-135
volume, 134-135
Produto
  adequação, 121-122
  atributos, 121-122
  condicionamento, 323-324
  confiabilidade, 120-121
  desempenho, 120-121
  disponibilidade para servir, 121-122
  durabilidade, 121-122
  estética, 121-122
  qualidade, 120-121
  qualidade percebida, 121-122
  sortimento, 74-76
  variedade, 74-76
Produto Interno Bruto (PIB), 240-241
Produto Nacional Bruto (PNB), 43-44
Programa de Reposição Contínua (PRC), 265-267
Programação Mestre de Produção (MPS), 203
Projeto de cadeias de suprimentos
  necessidades de dados, 411-414
  otimização da rede, 407-408
  programação linear, 407
  programação matemática, 407
  simulação, 408-411
  técnica de decomposição, 407-410
Projeto para a Logística, 140-141
Prophesy Systems, 418
Provedores de serviços de Internet (ISP), 108-109
Provedores de serviços logísticos terceirizados, 29-30

Questões verdes, 469-470

Radiofreqüência
  comunicação de dados por (RFDC), 187-188, 212, 354-356
  identificação por (RFID), 187-188, 341-342, 356-357
Recomendação e Implementação, 400-404
Recreational Equipment Inc., 35
Redes de informação
  análise de decisão, 168-171
  controle gerencial, 168-171
  planejamento estratégico, 168-171
  propriedade direta, 177-179
  provedor de serviços de aplicativos (ASP), 177-179
  terceirização, 177-179
  transação, 168-171
Relacionamento
  colaborativo, 442, 472
  gestão, 471-472
  implementação, 443
  manutenção, 443-444
Relacionamentos com canais
  administrado, 105-106
  arranjos relacionais colaborativos (RCAs), 103-106
  convencional, 103-105
  transação única, 103-104
Reposição do Perfil (RP), 265-266
Reposição rápida, 373-375
ResourceNet International, 151-152
Resposta Eficiente ao Consumidor (ECR), 41
Resposta Rápida (RR), 265-266
Restrição de uso, 158-159
Restrições de capacidade, 55-56

Retorno
    sobre Ativos (ROA), 452-453, 464-466
    sobre Investimento (ROI), 452-453, 464-465
    sobre o Valor Líquido (RONW), 464-465
Revisão periódica, 259-260
Revisão perpétua, 259-260
Risco, 151-153
Rite-Aid, 38-39
Roadway, 284-285
Rooster.com, 132-133
Rosettanet, 186-187
Ryder Integrated Logistics, 44-45

Safeway, 71-72, 240-241
Sam's Club, 74-76
SAP, 195-196, 235-236, 414
Schneider National, 186-187, 310
Schwab, Charles, 31-32
Sears, 24-27, 33-34, 131-132, 281-282
Seis sigma, 20-21
Serviço
    confiabilidade do, 78-79
    nível de, 243
    plataforma básica, 80
    qualidade do, 81-83
    sensibilidade do, 383-385
Serviço Postal dos EUA, 111, 147
Sistema de Veículo Guiado Automaticamente (SVGA), 344-345, 348-355
Sistemas
    análise, 144-146
    conceito, 144-145
Sistemas Contratuais, 106-107
Sistemas de auto-identificação (ID), 188, 190-191
Sistemas de Gestão de Armazéns (WMS), 173, 175, 205-206, 208-209, 212, 331-332, 354-357
Sistemas de Gestão de Pátio (YMS), 173, 175
Sistemas de Gestão de Pedidos (OMS), 170-172, 210-211
Sistemas de Gestão do Transporte (TMS), 173, 175, 205-207, 303-304
Sistemas legados, 170-172
Sonic Air, 138-139
Sony, 101
Sortimento, 94, 99-100, 316-317, 323-324
Spartan Stores, 37-38, 151-152, 240-241
Square D, 74-75
Sun Microsystems, 185-186
Supervalu, 98-99, 151-152, 240-241
Suprimentos para manutenção, reparo ou operação (MRO), 101
Sysco, 98-99, 151-152

Tamanho do lote, 74-76, 100
Tarifas de transporte
    classes de tarifas, 298
    classificação, 298-299
    cobrança extra, 300-302
    cobranças mínimas, 300-302
    combinação, 302
    commodity, 300-302
    conjuntas, 302
    de agregado (*tender*), 302
    exceção, 300-302
    frete de todos-os-tipos (FTT), 302
    local, 302
    proporcional, 302
    tarifas, 298
Taxa de atendimento, definição, 77

Tecnologia de satélite, 186-187
Tempo de entrega, 74-75
Tempo de espera, 74-76, 100
Tempo de permanência (*dwell time*), 34-37
Tempo de segurança, 258-259
Tempo operacional, 135-136
Tennant, 124-127
Teoria das restrições, 135-136
Tesco, 416
Timberland Co., 385-386
Tipos de adiamento
    da produção, 31-33, 141-142
    forma, 31-33, 141-142
    geográfico, 33-34
    logística, 33-34
Torrington Supply Company, 463-464
Toyota Motor Car Company, 65-66
Toys R Us, 98-99
Tradematrix.com, 183-186
Tradeteam, 134-135
Transporte
    aéreo, 286-287
    alteração de rota (*diversion*), 302-303
    auditoria, 311
    carreta sobre vagão-plataforma (TOFC), 290
    classes de tarifas e classificação, 298-302
    classificação modal, 286-288
    conhecimento de carga, 312-313
    conhecimento de embarque (*bill of lading*), 311-312
    consistência, 50-51
    contêiner sobre vagão-plataforma (COFC), 290
    controle de carga, 310
    custo, 50-51
    documentação, 311-313
    dutoviário, 285-286
    economia, 294-297, 374-375
    economia de escala, 274-275
    economia de escopo, 274-275
    economias, 245-246
    embarque, 56-57
    estrutura, 281-287
    ferroviário, 282-284
    funcionalidade, 273-274
    hidroviário, 285-286
    intermediários não operacionais, 291-293
    intermodal, 161-163, 289-290
    manifesto de embarque, 312-313
    minimização do custo da rede, 375-376
    navios porta-contêineres, 290
    negociação de tarifas, 310
    participantes, 274-277
    piggy-back, 290
    precificação, 297-298
    princípio da quantidade, 374-375
    princípio de estreitamento (*tapering*), 375
    princípios, 274-275
    reclamações, 311
    redespacho, 302-303
    regulamentação, 276-278
    regulamentação de segurança e social, 277-278
    regulamentação econômica, 276-277
    retenção (*detention*), 302-303
    rodoviário, 283-286
    serviço aéreo de encomenda, 288-289
    serviço de envio terrestre, 288-289
    sobreestadia (*demurrage*), 302-303
    velocidade, 50-51

Treinamento de Operadores de Veículos Motorizados Industriais (PITOT), 357-359
Trocas compensatórias, 144-146, 380-382
Trocas de compras, 131
TRW, 445, 446

U.S. Bank, 281-282
UCC 117-119, 181-183, 210-211
UN/EDIFACT, 179-180
Uniform Freight Classification, 298-299
Unisource, 151-152
United Parcel Services (UPS), 49, 73-74, 84-85, 127-128, 138-139, 147, 187-188, 282-286, 288-291, 341-342, 349-351
Unitização, 336, 339-340
Universidade de Wisconsin-Madison, 320-321
Universidade Estadual de Michigan, 39-40
Universidade Estadual de Ohio, 179-180, 183-184
USFreightways, 284-285
Usuário final organizacional, 71-72
Utilidades econômicas
    forma, 72-73
    local, 72-73
    posse, 72-73
    tempo, 72-73

Valor
    absoluto, 473-474
    de mercado, 143-144
    econômico, 143-144
    gestão, 128-130
    líquido, 24-25
    relativo, 473-475
    relevância, 143-145
Valor agregado
    da rede, 181-183
    de mercado (MVA), 477-478
    econômico (EVA), 477-478
    serviços, 27-29, 87-89, 116, 208-209, 212
Valor ao acionista, 448-449
Valu Merchandisers, 99-100
Varejistas, 94-95, 98-99
Variedade, 100
Vetor SCM, 317
Visteon, 184-185
Voice-over-IP (Protocolo de Internet), 354-356
Voluntary Interindustry Communication Standards Committee (VICS), 180-185, 205-207, 231-232

W. W. Grainger, 98-99, 151-152
Wal*Mart, 24-27, 38-39, 62-63, 74-75, 98-100, 105-106, 116, 130-131, 144-145, 151-152, 186-187
Walgreens, 151-152
Walter Frederick and Friedman Company, 337-338
Warehouse Information Network Standards (WINS), 180-181
Warehousing Education and Research Council (WERC), 326
Wegmans Food Markets, 231-232

Yellow Freight, 284-285